庆祝
成立十五周年
2011

泰州年鉴

2011 TAIZHOU ALMANAC

中共泰州市委　泰州市人民政府　主办

泰州年鉴编纂委员会　编

方志出版社

图书在版编目(CIP)数据

泰州年鉴.2011/泰州市党史方志档案办公室编.—北京：方志出版社，2011.9 ISBN 978-7-5144-0215-5

Ⅰ.①泰… Ⅱ.①泰… Ⅲ.①泰州市—2011—年鉴 Ⅳ.①Z525.33

中国版本图书馆CIP数据核字（2011）第184637号

泰州年鉴（2011）

编　　者：泰州市党史方志档案办公室
责任编辑：丛　珺
出 版 者：方 志 出 版 社
（北京市建国门内大街5号中国社会科学院科研大楼12层）
邮编 100732
网址 http://www.fzph.org
发　　行：方志出版社发行部
（010）85195814 85196281
经　　销：新华书店总店北京发行所
法律顾问：北京市大禹律师事务所
印　　刷：泰州市隆泰文化传播有限公司
开　　本：889×1194　　1/16
印　　张：31.5
字　　数：1106千字
版　　次：2011年9月第1版　2011年9月第1次印刷
印　　数：0001～2000册

ISBN 978-7-5144-0215-5/K·175　　定价：200.00元

《泰州年鉴》编辑部地址：泰州市凤凰东路58号（市政府大楼313室）
邮政编码：225300 电话：（0523）86839143 传真：（0523）86839146
电子邮箱：tznjbjb@163.com

泰州年鉴编纂委员会

《泰州年鉴》编辑部

文昌水秀 祥泰之

11月26日，中共中央政治局常委、中央政法委书记周永康到泰州视察，在省、市主要领导陪同下，考察海陵区政法工作。（顾祥忠 摄）

5月31日，中共中央政治局委员、中央书记处书记、中组部部长李源潮到泰州视察，在省、市主要领导的陪同下，参观泰州国家医药高新区。（顾祥忠 摄）

5月22日，全国政协副主席郑万通率领全国政协常委视察团到泰州视察，在市委书记张雷陪同下参观中国医药城。（顾祥忠 摄）

12月13日，全国政协副主席阿不来提·阿不都热西提参观首届中国（泰州）国际医药博览会展区。（顾祥忠 摄）

8月4日，省委书记罗志军到泰州视察，在市委书记张雷、代市长徐郭平陪同下，视察高港区加强社会管理工作情况。（顾祥忠　摄）

12月14日，省委副书记、代省长李学勇在高港区许庄街道马厂社区调研工作。（顾祥忠　摄）

8月6日，市委书记张雷看望在高温下执勤的交警。

（顾祥忠　摄）

8月6日，市委书记张雷看望在高温下工作的环卫工人。

（顾祥忠　摄）

1月20日，市委书记张雷到市人医看望泰州市“热血爱心行动”免费救助的第二例白血病患儿王倩。（顾祥忠 摄）

1月22日，市委书记张雷慰问下岗职工。

（顾祥忠 摄）

3月11日，市委书记张雷带领机关部门负责人到规划局调研。
（顾祥忠　摄）

9月25日，招商银行泰州分行举行开业盛典，市委书记张雷、代市长徐郭平到会祝贺。　（顾祥忠　摄）

11月13日，了中长老八十华诞，市委书记张雷到场祝贺。（顾祥忠 摄）

12月25日，中国共产党泰州市第三届委员会第十次全体会议召开。

（顾祥忠　摄）

泰州市第三届人民代表大会第四次会议主席台　　（顾祥忠　摄）

2011年1月18日，泰州市第三届人民代表大会第四次会议隆重召开。　　（顾祥忠　摄）

2011年1月17日，中国人民政治协商会议泰州市第三届委员会第四次会议隆重召开。　　（顾祥忠　摄）

12月13日，首届中国（泰州）国际医药博览会开幕式在中国医药城会展交易中心举行。（顾祥忠　摄）

全国政协副主席阿不来提·阿不都热西提、江苏省委书记罗志军共同启动开幕装置。（顾祥忠　摄）

12月12~14日，由国家科技部、卫生部、食品药品监督管理局、中医药管理局、中国国际贸易促进会和江苏省政府共同主办的首届中国（泰州）国际医药博览会在中国医药城会展中心开幕。

首届医博会，凸显医药特色，参展单位达800多家，其中世界知名跨国企业与合资企业63家，包括葛兰素史克、辉瑞、诺华、阿斯利康、礼来、罗氏、拜尔、三菱制药等世界前100强知名医药企业。

参加首届中国（泰州）国际医药博览会的部分领导和嘉宾，在中国医药城会展交易中心参观。

（顾祥忠　摄）

来自世界各国参加首届中国（泰州）国际医药博览会的代表

（顾祥忠 摄）

全球十大知名生物医药高校联盟举行发起仪式

（顾祥忠 摄）

参加首届中国（泰州）国际医药博览会的部分领导和嘉宾，为中国医药城会展交易中心正式启用剪彩。（顾祥忠　摄）

首届中国（泰州）国际医药博览会技术论坛，在中国医药城举行。（顾祥忠　摄）

中国医药城会展交易中心夜景　　　（顾祥忠　摄）

CMC
中国医药城
CMC

中国医药城夜景

9月19日，苏台生物医药健康产业合作高峰会在泰州召开，市委书记张雷在开幕式上致辞。

（顾祥忠　摄）

9月19日，副省长何权、台湾工业总会理事长陈武雄、市委书记张雷、代市长徐郭平共同启动海峡两岸（泰州）生技产业园开园仪式装置。　（顾祥忠　摄）

编　辑　说　明

一、《泰州年鉴》是中共泰州市委、泰州市人民政府主持编纂的地方综合性年鉴。创刊于1998年，本卷为第14卷。

二、《泰州年鉴》（2011）以马克思列宁主义、毛泽东思想、邓小平理论和“三个代表”重要思想为指导，坚持科学发展观，全面、系统、翔实地记述2010年泰州境内的政治、经济、科技、文化、社会等方面的基本情况和发展态势，为认识泰州、研究泰州、发展泰州，提供全面、准确、实用的市情资料。

三、本年鉴采用分类法编辑，全书设栏目、分目（部分分目设副分目）和条目 3 个层次。栏目、分目用不同字体加以区别，栏目标于书眉，副分目以楷体字前后加•表示。条目为记述的基本单位，其标题采用黑体字并加【 】表示。大事记条目前有△者，表示该条目与前条目日期相同。

四、为便于检索，卷首配备详细中文目录和英文要目，卷末设有索引。索引采用主题分析法编制，款目按汉语拼音字母顺序（同音字按声调）排列。

五、书中所涉及机构名称大多采用规范化或习惯性简称，目录前备有部分组织机构全称、简称对照表。

六、本年鉴资料稿件由全市各有关部门、单位提供，并经领导人审核。统计数据以统计部门的资料为准。

七、撰稿人姓名加（ ）列于所写正文之后，同一栏目内相邻条目为同一撰稿人的，则列于末条正文之后。

八、《泰州年鉴》（2011）的编纂出版，得到全市各级领导机关、各有关单位的大力支持和协助，在此深表谢意，并热忱欢迎各界人士多提改进意见，以不断提高今后年鉴的编纂质量。

部分组织机构全称、简称对照表

全　称	简　称	全　称	简　称
中国共产党泰州市委员会	市委	泰州市食品药品监督管理局	市食品药品监管局
泰州市人民代表大会常务委员会	市人大常委会	江苏泰州质量技术监督局	泰州质监局
泰州市人民政府	市政府	泰州市国土资源局	市国土资源局
中国人民政治协商会议泰州市委员会	市政协	泰州市民防局	市民防局
中国共产党泰州市纪律检查委员会	市纪委	泰州市建筑工程管理局	市建工局
江苏省泰州市中级人民法院	市法院	泰州市盐务管理局	市盐务局
江苏省泰州市人民检察院	市检察院	泰州市供销合作总社	市供销社
中国共产党泰州市委员会办公室	市委办	泰州市国家税务局	市国税局
泰州市人民政府办公室	市府办	泰州市地方税务局	市地税局
中国共产党泰州市委员会统一战线工作部	市委统战部	中华人民共和国泰州出入境检验检疫局	泰州国检局
中国共产党泰州市委员会农村工作办公室	市委农工办	中华人民共和国泰州海关	泰州海关
中国共产党泰州市委员会政法工作委员会	市委政法委	中国人民银行泰州市中心支行	市人行
中国共产党泰州市委员会市级机关工作委员会	市委机关工委	中国农业发展银行泰州市分行	市农发行
中国共产党泰州市委员会台湾工作办公室	市台办	中国农业银行泰州市分行	市农行
中国共产党泰州市委保密委员会办公室	市委保密办	中国工商银行泰州分行	泰州工行
泰州市人民政府外事办公室	市外办	中国建设银行泰州分行	泰州建行
泰州市人民政府侨务办公室	市侨办	中国银行泰州分行	泰州中行
泰州市人力资源和社会保障局	市人力资源社会保障局	交通银行泰州分行	泰州交行
泰州市民族宗教事务局	市民宗局	中国国民党革命委员会泰州市委员会	民革市委
泰州市机构编制委员会办公室	市编办	中国民主同盟泰州市委员会	民盟市委
泰州市市级机关事务管理局	市市级机关管理局	中国民主建国会泰州市委员会	民建市委
泰州市经济和信息化委员会	市经济和信息化委	中国农工民主党泰州市委员会	农工市委
泰州市商务局	市商务局	九三学社泰州市委员会	九三市委
泰州市发展和改革委员会	市发改委	泰州市工商业联合会	市工商联
泰州市科学技术局	市科技局	中国共产主义青年团泰州市委员会	团市委
泰州市人口和计划生育委员会	市人口计生委	泰州市妇女联合会	市妇联
泰州市社会治安综合治理委员会办公室	市综治办	泰州市残疾人联合会	市残联
泰州市农业委员会	市农委	泰州市归国华侨联合会	市侨联
泰州市环境保护局	市环保局	泰州市文学艺术界联合会	市文联
江苏省泰州工商行政管理局	泰州工商局	泰州市哲学社会科学联合会	市社科联
泰州市城市管理局	市城管局	泰州市科学技术协会	市科协
泰州市住房和城乡建设局	市住房城乡建设局	中国人民解放军江苏省泰州军分区	泰州军分区
泰州市交通运输局	市交通运输局	中国人民武装警察部队泰州市支队	市武警支队
泰州市文化广电新闻出版局	市文广新局	中国人民警察部队泰州市消防支队	市消防支队
泰州市安全生产监督管理局	市安监局	中国人民解放军江苏陆军预备役高炮第一师第三团	预备役三团

目　录

特　载

城　市　名　片

大事纪要

泰 州 概 貌

中共泰州市委员会

泰州市人民代表大会

泰州市人民政府

政协泰州市委员会

民主党派·工商联

人 民 团 体

政　　法

国　防

人事·劳动·社会保障

信息化建设

水利

交通·邮政

农　　业

工　业

民 营 经 济

建 筑 业

对外及对港澳台经济贸易

沿 江 开 发

开 发 园 区

口岸·港口

旅游·园林·绿化

商贸·服务业

综合经济管理

财政·税务

金　融

教　　育

科 学

文化·新闻

卫 生

体　育

社 会 生 活

辖市（区）概貌

人物·先进集体

统　计　资　料

重要文件题录

附　录

索　引

泰州园博园

MAIN CONTENTS

SPECIAL RECORD

MUNICIPAL NAME CARD

MEMORABILIA

TAIZHOU PROFILE

CPC TAIZHOU MUNICIPAL COMMITTEE

TAIZHOU MUNICIPAL PEOPLE'S CONGRESS

TAIZHOU MUNICIPAL PEOPLE'S GOVERNMENT

CPPCC TAIZHOU MUNICIPAL COMMITTEE

DEMOCRATIC PARTIES AND THE FEDERATIONS OF INDUSTRY AND COMMERCE

PEOPLE'S ORGANIZATIONS

POLITICS & LAW

NATIONAL DEFENSE

HR, LABOR & SOCIAL SECURITY

URBAN & RURAL CONSTRUCTION & MANAGEMENT

ENVIRONMENT PROTECTION

INFORMATIONIZATION CONSTRUCTION

WATER RESOURCES

TRANSPORTATION & POST

AGRICULTURE

INDUSTRY

PRIVATE ECONOMY

CONSTRUCTION INDUSTRY

FOREIGN, HONG KONG, MACAO & TAIWAN ECONOMY & TRADE

RIVERINE DEVELOPMENT

ECONOMIC DEVELOPMENT ZONE

PORT & HARBOR

TOURISM GARDENS & PLANTATION

COMMERCE & TERTIARY INDUSTRY

COMPREHENSIVE ECONOMIC ADMINISTRATION

FINANCE & TAXATION

FINANCIALS

EDUCATION

SCIENCE

CULTURE & NEWS

PUBLIC HEALTH

SPORTS

SOCIAL LIFE

PROFILE OF THE COUNTY LEVEL CITIES DISTRICTS

CHARACTER & ADVANCED ORGANIZATIONS

STATISTICAL DATA

LISTS OF THE TITLES OF IMPORTANT DOCUMENTS

APPENDIX

INDEX

Translated by Zhang Jianyu

推进富民强市　建设美好泰州
开辟“十二五”更为广阔的发展前景

——2010年12月25日在市委三届十次全会上的讲话

市委书记　　张　雷

同志们：

这次全会在两个五年规划承前启后、继往开来的重要时刻召开，主要任务是：深入学习贯彻党的十七届五中全会、省委十一届九次全会、中央和省经济工作会议精神，认真总结“十一五”发展成就和今年以来的工作，科学谋划“十二五”发展大计，审议《中共泰州市委关于制定泰州市国民经济和社会发展第十二个五年规划的建议》，动员全市上下在新的发展征程上，坚持开放创新，推动全面发展，为推进富民强市、建设美好泰州而团结奋斗。下面，根据市委常委会研究的意见，我讲四个方面的问题。

一、在困难和挑战中奋勇前行，经济社会发展取得重大成就

“十一五”时期是我市发展史上极不平凡的五年。面对前所未有的严峻挑战和重大考验，我们在省委、省政府的正确领导下，紧紧围绕“全面达小康、建设新泰州”的总体要求，不断明确科学发展思路举措，提出了“三年再来一个大变化”奋斗目标，确立了开放创新“双轮驱动”这一发展主战略，有效应对了金融危机的冲击，顺利实现“十一五”规划确定的主要目标任务，初步探索形成既重视打牢经济基础，又重视彰显特色和优势，更重视改善民生、促进和谐的科学发展之路。经济实力迈上新台阶，产业特色和布局初步形成。预计今年实现地区生产总值2000亿元左右，财政总收入430亿元以上，均高于“十一五”发展目标，分别是“十五”末的2.3倍和3.8倍左右。高效农业、新兴产业和现代服务业成为三次产业发展的重要支撑。新增高效农业面积5.33万公顷，占比达37%，提升近17个百分点；服务业占三次产业比重提升5个百分点；以装备制造这一传统优势产业与生物医药、电子信息、新能源三大新兴产业以及一批新兴产品集群为重点的“1+3+N”产业发展格局初步形成，调整优化了传统的产业结构和布局。建成了全国唯一的国家级医药高新区，成为我市“十一五”发展最突出的亮点。老百姓得到更多实惠，全面小康社会基本建成。城乡居民收入保持两位数的年均增幅，分别是“十五”末的1.9倍和1.8倍。文化泰州建设扎实推进，各项社会事业取得长足发展。在全省率先构建多层次、全覆盖的城乡社会保障体系，人民群众的生活质量和环境有了新的改善。以县为单位，全部达到省定小康目标，全市总体实现全面小康。各项改革深入推进，对外开放取得重大突破。行政管理、市区体制、社会体制、干部人事等关键领域改革取得重要进展，区划调整稳步推进。民营经济注册资本突破1300亿元，增长3倍以上。累计实际利用外资达50亿美元、出口200亿美元，分别是“十五”期间的3.3倍和5.4倍。特别是国家医药高新区和国家出口加工区的建成，实现了招引重大产业项目和重大载体建设的历史性突破。城乡面貌显著变化，区域发展协调推进。电厂、铁路、机场、长江大桥、高速公路等一批重大基础设施项目竣工或开工。中心城市框架进一步拉开，北部老城区改造、南部新城区建设、滨江港城区发展全面加快，市区常住人口达86万人，建成区面积扩大到61平方千米，形成比较合理的城市形态和功能布局。城乡统筹发展步伐加快，城市化率从45.3%提高到53%。区域之间竞相发展、奋勇争先，市区经济发展加快，一般预算收入占全市比重已达43%，所辖四市全部进入全国百强行列，靖江市多项主要经济指标已进入全省十强行列。基层党组织活力不断增强，干部队伍得到锻炼提升。“强基工程”扎实推进，学习型党组织建设、基层党组织联建、直评村官、基层执法评议等在全国产生较大影响，基层党组织的凝聚力、创造力、战斗力进一步增强。深入推进“践行科学发展观，我为泰州作贡献”主题教育活动，有力地推动了干部群众的思想解放，深化了机关作风建设，各级干部抓发展、抓执行、抓落实的氛围更加浓厚。陈燕萍同志成为又一个全国重大典型。总体上看，过去五年，我们取得了超出预期的发展成果，为“十二五”发展夯实了基础、积蓄了力量。

即将过去的2010年，我市经济社会各个领域、各项工作全面推进，呈现出新的可喜变化，为“十一五”规划实施画上了圆满句号。今年以来，我们主要抓了以下六个方面工作：一是认真落实促进经济增长的关键举措，巩固和发展经济回升向好势头。着力解决经济运行中的突出矛盾和问题，在优化投资结构的前提下，狠抓有效投入，经济由恢复性增长向常态性增长转变，呈现“高开稳走”态势，大多数指标增幅高于全省平均水平、高于去年。预计人均地区生产总值可达42000元，突破6000美元重要节点；一般预算收入165亿元，增长19%；规模工业完成增加值1200亿元，增长15.8%，实现销售4640亿元，增长30%；实施亿元以上重大技改项目192个，其中10亿元以上项目13个；强力推进节能减排；8大服务业集聚区实现营业收入340亿元，增长25.5%，旅游经济成为新的亮点。二是部署推动开放创新，加快转变发展方式。立足泰州阶段实际，市委三届八次、九次全会明确并部署了开放创新“双轮驱动”战略，出台《实施意见》和《若干政策》，着力提升开放水平和增强创新活力。预计注册协议外资34亿美元、实际利用外资13亿美元以上，分别增长25.2%、23.1%。新批3000万美元以上项目21个，同比增长16.7%。医药城各大功能区建设全面推进，新开工面积超过100万平方米。正式启动省部共建机制，成功举办首届中国医药博览会、苏台生物医药健康产业峰会，医药园区新注册企业200多家。国家级出口加工区正式获批，一期通过验收并封关运作。纬创一期等电子信息产业项目初步建成，即将投产。新能源产业园建设有力推进，项目集聚势头日益显现。核心港区建设取得积极进展。高新技术产业产值预计可达1480亿元，增长33%，占列统工业比重提升1.8个百分点。专利申请预计可达7000件以上。全年引进高层次人才782名，其中海外优秀人才157名。新增产学研联合体110个，建成国家级知识产权维权援助中心。6个项目入选国家科技重大专项，15个项目入选省成果转化资金项目，列全省前茅。三是全面推进中心城市建设，改善综合功能环境。编制完成第三轮城市总体规划。组建医药高新区，进一步完善市区联动、协调并进的发展机制。城建投入超过150亿元，创历年之最。三水湾一期等重点工程顺利建成，文化中心、稻河古街区、柴墟水景街区建设取得阶段性成果，启动建设火车站街区；南通路改造一期工程竣工通车，群众期盼多年的春兰路、迎春路、迎宾路等实施了延伸工程；成功引进万达广场、深圳茂业等大型综合体。加快城市快速连接通道建设，泰州长江大桥及北接线建设有序推进，江海高速、328国道改线建成通车，长江大道、336省道靖江段开工建设。国家历史文化名城申报通过专家评估论证，创成国家园林城市，全国文明城市先进市创建、国家生态市建设迈出坚实步伐。四是组织实施重点镇村建设，促进城乡统筹发展。

年初全市三级干部大会对统筹城乡发展作出全面部署，出台重点镇村建设《意见》，启动重点镇村“125”工程，形成了小城市、重点镇、重点村梯次推进、联动发展的格局。新增高效农业面积1.97万公顷、农村“三大合作”组织400多家，新增2个国家级现代农业标准化示范区，市农业开发区创成省级现代农业产业园区，粮食生产实现“七连增”。成功举办泰州首届农艺节。*五是着力改善民生，维护社会和谐稳定*。认真落实防通胀、稳物价的一系列政策，千方百计提高城乡居民收入和生活水平，预计城镇居民人均可支配收入21350元，农民人均纯收入9240元，分别增长11.5%、13%，农民收入增幅“九五”以来首次超过城镇居民。以创建国家级创业型城市为抓手，推动全民创业充分就业，城镇登记失业率控制在3.5%以内。城乡低保实现动态管理下的应保尽保，全市城乡居民养老保险基本实现全覆盖，城镇职工和居民医保医药费报销比例及支付限额大幅提高。顺利办成“十件实事”，公共文化服务体系逐步完善，市区公交发展有了根本性改善，住房保障得到加强。教育、医疗、体育、慈善等各项事业有了新发展。扎实推进区域供水工程，建成泰兴、姜堰主管网，农村饮用水安全工程新增受益人口47.7万人。积极推行干部大走访、社会稳定风险评估和信访积案化解，处理突发事件、化解矛盾纠纷能力进一步提升，法制素养得到增强，社会保持和谐稳定。*六是围绕事关长远的重大问题，科学谋划“十二五”发展*。从年初开始，组织力量对制定“十二五”发展规划开展调查研究，广泛听取意见，集中各方智慧，形成了市委关于制定泰州“十二五”规划的《建议》讨论稿。《建议》提出了今后五年发展的指导思想、目标任务和重大举措，并提交本次全委会审议。此外，党的建设、精神文明建设等各个方面都取得了新的成绩。

发展来之不易，历程充满艰辛。经过“十一五”特别是近年来的成功实践，推动泰州科学发展、跨越发展的思路越来越清晰，道路越走越宽广。我们也更加坚信：必须坚持以解放思想引领经济社会发展全局，创造性地开展工作，奋力实现泰州发展的一个又一个历史性突破；必须坚持以人为本、民生优先的根本导向，让改革发展成果普惠于民，用实实在在的变化凝聚民心民力；必须坚持统筹兼顾、协调发展，推动经济、政治、文化、社会、生态同步建设，城乡、区域共同进步，改革发展稳定协调并进；必须坚持以创新精神加强和改进党的建设，充分发挥各级党组织的战斗堡垒作用和广大党员的先锋模范作用，为推进各项工作提供坚强保证。

与此同时，我们也要看到经济社会发展中存在的矛盾、困难和问题，主要是：经济结构性矛盾仍然突出，节能减排压力较大；高层次人才等资源要素缺乏，核心竞争力不够强；就业形势不容乐观，人民群众持续增收难度加大；随着社会结构的变化和利益格局的调整，各种社会矛盾增多；干部群众的思想观念、城市功能环境、行政管理体制和行政效能等方面滞后于发展要求。这些都需要引起高度重视，采取有效措施，切实加以解决。

二、坚持以科学发展观为指引，在建设美好泰州的新征程上阔步前进

我们仍然处于大有作为的重要战略机遇期，这是党的十七届五中全会作出的重大判断。“十二五”是泰州发展的关键期，也是重要的现实机遇期。泰州已经具备了难得的基础条件，完全有希望在今后五年实现更好更快发展。我们要树立强烈的机遇意识、责任意识和紧迫意识，再接再厉，乘势而上，奋力开辟“十二五”更为广阔的发展前景。

谋划未来五年发展，必须对内外部环境发生的新变化、呈现的新特征有清醒的认识和准确的把握。第一，*复杂多变的宏观形势成为发展中的常态，趋利避害、加快发展，是我们面临的重大课题*。当前，国际金融危机引发世情和国情发生深刻变化，世界经济有望继续恢复增长，但不稳定不确定性因素仍然很多。刚刚结束的中央经济工作会议明确，明年宏观经济政策的基本取向是积极稳健、审慎灵活。经济的波动性和政策的灵活多样性已经成为一种常态。我们对今后的发展既要充满信心，但也不能盲目乐观；既要以变应变，顺势而为，也要坚持发展的决心不变、目标不变、战略选择不变，奋发有为，主动作为。应当看到，发展不充分仍然是泰州面临的最大问题，泰州作为追赶型城市的定位仍然没有改变，加快发展仍然是泰州最紧迫的任务。市委《建议》关于经济年均增长12%左右的目标，就是基于这一实际，并充分考虑未来转型发展要求，慎重提出的。我们要时刻牢记胡锦涛总书记“把泰州建设得更加美好”的嘱托，无论形势如何变化，无论遇到什么困难和挑战，都要坚持科学发展、跨越发展不动摇，能快则快，好中求快，在变化变局中抢占先机、发展自己。第二，*新兴产业已成为经济增长的重要力量，充分激活“开放创新”这一动力之源，是我们必须牢牢把握的主要任务*。世界经济进入新兴产业加速成长时期，国家的政策资源也正向新兴产业倾斜。今后的发展竞争，核心是新兴产业的发展和传统产业的升级，决定泰州未来的是生物医药、电子信息、新能源等一批新兴产业。与传统产业不同，发展新兴产业，要在更高层次、更高水平的开放创新中把“不可能”变成“可能”，把“不现实”变成“现实”。“十二五”时期，要毫不动摇地坚持开放创新“双轮驱动”这一主战略，主动消化吸收国际创新成果，主动嫁接国际高端产业，主动集聚国际资源要素，加快构建以科技人才为支撑、以新兴产业为主导的现代产业体系，抢占未来发展的战略制高点。第三，经济社会全面转型任务十分艰巨，统筹兼顾、全面发展，是我们推进科学发展的根本要求。今后五年是泰州人均GDP从6000美元向10000美元攀升的较快发展期。国际和国内先发地区的实践表明，这一时期，经济形态和增长动力将发生重大变化，产业结构、消费结构、城乡结构、区域结构快速调整，社会领域发生深刻变革，一些深层次矛盾进一步凸现，迫切需要我们在思想观念、经济发展方式、社会利益格局、城乡二元结构、社会管理、综合环境等方面全面转型、加快转型。因此，我们强调开放创新，不仅是推动经济转型升级，也要贯穿到社会发展的全过程，既要以新型工业化来改变传统的产业结构，也要以新型城镇化来改变传统的城乡结构、社会结构，推动发展方式真转、快转、转好，实现经济社会全面协调可持续发展。

“十二五”时期全市经济社会发展的总体要求是：**坚持以邓小平理论和“三个代表”重要思想为指导，深入贯彻落实科学发展观，以“推进富民强市，建设美好泰州”为主题，以加快转变经济发展方式为主线，以开放创新“双轮驱动”为动力，以新型工业化和新型城镇化为导向，着力推进经济结构调整，着力统筹城乡发展，着力加强文化泰州建设，着力促进社会和谐稳定，着力保护生态环境，努力走出一条具有泰州特色和优势的发展新路，向率先基本实现现代化迈进。**

推进富民强市，建设美好泰州，是市委根据中央、省委精神要求，立足泰州所处的发展阶段，结合全市人民的共同愿望提出来的。要把“富民”放到发展的优先地位，不仅让全市人民物质生活更加富裕，还要让精神生活更加充实，得到更加全面的发展，更加充分地享受改革发展成果。要把“强市”作为“富民”的基础和保障，不仅提高全市经济硬实力，还要提高文化软实力，不断增强泰州的综合竞争力。要把“富民强市”寓于建设“美好泰州”的实践之中，努力建设一个充满创新创业活力、富有开放包容魅力、具有产业发展特色、生态宜居、文明和谐的新兴城市。

“十二五”期间，要完成好“两大任务”：一是全面建设更高水平小康社会，向率先基本实现现代化迈进。我市下一步的目标是，与全省同步，到2020年率先基本实现现代化。完成这个目标，“十二五”是承前启后、至关重要的阶段。要巩固全面小康成果，按照省委建设更高水平小康社会的标准要求，认真查找薄弱环节，丰富目标内涵，突出工作重点，力争大多数家庭达到全面小康生活水平，消除绝对贫困现象，切实提高人民群众的幸福感和满意度。在此基础上，要奋力追赶先进地区，力争在省委提出的“第二个率先”上争取主动。二是成功走出一条具有泰州特色和优势的科学发展、跨越发展之路。坚定不移地走有别于传统模式、常规路径的发展新路，重点在产业上形成特色，在核心竞争力上形成优势。到“十二五”期末，全面形成以四大千亿级产业为支撑的现代产业体系，建成“中国第一、世界有名”的医药高新区，城市、农村、社会、生态、人民生活等各个领域都有更好更快发展，主要经济社会指标在全省有明显进位，新兴产业比重、高新技术产业比重有较大幅度提升，能耗水平有较大幅度下降，努力走在科学发展的前列。

实现“十二五”目标，需要付出更加艰辛的努力。我们既要认真谋划长远，又要确立阶段性必成目标；既要充满干事创业的激情，又要有务实的态度、科学的方法、创新的举措，一步一个脚印地扎实推进，努力在新的起点上把泰州建设得更好、发展得更好，使“推进富民强市，建设美好泰州”的愿景变成生动的现实景象。

三、全力冲刺“三年再来一个大变化”，实现“十二五”发展良好开局

明年是“三年大变化”的成果检验之年、展现之年，要以实实在在的变化，迎接建党90周年、建市15周年和市第四次党代会召开，为“十二五”发展开好局起好步。明年主要预期目标是，经济增长12%，一般预算收入增长15%，城镇居民人均可支配收入和农民人均纯收入均增长12%，在各项工作成效显现的基础上，努力实现“五个全面提升”，推动经济社会发展再上一个新台阶。

1. 加快推进新型工业化，全面提升优势特色产业发展规模和层次。要认真落实“双轮驱动”政策意见，大力实施新兴产业双倍增计划、传统优势产业升级计划和服务业提速计划、凤城千人计划、规模企业培育计划等“五大计划”，打好转变经济发展方式主动仗。一是发挥“一城一区一园一带一块”的主体作用。要强化“**中国医药城就是泰州，泰州就是中国医药城**”的发展理念，把生物技术和新医药作为决定泰州未来竞争地位和发展前途的战略性产业，坚定不移地举全市之力建设医药城。以生物医药CMO（代加工）平台建成投用为契机，吸纳一批国内外最新生物医药创新成果落地生产，构建世界级生物医药创新成果产业化基地；推动3～4家世界前十强知名跨国医药企业落户园区，并建设生产基地；着力引进一批年销售10亿元以上的医药产品，培育一批年销售10亿元以上的医药企业，建成100条符合GMP规范的医药生产线；积极筹建生物医药产业基金，推动中国医药城（集团）股份有限公司早日上市，形成产业化、资本化相互促进、共同提升的新局面。加快推进**出口加工区**二期建设，建立符合国际惯例、高效运转的管理体制和运行机制，形成人流、物流、资金流、信息流集聚效应。抓好重大项目的建设和服务，争取早日投产，加快一批配套项目的跟进，力争尽快形成产出规模。高起点、高标准、高规格推进新能源产业园规划建设，主攻太阳能光伏和动力电池，加快产业集聚和产业链延伸，确保明年园区建设出形象、见成效。全力打造以临港产业为重点、以现代物流业为主体的沿江产业带，积极推进核心港区与世界500强跨国物流企业的战略投资合作，加快核心港区各项建设。着力打造里下河特色经济板块，着眼高端，提升内涵，彰显优势。在抓好上述"五个一"的基础上，各地要更加注重新兴产品的培育，选准突破口，加强引导扶持，以新兴产品集群推动新兴产业集聚。**二是**强化人才、项目、资本的支撑。泰州最缺的还是人才，要以优惠的政策、灵活的机制、宽松的环境，培养、引进、集聚、用好高层次创新创业人才（团队），让高层次人才在泰州创业低成本、创新不分心，以"人才链"牵动"产业链"。要注重产业招商，把"用地少、税源多、耗能低、排放少"作为选择项目的主要考量，重点引进实施一批重大投资项目和拥有自主知识产权的项目，重点突出高端项目招商和产业链招商，力争在引进重大产业项目上有新的突破。充分利用国内外风投、创投、基金等各类资本，积极运用企业上市、发行债券、产权交易等各种手段，打造资本运作平台，支撑产业发展。**三是**加速发展现代服务业。要主攻现代物流、金融、科技服务、软件和服务外包、旅游、现代商贸等领域，抓好服务业集聚区建设，引导各类生产性服务业企业集中、集聚、集约发展，加快打造一批百亿级集聚区，推动服务业发展提速、比重提高、结构优化。纵深推进工贸分离工作，在传统业务分离的基础上，推动企业分离、科技研发、信息咨询、投资服务、技术服务、工业设计等新兴业务。**四是**抓好经济运行服务和节能减排。对明年经济运行中的矛盾和问题，要及早研究，未雨绸缪，全力做好政策、土地、资金、用工、交通等综合协调服务工作，重视金融工作，及时有效地解决企业生产经营、重大项目实施中遇到的困难。不管明年形势如何偏紧，节能减排的"弦"不能放松。要加强源头控制、科技支撑、严格监管，进一步降低能源资源消耗、减少污染排放，确保完成年度目标。

2. 坚持走新型城镇化道路，全面提升中心城市功能和形象。泰州的城镇化发展，不是简单地建设地标、扩张规模，而是要更加注重满足人的需求，促进人的发展。明年，重点在"五个化"上加强探索、取得实效：**一是**加快推动市民化进程。要让更多的外来人员、农村劳动力有序进入中心城市和中小城市，在保障、教育、住房、医疗等方面，平等享受到城市公共服务，特别是要把落户农民工纳入住房保障体系和援助范围。要通过各种有效活动，加强对城市居民的教育引导，加快提升市民素质。**二是**加快推动城镇建设的特色化。城镇建设有特色才有生命力。各地对重点街区、主要建筑群，要总体构思，精心设计，在空间形态、经济形态和文化形态等方面体现个性特征，保护好历史遗存，同时留下当代人的印迹。要注重城市功能的特色化，尤其是小城市和重点镇的建设，尽量避免"小而全"，合理确定功能定位，把特色做大做强，更好地服务农村、错位发展。**三是**加快推动产业就业结构的多样化。各地要更加注重城镇经济的发展，在加快新兴产业发展的同时，不能放松传统产业的发展；在培育技术密集型、资本密集型企业的同时，也要扶持发展劳动密集型企业，努力让不同的人群都能拥有适合的发展平台。**四是**加快推动城镇的生态化转型。要坚持绿色低碳发展，以国家生态市建设为载体，重点抓好市（区）、乡镇、村各个层面的试点推进工作，让生态宜居成为泰州城镇发展的显著特色。**五是**加快推动同城化发展。推进中心城市和副中心城市之间基础设施统一布局、共建共享，逐步形成功能分工清晰、产业定位互有补充、基础设施网络连接、人员往来便捷通畅的组团式城市空间格局。

推进新型城镇化，必须做美做精中心城市。明年中心城市建设投入170多亿，对带动性强、群众呼声高、改善民生快的项目优先实施，重点安排。要坚持"内通外畅、衔接贯通"，不断优化空间形态。加强中心城市与周边的规划衔接，抓好外围快速通道建设和市内道路的两头延伸、衔接贯通，加快实施青年路和鼓楼路北延、迎春路东延、森园路西延等畅通工程。高新区要继续全面实施"路桥连网"工程，高港区要拉开"五纵九横"道路框架。要坚持"公益优先、服务均等"，加快完善城市功能。精心抓好历史文化街区保护，推进稻河古街区、城河人文景区、三水湾二期、柴墟水景街区等工程建设。全面建设新区文化、体育、金融、商务等功能区。大力推进城市综合体建设，加快东西大门改造、火车站街区和滨江新城建设，进一步完善城市商贸文化功能。实施"市区城乡公交一体化工程"，继续推进污水管网全覆盖和污水处理厂建设，完善城乡垃圾收运、处理体系，加强市区停车场所建设，进一步完善城市综合服务功能。要坚持"水城一体、生态发展"，精心打造生态宜居城市。突出抓好凤城河环境综合整治，加快整治卤汀河、周山河、南官河、老通扬运河等一批骨干河道，确保明年有一个较为彻底的改观。全面实施"建绿、扩绿、补绿、透绿"工程，建设一批城市主干道绿色走廊以及一批公共绿地，提高绿化面积和水平。明年，城市建设仍将是攻坚克难的阶段。要坚定不移地推进"阳光拆迁"，积极争取金融支持，精心组织市场运作，确保城市建设目标顺利完成。

3. 巩固和发展农业农村好形势，全面提升“三农”工作水平。积极适应农业农村发展新的形势特点，加快推动“三农”工作由抓生产向抓产业转变，由自然农业向设施农业转变，由投入拉动向创新驱动转变。**一是**以培养新生代农民为关键，推进农民创业就业。农业农村发展，根本在人，尤其要有新生代农民。要围绕发展高效农业，重点加强对专业种养大户、家庭农场经营者、农民专业合作社负责人、大学生“村官”的培训，培养一批具有较高技能、较强创业能力的现代农业生产经营者。要围绕发展农村中小企业，重点加强对返乡农民工、进城务工经商农民的培训，培养一批具有敏锐市场眼光、现代经营理念的农民企业家。明年力争培训农民4.5万人，新增创业农民5万人。**二是**以农业园区和特色基地建设为抓手，加快推进农业现代化。要深化高效农业“5218”工程，积极引导项目、资金、技术、人才向重大产业带、中心板块和农业园区集中，重点培育建设一批以新品种、新技术、新设施、新模式应用为特色的农业科技示范园区和劳动密集型、资源加工型的农产品加工园区。明年力争新增高效农业1.33万公顷，其中设施农业0.33万公顷。**三是**以重点镇村建设为引领，推进城乡统筹发展。要加强重点城镇控制性详规和专业规划编制，因地制宜培育主导产业，加快公共基础设施建设步伐，改善镇村面貌。对作为小城市打造的重点镇，加大“强镇扩权”改革力度，鼓励其加快发展、放手发展。要组织实施全面小康“十百千”提升工程，继续抓好新一轮农村实事工程，加快区域供水进村入户，深入推进农村脱贫攻坚工程，发展壮大村级集体经济，促进区域协调发展。**四是**以机制体制创新为保障，激发农村发展活力。要创新完善农业生产经营机制，发展各种形式的合作经营和股份经营，合理分配土地增值收益，用利益把农民和市场更紧密、更直接地联系起来，让更多农民成为发展的参与者、受益者。创新农村金融机制，积极推进村镇银行、农村小额贷款公司建设，推广“富民阳光信贷”的成功模式，引导更多的信贷资金流向农村。要进一步强化农业的投入导向，突出对基础设施的投入、对农业发展主体的扶持、对农村发展亮点的培植。加强和改进对农业农村工作的考评，更好地调动基层发展的积极性。

4. 更大力度地推进文化泰州建设，全面提升泰州软实力。文化泰州建设已经有了较好的基础平台，明年要进一步创新思路举措，提高组织程度，加大推进力度。**确保一个目标**，建成全国文明城市创建工作先进市。创建工作是文化泰州建设的重要内容，更是文化强市的有力支撑。要把创建工作与文化泰州建设同步推进，突出抓好城市文明素质和管理水平的同步提升，确保通过创建工作先进市验收。**主攻两大产业**，就是大力发展文化生态旅游和文化创意产业。泰州有基础的是文化生态旅游，有潜力的是文化创意。要加大全市文化生态旅游资源的整合和推广力度，加快筹划建设泰州文化创意产业园区。用足用好促进文化产业发展的系列优惠政策，成立文化产业发展专项引导资金，加大对国内外知名文化企业、重大文化项目的招引力度，用项目化的手段推进文化产业快速发展。深入推进文化体制改革，做大做强现有文化企业集团，培育更多的市场主体，激发文化产业发展活力。**实现三大突破**：一是在公共文化服务体系建设上实现新的突破。扩大公共文化设施的免费开放范围，充分利用大剧院、图书馆、博物馆、美术馆等新的载体平台，广泛开展高层次、高品位的文化活动，让文化成为市民生活的重要内容。加快推进乡镇（街道）、村（社区）文化设施建设，尽快实现“全覆盖”。发动社会力量投入建设、修缮保护各种文化公共设施。二是在文化人才队伍建设上实现新的突破。大力实施文化人才“百千工程”，大胆引进、培养和使用一大批懂文化、懂市场、善于经营管理的复合型高层次文化人才，打破制约泰州文化发展“瓶颈”。三是在提升泰州文化影响力上实现新的突破。围绕“文昌水秀、祥泰之州”的城市印象，加大对外宣传推介力度，做好历史文化名城申报后续工作，办好国际旅游节、梅兰芳艺术节等文化节庆活动，打响“医药名城”、“文化名城”、“生态名城”等城市“名片”。

5. 积极主动地适应社会转型，全面提升社会建设和管理创新能力。高度重视社会建设和管理中的新情况新问题，重点推进“三个转变”：**一是**扩大中等收入群体，促进社会收入结构从“宝塔型”向“橄榄型”转变。充分就业是发展的优先目标，创业富民是工作的优先导向。要以扩大就业增加工资性收入，以鼓励创业增加经营性收入，以拓展投资领域增加资产性收入，以加强政府扶持增加转移性收入，进一步拓宽城乡居民收入渠道，创成国家级创业型城市。扩大中等收入群体，根本途径在于大力发展民营经济。对民营经济发展，泰州没有“禁区”，要坚定不移地支持、保护、服务民营企业，力争明年新增注册资本200亿元以上，新办企业7000家以上。**二是**优化社会事业布局，促进基本公共服务从“非均等化”向“优质均衡”转变。明年要加大公共财政投入力度，重点向农村倾斜，向社会事业倾斜。文化教育、医疗卫生、社区服务等公共服务要进一步优化布局，优化资源配置，实现优质均衡，努力让人民群众得到更多实惠。完善社会保障体系，推进城乡社会保障并轨，提高城乡低保标准。进一步解决好突出的民生问题，落实“米袋子”、“菜篮子”行政首长负责制，加强重要商品供应和价格监测预警，落实好低收入群体生活保障。

加大保障性住房建设力度，加强房地产市场监管，促进房地产平稳健康发展。三是改进社会管理方式，促进社会管理由“防控型”向“服务型”转变。社会建设和管理，重点和难点都在基层。要推进社会公共事务公开，建立询问、听证和监督机制，推行民主化议事。加强社区组织和队伍建设，提高社区工作专业化水平，扩充管理职能，形成社区居委会主办、社会力量支持、群众广泛参与的工作机制，把城乡社区建设成为管理有序、服务完善、文明祥和的社会生活共同体。大力发展社会组织，更好地发挥社会组织在反映诉求、规范行为、协调利益和服务社会等方面的作用。要坚持重大决策风险评估制度，健全应急管理体系，完善“大防控”、“大调解”、“大接访”机制，畅通群众利益诉求和权益保障渠道，从源头上预防和化解矛盾，提高“平安泰州”、“法治泰州”建设水平。高度重视网络阵地建设，构建覆盖全市的社会管理信息网络，提高社会管理和公共服务整体效能。

四、凝聚推动“十二五”发展的强大力量，共同担负起时代赋予的使命和重任

实现“十二五”发展目标，党的领导是根本政治保证。要充分发挥党委总揽全局、协调各方的领导核心作用，以改革创新的精神全面推进党的思想、组织、作风、制度建设和反腐倡廉建设，最广泛地动员各方面力量，最大限度地调动一切积极因素，为顺利实现市委《建议》提出的目标任务而不懈奋斗。

*始终保持奋发有为的精神状态。*我们面临重要的发展阶段和光荣艰巨的使命，必须始终保持精神上的一种张力，把目标定得更高，把眼界放得更宽，把劲头鼓得更足。要继续深化主题教育活动，不断赋予新的内涵，推进新的思想解放。要在解放思想中凝聚共识，用泰州发展的美好前景激励人心、凝聚力量，进一步打牢共同奋斗的思想基础。要在解放思想中锐意进取，旗帜鲜明地鼓励创新、支持改革、善待挫折、宽容失败，更大力度地推进发展思路、体制机制、政策措施的与时俱进，以创新的思路和举措破解发展难题，增创新的优势。要在解放思想中勇于超越，不为过去的成绩而自满，不为既有的经验而束缚，不为传统的模式所局限，不断创造新的更大的突破。

*努力造就一支堪当重任的干部队伍。*发展转型，离不开干部队伍的素质转型。要扎实推进学习型党组织建设，继续多层次地开展干部培训，以“学习升级”促进“能力升级”，不断增强各级干部研究新情况、解决新问题的本领。要强化选人用人的鲜明导向，大力启用勇于担当、敢于打拼、善于突破的干部，在干事创业中锻炼干部，在攻坚克难中发现干部。今后一个时期，要积极推行公推公选、公推直选、公推比选等多种公开竞争方式，扩大竞争性选拔干部的比例、范围和岗位，推动竞争性选拔干部工作常态化、制度化和规范化，让更多的优秀干部脱颖而出。要进一步改进对干部的考核评价方式，注重从履行岗位职责、完成急难险重任务、关键时刻表现、对待个人名利等方面考察干部，努力做到更加客观公正。明年，市县乡三级党委集中换届，要及早筹划，稳步推进，真正把推动发展有韧劲、谋划发展有钻劲、创新发展有办法的干部选出来，用起来。要以新一轮“强基工程”为契机，更大力度地探索农村和社区基层组织建设的新办法新路径，提升基层组织战斗力。

*更加注重团结和依靠群众。*群众是发展的决定性力量，没有人民群众的支持和参与，我们什么事也做不成、干不好。推进明年及“十二五”发展，既要依靠群众、组织群众，更要让群众得益、让群众满意。凡是定政策、上项目、促改革，都要充分听取群众意见，充分考虑不同群众的承受能力，真正把群众要求想在决策之前，把群众工作做在执行之前，把群众利益落实在实施之前。要着力解决少数党员干部存在的不愿做群众工作、不善做群众工作的问题，推动各级干部深入基层，体察民情、体验民生、体会民意，努力使决策部署更加贴近群众意愿，让群众了解和理解，让基层抓得住、干得了。要充分尊重群众首创精神，及时总结基层新鲜经验，善于从基层群众中汲取智慧和力量。

*大力营造风清气正的发展环境。*发展需要更加过硬的环境。要顶真碰硬地推进作风建设，牢牢抓住“一把手”这个关键，一级抓一级，一级对一级负责；坚决克服部门权力利益化这一倾向，全面清理依附行政权力的中介收费，切断利益链条；强化制度建设这一保障，坚持用制度管人管事，用制度保障发展。要切实加强对重点领域、重点行业、重点部位的监管，对影响破坏投资创业环境的不良现象，有报必查、查实必纠，促进发展环境持续优化。各级干部特别是领导干部，要认真落实党风廉政建设责任制和《廉政准则》，管好自己，抓好班子，带好队伍，保持本色，以廉洁从政的模范行动取信于组织、取信于人民，在泰州发展的征程中作出应有的贡献、实现人生的价值、留下奋斗的足迹。

同志们，“推进富民强市，建设美好泰州”的历史重任已经落在我们肩上。宏伟的目标召唤着我们去努力奋斗，美好的蓝图鼓舞着我们去同心绘就，泰州人民的美好生活激励着我们去奋勇开拓。全市上下要切实把思想和行动统一到中央、省委对国内外形势的科学判断上来，统一到市委对经济社会发展的重大决策部署上来，突出主题、贯穿主线，激发动力、明确导向，开拓创新、团结拼搏，开创泰州“十二五”科学发展新局面，努力把泰州的明天建设得更加美好！

泰州市人民代表大会常务委员会工作报告

——2011年1月19日在泰州市第三届人民代表大会第四次会议上

市人大常委会副主任　王振南

各位代表：

现在，我受市人大常委会委托，向大会报告工作，请予审议。

2010年工作情况

2010年是我市大力实施双轮驱动战略、扎实推进建设全面小康社会进程的重要一年，市人大常委会在中共泰州市委的领导下，以邓小平理论和“三个代表”重要思想为指导，深入贯彻落实科学发展观，积极履行宪法和法律赋予的职责，为推进我市的经济建设、政治建设、文化建设和社会建设作出了积极的贡献。

一、积极推进开放创新，促进经济平稳较快发展

常委会紧紧围绕“三年再来一个大变化”目标，突出重点，深入调研，切实履行监督职能，大力促进经济平稳较快发展。

促进转变发展方式，加快经济转型升级。常委会把转变经济发展方式、促进经济转型升级放在突出位置，第19次会议听取和审议了市政府的专题报告，在充分肯定成绩的基础上，针对我市经济结构性矛盾依然突出、高新技术产业占比偏低、服务业总量偏小、创新型人才较为缺乏等不足，会议指出，要以开放创新为动力，完善创新激励机制，出台优惠政策措施，坚持人才优先发展战略，全力打造具有泰州特色的产业体系，促进经济平稳较快发展。大力培育新兴产业、推进重大项目的实施是我市经济转型升级的重要举措。第17次会议听取和审议了国民经济、社会发展计划及财政预算执行情况的报告，组织常委会委员和人大代表视察医药高新区、出口加工区、纬创资通等重大项目建设情况和工业重大技改项目实施进展情况，第21次会议对国民经济、社会发展计划及财政预算初步安排情况进行了初审。在审议和视察中，明确要求加大对医药高新区的财政支持力度，进一步推进新兴产业健康快速发展。常委会把监督节能减排作为促进经济转型升级的重点内容，坚持跟踪监督，协助省人大开展了节约能源法、省节约能源条例的执法检查。通过全市共同努力，近几年我市单位GDP能耗逐年下降，节能减排工作取得了明显的成效。

大力推进民营经济，增强区域发展活力。大力发展民营经济是推进富民强市的重要举措。市三届人大三次会议期间，部分代表联名提出了促进民营经济加快发展的议案。常委会组成专题调研组，对全市中小企业发展情况进行了调研，形成了调研报告，第16次会议作出了《关于进一步加快发展民营经济的决议》。决议从营造创业氛围、完善政策措施、健全服务体系、优化发展环境、加强组织领导等方面提出了要求。市政府对此高度重视，认真研究，明确了我市民营经济发展战略，制定民营经济三年跃升计划，完善政策措施，建立专项基金，鼓励民营经济又好又快地发展。

健全农业服务体系，大力推进现代农业。为进一步加快科技兴农步伐，常委会组织了专题调研，第15次会议听取和审议了农业科技创新和推广应用工作情况的报告，指出了农业科技公共服务体系不够完善、投入相对不足、队伍建设有待加强等问题，提出进一步深化农技推广体系改革，明确服务机构职责，加大农业科技创新投入；加强与科研院校紧密合作，强化农技人员队伍培训，促进农业增效、农民增收。为进一步推进农村社会化服务体系建设，第20次会议听取和审议了供销社改革和发展工作情况的报告，针对存在的问题和不足，提出了要积极规范完善农村市场的组织形式和运行机制，积极转变服务职能，拓宽服务领域，增强流通活力，使供销合作社真正成为农业社会化服务的骨干力量、农村现代流通的主导力量、农民专业合作的重要力量。森林覆盖率是我市全面实现小康的重要指标，在连续多年跟踪监督的基础上，又组织代表视察林业绿化工作，督促政府加大投入、完善措施、强化考核，努力提高我市森林覆盖率。

积极助推旅游产业，切实打造旅游品牌。高度重视旅游业的发展，主任会议听取了市政府关于全市旅游业发展情况的报告，要求坚持科学规划，理顺管理体制，整合旅游资源，在开发重大项目上求突破，在培育特色品牌上下功夫，在多元投入上创新路，在加快配套服务体系建设上求实效，促进全市旅游业上水平上台阶。

认真审查“十二五”规划，科学谋划长远发展。围绕“十二五”规划的编制进行深入调研，广泛集中民智，充分反映民意，第21次会议进行了初审。委员们对市政府提交的“十二五”规划（草案）中明确的指导思想、目标任务、保障措施，进行了认真的审议，围绕进一步加快推进“开放创新”双轮驱动战略、坚持走新型工业化道路、加快经济结构战略性调整、完善城市功能、统筹城乡发展、健全城乡一体的公共服务体系、保障和改善民生等方面提出了积极性意见，得到了市政府的高度重视，进一步完善了规划，为本次人代会审查通过“十二五”规划、使规划成为广泛凝聚共识、引领跨越发展的宏伟蓝图作出了积极的努力。

二、把握依法治市目标，维护社会公平正义

常委会紧紧围绕依法治市工作的重点，支持和督促“一府两院”依法行政、公正司法，推进社会主义民主法制建设，努力维护社会公平正义。

督促法院规范量刑。为有效解决量刑失衡，防止“同罪不同判、同罪不同罚”，第16次会议听取和审议了市中级人民法院关于规范量刑工作情况的报告，要求加大宣传力度，完善量刑程序，深入推进试点，完善机制，强化监督；加强审判队伍建设，提高审判人员思想政治素质和业务水平。通过全市两级法院的共同努力，我市法院规范量刑工作取得了较好的成效，同类案件量刑失衡问题明显改进，当庭宣判率明显提高。

督促检察机关加强诉讼监督。为推进诉讼监督，主任会议听取了检察院的专题工作报告，要求切实履行监督职能、强化诉讼监督，不断创新方式方法，在立案侦查、刑事审判、民事审判、行政诉讼、刑罚执行等方面充分发挥监督作用，特别是对涉及经济、民生以及社会和谐稳定的一些重点案件加大监督力度，确保诉讼的法律效果和社会效果的有机统一，为经济社会发展创造良好的法治环境。

组织代表旁听案件庭审。我们制定了《关于组织人大代表旁听法院庭审专项活动的意见》，在全市范围内开展人大代表旁听法院庭审活动。在市和各市（区）人大的组织领导下，全市共有近400人次的人大代表参加了这项活动，进一步推动了法院审判工作的公开透明，促进了司法公平公正。

加强规范性文件备案审查，推进政府依法行政。根据监督法的要求，对市政府报送的关于义务教育均衡发展、农业保险、调整市区城镇居民基本医疗保险政策等26件规范性文件进行了审查，维护了法制的统一。

常委会十分重视人大信访工作，坚持完善信访制度，加大交办督办力度，取得了良好的社会效果。一年来，共受理群众来信来访1348件（批次），及时化解社会矛盾，维护社会和谐稳定。

三、围绕中心城市建设，促进城市功能完善

加快中心城市建设，增强城市凝聚力和辐射力，是市委确定的重大发展战略。常委会围绕市委这一战略重点加强监督，为做大、做强、做优、做美中心城市作出了积极的努力。

认真审查城市总体规划。修编好泰州城市总体规划，是建设宜居城市的龙头，也是推动区域经济社会发展的重要保证。常委会组织相关工作机构从年初就开始着手收集有关材料，学习法律法规，阅读专业资料，制定审查方案；组成调研组，系统研读了政府提交的规划文本和图例（草案），分别召开部门单位、人大代表、市民规划师及网民代表座谈会，充分听取各方面建议意见。第19次会议对新一轮城市总体规划进行了审议，就城市未来的发展方向、功能定位、产业布局等方面提出了意见，要求依据国务院出台的长三角区域规划发展目标，谋划泰州中心城市发展的新构架；进一步完善中心城市空间形态和城市定位，调整优化工业园区布局；充实和优化区域综合交通，强化和完善市内公共交通；合理布局绿地系统，建设景观优美、生态良好的宜居旅游型城市；依法强化规划的集中统一管理，维护规划的权威性和严肃性。

跟踪督查建设文化泰州决议落实情况。常委会把推进文化重大项目建设作为增强城市文化魅力、提升泰州软实力的重要举措，对《关于加快推进文化泰州建设的决议》落实情况进行了专项督查，通过开展专题调研、组织代表视察等形式，实地检查博物馆、图书馆、美术馆、城市规划展示馆等文化基础设施建设进展情况，积极推动决议的贯彻实施。加强对历史文化古迹的保护与开发，是彰显城市历史文化内涵、提升城市文化品位的客观要求。主任会议专题听取了市政府关于城市历史文物保护工作情况的报告，提出要正确处理好文物保护与城市建设的关系，正确处理好文物保护与开发利用的关系，正确处理好文物保护与创新发展的关系。政府及相关部门以申报国家历史文化名城为抓手，进一步修编完善《泰州历史文化名城保护规划》，省泰中旧址、周氏住宅群等重点文物修缮工程取得了明显的实效。

积极推进重点工程建设。常委会十分重视城市重点工程建设情况，主任会议成员到交通部门集体调研，实地视察，要求抢抓国家扩大内需的机遇，着力推进重点交通工程建设，积极构建促进泰州经济社会跨越发展的大交通格局。组织视察了凤城河景区、稻河街区改造等城市重点工程，提出了进一步提升品位、完善功能、体现特色等建议，要求把凤城河景区、稻河街区建设成为泰州商贸旅游的重要板块、创业富民的重要阵地、休闲娱乐的重要载体；年底又组织人大代表对重点城建工程进行视察，要求坚持工程质量，加快工程进度，全力打造精品。我们还根据代表提出的加强凤凰河景区管理的建议开展专题调研，要求相关部门坚持依法行政，严格执行规划，坚决清理并杜绝违法建设，着力提升景区品位。

四、树立以人为本理念，积极推进改善民生

常委会坚持以人为本，切实关注民生，围绕人民群众普遍关注的热点难点问题，依法履职，积极作为。

开展专项评议，着力提高城乡低保水平。城乡低保是保护弱势群体、维护社会和谐的民心工程，我们将城乡低保工作列为专项评议的内容。一是加强组织领导。成立评议工作领导小组，召开专项评议动员会议，明确评议程序步骤，确定评议重点内容；举办法律知识讲座，组织参评委员和代表认真学习了相关法律政策。二是深入开展调研。在听取市政府关于全市城乡低保工作专题报告后，分赴四市两区，深入乡镇街道，召开基层干群座谈会，发放征求意见表，走访低保户家庭，当面听取意见。三是开展专题评议。第20次会议听取和审议了专项评议情况的报告，进行了满意度测评。在充分肯定成绩的同时，针对低保工作中存在的不足，要求加大低保宣传力度，增进全社会对低保工作的了解和支持；加大财政投入，建立与经济增长同步的低保标准自然增长机制，逐步推进城乡低保一体化进程；健全动态管理机制，真正做到应保尽保、应退尽退、应补尽补，按时足额发放；加强基层队伍建设，提高低保工作水平，促进城乡低保工作健康运行。

组织执法检查，切实保障食品卫生安全。食品安全事关群众生命健康，事关社会和谐稳定。常委会对食品安全法贯彻实施情况进行了执法检查。主任会议研究确定了执法检查重点、程序和方法，召开动员会议，举办专题法律辅导。在各市（区）人大开展自查的基础上，执法检查组对部分农产品生产基地、食品生产企业、经营单位、中小学校食堂和食品检测机构进行了集中检查。第17次会议听取了执法检查情况报告，提出了审议意见，要求进一步健全监管制度，完善监管体系，强化监管责任，整合监管资源，注重源头把关，加强食品检测能力建设，建立从源头到消费的食品安全长效管理机制，确保食品安全法律法规的贯彻落实。市政府成立了市食品安全委员会，制定下发“审议意见目标任务分解表”，层层落实责任；开展食品企业诚信体系建设，建立企业食品安全风险警示制度，完善“泰州市农产品市场准入工作实施方案”，从源头上保障农产品质量安全；有关部门加大食品日常检测频率，有力地净化了我市的食品市场环境。

强化跟踪监督，积极推进农村养老保险工作。去年是实施《泰州市人大常委会关于加快农村养老保险制度建设的决议》的最后一年。为保障决议的落实，常委会进行了专题审议，加强跟踪监督。市政府把建立新型农村社会养老保险制度作为改善民生十件实事之一，不断优化工作机制，加大财政投入，强化督查考核，全市新农保参保人数达120.9万人，实现了新农保制度和农民参保基本全覆盖的目标。

主任会议还听取了市政府关于侨务工作情况的报告，提出要切实维护侨胞的合法权益，全面落实优惠政策，把党和政府的温暖送到全体侨胞的心中；帮助解决侨资企业发展中遇到的矛盾和困难，使其成为推动泰州经济社会发展的重要力量。组织代表视察优抚工作，提出要健全优抚工作机制，落实各项优抚政策，完善优抚保障措施，提高优抚工作水平。

五、不断加强代表工作，充分发挥代表作用

常委会积极支持和保障代表依法履行职责，不断完善工作机制，丰富代表活动内容，代表的主体作用得到进一步发挥。

积极组织活动，拓宽代表履职渠道。一年来，共组织 8次代表专题业务培训、法律知识讲座、时政辅导报告、集中学习交流等活动，不断拓宽代表知情知政的渠道。完善主任、副主任接待代表日制度，规范工作程序，结合常委会议题听取代表意见，带领相关部门负责同志一起接待代表，对代表提出的重点问题进行梳理，以文件形式交“一府两院”及相关部门办理，促进了一批实际问题的解决。加强对代表小组活动的组织指导，及时下发活动意见，进一步提高了代表小组活动的质量；提请市委批转了市人大党组《关于领导干部代表积极参加闭会期间人大代表活动的意见》，对领导干部代表参加活动提出了明确要求。改进市人大代表年中专题调研方式，将调研与常委会审议议题相结合，把调研成果融入到市人大常委会的审议意见中，提高了调研实效。

加大督办力度，提高建议办理质量。三届人大三次会议期间，人大代表共提出议案、建议和意见185件。为推进代表建议办理工作，组织代表实地视察办理情况，专题听取和审议政府办理代表建议情况的报告，在年底对代表建议办理工作进行了回头看。市人大领导班子成员对“清理被挪用占用的停车场、缓解市区停车难”、“加强地下管道网络统一管理”等8件建议，分别牵头督办，取得了较好的效果。目前，《泰州市区停车场管理办法》正在修订，建成文化中心地下停车场，滨河广场地下停车场已经投入使用；起草了《城市地下管线规划建设管理办法》，组建了城网公司，全市地下管线信息化系统正在建设之中。通过认真督办和各承办部门的共同努力，市人大代表所提建议的办成率达到54.3%。

加强联系指导，推进基层人大工作。为加强对乡镇（街道）人大工作的指导，市人大负责同志带领相关工委深入市（区）乡镇（街道）广泛调研，听取了20多个乡镇（街道）人大工作情况介绍，实地察看“代表之家”建设情况；为总结经验、推进工作，专题召开全市乡镇（街道）人大工作会议，推广建设“代表之家”、开展工作评议、发挥代表模范带头作用等方面的经验和做法；提请市委批转了市人大党组《关于进一步加强乡镇（街道）人大工作的意见》，对加强基层人大的组织建设、制度建设，进一步做好乡镇（街道）人大工作提出了明确的要求。我们还坚持重点联系和普遍指导相结合，定期召开全市乡镇（街道）人大联系点工作座谈会，交流工作，推广先进，加强指导。继续加强“一个载体、两项制度”建设，推进代表接待选民、向选民述职并接受评议等经验做法，密切代表与选民和人民群众的联系，使代表活动常态化、规范化、有效化。

规范人事任免工作。一年来，我们坚持党管干部的原则，依法任免国家机关工作人员76人次，决定接受姚建华辞去市人民政府市长职务，接受张正方辞去市人大常委会副主任职务，接受陈勤辞去市人民检察院检察长职务，接受王爱平、邹祥凤辞去市人大常委会委员职务；决定任命徐郭平为市人民政府代理市长，决定任命周剑浩为市人民检察院代理检察长。以上事项，特向大会报告备案。

六、切实加强自身建设，努力提升人大工作水平

常委会以建设“学习型、服务型、创新型”机关为目标，深入开展创先争优活动，不断加强思想建设、作风建设、制度建设，巩固和扩大践行科学发展观主题实践活动成果。

深入贯彻全市人大工作会议精神。去年，市委专题召开了全市人大工作会议，为做好新时期地方人大工作明确了方向。市人大机关认真组织学习，积极改进工作，努力使人大工作更好地服务于全市经济社会发展大局、更好地推进地方民主法治建设。市人大机关加强政治理论和法律知识学习，定期举行交流；紧密结合工作实际，对常委会审议议题、执法检查议题、专项工作评议议题邀请专家举办法律法规专题辅导，把握精神实质，更好地做到知法懂法，依法履职，增强实效。主任会议成员不断丰富调研课题，围绕转变发展方式、推进双轮驱动、加快城镇化建设、发挥代表作用等方面开展专题调研，提出建议意见；积极改进调研方式，在座谈讨论、实地察看的同时，通过个别走访、明查暗访、充分听取基层群众意见等形式更好地了解实情，谋求实效；切实加强机关党建工作，积极开展领导干部下访、结对帮扶、扶贫济困等各项工作，为人民群众排忧解难。

不断创新工作方法。以监督法为依据，积极探索监督工作的有效形式，认真开展专项工作评议，增强监督的刚性约束力；对常委会作出的决议和部分议题的审议意见落实情况进行跟踪监督，要求相关部门及时反馈并进行再审，监督效果有了明显提高；为进一步发挥代表作用，主任会议研究制定了《泰州市人大常委会代表优秀议案和建议评选办法》，并及时开展评选活动，鼓励代表深入调查研究，增强履职意识。

加强人大理论研究和人大宣传工作。不断总结人大工作经验，积极探索地方人大工作的规律特点，取得了一定的理论研究成果。举办人大法律知识竞赛活动，加强与新闻单位的联系，在《泰州日报》设立人大工作专版，积极宣传人大工作。继续办好《泰州市人大常委会会报》、《泰州人大》等刊物和泰州人大网站，在反映民意、联系代表、交流人大工作等方面发挥了重要作用。

回顾过去的一年，我们的工作得到了广大代表的大力支持，得到了“一府两院”的积极配合，在此，我谨代表市人大常委会，向大家表示衷心的感谢！在肯定成绩的同时，我们清醒地认识到工作中仍然存在一些不足，主要是：监督方式需要进一步完善，监督实效需要进一步增强，代表作用需要更好地发挥，机关自身建设有待进一步加强等。对此，我们将认真研究，在今后的工作中不断加以改进。

2011年工作初步安排

各位代表，2011年是实施“十二五”规划的开局之年。新的一年里，市人大常委会将在中共泰州市委的领导下，以邓小平理论和“三个代表”重要思想为指导，深入贯彻科学发展观，认真落实党的十七大、十七届五中全会和中央经济工作会议精神，紧紧围绕市委三届十次全会和本次人代会确定的目标任务，主动服务大局，切实关注民生，不断推进民主法治建设，努力开创人大工作新局面。

一、坚持紧贴主题，在推进科学发展上作出新

贡献

更加注重促进转变发展方式，推进经济结构调整。紧紧围绕我市经济社会发展总体要求，积极行使好重大事项决定权、监督权，加强对国民经济、社会发展计划和财政预算执行情况的监督，促使各项目标落到实处；听取和审议行政事业单位国有资产管理工作情况的报告，督促相关部门加强资产监管，提高资产效益，防止国有资产流失；听取和审议我市建筑业发展情况的报告，促进我市建筑业转型升级，积极构建“建筑之乡”新优势；跟踪督查市人大常委会加快发展民营经济决议的落实情况，积极推进我市民营企业跨越发展；加强对重点交通工程建设情况的监督，跟踪督查关于加快凤城河景区建设决议的落实情况，不断优化城市形态，完善城市功能，积极打造生态宜居城市。

更加注重“三农”工作，推进新农村建设。听取和审议农业机械化促进法贯彻实施情况的报告，促进农业生产经营条件不断改善，农业生产技术水平和经济效益不断提升；对省水利工程管理条例贯彻落实情况进行执法检查，更好地发挥我市水利工程抗御自然灾害的作用；对农民合作经济组织建设情况进行督查，促进农民合作经济组织健康快速发展，更好地发挥推动农业发展、致富农民群众的积极作用。

更加注重以人为本，推进民生改善。检查监督为民办实事项目落实情况，确保人民群众得到实惠；听取和审议安全生产法贯彻实施情况的报告，防止和减少生产安全事故，保障人民群众生命财产安全；听取和审议义务教育法贯彻实施情况的报告，促进教育资源合理配置，推进教育事业均衡发展；督查物价工作，推动市场价格监管，查处价格违法行为，维护市场良好价格秩序；跟踪督查食品安全法执法检查审议意见落实情况，积极推进区域供水工程的实施，切实保障人民群众饮食饮水安全；跟踪检查城乡低保专项评议意见落实情况，督查农村五保供养情况，真心实意为人民群众谋福祉。

二、坚持依法治市，在促进民主法治建设上体现新作为

积极履行法定职责，着力推进法治泰州建设，努力实现社会和谐稳定。督促政府认真制定法制宣传教育“六五”规划，加强监督检查，促进法制宣传教育落到实处、取得实效。加强规范性文件备案审查，促进政府依法行政，切实维护法制的统一。听取和审议妇女权益保障法贯彻实施情况的报告，切实推进妇女事业的发展，维护妇女合法权益。听取市政府关于禁毒工作情况的报告，推动禁毒宣传教育，强化全民预防工作，建立完善禁毒长效管理机制，加强对重点场所的管理，坚决打击毒品犯罪活动。听取和审议市中级人民法院关于社会矛盾化解工作情况的报告，促进市中级人民法院加强法律宣传，坚持能动司法，突出源头预防，消除不稳定因素，充分发挥法院化解社会矛盾的重要作用。听取市人民检察院关于检察官法贯彻实施情况的报告，促进检察机关进一步加强检察队伍建设，提高思想和业务素质，严格规范管理，健全监督机制，充分发挥检察职能，为我市经济社会跨越发展创造良好的环境。加强人大信访工作，切实维护群众合法权益。

三、坚持优化服务，在发挥代表作用上谋求新进展

坚持人大代表主体地位，充分发挥代表作用。举办有针对性的学习培训，进一步拓宽代表知情知政的渠道。加强代表对人大工作的参与，增加代表参加调研和视察活动的人次，更加广泛地听取基层代表的意见建议。充分发挥代表小组的作用，围绕制约全市科学发展、跨越发展的深层次问题深入调研、提出建议。加大对代表建议办理的督办力度，组织专题审议，开展视察检查，坚持跟踪督办，不断提高落实率和解决率，把代表依法履职的积极性保护好、发挥好。为人大代表做好服务，认真落实各项制度，进一步提高服务水平。积极推动乡镇（街道）人大工作会议精神的贯彻落实，充分发挥好乡镇（街道）人大在推动经济社会发展中的重要作用。

四、坚持求真务实，在提升人大工作水平上落实新举措

加强思想建设，牢固树立开拓创新、求真务实的意识。加强作风建设，对事关经济社会发展大局和人民群众切身利益的重点工作深入开展调查研究，更好地做到知实情、说实话、谋实效。加强工作创新，对社会关注的热点问题开展专项工作评议，加大监督力度；根据监督法要求，对一些社会影响大、群众关注多的重点问题进行专题询问。加强制度建设，制定《泰州市人大常委会审议意见办理办法》，形成审议之前重调研、审议过程讲民主、审议意见求实效的工作机制，切实抓好审议意见的落实与反馈，促进经济社会又好又快发展；制定《泰州市人大常委会议案处理办法》，规范议案处理程序，增强议案处理实效。加强人大理论研究，有效指导人大工作实践。加强人大宣传工作，为推进人大工作营造良好的社会氛围。

各位代表，泰州的发展正站在新的历史起点上，时代赋予重任，人民寄予厚望。让我们在中共泰州市委的领导下，深入贯彻落实科学发展观，以更加饱满的政治热情，更加昂扬的精神状态，更加务实的工作作风，更加有效的工作措施，为实现“十二五”规划开好头、起好步，为“推进富民强市、建设美好泰州”而努力奋斗！

政府工作报告

——2011年1月18日在泰州市第三届人民代表大会第四次会议上

代市长　徐郭平

各位代表：

现在，我代表市人民政府向大会作工作报告，请予审议，并请市政协委员和其他列席人员提出意见。

一、2010年工作和“十一五”发展回顾

过去的一年，在中共泰州市委的正确领导下，我们积极应对宏观形势的新变化，始终坚持以科学发展观总揽全局，紧紧围绕“三年再来一个大变化”目标，大力实施开放创新“双轮驱动”战略，协调推进全市经济、政治、文化与社会建设，圆满完成市三届人大三次会议确定的目标任务。

经济平稳较快增长。认真落实促进经济增长的关键举措，经济回升向好势头得到巩固和发展。全年预计实现地区生产总值2000亿元左右，可比增长14%，人均地区生产总值突破6000美元。三次产业增加值分别为148亿元、1127亿元和725亿元，分别增长4.5%、14%和 14.2%。全市财政总收入456.4亿元，增长32.7%，地方一般预算收入170.8亿元，增长23.2%。全社会固定资产投资1538亿元，增长31.9%。社会消费品零售总额550.3亿元，增长19%。农业生产持续发展。深入推进“5218工程”，新增高效农业面积1.97万公顷，粮食生产实现“七连增”。新增市级以上农业龙头企业12家、三大合作组织400多家，农业利用“三资”45亿元。新增国家级农业标准化示范区2个，新获认证无公害农产品、绿色食品和有机食品350个。全市森林覆盖率达18%。兴化市再获“全国粮食生产先进县标兵”称号，市农业开发区创成省级现代农业产业园区。成功举办首届农艺节。工业运行质态良好。预计全市规模以上工业销售收入4640亿元、利税550亿元、利润330亿元，分别增长33%、32%和33%。装备制造业、三大新兴产业分别完成产值2050亿元、600亿元，分别增长32%、30%。预计全年工业技改财务发生数950亿元，实施亿元以上重大技改项目192个，其中10亿元以上项目13个。18个项目列入国家、省重点产业振兴和技术改造投资计划。民营经济发展提速，新办私营企业10568家，净增私营个体经济注册资本337亿元，增长71.3%;认真办好中小企业“六件实事”，7家企业跻身中国民营企业500强。实施品牌发展战略，新增中国驰名商标5件。强力推进节能减排，单位地区生产总值能耗完成省定指标，二氧化硫排放量和化学需氧量分别削减27.8%、2%。建筑业加快发展，完成总产值1271.5亿元，增长16.1%，新增一级施工总承包资质企业2家。服务业发展成效明显。深入推进“833工程”，8大服务业集聚区实现营业收入340亿元，30个重点项目完成投资97亿元，30强企业实现利税11.6亿元。金融业发展加快，浦发银行、招商银行、江苏长江商业银行泰州分行开业，兴业银行泰州分行获准筹建，新增农村小额贷款公司22家，“富民阳光信贷”试点取得积极成效。年末全市本外币存款余额2359.8亿元，贷款余额1531亿元，分别比年初增长23.1%和27.1%。亚星锚链、新扬子造船成功上市。旅游经济成为新的亮点，全年接待游客1100万人次，预计实现总收入118亿元。

开放创新成效突出。深入实施“双轮驱动”战略，着力提升开放水平、增强创新活力。突出台资、央企招引，精心组织招商活动，建立重大项目绿色通道，总投资80亿元的中海油、9800万美元的扬子江物流等项目成功落户。全年注册协议外资39.7亿美元、实际利用外资13.6亿美元，分别增长46.3%、29%。新批3000万美元以上项目21个。完成自营出口58.8亿美元，实现外经营业额5.8亿美元。全面推进中国医药城各大功能区建设，新开工面积超过100万平方米。正式启动部省共建机制，成功举办苏台生物医药健康产业峰会、首届中国(泰州)国际医药博览会。国家级出口加工区一期封关运作，纬创一期等重大项目即将竣工投产。新能源产业园加快建设，项目集聚势头日益显现。沿江开发纵深推进，在建总投资1亿美元或10亿元人民币以上重大产业项目20个，核心港区建设取得积极进展。口岸工作有序开展，海关、国检、海事、边检为开放型经济发展作出新贡献。外事、侨务和港澳台事务工作取得新成绩。我市再次被台湾电电公会评为值得推荐城市。着力推动创新型经济发展。全年实现高新技术产业产值1552.1亿元，占规模以上工业比重提高1.4个百分点。深化政产学研合作，“企业院校行”成功举办，中科院泰州技术市场网等载体功能明显增强。建成国家级博士后工作站3家、省级工程技术研究中心39家;新增产学研联合体110个、国家重点新产品13个、省级高新技术产品199个、省级创新型企业45家，3家企业被认定为省重点软件企业。入选国家科技重大专项6个、省成果转化资金项目15个，入选数均居全省前列。新获授权专利4198件，建成国家级知识产权维权援助中心。全年引进创新创业人才团队54个、高层次人才805名，其中海外优秀人才167名。教育部“蓝火计划”在高港启动。各市(区)均创成全国科普示范县(市、区)。

城乡建设扎实推进。坚持市区一体，强化资金筹措，推行阳光拆迁，加快建设进度，市区城建投资超过150亿元。新一轮城市总体规划修编通过部省联合审查，城乡规划体系逐步健全。强力推进“十大工程”建设。中国医药城会展交易中心一期投入使用，规划展示馆建成，博物馆、图书馆、美术馆主体封顶，华侨城一期、三水湾一期开业，凤城河环河整治、城市水生态环境建设、老通扬运河整治二期、青少年科技活动中心和职工活动中心、周山河街区“四路七桥”、高港大道等工程加快实施，人民医院新院、新区高级中学前期工作有序开展。万达城市综合体、省泰中老校区改造、稻河古街区民俗文化展示中心加快建设，莲花学校二期、革命烈士纪念馆一期竣工。迎春路东延即将贯通，京泰客运站主体完工，火车站街区启动建设。深入推进文明城市创建，着力提升城市管理水平，创成省优秀管理城市。各市加大城建力度，靖江滨江新城核心区建设成效明显，泰兴“三城四片五重点”城乡建设格局初步形成，姜堰创建国家卫生城市通过国家技术评估，兴化城市“水文特色”进一步彰显。继续加强新农村建设，全市新(改)建农村公路500千米，改造农村桥梁200座，改厕91435座，疏浚河道3019万立方米；继续实施全面小康村“十百千”工程，新创市级先行村300个;大力推进“125工程”，重点镇村规划编制基本完成，项目建设不断加快。推进重大基础设施建设，泰州长江大桥及北接线工程加快实施，江海高速、328国道改线建成通车，长江大道先导段基本建成。4条省道新建或改线、周山河船闸改造、卤汀河拓浚等工程开工建设。电力、邮政、通信等基础设施建设步伐加快。

社会事业加快发展。推进区域教育现代化创建，靖江、泰兴、高港通过省级验收;促进义务教育均衡发展，24所“公有民营”学校回归公办;加快发展高等教育，南京中医药大学翰林学院建成招生。加强文化泰州建设。历史文化名城保护规划获批，国家历史文化名城申报通过专家评估。完成北山寺改造、岳庙修复和周氏住宅修缮主体工程，兴化金东门历史文化街区对外开放。泰州淮剧和茅山号子入选国家级非物质文化遗产名录，3人入选省非物质文化遗产传承人。歌舞《荡湖船》获全国群星奖，9部戏剧作品获全国戏剧文化奖。加快乡镇(街道)宣传文化中心和村文化室建设，农家书屋实现全覆盖。泰州报业传媒集团和广播电视传媒集团成立，文化旅游发展有限公司组建。成功举办国际旅游节、梅兰芳艺术节，承办省新人新作歌舞大赛。调整优化卫生资源配置，基本药物制度加快实施，公立医院改革试点取得新进展。积极组织参加省第十七届运动会，奖牌总数排名比上届前移5位，荣获青少年部进步奖全省第一名。人口出生率稳定在较低水平，对持“独生子女光荣证”的市区企业退休职工发放一次性奖励，市计生协会被表彰为“全国先进集体”。认真抓好第六次全国人口普查工作。深入实施生态市建设行动计划，加快推进城镇污水处理设施建设，企业违法排污整治、秸秆烟害防控和能源化利用等工作取得新成效。加强耕地保护，土地集约利用水平进一步提高。市民防局荣获“全国人民防空先进单位”。市供销社成为全国总社改革发展联系点。史志档案、社会科学、无线电管理、气象、防震和民族宗教、妇女儿童工作继续加强，质监、银监、工商、税务管理为地方经济发展作出新贡献，国防教育、国防动员、民兵预备役、双拥工作取得新成绩。

人民生活明显改善。落实防通胀、稳物价等政策措施，办成一批改善民生实事，着力提升人民群众生活水平。预计全市城镇居民人均可支配收入20250元，农民人均纯收入9240元，分别增长12%、13%。以创建国家级创业型城市为抓手，认真实施创业带动就业行动计划，全年净增城镇就业6万人、失业人员再就业2.9万人，新增创业5.5万人。推进城乡居民养老保险全覆盖，参保城镇职工和居民医药费报销比例及支付限额大幅提高。新型农村合作医疗参保率达99.6%，政府补助4.2亿元，受益农民320万人。工伤保险实现市级统筹“五统一”。城乡低保实现动态管理下的应保尽保，标准分别提高到每月340元和210元。市区残疾人养老保险全面启动，向4556名重度残疾人发放护理补贴。医疗救助专项资金累计支出2353.5万元，救助11.3万人次。初步建立普惠型社会福利体系，全市新增居家养老服务站348家、省级示范性居家养老服务中心4家，五保集中供养率达65%。完善抚恤补助标准自然增长机制，共向21905人发放补助金1.3亿元。慈善事业长足发展，救助对象近6万人。加强住房保障工作，全市新增保障性住房9505套。市区公交发展有了根本性改善，公交车万人拥有量比上年增加1倍，新建首末站5个，新辟、优化线路26条。深化放心消费创建，市区5家农贸市场完成升级改造。区域供水工程泰兴、姜堰主管网建成，农村饮用水安全工程新增受益人口47.7万人。定期举办“百姓大学堂”等市民素质教育活动，市“百姓名嘴”宣讲队荣获全国基层理论宣讲先进集体。扎实抓好基层基础工作，全市安全生产形势总体平稳。加强食品药品安全监管，保障人民生命健康安全。

自身建设继续加强。加大对经济工作的组织推进力度，制定出台《实施开放创新双轮驱动战略，推进经济转型升级的若干政策》、《加快市区民营中小企业发展政策意见》、《加快市区现代服务业重点产业发展的奖励办法》等政策意见。深化行政管理体制改革，政府机构改革顺利推进，医药高新区组建。“网上政府”建设取得新成效，行政权力网上公开透明运行通过省考核验收。积极推行新闻发言人制度，认真办好市长公开电话、市长信箱和行风热线。自觉接受市人大及其常委会的监督和市政协的民主监督，注重发挥民主党派、工商联、无党派人士和工会、共青团、妇联等群众团体作用，认真办理人大代表建议和政协提案，满意(含基本满意)率100%。加强平安泰州、法治泰州建设，严格落实信访维稳工作责任制，积极推进干部大走访，不断完善大调解机制，保持社会稳定。强化应急管理，妥善处置各类突发事件，江苏省(泰州)应急救援中心一期建成启用。圆满完成对口援建四川绵竹拱星镇各项任务，认真做好对口支援新疆昭苏县工作。加强基层民主法制建设，“五五”普法成效明显，村民委员会、社区居委会换届选举顺利完成。开展村组(社区)股份合作制改革，市区114个村、14个组完成改革，80个村撤村建居。严格执行党风廉政建设责任制和《廉政准则》，源头治腐和纠风治乱力度加大;强化效能监察和监督检查，执行力得到新提升。机关公有资产管理进一步加强，节约型机关建设取得积极进展。

在充分肯定成绩的同时，我们也清醒地看到，全市经济社会发展中还存在一些问题和不足。主要是：经济结构性矛盾仍然突出，节能减排压力较大;高层次人才等资源要素缺乏，核心竞争力不够强;中心城市功能尚不完善，城乡统筹发展还需不断强化;社会保障水平需要进一步提高，就业形势不容乐观;城乡居民持续增收难度加大，困难群体生活有待进一步改善;政府自身建设还存在一些薄弱环节，行政管理体制和行政效能滞后于发展要求，社会建设和管理能力需要加快提升，等等。对上述问题，我们将采取切实有效措施，在今后的工作中努力加以解决。

各位代表，刚刚过去的2010年是实施“十一五”规划的最后一年。五年来，我们始终坚持科学发展，既重视打牢经济基础，又重视彰显特色和优势，更重视改善民生、促进和谐，全市经济社会发展取得巨大成就，既定的主要发展目标圆满完成。

坚持加快发展，优化经济结构，综合实力明显提升。预计2010年全市地区生产总值是“十五”期末的2.3倍，年均增长14.4%;财政总收入、地方一般预算收入分别是“十五”期末的4倍、3.6倍，年均分别增长32%和29.3%;累计完成全社会固定资产投资4841亿元，是“十五”的3.8倍，年均增长30.6%;本外币存贷款余额分别是“十五”期末的2.8倍、3.4倍。高效农业、新兴产业和现代服务业成为三次产业发展的重要支撑，三次产业结构由“十五”期末的11.1：57.8：31.1调整为7.4：56.4：36.2，“1+3+N”产业发展格局初步形成。建成全国唯一的国家级医药高新区，成为“十一五”发展最突出的亮点。

坚持创新发展，深化改革开放，增长动力持续增强。行政管理、市区体制、社会体制等关键领域改革取得重要进展，区划调整稳步推进，农村税费改革成效明显，投融资体制改革不断深化。累计实际利用外资51.1亿美元、自营出口201.4亿美元，分别是“十五”的3.4倍、5.4倍。国家医药高新区和出口加工区的建成，实现了招引重大产业项目和重大载体建设的历史性突破。私营个体经济注册资本1337.5亿元，是“十五”期末的4.1倍。高新技术产业产值占规模以上工业比重比“十五”期末提高4.1个百分点。连续三次被评为全国科技进步先进市，建成全国知识产权工作示范市。

坚持统筹发展，改善人居环境，城乡面貌显著变化。中心城市建设累计投入520亿元，是“十五”的2.5

倍。城市框架进一步拉开，北部老城区改造、南部新城区建设、滨江港城区发展全面加快，建成区面积扩大到61平方千米。创成国家卫生城市、国家环保模范城市、国家园林城市、中国优秀旅游城市和全国双拥模范城市。城乡统筹发展步伐加快。中小城市、重点镇村梯次推进、联动发展的格局初步形成，城市化水平达53%。新农村建设取得积极进展，农村新“5+1”实事顺利完成。泰州电厂、苏中机场、泰州长江大桥、宁启铁路复线电气化改造、江海高速等一批重大基础设施项目相继实施建设，有的已建成投运。区域经济竞相发展，市区经济发展加快，四市均进入全国百强县行列。

坚持协调发展，强化公共服务，社会事业全面进步。全面实现城乡义务教育免费入学，教育教学质量稳步提升;职业教育服务功能不断增强，高等教育规模和层次实现重大跨越。医药卫生体制改革扎实推进，基层医疗卫生服务体系基本建成。加强文化泰州建设，推动文化体制改革，积极发展文化产业，着力构建公共文化服务体系。妇女儿童、人口计生、民政福利、社会救助等社会事业发展取得新进展。环境质量综合指数稳定在85以上，四市全部创成国家级生态示范区。

坚持和谐发展，着力富民安民，人民生活更加殷实。以县为单位，全部达到省定小康目标，全市总体实现全面小康。城乡居民收入分别是“十五”期末的1.9倍和1.8倍，年均分别增长14.2%和12.6%。就业服务体系建设扎实推进，累计新增城镇就业33.7万人，登记失业率始终控制在3.5%以内。在全省率先构建多层次全覆盖的城乡社会保障体系，三年脱贫攻坚任务全面完成，住房体系初步形成，人民群众生活质量和环境有了新的改善。创新信访工作机制，在全国率先建立党政干部下访制度，成为全省社会治安综合治理先进市。

“十一五”经济社会发展的巨大成就，为“十二五”发展夯实了基础、积蓄了力量。这些成绩的取得，是全市人民在中共泰州市委领导下，团结一致、开拓创新、克难奋进的结果，与市人大、市政协的监督、支持密不可分。在此，我代表市人民政府，向辛勤工作在全市各行各业的广大干部群众，向给予政府工作热情支持和有力监督的全体人大代表、政协委员，向各民主党派、工商联、无党派人士、各人民团体和广大离退休老同志，向中央和省驻泰机构以及驻泰部队指战员、武警官兵和公安干警，向所有关心支持泰州发展的海内外朋友们，表示衷心的感谢!

二、“十二五”发展目标任务

各位代表，“十二五”是我市全面建设更高水平小康社会、向率先基本实现现代化迈进的重要时期，是加快转变经济发展方式、推动经济社会转型升级的关键阶段。为谋划未来五年发展，2009年以来，市政府组织开展了“十二五”规划编制工作。党的十七届五中全会以后，按照中央和省委的要求，根据市委三届十次全会通过的《中共泰州市委关于制定泰州市国民经济和社会发展第十二个五年规划的建议》，市政府制定了《泰州市国民经济和社会发展第十二个五年规划纲要(草案)》，提请大会审议。

“十二五”时期，经济社会发展的指导思想是：坚持以邓小平理论和“三个代表”重要思想为指导，深入贯彻落实科学发展观，以“推进富民强市、建设美好泰州”为主题，以加快转变经济发展方式为主线，以开放创新“双轮驱动”为动力，以新型工业化和新型城镇化为导向，着力推进经济结构调整，着力统筹城乡发展，着力加强文化泰州建设，着力保护生态环境，着力促进社会和谐稳定，努力走出一条具有泰州特色和优势的发展新路，向率先基本实现现代化迈进。

“十二五”时期，经济社会发展的主要目标是：地区生产总值年均可比增长12%左右，到2015年达4000亿元左右，比2010年翻一番，人均地区生产总值达85000元左右。财政总收入、地方一般预算收入年均增长15%。累计实际利用外资100亿美元，外贸进出口总额220亿美元。全社会固定资产投资、社会消费品零售总额年均增长16%。城镇居民人均可支配收入、农民人均纯收入年均增长12%左右，低收入者收入明显增加。

“十二五”发展的重点任务：一是构建现代产业体系，提高产业竞争力。坚定不移地走新型工业化道路，着力打造“1+3+N”产业体系。积极优化产业布局，加快构筑“一城一区一园一带一块”产业空间格局。坚持现代服务业与先进制造业融合互动，推动服务业发展提速、结构提升、层次提高，服务业增加值年均增长13%，生产性服务业比重逐步提高。积极发展现代农业，高效农业比重稳步提升。二是实施“双轮驱动”战略，建设开放创新城市。举全市之力建设中国医药城，基本建成“中国第一、世界有名”的医药高新区。坚持高起点引进、高位嫁接和高水平产学研合作，加强创新能力建设和产业创新支撑。研发经费支出占地区生产总值比重达2.5%，高新技术产业产值占规模以上工业比重达38%以上。更加注重招引新兴产业、优势主导产业重大项目，利用外资质量、规模不断提升。大力实施人才强市战略，坚持人才优先发展，加快建设人才高地。依托城市和开发园区，优化开放创新环境。三是突出中心城市建设，提升集聚辐射能力。积极改造老城区，加快建设新城区，大力发展港城区，进一步完善城市发展格局。健全城市社会服务、商贸服务、公共交通、公用设施四大体系，不断完善城市功能。精心打造生态宜居城市，着力提升城市品质。优化产业布局，打造“五大板块”，做强市区经济。四是统筹区域协调发展，加快城乡一体化步伐。坚持走新型城镇化道路，加快建设新农村，着力构筑中心城市、副中心城市、小城市、特色城镇协调发展的格局。更高层次统筹区域发展，加快形成中心城市、沿江地区、里下河地区及黄桥老区等三大经济区协调发展的新局面。加强城乡重大基础设施建设，为经济社会发展提供有力支撑。城市化水平达60%左右。五是加强社会建设与管理，着力保障和改善民生。坚持经济增长与就业增长良性互动，促进社会充分就业，五年累计新增城镇就业30万人。完善社会保障体系，城乡居民社会保障基本实现全覆盖，社会保障水平进一步提高。坚持政府保障与市场供给相结合，不断完善保障性住房体系和商品房体系，防止房价过快上涨，促进房地产市场平稳健康发展。全面发展各项社会事业，继续推进教育现代化，泰州大学筹建取得实质性进展，建成教育强市;加强公共卫生服务体系建设，建立覆盖城乡的基本医疗卫生制度，着力构建多元办医格局。加强民主法制建设，推动社会管理创新，保持社会和谐稳定，人民群众对社会治安满意率保持98%以上。六是推进文化泰州建设，全面提升文化软实力。扎实推进文明城市创建，努力创成全国文明城市。加快发展文化事业，力争跨入国家历史文化名城行列。大力发展文化产业，积极推进文化创新，努力形成富有活力、形态多样的文化产业集群。七是提高生态文明水平，促进可持续发展。加强生态建设和保护，持续改善环境质量，创成国家生态市。加快建设资源节约型社会，努力建成国家级节水型城市。单位地区生产总值能耗下降率、二氧化碳排放削减率、主要污染物排放削减率达到省定目标要求，环境质量综合指数保持在85以上，森林覆盖率达22%左右。八是加快改革步伐，激发体制机制活力。着力转变政府职能，创新公共服务方式，实现基本公共服务提供主体和提供方式的多元化，促进非基本公共服务市场化。完善市区管理体制，推动一般性、具体性工作任务重心下移，实现重大规划、重大项目的统一协调。深化投资体制改革，强化企业投资主体地位，提高政府投资决策水平。大力发展民营经济，扩大民间资本投资领域。创新农村发展机制，积极推进农村综合改革。

三、2011年工作任务

各位代表，今年是建党90周年、建市15周年，是实施“十二五”规划的开局之年，也是经济社会发展“三年再来一个大变化”的成果展现之年，做好今年的工作具有十分重要的意义。我们将全面贯彻党的十七届五中全会、省委十一届九次全会精神，认真落实市委三届十次全会决策部署，突出主题、贯穿主线，激发动力、明确导向，全面提升经济社会发展水平。

全市国民经济和社会发展主要调控目标为：地区生产总值增长12%;财政总收入增长15%，一般预算收入增长15%;社会消费品零售总额增长18%;全社会固定资产投资增长20%;实际利用外资12亿美元;外贸进出口总额增长15%以上;城镇居民人均可支配收入增长12%，农民人均纯收入增长12%;居民消费价格总水平涨幅控制在4%左右;城镇登记失业率控制在3.5%以内;研发经费支出占地区生产总值比重1.9%，高新技术产业产值占规模以上工业比重32%以上;单位地区生产总值能耗下降率、二氧化碳排放削减率、主要污染物排放削减率达到省定目标要求。

今年将重点抓好五个方面的工作：

1. 加快转变经济发展方式，大力推进新型工业化。认真落实“双轮驱动”政策意见，突出产业结构优化升级，着力提升优势特色产业发展规模和层次。

打造先进产业体系。实施“传统优势产业升级计划”。积极运用高新技术和先进适用技术，促进以船舶为重点的装备制造业抢占产业制高点，推动石油化工、精细化工特别是高分子复合材料等特色化工的发展，提升家电、冶金、纺织等其他传统产业的技术、品牌优势，力争传统产业销售收入达4500亿元。实施“新兴产业双倍增计划”。加快生物技术和新医药产业发展，着力构建完整产业体系，医药高新区力争创成“国家级新型工业化示范基地”;充分发挥纬创项目的带动示范效应，加快集聚配套企业和研发机构，做大做强电子信息产业;主攻太阳能光伏和动力电池，加快产业集聚和产业链延伸，壮大新能源产业规模;积极培育新材料、智能电网、节能环保装备等若干个新兴产品集群。力争新兴产业销售收入达750亿元。实施“规模企业培育计划”，支持和鼓励规模企业上台阶、中小企业上规模，重点实施200个亿元以上重大技改项目，技改财务发生数增长20%以上，新增销售收入超百亿元的企业1家。实施“服务业提速计划”。加速发展生产性服务业，提升发展生活性服务业，积极培育新兴服务业，突出抓好六大产业发展和重点集聚区建设，新增百亿级服务业集聚区、省百强服务业企业各1家。

强化产业创新支撑。围绕创建国家创新型试点城市，积极推动高层次人才队伍建设、高新技术产业发展、高科技成果转化。深入实施“凤城千人计划”，着力优化培养、引进、集聚、用好高层次人才的政策、机制和环境，加快建设人才强市。力争引进创新人才团队60个、高层次人才800名，其中海外优秀人才200名。加快发展高新技术产业，大力培育创新型企业。新增省级以上创新型企业20家、市级以上高新技术企业50家、高新技术产品120个。推进“千企科技服务工程”，培育重大自主创新项目20项;加强以企业为主体的创新体系建设，新增省级院士工作站7个，新建产学研联合体100个，新增中国驰名商标3件。大力推进资本运作，扎实抓好百企上市培育，积极筹建科技银行，鼓励发展风险投资、创业投资。

推进节能减排工作。加强源头控制、科技支撑、严格监管，进一步降低能源资源消耗、减少污染排放。大力淘汰落后产能，严控产能过剩行业新上扩能项目。积极发展绿色经济、循环经济和低碳技术，推进重点节能减排工程建设。认真落实监管措施，严格执行节能评估审查制度和环境准入标准。加大环境保护力度，扎实开展国家生态市创建。年内，确保通过国家环保模范城市省级复查验收，建成全国节水型社会建设示范市。

统筹区域经济发展。引导各地立足产业基础和比较优势，做大做强主导产业和特色产业，不断提升综合竞争力。优化沿江地区产业布局，拓展开发空间，推进跨江联动，加快融入苏南经济板块。大力发展市区新兴产业和现代服务业，加快建设产业高地和区域性服务中心。认真落实各项政策措施，推动里下河地区和黄桥老区加快发展。

2. *深化改革开放，进一步增强经济发展活力*。坚持以改革促开放、以开放促发展，始终把改革开放作为增强发展活力、推动跨越发展的强大引擎。

进一步提高对外开放质量和水平。围绕新兴产业、特色产业，大力引进实施重大投资项目和拥有自主知识产权的项目。探索股权私募基金等利用外资新形式，鼓励现有外资企业增资扩股。突出高端项目和产业链招商，建立高层次招商信息网络。办好第二届中国(泰州)国际医药博览会及科技、经贸洽谈会等重大活动，力争在重大产业项目招引上取得新突破。全年力争引进超3000万美元项目25个，其中过亿美元项目2个。加快转变外贸发展方式，优化对外贸易结构，提高一般贸易、服务贸易、自主知识产权和自主品牌产品出口比重，力争年出口超3000万美元企业20家以上。加强出口品牌、基地培育，积极创建国家船舶出口基地。鼓励企业在更高层次上利用“两种资源”、“两个市场”，切实加快“走出去”步伐。加强外事、侨务工作，促进对外交流合作。

着力构建产业开放格局。发挥“一城一区一园一带一块”主体作用，为对外开放提供更好投资平台和更大发展空间。坚定不移地举全市之力建设中国医药城，加快产业化、资本化进程。吸纳一批国内外最新医药创新成果落地生产，推动3-4家世界前十强医药企业落户园区，引进一批年销售10亿元以上的医药产品，培植一批年销售10亿元以上的企业，建成100条符合GMP规范的生产线;筹建生物医药产业基金，推动中国医药城(集团)股份有限公司早日上市。加快出口加工区二期建设，建立符合国际惯例、高效运转的管理体制和运行机制。高起点、高标准、高规格推进新能源产业园规划建设，力争创成省新能源产业基地。深化沿江开发，推进核心港区建设，全力打造以临港产业为重点、以现代物流业为主体的沿江产业带。坚持着眼高端，提升内涵，彰显优势，着力打造里下河特色经济板块。引导、支持各省级开发区和特色园区配套完善公共平台，切实增强产业吸纳能力。

深化重点领域改革。着手实施各市政府驻地行政管理制度改革，切实抓好街道、社区建设工作。全面解决市区城中村、城郊结合部行政管理体制问题，加强新老社区建设，进一步提升基层基础工作水平。继续完善市区行政、财政、城建体制，激发市区发展活力。认真抓好国家小城镇发展改革试点、国家和省经济发达乡镇行政管理体制改革试点和农村产权改革试点工作。深化职业教育办学体制改革、文化管理体制改革，深入推进公立医院改革试点。

大力发展民营经济。深入实施《民营经济三年跃升计划》，全年净增私营个体经济注册资本200亿元、新办私营企业7000家。引导民间资本投资新兴产业，支持中小企业“二次创业”，鼓励民营企业集聚特色园区。加大信贷支持力度，推广“富民阳光信贷”，加快银行机构向县域延伸，鼓励新办小额贷款公司、村镇银行。推进“一中心五平台”服务体系建设，加强民营企业家队伍建设，加快建立现代企业制度，促进民营经济更好更大发展。

3. *促进农业增效、农民增收，扎实抓好“三农”工作*。坚持城乡统筹发展，加大强农惠农力度，夯实农业农村发展基础。

大力发展现代高效农业。继续实施“5218”工程，加强农业园区和特色基地建设，建成10个万亩现代农业园区，力争创成1个国家级现代农业示范区，新增高效农业面积1.33万公顷。加快实施万顷良田建设工程，深入开展粮食高产增效示范创建，新增粮棉油万亩示范片30个。兴化市继续保持粮食总产、单产全省第一。推进农业产业化、市场化进程，市级以上龙头企业销售收入、利税分别增长20%、15%，农业利用“三资”力争40亿元以上。重点推广30项农业新品种、新技术、新模式。加强农产品品牌建设，促进农产品提质升档。切实抓好林业绿化工作，力争全市森林覆盖率达20%。强化农产品质量安全管理，保障放心食品供应。

继续抓好新农村建设。认真办好新一轮实事，着力改善农村生产生活条件。加强农田水利建设，加快大中型灌区改造，完善小型水利设施。推进农村交通建设，新(改)建农村公路300千米，改造桥梁250座。抓好村庄环境综合整治，加快秸秆能源化利用，整治疏浚农村河道，完善垃圾收运处理体系。深入推进农村饮用水安全工程，新增受益人口42万人。实施全面小康村“十百千”提升工程，创成达标村和示范村各100个。大力发展村级集体经济，加大对经济薄弱村帮扶力度，重视做好债务化解工作。

努力促进农民增收。大力发展订单农业，建立健全紧密合理的企业、农户利益联结机制，提升农户种养效益。推进农业适度规模经营，引导开展农村土地流转，新增规模经营面积1.03万公顷。完善农业生产经营机制，年内新增农村三大合作组织300家以上。强化农民就业创业培训，着力培养新生代农民。继续抓好全国供销总社改革发展联系点各项工作，推动供销系统改革发展，进一步提升为农服务水平。

加快新型城镇化进程。扎实推进“125工程”，深入开展重点镇村建设。进一步完善规划设计，合理确定功能定位，着力体现个性特征，加快推动城镇建设的特色化。更加注重城镇经济发展，加快推动产业就业结构的多样化。打造宜居环境，加快推动城镇生态化转型。积极创造条件，为外来人员务工、农村劳动力转移提供平等公共服务，加快推动市民化进程。

4. 推进中心城市建设，提升集聚辐射能力。严格执行第三轮城市总体规划，加强城市建设和管理，做美做精中心城市。

不断优化空间形态。加强中心城市与周边的规划衔接，推进基础设施统一布局、共建共享，努力促进“同城化”发展。加快外围快速通道建设，继续做好苏中机场和泰州长江大桥建设的服务协调工作，加快宁启铁路复线电气化改造，推进大桥北接线、泰镇高速和231省道泰高段建设，建成长江大道。完善城市路网结构，实施鼓楼路北延、森园路西延等畅通工程，开工建设站前路一期，加快永定东路、南通路二期、海陵中路、海陵北路等道路改造，高港大道主体工程竣工。医药高新区全面实施“路桥连网”工程，高港区拉开“五纵九横”道路框架。

加快完善城市功能。着力提升文化旅游功能，推进稻河古街区改造复兴，建成民俗文化展示中心，实施三水湾二期、柳敬亭和南山寺公园、盐税文化广场等工程，开工建设清真寺。着力提升城市商贸功能，启动建设医药高新区中央商务区，加快万达、深茂等城市综合体和泰州国际、世贸雅思等五星级酒店建设，实施东、西大门和青年南路街区改造、迎春路和东进路等街道立面改造，推进滨江新城和火车站街区建设。着力提升公共服务功能，加快新区高级中学、人民医院新院建设，启动建设体育公园，建成青少年科技活动中心和职工活动中心，实施汽车西站迁建，加强停车场所建设，推进污水管网完善工程和城市电网改造，建成气象雷达站。

精心打造生态宜居城市。推进凤城河环境综合整治和卤汀河、泰东河拓浚，启动引江河二期;推行河道生态护坡，完成水生态环境封闭控制工程，确保水体水质明显改观。实施凤城河绿化亮化景观工程，建设一批绿色走廊和公共绿地，推进大桥生态公园、海军舰艇主题公园和滨江湿地公园建设。大力提升住宅小区建设品质，加快实施城中村、老小区改造，进一步完善物业管理长效机制。坚持建管并重，加强城市管理，打造“百姓城管”品牌。扎实做好国家卫生城市复查迎检工作，确保通过验收。

5. 以保障改善民生为出发点和落脚点，加快构建和谐社会。顺应人民群众过上更加美好生活的新期待，创新社会建设和管理，让人民群众共享改革发展成果。

突出抓好就业和社会保障工作。坚持创业富民的优先导向，调整优化收入分配结构，着力完善企业职工工资正常增长机制，进一步扩大中等收入群体。深入推进“双全”工程，创成国家级创业型城市。推进城乡统筹就业，继续抓好大学生就业工作，完善面向困难群众的就业援助制度，净增城镇就业4.2万人。推进各类人员参加社会保险，加快实现全覆盖。探索医疗保险市级统筹，继续扩大报销病种和药物范围，提高参保人员待遇。加强城乡低保动态管理，全面落实农村五保政策，完善特困救助制度，实施家庭经济困难学生资助计划。健全被征地农民社会保障机制，加快实现城市规划区内被征地农民保障与城镇职工基本保障接轨。全面开展残疾人养老保险工作，逐步将残疾人康复医疗项目纳入医疗保险范围。重视人口老龄化问题，出台扶持民办养老机构发展政策，新增170家省级社区居家养老服务站，开设3家市区街道老年活动中心。保持房地产市场平稳健康发展，着力解决中低收入家庭住房困难，全市新增保障性住房5770套，市区新开工建设拆迁安置房200万平方米以上。强化重要农副产品市场和价格监管，落实好“米袋子”、“菜篮子”负责制。

协调发展社会事业。进一步提高学前教育普及水平，加强农村中心幼儿园建设，全市新增省级优质幼儿园15个以上;大力推进义务教育优质均衡发展，加快普通高中内涵发展;优化发展职业教育，力争创成1个省级职业教育创新发展实验区;加快发展高等教育，继续推进泰州大学筹建和中国医药城教育教学区建设。巩固完善医疗卫生服务网络，加快三级甲等综合医院建设，实施市区社区卫生服务机构建设提升工程，加强县级医院、中心乡镇卫生院和标准化村卫生室建设;全面实施基本药物制度，提高新型农村合作医疗筹资水平和补偿标准。继续优先发展公交，市区新增(更新)公交车150辆，新辟、优化线路14条，建成智能中心，推进城乡客运一体化。完善公共体育设施，加快农村、社区体育工程建设，提升全民健身服务水平。落实计生保障优惠政策，改善对流动人口的服务。继续做好第六次全国人口普查工作。加快发展社会福利和各项慈善事业。深入推进人民防空与防灾一体化建设。认真做好史志档案、社会科学、无线电管理、新闻、统计、气象、防震和民族宗教、妇女儿童等工作。

加快建设文化泰州。坚持文化泰州建设与文明城市创建同步推进，城市管理水平和市民文明素质同步提升，进入全国文明城市创建工作先进市行列。用足用好优惠政策，设立文化产业发展专项引导资金，强化企业和项目招引，大力发展文化生态旅游和文化创意产业。推进凤城河风景区5A级景区创建，支持溱湖风景区、华侨城建设和开发，加快筹建泰州文化创意产业园区。加大改革创新力度，激发文化产业发展活力。完善公共文化服务体系，继续加快覆盖城乡的文化设施建设。实施“文化民生”工程，推进城市文化下乡、农村文化进城。完善奖励制度，鼓励文艺创作，推进文艺创新。建立健全文化人才选用和激励机制，着力培养和引进高层次文化人才。做好国家历史文化名城申报后续工作，办好建市15周年、第三届中国泰州国际旅游节、第三届梅兰芳艺术节等重要活动。

加强精神文明和民主法制建设。贯彻落实《公民道德建设实施纲要》，创新公民道德实践载体，放大“百姓”、“爱心”系列品牌效应。深化群众性精神文明创建，组织开展行业和市民文明指数测评。深入实施未成年人思想道德建设“三年提升行动计划”，建成未成年人社会实践基地。积极开展双拥共建活动，做好国防教育、国防动员、民兵预备役和兵员征集工作。以创建法治城市为抓手，加快法治泰州建设。坚持“四民主、两公开”，推进农村基层民主法制建设。抓好“六五”普法，加强法律援助工作。

切实维护社会稳定。落实信访维稳工作领导责任制，坚持领导干部定期接访和下访，深化大调解机制建设，依法处理好信访突出问题;落实社会稳定风险评估制度，最大限度地从源头上预防和减少社会矛盾。深化平安泰州建设，加强基层社会管理，开展和谐村(社区)示范创建，依法打击各类违法犯罪活动，切实提高人民群众安全感。更加重视应急保障工作，努力提高应急管理水平。开展“安全生产基层基础提升年”活动，始终保持安全监管高压态势，严防重特大事故发生。实施食品、药品放心工程，保障人民群众生命健康安全。

四、推进服务型政府建设

各位代表，我市经济社会发展已经站在新的历史起点上，“十二五”发展的新任务和人民群众的新期盼对政府工作提出了新的更高的要求。必须进一步转变政府职能，推进服务型政府建设，努力开创政府工作新局面。

不断提高统筹能力、创新能力、执行能力。着眼全局、统筹兼顾，突出抓好对全局具有带动作用的重点工作，埋头推进打基础、利长远的重大项目，坚决维护广大人民群众的根本利益和切身利益，更好地把改革的力度、发展的速度和社会可承受的程度统一起来。解放思想、开拓创新，准确把握追赶型城市的阶段性特征，始终保持奋发有为的精神状态，充分激发全社会的创造活力，勇于在开放创新中把“不可能”变成“可能”，把“不现实”变成“现实”。只争朝夕、锲而不舍，坚决把市委的各项决策部署落到实处，坚决把各项目标任务和政策措施不折不扣地落实到位，确保政令畅通、一抓到底。

始终坚持科学行政、民主行政、依法行政。把科学决策作为科学行政的首要环节，多渠道发扬民主，广泛听取各方面意见，进一步完善重大事项集体决策、专家咨询、社会公示和听证制度，努力使发展思路、工作部署和政策措施更加贴近实际、顺应民意。把依法行政作为政府工作的基本准则，严格按照法定权限和程序行使权力、履行职责，自觉接受人大法律监督和工作监督、政协民主监督，高度重视司法监督、新闻舆论监督和人民群众监督，充分听取民主党派、工商联、无党派人士和各人民团体的意见。认真办理人大代表建议、政协提案，努力提高满意度和落实率。规范政府信息公开，提升行政权力网上公开透明运行水平，让权力真正在阳光下运行。办好市长公开电话、市长信箱和行风热线，畅通诉求渠道，及时排忧解难。

大力弘扬调研之风、务实之风、清廉之风。以“素质转型”促“服务转型”，以“能力升级”促“效能升级”，扎实推进学习型政府建设。深入开展调查研究，切实增强工作的预见性、针对性和创造性。围绕“十二五”规划，加强宏观政策研究，组织开展专题调研，制定出台具体措施。坚持扑下身子抓落实，勇于担当干事业，挤出更多的时间和精力用于谋划发展、服务基层、推动工作、多办实事。继续深化“三服务”活动，全力做好政策、土地、资金、人才、用工等综合协调服务工作。强化政府公共服务职能，优化财政支出结构，对带动性强、群众呼声高、改善民生快的项目优先安排、加快实施。坚持从严治政，建立健全统一规范的责任追究制度。继续清理依附行政权力的中介收费，加强对重点领域、重点行业、重点部位的监管，加大审计和监察力度，为基层和群众提供公平公正、优质高效的公共服务。加强廉政建设，坚决惩治和预防腐败，保持清正廉洁的良好形象。

各位代表，新的征程已经开启，新的使命催人奋进。让我们紧密团结在以胡锦涛同志为总书记的党中央周围，全面落实科学发展观，在中共泰州市委的领导下，依靠和团结全市人民，解放思想，抢抓机遇，锐意进取，奋力拼搏，加快建设更高水平小康社会，为“推进富民强市、建设美好泰州”、早日基本实现现代化而努力奋斗!

中国人民政治协商会议 泰州市第三届委员会常务委员会 工 作 报 告

——2011年1月17日在政协泰州市第三届委员会第四次会议上

市政协主席 陈克勤

各位委员：

我受政协泰州市第三届委员会常务委员会委托，向大会作工作报告，请予审议。

一

过去的一年，是实施“十一五”规划的最后一年，也是实现“三年再来一个大变化”奋斗目标的冲刺之年。面对进入后经济危机时代的新形势，市政协在中共泰州市委的正确领导下，团结和带领全体政协委员，深入贯彻落实科学发展观，按照市委三届八次全会提出的目标任务和工作重点，认真履行政治协商、民主监督、参政议政职能，圆满完成了全年各项工作任务，为促进我市经济社会又好又快发展作出了积极贡献。

一、推动经济转型升级，为实施开放创新“双轮驱动”战略建言献策

围绕加快经济转型升级建言献策。举全市之力建设中国医药城，是市委、市政府立足抢占新一轮发展制高点、加快经济转型升级的重大战略举措。在医药高新区工委成立之际，主席会议全体成员专题走访视察医药城，建议高新区工委抢抓历史机遇，着力推进产业集聚，尽快实现“中国第一，世界有名”发展目标。围绕“加快中国医药城建设，推动全省新医药产业发展”开展调研，形成了我市政协在省政协常委会议上的发言材料，建议把建设中国医药城纳入国家和省“十二五”发展规划。现代物流业是支撑现代经济的重要平台。我们组织委员围绕这一课题深入调研，形成了调研报告，经三届十四次常委会议协商讨论，向市委、市政府提出了建议案。市委、市政府主要负责同志对建议案作了批示。建议案中关于科学制定发展规划、建立健全工作机制、加强信息化建设、促进载体创新等建议被吸收到市政府有关文件中。我们还就这一课题，在省政协有关会议上提出建议。发展创新型经济需要创新的环境和氛围。我们以此为主题举办了委员议政日活动，从加强和优化政务环境、服务环境、法治环境和创业环境等方面提出了意见和建议。市政府分管领导和有关部门的负责同志参加了协商活动，对委员们的意见建议给予了充分肯定。为推动外向型经济发展和企业自主创新，我们组织委员视察了出口加工区和有关企业，建议有关方面进一步解放思想，突出招商引资工作，加强开放载体建设；突出企业创新主体地位，帮助企业提高创新能力。开展了主席走访市经信委活动，着重就推进节能减排、发展低碳经济、推动产业结构调整优化提出了建议。

围绕编制“十二五”规划建言献策。“十二五”时期是我市加快转变经济发展方式、提升发展质量的攻坚时期。我们把建言“十二五”摆上年度工作的重要位置，先后三次召开主席会议进行工作部署和专题协商。三届二十九次主席会议听取了市发改委关于规划编制情况的报告，力求准确把握我市“十二五”发展的指导思想、基本思路和重点领域，以更好地指导建言献策工作。三届三十一次和三十四次主席会议在精心选题、深入调研的基础上，围绕“十二五”规划编制和规划《纲要》（征求意见稿），与市政府开展协商，分别就加快发展现代服务业、大力扶持中小企业、发展壮大中心城市、推进文化泰州建设、促进教育卫生事业发展等提出了意见和建议。市政府主要负责同志对协商意见给予了充分肯定，有关建议在我市“十二五”规划《纲要》中得到体现。为了帮助委员了解宏观形势，拓宽建言思路，我们邀请省经济界专家来我市举办专题报告会。政协委员和市政协各组成单位近300人听取了报告。在全体委员中开展“我为‘十二五’献一策活动”，汇集民智，共谋发展。共收集委员建议近200条（篇），内容涉及到经济社会发展的方方面面，其中，关于为民营经济发展创造良好环境、政策扶持新能源产业发展、优化和完善中心城市功能、加快社会救助体系建设等建议，得到有关方面的重视和采纳。

二、促进城乡又好又快发展，为冲刺“三年大变”献计出力

促进中心城市建设。“三年大变，首先看城建”。我们选择市区水环境质量建设和提高城区绿化水平两个课题，组织委员调研和视察，对着力改善城市生态环境、提升城市品位提出意见和建议。三届十五次常委会议协商通过了《关于提高市区水环境质量的建议案》。市政府主要负责同志对建议案高度重视，专门召开会议部署落实建议案所提意见和建议，对建立市区水环境整治领导小组、高起点修编整治规划、加强生态水利建设等提出了明确要求。围绕市区城建重点工程建设和加强城市管理，开展了委员视察和主席走访市城管局活动，努力推动城市完善功能，提升形象。申报国家历史文化名城，是文化泰州建设的一项重要任务。我们组织委员就加快推进申报工作开展协商，建议有关方面加强宣传，着力保护历史遗存，发掘和弘扬优秀历史文化，促进古代文化与现代文明交相辉映。

*促进城乡统筹发展。*围绕贯彻全市三级干部大会精神、推进高效农业发展这一议题，主席会议全体成员赴兴化市视察现代农业生产基地，并与市政府开展协商。市政府分管领导和有关部门的负责同志参加了协商活动。关于发展农民专业合作组织，提高农业组织化程度；创新农村金融制度，加快土地流转，促进农民增收等意见和建议得到了重视和采纳。加快重点城镇建设是我市统筹城乡发展的重要举措。我们组织委员赴靖江市视察有关中心镇、村规划建设情况，与市建设局开展协商，建议提高规划水平，增强城镇功能，发展特色产业，扎实推进重点镇、村建设。为了推进城乡义务教育均衡发展，我们组织委员视察部分农村中、小学和特殊教育学校，与市有关部门开展协商，积极推动落实“以县为主”的农村义务教育管理体制，促进优质教育资源城乡均衡配置。组织委员视察了农村供销网络体系建设，就深化供销事业改革，增创为农服务新优势提出了建议。围绕促进黄桥老区加快发展开展调研，向省政协提出建议，推动省有关方面针对黄桥老区发展面临的新情况、新问题，调整和出台有关优惠政策，进一步加大扶持力度。

*促进重大项目建设。*加快推进工业重大项目建设，是经济发展全局工作的重中之重。我们召开主席会议与政府及有关部门开展专题协商，组织委员视察纬创、中盛光电等重大外资项目建设情况，推动有关部门和企业狠抓资金、质量、进度等关键环节，努力实现工业重大项目建设新突破。“三年大变，交通率先变”。围绕构建市区“三纵三横”大交通格局，主席会议全体成员走访市交通局，视察有关重点交通工程建设情况，建议交通部门高起点规划、高标准建设、高速度推进，为经济社会发展提供强有力的支撑。我们还围绕实现“三年大变”目标，组织全体委员“看泰州”活动。委员们参观了周山河街区、医药高新区和市经济开发区一些重大工程项目，直观感受到了近年来我市又好又快发展的成果，进一步增强了服务发展、冲刺“三年大变”的信心和决心。

三、关注保障和改善民生，为维护社会和谐稳定贡献力量

*开展协商议政活动，推动民生改善。*老有所养是民生之依。围绕加快发展养老服务业，我们组织委员深入调研，经三届十三次常委会议协商讨论，向市委、市政府提出了建议案。市委主要负责同志作出批示，要求有关部门研究并加速推进这项工作。市政府在出台《关于加快我市老龄事业发展实施意见》时，充分吸收了政协的建议。住房保障是民生之要。围绕完善住房保障体系建设，我们举办了委员议政日活动，从扩大保障范围、完善工作机制、加快保障性住房供给等方面提出了建议。市政府分管领导和相关部门的负责同志参加了协商活动，表示要把委员建议转化为实实在在的工作成效。为民办实事关系民心所向。围绕市区改善民生10件实事的落实情况，我们召开主席会议协商，建议市政府进一步创新投入机制、工作协调机制和长效管理机制，在更高层次上推进为民办实事工作。围绕人民群众关注的卫生惠民工程、城市公共交通等社会热点问题组织委员视察，建议有关部门着力解决看病难看病贵，大力发展公交事业，进一步把利民惠民之事落到实处。开展了主席走访市人口和计生委活动，着重对促进出生人口性别比平衡、加强对流动人口计划生育管理服务等提出了建议。

*加强提案和信息工作，推动解决有关民生问题。*我们把提案工作作为推动解决民生问题的重要抓手，通过主席和副主席督办重点提案、走访提案“办理大户”、网上公开办理答复和开展“二次办理”、“回头看”活动，积极推动提案建议落到实处。关于增加劳动就业、提高住宅小区规划建设水平、优化教育资源配置等一批涉及群众切身利益的提案得到较好解决。截止去年年底，立案交办的271件提案全部办结，已经落实、基本落实和列入计划逐步解决的260件，占提案总数的96%。我们把社情民意信息工作作为了解群众愿望、反映群众呼声的重要渠道，及时向市委、市政府和上级政协报送《社情民意》简报，为各级党政领导掌握基层实际情况，解决好群众利益问题提供了有益参考。一年来，我们共向市委、市政府领导和全国政协、省政协报送《社情民意》257期。其中，推广农业标准化建设、重视过期药品污染问题、切实加强职业病防治、解决“五小”车辆投保难等社情民意信息，引起了中央和省、市领导的重视，有的还被中央领导批示。

*开展民主评议活动，努力维护社会稳定。*司法公正是经济发展和社会稳定的重要保证。为促进司法审判更好地服务发展大局、维护社会公平正义，我们开展了民主评议市中级人民法院工作。组织相关界别的20多名委员，在市和各市（区）法院的积极配合下，深入开展调查评议活动，历时4个月，形成了民主评议工作报告。在此基础上，三届十五次常委会议进行了集中评议，建议市中级人民法院进一步强化能动司法理念，加强审判规范化建设，提高法官队伍素质，为经济社会发展提供坚强司法保障。市中级人民法院高度重视民主评议意见，认真研究制定整改方案，落实整改措施，推动了司法审判工作。民族团结、宗教和谐是社会安定的重要基础。我们开展了主席走访市民宗局活动，组织民族宗教界委员视察宗教场所“三创”工作，从坚持党的民族宗教政策、着力处理民族宗教领域的突出问题等方面提出了意见和建议。三届十六次常委会议还听取了市纪委、市中级人民法院、检察院、公安局年度工作情况通报，开展了协商讨论，并提出了建议。

四、深化主题教育、开展创先争优活动，切实加强政协自身建设

*认真开展创先争优活动，加强机关作风建设。*按照市委统一部署，我们建立了领导小组及其办公室，研究制定了活动方案，在主席会议、常委会议和市政协机关党员干部会议上进行动员部署，着力引导大家在履行政协职能，服务科学发展上比贡献、见行动。召开了市政协党组、机关处级领导干部两个专题民主生活会，对照创争规划找差距，进一步明确了今后努力方向。市政协领导班子成员围绕科学发展中的一些热点、难点问题，带头搞好调查研究，形成了一批调研成果；带头走访有关企业，帮助协调解决矛盾和困难，把“三服务”活动引向深入。我们坚持把提高执行力作为加强机关作风建设的重点，大力倡导特别顾大局、特别重实干、特别能创新、特别讲奉献的作风，通过强化学习培训，强化制度建设，强化考核管理，机关党员干部的全局观念和责任意识不断增强，服务发展大局的能力水平有了新的提升。

*加强委员队伍建设，发挥委员主体作用。*以建设学习型政协组织为重要抓手，积极引导和推动委员学习。年初，我们制定并下发年度学习计划，明确学习重点，提出学习要求，引导委员自学。以学习胡锦涛同志在庆祝人民政协成立60周年大会上的重要讲话精神、加快转变经济发展方式、统筹城乡发展等为专题，编印了8期《学习资料》，为委员学习提供参考。中共十七届五中全会召开后，我们及时在各种会议上组织集中学习，促进全体委员和机关干部深刻理解、准确把握全会精神实质，自觉贯彻执行中央的重大决策部署。围绕贯彻五中全会精神、建言“十二五”，各委员小组分别开展了学习交流活动，为科学编制我市“十二五”规划积极建言献策。为帮助委员知情参政，我们组织委员参加有关情况通报会，组织全体常委赴连云港市参观沿海开发战略实施情况。为加强与委员的联系，调动委员参政议政的积极性，我们开展了主席接待委员日活动，全年共接待12批50多名委员；召开了全市政协社情民意信息工作会议，表彰了一批社情民意信息工作先进集体和先进个人。年底前，市政协领导集中走访了驻各市（区）委员，通报市政协年度主要工作情况，听取委员们对党政工作和政协工作的意见和建议，并将有关建议整理送交市委、市政府和有关部门。

*加强团结合作，发挥民主党派、工商联作用。*我们认真贯彻落实中央和省、市委有关规定，加强与市各民主党派、工商联的团结合作，积极支持他们履行职责。坚持每半年召开一次负责人联席会议、每季度召开一次秘书长联席会议，交流情况，推动工作。发挥民主党派、工商联各自优势，与他们联合开展学习培训、调研视察和协商议政活动。一年来，市各民主党派、工商联以组织或个人名义提交大会发言和专题协商材料16篇，提出提案160件，报送社情民意信息95条（篇），分别占提案和信息总数的59%、19%；围绕加快发展民营经济、打造“美丽乡村”、健全小额农贷机制、加强企业诚信建设、发展健康产业等，开展调查研究，积极建言献策；发挥人才集中的专业优势，组织开展了“非公经济服务年”、“健康服务行”、“百名专家进乡村”、“农村教育烛光行动”

等社会服务活动，为促进科学发展、构建和谐社会贡献了一份力量。

一年来，文史和宣传工作取得了新的成绩。出版了《现代诗词咏泰州》，即将出版《泰州文史资料（1957～1966）》。定期编辑《泰州政协》杂志，加强了泰州政协网站建设。注重发挥老委员作用，组织他们参加有关学习、考察活动，召开了政协之友联谊会年会。

各位委员，过去一年，市政协各项工作进展顺利，成效较为明显。这些成绩的取得，是市委正确领导，市人大、市政府大力支持的结果，是市各民主党派、工商联、各人民团体和全体委员共同努力的结果，也是与市各有关部门和单位，各市（区）和社会各方面的积极支持分不开的。在此，我代表市政协常委会向大家表示衷心的感谢！

回顾去年的工作，存在的不足之处主要是:有的调查研究还不够深入，议政的水平和质量有待进一步提高；协商监督机制还不够健全，一些协商活动的效果需要进一步提升；委员参与活动的覆盖面还不够宽，界别作用发挥需要继续加强。真诚地希望委员们对常委会工作提出意见，推动我市政协工作不断取得新的进展。

二

2011年，是实施“十二五”规划的开局之年，也是实现“三年大变”目标的收官之年。我们要在中共泰州市委领导下，全面贯彻中共十七届五中全会精神，紧紧围绕市委三届十次全会提出的目标要求，牢牢把握团结和民主两大主题，坚持开放创新，推动科学发展，切实发挥协调关系、汇聚力量、建言献策、服务大局的作用，为推进富民强市，建设美好泰州贡献力量。

一、认真学习贯彻中共十七届五中全会和市委三届十次全会精神，进一步统一思想认识

中共十七届五中全会是在我国“十一五”规划即将胜利完成、“十二五”规划即将全面启动的关键时刻召开的一次重要会议。全会通过的“十二五”规划《建议》，描绘了我国在新世纪第三个5年经济社会发展的宏伟蓝图，是动员全党全国各族人民全面建设小康社会、加快推进社会主义现代化的纲领性文件。市委三届十次全会以中央五中全会精神为指导，研究确定了我市“十二五”发展的奋斗目标和主要任务，并对今年的各项工作作出了重要部署，这对于动员全市上下同心协力、开放创新，开启跨越发展新征程，实现“十二五”规划目标，具有十分重要的意义。我们要认真学习贯彻中央五中全会和市委三届十次全会精神，通过学习，准确把握发展形势，把思想统一到中央对形势的科学判断上来，进一步增强大局意识、机遇意识和责任意识；准确把握“十二五”时期全市经济社会发展的总体要求、奋斗目标和主要任务，把思想统一到坚持开放创新，加快转变经济发展方式，推进富民强市、建设美好泰州上来，进一步明确政协围绕中心、服务大局的着力点；准确把握2011年全市发展的目标任务、工作举措，把思想统一到市委的部署要求上来，积极参政议政、献计出力，推动各项重点工作取得显著成效。

二、积极履行职能，为实现“十二五”良好开局建言献策

推动新型工业化。走新型工业化道路，全面提升优势特色产业的发展规模和层次，是决定泰州长远发展的战略举措。要深刻认识实施开放创新“双轮驱动”战略的重大意义和深刻内涵，围绕构建创新型经济发展平台、完善新兴产业发展体系、促进民营经济加快发展等课题，深入调查研究，积极咨政建言。通过多种形式促进企业提高自主创新能力，强化质量品牌意识，加强节能降耗，做好安全生产工作；推动有关方面进一步做好招商引资工作，加强人才高地建设，着力推进高水平开放。

推动新型城镇化。以促进人的发展为主线，围绕完善城市功能，彰显城市特色，组织委员就创建全国文明城市，加强生态环境保护，推进重点工程建设，提高城市管理水平等，开展调研视察、座谈协商活动，为发展壮大中心城市发挥积极作用。

推动城乡统筹发展。根据中央解决“三农”问题的新要求，适应“三农”工作的新形势，就优化城乡空间开发格局，加快城乡基础设施一体化建设等方面的重要内容开展协商议政，提出意见建议。重点围绕增加农民收入，从推进农村经济合作组织建设、健全农村就业创业服务体系等方面建言献策，引导更多的农民发展现代高效农业、私营个体经济。

推动文化泰州建设。建设美好泰州不仅要有发达的经济，也要有繁荣的文化。要发挥政协人才相对集中的优势，积极参与文化泰州建设，在深入推进文化体制改革，实施文化惠民工程，发展文化产业，以及开展泰州历史文化研究和宣传，提升泰州文化影响力等方面建言献策，为把泰州建成在全国有影响的文化强市贡献智慧和力量。

推动社会建设和管理创新。要更加关注保障和改善民生，认真倾听群众呼声，关心群众疾苦，围绕群众普遍关心的民生问题开展调查研究、建言献策。要顺应人民群众对美好生活的新期待，围绕让人民群众学有优教、劳有多得、老有乐养、病有良医、住有宜居，开展调查研究、建言献策。要按照建立健全公共服务体系的要求，就强化政府服务职能，促进城乡社区基本公共服务均等化，加强流动人口服务与管理，完善社会保障体系等开展调研视察活动，提出意见和建议。

三、充分发挥优势，努力形成推进富民强市、建设美好泰州的强大合力

做好团结工作，凝聚各方力量。进一步加强与市各民主党派、工商联和各人民团体的团结合作，积极支持他们通过政协渠道发表意见，提出建议。充分发挥政协联系面广、包容性强的优势，加强与社会各阶层人士的联系交流，团结一切可以团结的力量，不断巩固和壮大爱国统一战线，努力营造齐心协力共谋发展的生动局面。加强对各市（区）政协的联系和指导，发挥政协整体功能，提高履职效果。

加强民主监督，推动党委政府决策落实。组织委员深入基层，调查研究，通过会议协商、提案、反映社情民意等，对市委、市政府重要决策的贯彻执行情况、党政机关及其工作人员履行职责情况开展经常性监督。围绕市委、市政府确定的年度重大项目推进情况、重点工程实施情况开展视察、协商活动，提出批评和建议，促进部门加强和改进工作。对市民防局工作开展民主评议活动，促进人民防空事业取得新进展。

维护社会稳定，为科学发展营造良好环境。进一步加强政协提案和反映社情民意信息工作，充分发挥提案、信息在反映基层实情，维护社会稳定方面的重要作用。关注不同阶层的利益诉求，积极协助党委、政府做好协调关系、化解矛盾、理顺情绪的工作，妥善处理好各方面利益关系，维护社会公平正义。围绕做好社会矛盾纠纷化解工作，组织委员视察议政，推动有关方面进一步完善"大调解"工作机制，加强平安泰州建设，维护社会和谐稳定。

四、顺应形势加强自身建设，不断提高服务科学发展的能力和水平

人民政协要适应新的形势和任务的要求，必须坚持与时俱进，不断加强自身建设。要进一步加强委员学习和培训工作，丰富学习形式，提高学习效果，提升委员履职能力。要重视和加强政协专委会工作，增强服务功能，为发挥界别作用，开展委员活动提供更多有利条件。要深入学习贯彻《中共中央关于加强人民政协工作的意见》，切实推进政协工作的制度化、规范化和程序化建设，不断完善工作机制，创新工作方式，努力在协商监督上有新特色，在参政议政上有新成果。要继续加强政协机关学习型党组织建设，在机关内部大力弘扬学习的风气、调查研究的风气、求真务实的风气。继续深入开展创先争优活动，推动机关党员干部，特别是党员领导干部带头学习提高、带头争创佳绩、带头服务群众、带头遵纪守法、带头弘扬正气，促进机关服务水平和履职能力的进一步提高。

各位委员，全面实施"十二五"规划，为人民政协履行职能提供了更加广阔的舞台。让我们紧密团结在以胡锦涛同志为总书记的中共中央周围，在中共泰州市委的领导下，深入贯彻落实科学发展观，以饱满的热情，昂扬的精神，锐意进取，扎实工作，和衷共济，为开创政协工作新局面，把泰州建设得更加美好而努力奋斗！

凤城河（滨河广场）风景

中国医药城

【概况】 泰州医药高新技术产业园区于2009年升级为国家高新技术产业开发区，是中国唯一的国家级医药高新区。园区总体规划面积25平方千米，由科技开发区、生产制造区、会展交易区、康健医疗区、综合配套区五大功能区组成，正在打造成为中国产业规模最大、产业链最完善的医疗产业基地。

2010年，园区立足“中国第一、世界有名”的目标定位，以部省共建中国医药城为动力，实施开放创新“双轮驱动”战略，创新发展理念，优化发展思路，全面加快产业化，加快推进资本化，加速推动人才化，提升城市化水平。全年园区实现业务总收入125亿元，完成全社会固定资产投资118亿元，签约国内外各类项目247个，注册落户企业211家，完成财政收入11.52亿元；引进国内外高层次人才 628名，其中人才团队56个；开工建设各类建筑面积153万平方米，完成建筑面积137万平方米，园区新增开发面积4.3平方千米。

【园区视察】 5月31日，中共中央政治局委员、中央书记处书记、中组部部长李源潮在省委书记梁保华、省长罗志军等陪同下，专程到园区考察。李源潮要求加大人才支持力度，积极抢占产业化和资本化发展的先机，使医药城成为创业的热土、研发的中心、产业化的基地、资本化的源泉，力争早日实现“中国第一、世界有名”的目标。

10月18日，科技部副部长王伟中、卫生部副部长刘谦一行专程到园区考察，要求园区发挥人才优势，加快科技成果转化。市委副书记、代市长徐郭平主持情况汇报会，市领导缪志红、曹玉梅、卢佩民以及园区党工委副书记、管委会主任钱玲等陪同考察。

12月13日，全国政协副主席阿不来提·阿不都热西提视察园区，市委书记张雷、市政协主席陈克勤及市政协秘书长焦建华陪同考察。

12月13日，省委副书记、代省长李学勇就贯彻落实中央经济工作会议精神到园区调研。省政府秘书长樊金龙等有关部门负责人及市领导张雷、徐郭平、何榕等陪同。

12月13日，省委书记罗志军会见到泰出席首届中国（泰州）国际医药博览会的海外嘉宾代表，对全球十大知名生物医药园区、十大知名生物医药高校与中国医药城结盟发展表示祝贺。

【基础设施建设】全年园区共征地74.33公顷，拆迁近900户计29万平方米。新建道路22千米，其中，海陵南路南延、药城大道东延、园南路东延、学院路等主要道路竣工通车，药城大道跨南官河大桥建成启用。总面积6万平方米的中国医药城国际会展中心于11月20日全面完工，成功承办首届中国（泰州）国际医药博览会等重大活动；总建筑面积23万平方米的教育教学区一期工程全面建成，可满足南京中医药大学翰林学院千名师生员工的教学生活需求；中央商务区商务1号楼内外装修基本完成，商务2号楼、3号楼以及数据产业园大楼主体封顶进入内装阶段，大华城市综合体、汇鸿金融中心、国银酒店等项目加快建设。11万平方米的东方温莎小镇白领公寓全面建成启用，一批国内外高层次人才陆续入住，东方温莎小镇商业街区全面建成，40多家国内外高端精品类项目先后进驻；大小分子平台、100万人份干细胞库先后投入使用，疫苗工程中心、分子诊断平台、组织样本库、大分子CMO基地、研发中心二期等工程加快建设。

【产业化项目招引】坚持项目强区理念，努力招引体量大、科技含量高、爆发力强的产业化项目，全年共签约项目247个， 87个项目正式竣工，46个项目投产达效，72个项目正在加快建设。加强项目招引，突出招引产业化项目。年内注册落户211家企业，其中产业化项目167个，占79%。华泰晨光、邦立生物、华亿组织工程、华兰米特无针注射器、美时磁共振设备等产业化基地项目实现当年签约当年开工建设。园区按照“三个月一个时间节点”的要求， 87个项目相继建成，42个项目正在全面加快建设。

【人才引进】始终将人才作为加快发展的第一资源，构建由科学顾问、领军人才、高层人才和实用人才组成的，涵盖医药研发、生产、营销以及企业管理、资本运作等方面的“金字塔式”的人才团队。园区先后聘请美国科学院院士、“生物医药之父”威廉姆·鲁特，德州大学休斯敦健康科学中心校长拉里·凯泽，中国工程院院士卢秉恒等11人担任中国医药城科学发展顾问，科学发展顾问团队达39人。全年共引进各类高层次人才628名，其中国际领军型人才46名，高层次人才团队50个，余国良、马启元入选国家“千人计划”，马启元（团队）入选“江苏省科技创新团队”，11人进入“江苏省高层次创新创业人才”公示计划。中国医药城省级“高层次人才创新创业基地”和江苏省医药人才市场的影响力不断提升，对各类人才的感召力明显增强。加强与有关华人华侨社团以及清华大学、沈阳药科大学等国内外知名高校的合作。建立外国专家就业手续办理“绿色通道”，实行专业团队全程代办。

【部省共建中国医药城】2月25日，部省共建中国医药城仪式在南京举行。科技部、卫生部、食品药品监督管理局、中医药管理局四部门决定与江苏省共同建设泰州中国医药城。科技部党组书记、副部长李学勇，省委书记梁保华出席启动仪式并讲话，省委副书记、省长罗志军致辞，副省长何权主持启动仪式。卫生部副部长刘谦在启动仪式上讲话，国家中医药管理局副局长李大宁宣读部省共建意见。中纪委驻科技部纪检组长郭向远、省长助理徐南平及市领导张雷、姚建华、何榕出席启动仪式。

【苏台生物医药健康产业合作高峰会】9月19日，由台湾工业总会、泰州市政府共同举办的苏台生物医药健康产业合作高峰会在园区举行。本次高峰会是“江苏台湾周”11项专题活动之一，旨在推动苏台生物医药健康产业合作交流和发展，努力把中国医药城打造成为两岸生物医药健康产业合作的最佳平台。副省长何权，中国生物技术发展中心主任王宏广，台湾民意代表、国民党中常委廖国栋先后讲话，台湾工业总会理事长陈武雄、泰州市委书记张雷代表主办单位分别致辞。国家食品药品监督管理局稽查专员杨威，市领导徐郭平、缪志红、何榕以及海峡两岸生物医药健康界人士350多人参会。高峰会结束后，与会嘉宾和领导共同出席海峡两岸（泰州）生技产业园揭牌仪式。

【首届中国（泰州）国际医药博览会】12月12～14日，由国家科技部、国家卫生部、国家食品药品监督管理局、国家中医药管理局、中国国际贸易促进会和江苏省政府共同主办，以“创新医药发展，引领健康未来”为主题的首届中国(泰州)国际医药博览会在中国医药城会展交易中心开幕，由中国医药城倡议发起的全球知名生物医药园区联盟、全球知名生物医药高校联盟同时成立。首届医博会，凸显医药特色，参展的科研院所、知名企业、知名高校、医疗机构、科技园区、金融机构达800多家，国内外企业531家参

展，其中世界知名跨国企业与合资企业63家，包括来自美国、日本、德国、英国、法国、瑞士、韩国、新加坡、荷兰等14个国家和地区，包括葛兰素史克、辉瑞、诺华、阿斯利康、礼来、罗氏、拜尔、三菱制药等世界前100强的世界知名医药企业。首届医博会参展企业层次之高、规模之大，在全国各类医药展会中较为罕见。

（武　莉）

生态名城建设

【概况】按照国家生态市建设的要求，制定《泰州生态市建设总体规划》，全面启动生态市建设，把创建国家生态市作为塑造泰州城市品质的基础工程，积极打造“生态名城”。发展生态经济，培育生态文化，不断完善政策机制，提升生态文明建设水平，推动生态环境逐年改善，环境质量综合指数基本达到全面小康社会水平。

一是全面推进生态市建设工作。先后成功创成国家卫生城市、国家环保模范城市、国家园林城市，所辖四市全部创成国家级生态示范区，森林覆盖率提高到18.2%，受保护地区面积占全市国土面积的18.83%。启动基层生态创建工作，2009年实现国家级生态镇创建“零突破”，至年末，已有7个乡镇进入国家级生态镇行列，34个乡镇进入省级环境优美乡镇行列。

二是加快经济结构调整，促进生态产业发展。按照资源—生产/消费—再生资源的循环经济模式，推进生态产业体系建设。在生态工业建设方面，遵循“减量化、再利用、再循环”的原则，加大资金投入，强化责任考核，实行清洁生产，提高资源利用率，减少污染物排放。调整工业布局、产业结构和产品结构，优化资源配置，转变增长方式，以机电、造船、医药、化工等重点产业和重点企业（集团）为基础，建设生态工业园区，构建产业生态链。在生态农业建设方面，加快农业生产区域化和产业化，全市省级以上龙头农业企业年内完成销售收入116亿元，实现利润1.65亿元；加强农产品质量标准化管理，组织开展农业标准和标准化示范基地申报工作，在全国率先开展“无公害农产品园艺场整体认定”；开展农畜水产品、产地环境的检测工作，降低农业系统有害投入品的投入强度，提高全市农业资源利用率、废弃物资源利用率、物质循环再利用率以及农产品安全性，提升农村整体经济效益。在生态型服务业建设方面，加快发展旅游业、现代物流业、综合服务业等，推动生态型服务业发展。

三是加强环境综合整治，改善生态环境质量。长江流域泰州段主要断面均达到国家和省考核要求，淮河流域重点治理工程加快推进。市区环境质量指数连续多年居全省前列，至年末，城市污水集中处理率达80%，生活垃圾无害化处理率达100%。集中式饮用水源水质达标率达100%，区域供水工程实现阶段性突破。以“六清六建”和“三清一绿”为主要内容的农村环境综合整治工作全面完成，姜堰、兴化分别实施的全国首批农村环境连片整治试点和中日合作农村分散型污水处理示范项目产生积极影响。加大城乡绿化造林工作力度，加强绿色通道建设，提高森林覆盖率和城镇人均公共绿地面积，各市（区）森林覆盖率均实现整体达标。

四是机制创新富有成效。加大环保监管的机构健全、队伍建设和设备投入力度，争取中央和省级环保专项资金连续三年居全省前列，环境综合管理能力不断提升。探索完善“挂牌督办、全面整治、部门联动、公众参与、有奖举报”的工作机制，推进环保专项行动。在全国首创环境信访听证，并构建形成长效机制。启动实施《2010年至2012年泰州生态市建设行动计划纲要》，推进生态市创建工作。　（史志办）

【资源节约】加大节能减排工作力度，提高资源利用率。先后实施减排项目233个，关闭小化工、小电镀生产企业156家，淘汰落后高耗能设备4518台（套），淘汰水泥产能30万吨、印染产能900万米、皮革产能6万标张。工业固体废弃物综合利用率达99.7%，至年末，全市万元GDP能耗为0.94吨标煤，化学需氧量和二氧化硫排放量分别较2005年削减23.6%和7%，主要污染物实现达标排放，全面完成“十一五”规划减排任务。全市工业增加值用水量20立方米/万元，工业用水重复利用率67.2%，人均生活综合用水量每人每天142.77升，生活污水处理率80%以上，新增节水工程控制面积0.7万公顷，节水灌溉面积增至11.33万公顷，均超额完成“十一五”规划目标任务。

（高　翔）

【生态农业建设】农业产业化。2010年，全市新增“三资”农业规模项目230个，农业实际利用“三资”45亿元，其中实际利用外资超过6000万美元。全市农产品出口1.69亿美元，比上年增长27.8%。新增市级以上龙头企业12家。全市省级以上龙头企业全年完成销售收入116.27亿元，上缴税金2.39亿元，实现利润1.65亿元，分别增长11.2%、13.4%和27.5%。市级以上龙头企业科研投入5500万元，开发新品251个。推进农产品批发市场升级改造，建成各级农产品批发市场18个，其中年交易额超过1亿元的有13个。

农产品质量安全建设。全市组织开展农业标准和标准化示范基地申报工作，共申报江苏省农业地方标准22项，批准立项6个；申报农业标准化示范区4个，批准实施1个。对申报泰州市地方标准的姜堰市水稻机插秧进行评审，姜堰市双低油菜标准化示范区和泰兴市弱筋小麦标准化示范区通过国家级验收。总投资600万元的国家级“江苏省农业标准化示范基地建设项目”在市农业开发区获准实施。开展“三品”认证工作，全年新认证“三品”418个，居全省第一，在全国率先开展“无公害农产品园艺场整体认定”，一次性认定无公害蔬菜产品30个。开展农畜水产品、产地环境及农业投入品检测工作，检测各类样品2000多批次，在全市开展乡镇畜牧兽医站“五有五化”创建活动，组织春季防疫、夏季消毒、秋季防疫和冬季补免四大防疫行动，高致病性禽流感、口蹄疫等重大动物疫病免疫密度和畜禽挂标率均达100%，动物疫病防控工作取得成效，全年未发生重大动物疫情。

农业循环利用。秸秆综合利用方面，夏秋两季成立5个指导督查组及1个综合组，对市区秸秆禁烧和综合利用工作进行指导督查。市区18个镇（街）全面实现禁烧目标。推进秸秆多种形式利用，开展秸秆机械化还田及秸秆能源化利用，全年全市完成秸秆机械化还田面积8.74万公顷，其中，三麦5.3万公顷、水稻3.43万公顷，还田率23.52%，秸秆利用总量67.23万吨。其他利用形式方面，“三麦”秸秆53.92万吨、油菜杆6.78万吨、水稻秸秆77.43万吨，其中，能源化利用量为59.65万吨，市区新建8个秸秆能源化利用企业。肥料使用方面，开展测土配方施肥，全年测土配方技术推广应用面30万公顷次，施用配方肥14.58万吨，共计节本增效1.65亿元，减少肥料的浪费和对环境的污染。

【绿化造林】加强绿色通道建设，加大城乡绿化造林工作力度，全年新增绿化造林面积0.72万公顷，其中成片造林0.56万公顷，四旁植树465.7万株，新建、完善重点绿色通道里程758.2千米，全市森林覆盖率进一步提高，其中，城市绿化覆盖率达40.4%，森林覆盖率达18.2%，环境质量综合指数90.9。年内，泰兴市获“全国绿化模范县市”称号，全市建成新农村绿化合格村523个，其中省级绿化示范村145个，姜堰、靖江成为全省第二批村庄绿化整体达标县（市）。

（周 波）

【环境监管和污染控制】加强建设项目规范化管理，坚持预防为主的原则，严格落实环境影响评价制度和主要污染物总量控制制度，通过标准引导、准入把关、监管倒逼、减排推动等方式，从源头上控制新污染源的产生和对生态的破坏，严守生态“红线”。加大环境整治和监管力度，加快推进重点流域水污染治理，强化沿江、沿河重点排污企业环境监管，确保重点功能水质区达到水体功能标准要求，集中式饮用水水源地水质达标率保持100%。全面实施“蓝天工程”，会同有关部门加强机动车尾气和城市扬尘污染控制，开展燃煤炉窑灶专项整治行动，推动三产行业环境规范化管理，全年空气环境质量优良率超过85%。开展环保专项行动，对污染治理设施不正常运转、不能稳定达标的企业，限期整改、达标排放，提高重点企业稳定达标排放率。

（赵永刚）

【国土资源生态建设】落实耕地保护和基本农田保护目标责任制。严格执行《泰州市县级政府耕地责任目标考核办法》，将耕地保护列为各级政府任期考核目标的重要内容。按新的土地利用总体规划大纲确定的31.6万公顷耕地保有量和27.18万公顷基本农田保护面积分解到各市（区），市政府与各市（区）政府签订耕地保护目标责任状，市国土局与各市（区）局（分局）签订耕地保护目标责任书，明确各级政府保护耕地的责任。

加大土地复垦开发整理工作力度。全市完成耕地占补平衡项目库项目建库134个，规划新增耕地744.8公顷，经验收，实际完成项目128个，实际新增耕地658.67公顷，入库项目数合格率、新增耕地合格率分别为95%、

88%，均超过省厅规定合格率85%的标准。11月，耕地占补平衡项目库项目通过省厅抽查验收，抽查合格率100%。完成6个省以上投资土地整理项目并通过省厅验收。其中泰兴3个（宣堡、张桥、马甸）、兴化3个（缸顾、中堡、安丰），实现新增耕地482.74公顷。通过项目的实施，提高农业综合生产能力，改善农村的生产和生活，推动社会主义新农村建设。

【实施万顷良田建设工程试点工作】 按照“一次规划、分步实施、因地制宜、先易后难、稳步推进”的工作思路，各市（区）开展万顷良田建设工程试点工作。4月，兴化市万顷良田建设试点一期工程戴南、张郭片开工建设。10月，泰兴市虹桥镇万顷良田建设工程规划方案通过省厅专家组审查论证，11月获省厅批复，工程区土地总面积1072.19公顷，计划复垦工程区内农村居民点及工矿用地135.56公顷，拆迁户数3089户，实现新增耕地面积129.57公顷。至年末，泰兴市已利用30%的周转计划38.81公顷，上报2个万顷良田建新区批次。（范建国　王　伟）

【沿江地区生态建设和保护】 2010年，泰州市沿江地区加强对生态环境的管理，推进生态工程建设，改善生态环境质量。靖江市积极落实环境保护政策，发展低碳产业，婉拒有投资意向的化工、水泥、铜冶炼等项目10多个，并将老十圩港至罗家桥港段列入生态和湿地保护岸线；划定下青龙港至靖如界河段湿地保护区、江心洲保护区等4个自然保护区。江阴－靖江工业园区婉拒有投资意向的7家污染转移企业，长强钢铁公司技改项目建成投产后，每月可减排二氧化硫近50万吨。泰兴市组织开展整治企业违法排污专项行动、饮用水源地专项整治行动、化工行业专项整治活动，关闭20家小化工生产企业，淘汰落后用能设备67台（套），关闭小锅炉27台（套）。加快推进生态工程建设。靖江经济开发区新港西区污水处理厂即将进水调试，东区污水处理厂主体工程完工，即将完成管网铺设；江阴－靖江工业园区实现区域内污水管道全面对接；泰兴开发区生活污水处理厂、北区DN400污水主管、南三环水系配套工程建设基本完成；高港区永安洲污水处理厂正式投入试运行，古马干河以南3千米生活污水管网的铺设已启动。靖江市实施环境综合整治，推进游园、公共绿地、清水工程建设，新增绿地21.3万平方米。靖江滨江生态园已进入实质性启动，将在江堤内侧建设40公顷人工湖，种植林木。江阴－靖江工业园区全面推进滨江生态公园和商务区中心公园建设，完成沿江高等级公路景观带建设，完成区内3个内港综合治理工程，新增各类绿地35万平方米。

（沿江办）

文化泰州建设

【概况】 2009年2月28日，泰州市委、市政府召开文化泰州建设工作会议，制定下发《关于加快推进文化泰州建设的意见》和《2009~2010年文化泰州建设行动计划》。成立文化泰州建设领导小组，把文化泰州建设的各项目标任务列入各级政府和相关部门年度考核的内容。高起点谋划文化发展蓝图，以实施十大先进文化建设工程、发展十大重点门类文化产业、建设十大公共文化设施为龙头，加强文化设施建设，提升城市文化内涵；实施精品工程，弘扬特色文化；全面开展文化体制改革，壮大发展文化产业；强化文化惠民工程，提升公共文化服务体系，全市掀起文化泰州建设高潮。

【文化泰州构建】 实施十大先进文化建设工程。即提升全民文明素质、创作生产文艺精品、构建公共文化服务体系、促进文化产业发展、实施文化惠民、保护文化遗产、开展文化研究、传承展示优秀文化、推动特色文化“走出去”、培养优秀文化人才。

发展十大重点门类文化产业。重点发展文化旅游业、现代传媒业、品牌节庆业、会展广告业、文化演艺业、乐器制造业、娱乐休闲业、创意设计业、影视内容业、艺术培训业。

建设十大公共文化设施。重点建设泰州市博物馆、泰州市图书馆（新馆）、泰州美术馆、泰州市青少年活动中心（含泰州市科技馆）、泰州市规划展示馆、泰州大剧院、泰州市文化馆、五巷等特色文化街区工程、泰州中学旧址保护工程、中国人民解放军海军诞生地博览园（泰州国防园）等一批标志性文化基础设施。

【文化设施建设】 加强文化设施建设，提升城市文化内涵。一是加快重点公共文化设施建设。市财政投入数十亿元，开工建设博物馆、图书馆、城市规划展示馆等文化基础设施。泰兴市博物馆、名人馆、规划展示馆开工建设；姜堰市文体中心建设奠基，博物馆建设正在规划论证中。投资4亿元建成的泰州大剧院委托北京保利剧院管理运营，运营以来，引进包括俄罗斯红旗歌舞团、上海爱乐等一批名团及杨丽萍、三宝等名人走进泰州，观众近20万人。二是加快文化旅游项目建设。拓展新建老省泰中、望海楼、三水湾等文化旅游景点。进一步整合凤城河、老街、三水湾等文化旅游资源，完善水上游览项目。实施稻河古街区改造复兴工程，民俗文化展示中心、五巷历史风情居住区和涵西历史风情休闲商业区建设按期推进。三是加快基层文化设施建设。新建一批乡镇宣传文化中心，全面完成1533个村文化室、“农家书屋”建设任务，基本形成市（区）“两馆”（文化馆、图书馆）、乡（镇）文化站、村（居）文化室三级公共文化服务网络。

【文化惠民工程】 坚持文化惠民乐民，推进城市文化下乡、农村文化进城良性互动。着力改善文化民生，推进“三送”工程，全年共送书20多万册，送电影2万多场，送戏1200多场。继续举办“百姓大舞台”、“百姓大学堂”、“百姓议事园”等“百姓”系列文化活动，其中“百姓大舞台”大型广场文艺演出依托市民文化广场，全年共举办17场，深受群众喜爱。建成市区十大市民文化广场，常年开展各类文化活动，实现“四个一”广场文化活动目标。举办中国泰州国际旅游节、梅兰芳艺术节、姜堰溱潼会船节、兴化板桥艺术节、泰兴银杏节等一批品牌节庆活动。构建覆盖全市的公共文化服务体系，乡镇（街道）宣传文化中心建设被列为市政府改善民生的十件实事之一，市财政出资2000万元予以补助扶持。泰州市青少年社会实践基地即将开工建设。各类群众文化活动丰富多彩，农村文化进城、城市文化下乡实现良性互动。

【文化产业发展】 文化体制改革。加快文化体制改革步伐，推动文化行政管理体制、经营性文化事业单位转企改制、公益性文化事业单位体制机制创新等各项改革。市本级实施文化、广播电视、新闻出版“三局合一”。各市（区）完成文广新局（文体新局、文体旅局）组建工作。推进文艺院团改革，成立泰州淮剧演艺有限公司，各市文艺院团完成转企改制。同步组织博物馆、图书馆、文化馆等公益性文化单位内部改革。

整合文化资源。依托南师大泰州学院等高等院校，市场化运作、企业化管理，成立泰州市歌舞剧院；面向全国招聘8名专业画师，优化提升专业文艺人才队伍实力。组建泰州报业传媒集团、泰州广播电视传媒集团；整合全市新闻网站资源，筹建大型综合新闻网站新“泰州网”，全面提升传媒产业实力。针对市区旅游文化景点管理多头、量小分散的现状，加强地方旅游文化资源整合，组建文化旅游发展有限公司，打造泰州特色文化旅游集群。

文化产业品牌。培育文化骨干企业，泰兴市凤灵乐器集团被评为全国文化产业示范基地，并成为全国文化出口重点企业。发展文化创意产业，凤城河创意产业园建成省级现代服务业集聚区。组织溱湖里下河民俗文化产业园、凤灵乐器集团、泰州日报社网络平台建设等项目，申报省文化产业专项引导资金扶持项目。

文化招商。集旅游、休闲、娱乐为一体，总投资25亿元的泰州华侨城一期项目对外营业，泰州文化旅游产业实力得到提升。以三水湾时尚休闲街区为依托，吸引苏荷酒吧、谭家官府菜、乌克兰风情吧等近20家国际国内知名品牌商家落户。组织参加南京“名城会”文化产业招商、浙江文化产业投资洽谈会等一系列文化招商活动。

【文艺精品创作】 挖掘具有鲜明地域特色的文化资源，弘扬特色文化，打响特色文化品牌。加强电影、电视剧、歌曲、图书等各类文艺产品创作生产，推出一批全国知名的精品力作。以全国道德模范提名奖获得者刘绍安感人事迹创作的电影《生死诺言》以及市淮剧团创作的大型淮剧《诺言》在全国、全省引发积极反响，其中淮剧《诺言》获省舞台艺术精品剧目和省“五个一工程”奖，年内应邀赴上海演出广受好评。为生动再现黄桥决战期间陈毅三进泰州城的历史瞬间，投资2000多万元拍摄电视连续剧《风雨泰州城》。反映泰州历史名人传奇人生的电影《谍战玫瑰》、《永贻芬芳》等在全国上映。板桥系列小淮剧在央视戏曲频道播出。歌舞《荡湖船》获全国社会文化艺术群星奖，并参加上海世博会“江苏周”专场文艺演出。新编历史剧《桃花扇底红尘梦》等10部戏剧作品获首届全国戏剧文化奖。泰州市作家创作的长篇小说《倦寻芳》、《幸福的黑白法则》、《诡计》、《婚后无战事》等一批优秀文学作品正式出版。

【打造历史文化名城】 为传承积淀丰厚的历史文化，泰州市有序推进国家历史文化名城申报工作。修编《泰州市历史文化名城保护规划》（2009~2030），出台《泰州市历史文化名城保护办法》，制订《泰州市申报国家历史文化名城工作方案》，编写《泰州市申报国家历史文化名城简本》，按期完成申报文件上报工作。

按照“护其貌、增其颜、保其韵、铸其魂”的思路，制订、修编《城中历史文化街区保护规划》、《涵东历史文化街区保护规划》、《渔行水村历史文化街区保护管理办法》等一批历史文化建筑和街区保护方案。全市30处省级以上文保单位“两线”（保护范围和建设控制范围）划定，通过省住房与建设厅、省文物局的联合审查。省泰中旧址、泰山岳庙、南山寺、北山寺等文物修复重点工程同步推进，稻河、城中、涵东、渔行4个历史文化街区保护修建工程全面启动。

【文化遗产整理保护】 开发利用文化遗产，组织第三次全国文物普查，全市共普查登记不可移动文物773处，复查258处，新发现不可移动文物515处。其中兴化影山头遗址被列为省文物普查十大新发现。“泰州淮剧”、“茅山号子”2个非遗项目进入第三批国家级保护名录公示名单。成立全国首家老行当文化研究与保护协会。

【全国首家老行当文化研究与保护协会】 为加强老行当文化研究、保护与开发，促进老行当文化创意产业发展，推进文化泰州建设，9月20日，泰州市老行当文化研究与保护协会成立，并在老街举行揭牌仪式。泰州市老行当文化研究与保护协会在全国尚属首家。年内，市委宣传部会同市文明办等8个相关部门成立协会工作协调组，推动老行当文化创意产业园区策划工作，老行当文化创意产业园区被列入市“十二五”发展规划纲要。

（史志办）

泰州学政试院

江苏泰州出口加工区获国务院批准设立

江苏泰州出口加工区位于泰州医药高新技术产业开发区内，规划面积1.76平方千米，其中一期工程0.6平方千米。泰州出口加工区于2010年4月28日经国务院批准设立，9月20日，正式通过海关总署、发改委、财政部、国土资源部、商务部、税务总局、工商总局、质检总局、外汇管理局等国家九部委的联合验收，创造了全国出口加工区当年获批、当年建设、当年通过验收的“泰州速度”。区内落户电子信息类企业及其相关仓储、运输企业。出口加工区为海关监管的特殊封闭区域，为入驻企业提供更宽松的经营环境和更快捷的通关便利，实现出口加工货物“一次申报、一次审单、一次查验”的通关要求，满足现代跨国型企业“零库存生产”的需要。泰州出口加工区的建成，是泰州开放型经济发展的一座重要里程碑，标志着泰州承接国际大企业、大项目的能力和全市的对外开放度有实质性的提高。

年内，出口加工区内围网、巡逻通道、报关报检大厅、监管仓库、卡口、监控系统、主干道和桥梁、保税仓库、人行天桥和标准厂房等十大工程全部建设完成。区内建成骨干道路4.4千米，铺设与主干道路相配套的水、电、气、通信、路灯等各类专业管线，初步完成区内外道路、河道等整治及绿化亮化工程，实现“七通一平”。在货物通道设置检查卡口。在卡口安装电子闸门放行系统、车辆自动识别系统、单证识别系统、与H2000联网的电子地磅系统和视频监控系统，卡口与货物验放部门实行联网。建设有供海关、检验检疫部门以及报关、货代公司共同使用的监管仓库，验货场地配有验货平台，并划分有相对隔离的掏箱、拆箱、分拣场地。建成2栋共1.5万平方米的保税仓库，已有8家报关、货代公司落户，为区内企业提供“大进大出、快进快出”的物流平台。区内已建成标准厂房3.7万平方米，吸引中小型生产企业落户。视频监控和报警系统实现全覆盖，形成多角度布防，保证海关对出口加工区全方位无盲区监控。

区内龙头项目——纬创资通（泰州）有限公司由台湾纬创集团投资建设，总投资10亿美元，注册资本3亿美元，其中一期总投资2.88亿美元、注册资本9800万美元。主要生产电子产品，规划三年内形成千亿级的电子信息产业集群。纬创项目于2009年9月26日开工建设，2010年7月F1厂房建成，F2厂房在建，总建筑面积17万平方米。纬创项目生活配套区已建成8栋宿舍楼、2栋生活馆以及2栋高层会馆，总建筑面积13万平方米，全面建成后可容纳1万产业工人入驻。纬创配套项目——纬立资讯配件（泰州）有限公司总投资4.08亿美元、注册资本1.36亿美元，其中一期总投资9900万美元，注册资本4980万美元。位于出口加工区二期规划之中，已建成21.8万平方米的厂房和生活区。

为服务好纬创项目，同时加快推进出口加工区规划建设，全市抽调7名选调生，组建一支专业对口、富有朝气的服务团队。做好项目推进和现场服务工作，明确专人对纬创、纬立等重大项目跟踪服务、贴身服务。在纬创和出口加工区建设现场，实行现场驻点办公，专门设立筹建办公室，所有抽调人员均现场办公；项目推进过程中遇有矛盾和问题，立即报告，立即研究，立即化解，确保建设施工顺畅。加强与海关、国检、税务、外管等部门沟通联系，积极争取业务上的指导支持，力求服务的精细化和专业化。

（朱　鹭）

2010中国泰州梅兰芳艺术节

10月22日～11月9日，泰州市举办特色文化节庆品牌活动——2010中国泰州梅兰芳艺术节。本届艺术节

由中国戏剧家协会、江苏省文化厅、泰州市政府共同主办，是泰州市继2008年首届梅兰芳艺术节后举办的第二届梅兰芳艺术节。

10月22日，开幕式在泰州大剧院隆重举行。省委常委、宣传部部长杨新力宣布开幕，省政府副秘书长肖泉，梅兰芳先生之子、著名京剧表演艺术家梅葆玖，中国戏剧家协会分党组书记、驻会副主席季国平，省委宣传部常务副部长、省文化厅厅长章剑华，省戏剧家协会主席汪人元以及市领导徐郭平、陈克勤、王振南、曹玉梅等出席开幕式。开幕式由市委常委、宣传部长缪志红主持。市委副书记、代市长徐郭平，中国戏剧家协会分党组书记、驻会副主席季国平，省委宣传部常务副部长、省文化厅厅长章剑华在开幕式上分别致辞。

本届梅兰芳艺术节共有15项近30类文化艺术活动，并开展文化产业项目招商。来自中国国家京剧院、梅兰芳京剧团、日本京剧院和英国、韩国的众多艺术团体先后参加演出，精彩纷呈的文艺活动吸引包括新华社、《中国日报》、江苏卫视等40多家境内外媒体的跟踪报道，提升了泰州的影响力和知名度。

一是汇聚国内京剧一流水准的演出。开幕式上邀请中国梅兰芳京剧院到泰州作专场演出，演出经典剧目《梅花香韵》、《天女散花》、《黛玉葬花》、《霸王别姬》、《贵妃醉酒》、《抗金兵》。由梅派艺术嫡系传人、梅兰芳之子梅葆玖担纲。艺术节期间，还邀请中国京剧院到泰举办《红色经典》——现代京剧名段演唱会，江苏省京剧院现代京剧《飘逸的红纱巾》专场演出。

二是组织国外艺术院团到泰演出。艺术节邀请日本京剧院到泰州作专场演出，该剧院拥有“亚洲第一男旦”之誉的京剧表演艺术家吴汝俊，演出京剧《孟母三迁》。还邀请英国莎士比亚经典原版话剧《奥赛罗》和韩国爆笑功夫剧《JUMP》在梅兰芳艺术节期间到泰演出。

三是组织开展丰富多彩的群众性演出活动。①京剧艺术进校园优秀成果展示演出。组织市区有关学校师生排练的京剧选段或片段进行汇演，邀请省戏校及部分城市京剧表演团体到泰演出，展现京剧艺术进校园的斐然成果。②戏曲票友演唱大奖赛。组织全市京剧、淮剧、扬剧等戏曲票友举办演唱比赛。③“百姓大舞台”——地方风情文艺节目展演。靖江、泰兴、姜堰、兴化四市各组织一台反映地域特色的文艺演出，艺术节期间分别在市区广场演出。④举办淮剧、扬剧专场演出。分别由专业剧团进行淮剧、扬剧专场演出，展示地方戏曲的艺术魅力，形成与京剧艺术交相辉映的格局。

四是举办展览类活动：①“梅香京韵·祥泰之

州”书画摄影作品展。组织全市书画、摄影专业作者和业余爱好者，围绕赞美泰州、歌颂家乡、追忆梅兰芳等主题，开展书画摄影创作，并进行展览。②全市非物质文化遗产展示。在市区“三水湾”景区沿街布展和现场展示，突出戏剧文化的主题，展示全市非遗成果的丰富内涵。

五是举办文化产业项目信息发布会。首次举办文化产业项目信息发布会，排定文化产业招商项目、内容、规模，推动全市文化事业和文化产业的繁荣发展。

2010中国泰州梅兰芳艺术节活动一览表

表1

时　　间	地　　点	活　动　内　容
10月22日下午	泰州大剧院	开幕式暨京剧《梅花香韵》专场演出
10月22日~11月9日	三水湾风景区	三水湾文化旅游活动
10月22~28日	四市两区	“美在新江苏”全国知名音乐家来泰州采风活动
10月22日上午	泰州宾馆	2010年泰州市服务业专题招商活动及项目信息发布会
10月25日晚7:30	泰州大剧院	《红色经典》现代京剧名段演唱会
10月26~28日	梅兰芳纪念馆	“梅兰春杯”我的票友大奖赛
10月28日晚7:30	泰州大剧院	莎士比亚经典原版话剧《奥赛罗》
10月28日、29日晚7 30	梅兰芳大剧院	淮剧、扬剧传统剧目专场演出
11月1~6日	体育馆副馆	“梅香京韵·祥泰之州”书画摄影作品展
11月1日、2日晚7:30	泰州大剧院	京剧《飘逸的红纱巾》专场演出
11月2日、3日、4日、5日晚7:00	人民公园广场	“百姓大舞台”——地方风情文艺节目展演
11月5日	梅兰芳纪念馆	纪念梅兰芳演出80周年座谈会
11月6日下午	梅兰芳大剧院	江苏省京剧艺术送校团专场演出
11月6日、7日晚7:30	泰州大剧院	韩国爆笑功夫剧《JUMP》
11月9日晚7:30	泰州大剧院	日本京剧院《孟母三迁》专场演出

（史志办）

2010中国泰州国际旅游节暨经贸洽谈会

4月2日～5月6日，江苏省旅游局、泰州市政府主办的2010中国泰州国际旅游节暨经贸洽谈会隆重举行。旅游节以“2010中国世博旅游年”为主题，展示“文昌水秀　祥泰之州”的城市形象，推介“水天堂、夜游城”等系列旅游品牌，提升泰州作为长三角新兴旅游目的地的吸引力。旅游节共设置19项旅游、文化、经贸系列活动，全市各主要旅游景区（点）组织30多个子活动，丰富旅游节的内容和与游客的互动性和娱乐性。旅游节期间，共接待游客200万人次，拉动地方旅游消费24.5亿元。

4月16日晚，经共青团中央、上海世博局授权，由江苏省文明办、泰州市政府联合主办的“年轻的世博 青春风采”2010上海世博会礼仪风采泰州启航仪式在凤城河风景区望海楼广场隆重举行，仪式由上海世博会形象大使杨澜和张宇联袂主持，上海世博局为本次活动发来贺电。仪式以“穿越千年古城，展现文昌水秀，演绎江淮之美，共谱礼仪风尚”为题材，由30位世博礼仪小姐集中演示“千年泰州——历代着装秀”、“水韵新裳——当代泰州大型时尚秀”，穿插综艺节目演出，共同演绎唱响世博“城市，让生活更美好”的主题。活动期间，泰州市邀请上海重点旅行商代表考察泰州旅游产品，签订2010年旅游旺季合作协议。

4月8日～5月12日，以“文昌水秀 祥泰之州”为主题的9条花船在凤城河上进行巡游表演。4月13日，凤城河花船巡游开幕仪式在凤城河桃园景区举行，通过将花船表演与灯光、焰火结合，展现凤城河的动感之美。巡游期间，通过媒体向社会发布具体巡游时间和集中观看地点，每天都吸引大批游客和市民在巡游河道周围观赏。

4月28日，旅游节开幕式与泰州华侨城开业庆典同时举行。国资委监事会主席熊志军，华侨城集团公司总经理任克雷，国家旅游局政策法规司司长张坚钟，省政府副秘书长杨根平及省市领导和中外嘉宾1000多人出席开幕式。开幕式启动仪式由领导将锦鲤倒入三水交融的鱼缸中，象征着华侨城与江苏、泰州和姜堰的合作“如鱼得水”。泰州华侨城精心安排了商业街“活雕塑”、文艺展演、名模泳装秀、浪漫婚纱秀、会船表演等项目。

（王　蕊）

泰州市首届农艺节

12月18日，泰州市首届农艺节开幕式在泰州市花卉博览园举行。农业部副部长张桃林，江苏省委常委、副省长黄莉新出席开幕式并共同启动开幕装置。农业部科教司司长白金明，国务院发展研究中心农村部副部长徐小青，省政府副秘书长杨根平，省民防局副局长刘传梓，省科协副主席吴国彬，省农委副主任蔡恒，省农科院党委书记赵西华，市领导张雷、徐郭平、陈克勤、李国华、张本印、缪志红、王振南、张正方、戴胜利、姚社成等出席。市委副书记王守法主持开幕式。开幕式上，部、省、市领导为农业部现代农业技术培训基地、江苏省泰州现代农业产业园区、江苏省精品乡村旅游区、全国农业旅游示范点、城乡一体化综合配套改革固定联系点等集中授牌。

首届农艺节历时3天，主要内容有：现代农业展示、畜牧科技示范、农业旅游开发、花卉园艺博览、商贸合作交流、农耕文化研讨等，展示泰州市拓展农业多种功能，推动现代农业加快发展所取得的成果，推进全市农业产业转型升级。农艺节期间共吸引2万多名游客前往参观游览，《新华日报》、网易、新华网、江苏网、中广网等数十家国内主流媒体相继报道。

12月18日，市农业开发区管委会举行招商引资项目推介及签约仪式活动，100多名中外客商参加，现场签订高档花卉繁育、农副产品加工、农业旅游开发经营等11个合作协议，协议投资总额6.57亿元，注册资本1.43亿元。签约仪式结束后，召开现代农业及乡村旅游发展论坛，南京旅游学会副会长陆乃高，江苏省农科院生物技术所细胞工程组负责人叶晓青和浙江大学旅游研究所副所长王婉飞分别作题为《如何发展精品旅游》、《花卉产业发展现状与展望》和《乡村旅游开发与管理》的研讨报告。

农艺节期间，泰州农业生态观光园和泰州市兴泰路粮食仓储加工物流项目同时开工建设。泰州市花卉博览园、泰州民防园、秋雪湖现代渔业生态园、泰州市农业科研推广中心等集中开园开馆。在泰州市花卉博览园举办汇集12大类、180多个珍稀品种的花卉展；在江苏畜牧科技示范园举行多场宠物表演。开展农业机械和特色农副产品展销活动，展示各类农业机械50多台。

（农业开发区）

2010年度泰州十大时政新闻

1. 实施“双轮驱动”战略《意见》出台。泰州市委出台实施开放创新“双轮驱动”战略《意见》，就是推动开放创新“双轮驱动”战略从决策层面走向执行层面，从战略层面走向操作层面，从而构筑泰州科学发展的新优势。

2. 泰州市确定“十二五”发展方略。“十二五”期间泰州市发展的主题是“推进富民强市，建设美好泰州”。要把“富民”放到发展的优先地位，不仅让全市人民物质生活更加富裕，还要让精神生活更加充实，得到更加全面的发展，更加充分地享受改革发展成果。要把‘强市”作为“富民”的基础和保障，不仅提高全市经济硬实力，还要提高文化软实力，不断增强泰州的综合竞争力。

3. GDP总量突破2000亿元大关。GDP总量跨登2000亿元台阶，人均GDP突破6000美元，是泰州经济社会发展的标志性成果，也是泰州迈向现代化的一个里程碑。这意味着泰州已稳步跨入中上等收入地区行列，表明泰州经济已进入活跃、加速发展的新阶段。

4. 泰州出口加工区获国务院批准。4月28日，泰州出口加工区获国务院批准，继获批国家医药高新区之后，泰州市再添一块“国”字号招牌。9月20日，泰州出口加工区正式通过国家9部委联合验收。

5. 学习型党组织建设经验全国推广。11月19日，学习型党组织建设工作座谈会在北京召开。市委书记张雷参加会议并作交流发言。全国建设学习型党组织协调小组、中共中央宣传部要求在全国推广泰州经验。《人民日报》、新华社、中央电视台等中央媒体集中宣传报道泰州市推进学习型党组织建设的经验成效。

6. 首届中国（泰州）国际医药博览会开幕。12月13日，以“创新医药发展、引领健康未来”为主题的首届中国（泰州）国际医药博览会在中国医药城隆重开幕。医博会汇集海内外800多家高校院所、知名企业、医疗机构、科技园区，集中展示生物技术和新医药领域的新技术和新产品，并广泛开展项目洽谈、成果交易和高层论坛等活动。

7. 泰州市组织最大规模公推公选。2010年11月至12月底，泰州市组织建市以来最大规模公推公选。此次公推公选共拿出26个领导职位，涉及21个市级机关部门（单位），历时两个多月时间。设立特邀考官是此次公推公选的一大亮点，特邀考官不仅参与考试评分，而且可现场监督面试情况。两轮民主推荐穿插进行，将干部任用制度从以往的封闭化、神秘化，转变为公开选拔与民主监督相结合。

8. 万达等一批城市综合体落户市区。城市综合体是融商业、办公、居住、旅店、展览、餐饮、会议等业态为一体的多功能、高效率的经济综合体。8月12日，位于市区济川路的万达广场奠基仪式隆重举行。这是中国商业地产龙头企业万达集团在泰州投资建设的第一个商业项目，也是泰州目前在建规模最大的城市综合体。

9. 泰州打开对外开放大通道。3月18日，苏中民用机场在江都隆重奠基。苏中机场的建设，打开了泰州空中开放的大门，进一步强化泰州长三角北翼桥头堡的地位，显著改善泰州对外投资环境，优化和提升城市综合交通功能，对促进招商引资、增强市域综合竞争力、推动经济社会更快更好发展有着重要的意义。

10. 侯逸凡加冕最年轻世界棋后。12月24日晚，2010年女子国际象棋世界锦标赛在土耳其安塔基亚落下帷幕。来自泰州的女棋手侯逸凡在快棋加赛中以2胜2和的战绩，战胜队友阮露斐，成为女子国际象棋历史上第13位世界冠军，同时也是国际象棋历史上最年轻的世界棋后。

2010年泰州大事记

1月

4日　泰州市举行陈燕萍先进事迹报告会。市委书记张雷出席并讲话。市长姚建华主持报告会。

8日　市委三届八次全体会议召开，回顾总结2009年工作，研究部署2010年各项工作任务。市委书记张雷代表市委常委会作题为《坚持开放创新 加快转型升级 为实现“三年再来一个大变化”而团结奋斗》的工作报告。市委副书记、市长姚建华部署工作。全会审议并通过大会《决议》。

11日　泰兴市获2007～2008年度国家科技进步先进市称号。

14日　泰州军分区党委三届三次全体（扩大）会议召开。市委书记、军分区党委第一书记张雷出席并讲话。军分区司令员张本印就做好新一年度军事斗争准备各项工作作具体部署。

15日　兴化市获全省“扫黄打非先进模范市”称号。

18日　市政协三届三次会议召开。市政协主席陈克勤受市三届政协常委会委托，向大会作工作报告。市政协副主席周书国代表市政协常委会，向大会报告市政协三届二次会议以来的提案工作情况。会议对市政协三届一次会议以来的优秀政协委员和优秀提案进行表彰。

△ 泰兴市溪桥镇获“中国提琴产业之都”称号。

19日　陈燕萍同志先进事迹报告会在人民大会堂举行。中共中央政治局常委、中央政法委书记周永康会前接见报告团成员。周永康高度肯定和赞扬陈燕萍同志的先进事迹，并对进一步学习宣传陈燕萍同志先进事迹作重要指示。

△ 市人大三届三次会议召开。市长姚建华代表市政府向大会作工作报告。市发改委主任周绍泉、市财政局局长吴跃分别向大会书面提交《关于泰州市2009年国民经济、社会发展计划执行情况和2010年计划草案的报告》、《关于泰州市2009年财政预算预计执行情况和2010年财政预算草案的报告》，提请会议审议。

21日 市政府第26次常务会议召开，市长姚建华主持会议。会议讨论通过《泰州市区廉租住房保障实施细则》及市政府投资项目监督管理制度体系建设相关问题。会议还讨论调整理顺市区水利、城管、卫生教育体制建议方案。

△ 最高人民法院授予陈燕萍“全国模范法官”称号。

22日 市政法系统“十佳政法干警”颁奖典礼举行。“十佳政法干警”和10名优秀政法干警分别受到表彰。市领导张雷、姚建华、陈克勤、王守法、李国华、陈国华、高纪明、张本印、何榕等出席颁奖典礼。

2月

1~2日 省委常委、省纪委书记弘强到泰调研纪检监察工作。市委书记张雷，市委副书记、市长姚建华，市委常委、市纪委书记陈国华等陪同。

3日 中共泰州市第三届纪律检查委员会第五次全体会议召开。会议学习中共十七届中央纪委五次全会、十一届省纪委六次全会和中共中央总书记胡锦涛在中央纪委全会、省委书记梁保华在省纪委全会上的重要讲话精神，回顾总结全市党风廉政建设和反腐败工作，研究部署2010年工作任务。

12日 泰州市被住房和城乡建设部命名为“国家园林城市”。

23日 由最高人民法院办公厅、政治部和省高级人民法院主办，市中级人民法院协办的陈燕萍工作法研讨会在泰州开幕。最高人民法院常务副院长沈德咏出席并讲话。最高人民法院政治部主任周泽民主持开幕式。省委常委、省政法委书记林祥国，省高级人民法院院长公丕祥，市委书记张雷，市委常委、市政法委书记高纪明等出席开幕式。

△ 市政府第27次常务会议召开，分解落实2010年40项重点工作目标任务，市长姚建华主持会议。会议讨论《泰州市城乡居民社会养老保险办法》，讨论2009年度工业经济和科技工作先进集体与先进个人表彰奖励方案及2009年度泰州市科技进步奖获奖项目。

30日 靖江市人民法院江阴园区人民法庭副庭长陈燕萍当选“2009年度中国十大正义人物”。

3月

1日 全市工业经济和科技工作会议召开。市委书记张雷出席并讲话。市委副书记、市长姚建华作工作报告，市委副书记王守法主持会议。泰兴市政府、海陵区政府、扬子江药业等6家单位作大会交流发言。会议表彰2009年度工业经济工作先进单位和个人及市科学技术进步奖获奖项目。

16日 市委中心组召开学习会，集中传达学习全国“两会”精神。市委书记张雷主持会议。全国人大代表、市长姚建华介绍全国“两会”概况，传达“两会”主要精神和胡锦涛总书记参加江苏代表团审议政府工作报告时的重要讲话精神。

18日 苏中民用机场在江都奠基。省委书记、省人大常委会主任梁保华为奠基石揭幕。中国民航局局长李家祥，省长罗志军分别讲话。市委书记张雷致辞，扬州市委书记王燕文主持仪式。省委常委、常务副省长赵克志及市领导姚建华、陈克勤、王守法、李国华、陈国华、张本印、缪志红、杨峰、何榕等出席奠基仪式。

18~19日 省委书记梁保华到泰调研城市建设情况及中国医药城发展状况。梁保华要求中国医药城按照“中国第一、世界有名”的目标定位，不断推进经济发展转型升级。省委常委、省委秘书长李云峰，市领导张雷、姚建华、王守法、杨峰、何榕、王振南等陪同。

25日 市政府第28次常务会议召开。市长姚建华主持会议。会议讨论通过“泰州市荣誉市民”推荐名单，讨论并原则通过《泰州市重大项目审批联席会办暂行办法》、《泰州市重大项目建设奖励暂行办法》、《泰州市产业结构调整指导目录（试行）》3个文件。

29日 市政府根据《省政府关于调整泰兴市部分镇行政区划的批复》精神，将泰兴市横垛镇与古溪镇合并设立新的古溪镇，镇政府驻古溪镇古溪西路20号；将泰兴市溪桥镇、刘陈镇与黄桥镇合并设立新的黄桥镇，镇政府驻原黄桥镇城黄路160号；将泰兴市马甸镇与滨江镇合并设立新的滨江镇，镇政府驻滨江镇五杨自然村；将泰兴镇向阳、张庄、郭庄、三联4个村委会划归滨江镇管辖；将泰兴市蒋华镇与七圩镇合并设立虹桥镇，镇政府驻虹桥镇中心大道8号。

29～30日 市三届人大常委会第十五次会议召开。市委书记、市人大常委会主任张雷出席并主持第一次全体会议，全国人大代表、市长姚建华传达十一届全国人大三次会议精神。市人大常委会副主任王振南、陶幸蓉、张正方、戈丽和、王泓卫出席。副市长丁士宏列席。会议听取并审议市政府关于加快农业科技创新和推广应用工作情况的报告，听取和审议市政府关于《泰州市人大常委会关于大力推进文化泰州建设的决议》贯彻落实情况的报告，听取并审议市政府关于授予泰州市荣誉市民称号的议案。会议通过市人大常委会关于授予泰州市荣誉市民称号的决定。

31日　全市三级干部大会召开。市委书记张雷出席并讲话，市委副书记、市长姚建华主持会议，市委副书记王守法作“三农”工作报告，市委常委、组织部长李国华就学习实践科学发展观活动作总结。市四套班子领导陈克勤、陈国华、刘建国、高纪明、缪志红、杨峰、何榕等出席。四市二区党委主要负责人作交流发言，市委组织部等16家单位作书面交流。各市（区）政府主要负责人向市政府递交2010年度工作目标责任书。会议表彰2009年度工作目标考评先进市（区）、经济工作“十强乡镇（街道）”、发展高效农业“十佳乡镇（街道）”、争创经济工作“十强乡镇（街道）”活动先进单位、全面小康建设“十强村”。会议下发《关于大力推进重点镇村建设的意见》。

4月

6日　第五届中国湿地生态旅游节暨2010中国姜堰·溱潼会船节开幕式举行。中央政法委副秘书长、中央综治办主任陈冀平，省人大常委会副主任张艳，市领导张雷、姚建华、陈克勤等出席。

23日　全市工业重大项目推进会召开。市委书记张雷要求坚定不移地抓好项目投资，努力实现项目建设新突破。市长姚建华主持会议，市领导何榕、张正方、卢佩民、王东等出席。

24日　靖江市、泰兴市获“中国产业发展能力百强县(市)”称号。

28日　泰州国际旅游节暨经贸洽谈会开幕式在泰州华侨城举行。国资委监事会主席熊志军、国家旅游局政策法规司司长张坚钟、省政府副秘书长杨根平、市委书记张雷出席开幕式并为泰州华侨城开业举行启动仪式。市长姚建华为开幕式致辞。

本月　泰州市获“2009～2010年度中国最佳管理城市”称号。

5月

2日　国民党荣誉主席吴伯雄一行到泰参观访问。市委书记张雷会见吴伯雄一行。吴伯雄一行参观国家级医药高新区和梅兰芳纪念馆。海协会副会长王富卿，国台办联络局副局长李勇，省委副秘书长李敏，省台办主任陈尧，市领导姚建华、王守法、何榕、卢佩民等陪同。

7日　市政府第30次常务会议召开，市长姚建华主持会议。会议讨论《关于加强外来务工人员服务工作的意见》、泰州市“十二五规划”的基本思路等事项。会议讨论通过关于高港区全面建设小康社会达标认定问题和对高天蔚等人记二等功奖励等事项。

24~25日　市三届人大常委会第十六次会议召开。市委书记、市人大常委会主任张雷出席并主持第一次全体会议，市人大常委会副主任王振南、陶幸蓉、张正方、戈丽和、王泓卫出席会议，副市长刘励列席会议。会议审议并原则通过《关于进一步加快发展民营经济的决议》。听取并审议市人大常委会环资城建工委关于“进一步保护完善国家级水利风景区凤凰河”的代表议案处理意见的报告，决定将该议案作为重要建议，交市政府办理。听取并审议市中级人民法院关于规范量刑工作情况的报告。

6月

2日　市委常委扩大会议召开。市委副书记、市长姚建华传达中共中央政治局委员、中央书记处书记、中组部部长李源潮在考察中国医药城时的重要讲话精神。市委书记张雷主持会议并讲话。

24日　市政协三届十四次常委会议召开。会议听取全市经济运行情况通报，协商通过建议案。市政协副主席周书国、金文鸾、马云、王东、胡冬生、黄立红出席。副市长丁士宏通报2010年以来全市经济运行情况，市中级法院院长张培成汇报近年来法院工作情况。会议协商并原则通过关于促进全市现代物流业发展的建议案。

30日　副省长徐鸣到泰视察生态市建设情况。省环保厅厅长陈蒙蒙、省政府研究室副主任郑焱、省环保厅副厅长赵挺陪同。市领导姚建华、刘励汇报生态市创建工作。徐鸣一行实地察看兴化市周庄自来水厂，戴南镇赵家村、董北村中日合作分散型污水处理项目和污水处理厂污泥处理现场。

7月

1~2日　中联部副部长陈凤翔率中联部干部国情考察团到泰考察经济社会发展情况。市委书记张雷，市委常委、组织部长李国华陪同。在泰期间，考察团参观考察中国医药城和扬子江药业集团。

3日　国家人口计生委主任李斌到泰考察人口计生服务工作情况。国家人口计生委办公厅主任陈立，省委副秘书长胥爱贵，市长姚建华，副市长曹玉梅陪同考察。

4~5日　民盟江苏省十届十三次常委会议在泰召开。副省长、民盟省委主委曹卫星出席并部署工作。市委书记张雷致辞。市政协副主席、市委统战部长胡冬生出席。

9日　省委常委、无锡市委书记杨卫泽率无锡市党政代表团到泰州考察中国医药城建设情况。市领导张雷、姚建华、李国华、刘建国、杨峰、何榕陪同。

12日　中国驻日本大使程永华一行到泰调研市经济社会发展情况。市委书记张雷会见程永华一行。

14日　省人大常委会副主任李全林、张艳率省人大调研组到泰专题调研贯彻落实全省人大工作会议精神的相关情况。市委书记、市人大常委会主任张雷，市人大常委会副主任王振南、张正方、戈丽和等陪同。

15日　市政府第32次常务会议召开，市长姚建华主持会议。会议讨论市实施开放创新“双轮驱动”战略、推进经济转型升级的意见及若干政策，讨论落实市人大常委会关于《进一步加快发展民营经济的决议》等相关问题。会议讨论并决定设立市级扶持中小企业发展专项资金1200万元。会议讨论并原则通过《城市规划区村民个人建房规划管理暂行办法》，进一步规范村民个人建房管理，引导村民到城市居住，推进城市扩张。会议讨论并原则通过全市开放型经济工作目标考核奖励办法、全市十强乡镇主要负责人记二等功奖励等事项。

19~21日　泰州市三届人大常委会第十七次会议召开。市委书记、市人大常委会主任张雷主持第一次全体会议，市人大常委会副主任王振南、陶幸蓉、张正方、戈丽和、王泓卫出席，市委常委、常务副市长杨峰列席。会议听取并审议市政府关于2010年上半年国民经济和社会发展计划执行情况的报告，听取并审议市政府关于泰州市本级2009年财政决算草案和2010年上半年财政预算执行情况、2010年财政支出预算变更情况的报告，听取并审议市政府关于2009年市本级财政预算执行和其他财政收支情况的审计工作报告，听取市人大常委会财经工委关于泰州市2009年市本级财政决算（草案）的初审报告。听取并审议市人大常委会执法检查组关于《中华人民共和国食品安全法》执法检查情况的报告。会议通过市人大常委会关于批准2009年市本级财政决算的决议，通过市人大常委会关于批准2010年省转贷债券及市本级预算调整方案的决议。

20日　省委决定,徐郭平任中共泰州市委委员、常委、副书记。

22日　市委三届九次全体会议召开。会议学习贯彻省委十一届八次全会精神，回顾总结上半年工作，研究部署下半年任务。市委书记张雷代表市委常委会作题为《再接再厉 迎难而上 在开放创新道路上迈出更加坚实的步伐》工作报告。

22~23日　省政府在泰州召开经济工作座谈会，学习贯彻省委十一届八次全会和省政府全体会议精神，研究部署下半年经济工作措施。省委常委、常务副省长赵克志主持并讲话，各市分管市长参加会议，市领导张雷、姚建华、杨峰出席。

28~29日　卫生部副部长、国家中医药管理局局长王国强一行到泰实地考察中国医药城教育教学区、大小分子平台、江苏省干细胞库、美时医疗公司、市中医院、扬子江药业集团和济川药业集团发展情况，并听取相关情况汇报和建议。副省长何权，市领导张雷、何榕、曹玉梅等陪同。

30日　市三届人大常委会第十八次会议决定,任命徐郭平为泰州市人民政府副市长。会议同意姚建华辞去泰州市人民政府市长职务，决定徐郭平为泰州市人民政府代理市长。

8月

4日　省长罗志军到泰就加强社会管理进行调研。市领导张雷、徐郭平、李国华、刘建国、刘励等陪同。

5日　广西壮族自治区主席马飚率党政代表团到泰考察工业化和城镇化情况。省委常委、常务副省长赵克志，市领导张雷、徐郭平、王守法、杨峰、何榕等陪同考察。马飚一行先后参观考察中国医药城、扬子江药业集团和梅兰芳纪念馆。

12日　泰州万达广场开工仪式举行。全国政协常委、全国工商联副主席、大连万达集团董事长王健林，中央编办机关事务管理局局长张奎杰，市领导张雷、徐郭平、缪志红、杨峰、王泓卫、戴胜利、周书国、姚社成等参加。

△ 泰州市创建全国文明城市领导小组工作会议召开。市委书记张雷要求强力推进文明城市创建工作。市委副书记、代市长徐郭平主持会议。市委常委、宣传部长缪志红作工作部署。市领导王守法、李国华、杨峰、丁士宏、刘励、张爱平、曹玉梅、卢佩民、戴胜利等出席会议。

14~15日　靖江市、泰兴市、兴化市、姜堰市入围第十届全国县域经济百强县（市）名单。

24~27日　省政府副秘书长于利中率省“三项排查”工作督查组到泰督查市“三项排查”工作。

9月

2~3日　省委常委、副省长黄莉新一行到泰调研市现代高效农业发展情况。黄莉新一行实地察看农业开发区农展馆、森禾花卉博览园、秋雪湖现代渔业示范园和人防林等项目建设现场，并考察兴化市周庄镇双平禽业、钓鱼镇绿园蔬菜合作社和泰兴市农业科技示范园、葡萄产业示范区等现代高效农业项目。市委书记张雷，市委副书记、代市长徐郭平，市委副书记王守法陪同。

7日　市政府第33次常务会议召开。市委副书记、代市长徐郭平主持会议。会议讨论并原则通过《2010～2012年市区公交优先发展三年行动计划》。

19日　市委书记张雷分别会见台湾医健会理事长、国民党中常委廖国栋一行和台湾制药公会理事长、台湾强生化学制药公司董事长黄柏熊一行。市委副书记、代市长徐郭平，市委常委、医药高新区党工委书记何榕参加会见。

20日　江苏泰州出口加工区揭牌仪式举行。江苏泰州出口加工区正式通过国家九部委联合验收，获得验收合格证书。省政府副秘书长张吉生，国家九部委联合验收组组长、国家海关总署加贸司副司长孙群共同为江苏泰州出口加工区揭牌并讲话。市委书记张雷出席仪式并讲话。市领导徐郭平、何榕、张爱平、卢佩民、姚社友参加。

26日　市第三届人民代表大会常务委员会第十九次会议通过，任命廖涛为泰州市人民政府副市长。

△　全国普法办“五五”普法检查组到泰考核验收市“五五”普法终期工作。检查组一行听取市“五五”普法情况汇报，并实地考察靖江法制广场、法制一条街、法制主题公园。市委常委、政法委书记高纪明陪同检查。

25～26日　市三届人大常委会第十九次会议召开。会议听取并审议市政府关于《泰州市城市总体规划（2010～2020）》修编工作情况和修编内容的汇报，并原则通过《泰州市城市总体规划（2010～2020）》。市委书记、市人大常委会主任张雷，市人大常委会副主任王振南、陶幸蓉、张正方、戈丽和、王弘卫出席会议。市委常委、常务副市长杨峰列席会议

10月

12日　省人大常委会副主任朱龙生到泰调研区域供水工程建设情况。朱龙生一行实地调研泰州三水厂、泰兴市杨庄水厂和泰兴市自来水公司河失增压站。市委常委、常务副市长杨峰，市人大常委会副主任王振南陪同。

13日　全国政协常委、中国人民解放军总装备部原副政委兼纪委书记李栋恒率总装备部全国政协委员到泰考察。在泰期间，李栋恒一行先后参观考察中国人民解放军海军诞生地纪念馆、省泰州中学等。市领导徐郭平、王守法、丁士宏、殷美娟陪同。

△　省人大常委会副主任丁解民率省人大调研组到泰调研城乡社会养老保险制度建设和发展情况。丁解民一行听取市政府及相关部门工作汇报，并赴靖江实地调研。市人大常委会副主任王振南、张正方，副市长张爱平陪同。

18日　科技部副部长王伟中、卫生部副部长刘谦等到泰考察中国医药城建设发展情况。王伟中、刘谦一行实地考察沃森葛兰生物制品有限公司、美时医疗技术有限公司等医药城重点企业，并听取医药城建设发展情况汇报。市委副书记、代市长徐郭平主持情况汇报会。市委常委、宣传部长缪志红，副市长曹玉梅、卢佩民陪同考察。

22日　2010中国泰州梅兰芳艺术节开幕。省委常委、宣传部长杨新力，梅兰芳先生之子、著名京剧表演艺术家梅葆玖，中国戏剧家协会分党组书记、驻会副主席季国平，省委宣传部常务副部长、省文化厅厅长章剑华，省戏剧家协会主席汪人元及市领导徐郭平、陈克勤、王振南、曹玉梅等出席。市委副书记、代市长徐郭平致辞。市委常委、宣传部长缪志红主持开幕式。

△　“2010中国泰州服务业投资说明会暨项目签约仪式”举行。境内外150多名客商代表参加会议。20个项目现场签约，主要涉及现代物流、现代商贸、服务外包、医药研发等领域，总投资107亿元。市委常委、常务副市长杨峰致辞。副市长刘励介绍市历史文化、工业基础和投资环境等。市人大常委会副主任张正方、市政协副主席王东出席投资说明会。

23日　西藏自治区政府副主席次仁率西藏自治区政府考察团到泰考察经济社会发展情况。考察团一行先后到姜堰市沈高镇河横村、市农业开发区、省泰州中学、梅兰芳纪念馆实地考察。省委农村工作领导小组副组长宣荣，省政府副秘书长杨根平，市委副书记王守法，市委常委、常务副市长杨峰陪同。

25日　市委常委（扩大）会议召开，会议学习贯彻中共十七届五中全会精神。市委书记张雷主持会议并讲话。市领导徐郭平、陈克勤、杨峰、王振南、卢佩民等交流学习体会，缪志红领学十七届五中全会公报。会议传达学习全省民营经济工作会议和生态省建设工作会议精神。

28日　市政府第34次常务会议召开，听取2010年前三季度工业经济运行情况汇报。市委副书记、代市长徐郭平主持会议。会议讨论《泰州市企业国有资产监督管理暂行办法》和《泰州市危险化学品运载车辆道路交通事故处置职责规定（试行）》。

30日　省委常委、组织部长石泰峰到泰调研经济社会发展情况和组织工作情况。省委组织部副部长盛克勤，市领导张雷、徐郭平、李国华、何榕等陪同。

11月

2日　市委常委议警会召开。市委书记张雷主持会议。会议听取市武警支队建设情况和靖江市、姜堰市支持武警中队建设情况汇报，审议通过《中共泰州市委、泰州市人民政府关于进一步加强和支持

武警支队建设的意见》,并研究市武警支队建设中需要解决的问题。

△　省人大常委会主任接待日活动在泰举行。省人大常委会副主任朱龙生与市6名省人大代表面对面交流，听取意见和建议。市人大常委会副主任王振南、戈丽和参加活动。

8日　泰州报业传媒集团、泰州广播电视传媒集团成立仪式举行。市委书记张雷，市委副书记、代市长徐郭平，省委宣传部副部长梁勇，省新闻出版局局长徐毅英共同为两大集团揭牌。市委常委、组织部长李国华宣读有关任职文件，市委常委、宣传部长缪志红主持仪式，副市长曹玉梅、市政协副主席殷美娟出席。

12日　市委常委（扩大）会议召开。会议传达学习省委十一届九次全会精神。市委书记张雷主持会议并讲话。

20日　市政府第36次常务会议召开。市委副书记、代市长徐郭平主持会议。会议讨论并原则通过《泰州市民营经济三年跃升计划》、《关于加快市区民营中小企业发展的政策意见》及《市区街道、社区调整的相关政策意见》。

24日　泰州火车站街区成立大会召开。市领导徐郭平、李国华、王泓卫、丁士宏、胡冬生等出席。副市长张爱平主持。

23~24日　市三届人大常委会第二十次会议召开。市委书记、市人大常委会主任张雷出席并主持第一次全体会议，市人大常委会副主任王振南、陶幸蓉、张正方、王泓卫出席。副市长张爱平、廖涛列席。会议决定，市第三届人民代表大会第四次会议于2011年1月中旬召开。会议听取并审议市政府关于市二届人大常委会第二十一次会议《关于加快农村社会养老保险制度建设的决议》落实情况的报告；听取并审议市政府关于加快供销社改革和发展工作情况的报告；听取并审议关于城乡低保工作专项评议情况的调查报告；听取并审议关于召开市第三届人民代表大会第四次会议的决定（草案）；审议市政府关于对市人大常委会农业科技创新与推广应用工作审议意见研究办理情况的书面报告及全市“十一五”期间节能工作情况的书面汇报。

△　国家知识产权局局长田力普一行到泰调研经济社会发展情况。副省长何权，市领导张雷、徐郭平、何榕、卢佩民、廖涛等陪同。田力普一行先后考察葛兰素史克、美时医疗等医药城企业，还先后考察戴南国家不锈钢制品质量监督检验中心、兴达钢帘线股份有限公司、扬子江药业集团和三福船厂等企业。

26日　中共中央政治局常委、中央政法委书记周永康到泰考察经济社会发展情况。周永康考察市公安局“一号窗口”、海陵区法院开展司法救助和海陵区委政法委组织开展政法系统评议工作情况,以及中国医药城大小分子公共服务平台工作情况。市领导张雷、徐郭平、高纪明、何榕、戴胜利等先后陪同。

29日　根据省委、省政府《关于泰州医药高新技术产业开发区管理机构行政级别等问题的通知》，建立中共泰州医药高新技术产业开发区工作委员会、泰州医药高新技术产业开发区管理委员会，分别为省委、省政府派出机构，机构规格均为副厅级，委托泰州市管理。

12月

1日　省委常委、省军区政委李笃信到泰视察民防工作。市委常委、泰州军分区司令员张本印，泰州军分区政委孙庆祥陪同。李笃信一行先后实地视察泰州民防园、铁塔广场建设工地等地。

4日　市四套班子领导务虚会召开。会议总结全市2010年及“十一五”期间发展经验，研究“十二五”期间发展方向和重点。市委书记张雷主持会议并讲话。市领导徐郭平、陈克勤、王守法、李国华、陈国华、高纪明、缪志红、杨峰、何榕等出席。

12日　中国医药城会展交易中心启用仪式举行。

13日　首届中国(泰州)国际医药博览会开幕。全国政协副主席阿不来提·阿不都热西提，江苏省委书记罗志军出席开幕式并共同启动开幕装置。省委副书记、代省长李学勇，科技部副部长王伟中，卫生部副部长刘谦，市委书记张雷分别致辞。副省长何权主持开幕式。省委常委、秘书长李云峰，省政协副主席包国新，国家食品药品监督管理局副局长李继平，国家中医药管理局副局长李大宁，省政府秘书长樊金龙，中国国际贸易促进会秘书长徐沪滨，市委副书记、代市长徐郭平等出席。

13~14日　省委副书记、代省长李学勇到泰调研中央经济工作会议精神贯彻落实情况。省政府秘书长樊金龙，副秘书长陈建刚，省财政厅厅长潘永和，省民政厅厅长吴洪彪，省科技厅厅长朱克江，省国土资源厅厅长夏鸣，省商务厅厅长朱民及市领导张雷、徐郭平等陪同。

15日　中印医药产业商贸论坛在泰举行。印度驻上海总领事馆总领事戴思锐率印度医药代表团到泰参加论坛。市委副书记、代市长徐郭平出席。

16日　高港区获“全国法治县（市、区）创建活动先进单位”称号。

17日　省委宣讲团在泰举行学习贯彻中共十七届五中全会精神专题报告会。

△　市政府第37次常务会议召开，市委副书记、代市长徐郭平主持会议。会议讨论并原则通过《加快市

区现代服务业重点产业发展的奖励办法》、《实施蓝天工程改善大气环境质量的实施意见》、《泰州市中长期教育改革和发展规划纲要》等事项。

18日 泰州市首届农艺节开幕。农业部副部长张桃林，江苏省委常委、副省长黄莉新出席并共同启动开幕装置。市领导张雷、徐郭平、陈克勤、李国华、张本印、缪志红、王振南等出席。市委副书记王守法主持。

22日 兴化市获“全国粮食生产先进县标兵”称号。

25日 市委三届十次全体会议召开。会议学习贯彻中共十七届五中全会、省委十一届九次全会、中央和省经济工作会议精神，总结“十一五”期间发展成就和2010年以来的工作，谋划“十二五”期间发展大计。会议审议通过《中共泰州市委关于制定泰州市国民经济和社会发展第十二个五年规划的建议》。市委书记张雷代表市委常委会作题为《推进富民强市 建设美好泰州 开辟“十二五”更为广阔的发展前景》工作报告。市委副书记、代市长徐郭平就《建议(讨论稿)》作说明。全会审议并通过大会《决议》。

31日 市政府第38次常务会议召开。市委副书记、代市长徐郭平主持会议。会议听取全市涉企收费专项治理情况，讨论并通过《泰州市区“十二五”住房保障规划》、《2011年市区十大为民办实事项目》、《2011年市区城建十大工程建议方案》等10项议题。会议讨论《关于市本级2010年财政预算执行和2011年财政预算初步安排建议》、《泰州市国民经济和社会发展第十二个五年规划纲要》和《关于泰州市2010年国民经济、社会发展计划执行情况和2011年计划初步安排意见》等议题。

30~31日 省纪委常委、省监察厅副厅长雷根娣率省惩治和预防腐败体系建设工作检查组到泰检查考核市2010年惩治和预防腐败体系建设工作情况。市委书记张雷汇报相关工作情况。市委常委、纪委书记陈国华主持汇报会。

本月 泰兴市获“全国绿化模范县”称号。

（耿 维）

市委书记张雷接见“感动泰州”十大人物，并合影留念。

地 情 概 要

【位置面积】 泰州地处江苏中部，位于北纬32° 01′ 57″ ~33° 10′ 59″ 、东经119° 38′ 21″ ~ 120° 32′ 20″ 。南部濒临长江，北部与盐城毗邻，东临南通，西接扬州。全市除靖江有一独立山丘外，其余均为江淮两大水系冲积平原。地势呈中间高、南北低走向，南边沿江地区真高一般为2米~5米，中部高沙地区真高一般为5米~7米，北边里下河地区真高为1.5米~5米。全市总面积5787平方千米，其中陆地面积占77.85%、水域面积占22.15%。市区面积639.6平方千米。

【人口】 2010年末，全市户籍总人口为504.65万人，比上年增长1.3‰；其中，市区82.72万人。全市城镇人口比重达55.65%，比上年提高4.65个百分点。全年新出生人口4.63万人，出生率9.18‰；死亡人口5.6万人，死亡率11.1‰，人口自然增长率-1.92‰。年末常住人口为462.13万人。

【行政区划】 年末，全市行政区划设4市3区、75个镇、6个乡、15个街道办事处。兴化、靖江、泰兴、姜堰4市下辖67个镇、6个乡、1个街道办事处、234个居民委员会和1385个村民委员会；海陵区、高港区和高新区下辖8个镇、14个街道办事处、154个居民委员会和113个村民委员会。

【民族】 全市有少数民族50个、人口1万多人，其中土家族、苗族、回族人口较多。少数民族人口占全市总人口0.14%。

2010年泰州市行政区划一览表

表2

地 区	土地面积（平方千米）	人口（万人）	镇（个）	乡（个）	街道（个）	居民委员会（个）	村民委员会（个）
全市	5787.25	504.65	75	6	15	388	1498
市区	639.60	82.72	8	–	14	154	113
海陵区	237.15	42.13	3	–	7	76	45
高港区	301.70	26.04	3	–	3	48	40
高新区	100.75	14.55	1	–	4	30	28
兴化市	2394.96	156.12	29	5	–	70	614
靖江市	655.60	66.82	8	–	1	66	188
泰兴市	1169.56	119.62	15	1	–	60	321
姜堰市	927.53	79.38	15	–	–	38	262

（统计局）

【气候】2010年，年平均气温较常年偏高，降水量与常年持平，日照正常。年内主要气象灾害有寒潮、连阴雨、雷电、大风、暴雨、短时强降水、夏季连续性高温、大雾等，其中因暴雨、强雷电造成的损失较为严重。

气温。全市年平均气温15.6℃～16.6℃，比常年偏高0.6℃～1.3℃。其中，泰州市区16.1℃，比常年偏高1.2℃。1月、2月、6月、9月、11月和12月较常年偏高，5月和7月正常略偏高，3月和10月接近常年平均值，4月显著偏低，8月显著偏高。全年日最高气温≥35℃的高温天数市区和靖江23天、泰兴28天、姜堰16天、兴化13天，泰兴创历史同期高温天数极多值。全市极端最高气温39.3℃（泰兴，8月4日和8月13日），极端最低气温-7.2℃（兴化，1月23日）。

降水。全市年降水量966.5毫米～1212.2毫米，接近常年或略偏多。全市年雨日在105天～119天，市区有106天；雨雪日在6天～12天，市区有6天。全市6月17日入梅（常年6月18～20日），7月18日出梅（常年7月10日）。梅长32天，入梅正常，出梅正常偏迟，梅期较长，梅雨期降水呈间歇性、过程性、短时降水强度大的特点。与常年平均梅雨量相比，兴化偏少6成，泰兴略偏少，靖江略偏多，市区和姜堰偏多2成～3成。

日照。全市年日照1972.5小时～2120.2小时，较常年略偏多。

主要气候事件（灾害）及其影响。

（1）连阴雨。2月24日～3月9日出现连阴雨天气，持续时间14天，期间气温较低，出现暴雨、雷暴等灾害性天气，导致土壤过湿，发生湿渍害。

（2）暴雨。全市暴雨天数为市区3天、靖江6天、泰兴3天、姜堰3天、兴化2天。2月10日和11日，市区、泰兴分别出现暴雨，2月份泰州出现暴雨为历史少见。4月1日受冷空气和地面倒槽影响，靖江和泰兴出现暴雨，其中泰兴日降水量64.4毫米。7月11日夜～13日晨，泰州市中南部地区出现区域性大暴雨过程。12日05时～13日05时，市区、姜堰和泰兴站以及47个加密自动站降水量超过100毫米，其中姜堰（228.5毫米）、市区（194.2毫米）分别为1961年以后单日雨量极值。大暴雨造成全市内河水位暴涨，超警戒水位，部分农田和城镇积水严重，各类农作物受灾面积16000公顷以上，房屋倒塌116间、受损218间。

（3）强对流。年内，全市强对流天气频发，共有8次影响较大的强对流过程，分别在6月19日、7月18日、7月20日、7月22日、8月16日、8月18日、8月23～24日。雷暴天数市区30天、靖江36天、泰兴40天、姜堰30天、兴化33天。全年因雷击死亡4人，受伤1人。受沿海槽和底层切变影响，6月19日16时，泰兴河失镇出现龙卷风。河失镇印荡村损坏西瓜大棚钢架172间、西瓜大棚薄膜279间；河失镇司马一组2间房屋倒塌，2人受伤。7月18日17时20分，姜堰张甸镇三盟村遭龙卷风袭击，受灾人口44人，农作物受灾面积30公顷，倒塌房屋34间，损坏33间；9根电线杆和通讯杆倒伏，造成通电通讯短时间中断，2000多棵大树被刮倒（断）。受冷空气和副高边缘西南气流共同影响，7月20日傍晚，靖江市出现强雷电、短时强降水和雷雨大风。雷击造成多台空调、电视机、电脑等设备损坏，大风造成市内东湖园附近80多棵直径12厘米～20厘米的树木折断，其中少部分属于名贵树种。7月22日下午，受高空弱冷空气影响，泰州部分地区出现雷雨大风，泰州医药高新区有1人在家中因房屋被大风刮起的工地施工建筑物砸中倒塌而死亡。8月16日，泰兴出现强雷电和雷雨大风天气，宣堡镇联新村一人遭雷击死亡、泰兴镇苏城村一人因大树刮倒造成电线断裂而触电死亡；倒损房屋42户92间、厂房50多间；倒损鸡舍、猪舍5600多平方米，死亡猪40多头、鸡近1万羽；倒塌蔬菜大棚737个，折损各种树木85000多棵；高低压电线杆断基80多根，折断各类网线6.8千米。8月18日午后，靖江市出现强雷电和雷雨大风天气，斜桥镇广福村一人在田间干农活时遭雷击死亡；大风导致住房倒塌3户8间，损坏房屋18间。8月23日下午，泰兴市出现强雷电和雷雨大风，泰兴根思乡邵荡村一家遭雷击，一红色火球飘进屋内，家中物品烧为灰烬，一人身上烧伤面积达27%；大风造成泰兴5人受灾，倒塌住房2户4间。8月24日晚，泰州中北部地区出现强雷电和短时强降水天气。姜堰桥头镇杨院村和李堡村各有1户2间主房遭雷击，房屋及电线、电器损坏，李堡1户2间主房因雨倒塌；溱潼镇湖北村8户共计9间房因雨倒塌，河滨村1户2间主房因雨倒塌；累计受灾人口25人，倒塌住房8户17间。受冷暖空气共同影响，9月8日16时30分，靖江市孤山镇石桥村因雷击引发火灾，造成1户2间房屋和屋内电器设备烧毁。

（4）浮尘天气。受北方沙尘暴和偏北大风影响，3月20日下午～21日上午，全市大部分地区出现浮尘天气。

（5）高温。全年共出现4段持续高温天气过程，分别为6月30日～7月2日、7月29日～8月5日，8月11～15日和8月21～24日。其中日最高气温≥38℃天数泰兴7天、姜堰3天、靖江和泰州市区各2天。全市极端最高气温为39.3℃，出现在泰兴（8月4日和8月13日），其次是市区8月4日出现的38.8℃高温，泰州市区和泰兴站极端最高气温均为历史第二高。2010年的高温具有持续时间长、极端最高气温高的特点，高温天气造成供电量猛增，中暑人数增多，给人民生活和工农业生产带来较大的影响。

（6）大雾。全市共出现大雾3天～13天，其中泰州市区最多，为13天。1月28日，全市出现大雾天气，最小能见度100米。11月7日，全市大部分地区出现能见度在200米以下的浓雾，其中泰兴最低能见度仅20米。11月30日，泰州市中北部地区出现浓雾，其中姜堰能见度在80米以下。受大雾影响，高速公路封闭、渡口停航、公交晚点、长运延迟发车，空气质量下降。

（7）寒潮、强冷空气。1月20日下午起，受强冷空气影响,全市各地均出现5级～6级偏北风，除兴化外，各地最低气温48小时降温幅度均在8℃以上。2月10～11日，受冷空气影响，全市出现寒潮天气过程，各地最低气温48小时降温幅度为8.7℃～11.3℃，同时伴有6级偏北阵风。11月14～15日，受强冷空气影响，全市气温明显下降，泰兴48小时最大降温幅度达11.6℃。12月14～16日，受强冷空气影响，靖江和泰州市区出现寒潮天气过程，最低气温48小时降幅分别为10.3℃和8.2℃，72小时内降幅分别达12.9℃和11.9℃。12月24～25日，兴化出现寒潮天气过程，最低气温48小时降幅为8.2℃。12月30～31日，受强冷空气影响，泰州市区28～31日最低气温72小时降温幅度最大为9.1℃，31日出现全市的月极端最低气温-6.2℃；30日，靖江和泰州市区出现大风，风速分别为18.0米/秒和17.2米/秒。

（8）降雪与道路结冰。2月10日夜～11日和2月13日夜～14日，全市出现两次明显的降雪过程，11日各地均出现道路结冰现象，对春运造成不利影响。

（气象局）

【水文水情】 2010年，全市年降水量988.5毫米，低于常年1029毫米的降水量。其中，泰州城区全年降水1121.1毫米、里下河兴化957.1毫米、通南地区黄桥1098.1毫米、沿江地区夏仕港990.4毫米。汛期（5月1日～9月30日）泰州城区降水基本正常，沿江和里下河中北部地区降水偏少，安丰站降水比常年偏少四成以上，汛期泰州城区降水664.0毫米（常年676.8毫米）、兴化578.3毫米、安丰371.7毫米、黄桥623.3毫米、夏仕港587.5毫米。6月17日入梅,7月18日出梅，梅期32天，比常年多10天。全年全市梅雨量220.3毫米，较常年232毫米略偏少。入梅后前22天未发生明显降水过程，以局部阵雨为主，7月10日8时～7月13日8时，发生唯一一次过程性降雨，降雨量152.3毫米，3天雨量占总梅雨量的69.1%，其中7月12日5时～7月13日5时，24小时降雨量112毫米，占总梅雨量的51%，且时空分布集中在溱潼以南到沿江地区，暴雨中心在姜堰。姜堰、溱潼、泰州城区7月12日日降雨量分别为179.2毫米、178.8毫米、166.0毫米。

2010年长江属丰水年，出现近10年以来最大汛情，大通流量在2005年三峡大坝建成后首次出现60000立方米/秒以上流量，累计达36天。长江泰州段汛情呈现来得早、流量大、潮位高的特点。4月中旬开始，长江大通来量比常年偏多5000立方米/秒～14000立方米/秒，6月25日开始出现60000立方米/秒以上流量，累计有36天，最大流量发生在7月15日（63800立方米/秒）。受其影响，夏仕港潮位四次遇天文大潮汛皆超警戒线，即农历六月初、六月半、七月初、八月初天文大潮汛；沿江夏仕港潮位有5次出现超4.04米警戒水位，分别是7月12～16日，7月27日、7月29日，8月13日，9月10～12日，共计14天。汛期沿江最高潮位分别为：7月14日口岸5.18米，7月14日马甸5.22米，7月15日过船港4.99米，8月11日夏仕港4.59米。大通流量汛期最小值31300立方米/秒（5月11日），全年最小值为11300立方米/秒（1月1日）。

通南地区水位超3.80米警戒水位情况：泰州（通）7月14日3.85米；姜堰7月13日3.88米、7月14日3.87米。里下河地区水位超1.80米警戒情况：泰州（下）6月24日、25日、26日分别为1.81米、1.87米、1.87米；受7月12日强降水影响，溱潼水位7月13～18日连续6天超警戒，分别为2.19米、2.33米、2.21米、2.08米、2.04米、1.91米；受7月12日里下河南部强降水影响和9月中旬里下河地区连续阴雨天影响，兴化水位7月15～17日，9月11日计4天超警戒水位，分别为1.91米、1.91米、1.81米、1.81米；受9月上旬里下河地区连续阴雨天且前期水位控制较高影响，沙沟水位9月5日、6日、9日、10日、11日、12日，计6天，分别为1.82米、1.81米、1.94米、1.94米、1.92米、1.86米。

汛后全市降水明显偏少，沿江各通江涵闸自流引江不足，通南地区水位偏低。全年最低水位：泰州城河水位泰州（通）1.80米（1月28日），兴化1.02米（1月29日），泰州（下）1.01米（1月27日），黄桥1.78米（1月29日）。

（戚根华　吴璐璐）

【矿产资源】 全市境内有石油、二氧化碳、氦气、地热、矿泉水、煤、泥碳、砖瓦用黏土等矿产资源。油、气、地热开发价值高、潜力大。石油主要分布在姜堰、兴化两市，经华东石油局和江苏石油勘探局石油地质普查勘探，发现淤溪、储家楼、边城、俞垛、周庄、茅山、刘陆等断块油田，中国石油勘探局在兴化境内开展新一轮石油详查和钻探工作。2010年全市石油产量约48万吨。兴化市陈堡地区探明的石油地质储量约1800多万吨，现年产石油能力40万吨。

黄桥地区二氧化碳气田面积52.2平方千米，气田埋深1800米～2650米，产气层岩性主要为碳酸盐岩。探明可控面积二氧化碳地质储量261.48亿立方米，可采储量65亿立方米，二氧化碳纯度99%以上，伴生少量凝析油。2010年二氧化碳气开采量约3亿立方米，产量53.67万吨，工业产值9175.17万元。主要用于食品、保护焊接和化工等领域。储量综合评定为中深度，高产能大型二氧化碳气田居全国之首。与二氧化碳伴生的少量氦气，为黄金气体，浅层地质储量估算约1200万立方米，具有一定的开发利用价值。

境内地热资源丰富。地热田控制面积200多平方千米，其中海陵区地热资源尤为丰富，地热水埋藏较浅，为650米～1800米，水温38℃～70℃，含有对人体有益的偏硅酸、碘、溴、锶等微量元素。据专家初步预测，全市地热资源储量超过1000亿立方米。“泰热1井”为钻探成功的苏中第一井，井深750米，井口水温45℃，日出水量768立方米，证明泰州玄武岩上部地热田的存在，结束泰州无热泉水的历史。“泰热2井”勘探成功，证明中深部地热资源水量更大，日出水量达4000立方米，温度70℃左右，具有广阔的开发利用前景。现姜堰溱湖、兴化戴南、靖江马洲岛、兴化乌巾荡公园、泰州碧桂园大酒店经科学勘查，已成功钻探出热水，水质优良，含有丰富的对人体有益元素，开发前景广阔。溱湖地热资源被姜堰华侨城开发利用，其它地热资源正在规划利用开发之中。

全市境内5处地下水通过原省地矿厅进行矿泉水鉴定评价，命名为含锶、溴、偏硅酸复合型饮用天然矿泉水和含锶、偏硅酸饮用水，品味独特，对人体保健有益，资源储量丰富，水质较好。2010年，全市仅有靖江石源有限公司开发矿泉水资源，年开采量3600吨，实现工业产值31.81万元。

全市现有砖瓦用黏土生产企业125家，完成工业总产值4.35亿元。

靖江孤山煤矿地质储量800万吨，产煤层位为上古生界二叠系龙潭组，煤质好，因地下水量大，开采成本高，现未开发。

（王国强　王　伟）

【交通格局】2010年，泰州市基本形成一个由“一纵一横”铁路主动脉、“三纵八横”公路主骨架、“四纵五横”水运主通道和“一港两站”（泰州港和火车站、汽车客运总站）运输主枢纽组成的立体交通网络。

全市公路总体呈“三纵八横”的路网格局，“三纵”分别为S202盐靖高速公路、S231阜扬公路、S229盐靖公路；“八横”分别为S332大兴金公路、S333高兴东公路、江海高速、G328海（安）宁公路、S103宁通高速、S334如泰公路、S336江平公路、沿江一级公路。2010年全市公路总里程8696.34千米，其中国道131.81千米、省道709.62千米、县道1580.57千米，乡道及乡道以下公路6274.36千米；按技术等级划分，高速公路244.46千米、一级公路729.00千米、二级公路1311.91千米、三级公路850.26千米、四级公路5528.11千米、等外公路32.60千米，路网密度平均为150.01千米/百平方千米。全市行政村通公路率和通乡公路灰黑化率均达100%。公路桥梁5651座/224629.21延米。

泰州水运发达，形成“三纵三横”的干线航道网。“三纵”即盐邵线、泰东线、兴姜线—姜十线，“三横”即兴东线、通扬线、如泰运河。至年末，全市内河航道总里程2564.33千米，其中三级航道里程32.97千米、四级航道里程32.38千米、六级航道里程206.80千米、七级航道里程468.44千米、等外级航道里程1823.74千米。

泰州境内长江岸线总长96.3千米，占江苏长江主江岸线的1/8，其中宜港岸线80.5千米。泰州港作为覆盖境内全部沿江岸线、跨长江A、B级航区的沿江港口集群，是国家一类开放口岸。全港由高港、泰兴、靖江三大港区组成，分为杨湾、高港、永安、过船、七圩、夹港、八圩、新港八大作业区。至年末，全港共拥有万吨级以上生产性泊位43个；拥有各类装卸机械392台（套），码头前沿最大起重能力达40吨。泰州港已发展成为通用码头与专用码头相结合、公用码头与货主码头相结合，内贸与外贸相结合，集装卸、仓储、中转运输、船舶代理、货物代理、理货于一体的地区性重要港口集群。

（交通局）

【建置沿革】周秦时代，今泰州即称海阳。汉武帝元狩六年（公元前117年）置海陵县，东晋设海陵郡，时与金陵、广陵、兰陵齐名华夏。南唐建州，取“国泰民安”之义，因名“泰州”，沿袭至今。宋熙宁五年（1072年），泰州属淮南东路。元初领海陵、如皋两县，隶扬州路。明洪武初，省海陵县入泰州，领如皋县，属扬州府。清雍正三年（1725年），如皋归属通州，泰州遂为散州。民国元年（1912年）废州为县，泰州改称泰县。民国38年（1949年）1月21日，泰州城区解放，次日划城区设置泰州市，乡村设置泰县。同年4月21日，苏北行政公署成立，行署驻泰州，下辖泰州、扬州、盐城、淮阴、南通5个行政区，41个县（市）。同年5月1日，原华中第一行政区改称苏北泰州行政区。泰州行政区辖泰州市、泰兴县、靖江县、泰县、海安县、如皋县、东台县、台北县等县（市）。1950年1月，泰州行政区与扬州行政区合并为泰州行政区，地专机关驻泰州，下辖泰州市、扬州市、泰县、泰兴县、靖江县、江都县、兴化县、高邮县、宝应县、仪征县、六合县（1953年1月1日又从皖北滁县地区划进江浦县）等县（市），后扬州市直属苏北行政区。1953年2月，苏北泰州专署改名为江苏省扬州行政公署（行署机关迁扬州）。1950年5月～10月、1959年1月～1962年5月，泰州市与泰县几度划并。1996年8月，撤销县级泰州市，设立地级泰州市，辖海陵区、泰兴市、姜堰市、靖江市、兴化市。1997年4月设高港区。

境内各辖地大多历史悠久，汉置海陵县，五代设泰兴、兴化县。明置靖江县。

【历史文化遗存】 泰州是江苏省首批公布的省级历史文化名城，文物古迹众多。境内有距今4000多年前的龙山文化遗址，有新石器时代晚期至商、周的古文化遗址，西汉初开凿的古运盐河遗址，战国时期的昭阳墓，《水浒传》作者施耐庵墓，扬州八怪之一的郑板桥墓，明朝南京吏部左侍郎储巏墓等亦在泰州。此外还有始建于东晋的江淮名刹光孝寺、唐建明修的南山寺大雄宝殿和城隍庙，明建清修的庆云寺、东岳庙、胡安定祠堂、岳飞生祠、崇儒祠、胡公书院、马洲书院、襟江书院和扬郡试院。古典园林有日涉园和李园。另有郑板桥、刘熙载、刘国钧等故居。泰州的风景名胜颇具特色，有垛田风光、溱湖风景区、孤山风景区、泰山公园、梅兰芳公园、凤城河风景区等。

泰州历史上名贤辈出。唐代有书法评论家张怀瓘，著有《书断》、《书议》、《书估》等，擅长正、行、草书，书法"正、行可比虞、褚，草欲独步于数百年间"。宋代有著名教育家胡瑗，元末明初有文学家施耐庵创作古典文学名著《水浒传》。至明代，哲学家王艮阐发以尊身立本为内涵的"格物说"与具有社会改良思想的"王道论"，逐渐形成"泰州学派"。清代有著名天文历算家陈厚耀，评话宗师柳敬亭，扬州八怪之一郑板桥，"扬州学派"先驱任大椿，著名文艺评论家刘熙载。围棋棋圣黄龙士，太谷学派集大成者黄葆年。近现代有著名地质学家丁文江，著名爱国实业家刘国钧，杰出女教育家吴贻芳，著名剧作家丁西林，京剧表演艺术家梅兰芳，著名文学史家、传记文学家朱东润等。泰州又是具有光荣革命斗争传统的城市。南宋抗金，明代抗倭，鸦片战争期间群众抗英，抗日战争和解放战争期间陈毅三进泰州、新四军黄桥决战、苏中七战七捷、中国人民解放军海军诞生等重大历史事件也都发生在泰州。中安轮遇难烈士纪念馆、杨根思烈士陵园、七战七捷纪念碑、中共江浙区委泰兴独立支部旧址、新四军东进泰州谈判处旧址、黄桥战役纪念馆、中国人民解放军海军诞生旧址等都是爱国主义和革命传统教育的基地。泰州和各市（区）文物单位征集收藏从新石器时代，历商、周、汉、六朝、宋、元至明、清的珍贵陶瓷，明代服饰，明、清字画，故宫档案等文物1.3万多件。国家级珍贵文物达千件以上。还有数百件革命文物收藏在各有关纪念馆。各级政府十分重视文物工作，修缮大批文物保护单位。2006年，海军诞生地旧址等3处文物晋升为全国文物保护单位。全市有省级文物保护单位27处，市县级文物保护单位214处，文物管理机构5个，各类博物馆、纪念馆30多家，馆藏文物3万多件。

（史　综）

泰州市获国家级"城市荣誉"名录

中国优秀旅游城市
全国科技进步先进市
国家卫生城市
全国双拥模范城市
国家园林城市
国家环保模范城市
中国宜居城市
中国最佳管理城市
国家知识产权工作示范城市

【市树、市花】 2002年1月16日,泰州市一届人大常委会第37次会议决定，泰州市市树为银杏树，市花为梅花。

银杏树，又名白果树，古又称鸭脚树或公孙树。它是世界上十分珍贵的树种之一，是古代银杏类植物在地球上存活的唯一品种，因此植物学家们把它看做是植物界的"活化石"，并与雪松、南洋杉、金钱松一起，被称为世界四大园林树木。

梅花，原产于中国，每年2月开花，花容端庄静雅，傲霜迎雪，凌寒独放，被人们视为高风亮节的象征。

（沈　静）

国民经济和社会发展

【概况】 国民经济平稳增长。全市地区生产总值2048.72亿元，比上年增长13.5%。第一产业增加值151.65亿元，增长4.5%；第二产业增加值1125.85亿元，增长14.5%，其中工业增加值981.02亿元，增长14.6%；第三产业增加值771.22亿元，增长13.9%。三次产业结构调整为：7.4：55：37.6。按常住人口计算，全市人均地区生产总值44118元，增长13%。

地方财力显著增强。全市财政总收入456.37亿元，比上年增长32.7%；其中地方一般预算收入170.8亿元，增长23.2%。财政总支出348.85亿元，增长33.12%；其中地方一般预算支出215.73亿元，增长24.75%。财政支出结构不断优化，对城乡社区事务、交通运输、环境保护等领域的资金保障力度加大，分别增长44.64%、38.66%和49.94%。

物价水平稳中有升。全年居民消费价格累计增长3.8%，八大类商品和服务价格4升4降，食品类、烟酒及用品类、交通及通讯类、居住类分别比上年增长9.8%、1.7%、0.3%和5.4%，衣着类、家庭设备用品及维修服务类、医疗保健和个人用品类、娱乐教育文化用品及服务类分别下降1.7%、0.2%、0.2%和1.3%。工业品出厂价格上涨13.3%，其中生产资料上涨15.2%，生活资料上涨5.7%。

就业形势基本稳定。实行积极的就业政策，继续加强就业再就业工作，多形式促进充分就业，积极推进城乡统筹就业，着力解决困难群众就业问题。全年净增城镇就业6.04万人、失业人员再就业2.9万人，新增创业7.68万人。年末城镇登记失业率2.75%，比上年下降0.17个百分点。

国民经济和社会发展中存在的主要问题是：经济结构性矛盾仍然突出，节能减排压力较大；中心城市功能尚不完善，城乡统筹发展还需不断强化；社会保障水平需要进一步提高，就业形势不容乐观；城乡居民持续增收难度加大，困难群体生活有待进一步改善。

【农业】 农业生产平稳向好。全年粮食播种面积433.18千公顷，比上年增加4.23千公顷。粮食总产量314.4万吨，增长1.4%。其中夏粮115.49万吨，增长3%；秋粮198.92万吨，增长0.4%。深入推进“5218工程”，新增高效农业面积1.25万公顷，全市高效农业比重32.8%，新获认证无公害农产品、绿色食品和有机食品350个，农业利用“三资”45亿元。

林牧渔业稳定增长。全市新增成片林面积0.57万公顷，年末森林覆盖率16.5%，比上年提高0.3个百分点。主要畜产品中，肉类总产量23.55万吨，增长5.6%；禽蛋总产量9.8万吨，增长5.5%；牛奶总产量3.7万吨，增长15.6%。全市水产养殖面积4.2千公顷，增长1.3%。水产品产量32.58万吨，增长13.8%；其中淡水产品32.5万吨，增长13.8%。

新农村建设步伐加快。全市新（改）建农村公路500千米，改造农村桥梁200座，改厕91435座，疏浚河道3019万立方米，农村饮用水安全工程新增受益人口47.7万人。继续实施全面小康村“十百千”工程，新创市级先行村300个。推进“125工程”，重点镇村规划编制基本完成，项目建设进程加快。

【工业和建筑业】 工业经济较快增长。全市规模以上工业总产值4916.08亿元，比上年增长31.7%。其中，轻工业1318.87亿元，增长34.1%；重工业3597.21亿元，增长30.8%。其中，国有、集体企业348.85亿元，增长30.8%；股份制企业2793.43亿元，增长37.1%；外商及港澳台投资企业1371.16亿元，增长21.1%；其他类型企业402.64亿元，增长37.4%。工业出口平稳增长，全年规模以上工业出口交货值613.2亿元，增长10.9%。

企业效益稳步提高。全市规模以上工业产品销售率98.1%，比上年提高0.1个百分点；销售收入4742.55亿元，增长30.6%；利税总额565.65亿元，增长31.3%；利润总额348.88亿元，增长37.6%。年末全市亏损企业250家，比上年下降20.7%；亏损企业亏损总额5.7亿元，增长30.5%。工业经济效益综合指数297.9，比上年提高12.6个百分点。

支柱产业发展势头良好。三大支柱产业产值3168.86亿元，销售收入3029.95亿元，利税390.89亿元，分别比上年增长33.3%、30.8%和31.5%。其中，化工产业产值713.81亿元，增长34.2%；医药产业产值360.07亿元，增长30.5%；机电产业产值2094.98亿元，增长33.4%，机电产业中船舶工业产值682.8亿元，增长29.6%。

建筑业蓬勃发展。年末全市建筑施工企业640家，从业人员66.67万人。建筑业总产值1264.1亿元，比上年增长16.1%；建筑施工面积14830万平方米，增长15.4%。

【固定资产投资】 固定资产投资增速较快。全社会固定资产投资1538.03亿元，比上年增长31.9%；其中城镇固定资产投资694.58亿元，增长23.1%。第一、二、三产业投资分别为25.97亿元、956.09亿元和555.98亿元，分别增长22.1%、46.6%和12.8%。民间投资1153.52亿元，占全社会固定资产投资75%。

重大项目建设力度加大。全年实施亿元以上固定资产投资项目380个，项目投资总额255.18亿元，其中10亿元以上项目22个。中国医药城功能区新开工面积超过100万平方米，国家级出口加工区一期封关运作，纬创一期即将竣工投产，新能源产业园加快建设，中海油、扬子江物流成功落户，项目集聚优势日益显现。

房地产开发稳步发展。全市房地产开发投资149.73亿元，比上年增长20.9%；商品房施工面积1323.1万平方米，增长21.3%；商品房销售面积523.79万平方米，增长28.6%；商品房销售额248.61亿元，增长55.4%；商品房空置面积76.21万平方米，增长0.9%。

【国内贸易】 消费品市场稳步增长。全市社会消费品零售总额550.29亿元，比上年增长19%。其中批发和零售业零售额472.72亿元，增长19.2%；住宿和餐饮业零售额77.57亿元，增长18.1%。城乡市场协调发展。城镇市场零售额492.2亿元，增长19.3%；乡村市场零售额58.09亿元，增长16.8%。

热点商品销售旺盛。全市限额以上单位零售额中，金银珠宝类5.6亿元，比上年增长57.4%；汽车类26.6亿元，增长44.9%，石油制品类35.9亿元，增长35.6%；家用电器类17.9亿元，增长34.1%。四大类商品零售额累计增长22.2亿元，拉动全社会消费品零售总额增长5.3个百分点。

【开放型经济】 对外贸易大幅回升。全年进出口总额85.85亿美元，比上年增长47.5%。其中，出口58.77亿美元，增长39.4%；进口27.08亿美元，增长68.8%。其中，一般贸易40.17亿元，加工贸易44.09亿元，分别比上年增长45.8%和46.6%。企业“走出去”步伐加快。全年新签劳务承包合同额5.04亿美元，完成外经营业额5.8亿美元，分别增长30.9%和29.9%。

开放型经济平稳发展。全年新签项目（合同）219个，注册协议外资39.71亿美元，实际利用外资13.63亿美元，分别比上年增长31.9%、46.3%和29%。

【交通、邮电和旅游】 交通运输能力进一步提高。全年公路客运量8680万人，公路货运量3693万吨，均比上年增长17%。铁路客运量226.7万人，货运量23.4万吨。水路货运量8649万吨，增长30%。港口货物吞吐量13471万吨，增长25.9%；其中外贸吞吐量803万吨，增长73.4%。年末全市民用汽车拥有量22.6万辆，增长27.3%，其中私人汽车拥有量16.92万辆，增长38.9%。城市万人拥有公交车辆6.5标台，增长123.9%。

邮电通讯能力进一步增强。全市邮电业务收入34.1亿元，比上年增长5.5%。其中，邮政业务收入3.6亿元，下降4.3%，电信业务收入30.52亿元，增长6.7%。年末全市固定电话用户149.05万户，下降8.1%；移动电话用户339.32万户，增长12.9%；国际互联网宽带用户50.42万户，增长15.3%。

旅游业发展取得新进展。年末全市A级旅游景区18个，其中4A级景区2个。有旅行社99家、星级旅游饭店31家，饭店客房总数2887间。大力整合旅游资源，成功举办中国泰州国际旅游节。全年接待国内外旅客1080.73万人次，旅游总收入120.61亿元，分别增长17.4%和23.3%。其中，接待境外游客7.9万人次，旅游外汇收入7931万美元，分别增长15.9%和15.4%。

【金融、保险和证券】 金融市场平稳运行。年末全市金融机构人民币各项存款余额2320.32亿元，比年初增加434.92亿元；其中企业存款583.21亿元，增加63.47亿元。人民币各项贷款余额1460.68亿元，比年初增加300.31亿元。其中，短期贷款798.87亿元，增加174.21亿元；中长期贷款615.64亿元，增加167.57亿元。

保险事业发展稳步。年末全市各类保险公司38家、保险专业中介机构20家，全年保险业务收入65.32亿元，比上年增长32.7%。其中，财产保险收入13.08亿元，增长31.5%；人寿保险收入52.24亿元，增长33%。保险业务支出12.43亿元，下降4.9%。其中，财产保险支出5.07亿元，下降1.7%；人寿保险支出7.36亿元，下降7%。

证券市场交易稳定。亚星锚链成功上市，荣联科技、太平洋精锻完成上市申报，凯力克钴业、东华测试、中泰钢结构进入上市辅导期。年末全市上市公司6家，证券公司营业部14家。全年累计开户230775户，比上年增长15.3%；实现证券交易总额2013.27亿元，其中股票和基金交易1904.43亿元；实现利税1.38亿元。

【教育和科学技术】 教育事业协调发展。推进区域教育现代化创建，促进义务教育均衡发展，年末全市各级各类学校381所，其中，小学151所，普通中学203所，中等职业学校17所，高等学校3所。在校学生总数55.14万人，专任教师3.98万人。全市学龄儿童入学率100%，小学毕业生升学率100%，初中毕业生升学率98.6%，高中阶段教育毛入学率99.5%，高等教育毛入学率37.2%。

科技事业稳步提高。全市新增国家级博士后科研工作站3家、省工程技术研究中心39家、产学研联合体110个，建成国家级知识产权维权援助中心，拥有国家级企业研发中心6家。全年专利申请受理量7890件，增长24.9%，其中发明专利1499项，增长43.7%；专利申请授权量4198件，增长50.7%，其中发明专利177项，增长75.2%。

高新技术产业发展加快。全市获批高新技术企业39家、国家重点新产品13项、省高新技术产品199项，实施国家火炬计划26项、国家星火计划25项。全年实现高新技术产业产值1592.43亿元，比上年增长35.3%。高新技术产业产值占全市规模以上工业产值32.4%，比上年提高1.8个百分点。

【文化、卫生和体育】 文化事业蓬勃发展。历史文化名城保护规划获批，国家历史文化名城申报通过专家评估，泰州淮剧和茅山号子入选国家级非物质文化遗产名录。全市有各类艺术场馆101家、博物馆8家、公共图书馆6家、公共图书馆藏书总量1616千册，比上年增加9.8%。年末电视、广播综合人口覆盖率100%，有线电视用户128.43万户，有线电视入户率74.5%，比上年提高1.7个百分点。

卫生事业加快发展。调整优化卫生资源配置，基本药物制度加快实施，公立医院改革试点取得新进展。年末全市医疗卫生机构654家，比上年增加9.5%；专业卫生技术人员17972人，增加2.8%，其中执业（助理）医师8432人，注册护士6104人，分别增加6.1%和9.8%；卫生机构医疗床位14928张，增加5%。全市卫生服务体系健全率100%。新型农村合作医疗覆盖人数344.86万人，覆盖率99.7%。

体育事业持续发展。积极组织参加省第十七届运动会，奖牌总数排名比上届前移5位，获青少年部进步奖全省第一名。2010年，泰州健儿在省级以上各类比赛中获金牌6-.5枚、银牌59.5枚、铜牌45枚。

【人口、人民生活和社会保障】 人口平稳增长。年末全市总户数172.93万户，户籍总人口504.65万人，其中女性246.93万人。当年新出生人口4.63万人，人口出生率9.18‰；死亡人口5.6万人，人口死亡率11.1‰；人口自然增长率-.92‰。

居民生活稳步改善。市区居民人均可支配收入21359元，比上年增长11.6%；城镇集体以上在岗职工平均工资34488元，增长15.7%；农民人均纯收入9324元，增长14%。城乡居民储蓄存款1160.6亿元，比年初增加162.72亿元。城镇人均住房建筑面积36.2平方米，农村人均钢筋、砖木结构住房面积49平方米。城乡居民恩格尔系数35.6%，比上年降低0.9个百分点。

保障水平持续提高。全市城镇企业职工基本养老保险参保人数67.49万人，基本医疗保险参保人数96万人，失业保险参保人数47.36万人，比上年分别增长6.5%、3.7%和15.7%，城镇劳动保障三大保险综合覆盖率98.1%。新型农村社会养老保险参保人数155.96万人，增长5%。年末全市各类福利收养性单位246个，收养性床位1.82万张。全年最低生活保障救济人数11.41万人。其中农村9.23万人。农村五保供养2.4万人，五保集中供养率65%。

【安全生产和民主法制】 安全生产形势稳定。全年各类安全生产事故1624起，死亡422人，亿元GDP生产安全事故死亡率0.21，比上年下降19%。全年交通事故累计发生1313起，死亡375人，损失金额437万元。火灾事故累计发生282起，死亡3人，损失金额203万元。

民主法制建设加强。加强平安泰州、法治泰州建设，积极推进干部大走访，不断完善大调解机制，强化应急管理，妥善处置各类突发事件。人民群众对社会治安满意率96.7%。加强基层民主法制建设，推进民主法治示范村（社区）创建，"五五"普法成效显著。城镇社区居委会依法自治达标率98.2%，农村村委会依法自治达标率99.1%。

【资源与环境】 环境治理继续加强。年末全市自然保护区31个，自然保护区面积374公顷，环境噪声达标区总面积143平方千米。单位工业增加值能耗下降9%，工业二氧化硫排放量、工业化学需氧量分别削减27.8%和2%，工业废水排放达标率97.4%，工业烟尘排放达标率98.1%，工业固体废物综合利用率99.8%，三废综合利用产品产值5.46亿元。

环境质量持续改善。市区年平均气温16.1℃，年平均降水量1144毫米，年日照2115小时。建成区绿化覆盖面积6558公顷，城市绿化覆盖率40.3%。全市全年环境空气良好天数达标率91.2%，集中式饮用水源地水质达标率100%，环境质量综合评价指数85.4%。

（统计局）

体 制 改 革

【政府机构改革】 按照"加快政府职能转变、理顺关系、优化组织结构、提高行政效能"的要求，组织实施政府机构改革工作。通过改革，政府职能转变取得明显进步，部门职责关系进一步理顺，部门责任进一步强化，部门内设机构和人员编制得到有效控制。

【乡镇机构改革】 按照乡镇机构改革的总体要求，完成姜堰、兴化、海陵、高港乡镇机构改革工作。以2001年市县乡机构改革核定数为基数，改革后乡镇行政编制压缩10%，共精简381个行政编制，事业编制压缩44%，共精简2268个事业编制。

【行政审批制度改革】 在巩固行政审批"两集中两到位"成果的基础上，市行政服务中心推动审批事项向电子政务平台集中，做到"网上审批到位"，使"两集中两到位"发展到"三集中三到位"。全市574项行政审批事项全部实行网上受理、网上预审、网上审批。

【国有企业改制】 在2009年完成江苏一建改制工作的基础上，继续推动市属其他国有建筑企业以"三置换一保障"为主要内容的改制工作。年内，泰州一建、泰州二建等建筑企业改制工作基本完成。

【完善地方金融服务机制】 继续引入新的银行业金融机构。年内，浦发银行、招商银行设立泰州分行；吴江农村商业银行泰兴支行、姜堰支行，无锡农村商业银行靖江支行相继开业。优化现有银行业金融机构网点布局。江苏长江商业银行成功设立泰州分行，中信银行姜堰支行，江苏银行泰兴支行，南京银行姜堰支行和泰兴支行，交通银行泰兴支行成功开业。深化本地农村中小金融机构改革，泰州海阳和江苏姜堰农村合作银行分别启动改制设立农村商业银行工作。推动新型农村金融机构的组建工作，泰兴建信村镇银行于年内开业。

【农村改革】 按照“依法、自愿、有偿”的原则，积极引导农民以多种形式将农村土地向种养大户、农民合作组织、农业企业等市场主体流转，推进农业适度规模经营。加大农村土地流转项目和发展农民合作经济组织资金扶持力度，促进三大合作组织发展，为各类农民合作经济组织建立贷款“绿色通道”，开展“五好”农民合作组织示范创建活动。扩大农业保险覆盖面。在做好传统保险业务的同时，开展奶牛、肉鸡、肉鹅、育肥猪、设施大棚等高效设施农业保险，农业保险保费收入总额达1.5亿元。加大农村金融制度创新力度。年未，全市农村小额贷款公司已累计组建20家，注册资本金累计达14.2亿元。启动兴化市戴南镇、泰兴市黄桥镇国家和省经济发达镇行政管理体制改革试点工作。

【医疗卫生体制改革】 围绕建立筹资增长机制、管理机制及费用控制机制，完善新型农村合作医疗制度，提高群众保障水平。强化公共卫生服务工作，全市按照不低于人均15元标准落实基本公共卫生服务经费，实施省定9类22项基本公共卫生服务项目；在做好艾滋病、结核病、血吸虫病等重大传染病防治工作的同时，全面实施新增6项重大公共卫生服务项目。健全基层医疗卫生服务体系，加快城市社区卫生服务机构建设，基本建成城市社区卫生服务体系，新、改、扩建416个村卫生室。推进基本药物制度建设，明确“五个统一”的工作要求，规范基本药物网上集中采购和配送企业招标遴选；整体推进药品购销、机构编制、财政投入、人事分配、绩效考核等综合改革。启动公立医院改革试点，选择靖江市组建医疗集团，开展公立医院改革试点。

【教育改革】 编制《泰州市中长期教育改革和发展规划纲要》。统筹规划市区学校布局，编制《泰州市市区幼儿园和中小布局规划（2008～2030）》。启动新区高级中学校区建设和迁建康和学校、明珠实验学校，培植新区优质基础教育资源。完善义务教育经费保障机制，全面完成清理规范改制学校工作，24所改制学校回归公办。公办义务教育学校全部实现划区招生、就近入学。深化中考招生制度改革，公办四星级高中指标生比例提高到60%，“择校热”得到有效遏制，高中招生录取、公示、建学籍实现“三同步”。

【社会保障】 制定出台《泰州市城乡居民社会基本养老保险办法》，推进农村新型养老保险全覆盖。调整优化各项社会保险政策，推进应保尽保。通过确保养老金按时足额发放、最大限度扩大养老保险范围、加大特困救助力度等措施，提升企业养老保障能力；出台市区城镇居民医疗保险大病统筹办法，建立大病统筹基金，实现与职工医保制度衔接；试行生育保险结算谈判机制，扩大生育保险补贴范围，提高津贴标准，基本实现生育保险个人零自付；从2010年起，实行工伤保险市级统筹制度，建立基金调剂统筹机制，全市工伤保险逐步实现“五统一”。推进农民工工伤保险扩面工作，推进建筑工程项目参加工伤保险。完善工资集体协商机制，出台三年行动计划。完善劳动人事争议调解仲裁工作体制，健全“调、裁、诉”衔接机制，提升劳动人事争议调处效能。

【完善社会救助体系】 城乡低保实现应保尽保，全市共保障城乡低保对象22473人和89609人，城乡人均低保标准分别提高到340元/月和210元/月。加强五保供养工作，全市共供养五保老人24151人，落实五保供养经费6957.2万元，五保集中供养率达到65%。完善城乡医疗救助制度，出台进一步完善城乡医疗救助制度，医疗救助与新农合、城市居民和职工医保信息相衔接的医疗保险与救助同步结算平台年内全部建成。完成自然灾害救助应急预案修订完善工作，建立市、县、乡、村四级灾害信息员网络队伍，全市防减灾救灾能力得到提升。

【文化体制改革】 按照全省文化体制改革总体部署，做好文化行政管理体制、经营性文化事业单位转企改制、公益性文化事业单位体制机制创新等各项改革。完成全市文广新局组建工作，泰州市淮剧团等经营性事业单位转企改制有序实施，组织市博物馆、图书馆、文化馆等公益性文化单位内部改革。依托南师大泰州学院等高等院校，市场化运作、企业化管理，成立泰州市歌舞剧院。成立泰州报业、广播电视传媒集团。整合全市新闻网站资源，组建新“泰州网”大型综合网站。整合文化旅游资源，组建泰州文化旅游发展有限公司。

（马林春）

政治文明建设

【行政权力网上公开透明运行】 全面建成市和市（区）两级行政权力网上公开透明运行和电子监察平台，并完成联网运行，在全省率先实现县级以上行政机关全覆盖、所有行政事项全覆盖和网上行政监察全覆盖，构建在内控中规范、在阳光下运行、在网络上监督的"三位一体"权力运行监控体系。7月，以优秀等次首批通过省级考核验收。至年末，全市行政机关19687项行政权力静态信息已全部上网公布，市级机关42个部门的3599项行政权力事项全部网上运行，累计办件量61768件。全市两级监察平台累计监控到违规办件221件，已整改到位217件，整改率98%。

【村民直评村官】 中央政治局委员、中央书记处书记、中组部部长李源潮对泰州市村民直评村官工作作出重要批示。年内，市委专门出台意见，在全市范围内全面推行村民直评村官工作，促进农村基层民主政治建设，推动农村经济发展、社会和谐稳定。全市1588个村（涉农社区）已有1569个开展直评活动，占总数的99%，村"两委"共作出整改承诺近万项，化解疑难复杂矛盾和问题4300多个，为村民解决实际困难6680个，农村基层越级访比上年下降23.5%；全市1498个村举行"两委"换届，有1496个村一次性选举成功。泰州市村民直评村官工作被省纪委、监察厅评为2010年度全省纪检监察工作"创新奖"。省委办公厅《快报》以专刊形式转发泰州的经验做法，新华社、中央电视台、《求是》等各大媒体分别进行报道和推介。

（周荣华）

【打造能人型农村基层干部】 采取市及市（区）联动方式，集中选派第二批50名机关干部到村担任党组织书记。本着"个人报名、组织挑选、基层需求"的原则，从农业、科技、旅游、粮食、供销等部门以及畜牧兽医、职业技术等院校，选派107名技术人员到经济发展特色村担任"科技副职"。完善"量化积分"办法，选聘第三批485名大学生"村官"，研究制定《关于对大学生"村官"实施差别化培养、科学化管理，促进多元化成长的意见》，激发基层发展活力，优化村党组织书记队伍结构。采取公推直选方式，开展村两委换届工作，村党组织能人型书记达90%。继续深化"远程教育千名村官大学生培养计划"，首期"农业经济管理"大专班293名本土"村官"已转入第三学年。加强乡镇党委书记队伍培养管理，制定下发《关于进一步加强乡镇党委书记队伍建设的意见》，开展乡镇党政正职"一肩挑"试点工作。

【公推公选适岗评价】 2010年，市委分别面向省、市和全市公安系统公推公选26名副处职干部。此次公推公选，在笔试、面试和民主推荐环节的基础上，增加"适岗评价"环节，即对资格审查合格人员的学历学位、领导岗位经历、专业背景、基层工作经历、年度考核及奖励等情况进行量化评价，每部分科学设置不同分值，满分为100分，其中，对专业性较强的岗位，突出学习背景和工作背景的评价。适岗评价是对参选人员的学习经历、工作阅历、工作表现和工作实绩的一种综合评价，有效解决参选干部"高分低能"、"高能低分"的问题。

（韩　兵）

【法治泰州建设】 市委、市政府制定下发《关于开展法治城市创建活动的实施意见》。5月21日，召开全市法治城市创建动员大会，要求将法治城市创建工作纳入城市经济社会发展总体规划，2012年进入全省法治城市创建工作先进市行列。制订《泰州市法治城市创建任务分解表》，市直19个部门单位根据《实施意见》和《任务分解》，出台贯彻落实法治城市创建分项行动计划，全市形成市委总揽全局，依法治市领导小组及办公室组织实施，"法治城市"、"法治县（市、区）"、"法治乡镇（街道）"、"民主法治村（社区）"、"依法行政、公正司法、学法用法示范（先进）单位创建"四大载体全面推进，依法行政、公正司法等6个协调指导分支机构分工负责，各部门单位相互配合、上下联动、协调一致的工作局面。开展领导干部述法考评活动，全市6个市（区）、86个市直部门、484家基层单位共3760人参加述法考评。"五五"普法活动成效显著，得到中央和省考核验收组的高度评价。实施法治惠民工程，解决在征地拆迁、企业改制、教育收费、医疗卫生、社会保障等方面存在的问题，依法维护人民群众合法权益，全市来信、来访总量比上年分别下降11.7%和13.7%，其中，集体访下降19.4%。年内，高港区被表彰为"全国法治县（市、区）创建工作先进单位"，海陵区、高港区被评选为"全省法治县（市、区）创建工作先进单位"，全市建成国家级"民主法治示范村"5个、省级"民主法治示范村（社区）"168个。

（蒋　旻）

精神文明建设

【文明城市创建】 加强组织领导，完善工作机制。调整充实文明城市领导小组，组建8个专项工作组。制定下发《2010年泰州市文明城市创建工作实施方案》和《泰州市创建全国文明城市责任分解表》，明确各部门创建工作职责，推进《全国文明城市测评体系》达标工作。落实市领导创建工作现场办公制度，市委书记张雷、市长徐郭平等领导多次深入创建一线，研究解决重点难点问题。

加强统筹协调，形成创建工作合力。组织实施文明交通建设、环境卫生整治、基础设施维护、公共秩序优化、文明素质提升、社会文化环境净化“六大行动”，把文明城市创建工作纳入部门日常工作。组织实施文明示范路创建和机关部门与社区联创共建工作，重点加强社区和城市主干道的综合环境整治。成功创建成国家园林城市和中国宜居城市，无障碍环境建设示范城市创建工作进展顺利。

加强宣传教育，营造良好氛围。把市民文明素质提升作为重点，通过组织宣讲、新闻宣传、社会宣传等形式引导市民了解礼仪知识，践行礼仪规范，提升文明素质。组建市民文明观察团，聘请40多名市民担任文明观察员，深入开展督查活动。举办文明城市创建工作辅导讲座，编印《泰州市创建全国文明城市市民简明读本》，普及创建知识。组织《百姓议事园》文明城市创建系列访谈、文明城市创建集中宣传、“百姓大舞台”文明城市创建专场演出、“百姓大学堂”文明礼仪宣讲专场等活动，引导广大干群理解、支持、参与创建。

组织文明指数测评，提高创建针对性。开展市民公共文明指数测评活动，会同国家统计局泰州调查队每季度测评一次，评估现状，排找问题，督促整改提高。会同市统计局组织行业文明指数测评，在公安、供电、公交、出租等29个部门行业开展测评工作，提升窗口行业服务水平。

加强督查督办，推进工作落实。对《全国文明城市测评体系》达标情况，《2010年泰州市文明城市创建工作实施方案》落实情况，市直部门与社区联创共建、文明创建示范路和市民公共文明指数测评整改情况进行督查督办。定期开展文明城市创建大排查活动，对市容市貌、道路立面环境、主要道口交通秩序、公交出租、市民广场、社区建设、农贸市场、校园周边环境等方面进行排查，并以创建专题通报等形式督查督办。

【群众性精神文明创建】 按照“城市重点抓社区、行业重点抓窗口、农村重点抓集镇”的思路，进一步深化文明行业、文明单位（机关）、文明村镇、文明社区等创建工作；做好2007～2009年度省级文明行业、村镇、社区和单位推荐迎检工作，加大创建力度，提升创建社会影响力。全市342个行业、单位、村镇、社区受到省委省政府和省文明委表彰。开通“泰州文明网”，打造群众性精神文明建设工作新平台。组织开展家规家训征集表彰、“关爱生命、文明出行”文明交通宣传教育、“迎世博”优质服务竞赛、关爱空巢老人、农村精神文明建设调研等活动。通过放大首届文明优质服务品牌的典型示范效应，全市形成一批具有时代特征、地域特点、行业特色的创建服务品牌。会同市作风办召开年度服务品牌创建工作推进会，制订下发《泰州市服务品牌建设评价准则》，评选新一届文明优质服务品牌，加大文明优质服务品牌创建力度。“激情三水”广场文艺演出、村民自编小简报获全省农村精神文明建设创新案例奖。召开文明创建电子化管理系统推介会，推广姜堰市国税局创建管理系统，探索群众性精神文明创建长效机制。推进“1+1”城乡文明共建工作，深化文明村镇创建。

【未成年人思想道德建设】 贯彻落实全国、全省未成年人思想道德建设经验交流会精神，以《江苏省未成年人思想道德建设三年提升行动计划》为指导，加强未成年人社会实践基地建设，净化社会文化环境，丰富教育实践活动，放大品牌工作效应，不断优化“四位一体”格局，进一步深化未成年人思想道德建设。

召开全市未成年人思想道德建设工作推进会。8月19日，市文明委召开全市未成年人思想道德建设工作推进会，交流工作、表彰先进，部署未成年人思想道德建设工作。会上，下发《泰州市未成年人思想道德建设三年提升行动计划（2010～2012年）》、《泰州市未成年人思想道德建设工作目标管理考核办法》，成立由市文明办、教育局等24个部门为成员单位的未成年人思想道德建设工作协调组，表彰一批全市未成年人思想道德建设工作先进集体、先进个人和创新品牌。

开展未成年人思想道德建设系列主题教育实践活动。利用春节、清明、中秋等传统节日，挖掘优秀传统文化、地方特色民俗，开展“我们的节日”主题活动，广大市民尤其是未成年人在活动中更好地感受到中华传统优秀文化。推进“做一个有道德的人”主题活动，结合文明城市创建要求，在全市中小学生中开展“建设美好家园，争做美好少年”（“双美好”）主题教育实践活动、“快乐之夏”、“缤纷的冬日”

未成年人寒暑期系列活动。

优化未成年人健康成长的社会文化环境。按照贴近实际、贴近生活、贴近未成年人主体和以文化人的要求，开展京剧进校园、家规家训、“童星闪闪”少儿才艺大赛、经典诵读、音乐童话剧《十二生肖的故事》公演等活动。放大“百姓阳光屋”心理健康服务中心工作效应，服务体系逐步向各市（区）及社区、学校延伸，初步形成服务青少年的心理健康教育、咨询、救助网络。

【“我与文明同行”主题教育活动】 围绕文明礼仪、文明服务、文明品牌、公共秩序、公共环境、公益行动等内容，以社区居民、窗口单位员工、机关公务员、在校学生、外来务工经商人员为重点，通过宣传教育、道德实践和社会监督等途径，开展文明礼仪普及、文明秩序养成、窗口满意服务等系列行动。举办“年轻的世博青春风采”世博礼仪泰州启航仪式。组织开展文明礼仪风采大赛和公益广告大赛，取得良好的社会影响。

【志愿者服务】 加大泰州市爱心志愿者总队各支队组建力度，新成立电信义工联盟、红十字宣传等4个支队，在国家级、省级文明乡镇以及有条件的文明村建立社会志愿服务站。组织开展“我时尚，我公益”志愿服务系列活动，青年志愿者、党员义工、“爱心奶奶”等志愿者团队走进社区，开展扶贫济困、便民利民、环境保护、爱心捐赠，关爱空巢老人、留守儿童等志愿服务活动。开展“迎世博迎亚运讲文明树新风”志愿服务活动。加强志愿服务典型推荐工作，中央电视台“讲述”专题采访报道泰州市志愿服务先进集体“爱心奶奶”。

【典型选树】 成功推出全国重大典型陈燕萍，在全市兴起学习先进、争当先进的新热潮。开展“感动泰州”十大人物暨泰州市道德模范评选活动，评选表彰精神文明建设新人新事并组织集中宣传。做好“我推荐，我评议身边好人”推荐工作。承办全省“道德模范千场宣讲和网上宣讲”启动暨《道德先锋》首发仪式，开展道德模范宣讲。举办第二届社区邻里节，以“邻里和睦、社区和谐”为主题，倡导邻里相识、相知、相助、相亲。

【第十四届精神文明建设“新人新事”评选】 市委宣传部、市文明办、泰州日报社、泰州广播电视台组织第十四届精神文明建设新人新事评选活动，王兆洪、王美霞、乔向民、刘雪男、周兆元、金英姬、钱云岗、蔡爱方、苏同庆夫妇、布市里社区“公益服务银行”等10人（事）当选“新人新事”，李改芳、沈玉梅、陈巍、陈秀兰、夏长来、夏照英、曹荣、曹宝祥、“995461”活动站、老圩乡爱心救助会等10人（事）获提名奖。市各新闻媒体集中宣传先进事迹，掀起崇尚先进、学习先进、争当先进的热潮。

【泰州未成年人社会实践基地建设列为省级基地项目】 3月4日，省文明办批复同意将泰州未成年人社会实践基地列为省级基地项目。4月17日，省文明办组织省发改委、教育厅、财政厅、建设厅、审计厅有关同志和省基地建设专家，在泰州召开基地建设规划论证会，原则通过《可行性研究报告》。按照有关程序和规定，基地建设进入规划方案、初步设计及施工图设计阶段。

（文明办）

组织机构及负责人

中国共产党泰州市委员会

书　记　张　雷

副书记　姚建华（至2010-07-20）
　　　　徐郭平（2010-07-20任）
　　　　王守法

常　委　张　雷
　　　　姚建华（至2010-07-20）
　　　　徐郭平（2010-07-20任）
　　　　王守法
　　　　李国华
　　　　陈国华
　　　　刘建国
　　　　高纪明
　　　　张本印
　　　　缪志红(女)
　　　　杨　峰
　　　　何　榕

委　员（按姓氏笔画为序）

丁士宏　王　东　王　建　王　群
王仁政　王守法　王振南　王继武
孔德平　卢佩民　田宏胜　仲建生
刘　励　刘建国　许书平　孙耀灿
李国华　杨　杰　杨　峰
杨寅生（至2010-12-17）　杨锁如
吴　跃　何　榕　宋吕银　张　雷
张文彬　张本印　张余松　张爱平
张培成　陈　勤　陈国华　陈明冠
周书国　周绍泉　居锦杰　胡冬生
钟　鸣　姚建华（至2010-07-20）贾春林
顾国祥　徐郭平（2010-07-20任）

殷美娟(女) 高天蔚 高亚梓 高纪明
唐龙珍(女) 陶建幸 焦建华 缪志红(女)
戴胜利 赵国平
候补委员（按得票多少排序）
刘秋平(女) 陈 社 赵留贯 王明根
徐保国 苏 勤(女)
秘书长 仲建生
副秘书长 顾维中
陆晓声
沈明刚
王海波

办公室［挂“研究室”牌子］
主 任 沈明刚
副主任 王 龙
周 进
陈锋剑
研究室主任 顾维中
副主任 薛永忠
机要局局长 高 斌（至2010-11-13）
徐小明（2010-11-13任）

组织部［“非公有制经济组织工作委员会”与其合署］
部 长 李国华
副部长 王继武
程秋喜
刘 刚
非公经济组织工委书记 程秋喜

宣传部［挂“精神文明建设指导委员会办公室”、“对外宣传办公室”、“市人民政府新闻办公室”牌子］
部 长 缪志红（女）
副部长 陈 社（正处级，至2010-04-22）
黄林华
曹茂良
葛志晖
陈正泉（2010-11-05兼任）
调研员 陈 社（2010-04-22任）
张宏伟
文明办主任 葛志晖
副主任 徐春洪
外宣办主任 曹茂良
副主任 孟国平（2010-11-13任）
新闻办主任 曹茂良（2010-11-29任）
副主任 孟国平（2010-11-29任）

统一战线工作部
部 长 胡冬生
副部长 王 考
杨余德（正处级）
马 林

政法委员会［“社会治安综合治理委员会办公室”与其合署］
书 记 高纪明
副书记 丁士宏
邹祥凤(女)
黄书华（2010-04-22明确正处级）
副处级 晏 埝
潘江东
综治委办主任 邹祥凤(女)
副主任 吉敏成
王文扣

农村工作办公室
主 任 陆晓声
副主任 姚灿华
蔡先锋
曲 波

台湾工作办公室［挂“市人民政府台湾事务办公室”牌子］
主 任 朱广联
副主任 姚鹤逵
朱红灿
史庆胜
季酉兴（2010-04-22任）
台事办主任 朱广联
副主任 姚鹤逵
朱红灿
史庆胜
季酉兴（2010-04-29任）

机构编制委员会办公室［挂“事业单位登记管理局”牌子］
副主任 任国平

市级机关工作委员会
书 记 冯健华
副书记 朱桂林
夏红鑫
刘 磊（2010-04-22任）
纪工委书记 殷宏俊

老干部局
局 长 王继武
副局长 毛振宏
吉淦章

市人民政府防范和处理邪教问题办公室
主 任 张鹏义
副主任 刘一峰
周爱萍
何银海

史志档案办公室［挂“档案局”、“档案馆”牌子］
主　任　查桂山
副主任　陈　维
　　　　李寿根
档案局局长　查桂山（2010-04-22任）
　副局长　陈　维（2010-04-22任）
　　　　　李寿根（2010-04-22任）
档案馆馆长　查桂山（2010-04-22任）
　副馆长　陈　维（2010-04-22任）
　　　　　李寿根（2010-04-22任）
党　校［挂“行政学院”、“社会主义学院”牌子］
校　长　王宁法（兼）
副校长　陈方根（正处级）
　　　　张树俊
　　　　丁国和（2010-04-22任）
调研员　周惠山（至2010-10-28）
副调研员　顾庭祥（至2010-04-22）
行政学院院长　杨　峰（兼）
　副院长　陈方根（正处级）
　　　　　张树俊
　　　　　丁国和（2010-04-29任）
社会主义学院院长　金文骞（兼）
　副院长　杨余德（正处级）
　　　　　陈方根（正处级）
讲师团
副团长　顾夏良（2010-11-13任）
泰州日报社［2010年10月25日组建泰州报业传媒集团（泰州日报社），与泰州日报社实行两块牌子、一套班子］
党委书记　陈正泉（2010-11-05任）
董事长　陈正泉（2010-11-05任）
社　长　陈正泉
总编辑　成爱君
党委副书记　成爱君（2010-11-05任）
副社长　成爱君
　　　　倪郭明
　　　　刘仁前
　　　　刘国铭
副总编辑　倪郭明
　　　　　刘仁前
　　　　　杨　勇
　　　　　张建兰（2009-11-28任）
纪委书记　金如旺（2010-11-05任）
泰州广播电视局（台）［2010年1月7日撤销泰州市广播电视局，2010年10月25日组建泰州广播电视传媒集团（泰州广播电视台），与泰州广播电视台实行两块牌子、一套班子］
党委书记　田宏胜（2010-11-05任）
董事长　田宏胜（2010-11-05任）
台　长　田宏胜（2010-04-22任）
总编辑　田宏胜（2010-11-05任）
副台长　杨富年（2010-04-22任）
　　　　臧道光（2010-04-22任）
　　　　李　晋（2010-04-22任）
党委副书记　杨富年（2010-11-05）
纪委书记　刘金发（2010-11-05任）
副调研员　骆崇武
　　　　　徐勤生
▲保密委员会办公室［挂“国家保密工作局”牌子］
主　　任　王　进
副调研员　张礼安
保密局局长　王　进
▲接待办
主　任　张玉萍
▲泰州晚报社
总编辑　倪郭明

泰州市人民代表大会常务委员会

主　任　张　雷
副主任　王振南
　　　　陶幸蓉(女)
　　　　张正方
　　　　戈丽和(女)
　　　　王泓卫

委　员（按姓氏笔画为序）

马元连	王秀荣	王建宁	王厚乐
王爱平(女)	王继武	邓庆璋	冯健华
乔　霞(女)	朱民生	庄义春	孙宝泉
杨　扬	杨锁如	芦玲芳(女)	苏　勤(女)
李桂勤	邹祥凤(女，2010-01-22任)		
张　坤(2010-01-22任)	张光荣		张宏伟
张承源	陈扣喜	陈学东	武　进(女)
周亚文	高军业	栾爱东	唐龙珍(女)
臧大存	颜忠林	鞠建中	戴月华

秘书长　王厚贵
副秘书长　杨锁如
　　　　　邓庆璋
　　　　　苏　勤(女)
　　　　　颜忠林
办公室
主　任　杨锁如
副主任　孙少为

马　伟(女)
薛　敏
人事代表联络工作委员会
主　任　邓庆璋
内务司法工作委员会
主　任　陈学东
副主任　华锦余
调研员　蔡锦云
财经工作委员会
主　任　张承源
副主任　谢顺红(女，兼，至2010-11-25)
魏国俭
教科文卫工作委员会
主　任　张光荣
副主任　徐国平
民族宗教侨务工作委员会
主　任　张光荣
副主任　徐国平
农村工作委员会
主　任　朱民生
副主任　江　波
李　跃
环境资源城乡建设工作委员会
主　任　颜忠林
研究室
主　任　陈扣喜
信访室
主　任　钱泽华
专职常委　王厚乐
周亚文

泰州市人民政府

市　长　姚建华（至2010-07-30）
代理市长　徐郭平（2010-07-30任）
副市长　杨　峰
丁士宏
刘　励
张爱平
曹玉梅（女）
卢佩民
戴胜利
廖　涛（挂职，2010-09-26任）
秘书长　王　群
副秘书长　李志高
时蛇宝
吴　健（至2010-12-17）
毛正球
束小林（兼）
袁　星（女，兼）
徐克俭
刘　宁（兼，至2010-04-29）
王明根（兼）
孔德平（兼，至2010-04-29）
钱　忠
李龙根
王宏玖
张长平（至2010-11-16）
赵培庆（挂职）
王学功（兼）
费振钟（挂职）
刘宏鸣（2010-04-29任）
钱建网（2010-04-29任）
办公室［挂“研究室”牌子，2010年1月7日机构改革，挂牌单位“口岸管理委员会”更名为“口岸办公室”］
主　任　李志高
副主任　刘宏鸣（至2010-04-29）
孙　琦（至2010-11-29）
钱建网（至2010-04-29）
张永生
副调研员　管凤英（女）
研究室主任　吴　健（至2010-11-04）
口岸办副主任　缪俊豪
应急办主任　徐友宏
发展和改革委员会［2010年1月7日机构改革，挂“物价局”牌子］
主　任　周绍泉
副主任　宗长银（2010-04-29任）
栾钉锁（正处级，至2010-04-29）
何新国
朱建华
孙正龙
王洪兴
朱应才（2010-11-29任）
纪检组长　吴余泉
调研员　朱明亚
栾钉锁（2010-04-29任）
副调研员　王佩兰（女）
物价局局长　宗长银（2010-04-29任）
党组书记　宗长银
副局长　王京校
杨建国
纪检组长　朱　进
调研员　丁海宝

经济和信息化委员会［2010年1月7日机构改革成立，建立党委，挂“中小企业局”牌子，不再保留“市经济贸易委员会”、“市信息产业局”、“市委经贸委（市政府国资委）工作委员会；不再保留“市乡镇企业管理局”牌子，将“市政府国有资产监督管理委员会”由合署办公调整为在市财政局挂牌］

主　任　高天蔚（2010-03-30任）

党委书记　高天蔚（2010-04-22任）

副主任　葛崇烈（正处级，2010-04-29任）

杨　阳（2010-04-29任）

竺大玥（2010-04-29任）

查长法（2010-12-27任）

蔡勇根（2010-04-29任）

李留根（2010-04-29任）

王建华（2010-04-29任）

纪委书记　查长法（至2010-12-21）

蒋善坤（2010-12-21任）

调研员　蔡解民（2010-04-29任）

副调研员　殷国信（2010-04-29任）

林　扬（2010-04-29任）

中小企业局副局长　钱国银（2010-04-29任）

国资委主任　高天蔚（至2010-04-29）

副主任　李留根（至2010-04-29）

教育局［“市委教育工作委员会”、“市人民政府教育督导室”与其合署，2010年1月7日机构改革，将“市人民政府教育督导室”由合署改为挂牌］

局　长　宋吕银

工委书记　宋吕银

副局长　万　琳（女）

奚爱国

孙晓龙

董　健

工委副书记　孙　平

纪工委书记　管文华

副主任督学　冯　明

调研员　张舜琴（女，至2010-11-12）

科学技术局

局　长　许书平

副局长　许志广

冯广振（2010-04-29任）

王晓梅（女）

顾建忠

赵　斌（2010-04-29任）

纪检组长　葛树义

公安局

局　长　戴胜利

党委书记　戴胜利

副局长　张鹏义

纪阿林（正处级）

孙建友（正处级）

肖天奉

董维华

党委副书记　张鹏义

曹伯平（正处级）

纪委书记　李凤娟（女）

政治部主任　张卫东

副调研员　顾龙秀

局长助理　丁红军（副处级）

指挥中心主任　周京祥（至2010-11-12）

政　委　夏伯华

国内安全保卫支队支队长　刘一峰

政　委　余金秀

治安支队支队长　唐永银

政　委　曹本宽

交巡警支队支队长　陈　浩

刑警支队副调研员　宋仁坤（至2010-04-29）

经侦支队支队长　耿建忠

政　委　吴国华

水警支队支队长　陈继红

副调研员　陈　森

副处级　周京祥（2010-11-12任）

许建平

赵旭晴

季　静

万　俊

缪　颖（2010-11-12任）

民政局

局　长　叶海波

党委书记　钟　鸣

副局长　周晓明（女）

张翼飞

张文荣

纪委书记　丁亚明（2010-04-22任）

副调研员　宫元圣

司法局

局　长　赵晓玲（女）

副局长　丁建军

陈建章

孔德明

蒋仲伟

丁正林（至2010-04-29）

纪检组长　张建国

财政局［2010年1月7日机构改革，挂“市人民政府国有资产监督管理委员会”牌子，不再保留“市财政监督检查局”牌子］

局　长　吴　跃
副局长　傅　升
　　　　潘晓鸥（女）
　　　　王根余
　　　　朱建和
　　　　李金鸿（至2010-04-29）
纪检组长　潘晓鸥（女）
国资委副主任　谢成建（2010-04-29任）

人力资源和社会保障局［2010年1月7日机构改革成立，不再保留“市人事局”、“市劳动和社会保障局”、“市企业军队转业干部专门工作办公室”］

局　长　刘时根（2010-03-30任）
党委书记　刘时根（2010-04-22任）
副局长　盛　钢（正处级，2010-04-29任）
　　　　朱　敏（2010-04-29任，至2010-11-29）
　　　　侯荣绶（2010-04-29任，至2010-11-29）
　　　　叶跃华（2010-04-29任）
　　　　刘建邦（2010-04-29任）
　　　　陆　玲（2010-11-29任）
党委副书记　盛　钢（正处级，2010-04-22任）
纪委书记　杨　零（2010-04-22任）
调研员　朱　敏（2010-11-29任）
　　　　马新亮（2010-04-29任）
副调研员　侯荣绶（2010-11-29任）
　　　　　仲召和（2010-04-29任）
　　　　　姚家进（2010-04-29任）

国土资源局

局　长　张文彬
党委书记　张文彬
副局长　李兴国
　　　　何文忠
　　　　潘金华
纪委书记　刘银发
副调研员　刘建平（至2010-04-26）
　　　　　王宏喜

建设局［2010-01-07 机构改革更名为“住房和城乡建设局”］

局　长　孔德平（2010-03-30任）
党委书记　孔德平（2010-04-22任）
副局长　葛新民（2010-04-29任）
　　　　袁彩根（2010-04-29任）
　　　　范克永（2010-04-29任）
　　　　陈小平（2010-04-29任）
党委副书记　陈　林（2010-04-22任，2010-06-13明确正处级，援疆）
纪委书记　葛银余（2010-04-22任）
总工程师　孙建华（女）

规划局

局　长　丁　亚
副局长　吴昌成（至2010-04-29）
　　　　邢秀华
　　　　张　纯
纪检组长　吴昌成（至2010-04-22）
　　　　　栾建中（2010-04-22任）
总规划师　邢秀华（至2010-11-12）
副调研员　吴昌成（2010-04-29任）

城市管理行政执法局［“城市管理局”与其合署，2010年1月7日机构改革，调整为“城市管理局”挂“城市管理行政执法局”牌子］

局　长　祝　光（2010-03-30任）
党委书记　祝　光（2010-04-22任）
副局长　常剑忠
　　　　蔡吉圣
　　　　薛利民（女，至2010-04-29）
　　　　张珠连
　　　　万文来（2010-11-29任）
党委副书记　高　斌（2010-11-13任）
纪委书记　张国武

交通局［2010年1月7日机构改革更名为“交通运输局”，挂“港口管理局”牌子］

局　长　居锦杰（2010-03-30任）
党委书记　居锦杰（2010-04-22任）
副局长　潘　俊（至2010-04-29）
　　　　马庆生（2010-04-29任）
　　　　胡宁生（2010-04-29任）
党委副书记　葛立网（2010-04-22任）
纪委书记　刘亚明（2010-04-22任）
调研员　潘　俊（2010-04-29任）
副调研员　丁克云（2010-04-29任）
港口局局长　潘　俊（至2010-04-29）
　　　　　　马庆生（2010-11-29任）
副局长　刘广宏

水利局

局　长　唐勇兵
副局长　胡正平
　　　　龚荣山
　　　　厉传进
　　　　田　波
纪检组长　陆铁宏
总工程师　钱卫清

副调研员　宦胜华

农业委员会［挂“林业局”“水产局”、“农业机械管理局”、“农业资源开发局”牌子］

主　任　赵留贯

党委书记　赵留贯

副主任　樊宝洪（至2010-07-13）

邱　江

张国祥

陶进春

徐晓芳（女）

缪玉江（2010-11-29任）

纪委书记　赵继年

首席兽医官　彭德旺

副调研员　康霞泉（至2010-04-29）

商务局［2010年1月7日机构改革成立，不再保留“市对外贸易经济合作局”］

局　长　赵国平（2010-03-30任）

党委书记　赵国平（2010-04-22任）

副局长　李兴熹（2010-04-29任）

尤正才（2010-04-29任）

蔡迎春（2010-04-29任）

纪委书记　田　宏（2010-04-22任）

副调研员　金子明（2010-11-19任）

沈志敏（2010-04-29任）

文化广电新闻出版局［2010年1月7日机构改革成立，不再保留“市文化局”，不再保留“市新闻出版局”、“市版权局”牌子，挂“文物局”牌子］

局　长　陈士宏（2010-03-30任）

党委书记　陈士宏（2010-04-22任）

副局长　陈　兵（2010-04-29任）

曹学赋（2010-04-29任）

杨延慧（女，2010-04-29任）

张　莹（女，2010-04-29任）

纪委书记　周桂森（至2010-04-22）

曹家为（2010-04-22任）

卫生局

局　长　顾弘庆

党委书记　顾弘庆

副局长　徐洪涛

孙善山

黄立红（女）

周卫兵（2010-04-29任）

杨建国（2010-11-29任）

陈国桃（2010-11-29任）

党委副书记　周　平

纪委书记　樊明书

副调研员　陈鼎荣（至2010-11-12）

人口和计划生育委员会

主　任　王新华（女）

副主任　谢留荣

翟德祥

纪检组长　李　洪

副调研员　吴克服（至2010-11-12）

审计局

局　长　唐志林

副局长　陆啸峰

徐正荣

戴伟明

刘汉秋（女）

纪检组长　刘卫国

副调研员　苏桂发

环境保护局

局　长　顾国祥

副局长　田　军（正处级）

陈建国

徐　兵

黄卫东

何如松（2010-12-27任）

纪检组长　何如松（至2010-12-21）

史　卫（2010-12-21任）

总工程师　吴建伟

副调研员　汤文奎

体育局

局　长　刘秋平（女）

副局长　潘　强

徐　刚

樊　蓉（女）

纪检组长　曹家为（至2010-04-22）

周桂森（2010-04-22任）

统计局

局　长　杨　勇

副局长　钱跃明

徐　龙（2010-04-29任）

纪检组长　裴家泰

副调研员　高正贵（至2010-11-12）

安全生产监督管理局

局　长　赵昶东

副局长　尤启明

周广智（正处级，援藏）

陈忙耕

吴卫宁（2010-12-27任）

张连华

纪检组长　吴卫宁（至2010-12-21）

汪亚强（2010-12-21任）

食品药品监督管理局［2010年1月7日机构改革，由垂直管理机构改为政府工作部门］
局　长　陈关华
副局长　季金波（至2010-11-29）
　　　　许爱庆
　　　　刘　露
　　　　翟耀华
纪检组长　李　萍（女）
副调研员　季金波（2010-11-29任）
旅游局［2010年1月7日机构改革，列入政府工作部门］
局　长　刘　宁
副局长　季　彬
　　　　申　强
粮食局
局　长　刘金山
党委书记　刘金山
副局长　周书清
　　　　王金明（2010-12-27任）
　　　　胡志鸿
　　　　陈志明
纪委书记　王金明（至2010-12-21）
　　　　　凌云志（2010-12-21任）
副调研员　窦盛余
信访局［2010年1月7日机构改革，不再保留"市企业军队转业干部专门工作领导小组办公室"，不再挂"人民建议征集办公室"牌子］
局　长　王学功
副局长　李洪喜
　　　　王　平
　　　　马新亮（至2010-04-29）
　　　　王长龙
副调研员　李　薇（女）
民族宗教事务局
局　长　马　林
副局长　李景宽
　　　　张卫平
　　　　殷荣领
调研员　赵克俭（至2010-04-29）
人民防空办公室［2010年1月7日机构改革更名为"民防局"，挂"人民防空办公室"牌子］
主　任（局长）　周兆明
副主任（副局长）　李东升
　　　　　　　　　戈　琦
　　　　　　　　　马生荣
纪检组长　杨宝龙
副调研员　陈志农
　　　　　王强国（2010-04-29任）

市级机关事务管理局
局　长　王明根
副局长　唐国强
　　　　王　群
　　　　曾正尧
　　　　陈文炉（2010-4-29任）
纪检组长　郏日鹏
副调研员　王明光（2010-04-29任）
市人民政府法制局［2010年1月7日机构改革更名为"市人民政府法制办公室"］
局　长（主任）　顾宁成
党组书记　柳生荣
副局长（副主任）　柳生荣
　　　　　　　　　杨　歆
　　　　　　　　　施志斌
　　　　　　　　　丁正林（2010-04-29任）
副调研员　卞传真
市外事办公室［2010年1月7日机构改革更名为"市人民政府外事办公室"，挂"市人民政府港澳事务办公室"牌子］
主　任　徐保国
副主任　杨明良
　　　　吴建华
　　　　华生新（2010-12-27任）
　　　　王　强
纪检组长　华生新（至2010-12-21）
　　　　　王卫兵（2010-12-21任）
行政服务中心
主　任　时蛇宝
副主任　金步高
　　　　钱　刚
　　　　陈海俊
泰州市委医药高新技术产业开发区工作委员会、泰州医药高新技术产业开发区管理委员会［2010-08-25成立］
副书记　张长平（2010-11-08任）
　　　　钱　玲（女，2010-11-08任）
　　　　唐文奇（2010-11-08任）
　　　　严晓明（2010-11-08任）
副主任　张长平（2010-11-16任）
纪工委书记　韩成龙（2010-11-08任）
组织部部长　刘正源（2010-11-08任）
工委委员　韩成龙（2010-11-08任）
　　　　　任志强（2010-11-08任）
　　　　　刘正源（2010-11-08任）
　　　　　刘玉平（2010-11-08任）
　　　　　张爱华（2010-11-08任）

泰州医药高新技术产业园区管理委员会［“市委医药高新技术产业园区工作委员会”与其合署］
书　记　何　睿
主　任　钱　玲（女）
副书记　钱　玲（女）
　　　　王本富
副主任　王本富（2010-11-16任）
　　　　吴　诗
　　　　郑玉果（挂职）
　　　　王晓梅（女，挂职，至2010-11-2）
　　　　王昌林（挂职，至2010-11-2）
　　　　刘　露（挂职）
　　　　赵云燕（女）
　　　　施劲华
　　　　朱凤才（挂职）
　　　　章　立（挂职）
泰州经济开发区管理委员会［“市委经济开发区工作委员会”与其合署］
书　记　何　榕
主　任　何　榕（至2010-11-16）
　　　　唐文奇（2010-11-16任）
副书记　唐文奇
　　　　霍雨霞（2010-11-08任）
副主任　唐文奇（正处级，至2010-11-16）
　　　　任志强（至2010-11-16）
　　　　刘正源（至2010-11-16）
　　　　刘玉平（至2010-11-16）
　　　　霍雨霞（2010-11-16任）
　　　　潘爱民（女）
　　　　王昌林
　　　　张爱华（至2010-11-16）
　　　　赵旭晴
纪工委书记　周　杰（2010-12-21任）
出口加工区管理办公室［2010-08-25成立］
主　任　唐文奇（2010-11-16任）
高等教育园区管理委员会
主　任　严晓明
副主任　包晓敏
　　　　左有民
　　　　申忠健（2010-11-16任）
纪检组组长　祝灯山（2010-12-21任）
周山河街区管理委员会［“市委周山河街区工作委员会”与其合署］
书　记　孔德平（至2010-11-08）
　　　　张长平（2010-11-08任）
主　任　孔德平（至2010-11-16）
　　　　张长平（2010-11-16任）
副主任　方　针（兼）
　　　　许立新
　　　　丁银存
　　　　张　涛（2010-06-13明确正处级，援藏）
▲数据产业园区管理委员会［2010-08-25成立］
主　任　刘玉平（2010-11-16任）
▲滨江工业园区管理委员会［2010-08-25成立］
主　任　张爱华（2010-11-16任）
江苏省现代农业综合开发示范区管理委员会［“市委现代农业综合开发示范区工作委员会”、“红旗良种场”与其合署］
主　任　申泰州
工委书记　申泰州
副主任　申俊才（正处级）
　　　　姜文盛
　　　　周天云
　　　　张　彧（2010-11-29任）
　　　　徐　新（2010-11-29任）
　　　　柳林景（2010-11-29任）
工委副书记　申俊才（正处级）
纪工委书记　王根林
凤城河风景区管理委员会
主　任　刘　宁
副主任　高　健（至2010-11-29）
　　　　赵幼林
　　　　李　良（2010-11-29任）
纪检组长　薛如耀
火车站街区管理委员会［2010-10-25成立］
主　任　李东劲（2010-11-29任）
副主任　高　健（2010-11-29任）
　　　　许时阳（2010-11-29任）
供销合作总社
主　任　孙建国
副主任　顾建基
　　　　赵宏勋
　　　　顾　建
纪检组长　何飞跃（2010-04-22任）
副调研员　李金鸿（2010-04-22任）

地震局
局　长　钱　鸣
副局长　吴泰中
　　　　陈靖云
　　　　刘秀泰
拥军优属、拥政爱民工作领导小组办公室［2010年1月7日机构改革撤销］

市政府驻北京办事处
主　任　袁　星（女）
副主任　许荣祥
　　　　陈忙耕（兼，至2010-04-22）
　　　　沈志敏（兼，2010-04-29任）
证券监管办公室［2010年9月14日机构升格更名为“金融工作办公室”］
证券监管办公室主任　徐克俭
重大项目办公室［2010年10月11日成立］
（主要负责人空缺）
（▲）技师学院［2010年10月11日机构升格为正处级］
院　长（副处级单位）　谷少平
数字化城市管理监督指挥中心
主　任　常剑忠
副主任　纪广田
人民医院
院　长　徐洪涛
党委书记　徐洪涛
副院长　商继华
　　　　黄俊星
　　　　秦晓虹（女）
　　　　孔旭辉
　　　　王　华
　　　　朱　莉（女）
党委副书记　商继华
纪委书记　陈宇清（女）
副调研员　季拜华
　　　　　汤晓怀
▲住房公积金管理中心
主　任　徐兴海
党总支书记　张九龙（2010-04-22任）
▲公务员局［2010年1月7日机构改革成立］
局　长　刘时根（2010-04-29任）
▲建筑工程局［2010年1月7日机构改革更名为“建筑工程管理局”］
局　长　李　向（2010-04-29任）
党委书记　李　向（2010-04-22任）
副处级　张照平
▲市政府驻南京办事处
（主要负责人空缺）
▲经济协作办公室
主　任　卞赋章（2010-11-29任）
▲信息中心
主　任　栾钉锁（至2010-04-29）
▲物价局检查分局
局　长　乔志林

▲无线电管理办公室
主　任　王建华
副调研员　刘伶俐
▲知识产权局
局　长　杨国华
▲生产力促进中心
主　任　季开桢
▲国库集中收付中心（挂“国债服务部”牌子）
（主要负责人空缺）
▲人才服务中心
主　任　陆　玲（女）
▲劳动就业管理中心
主　任　韩金虎
▲社会保险管理中心［2010年10月11日成立］
（主要负责人空缺）
▲城镇职工医疗保险管理中心［2010年10月11日成立］
（主要负责人空缺）
▲房产管理局［挂“住房制度改革领导小组办公室”牌子］
局　长　陈松林
党总支书记　封伯平
▲园林绿化管理局
局　长　叶冬华
党总支书记　王文官
▲市政公用事业管理局
局　长　范克永（兼，至2010-11-12）
党总支书记　夏建洲
▲城市管理行政执法支队
支队长　万文来（至2010-11-29）
　　　　孙荣贵（2010-11-29任）
政　委　孙荣贵
▲公路管理处［挂“公路路政支队”牌子］
处　长　黄金荣
党总支书记　陈国寿
路政支队队长　黄金荣
路政支队政委　陈国寿
▲航道管理处
处　长　徐朝铭
党总支书记　李扣其
副处级　陆华庆
▲地方海事局
局　长　马庆生
副处级　张华清
副调研员　郑龙奇
▲运输管理处
处　长　申元昌
党总支书记　陈荣林

▲水利工程建设处
主　任　胡正平（至2010－11－12）
▲疾病预防控制中心
主　任　杨建国
▲卫生监督所
所　长　孙正太
▲中医院
院　长　陈园桃（至2010－11－29）
　　　　毛　跃（2010－11－29任）
党委书记　陈园桃（至2010－11－13）
　　　　　毛　跃（2010－11－13任）
▲环境监察局［挂“省环境监察局苏中分局牌子”］
局　长　陈玉琴
▲安全生产监察支队
支队长　赵建忠
▲仲裁委秘书处
秘书长　刘春档（2010－04－29任）
▲国际贸易促进委员会泰州市支会（挂“中国国际商会泰州商会”牌子）
会　长　金子明（至2010－11－29）
▲市政府驻上海办事处
主　任　夏桂
▲爱国卫生运动委员会办公室［2010年1月7日机构改革撤销］
▲集资办公室［2010年1月7日机构改革撤销］
▲物资总会［2010年1月7日机构改革撤销］
▲老龄工作委员会办公室［2010年1月7日机构改革撤销］
城市建设投资集团有限公司
总经理　吴　跃
副总经理　韦爱民
　　　　　程小平
泰政交通投资有限公司
董事长　居锦杰（至2010－04－29）
　　　　李东劲（2010－04－29任）
总经理　居锦杰（至2010－04－29）
　　　　李东劲（2010－04－29任）
副总经理　王有广
　　　　　顾　军（女）

地方协管部门（单位）

泰州市国家安全局
局　长　束小林
党委书记　束小林
副局长　沙　滨
　　　　周广泰
纪委书记　吴高龙
政治部主任　吴高龙
江苏省泰州工商行政管理局
局　长　唐齐鲁
副局长　季海波（正处级，至2010－11－27）
　　　　霍成生（至2010－04－20）
　　　　李友胜
　　　　许德和
　　　　蒋卫东（2010－11－08任）
　　　　秦艳秋（2010－11－08任）
纪检组长　蒋卫东（至2010－11－08）
　　　　　张汉刚（2010－11－08任）
调研员　韩之斌
副调研员　霍成生（2010－04－20任）
　　　　　姚庆成
江苏省泰州市国家税务局
局　长　李兆贵
副局长　王昌银
　　　　彭祖光
　　　　邱俊华
纪检组长　孔燕云（女）
调研员　王明新
副调研员　李　克
　　　　　王鸿虎
　　　　　张新华
　　　　　陈金琪（至2010－10－15）
　　　　　王申筛
泰州市地方税务局
局　长　朱向荣（至2010－09－03）
　　　　严德军（2010－09－03任）
副局长　严德军（至2010－09－03）
　　　　马文龙
　　　　毛祥林
　　　　赵凤琴（2010－06－24任）
纪检组长　严粉山
中华人民共和国泰州出入境检验检疫局
局　长　朱伟光
副局长　朱　平
　　　　董贤忠
纪检组长　章　俊
江苏省泰州质量技术监督局
局　长　苏国峰
副局长　张志刚（正处级，至2010－08－23）
　　　　江　峰
　　　　王安民
　　　　王亦波（2010－09－10任）

纪检组长　于坚强（至2010-04-14）
　　　　　魏怀勤（2010-06-07任）
副处级　卢　飞
调研员　张志刚（2010-08-23任）
副调研员　金　波（女）
　　　　　王九云（2010-09-10任）

中国人民银行泰州市中心支行

行　长　贾　拓
党委书记　贾　拓
副行长　顾玉清
　　　　褚应前（女）
　　　　姚金楼
纪委书记　刘艳霞（2010-09-19任）

中国银行业监督管理委员会泰州监管分局

局　长　戴玉明
党委书记　戴玉明
副局长　陈惠莲（女）
纪委书记　陈惠莲（女）
　　　　　陈　洪（2010-06-14任）
监管副调研员　邵新国（至2010-11-14）

中国工商银行股份有限公司泰州分行

行　长　周汇林
党委书记　周汇林
副行长　王春荣
　　　　王　蔚
　　　　苏敬工
行长助理　何华南（2010-06-10任）
副调研员　陆洪泽

中国建设银行股份有限公司泰州分行

行　长　沈　康
党委书记　沈　康
副行长　阎道祥
　　　　翁　颖
纪委书记　许大才（至2010-12-15）
　　　　　田振林（2010-12-15任）
风险主管　李长旺
副处级　张　晶（2010-12-15任）
调研员　许大才（2010-12-15任）

中国银行股份有限公司泰州分行

行　长　刘乐浩
党委书记　刘乐浩
副行长　姚恭华
　　　　邵永平
　　　　许荣飞
　　　　虞　晖（2010-10-29任）
纪委书记　徐海东
省行合规内控督导　程昌林

中国农业银行泰州市分行

行　长　陈杏梅（女，2010-05-14任）
党委书记　陈杏梅（女，2010-05-14任）
副行长（主持工作）　陈杏梅（女，2009-06-15任）
党委副书记　李　华（至2010-06-06）
　　　　　　李　平（2010-06-06任）
副行长　李　华（至2010-06-06）
　　　　李　平
　　　　孙　建
　　　　黄翔林
纪委书记　李　华（至2010-03-16）
　　　　　孙　影（2010-03-16任）

中国农业发展银行泰州市分行

行　长　孟凡庭
党委书记　孟凡庭
副行长　高文杰
　　　　陈履庭（至2010-05-19）
　　　　李金刚（2010-06-21任）

交通银行泰州分行

行　长　姚　桢（至2010-01-26）
　　　　林　波（2010-03-22任）
党委书记　姚　桢（至2010-01-26）
　　　　　林　波（2010-02-26任）
副行长　叶齐芝（女）
　　　　王　飚（至2010-08-27）
　　　　孙　亮
纪委书记　叶齐芝（女）
行长助理　李炎军
　　　　　陈荣璜（2010-10-29任）

中信银行泰州分行

行　长　宋建中
副行长　丁峥嵘
　　　　冒晓玲
行长助理　季　方

中国人民财产保险股份有限公司泰州市分公司

总经理　石卫星
党委书记　石卫星
副总经理　夏中淮
　　　　　赵彩明（至2010-12-26）
　　　　　王晓文
　　　　　丁　波
副调研员　赵彩明（2010-12-26任）

中国人寿保险股份有限公司泰州市分公司

总经理　盛尔群（至2010-04-13）
　　　　孟　昶（2010-04-13任）
党委书记　盛尔群（至2010-04-13）
　　　　　孟　昶（2010-04-13任）

副总经理　朱　彤（女）
　　　　　范刘月（女）
　　　　　郑杰民
　　　　　许　震（2010-09-08任）
纪委书记　郑杰民

中国太平洋财产保险股份有限公司泰州中心支公司

总经理　吴　熊
党委书记　吴　熊
副总经理　吴寒雁
　　　　　郝忠云
　　　　　黄德禄（2010-12-29任）
　　　　　张志斌（2010-12-29任）

中国太平洋人寿保险股份有限公司泰州中心支公司

总经理　谈　健
党委书记　谈　健
副总经理　张玉梅（女）
总经理助理　吴　兵（2010-05-01任）

中国平安财产保险股份有限公司泰州中心支公司

总经理　裴晓玥
副总经理　金　菊（2010-10-08任）
　　　　　王小泉（2010-12-13任）

中国平安人寿保险股份有限公司泰州中心支公司

总经理　辛朝晖
后援总经理　袁启红（女）

泰州电信局（公司）

局　长　赵进声
总经理　赵进声
党委书记　赵进声
副局长　王晓亮
　　　　陈　晴（女）
　　　　姜　辉
　　　　钱　进（2010-11-27任）
副总经理　王晓亮
　　　　　陈　晴（女）
　　　　　姜　辉
　　　　　钱　进（2010-11-27任）
纪委书记　王晓亮
工会主席　陈　晴（女）

泰州邮政局

局　长　张　健
党委书记　张　健
副局长　周小龙（至2010-06-03）
　　　　刘文骏
　　　　杭　坚（2010-06-03任）
纪委书记　周小龙（至2010-06-03）
　　　　　杭　坚（2010-06-03任）
工会主席　周小龙（至2010-06-03）
　　　　　杭　坚（2010-06-03任）
邮政速递物流公司总经理　吴祥林（2010-10-01任）
邮政速递物流公司常务副总经理
　　　　　刘文骏（至2010-10-01）
邮政储蓄银行泰州分行行长　唐安乐

中国移动通信集团江苏有限公司泰州分公司

总经理　姜　峰
党委书记　姜　峰
党委副书记　吴建明
副总经理　邓　丁（至2010-03-22）
　　　　　杨　琴（女）
　　　　　沈建林（2010-03-22任，至2010-11-01）
　　　　　戴海兵（2010-11-01任）
纪委书记　邓　丁（至2010-03-22）
　　　　　沈建林（2010-03-22任，至2010-11-01）
　　　　　戴海兵（2010-11-01任）
工会主席　杨　琴（女）

中国联通有限公司泰州分公司

总经理　陈庆荣
党委书记　陈庆荣
副总经理　陆　伟（至2010-07-27）
　　　　　王宁生（至2010-07-27）
　　　　　丁　静
　　　　　杨　帆
　　　　　翟小峰（2010-07-27任）
党委副书记　陆　伟（至2010-07-27）
纪委书记　丁　静（2010-10-08任）
工会主席　王宁生（至2010-09-02）
　　　　　杨　帆（2010-09-02任）

江苏省电力公司泰州供电公司

党委书记　费建法（至2010-01-11）
　　　　　吴永锋（2010-01-11任）
总经理　宋建华
副总经理　费建法（至2010-01-11）
　　　　　李为中（至2010-11-01）
　　　　　仇新宇
　　　　　黄　清（至2010-11-01）
　　　　　杨善高
　　　　　恽瑞金（2010-11-01任）
　　　　　俞春华（2010-11-22任）
党委副书记　宋建华
纪委书记　袁惠先
工会主席　吴建华
总工程师　恽瑞金（至2010-11-01）
　　　　　张　澄（2010-11-01任）
总会计师　郑祥华（2010-11-01任）

泰州市气象局
局　长　刘　方
副局长　夏金元
　　　　严迎春
纪检组长　秦士春

江苏省泰州市烟草专卖局（公司）
局　长　刘培峰
经　理　刘培峰
副局长　朱　毅
副经理　赵宏贵
纪检组长　朱　毅

泰州市盐务管理局（盐业公司）
局　长　罗海宏
总经理　罗海宏（2010-02-01任）
党委书记　杨连春（2010-02-01任）
副局长　王银柱
党委副书记　罗海宏
纪委书记　仇学峰
工会主席　仇学峰

中华人民共和国泰州海关
关　长　谢谷景（至2010-10-11）
　　　　叶家德（2010-10-11任）
党组书记　谢谷景（至2010-10-11）
　　　　　叶家德（2010-10-11任）
副关长　周　斌
　　　　把道亮（2010-09-19任）
缉私分局副局长　洪　峰
南京海关驻泰州海关纪检特派员
　　　　徐忠建（至2010-07-28）
　　　　张　跃（2010-07-28任）

中华人民共和国泰州海事局
局　长　李　生（至2010-11-26）
　　　　毛玉坤（2010-11-26任）
党委书记　韦庆才（至2010-11-26）
　　　　　许江生（2010-11-26任）
副局长　刘　春
　　　　陈华文（2010-11-26任）
局长助理　彭慧敏（2010-05-04任）

江苏省泰州引江河管理处
主　任　王积生（至2010-01-22）
　　　　张加雪（2010-01-22任）
党委书记　王积生（至2010-01-22）
　　　　　张加雪（2010-01-22任）
副主任　陈卫冲（2010-01-22任）
　　　　徐铁涛
　　　　钱福军
纪委书记　史建华

江苏林海动力机械集团公司（林海股份有限公司、苏美达林海有限公司）
董事长　陆海民
总经理　陆海民
党委书记　周光军
常务副总经理　张景春
副总经理　孙　峰（至2010-10-22）
　　　　　潘国庆
　　　　　韩献忠
党委副书记　陆海民
　　　　　　韩献忠
纪委书记　韩献忠
林海股份公司董事长　孙　峰
林海股份公司总经理　王三太
林海股份公司副总经理　卢中华
林海集团联海公司总经理　黄文军（2010-12-22任）

中国石油化工股份有限公司江苏泰州石油分公司
经　理　付建军
党委书记　孙　剑
副经理　高杰礼
　　　　薛　卫
　　　　余桂林
纪委书记　孙　剑
工会主席　孙　剑

泰州石油化工总厂
总经理　胡传清
党委书记　曹汉中
副总经理　王亚明
　　　　　曹汉中
　　　　　赵志远
　　　　　沈　艺
党委副书记　林华光
总会计师　王安宁
工会主席　林华光

国电泰州发电有限公司
总经理　唐正华（至2010-11-08）
　　　　杨宏强（2010-11-08任）
党委书记　唐正华（至2010-11-08）
党委副书记　杨宏强（2010-11-08任）
副总经理　侯海宏
　　　　　朱永超
　　　　　姜国平（2010-02-02任）
总工程师　张苏闽（2010-02-02任）
纪委书记　蒋启红
工会主席　王　强

国家统计局泰州调查队
党组书记　杨　勇

队　长　丁卫平
副队长　申炳龙
　　　　李　越（女）

泰州海阳农村合作银行

董事长　陈　飞
行　长　陈志龙
党委书记　陈　飞
监事长　刘秀成
副行长　吴亚平
　　　　丁建山
　　　　崔步成
党委副书记　陈志龙（2010-04-22任）
纪委书记　刘秀成（2010-04-22任）

中国人民政治协商会议泰州市委员会

主　席　陈克勤
副主席　周书国
　　　　金文熹
　　　　马　云
　　　　王　东
　　　　殷美娟（女）
　　　　胡冬生
　　　　姚社成
　　　　黄立红（女）

常　委（按姓氏笔画为序）：

丁　南(女)　丁　鑫　王　考　王丹妮(女)
王临生　王晓平（2010-1-21任）
王晓洪(女)　毛雨华　卞新峰　尹愚夫
叶章华　冯太勤　朱明亚　朱德华
刘汉秋(女)　刘金桂　孙佳玲(女)　李相林
吴江泽　吴建华　何　杰　何志芳
何建平（至2010-12-29）　沈伟勇
张　勤(女)　张进华　张余松　张明燕(女)
陆中一　陆丽华(女)　陈来新　季春芳(女)
周　林　周虎宏　周彩敏(女)　封立群
俞新农　姜建国　顾宁成　顾永伯
徐晓芳(女)　奚爱国　黄红华(女)　曹宏源
常　康　韩之斌　彭国良　葛志晖
董　勤(女)　蒋建林　蒋跃东
程秋喜（2010-01-21任）褚平忠　潘培时

秘书长　焦建华

办公室

主　任　焦建华
副主任　王　林
　　　　李　濮
研究室副主任　王春满

提案委员会

主　任　沈伟勇
副主任　李祥宏（至2010-01-19）
调研员　黄匡东（至2010-04-22）

学习文史委员会

主　任　尹愚夫

经济科技委员会

主　任　王丹妮（女）
调研员　黄顺基（至2010-11-13）

文教卫体委员会

主　任　季春芳（女）
调研员　李湘子（至2010-04-22）

社会法制委员会

主　任　季春芳（女）
副主任　顾宁成（兼）
调研员　李湘子（至2010-04-22）

城乡建设委员会

主　任　蒋建林

港澳台侨委员会

副主任　施安泰（至2010-12-29）

中国共产党泰州市纪律检查委员会

书　记　陈国华
副书记　张余松
　　　　徐立俊
　　　　缪云忠
常　委　陈国华
　　　　张余松
　　　　徐立俊
　　　　缪云忠
　　　　许年喜（正处级）
　　　　孔爱平
　　　　姚庆德（至2010-07-15）
　　　　何　军（2010-07-15任）
　　　　孙建兴（2010-07-15任）
副处级　丁亚明（至2010-04-22）
　　　　刘金祥
　　　　孙建兴（至2010-07-15）
　　　　丁　斌
　　　　何　军（至2010-07-15）
　　　　江福斌（2010-04-22明确副处级）
　　　　王中庆（2010-04-22明确副处级）
　　　　钱宏琦（2010-04-22明确副处级）
副调研员　姚庆德（2010-07-15任）

监察局

局　长　张余松

副局长　马　云

　　　　许年喜（正处级）

泰州市中级人民法院

院　长　张培成

副院长　陈有红（正处级）

　　　　冯　毅（正处级）

　　　　徐生炉（正处级）

纪检组长　张金富（至2010-04-22）

政治部主任　生建华

审判委员会专职委员　徐　林

副处级　孙江宁

　　　　周秉荣（至2010-03-26）

　　　　严长春

　　　　黄金富

　　　　张谦恒

　　　　任晓龙

　　　　沈开宏

　　　　姜传纲

　　　　李建民

　　　　戚广银

　　　　张鸿顺

　　　　何　鸣

副调研员　张金富（2010-04-22任）

泰州市人民检察院

检察长　陈　勤

副检察长　周宏进（正处级）

　　　　　刘金华（正处级）

　　　　　何国祥（正处级）

　　　　　李作斌（正处级）

　　　　　苍月岚

纪检组长　杨文宇（正处级）

检查委员会专职委员　陈书华

　　　　　　　　　　薛利民（2010-04-22任）

副处级　陈正义（至2010-09-29）

　　　　胡景新

　　　　王洪明（至2010-11-02）

　　　　孙志江（至2010-03-26）

　　　　朱德富

　　　　孙爱民

　　　　顾传华

　　　　李文喜

　　　　王太宁

反贪局局长　李作斌（正处级）

反渎职侵权局局长　丁军青（2010-04-22任）

民主党派

中国国民党革命委员会泰州市委员会

主任委员　奚爱国

副主任委员　丁春华（兼）

　　　　　　丁　南（女）

中国民主同盟泰州市委员会

主任委员　董　勤（女）

副主任委员　臧大存（兼）

　　　　　　王晓洪（女，兼）

中国民主建国会泰州市委员会

主任委员　金文骞

副主任委员　顾宁成（兼）

　　　　　　杨　达（兼）

　　　　　　邢秀华（兼）

中国农工民主党泰州市委员会

主任委员　黄立红（女）

副主任委员　王　涓（女，兼）

　　　　　　高军业（兼）

　　　　　　汪正九（兼）

九三学社泰州市委员会

主任委员　马　云

副主任委员　陈　鼎（兼）

　　　　　　俞新农（兼）

　　　　　　潘林元（兼）

　　　　　　洪　澄（兼）

社会团体

总工会

主　席　李国华

党组书记　王爱平（女）

副主席　王爱平（女）

　　　　吴江泽（至2010-05-17）

　　　　杨世民

　　　　栾　斌

纪检组长　汤日宏

副调研员　吴江泽（2010-04-22）

　　　　　张如麟（女）

共青团泰州市委员会

书　记　张　坤

副书记　孙靓靓（女）

　　　　刘剑波

妇女联合会
主　席　唐龙珍（女）
副主席　陆丽华（女）
　　　　黄海燕（女）
副调研员　吴秋娣（女）
文学艺术界联合会
主　席　何建平（至2010-11-08）
党组书记　何建平（至2010-11-08）
副主席　许时阳
副主席　万　琳（女，兼）
　　　　曹学赋（兼）
　　　　陈　兵（兼）
　　　　刘仁前（兼）
　　　　翟宝昌（兼）
科学技术协会
主　席　潘培时
副主席　柏长春
　　　　姚溃生
　　　　杨　阳（兼）
　　　　王晓梅（女，兼）
　　　　郭冬梅（女，兼）
　　　　帅尧俊（兼）
　　　　孙曰江（兼）
　　　　张景春（兼）
哲学社会科学界联合会
主　席　潘时常
副主席　陈方根（兼）
　　　　贾　拓（兼）
　　　　郭宁生（兼）
　　　　王　龙（兼）
　　　　魏桂军（兼）
副调研员　汤卫国（至2010-10-28）
归国华侨联合会
主　席　顾永伯
副主席　陈　妍（女，兼）
　　　　吉江平（女，兼）
残疾人联合会
名誉主席　王守法
主　席　丁士宏
副主席　毛正球
　　　　蔡友本
　　　　邹　晶
　　　　宋吕银
　　　　钟　鸣
　　　　顾弘庆
　　　　朱向荣
　　　　封红年
理事长　蔡友本
党组书记　蔡友本
副理事长　邹　晶（2010-06-03任）
　　　　蒋金林
　　　　唐　驰
党组副书记　邹　晶（2010-04-22任，明确正处级）
红十字会
名誉会长　张　雷
会　长　曹玉梅（女）
副会长　刘宏鸣
　　　　顾弘庆
　　　　叶海波
　　　　冯健华
　　　　王　考
　　　　马　林
　　　　葛志晖
　　　　潘晓鸥（女）
　　　　肖天奉
　　　　毛卫平
　　　　董　健
专职副会长　徐志明（女）
　　　　梅有宏
工商业联合会［挂“泰州商会”牌子］
主　席　姚社成
党组书记　王　考
副主席　王　考（兼）
　　　　赵尚双
　　　　徐　盟（女）
　　　　卢均一（2010-03-12任）
　　　　霍成生（兼）
　　　　夏振宇（兼）
　　　　王秀荣（兼）
　　　　陈文涛（兼）
　　　　丁　鑫（兼）
　　　　刘士钢（兼）
　　　　李　书（兼）
　　　　陆　军（兼）
　　　　刘荣富（兼）

人民解放军、武警部队

中国人民解放军江苏省泰州军分区
司令员　张本印
政　委　庄义春（至2010-07-01）
　　　　孙庆祥（2010-07-01任）
副司令员　张颖峰
参谋长　王　元

政治部主任　刘益民（至2010-12-05）
　　　　　　金全斌（2010-12-05任）
后勤部部长　毛卫平

中国人民解放军江苏省军区教导大队

大队长　严文忠
政　委　胡旭辉
办公室主任　毛智勇
副主任　樊启辉

中国人民解放军江苏陆军预备役高炮第一师第三团

团　长　王贵绪
政　委　李相权
参谋长　魏　潇
政治处主任　穆金忠
后勤和装备处处长　潘绍明（至2010-05-01）
　　　　　　　　　束秋明（2010-05-01任）

中国人民武装警察部队泰州市支队

支队长　孙健康
第一政委　戴胜利
政　委　杨　忠（至2010-04-08）
　　　　章士江（2010-04-08任）
副支队长　黄　玮（至2010-04-08）
　　　　　杨小敏（2010-04-08任）
参谋长　瞿鸿俊（至2010-04-08）
　　　　花兆标（2010-04-08任）
政治处主任　梅启军
后勤处处长　杨小敏（至2010-04-19）
　　　　　　杨玉新（2010-04-08任）

中国人民警察部队泰州市消防支队

支队长　赵洪海（至2010-04-30）
　　　　周　智（2010-04-30任）
政　委　周国兴（至2010-07-30）
　　　　郑先波（2010-07-30任）
党委书记　赵洪海（至2010-04-30）
　　　　　周　智（2010-04-30任）
党委副书记　周国兴（至2010-07-30）
　　　　　　郑先波（2010-07-30任）
副支队长　周　刚
　　　　　朱　晖

学　　校

泰州职业技术学院

党委书记　刘富文
院　长　潘立本（至2010-04-29）
党委副书记　潘立本（至2010-04-22）
　　　　　　唐靖辉
副院长　刘康平
　　　　郭冬梅（女）
　　　　钟文乐
　　　　陈宜刚
纪委书记　唐靖辉
党委组织部部长　郭冬梅（女，至2010-11-13）
　　　　　　　　慕博华（2010-11-13任）

泰州师范高等专科学校［挂“广播电视大学”牌子］

党委书记　徐金城
校　长　徐金城
党委副书记　徐庆国
副校长　徐庆国
　　　　邓友祥
　　　　王美林
　　　　杨淑娟（女）
党委组织部部长　王春进（2010-11-13任）
纪委副书记　魏桂军
副调研员　冒天章（至2010-11-12）
　　　　　吴寅生
电大校长　张曙光

江苏畜牧兽医职业技术学院

党委书记　吉文林
院　长　徐向明
党委副书记　徐向明
　　　　　　周新民
　　　　　　杨廷桂
副院长　周新民
　　　　臧大存
　　　　葛兆宏
　　　　孙　玲（女）
纪委书记　杨廷桂

江苏省泰州中学

校　长　蒋建华
副校长　张　文
　　　　季新明
　　　　夏淑萍（女）
　　　　蔡长春
　　　　王俊鹏
党委书记　蒋建华
党委副书记　张　文

▲江苏省口岸中学

校　长　封留才

▲泰州机电高等职业技术学校

校　长　钱　澄（女）

注：加“▲”的为副处级机构。

综 述

【**概况**】2010年，实现地区生产总值2048.72亿元，比上年增长13.5%，人均地区生产总值突破6500美元；财政总收入456.4亿元，一般预算收入170.8亿元，分别增长32.7%和23.2%；全社会消费品零售总额550亿元，增长19.1%。农业生产持续发展。推进“5218工程”，全年新增高效农业面积1.25万公顷，粮食生产实现“七连增”，农业利用“三资”45亿元。工业运行质态良好。规模工业完成增加值1208.11亿元，增长15.8%；实现销售4742.5亿元、利税565.65亿元、利润348.88亿元，分别增长30.6%、31.3%和37.6%。全年工业技改财务发生数950亿元，实施超1亿元重大技改项目192个，其中超10亿元项目13个。民营经济发展提速。全年新增私营企业1万户，净增私营个体经济注册资本300亿元。服务业发展成效明显。8大服务业集聚区实现营业收入340亿元，增长25.5%，成功举办第二届中国泰州国际旅游节，旅游经济成为新的亮点。

*推进开放创新，加快转变发展方式。*研究部署开放创新“双轮驱动”战略，出台《实施意见》和《若干政策》，提升开放水平、增强创新活力。招商引资取得成效。全年注册协议外资39.71亿美元，实际利用外资13.63亿美元，比上年分别增长46.3%、29%；其中，新批超3000万美元项目21个，增长16.7%，总投资80亿元的中海油、9800万美元的扬子江物流等一批重大项目成功落户。产业结构和布局不断优化。以装备制造这一传统优势产业与生物医药、电子信息、新能源三大新兴产业以及一批新兴产品集群为重点的“1+3+N”产业发展格局初步形成。推进医药城各大功能区建设。在省部共建机制推动下，成功举办首届中国医药博览会、苏台生物医药健康产业峰会，医药园区新注册企业200多家。国家级出口加工区正式获批，一期通过验收并封关运作，纬创一期等电子信息产业项目进展顺利。推进新能源产业园建设，核心港区建设取得进展。加快提升创新能力，专利申请达7000件以上，高新技术产业产值达1592.43亿元，增长35.3%，占列统工业比重提升1.8个百分点。全年引进高层次人才782名，其中海外优秀人才157名；新增产学研联合体110个，建成国家级知识产权维权援助中心；6个项目入选国家科技重大专项，15个项目入选省成果转化资金项目，居全省前列。

*统筹城乡发展，改善综合功能环境。*编制完成第三轮城市总体规划，组建医药高新区，完善市区联动、协调并进的发展机制。中心城市建设投入超过150亿元，创历年之最。三水湾一期等重点工程顺利建成，文化中心、柴墟水景街区建设取得阶段性成果，启动建设火车站街区；南通路改造一期工程竣工通车，春兰路、迎春路、迎宾路等实施延伸工程；成功引进万达广场、深圳茂业等大型综合体。城市快速连接通道加快建设，泰州长江大桥及北接线建设有序推进，江海高速、328国道改线建成通车，长江大道、336省道靖江段开工建设。国家历史文化名城申报通过专家评估论证，创成国家园林城市，加快推进全国文

明城市先进市创建和国家生态市建设。出台重点镇村建设《意见》，启动重点镇村“125”工程，重点镇村规划编制基本完成，形成小城市、重点镇、重点村梯次推进、联动发展的格局。加强新农村建设，全市新（改）建农村公路500千米，改造农村桥梁200座，疏浚整治村庄河道1539万立方米；推进区域供水工程，建成泰兴、姜堰主管网，农村饮用水安全工程新增受益人口47.7万人；新型农村社会养老保险参保155.96万人，农村新型合作医疗参合率达99.6%；新增农村三大合作组织超过400家。

改善民生，维护社会和谐稳定。城乡居民收入稳步提高。落实防通胀、稳物价的一系列政策，提高城乡居民收入和生活水平。市区居民人均可支配收入21359元，农民人均纯收入9324元，比上年分别增长11.6%、14%，农民收入增幅自建市以来首次超过城镇居民。加强就业和社会保障工作。以创建国家级创业型城市为抓手，推动全民创业充分就业，培训城镇职工2.7万人，城镇净增就业6万人，城镇登记失业率控制在3.5%以内。城乡低保实现动态管理下的应保尽保，全市城乡居民养老保险基本实现全覆盖，城镇职工和居民医保医药费报销比例及支付限额大幅提高。社会事业加快发展。推进区域教育现代化创建，24所“公有民营”学校回归公办，南京中医药大学翰林学院建成招生。推进文化泰州建设，稻河古街区、省泰中老校区保护修复等重点文化工程初见成效。顺利为民办成“十件实事”，公共文化服务体系逐步完善，市区公交发展得到改善，住房保障得到加强。推行干部大走访、社会稳定风险评估和信访积案化解，处理突发事件、化解矛盾纠纷能力进一步提升，法制素养得到增强，社会保持和谐稳定。

【信息工作】 *信息综合考核*。围绕省委领导关注重点、重大会议的贯彻落实及全市经济社会发展亮点特色工作，及时组织相关信息的上报。一是省用单条信息取得突破。全年省委总采用条数及单月采用条数均创历史新高。二是省用调研材料取得突破。年内，省用《专刊》、《重要信息专报》、《社情民意》等单篇调研材料近20篇，信息综合考核成绩居全省第3。三是省领导批示取得突破。及时总结泰州亮点、特色工作并上报，一批信息成为省领导了解泰州情况、指导推动工作的重要参考，如《抢占产业化资本化发展先机 加快实现中国医药城“四个一千”目标》、《建议我省借鉴浙江经验试点推行镇级市改革着力破解基层发展难题》分别得到时任省委书记梁保华、常务副省长赵克志的重要批示。

市内信息。围绕市委全会以及阶段性的经济工作会议、城市建设会议、新兴产业发展等专题会议，及时梳理出信息工作重点，并围绕梳理出的重点进行信息的筛选、综合、挖掘，向市委领导提供各个阶段的重要项目进展、重要决策实施、重要部署落实情况，努力做到紧跟市委工作中心和领导工作节奏。全年共编发《每日快报》249期、《快报选编》50期、《快报专刊》40期、《信息专报》80期。年内，对《每日快报》进行改版，扩大信息容量，提升信息层次。增强专报信息在为领导决策提供重要参考方面的作用。市领导在各信息载体上的批示件次突破100件，实现历史性突破，其中在《每日快报》、《快报专刊》、《信息专报》等载体上的批示件次均创历史新高。

信息调研。开展“信息服务创优年”活动，全方位、深层次、多角度开展信息调研。省用调研类专题信息近20篇，居全省第一。一是围绕领导需求开展调研。注重研究领导信息需求，增强信息服务的主动性、前瞻性和针对性。二是围绕社会热点开展调研。把信息的触角向基层延伸，及时反映群众关心的问题。调研信息《浙江“镇级市”改革试点做法对我市推进建设黄桥等四个“小城市”有学习借鉴意义》的上报，为泰州推进“小城市”建设提供重要信息参考。三是围绕发展难点开展调研。运用信息渠道发现问题，提供决策建议。《兴化市探索创新社会风险评估机制》专题调研信息，分别得到省委常委、政法委书记林祥国和市委书记张雷的重要批示，这一创新做法已在全市推广的基础上推向全省。中办《秘书工作》以《在创新中推进信息工作再上新水平》为题专题介绍泰州经验。

【调查研究工作】 2010年，调查研究工作围绕事关改革发展稳定的重大问题和群众关注的热点难点问题，推进调查研究的理念、机制和举措创新，全年共组织各类调研活动60多次，形成60多项调研成果，较好地发挥参谋助手作用。

创新调研理念。强化超前意识，主动谋划，及早调研，形成《关于实施开放创新“双轮驱动”战略推进经济转型升级的意见》、《出口加工区给泰州带来了什么——“理念新变化”、“发展新机遇”、“民生新改善”、“服务新挑战”》等一批调研成果。注重与领导思路的高位对接，及时把握上级政策，结合本地情况，深入研究，形成《关于进一步加强项目建设的调查与思考》、《关于加快推进泰州城河整治建设的调查与思考》、《关于传统产业低碳化的调查与思考》等一批调研成果。强化创新意识，注重学习成功地区的新鲜经验，总结基层的探索实践，对全市经济社会发展中的一些关键问题进行综合研究，形成《统筹城乡发展的“靖江样本”》、《关于进一步提升执行力的调查与建议》、《以人才优势构筑发展优

势》等一批调研成果。

创建调研机制。创建选题机制，探索形成“请领导命题”、“向活动挖题”、“从部门征题”、“开会议议题”的选题模式。年初向市四套班子领导发函，遴选确定17个全市重点调研课题；主动了解和参与中心活动，从中挖掘提炼一批课题；定期不定期地征询各市区、各部门对调研工作的意见和建议，征集一批课题；每月定期组织调研工作例会，确定一批课题。组建调研平台，选定27家部门单位为全市首批调研联系点，建立调研网络。改进调研方式，加强对各市区党委研究室调研工作的指导，先后赴杭州、嘉兴、常州等地学习，努力做到参与调研与组织调研相结合、市内调研与市外调研相结合。丰富专业刊物。在《泰州内参》增设《参阅》和《建议》两个子目。全年共编发《泰州内参》50多期，并对2010年全市调研报告进行整理、校对和汇编，形成近28万字的《2010全市重点调研文集》。

创优调研服务。推动各类调研成果转化，《建议制定出台<泰州市关于实施“双轮驱动”战略，促进经济转型升级的意见>》、《建议借鉴杭州等地做法组建“科技银行”，助推中小科技企业创新发展》、《关于泰州市区教育发展的几个具体问题》、《关于加强宗教文化设施运营管理的调查与建议》、《提升首位度，推进同城化》、《关于推行乡镇党政正职“一肩挑”的调查与思考》等12项调研成果获市委、市政府主要领导批示。《靖江“四个坚持”走统筹城乡发展新路》、《实施“双轮驱动”战略，推进经济转型升级》、《以资本化运作为推手创新中国医药城发展模式的粗浅思考》、《关于加快培育千亿级产业集群的思考和建议》、《推进开放式创新，建设创新型城市》等10多篇调研成果在省级以上刊物发表。《“戴南现象”新解读》在全省领导干部“推动科学发展，建设美好江苏”专题调研中获一等奖。在两年一度的全省党委系统研究主任会议上，市委研究室作《创新调研，创优服务》的经验交流发言。

【督查工作】紧贴中心工作，进行各类督查。全年开展决策督查7次，在做好市委全会等重要会议精神贯彻落实情况督查的基础上，组织开展市区城市建设十大重点工程督查、市级机关作风建设督查。根据省委督查室安排部署，组织协调各相关部门单位，完成“抓好农业生产，促进农民增收”专题督查，配合省委督查室完成“城乡发展一体化”情况督查，并完成全省经济工作会议精神贯彻落实情况督查、省委书记梁保华在泰重要批示精神落实情况督查及有关网络信息核查等工作，及时准确向上反映泰州市贯彻上级党委政府决策部署的做法和经验。

办好“书记信箱”，促进民生改善。以“书记信箱”来信办理工作作为重点，将每件来信视同一件专项查办件来办理，增强责任意识、服务意识和质量意识，在密切党委政府与人民群众联系、推动解决群众合理诉求、化解社会矛盾、推进服务型政府建设等方面发挥积极作用。全年共办理省委“书记信箱”来信130多件，受理转办督办市委“书记信箱”来信2400多件，完成人民网网友给省委书记留言办理相关工作。围绕《答复满意情况征询函》，针对来信人在回执中反映的对答复意见不满意的情况，督促相关部门对来信反映的问题再梳理、再深化，力争问题圆满解决。

着力创新创优，提升工作效能。2010年，将市级机关作风建设列为贯彻全年的督查项目，年初下发督查通知，明确各个时间段的工作要求，督促市级机关各部门加强机关作风建设。将常规督查方法与明查暗访、实地核查、现场办公等方法相结合，将“书记信箱”办理与督查工作相结合，取得良好工作效果。在作风建设督查中，在各部门书面汇报的基础上，以暗访的形式与市作风办联合组织“三项制度”执行情况的督查，在市级机关的29个部门、单位引起很大反响。在处理群众来信反映东润第一城、天和家园违建、违拆问题时，根据管辖主体不明确的情况，主动约请市住建局、市城管局机关负责人现场办公，妥善处理。

重要决策和会议

【市级机关作风建设大会】2月20日，市委、市政府召开市级机关作风建设大会暨干部警示教育大会，市四套班子全体领导，正、副秘书长，市级机关各部门主要领导和分管负责人及机关干部代表参会。会议围绕作风建设与警示教育，要求按照市委三届八次全会确定的目标要求和工作思路，全面提升各级干部的执行力，解决作风建设上存在的突出问题，倡导大干苦干的优良作风，弘扬认真负责的精神，全面塑造勤政廉政的良好形象，为奋力冲刺“三年再来一个大变化”各项目标提供保证。会议表彰上年度人民满意机关、作风建设先进党委和市级机关工作先进单位。

【全市三级干部大会】3月31日，市委、市政府召开全市三级干部大会。市和各市（区）主要负责人、组织部长、各乡镇党委书记及市级机关有关部门主要负责人参会。市委书记张雷讲话，市长姚建华主持会议，市委副书记王守法作“三农”工作报告，市委常委、组织部长李国华就学习实践科学发展观活动作总结。

会上，市委、市政府表彰上年度各市（区）、泰州经济开发区工作目标考核先进单位、经济工作十强乡镇（街道），高效农业“十佳乡镇（街道）”、全面小康建设“十强村”先进单位，并与各市（区）、泰州经济开发区签订工作目标责任书。

【市委三届九次全会】 7月22日，中共泰州市委三届九次全体会议召开。市委书记张雷作题为《再接再厉 迎难而上 在开放创新道路上迈出更加坚实的步伐》的讲话。会议的主题是贯彻省委十一届八次全会精神，回顾总结上半年工作，研究部署下半年任务，动员全市上下进一步认清形势，再接再厉，迎难而上，创先争优，深入实施开放创新“双轮驱动”战略，为确保完成全年任务、奋力冲刺“三年再来一个大变化”目标而团结奋斗。

【市委三届十次全会】 12月25日，中共泰州市委三届十次全会召开。市委书记张雷作题为《推进富民强市 建设美好泰州 开辟“十二五”更为广阔的发展前景》的讲话。会议学习贯彻党的十七届五中全会、省委十一届九次全会、中央和省经济工作会议精神，总结“十一五”发展成就和今年以来的工作，谋划“十二五”发展，审议通过《中共泰州市委关于制定泰州市国民经济和社会发展第十二个五年规划的建议》。

【全市开放型经济工作会议】 2月24日，市委、市政府召开全市开放型经济工作会议。会上，副市长卢佩民作总结和部署。市委书记张雷讲话，提出进一步增强加快发展开放型经济的紧迫感，走开放式创新之路；加快培植聚集优势特色产业；按照承载大项目、发展大产业的新要求，全面提升载体建设水平；扩大对外开放的领域，拓展对外开放的深度和广度；顺应形势发展要求，推动开放型经济更好更快的发展五点意见。

（沈　静）

组　织　工　作

【概况】 2010年度，全市组织部门认真贯彻全省组织部长会议和市委三届九次全会精神，围绕实施开放创新“双轮驱动”战略，不断深化执政能力建设和先进性建设，完成全年组织工作目标任务。

打造过硬骨干队伍。一是对领导班子适度调整充实。在对市级机关部门、各市（区）领导班子综合分析的基础上，从优化结构、年龄梯次、增进活力、和谐互补等要素出发，分层分类进行适度调整充实，增强班子整体功能。采取“升官不挪位”方式、运用职务与职级相结合制度，明确8名干部为副县处级。二是加大干部人事制度改革力度。贯彻落实中央干部人事制度改革《规划纲要》精神，研究制定泰州市实施意见。探索施行“五差额”制度，强化“好中选优”。采取“量化积分、公开选岗”办法，安置正团职以上军转干部8名。坚持公开民主、竞争择优取向，公推公选《泰州晚报》副总编辑3名。突出专业技术重点，排出26个副县处级职位，面向省、市和市公安系统公推公选。三是发挥“退二线”干部作用。研究制定《关于领导干部“退二线”转岗继续发挥作用的若干规定》，明确领导干部“退二线”后，须本着尊重意愿、量力而行、尽力而为、人岗相适的原则，采取组织选调及双向选择办法，最大限度地发挥每个人的作用。四是强化干部监督工作。全面推行“一报告两评议”制度，市及市（区）分别召开全委会，对2009年度干部选拔任用工作进行评议。组织学习贯彻干部选拔任用四项监督制度，制定泰州市《操作规程》。修订完善拟提拔人选廉政报告制度，对各市（区）、市级机关有关部门2009年度《条例》执行情况进行检查。

创新干部教育培训。优化培训内容。突出党性锻炼、领导素养和产业发展等专题，重点办好中青年领导干部研讨班、新上岗县（处）级干部培训班、科级干部进修班等主体班次；举办“名家讲坛”，强化干部“网上学习”，帮助干部完善知识结构，增强服务发展能力。创新培训方式。继续深化“543项目”教学改革，围绕全市重大战略实施、重要产业布局、重点项目建设，遴选“关于大力推进开放、创新，建设创新型城市的思考”等新一轮5类重点调研课题进课堂；挖掘靖江市等4类本土特色现场教学基地的示范经验，聘请20多名党政干部、优秀企业家、先进模范人物等3类兼职教员对学员开展案例教学。拓宽实践渠道。深化“三挂”模式，选派第七批18名干部赴国土资源部等国家部委“上挂”；选派第六批7名干部赴上海等发达地区“外挂”；选调14名干部到医药园区等发展一线“下挂”，推动干部开阔视野、提升能力。

构建人才发展高地。优化人才工作环境。根据全市经济发展重点领域和推动经济转型升级的需要，对全市人才需求进行预测和规划，制定全市中长期人才发展规划及《关于进一步加快人才发展的意见》；落实人才工作目标责任制，研究提出人才工作考核指标，纳入市（区）三个文明建设考核之中；建立健全各类人才需求预测申报、信息发布、重点推荐、日常联系等服务制度，落实激励措施，营造良好氛围。引进高层次创新创业人才。推进“凤城千人计划”，研究制定《泰州市高层次创新创业人才引进计划实施细则》；围绕打造“中国第一、世界有名”医药名城目标，研究制定《关于加快中国医药城“人才特区”建设的若干规定》；做好国家“千人计划”、省“双创人才引进计划”和“江苏省科技创新团队”的推荐申报工作，有2人入选国家“千人计划”，由6名高层次人才组成的1个人才团队入选省“科技创新团队”，获2100万元项目资助；推荐58人申报省“企业博士集聚计划”、38人申报省“科技企业家培育工程”、10人申报省“产业教授”，1个开发区、6家企业申报第二批省“高层次人才创新创业基地”。开展多形式的人才对接活动。举办江苏（泰州）人才科技对接会，32所国内知名高校院所带来590项重大科技成果，与全市250多家企业对接洽谈，81个校企项目达成合作意向；开展“百名海外博士江苏行泰州洽谈会”活动，近120名海外博士到泰与企业对接，洽谈项目包括生物医药、新能源、新材料、信息技术和服务、节能环保领域。构建多层面的人才挂职工作。继续做好中科院“科技副职”工作，年内中科院和泰州市分别选派2人开展交流挂职锻炼活动；从东南大学、南京工业大学选派3名博士，分别到姜堰、兴化和海陵挂任科技局副局长；从省内外17所高校和3个省级部门选派22名优秀人才组成2个“科技镇长团”，到靖江和泰兴的部分经济强镇挂职。

激发基层组织活力。坚持把创先争优作为贯穿全年基层组织建设工作的主线，提升基层组织建设的科学化水平。开展创先争优活动。围绕“践行科学发展观、我为泰州作贡献”主题，分层设置学习大推进、发展大见效、面貌大改变、文化大繁荣、民生大改善、作风大提升、组织大加强等七大目标；组织开展“同级比先进、同岗比贡献”、“双亮双为”等活动，为基层党组织和党员发挥先进模范作用搭建平台；发现和培植先进典型，集中评选表彰1603个“党员先锋岗”，2名优秀基层党组织书记接受省委表彰。推进城乡基层党建工作。深化农村基层党组织联建工作，强化村村、村居、村企、村站的党组织联建。深化远程教育助推“一村一品”工作，对全市955个助推项目，组织专家开展信息咨询、送教上门等活动；规范非公经济组织工委运行机制，研究制定《泰州市委非公经济组织工委工作职责及工作制度》。开展党建工作精品社区创建活动，提高社区党建服务中心城市发展的水平。

【创先争优活动】 5月21日，泰州市启动创先争优活动。各级党组织以“践行科学发展观，我为泰州作贡献”为创争主题，有序推进创先争优活动的开展，全市呈现出创争主题突出、创争内容实在、创争载体丰富、创争成效明显的局面。市委、市政府主要领导对创先争优活动提出明确要求，各领导小组成员单位把开展活动与推进重点工作相结合。各市（区）委及市直各部门（单位）主要负责人发挥第一责任人作用，形成一级抓一级、层层抓落实的工作格局。全市1万多个基层党组织、26万多名党员围绕“践行科学发展观，我为泰州作贡献”创争主题，破解发展难题，加快转变发展方式，推进重点工程、重大项目、重要民生实事的落实。七大专题工作组紧扣“三年大变化”目标，细化分解任务，落实具体措施。加强分类指导，分类制订创争标准，分别创设活动载体，开展“同级比先进、同岗比贡献”活动。全市工会系统围绕创建“工人先锋号”、“模范职工之家”和开展“创建学习型组织、争做知识型职工”活动推动广大职工创先争优；全市共青团系统以“双争先，助推双轮驱动；强素质，服务发展大局”为主题，开展一系列活动；全市妇联组织通过开展“百岗创先争优活动”、“千村妇代会创先争优活动”和“万名妇女参与‘两委’竞选创先争优活动”，初步形成以党内创先争优带动全社会创先争优的齐争共创局面。加大创争宣传力度，营造良好舆论氛围。通过开展“第一责任人谈创先争优”和“创先争优大家谈”征文活动，分行业、分专题召开推进会，形成创先争优的思想共识；《泰州日报》、电视台、电台分别开设创先争优专栏，市各大主要网站设立专题网页，宣传报道创先争优活动，并多次刊发评论引导创先争优活动开展。各地各单位通过建立创争园地、悬挂宣传标语和开展宣讲活动等多种形式，树立正确的舆论导向。

【村支部书记公职化管理】 首次在全市范围内拿出115个专项事业编制，专门用于奖励优秀村支书，实行单列管理。选择奖励对象时，坚持以创业发展能力强、为民办事能力强、依法行政能力强、公信力强为先决条件，并实行计划生育、综合治理、信访维稳等“一票否决”。遴选过程中，组织、纪检等部门全程跟踪监督，通过媒体及时公开相关环节，宣传预备人选的先进事迹，接受社会监督。进专项事业编制的村支书，享受乡镇事业单位科员级管理人员工资生活待遇，其中，市（区）财政每人每年定额补助15000元，其余由乡镇财政承担；同时享受村支书岗位的考核和奖励报酬。

【非公企业发展党员“双集中”工作机制】 在非公有制企业建立发展党员“双集中”工作机制，即开展党的基本知识集中性普及培训和入党积极分子集中推优，并将每年7月作为集中活动月。“双集中”活动以各乡镇（街道）党委、各规模以上非公企业党组织为工作主体，由各市（区）委组织部牵头，分别利用业余党校、党员服务中心等平台，通过举办示范班次等形式，组织师资力量对各非公有制企业尤其是无党组织的非公有制企业选派的优秀员工进行党史、党章、党的基本理论教育，并进行集中推优。2010年，全市共进行党的基本知识普及性集中教育培训23481人次，市（区）委组织部、市直党（工）委共举行示范培训班次9次，培养入党积极分子2470人，举行集中推优活动1317次，推荐入党积极分子5508人，推荐发展对象1937人，推荐入党1144人。

【农村党员干部远程教育“三大课堂”】 发挥农村党员干部远程教育优势，打造“三大课堂”，提升农村党员干部的科学发展能力、依法治村能力和发展致富能力。一是办好网络课堂。投资300万元，在全省率先建成教学平台，全市共制作本土教学节目293个，每天安排播出6个小时；推行党员自主选学、支部积分考核制度，把述学、考学、评学作为年终评议党员的重要参考。二是开办空中课堂。定期开播泰州频道“空中课堂”，围绕转变经济发展方式、创新村级民主管理等热点问题，邀请相关部门领导、专家和基层镇村干部举办系列专题讲座，全年共组织讲座12场，全市党员群众共80.5万人次参加。三是拓展实践课堂。组建远程教育专家服务团，开展百名科技人才进村服务、百场流动课堂辅导讲座、百名专家结对帮扶活动。开展远程教育助推“一村一品”活动，全市共落实助推致富项目955个，并做到定致富项目、定项目负责人、定技术支持人。依托农业园区、专业协会，开展远程教育学用示范站点、示范基地建设，全市共培植远程教育示范乡镇10个、示范村100个、示范户1000个、示范带头人10000个，形成党员干部带头学、建立基地示范学、普通群众跟着学的良好氛围。

【大学生“村官”“差别化培养、多元化成才”管理模式】 探索实践“差别化培养、科学化管理、多元化成长”的培养管理模式，推动大学生“村官”工作良性循环。一是因材施教，实施差别化培养。本着按需培训的原则，构建不同类型的培训体系，让大学生“村官”自主选择参训。针对不同类型的大学生“村官”，分别聘请不同类型人员担任其帮带联系人，制定帮带措施，明确帮带目标。搭建多种锻炼平台，引导大学生“村官”参与其中，提升相应能力。二是建章立制，注重科学化管理。建立由组织部门牵头，多部门参加的联席会议制度；构建市、县、乡、村四级联动联管责任体系，明确工作要求，落实工作责任。制定《管理实施细则》，对大学生“村官”日常管理工作提出明确要求；制定《关于鼓励和支持大学生“村官”创业富民的实施办法》和《泰州市大学生“村官”创业富民引导资金管理办法》，落实优惠政策和引导资金，支持大学生“村官”创业富民。严格考核激励，推行工作实绩公示和党员群众评价制度，并将考核结果作为选拔任用、招录公务员等的重要依据。三是培植典型，推动多元化成长。制定《泰州市优秀大学生“村官”和大学生“村官”工作先进集体评选办法》，定期组织开展评选活动，培植、宣传社会管理、便民服务、创业富民等不同类型的典型，推动群体成长成才。至年末，全市大学生“村官”中，担任村（社区）党组织书记、主任7人，副书记、副主任413人；被聘为农业、渔业等技术骨干近100人；自主或联合创业81人，创办项目56个，总投入2600多万，吸纳就业人数近900人。

【副县处级后备干部基本素养测试】 探索建立副县处级后备干部定期基本素养测试制度，并进行首次测试。首次基本素养测试以闭卷考试的形式进行，测试内容包括党的执政理论、近年来国家及省委、省政府作出的重大战略部署等，特别突出考查后备干部对泰州经济和社会发展形势、市委、市政府中心工作及出台的重要政策的把握和理解，以及面对复杂局面所表现出来分析判断和处理实际问题能力。40周岁以下的后备干部加试英语。

【拟提拔干部廉政报告制度】 建立拟提拔干部廉政报告制度。廉政报告的对象包括经泰州市委组织部部务会研究确定，经过纪检监察、公检法等部门联合预审，拟提拔为正县（处）级、副县（处）级领导干部的人选；或经试点市（区）委组织部部务会研究确定，经过纪检监察机关等部门联合预审，拟提拔为正乡（科）级、副乡（科）级领导干部的人选。廉政报告的内容有4个方面：个人配偶及子女情况、家庭财产以及有关事项；本人执行党风廉政建设规定情况；本人涉及当地干部群众反映突出问题情况；本人其他方面廉政情况。公示期间，拟提拔干部须向组织报告公示中群众反映问题有关情况。在报告个人配偶及子女情况、家庭财产以及有关事项方面，设计制作《拟提拔人选个人有关情况报告书》；在报告本人执行党风廉政建设规定情况、涉及当地干部群众反映突出问题情况、其他方面廉政情况以及公示中群众反映问题情况等方面，要求领导干部以书面形式，向组织上作出报告，并签字署名。不愿报告的，视为放弃提拔资格。按照干部管理权限，领导干部廉政报告由市和试点市(区)委组织部门负责受理。至年末，共有104名处级拟提拔人选报告个人廉政事项。

【干部教育培训“五个一”教学模块】 一是建立一批现场教学基地。建立以黄桥决战纪念馆为代表的革命传统教育基地和以市信访局为代表的党性锻炼实训基地，采取情景模拟、案例分析、现场参观、实践锻炼等形式，让学员在实践中增强体验、加深认知。二是开展一次事迹报告会。开展“先模人物进课堂”活动，邀请张云泉、陈燕萍等全国重大典型人物作先进事迹报告，通过讲述身边事、学习身边人，坚定党员干部信念，明确学习赶超目标。三是组织一次警示教育。组织学员到市看守所开展警示教育活动，请近年来因违纪违法被惩处的党员干部作忏悔报告，依托反面教材，促使党员干部深刻接受教育。四是撰写一篇党性分析报告。组织学员撰写专题性党性分析报告，并把分析报告完成质量作为培训考核的重要依据。五是开展一次专题大讨论。围绕党员领导干部的政绩观、职业道德、执行力建设等内容，采取对抗答辩、演讲会、交流研讨等形式，加深学员对新形势下党性内涵的认识和理解。

【社会工作人才队伍建设】 探索社会工作人才培养新举措，参照国家公务员招录程序通过公开竞争选拔的方式，招募231人进入社区社工人才队伍。加大培训力度，每月开展“进万家门、知万家情、解万家难、暖万家心”活动，每季度组织集中培训，每年组织外出参观学习，定期安排人员到机关挂职，提高社工人才的适岗能力。社工的主要服务内容有：开展“一站式”代理服务；对因病致贫的家庭、矫治对象、邻里纠纷等特殊问题，建立一整套的应对措施，提供一对一的服务；成立和谐社区协调委员会，设立民主议事亭，建立起社区事务服务网络；构建“电子保姆”服务网络，开展为老服务。这一做法在全国机构社会工作人才队伍建设试点经验交流会上作专题介绍。

（韩　兵）

纪检监察工作

【概况】 2010年，各级纪检监察机关认真贯彻中央和省、市关于反腐倡廉工作的总体部署，坚持围绕中心、服务大局，推进反腐倡廉建设。加大监督检查力度，确保中央和省、市重大决策部署的贯彻；开展纠风治乱，解决一批损害群众利益的突出问题；严格依纪依法办案，揭露和惩处一批违纪违法案件；加强宣传教育，增强党员领导干部廉洁自律意识；深化制度改革创新，强化和巩固治本抓源头工作；完善监督制约机制，促进权力规范运行；推进基层民主，构建农村基层党风廉政建设体系；加强自身建设，提升纪检监察干部队伍综合素质，圆满完成三届市纪委五次全会确定的各项目标任务，为实施开放创新“双轮驱动”战略、全力冲刺“三年再来一个大变化”奋斗目标提供政治保证。

【三届市纪委五次全会】 2月3日，中共泰州市第三届纪律检查委员会第五次全体会议举行。市委书记张雷出席会议并讲话。会议传达贯彻十七届中央纪委五次全会、十一届省纪委六次全会精神和中共中央总书记胡锦涛、省委书记梁保华的重要讲话，审议通过市纪委书记陈国华代表市纪委常委会所作的《全面提升科学化水平，不断取得阶段性成效，为“三年再来一个大变化”提供更加有力的政治保障》的工作报告和全会《决议》。

【党风廉政宣传教育】 健全和完善各级党风廉政宣传教育联席会议制度，运用各种教育形式，开展党性党风党纪教育。做好《中国共产党党员领导干部廉洁从政若干准则》和中共十七届五中全会精神的学习贯彻，成立宣讲团赴各地、各部门开展宣讲活动100多场次，受教育党员干部6万多人次。加强正反典型教育引导，在学习宣传陈燕萍等先进典型效应的同时，通过召开全市领导干部警示教育大会、举办反腐倡廉建设成果展、组织党员干部旁听庭审等多种形式，增强广大党员干部廉洁从政、拒腐防变意识。推进廉政文化建设，举办领导干部京剧票友演唱会、中小学生廉政书画作品巡展和千场廉政公益影片展映等活动，全市共创成省级廉政文化示范点29家、市级示范点191家。开设“明园议事厅”反腐倡廉网络视频访谈节目，定期围绕反腐倡廉热点话题与网民在线交流，加强对网络舆情的引导。

【领导干部廉洁自律】 落实党政主要负责人勤政廉政

当面报告、廉政谈话、诫勉谈话等制度，全市各级对领导干部进行廉政谈话631人（次）、诫勉谈话26人（次），组织全市82个部门、单位“一把手”分别向两级纪委常委会当面报告勤政廉政情况，督促制定落实整改措施265项，并将当面报告和质询评议情况全部网上公开，接受社会监督。执行党风廉政建设责任制，由市委常委、党员副市长带队开展检查考核，推动落实反腐倡廉各项工作。认真执行对拟选拔任用考察人选联合预审制度，共对147名考察人选进行预审，有效防止干部“带病上岗”、“带病提拔”。加强领导干部廉洁自律各项规定的落实，突出重要时段开展集中检查、明察暗访，及时发现和纠正违纪违规问题36件，全市“510”账户新增金额211.7万元，党员干部上交礼金礼券计61人次、30.8万元。开展党政机关厉行节约、制止公款出国（境）旅游专项工作，全市党政干部因公出国（境）302人次，比上年减少46人次，全市公务接待和会议费用支出比上年减少857.8万元。

【纠正不正之风和专项治理】 开展涉企非税收费专项治理，全面清理审核行政事业单位、市场中介组织、行业协会面向企业的收费项目。开展强农惠农资金专项检查，发现违纪违规问题94个，责令纠正退还违纪违规款项70.4万元。推进“无红包医院”创建活动，全市有154家医院创建成“无红包医院”，占总数的96.9%，群众对医院服务的综合满意度达88.6%。加强对药品和医用耗材网上集中采购行为的监督管理，规范网上采购行为，遴选确定全市采购省招标品种目录8313个，全市二级以上医院网上采购药品金额达8020.5万元。深化“加强行风建设，创建四无学校”主题活动，规范义务教育阶段中小学办学、施教和收费行为，全市共查处教育乱收费举报15件，处理责任人6人，清退款项26.9万元。加强行风热线工作，开通网络视频直播和互动平台，建立市领导和职能部门负责人联合上线工作机制，市、县两级行风热线共受理咨询投诉2870件，解决实际问题780个。开展党政干部下访工作，全市各级党政干部下访3.7万人次，接待群众9.8万多人次，解决各类问题2万多个。推进企业违法排污专项整治行动，全市挂牌督办违法排污案件75件，整治率100%。开展工程建设领域违纪违法问题专项治理，排查出规模以上项目存在问题1510个，督促整改1490个，查处工程建设领域案件82件84人，挽回直接经济损失3100多万元。

【查办违纪违法案件】 年内，全市各级纪检监察机关共接受各类信访举报2442件次，立案查处各类违纪违法案件784件，其中县处级干部案件4件、乡科级干部案件38件，处分党员干部772人，挽回直接经济损失8489.5万元。在查办案件中，重视发挥反腐败协调小组的职能作用，强化纪检、审判、检察、监察、公安、审计等执纪执法机关的协同配合，反腐败工作合力不断增强。全面推行信访举报分类管理制度，加强信访监督。规范办案程序，严格办案纪律，加强办案管理和案件质量检查，保证和促进依纪依法、安全文明办案。建立案件剖析和通报制度，先后对12起典型案件进行深入剖析，并向全市通报，发挥查办案件的治本功能。

【惩防体系建设】 以制约监督权力为核心，以建立完善制度为载体，加快构建具有泰州特点的惩治和预防腐败体系。以市委《实施办法》为主架构，以拒腐防变教育机制、权力运行监控机制、源头治理预防机制、纠风治乱长效机制、从严治腐惩戒机制、农村基层党风廉政建设机制6大机制为支架构，制定完善各项配套性制度，形成涵盖各个方面、具有区域特点的“1+6”惩防体系整体框架模式。推进反腐倡廉工作项目化管理，紧扣行政权力规范、干部人事制度改革等关键环节，通过建章立制加以治理和防范，保证和促进重点工作任务的有效落实。深化行业内控机制建设，注重把惩防体系建设要求融入各单位业务工作之中，健全完善监督管理制度和行为制约机制，并建立市纪委领导挂钩联系点制度，推进具有行业特色惩防体系基本框架的形成。强化网络化科技保障，将网络信息技术等运用到惩防体系建设之中，构建办案、监察、宣教、办公四大网络平台，提高惩防体系建设的科技含量。

【农村基层党风廉政建设】 全面构建农村基层党风廉政建设市（区）、乡镇、村“三级联建”工作机制，开展农村基层党风廉政建设合格、示范乡镇、村创建活动，全市有55个乡镇（街道）、992个村（居）被评为示范、合格单位，分别占总数的53%和62%。开展基层站所作风建设活动，全市基层站所主动帮助协调解决发展中的难点问题740多个，减免各类费用750多万元。推广驻村勤廉督导制度，加强村务公开和农村基层党务公开工作。推进农村集体“三资”清理工作，推行农村集体资源管理市场化运作，建立农村集体资产信息化监督管理平台，实现“三资”的动态管理。全面推行村民直评村官工作，促进农村基层民主政治建设，推动农村经济发展、社会和谐稳定。

【“双十工程”专项效能监察】 制定下发《关于对市区改善民生10件实事、城市建设10大重点工程实施情况开展效能监察的意见》，加强对重大项目的监督检查，确保各重大项目高效廉洁实施。在涉及新增投资项目和民生工程建设的市（区）及部门中建立12个监察联系点，每月按时报送工作进展情况，定期召开监察情况通报会，及时反馈监察信息和工作要求。实行挂钩联系制度，市纪委监察局领导挂钩联系20项重点工程，督促“双十工程”实施主体、监管主体树立责任意识，严格依法定程序履行建设手续。开展定期巡查。牵头组织发改委、规划、建设、国土等职能部门组成专业巡查组，定期不定期对各类项目的立项、招投标、工程变更、资金拨付等重点环节进行监督检查；实施领导班子集体巡查，委局主要负责人亲自带队，先后深入疏港公路、凤城河环境整治等10多项重点项目现场察看、现场办公，督促相关职能部门优化服务，确保各项工程建设顺利实施。选择20个社会关注度高的重点项目和民生工程，实施公开挂牌监察，通过媒体对工程的项目名称、牵头单位、责任单位、建设单位、计划投资额和计划竣工时间予以公示，接受社会的监督。开展专项督查，共对11人次进行批评教育，责成项目负责人作出书面检查5份，行政处罚2.1万元，对工程建设中失职渎职的2名领导干部进行党纪政纪处分，其中处级干部1人。

【涉企非税收费专项治理】 9月，制定出台《泰州市开展涉企非税收费专项治理工作意见》，召开全市涉企非税收费专项治理工作动员会，成立由市委常委、市纪委书记陈国华任组长的专项治理工作领导小组和办公室，从相关部门抽调18人集中办公，按照“条块结合、分级负责”和“全面清理、合理降低、违规清退、规范运行”的原则，集中用3个月时间，分自查摸底、审核公示、整改验收、总结规范四个阶段，在全市范围内集中开展专项治理工作。通过强化舆论宣传、公布举报电话、实行有奖举报等措施，动员全社会积极支持和参与专项治理工作。开展自查申报工作，全市共有1137家单位上报自查摸底表。从10月15日起，选择10家新开办企业，19个行政事业单位、中介机构和行业协会，开展解剖式调研，验证自查摸底情况的准确性和真实度。针对企业反映较大的前置收费项目，专门组织市法制局、行政服务中心对依附于各单位行政许可事项中的服务项目进行审核。经审核，市区共有前置许可必需服务项目62项，其中，实行指定服务和资质限制服务的54项，企业自主选择服务的项目8项。通过严格审核，并经市政府常务会议审定，决定取消市区涉企收费项目1项，暂停收费11项，降低收费标准21项，每年可为市区企业减轻负担约3亿元，其中，行政事业性收费减收约1.54亿元，经营服务性收费降低约8000万元，赞助捐赠减少约6000万元，行业协会相关费用下降约700万元。靖江、泰兴、姜堰、兴化四市共取消收费项目30项，暂停收费11项，降低收费标准74项，每年可减轻企业负担3900万元。通过召开新闻发布会等渠道向社会发布专项治理的情况，编印《泰州市区涉企行政事业性和经营服务性收费目录》并向社会免费发放，制定出台《关于重申严禁向企业乱收费、乱罚款和各种摊派等纪律的通知》、《关于规范社会团体收费及财务管理的通知》等规范性文件，进一步规范涉企收费行为，落实相关措施，加强长效管理。

【基层站所作风建设】 坚持“抓两头、促长效”，深化基层站所作风建设。在抓先进方面，以市委、市政府的名义命名表彰101家2009年度“百佳基层站所”，并在泰州廉政网开设“百佳站所网上展厅”，网上点击率达135万人次；在《泰州日报》、《江南时报》等媒体开设专栏，分期分批宣传推介，发挥先进典型的示范引领作用。在抓后进方面，对2009年度行风评议活动中群众不满意率较高的26家基层站所下发整改通知，并由市纪委、监察局负责人带领20个系统和委局机关各室负责人，分组对基层站所作风建设情况进行专项巡查。在长效管理方面，各市（区）和各系统贯彻落实《基层站所工作人员十项禁令》，结合行业实际，细化操作规范，推进服务和执法规范化、制度化，同时加大指导力度，强化监督制约，狠抓长效管理。全年各基层站所主动帮助协调解决发展中的难点问题740多个，减免各类费用750多万元，帮扶困难群众1800多户。据测评结果显示，群众对基层站所的满意票率比活动前提升了24.8个百分点。

【行风热线】 在广播、电视联动播出的基础上，推出网络视频直播和网上讨论版，扩大热线受众群，增强节目的直观性和互动性。建立市分管领导带领相关职能部门联合上线，集中解答群众咨询投诉的工作机制，市委常委、市纪委书记陈国华，市委常委、常务副市长杨峰，副市长卢佩民、曹玉梅等市领导先后围绕“机关作风与效能建设”、“惠民工程”、“服务企业”、“教育为民”等专题带领相关部门主要负责人走进直播室与群众交流，现场解答听众和网民咨询投诉150多条。全年，市县两级“行风热线”共播出336期，组织联合上线4期，受理咨询投诉2870多件，帮助群众解决实际问题780个，问题解决率达85.8%。“行风热线”成为泰州市“机关服务十大品牌”之一，并先后在全省政风行风热线工作经验交流会、全国机关品牌论坛2010年年会上作经验介绍。

【工程建设领域专项治理】 按照“谁建设、谁负责，谁主管、谁负责，谁检查、谁负责”的原则，组织有关单位做好工程建设项目排查工作。加大对排查工作的督查力度。1月，市专治办对各专项工作组问题排查阶段工作进行督查。3月，市专治办从建设、水利、交通等部门抽调专业人员连同8个专业工作组人员对市级项目逐一检查，排找问题。6月，组织力量对所属市（区）专项治理工作进行全面检查。全市重点排查投资额超500万元（县级）和超3000万元（市级）的政府投资及其他投资项目617个项目，其中市级政府投资和使用国有资金超3000万元项目58个，其他投资超3000万元项目23个；县级政府投资和使用国有资金超500万元的项目263个，其他投资超3000万元的项目273个，排查出问题1510个。对排查发现的问题，市专项治理领导小组专题研究落实整改措施。并召开专题交办会，明确整改要求，落实整改责任。至年末，已整改到位1480个，整改率达98%，共对280人次进行批评教育，责成项目负责人作出检查76份，行政处罚73.6万元。在全市范围内工程建设行政审批各部门中实行风险排查制度，12个部门共排查权力节点86个，制定对策措施296条。专项整治工作开展以来，全市共查处涉及工程建设领域案件82起，其中查处县处级干部5人、科级干部17人；超1万元案件38件、超10万元案件22件，共挽回经济损失3100万元。

【整治企业违法排污专项行动】 召开全市整治企业违法排污专项行动工作会议，对2010年的专项行动进行动员部署，明确全市10个重点挂牌督办的环境问题。对近年来挂牌督办的85件案件进行复查，对排查出的10个污染反弹案件逐一现场督查，针对存在问题，研究整治办法，提出督查要求，并现场书面交办污染反弹案件，全力解决危害群众健康、影响可持续发展的突出环境问题。对挂牌督办案件和交办的反弹案件整治情况组织考核验收，逐一过堂，保证整治效果。对淮河流域水污染防治工程项目建设情况开展专项监察，保证全市11个重点治污项目的顺利推进。

【学习贯彻《廉政准则》】 利用广播、电视、报刊、网络等媒体，通过撰写学习体会文章、举办专题讲座、邀请专家访谈、网络交流互动等形式，开展学习贯彻《廉政准则》活动。市委常委、纪委书记陈国华做客明园议事厅——反腐倡廉网络访谈节目，就《廉政准则》有关话题与广大网友交流互动。组织编写《廉政准则》宣讲提纲，成立宣讲团，开展宣讲活动100多场次，赠送学习读本1.8万多册。专题下发《关于召开2010年度县处级党和国家机关党员领导干部民主生活会的通知》，民主生活会以“贯彻落实《廉政准则》，切实加强领导干部作风建设”为主题，重点对照《廉政准则》规定的52个“不准”和党政领导干部选拔任用工作四项监督制度等有关规定，检查作风建设、廉洁从政及干部选拔任用工作等情况。为提高民主生活会质量，市纪委、市委组织部中层以上干部列席并指导部分单位民主生活会。通过对《廉政准则》的学习，促进领导干部廉洁自律，全年市“510”账户新增金额211.66万元。

【信访举报分类管理】 根据市纪委《关于对全市基层纪检监察信访举报工作实施分类管理的意见》，每半年进行分类一次，在市和市（区）纪委、监察局统计分析2010年1～6月各主要信访举报工作数据的基础上，经市（区）纪委初步审核，报经市纪委常委会确认，下发通报，对5家单位实施Ⅰ类管理，对7家单位实施Ⅱ类管理。市纪委组织召开全市基层纪检监察信访举报分类管理工作情况督查会，加强对12家分类管理单位整改措施落实情况的督查指导，实行跟踪管理；对未列入Ⅰ、Ⅱ类管理但存在重复访、越级访等苗头性问题的单位，加强工作指导力度，督促健全完善相关预防措施。实施分类管理后，到乡镇以上反映村干部的信访问题比上年下降21.3%。

【创建“无红包医院”】 年初，组织召开全市创建“无红包医院”推进会，总结推广创建工作经验，命名第二批“无红包医院”66家，对创建滑坡、未通过复核检查的2家“无红包医院”予以摘牌处理。6月，对全市已挂牌和计划申报“无红包医院”的医疗机构开展为期两周的专项督查。制定下发《泰州市“无红包医院”2010年考核验收方案》和具体的评分细则，11～12月，分两组对已授牌的92家“无红包医院”进行复核检查，其中2家医院未通过复核；对65家新申报医院进行考核验收，其中3家医院未通过考核。经过3年创建，全市参加创建“无红包医院”的159家单位中，达到创建基本要求的单位154家，占全市创建总数的96.9%，实现“到2010年，90%以上的医疗机构创建为无红包医院”的总体目标。创建活动中，先后推出三级承诺、“无红包”告知、医患双向协议、医德医风监督卡、回访调查等一系列制度，并强化制度执行和落实情况的监督检查考核，促进医务人员医德医风进一步好转。年内，全市1157名医务工作者上交、拒收“红包”63.3万元；在组织开展的全市二级以上医院出院病员问卷函调中，出院病人对全市二级以上医院服务的综合满意度达88.6%。中国新闻网、新华网对此项工作分别进行报道。

【创建反腐倡廉四大网络平台】 建立网络宣教平台，舆论宣传引导多元化。在全省率先成立网络管理中心，明确专人负责网络舆情收集和处理。建立125名网络评论员队伍，专门聘请10名网络特约评论员，及时围绕反腐倡廉热点、焦点问题发表评论，引导网上舆论。发挥“泰州廉政网”反腐倡廉宣传主阵地作用，将“百佳基层站所”、反腐倡廉成果等在网上集中展示，开设反腐倡廉网络视频访谈节目——《明园议事厅》，定期围绕反腐倡廉热点话题与网民进行在线交流，并实现网络同步视频直播，已成功举办网络访谈节目6期。至年末，“泰州廉政网”访问量突破130万人次。率先在全省开通廉政博客平台，全市270多名纪检监察干部开设廉政博客，定期围绕热点话题撰写网评文章，共撰写评论文章2850多篇，网民发帖跟帖6300多条。加强与人民网强国博客互动，市纪委书记陈国华应邀在“人民网”开通实名博客和接受专访，依托《人民网络日报》平台出版陈国华博文专版4期。年内，“泰州廉政网”被省委宣传部、省公安厅、省通信管理局联合评为全省“行业特色网站”，为全省纪检监察系统唯一获表彰网站；“泰州廉政博客”被省纪委评为全省反腐倡廉宣传优秀栏目；中央电视台、《人民日报》、《中国纪检监察报》、《新华日报》等先后进行报道。

建立网络办公平台，机关政务办公电子化。组织实施信息化建设，实现一人一台内网电脑，开发推广应用协同办公管理平台，实现机关公文起草、审核、签发、印制以及内外收文、发文的流程化、规范化。开通纪检监察信息网，并通过内部论坛、博客评论等形式开展沟通交流。《江苏纪检监察信息》、《党的生活·反腐倡廉版》介绍泰州信息化建设的经验做法。

建立网络监察平台，行政权力运行透明化。整合行政资源，构建市、市（区）两级行政权力网上公开透明运行和电子监察平台，实现市和六市（区）联网运行，率先实现“三个全覆盖”。至年末，全市行政机关15644项行政权力静态信息已全部上网对外公布，市级机关44个部门的3689项行政权力事项全部实现网上运行，电子监控系统已发出预警145次，督办处理到位136件。

建立网络办案平台，依纪依法办案规范化。高起点规划、高标准建设办案点，并于2010年5月正式投入使用，冠名“明园”。投入500多万元配备现代化的办案、指挥、报警以及数据采集、传输、存储系统，该系统采用先进的数字化模式，具有影像传输速度快、清晰灵敏度高，音、视频检索、编辑、保存极为便利等特点。同时，设有专门的监控中心，可以实时了解各谈话室工作情况，掌握办案工作的主动权。

【治理教育乱收费】继续开展“加强行风建设，创建四无学校”主题活动。全年共受理和查处教育乱收费信访举报15件，处理责任人6人，清退款项26.9万元。会同市教育局对义务教育阶段各项政策措施落实情况、春学期和秋学期教育收费、全市中小学校教辅用书征订、服务性收费、代收费情况开展专项检查，并下发专题督查通报，规范全市各中小学校的办学和从教行为。积极参与清理规范改制学校工作，2010年秋学期开学前，市区24所中小学校回归公办，并划定教学区实行免试就近入学，促进义务教育均衡发展，从源头上遏制择校风的蔓延势头。

（周荣华）

宣传思想工作

【理论学习宣传】推进学习型党组织建设。深化主题教育，开展创先争优“学习大推进”专题活动，召开“学习大推进”工作座谈会；举办领导干部学习报告会，邀请中央党校教授钟国兴作“推进学习型政党建设”专题报告；在市属企事业单位、机关、社区等组织召开建设学习型组织专题论坛近20场；召开全市建设学习型党组织经验交流会及工作推进会。制定下发《泰州市党委（党组）中心组巡学制度》，对全市所有县处级党委（党组）开展巡学活动。加强对党委（党组）中心组学习的组织、指导与服务，组织集中学习交流，举办专家高层讲坛，开展读书调研活动，命名25家县处级党委（党组）中心组示范点。新华社、中央电视台、《人民日报》、《光明日报》、《经济日报》、中央人民广播电台6家中央重点媒体对泰州市学习型党组织建设进行集中采访报道，人民网、中国文明网、新浪网等国内各大网站转载。在中央召开的学习型党组织建设工作座谈会上，市委书记张雷作经验介绍。全省学习型党组织建设工作推进会在泰州召开。推动党的理论创新成果宣传普及，组织《六个“为什么”》、《七个“怎么看”》等重点理论读物学习宣传。开展形势政策宣传教育，做好省委宣讲团在泰州宣讲活动的组织工作。推进“理论下基层”，成立中共十七届四中、五中全会宣讲团，赴基层开展宣讲活动；发挥“百姓名嘴”理论宣讲队的作用，赴各社区（村）、乡镇（街道）宣讲1200多场，直接听众20多万人次，“百姓名嘴”理论宣讲队被中宣部评为全国基层理论宣讲先进集体。开展党员干部理论教育和轮训工作，举办农村党员干部冬训骨干培训班。办好“百姓大学堂”，编辑出版《中国文化的脉络与灵魂》（2009年“百姓大学堂”演讲集粹）。加强理论和实际问题研究，组织开展系列重点课题和应用对策研究。完成“追赶型城市科学发展泰州样板研究”等5项重点课题和“泰州发展低碳经济的基本战略及路径研究”等12项一般课题。围绕“城市化与泰州中心城市发展”、“转型升级与泰州跨越发展”等主题举办4场高层论坛、研讨活动，与有关部门联合举办“陈燕萍精神”研讨会。加强《决策咨询》（内刊）、《大众社会科学》等理论宣传阵地建设。

【新闻舆论引导】全市各新闻媒体推出“开放创新看基层”、“开放创新‘双轮驱动’”、“创先争优”、“提升执行力，冲刺三年大变化”、“聚焦文化泰州建设”、“重点工程进行时”等专栏专题、系列报道，集中开展践行科学发展观、加快转变经济发展方式、文明城市创建、机关作风和软环境建设、回顾“十一五”展望“十二五”等主题宣传。组织党的十七届四中、五中全会和市委三届八次、九次全会宣传，准确解读全会精神。组织开展中国泰州国际旅游节、华侨城开业、苏中机场奠基、苏台生物医药健康产业合作高峰会、梅兰芳艺术节、首届医博会、出口加工区封关验收等重大活动、重大事件的宣传报道。做好市委全委会、人大政协“两会”、三级干部大会等重要会议的宣传报道工作。以世博会召开、世博礼仪泰州起航仪式等为契机，在市内媒体充分报道的同时，组织采访组赴沪作专题报道。组织开展汶川地震援建成果集中宣传报道。强化新闻舆论宏观管理，运用召开新闻通气会、新闻发布会、下发宣传报道提示、制定宣传工作方案、组织新闻阅评、好新闻评选活动等手段，增强舆论引导能力。加快舆论管理制度体系建设，全面建立党委新闻发言人制度、政府新闻发言人制度、网络发言人制度，形成覆盖全市的新闻发言人工作网络。就“两会”、泰州国际旅游节、梅兰芳艺术节、医博会等全市重大活动和百姓关注的重要信息，组织市内外重点媒体召开新闻发布会20多次。围绕党委政府中心工作，贴近广大网民需求，开展网上专题报道，组织实施“服务‘双轮驱动’，提高履职能力”网络视频访谈、“三年大变化·泰州表情”网络摄影大赛等。开展网上智力运动会、“网络志愿者走进特校”、“网络春晚”等活动，与网民形成良性互动。加强网络舆情监管，及时妥善处置有关舆情，形成网上正面舆论强势。调整优化网络新闻发言人队伍，加强平台建设与管理，实行月度网上回复通报制度，发挥网络新闻发言人平台的引领作用，增进机关部门与网民沟通。落实突发事件采访报道制度。

【文化泰州建设】组织实施重大文化活动，举办第二届中国泰州国际旅游节、2010年中国泰州梅兰芳艺术节。与省文联联合举办“千秋草圣高二适”全国书法名家邀请展，与省文化厅联合举办第三届江苏省新人新作歌舞大赛。承办省中青年优秀演艺人才汇报慰问演出。繁荣文艺精品创作生产，歌舞《荡湖船》获全国“群星奖”并参加上海世博会专场文艺演出。长篇小说《倦寻芳》、《幸福的黑白法则》、《诡计》、《婚后无战事》等正式出版。大型淮剧《诺言》应邀赴沪演出受好评。全市39幅作品入选省书法新人展，创历史最好成绩。大型锡剧《法官妈妈》在省内巡演，电影《谍战玫瑰》、《永贻芬芳》等顺利完成。板桥系列小淮剧在央视戏曲频道播出。多部作品在省新人新作歌舞大赛、省“五星工程奖”、“大地西部情”全国美展等比赛中获奖。加强地方历史文化保护，修订完善《泰州市城市总体规划》、《泰州历史文化名城保护规划》等政策性文件。申报国家历史文化名城并接受考核验收。五巷–涵西历史文化街区保护全面实施，老省泰中、泰山岳庙、南山寺、北山寺修缮改造等工程基本完成，国家级、省级文保单位不断增加。非物质文化遗产整理、保护工作有序推进，“泰州淮剧”、“茅山号子”2个非遗项目进入第三批国家级保护名录公示名单。成立泰州历史文化研究院、泰州市老行当文化研究与保护协会。加快文化体制改革步伐，推动文化行政管理体制、经营性文化事业单位转企改制、公益性文化事业单位体制机制创新等各项改革。市本级实施文化、广播电视、新闻出版“三局合一”。各市（区）完成文广新局（文体新局、文体旅局）组建工作。泰州报业传媒集团、泰州广播电视传媒集团同时组建，筹建综合新闻网站新“泰州网”。推进文艺院团改革，成立泰州淮剧演艺有限公司，各市文艺院团完成转企改制。加强地方旅游文化资源整合，组建文化旅游发展有限公司。实施“文化惠民”工程，加快建设市图书馆、美术馆、博物馆、文化馆等重大文化基础设施，各市（区）一批重点文化工程相继建设，乡镇（街道）宣传文化中心、村（居）特色文化广场建设陆续展开，覆盖城乡的四级公共文化服务体系初步形成。坚持文化惠民乐民，推进城市文化下乡、农村文化进城良性互动。全年“百姓大舞台”演出17场，“市民音乐会”举办12场，梅兰芳艺术节、省第三届新人新作歌舞大赛、省青年艺术家慰问演出等文化活动向社会免费开放。推进送书、送戏、送电影“三送”工程。加强农村文化阵地建设，扩大村文化室、文化信息资源共享工程、“农家书屋”等覆盖面。加大有线电视进村入户力度，在实现“村村通”、“组组通”基础上向“户户通”、“长期通”发展。数字电视整转工作全面展开。

【精神文明建设】推进文明城市创建，加强精神文明建设工作规范化建设，调整充实市文明委力量，推行文明委成员单位履职问责制度，强化各职能部门履职意识。以改善市容环境和公共场所秩序为重点，实施文明交通建设、环境卫生整治、基础设施维护、公共秩序优化、文明素质提升、社会文化环境净化“六大行动”，组织文明示范路创建活动和市民公共文明指数测评工作。组建市民文明观察团，加强对创建工作的督查和对不文明现象的监督。开展市民道德教育实践活动，提高市民文明素质。编印《创建文明城市市民简明读本》，宣传普及文明知识，提高文明城市创建知晓率。开展“我与文明同行”主题教育活动、文明礼仪风采大赛、公益广告大赛等活动，推出“百姓大舞台”文明城市创建专场演出和“百姓大学堂”文明礼仪宣讲专场。深入开展群众性精神文明建设，开展“感动泰州”十大人物暨泰州市道德模范、精神文明建设“新人新事”评选宣传活动和“公民道德建设月”系列活动。组织市直133个部门（单位）与70个社区联创共建、举办第二届社区邻里节，深化文明社区创建。推进服务品牌创建工作，制定下发《泰州市服务品牌建设评价准则》，评选第二批文明优质服务品牌。组织文明行业、单位“创品牌、树新风、促和谐”创建竞赛活动，一批行业、村镇、社区和单位获省级表彰。推广文明创建电子化管理系统，开通“泰州文明网”，加强创建工作信息化建设。开展“我时尚，我公益”志愿服务系列活动，3万多人次参与。加大市爱心志愿者总队各支队组建力度，在54个行业成立志愿服务队伍，在全市国家级、省级文明乡镇及有条件的文明村建立社会志愿服务站。加强改进未成年人思想道德建设工作，完善“四位一体”格局，建立健全工作议事、督查督办、考评考核等制度，优化未成年人思想道德建设和大学生思想政治教育领导体制和工作机制。综合整治社会文化环境与加强青少年文化建设并举，开展京剧进校园、“童星闪闪”少儿才艺大赛、中华经典诵读等活动，组织“做一个有道德的人”、“快乐之夏”、“缤纷的冬日”、“双美好”、“我们的节日”等主题教育实践活动。加强活动阵地建设，江苏省泰州未成年人社会实践基地纳入市重大建设项目，规划建设工作有序推进；城乡社区校外教育辅导站（点）实现全覆盖，“百姓阳光屋”心理健康服务中心服务网络不断延伸。

【思想政治工作】 深化典型宣传，开展陈燕萍重大典型学习宣传活动，召开陈燕萍工作法研讨会、陈燕萍精神研讨会，放大先进典型的示范引领效应。常德盛先进事迹报告团到泰作报告，在全社会掀起崇尚先进、学习先进的热潮。规范调整“百姓新事”报送、宣传、管理工作，加强普通百姓中弘扬传统道德、体现时代精神的先进典型事迹的挖掘、培育和宣传，“百姓新事”全年宣传100多件凡人善举。改进创新思想政治工作，创新《百姓议事园》活动载体，开办《百姓议事园》网络对话节目并实行节目主持人海选。围绕“低碳生活”、“转变经济发展方式”和创建文明城市等议题组织网上议事活动。把思想政治工作与为民办实事、做好事、解难事相结合，组织开展“三下乡”集中慰问服务和小分队“常下乡”活动。加强爱国主义教育，组织市第二批公共文化设施免费开放，海纪馆、科举院试博物馆、革命烈士纪念馆等3家单位确定为江苏省第二批免费开放公共文化设施，放大文化场馆的社会效益。加强思想政治工作队伍建设，召开市政研会第二次会员代表大会。开展各类社会宣传，营造和谐社会环境，做好市“两会”和全市性重大活动期间的社会环境宣传，配合司法、统计、市禁毒办等部门做好“五五”普法终期考核验收、全国第六次人口普查、反邪教、“禁毒宣传日”系列宣传活动等工作。

【对外宣传】 以中国泰州国际旅游节、苏台生物医药健康产业峰会、梅兰芳艺术节、首届医博会等重大活动为契机，开展新闻外宣，通过数十家境内外主流媒体宣传泰州经济社会发展成就、医药产业发展动态等。全国“两会”期间，在北京举行新闻发布会。发挥“长三角”外宣合作机制作用，扩大泰州在上海世博会的影响。全年，在中央、省级主流媒体刊播重点报道1000多篇。其中，《人民日报》、《光明日报》、《经济日报》、《农民日报》、《中国改革报》等刊发头版头条报道多篇。央视《新闻联播》播发与泰州有关的报道23条。拓展对外宣传载体，在美国《侨报》、《欧洲时报》、香港《商报》、《澳门日报》等境外媒体发稿保持强劲势头。加大典型宣传力度，放大陈燕萍等先进典型的宣传效应，中央重点媒体集中采访报道，在北京人民大会堂举行事迹报告会。“村民直评村官”、中国医药城建设、重要民生价格公示等经验引起中央媒体关注，推出一批报道。理论外宣方面，学习型党组织建设“泰州经验”成为理论外宣品牌，《光明日报》头版头条详细报道“百姓名嘴”理论宣讲队。文化外宣方面，台湾三立电视台推出四集大型专题片《泰州风情》，“梅兰芳艺术人生展”在夏威夷举办，民间传统工艺代表叶雕、面塑作为非物质文化遗产代表赴澳门展出。举办世博礼仪风采泰州起航仪式、“中华情·泰州情”大型演出、泰州世博旅游上海宣传周等文化活动，展示泰州良好形象。巩固外宣基础工作，制作《中国泰州》画册、电视专题片等一批外宣精品。在央视“新闻30分”栏目开设泰州城市形象宣传标牌。出版《中国城际系列之泰州》（中、英文版）。

（市委宣传部）

统　战　工　作

【概况】 2010年，全市统一战线贯彻落实中共十七届四中、五中全会，市委三届八次、九次、十次全会和全省统战工作座谈会精神，坚持把保增长促发展作为首要任务，把保稳定促和谐作为政治责任，把提升统战工作科学化水平作为工作的着力点，狠抓落实，开拓创新，完成年初确定的统一战线各项工作任务，被评为市“作风建设先进单位”。

引导党外人士为促进党和政府科学决策发挥作用，协助市委、市政府召开民主协商会、座谈会、情况通报会6次，积极为市委重大决策、重要工作部署等提出意见建议。在全市统一战线开展“我为十二五规划制定献一策”活动，征集建议、意见12条，为全市“十二五”规划制定提供有价值的意见。组织各民主党派、工商联和无党派代表人士，围绕谋划“十二五”规划、加快经济转型升级、推进经济发展方式转变、推进“开放创新”、“三年再来一个大变化”等战略性重点课题，深入开展调研，积极建言献策，为市委市政府科学决策和有效施策提供参考。

在全市统一战线中开展“发挥统战优势，服务经济发展”主题活动，支持工商联继续开展“非公经济服务年”活动，开展服务会员、服务企业、服务基层的“三服务”活动。组织各类高端论坛、主题讲座及专题培训近30场次，参训企业家5000多人次。引导企业承担社会责任，“省2010民营企业招聘周”期间，全市100家民营企业提供就业岗位6012个。组织各级统战干部深入企业，开展调查研究，了解企业的生产经营状况、面临的困难和问题，帮助企业协调解决融资困难、用地紧张、电力增容等实际问题和困难。

以海外联谊会为平台，加强与泰州籍海外人士的联系，引导回乡投资创业。协助市委成功举办“百名海外博士江苏行”活动，海外博士带来涉及生物医药、新能源、新材料、节能环保等140个项目，7名博士所带项目已落户泰州。协助致公党省委组织好“海外留学人员江苏泰州行考察联谊活动”，向海外高层次留学人员宣传推介泰州，密切与泰州医药城的联系，加强服务和协调，为市医药城招揽海外高层次医药类人才牵线搭桥。

【多党合作工作】 推进多党合作工作的制度化、规范化建设。协助调整市委领导与党外人士联系交友名单，加强联系交友工作。协助市政府制定出台《关于进一步加强政府部门与民主党派、工商联对口联系的意见》，明确政府18个部门与民主党派、工商联等部门对口联系工作。

协助各民主党派加强自身建设。支持民主党派深入开展社会主义核心价值体系的教育活动，专题举办树立和践行社会主义核心价值体系报告会，邀请市委党校副校长陈方根、市发改委主任周绍泉作理论讲授和形势报告。10月份，举办一期党外人士研讨班。发挥各民主党派人才智力优势，组织开展扶贫济困，送科技、送文化、送健康“三下乡”便民服务等系列社会服务活动。支持民主党派加强组织建设，协助做好省委、民盟中央、农工党到泰调研考察工作，指导和协助民主党派基层组织换届工作。

支持民主党派、工商联积极履行政治协商、民主监督、参政议政职能。协助召开各民主党派、工商联负责人和无党派代表人士座谈会、研讨会，共商泰州发展大计。协助做好全市检察工作情况通报，拓宽知情参政渠道。发挥民主党派成员中人大代表、政协委员和特约人员的民主监督作用，完成市教育局特约督导员的选聘工作，推进政风和行风建设。

【民族宗教工作】 一是围绕创建活动，推进民族宗教事务管理工作。组织开展和谐社区、和谐村组、和谐单位、和谐学校、和谐家庭等群众性民族团结进步创建活动，推进民族团结进步事业。坚持依法管理宗教事务，强化市（区）、镇（街道）、村（社区）三级管理网络和两级责任制，出台《宗教活动场所百分考核办法》，17个宗教场所被评为全省创建和谐寺观教堂示范单位，光孝寺被评为首届全国创建和谐寺观教堂，季惠宁牧师被评为首届全国创建和谐寺观教堂先进个人。

二是以落实帮扶为关键，加快少数民族同胞致富奔小康进程。成立市少数民族团结促进会，组织召开全市少数民族帮扶工作座谈会，实施“心系民族群众，共创美好未来”帮扶行动计划。靖江、兴化等市将少数民族贫困户帮扶工作列入年度考核内容，明确具体帮扶工作指标。高港区引导非公企业与少数民族同胞一对一帮扶，姜堰市开展统战干部“结亲认门”活动。泰兴市、海陵区加强对辖区内少数民族困难群众真实情况调查，建立帮扶台账，开展帮扶活动。全市55名统战干部和统战成员挂钩联系55户少数民族困难家庭，50名统战干部按照属地帮扶的原则，分门别类地开展帮扶。

三是以规范管理为重点，维护民族宗教领域和谐与稳定。贯彻党的民族宗教方针政策，及时妥善处理涉及民族因素的突发事件15起，维护民宗领域稳定，促进民族团结进步事业发展。协助市委调整民族宗教工作领导小组成员，建立统一战线预防与处置突发社会事件的工作机制。坚持依法管理宗教事务，协助做好基督教私设聚会点专项整治和光孝寺主持升座相关工作。引导宗教与社会主义社会相适应，坚决做好抵御境外利用宗教渗透工作，确保上海世博会、广州亚运会等重大活动期间全市民族宗教领域和谐稳定。

【党外干部队伍建设】 加强对党外代表人士的培养和教育，推荐2名市（区）统战部长参加省委统战部县级统战部长培训班，1名党外干部参加省统无党派人士培训班。10月，举办一期无党派人士理论研讨班，对全市40名党外人士进行培训。做好党外干部配备工作，11月，配合市委公推公选1名党外副处级领导干部，通报各市（区）党外干部配备情况，督促党外干部配备工作，推进全市党外干部选拔和使用工作，高港区拿出4个名额公推公选党外副科级领导干部，各市（区）政府组成部门配备党外领导干部基本达到二分之一，11个必配部门的配备均达到9个以上，兴化、高港等市（区）11个必配部门已全部配备。做好政协人事安排相关工作，通过协商名单、综合考察和征求纪检、监察部门意见，提出候选人建议人选并提交市政协常委会议通过，全年共增补市三届政协常委2名、委员22名，免去委员3名，建议撤销委员1名。

【典型示范引导】 组织开展全市首届“优秀中国特色社会主义事业建设者”表彰活动，经过基层推荐、组织考察、社会公示、集体研究等程序，姜堰市光明化工厂董事长丁舜等23名企业家当选为首届“优秀中国特色社会主义事业建设者”。继续在全市民营企业中开展“纳税大户”、“就业和社会保障先进单位”评比表彰活动，推荐扬子江药业集团等6家企业获“江苏省优秀民营企业”称号，扬子江药业集团董事长徐镜人、新时代造船有限公司董事长袁凯飞获“江苏省杰出民营企业家”称号。

【基层统战工作】 加强对基层统战工作的指导，部领导班子全年共赴市（区）、乡镇（街道）调研基层统战工作12次，组织召开全市基层统战工作座谈会，汇报交流各市（区）统战特色工作情况，全市基层统战工作得到推动和促进。靖江市强化统战基础工作，建立海外人士、民盟盟员等10个方面台账，为全面推进统战工作掌握第一手资料。深化“光彩事业、清洁家园”活动，引导非公企业参与新农村建设，募集光彩资金530万元；兴化市开展党外人士“人才之星”电视专访活动，推进党外干部选拔和使用；姜堰市围绕挖掘宗教文化，打造宗教旅游一条线；泰兴市强化特约人员工作成效明显；高港区积极把统战工作向社区延伸，拓展统战工作的领域；海陵区建立城市少数民族工作机制，有效化解涉及民族因素的矛盾，维护社会稳定。

【统战宣传信息工作】 坚持把理论调研作为研究和解决当前制约统战工作科学发展难题和推动统战工作创新发展的重要基础和前提。专题下发“统一战线服务开放创新、促进转型升级的途径和方式”等10个方面重点调研课题和“统一战线服务科学发展的调查与思考”等12个方面参考调研课题，各市（区）及市直单位和部门，结合工作实际，选定调研课题，组织开展调研，撰写调研报告38篇。靖江市围绕大统战各个领域开展调研，收集调研报告11篇。制定下发全市统战调研宣传信息工作考核评比办法，建立健全由各市（区）委统战部、市各民主党派、工商联、机关各处室组成的全市统一战线宣传信息工作网络，专题召开全市统战调研宣传信息工作会。全市统战工作做法在市级以上新闻媒体用稿118篇、省级以上用稿13篇。全年编印《泰州统战》11期。

【省委统战部副部长、省工商联党组书记邵军到泰调研】 8月2～4日，省委统战部副部长、省工商联党组书记邵军一行4人到泰调研。邵军一行走访申视塑料、中盛光电两家企业，召开非公企业党组织创先争优活动座谈会。市委副书记王守法会见调研组一行。市政协副主席、市委统战部部长胡冬生，市政协副主席、市工商联主席姚社成，市委组织部副部长、市委非公经济组织工委书记程秋喜，市委统战部常务副部长、市工商联党组书记王考等陪同调研。

【举办无党派人士理论研讨班】 10月18～23日，举办全市无党派代表人士理论研讨班，来自市无党派知识分子联谊会、市有各关高校、市直各有关单位以及各市（区）无党派代表人士40多人参加学习。研讨班邀请市政协、市委统战部等有关负责人作参政议政、爱国统一战线等专题辅导，并组织赴三民主义同志会诞生地——重庆特园参观考察。

【党外人士学习研讨会】 9月9～10日，2010年度全市党外人士学习研讨会举行。市委副书记王守法到会并讲话，副市长卢佩民就开放创新“双轮驱动”战略作专题报告，市纪委副书记缪云忠通报全市反腐倡廉工作情况，市发改委主任周绍泉通报全市经济社会发展情况，市各民主党派、工商联、无党派知识分子联谊会就开展树立和践行社会主义核心价值体系主题活动进行研讨，市政协副主席、市委统战部部长胡冬生作总结讲话。市各民主党派主委、副主委，市工商联主席、党外副主席，市无党派知识分子联谊会会长、副会长参加会议。

市委副秘书长陆晓声，市委统战部常务副部长王考、副部长杨余德、马林参加会议。市各民主党派秘书长列席会议。

【第一届优秀中国特色社会主义事业建设者表彰大会】 3月16日，泰州市第一届优秀中国特色社会主义事业建设者表彰大会召开。丁舜等23名非公有制经济人士和其他新的社会阶层人士获表彰。市政协副主席、市委统战部部长胡冬生主持会议，市委统战部常务副部长、市工商联党组书记王考宣读表彰决定。获奖者代表、省政协委员、市工商联副主席刘士钢宣读泰州市第一届优秀中国特色社会主义事业建设者联名发出的“推动科学发展、勇担社会责任”的倡议书。市委副书记王守法，市人大副主任张正方，副市长卢佩民，市政协副主席、市工商联主席姚社成参加会议。

【全市统战工作座谈会】 3月11日，召开全市统战工作座谈会。市委副书记王守法到会并讲话，市政协副主席、市委统战部部长胡冬生，市委副秘书长陆晓声，市委统战部常务副部长王考，各市（区）委分管副书记和统战部门负责人，以及组织部、机关工委、教育局等部门负责人计60多人出席会议。会议由王考主持，胡冬生作工作报告，各市（区）就2009年度特色工作作交流发言。会议表彰2009年度统战百分考核先进单位和统战宣传信息工作先进单位。

（王广华）

农　村　工　作

【概况】 2010年，市委农工办把握统筹城乡发展战略和农民增收核心，深化农经体制和管理机制创新，发展农村经济，增加农民收入，全面和超额完成市政府“411”工程及新农村建设“三大工程”各项目标任务。年内，被省委农工办表彰为农办工作“创新奖”，被省农委表彰为工作效能考评先进单位，被省扶贫办表彰为扶贫工作先进集体，被市委、市政府表彰为“十佳人民满意机关”。

【农民增收】 坚持把构建农民增收长效机制作为保障和改善农村民生的首要任务，定期研究和分析农村经济形势，落实各项增收举措，多渠道增加农民收入。2010年，全市农民人均纯收入达9324元，比上年增加1144元，增长14%，高于调控目标5个百分点，是“十五”期末农民人均纯收入的1.82倍。

【农村合作经济组织】 创新农村经营机制，促进农村经济发展，转变农村生产经营方式。全市新增“三大合作”组织748家，总数达2145家。其中，新增农民专业合作社469家、土地股份合作社108家、社区股份合作社171家。开展“五好”示范社建设行动，推进合作经济组织规范化建设，36家农民专业合作社达到市级示范社标准。成立全市首家苏合农副产品销售合作联社，社区股份合作社工商登记试点工作取得突破。全市农村社区股份合作社分红达5210万元。

【土地流转及农业适度规模经营】 建立完善农村土地流转交易和服务平台，农业适度规模经营面积不断扩大。全市新增耕地流转面积1.3万公顷、农业适度规模经营面积1.28万公顷，累计分别达5.25万公顷和11.96万公顷。

【村级集体经济】 坚持因地制宜，实施分类指导，鼓励发展资产运营、资源开发、为农服务等多种形式的村级集体经济，全市村级集体经济实现收入15.32亿元，比上年增长11%，全年新增集体经营收入超20万元的村151个。

【农村小额贷款公司】 坚持有序布局，强化督查指导，全市新增农村小额贷款公司8家、农民资金互助社9家。总数分别达22家和12家。其中，农村小额贷款公司注册资金达21亿元。

【土地承包管理】 按照“四到户”的要求，强化农村土地承包管理工作，全市累计到户发证率达98.8%（除各类规划区外）。采取确地、确权、确利相结合的办法，在高港区胡庄镇史庄村开展农村土地承包经营权登记试点，试点村新换发证率达99.3%。构建调解仲裁体系，推进调解仲裁服务，全市共调处土地承包信访851起，依法调处纠纷50多起，调解结案率达100%。市委农工办被省综治委等四部门表彰为“诉调对接工作”先进集体。

【农民负担管理】 全市农民合同内负担总额6223.94万元，人均负担15.83元，“一事一议”筹劳工日458.81万个，劳均承担2.19个。全面实施“一事一议”财政奖补政策，全市共投入资金18755万元，其中获省补助5657万元。

【集体资产财务管理和农经综合服务】 推进农村财务规范化建设，健全民主理财制度，加大财务公开和审计监督力度，启动农村“三资”清理工作，开展财务管理薄弱村整治，全市66个薄弱村的财务管理工作逐步规范。强化农经综合服务，全市101个乡镇（涉农街道）均开展农经服务，88个乡镇开展“一站式”窗口服务，72个乡镇开展农经综合服务。

【政策性农业保险】 水稻、小麦、油菜、能繁母猪等主要种养业保险保持全覆盖；奶牛、肉鸡、肉鹅、育肥猪、设施大棚及棚内经济作物等省定高效农业保险目标全面完成。全市共实现保费收入1.48亿元，其中，高效设施农业保费收入887.11万元，占主要种植业保费总额的6.2%。

【小康村建设及新“5+1”实事工程】 完善指标体系和考核办法，强化典型示范和引导，加大组织推进、督查指导和资金投入力度，全市新建成市级全面小康先行村306个，总数达1006个，占行政村（涉农居委会）总数的62%。10个村进入市级全面小康建设“十强村”行列，12个村被命名为省新农村建设先进村。加快基础设施建设和环境综合整治，优化农村生产、生活和生态环境。农村人才培训、文化教育、健康卫生、社会保障等公益事业发展步伐进一步加快，新“5+1”实事工程五年目标全面完成。

【农村扶贫】 围绕基本消除2500元以下低收入农户目标，落实发展生产、扩大就业、提高保障和社会救助等各项帮扶政策措施，新增脱贫人口4.88万人，全面完成省定9.13万户、16.94万人的三年脱贫攻坚目标。

（王圣华）

机 构 编 制

【概况】 2010年是市、县、乡机构改革年，在全面完成各项改革任务的同时，机构编制部门管理体制得到进一步加强，市编委办由与原市人事局合署办公调整为单独设置，列市委机构序列，既是市委的工作机构，又是市政府的工作机构，负责全市行政管理体制改革、机构改革和机构编制日常管理工作。

【市政府机构改革】 按照省委、省政府批复的泰州市政府机构改革方案，顺利完成市政府机构改革任务。以转变政府职能为核心，全面梳理、宏观调控、合理配置部门职能。进一步下放管理权限，把不该由政府管理的事项转移出去。共调整相关部门职能125项，其中加强职能84项、增加职能15项、取消职能12项、划转职能9项、下放职能5项。全面规范部门（单位）领导职数、内设机构级别和名称。对机关行政附属编制的使用进行改革和规范。重新制定市级机关57家部门（单位）的“三定”规定。

【市（区）政府和乡镇机构改革】 批复四市二区政府机构改革实施意见，指导各市（区）组织实施政府机构改革工作。实施乡镇机构改革，对姜堰、兴化、海陵、高港改革工作进行业务指导和政策把关。改革后，姜堰、兴化、海陵、高港各核定乡镇党委、人大、政府领导职数7～9名（少数乡镇为11名），乡镇党政机关、事业单位分别综合设置为5个，乡镇行政编制精减213名，乡镇事业编制精减2268名。

【机构编制服务】 加大机构编制服务力度，完善和创新市及市（区）有关机构体制。完善高新区机构体制，推进高新区的建设和发展。批复建立江苏泰州出口加工区管委会，泰州市新能源产业园区党工委、管委会，泰州市泰州港核心港区党工委、管委会，泰州市火车站街区管委会。同意在泰州广播电视台和泰州日报社分别增挂“泰州广播电视传媒集团”、“泰州报业传媒集团”牌子。同意泰兴市设立“泰兴市规划局黄桥分局”。完善市重大项目办公室机构体制。调整市公路处等24家事业单位经费预算形式。同意在原证券监管办公室的基础上，建立市金融工作办公室。批准泰兴市和姜堰市成立金融工作办公室。

【机构编制管理】 从严控制编制和领导职数的增加。加强空编使用计划的管理，从源头上控制机关事业单位人员过快增长和预防超编进人等情况的发生。全年共下达市级机关和事业单位空编使用计划490名，市级机关、事业单位新进人员472人，减员373人，净增加99人（含追加的军队转业干部、引进高层次人才、政策性安置人员计划），保持市级机关、事业单位人员进出总量平衡。完成2009年度市属事业单位法人检验工作，对机构改革涉及事业单位的登记事项进行梳理、规范。完成对市文化局、市法院、市教育局、市人民医院四家单位主要领导机构编制责任审核工作。加强和完善机构编制实名制管理，落实“12310”电话举报制度，做好信访件的调查和反馈工作。

（严冬生）

市级机关党建工作

【概况】 2010年，市级机关工委按照《中国共产党党和国家机关基层组织工作条例》的要求，围绕服务中心、建设队伍两大任务，加强党的执政能力建设和先进性建设，发挥党组织的战斗堡垒作用和党员的先锋模范作用，为市级机关各项工作任务的完成提供坚强有力的思想、组织和作风保证。至年末，市级机关工委辖党组织63个，其中机关党委11个、总支部17个、支部35个。党员3397人，其中女党员731人，具有大专以上学历党员2962人，35岁以下党员959人。年内发展党员57人，预备党员转正74人。

【创先争优活动】指导各部门（单位）机关党组织和党务干部协助党委（党组）开展创先争优活动。与市委深化主题教育开展创先争优活动领导小组办公室联合召开“学习陈燕萍，争当好党员”座谈会，举办“提升学习力，提高执行力”专题论坛。组织学习省级机关工委书记邢春宁《在省级机关党组织和党员中深入开展创先争优活动》讲话精神。利用泰州机关党建网，刊登各部门开展创先争优活动的动态信息，并择优推荐给省级机关工委《工作与学习》杂志和江苏机关党建网。制定《机关党建工作考核办法（试行）》，对开展创先争优活动提出相关考核要求。参与对机关部门开展创先争优活动情况的督导工作，采用召开座谈会、实地督查等方式，对市级机关各部门深化主题教育开展创先争优活动进行督促和指导。

【加强理论武装】在年初下发的工作意见中，对机关党员干部政治理论学习的内容、目的、制度、主要方法等提出明确要求。通过调研、检查、联系片活动等途径，对各部门（单位）机关党组织开展政治理论学习情况进行指导和督查。组织机关党员干部学习中共十七大、十七届四中、五中全会和市委三届八次、九次全会精神。订购《党的十七届五中全会精神辅导》电教片，提供给各部门（单位）机关党组织组织学习。及时将市委三届八次、九次全会材料汇编成册，机关党员干部职工人手一册。定期将中央党校求索音像出版社的支部党课教材《党员新视野》和中央文献音像出版社的《党委中心组学习90分》光盘下发给各部门（单位）机关党组织。下发中国社会科学院马克思主义研究院党委书记侯惠勤在省级机关工委举办的“社会主义核心价值观与理想信念的培育”报告会上的讲课录像。要求各部门（单位）机关党组织开展“弘扬社会主义核心价值体系学习讨论和党员箴言征集”活动，组织学习2009年感动中国年度人物事迹。

【读书活动】年初下发《关于在市级机关继续开展读书学习活动的通知》，继续要求机关每个工作人员全年至少精读三本书：机关工委统一免费下发一本书（《中国文化导读》、《外交十记》、《金融风暴启示录》三本书，供机关党员干部选择其中一本），各部门根据本部门工作需要指定一本书　个人自选一本书。与泰州日报社联合开展读书征文活动。举办读书学习网上知识竞赛活动，87个部门（单位）的4202名党员、干部参加。

【学习型机关报告厅报告会】定期举办学习型机关报告厅报告会，邀请高层次的领导和专家作理论辅导和形势报告。全年共举办4场报告会，分别邀请北京协和医科大学、上海明德学习型组织研究所和市有关专家、教授和领导作关于“心理健康”、“学习型党组织建设”、“机关应用文写作”、“泰州经济发展形势”报告，参加报告会的党员干部近2000人次。

【网站日常管理】与中国电信泰州分公司合作，对网站进行技术维护，优化网站栏目设置，充分发挥网站功能。全年网站发布信息676条，其中文字571条、视频（电教片）85条、图片20条，全年网站点击数累计超过25万次。设计、管理、运行网站的做法被中国电信泰州分公司作为创新项目向省公司申报，并收入《江苏省通信行业信息化案例汇编》。

【机关基层党组织建设】推行机关党组织主要负责人（书记）述职制度，按照40%的比例，机关事务局等25个部门（单位）机关党组织主要负责人（书记）进行书面述职。推行选举制度改革，根据《市级机关基层党支部换届选举“公推直选”暂行办法》等文件，指导政府办等44个党组织进行换届选举，其中高教园区等37个党支部实行直接选举。新成立编办等2个党支部，烟草局等3个党支部升格为党总支。会同市委组织部进一步理顺机关党组织隶属关系，划出人事局等4个党组织，接入建工局等3个党组织。

【双创争活动】与市委组织部联合下发通知，评选表彰市级机关2009～2010年度先进基层党组织、优秀共产党员和优秀党务工作者。加大考核检查力度，研究制定《机关党建工作考核办法（试行）》，对18个机关党组织在年度党建工作检查考核中存在问题进行反馈，并要求及时整改。

【党员发展和管理工作】完善市级机关党组织信息库管理系统。举办党内统计年报新版软件培训班，现所属63个党组织全部建库，党组织和党员有关数据信息均录入进库。做好党员发展工作。年初对各部门（单位）党员发展计划进行审核，加强指导，严格手续程序，规范基层党组织发展党员的基础工作。对11个党委建制单位发展党员工作进行调研式检查，形成综合分析材料。举办市级机关第14期入党积极分子培训班，市级机关和垂直部门（单位）共326名入党积极分子参加培训。

【党务干部队伍建设】开展机关党务干部学习培训和专项调研活动。举办市级机关党务干部培训班。组织机关党务干部赴上海、河南、湖北等地，学习实施党员关爱工程、加强基层党组织规范化管理等方面先进经验。加强对市区机关工（党）委的指导，增进相互交流，先后召开两次座谈会。出刊《他山之石》6期，为市级机关基层党组织和广大党务干部提供交流机关党建工作信息的窗口。

【党员义工服务活动】开展党员义工服务活动。年初，根据各党员义工服务站（队）工作计划，编制2010年党员义工服务项目总表。新成立编办等2个党员义工服务队，新注册登记党员义工34名。“七一”期间，以“真诚奉献、服务群众”为主题组织党员义工开展集中服务活动，包括党员义工广场服务、道路交通秩序维护和义务献血、造血干细胞采样等活动。

【党员先锋工程活动】研究制定《泰州市市级机关“党员先锋岗”评选办法》，评选20个市级机关党员先锋岗，推荐申报地税局五分局办税一科、行政服务中心工商窗口为市级党员先锋岗。

【机关党建工作“四进社区”和结对共建活动】年初，联合制定下发《关于进一步深化市直部门（单位）党建工作“四进社区”活动的通知》，指导各部门（单位）机关党组织加大结对共建活动的力度。帮助社区进一步完善社区基础设施，促进社区精神文明建设，优化社区服务体系。推进机关党员干部参加居住地社区服务活动，建立机关在职党员接受所在单位和居住地社区党组织双重管理机制。联合制定下发《关于全面推进机关事业单位在职党员服务社区发挥作用的通知》，组织机关党员填报《泰州市市级机关党员参与居住地社区服务基本信息登记表》，主动到居住地社区党组织认岗领责，参加社区公益活动和志愿服务活动，接受社区党组织和群众的监督评议。市级机关各部门（单位）1813名党员到居住地社区党组织报到。

【市级机关党风廉政宣传教育工作】组织各部门（单位）领导班子成员及党员干部学习贯彻中央、省、市纪委全会精神和中共中央总书记胡锦涛关于反腐败的一系列重要论述。组织机关党员干部重点学习《中国共产党纪律处分条例》、《关于实行党风廉政建设责任制的规定》等。邀请市纪委领导宣讲《党员领导干部廉洁从政若干准则》。组织机关党员干部参观全市反腐倡廉成果展，观看主旋律电影《北极雪》、话剧《命断赣江》。7月，在市级机关组织开展“党风廉政电教月”活动，47个部门共选看电教片173部（次），近6000人（次）观看，其中处级以上领导干部600多人（次）。

【督查和案件查处】强化对市级机关查案工作的领导，全年查处党员干部违纪违法案件4件，涉及科级干部4人，分别给予开除党籍、留党察看处分。按期为两名留党察看处分到期党员办理恢复权利手续，协助市纪委办理2名处级党员干部的党纪处分手续。注重发挥机关纪检案件联审小组在查处党员违纪案件过程中的作用，先后组织4次案件审议和案例研讨，及时传达相关会议精神，所有案件在短期内办结。

【市级机关作风建设】牵头负责实施创先争优活动中“作风大提升”专题教育活动，组织开展“提升机关执行力”大讨论。开展“走近你我他”服务月活动，推出新的服务企业、服务民生项目126项。开展人民满意机关评选活动，推动机关处室作风建设。开展创建机关服务品牌活动，会同市文明委制定《泰州市文明优质服务品牌评价标准》，召开创建服务品牌推进会，30多个机关部门推出各自的服务品牌，泰州市创建服务品牌的做法及“行风热线”、“一号窗口”、“民有所呼我有所应”、“亲民税务”服务品牌创建经验在2010年全国机关品牌论坛上作重点介绍和推广。做好2009年“万人评议机关”中社会各界所提意见和建议的整改落实。组织千家中小企业、百家“三服务活动”挂钩企业、工商联执委单位对机关服务进行评议。广泛征求服务对象意见，聘请行风监督员，正式开通“9688909”作风建设投诉监督“一号通”电话网络平台，在机关作风建设网上开设千家企业评议机关部门常年专用平台。对重点工作强化监督检查，先后对机关部门服务重点工程、重大项目情况和改善民生10件实事进展情况进行跟踪督查。强化机关作风建设日常督查工作，加强对来电、来信、来访事项的查处，加大明察暗访和案件查处力度，全年共办结各类投诉件232件次。

【市级机关工会工作】组织工会会员学习全总重要会议精神和新修改的工会章程。加强基层工会组织建设，指导15家单位换届改选，新成立2家工会组织。发挥机关工会工委委员工作联系片制度作用，定期开展活动。选派2名基层工会主席参加省总举办的机关事业单位工会主席培训班。督促具有法人资格的基层工会单独建立账户，15家单位新建工会财务账户。组织各部门（单位）工会围绕全市经济社会发展目标，开展“二争二赛”和“创建工人先锋号”活动。引导基层工会创建“合格职工之家”。举办第三届机关运动会，设广播操、羽毛球、乒乓球等10个项目比赛，市级机关70多个部门、3200多人次参加。发挥市级机关体育协会羽毛球和乒乓球分会的作用，羽毛球分会每月活动一次，举办“质监杯”乒乓球分会邀请赛。开展慰问省市劳模、组织劳模外出学习交流等活动。落实好扶贫帮困长效机制，关心困难干部职工家庭。

【市级机关共青团工作】 指导所属团组织开展“争创先进集体、争当先进个人”主题实践活动。组织80多名机关团员青年赴浙江、上海等地参观爱国主义教育基地。实施基层团组织换届选举“公推直选”，制定相关《暂行办法》。推进“一团一品”创建工作。指导所属团组织开展创建“青年文明号”及“青年岗位能手”活动。开展“结对大学生村官”活动，联合制定《市属团组织团员青年与海陵区大学生村官结对共建活动实施方案》。组织市属团组织62名团干、青联委员与海陵区47名大学生村官结成共建对子，在基层团建、创业扶持、能力提升、文化交流等方面开展合作共建。邀请市委农工办有关负责人作关于农村工作政策、农村工作方式方法的辅导讲座，组织赴山东寿光高效农业基地参观学习。深化青年志愿者服务活动，组织300多名机关青年志愿者开展“志愿服务社区行”、“青年志愿者助残行动”、“争做环保志愿者”等活动；组织青年志愿者走进泰州市特殊教育学校开展“送温暖、献爱心”活动；深化青年志愿者与高港区白马镇6名贫困大学生结对助学活动。

【市级机关妇女工作】 指导督促机关妇女组织学习中共十七大、十七届五中全会精神。强化组织建设，督促到期的妇女组织按期换届改选，实行“公推直选”。加强妇女干部队伍建设，组织开展岗位读书和培训活动。深化“巾帼建功”活动，会同有关部门引导机关妇女组织开展“巾帼文明岗”、“五一巾帼标兵岗”创建活动。深化学习型妇女组织建设，先后组织机关妇女参加《低碳生活知多少》书面知识竞赛，参加“防治艾滋病”专题培训，收看“女性大讲堂”之“传统文化与女性智慧”等专题。组织机关妇女开展和谐家庭建设活动，参加“三八”维权周广场咨询活动，组织观看“文明迎世博、欢乐促和谐”家庭才艺大赛，开展“六一”儿童节助学活动，开展新一轮安康互助保障活动。成立市女法律工作者团队为贫困妇女提供法律援助，筹集儿童福利资金18万元，组织妇女干部大走访活动。开展义务植树活动，举办青春期教育专题讲座，举办庆“三八”专题电影招待会，开展健身月活动，丰富机关妇女生活。

（朱　佩）

台湾事务工作

【概况】 2010年，全市对台工作以中共中央总书记胡锦涛在纪念《告台湾同胞书》发表30周年座谈会上重要讲话精神为指导，围绕两岸关系和平发展主题，服务全市开放创新“双轮驱动”战略，以把泰州打造成新兴台商投资密集区为工作目标，推进泰台经贸合作和科技文化交流，全市对台各项工作呈现良好发展态势。

泰台经贸合作。全市新批台资项目68个，其中总投资超1000万美元项目50个，协议利用台资11.48亿美元，实际利用台资2.57亿美元。承办“江苏台湾周”专题活动之一——苏台生物医药健康产业合作高峰会，推动成立全国首家海峡两岸（泰州）生技产业园。全年共邀请接待台湾工业总会、制药工业同业公会、工商建研会、生技产业经贸协会等重点经贸团组28批400人次到泰考察访问。

台商投资环境。深化“三服务”活动，建立健全“24小时服务直通车”和挂钩联系制度。会同相关部门做好重难点台商投诉案件调处工作。服务各专业园区和入岛投资企业，帮助企业办理一次签证多次往返便捷手续。加大台商权益保障工作力度，开展走访调研40多次，接待诉求台商50多人次，协调处理投诉案件16起，为“三台”人员解难事、办实事80多件。在2010年台湾电电公会年度投资环境与风险调查评估中，泰州市再次进入“值得推荐城市”行列。

交流联络。全市赴台经贸文化考察交流团组45批299人（次），涉及经贸、科技、农业、文化、教育、公共事业等领域。做好国民党荣誉主席吴伯雄等岛内重要人士及重点台胞到泰参访工作，推动首届海峡两岸医药法研讨会在泰举办，做好台湾了中法师回乡举行“双庆”活动。深化南师大泰州学院、江苏牧院、泰州职业技术学院与台湾有关高校间学术及师生互派交流工作，在教育、法学、旅游等领域交流合作形成品牌。

涉台宣传。以泰州经贸旅游节为契机，邀请台湾三立电视台到泰采访拍摄，重点宣传推介泰州旅游资源和投资环境。配合苏台生物医药健康产业合作高峰会，邀请台湾TVBS、中新社、《工商时报》、《投资中国》、《天下》杂志等岛内6家媒体记者到泰采访报道，提升中国医药城在海内外知名度和影响力。

【苏台生物医药健康产业合作高峰会】9月19日，苏台生物医药健康产业合作高峰会在泰州举行。台湾工业总会、台湾区制药工业同业公会、台湾生策会、中华海峡两岸医疗暨健康产业发展协会、台湾生技产业经贸协会等岛内七大知名行业协会负责人以及两岸生物医药领域企业家、科学家及科研领军人物共350多人与会。期间，举办多场专题论坛，两岸生物医药健康产业界专家、学者就临床结果互认、疫苗临床研究、中药现代化国际化、保健品开发应用等热门技术及产业话题开展交流探讨，达成诸多共识。共促成20多个生物医药健康产业合作项目签约落户医药城，总投资达3亿美元。市政府、医药高新区与岛内11家企业达成13项合作协议。

【海峡两岸（泰州）生技产业园】9月19日，全国首家海峡两岸(泰州)生技产业园在中国医药城成立。副省长何权、台湾工业总会理事长陈武雄、市委书记张雷、代市长徐郭平，共同启动开园仪式。海峡两岸(泰州)生技产业园由台湾工业总会和泰州市医药高新区共同开发建设，为苏台生物医药健康产业交流合作、产业对接搭建重要平台。

【国民党荣誉主席吴伯雄到泰参访】5月2日，中国国民党荣誉主席吴伯雄携夫人戴美玉和中国国民党中常委潘维刚、中国国民党组发会副主委陈政宽、海基会顾问李建荣等一行15人到泰参访。市委书记张雷会见吴伯雄一行，海协会副会长王富卿、国台办联络局副局长李勇、省委副秘书长李敏、省台办主任陈尧、副主任石细云及泰州市领导姚建华、王守法、何榕、卢佩民等陪同。在泰期间，吴伯雄一行参观考察中国医药城和梅兰芳纪念馆。

【首届海峡两岸医药法研讨会】9月4日，以“海峡两岸医药法比较和借鉴”为主题的首届海峡两岸医药法研讨会在泰州市举办。省高级人民法院院长公丕祥，代市长徐郭平以及泰州旅台同乡会会长、台湾东吴大学法学院教授潘维大等海峡两岸法学专家学者60多人与会，大会共收到相关论文34篇。会议期间，专家们就药品申报与医药行政监管法制、医药知识产权、医师法律制度及医患关系处理等当前医药产业热点问题展开交流。与会人员先后参观中国医药城、溱湖风景区，并赴南京进行参访交流。

【中台办、国台办秘书局到泰考察调研】3月20日，中台办、国台办秘书局局长杨流昌一行27人到泰考察调研。省台办副主任王少邦、副巡视员张为，副市长刘励等陪同调研。在泰期间，杨流昌一行先后到溱潼古镇、溱湖风景区、凤城河风景区、梅兰芳纪念馆和泰州古民居等地参观考察。

【台商团组到泰参加国际经贸旅游节】以2010年中国泰州国际旅游节暨经贸洽谈会为契机，市台办邀请台湾民意代表廖国栋、台湾瀚亨生物科技公司执行长丁复华、执行董事黄建昇，美国大宗物资协会台湾区代表杨志伟，江源贸易（昆山）有限公司总经理梅拥军，苏州万鸿房产有限公司董事长林俊豪等10名台商到泰，出席洽谈会相关活动。期间，瀚亨生物科技公司与市农委就猪饲料添加剂项目研究、开发进行交流探讨，寻求项目合作。

【台湾中南部乡民代表“锦绣江苏行”参访团到泰参访】4月25日，台湾中南部乡民代表“锦绣江苏行”参访团一行27人到泰参观考察。参访团由台湾民意代表王进士率领，台湾职业工会联合会理事长蔡明新、屏东市市长叶寿山以及屏东药剂师公会代表等组成。泰州是参访活动第3站。代表团先后参观凤城河风景区、园博园、中国医药城、江阴长江大桥等。

【台湾了中法师回乡参加“双庆”活动】11月13日，世界佛教僧伽会会长、台北善导寺董事长兼住持了中法师到泰参加“双庆”活动。了中法师为姜堰法华寺大雄宝殿落成剪彩，为殿内三尊贴金大佛开光。法华寺是继光孝寺、净因寺后，了中法师在泰捐资重修的又一座寺庙。市委书记张雷、代市长徐郭平在泰州宾馆为了中法师举行八十华诞祝寿晚宴。省政协主席张连珍出席晚宴并致辞，海峡两岸和平统一促进会会长郭俊次、国台办政党局局长贺之军、省台办主任陈尧以及佛教界人士近100人出席活动。

【台湾三立电视台到泰采访】4月1日，台湾三立电视台都会频道《在中国的故事》栏目摄制组一行5人到泰采访。重点对凤城河和溱湖风景区、溱潼会船节、非物质文化遗产黄太生叶雕、王洪祥面塑以及泰州早茶文化、特色小吃等进行采访报道，并与泰州市电视台等本地媒体进行交流互动。4集专题片于5月中旬～6月上旬在台湾三立电视台都会频道播出。

【“三服务”活动】市台办深化“服务台企、服务台商、服务台资项目”活动，落实完善“24小时服务直通车”和挂钩走访联系制度，畅通与台商、台属、台胞联系沟通渠道。明确专人负责办理市委书记信箱、市长公开电话等信访处理工作，并加强督查。配台市领导走访调研部分台资企业，解决台企在发展中遇到的难题，助推企业发展。发挥职能优势，配合相关园区和涉台工作部门，做好台资项目落户服务保障工作。加强与各市（区）和工商、税务、海关、法院等部门协调联系，突出对重难点台商投诉案件的联动处理，维护台商合法权益。积极服务入岛投资企业，帮助创新电子负责人办理一次签证多次往返的便捷手续。全年市台办共开展走访调研40多次，接待诉求台商50多人次，协调处理投诉案件16起，为台商、台企办实事80多件。

【台企协会第四届会员代表大会】 10月26日，泰州市台湾同胞投资企业协会召开第四届会员大会，省台办副主任石细云、市委副书记王守法、副市长卢佩民出席会议。大会选举产生新一届理监事会成员，泰州台阳涂料工业有限公司总经理陈昌盟当选协会新一届会长。会议聘请副市长卢佩民为名誉会长，聘请前任会长、江苏泰丰化工有限公司高级顾问吴天白为荣誉会长，聘请市台办、发改委、经信委等28个职能部门为特邀顾问单位。

【台商新春团拜联欢会】 3月1日，市政府举办台商新春团拜联欢会。副市长刘励、市级机关相关部门负责人和在泰台商代表共聚一堂，共庆新春。

【扬子江船业在台上市】 8月27日，台湾证券交易所发布公告，扬子江船业在台湾发行存托凭证（TDR）开始公开申购，每股申购认购价格为19元新台币。9月8日，扬子江船业在台湾正式上市，成为首家登陆台湾证券市场的内地企业。本次扬子江船业共募集资金约40~45亿新台湾元，创台湾TDR募资纪录第2名。

【台属联谊会工作】 引导全市台属开展“我为富民强市、祖国统一作贡献”主题活动，鼓励和支持台属创业，引导台属宣传泰州，引荐项目。开展台属联谊活动，组织座谈交流，参观出口加工区、医药高新区，听取台海形势报告，激发台属为泰州跨越式发展贡献力量的热情。利用传统节日开展对重点台属和贫困台属走访慰问活动。市和市（区）两级台办以台谊会为平台，积极为台属、台胞解决矛盾、纠纷。发挥台谊会联系台胞广泛的优势，保持与岛内旅台同乡会联络沟通。靖江旅台同乡会名誉理事长宋铁生、刘剑寒，新任理事长章国杰，常务监事章富麟，泰兴同乡会理事长张德周、秘书长张以利先后回乡参访，刘剑寒向省靖江中学15名优秀学生颁发“蓉吉奖学金”4.4万元。

（刘　松）

党史方志档案工作

【完善体制】 2010年，经中共泰州市委批准，泰州市史志档案办公室更名为泰州市党史方志档案办公室，主管全市党史、地方志、档案工作，不再承担海陵区的党史、档案工作，实行属地管理。更名后的泰州市党史方志档案办公室共设11个内设处室。市委发文明确泰州市档案局（馆）领导班子，将史志档案工作列入对各市（区）、经济开发区2010年度政治文明和精神文明建设考核指标体系中。制定史志档案工作考核的具体考评内容和计分细则。

【党史工作】 年内，市委下发《中共泰州市委关于加强和改进新形势下党史工作的实施意见》。召开各市（区）史志档案办主任会议，学习贯彻中央、省委党史工作会议和中发[2010]10号、苏发[2010]16号文件精神。完成新四军东进泰州谈判纪念馆重新布展工作，做好完善设计方案、修改布展脚本、征集资料文物、监督协调布展施工等工作，打造全市爱国主义基地新品牌。开展全市革命遗址普查工作，共现场勘查遗址150多处，整理上报革命遗址及其他遗址118处。围绕黄桥战役胜利70周年、沈毅烈士诞生110周年等纪念日，采取召开座谈会、发表纪念文章、举办党史知识讲座、展览等形式，开展党史宣传教育。完成《泰州市委工作纪实（1996~2010）》初稿50多万字、2010年“每日党史”征编20万字。对《永远的伤痛——泰州市抗战时期人口伤亡和财产损失调研资料》出版稿进行修改。

【地方志工作】 《泰州市志》编修工作取得进展。7个指导小组逐家对市级机关144家单位《泰州市志》分纂工作进行上门指导，已完成大事记、建置区划、交通、财政等12篇分纂稿，国土资源管理、城乡建设、农业、文化艺术等12篇志稿的分纂工作基本完成。根据全省二轮修志工作进度调查统计，《泰州市志》编修工作在进度、质量上均居前列。对各市（区）修志工作进行调研，重点就地方志工作制度建立和执行、修志工作体制建立健全、“一纳入五到位”、修志序时进度等情况进行实地调研检查，形成专题调查报告。全年编印《修志工作简报》3期。

【《泰州年鉴（2010）》出版发行】《泰州年鉴（2010）》于2010年9月出版发行。全书共设置44个栏目、301个分目、2960个条目、计130多万字。编印《泰州大事记》13期，约17万字。

【档案工作】与市建设局、项目设计方召开多次协调会，完成泰州市新档案馆改造工程项目方案设计、图纸审核等工作。按照文明城市创建体系要求，对照《泰州市档案馆创建国家二级工作方案》，开展档案软件建设。开展国家重点档案抢救工作，复印884卷、50159页；完成案卷级手检式目录封面换订179本、案卷级机检式目录输入20668条，整理编写档案利用效果典型事例102例。围绕泰州名胜古迹、盐税文化等开展新档案馆布展资料征集工作，全年共征集图片2756张，书籍、资料33册。全年共接待市民免费查档1060人次，调阅档案2168卷，复印1965页。现行文件利用中心全年共接收纸质、电子文件各312份。做好泰州史志档案信息网站的日常维护和信息发布，全年发布信息50多条，公布公开档案54322条，点击率超过33000人次。指导市级机关30多家单位做好档案管理软件维护和数据导入工作。全年扫描建国前档案全文12000多页，转换各单位历史档案数据38799条。完成馆藏31个全宗的电子目录划控工作，并将目录制作成网页在网上公布。开展泰州医药城、市经济开发区、重点建设项目和民营企业档案工作，服务好“1+3+N”产业体系。市人社局档案工作被列为全国典型。做好民政、卫生、教育等民生档案工作。开展社会主义新农村建设建档工作，全年共通过江苏省社会主义新农村建设档案工作示范镇6个、示范村7个。组成工作组赴四川拱星镇对灾后援建档案工作进行现场指导和服务。完成2009年度泰州市档案年检考核工作，依法做好政府机构改革变动部门档案工作，对四市二区“五五”普法情况进行检查验收。对泰州辖区内的部分乡镇、村进行档案执法检查。对市海事局、市移动公司等16家单位逐一进行指导，全年共有4家单位通过4星级测评、10家通过3星级测评。召开泰州市档案专业中级资格评审委员会评审会议，评审通过专业馆员29名、助理馆员16名、档案管理员3名。编辑出版《泰州市史志档案论文专集（2010）》，收录专业论文83篇，计18万字。年内，全市共有7人申报档案专业副研究馆员资格，全部通过。举办史志档案业务培训班3期，培训500多人次。

（徐　强）

保　密　工　作

【概况】贯彻落实中共中央总书记胡锦涛关于进一步加强新形势下保密工作的重要指示精神和中保委全体会议精神，制定并组织实施《中共泰州市委保密委员会2010年工作要点》，以突出加强信息化条件下保密管理能力和水平为重点，加强新《保密法》的宣传教育。市委三届十次全体会议通过的《中共泰州市委关于制定泰州市国民经济和社会发展第十二个五年规划的建议》，将“加强网络信任体系和安全保密设施建设”列入“十二五”规划。根据形势发展要求，充实人员编制，增设职能处室1个，新设立一个全额拨款副科级事业单位，推进保密技术装备的更新与应用，加快人才培养和知识更新，提高依法行政的规范性和执行力。

【新《保密法》学习宣传活动】市保密局联合市委宣传部、司法局在全市范围开展为期3个月的新《保密法》强化学习宣传活动。发放新《保密法》2850本、新法释义1095本、宣传挂图511幅、印制、发放保密警示卡1万多份、宣讲新《保密法》12场次。保密教育正式列为公务员培训内容，提升党政机关公务员的保密意识。开展全市保密承诺书签订人员知识竞赛，通过竞赛形式推进信息化条件下保密技术防范常识和新《保密法》的学习宣传。

【保密技能培训】举办“计算机信息系统保密员”任职资格培训班，市级机关105人参加为期2天的培训。举办泄密隐患现场演示活动，邀请省保密局副局长庄济功和监管中心刘正军等4名专家为市级机关各部门办公室主任和专兼职保密员170多人现场演示和授课。举办军工企业保密管理培训班，全市37家军工企业的60名保密人员参加培训。举办全市违规外联监管技术培训班，对市级机关及四市二区的160多个部门单位的计算机管理员进行技术培训。举办信息报送及通联业务培训班。

【保密技术防护手段】从5月起，组织政务内网违规外联安全监管平台建设方案论证，9月中旬进入施工阶段，12月1日监管平台泰州分中心顺利通过省局验收。

启动销毁中心建设的前期准备工作，全年监销保密废纸30吨。协助市委组织部做好组工专网建设方案评审及国家测评验收工作。

【保密检查】按照市（区）联动、月度上报、季度交流、年度考评的工作要求，加强对政府网站的日常检查，全年共检查政府网站、网页946个。积极参与国家统一考试保密监管工作，先后指导、配合教育局、司法局、卫生局和农委做好国家考试试卷存放点的保密防范工作，督促落实保密措施，确保万无一失。组织开展清理取缔涉密文件资料非法交易工作，共检查废旧物品收购站点114个。开展市级机关单位保密检查，在各单位自查、各协作组互查的基础上，组织专人对市级机关15个部门的重要涉密岗位、重点涉密人员的计算机及移动存储介质进行保密检查，共检查计算机100台，其中涉密计算机21台、非涉密计算机79台。

【保密服务】配合省保密局对全市国家涉密载体定点复制单位法人代表和保密员以及军品生产企业新上岗保密员的资格培训，先后组织4批次26人赴省参加培训。加强对军品生产企业保密工作的指导，为15家军品生产企业提供保密资格认证指导服务，经省认证委现场评审，有6家军品生产企业通过保密资格认证。对市区1家国家涉密载体定点复制单位申请厂家进行业务指导和初审，并通过省保密局的复审。加强涉密人员脱密期管理，调处军品生产企业涉密人员跳槽事件2起，对3名离职涉密人员进行保密教育，签订脱密期保密协议。

【涉嫌泄密事件查处工作】组织查处泰兴、海陵2家单位的涉嫌泄密事件，相关责任人受到处分。组织查处2批次，涉及9个部门、单位的数百台计算机被境外控制的事件。

（奚　进）

党　校　工　作

【干部培训】2010年，市委党校共举办各类培训班20期，培训干部1824人次。其中，泰州市挂职干部培训班1期，培训学员22人；泰州市第九期科级干部进修班1期，培训学员51人；泰州市第十三期新上岗县处级干部培训班1期，培训学员40人；泰州市老干部党支部书记培训班1期，培训学员50人；泰州市第三期福利企业管理人员培训班1期，培训学员100人；泰州市文化产业发展专题培训班1期，培训学员32人；泰州市乡镇街道团工委书记培训班1期，培训学员82人；泰州市市级机关第十四期入党积极分子培训班2期，培训学员343人；泰州市副县处级后备干部素养测试班1期，培训学员221人；泰州市经济开发区2010年度党的知识集中培训班1期，培训学员189人；泰州市地方税务局2010年度办事员(科员)培训班3期，培训学员104人；泰州市妇女干部能力提升培训班1期，培训学员52人；泰州市无党派人士理论研讨班1期，培训学员40人；泰州市海陵区垃圾处理研讨班2期，培训学员320人；泰州市第五期中青年领导干部研讨班1期，培训学员38人；泰州市海陵区村“两委”主要负责人培训班1期，培训干部140人。

【学历教育】2010年，市委党校共开办研究生、本科、大专三个层次的学历班12个。至年末，在籍学员724人。年内有500人在市委党校学完规定课程，经考试合格予以毕业。其中，52人获省委党校颁发的研究生毕业证书、222人获省委党校颁发的本科毕业证书、60人获省委党校颁发的大专毕业证书、166人获市委党校颁发的大专毕业证书。

【科研工作】全年共发表科研成果186项，其中，省级以上成果150项，著作2部，为地方经济社会发展服务的调研报告12篇。年内，有15项课题获准立项，其中，省市（厅）级课题7项、校级课题8项。

【党校评估工作】11月2～4日，江苏省党校评估工作委员会专家组赴泰州市委党校进行评估。专家组一行通过听取汇报、召开座谈会、查阅资料、现场核查教学设施和办学条件、听课等方式，对党校的各项工作进行整体评估，评估成绩获优秀等级。

（党　校）

老　干　部　工　作

【老干部思想政治建设】开展老干部创先争优主题教育活动。以全国道德模范刘绍安、爱心妈妈叶秀芳等老同志的事迹教育引导和激励老干部不断创先争优。围绕全市中心工作，引导老干部开展调研、反映社情民意，积极献计献策，在老干部中形成人人学先进、人人争当先进的氛围。实施“学习工程”，老年大学专门开设政治理论学习课程，寓老干部的思想政治工作于正常的教学工作之中。先后举办老干部学习中共十七届五中全会精神座谈会、退休干部读书班。针对老干部年高体弱、行动不便的实际，通过建立老干部移动课堂、信息网络平台等，开辟老干部思想政治建设工作的新阵地。开展“送学习”下乡，定期将有关文件、书籍、报刊以及将时事政治等专题光盘等送到农村乡镇老干部党支部，给居住农村的老干部送去精神食粮。

【落实老干部政治待遇】 坚持情况通报和走访慰问制度，定期召开老干部情况通报会，邀请老干部代表参加党代会、人代会等重要会议和重要活动。围绕纪念抗日战争胜利65周年开展系列活动，对至今健在的抗战老战士1974人普遍进行走访慰问，重点看望生病住院的抗日老同志，并发放慰问金。定期组织老干部就近参观，先后组织老干部参观世博会，组织市14级以上离休干部赴徐州参观。推进“五好”老干部党支部建设，举办全市老干部党支部书记培训班，交流讨论创建“五好”老干部党支部的经验，培训学习骨干，发挥老干部党支部的战斗堡垒作用。

【完善老干部保障机制】 巩固和完善离休费社会化发放机制、医药费保障机制和财政支持机制，推进离休干部“三个机制”有效运转。针对离休干部“三个机制”运转过程中存在的问题，深入调研，加强督查，及时调整规范，确保离休干部离休费、专项经费等按时足额发放，制度规定范围内的医药费实报实销。探索老干部医疗管理服务工作，下发《关于完善市本级离休干部医药费统筹管理的通知》，对市本级离休干部医药费实行以市直医疗机构为主的管理体制，在保证离休干部医疗待遇不变的前提下，由市人医、市中医院按定点医疗的离休干部人数实行总额包干，一定两年。在包干总额内结余部分80%奖励给定点医院，超支部分定点医疗机构承担50%，市财政承担50%，实现老干部医疗保障与经费管理的双赢。做好老干部津贴补贴规范发放工作。

【老干部社区服务】 在社区广泛开展“关爱老干部、服务老干部”宣传，营造尊重、关心老干部的良好氛围。深入调研摸底，建立老干部基本情况数据库、老干部社区服务工作台账。与社区开展联创共建活动，建立以职业化社区工作者为主体，社区为老服务志愿者、党员义工为补充的服务队伍，帮助所挂钩的社区做好居家养老工作。开展有固定服务项目、有专题服务活动、有特色服务品牌的义工服务老干部活动。整合社区资源，开展亲情服务，先后为社区建成社区服务中心、居家养老服务站、社区公共服务信息网络等服务平台，为老同志提供家政、法律咨询、医疗、“步行15分钟医疗服务圈”、“电子保姆”等特色服务，方便老干部的生活。

【退休干部管理】 加强对退休服务管理工作新情况新问题的研究，成立管理服务机构，落实市管退休干部各项生活福利待遇和做好医疗保障工作，加强市管退休干部思想政治建设，组织退休干部开展各项文体活动，确保退休干部的服务管理工作制度化、经常化、规范化。举办退休干部读书班，介绍泰州市经济社会发展情况、泰州市医药城发展情况、保健知识讲座，组织退休干部赴上海参观世博会场馆。

【阵地建设】 加强老干部活动中心和老年大学硬件建设，改善老干部的学习和活动环境。市老干部活动中心二期工程建设全面投入使用，整个活动中心占地面积2.2公顷，建筑面积近8000平方米，集学习、娱乐、食宿、休闲为一体，多功能地为老干部开展活动提供良好的条件。实施“快乐工程”，从老干部的特点和兴趣出发，创新活动载体，改进活动方式，把政治性、思想性、科学性和趣味性有机结合，展示“老有所学、老有所乐”的良好精神风貌。开展“喜迎世博会、快乐伴我行”活动，通过举办文艺演出、书画摄影展、歌咏、征文比赛、舞蹈及体育展演等，展示老年大学学员的精神风貌和艺术风采。举办“纪念抗战65周年”系列活动，在《泰州晚报》开辟纪念抗战专栏——“听抗战老战士讲那过去的故事”，刊登老同志纪念抗战题材的诗篇及文章、对老同志的专访、宣传老战士的历史功绩等，弘扬抗战精神。以“金秋韵、和谐曲”为主题，联合市委宣传部、老龄委、民政局等8个部门举办第三届老年艺术节。9月，承办江苏省第十六届老干部集邮联谊活动暨省首届老年集邮展。

【老干部先进典型】 宣传老有所为、甘于奉献的先锋模范，离休干部刘绍安先后荣获全国道德模范提名奖、江苏省道德模范奖、泰州市“我最喜爱的共产党员”奖，受到中共中央总书记胡锦涛的亲切接见。离休干部叶秀芳的事迹经老干部部门宣传后感人至深，国家关工委主任顾秀莲对她的事迹材料作出批示。在全国、全省先进离退休干部党支部和离退休干部先进个人表彰大会上，泰州市有10位离退休干部获全国、省离退休干部先进个人，5个老干部党支部被表彰为全省先进离退休干部党支部。

（老干部局）

泰州市人民代表大会

责任编辑 周 俊

综 述

【概况】经济工作监督。2010年，市人大常委会发挥人大在全局工作中的作用，履行宪法和法律赋予的职责。常委会第17次会议审议国民经济、社会发展计划及财政预算执行情况的报告，组织常委会委员和人大代表视察医药高新区、出口加工区、纬创资通等重大项目建设情况和工业重大技改项目实施进展情况；第19次会议听取和审议市政府的专题报告；第21次会议对国民经济、社会发展计划及财政预算初步安排情况进行初审。根据部分代表联名提出促进民营经济加快发展的议案，对全市中小企业发展情况进行调研，形成调研报告，第16次会议作出《关于进一步加快发展民营经济的决议》。决议从营造创业氛围、完善政策措施、健全服务体系、优化发展环境、加强组织领导等方面提出要求。市政府经研究，明确泰州市民营经济发展战略，制定民营经济三年跃升计划，完善政策措施，建立专项基金，鼓励民营经济又好又快地发展。

跟踪监督“三农”工作。市人大常委会开展“三农”工作调研，听取和审议农业科技创新和推广应用工作情况的报告，提出要进一步深化农技推广体系改革，明确服务机构职责，加大农业科技创新投入；加强与科研院校合作，强化农技人员队伍培训，促进农业增效、农民增收。听取和审议市供销社改革和发展工作情况的报告，提出要规范完善农村市场的组织形式和运行机制，转变服务职能，拓宽服务领域，增强流通活力。组织人大代表视察林业绿化工作，督促政府加大投入、完善措施、强化考核，提高全市森林覆盖率。

法律监督。市人大常委会听取和审议市中级法院关于规范量刑工作情况的报告，要求加大宣传力度，完善量刑程序，深入推进试点，完善机制，强化监督；加强审判队伍建设，提高审判人员思想政治素质和业务水平。人大常委会主任会议听取检察院关于加强诉讼监督工作情况的报告，要求履行监督职能，强化诉讼监督，创新方式方法，在立案侦查、刑事审判、民事审判、行政诉讼、刑罚执行等方面发挥监督作用，特别是对涉及经济、民生以及社会和谐稳定的重点案件要加大监督力度，确保诉讼的法律效果和社会效果的有机统一。制定《关于组织人大代表旁听法院庭审专项活动的意见》，在全市开展人大代表旁听法院庭审活动，推动法院审判工作的公开透明，促进司法公平公正。全市参加旁听法院庭审活动的人大代表有近400人次。对市政府报送的关于义务教育均衡发展、农业保险、调整市区城镇居民基本医疗保险政策等26件规范性文件进行审查。

信访工作。坚持完善信访制度，加大交办督办力度，全年共受理群众来信来访1348件（批次），及时化解社会矛盾，维护社会和谐稳定。

【监督中心城市建设工作】对新一轮城市总体规划进行审议，要求依据国务院出台的“长三角”区域规划发展目标，谋划泰州中心城市发展的新构架；进一步完善中心城市空间形态和城市定位，调整优化工业园区布局；充实和优化区域综合交通，强化和完善市内公共交通；合理布局绿地系统，建设景观优美、生态良好的宜居旅游型城市；依法强化规划的集中统一管理，维护规划的权威性和严肃性。

跟踪督查建设文化泰州决议落实情况。通过开展专题调研、组织代表视察等形式，实地检查博物馆、图书馆、美术馆、城市规划展示馆等文化基础设施建设进展情况。人大常委会主任会议专题听取市政府关于城市历史文物保护工作情况的报告，提出要正确处理好文物保护与城市建设的关系、文物保护与开发利用的关系、文物保护与创新发展的关系。

重视城市重点工程建设情况，主任会议成员到交通部门集体调研，实地视察，要求推进重点交通工程建设，构建促进泰州经济社会跨越发展的大交通格局。组织视察凤城河景区、稻河街区改造等城市重点工程，组织人大代表对重点城建工程进行视察。根据人大代表提出的加强凤凰河景区管理的建议开展专题调研，要求相关部门坚持依法行政，严格执行规划，坚决清理并杜绝违法建设，提升景区品位。

民生监督。开展专项评议，着力提高城乡低保水平。听取和审议城乡低保工作专项评议情况的报告，进行满意度测评。要求加大低保宣传力度；加大财政投入，建立与经济增长同步的低保标准自然增长机制，逐步推进城乡低保一体化进程；健全动态管理机制，真正做到应保尽保、应退尽退、应补尽补，按时足额发放；加强基层队伍建设，提高低保工作水平，促进城乡低保工作健康运行。

组织市人大代表对《中华人民共和国食品安全法》贯彻实施情况进行执法检查。听取执法检查情况报告，要求健全监管制度，完善监管体系，强化监管责任，整合监管资源，加强食品检测能力建设，建立从源头到消费的食品安全长效管理机制。

对《泰州市人大常委会关于加快农村养老保险制度建设的决议》落实情况进行专题审议，加强跟踪监督。市政府把建立新型农村社会养老保险制度作为改善民生十件实事之一，优化工作机制，加大财政投入，强化督查考核，全市新农保参保人数达120.9万人，实现新农保制度和农民参保基本全覆盖的目标。

代表履职服务。全年共组织 8次人大代表专题业务培训、法律知识讲座、时政辅导报告、集中学习交流等活动，拓宽代表知情知政的渠道。完善常委会主任、副主任接待代表日制度，规范工作程序，对代表提出的重点问题进行梳理，以文件形式交“一府两院”（市政府、法院、检察院）及相关部门办理。加强对代表小组活动的组织指导，下发活动意见，提高代表小组活动的质量；提请市委批转市人大党组《关于领导干部代表积极参加闭会期间人大代表活动的意见》，对领导干部代表参加活动提出明确要求。改进市人大代表年中专题调研方式，将调研与常委会审议议题相结合，把调研成果融入到市人大常委会的审议意见中，提高调研实效。

【基层人大工作】 加强联系指导，推进基层人大工作。视察“代表之家”建设情况，专题召开全市乡镇（街道）人大工作会议，推广建设“代表之家”、开展工作评议、发挥代表模范带头作用等方面的经验和做法。提请市委批转市人大党组《关于进一步加强乡镇（街道）人大工作的意见》，对加强基层人大的组织建设、制度建设，做好乡镇（街道）人大工作提出明确要求。定期召开全市乡镇（街道）人大联系点工作座谈会，交流工作，推广先进，加强指导。加强“一个载体、两项制度”建设，推进代表接待选民、向选民述职并接受评议等经验做法，密切代表与选民和人民群众的联系，使代表活动常态化、规范化、有效化。

重要会议和工作

【市三届人大三次会议】 1月19～22日，市三届人大三次会议在泰州举行。应到代表433名，实到代表397名，列席代表111名，会议组成7个代表团、19个代表小组。市政府组成人员和有关方面负责人列席会议。会议举行3次全体会议、6次主席团会议。会议听取并审议市政府工作报告，审查并批准泰州市2009年国民经济、社会发展计划执行情况和2010年国民经济、社会计划草案的报告，审查泰州市2009年财政预算执行情况和2010年财政预算草案的报告，批准2009年市本级财政预算执行情况的报告和2010年市本级财政预算，听取和审议泰州市人大常委会工作报告，听取和审议市中级法院工作报告，听取和审议市检察院工作报告，会议就上述报告作出相关决议。会

议补选邹祥凤、张坤为泰州市第三届人民代表大会常务委员会委员。

【市三届人大常委会会议】 1月5～6日，召开市三届人大常委会第十四次会议。会议听取和初审市政府关于2009年国民经济社会发展计划执行情况和2010年计划初步安排意见的报告、关于2009年财政预算执行情况和2010年预算初步安排意见的报告。审议和通过市人大常委会关于召开泰州市第三届人民代表大会第三次会议的有关事项。会议决定：免去黄红俐、陈家玲的市检察院检察员职务；批准苍月岚辞去姜堰市检察院检察长职务，童连芳辞去兴化市检察院检察长职务；任命王玮、潘贤为市检察院检察委员会委员，孔维俊、李爱华、钱峻、何强、王晓伟、高炳松、张明党、薛洁为市检察院检察员。

3月29～30日，召开市三届人大常委会第十五次会议。会议听取全国人大代表传达十一届全国人大三次会议精神，听取和审议市政府关于加快农业科技创新和推广应用工作情况的报告、关于《泰州市人大常委会关于大力推进文化泰州建设的决议》贯彻落实情况的报告，通过市人大常委会关于授予泰州市荣誉市民称号的决定。会议决定：免去高天蔚的泰州市经济贸易委员会主任职务，刘时根的泰州市劳动和社会保障局局长职务，孔德平的泰州市建设局局长职务，祝光的泰州市城市管理行政执法局局长职务，居锦杰的泰州市交通局局长职务，赵国平的泰州市对外贸易经济合作局局长职务，周兆明的泰州市人民防空办公室主任职务，顾宁成的泰州市人民政府法制局局长职务，徐保国的泰州市外事办公室主任职务，田宏胜的泰州市广播电视局局长职务，葛崇烈的泰州市信息产业局局长职务；任命高天蔚为泰州市经济和信息化委员会主任，刘时根为泰州市人力资源和社会保障局局长，孔德平为泰州市住房和城乡建设局局长，祝光为泰州市城市管理局局长，居锦杰为泰州市交通运输局局长，赵国平为泰州市商务局局长，陈士宏为泰州市文化广电新闻出版局局长，陈关华为泰州市食品药品监督管理局局长，刘宁为泰州市旅游局局长，周兆明为泰州市民防局局长，顾宁成为泰州市政府法制办公室主任，徐保国为泰州市政府外事办公室主任。批准任命童连芳为姜堰市检察院检察长，陆红梅为兴化市检察院检察长。

5月24～25日，召开市三届人大常委会第十六次会议。会议审议市三届人大三次会议主席团交办的代表所提“关于大力发展民营经济” 和“关于进一步保护完善国家水利风景区凤凰河”的议案，听取和审议市中级人民法院关于规范量刑工作情况的报告，审议和通过市人大常委会关于确认主任会议许可对市人大代表施光文采取强制措施的决定。通过市人大常委会关于进一步加快发展民营经济的决议。会议决定：免去吴军的泰州市中级法院立案庭庭长职务，沈开宏的泰州市中级法院审判监督庭庭长职务，李惠平的泰州市中级法院刑事审判第一庭副庭长职务，周秉荣的泰州市中级法院审判委员会委员、审判员职务，孙志江的泰州市检察院检察员职务；任命吴军为泰州市中级法院审判监督庭庭长，曹恒景为泰州市中级法院立案庭副庭长，陈益群、叶志军、丁辰、陈勇、曹海霞、沈大祥、王春华、王军强为泰州市中级法院审判员，薛利民为泰州市检察院检察员、检察委员会委员。

7月19～21日，召开市三届人大常委会第十七次会议。会议听取和审议市政府关于2010年上半年国民经济和社会发展计划执行情况的报告，听取和审议市政府关于2009年市本级财政决算报告和2010年上半年财政预算执行情况的报告，审查和批准2009年市本级财政决算，听取和审议市政府关于2009年市本级财政预算执行和其他财政收支情况的审计工作报告，作出关于批准2009年市本级财政决算的决议。作出关于批准2010年省转贷债券及市本级预算调整方案的决议。听取和审议市人大常委会执法检查组关于《中华人民共和国食品安全法》执法检查情况的报告。

7月30日，召开市三届人大常委会第十八次会议。会议决定任命徐郭平为泰州市政府副市长，决定接受姚建华辞去泰州市政府市长职务，会议决定徐郭平为泰州市政府代理市长。

9月25～26日，召开市三届人大常委会第十九次会议。会议听取和审议市政府关于城市总体规划修编情况的报告、关于转变经济发展方式，调整经济结构情况的报告、关于代表建议办理工作情况的报告。会议决定任命廖涛为泰州市政府副市长。

11月23～24日，召开市三届人大常委会第二十次会议。会议听取和审议市政府关于市二届人大常委会第二十一次会议《关于加快农村社会养老保险制度建设的决议》落实情况的报告、关于加快供销社改革和发展工作情况的报告。听取和审议市人大常委会关于城乡低保工作专项评议情况的调查报告；审议和通过市人大常委会关于召开泰州市第三届人民代表大会第四次会议的决定。会议决定：免去谢顺红的泰州市人大常委会财经工作委员会副主任职务，宋亚平的泰州市中级法院审判委员会委员、民事审判第一庭庭长、审判员职务；任命何能为泰州市中级法院副院长、审判委员会委员、审判员，吴跃生为泰州市中级法院审判委员会委员、审判员。

【人大常委会主任会议】 2月25日，召开第十一次主任会议，听取市政府关于政府融资平台2009年融资和使用情况，2010年融资打算的汇报。4月27日，召开第十二次主任会议，听取市政府关于全市文物保护工作情况的汇报。6月24日，召开第十三次主任会议，听取市政府关于旅游业发展情况的汇报。8月17日，召开第十四次主任会议，听取市检察院关于加强诉讼监督情况的汇报。10月25日，召开第十五次主任会议，听取市政府关于侨务工作情况的汇报。

【人大代表视察】 3月23日，组织部分市人大代表视察全市“五五”普法工作情况，形成《全市“五五”普法工作情况纪要》。4月23日，组织部分市人大代表视察全市优抚工作情况，形成《全市优抚工作情况纪要》。5月18日，组织部分市人大代表视察林业绿化工作，形成《林业绿化工作情况纪要》。7月1日，组织部分市人大代表视察工业重大技改项目实施情况，形成《工业重大技改项目实施情况纪要》。9月1～3日，组织部分市人大代表视察全市公共体育设施建设情况，形成《全市公共体育设施建设情况纪要》。9月13日，组织部分市人大代表视察市人大代表建议办理工作情况，形成《市人大代表建议办理工作情况纪要》。12月14日，组织部分市人大代表视察城市建设重点工程建设情况，形成《城市建设重点工程建设情况纪要》。

【全市城乡低保工作专项评议】 9～10月，市人大常委会城乡低保工作调查评议组对全市城乡低保工作进行专项调查评议。10月11～19日，市人大常委会副主任王振南、陶幸蓉，秘书长王厚贵以及部分市人大常委会组成人员和市人大代表组成专项工作评议调查组，分赴四市二区，重点对各级政府开展城乡低保工作进行专项评议，并形成关于城乡低保工作专项评议情况调查报告；11月23～24日，市三届人大常委会第二十次会议听取和审议市人大常委会城乡低保工作调查评议组关于城乡低保工作专项评议情况的调查报告。会议建议加大低保工作宣传力度，增进对低保工作的了解；健全动态管理机制，确保低保工作有序进行；整合低保工作资源，完善低保社会救助体系；加强基层队伍建设，努力提高低保工作水平。

【《食品安全法》执法检查】 5～6月，市人大常委会对《中华人民共和国食品安全法》实施情况进行执法检查。6月21～22日，市人大常委会副主任王振南、王泓玨，秘书长王厚贵以及部分市人大常委会组成人员和市人大代表组成执法检查组，重点对泰州市贯彻实施《食品安全法》情况组织开展集中执法检查，并形成关于《食品安全法》执法检查情况的报告。7月20～21日，市三届人大常委会第十七次会议听取和审议市人大常委会执法检查组关于《食品安全法》执法检查情况的报告。会议建议加强组织领导，理顺管理体制；强化制度建设，严格检查考核；增加资金投入，满足食品安全实际需要；突出队伍建设，提升监管水平；强化学习宣传，提高全民食品安全意识。

【代表建议办理】 市三届人大三次会议期间，共收到人大代表议案、建议和意见185件。其中，交由政府系统办理的170件，占办理总数的92%。至9月底，代表建议已全部按照办结，见面率、办复率、满意（含基本满意）率均为100%。已经解决、基本解决及正在解决或措施落实的建议74件，占办理总数的44%；正在解决或列入计划逐步解决的建议80件，占办理总数的47%；暂时难以解决的建议16件，占办理总数的9%。加大督办力度，提高建议办理质量。市人大常委会组织代表实地视察办理情况，专题听取和审议政府办理代表建议情况的报告。市人大领导班子成员对“清理被挪用占用的停车场、缓解市区停车难”、“加强地下管道网络统一管理”等8件建议，分别牵头督办。

议案和重要建议

【关于加快民营经济发展的议案】 市三届人大三次会议期间，代表建议加快泰州市民营经济发展。一、推进全民创业。二、推进转型升级。1.集约集群发展；2.加快企业技术进步；3.鼓励企业做大做强。三、加强服务体系建设。1.金融服务；2.培训服务；3.信息服务；4.加快推进各市（区）中小企业服务中心建设，以市及市（区）中小企业服务中心为龙头，整合和利用社会资源，培育核心骨干服务机构。四、组织领导。1.加强财政支持；2.加强基础工作。

【关于清理被挪用占用的停车场，“还场于民”，切实缓解市区“停车难”问题的建议】 市三届人大三次会议期间，代表建议：一、强化组织领导，完善市区停车场的规划建设。二、落实市人大常委会审议意见，强化停车场配套管理和排查整改工作。三、尽快研究停车场管理工作，形成系统规范的管理制度。

【关于重视老年事业，关注老年健康的建议】 市三届人大三次会议期间，代表建议：一、老年的健康与保健是一项社会性很强的工作，需要社会各方面力量的积极参与和支持，需要社会、家庭及医疗机构的紧密合作。二、动员社会力量，兴办老年福利事业，加快社区养老社会化服务进程。三、为老年人营造愉悦幸福的精神家园。四、制定适合泰州市情的老年医疗保健政策和建立相应的机制。五、发展多形式的老年保健服务，加强医疗卫生网络建设，逐步形成大中型医院指导社区医疗的网络。

【关于建立中小企业贷款风险补偿基金的建议】 市三届人大三次会议期间，代表建议：一、贯彻《中华人民共和国中小企业促进法》和国务院《关于奖励支持和引导个体私营等非公有制经济发展的若干意见》，要求发挥地方对资金的放大效应和导向作用，鼓励银行业金融机构加大对小企业信贷支持力度，缓解小企业的融资困难。二、学习借鉴外地的经验和做法。三、尽快出台泰州市中小企业贷款风险补偿专项资金管理办法，建立中小企业贷款风险补偿基金。

【关于要进一步保护完善国家水利风景区的建议】 市三届人大三次会议期间，代表针对保护完善国家水利风景区—凤凰河，使其更好地发挥防洪排涝、改善生态环境、发展水上旅游的功能，建议市人大（或人大常委会）制定《关于要进一步保护完善国家水利风景区—凤凰河的决议》。一、制定完善凤凰河风景区全线控制详规，细化控制要求，杜绝与河争地、与民争景以及先建后拆的现象发生。二、建立控制详规的责任管理制度，强化对凤凰河风景区外侧可视建筑物的体量、高度、形态、色调的管理，严防出现影响景区品质的不良视觉效果。三、进一步完善凤凰河水上游览线功能设施的建设，尽早使凤城河至园博园水上可通游船。四、按市政府批准的《泰州城市水环境治理规划》，完成凤凰河南延（周山河至长江边）河道及滨河风景区工程，为改善城市水质和生态环境以及培育“泰州新的旅游消费热点”作努力。

【关于加快完善西坝口商业圈地下停车场的建议】 随着人民生活水平的提高，市民的代步工具发生极大的变化，每逢节假日或商场促销，西坝口商业圈地段就出现堵车现象，严重影响市民的正常出行。代表建议：一、增加免费停车场或廉价停车场。二、启动部分停车资源，如将苏宁电器的停车场整合起来对外开放。三、交警部门加大违停处罚力度。

【关于高度重视城乡教育均衡发展、公平发展的问题的建议】 市三届人大三次会议期间，代表建议：教育部门通过资金扶持，提高薪酬引导实行定向支教，鼓励和动员优秀教师到农村支教（定期）轮岗，使农村教育水平整体提高，吸引学生在就学区接受义务教育，减轻学生及家庭的经济和精神负担。重视农村中心学校的硬件投入，改善和提高农村教育的硬件环境。

【关于加强地下管道网络统一管理的建议】 针对地下管网较多，各种管道、缆线重叠、交叉，同一地段不同单位往往先后自行挖掘施工，重复剖开路面，造成重建的浪费。甚至施工中挖断管网，造成重大安全事故和经济损失的现象，代表建议加强地下管道网络的统一管理，立案建制，科学安排，确保合理施工，不出事故，不造成重复破路的浪费。

【关于积极整合资源，注重优势互补，积极推进市人大常委会相关《决议》贯彻落实的建议】 市三届人大三次会议期间，代表建议：一、以泰州高等职业技术学院为龙头，加快推进高等职业技术教育的资源整合。二、以面向泰州、面向发展、面向未来为根本，重视高等职业教育的专业设计。三、以加大投入优化投向为重点，着力完善发展高等职业技术教育的投入机制。

【关于按规划调整完善农业开发区规划，加快打造全市现代农业“5218”工程的建议】 市三届人大三次会议期间，代表建议：一、调整思路，区划调整实行“两个规划，两块牌子，一个主体、一个实体”，即综合衔接农业开发区和火车站街区“两个规划”，成立火车站街区管委会或建设指挥部，与农业开发区管委会“两块牌子”，以农业开发区管委会“一个主体”负责承担运作。二、调整方案，方案一：将苏陈镇东、西石羊村及京泰路街道双墩村、周桥村划归农业开发区管辖；方案二：通过土地流转的方法，解决农业开发区规划范围内、红旗河以西涉及苏陈镇及京泰路街道的“飞地”和“插花地”问题。

（吴文斌）

泰州市人民政府

责任编辑 周 俊

综　　述

【概况】 2010年，全市实现地区生产总值2048.72亿元，比上年增长13.5%。三次产业增加值分别为151.65亿元、1125.85亿元和771.22亿元，分别增长4.5%、14.5%和13.9%。全市财政总收入456.37亿元，增长32.7%，其中，地方一般预算收入170.8亿元，增长23.2%。全社会固定资产投资1538亿元，增长31.9%。社会消费品零售总额550亿元，增长19.1%。农业生产持续发展。推进“5218工程”，新增高效农业面积1.25万公顷，粮食生产实现“七连增”。新增市级以上农业龙头企业12家、三大合作组织400多家，农业利用“三资”45亿元。新增国家级农业标准化示范区2个，新获认证无公害农产品、绿色食品和有机食品350个。兴化市再获“全国粮食生产先进县标兵”称号，市农业开发区创成省级现代农业产业园区。成功举办首届农艺节。工业运行质态良好。全市规模以上工业实现销售4742.55亿元、利税565.65亿元、利润348.85亿元，分别增长30.6%、31.3%和37.6%。装备制造业、三大新兴产业分别完成产值2095亿元、659.1亿元，分别增长33.4%、33.3%。全年工业技改财务发生数突破1000亿元，实施1亿元以上重大技改项目192个，其中10亿元以上项目13个。18个项目列入国家、省重点产业振兴和技术改造投资计划。民营经济发展提速，新办私营企业10568户。办好中小企业“六件实事”，7家企业跻身中国民营企业500强。实施品牌发展战略，新增中国驰名商标5件。推进节能减排，单位地区生产总值能耗完成省定指标，二氧化硫排放量和化学需氧量分别削减27.8%、2%。建筑业加快发展，完成总产值1264.1亿元，增长16.1%，新增一级施工总承包资质企业2家。服务业发展成效明显。深入推进“833工程”，8大服务业集聚区实现营业收入340亿元，30个重点项目完成投资97亿元，30强企业实现利税11.6亿元。金融业发展加快，浦发银行、招商银行、江苏长江商业银行泰州分行开业，兴业银行泰州分行获准筹建，新增农村小额贷款公司22家，“富民阳光信贷”试点取得成效。年末全市本外币存款余额2359.8亿元，贷款余额1531亿元，分别比年初增长23.1%和27.1%。亚星锚链、新扬子造船成功上市。旅游经济成为新亮点，全年接待游客近1100万人次，实现旅游总收入120亿元。

重要会议和政务

【市政府全体（扩大）会议】 2月21日，市政府召开第三次全体（扩大）会议，市长姚建华讲话。会议主要内容是贯彻市委三届八次全会和市三届人大三次会议精神，进一步动员各组成部门奋力冲刺“三年再来一个大变化”的奋斗目标，抓落实、抓推进，确保各项工作大见效、快见效，确保完成和超额完成全年各项目标任务。

【市政府常务会议】 1月21日，市长姚建华主持召开市政府第26次常务会议，讨论政府投资项目监督管理制度体系建设问题、《泰州市市区廉租住房保障实施细则》和市区水利、城管、卫生教育体制调整理顺问题。

2月26日，市长姚建华主持召开市政府第27次常务会议，讨论2009年度全市工业经济先进集体和个人表彰奖励名单、2009年度泰州市科技进步奖获奖项目、《泰州市车辆超限超载长效治理工作意见》、《泰州市城乡居民社会养老保险办法》、市政府2010年40项重点工作目标任务及分解落实方案。

3月25日，市长姚建华主持召开市政府第28次常务会议，讨论“泰州市荣誉市民”推荐名单、《泰州市重大项目建设奖励暂行办法》、讨论《泰州市重大项目审批联席会办暂行办法》、讨论《泰州市产业结构调整指导目录（试行）》。

4月15日，市长姚建华主持召开市政府第29次常务会议，讨论泰州市劳动模范候选人初评建议名单。

5月7日，市长姚建华主持召开市政府第30次常务会议，讨论《关于加强外来务工人员服务工作的意见》、高天蔚等人记二等功奖励问题、高港区全面建设小康社会达标认定问题和《泰州市国民经济和社会发展“十二五”规划基本思路》。

6月11日，市长姚建华主持召开市政府第31次常务会议，讨论《泰州市建筑节能管理办法》、市区旅游资源整合方案、《进一步加强和改进安全生产基层基础工作的意见》、《泰州市安全生产工作目标考评奖励办法》、《泰州市社会抚养费征收管理实施办法》、泰州市文物保护单位核定公布问题。

7月15日，市长姚建华主持召开市政府第32次常务会议，讨论关于实施开放创新“双轮驱动”战略、推进经济转型升级的意见及若干政策、《全市开放型经济工作目标考核奖励办法》、落实市人大常委会《关于进一步加快发展民营经济的决议》有关问题、全市经济工作“十强乡镇（街道）”党政主要负责人记二等功奖励问题和《泰州市城市规划区村民个人建房规划管理暂行办法》。

9月7日，代市长徐郭平主持召开市政府第33次常务会议，讨论《泰州市区公交优先发展三年行动计划（2010~2012年）》、《泰州市城市规划区城乡规划编制管理规定》、《关于加快全市供销合作社改革发展的实施意见》、《泰州市网络与信息安全事件应急预案》。

10月28日，代市长徐郭平主持召开市政府第34次常务会议，讨论《泰州市企业国有资产监督管理办法》、《泰州市危险化学品运载车辆道路交通事故处置职责规定》，听取2010年1~3季度全市工业经济运行情况汇报。

11月9日，代市长徐郭平主持召开市政府第35次常务会议，讨论市政府2011年工作思路和重点工作打算。

11月20日，代市长徐郭平主持召开市政府第36次常务会议，讨论市区街道、社区调整的相关政策意见，泰州市民营经济三年跃升计划和加快市区民营中小企业发展的政策意见。

12月17日，代市长徐郭平主持召于市政府第37次常务会议，讨论《关于加快市区现代服务业重点产业发展的奖励办法》、《关于实施蓝天工程改善大气环境质量的实施意见》、《泰州市中长期教育改革和发展规划纲要（2010~2020年）》、《关于进一步加强中小学和幼儿园教师队伍建设的意见》、对在第十七届省运会上取得优异成绩的集体和个人进行表彰奖励的问题、吴健行政撤职处分问题和杨寅生开除处分问题。

【市长办公会议】 2月26日，市长姚建华主持召开市医改领导小组全体（扩大）会议，研究部署推进市区实施基本药物制度相关工作。副市长曹玉梅出席会议。

5月10日，市长姚建华主持召开会议，研究市区生活垃圾分流处置工作。副市长刘励出席会议。

5月17日，市长姚建华主持召开会议，研究泰州二职中与泰州技师学院合并的有关问题。常务副市长杨峰、副市长曹玉梅、秘书长王群出席会议。

5月17日，常务副市长杨峰主持召开会议，研究《医药高新区、经济开发区、周山河街区中小学布局调整实施意见》的落实问题。副市长曹玉梅出席会议。

5月25日，市长姚建华主持召开会议．研究加快推进市生活垃圾焚烧发电项目有关问题。副市长刘励、秘书长王群出席会议。

6月23日，市长姚建华主持召开会议，研究231省道泰高段改线工程有关问题。副市长张爱平，秘书长王群出席会议。

9月1日，常务副市长杨峰主持召开会议，协调火车站街区开发有关问题，副市长丁士宏、张爱平出席会议。

【市政府专题会议】 1月19日，常务副市长杨峰主持召开会议，就市人民医院新址建设有关问题进行协调。副市长曹玉梅出席会议。

1月29日，受常务副市长杨峰委托，副秘书长徐克俭主持召开会议，专题研究凤城河区域污水管网全覆盖工程建设有关问题。

3月2日，受常务副市长杨峰委托，副秘书长徐克俭主持召开会议，协调市区管道天然气路由有关问题。

3月9日，受副市长卢佩民委托，副秘书长、市移动通信基站规划建设工作协调小组组长李龙根主持召开会议，专题研究市区移动通信基站规划编制工作。

3月12日，常务副市长杨峰主持召开会议，就市区公交、客运场站建设有关问题进行协调。

3月16日，副市长卢佩民主持召开会议，专题协调招商银行泰州分行筹建工作有关事项。

3月23日，市长姚建华主持召开3月份财税工作例会。

3月26日，副市长丁士宏主持召开会议，专题协调泰州儿童福利院建设相关遗留问题。

4月20日，副秘书长徐克俭主持召开会议，专题协调四人医建设用地有关问题；专题协调城南第一污水处理厂二期工程建设用地问题。

4月21日，常务副市长杨峰主持召开会议，专题研究有关重点城建工程建设等问题。

4月23日，受副市长张爱平委托，副秘书长王宏玖主持召开会议，专题研究市一建公司（市建筑工程公司）、市二建公司（华厦集团）改制有关问题。

4月27日，副秘书长徐克俭主持召开会议，专题研究凤凰园东侧地块拆迁安置相关问题。

5月21日，副秘书长徐克俭主持召开会议，专题研究市区停车场清理整顿建设有关问题。

6月9日，常务副市长杨峰主持召开会议，就市政协之友联谊会活动场所有关问题进行协调。

6月13日，受常务副市长杨峰委托，副秘书长徐克俭主持召开会议，专题研究市区有关地块上市等问题。

6月17日，副市长曹玉梅主持召开会议，专题研究海陵城区义务教育阶段学校免试就近入学问题。

6月18日，受常务副市长杨峰委托，副秘书长徐克俭主持召开会议，专题协调三水湾相关建筑手续补办问题。

6月30日，副市长丁士宏主持召开会议，专题研究江苏京隆开关厂依法实施破产等问题。

7月16日，受副市长张爱平委托，副秘书长王宏玖主持召开会议，专题研究市一建公司、市二建公司下属企业改制有关问题。

7月19日，副市长丁士宏主持召开会议，专题研究企业转业志愿兵社会保障政策落实相关问题。

7月28日，常务副市长杨峰主持召开会议，专题协调青年路西侧改造有关问题。

8月9日，副市长杨峰主持召开会议，专题研究周山河街区凤凰街道刘庄村失地农民基本生活保障有关问题；专题协调市区新式公交站台建设有关问题。

8月13日，常务副市长杨峰主持召开会议，专题协调泰州船闸与周山河船闸资产互换有关问题。

8月18日，根据市委、市政府主要领导批示精神，副市长张爱平主持召开会议，专题研究梅兰集团安全生产有关问题。

8月19日，受常务副市长杨峰委托，副秘书长徐克俭主持召开会议，专题协调金融商务区土地受让转让有关问题。

8月20日，常务副市长杨峰主持召开会议，专题协调组建泰州文化旅游发展有限公司有关问题；专题协调泰州盐税文化博物馆筹建有关问题。

8月26日，受副市长卢佩民委托，副秘书长、市移动通信基站规划建设工作协调小组组长李龙根主持召开会议，听取《泰州市城市移动通信基站规划》编制情况汇报。

9月1日，代市长徐郭平主持召开9月份财税工作例会，常务副市长杨峰出席会议。

9月1日，受市政府常务副市长杨峰委托，副秘书长徐克俭主持召开会议，专题协调“数字泰州”建设有关问题。

9月15日，副市长卢佩民主持召开关于中国海洋石油总公司进入泰州成品油市场有关问题协调会。

9月17日，副市长卢佩民主持召开会议，专题协调研究泰州新能源产业园建设有关事宜。

9月17日，受副市长张爱平委托，副秘书长王宏玖主持召开会议，专题研究市兴泰装饰装潢有限公司等市一建公司、二建公司下属4家企业改制有关问题。

9月26日，受常务副市长杨峰委托，副秘书长徐克俭在市经济开发区会议室主持召开会议，专题协调市区公交西停车场建设有关问题。

9月28日，副市长曹玉梅主持召开会议，就市区食品药品监管机构职责划分有关问题进行协商协调。

9月30日，常务副市长杨峰主持召开会议，就市地税局办公用房和计算机房建设置换有关问题进行专题协调。

10月20日，副市长张爱平主持召开泰州港核心港区建设协调推进小组第一次全体成员会议，专题研究启动核心港区建设的各项工作举措。

10月21日，受常务副市长杨峰委托，副秘书长徐克俭主持召开会议，就市环保局办公楼资产处置问题进行专题协调。

10月29日，市委书记张雷，市委副书记、代市长徐郭平召开现场办公会，专题研究凤城河风景区开发建设有关问题。

10月29日，副市长曹玉梅主持召开专题会议，就全市中小学校舍安全工程规划制定及实施有关问题进行研究。

11月5日，副市长张爱平主持召开市直建筑企业改革指导协调小组会议，专题研究市一建公司、市二建公司及市二建公司下属企业市华厦建设工程检测有限公司改制方案和职工身份置换实施方案。

11月15日，副市长卢佩民主持召开会议，专题协调兴业银行泰州分行筹建工作的有关事项。

11月23日，受常务副市长杨峰委托，副秘书长徐克俭主持召开会议，专题协调南水门遗址保护工程有关问题。

11月25日，常务副市长杨峰主持召开会议，专题研究工行泰州分行办公楼改造有关问题。

11月25日，副市长张爱平主持召开市直建筑企业改革指导协调小组会议，专题研究市建筑工程公司、市第二建筑安装工程股份有限公司不良资产核销有关问题。

12月6日，副市长张爱平主持召开市安委会全体成员会议，专题研究安全生产有关重点事项，部署当前安全生产工作。

12月8日，受常务副市长杨峰委托，副秘书长徐克俭主持召开会议，专题研究市区用于拆迁安置的限价商品房建设的有关扶持政策。

12月17日，代市长徐郭平主持召开12月份财税工作例会。

12月18日，常务副市长杨峰主持召开会议，专题研究泰州医药高新区新增建设用地土地有偿使用费管理权限有关事宜。

12月28日，根据代市长徐郭平、副市长卢佩民批示要求，副秘书长李龙根主持召开专题会议，研究原泰州钢厂、泰州印染厂遗属生活补贴问题。

【重点事项督查】 围绕全市经济社会发展各项中心工作，开展政务督查，突出做好重要改善民生项目、重点建设工程和市领导批示交办事项的及时督办和跟踪督查。先后对引江河疏港公路建设相关工作、淮河流域污水处理设施建设、万达广场建设前期工作、重点宾馆酒店建设、节能减排等重点工程和工作进行专项督办。全年市领导批示60多件。

【建议提案办理】 及时将建议提案梳理、归类、登记、交办。在办理难点、重点建议提案中，加强与代表委员的沟通联系，邀请代表委员座谈视察，听取意见建议，与市人大、市政协相关工委联合，在办理工作前期走访重点办理大户，商讨办理方案，督促承办单位加大工作力度，提高落实率；在办理后期组成联合督查组，对办理情况进行督查；在建议提案办结答复后，组织开展为期两个月的“回头看”活动，跟踪办理，跟踪督查，并组织人大代表、政协委员和民主党派实地检查建议提案办理情况，专题听取承办单位工作汇报，巩固和扩大办理工作效果。年内，在政府网站开通建议提案办理系统，实时通报各承办部门办理进度、办理动态、典型做法、先进事例等，并与市人大建议办理网和市政协提案网联结共通，实现资源共享，信息互通，提高建议提案办理工作效率和质量。全年政府系统承办的170件代表建议和254件政协提案都在规定时间内办结，见面率、满意率均为100%，落实率分别为52%和55%，比上年大幅提高。

【市长信箱、公开电话的办理】 全年市长公开电话室直接受理群众来电7550个，比上年增加73%，办理回复率100%。受理市长信箱来信9934件，比上年增加38%。办理答复省长信箱批转件230件，按期回复率100%。办理速度明显加快。市长公开电话室对来电来信及时交办、定期催办，各网络单位专人接收、快速处理。咨询类、建议类来电来信一般次日就给予明确答复；投诉类、求助类来电来信一般在5个工作日内办结并答复，全年按期回复率达99.4%。提高办理质量，群众满意度不断提高，全年共收到各方面表示满意、感谢的来电来信300多件，市公安局、工商局、人社局等单位群众满意度达95%以上。

政 府 法 制

【概况】 2010年，市政府法制办按照《全面推进依法行政实施纲要》和《关于加强市县政府依法行政的决定》的要求，加强法治政府建设，推进政府法制工作，做好政府的助手、参谋和法律顾问。

推动依法行政。围绕全国及省依法行政电视电话工作会议精神，明确政府法治目标任务。发挥省级依法行政示范点及依法行政先进单位的示范带动作用，在《泰州日报》创设依法行政专栏，提高依法行政整体水平。编辑政府法制简报，开展信息交流工作，编印2011年全市依法行政工作要点。

规范性文件制发。公布2010年度规范性文件制定计划，对全年全市所需制定的规范性文件进行公示。强化规范性文件的制定程序性,全年先后审查各类规范性文件14件，召开协调会5次，征求意见18次，参与立法调研或出具修改建议12份，协助审查部门文件3份。强化政府法制机构对规范性文件出台的审核程序,加强对起草工作的业务指导，提高规范性文件的质量。

行政复议和应诉。全年共受理行政复议案件107件。已结案中维持49件、申请人撤回申请行政复议终止21件、调解3件、撤销3件、驳回5件、终止2件。推行调查取证制度、复议听证制度、案件集体讨论制度等。运用协调、调解等多种办理手段化解行政争议。按季度对全市行政机关负责人出庭应诉情况进行通报，督促行政机关负责人出庭应诉，提高对依法行政重要性的认识。

处理涉法事务。维护拆迁秩序稳定有效进行，全年共受理强制拆迁申请47件，在查明事实，对相关法律、法规、政策进行研究基础上拟定行政强制拆迁决定书47件，承办土地协调事务3件。完成市政府交办的其他涉法事务33件，办理信访事项复核30件，处理群众来信来访和网上反映情况5件。

行政执法监督。以行政执法证换领为契机，组织行政执法人员的培训考试，全市有9806人参加考试。强化规范性文件备案审查，全年向省政府法制办及市人大常委会报送泰州市政府规范性文件14件，接受各市（区）政府、市各部门报送规范性文件备案共61件［其中各市（区）政府报备45件、市各部门报备16件］。建立规范性文件备案情况按季通报制度，确保报送备案的规范性文件有备必审，件件有反馈。对全市范围内的规范性文件进行专项检查，通过重点检查和抽查的方式，对下辖市（区）政府及市级部门的规范性文件的制定发布、备案审查和清理工作进行检查，并将全部21家单位的检查结果、整改意见以通报的方式进行反馈。开展执法卷宗专项评查，对市级部门的行政执法卷宗进行集中评查，对发现的问题及时反馈，并作出整改要求。

【推进行政权力网上公开运行】 通过对全市42个部门（单位）的5501项行政权力“地毯式”的梳理审核，编制《市级行政权力总目录》，完成对行政权力的审核确认。在此基础上，组织审核确认市级权力运行流程图和行政处罚自由裁量基准，建立市级行政权力动态管理数据库，规范行政权力运行、压缩裁量空间、强化电子信息管理。制定市政府法制监督电子信息系统建设方案，运用现代信息技术加强法制监督，增强法制监督的实效性和针对性。7月19日，泰州市行政权力公开透明运行系统在省行政权力公开透明运行领导小组组织的考核验收中，获优秀等次并通过验收。

【开展行政复议委员会试点工作】 年内，泰州市作为省法制办确定的行政复议委员会试点单位，及时出台试点实施方案，并列入政府“411”年度目标任务。从2010年4月1日起，实现行政复议案件的统一受理、集中办理。统一受理的行政复议案件由市法制办行政复议处主办，原复议机关的行政复议人员协办，对案件的调查由两机构协同进行；听证由市法制办行政复议处主持，原复议机关的案件办理人员参与。程序方面的行政复议法律文书统一由市法制办行政复议处拟定，由市法制办分管负责人签发；行政复议决定文书，由市法制办行政复议处拟定，市法制办会签后由原复议机关负责人签发，按市政府行政复议案件进行编号，盖原复议机关印章，卷宗保存在市法制办行政复议处。

【推进相对集中行政许可权试点工作】 为进一步优化行政审批流程,提高行政效能,市法制办根据《行政许可法》统一办理、联合办理及相对集中行政许可权的有关规定，确定由海陵区开展行政许可权相对集中的改革试点工作，取得初步成效。6月,中央和省新闻媒体对海陵区开展的相对集中行政许可权试点工作进行全面报道。及时对试点工作的经验成果进行总结，并形成专题调研报告《进一步深化行政审批制度改革，为实施“双轮驱动”构建适宜政务环境》。

（张秀转　冯　卉）

应　急　管　理

【概况】 *应急组织体系建设*。市政府和各市（区）相继成立应急管理委员会，实现对应急管理工作和突发事件处置的统一领导。市政府办增设应急管理处室，各市（区）应急办均在政府办挂牌。市级26个专项指挥机构全部明确办事机构，市安监、卫生、农业、交通等重点部门均成立应急管理办事机构。

应急预案体系建设。先后制订和增补应对雨雪冰冻等灾害性天气、重大动物疫情防治等一批专项、部门预案。按照国务院应急办印发的《突发事件应急演练指南》，组织开展江苏省突发重大动物疫情、泰州市危险化学品储运事故等应急预案演练，检验应急预案的针对性和可操作性。

基层应急队伍建设。加强专业应急队伍建设，加大督查考核力度，建立多元筹资机制。在全省率先完成基层应急队伍建设任务，县级以上综合应急队伍全部挂牌成立，乡镇（街道）综合应急队伍实现全覆盖。提高应急队伍装备水平，省级泰州区域性灭火救援应急中心一期工程建成并投入使用。

应急管理宣教工作。开展应急科普知识进学校、进企业、进社区、进农村、进家庭、进网络的“六进”活动，通过张贴宣传标语、发放宣传资料、编写应急指南和开展应急知识培训、组织应急知识竞赛等形式，加大应急管理知识普及推广力度，提升全社会应对危机能力。

突发事件处置。年内，成功处置包括泰兴“4·29”事件在内的多起突发事件，没有发生因突发事件处置不当引发的次生、衍生灾害。

（应急办）

外 事 工 作

【概况】 2010年，市外办进一步强化服务、管理意识，在巩固已有友好交往关系和交流成果基础上，拓展新的交往渠道和交流领域，着力落实实质性项目交流合作，各项工作稳步推进，提前并超额完成全年工作任务。全年共组织实施19项交流项目，在经贸、文化、教育、卫生等领域开展实质性友好交流，组织10多批市领导团组赴友好城市、友好交流城市友好访问。办理因公出国（境）任务批件71批296人次，办理护照签证手续103批508人次，办理邀请外国人来华签证通知(函)手续124批202人次，办理因私签证代办手续235人次。年内，市外办被省外办授予“国际交流成就奖”。

【外事接待】 2月28日～3月2日，德国施瓦本哈尔地区政府代表阎明、莱西勒先生到泰考察，前往中丹集团、扬子江药业集团、三泰啤酒厂、苏中天线厂、苏中药业、双登集团、新宏大集团、兴海特钢有限公司考察洽谈，为泰州企业与德国有关方面开展经贸合作牵线搭桥。

3月9～10日，应中共中央对外联络部邀请，以巴勒斯坦“法塔赫”中央委员、动员与组织部部长马哈茂德·奥斯曼·拉伊卜·艾勒阿鲁勒为团长代表团一行9人到泰考察访问，参观医药高新区、溱湖湿地公园。副市长刘励会见代表团。

3月13日，经市外办联系，俄罗斯莎勃镭思非公开股份有限公司上海代表处尤里·谢苗诺夫到泰考察，与江苏威丽金不锈钢制品有限公司达成合作协议。

4月30日～5月1日，经省外办介绍，日本国会参议员、民主党国会对策委员会常务副委员长、民主党外委会主任川上义博先生和著名旅日京剧表演艺术家、日本国际文化交流机构主席吴汝俊先生一行5人到泰访问，游览老街、凤城河风景区，参观梅兰芳史料陈列馆。副市长刘励会见川上义博先生一行。

5月2～3日，发展中国家20国联合记者采访团到泰访问，采访泰州医药产业发展和生态环境保护情况，参观凤城河风景区、扬子江药业集团、医药高新区、溱湖风景区。采访团由埃及、沙特阿拉伯、阿联酋、约旦等20个国家22家媒体记者组成。市委常委、宣传部长缪志红、副市长刘励会见采访团。

5月9～16日，澳大利亚慈善机构淹若伍德地区扶轮社代表团一行8人到泰访问，考察市人民医院，与院方商讨慈善项目合作，达成向市人医捐赠病床意向。

5月22日，意大利福利尼奥市副市长艾丽莎贝塔率代表团到泰访问。副市长刘励会见代表团，代表市政府与福利尼奥市签订《关于开展友好交流活动的意向书》。

5月25日，德国施瓦本哈尔地区代表阎明率当地行政学校学生代表团到泰访问，市外办组织专题讲座，介绍中国地级市以及县级市政治体制、组织架构及运行情况。代表团参观市民服务中心，实地了解泰州服务型政府建设、服务和运行情况。

7月12～20日，美国纽波特纽斯市师生代表团一行11人到泰访问，以入住泰州学生家庭形式与泰州中学进行友好交流。代表团与省泰中师生深入交流，亲身体验中国文化和课堂教学活动。

9月4～8日，美国全美华裔共和党联盟主席、美国宾州州长亚裔事务委员、美国威廉斯波特市政府国际事务总顾问苏丽凰率美国威廉斯波特市代表团到泰访问。

9月8日，意大利托斯卡纳大区医疗卫生代表兼百胜公司香港区总裁Alberto Boni（中文名：潘年）受托斯卡纳大区主席委托，到泰专题考察药品制造及医疗卫生市场。重点考察扬子江药业集团、医药高新区，洽谈医药合作事宜。

10月15日，副市长刘励会见美国佛罗里达州布里沃德县议长玛丽·波琳女士一行。

12月2日，市委书记张雷会见韩国釜山大丰国际投资株式会社会长金钟甲一行，副市长曹玉梅、市委秘书长仲建生参加会见。韩国代表团与市教育局、旅游局负责人座谈，与市教育局签署釜山名牌大学招收泰州留学生合作意向书。代表团参观老街、凤城河景区。

12月13日，美国驻上海总领馆经济领事吴仲明、环境科技领事伊珠丽到泰考察，出席首届“中国（泰州）医药博览会”开幕式。

【对外交流】 5月28日～6月4日，市人大常委会副主任王振南率市经济友好代表团访问美国、加拿大。代表团赴友好交往城市美国宾夕法尼亚州威廉波特市友好访问，与该市签订友好合作与交流协议。参观考察世界著名少年棒球场、工业园内污水处理厂、自来水厂、水处理设备制造厂、学校、医院、博物馆。拜访美国江浙工商总会和企业。

6月19～27日，市委书记张雷率市友好代表团访问澳大利亚、新西兰。访问澳大利亚友城拉特罗布市、新西兰友城哈特市，开展友好交流和经贸招商活动。在澳大利亚期间，参加商务部高访团活动，参加国家副主席习近平在堪培拉国会大厦出席的欢迎午宴。

6月25日～7月5日，市民政代表团访问澳大利亚、新西兰。拜访友城拉特罗布市政府，考察当地社区养老护理中心。拜访友城哈特市政府，参观社区养老中心和老年人康复理疗机构，了解交流社区矫正体系和具体措施，参观新西兰皇家工业研究院及下属标准计量研究所，探讨在超导材料研发领域开展合作可能性。

8月19～28日，市委常委张本印率市友好代表团访问芬兰、德国。拜访芬兰科特卡市、德国施瓦本哈尔市政府，考察港口、交通、民防基础设施。代表团在两市举行3场文艺演出，深受当地人民好评。代表团与友城商讨教师互派、青年互访活动，达成一致意见。

【新友好交流城市到访】 9月20～22日，俄罗斯基洛夫州政府副州长卡莎库夫车夫·阿·亚率代表团到泰访问。20日，副市长刘励会见代表团，分别与基洛夫市副市长乌利金·斯·立、科捷利尼奇市市长日达洛夫·阿·瓦签署友好合作协议书，两市成为泰州市新友好交流城市。

【授予国际友人“荣誉市民”称号】 4月7日，市政府主持仪式，市长姚建华授予澳大利亚拉特罗布市首席执行官保罗·巴克利、加拿大巴里市国际关系委员会大卫·莫里森、泰州师范高等专科学校美籍外教汉斯·施拉德、美国江浙工商总会荣誉会长章爱龙4位国际友人“泰州市荣誉市民”称号。

【妥善安排境外记者到泰采访】 泰兴“4·29”事件发生后，有9批境外记者赴泰兴采访，市外办及时赴泰兴指导接待、宣传工作，协助省、市有关部门，引导境外媒体客观、及时、公正报道事实真相，努力将事件不良影响降到最低。

【救治发展中国家记者团成员】 5月2～3日，发展中国家记者团成员、沙特阿拉伯新闻通讯社高级专栏记者塔利克·马伊纳在泰访问期间突发急性下壁心肌梗死，随团外交部新闻司负责人会同省、市外事办同志将其送往泰州市人民医院急救。经与沙特阿拉伯使领馆、记者家属沟通，帮助联系协调转院救治事宜，沙特驻华使馆及记者本人对中方安排表示高度感谢。外交部和省外办领导专门发函，对泰州外办应对突发事件果断及时、处置得当的行动和成效给予高度评价。

【友城结好10周年庆祝仪式】 10月8～9日，澳大利亚拉特罗布市市长凯莉·欧凯乐根、首席执行官保罗·巴克利率拉特罗布市代表团到泰访问，代表团包括市长、首席执行官、时任签约市长、政府、市民代表和高校师生共50多人。9日晚，泰州与拉特罗布友城结好10周年庆祝仪式隆重举行，代市长徐郭平与拉特罗布市市长凯莉·欧凯乐根签署两市友城合作声明。

年内，澳大利亚全国友协颁发澳大利亚拉特罗布市和泰州市“友城综合奖”奖牌，表彰拉市与泰州市在多个领域的友好交流成果。

【“苏中地区外事工作座谈会”在泰州召开】 10月18～19日，省外办在泰召开苏中地区外事工作座谈会，省外办主任费少云、副主任张立荣、副巡视员高锦安和南通、扬州、泰州三市及所辖县（市）外办主任50多人出席会议。19日，费少云率省外事办有关处室负责人到医药高新区考察，就利用外事资源服务医药高新区、服务企业与医药高新区深入探讨交流。

【联合举办“中印医药产业商贸论坛”】12月15日，由印度驻上海总领馆发起，医药高新区、市外办联合举办的中印医药产业商贸论坛在泰州举行。印度驻上海总领事馆总领事戴思锐率印度医药代表团到泰参加论坛，代市长徐郭平、市政府秘书长王群出席。印度知名制药企业阿拉宾制药公司、鲁宾公司、匹拉摩保健公司、瑞迪博士实验室有限公司重点介绍企业概况、合作意向，印度国家银行发布贸易融资政策。医药高新区介绍园区发展情况和项目引进投资政策及优惠措施，万全药业、天一时制药、孚睿药业与印方企业开展项目洽谈，达成多项合作意向。

（徐保国　夏永宏　吕景耕）

侨务工作

【省侨办副主任孙彬到泰慰问归侨侨眷侨企】1月15～16日，省侨办副主任孙彬带队分别对海陵区侨眷王叔平、泰兴市归侨徐朋生和江苏永泰大唐医用敷料有限公司、华东油脂工业（泰兴）有限公司等进行走访慰问，副市长刘励、副秘书长钱忠等陪同慰问。

【组织参观和慰问】1月28日，市侨办、侨联共同组织市区归侨侨眷30多名代表参观游览凤城河风景区等市区景点。2月1日，副市长刘励走访慰问吴积英、陈文武等归侨侨眷。

【创建“侨法宣传角”】以《保护法》颁布20周年为契机，加强平台建设和依法护侨，引导基层街道社区创建“侨法宣传角”，提高全市贯彻落实侨法、维护归侨侨眷合法权益的工作水平。年内，泰兴市延令街道获国侨办“侨法宣传角”授牌。9月15日，省侨办副主任季俊秋到泰兴市为延令街道“侨法宣传角”揭牌。

【社区侨务工作】坚持以人为本，加强平台建设，开展“五走进”活动，密切与社区等基层组织的协调沟通，设立“侨之家”、“侨务活动室”等场所。兴化市昭阳镇英武社区获“全省社区侨务工作示范单位”称号。9月18日，省侨办副主任季俊秋到兴化市为英武社区“全省社区侨务工作示范单位”揭牌。

【组织开展“万侨助万村”工作】积极响应国侨办“万侨助万村”号召，在摸清新农村建设的现状和需求基础上，发挥侨务工作的优势，广泛了解海内外侨胞参与新农村建设的意愿和方式，促成兴浦化学（泰兴）有限公司与泰兴市黄桥镇西洋村、江苏维娜时装有限公司与姜堰市顾高镇千佛村、江苏南山重工股份有限公司与兴化市昭阳镇南阳村结成帮扶对子，助推新农村建设。

【海外高层次生物医药人才江苏泰州行】6月30日～7月2日，应省、市侨办的邀请，25名海外生物医药博士到泰考察中国医药城、扬子江药业等，洽谈生物医药项目100多项，达成合作投资意向9项。

【侨务调研】9月28～29日，市人大侨务工作调研组对市及四市二区的侨务工作进行调研，并和市侨办、侨联等涉侨部门在健全侨务机构、开展侨法宣传、发展侨资企业、维护侨胞权益等方面交换意见。

【美中科教文促进会主席郑纯到泰考察】9月21～23日,美中科教文促进会主席郑纯等一行3人到泰考察。

【美国江浙工商总会会长章爱龙到泰】10月12～13日，美国江浙工商总会荣誉会长、泰州市荣誉市民章爱龙到泰州摄影。章爱龙在市区各特色景点进行拍摄，并对泰州市近年来发展变化较快的新区、医药城、园博园、水乡兴化等地进行重点拍摄。其作品将在联合国所在地组织一个以“魅力泰州”为主题的影展。

【“六侨台”活动】11月4～6日，由市政协副主席王东带队，市侨办组织的“六侨台”活动赴宿迁、徐州进行考察。宿迁市市委常委、宣传部长王益，副市长赵丽丽，政协副主席曹成以及徐州市人大副主任李君超、副市长张赴宁、政协副主席曹文泉等陪同考察。

（侨　办）

信访工作

【概况】2010年，市信访局继续完善“大接访、大下访、大走访、大排查、大调处”、“四部门四联合”和信访维稳联席会议等工作机制，推进依法治访工作，实行市政府门前集访管理“四项制度”，加强党风廉政建设和效能建设,完成全年信访工作各项任务。在全国“两会”期间，泰州市实现进京非访“零登记”，省联席办给市委、市政府发来感谢信。在上海世博会期间，泰州市没有发生进京、赴沪集体访，没有发生进京、赴沪非正常上访，没有发生进京、赴沪重复访，没有发生群体性事件，在全省唯一实现四个“零登记”工作目标，被世博会表彰为“上海世博会信访工作先进集体”。

做好信访矛盾纠纷排查化解工作。在重大政治敏感时期，各市（区）按照“镇（街道）不漏村（社区）、村（社区）不漏组、组不漏户、户不漏人”的要求，组织开展社会矛盾纠纷大排查、大走访活动，加大督查力度，把近年来跨地区涉沪上访人员作为排查的重点，对排查出来的问题进行认真梳理，逐案建立台帐，对重点工作对象特别是跨地区涉沪上访人员，严格落实“五包”责任，加大教育转化和稳控力度，严防漏管失控。

建立长效机制，以维护社会稳定为目标，开展信访积案化解工作。强化责任落实，组织专题督查，采取“友情提醒函”的形式，向包案领导进行责任告知。对于一些长期无理缠访、闹访、违法上访的信访人，进行依法惩处。2010年，全市共排查信访积案494件，已结案471件，结案率为95.3%，其中已息访428件，息访率为86.6%。

【做好上海世博会期间的信访稳定工作】 为确保上海世博会期间的信访稳定，3月30日，专题召开全市信访维稳工作会议，对上海世博会期间的信访稳定工作进行具体部署，提出“十个更加有力”的要求，市联席会议下发《关于上海世博会期间信访稳定工作的方案》。市委书记张雷专题听取公安、信访等部门的情况汇报，要求依法规范上访行为，依法处理非涉沪去沪上访者。市联席会议组织市纪委、市委政法委、市中级法院、市公安局、市信访局对全市信访维稳工作进行联合督查。针对督查中了解到泰州存在的“七多”人员（泰州籍的上海人多，在上海的亲戚朋友多，在上海服侍子女带小孩的多，在上海工作及周边地区打工的多，在我市插队返沪的知青多，到上海旅游购物的多，到上海看病的多），再次在全市开展社会矛盾大排查。对排查出的108件信访问题，全部实行集中交办，对53名扬言滋事者、长期违法缠访闹访者、非正常访、精神病患者、行为偏执者以及对社会极端不满者，向各市（区）和市直部门（单位）下发《泰州市涉信涉访高危人员备案名单的通知》，对重点工作对象特别是跨地区涉沪上访人员，严格落实“五包”责任，逐案建立台账，逐案落实到人，做到有领导包案、有专人负责、有稳控措施、有解决时限，把不安定因素解决在基层，把重点人员稳控在当地。上海世博会期间，全市没有发生一起去沪上访事件，被世博会江苏驻沪信访工作组表彰为“上海世博会信访工作先进集体”，省联席办发来感谢信。

【化解征地拆迁信访问题】 8月6日，根据全省征地拆迁专项治理工作会议精神，市信访局对2010年1～7月来电、来信、来访、去省进京上访、网上信访以及省交办的涉及征地拆迁的499件信访事项进行集中交办，去除属于不同人员反映同一信访事项的44件和不属于征地拆迁治理范围的39件，实际交办416件；省交办的212件中去除属于不同人员反映同一信访事项的23件和不属征地拆迁治理范围的17件、无法查找信访人的4件，实际交办168件。通过落实领导包案，开展领导干部大下访、党政领导大接访、信访问题大排查、社会矛盾大调处、各级干部大走访等“五大”活动，落实帮扶措施，进行思想疏导和加强督查督办等多种措施，至年末，已结案152件，结案率90.5%；停诉息访132件，息访率86.8%。

【进京去省上访劝返工作】 通过接访中心电子屏字幕、发放《宣传手册》和《告知书》以及当面告诫等形式，宣传省法院、省检察院、省公安厅、省信访局联合出台的《关于依法处理进京上访违法行为若干问题的意见》，引导群众通过正常渠道理性反映诉求，自觉规范信访行为。成立驻京信访应急工作组,做好进京上访人员的劝返工作。市联席办下发通知，明确各地若发生第一批、第二批、第三批进京上访，则分别由市（区）有关负责人负责带回的领导责任。1～10月，全市进京上访登记数、非正常上访数比上年分别下降36.1%和25.8%，为全省最少的地级市之一。去省上访与上年相比，批次、人次均下降。在2010年春节和全国“两会”期间，泰州市实现进京集访“零登记”、进京非访“零登记”、进京重复访“零登记”的工作目标。

【市政府门前集访管理实行“四项制度”】 按照“属地管理、分级负责”和“谁主管、谁负责”的原则，从2010年8月1日起，对市政府门前集访管理实行通报、考核、否决和奖励等“四项制度”。根据到市政府门前重复集访的具体情况，分别对所属地区、乡镇（街道）；部门（单位）涉访事项的党政主要负责人、分管负责人，以及信访、公安部门主要负责人予以通报，在所属地区年度平安创建考核总分中分别扣相应的分值，对平安创建考核实行“一票否决”，对完成任务的单位相关人员进行奖励。“四项制度”施行后，到市政府门前集访事件明显减少，无一起大规模集访事件。

（杨克红）

行 政 服 务

【概况】2010年，市行政（市民）服务中心围绕年度工作目标，提高行政审批效能，优化服务环境，实现从被动审批型向主动服务型转变、单一审批型向综合服务型转变、传统审批型向智能服务型转变、串联式审批型向并联式服务型转变。中心被评为“2010年度泰州市作风建设先进单位”。

【提高行政审批效能】在上年实施行政审批“两集中、两到位”的基础上，结合全市推行行政权力网上公开透明运行工作，将审批事项向电子政务平台集中，做到“网上审批到位”，使“两集中、两到位”发展到“三集中、三到位”。全市574项行政审批事项全部实行网上受理、网上预审、网上审批。建立批管分离体制，强化行政审批处室职能，提高行政效能，形成高效顺畅的审批运行机制。制定《窗口（行政许可处）工作职责》，明确窗口（行政许可处）的十项工作职责，窗口实行首问、首办负责制。对上年“流程再造”的资料进行整理和逐项审核，对审批项目进行动态调整，重新确认进中心项目为532项，占全市行政许可项目的92.68%。对532项行政审批事项的服务流程进行梳理和规范，编印《项目报批指南》和《流程再造资料汇编》。年内，中心共受理各类行政审批和服务事项136.4万件，办结率99.86%，群众满意率99.3%。

【制度建设】召开中心制度建设专题会议，修订《泰州市行政（市民）服务中心制度汇编》，完善泰州市行政服务中心办事职责制度，对《中心服务承诺制》、《中心首问负责制》、《中心限时办结制》、《中心过错追究制》、《中心缺席默认制》、《中心廉政责任制》、《中心追踪监察制》、《中心投诉处理制》、《中心一次性告知制》等9项基本制度进行修改完善。制定《泰州市行政服务中心管理办法》、《泰州市行政服务中心入驻中介机构管理办法》、《泰州市行政服务中心计算机网络管理使用管理制度》、《计算机安全使用保密管理规定》以及《泰州市行政服务中心节能降耗规定》等制度，形成一整套制度管理体系。

【改善服务环境】结合中心制度创新工程、审批提速工程、服务创优工程、达标创建工程、环境提升工程和队伍建设工程，大厅重新公示审批项目一览表和涉企、涉民、涉农及规费价格一览表，公布便民服务电话一览表，并全部进行亮化处理，为市民提供舒适的服务环境。出台《窗口工作人员行为规范》，从文明用语、仪表形象、服务态度和工作纪律等方面，提升窗口服务形象。

【服务“四重”项目】在加强审批项目动态管理的同时，把审批重心向重点项目、重点产业、重点企业、重点园区倾斜，提出“效率为先、服务至上”的理念，采取早发现项目，早服务项目，特事特办，好事快办，超常规审批的措施，强化服务要素的整合和服务窗口的联动，缩短内部审批的流转周期。制定六条服务措施：一是提前介入，做到早发现项目，早服务项目。二是实行“绿色通道”。中心配合市发改委、市重大办联合制定绿色通道操作办法，坚持特事特办，急事急办，提高审批效率。三是项目代办。对财政性投资重点项目，中心实行审批全程代办服务；对其他重点项目，中心协助服务对象全程办理审批事项申报。四是联审联办。提供“会诊式”服务，做好与有关部门对审批事项的衔接，协调各窗口的承办工作，缩短内部审批的流转周期，提供快捷服务。五是督查督办。即督促业主加快申报进度，督促部门提高审批效率。六是跟踪服务。对“四重”项目，实行全天候预约上门服务。

【开展无障碍城市创建活动】新铺设盲道100多米，改造无障碍男女厕所各一个，增设、改造专用栏杆400多米，设置低位电话亭1个、无障碍停车位2个、无障碍电梯1座。年内，通过省市专家验收，成功达标，中心被评为市创建示范单位。

（冯小娟）

住房公积金管理

【概况】2010年，市住房公积金管理中心加大政策宣传和归集扩面工作力度，加强监督检查，服务住房保障，各项业务指标全面超额完成。

归集工作。全市全年归集公积金13.44亿元，比上年净增1.89亿元，增长16.0%；新增开户39873人，比上年净增18256人，增长48%。至年末，全市累计归集住房公积金总额达75亿元，归集余额43亿元，余额比上年末净增7亿元。

提取工作。全年职工因购建房、退休、还贷等提取使用住房公积金6.68亿元，占当年住房公积金归集额的50%。

贷款工作。全年为6683户职工发放个人住房公积金贷款13亿元，完成年度计划的159%，占当年住房公积金归集额的97%。至年末，全市累计发放公积金贷款71.28亿元，个人贷款余额38.91亿元，占归集余额的91%，与上年同期持平。期末全市个人贷款逾期率为0.01‰，比上年同期下降0.04个千分点，贷款逾期率降至历史最低点。

廉租房资金。全年为全市廉租房建设提供补充资金2113万元，其中市区453万元、靖江450万元、泰兴508万元、姜堰155万元、兴化270万元、海陵277万元。

（景　忠）

机关事务管理

【机关国有资产管理】 2010年，市级机关事务管理局组织调查市级行政事业单位公有房屋经营性出租情况，监管公房出租5600多平方米，处置办公用房和报废资产300多万元。拟定《市级机关公有周转住房管理暂行办法》，完善公有周转住房维修管理程序和资产台账，确保国有资产保值增值。

【机关财会管理】 完成65家归口管理单位的预、决算工作，编报4000多份预、决算报表。坚持“无预算无计划不开支、有预算有计划不超支”，办理报销近2万笔，编制记账凭证3万多张，审核原始凭证30多万张，整理装订会计档案700多本，财务账务无一差错，归口单位无一超预算开支。

【机关公务用车管理】 机关事务局在市级机关中推行轮胎定点采购、维修，在全省同行中率先形成从购置到报废、从人到车的闭合式管理链条。全年鉴定更新和维修车辆259台次，审核定点维修单4800多份，开具定点加油折让单近700份，为机关各部门节约280万元。定期通报公务车交通违法情况，评比“红旗车驾驶员”，增强机关驾驶员的安全文明行车意识。

【机关后勤服务保障】 继续打造零故障、零事故、零差错、零失误的“四个零”和“服务无限”品牌。实施并通过ISO9001质量管理体系认证。完善大院管理督查制度。加强预防性设备维保，4000多次报修均及时修复，400多台（套）设备设施运行、网络维护零故障。实行机关大院、机关小区、机关幼儿园安全一体化管理，建立健全各类应急保障预案，接待来客来访5万多人次、集访个访1500多批次，果断处置多起上访过激行为，实现安全保卫、饮食卫生、车辆运行零事故。140多万份文件交换、报刊分发零差错。会议服务2800多场次，市“两会”、梅兰芳艺术节和医博会开幕式等重大活动保障零失误。抽调厨师赴京为中央首长服务，得到首长肯定，国务院管理局西山服务局致函褒奖。参与服务保障中央首长到泰视察活动以及市重要公务接待、涉外接待。日常服务保障范围增加AB楼、明园，总面积达64.6万平方米，按“国优大厦”、“省优小区”标准实行办公区、生活区一体化服务。

【机关生活服务】 机关食堂在副食品市场价格全面上涨的情况下，努力维持菜肴价格稳定。机关生活中心接管市纪委警示教育中心食堂的托管项目，在机关浴室大厅增设皮件保养项目和饮料机，公务接待区成功举办江鲜、龙虾美食节，制作年夜饭套餐外卖。机关生活中心全年为70万人次提供就餐、洗理、健身等服务。开展服务回访，满意率98%以上。

【机关幼教】 机关幼儿园加大教师专业技能培训，研究课题中期成果成为市同行范本，多名教师在国家级、市级教育教学比赛中获奖。做好幼儿园安全工作，确保不发生幼儿人身伤害事件。

【机关公共机构节能】 成立市公共机构节能工作领导小组，修订管理制度8项，在全省同行中率先实行持证执法。开展节能执法督查，对70多家市级机关部门进行明查暗访；率先开展并完成62家市级公共机构主要用能设备免费检测和近20万平方米建筑能源审计。完成市级机关节能降耗目标，在省政府对各市政府节能考核中，泰州市市级公共机构节能项目再次获得满分。

【重点工程建设】 打造“精品工程”，统一质量标准，建设好溢景园工程项目，共建多层住宅、小高层住宅、营业用房规划建筑面积57635平方米。

【行业指导】 各市区机关事务管理部门认真履行新“三定”方案明确的职能，改善机关硬件设施和软件管理。开展调研式执法检查，加快公共机构节能规范化管理进程。兴化、高港局在全省率先将节能培训覆盖到乡镇，海陵区政府办、高港局申领节能执法证，加强节能考核检查。姜堰局统一公共机构能耗统计台账和报表模板，实施节水改造，行政大楼比上年节约用水21%。

（攀　峰）

综 述

【概况】2010年，市政协按照市委三届八次全会提出的目标任务和工作重点，履行政治协商、民主监督、参政议政职能，完成全年各项工作任务。

围绕加快经济转型升级建言献策。在医药高新区工委成立之际，主席会议全体成员专题走访视察医药城，建议高新区工委抢抓历史机遇，推进产业集聚，尽快实现“中国第一，世界有名”发展目标。围绕“加快中国医药城建设，推动全省新医药产业发展”开展调研，形成市政协在省政协常委会议上的发言材料，建议把建设中国医药城纳入国家和省“十二五”发展规划。组织委员围绕现代物流业课题深入调研，形成调研报告，经三届十四次常委会议协商讨论，向市委、市政府提出建议案。以发展创新型经济为议题举办委员议政日活动，从加强服务环境、法治环境和创业环境等方面提出意见和建议。组织委员视察出口加工区和有关企业。开展政协主席走访市经信委活动，就推进节能减排、发展低碳经济、推动产业结构调整优化提出建议。

围绕编制“十二五”规划建言献策。把建言“十二五”规划作为年度工作的重点，先后3次召开主席会议进行工作部署和专题协商。三届二十九次主席会议专题听取市发改委关于规划编制情况的报告。三届三十一次和三十四次主席会议围绕“十二五”规划编制和规划《纲要》（征求意见稿），与市政府开展协商，分别就加快发展现代服务业、大力扶持中小企业、发展壮大中心城市、推进文化泰州建设、促进教育卫生事业发展等提出意见和建议。邀请省经济界专家到泰举办“谋划‘十二五’”专题报告会。政协委员和市政协各组成单位近300人听取报告。在全体委员中开展“我为‘十二五’献一策活动”，共收集委员建议近200条（篇），其中，关于为民营经济发展创造良好环境、政策扶持新能源产业发展、优化和完善中心城市功能、加快社会救助体系建设等建议，得到重视和采纳。

促进中心城市建设。选择市区水环境质量建设和提高城区绿化水平两个课题，组织委员调研和视察，对改善城市生态环境、提升城市品位提出意见和建议。三届十五次常委会议协商通过《关于提高市区水环境质量的建议案》。市政府专门召开会议部署落实建议案所提意见和建议。围绕市区城建重点工程建设和加强城市管理，开展委员视察和主席走访市城管局活动。组织委员就加快推进历史文化名城申报和保护工作开展视察，提出建议。

促进城乡统筹发展。围绕贯彻全市三级干部大会精神、推进高效农业发展这一议题，主席会议全体成员赴兴化市视察现代农业生产基地，并与市政府开展协商，相关意见和建议得到重视和采纳。组织委员赴靖江市视察有关中心镇、村规划建设情况，与市住建局开展协商，提出建议。组织委员视察部分农村中、小学和特殊教育学校，与市有关部门开展协商，推动落实“以县为主”的农村义务教育管理体制，促进优质教育资源城乡均衡配置。组织委员视察农村供销网络体系建设，就深化供销事业改革，增创为农服务新优势提出建议。围绕促进黄桥老区加快发展开展调研，向省政协提出建议，推动省有关方面针对黄桥老区发展面临的新情况、新问题，调整和出台有关优惠政策，进一步加大扶持力度。

促进重大项目建设。组织委员视察纬创、中盛光电等重大外资项目建设情况，召开主席会议与政府及有关部门开展专题协商，推动工业重大项目的建设。围绕构建市区“三纵三横”大交通格局，主席会议全体成员走访市交通局，视察有关重点交通工程建设情况，建议交通部门高起点规划、高标准建设、高速度推进，为经济社会发展提供强有力的支撑。围绕实现“三年大变化”目标，组织全体委员“看泰州”活动，参观周山河街区、医药高新区和市经济开发区重大工程项目。

促进民生改善。围绕加快发展养老服务业，经三届十三次常委会议协商讨论，向市委、市政府提出建议案。市政府在出台《关于加快我市老龄事业发展实施意见》时，充分吸收政协的建议。围绕完善住房保障体系建设，举办委员议政日活动，从扩大保障范围、完善工作机制、加快保障性住房供给等方面提出建议。围绕市区改善民生10件实事的落实情况，召开主席会议协商，建议市政府进一步创新投入机制、工作协调机制和长效管理机制，在更高层次上推进为民办实事工作。围绕人民群众关注的卫生惠民工程、城市公共交通等社会热点问题，组织委员视察，提出建议。开展主席走访市人口和计生委活动，对促进出生人口性别比平衡、加强对流动人口计划生育管理服务等提出建议。开展主席走访市民宗局活动，组织民族宗教界委员视察宗教场所“三创”工作，从坚持党的民族宗教政策、处理民族宗教领域的突出问题等方面提出意见和建议。

运用提案和信息工作推动民生问题解决。利用提案工作推动解决民生问题，通过主席和副主席督办重点提案、走访提案“办理大户”、网上公开办理答复和开展“二次办理”、“回头看”活动，推动提案建议的落实。关于增加劳动就业、提高住宅小区规划建设水平、优化教育资源配置等一批涉及群众切身利益的提案得到较好解决。至年末，立案交办的271件提案全部办结，已经落实、基本落实和列入计划逐步解决的260件，占提案总数的96%。把社情民意信息工作作为了解群众愿望、反映群众呼声的重要渠道，及时向市委、市政府和上级政协报送《社情民意》简报，全年共向市委、市政府和全国政协、省政协报送《社情民意》内刊257期，其中，被全国政协信息局采用15期。推广农业标准化建设、重视过期药品污染问题、加强职业病防治、解决“五小”车辆投保难等社情民意信息，得到中央和省、市领导的重视和批示。

重要会议和工作

【政协三届三次会议】 1月18～21日，市政协召开三届三次会议。会议分组学习市委书记张雷在开幕式上的讲话；审议通过市政协主席陈克勤所作的常务委员会工作报告和副主席周书国所作的提案工作情况的报告。19日上午，全体与会人员列席市三届人大三次会议，听取和讨论市长姚建华所作的《政府工作报告》和其他报告；下午，分组讨论《政府工作报告》和其他报告。20日上午，举行大会发言，7名委员围绕打造“美丽乡村”、健全小额农贷机制以及加强食品安全、推进工资协商等问题建言献策，市领导姚建华、陈克勤、丁士宏、张爱平、曹玉梅参加会议，市政协副主席马云主持会议。下午，围绕“人才队伍建设”、“推进医药卫生体制改革”两个主题召开协商会。全体委员分成两组与市政府及相关部门负责人进行专题协商，10名政协委员作重点发言，市委常委、常务副市长杨峰，副市长曹玉梅参加会议。会议增选王晓平、程秋喜为政协泰州市第三届委员会常务委员，审议通过关于市政协三届三次会议提案初审情况的报告和会议《决议》。在泰省政协委员以及有关方面负责人应邀列席会议。

【政协常委会议】 2010年，市政协召开6次常委会议。

1月17日，召开市政协三届十一次常委会议。市政协秘书长焦建华作市政协三届三次会议筹备工作报告。会议通过市政协三届三次会议日程、大会秘书长和副秘书长名单、大会执行主席分工名单以及决议起草委员会名单。市政协主席陈克勤主持会议并讲话。

1月20日，召开市政协三届十二次常委会议。会议协商通过增选市三届政协常务委员候选人名单；通过选举大会总监票人、监票人建议名单；通过市政协三届三次会议《决议（草案）》。市政协主席陈克勤主持会议。

4月1～2日，召开市政协三届十三次常委会议。会议围绕加快发展泰州市养老服务业议题开展协商讨论，原则通过建议案。市政协主席陈克勤在会上讲话。会议期间，常委们赴连云港市参观沿海开发战略实施情况。

6月24日，召开市政协三届十四次常委会议。会议听取副市长丁士宏关于全市上半年经济运行情况的通报，听取市中级法院工作情况汇报；协商并原则通过《关于促进泰州市现代物流业发展的建议案》。

9月20日，召开市政协三届十五次常委会议。会议听取和讨论市委、市政府关于市政协三届三次会议以来提案办理工作情况的通报；协商并原则通过《关于提高市区水环境质量的建议案》；听取市政协民主评议市中级法院工作综合报告，并进行协商讨论；对市中级法院工作进行民主测评。市政协主席陈克勤在会上讲话。

12月28～29日，召开市政协三届十六次常委会议。会议听取市委常委、市纪委书记陈国华，副市长、公安局长戴胜利，市中级法院院长张培成，市检察院检察长陈勤所作的工作情况通报，并分组进行讨论。会议审议通过市三届政协《常委会工作报告》和《提案工作报告》及报告人名单；协商通过关于召开市政协三届四次会议的《决定》及有关人事事项。根据会议决定，市政协三届四次会议将于2011年1月中旬召开。市政协主席陈克勤在会上讲话。

【**政协主席会议**】2010年，市政协召开11次主席会议。

2月25日，召开市政协三届二十三次主席会议。会议协商通过市政协2010年工作计划，听取市政协三届三次会议提案立案审查情况汇报，协商确定重点提案。

3月24日，召开市政协三届二十四次主席会议。会议协商讨论《关于我市养老服务业发展情况的调研报告》，协商确定市政协三届十三次常委会议议程；学习中共中央总书记胡锦涛在省部级主要领导干部专题研讨班上的重要讲话和在参加江苏代表团审议时的重要讲话精神以及国务院总理温家宝在第十一届全国人民代表大会第三次会议上所作的《政府工作报告》。

4月5日，召开市政协三届二十五次主席会议。会议围绕落实全市三级干部大会精神、推进城乡统筹发展开展协商讨论。主席会议成员先后参观兴化市戴南镇小城镇建设情况、周庄镇彭氏玉麟西瓜生产基地、临城镇红膏生态休闲园区及陆横村草莓生产基地。市委常委、常务副市长杨峰到会通报全市小城镇建设情况。

5月31日，召开市政协三届二十六次主席会议。会议听取市环保局关于全市环境保护工作情况的通报，就进一步做好环保工作提出意见和建议；会议讨论通过《市政协民主评议市中级人民法院工作方案》。

6月18日，召开市政协三届二十七次主席会议。会议听取市发展改革委关于重大项目建设情况的汇报，并开展协商议政。

7月13日，召开市政协三届二十八次主席会议。会议现场视察328国道改建工程、引江河疏港公路工地等重点工程，听取市交通局工作情况汇报，并对全市交通工作开展协商议政。副市长张爱平陪同视察。

8月19日，召开市政协三届二十九次主席会议。会议听取市发改委关于“十二五”规划基本思路情况的汇报。

9月17日，召开市政协三届三十次主席会议。会议讨论确定市政协三届十五次常委会议议程，讨论修改《关于提高市区水环境质量的建议案》和《民主评议市中级人民法院工作报告》。

10月19日，召开市政协三届三十一次主席会议。会议围绕编制泰州“十二五”规划与市政府展开协商。市委副书记、代市长徐郭平及市政府秘书长王群等参加协商活动。

11月25日，召开市政协三届三十二次主席会议。会议专题协商2010年市区改善民生10件实事进展情况。市委常委、常务副市长杨峰到会通报有关工作情况。

12月16日，召开市政协三届三十三次主席会议。会议听取市财政局关于2010年财政工作情况汇报，并开展协商讨论。

【**全省政协学习工作座谈会在泰州举行**】6月3～4日，全省政协学习工作座谈会在泰州举行。省政协副主席陈宝田，副秘书长、研究室主任丁泽生，学习委员会主任、《群众》杂志社总编周毅之，学习委员会副主任汪琼，各市政协分管学习工作的副主席、学习委员会及办公室负责人出席会议。

会议由周毅之主持。市政协副主席周书国作欢迎讲话；市委常委、泰州医药产业园区工委书记何榕介绍中国医药城建设发展情况；汪琼介绍省政协2009年学习工作座谈会以来的工作情况和下一步工作打算；各市政协交流开展学习工作的做法、经验和体会。陈宝田作总结讲话。会议期间，与会人员参观泰州中学、学政试院、凤城河等，实地考察泰州经济社会发展情况。

【委员学习报告会】9月2日，市政协举办委员学习报告会。省政协原副主席、经济学界资深专家吴瑞林在会上作《谋划“十二五”》的专题报告。全体政协委员及机关干部、市各民主党派和工商联全体人员出席会议。驻泰省政协委员和市政协联谊会全体会员应邀参加报告会。

2010年泰州市政协主席走访部门活动一览表

表3

时　间	走访部门
3月19日	市城管局
4月9日	市民宗局
5月27日	市经信委
9月15日	市人口计生委
11月9日	医药园区

2010年泰州市政协委员视察活动一览表

表4

时　间	视察内容	参加领导
3月25日	市区绿化建设	副主席周书国
4月20日	企业自主创新工作	副主席王东
5月12日	城市公交工作	副主席周书国、胡冬生
5月18日	义务教育均衡发展	副主席殷美娟
5月26日	宗教场所“三创”工作	副主席王东
6月10日	重大外资项目	副主席王东
9月12日	外向型经济发展情况	副主席王东、姚社成
9月26日	重点小城镇建设	副主席周书国、胡冬生
10月14日	历史文化名城申报和保护工作	副主席殷美娟
10月21日	农村供销网络体系建设	副主席王东、姚社成
11月2日	卫生惠民工程实施情况	副主席殷美娟、黄立红
11月11日	市区城建重点工程	副主席周书国

【提案办理】全体政协委员、各民主党派、工商联、有关人民团体和政协各专门委员会，积极运用提案形式建言献策，全年共征集提案276件，经审查立案274件。对内容相同的6件提案实行并案处理，实际交办提案271件。其中，集体提案31件、委员个人和联名提案240件。经过承办单位办理，提案已解决、基本解决或措施已落实的140件，占52%；已列入计划逐步解决的120件，占44%；因条件限制，无法解决的11件，占4%。委员反馈意见满意的259件，占96%；基本满意的12件，占4%。

【社情民意信息工作】重视对信息工作的指导、培训。组织召开全市政协信息工作会议，表彰信息工作先进集体、先进个人。定期向委员发放学习参考资料，帮助委员提高信息工作水平。结合形势发展要求，分阶段下发社情民意征集要点2000多份，帮助委员了解中央的大政方针，掌握党政工作动态。及时寄发用稿情况通报。应有关市政协组成单位邀请，专题介绍政协信息工作，发动组成单位成员收集和反映社情民意。

拓宽社情民意信息渠道。通过政协例会、专题调研、委员活动等收集社情民意。加强与各民主党派、工商联、有关人民团体和四市二区政协的沟通联系。重视骨干信息员队伍建设，加强联系交流，调动积极性，提高信息质量。畅通信息反映渠道，广泛公开信息工作电话、传真和专用电子邮箱，并明确专人负责联系、回复，为委员收集到的社情民意信息提供方便快捷的传送渠道。

提高信息编报质量。提高信息工作人员政治敏锐性和政策把握能力，为信息编报质量把好“第一关”。坚持信息编报的工作流程，每一份社情民意信息均由分管负责人、政协秘书长、政协主席审核把关，保证发送信息的政治性、真实性和参考价值。

【民主评议市中级人民法院】6～9月，市政协开展民主评议市中级人民法院工作。组织20多名委员和机关人员，分服务大局、公正司法、作风建设三个评议小组开展评议调查。听取市中级法院2008年以来工作情况汇报，召开市级机关有关部门负责人、社会各界人士代表、基层法院及所属庭室负责人参加的16个座谈会，并通过调阅案件卷宗、旁听案件庭审、走访案件当事人、发放民意调查表、查看基础台账等形式，全面了解法院工作情况，形成调查报告3份。市政协民主评议领导小组办公室专程赴省高级人民法院征求了解对市中级人民法院的意见，形成征求意见情况报告。在此基础上，形成民主评议工作报告，由三届十五次常委会议进行集中评议，建议市中级法院进一步强化能动司法理念，加强审判规范化建设，提高法官队伍素质，为经济社会发展提供坚强司法保障。市中级法院根据民主评议意见，研究制定整改方案，落实整改措施，推动司法审判工作。

重要建议和重点提案

【关于加快发展泰州市养老服务业的建议案】 1～3月，市政协对泰州市养老服务业进行专题调研，形成调查报告，经市政协三届十三次常委会议审议，形成《关于加快发展我市养老服务业的建议案》，报送市委、市政府。建议：一、提高思想认识，营造发展养老服务业的浓厚氛围。二、加强养老服务机构的规划建设，着力构建布局合理、设施达标的养老服务网络。要结合养老服务“十二五”规划的制定，及早谋划，科学布局，合理配置和有效利用社会资源，努力构建覆盖城乡的养老服务网络。在推进养老服务均等化的同时，为特殊困难群体提供基本养老服务。扶持发展民办养老服务机构。三、加大财政投入和资金筹措力度，进一步提高老年人的社会保障水平。建议“五保”老人的供养经费由市（区）、乡镇（街道）两级财政共同承担，确保达到省规定的不低于当地上年度农民人均纯收入45%的供养标准，并做到应保尽保。要根据各市（区）城市居民人均可支配收入水平，建立城市“三无”老人供养标准增长机制。要依托社区推进居家养老服务工作，适当提高政府购买服务、工作经费补助标准，对验收合格的居家养老服务中心(站)给予一定补贴。积极引导社会中介组织、家政服务企业参与居家养老服务；鼓励城乡居民利用自家闲置房屋开办家庭托老所，为失去生活自理能力的老人提供有偿服务。四、强化行业管理，提高养老服务机构的服务质量和水平。尽快研究制定适合泰州实际的《养老服务机构管理办法》、《养老服务机构服务质量标准》、《居家养老服务办法》以及《居家养老服务中心(站)建设验收评估办法》，明确服务内容、服务要求、服务形式，推动养老服务和管理的规范化建设。要加强对养老服务机构的监管工作，建立健全行业准入、投诉受理、奖惩以及退出机制。要配强敬老院、福利院院长，配齐专职管理人员，把有爱心、有责任心、懂管理的人充实到养老服务机构中。

【关于加快发展现代物流业的建议案】 3～5月，市政协对泰州市现代物流业进行专题调研。经过市政协三届十四次常委会议协商讨论，形成《关于加快发展现代物流业的建议案》，报送市委、市政府。建议：一、提高思想认识，形成加快发展现代物流业的工作合力。1. 提高对现代物流业地位作用的认识。2. 建立健全工作机制。3. 细化物流业发展规划。二、坚持改革创新，加快促进传统物流向现代物流转型。1. 坚持改革创新，推动传统物流企业向现代物流企业转变。2. 坚持载体创新，促进现代物流业集聚发展。3. 坚持技术创新，加强物流信息化建设。三、优化发展环境，为做大做强现代物流业提供有力保障。1. 制订完善并落实鼓励现代物流业发展的政策措施。2. 切实解决好用地、税收、融资等发展要素问题。3. 积极为现代物流业提供优质服务。四、加强规范管理，促进现代物流业持续健康快速发展。1. 加强物流市场的规范整顿。2. 发挥物流行业中介组织作用。3. 大力培养和引进物流专业人才。

【关于提高市区水环境质量的建议案】 6～9月，市政协围绕提高市区水环境质量进行调研，形成调查报告。市政协三届十五次常委会议对调查报告进行协商讨论，通过《关于提高市区水环境质量的建议案》。建议：一、统一思想，科学修编水环境整治规划及实施方案。1. 进一步提高思想认识。2. 尽快修订市区水环境整治规划。鉴于市区范围扩大及部分区域功能的调整，2006年编制的《城市水环境整治规划》已有诸多不适应之处，建议结合新一轮城市总体规划和“十二五”规划编制，尽快予以修订。3. 认真制定阶段性实施方案。建议结合市区河道水污染治理、水环境建设、水文化挖掘等不同阶段要求，制定出市区水环境整治方案。二、突出重点，着力打造优美靓丽的市区水环境。1. 加大管网建设及控源截污力度。要加大环境监管力度，全面推行排污许可证制度，确保新增排水户产生的污水都能得到收集处理。要加强行政执法，加大对排水户出水水质抽检力度，依法处理超标排放和私接乱排行为。2. 积极调整优化市区水系。应尽快规划建设引水通道及相关长江引水闸站，发挥江淮互济的引排功能。按照分片活水的思路，在市区东、北侧增建活水控制工程。要着手研究草河下游滚水坝建设。要尽快实施“断头河”的接通工程，建议将恢复城中玉带河作为再现泰州市历史文化和水城特色的一个重要组成部分。3. 加快河道清淤整治步伐。三、多措并举，构建水环境整治工作长效机制。1. 切实加强组织领导。2. 尽快制定水环境整治长效管理实施细则。3. 努力增进市民参与意识。

2010年市政协主席、副主席督办重点提案办理一览表

表5

提案人（单位）	重点提案	领导分工	主办单位	会办单位
奚爱国	对我市高层次人才引进工作的几点建议	陈克勤	人事局	—
丁存善	关于加强市区道路地下管线综合管理的建议	周书国	规划局	建设局
民　建	建议我市加快发展创投产业　促进经济增长方式的转变	金文莺	经贸委	人行　人社局　科技局
九三学社	关于促进我市污染物减排工作的建议	马　云	环保局	人行　供电公司　发改委　建设局
黄文龙	构建低碳体系 转变发展方式	王　东	发改委	城管局　建设局　环保局　经贸委　财政局
文教卫体委	管好用好医保基金　努力减轻患者负担	殷美娟	劳保局	卫生局　财政局
沈家广	科学规划　综合治理　提高城区公共交通安全度	胡冬生	公安局	交通局　规划局
马　辰	关于发展我市城郊现代高效农业的建议	姚社成	农　委	农工办　财政局
王晓洪	加强泰州市基本公共卫生服务的建议	黄立红	卫生局	发改委

（周　云）

市政协三届三十次主席会议

民革泰州市委员会

【参政议政】1月18～22日，民革政协委员、人大代表分别参加市政协三届三次会议和市人大三届三次会议。民革市委会提交《关于打造“美丽乡村” 推进新农村建设的建议》、《关于加快推进中心城市建设的建议》、《关于加快泰州市创建节水型城市工作的建议》、《关于提高泰州市司法救助水平的建议》、《关于完善泰州市园博园配套设施的建议》5件集体提案。民革成员提交政协委员提案23件、人大代表建议案1件。副主委丁南作题为《打造“美丽乡村” 推进新农村建设》的大会交流发言。在省政协全会和海陵区、高港区“两会”期间，民革成员共提交委员个人提案、建议案13件。1月底，为树立典型，激励先进，市政协表彰三届一次会议以来的优秀提案和优秀政协委员，其中民革《关于加大节能减排工作力度建设更高水平小康社会的建议》、《泰州市历史文化街区保护改造的建议》、《关于加强职业培训提高泰州市返乡农民工素质的建议》、《关于姜堰至泰州实现公共交通的建议》、《关于对泰州市后街背巷危房改造的建议》、《关于对泰州市快递行业规范管理的建议》6件提案获优秀表彰；民革成员奚爱国、丁南、储洁文被表彰为优秀政协委员。为提高提案工作质量，市委会于9月15日召开提案知识专题讲座，邀请市政协提案工作委员会主任沈伟勇主讲。市委委员、支部委员、信息员、新党员以及民革党员中的政协委员、人大代表共50多人参加。全年民革共上报社情民意48篇，其中市政协采用33篇、市领导批示1篇、民革省委采用21篇、省委统战部采用6篇、民革中央采用2篇、全国政协采用2篇。年内，泰州民革获民革江苏省委2010年度信息工作先进集体二等奖，连续8年被市政协评为信息工作先进单位。

【思想建设】4月，成立以主委奚爱国为组长的“学习和践行社会主义核心价值体系”主题活动领导小组，并制订活动实施方案，发放学习资料。5月14日，参加市委统战部主办的“全市统一战线树立和践行社会主义核心价值体系动员大会”。5月19日，市委会召开支部工作会议，落实主题学习教育活动工作，交流学习心得体会，并登载于《泰州民革》交流学习。12月底，学习文史委组织学习教育活动演讲比赛。2010年，4名党员干部分别参加省委党校、市委党校、市委组织部的脱产培训和业余学习，1名党员被评为“优秀学员”。年内，机关和支部完成民革省委《群英风采——组织机构篇》有关泰州民革资料收集和撰稿工作。

【组织建设】年初，市委会表彰2009年“创先争优”活动先进集体和优秀党员。泰职院支部、省泰中支部、金融支部、文卫支部、交通支部被评为“先进支部”，丁觉民等18名党员评为“优秀党员”。4月，成立民革泰州市委监督委员会，加强民革党内监督。调整6个专门工作委员会成员和各支部信息员。9月7日，民革监督委员会召开第一次全体会议。11月22日，市委会召开领导班子民主生活会，民革省委监督委员会负责人出席会议。年底，高港区支部和机电高职支部重新改选支部委员会。全年共发展新党员10人，调入2人，死亡2人，至年末，累计有党员178人。

【为“十二五’规划献一策活动】年内，市委会开展“我为泰州市‘十二五’规划献一策”专题活动。8月5日，市委会召开三届二十次会议，通过活动方案，下发征集信息议题。8月23日，召开动员大会，并邀请市发改委主任周绍泉作专题报告，鼓励和发动广大党员积极为“保增长、保民生、保稳定、促发展”建言献策。多次出席市委、市政府“十二五”规划征求意见座谈会。年末，市委会对专题活动中成绩显著的21名党员进行表彰。

（陈亚明）

民盟泰州市委员会

【思想建设】以骨干盟员为重点，通过听取专题报告、阅读学习读本、学习身边榜样等形式，开展学习践行社会主义核心价值体系活动。组织广大盟员收看反映民盟领导人张澜的电视剧《民主之澜》，传承民盟优良传统。开展向优秀盟员、河海大学教授朱岳明学习的活动。通过全委会议、机关会议，学习中共十七届五中全会精神，结合“我为‘十二五’规划献一策”活动，以每周例会为载体，建设学习型机关，提高工作水平。举办一期新盟员培训班，通过盟史、社情民意讲座和座谈交流，增强政党意识，树立立党为公、参政为民、服务社会的理念。

【参政议政】2010年，在省政协全会上，盟市委《关于农村集体建设用地流转的建议》和《关于加强新农村基层干部队伍建设，夯实新农村建设组织基础的建议》2篇调研报告被盟省委采用为大会集体提案；盟市委主委、省政协委员董勤提交2篇个人提案。在市政协全会上，盟市委提交集体提案5篇，盟内政协委员提交个人提案28篇，涉及基础教育、公共医疗、文化发展和城乡建设等多个领域；盟市委副主委王晓洪在“推进医药卫生体制改革”专题协商会上的发言《加强泰州市基本公共卫生服务的建议》被列为主席督办重点提案。全年共编发信息30多条，涉及文物保护、公共交通、校园安全、毕业生就业和完善经适房相关制度等方面。与市政协经科委开展现代物流业联合调研，赴四省六城市实地考察，形成市政协建议案提交市政府。协助盟中央‘中东西部职业教育的合作机制”课题调研组在泰州开展调研。

【社会服务】继续开展“农村教育烛光行动”，与海陵区实验小学合作，2次组织教师到兴化城东中心小学开展送教下乡活动。玉树震灾后，组织盟内捐款18540元，并通过其它渠道捐款数万元。盟员艺术家、农技专家参加统战系统“三下乡”活动。副主委王晓洪为社区居民开设高血压病防治健康讲座。

【组织建设】年内，盟市委发展新盟员30人，其中，硕士研究生7人。全年共选送3人参加民盟省委基层组织负责人培训班、1人参加省委统战部民主党派骨干培训班。全年共编发宣传稿件42篇，获2009年度全市统战宣传信息工作三等奖。做好春节、妇女节、教师节、敬老节期间的庆祝、慰问活动。做好民盟江苏省十届十三次常委会在泰州举行时的服务工作。

【盟员风采】盟市委原主委潘浩泉的散文集《忘忧草》由上海文艺出版社结集出版。盟员陈建华从教30年师生独唱音乐会——“桃李芬芳”在泰州大剧院举办，邵展图出版2部全国统编教材《电工基础》及教师用书，李呈霞获全国优秀语文教师（初中组）称号，马文樵获1项国家新型专利，詹秀娟参加“百姓议事园”活动并参与市劳动就业创业培训的策划，罗宁的论文获省家教科研成果一等奖，刘华君出版发行4部长篇小说，方逸湘参与的戏剧伴奏获全国“五个一工程”奖和省精品工程奖，陈学凤获省级课堂教学二等奖。全年盟员在省级以上刊物发表论文30多篇。

（赵筛扣　端若灏）

民建泰州市委员会

【参政议政】年内，民建泰州市委认真履行民主党派参政议政职能，开展调研，反映社情民意，积极建言献策。在市政协“十二五”发展规划与政府专题协商会上，就“十二五”期间现代服务业的发展做专题发言。在省政协专题调研会上就弱势群体的保障工作落实上提出建议。“两会”期间，会内省政协委员在省政协十届三次会议上递交《关于完善医疗卫生补偿机制的建议》和《关于加快黄桥革命老区开发建设的建议》2份个人提案，省政协委员金文鸾等提出的《关于加大里下河腹部圩区排涝站建设扶持力度的建议》的提案被省政协评为优秀提案。会市委关注经济发展和社会民生热点、难点问题，深入调查研究，在市政协三届三次会议上作《关注食品卫生　共建社会和谐》的大会发言；市政协委员围绕发展民生主题，共递交个人提案16件；递交《关于贯彻落实〈食品安全法〉的几点建议》、《关于加强我市企业上市工作的几点建议》、《建议我市加快发展创投产业　促进经济增长方式的转变》、《关于促进泰州服务业发展的建议》等4份集体提案，其中《建议我市加快发展创投产业　促进经济增长方式的转变》被列为主席督办案；会市委提出的《关于巩固我市优秀旅游城市创建成果的建议》和《关于市区住房保障关注的几点建议》被评为优秀提案；副主委杨达获“优秀政协委员”称号。副主委邢秀华在第十一期处级干部培训班上所提的“关于解决停车难问题的初步思路”被评为优秀建言献策三等奖。参与市政协民主评议市中级人民法院工作，通过座谈会、走访等形式，调查了解市中级人民法院依法履职的情况，并参与起草调研报告。积极向省民建、市政协、市委统战部报送社情民意，组织骨干会员参与市政协“我为十二五规划献一策”活动，会员报送的《关于推进泰州软件产业发展的建议》获市委书记张雷的批示。

【思想建设】 开展学习和践行社会主义核心价值体系活动，组织学习《社会主义核心价值体系学习读本》，参加报告会、座谈交流等活动。组织实施“433”自身建设计划。积极参加“大宣传”、“大调研”、“大培训”。组织实施以“学习社会主义核心价值体系，学习会章会史和会的优良传统；争创先进集体，争当优秀会员”为主要内容的“双学双争”活动。11月，选派3名会员参加省民建组织的“双学”知识竞赛并获优秀奖。开展先进支部和优秀会员的评选活动，推动基层支部活动的开展。年内，综合二支部获全国先进基层组织称号，主委金文鸾获全国优秀会员称号；会员冯森、张国兴获全省优秀会员称号，2个基层支部和28名会员分别获市委会先进支部和优秀会员称号。

【组织建设】 定期召开主委会、市委会，执行民主生活会制度，坚持贯彻民主集中制和领导分工负责制。5月，会市委领导班子成员参加省民建举办的科学发展观学习班。9月，班子成员参加全市党外人士学习研讨会，并交流研讨树立和践行社会主义核心价值体系活动开展情况。10月，组织动员符合条件的会员参与泰州市公推公选领导干部工作。加强基层组织负责人队伍建设，组织10名基层支部负责人参加省民建组织的培训班。开展评选先进支部和优秀会员活动，树立基层组织和会员先进典型，以点带面，促进各支部工作的正常开展。年内，泰兴总支按《章程》要求，完成换届工作。基层支部积极开展支部活动，注重发挥会员的集体作用，构建和谐支部。综合二支部到泰州新景区参观调研，综合四支部赴中国医药城和市中级人民法院考察调研，轻化工支部组织全体成员参观上海世博会。严格遵守《关于进一步做好民主党派组织发展工作座谈会纪要》精神，按照“三为主”方针，规范发展程序，做好会员发展工作。全年共吸收10人入会，平均年龄37.9岁，都具有本科以上学历，会员知识和年龄结构得到优化。

【会务工作】 会市委驻会领导参加省民建举办的多党合作理论研讨班，期间专程赴民建河南省委学习开展会务工作量化考核的做法和经验。修订、完善主任委员会议议事规则、市委会议事规则、社情民意工作暂行奖励办法、机关工作制度等规章制度，并做好制度的落实。积极提高机关工作人员学习能力和业务素质，打造学习型机关。组织参加公务员网上培训，姚如玲参加市委组织部组织的第九期科级干部进修班，所作的演讲“提高执行力 推动大发展”获二等奖，并获评“优秀学员”；组织机关青联委员参加市级机关工委组织的学习考察活动；组织机关全体人员观看电影《袁隆平》。提高办事效率和执行力，增强服务观念，打造服务型机关。机关工作人员积极参加各支部的活动；做好会议材料准备、来访接待等工作；一年两次对会内所有80岁以上的老会员、历届会领导、原工商业者及遗孀和困难会员进行慰问。

【社会服务】 遵照“量力而行、尽力而为”的原则，做好社会服务工作。继续开展好“思源二程——生育关怀行动”，关心帮助计生困难户郭慧琳的学习和生活，除日常固定资助外，春节还送去慰问金800元。支持西南干旱灾区受灾群众，组织会员参与中华思源工程扶贫基金会“思源·甘泉”行动，捐款3000元用于建设一座思源水窖；做好玉树抗震救灾捐款工作的组织发动和宣传工作，组织会员参加玉树地震捐款活动计5.9万元。参加市委统战部组织的“三下乡”服务活动，捐款2000元资助残疾人就业工作；参加“慈善一日捐”活动。5个会员自办企业提供就业岗位1276个，其中两个会员企业全年上缴税收达1800多万元。4位律师会员带领所属团队从事法律援助近300件。

（姚如玲）

农工党泰州市委员会

【参政议政】 建言献策。“两会”期间，农工党市委共提交集体提案4件、个人提案29件。在省政协十届三次全会上，《举全省之力，推动我省生物医药产业健康快速发展》被农工党江苏省委作为省政协大会书面交流材料，同时，主委黄立红联名市各民主党派负责人就加快发展中国医药城向省政协提交个人联名提案。黄立红的个人提案《关于解决我省乡村医生养老保障问题的建议》被省政协表彰为优秀提案。在市政协三届三次会议上，农工党市委的大会发言《加大引导力度，促进我市健康产业发展》得到市长姚建华的肯定，提出以"祥泰之州、健康之城"为泰州宣传品牌的想法；集体提案《关于加强我市农村环境保护工作的建议》、《关于在我市主城区建立规范的农产品批发市场的建议》和丁存善、黄红华的2件个人提案获市政协优秀提案奖，丁存善的提案《关于加强市区道路地下管线综合管理的建议》被列为市政协9件重点提案之一。杨芙蓉被市政协表彰为优秀政协委员。

社情民意信息工作。社情民意《关于加强农药废弃容器收集管理工作的建议》分别被全国政协和农工党中央采用，得到国家领导人的批示，《人民政协报》予以报道。社情民意《关于切实加强行风监督员管理工作建议》和《关于高度重视农村豪赌现象》得到市委书记张雷的批示，《人民政协报》以《农工党泰州市委呼吁切实加强行风监督员的管理工作》为题予以报道。年内，围绕农村环境保护、义务教育均衡发展、经济适用房建设、文明城市创建等，先后向农工党江苏省委和市政协建言献策，报送社情民意信息40多条，采用16条。黄红华被市政协表彰为2009年度社情民意信息工作先进个人。

专委会工作。专题召开专委会主任工作会议，对工作突出的专委会和个人给予奖励。参与农工党江苏省委的调研课题申报。专委会自主选题，3个调研课题通过省委立项。组织骨干党员和机关干部参加农工党江苏省委、市政协、市委统战部举办的社情民意信息和统战工作会议，通过以会代训等形式，培养骨干人才。

【组织建设】 建立与基层联系制度和新老班子联系制度，构建政治交接长效机制。加强机关管理，坚持机关学习和周一例会制度。做好党刊征订发行工作，获农工党中央2010年度《前进论坛》发行工作先进单位称号。组织收集、整理、编写泰州农工志，编辑双月党刊《泰州农工》6期，编发学习资料篇、选登先进基层支部和践行社会主义核心价值体系先进个人等交流材料8篇。先后在《人民政协报》、《农工苏讯》、人民网政协新闻版、人民政协网、农工党中央和省委网站、《泰州日报》、《泰州政协》、《泰州统战》等媒体发表文章、通讯27篇。坚持登门拜访的形式，加强与市卫生局、环保局、药监局等对口联系单位和基层中共党组织的联系。先后参加省委参政议政工作会议、参政党理论研讨会议，组织新党员培训班和连云港苏北片工作交流会。加强与基层组织和党员的联系，全年发展新党员7人。

【社会服务】 巩固优势项目，定期做好帮扶定点乡镇卫生院工作，组织部分医疗专家和机关干部参加市委统战部组织的迎新春"三下乡"服务活动，开展咨询服务，慰问朱庄敬老院孤寡老人，走访部分困难家庭。开展"农工党健康服务行"系列活动，在"中国环境与健康宣传周"和"国际科学和平周"活动期间，发动各基层组织开展健康宣传和义诊活动。医卫界支部开展送医下乡、进社区等活动，教育界支部开展校园环境与健康宣传。在春节、高考、中考等期间，做好卫生安全保驾护航工作。为广东惠州邓演达纪念园修建捐款8492.8元，为青海玉树地震灾区捐款13800元。市委会被农工党中央表彰为2007～2009年度社会服务先进集体，主委黄立红代表市委会在南通召开的全省社会服务工作会议上接受表彰，并作《牢记参政为民宗旨　倾力做好社会服务工作》大会交流发言。高军业被农工党中央授予"全国社会服务先进个人"称号，市卫生监督所支部被农工党江苏省委授予"社会服务先进基层组织"称号。

【农工党中央妇女工作委员会2010年委员会议在泰州召开】 4月20～22日，农工党中央妇女工作委员会在泰州市召开2010年委员会议，市委常委、宣传部长缪志红出席会议。

【开展树立和践行社会主义核心价值体系活动】 市委会坚持把树立和践行社会主义核心价值体系作为中国特色社会主义主题学习教育活动的深化和延伸，及时组织学习，统一班子认识。召开市委扩大会，组织市委委员、基层组织负责人讨论研究，制定活动方案，经三届十七次市委（扩大）会议讨论通过并下发。各支部组织党员共同学习《社会主义核心价值体系学习读本》，营造学习氛围。组织骨干党员和机关干部参加全市统一战线树立和践行社会主义核心价值体系动员大会和专题辅导报告会，增强全体党员走中国特色社会主义政治发展道路的政治共识。领导班子参加收看中央统战部召开的"社会主义核心价值体系学与行"电视电话报告会和先进事迹报告会。主委黄立红等人多次参加农工党江苏省委和农工党苏北片等学习交流活动。

【纪念农工党建党80周年】 举行农工党泰州市委纪念中国农工民主党建党80周年报告会，邀请农工党江苏省委建党80周年宣讲团从农工党史、参政议政、服务社会等方面进行演讲，农工党江苏省委、市委统战部负责人到会指导。组织退休主委、副主委参加农工党江苏省委举办的“纪念农工党建党80周年”老领导座谈会。举办新党员培训班并组织参观上海中国农工民主党一干会址。召开骨干党员纪念建党80周年座谈会。组织党员参加农工党中央、省委开展的知识竞赛和书画摄影展活动。

【基层组织换届】 2010年是基层组织集中换届年，市委会成立换届工作小组，专门抽调一名基层骨干党员参与换届工作，加强组织领导。研究制定《农工党泰州市委关于2010年基层组织换届工作意见》和换届选举工作规程。选举工作严格按照党章规定程序执行，换届后全市有基层组织23个，其中总支3个、支部20个。

【树典型、学先进活动】 年初，召开迎春茶话会暨表彰大会，对2009年度5个先进基层组织和34名先进个人进行表彰，市委常委、宣传部长缪志红到会并讲话。加大对先进典型的宣传力度，在党刊上开辟专栏，发挥典型示范带动作用。年内，推荐市委会、泰州职业技术学院支部以及唐珊玲、王金胜、杨芙蓉作为泰州市树立和践行社会主义核心价值体系的先进集体和先进个人报农工党省委。在农工党省委纪念中国农工民主党建党80周年大会上，中医院总支、机关二支部、高港人民医院支部3个基层组织，汪正九、黄红华、邹勇、徐中、丁存善、顾芳等6名党员分别作为先进基层组织、优秀党员和优秀基层干部受到表彰。推荐教育支部负责人参加农工党江苏省第二期基层组织负责人专题培训班。

（孟　军）

九三学社泰州市委员会

【参政议政】 在市政协三届三次全会上，九三学社市委共提交集体提案4个、个人提案20个，其中《关于促进我市污染物减排工作的建议》被列为主席督办提案。社员武进关于《加大市区坡子街、财富广场环境整治力度，促进商业中心区服务业快速、健康发展》的议案被市人大评为2010年度优秀建议。参加社中央和社省委组织的调研课题招投标活动，向社中央提交标书2篇，向社省委提交标书16篇。其中《关于增强突发安全卫生事件应急处置能力的建议》、《积极稳妥地推进农村金融组织发展的建议》、《扩大农业保险范围，促进高效农业、设施农业的发展》、《关于加大保障性住房建设的建议》被列为社省委中标课题。社员彭德旺的《扩大农业保险范围 促进现代农业发展》和邹云翔的《降低房地产经济依赖　促进经济平稳增长的建议》被社省委确定为省政协全会的集体提案。《关于促进泰州商贸流通业发展的建议》的调研报告得到市长徐郭平批示。全年共上报信息30篇，社省委采用11篇，市政协采用15篇。其中《中小学寒假与春节假应分开》、《玉树震后建议制定〈农村住房防震减灾条例〉》被全国政协采用，《应严肃涉黑犯罪统计口径》等4篇被社中央采用。

【思想建设】 社市委把开展树立和践行社会主义核心价值体系活动作为政治生活的第一要务，积极响应社中央十二届三中全会的号召，成立活动领导小组，制定《九三学社泰州市委树立和践行社会主义核心价值体系实施方案》，指导各基层组织和广大社员开展活动。通过集中学习和个人自学相结合、通读文件与专题研讨相结合、领会精神与提高能力相结合等多种方式，把学习中共五中全会精神与树立和践行社会主义核心价值体系活动结合起来。在网站上开辟“学习社会主义核心价值体系”专栏，刊登领导、基层社员学习体会，报道各基层组织的学习动态。组织社员参加社中央树立和践行社会主义核心价值体系研讨会的征文活动，邹云翔的论文《立足社会主义核心价值体系，加强九三组织建设，提升参政议政能力》被社中央采用。

【组织建设】 全年发展新社员7人，其中高级职称3人、硕士研究生1人。在深入调查研究、全面征求意见的基础上，顺利完成6个支社的换届工作，成立高港支社，为2011年市委会的换届打下基础。继续推进争创“先进支社”活动，通过交流评比，综合一支社、林海支社等被评为先进支社，　徐敏、樊学义等23人被评为先进个人。

【社务活动】 继续开展“百名专家进乡村行动”，除对海陵区农业科技示范园定期进行技术指导外，中科院南京土壤研究所的九三专家董元华教授多次赴兴化安丰、垛田香葱生产基地，调研香葱的生长情况。围绕“绿色、低碳、健康、和谐”的主题，组织社内科技工作者参观城南污水处理厂、城北污水处理厂、中海油污水处理厂等，并听取市环保局关于节能减排工作的情况介绍，为推进泰州市污染物排放工作建言献策。鼓励社员爱岗敬业，为推动地方经济多作贡献。

【社员风采】 龚为致力于泰州民俗文化的保护工作，《现代快报》以整版的篇幅报道其先进事迹；李晓晖以精湛的麻醉技术为手术医生保驾护航，确保手术病人的生命安全，《泰州广播电视报》予以报道；翟敏华被社省委表彰为宣传工作先进个人，洪澄被社中央表彰为优秀社员；武进编写《中小企业信息化管理100问》，为中小企业举办培训讲座两次，同时担任10多家单位的行风监督员，被社省委表彰为社会服务工作先进个人；丁文剑参与筹建建筑风水博物馆，并被聘为名誉馆长；康强致力于真空应用科学技术方面的研究探索，被江苏省真空学会增选为常务理事；单嵩麟主持的江苏省高等教育教改立项重点研究课题“建立和完善高职院校内部教学质量监控长效机制研究”被评为院优秀教学成果一等奖，并被省教育厅聘请为2010年江苏省普通高等学校本科毕业设计评优与抽检工作评审专家；刘满华在省级以上期刊发表《元小说的兴起是文学自身演进的结果》和《试论后现代元小说中表演型人格》2篇学术论文；杨政的作品《泰州市美术馆室内装饰设计》在第八届中国国际室内装饰设计双年会上获优秀奖；储久良发表教科研论文6篇，其中2篇论文分获泰州市第七届自然科学优秀学术论文二等奖和三等奖。

（翟敏华）

民进泰州市总支部委员会

【参政议政】 关注全市经济社会发展中人民关心的热点难点问题，广泛收集民意，开展社会调查，提高履职能力。围绕朱庄大桥改扩建、城市规划、推行市民低碳生活、泰州大学创建和泰州文化建设、构筑高端人才舞台、大学城周边安全卫生整治、保安服务行业管理等方面提出一系列重要建议。全年被市政协采用的提案9件，涉及城市建设、科教文卫和社会法制三大类。

【自身建设】 按照民进省委《关于开展创建民进全国、省级先进地方组织、先进基层组织活动的通知》精神，市总支发动下属两个支部开展创建先进基层组织和评选优秀会员的活动，综合支部和普教支部先后组织全体会员视察由民进会员参与施工建设的兴泰公路活动和普教课改成果观摩活动等。在上海世博会期间，总支组织全体会员参观世博会和革命传统教育基地沙家浜。年内，市总支获全省先进基层组织称号，普教支部主委胡唐民获全省优秀会员称号。全年新增会员1名，发展新会员2批7名。至年末，全市会员人数为44人。

开展树立和践行社会主义核心价值体系活动，组织会员学习，选派骨干会员参加省委专题培训，参观会史教育基地，增进会员对统一战线基本知识、民主党派基本知识和会史的了解。

（民　进）

泰州市工商业联合会

【三届四次执委会】 3月16日，泰州市工商联三届四次执委会召开。市政协副主席、工商联主席姚社成，市工商联副主席赵尚双、徐盟、霍成生、王秀荣、陈文涛、刘士钢、李书、刘荣富出席会议，市委统战部常务副部长、工商联党组书记王考主持会议。会议听取并审议姚社成代表常委会所作的《坚持科学发展　积极引导服务为实现“三年再来一个大变化”奋斗目标作贡献》工作报告。会议增补市工商联党组成员卢均一为本届执行委员会副主席；替补靖江市委统战部副部长、工商联党组书记程东华和姜堰市委统战部副部长、工商联党组书记吴彪担任本届执行委员会委员、常务委员；增补乔志林、丁克芳、陈晓凤、傅培锋等人担任本届执行委员会委员、常务委员；增补杨爱军为本届执行委员会委员；免去吴增安和陈祥法本届执行委员会委员、常务委员职务。会议对在全市“四比一创”活动中的先进集体、先进基层商会和先进个人进行表彰，颁发荣誉证书及奖牌。

【首届优秀中国特色社会主义事业建设者表彰会议】 3月16日，泰州市举行第一届优秀中国特色社会主义事业建设者表彰大会，市委副书记王守法到会讲话，市领导张正方、卢佩民、胡冬生、姚社成出席会议。此次活动由市委统战部、市经贸委、市人事局、泰州工商局、市工商联联合举办，经过广泛推荐、严格评审、社会公示，决定授予丁舜等23名非公有制经济人士和其他新的社会阶层人士第一届“优秀中国特色社会主义事业建设者”称号。

【三届七次常委会】 8月13日，泰州市工商联三届七次常委会召开，市政协副主席、工商联主席姚社成，市工商联副主席赵尚双、徐盟、霍成生、王秀荣、陈文涛、刘士钢、李书、刘荣富出席会议，市委统战部常务副部长、工商联党组书记王考主持会议。会议听取并审议姚社成代表常委会所作的《深入开展发展服务年活动　推进民营企业加快转型升级　力争全市工商联工作再上新台阶》工作报告。

【三届十二次主席会议】 11月29日，泰州市工商联三届十二次主席会议召开。市政协副主席、市工商联主席姚社成，市委统战部常务副部长、市工商联党组书记王考，市工商联副主席赵尚双、徐盟、卢均一、霍成生、夏振宇、丁鑫、陈文涛、刘士刚、刘荣富，秘书长朱于才等参加会议。与会人员共同学习中共中央、国务院《关于加强和改进新形势下工商联工作的意见》，姚社成传达全市民营经济工作会议精神，学习市政府《关于加快市区民营中小企业发展的政策意见》和《泰州市民营经济三年跃升计划》。

【组织企业参加江苏民营企业家高层论坛】 9月20日，由省委统战部、省经信委、省科技厅、省工商联共同举办的“2009江苏民营企业家高层论坛”在南京举行，本次论坛的主题是创新、转型、调整、发展。市政协副主席、市工商联主席姚社成率领市民营企业家10多人参加高层论坛。

【全国工商联副主席孙安民到泰兴调研】 5月14日，全国工商联副主席、全国人大常委、全国人大法律委员会副主任孙安民到泰兴市调研。此次调研的主题是中小企业发展环境和中小企业服务体系建设情况以及工商联为民营企业开展服务、引导民营企业转变经济发展方式的有效载体建设等。全国工商联经济部副部长罗力，省工商联副主席庞辉，泰州市工商联党组书记王考，泰兴市委书记张兆江、常务副市长孙云、工商联主席薛晨光等陪同调研。孙安民一行考察江苏凤灵乐器集团，听取董事长李书关于企业的经营情况和企业贯彻落实科学发展观转变经济发展方式的情况汇报；走访慰问泰兴市工商联机关，听取常务副市长孙云、工商联主席薛晨光的工作汇报和情况介绍。

【企业培训】 11月12日，特邀清华大学李涛教授到泰州作“中小企业发展的五项突破”专题讲座，帮助民营企业主在理念、经营、决策、人才以及个人能力上开拓眼界，全市300多名民营企业家参加。

【民营企业家健康检查】 11月，市工商联组织常执委企业家50多人在中国医药城医院进行健康检查，并建立个人健康档案。

【推广仲裁法律制度】 5月7日，市工商联召开座谈会，在非公企业中加快推行仲裁法律制度。9～11月，市工商联会同泰州仲裁委深入四市二区和各行业协会开展专题调研，推广非公仲裁制度。与泰州仲裁委联合下文，设立泰州仲裁委工商联仲裁工作联络处，建立长效工作机制，加强协调和沟通，为企业申请仲裁提供一站式专业服务。选聘丁文剑等6名非公经济人士担任泰州市首批非公经济人士专业仲裁员。

【“2010民营企业招聘周”活动在泰启动】 5月19日，由省、市人力资源和社会保障厅（局）、教育厅（局）、总工会和工商联联合组织的“江苏省2010民营企业招聘周”活动在泰州启动，专场招聘会同时举办。全市共有100家民营企业进场招聘，提供6012个就业岗位，其中80%以上岗位面向大学生。1800多人达成初步用工协议，其中65%以上为大学生。

【8家企业入选全国民营企业500强】 8月29日，全国工商联公布“中国民营企业500强”名录，泰州市8家企业入选，分别是扬子江药业集团（排名第55位）、江苏新世纪造船有限公司（排名第59位）、江苏双登集团（排名第305位）、江苏兴达钢帘线股份有限公司（排名第339位）、正太集团（排名第431位）、泰州三福船舶有限公司（排名第443位）、泰通（泰州）工业有限公司（排名第450位）、江苏中兴建设有限公司（排名第470位）。本次评选活动由全国工商联主办，是全国工商联自1998年以来第12次发布。

【行业商会建设】 3月23日，泰州市乐金冷机协力社协会召开年会，市政协副主席、工商联主席姚社成，市委统战部常务副部长、工商联党组书记王考等参加会议。会议聘请泰州LG电子冷机有限公司法人长李铉郁为协会名誉会长。3月29日，泰州市福建闽南商会成立。

【荣誉表彰】 兴化市脱水蔬菜行业协会被国家民政部表彰为“全国先进社会组织”。10月21日，泰州市6家民营企业、2名民营企业家分别被省委、省政府表彰为“江苏省优秀民营企业”、“江苏省杰出民营企业家”。获优秀民营企业的企业是扬子江药业集团有限公司、江苏双登集团有限公司、江苏兴达钢帘线股份有限公司、江苏中丹集团股份有限公司、江苏亚星锚链股份有限公司、江苏罡阳股份有限公司；获杰出民营企业家的是扬子江药业集团有限公司董事长徐镜人、江苏新世纪造船有限公司董事长袁凯飞。

（殷小将）

泰州市总工会

【劳模工作】 市总工会提请市政府成立劳模评选领导小组，评选出149名泰州市劳模和8名全国劳模。“五一”前，市政府召开全市劳模表彰大会。发挥“劳模创新工作室”示范引领作用，全市新增“劳模创新工作室”12家。落实劳模待遇，将“享受劳模待遇”人员统一纳入劳模管理。组织50多名劳模参加全总和省总组织的疗休养，解决部分特困劳模在医药费等方面的特殊困难。组织开展向劳模“送温暖”活动。

【工会活动】开展群众性经济技术创新工程，全年全市职工共提合理化建议8万多条，实施4万多条，技术创新6000多项，创经济效益5亿多元。江苏兴达钢帘线股份有限公司职工董玉华发明的“钢纤维的加工方法及其切割机”被确定为第三届“江苏省职工十大科技创新成果奖”获奖项目。

组织3万多名职工参加各种形式的技能培训，5000多名职工提高技术等级。开展全市职工十大工种职业技能竞赛。市总工会牵头组织全市职工烹饪技能大赛，提升全市餐饮行业职工技能水平。

制定下发《职工素质建设工程三年规划》，推进示范性“职工书屋”创建工作，考核验收合格“职工书屋”120家。通过演讲、征文、知识竞赛等形式开展全市“职工读书月”活动，组队参加省运会职工部各项比赛并承办桥牌比赛，丰富职工群众的精神文化生活。开展“文明职工”评选活动，命名表彰“五一”文明班组100个、“五一”文明示范岗100个和文明职工100名。完善“工人先锋号”创争标准、管理办法和考核细则，50家单位获泰州市“工人先锋号”称号，18家单位获江苏省“工人先锋号”称号。

【创建和谐劳动关系企业】 落实《泰州市创建和谐劳动关系三年行动计划》，推进企业与职工“发展共谋、效益共创、成果共享”的利益共同体建设。评选表彰全市“和谐劳动关系企业” 5A级23家、4A级33家、3A级109家。加强基层民主管理工作的指导培训，提高企业职代会质量，深化企业厂务公开工作。

【维护职工权益】 做好劳动争议调处工作。规范市劳动争议调解中心建设，健全企业劳动争议调解组织，发挥市协调劳动关系三方组织作用，加大诉调对接、裁调对接力度，维护职工合法权益。全市各级基层劳动争议调解组织共受理劳动纠纷1422件，80%得到有效处理，促进劳资和谐。做好职工劳动保护工作。全面启动“1+3”安全监控体系推广工作，开展“安康杯”安全生产竞赛活动，不断强化工会劳动保护基础工作，组织开展劳动保护知识培训和事故隐患排查，维护职工身心健康，降低事故发生率。制定下发《关于开展全市各级工会干部大走访活动的意见》，组织开展“大走访”活动，协调化解基层矛盾128起。制订《泰州市总工会处置突发事件应急工作预案》，建立信息搜集汇总和分析研判机制，实行工会系统企业经营风险防范和应急处置工作及时报告制度。开展工会工作大调研，维护职工队伍和工会组织的团结。

【推进企业工资集体协商】 开展“双保共约”行动，推进企业工资集体协商工作。全市25人以上建会企业工资协商建制率达95%，100人以上建会企业工资集体协商工作实现全覆盖，工资协商建制企业职工工资增长率年均在12%以上，职工满意率达80%。7月28日，市政府召开全市深化企业工资集体协商工作推进会，总结交流经验，表彰奖励先进集体和个人。会上，市政府与各市（区）签订新一轮“工资协商目标责任书”；出台《泰州市2010~2012年推进企业工资集体协商工作规划》，明确全市今后工资协商的目标任务、工作重点和方法措施，保证职工工资随企业效益的增长而增加。

【帮扶困难职工】 市及各市（区）工会困难职工帮扶中心发挥组织帮助、就业扶助、困难救助、法律援助作用，全年共接待来信来访职工481人次，政策咨询528人次，救助困难职工2576人，发放补助金152万多元。深化“阳光快车”行动，全年开展阳光助学、助医、助业、助困、维权等五项12次阳光行动。开展“两节”送温暖活动，全市各级工会组织共走访慰问12375名困难职工，发放慰问金598万元；开展“金秋助学 收获希望”活动，向1万多名困难职工子女发放600多万元助学金。

扶持“公惠”创业基地发展，帮助解决经营发展中遇到的困难和问题，市总工会提供无息借款12万元支持“公惠”放心早餐扩大再生产，帮助“公惠”电脑工作室和“公惠”红麦饼屋搬迁扩容，增强创业基地的实力。实施“技能培训促就业”行动，突出下岗失业职工的技能培训和创业培训，各级工会开展职业技能培训3875人，成功介绍3525人实现就业。成立工会家政服务培训中心，681名家政服务学员通过培训考试。选树30个下岗职工二次创业基地，授予“五一创业岗”荣誉标牌，放大“五一创业岗”的品牌效应。

【“阳光快车”行动】 以特困职工、困难职工和农民工为主要服务对象，全年开展12次“阳光快车”集中行动，实施阳光助医、阳光助学、阳光助业、阳光助困、阳光维权5项阳光行动，定期送法律、送岗位、送培训、送救助、送健康、送文化到开发区、到社区、到企业、到职工家庭，帮助困难职工解决就业、生活、维权难题。启动女职工“阳光快车健康行”活动，联合市妇保院为1万多名特困女职工、困难企业女职工和女农民工提供免费体检和减免费治疗。

【完善“特困证”制度】 在全面调查建档的基础上发放第十二批“特困证”721份，市直特困职工凭证享有10多个方面的优惠待遇。与市物价局、财政局、民政局、统计局等部门联合下发《关于进一步完善困难群众家庭价格上涨补贴联动机制的通知》，在季度低收入居民消费价格涨幅超过3%，或季度居民消费价格涨幅超过3%时，特困职工可按当季末月城乡低保标准的25%发放补贴。

【基层工会建设】 实施“广普查、深组建、全覆盖”集中建会行动，制定下发《关于在全市开展非公企业工会建设百日攻坚活动的意见》，组织开展非公企业工会组建“百日攻坚战”，推动外商投资企业、港澳台商投资企业等非公有制企业组建工会。至9月底，全市新建独立基层工会比上年净增长520家，基层工会覆盖法人单位数比上年净增长1456家、工会会员新增4.6万人。开展“五星企业工会”创建，加强乡镇（街道）工会规范化建设，全市109家乡镇（街道）工会有31家创成省工会工作模范乡镇（街道）。

【工会对外交往】 接待意大利皮斯托亚市总工会代表团到泰参观访问，双方签署“泰州市总工会与意大利皮斯托亚市总工会友好交流协议”。强化工会防范抵御工作，全市未发生国（境）外工会组织渗透事件，未出现脱离党的领导的“第二工会”现象。

【“泰州市劳动模范”表彰大会】 4月27日，市政府召开全市劳动模范表彰大会，市委副书记、市长姚建华主持会议，市委常委、常务副市长杨峰宣读表彰决定，市领导李国华、陈国华、高纪明、张本印、缪志红、何榕等出席会议，市委书记张雷讲话。大会授予149人为泰州市劳动模范荣誉称号，其中，一线职工46人，占31%；农民（含乡镇企业职工）32人，占21.6%；企业负责人24人，占16%，体现劳模评选“面向基层、面向一线”的原则。

**【“我为泰州作贡献”重点工程劳动竞赛现场推进

会】6月24日，“我为泰州作贡献”重点工程劳动竞赛现场推进会在泰州三福船舶有限公司召开。会议表彰50个泰州市“工人先锋号”，向全市十大重点工程劳动竞赛单位授旗。副市长张爱平到会讲话，市委常委、组织部部长、总工会主席李国华，高港区委书记王建，市总工会党组书记、副主席王爱平等出席会议。全市启动新一轮重点工程劳动竞赛，开展以“比质量、赛工程优良率，比效益、赛工程投入产出率，比安全、赛工程施工零事故，比节能、赛工程能源低消耗，比环保、赛工程施工零污染”为主要内容的“五比五赛”劳动竞赛活动，激发职工群众的劳动热情和创造活力。

【全市工会工作会议】 6月3日，全市工会工作会议召开，省人大常委会副主任、省总工会主席张艳，市委书记张雷出席会议并讲话。市委常委、组织部长、市总工会主席李国华主持会议并报告工会工作。市领导陶幸蓉、张爱平、王东出席会议，四市二区党委分管领导、总工会主席、各乡镇（街道）党委分管领导，市直各系统、单位、企业党委领导、工会主席约240人参加会议。

（万　进）

共青团泰州市委员会

【创先争优主题活动】 年内，团市委以“双争先助推双轮驱动 强素质服务发展大局”为主题，在全市基层团组织和团员青年中开展“争创先进集体、争当先进个人”主题实践活动。召开全市共青团组织深化主题教育开展创先争优活动推进会，利用各类媒介和团属宣传阵地宣传活动目的意义，营造良好的舆论氛围。开展“党性教育”活动，采取回顾党的成就、学习党史、学习党的方针政策、领导干部讲党课等形式，对团员、团干部进行党性教育。

【青年就业创业】 推进青年就业创业见习工作。加强青年就业创业基地建设，全市共建立基地186个，其中国家级29个；做好见习基地人岗对接工作，举办青年就业创业见习洽谈会46场，提供见习岗位3342个。结合企业用工需求，开展进城青年农民工“订单式”技能培训行动，全年培训进城青年农民工、农村“两后生”2545人。继续做好“泰州青年创业小额贷款绿色通道”项目。完善以贷款对象条件、贷款担保方式、贷款发放程序以及限时办结等为主体的绿色通道工作机制，在全市推广青年创业小额贷款模式，其中市区新增放贷192笔、金额2100万元。举办第三届泰州市职业技术学校商业计划书大赛，参赛学生就市场状况、前景分析、运作方式、进货渠道、经营管理、开店技巧、店面设计等内容设计创业策划方案，进行创业模拟实践，提高创业实战水平。

【青少年分类引导】 一是探索分类引导青年新载体。围绕党对青年思想意识的核心要求，通过问卷调查、深度访谈等形式，了解不同领域青年关心、关注的重要理论问题、现实问题和思想困惑。针对不同青年群体不同的思维方式和行为习惯，探索实施优秀大学生QQ空间、《弟子规》等经典国学教育、“创新、创效、创优”三创实践、网络青年社区等九类引导载体。举办“新的城市新青年”大型公益晚会，增强外来青年对城市的归属感和责任感。二是深化各类实践体验活动。开展以“激扬青春，梦响校园”为主题，“我的青春风采”现代职场通用技能大赛、“我的青春我来辩”校园辩论赛、“我的校园生活”校园情景剧大赛、“我的青春故事”成长报告会等子活动为主要内容的大中专学生文化艺术节，营造积极、健康、向上的校园文化氛围。组织引导大学生暑期“三下乡”社会实践活动，高职院被团省委表彰为省“三下乡”社会实践先进集体，泰州师专在全国“挑战杯”比赛中获优秀组织奖。三是开展青少年议事日活动，组织青少年学习党和政府的方针政策、帮助青少年有序参与社会重大决策的讨论和开展民主实践活动，培养青少年的公民意识和民主意识。靖江团市委围绕“青少年成长成才和靖江二次跨越”主题、泰兴团市委围绕“今天怎样做村官”主题、姜堰团市委围绕“加强青少年活动阵地建设”主题、兴化团市委围绕“职业教育与兴化科学发展”主题，分别组织开展议事日活动。四是召开“学子心 家乡情”泰州籍985名高校新生代表欢送座谈会。发放《泰州市情介绍》纪念本。

【青年志愿者】 以“有时间做志愿者、有爱心做志愿者、有能力做志愿者”为口号，推出十大项目面向社会公开招募志愿者。利用泰州主要公交站台、主要路口的电子科普画廊、居民小区电子宣传廊等播放志愿公益广告，打出志愿者宣传口号和招募热线，在全市上下弘扬志愿新风。组织青年志愿者到市福利中心为幼儿进行康复训练、开展趣味游戏，为老人实施义诊，举办老年保健知识讲座。依托青年自组织车友俱乐部组织志愿者爱心车队，陪伴福利院老人和留守儿童感受泰州经济社会发展的新貌，培养青年“包容、合作”的公共意识和“共建、共享”的家园意识。为中国医药博览会、江苏省园艺博览会等重要活动、重大赛事提供志愿者1000多人次。开展共青团关爱农民工子女志愿服务行动，建立农民工子女档案、农民工子女服务阵地，组建志愿者队伍，构建村、社区、学校立体式的服务网络，该项目获2010年度全省共青团工作创新创优成果奖二等奖。

【青少年权益保护】 将预防工作机构建设作为全年工作的重中之重，健全组织网络，调整市预防领导小组和未成年人保护委员会，指导市（区）、乡镇（街道）调整充实预防领导小组和办公室。加强法制教育。以“送法进校园、进社区、进家庭”、法律咨询、青少年模拟法庭等多种形式，开展“两法一条例”集中宣传活动。举办泰州市中小学生自我保护情景剧大赛，培育青少年学生的自护理念，增长自护知识，增强自护本领。推进“未成年人零犯罪社区（村）”创建工作，召开全市预防青少年违法犯罪暨未成年人零犯罪社区（村）创建工作推进会，出台《关于深入推进“未成年人零犯罪社区（村）”创建活动的实施意见》，至年末，全市未成年人零犯罪社区（村）创建率达80%。开展“12355社区行”活动，将未成年人权益保护政策法律咨询及法律援助、青少年心理健康问题咨询及疏导等五大项服务送到社区、送进青年；在全市聘请50名社区干部担任“12355青少年发展观察员”，利用社区干部直接面向青少年的优势，加强对青少年社会需求、社会意识、社会态度等指标的动态监测，真正实现“12355”工作项目长期入驻社区。

【大学生村官】 打造创业平台，设立300万元的大学生村官创业基金，与6名大学生村官签订基金扶持协议。举办“我心中的新农村”大学生村官PPT作品大赛、“我的追求”大学生村官论坛等活动，组织大学生村官赴山东寿光参观高效农业示范基地。开辟网上论坛、设立QQ群、飞信群，为大学生村官搭建“网上家园”。开展市属团组织结对服务大学生村官工作，调动市属团组织资源向基层倾斜。启动《别样的青春、别样的火红——我是村官，我自豪》电台特别栏目，全面展现大学生村官扎根基层、创业创新的时代风采。全年共播出20期节目。

【新媒体应用】 以兴化为试点单位，尝试运用各类宣传媒体做好新形势下青少年宣传引导工作，探索建立融报纸、电视、电台、虚拟社区、电子杂志、网络视频访谈等为一体的团属综合宣传引导体系，拓宽组织引导青年的范围。组织利用网络平台引领舆论导向、参与社会管理，举办“社会管理创新与网络时代青少年动员引导——2010地方门户网高峰论坛”，吸引全国各地近40家地方门户网站长、泰州主要网站以及知名论坛版主前来参加，共同探讨互联网业界的社会责任和作为空间。

【基层团组织建设】 创新组织格局，在姜堰市白米镇、高港区口岸街道开展乡镇（街道）组织格局试点工作，突破身份、编制的限制，广泛吸收包括青年创业能人、致富能手在内的优秀青年进入团的领导班子，担任兼职团委副书记，增强乡镇团组织工作力量。白米镇团委被评为“全国五四红旗团委”。加强农村基层组织建设。以村两委换届为契机，联合市委组织部、市民政局下发《关于在全市村民委员会换届选举中加强村团组织建设的通知》，明确要求村两委力争配备35岁以下的青年委员并兼任村团组织负责人，鼓励大学生村官参与竞争，形成“青年委员、大学生村官、村团支部”三位一体的村级团干部配备架构。拓展网络团建领域，提升“e网青声”网络团委自我运作能力，依托网络青年自组织建立实体团支部，虚实结合开展多项活动；总结推广“e网青声”网络团委建设规律，筹建网络团工委，在各市（区）全面推进网络团建工作；加大“e网青声”网络团建工作宣传力度，制作专题宣传片在全国地级市团委书记专题研讨班上进行介绍，扩大和提升网络团建工作的影响与成效。推进基层组织建设。按照“3331”工程的进度要求，在全市10类团组织中选取30%作为实施单位，并择优选取30家省级实施单位，发挥“省级基层团建示范点”的示范带动作用。结合机构改革和企业隶属管辖权限调整，对相关市属团组织基本情况进行调查摸底，理顺原开发区、经贸委下辖企业团组织隶属关系，将扬子江等5家企业团组织划归团市委直接管理。创新机关事业单位团建工作，在市住建局率先成立青年工作委员会，构建“团组织+青工委”的新型团员青年组织网络，扩大共青团在机关青年中的组织覆盖和工作覆盖。

【外围团组织建设】 加强青联、青商工作。面向社会公开招募增补18名青联委员，优化委员的构成和界别设置。组织青年商会会长赴江阴考察，运作筹建泰州青年创业投资公司。召开青联委员、青商会员“双轮驱动 青春行动”联谊座谈会，组织青联委员、青商会成员代表赴无锡学习考察，引导各界青年投身开放创新实践。强化以团带队工作，开展“今天的红领巾明天的红旗手”、“榜样的力量是无穷的——四好少年故事汇”、“四好少年”卡通人物形象设计大赛、“做合格小公民 争雏鹰新奖章”等主题实践活动，引导少先队员争当“四好少年”。联合教育局下发《关于进一步加强少先队工作的意见》，成立泰州市少先队理论研究会，加强少先队基础建设。开展“城乡少年儿童手拉手”、“与留守儿童手拉手”、“与灾区少先队员手拉手”等“手拉手”活动，全市有200名小学生与青海玉树的少先队员实现一对一的沟通交流。鼓励青年自组织发展，拓宽团组织联系青年人才的渠道，筹建泰州市“外语桥”俱乐部。

（窦新平）

泰州市妇女联合会

【妇女创业就业】 巾帼牵手创业就业援助行动。2010年，市妇联组织女企业家帮带引导，建立女大学生创业意向信息库和创业导师人才库，320名有创业愿望的女大学生通过“巾帼牵手SYB导师行动”获得“创业培训合格证书”。全市各级妇联开展妇女创业就业技能培训，组织女性就业专场招聘会、妇女来料加工现场观摩会、女大学生村官创业拜师会。全年全市妇女创业就业培训13700多人，其中，1936名妇女实现创业，3966名妇女获就业技能证书。成立由44人组成的泰州市农产品女经纪人联谊会，会上就农产品女经纪人的职业要求、市场信息的采集与分析等内容进行讲座培训。

巾帼科技创新联盟行动。制定出台《泰州市“巾帼科技创新联盟行动”实施意见》，整合女企业家、女科技人员的资源优势，建立科技创新创业优惠政策库、科研成果项目库、女企业家科技创新需求库、女性科技创新创业人才库，命名泰州市巾帼科技创新研发基地9个。联合市经贸委开展泰州市“十大女性自主创新品牌”评选表彰活动。

巾帼家庭服务创牌行动。在全市开展市场调查，了解不同人群对家庭服务行业的需要和建议，调研有就业困难妇女劳动技能培训需求，为就业困难妇女群体提供就业技能培训。分别在市、市（区）挂牌建立7个巾帼家庭培训基地。针对农村和社区就业困难群体，先后举办月嫂、家政、厨艺、护理等培训班11期，培训人数472人。与高港区、海陵区、泰州高职院联合举办“好苏嫂”巾帼家庭服务职业技能培训班6期，培训妇女就业人员260人。市妇联巾帼创业就业指导中心接待415 名求职妇女、用工家庭621户，中介求职妇女上岗615人次，举办家政、月嫂、厨艺培训班5期，206名妇女通过培训考试并持证上岗。打造巾帼家庭服务品牌，开展“巾帼家政和谐之星”创争活动，评树表彰十佳“巾帼家政和谐之星”。

【维护妇女儿童权益】 市区两级妇联在泰山公园组织开展“建设平安家庭 促进社会和谐”法律咨询、健康服务活动，现场发放各类资料1万多份，现场解答咨询和接待上访投诉计50多人次。通过电视台、报纸、网络开展系列法律咨询服务活动，向市民发出倡议书2000多份。推进农村学前儿童教育、0~6岁残疾儿童康复治疗、关爱流动留守儿童项目，保障儿童教育发展权益。农村妇女参与基层民主管理取得进展，全市已换届的村党组织中，女性村党组织书记比换届前上升0.7个百分点；女性委员比换届前上升8.4个百分点；至少有1名女性委员的村党组织比换届前上升20个百分点。举办全市防治艾滋病知识培训班，女性妇科病实现免费查治。成立由来自市直、海陵区、高港区的142名女性法律工作者组成的团队，为全市妇女儿童维权提供法律援助、法律宣传、心理疏导，调研妇女权益保障中的热点、难点问题。依托妇女庇护中心、妇女投诉中心、妇女法律援助站、“12338”维权热线，全年接待、处理来信、来电、来访212件，获妇女群众赠送的锦旗2面。近2000名妇联干部走村入户，开展“大走访”活动。市（县）两级妇女儿童活动中心及维权阵地初步建成。

【家庭教育】 与市教育局、市关工委联合召开“泰州市家庭教育工作推进会”。在市欢乐亲子园开展暑期家教知识亲子学堂系列活动。配合省网校讲师团赴泰兴举办家庭教育知识系列讲座。推广专家讲坛、热线咨询、“校信通”等家教活动。开展“网络与家庭教育”征文活动。

【关爱孤贫儿童】组织开展庆“六一”“真情关爱·爱心奉献”慰问活动，看望慰问特殊教育学校、市直部分学校、幼儿园的师生以及妇幼保健院的儿保工作者，为泰东实验学校80名留守流动孤贫儿童发放免费体检卡和奥运礼品。开展“情系孤贫儿童，爱心成就明天”主题活动，建立健全全市各类困境儿童基本情况档案，实行动态管理。至年末，全市共有留守、流动儿童近5万名，孤儿1000多名，特困家庭儿童6000多名。开展“七彩夏日”、“幸福快车”亲子游活动，优秀“社会妈妈”与20名留守儿童、贫困家庭儿童、孤儿共同游览天目湖。开展“春蕾圆梦”助学行动，争取省、市慈善总会及省儿基会的支持，捐赠20万元在泰兴、兴化成立两个职教春蕾班；捐赠10万元资助泰州100名孤儿；为55名在市直学校就读的家庭贫困、品学兼优的初中、高中、职中学生和家庭贫困的女大学生发放资助金10.9万元。全市累计发放助学金50多万元。

【省儿基会泰州代表处成立】5月26日，召开省儿基会泰州代表处成立暨“儿童快乐家园”推进会。代表处所筹善款全部计入省儿基会账户，采用定向救助和非定向救助的方法，主要用于助学、助贫、助孤和“儿童快乐家园”建设等儿童实事项目。全年共筹集资金130多万元，资助孤贫儿童1008名。

【妇女小额担保贷款】指导妇女创办创业项目，深入基层调研妇女对小额担保贷款需求。在重点推进示范市姜堰召开全市妇女小额担保贷款现场推进会暨女经纪人联谊组织成立大会。据统计，全市享受小额贷款扶持妇女748人，累计发放贷款3339万元，带动5046名妇女实现就业。

【儿童快乐家园】至年末，建立37个“儿童快乐家园”，通过整合社会各方资源，设置专家团队和志愿者队伍，以直接或转介方式为儿童提供安全、心理、学习、卫生、娱乐、生活等方面的服务与指导。在暑期到来前，为留守儿童举行学校与“社会妈妈”交接仪式。开展留守儿童监护人培训班、“快乐家园网上行”、“七彩夏日”、“七彩田园”等活动，为8000多名留守儿童送去温暖。

【妇女儿童之家】集中制作发放标牌，全市1800个村（居）“妇女儿童之家”启动挂牌，建成后的“妇女儿童之家”将为基层妇女提供创业就业、教育培训、文明创建、文化娱乐、权益维护等服务。

（徐　莹）

泰州市科学技术协会

【科普宣传】全市共开展各类科普宣传活动260多次，发放科普宣传资料近10万份，展出科普展板800多块，张贴科普挂图4000多张，编印各类科普手册3万多册，举办各类科普讲座、报告会、培训班100多场次，累计参与公众约100万人次。9月，“全国科普日”活动扩大到全月，先后举办院士科普报告会、社区科普讲座、青少年科学调查成果展示汇报会等系列活动。

【科普资源】年内，全市创建省级青少年科普教育特色学校4所，命名市级科普示范乡镇8个、科普示范社区9个、市级青少年科技教育特色学校31所。做大做强电子科普画廊特色品牌，对市区26座电子科普画廊实施联网和更新维护，完善管理制度。改版泰州科普网，巩固和开辟科普宣传平台。组织编印《低碳生活指南》，普及低碳生活知识。开展科普短信传播活动，全年累计发送20多万条次。海陵区科协投入10多万元建成首家社区科普馆。海陵农业科技示范园投资100多万元，建成8000平方米的科普乐园。

【全民科学素质工作】泰州市召开全民科学素质工作领导小组会议，部署2010年全民科学素质重点工作，印发《泰州市2010年全民科学素质工作要点》，对目标任务进行责任分解。市科协联合市统计局在全市开展公民科学素质调查，并发布公民科学素质调查报告，全市公民科学素质比2008年提高2.33个百分点。

面向四大重点人群开展科学素质行动，聘请卫生、教育等行业的科技专家成立泰州市科普讲师团，深入基层开展“菜单式”科普报告和科技培训。开辟网上科普“园博园”，向农民推广新品种、新技术。举办计算机技能培训班4期，免费培训社区居民200多名。邀请中国工程院院士杜祥琬为市委中心组作“新能源产业发展”的专题讲座。联合市教育局培训科学教育工作者100多名，表彰优秀科技辅导员48名。组织全市中小学生20多万人次参加“科普大篷车”、青少年科学调查体验活动、“求知计划项目”主题活动、“信息与未来”小学生夏令营活动、青少年科技创新大赛、“金钥匙”科技竞赛、信息学奥赛等科技竞赛活动。

【院士专家泰州行】市科协与市科技局联手推进院士工作站建设，新推荐申报的11家省级院士工作站通过评审。至年末，全市已建立院士工作站29家，其中省级19家。年内，中国科协常委、书记处书记宋南平，中科院院士、中科院理论物理研究所学术委员会主任欧阳钟灿，上海市气象局学术委员会主任徐一鸣等全国政协科协界委员一行，到泰州考察调研院士工作站建设情况。邀请中国工程院院士沈闻孙、教授陈绍综两度到泰州三福船舶工程有限公司、泰兴华港船厂为企业解决相关科技难题，签定技术合作协议，并成立院士工作站。

【千名科技专家兴农富民工程】 年内，全省“万名科技专家兴农富民工程”推进会在泰州召开，与会代表实地考察兴化市颐鹤林果蔬苗木科技示范基地、兴化市双平禽业协会和江苏现代畜牧科技示范园等兴农富民工程项目基地。市“千名科技专家兴农富民工程”协调小组办公室会同市农委等部门完善兴农富民工程实施工作成效检查评估和项目评比办法，对38个市级重点项目建立管理台账，实施动态追踪问效。靖江市新胜野生动物驯养基地和高港区腾龙园林绿化有限公司董事长曹斌获中国科协、国家财政部“科普惠农兴村”计划联合表彰奖励，海陵区乡音葡萄园基地、姜堰市鸿翔菇业协会和泰兴周氏家禽育种有限公司董事长周绍勤3个集体（个人）获省级表彰，苏姜猪的选育与推广等6个项目获市级表彰。年末，对市级专家组科技服务情况进行绩效考核，并给予相应津贴奖励，调动科技专家服务项目的积极性和主动性。各市(区)加大对市(区)重点项目的考核奖励力度，海陵区开展优秀项目评选活动，对7个项目奖补资金15万元。

【科技服务经济】 组织全市所属学会、企业科协开展“金桥工程”、“讲、比”竞赛、“厂会协作”等活动。其中，“金桥工程”完成项目56项，节约资金1.56亿元，新增销售11.7亿元，新增利税1.91亿元；“讲、比”竞赛活动共申报项目108项，参加竞赛人员983人，节约资金6750万元，新增销售12.4亿元,新增利税4.87亿元，创汇887万元；“厂会协作”完成项目51项，新增销售34.54亿元,新增利税3.73亿元。

【学术交流】 各市（区）科协、市级学会全年共组织开展学术交流和学术研讨等各类活动300多次，参加人员达2万多人次。年内，首届国际透明薄膜太阳能电池发展研讨会、首届国际骨科高峰论坛、第三届“复旦—泰州”肿瘤论坛、“胶体电池技术研究新进展”高层学术研讨会等一系列高端学术活动在泰州举行。“苏台生物医药健康产业合作高峰会”在中国医药城开幕，来自海峡两岸生物医药界的300多人参加峰会，推动海峡两岸生物医药健康界的交流，为苏台生物医药健康产业合作奠定坚实基础。泰兴市科协邀请两位中科院院士——中国月球探测卫星嫦娥一号总设计师兼总指挥叶培建、南京大学地球科学系教授王德滋分别在黄桥中学、宣堡镇中心小学，举办以“航天、航空技术”和“板块、地震与火山”为内容的高层次科普报告会。组织开展泰州市第七届自然科学优秀论文评审、表彰活动，共征集各类论文886篇，表彰577篇。

【学会工作】 下发《泰州市级学会年度工作考核意见》，编制《泰州市科协学会工作2010年重点工作计划表》，召开全市学会工作会议。开展泰州市星级学会评审活动，命名市医学会、市土木建筑学会为五星级学会，市中医药学会、市农学会、市老科技工作者协会为四星级学会。新成立泰州市水利学会，完成市气象学会、市质量学会换届选举。检查督促所属学会完成年检工作。

【服务科技工作者】 加大举荐优秀科技创新人才的工作力度。在市委出台的《关于进一步加强新时期科协工作的意见》中明确“市委、市政府每四年一次评比表彰‘泰州市十佳科技之星’，组织开展“泰州市优秀科技工作者”等优秀人才评选”。年内，全市有1人当选全国优秀科技工作者；2个集体被授予“江苏省科协系统先进集体”称号；10人当选“江苏省科协系统先进个人”；5人被授予第九届“江苏省优秀科技工作者”称号。开展泰州市科协系统2010年先进个人评选表彰活动。组织科技工作者围绕泰州市经济社会发展的重大问题开展专题调查研究、学术交流和决策咨询活动，编印科技工作者建议。

（谢华平）

泰州市哲学社会科学界联合会

【概况】 2010年，泰州市社科联、江苏省社科院泰州分院改革创新工作思路，服务全市经济大局，在理论宣传、课题研究、学术交流、社科普及、学会管理、健全组织及自身建设等方面进行新的探索。年内，省

社科院泰州分院获“全国城市优秀社科院”称号，全市有三家学会获2008~2009年度“全国大中城市社科联先进学会”称号。

【理论研究服务经济大局】2010年共完成泰州市经济和社会发展课题17项，从多个角度为泰州发展建言献策。借助社科研究平台，集中社科优势资源，围绕全市经济社会发展的重点、难点、热点问题，全年先后举办或承办“泰州旅游节庆活动的整合与提升”、“转型升级与泰州跨越发展”高层论坛暨2010年社科课题成果发布会、“陈燕萍精神”研讨会等5场高层次论坛、研讨活动。拓宽跨部门合作渠道，与科技局、工商局、人社局等部门合作，分别开展创新型经济、农业合作化组织和创意型就业等方面的课题研究。年底，将课题研究成果汇集成31万字的《2010泰州发展研究报告》（蓝皮书），并向“两会”代表、委员及全市各级机关、基层赠送3100本。

【《决策咨询》（内刊）】2009年，创办《决策咨询》（内刊），年内累计出刊19期、18多万字，为领导的科学决策、经济预测和信息咨询等提供服务，加快研究成果的转化。《决策咨询》已成为新智库的特色品牌之一。

【学会管理和组织建设】修订《全市社科类学会管理办法》，加强学会管理工作，对社科联业务指导工作进行规范梳理，与主管单位、民政部门沟通，评选和表彰年度先进学会和学会工作先进个人。新成立泰州历史文化研究会和泰州市水文化研究会，社科类学会总数达47家。举办培训班，对学会会长、秘书长及专职人员进行理论和业务培训，推进学会工作正常化、人员专职化、活动多元化。健全组织机制，四市二区均成立社科联。

【组织优秀作品评奖和精品工程评选】组织泰州市第七届社科优秀成果评奖，健全完善以哲学社会科学优秀成果评奖为标志的社科工作激励机制，调动全市社科工作者的积极性和创造性。选送8件作品参加省社科联2010年社科应用研究精品工程评比。

【聘用特约研究员】整合全市社会科学研究力量，搭建社科人才服务社会的平台，聘请董文虎等16人为江苏省社科院泰州分院特约研究员、施亚康等5人为江苏省社科院科学发展观研究基地特约研究员，并在年底课题成果发布会上颁发聘书。

【社科宣传普及】先后参加全市“三下乡”活动和“科普活动周”。10月，组织举办以“传播生态文明理念 共建和谐美好泰州”为主题的泰州市第七届社科普及宣传周，推出社科进社区系列讲座、大学生演讲比赛、社科板报巡回展和社科书市等活动。在省社科联组织的社科普及项目评比中，全市有“大学生演讲比赛”等7个项目入围并得到省社科联配套经费资助。通过网络论坛进行社科普及宣传，从4月开始，在“泰州政府门户网站·望海楼论坛”建立专版，每月定期发表理论文章宣传全市最新社科研究成果和动态，共发表文章35篇，总点击率达11000多次，其中“关于泰州争取融入江苏沿海开发战略的思考”等帖子引起泰州网民的热议，形成社科研究和社科普及与网民的互动。

【书刊服务】2010年，《大众社会科学》全年出版6期，共发行12000册；年内，为繁荣学术，促进理论创新，新增“争鸣”、“社科动态”等栏目，对涉及经济、社会、文化等的重大理论问题展开辩论和争鸣。合作出版《陈燕萍精神研讨会论文集》、《中国城河论》。

【社区帮扶】组织党员参与市地税局牵头组织的与海陵区城北街道赵公社区“结对共建”活动，开展党员义工活动，给帮扶困难家庭送去大米和色拉油等物资，向社区赠送4000元社科书籍，帮助建设社区阅览室，丰富群众文化生活。

（陈砚秀）

泰州市文学艺术界联合会

【文艺创作】2010年，市文联致力于文艺创作的导向，积极培养文艺人才。组织参加省书协、美协举办的书法、美术新人展，邀请省专家李啸、尹石到泰进行创作辅导，有40多人入选省第七届书法篆刻新人展，在全省居第3位；10人入选省第三届美术新人展，均创历史之好成绩。许康的油画入选省油画小品展。加强摄影作品创作，近10幅作品参加全国性大展，其中杨天明的作品《放工》获第23届全国摄影艺术展览铜奖，另有两幅作品获优秀奖。由市文联选送的少儿京剧《打虎上山》获省少儿京剧大赛二等奖。

加强文学作品创作。年内，市文联与省作协分别在南京、泰州举办“刘仁前作品研讨会”、“刘春龙《乡村捕钓记》作品研讨会”。关注文学青年的成长，安排严尔碧、周志梅等四位青年作者参加省作协举办的“江苏青年作家读书班”。长篇小说创作引人注目，刘华君50万字的《倦寻芳》等4部长篇小说以及陈建波的长篇小说《诡计》年内均已出版，夏明霞的长篇小说《婚后无战事》被华谊兄弟传媒集团购买，将被拍成25集电视连续剧。市文联主办的文学刊物《扬子江》为全市文学工作者、爱好者提供展示平台。

组织选送的铜雕、竹雕等工艺品参加“第二届东方工艺美术之都博览会”取得好成绩，荀宝才的铜雕《西游记》获省民间工艺美术最高奖“迎春花奖”。“面人王”传人王洪祥在澳门举办的“江苏非遗文化”展示活动中，面塑绝活表演引起轰动。

诗词协会出版《历代名人咏泰州》（清代以前），民国及当代部分名人咏泰州诗词也正式出版。

【文艺活动品牌】 市文联和各文艺家协会发挥各自优势，引导文艺工作者利用泰州文化资源，通过各种文艺形式，打造文艺品牌，推动文艺项目建设。3月，省摄影家协会与市文联等联合主办“时永摄影作品展”。5月在望海楼举行海军原副政委冷宽中将等5位将军的“海军将军镜头中的水兵母亲城摄影展”，并出版“摄影集”。举办“第二届文艺展示月”，其中“泰州戏剧展示周”连演六场，场场观众爆满。与省花鸟画研究会联合主办“祥泰墨花·湿地情怀——江苏省写意花鸟画邀请展”。启动由市委、市政府和省文联联合主办的“千秋草圣高二适——当代书法名家邀请展”，邀请70位全国书法名家和泰州31位书家，精心创作以高二适诗歌和历代诗歌咏泰州为内容的书法作品，并于12月在市园博园举办展览。

（文　联）

泰州市归国华侨联合会

【市新华侨留学生及眷属联谊会成立】 2010年，市侨联根据泰州市新华侨留学生、海外工作者及其眷属和留学回泰工作人员的特点，开展侨情调查活动，积极筹建泰州市新华侨留学生及眷属联谊会。10月，市民政局作出《关于同意泰州市新华侨留学生及眷属联谊会成立登记的批复》。首批会员171人。

【服务医药城】 年内，市侨联先后邀请和接待瑞典中华医学会会长、美国纳米医学研究院院长，以及来自美国、英国等国家和中国香港地区的专家和客商到泰州参观考察医药城，为医药城和到访的专家、客商提供合作信息，并签订合作意向书。8月，市侨联推荐中国医药城的两名海外高科技人才余国良和马启元，分别获中国侨界创新人才奖和创新成果奖。

【侨领工作】 做好多领域的海外侨领和侨界专家学者的接待和宣传工作。保持与旅欧爱国侨领单声的联系，先后开展修缮单毓华故居、建立单声奖学基金会、单声先生捐赠文物等侨务活动。10月，在英国伦敦单声寓所举行“单声先生珍藏文物捐赠接受仪式”，接受捐赠文物300多件；年内，单声获2008~2010年度“感动泰州”十大人物称号；单声珍藏文物馆建设全面启动，并列入泰州市“十二五”规划。著名新加坡籍华人教育家、历史学家王赓武到泰州寻根，市侨联热情接待，安排专访，《泰州日报》刊登题为《王赓武——海外华人研究的奠基人和开拓者》的整版报道。

【侨商会】 发挥侨商会的平台作用，为会员服务。多次组织会员开展考察交流活动，加强会员联谊，倡导互助合作，先后促成多项外侨资项目落户泰州。积极吸纳新会员，注重调优侨商会会员结构，提高侨商会的美誉度和吸引力。市侨商会分别与阿联酋江苏商会暨江苏同乡会、南通华侨经济技术交流促进会等海内外侨商组织建立友好商会。

【侨界群众活动】 市侨联按照“组织起来，活跃起来”的要求，创新活动形式和内容，丰富归侨侨眷文化生活。开展“扬巾帼精神 展侨界风采”——侨界巾帼报告会，组织归侨侨眷代表参观上海世博会，召开纪念《归侨侨眷权益保护法》颁布20周年座谈会，开展为侨资侨属企业“三服务”活动等。年内，市侨联获“全省侨联群众工作先进单位”称号。

【依法维护侨益】 利用泰州侨刊和泰州侨网连续刊载各类涉侨法律法规和新时期侨务政策。走访老归侨、困难侨眷和侨商会会员单位，开展问卷调查，收集侨界群众和侨商的建议意见。坚持“有上访必下访”的原则，先后协调解决越南归侨杨女士子女下岗再就业等侨界群众的实际困难，保持侨界和谐稳定。加大侨联维权工作力度，10月，市侨联成立法律顾问委员会，为全市侨界人士、侨资侨属企业及留学回泰州创业人员，开展日常性涉侨法律咨询服务工作。

【参政议政】 围绕“关于进一步加强引进海外高层次人才工作”课题，深入市人事、科技等部门及医药城、经济开发区等单位开展调研，向市政协三届三次会议提出侨联团体提案，被列为大会交流材料，并获市政协优秀提案奖。围绕“关于进一步加强中等职业教育工作”课题，结合侨界人士建议，深入市教育局、人社局以及泰州机电职业技术学院等部门和单位开展调研，向市政协三届四次会议提交团体提案，被列入大会交流材料。9月，市人大常委会召开侨务工作调研会，专题听取市侨联工作介绍和侨界代表的建议意见。

【对外联谊】利用自办的侨刊侨网，做好对外宣传工作。编印《泰州侨联》会刊3000份，对“泰州侨网”实施改版，使栏目设置更贴合侨界群众的需求。7月，“中华情 泰州情”大型文艺晚会在中央四套中文国际频道向全球播出，市侨联及时通知祖籍泰州的海外华人华侨收看，并协助泰州电视台记者视频连线采访在美国、加拿大、日本、新加坡工作学习的泰州人，加深海外侨胞对家乡的感情。树立“大侨务”观念，加强与兄弟省市侨联的工作联系，实行资源共享。向海内外华侨华人及其眷属以及友好社团、商会组织寄发圣诞、新年贺卡1000多份，电子贺卡200多份。

（乔晶晶）

泰州市残疾人联合会

【概况】2010年，全市各级残联全面落实省委省政府《关于加快残疾人事业发展的意见》和市委市政府《关于推进残疾人事业加快发展的工作意见》文件精神，加快推进残疾人社会保障体系和服务体系建设，全面推进残疾人康复、教育就业、扶贫、信访维权、文体宣传等各项工作，为全市残疾人事业快速发展奠定良好的基础。

【残疾人康复】推进残疾人社区康复工作。至年末，全市四市二区全部通过省级残疾人社区康复示范（先进）市区验收，其中泰兴市、高港区创建成国家级残疾人社区康复示范社区。开展以无障碍改造为特点的残疾人康复“四进家庭”活动，结合贫困残疾人家庭的实际和康复需求，为2000多户贫困残疾人家庭提供“四进家庭”康复服务。全市共建立康复医疗机构及康复指导站48个，社区残疾人康复站（室）115个。

开展“三助一给”活动。全市有170名肢残儿童参加训练，为208名聋儿进行听力语言康复训练，培训聋儿家长230人，为75名贫困聋儿进行专项救助，免费配备助听器150只，其中，“聆聪”项目为17名贫困聋儿免费安装助听器，“国家彩金”项目为18名聋儿配备助听器。为358名贫困智力残疾儿童开展康复训练，对260名智力残疾儿童家长进行康复知识培训。为219名成年智力残疾人进行康复训练，为760名肢体残疾人开展社区康复训练。四市二区全部创成白内障无障碍市区。全市80%有康复需求的残疾人得到不同形式的康复服务。为2265名贫困精神病患者免费提供药品，对40名贫困精神病患者提供住院医疗救助。

推进县级残疾人康复中心建设。市残疾人康复中心开展6岁以下残疾儿童抢救性康复工作，通过省残康办和省妇儿工委组织的考评督查。靖江、泰兴、姜堰、海陵等市（区）康复中心的残疾儿童康复训练工作规范运行，训练效果明显。年内，泰兴市和海陵区的康复中心因拆迁重建，主动与相关部门协调，制定重建方案。兴化市康复中心是兴化市政府的“交钥匙”工程，即将投入运营。

【残疾人社会保障】建立市区残疾人养老保险特惠制度。6月，市政府办公室转发市残联、市财政局、市人社局、市民政局《关于推进市区残疾人参加城乡居民社会基本养老保险工作的实施意见》。7月，市残联与市财政局、市人社局、市民政局联合下发《关于推进市区残疾人参加城乡居民社会基本养老保险工作的实施意见》的实施细则。9月，市区各乡镇（街道）、村（居）委会正式接受残疾人参保和养老补贴申请。至年末，海陵区、市经济开发区（含周山河街区）和市农业开发区共有662名残疾人办理保险，1462名残疾人领取养老补贴。

落实重残无业人员全额发放最低生活保障金工作。至年末，全市有21246名重残无业人员全额享受低保金待遇，年需保障资金5500多万元。推进残疾人意外伤害保险工作，全市有42594名残疾人办理意外伤害保险，其中有115名残疾人发生意外事件，死亡13人，保险公司累计理赔30多万元。

发放残疾人护理补贴。3月，市残联与市财政局下发《关于印发对生活不能自理残疾人发放护理补贴的实施意见的通知》。各市（区）相继出台配套政策文件，规定从2010年1月1日起对生活不能自理的残疾人发放护理补贴。全市有5333名重度残疾人享受护理补贴发放待遇。6月，完成全市4086名低保家庭中的重度残疾人、9793名低保边缘家庭中的残疾人和15749名低保以外无固定收入重度残疾人的调查登记、统计汇总和上报工作，争取省补资金241万元，对泰兴市、姜堰市和兴化市15943名无固定收入重度残疾人和一户多残、依老养残家庭中的残疾人发放生活救助金。

残疾人托养机构建设。全市启动公办残疾人集中托养机构建设工作。泰兴市残疾人托养中心正在进行试运行，12月26日，全国、省、市在泰兴的四级人大代表对泰兴市政府2010年为民办实事项目视察评估活动中，泰兴市公办残疾人托养中心获综合评估第一名，满意度100%；兴化市残疾人集中托养中心主体工程正在装修；靖江市残疾人托养中心主体工程接近完成，将于2011年一季度交付使用；姜堰市“民建公助和划转改建”两种公办残疾人托养机构建设方案，已提请市政府审定；高港区残疾人托养中心被区政府列为“交钥匙”工程。至年末，全市已建成37个乡镇（街道）残疾人托养机构，服务残疾人632名，超额完成省残联下达的（33个）任务。

【残疾人就业培训】 全市残联共投入100多万元，举办各种种植业、养殖业、电脑操作和家电维修等残疾人职业技能培训班51期（次），组织12名残疾人职业技术能手参加全省集训、2名残疾人参加全省残疾人计算机培训，举办全市盲人保健按摩师培训班2期，培训盲人保健按摩师86人。新开盲人按摩店14家。举办全市盲人计算机培训班，培训后考试合格者由市人社局颁发国家承认的职业资格证书。全市残联共培训残疾人1271人，安置残疾人就业1093人。

【残疾人扶贫】 全市残联共帮助1040多名残疾人脱贫致富，对1261名残疾人进行生活救助，对21户残疾人家庭的危房进行改造。走访慰问800多户贫困残疾人家庭和30多个残疾人服务机构，送去慰问金和慰问品160多万元，向残疾人捐赠轮椅910辆、盲杖500根。其中，市残联投入30多万元，开展两次“牵手走近贫困残疾人”活动，走访慰问300多名贫困残疾人、6家残疾人服务机构，并向市民行政服务中心、市火车站、市人民医院和市图书馆等10个人员相对集中的公共场所赠送残疾人轮椅26辆。围绕2010年全国助残日“强化扶持和救助措施，帮扶农村贫困残疾人”的主题，全市各级残联开展走访慰问、广场活动、媒体宣传等活动。市残联在全国“助残日”暨泰州市第三次助残周期间共安排10项活动，有助残捐赠、“牵手走近残疾人”走访慰问、为麻风病人免费安装假肢的“春风行动”、为贫困残疾人家庭赠送彩电的“圆梦行动”、助残志愿服务活动、盲人免费计算机培训等多种形式的活动，收到良好的社会效果。

【信访维权】 2010年，市残联处理人民来信126件，接待残疾人来访239人次，参加行风热线6次，信访办结率达100%。泰兴市残联开通全国首个免费助残服务热线；高港区残联与司法局联合为全区1300多名重度残疾人发放法律援助证书，为残疾人法律诉求开辟“绿色通道”。开展创建无障碍环境建设示范城市工作，市主城区改建、新建盲道14700米，新增无障碍设施630处，清理盲道40多千米。

【文体工作】 组队参加省八残会，获15金、11银、8铜，金牌榜居全省第9位。靖江的张魏入选国家女子盲人门球队，作为主力队员获广州亚残会女子盲人门球冠军。在全省残疾人文化活动周中，泰州市选手在全省残疾人书画比赛、征文比赛和演讲比赛中共获一等奖1个、二等奖4个。在11月举行的全省特校文艺汇演中，市残联选送的3个节目获二等奖2个、三等奖1个。

【信息化建设】 市残联以换发第二代“残疾人证”为契机，指导各市（区）残联做好残疾人人口基础数据库建立工作。全市残联网站共发布信息502条，被中残联采纳64条，被省残联采纳257条，信息发布量居全省第2。各市（区）残联严格办证程序，接受社会各界的监督检查，共发放第二代“残疾人证”52054本。

（残　联）

泰州市红十字会

【组织建设】 至年末，泰兴、兴化、海陵3市（区）红十字会理顺管理体制，各项工作步入正轨。姜堰市配备专职副会长，姜堰市、高港区红十字会召开会员代表大会，靖江、高港红十字会落实副会长及工作人员兼管红十字会工作。发展红十字会基层组织，靖江、泰兴、海陵90%以上的学校成立红十字会。至年末，全市冠名红十字医疗机构5所，新增红十字会基层组织57个，发展会员3.8万人。

【红十字宣传】 开辟宣传阵地，在《泰州晚报》设立“红十字之窗”，在“泰州新闻广播”设立“红十字之声”。适应宣传工作需要，对市红十字会网站进行改版、升级，编撰《泰州市红十字会简报》，全年共印发10期，《简报》已成为宣传红十字会工作的重要平台。举办首届市红十字会迎新春答谢会，省红十字会会长吴瑞林、副市长曹玉梅等省市领导和企业家代表近100人参加。

【筹资赈灾】 开展海地地震、西南干旱、青海玉树地震、甘肃舟曲泥石流等赈灾募捐，全市共筹集善款562万元。所有赈灾捐款已全部拨付灾区，用于灾后重建。关爱市内贫困群众和弱势群体，开展人道救助筹资工作。在纪念“5·8”世界红十字日期间，市红十字会在全市范围内组织开展第四次“红十字博爱万人捐”活动，共募集捐款592万元，其中，市本级192万元。争取市福利彩票公益金20万元，争取中国红十字总会和省红十字会救助项目款物142.8万元。2010年，全市红十字会共募集救灾救助款物折合1350万元。

【人道救助】2010年，市红十字会组织开展6大“红十字博爱救助系列活动”，救助款物累计220万元，全市1万多名困难群众受益。一是助困活动。春节前，市红十字会筹集价值60万元物资，组织开展第三届“红十字博爱送万家”活动，向城乡2000户贫困家庭和在泰5所高校200名贫困大学生实施救助。参加市“三下乡”集中服务慰问活动，向海陵区罡阳镇贫困群众送去价值9万多元物资。探索“造血”式救助模式，资助10万元启动红十字生育关怀行动，高港区100户农村贫困家庭受益。联合市级机关工委开展为特困党员送温暖活动，20名特困党员得到帮助。二是助学活动。市红十字会与南京银行泰州分行联合开展第二届“金梅花·红十字博爱助学”活动，市区26名大学生获得2000元~5000元不等的助学金。与泰州乐金电子冷机有限公司联合开展“希望之星奖学金”颁奖活动，泰州市第二中学88名品学兼优贫困学生获4.5万元奖励。筹资18.8万元组织实施援建兴化市薛鹏小学项目。将省红十字会下拨的10万元食品分发给四市二区部分学校。三是助老活动。组织开展“金梅花·博爱助老——市红十字会第二届为贫困孤老送年夜饭”活动，南京银行泰州分行出资5万元，年夜饭由泰州亚细亚大酒店制作。四是助医活动。落实中国红十字基金会“小天使彩票公益金”项目，6名白血病患儿获18万元救助。联合市民政局和市人民医院启动“幸福从头开始·脑动脉瘤助医行动”，成功救治2名贫困患者。筹资20万元组织实施援建兴化市李健、新华博爱卫生院项目。五是助残活动。在姜堰市启动“春风行动”，为48名麻风畸残者安装假肢。在“世界防治麻风病日”期间，为泰兴、姜堰两地麻风病休养员送去价值6万元的慰问款物。筹资20万元帮助市特殊教育学校建设电脑室，完善学生宿舍生活设施。六是助孤活动。为市社会福利中心孤儿送去价值8万元奶粉。泰兴市红十字会和教育局联合开展“情系孤儿、博爱无边”活动，对96名孤儿救助4.8万元。

【救护培训和防艾宣传】在第六个“世界急救日”期间，市红十字会举办全市红十字救护知识、技能大赛，11支代表队和4支特邀表演队参赛。开展初级救护培训“进社区、进校园、进企业、进军营”活动。全年市红十字会共普及救护知识3000人次，培训救护员500多人。在学校开展“关爱女性健康”知识讲座，提高师生关爱生命、保护健康意识。在泰州师专开展防治艾滋病青年同伴教育，培训防艾宣传骨干20名。与市疾控中心等单位共同举办防艾广场宣传活动，发放宣传品2000多份。

【捐献造血干细胞】市编办批准设立“中国造血干细胞捐献者资料库江苏省分库泰州工作站”。市红十字会造血干细胞捐献采样点揭牌，志愿者在无偿献血同时，即可完成造血干细胞采样。泰兴市、海陵区红十字会分别组织造血干细胞集中采样活动。全年全市共采集358份造血干细胞血样，17人初配成功，5人进入高配，1人进行配型合格后体检。全市累计有3184名志愿者信息录入中国造血干细胞捐献者资料库。加强无偿献血宣传，联合市中心血站在“世界献血者日”组织广场献血宣传活动，联合市级机关工委组织党员干部开展无偿献血。全年全市实现无偿献血13吨，全部满足各级医院临床用血需要。99人分别受到国家和省级“2008~2009年度无偿献血表彰”。

【角膜捐献】3月1日，市红十字会得知“四川绵竹市民为感恩，欲将角膜捐给江苏”的消息，经与绵竹市红十字会联系，派专人赴四川省红十字眼库迎取角膜，市人民医院成功进行角膜移植手术。中央电视台、新华社、江苏卫视、新华日报社等媒体对“感恩角膜”事件作专题宣传报道，扩大市红十字会的影响。为推进角膜捐献工作，市红十字会印制《志愿捐献角膜协议书》，启动捐献角膜志愿者登记工作。

【红十字青少年工作】全市各学校红十字会组织开展上好开学安全第一课、红十字主题班会、感恩互动会、校外红十字志愿服务等活动。泰兴市举办“我与红十字”主题征文活动，海陵区开展“红十字青少年网络知识竞赛”，兴化市组织“红十字博爱世博之旅”，靖江市组织“红十字青少年爱世博”游园活动，向学生们展示红十字爱心，诠释红十字精神。首次开展红十字示范学校申报评审工作，经省、市两级红十字会的检查考核，泰州职业技术学院等5所学校被命名为“江苏省红十字示范学校”，泰州市苏陈实验小学等18所学校被命名为“泰州市红十字示范学校”。

【红十字志愿服务】市红十字会在市社会福利中心建立“红十字志愿者服务基地”，批准成立泰州市红十字宣传志愿者队、“爱上街”红十字志愿者队和“格调芭莎”红十字志愿者队3支市红十字志愿者服务队。组织开展红十字劝募、宣传、救护培训、敬老助残、心理健康咨询等志愿服务活动。全市共登记红十字志愿者3100名。

（红十字会）

综　述

【维护社会稳定】 推行社会稳定风险评估。市委、市政府研究制定《泰州市社会稳定风险评估实施意见》，明确规定，凡是违反法律法规、违反党和国家方针政策的不出台，侵犯群众利益、与民争利的不出台，群众思想工作未做好、可能引发影响社会稳定事件的不出台。在中医药博览会、行政区划调整、学校施教区划分等重要时期，坚持预防在前，有效预防和化解各类不稳定因素。

全面深化维稳工作。围绕贯彻落实省委8号文件，市委召开常委会，专门研究解决基层调处中心建设、镇村政法综治组织、涉法涉诉接访中心等10个方面的问题。将社会矛盾化解、社会管理创新和公正廉洁执法三项重点工作细化为23项具体工作，分解落实到纪委、组织部、政法委、财政局、编办和政法部门等18个主要责任单位和相关责任单位，召开全市现场会进行总结交流和重点推进。

开展"一村万户大走访"活动。市委书记张雷带头走访，政法综治部门、有关部门全部挂钩到乡镇，年内，全市共走访重点户45000多户，为群众办实事6000多件。

做好矛盾纠纷排查化解尤其是重点信访积案的化解工作。全市共调处化解各类矛盾纠纷13600多起，调处成功率97.6%；办结信访积案471件，结案率98.9%。上海世博会、全国"两会"、首届医博会期间，全市无一人进京赴沪上访，无一起重大恶性事件。

【推动科学发展】 全市政法机关主动服务企业、服务项目、服务投资者，为经济社会发展创造良好环境。法院系统深化审判执行工作，全年审结民商事案件38897件，调解撤诉率达64.7%，执行标的近13亿元。检察机关强化法律监督，加大查办和预防职务犯罪力度，共立案查处职务犯罪案件108件128人，挽回直接经济损失1147万元。公安机关强化整顿规范市场经济秩序工作，共破获经济犯罪案件409起，挽回经济损失4.7亿元。司法行政机关组织开展"双促双助"法律服务活动，走访企业7780家，办理法律援助案件4411件。民政部门加强基层政权建设，做好社区服务、扶贫济困、救灾救助等工作。

【社会治安综合治理和平安泰州建设】 开展严打整治斗争。全市新立刑事案件、八类案件比上年分别下降5.7%和11.8%，实现命案全破。

全面推进社会治安重点地区排查整治活动。市、县、乡层层建立排查整治办公室，全市共排查单位场所1256个、"城中村"和城郊结合部378个，确定省级重点地区1个、市级3个、县级98个。对排查出的重点地区和重点问题，逐一制定方案，落实责任单位；对问题突出的，挂牌整治。年内，102个重点地区全部整治到位，省综治办委托省调查队抽样调查，泰州市社会公众安全感达94.76%，居全省第2。

加强校园和重点单位安保工作。5月1~3日，市四套班子领导带队，深入校园开展安全检查。市综治五部委制定出台《校园安全防范问责办法》，要求对存在的问题责任到人，跟踪督办。全市中小学、幼儿园全部配备专职保安，安装技防设施，完善防范机制。对医院、福利院、敬老院、加油站等重点单位，逐一开展安全检查，全市960多家重点单位全部消除治安隐患，落实防范措施。

加强基层基础工作。加强基层政法组织建设，全市有86个乡镇（街道）建成规范化的政法综治中心，其中达到“大集中”标准的有50个。强化一线人员配备，每个乡镇（街道）配备1名综治社工，专门从事政法综治工作。全面推广治安中心户长制度，以村（社区）为单位，每20户~30户设立1名治安中心户长，参与综治创建工作。开展“五星级”村（社区）创建活动，630多个村（社区）达到“五星级”标准，占总数的31%。深化平安创建活动，全年召开16个创建工作现场推进会，总结培植泰兴市治安中心户长制度等一批在全省有影响的先进典型。年内，全市青少年违法犯罪得到有效遏制，社区矫正对象保持“零犯罪”，海陵区、高港区被表彰为“全省社会治安综合治理先进县（市、区）”。

【政法队伍建设】 在人民大会堂成功举行陈燕萍先进事迹报告会，最高人民法院、中宣部先后在泰州举办陈燕萍工作法研讨会、陈燕萍精神研讨会。在全市政法系统开展以向陈燕萍同志学习，争创陈燕萍式基层单位、争做陈燕萍式政法干警为内容的“双争”活动，政法系统涌现一批先进集体和模范干警，经过部门推荐和严格评选，市委政法委对其中33家单位、48名干警进行表彰。加强执法监督和执法巡视，对2008年以来各市（区）法院判处“缓、管、免”等案件、检察院不捕不诉案件、公安（分）局采取强制措施后未进入司法程序案件、市中院执行案件、市检察院反贪局自侦案件、市公安局经侦支队侦查案件和两级政法部门涉法涉诉信访案件等378件，进行为期7天的集中评查，对评查中发现的问题进行整改，解决一批执法不公正、不文明的问题。深化“队伍建设年”活动，加强干警教育培训，市委政法委举办全市政法系统中青年干部培训班，组织开展岗位大练兵、技能大比武活动，培养一批“办案能手”、“调解高手”、“执行强手”。在万人评机关活动中，市中级法院、民政局获2010年度“十佳人民满意机关”称号，市公安局、市人民检察院被评为2010年度“作风建设先进单位”。

【周永康到泰视察】 11月26日，中共中央政治局常委、中央政法委书记周永康在省委领导陪同下，专程到泰视察政法综治工作。在泰期间，周永康深入泰州市公安局交巡警支队“一号窗口”、海陵区人民法院和海陵区委政法委，认真旁听干警办案，与干警、群众座谈交流，并合影留念。

（蒋　旻）

公　　安

【概况】 2010年，全市公安机关积极应对后金融危机时期严峻的治安形势和世博安保等挑战，围绕“作风大转变，形象大提升，工作争主动，绩效争进位”的总体目标，以上海世博会安保工作为主线，以“三项建设”和“三项重点工作”为重点，组织维护稳定各项工作，圆满完成世博安保、中国（泰州）国际医药博览会等各项公安保卫工作任务，为全市经济社会发展营造良好的治安环境。

【惩治刑事犯罪】 开展“2010严打整治”行动，把命案、严重暴力犯罪作为打击重点，加大案件侦破力度，全年共立刑事案件19241起，破现行案件9807起，破案率达51.0%；立“八类”案件231起，破227起，破案率达98.3%；抓获刑事作案成员8309人，抓获网上在逃人员2490人。破各类涉毒刑事案件187起，其中省厅挂牌毒品大案2起，摧毁跨省贩毒团伙6个。市局侦办的“10·30”特大贩毒案入选公安部“全国十大缉毒优秀案件”，是全省唯一一起入选案件。

【开展治安整治】 结合上海世博会安保“护城河”工程，对流动人口集中、秩序较乱的“城中村”、城郊结合部、大型工程工地等重点部位，以及各类藏身落脚处所，不间断地开展治安检查、重点清查，全面落实信息采集责任和日常管控措施，消除管理盲区。先后排摸确定2个省级挂牌、12个市级挂牌重点地区，组织开展“集中打击黄赌娼违法犯罪”、“娱乐服务场所整治”、“打击毒品犯罪”等专项行动。全年共办理黄赌娼案件4940起，处理黄赌娼违法犯罪人员15959

人；查处网上赌博案件、淫秽色情案件26起。全年共查处治安案件75280起，治安处罚29301人，治安拘留6597人。

【打击经济犯罪】 加强涉众涉稳案件、重大疑难案件和专项打击行动各项工作，开展打击假发票、假币、银行卡专项斗争，组织开展打击侵犯知识产权和制售伪劣商品犯罪“亮剑”专项行动，维护全市经济秩序。全年共立各类经济案件503起，破432起，抓获犯罪嫌疑人325人，挽回经济损失7.94亿元。其中，破涉众涉稳型经济犯罪案件55起，为群众挽回损失1.2亿元；破各类假发票违法犯罪案件93起，抓获犯罪嫌疑人161人，打掉10人以上犯罪团伙3个，缴获各类假发票1200万份，捣毁窝点69个；破银行卡犯罪案件37起，移送起诉犯罪嫌疑人25人，捣毁窝点6个。

【安全监督管理】 推进交通秩序示范公路创建，持续开展“除陋习”、涉牌涉证、酒后驾车等专项治理，净化城市交通环境。会同交通、高速公路经营单位开展车辆逆行、倒车和客运车辆违停上下客及行人上高速公路专项整治，圆满完成世博会交通引导分流工作和入沪临检工作。全年共查处各类交通违法行为125万多起，其中查获酒后驾车353人，查扣嫌疑车辆812辆。全市发生一般以上道路交通事故1262起，死亡324人，伤1388人，比上年分别下降3.57%、12.07%、9.26%。开展火灾隐患排查整治行动，推动社会单位“防火墙”工程，省、市挂牌督办的重大火灾隐患12家全部整改到位，381家人员密集场所消防安全重点单位全部达标。全年共发生各类火灾事故278起，直接经济损失203.9万元，比上年下降34.6%。开展治爆缉枪等系列专项行动，全力查缴散失社会的各类非法枪支弹药、民用爆炸物品、剧毒化学品、管制刀具。共组织各类清查收缴行动26次，收缴各类非法枪支94支、非法子弹5030发、仿真枪2330支、管制刀具1989件、烟花爆竹2585箱。

【加强社会面技术防范】 市局对街面巡逻警车安装GPS终端，加快350兆无线通信系统建设，启动巡逻车移动图像系统建设，提升扁平化指挥、快速反应能力。强化“技防入户”工程，采取技防小区、“平安E家”、“十户联防”、“CK联网报警”等不同推进模式。全市已建各类治安监控摄像机近6万台，联入公安网摄像机8000多台。全市技防小区建成率达88.7%，技防入户率沿街商户达22.97%、城镇居民户达39.23%、镇散居居民户达18.87%、农村居民户达15.02%。制定或提请党委政府出台《校园安全保卫工作长效机制实施意见》、《中小学（幼儿园）安全防范工作规范》、《校园安全问责办法》等一系列制度规范，提升全市中小学校的安防能力。全市公办中小学（幼儿园）保安配备率达83.5%，建立视频监控系统的有229所，建立与110联网报警系统的116所。

【出入境管理】 2010年，全市共受理、审批出国境申请51777人次，比上年增长41.13%。其中受理审批出国申请18968人次，增长23.06%；受理审批出境申请32809人次，增长54.22%。

【警民恳谈活动】 市局把每月10日确定为全市公安机关“警民恳谈日”，全年组织恳谈活动1380场次，参与群众3.1万人，排查化解矛盾纠纷1943起，查破各类案件276起。开展警民网上互动活动，定期开展网民恳谈会，邀请“泰无聊”等本地知名网站版主、网友走进警营，增进相互了解。开展“泰州警方与媒体、网民面对面”、“小手拉大手”“1+6”交通安全宣传、看守所对社会开放等活动。在“泰无聊”网站、“望海楼论坛”分别开通“网上警民恳谈”、“公安执法e眼”两个网络专版，拓宽联系群众渠道，主动接受监督。聘请28名关心支持公安工作、有一定影响力的网友组成“网上啄木鸟巡访团”，对网上公安工作、社会治安等情况进行巡查。全年累计开展各种形式网民专场恳谈近20次，收集意见建议56条，促进警民和谐，市局被网民评为“2010年网评泰州最佳执法机关”。

【社会稳定风险评估】 市局在市、县两级政府，全面推动建立社会稳定风险评估机制，从源头上防范不稳定因素。全市先后对旧城拆迁改造、脱水蔬菜行业等47个项目进行社会稳定风险评估，在规避风险、化解矛盾、维护稳定等方面发挥积极作用，其经验做法被公安部推广。

【启动社会管理创新】 以依法管理、优化职能、提高效率为目标，启动社会管理创新3年攻坚规划，掀起创新创优热潮。各地从破解公安工作发展和社会服务管理的难题入手，开展一系列有益探索和实践，形成一批经验做法和特色亮点。社会稳定风险评估、户籍制度改革、智能勤务指挥、警民恳谈、城中村整治、派出所和社区警务建设等工作受到部、省、市、厅各级肯定，基本实现“一地一亮点”的品牌创建目标。市局重建B/S架构的新版泰州市人口信息系统，使市区内124个户籍派出所之间的户口迁移真正实现网上户口迁移“城乡全市通”。推出再次往来港澳签注自助申请业务，出入境证件实现刷卡缴费、手机缴费、网上缴费。在互联网建立“泰州交管网”，为群众提供车辆违法行为查询、驾驶证记分查询、监控告知等事项。全面实行以交通流量划分等级化（A、B、C）岗亭的新型管理模式，推动机关民警周末上路执勤。设置卡通警察、遮阳篷、划设左转弯等待区，以及“一滴水”系列交通安全宣传工程等创新举措，得到市民群众好评。

【执法规范体系建设】 市局制定覆盖各警种、各执法环节的《执法岗位职责标准》、《自由裁量标准》、《说理执法制度》等6大类122项规范性文件，形成较完善的执法标准体系。对全市讯问室、询问室、候问室进行标准化改造，加强讯问过程网上督察，实施讯问犯罪嫌疑人全程录像制度，从源头提高防范执法安全事故的能力。全市日常管理规范的场所达1009间，占执法场所总数的98.9%。

【泰兴“4·29”事件】 2010年4月29日上午，犯罪分子徐某某为报复社会，持刀窜入泰兴镇中心幼儿园行凶，致伤32人，其中幼儿29人，老师、保安和见义勇为群众各1人。案发后，案件侦办及伤者治疗、补偿等后续问题处置总体较好，取得未发生一人死亡、未发生家属严重过激行为、未发生案件久拖难决、未发生打砸抢烧严重涉稳事件、未发生持久扩散舆情事件的理想效果。2010年5月30日,经高法复核，徐因犯故意杀人罪被执行死刑。

（翟高鸣　王春朋）

检　察

【刑事检察】 保持对严重刑事犯罪的高压态势，依法从快打击严重影响社会安定、危害群众切身利益的各类刑事犯罪。全年共批准和决定逮捕1482件2128人，提起公诉2300件3890人。其中，提起公诉聚众斗殴、寻衅滋事等严重危害治安秩序犯罪254件780人、严重暴力犯罪282件400人，快速起诉一起16名被告人组织领导参加黑社会性质组织犯罪案件，依法快捕快诉泰兴“4·29”幼儿园恶性杀人案件。

【职务犯罪查办】 研究制订《2010~2012年职务犯罪侦查工作规划》，依法查处一批有影响、有震动的案件。共立案查办贪污贿赂犯罪案件74件91人,渎职侵权犯罪案件34件37人,为国家挽回直接经济损失1147万多元。突出查办大案要案，大案率为90.5%，涉及科级以上干部18人，其中处级干部3人。查办窝案串案，共立案查处55件72人，占立案总数的79.1%。加大对行贿犯罪打击力度，立案查处8件9人，人数比上年上升50%。

【职务犯罪预防】 围绕拆迁、涉农等腐败易发多发领域，开展制度性预防。共开展预防调查296次、预防咨询2198次，发出检察建议398份。组织预防渎职犯罪宣传年活动,举办专题讲座47场（次），编印发放宣传手册2000多本。健全预防职务犯罪横向协作机制，在全省检察机关率先与监察、住建等11个部门，联合制订《关于开展行贿犯罪档案查询工作的意见》。

【执法监督】 履行诉讼活动监督职能，解决有案不立、有罪不究、裁判不公等热点难点问题。全年共办理刑事立案监督案件98件170人，依法纠正漏捕96人，纠正漏诉84人，不批准逮捕540人，不起诉186人，提出和提请刑事抗诉10件15人，发出侦查活动纠正违法通知书86份，发出审判活动纠正违法通知书85份。对监管场所提请减刑、假释、暂予监外执行的142人进行监督，提出13份纠正意见均被采纳。依法审查民事行政申诉案件，提出抗诉15件，提请抗诉30件，发出再审检察建议35件。开展刑事“另案处理”专项监督活动，督促侦查机关立案7人、撤案19人、追捕9人，对立案后未处理的98人实行信息跟踪和动态监督。组织刑事抗诉“百日会战”活动，复查案件1400多件，梳理抗诉线索32件，提出抗诉6件。开展监外执行及缓刑罪犯交付执行情况专项检察活动，提出书面纠正意见13份。结合社区矫正检察，立案查处公安民警、辅警帮助犯罪分子逃避处罚、包庇案3件3人。推进民事执行监督工作，发出书面监督意见22份，法院全部采纳。

【社会治安综合治理】 在全市建立乡镇（街道）、社区和重点企业检察室7个、检察工作站28个，聘请联络员170多名，共接待和处理群众来访290件（次），发现案件线索15件，提供法律咨询314次，参与化解矛盾纠纷212件。完善社会风险排查研判常态化机制，形成研判报告51份。市检察院和姜堰市检察院通过专案分析，对出国劳务市场容易引发群访的风险进行排查，引起市政府主要领导的重视,有关部门开展专项整治工作。参与网络虚拟社会管理，依法起诉利用网络犯罪案件13件37人。强化对特殊人群的帮教管理，配合加强青少年权益保障工作。提出社区矫正书面纠正意见 71件，监督将15名监外执行条件消失的矫正对象收监执行。

【服务全市工作大局】 根据中央关于深入推进三项重点工作的决策部署，研究制订实施意见，明确12条具体措施，并召开新闻发布会向社会公布。开展“检企联络月”活动，通过召开座谈会、发放检务联系卡、适时走访等途径，了解企业的司法诉求。突出服务重大外资项目、高新技术企业，完善知识产权刑事司法保护机制。开展重大工程专项预防，主动介入泰州高教园区、凤城河景区、人民医院新院等16个重大工程项目建设，并将预防工作向非公领域拓展。坚持执法为民，保障民生民利，针对人民群众反映强烈的热点难点问题，先后在涉农、工程建设、拆迁等领域立案查处职务犯罪案件64件84人。

【创新工作机制】 实行职务犯罪案件逮捕权上提一级改革，两级检察院立案查处的职务犯罪案件，均移送上级检察院审查决定逮捕，强化对自身侦查活动的监督。制订《关于律师介入审查逮捕案件的办理规则》，听取律师对逮捕必要性、侦查活动合法性的意见，促进执法规范化建设。开展量刑规范化试点工作，提高量刑建议的准确性，提出的量刑建议法院采纳率为97.6%。市检察院与市政府法制办联合制订《关于检察机关介入行政执法调查的实施意见》，督促行政执法机关向公安机关移送刑事犯罪线索9件。市检察机关介入行政执法调查、案件监督面对面考评等7项创新工作，被《检察日报》“2010年亮点”栏目予以报道。

【加强内外部监督】 市检察院修订《关于进一步加强对领导班子及其成员监督的意见》。开展廉政风险点排查并制订防控措施。落实检务督查制度，定期对党风廉政建设、机关作风建设、执法规范化建设等情况进行专题监督检查，并及时进行通报。实行案件统一受理和立案登记制度，全程跟踪监管案件诉讼进程，加强对案件主要诉讼阶段以及重要执法办案环节的监管和预警。对职务犯罪办案场所强化远程监控，实时监督规范办案、文明办案、安全办案的情况。全面推行职务犯罪侦查日志制度。开展人大代表、政协委员联络工作，两级检察院专题向人大常委会报告检察工作7次，办理代表委员的意见、建议和提案2件。市检察院制订《关于进一步加强“四员”工作的意见》，逐步将接受代表委员和“四员”监督的范围，延伸到执法办案的主要环节。组织人民监督员评议“三类案件”18件19人，邀请特约检察员、专家咨询委员会委员参与讨论疑难复杂案件4次。深化“阳光检务”，全市检察机关均建立门户网站。两级检察院开展检察开放日活动，其中市检察院每两个月邀请各界群众参观办案场所，共接待650多人次，收集各类意见和建议90多条。

【基层院建设】 实施《2009~2012年基层院建设规划》，继续实行市检察院班子成员挂钩联系制度，推进两级检察院人才培养的一体化建设，安排年轻业务骨干在上下级检察院挂职锻炼。推进检察信息化建设，完成全市检察专线网络安全工程。坚持以业务工作为中心，分解细化各项任务，并通过逐月督查、半年点评、年终考评，推动基层院建设。靖江市检察院被省检察院、省人社厅表彰为全省检察机关先进集体，被省检察院表彰为先进基层检察院。

（程　瑜）

审　判

【概况】 2010年，全市法院积极践行“为大局服务、为人民司法”工作主题，弘扬能动司法理念，推进社会矛盾化解、社会管理创新、公正廉洁执法三项重点工作，把执法办案作为第一要务，履行审判职责，全年受理各类案件57233件，审结56264件，比上年分别上升14.85%和19.64%。其中，市中院受理案件3982件，审结3854件，比上年分别上升5.79%和5.5%。

【刑事审判】 坚持依法从重从快惩处暴力犯罪、多发性侵财犯罪等严重危害人民群众生命财产安全和社会稳定的犯罪，市中院依法审结泰兴“4·29”残害幼儿园师生的故意杀人案和兴化绑架案，对故意杀人犯徐玉元以及绑架犯顾勤、王宪贵、王大冬等一批罪大恶极的犯罪分子判处死刑，增强群众的安全感。严厉惩处涉案金额达10亿元、涉案60多人的“2·18”非法经营等严重经济犯罪，维护市场经济秩序。坚持宽严相济刑事政策，对具有法定从轻、减轻处罚情节的，依法从宽处理。对未成年人刑事案件推行圆桌审判，贯彻“教育、感化、挽救”方针，促进被告人改过自新。全市法院受理各类刑事案件2564件，审结2542件，判处罪犯3595名，其中判处无期徒刑和死刑34人，判处10年以上有期徒刑139人。

【民事商事审判】 全市法院受理各类民商事案件39852件，审结38897件，比上年分别上升17.06%和18.35%，解决诉讼标的额30.6亿元。其中，市中院受理2739件，审结2715件，比上年分别上升9.9%和12.65%。注重依法处理利益平衡与纠纷解决之间的关系，对因经济结构调整出现的涉企纠纷，通过协调和保障职工、企业、社会三者利益的分配，努力实现个案公正与社会公正的统一。围绕企业经营管理、融资拆借、资金回笼等纠纷问题，加大司法帮扶企业力度，推动企业发展壮大。依法维护交易秩序，促进市场流转，江苏长阳公司与徐州博丰公司生铁买卖合同纠纷等一批诉讼案件，通过妥善调处促成新的合作。依法认定合同效力，制裁违约欺诈失信行为，促进社会诚信体系建设。妥善审理破产案件，姜堰法院在审理扬动公司破产案件中，破解股份调整、职工安置、债务处理等难题，成功引进央企参与重整，使企业重获新生。支持自主创业，加大对关键核心技术的司法保护，妥善审理商标、技术转让等纠纷案件，保障全市创新型经济发展。全年市中院受理知识产权案件325件，审结313件。

【行政审判】 针对行政争议案件政策性强、化解难度大的实际，全市法院积极推进重大行政争议综合调处，努力实现诉前化解不起诉、诉中化解不判决、诉后化解不上诉。全市法院受理各类行政案件733件，审结730件，行政一审案件撤诉率达45.21%，比上年上升18.91个百分点。对拆迁等敏感行政纠纷案件，审判时既注意保护相对人的合法权益，又注意推动城市化建设，避免社会震荡。加强对非诉行政执行案件合法性的审查，促进行政机关依法行政，提升行政执法水平。

【执行工作】 加大执行工作力度，提高执行质效，对有财产执行案件用足查封、冻结、扣押、拍卖等执行处置措施，提高执结率和执行标的到位率。加大制裁拒不履行生效裁判的力度，加强与公安、检察机关的配合，依法追究8名拒不还债“老赖”的刑事责任，提升执行威慑力。全市法院受理执行案件13639件，执结13646件(含旧存)，执行到位标的额12.79亿元，执结率95.1%。其中，市中院受理206件，执结202件，执行到位标的额1.72亿元，执结率96.65%，执行标的额到位率97.17%，两项指标均居全省第一。继续推进集中清理执行积案活动，全市清理出2008~2009年程序终结案件5388件，清理率达99.8%，接受外地法院委托执行案件清理率达98.1%，全面完成清理执行积案任务。

【诉前纠纷化解】 注重源头治理，强化工作延伸，协同党委、政府相关部门对重要决策、重大事项、重点项目实施社会稳定风险评估，有针对性地落实防控措施，最大限度地减少社会矛盾纠纷的发生。加强诉前调解工作，在基层法院及人民法庭普遍设立人民调解工作室，在重点乡镇设立人民调解工作站，通过健全诉前调解网络，加强诉前劝导，引导当事人理性处理纠纷，优先选择非诉方式解决争议。加强诉调对接工作，在诉前将相关纠纷委托到行政机关、社会团体、行业协会和其他调解组织进行调解，跟踪提供司法指导，实现社会矛盾纠纷合理分流，有效化解，全年诉前化解纠纷4649件。

【涉诉矛盾化解】 市中院下发《关于扎实推进全市法院涉诉矛盾纠纷化解工作的实施意见》，坚持“调解优先、调判结合”的原则，建立健全全面、全员、全程调解工作机制。整合社会资源，合力化解矛盾纠纷，与市司法局联合制定《关于法官和律师在诉讼调解中相互配合共同维护当事人合法权益的规定》，进一步明确律师配合法官在涉诉矛盾纠纷化解工作中的责任。与公安交警等部门建立联动调解机制，妥善处理日益增多的交通事故损害赔偿纠纷。全市法院民商事案件调撤率65.99%，比上年上升15.38个百分点，市中院民商事案件调撤率47.98%，比上年上升10.43个百分点。

【解决涉诉信访】 全面落实“一案一下访”工作制度，开展院庭领导“大走访”、“大接访”活动，通过信函下访、电话下访、上门下访和领导集中下访等形式，畅通信访渠道，引导群众合理、合法反映诉求。针对当事人反映强烈的突出问题和重点案件，实行领导包案、一案一策、因案施策，做到一起案件、一名领导、一个班子、一套方案、一抓到底，确保涉诉信访得到有效解决。上级法院交办的25件重点涉诉信访案件全部息诉，全市法院涉诉信访案件集中化解工作居全省前列。

【保障经济发展】 围绕泰州市实施开放创新“双轮驱动”战略，加强经济社会发展形势分析研判。组织审判人员深入医药高新区、出口加工区、新能源产业园、沿江产业带进行调研，了解企业的司法需求，提出实效性、长效性对策建议。市中院制定下发《关于为我市加快转变经济发展方式提供司法保障的意见》和《关于为我市推进开放型创新型经济发展提供司法保障的意见》，提出8个方面41条服务保障措施。创新完善法院联系服务企业工作措施，增进法院和企业的交流互动。加强司法建议工作，结合个案发现的典型性、苗头性、倾向性问题，全年发送各类司法建议187份。

【综治平安建设】 积极参与社会治安综合治理和平安创建，对减刑、假释案件坚持公开审理，通过在监区公示拟减刑、假释人员基本情况、发放意见反馈表、公开听证、集中宣判等方式，教育和引导服刑人员积极改造。加强对被判处缓刑、管制被告人和刑满释放人员的跟踪帮教，预防重新犯罪，减少社会对抗。全市法院参与社区矫正、回访少年犯606人次。加强青少年犯罪预防工作，与市电台联办“预防青少年犯罪空中课堂”，强化青少年法制宣传教育，努力降低未成年人的犯罪率和再犯罪率。建立网络阅评员制度，市中院选出25名优秀法官兼任网评员，强化网络突发舆情应对处置工作，主动担负网络虚拟社会建设管理的责任。

【审判管理】 加强审判流程管理，落实临界预警制度，避免久拖不决、久执不结。全面推行电脑随机分案制度，一律以随机方式确定办案人员和鉴定、评估、拍卖机构，杜绝人为因素干扰。制定独任审判、合议庭审判、审判长联席会、审判委员会定案把关规定，健全分工明确、责任明晰的定案管理体系。对因定案不当导致发回改判、信访投诉的，逐一评查剖析，实行责任倒查。全年对23名责任人给予通报批评、诫勉谈话等处理，增强审判人员的质效意识。建立廉政监察员制度，全市法院在业务部门设立廉政监察员，提升监督的针对性、及时性和实效性。全市法院实现开庭审理同步录音录像、同步记录、同步显示，即时接受当事人监督，维护庭审过程的规范、公正。

【司法为民】 开展争创陈燕萍式法官活动，组织召开陈燕萍先进事迹报告会、陈燕萍工作法和陈燕萍精神研讨会，开展“人民法官为人民”主题实践、“廉洁司法示范庭”创建活动。发挥人民法院诉讼服务中心“一站式”服务功能，为当事人提供诉讼指导、材料收转、执行督促、约见法官、判后答疑、司法救助等便利服务。全年接待当事人2452人次，其中安排约见法官195人次，材料收转688人次、判后答疑390人次、法律咨询1266人次、查询案件信息127人次，减轻当事人诉累。深入乡镇街道、村居社区开展巡回审判，方便群众诉讼。全市法院开展巡回审判1182次，审结案件1060件。扩大司法救助适用范围，依法对经济确有困难的当事人实行救助，依法减、缓、免诉讼费334万元，发放执行救助资金106.7万元。

【和谐共建】 组织开展“民事法官进社区（乡镇）”活动，了解民情、宣传法制、排查矛盾，预防民事纠纷。与医疗、知识产权等行业协会进行专业化共建，完善行业管理机制，共同提升社会化管理水平。与行政机关、街道乡镇、社会团体、企业共建矛盾化解网络，通过设立法官联络员、召开联席会议等方式，实行信息共享，协调联动，发挥司法审判对社会管理的保障作用，促进社会和谐。海陵区法院开展“十进社区”和谐共建活动，选派23名优秀法官到57个社区驻点挂职，为群众提供司法服务。全市法院举行法制宣传56场，提供法律咨询3068人次，为近300家企业开展法律风险评估，帮助企业防范经营风险。

【基层建设】 市中院坚持加强基层建设，帮助基层法院解决人员和经费不足等方面的困难。加大对基层指导力度，通过建立基层联系点、巡回培训、业务讲评和工作通报等形式，促进基层法院提升审判质效。强化审级监督职能，对改判或发回重审案件，逐件提出改进意见，帮助基层法院提高审判水平。全市基层法院上诉案件发改率从上年的0.61%下降到0.15%，发改案件减少3/4，实现全市法院工作均衡协调发展。

【审判监督】 主动向党委和人大及其常委会报告重要工作部署、重大案件审理等情况，邀请人大代表、政协委员视察、指导、监督法院工作，通过定期联络、不定期走访等方式，征求意见和建议，重视代表意见和建议的办理工作。全年邀请代表委员旁听庭审活动385人次，办结人大代表、政协委员建议意见21件。年内，市人大常委会对全市法院量刑规范化改革工作进行专题审议，围绕审议意见，市中院进一步细化量刑标准、完善联动机制、加强改革宣传，推动刑事量刑改革向纵深发展。市政协对市中院服务大局、公正司法、作风建设等工作进行民主评议。依法坚持公开审判，通过开展“法院开放日”活动、定期召开新闻发布会、建立网上沟通平台、发放征求意见表、回访当事人等形式，自觉接受新闻舆论和人民群众监督，促进司法公正。

（郑 兴）

司　法　行　政

【“服务‘双轮驱动’、促进转型升级”系列活动】 在全市司法行政系统开展“服务双轮驱动，促进转型升级”系列活动。全市法律服务工作者走访企业7780家，联姻结对企业3240家，在中小企业协会、商会组织建立行业性法律服务平台45个，提出服务企业转型升级法律意见2312条，为企业挽回经济损失8亿元。省司法厅在泰州召开“促转型、促升级；助发展、助稳定”现场推进会，推广泰州做法。市律协提出《关于加强中国医药城法律服务工作的建议》，得到中国医药城管委会的重视。公证机构以中国医药城、纬创资通、文化中心等重点建设项目为对象，完成招投标公证820件，涉及标的390亿元。

【律师管理】 律师管理工作以开展“双促双助”法律服务专项活动为主线，以律师队伍警示教育活动和“中国特色社会主义法律工作者”主题教育实践活动为重点，在律师行业党的基层组织和党员中开展创先争优活动。至年末，全市共有律师事务所62家，其中合伙所47家、个人所15家；执业律师432人，其中专职律师422人，兼职律师10人。年内，全市律师共办理各类法律事务17321件，其中，代理民商事案件13521件、刑事辩护及代理2058件、行政案件218件、非诉讼法律事务1524件，成功调解撤诉结案的9319件，调解撤诉率53.8%。担任法律顾问2306家，参与各项公益法律服务971人次，办理法律援助案件1891件。律师调解工作被市委政法委评为全市政法工作创新奖一等奖。

【律师行业“双促双助”法律服务专项活动】 3月7日，召开动员会议，部署律师行业开展“双促双助”法律服务专项活动。4月，召开“全市律师行业服务经济和社会发展经验交流暨表彰大会”，总结开展“双百千企先锋行”和服务社会新农村建设“十镇、百村、千户、万民工程”成果，对23个先进集体和27名先进个人进行表彰。组织“千企大走访”活动，全市律师走访企业、行业协会4480家，共建服务企业平台135家，发放联系卡、服务函14300份，制定服务企业转型升级办法、措施945条，为企业答疑、会诊2850人次，开展特色业务335件。全市律师事务所“1+1”结对服务企业开展“所企大联姻”活动，所企联姻达3320对，帮助企业规范内部管理制度348次，办理涉及企业转型升级法律事务7280件，在龙头、骨干企业中建立企业法律服务中心54个。重点打造政府法律顾问、企业知识产权保护、企业法律服务、涉农法律服务4个服务团队。已建立市及市（区）、经济开发区政府法律顾问团8个，并实现工作常态化。与市知识产权局联合组建知识产权法律服务团队，20家律师事务所签约合作单位，25名律师入选市知识产权专家库。7月，市律协召开研讨会，对重点企业知识产权保护状况进行法律体检，量身定制知识产权保护方案5份。组建中小企业法律服务志愿团，有律师志愿者150名。志愿团律师走访313家中小企业，向3家生产经营陷入困境的中小企业派驻律师工作组，提供转型升级法律意见103件。全市建立涉农法律服务团7家，与106个乡镇、街道、社区挂钩，206名律师走访乡镇企业1350家，走访结对村民委员会465次，走访结对帮扶对象2330户，为乡镇企业转型升级、新型农业生产基地建设和专业农户生产经营答疑、会诊950次，提供法律意见388条。开展服务重点工程项目专项行动，为重大投资项目建设提供法律服务76件，参与重大项目论证19次，提供法律意见22条，参与重点工程项目建设矛盾纠纷协调56次，成功化解矛盾纠纷49件，开展法律咨询活动54场次。9月28日，联合市检察院举办泰州市首届律师与公诉人论辩对抗赛。加大涉企矛盾纠纷调解力度，全市律师事务所与社会矛盾调处机构建立对接机制412个，律师参与社会矛盾纠纷调处机构调解513次，参与企业矛盾纠纷调解1450次，成功化解涉企矛盾纠纷810件，参与处置群访、群诉案件256件，帮助企业建立健全预防和处置突发事件预案231次，建立律师公益调解人才库14个。

【公证管理】 参与“双促双助”专项活动，办理涉企公证业务。全市公证机构走访企业1260家，参与、开展宣传活动49场次，与582家企业形成法律顾问关系，办理涉企公证业务4562件，涉及标的120多亿元。为中国医药城、出口加工区、数据园（纬创资通）、文化中心等重点建设项目办理招投标公证820件，涉及标的390多亿元。在招投标过程中查出投标单位假冒法定代表人、假冒项目经理、伪造业绩等违法行为40多起，遏制“串通投标”事件23起。推进“拆迁公证项目化”服务，城区3家公证处与31个拆迁项目建立合作，为13700多户拆迁户提供公证服务，帮助化解矛盾纠纷1100多起。全市公证处办理房屋登记公证业务2230件。12月，全市公证行业向泰州市慈善总会捐助5万元。开展“公证义工社区行”活动，累计结对帮扶社区困难家庭22户；定期走访社区87次，帮助化解矛盾纠纷21起；开展法制讲座18次，编撰板报、宣传栏11块；参与法律咨询等公益性活动47次，发放宣传资料8100多份；帮助社区群众办理遗嘱、赠与、遗赠扶养协议、二手房买卖等公证760份，减免各项费用13.4

万元。推进公证机构规范化和信息化建设，全市7家公证处全部完成公证办证信息平台的安装和调试，6家公证处正式启用信息平台办理日常公证业务。全市各公证处自查、抽查、被查的各类卷宗达4768卷，占全年办证总量的22.6%。完善公证员调查取证责任制和出证审批制，从办证环节入手加大公证质量监管力度。建立多渠道的引入和培养机制，解决队伍结构性缺员，全市共增加7名注册公证员，总数达34人，增幅居全省第一。2010年，全市7家公证处共办理各类公证21067件，比上年增长11.4%。

【法制宣传教育】 对照“五五”普法工作规划，落实普法宣传教育各项目标任务，提升法制宣传教育水平。3月，市人大常委会副主任陶幸蓉带领市人大代表分组对普法工作进行检查。4月9日，召开全市“五五”普法检查动员会，布置“五五”普法终期考核验收工作。5月，市委宣传部、市委政法委、市司法局、市依法治市领导小组办公室联合对全市“五五”普法工作情况进行考核验收。7月，通过省“五五”普法考核验收组对泰州的普法工作考核验收。9月26日，全国“五五”普法考核验收组到靖江实地察看靖江市法治文化主题公园、法治文化一条街、法治文化广场。开展“法律六进”活动，推进重点对象法制宣传教育。组织对领导干部学法进行检查。建立巡学制度，不定期旁听督查县处级党委（组）中心组的集中学法情况。做好青少年法制宣传教育工作，组织开展全市十佳法制副校长评比活动，建立南师大泰州学院模拟法庭，开展百所学校百场法制宣讲。组织企业经营管理人员开展法律知识培训，组织法律服务工作者走访企业2000家，开展普法宣讲。建立农民工法制学校150所，举办农民工法律知识讲座400场次。实施法治文化工程，加大“法治文化示范点”建设力度，建成一批法治文化街区和法治文化广场，靖江市投资5000万元建成法治文化主题公园。兴化市司法局创作的《农民工四喜图》法制漫画，获2010年全国法制漫画作品征集评选活动一等奖。围绕“弘扬法治精神、促进社会和谐”主题，突出《中华人民共和国人民调解法》宣传，开展“12·4”法制宣传活动。

【民主法治建设】 以“四民主”、“两公开”为目标，推进基层民主法治创建工作。至年末，全市建成国家级民主法治示范村5个，省级民主法治示范村（社区）213个，民主法治村（社区）建成率达99%。

【矛盾纠纷调解】 以开展“大调解机制建设提升年”活动为契机，提高社会矛盾纠纷调处成功率。全市各级各类调解组织共调处各类纠纷1.7万件，调解成功率保持在96.7%以上，防止“民转刑”430件，防止矛盾纠纷激化542件，劝阻群体性上访事件724起，涉及11627人次。

制定下发《关于加强市（区）、乡镇（街道）社会矛盾纠纷调处服务中心规范化建设的实施意见》，在全省率先出台《泰州市市(区)、乡镇（街道）两级调处中心基础台账内容及样式（试行）》，统一两级调处中心的内务设置及基础台账，提高调处中心规范化水平。规范和完善大调解绩效考核工作，修订和完善《泰州市市（区）调处服务中心绩效考核暂行规定》和《泰州市乡镇（街道）调处服务中心绩效考核暂行规定》。

开展调解员培训，提升调解队伍素质，全市共举办调解员培训班43场次，参训人员10000多人。6月，靖江马桥镇徐周村人民调解委员会和夏长来、单兆宏、张红星3名人民调解员被司法部表彰为“全国模范人民调解委员会”和“模范人民调解员”。

试点交巡警大（中）队设立人民调解工作室工作。4月1日，召开现场会推进全市在交巡警大（中）队设立人民调解工作室工作，派驻工作室设立以来，共受理调处矛盾纠纷600多件，得到省公安厅、省司法厅联合检查组的肯定，并确定泰州为全省创建工作示范市之一。推进个人调解工作室建设，成立首个由个人名字命名的个人调解工作室——秀琴调解工作室。加强专职调解员管理，至年末，全市有专职人民调解员410名。贯彻落实《中华人民共和国人民调解法》，编印《人民调解法》法制宣传画。12月3日，举办全市“和谐使者”调解技能电视大赛，在全国开创调解岗位大比武的先河。2006~2010年，全市共调处社会矛盾纠纷7.6万件，社会矛盾纠纷调处成功率保持在96%以上。

【基层司法所建设】 以规范化司法所创建为平台，提高基层司法所服务大局的能力和水平。3月，对全市司法所进行普查。因乡镇合并，全市有97个基层司法所、2个直属所，比上年减少4个。基层司法所工作人员总数为494人，其中专项编制198人、事业编制23人、其他人员273人；大专以上学历占总人数的近

75%。对全市司法所标牌标识使用情况进行专项检查，出台《泰州市司法所内务设置规定（试行）》，统一司法所标牌标识，规范司法所内部管理。加强司法所调解业务能力建设，强化社会矛盾纠纷排查调处工作。年内，泰兴市司法局滨江司法所所长张红星和海陵区司法局京泰路司法所所长夏长来入选“江苏省十大杰出人民调解员”。

【基层法律服务】 加强基层法律服务执业管理和执业纪律监督，构建行政、行业、自律相结合的管理体制。5月，举办全市基层法律服务培训班。在全省率先出台《关于基层法律服务风险代理有关规定的决议》，严格限定风险代理范围。6月，在全市范围内部署开展为期半年的基层法律服务集中整顿、规范管理活动，促进基层法律服务业的健康发展。至年末，全市有基层法律服务所108个，注册法律工作者432人。全市基层法律工作者共担任法律顾问3080家，代理诉讼事务7905件，代理非诉讼事务1443件，办理法律援助案件1440件，帮助避免和挽回经济损失1.62亿元。

【社区矫正】 落实“首要标准”要求，推进“教育矫正年”活动。2010年，各市（区）建立社区矫正管理教育服务中心，各乡镇（街道）建成社区矫正之家。加强“两节”、世博会、国庆、医博会期间重点对象管控和困难对象帮教，开展矫正对象集中走访、集中训诫、集中排查工作，重大节庆和敏感时期矫正对象未发生一起刑事和治安案件。与市公安局联合下发《关于做好社区服刑人员不批准出境通报备案工作的通知》，加强社区服刑人员因私出国（境）管控。开展“社区矫正十大教育矫正能手”评选表彰活动，30个乡镇（街道）被命名为第二轮泰州市市级社区矫正工作示范乡镇（街道）。强化社区矫正信息化管理，开展社区矫正风险评估和信息核查，至年末，全市社区服刑人员风险评估率达100%，服刑在教人员的信息核查率达99%，有效减少和预防脱漏管现象的发生。推广社区服刑人员“无缝对接”、社区矫正对象解矫跟踪回访帮教等制度，强化社区服刑人员日常管理。全年全市累计新接收社区矫正对象1970人、解矫1927人、在册管理3143人，其中，管制65人、缓刑2402人、假释310人、剥夺政治权利285人、暂予监外执行81人、因违法违规被收监执行15人，无1人重新犯罪。泰州社区矫正工作在省厅考核中居全省第2。

【安置帮教】 出台《泰州市刑释解教人员帮教工作日常管理规范》和《泰州市刑释解教人员分类帮教工作办法》，在全省率先对刑释解教人员帮教工作日常管理进行规范。发挥过渡性安置帮教基地作用，临时安置两种人员200多人次。全市3个过渡性安置帮教基地申报省级安帮基地。全年全市共接收刑释解教人员1104人，其中刑满释放912人、解除劳教192人。衔接管理率达100%，帮教率达100%，安置率达98.8%，当年回归刑释解教人员重新犯罪率为0.18%。

【法律援助】 2010年，全市法律援助机构共办理法律援助案件4411件，比上年增加11.4%，其中民事案件4170件、刑事案件232件、行政案件9件。为受援人避免或挽回经济损失4080万元。4月，开展法律援助广告词公开征集。8月，开通全市统一的“12348”法律援助专线电话服务系统。全年接待处理来电来访及网上处理各类法律咨询27981人次。联合高校开展“大学生法律援助讲堂活动”。评选2009~2010年泰州市法律援助十大优秀案例。普遍落实由受援人选择承办人的“点援制”，为4428名受援人依法维权，其中残疾人350人、老年人624人、妇女1742人、未成年人330人、农民工1605人。10～11月，开展法律援助案件质量集中回访活动，有效回访受援人1675人，受援人对法律援助服务满意率达99%。

【司法鉴定】 组织司法鉴定机构参加省级资质认定，加强司法鉴定机构规范化管理，提高司法鉴定人的综合执业能力。1月，靖江市人民医院司法鉴定所鉴定人陆纪荣获全国司法鉴定先进个人称号。至年末，全市有司法鉴定机构6家，法医临床类鉴定机构5家，全年办理法医临床鉴定案件1913件，司法鉴定案件采信率达99.5%。全年办理司法鉴定援助事项 150件，减免收费11.77万元。

【司法考试工作】 2010年，全市共有981人网上报名参加国家司法考试。7月，758人通过省厅复审取得考试资格。9月11~12日，608名考生参加国家司法考试，参考率达80.3%。司法考试组织实施工作连续9年实现“平稳、安全、顺利、有效”的司考管理目标。全市通过国家司法考试合格分数线138人，合格率22.88%。

【法学研究】 完成市法学会会员重新登记，全市有中国法学会、江苏省法学会、泰州市法学会会员302人，153名会员重新登记为中国法学会会员，新发展会员48人。开展法学理论与法治实践研究，组织驻泰高校10名会员参加陈燕萍精神研讨座谈会，12篇论文入选中宣部《党建》杂志。开展法治博客征文评选，14名会员参与投稿86篇，16篇博文分获一、二、三等奖。《泰州法学参考》改为季刊，全年编印发行4期，编发法学理论研究与法治实践调研论文10万多字。

（栾伟杰）

仲　　裁

【概况】2010年，泰州仲裁委坚持“公正、快捷、便民”的工作方针，共受理仲裁案件249件，涉案标的额1.84亿元，审理结案214件，结案率86%。受案范围涉及房地产、土地、建设、金融、保险、电信、物管、工商、贸易、建筑工程等领域。

仲裁宣传。通过电视台、电台、网络等媒介以及编印简报、举办座谈会等形式，让社会各界熟悉仲裁解决纠纷的特点和优势，自愿以仲裁方式解决民商事经济纠纷。年内，在泰州广播电台开播“和谐仲裁”节目，通过江苏电视台城市频道介绍非公企业仲裁服务工作。开通运行泰州仲裁委网站，拓宽仲裁服务面。

服务非公企业。与泰州工商联联合，通过座谈、宣讲、咨询等途径，组织非公有制人士学习仲裁法，宣传、讲解仲裁法律知识，提高非公有制企业的仲裁意识。依法选聘部分在行业中有实力、有影响、懂法律的知名企业家担任仲裁员，维护企业合法权益，促进非公有制经济健康发展。

（张秀转　冯　卉）

11月26日，中共中央政治局常委、中央政法委书记周永康到泰州视察。

泰州军分区

【概况】2010年，泰州军分区以“争创一流”为工作标准，创新发展，加强思想政治建设，拓展和深化军事斗争准备，依法从严治军，确保部队安全稳定和各项任务圆满完成。

思想政治建设。认真学习总政《规划》明确的21种书目，深刻领悟军委主席胡锦涛关于新形势下国防和军队建设重要论述，做好中共十七届四、五中全会精神宣讲以及“七个怎么看”等理论读本学习。加强党委中心组带两级机关理论学习，严格落实“七项制度”，召开理论学习现场观摩会，举办高端讲座，高港区人武部在省军区理训班上介绍经验做法。开展“当代革命军人核心价值观引领我成长”和“学习何祥美、践行当代革命军人核心价值观”活动，结合岗位练兵和“三精”比武竞赛，培育官兵、职工和民兵预备役人员当代革命军人核心价值观，涌现出军区“优秀共产党员”丁海林等一批先进典型。组织《政工条例》学习集训和政治干部比武考核，参加省军区政治工作和干部业务比武竞赛，获团体第2名。开展多形式的全民国防教育活动，召开全民国防教育总结表彰大会、争创全国双拥模范城推进会，开展“人防杯”国防知识竞赛，举办首届泰州市大中学生军训会操表演。兴化市人武部组织首届民兵预备役歌咏比赛。

党委班子和干部队伍建设。加强党的建设，制定加强学习型党组织建设、开展创先争优活动措施和机关党委、党支部工作细则。围绕加强和改进党的建设展开调研，开好民主生活会，7个团党委班子建设保持平衡发展、整体推进良好态势。围绕干部队伍建设，开展“强党性、干事业、树形象’和“坚定理想信念、自觉拒腐防变”教育，做法和经验被省军区政治部转发并在《人民前线报》发表。按照德才兼备、以德为先标准选干部配班子，对全区干部进行综合考评。兴化市、高港区人武部分别被省军区表彰为“先进旅团单位”和“先进团党委”。

军事斗争准备。围绕“由应急向常态转变”，全面提高遂行多样化任务能力，深刻领会上级关于军事斗争准备“由应急向常态转变，全面提高以核心军事能力为重点的多样化任务能力”要求。按照省军区党委确定的“职能任务由战时作战功能为主向以支援保障为主转变，平时由以战备值勤为主向遂行多样化任务拓展”的总体思路要求，重点围绕方案体系、指挥体系、力量体系、训练体系、保障体系5个方面，加强军事斗争能力建设，推进军事斗争准备各项工作。

后勤保障。围绕“保障社会化”，增强后勤综合保障能力，以上级赋予的整体推进保障社会化改革试点为契机，按照“军地联动、强势推进，重点突破、注重效益”的思路，完成社会化保障。建设公寓房2400平方米，并将干部住房纳入政府小区配建计划，营区水、电、气供应纳入市政管网，维修、保洁、绿化以及机关招待所运行交由泰州凤城物业管理有限公司负责。在驻军单位附近开通公交站点，为现役军人、离退休干部办理“拥军卡”，免费乘坐公交车。将全区官兵、符合条件的随军家属、老干部及直供家（遗）属纳入地方医保体系，其中老干部享受地方离退休干部待遇，干部享受公务员待遇，其他享受城镇职工待遇。各市（区）公立医院免收挂号费，并给予检查费、治疗费、手术费、住院费等7折优惠。军分区机关原有4名临时工全部移交地方管理。通过上级机关组织的两次社会化保障改革试点考评验收，圆满完成全军的试点任务。

【战备工作】 落实全区战备方案。围绕提高“战时应战、急时应急、平时服务”能力和遂行任务需要，落实各项战备工作。1月，组织对全区战备方案进行巡回检查，对本级和人武部作战方案进行集中会审。军分区本级完成13个配套保障方案拟制，各团级单位完成基本方案拟制。组织分区和人武部修订完善11类非战争军事行动方案。

重大节日和重要时期的战备工作。春节前，对海陵、泰兴人武部民兵战备值班分队进行拉动演练，提高值班分队紧急出动和应急突发事件能力。4月，组织姜堰人武部民兵应急分队，参加溱潼会船节维稳活动。5月，组织海陵人武部民兵应急分队参加环护城河演练。6月，在沿江及里下河地区各险工险段，组织民兵骨干以“现场部署任务”的形式，按照应急预案进行对接演练。联合市水利局组织开发区民兵应急分队开展抗洪抢险救援演练。

战备工作规范化建设。围绕春节、“五一”、“十一”等重大节日和防汛救灾等重要时期，落实战备教育、战备值班、战备检查和重大情况请示报告等制度。采取试点先行、现场观摩、会议部署、面上推开的方法，在姜堰市召开基层武装战备工作规范化建设现场会，探索“五个有利于”（有利于正规秩序、快速反应、安全保密、勤俭节约、落实执行）的基层武装工作战备规范化建设路子。

信息化建设。依据大纲，结合任务需求，按照“三熟悉、两了解、一具备”标准要求，将信息化知识学习作为建设学习型党组织、机关等活动的重要内容。对军分区现有的指挥自动化网、综合信息网和局域网进行整合，实现整体联通共享。依托地方政府政务网，构建国防动员指挥信息系统，实现军地防卫作战、动员支前和民防指挥互联互通。结合姜堰基层武装规范化建设试点，研发推广基层武装信息管理系统。

【部队安全管理】 学习贯彻新颁发的《共同条令》，开展“学法规、用法规、守法规”活动；针对形势任务和季节转换，结合上级通报和本单位安全管理发现的薄弱环节和苗头，开展“反思当天，抓好明天”活动。把严格落实以“人车枪弹密”为重点的各项制度，作为提高安全管理规范化水平的基础工程。贯彻落实“南通会议”精神，专门组织了学用新条令集训，对“防范重大安全问题”进行研讨，组织观摩分区机关营门执勤、重点部位安全管控、涉密载体管理等，规范营区安全管理。加强军地协作联防机制，与公安、安全、信访等部门保持经常性互联互通，及时了解掌握驻地安全稳定和隐蔽斗争形势。“人防”与“技防”相结合，在弹药库、办公楼、值班室等重点部位安装视频装置，分区值班员24小时远程实时监控；加强办公楼值勤管控，安装智能门禁系统和自动报警系统，提高智能化安全管理水平。

【按纲施训】 训练预备期，采取打“团体赛”的方法，抽调4名参谋人员对全年大项工作进行筹划梳理，编印全年度所有军事工作实施方案，保证全年工作的顺利开展。1月29日，组织全区军事训练计划会审，修订完善首长机关和民兵军事训练计划。组织军分区、人武部两级首长机关完成共同、专业训练等两大内容21个课目的训练，完成《机关业务技能练习册》相关作业。在各单位组织训练的基础上，3月11日，组织军分区、人武部首长机关和干休所干部、战士，在军分区教导队组织全区“三实”训练考核，成绩总评达良好以上。5月，协调市发改委、交通、科技、信息以及水利、地震部门主要领导到分区讲授相关知识，组织分区首长机关及人武部主要领导到某军陆航团、防化团等单位参观。8～10月，组织战术作业和指挥所演习训练，重点组织人武部战术作业训练。8月23日～9月1日，在兴化人武部组织战术作业试点，以“战备等级（平战）转换、重要目标防卫行动、动员支前行动、维护社会稳定行动、抢险救灾行动”为课题，探索人武部吸收同级国动委领导、“一综七办”人员独立完成首长机关战术作业的路子。编写4万多字的《人武部首长机关战术作业课题组训法》，规定人武部战术作业重点训练课目，并于10月，对人武部战术作业训演练逐个进行检查指导，促进训练工作的落实。

【民兵组织建设】 一季度，按照调研部署、指导帮带、检查验收的方法，组织全区民兵组织调整工作。5月11日，省军区副司令员周国建对分区民兵组织整顿工作进行检查。4月28日，国务院法制办政法司副司长姜秀元等一行到泰就《民兵工作条例》第二次试改稿修改情况进行调研。召开基层武装工作规范化建设现场会，明确“五个有利于”建设思路，规范“五个统一”建设要求，研制开发的规范化建设应用软件在全区推广。

【民兵训练】 在训练预备期，组织民兵干部骨干“四会”教练员进行集训。4月29日，在军分区教导队组织“四会”教练员比武竞赛。按照省军区关于组织民兵应急分队干部骨干“精准射击、精熟操作、精确指挥”比武竞赛的相关要求，组织强化训练。6月28日，军分区在教导队组织应急分队军事技能比武竞赛，选拔海陵区民兵应急分队干部骨干参加省军区“三精”比武，获团体部分第2名、精确指挥第1名、骨干个人全能第1名，共有43人次受到省军区通报表彰，获奖名次居全省第一。上半年，先后选派应急通信连骨干、抗洪抢险分队骨干、新任专武干部、防化专业分队骨干。做好大中学生军政训练工作。9月底，与市教育局联合举行泰州市大中学生军训会操，展示学生军训成果。

【国防动员】 以动员中心建设为重点，开展国防动员工作。针对泰州市医药、机电、化工、船舶等产业优势，在提高动员能力方面，加强动员中心建设。2005～2006年，依托扬子江药业集团，申报建立军队战储药材储备基地，并组织战备药材储备。在2008年支援抗震救灾中，基地先后两次调拨14个品种、11235件、110吨，总价1040万元的战备药材运抵灾区。2008年，借鉴战备药材储备基地建设的成功经验，借助泰州国家医药高新产业开发区医药产业“研发、生产、仓储、物流”配套集成的优势，申报国家医药动员中心，并于2009年批准建立，2010年1月15日正式挂牌。国家医药动员中心下辖4个保障基地、4个保障企业，实现医药产品集群式动员、集约化保障。5月11～12日，军区副参谋长许纪文一行到泰调研国防动员工作，视察国家医药动员中心建设，座谈研讨后备力量建设、国防动员准备、国动委机构建设有关问题。

【市委常委议军会】 2月8日，市委书记、市人大常委会主任张雷主持召开市委常委议军会，听取和审议军分区司令员张本印关于2009年军事工作情况和2010年全市军事工作主要任务的汇报，听取和审阅各市（区）人武部党委第一书记述职报告，研究当前武装工作需要解决的有关问题。

会议要求，新年度全市军事工作要把好思想政治建设的方向，深入学习实践科学发展观，加强当代革命军人核心价值观培育，打牢官兵高举旗帜、听党指挥、履行使命的思想根基。要坚持军民融合式发展，统筹利用资源优势，推动军事斗争准备不断深入。要破解难题，选好用好专武干部，加大战备基础设施建设，做好退役士兵职业技能培训，发挥“海军母亲城”名片效应，拓宽双拥共建的方法和路子，努力争创全国双拥模范城“三连冠”。

会议还研究保障社会化试点任务、出版《军事志》、民兵武器报废弹药销毁以及购置反恐分队装备器材等问题。

【党委班子岗位练兵】 年内，军分区人武部贯彻落实军区、省军区党委首长关于在团以上党委班子开展岗位练兵活动的指示精神，积极适应军分区人武部“双重领导、双应任务”和两级班子成员占三部总数一半以上的特点，加强党委班子岗位练兵，打造“过硬第一班”。军分区岗位练兵经验在军区成果汇报会作介绍，得到中央军委副主席郭伯雄的肯定。军分区被军区表彰为“党委班子岗位练兵先进单位”。

【完成全军保障社会化试点任务】 根据全军保障社会化工作座谈会暨整体推进保障社会化工作部署会精神，年内，泰州军分区作为全军保障社会化试点单位，于6月底前，顺利通过省军区、军区和总部工作组验收，全面完成全军保障社会化试点任务。有关经验材料在11月全军“昆明会议”上进行书面交流。军分区被军区司令部、政治部、联勤部、装备部评为“十一五”期间保障社会化先进单位，后勤部部长毛卫平被评为先进个人。

【办理军人保障卡】年内，按照一人一卡，一卡一号的原则，整合保障资源，全面推行军人保障卡，完成军分区现役军人及离休老干部的保障卡数据的采集、校对、录入及制卡工作。

（军分区）

武警泰州市支队

【概况】2010年，武警泰州支队围绕高标准实现“两个确保”目标，圆满完成各项任务，支队建设呈现协调发展、整体推进的良好态势。支队连续13年实现安全发展，被总部表彰为“预防事故案件工作先进单位”；政治处被总队评为“先进处”和“组织参加全军和武警部队网络征文活动先进单位”；靖江市中队被总队评为“基层建设标兵中队”；泰兴市中队、姜堰市中队被总队评为“基层建设先进中队”；泰兴市中队政治指导员李亚东被总队表彰为“优秀基层干部标兵”并记三等功；支队长孙健康、后勤处处长杨玉新、副参谋长孙继来、政治处副主任万松江等25名官兵荣立“三等功”；87名战士被评为“优秀士兵”。

【思想政治建设】加强主题教育理论灌输，挖掘红色资源，开展主题实践活动，培育当代革命军人核心价值观。落实月课教育制度，开展“深知兵、真爱兵、严带兵”活动，做好一人一事的思想工作和心理法律服务工作，疏通转化23名官兵。注重任务中政治工作的研究和跟进，加强警卫勤务中政治考核工作做法被总队推广。贯彻落实总队加强党的建设暨经常性思想工作推进会精神，投入190多万元，加强支队警史馆、警示室和塑胶篮球场等政工场室功能建设。166名官兵获职业技能等级证书、学历文凭。新闻宣传工作取得突破，捐资助残夏美兰的先进事迹被央视等媒体专题报道。

【执勤处突】开展勤务教育，严格落实执勤制度，定期分析执勤形势，推进执勤“四防一体化”建设，排治隐患28处。先后出动兵力完成各类各级勤务231起。加强应急力量建设，配齐建强特战班排，深化经常性岗位练兵活动，官兵履职能力得到增强。适时完善处突预案，2次组织实兵演练，成功参与处置泰兴“4·29”、苏州“7·23”群体性事件。注重教导队功能建设，组织预提骨干等各类集训11期400多人次。支队加强执勤“四防一体化”建设、反恐特战队员能力培养做法被总队转发。

【安全管理】贯彻落实总队管理教育现场会精神，支队投入500多万元加强正规化建设。召开市委常委议警会议，解决财政预算、应急装备、反恐经费和直属中队迁建等4个问题，总队全文转发支队做法供全省武警部队学习借鉴。贯彻落实依法从严治警集训精神，分2期组织新《条令》学习暨日常养成集训，提升部队正规化管理水平。坚持把“五个过一遍”活动贯穿始终，开展“治三松、严纪律、保安全”活动，全面治险除患，严格保密制度规定，夯实安全发展基础。

【基层建设】加强基层建设，完善考评实施办法，逐步规范秩序建设。开展学用《纲要》活动，举办4批次《纲要》集训，依托“警官之家”、行政例会等载体，采取蹲点指导、岗位练兵、研讨交流、难题会诊等形式，提升机关指导、基层抓建的能力。投入600万元，按照“一个标准、一个模式”的要求，加强基层建设，实现基层、机关协调发展。重视加大对后进层面考察帮建，党委机关坚持一线服务，党委成员全年蹲点基层11次91天，2个重点帮扶中队全面建设水平明显提升。

【综合保障】严格执行财经纪律，落实基层主官离任审计制度，提高经费使用的安全和效益。注重开源节流、发挥双重保障优势，积极争取地方保障性经费700多万元。加强武器动静态和车辆安全管理，投入1万多元升级改造军械库联管联控系统，严格落实伙食管理“五项制度”，指导基层做好后勤综合保障及卫生防病工作。修订保障预案，定期组织应急演练，完成群体性事件处突增援、机动备勤、保障工作。

【党委班子建设】落实党委中心组带机关理论学习制度，开展“建设学习型党委机关，争做学习型领导干部”活动，全年撰写研讨文章24篇，在中央级刊物发稿16篇。开展创先争优活动，通过评比“五星党员”、“五好支部”，举办先进事迹报告会，设立“党员示范岗”等措施，评选表彰2个先进组织和14名先进个人。加强民主集中制建设，做好风气教育整顿，全年调整配备干部25人，推荐各类培训12人，选拔学员苗子17人，发展党员40人。

【反恐特战能手比武】7月8～9日，支队组织开展反恐特战能手比武竞赛，官兵参加攀登、武装5千米、精度射击、催泪弹投掷等科目竞赛，2名战士被记三等功，5名官兵被评为“训练标兵”，6名官兵被评为“训练尖子”。

【泰州首届大中学生军训会操】9月初，按照《泰州市学生军事训练工作规定》，支队应驻地院校邀请，担负11所院校新生国防知识教育和军事训练任务。9月29日下午，支队担负泰州首届大中学生军训会操承办任务，5所高校、9所高中阶段学校参加会操。

【“依法从严治警”集训】10月11～15日，支队组织“依法从严治警”集训，全体官兵参加集训。组织军事训练、授课辅导、交流发言，讲评支队士官队伍建设情况，对支队坚持依法从严治警、提高正规化管理水平、实现部队安全发展做出全面部署。

【市委常委议警会议】11月2日，市委召开常委议警会议，专题研究加强武警泰州支队建设问题，市委常委、市人大及市政协主要领导、市政府分管领导、各市（区）的书记、市（区）长和公安局长、市级机关12个相关部门的主要领导及支队党委成员，共56人出席会议。会议就提高武警支队年度经费预算、解决反恐应急运兵车辆和机动中队营房迁建及执勤目标“四防一体化”等问题进行讨论研究，形成决议。

【“四防一体化”推进会】11月10日，支队召开加强武警执勤目标“四防一体化”建设推进会。市及所辖四市二区政法委书记、分管副市长、公安局长等20多人参加会议。会议就加强看守执勤目标建设进行深入研究、科学论证，达成一致共识。

【姜堰中队新营房建设】姜堰市政府投资800多万元，建设姜堰中队新营房。新营房占地面积0.45公顷，框架结构4层，建筑面积3212平方米，能满足90名官兵生活、训练，主体工程于11月初完工。

【干部集训】12月7～15日，支队分3批组织营职以下干部集中培训，培训设置军事技能考核、理论学习、授课辅导、研讨交流等内容，将“大谈心”活动穿插其中，提高干部能力素质。

【医博会执勤】12月12～14日，首届中国国际医药博览会在泰州中国医药城会展中心举行。支队30名官兵参加医博会现场安全保卫勤务，做到依法、文明、正规执勤。

【营区政治文化环境建设】落实总队加强党的建设暨经常性思想工作推进会议精神，加强部队营区政治文化环境建设。每家单位均建成塑胶篮球场、文化墙、警示室、五句话“标语牌”，全部实现网络到班。支队建成警营电视台、警史馆。

【社会治安综合治理联系点】中央综治委［2009］17号文件规定，泰州被定为武警部队唯一的全国社会治安综合治理联系点。支队积极与市综治办联系，健全月汇报制度、联席会议制度、资源信息互通制度和定期巡访督导制度四项机制。

（宋扣勤　王　晔）

武警泰州市消防支队

【灭火救援】2010年，武警泰州市消防支队立足于实战、岗位和现有装备，突出全员、科学、质量和实战练兵。开展“打造消防铁军”活动，树立“刻苦训练、勇争第一”的训练比武信念，组织开展体能、技能训练，在10月全省消防部队“打造铁军”比武竞赛中，市消防支队获团体总分第8。修订完善灭火救援行动、预案制订、战评总结和执勤器材装备管理、交接班等执勤制度。编写道路水源、重点单位、装备、化危品处置等手册，制作“六熟悉”、执勤实力、装备资料、重点单位资料及危化品处置卡片。全年共接警出动1439起，出动车辆2535辆次、官兵12683人次，成功扑救火灾282起，参与各类抢险救援1157起。其中，处置交通事故101起，社会救助48起，危化品事故20起，建筑倒塌、生产事故、自然灾害等其他出动988起，营救遇险被困人员629人，疏散人员5000多人，抢救和保护财产价值近5亿元。火灾四项指数保持平稳，各地2010年度火灾亿元GDP损失率全部低于0.01，且火灾亡人均不超过1人。消防部队灭火救援实战能力得到提升，成功处置“6·23”泰州LG电子冷机有限公司仓库火灾、“7·6”梅兰化工厂爆炸事故、“7·29”开发区一在建厂房脚手架坍塌事故、“9·22”中海石油（泰州）有限公司化工装置泄露燃烧事故、“10·5”泰兴市扬子医药化工有限公司反应釜爆炸等灾害事故。

【应急救援队伍建设】按照“政府主导、统筹规划，部门联动、统一指挥”的应急救援队伍建队思路，10月，率先在全省成立泰州市应急救援支队。完善全市应急救援工作体系，各市（区）共投入近200万元全部组建县级应急救援大队。市政府制订综合应急救援队伍建设实施方案，明确应急救援队伍建设的组织机构、工作原则、队伍构成、职责任务与管理体制等内容，先后组织开展市、县级应急拉练、合练7次。

【多种形式消防队伍建设】按照“现役部队为主、多种力量为辅”的思路，构建城乡自防自救网络体系。制定完善小城镇消防规划，加强多种形式消防队伍规范化、专业化建设，加强政府专职、企业专职和保安联防消防队的检查指导，协助解决多种形式消防队伍在训练和管理中存在的突出问题。将多种形式消防队伍编入支队跨区域实战力量，参与演练活动。制定完善《泰州市合同制消防员管理规定》和《泰州市消防支队合同制消防员岗位设置和等级评定》，促进合同制消防员的管理训练工作的规范化、科学化。加强多种形式消防队伍灭火力量动员发动，构筑覆盖全市的多种形式联防自救体系，至年末，多种形式消防队伍共扑灭各类火灾230多起，为群众挽回经济损失2000多万元。

【部队“三项建设”】开展和谐警民关系建设，实施“爱心工程”、“温暖工程”、“希望工程”建设，构建和谐警民关系。推进执法规范化建设，市消防支队在江苏消防总队组织的监督执法技能竞赛中获团体第2，开发区消防大队大队长顾正军被评为全国模范消防监督员。全年消防工作无一起超期办结和行政许可信访案件，无行政复议和诉讼案件。推进部队信息化建设，投入信息化建设专项经费593.5万元，完成消防支队指挥中心和通信指挥车改造，初步实现数字化灭火救援指挥系统建设。

【政治建设】开展学习践行“三句话”总要求主题教育、纪律作风教育整顿。扩宽主题教育途径，开展“雷锋就在我身边”、“重温入党誓词”、“红色歌曲合唱比赛”、“消防卫士评选表彰”等活动，创新教育方式。加强各级党组织规范化建设和部队思想政治教育，推进“双培双带”工程、干部双考、干部队伍能力素质建设。深化廉洁警队建设、和谐警营及和谐警民关系建设，开展廉政警示教育周、工程建设突出问题专项治理、督查访查等活动，推进党风廉政建设，年内成功挂牌8个廉政警示教育基地。开展“条令条例学习月”和新共同条令宣贯活动，规范部队“四个”秩序。9月，组织召开部队精细化管理现场会。2010年，全市有18家单位、86人次受到各级表彰。其中，11人荣立三等功，1人被评为全国模范消防监督员；市消防支队被表彰为省级“文明单位”，并被市委、市政府表彰为“2010年度十佳服务地方发展单位”，6名官兵被评为泰州市“十大杰出青年消防卫士”。

【后勤建设】加强经费的争取和区域性灭火救援应急中心工程建设。年内共争取正常经费2518万元，比上年增加16.02%；各大队正常经费指标均超过100万元，大队正常经费平均增长16.4%。省级（泰州）区域性灭火救援应急中心一期工程率先在全省挂牌投入使用，支队办公大楼完成装修改造，泰兴特勤消防站投入使用，开发区消防指挥中心大楼完成主体工程建设，靖江消防指挥中心及特勤消防站、靖江江阴开发园区消防站、靖江新港园区和泰兴化工园区消防站全面开工建设。先后投资840万购置通讯指挥车1辆、火场勘探车1辆、A类泡沫车1辆、32米举高车1辆、抢险救援车3辆和一批抢险救援器材、个人防护装备、常规器材。

（消防支队）

江苏省军区教导大队

【概况】2010年，省军区教导大队依据《基层建设纲要》，以抓好教学办队和服务保障为重点，加强思想政治建设，严格正规管理，完成各项工作任务，全年安全无事故，大队建设保持良好发展势头。

思想政治建设。加强思想政治教育，先后开展新兵入伍教育、“学习何祥美、刘义权同志爱岗敬业、忠实践行当代革命军人核心价值观”、“学习徐钢同志先进事迹”等重大典型教育。开展创先争优活动和第三批学习实践科学发展观活动，引导和激励党员干部发挥先锋模范作用，在推动科学发展、有效履行使命、弘扬优良作风、加强组织建设的实践中建功立业。

【军事训练】 始终坚持“从严治队、正规办学”的方针，强化教学办队能力建设，增强教导机构的职能作用。全年共完成省军区司令部直属队新兵入伍集训、省军区参谋业务集训、省军区专武干部和人武参谋集训、省军区师团干部理论集训暨新任主官集训、省军区民兵预备役部队应急连干部骨干应急行动指挥集训、省军区民兵应急连干部骨干“三精”比武竞赛等8期集训和比武竞赛活动，累计办队时间228.5天，共集训学员1056人；承办省军区士官学员招生文化考试、省军区女兵体检；完成《专武干部业务训练手册》的编写任务，参与完成省军区系统《应急作战训练纲目》的增修工作。13人次参加省军区演习、考核、比武等活动，4人参加军区和院校的集训。

【部队安全管理】 突出人员、车辆的管控，加强对出入营门人员和车辆的检查、登记力度。强化信息安全管理，严格落实上级关于严密防范网络泄密的“十条禁令”，定期开展保密检查，严格落实涉密载体“专人使用、集中管理和出入库登记”制度。加强营区安全管理，建成营区安防和报警系统，加强重点时期的营区巡逻执勤。突出季节性事故预防，根据周期性管理、世博期间和集训办队期间的特点、要求，加强针对性安全管理教育、督导力度，确保大队全年安全无事故、案件。

【后勤建设】 与营区正门前328国道工程同步实施营区正门建设工程，在328国道改道工程完工时，开通营区正门。投入近50多万元，维修学员宿舍，添置部分学员生活设施，改善集训保障条件。

（李锋剑）

预 备 役 团

【概况】 2010年，江苏陆军预备役高炮第一师第三团按照“抓学习强党性、抓班子强队伍、抓训练强本领、抓经常强基础、抓典型强活力”的工作思路，围绕军事能力建设这一核心，部队全面建设持续稳步向前发展。年内预备役团再次被省军区表彰为“先进旅团单位”、“先进团党委”。

【思想政治建设】 加强官兵世界观改造和核心价值观培育，打牢部队“高举旗帜、听党指挥、履行使命”的思想根基。围绕加强军队党的建设、有效履行使命任务这个主题，落实党委中心组带机关的理论学习，通过个人读书、专家辅导、讨论交流、参观见学等活动，加深对新形势下军队职能使命的认识。深化当代革命军人核心价值观培育，开展“当代革命军人核心价值观引领我成长”和“学习何祥美、践行当代革命军人核心价值观”活动。学习贯彻《政工条例》，编印《政工条例知识要点》口袋书，采取一般内容个人通读、重要章节集体研读、疑难问题领导解读的方式，组织官兵学习。开展创优争先活动，成立活动领导小组，机关明确挂钩联系点，把创优争先活动纳入经常性党的建设之中，纳入大项任务之中。落实基层党组织、机关党支部和党员“一诺三评”工作。年度实弹战术考核期间，开展“当先锋、打头阵、扛红旗”活动，组织“比思想、比作风、比技术、比干劲、比安全”的训练竞赛，坚持把思想政治工作做到训练场，每周召开思想形势分析会、每天召开思想骨干碰头会。创办野战流动图书架，编印战地快报，组织文艺小分队到靶场慰问演出，鼓舞官兵斗志。

【战备工作】 一季度，围绕担负的任务，对动员集结、临战训练等防空作战预案和抢险救灾应急方案进行修定完善，按照作战编组方案，落实指挥人员编配及各职各类人员的定岗定位。结合整组 组织所属三个营各一个连进行快速动员演练。结合省军区实弹战术考核，对参考的双37高炮连进行成建制机动演练。团机关及时添置抢险救灾物资，确保部队能够遂行非战争军事行动。做好重大活动和节日战备工作，做好战备教育，落实战备检查，严肃值班纪律。春节和国庆期间，团机关2次组织战备演练。

【军事训练】 加强军事训练，推进军事斗争准备。

“三实”训练。从1月上旬开始，利用20天时间，组织轻武器操作、手榴弹投掷训练，顺利完成实打实投，共消耗手枪弹240发、步枪弹840发、手榴弹120枚。

业务技能训练。依据省军区印发的《机关业务技能练习册》，加强军事理论、军事地形学、作战标图等基本技能训练。10月，团参加师红蓝对抗训练，按全要素配置落实三级指挥所演练，部队干部的基本业务技能和组织指挥水平得到提高。通过挂钩带训、在岗自训等形式，加强人才培养和储备，全年共组织参加射击指挥、参谋业务、通信侦察、标图测手、装备维修等8批69人次的专业集训。结合学习贯彻新的《共同条令》，完成畜牧学院、张甸中学、市二附中约1800人学生军训任务。

直属分队训练。3月，组织直属保障分队，围绕复杂电磁环境下侦察预警与通信指挥、野战救护、复杂路段机动、战损武器抢修等课目进行训练。各专业分队在年度实弹战术考核中均出色完成任务。

首长机关训练。为提高首长机关业务技能和组织指挥水平，团利用“三化”训练成果，加强理论学习与室内推演。从战备等级转换、兵员集结、组织计划到战斗实施，着重研究各个时节的行动要求，做到机关真作业、分队真动作。

实弹战术考核。5月，团集中双37高炮营一个实兵连进行强化训练。按照“三先三后两突出”的思路，设置多种情况，组织官兵集训，规范部队行动，增强作战本领。5月14～25日，团首长机关带参考连队，完成战备等级转换、兵力机动集结、战斗准备、战斗实施、实弹射击、撤出战斗6个阶段的考核任务，取得战术考核和实弹射击考核双第一，实现“三连冠”，被省军区评为“优胜单位”。

【后装建设】 完善保障计划，配齐各类物资器材，为圆满完成高炮实弹战术考核、网上对抗演习等大项军事任务提供保障。全面推行公务卡使用，做好物资集中定点采购。严格执行经费预算，提高经费使用效益，全年集中采购90多万元。借助军地资源，加强营区整治，对营区进行美化净化，对营房进行维修升级，对宿舍进行整合规范，改善官兵物质文化生活。落实武器装备管理责任制，开展爱装管装教育，做好经常性的维护保养，武器装备达到 “四无”要求。9月，团在参加省军区组织的连给养单元比武中获亚军；在参加师装备业务比武中，获团体第2，单项第1、第3。

【部队管理】 坚持从严治军，加强部队管理。贯彻落实新修订的《共同条例》，开展“学条令、知条令、用条令”活动。严格落实出操、交接班、晚点名、卫生检查、查铺查哨等机关日常生活制度。加强“两个以外”的管理，建立组织、群众和家庭监督管理体系，把住人员的在位关、活动关、外出关，部队养成靠制度规范、依条令管理的良好习惯。层层签订《“三防四反”安全工作责任书》，齐抓共管、群策群防。坚持每季度召开一次安全形势分析会，不定期对装备库、弹药库、保密室、财务室等重要部位进行安全检查。对存在的安全隐患，列出清单，落实整改，确保将不安全因素解决于萌芽状态。实弹战术考核期间，团印发《野外训练（演习）安全工作手册》，加强组织学习与落实，确保部队安全稳定和集中统一。加强对计算机和涉密介质的管理力度，笔记本电脑、移动硬盘、U盘做到集中存放、报批使用，定期对办公电脑进行检查。严格车辆使用审批手续，坚持“两证一匙”集中保管制度，做到外出前有检查、归队后有汇报。对外来人员、车辆严格检查登记，对营区施工人员进行政治审查，实行挂牌进出。开展暑期安全竞赛活动，先后组织2次驾驶员作风纪律整顿、4次安全大检查。

【党委班子和干部队伍建设】 在实弹战术考核中，团党委班子成员理解任务准确，战斗动作规范，受到省军区首长和考核组成员的好评。7月，团代表全师参加省军区组织的党委班子岗位练兵考核，获全省第1。加强干部队伍建设，建立干部换岗轮训机制。在省军区干部业务培训、师条令知识竞赛中，团均取得第一名，被师首长誉为“夺牌专业户”。

（陈夫青）

人　民　防　空

【概况】 2010年，市民防局以“战时能力强、平时作为大”为基本要求，推进各项工作。市民防局再次被表彰为“全国人民防空先进单位”，并获“2007～2009年度江苏省文明单位”、“2010年度泰州市作风建设先进单位”、“保密工作先进集体”、“年度目标考核一类先进单位”、“民防队伍建设先进单位”等称号。

指挥信息化建设。市、各市（区）两级均建成人防基本指挥所或地面指挥中心，市本级启动机动指挥所建设，实现省、市、市（区）三级图像、语音、视频的互联互通。健全市、县两级战时人民防空指挥体系，7支人防专业队结合民兵整组进行合理编组、科学组训，提高战时防空、平时防灾的应急处置能力，被市政府表彰为“2010年度应急管理工作目标管理优秀单位”。对市区警报集控系统实施升级改造，音响警报覆盖率和完好率均达100%。与市无管办联合对所辖市（区）人防系统无线台站使用情况进行检查，规范无线电台、站的管理使用。

防护体系建设。市区新立项人防工程比上年增长198%，完成省年度计划的278%；新开工人防工程增长131%，完成省年度计划的178%；竣工人防工程增长53%，完成省年度计划的169%；人防工程新立项、新开工、竣工面积三项指标增幅居全省第1。医疗救护和防空专业队工程建设均超额完成省年度任务。人防工程建设与缴纳易地建设费用比例合理，人防工程综合结建率达95%以上。对市区人防工程逐一进行调查摸底，初步形成市区人防工程维护管理网络。对市区重要经济目标单位防护工作进行调研梳理，完善防护方案，并依托视频远程监控系统提升防护能力。

建设资金筹集。贯彻落实国务院、中央军委《关于进一步加快人民防空事业建设的若干意见》和《江苏省人防建设经费筹集管理规定》，用好用足政策，严格规范管理，确保企业、事业单位和个体工商户应缴纳人防经费的征收到位和人防易地建设费的足额收取，人防建设资金征收创历史新高。全年市区依法筹集人防建设资金比上年增长86%，完成省年度任务的211%，为全市民防建设提供资金保障。年内，市民防局获“市级会计报表编制工作先进单位”。

法制建设。规范执法行为，严格依法行政，全年查处违法、违规案件11起，结案率100%；追缴人防易地建设经费1978万元，补建人防工程。对行政权力网上公开透明运行系统平台进行修改完善，强化网上监察，顺利通过省、市公开办的考核验收。全年共办理人防审批项目收件123件，按时办结率100%。市行政服务中心窗口2次被评为“红旗窗口”，海陵、高港服务中心窗口被表彰为“年度优秀窗口”。

宣传教育。筹划纪念人民防空创立60周年系列宣传活动，参与全省民防知识知识竞赛活动，与市广播电台联合开办“民防之声”栏目。在《新华日报》、《泰州日报》刊登专题文章，宣传近几年泰州人防建设取得的成就。开展民防知识进社区活动，与市教育局协调对市区各初级中学民防知识课教学情况进行检查，市区共有29所初级中学、6987名学生接受民防知识教育。在5月12日全国第二个“防灾减灾日”，与市应急办、民政局等单位在滨河绿地广场联合举办“防灾减灾日”大型广场宣传活动。

【人防平战结合】 积极参与城市建设和管理，投资8000万元建设市重点基础设施项目铁塔广场工程，7月18日实现土建主体封顶。关注民生，改建成滨河绿地广场地下停车场，缓解该区域停车难的压力。市区人防自建工程开发利用率达100%，一批平战结合项目取得良好经济效益，向社会提供就业岗位1200多个、停车泊位7000多个。

【民防园建设】 3月下旬，泰州市民防园正式开工建设。该工程位于江苏省现代农业开发示范区内，距泰州市主城区约2千米，占地24.67公顷，总投资1800万元，由南京林业大学设计。根据规划，泰州市防空林与人口疏散基地将建成 “人口疏散基地，科普教育基地，旅游休闲基地”，平时通过发展经济果林、特色养殖、高效农业等实现以林养林，战时可疏散人口约2万人。12月18日，泰州市首届农艺节开幕，民防园同日开园。

【“民防杯”人防国防知识竞赛】 10月12日，由市委宣传部、泰州军分区政治部、市级机关工委、市广播电视台、市民防局共同主办的“民防杯’人防国防知识竞赛在泰州电视台演播大厅举行。省民防局局长苏振远，市委常委、宣传部长缪志红，泰州军分区政委孙庆祥，市政府秘书长王群，市民防局局长周兆明以及市直有关委局、社会各界代表共350人观看知识竞赛。

【领导视察】 12月1日，省委常委、省军区政委李笃信到泰视察泰州市民防工作。市委常委、泰州军分区司令员张本印，泰州军分区政委孙庆祥陪同。李笃信一行先后参观泰州民防园、铁塔广场工程建设工地等。

（朱君贤）

边 防 检 查

【概况】 2010年，泰州边防检查站共检查出入境船舶1389艘次、人员27034人次，比上年分别增长62%和64%。泰州边防检查站党委连续2年被江苏边防总队表彰为先进党委班子，获部局提高边检服务水平成绩突出单位、江苏省口岸先进单位、泰州市口岸服务优胜单位等称号，站监护中队荣立集体三等功。

【边检服务】 主动策应驻地外向型经济发展的需求，开展“三服务”活动，提升边检服务水平。通过公开举报电话、设置意见箱、召开社会监督员会议、参加人民满意机关活动，接受社会各界的评议和监督。拓展便民服务直通车功能，开通互动QQ群、短信“手机报”服务，将其纳入社会救助体系，获江苏省公安厅2010年创新奖。出台网上预检、全天候办理手续、绿色通道服务等举措，设置电子触摸屏，提供人文地理、天气预报、餐饮住宿、办证指南咨询服务。8月9日，泰州电视台专题播出边检站服务经济发展的事迹，启动绿色通道救助受伤船员做法被中央电视台专题报道。

【世博安保】 根据市政府创建“平安泰州”的整体部署，做好以世博安保为中心的口岸管控工作，维护口岸安全稳定。建立风险评估、分级监护、巡查巡视、处突演练制度。编印《世博安保工作汇编》，建立“世博安保日记”，设立红、黄、绿三级风险评估体系，加强与公安、口岸查验机构、涉检企业的联勤、联防、联动，召开专题联席会议12次，开展联合演练13次，与22家单位签订责任状，圆满完成上海世博会的边防安保任务。

【爱民固边模范创建】 开展爱民固边模范港区（码头、企业）创建活动，市政府将其纳入全市“开放创新 双轮驱动”战略总体规划，并命名表彰8家单位为泰州市爱民固边模范港区、模范企业和模范码头，在各口岸和企业中形成共创和谐平安口岸的氛围。

【靖江边检分站】 坚持边服务边筹建，投资9800万元建设的靖江分站联检大楼于年底竣工，综合楼开始进行装潢，监护中队新建进入设计阶段。

【部队管理教育】 开展主题教育和心理健康教育，组织读书学习周活动，加大文化建设投入，提炼“团结团队、奋发奋进、创新创优、和睦和谐”的泰州边检精神。建立“双讲双考”机制，每季度召开干部讲评会，每月开展干部讲学活动，将工作效能与绩效挂钩。修订完善装备车和私家车管理、驾驶员绩效考核规定，提升部队正规化建设水平。

【拥政爱民】 建立警民共建、慈善捐款、扶贫帮困、爱心助学机制，连续4年与省口岸中学开展“托起一片蓝天、心系边疆学子”活动。1月21日，省口岸中学给泰州边防检查站赠送“支持教育、爱心助学、共育雪莲、振兴中华”锦旗，并将监护中队作为德育教育基地。9月20日，边检站与驻地幼儿园、LG公司联合举办“警民同欢度中秋，共创和谐迎国庆”主题联欢会。设立爱心帮困基金，先后与4名孤寡老人、21名贫困学生建立帮扶关系，捐资助学5万多元。

（黄晓文）

双 拥 共 建

【海军“泰州舰”代表参加市人代会】 1月19日，海军“泰州舰”舰长、泰州市荣誉市民徐彪代表泰州舰全体官兵，应邀参加市人大三届三次会议，与市人大代表一起参政议政，共商军地、城舰发展大计。

【市领导走访慰问驻泰部队官兵】 2月8日，市领导张雷、姚建华、陈克勤、王守法、高纪明、张本印、缪志红、杨峰、王振南、丁士宏、戴胜利、张正方、王泓卫、马云及市有关部门负责人，分组走访慰问驻泰部队官兵和军、地干休所离退休老干部。

【海军老将军到泰举办影展】 4月5日起，海军原副政委冷宽中将、原副参谋长周伯荣少将、后勤部原部长陶先华少将、兵种指挥学院原政委张永刚少将和东海舰队政治部原副主任闫贺群少将5位将军到泰进行采风创作。4月29日，在望海楼举办“将军镜头中的水兵母亲城摄影展”，市领导姚建华、张本印、缪志红、丁士宏及有关部门负责人出席开幕仪式并为影展剪彩，市政府秘书长王群主持开幕仪式。

【双拥模范表彰】 7月28日，省委、省政府、省军区在南京召开“江苏省第九届双拥模范城（县）命名表彰大会”。靖江市、泰兴市、姜堰市、兴化市被授予“省级双拥模范城”称号，市地税局、海陵区人武部、开发区社会事业局被表彰为“省双拥模范单位”，高港区委书记王建、市民政局党委书记钟鸣、海陵区副区长张仁德、武警支队政治处主任梅启军被表彰为省双拥先进个人。

【总装备部首长到泰调研】 10月13日，全国政协常委、总装备部原副政委李栋恒中将，总装备部科学技术委员会原副主任焦安昌中将、副主任卢锡城中将、正军职常务委员李济生，63961部队三室高级工程师宋振铎，63672部队三室研究员邱爱慈少将到泰调研。

（倪劲松）

综 述

【概况】2010年，全市人力资源社会保障系统围绕创建国家级创业型城市，做好全市就业创业工作，全年新增城镇就业7.85万人，期末城镇登记失业率2.75%，新增创业5.62万人，带动就业17.02万人。实施农民就业失业登记、求职登记、创业服务、农村困难家庭就业援助四项制度，开展农民创业就业“百村”调查、“春风行动”等活动，促进农村劳动力转移就业。实施就业援助，2850名困难人员实现再就业，城乡“双零”家庭100%动态消除。优化人力资源市场服务，全年为各类用人单位提供用工11.51万人次。出台“新市民”政策，保障企业用工。

实施“双全工程”，推进应保尽保，加快城乡一体的社会保障体系建设步伐。新农保实现全覆盖，全市城乡居民养老保险参保缴费126.69万人，领取养老金和基础养老金61.13万人。全市企业退休职工养老金逐年增长，月平均水平1319元。医保报销范围进一步扩大，职工医保和居民医保报销比例分别达80%和60%，大病最高支付限额分别提高到30万元和20万元。生育保险取消封顶线，基本实现生育零支付。

以“两高”人才为重点，壮大人才队伍规模，全年引进高层次人才805人，其中海外优秀人才167人。实施新技师倍增计划，推进企业全员培训全员鉴定，全市新增高技能人才1.9万人，其中技师、高级技师2189人。完善公务员录用调配、考核培训制度，做到运作有序、公平公正、公开透明。年内，机关事业单位招录、招聘817人，培训公务员1.2万人。全面启动事业单位岗位管理工作，审慎推进卫生事业单位绩效工资改革。职称工作强化服务，扩大专业技术人员规模。

完成军转安置任务，做好企业军转干部解困维稳工作。以和谐稳定为目标，提升协调劳动关系和维权效能，劳动争议突出柔性调处，全年调解、撤诉结案率占86.9%。劳动保障监察提升信息化效能，及时防范化解劳资纠纷。

以困难群众为重点，初步形成帮扶解困工作长效机制。全年免费技能培训12.44万人、购买公益性岗位2850个，帮助1000多名无力续费的大龄特困人员接续养老保险关系，累计帮扶大病、重病参保职工679人次，补偿452万元；市区1080名低保人员免费参加居民医保，爱心热血行动成功帮扶4名白血病患儿。

年内，市人力资源社会保障局被评为省文明单位、泰州市十佳人民满意机关，市人才服务中心获全国人社系统优质服务窗口称号。

人 事 人 才

【百名海外博士江苏行泰州洽谈会】11月12日，“百名海外博士江苏行泰州洽谈会”在泰州举行。124名海外博士与全市81家企业展开对接，共洽谈高科技项目121个，达成初步合作意向的高科技项目67个，其中13个项目现场签约。泰州是“百名海外博士江苏行”活动的最后一站，124名海外博士共自带140个项目，主要涉及生物医药、新能源、新材料、信息技术和服务外包、节能环保等专业领域，科技含量高，均是新兴产业发展急需的项目。

【建立医药城人才需求预测机制】 从岗位性质、人才数量、专业类别、学历层次等方面，定期对已落户医药城的创业期生物医药企业人力资源发展状况进行跟踪、分析、总结；在医药城重大招商项目正式落户前，对项目母公司和行业同质性公司的人才开发状况进行摸底调研、对比分析；围绕生物医药产业发展趋势，把握创业期生物医药企业人才需求的一般性规律，保证人才招聘计划的前瞻性和准确性。做好超前储备人才，联合200多家创业期生物医药企业建立医药城人才招聘网络公共服务平台，发布即时需求岗位，鼓励用人企业发布通用型、紧缺型等岗位来储备人才，通过网络集聚生物医药产业人才。

【改革教师职称评价方式】 年内，出台《泰州市中学高级教师专业技术资格教学实践能力考核办法》、《泰州市中学一级教师、小学高级教师专业技术资格量化评审办法（试行）》，改变过去以定性考核及论文水平高低等为主的考核办法。增加教学实践能力笔试考核，丰富中学高级教师评价要素；注重对教学能力的考核，突出对教学法规、教材理解、解题能力、课堂教学方法等的测试。

【编印《泰州市事业单位岗位设置工作指南》】 推进事业单位岗位设置管理实施工作，整理编印20万字的《泰州市事业单位岗位设置工作指南》，内容覆盖事业单位岗位设置管理相关政策文件、事业单位岗位设置各阶段工作流程、事业单位岗位设置各类表格方案材料模板、岗位设置管理软件系统应用4个方面，重点突出工作的实用性和指导性。

【构建市、县、乡三位一体的网上培训格局】 为提升公务员教育培训工作的整体水平，突破传统培训在时间、空间等方面的瓶颈，在全省率先开通公务员网上学习平台，构建市、县、乡联动开展教学、考试、考核、管理的三位一体的网上培训格局。加强网络学习平台建设，配备专用服务器，建立公务员培训专用网站；选择优化的培训软件和适合公务员能力建设需要的学习课件，为实现公务员在线学习提供技术支撑。突出培训内容的科学设置，全面启动以公共管理核心知识为主要内容的公务员“5+X”能力培训工程。在网上提供科学发展、执政能力建设、经济、法律、文化、健康等多个门类近40个专题的学习，拓宽公务员视野。建立市、县、乡三级培训网络，除市、县公务员培训主管部门有专人负责外，各单位明确1名网络管理员专门负责本单位的网上学习管理工作。全年各级机关有16629名公务员在网上登记注册开展学习，占公务员总数的98%以上，培训网站总访问量超过100万人次，平均每天在线人数超过1000人。

【开展“职称工作宣传月”活动】 组织实施“职称工作宣传月”活动，市人社部门走访全市400多家企业，采访40多家企业负责人，举办6场专题讲座，召开4次企业领导与人才座谈会，发放宣传手册10000多册，为全市企业近1万名人才提供服务，全年全市职称申报人数比上年增长30%。

【考试信息化】 利用泰州网电子平台资源，开辟网上订书专栏，市人社局建成人事考试网上书店，提升人事考试信息化服务水平。2月，全面启动网上书店工作，实现人事考试教材网上征订。所有教材信息均通过网站进行在线发布、在线图片展示，考生可在线选择教材、在线征订、在线提问，工作人员在线进行网站管理。年内，所有考生的费用解缴无一例缴费不成功和重复缴费现象，全年无一名考生投诉。

劳 动 就 业

【形成全市“四级同创”工作格局】 2010年，泰州市组织创建国家级创业型城市，放大创建效应，除市、市（区）组织创建外，开展创建创业型街道（乡镇）、社区（村）活动，形成全市“四级同创”工作格局，推动创业促就业工作。从组织体系、优惠政策、创业服务、创建成效等方面制定乡镇创建标准。将充分转移镇村作为认定创业型镇村的前提条件，建立充分转移、创业型乡镇（村）和村级平台建设联动机制。把创业型街道（乡镇）、社区（村）创建工作与创建国家级创业型城市工作结合，列入检查考核指标，做到同部署、同落实、同检查、同考核。通过开展创建活动和阶段评估验收，全市创业型社区（村）达标率和创业型街道（乡镇）达标率分别为52%和61%。

【创业实训模拟公司】 与全球模拟公司联合体中国中心合作，在全省率先投资建成创业模拟实训基地，以开展高校毕业生为主，兼顾失业人员和创业农民等创业群体，组织实施创业实训模拟公司项目。模拟公司搭建有实训办公室、城市平台、国家平台、全球平台四层环境，涵盖经贸、咨询、保险、生产、租赁、零售、服务和批发等领域。学员在实训师的指导下，通过网络平台建立虚拟公司，模拟创业过程，采取“上课”、“上班”和“上网”三结合的实岗实训方式，通过创业实践的演练，尝试经营业务等提高自身的社会能力、办公能力和业务能力，降低创业风险，积累创业经验。全年共举办创业模拟实训12期，培训610人，创业成功485人，创业成功率79.5%，高出传统培训创业成功率近20%，创业实训效应初步显现。

【“新市民”政策】制定出台《关于加强外来务工人员服务工作的意见》，落实外来务工人员十项同城待遇，吸引外地劳动力。完善公共就业服务网络，对外来务工人员免费提供就业指导和职业介绍等服务。建立培训面向市场、机构平等竞争、内容自主选择和政府购买服务的外来农民工培训机制。将外来务工人员及其亲属社会保险参保纳入全市社会保险保障体系，享受与泰州城市居民同等的社会保险待遇。推广外来务工人员劳动合同制度，建立企业职工工资正常增长机制。推荐符合条件的优秀外来务工人员加入党、团组织，担任各级人大代表、政协委员和社区民意代表。将已入籍落户并符合城市最低生活保障条件的外来务工困难人员纳入城市最低生活保障，享受与泰州城市居民同等的救助标准。落实外来务工人员计划生育管理目标责任和考核制度，做到与常住人口同管理。凡在泰州连续务工2年以上，并参加社会养老保险的人员，凭用工合同、《职业养老保险手册》、暂住证均可办理本人、配偶及子女的落户手续。对外来务工人员子女由教育部门统一组织中小学接纳，并免除城乡义务教育阶段学校就读的借读费、学杂费和书本费，享受与本地学生同等教育条件。按照城市和城镇规划布局，改善外来务工人员居住条件，加强对外来务工人员租赁房屋的服务，对在泰州连续工作满3年，符合条件的，享受与泰州城市居民同等的购买经济适用房及廉租房等住房保障政策。

【服务企业用工长效机制】制定出台《关于加强企业用工服务工作的意见》，建立服务企业用工长效机制。建立企业用工需求调查、申报、登记制度，完善企业用工需求信息库；加强对劳动力资源的调查摸底和登记造册，完善农村富余劳动力、城乡新增就业人员、在外务工人员和返乡农民工就业失业信息台账，强化人力资源配置服务。完善与安徽、四川、陕西、湖南、贵州等劳务输出大省的正常对接机制，建立劳务输入基地。建立学生到企业顶岗实习与预备就业制度，加大预备培训与定向就业力度。鼓励并组织本地职业院校与外地院校联合办学，扩大招收外省市学生到市职技院校接受职业教育和培训的规模，为本地院校、企业招用外地学生建立固定渠道。2010年全市新增城镇就业7.85万人，新增农村劳动力转移6.5万人。

【“百千创业结对”活动】组织市人社、工商、地税、金融等部门工作人员和创业指导专家组成员、创业培训师资100人，与1000名有创业愿望和创业能力的就业困难人员结成帮扶对子。发挥小额担保贷款融资作用，开展创业担保“结对子”帮扶活动，动员机关党员干部和事业单位职工为创业者提供创业担保，化解小额贷款担保难问题。实施能力、技能、指导、跟踪一条龙服务，推荐结对帮扶创业者入驻孵化基地，增加创业前期积累，并实施开业专人引导、技术专人培训、管理专人指导3项专人承包制。在后续帮扶上实施“三个一”跟踪指导服务，即一天一个电话咨询,一月一个创业分析,一季一个综合会审。全年共成功扶持创业986人，创业稳定率在90%以上。

【毕业生就业见习管理】在全省率先建立高校毕业生就业见习管理系统，受到国务院就业工作部际联席会议成员单位联合调研组、全国人才流动中心调研组和省人社厅高校毕业生就业督查组的肯定，并在全省高校毕业生就业见习研讨会上作专题经验介绍。2010年，市人社局被省人社厅表彰为“高校毕业生就业见习工作先进集体”，一家企业见习基地被人力资源和社会保障部表彰为“国家级就业见习示范基地”。全市共建立就业见习基地220家，形成覆盖全市的省、市、县三级就业见习基地网络，吸纳就业见习人员2133人，其中，1985人通过见习实现就业，见习录用率93%。

【裁审衔接一体化机制】年内，市调解仲裁机构联合市中级人民法院，在全市推进人民法院劳动人事争议巡回法庭建设工作。至6月，全市两级劳动人事争议巡回法庭全部建成。各基层人民法院抽调法官和书记员组成巡回法庭，两级人力资源社会保障部门提供巡回法庭法官办公、办案场所和办公设施。市仲裁委与人民法院共同制订巡回法庭工作职能，建立健全工作制度。各基层人民法院明确巡回法庭办公人员的名单和工作时间，每周安排法官驻巡回法庭办公2天～3天，保证巡回法庭的长效运行。

社 会 保 障

【建立城镇居民大病统筹机制】2010年，泰州市提高政府财政对城镇居民参保补助标准，市区居民医疗保险基金筹资标准由每人每年300元调整为360元，其中财政补助每人每年提高40元、个人缴费每人每年提高20元。利用每人每年新增加的60元建立参保人员大病统筹基金，并与职工医保大病统筹基金实行统一管理，增强大病统筹基金的抗风险能力。确定城镇居民医保大病统筹参保人员发生符合医疗保险管理规定的6万元以上、20万元以下住院费用，由大病统筹基金结报60%。城镇居民"医疗保险基本制度+大病统筹+医疗救助"的制度模式，实现与职工医疗保险的无缝衔接。

【异地就医一卡通】 2010年，在完善全市医疗保险异地就医实时结算的基础上，将异地就医实时结算从原有的住院统筹、大病统筹和普通门诊实时结算扩大到全市所有定点零售药店，即凡符合异地购药条件的参保人员可持'社会保障卡"，在全市任意一家定点零售药店直接刷卡购药，"一卡通"服务范围得到拓展。异地购药人员发生的医疗保险个人账户刷卡支付的购药费用，按照按实结算的原则，由购药地医疗保险经办代为结算，医疗保险参保统筹地区和异地购药医疗保险经办机构按季结算互为垫付的费用。年内，在实现与南京五大医院异地实时联网结算的基础上，加强与省内各地级市的协作沟通，通过制度、经办管理服务的资源整合，实现区域协作管理和利益共享共赢。依托省级异地就医信息平台，实现数据交换和信息互联互通。以姜堰市为试点，推进县级统筹地区与南京、镇江等地"一卡通"结算工作。

【生育保险社会化管理】 2010年，与定点医疗机构开展谈判，采取以定额包干为主，其他结算办法为辅的费用结算模式，合理控制生育费增长，保障参保人员合法权益。对正常分娩住院费用和流（引）产费用，按医院级别确定费用标准，实行人次定额包干结算。低于定额标准的按实结算，达到或高于定额标准的按定额标准结算，促进定点医疗机构"合理检查、合理用药、合理治疗"。对女职工生育及并发症住院产生的费用，按实与定点医疗机构结算，其中，因当次分娩住院发生的含并发症的生育费用，实行分段支付，低于分段标准的部分按分娩医疗费结算，超过分段标准的部分按并发症按实结算。对计划生育手术、三个月内新生儿住院医疗费用，根据定点医疗机构的服务量，采取按实结算的办法，保障妇女及婴幼儿的健康。

【实施工伤保险市级统筹】 出台《泰州市工伤保险市级统筹暂行办法》，从2010年1月1日起，全面启动实施工伤保险市级统筹工作。建立工伤保险基金调剂统筹机制。工伤保险管理实行"五统一"，即统一参保范围和对象、统一工伤保险缴费政策、统一基金财务账户管理、统一工伤认定和劳动能力鉴定办法、统一工伤保险待遇支付标准。建立工伤保险市级调剂金制度，各市（区）工伤保险基金出现赤字，可向市工伤保险经办机构申请工伤保险风险调剂金。建立工伤保险支付报备管理机制，基金待遇支付情况按季度向市工伤保险经办机构上报备案。

【新农保实现全覆盖】 至年末，全市新农保参保缴费126.69万人，领取养老金和基础养老金61.13万人，参保、发放实现全覆盖。在推进新农保过程中，形成"参保查询不出村、缴费领钱不出镇、钱在银行流、信息网上走"的新农保管理服务新模式。

【推进造船业从业人员参加工伤保险】 建立"定员参保、进场审核、动态报备"的征缴管理机制。年内，全市新增造船业外来参保人员近2万人。造船业承包施工单位必须为职工全员办理工伤保险，实行强制参保。对已参保的人员发放流动人员工伤保险参保手册，由本地造船企业审核进场施工人员，参加工伤保险的对象办理施工出入证，未参加的对象一律不得进场施工。造船业从业人员参加工伤保险实行动态实名制管理，由用人单位核查人员情况，登记造册，到经办机构办理参保手续，填写社会保险登记表和职工花名册，提供职工基本信息和岗位工资情况。

【实现城镇职工社会保障卡全覆盖】 创新信息采集和发卡方式，采用到用人单位进行信息采集、利用手机短信发布领卡提醒等方式，方便职工办卡、领卡。全年全市共信息采集16万人，发卡29万张，其中市区信息采集3.5万人，发卡5.5万张，全市基本实现城镇职工社会保障卡全覆盖。

【开通职介社保手机短信】 9月，开发"12580求职通"及"社保快讯"并正式上线运行，为全市广大求职者和参保职工提供各类人力资源社会保障最新资讯和岗位信息、社保缴费、个人账户信息等手机短信查询服务，成为全省首家全面开通人力资源社会保障短信服务平台的地级市，创新服务模式，打造人力资源社会保障公共服务新平台，至年末，全市定制用户近2万人，发送短信近100万条。

（陈海泉）

综 述

【概况】2010年，泰州市城乡建设坚持市区一体，强化资金筹措，推行阳光拆迁，加快建设进度，市区城建完成投资150多亿元。新一轮城市总体规划修编通过部省联合审查，城乡规划体系逐步健全。

加快推进市区城市建设10大重点工程建设。中国医药城会展交易中心一期投入使用，规划展示馆建成，博物馆、图书馆、美术馆主体封顶，华侨城一期、三水湾一期开业，凤城河环河整治、城市水生态环境建设、老通扬运河整治二期、青少年科技活动中心和职工活动中心、周山河街区“四路七桥”、高港大道等工程加快实施，人民医院新院、新区高级中学前期工作有序开展。万达城市综合体、省泰中老校区改造、稻河古街区民俗文化展示中心加快建设，莲花学校二期、革命烈士纪念馆一期竣工。迎春路东延即将贯通，京泰客运站主体完工，火车站街区启动建设。

区域供水工程泰兴、姜堰主管网建成，农村饮用水安全工程新增受益人口47.7万人。加强住房保障工作，全市新增保障性住房9505套。推进园林绿化工作，创建成国家园林城市。推进文明城市创建，提升城市管理水平，创成省优秀管理城市。各市加大城建力度，靖江滨江新城核心区建设成效明显，泰兴“三城四片五重点”城乡建设格局初步形成，姜堰创建国家卫生城市通过国家技术评估，兴化城市“水文特色”进一步彰显。

继续加强新农村建设，全市新(改)建农村公路500千米，改造农村桥梁200座，改厕91435座，疏浚河道3019万立方米;继续实施全面小康村“十百千”工程，新创市级先行村300个;推进“125工程”，重点镇村规划编制基本完成。

推进重大基础设施建设，泰州长江大桥及北接线工程加快实施，江海高速、328国道改线建成通车，长江大道先导段基本建成。新建或改线4条省道、周山河船闸改造、卤汀河拓浚等工程开工建设。电力、邮政、通信等基础设施建设步伐加快。

城 市 规 划

【概况】2010年，市规划局突出城市总体规划修编、历史文化名城申报、规划展示馆布展三大工作重点，全年共受理报建申请1697件，规划行政许可建筑面积587万平方米。

【城市总体规划修编】第三轮《泰州市城市总体规划（2010~2020）》于2008年委托江苏省城市规划设计研究院编制。2010年7月，建设部、省建设厅组织联合专家组，以部省联合审查的形式，对泰州市第三轮城市总体规划进行部省联合审查，专家组认为该规划提出的发展目标切实可行，符合泰州实际和发展需要。9月25日，第三轮《泰州市城市总体规划（2010~2020）》修编通过市三届人大常委会第十九次会议审议，形成正式成果，进入法定报批程序。年内，在总规层面上继续组织开展白马镇、罡杨镇、苏陈镇3个集镇总规的编制工作。

【控制性详细规划和专项规划编制】 完成塘湾街区、医药园区等8个控规以及城市化和城镇体系、泰州市城市移动通信基站等7个专项规划编制工作。其中，泰州市历史文化名城保护规划获省政府批准，医药城西部及农业开发区控规等获政府批准，东西大门等3个城市设计正提交市规委会讨论。完成规划区内村镇规划、海陵区旧城改造、老城区交通等专题研究。

【村镇规划管理】 市规划局成立村镇规划处，组织开展村镇规划调研活动，对市“125”工程中的重点村镇开展走访活动，理清村镇规划编制进度，实施分类指导，制定下发《泰州市重点村镇规划审批程序的实施意见》，建立健全村镇规划审批程序，规范村镇规划管理。

【申报国家历史文化名城】 年内，市规划局充实完善申报软件资料，联合市文广新局对全市文物古迹和历史文化遗存开展调研，建议有关单位组织对历史街区、文物建筑进行修缮、对周边环境进行综合整治。7月，国家历史文化名城评估验收专家组到泰对申报国家历史文化名城评估验收，通过听取汇报、查看资料和现场实地踏勘考察，一致认为，泰州市已具备申报国家历史文化名城的条件。

【制度建设】 做好《中华人民共和国城乡规划法》、《江苏省城乡规划条例》的宣传工作，通过印制宣传问答、制作宣传展板，在街头、社区举办规划法制咨询，翻印、赠送法规手册等形式，扩大宣传范围，营造依法实施规划的良好社会法制环境。加强业务制度建设，组织编印《城乡规划法律法规规章汇编》；制定《泰州市城市规划区村民个人建房规划管理办法（试行）》、《泰州市城市规划区城乡规划编制管理规定》，并提请市政府颁布施行；形成《泰州市城市地下管线规划管理办法（送审稿）》。

【打造“阳光规划”】 注重加强城乡规划民主科学管理，出台市规划局政府信息公开等管理办法，修订完善市规委会和局技审会议事规则，坚持专家咨询、市民规划师、批前公示和听证等制度，保障规划决策的科学性、民主性。全年召开专家咨询会审查项目9个；邀请市民规划师参与方案审查、项目巡查50多人次。办好局网站“访客留言”栏目，及时回复网友留言2990条，回复率100%；组织网上（现场）规划批前公示114次（87次），批后公布122次（113次），举办听证会1次，保障公众的合法权益。推进规划信息综合系统建设，一期工程通过专家验收。

【规划批后监管】 落实规划监管责任制，实行规划全过程跟踪巡查。全年共组织市区在建项目现场巡查37次，发现违法建设35处，并第一时间通知建设单位进行整改，确保建设项目按照规划许可内容实施。开展工程建设领域突出问题专项治理，对全市62个政府投资项目进行专项督查，对其中存在问题的13个项目发放整改意见。对2005～2008年的29处临时许可项目进行梳理，对符合延期的项目督促建设单位及时办理相关手续，对不符合延期条件的项目，函告市城管局协同解决。年内批建项目的违法建设行为明显减少。

【规划服务】 出台推进行政提速若干意见。调整优化市民服务中心规划服务窗口技术力量，强化服务质量和效率。市规划局规划服务窗口被市民服务中心评为“十佳（红旗）窗口”，成为全省建设系统优质文明服务窗口。坚持规划服务“绿色通道”制度，通过其办理项目88件，基本做到随到随办。加强日常管理，实现行政权力网上公开透明运行常态化，上网办理项目380件，办结时间较上年平均缩短2~3个工作日。坚持党政干部下访、领导班子成员联系园区企业乡镇街道服务制度，开展“五走进六访六服务活动”，定期开出“规划服务直通车”，被市作风办评为优秀服务项目。

【规划设计】 年内，市规划设计院编制完成罡杨镇总规、临港经济区控规、农业开发区控规、泰兴虹桥镇总规、移动基站布局规划、“十二五”城市化专题研究等项目。泰州中小学和幼儿园布局规划获2010年江苏省城乡建设系统优秀规划设计三等奖，“生长的院落”节能抗震农民住宅设计获江苏省城乡建设系统优秀设计方案竞赛二等奖。全年项目合同实际到账收入950万元。

【测绘工作】 市测绘院全年主要完成1：500竣工图140幅；各类1：500、1：1000地形图191幅；放样道路、桥梁及建筑物326次；断面、房产测量、沉降观测38件。其中，为药城力联集团、药城教学教育区、纬创项目、西气东输配套工程、污水处理厂扩建工程等重大项目提供优质的放验线工作。完成火车站街区约11平方千米的地形图的修补测工作，为新增区划地形图补测完成GPS控制测量以及测图总量的40%约20平方千米。全年共完成产值800多万元。（李 瑜）

城市建设重点工程

【市区城建10大重点工程】 2010年市区城市建设10

大重点工程分别是城市水生态环境建设工程、凤城河环河整治工程、人民医院新院工程、新区高级中学工程、医药城会展中心工程、青少年活动中心和职工活动中心工程、引江河疏港大道工程、高新区“四路七桥”工程、迎春路东延工程、高港区环港大道工程。10大工程总投资73亿元，年度计划投资43亿元。年内，10大工程完成投资30亿元，完成年度计划的70%。其中，医药城会展中心工程竣工投用，引江河疏港大道工程、高新区“四路七桥”工程、迎春路东延工程、高港区环港大道工程等4项工程完成年度建设任务，城市水生态环境建设工程、青少年活动中心和职工活动中心工程开工建设，凤城河环河整治工程、人民医院新院工程、新区高级中学工程3项工程前期工作基本完成。

（窦网扣）

【省泰中老校区保护性改造工程】 省泰中老校区现有胡锦涛总书记读书楼等历史建筑以及省级文物保护单位1座（新四军东进泰州谈判旧址——西山寺）、市级文物保护单位3座（安定书院及胡公祠、华佗庙、省泰中老校区）、胡瑗手植千年银杏树等。省泰中老校区保护性改造工程按照尊重原有风格风貌，保持整体环境，发挥老校区教育与旅游两个功能的总体要求，将校园分为参观旅游区与教学区，三个特色建筑群（明清、50年代、21世纪建筑）。明清古建筑群与20世纪50年代建筑用于参观旅游，新建建筑用于教学。老校区保留建筑在改造翻新的同时努力维护整体外部风格，保留建筑门、窗及大小，室内特征也加以维护；新建教学实验楼、图书馆充分尊重原有校园风貌，力求与原有风格风貌相融合，力求使改造完的校园洋溢原有的书香氛围和人文情怀，成为教育实践和旅游参观学习的重要基地。

校园保护性改造工程总投资9500万元，其中用于拆迁3800万元。自启动以来，共拆除房屋9100平方米，其中民房74户（5562 平方米）、楼宇3座及1座化工厂。至年末已完成1号教学楼加固，2、3号教学楼修缮，胡公祠原有建筑修复及加建厅屋、回廊，恢复老校门及读书亭，西山寺大雄宝殿、天王殿、华佗庙、安定书院落架大修，新建停车场及绿化景观工程。新建教学实验楼（建筑面积6500 平方米，其中地下室2800 平方米）已竣工，西玉带河道路由于需搬迁明代石刻柱史枋尚未完工。学校主大门及新建图书馆（建筑面积4500 平方米，其中地下室1500平方米）已邀请齐康院士完成施工图设计。

【区域供水工程】 按照《泰州市区域供水规划》，2006~2007年，先后完成姜堰市净水干管工程、泰兴市浑水干管工程、泰州三水厂改扩建工程的项目建议书、可研论证、环评论证、水资源论证、初步设计、施工图设计及审查等工作。2007年8月22日，泰州三水厂改扩建、姜堰清水干管、泰兴浑水干管工程同时开工，城市建设重点工程3个项目的总投资超过4亿元。其中，泰州市三水厂改扩建项目主要服务于姜堰市、兴化市近远期饮用长江水工程和泰兴市的长江水源置换，将完善市三水厂现有的日供水40万吨的取水设施，在厂区内新建日供水45万吨的取水头部和新建日供水15万吨的净水厂，总投资1.9亿元。姜堰市净水干管项目始于市三水厂，净水干管经高港区永安洲镇、许庄镇、泰兴市宣堡镇、姜堰市大泗镇、张甸镇、梁徐镇，到姜堰市二水厂，线路总长42.45千米，管径1.4米，管材采用PCCP管，工程总投资1.4亿元；泰兴市浑水干管项目，主要是为了置换泰兴市水厂水源地，整合长江岸线资源，发挥长江岸线的黄金效益，浑水干管从市三水厂经高港区永安洲镇到泰兴杨庄水厂，全长15.25千米，管径1.4米，管材采用PCCP管，总投资9000万元。区域供水工程3个项目于2010年初全部完工。

【泰州文化中心二期工程】 文化中心二期工程包括规划展示馆、博物馆、图书馆（美术馆）、地下人防车库、下沉式广场及景观绿化工程。

规划展示馆总建筑面积23000平方米，地下1层，地上7层，总建筑高度31.75米。工程土建、水电投资总概算为13242万元，主要功能有专项展厅、普通展厅、展览室、城市模型、多媒体演示厅、电影放映厅等。博物馆总建筑面积22251平方米，地下1层，地上4层，总建筑高度31.5米，投资总概算为14466.4万元，地下1层为藏品库房、车库等；地上1层为门厅、自然博物展厅、泰州历史陈列厅等；夹层为技术及办公用房区域；2层、3层为机动展厅、服装展厅等；4层为办公、报告厅。图书馆（含美术馆）是一座以阅读及学术为主的综合性图书馆，设计藏书量200万册，阅览座位1200个，工程建筑面积22000平方米，主体5层框架结构建筑，1～3层是公共阅览空间，4层、5层为办公区以及公共辅助区，投资总概算14172.8万元。地下人防车库作为博物馆、图书馆（含美术馆）、青少年活动中心的异地人防工程及配电用房，位于地下负1层，建筑面积7094平方米，层高4.5米，平时为II类汽车库。2010年，文化中心的规划展示馆、博物馆、图书馆（美术馆）主体封顶，青少年活动中心完成前期工作。

【稻河古街区改造复兴工程】 根据《五巷-涵西街历史文化街区保护规划》，稻河古街区规划范围为15.47公顷，北至工人路，东至草河，南至中央国际购物中心和锦泰商城以及东进西路，西至青年北路。街区内遗存大量明清民居，街巷空间井然有序，文物古迹众多，历史文化积淀深厚，是具有泰州传统风貌和独特历史文化的特色街区。规划保护的重点有三个方面：一是“两河三街五巷”水街相融的市井商贸形态、街巷肌理和空间格局；二是“集明清民居之佳构”于一体的泰式地域建筑，包括3处文保单位、46处历史建筑、11口古井等物质文化遗存；三是“里下河门户”地区的场所精神精髓等非物质文化遗产。

街区规划范围内共有建筑面积14.18万平方米，其中列入街区保护范围内建筑3.58万平方米，列入街区建设控制范围内建筑2.37万平方米，列入街区风貌协调范围内建筑6.74万平方米。规划进行修缮、修复、整治的建筑2.97万平方米，规划进行改造的建筑6.05万平方米，规划拆除建筑3.67万平方米，规划新建建筑1.5万平方米。2010年，工程拆迁项目签约率达95.6%，核心工程“民俗文化展示中心”主体封顶，文保单位“周氏住宅”的修缮主体全部完工。

【南通路改造二程】 南通路改造工程东起东升桥，西至江洲路，全长2530米，道路红线宽40米，总投资3.8亿元。工程主要内容有：供电及各类弱电杆线入地，交通设施移位．新建雨、污水管道，重建东升桥、招贤桥，快慢车道整体摊铺沥青砼，取消原有绿岛，拓宽行车道，将双向四车道改为双向六车道，采用护栏分隔快慢车道，路牙改为石质路牙，人行道重新铺设混凝土小方砖，路灯改换灯型，并移至人行道位置。同步配套实施绿化、路灯、自来水、公交站台、交通安全设施等，整个工程计划分2年实施。2010年，南通路一期（青年路至鼓楼路段）竣工。

（唐卫华）

市政公用事业

【概况】 市政公用事业立足改善民生，突出完善城市框架，改善出行环境，提升生活质量，实施公共文化项目、区域供水、道路改造、污水管网覆盖等一批民生工程。

【公共文化项目】 文化工程建设实现突破。文化中心的规划展示馆、博物馆、图书馆（美术馆）主体封顶，青少年活动中心完成前期工作。稻河古街区改造复兴拆迁项目签约率达95.6%，民俗文化展示中心主体封顶；周氏住宅修缮主体全部完工。省泰州中学老校区修复改造工程完成教学楼及配套设施建设。

【道路建设与改造】 周山河街区内的四路七桥工程项目加速推进，其中，海陵南路工程提前竣工。南通路改造青年路至鼓楼路段竣工。梅兰路西延项目完成桥梁、道路施工图审查。海陵中路进场启动拆迁。完成无障碍盲道建设2.5万平方米。对江洲路、海陵路、鼓楼路、东进路、南通路等道路实施维护，共修复道路6.8万平方米。

【城市供水】 城市供水保障充分，水质合格率、水压合格率均为100%，水务公司水质中心被评为省一级水质监测实验室。

【节水型城市创建】 加强创建节水型企业、学校的指导工作，13家单位创建成省级节水型单位，成功创建成省节水型城市。

【污水处理】 城南污水处理厂改扩建工程土建基本完工，周山河街区污水收集工程、春兰工业园区污水管网一期工程基本完成，凤城河污水管网全覆盖工程完成西玉带河区域。

【燃气工程】 天然气利用工程取得重要进展，7月，“西气东输”天然气成功引入泰州，南园、迎春、春兰等老小区管道燃气改造工程完成。

村　镇　建　设

【概况】 各市（区）围绕市委、市政府《关于加快推进重点镇村建设的工作意见》，加大政策支持力度。制订配套政策或实施意见，扩大重点城镇特别是小城市管理权限,推进扩权强镇。实施重点镇村建设“125”工程。重点镇村积极完善规划、推进项目建设、提高综合承载力、改善生态环境、拓展建设投融资渠道。通过小城市、重点镇、重点村三个层面梯次推进，形成市县、城镇、乡村布局合理、城乡联动、整体推进的城乡统筹发展新格局。

年内，全市各重点城镇增加城镇基础设施建设投入，完成建设投入63亿元，建成区面积不断扩大,生态环境日益优化。扩大城建投融资渠道，运用市场经济手段，全方位招商引资，多渠道筹集建设资金，加快旧城改造和基础设施建设。重点城镇建设资金63亿元中的大多数均为外来资本、民间资本。

【规划指导】 出台《全市重点镇村规划上报审批程序的实施意见》，把握镇村规划编制总量，规范重点镇村规划审批程序。在新一轮城镇建设中，聘请高资质规划部门编制新的城镇总体规划，32个重点城镇已编制完成19个总体规划，其余13个镇规划方案已形成，正在组织论证。10个小城市控规覆盖率较高，22个重点镇组织编制30多个控规，50个重点村村庄规划全面完成。姜堰市娄庄镇对近期建设用地编制12公顷的控制性详规，并完成13个专业规划和修建性详细规划，实现全镇规划的全覆盖。

建　设　管　理

【依法行政】 推行“阳光政务”，行政权力公开透明运行系统建设工作进展顺利，窗口受理行政许可事项860件，网上受理各项权力1497项。完善行政处罚自由裁量权实施办法、行政处罚自由裁量阶次制度、行政处罚重大案件集体讨论制度。严格规范执法行为，办理行政复议案件21件，组织行政强制拆迁听证会42场次，依法查处违法违规案件53起，立案查处31起，处罚30起，罚款入库金额92.86万元。在省住房和城乡建设厅组织开展的2010年行政执法案卷评查活动中，市住建局被评为行政许可卷宗优秀单位。

【建设行业管理】 开展专项治理，从严规范招投标行为，推行阳光交易，开展履约评价，推行远程评标和预选承包商制度，建立“两场”联动监管制度，全年完成建设工程承发包交易742项，交易额58.92亿元，节省造价7.84亿元，建设工程交易中心被评为“江苏省建设工程招投标工作先进集体”。

做好造价四项重点服务，推进工程造价管理工作，全年核定工程类别218项，建筑面积469万平方米。重点加强施工许可和竣工验收备案管理，发放施工许可证191份，许可面积261万平方米，办理竣工验收备案87项。强化工程质量管理，推进住宅工程分户验收工作，新监房屋建筑工程462项，面积约400万平方米，比上年增长58.1%；新监市政工程38项，造价约1.9亿元；监督巡查6次，各专项检查30多次；作不良行为记录22起。市质监站获江苏省文明单位称号。强化监理管理，全市有两家企业获江苏省监理行业“先进工程监理企业”称号。

加强勘察设计市场管理，组织对全市29家设计单位和42家省外勘察设计单位的专项检查。做好初步设计审查，对设计方案的合理性、科学性、经济性进行把关。严格抗震设计和施工图设计审查，全年完成抗震设计和施工图设计审查276项，面积425万平方米。

配合教育主管部门做好中小学校舍安全普查、鉴定加固工作。加强城建档案管理，接收整理各类城建档案8200多卷，数字档案和城建声像档案建立工作初见成效。推进建设科技推广工作，配合中盛光电等企业申报太阳能光伏电站综合示范项目，扶持节能企业研制出外遮阳与门窗一体化技术，所有开工建设项目都执行建筑节能50%标准，节能建筑竣工面积达240万平方米。强化物业管理，数字物管网络平台受理房屋维修信息1164条。全面推行住宅装饰装修拆改鉴定申报登记制度，受理办结装修申报近1000户。

推行拆迁“新政”，完成市区国有土地许可拆迁项目17个，拆（搬）迁房屋建筑面积62.83万平方米，集体土地批准实施35个拆迁项目，拆迁房屋建筑面积123.92万平方米，中兴公司连续6年被省住建厅评为“平安拆迁”先进单位。

安全管理责任层层落实，不断完善供水、供气等重点行业的应急预案，开展隐患排查和应急演练，组织安全生产大检查，对排查出的安全隐患及时跟踪处理，杜绝重大安全生产事故的发生。

【城建政风行风】 优化民营投资建设工程项目招投标程序，积极帮助企业申报、上争建筑节能专项引导资金。对新办工业企业的招投标交易、工程前期咨询按照国家规定标准下限的50%收费。办好“12319”城建热线，累计受理群众各类投诉、咨询、求助、建议电话13740例，办实事7821件，办结率99.01%。积极调处拖欠农民工工资问题，清理拖欠金额近800万元，保障农民工的权益。（唐卫华）

城　市　管　理

【概况】 年内，创成江苏省优秀管理城市，获江苏省人居环境范例奖，被省法制办表彰为全省城市管理行政执法规范化建设工作先进单位。

市容环境整治。结合创建全国文明城市工作先进市和省优秀管理城市等活动，落实市容环卫管理责任区制度，签约率、履约率达95%以上。市城管局组织对楼宇、国道沿线、市区主要出入口有碍观瞻的大型广告牌进行全面清除和更新，督促已开工楼盘业主办理广告店招设置许可手续，将设置夜景照明设施作为许可审查的重点，达到“白天美化、夜间亮化”的效果，市区空间环境明显改善。强化日常监管，整治乱贴乱画、乱停乱摆、乱堆乱放、乱抛乱扔等不文明现象。

环境卫生管理。继续推行环卫作业改革，新增道路保洁采用市场化运作机制。针对不同季节特点，科学配置管理力量，合理安排工作班次，主次干道保洁质量稳步提高。将城区42个无物管小区纳入保洁范围，加大督查考核力度，后街背巷环境卫生面貌显著改变。开展渣土运输处置专项整治活动，日巡夜查，禁止工程车辆带泥上路、沿途抛洒，城区环境卫生保持常态整洁。推进环卫收费制度改革。

违法建设防控。出台违法建设防治工作意见和考核办法，坚持“属地管理、分级负责”原则，全面落实属地管理责任制，完善区、镇街、村居、组四级管理网络和考核、奖励、举报体系，市城管局加大巡查、交办、督查和考核力度，实现巡查监控的全覆盖。年内，组织开展“百日拆违”行动，拆除违法建设50000多平方米，有效遏制违法建设蔓延势头。

基础设施建设。城郊乡镇新建5座压缩式垃圾中转站，在省泰中东侧和忠南村新设2处摊点疏导区，市区48座无主旱厕分类改造到位。环卫处7大建设项目按计划全部完成，城区环卫基础设施不断完善。推进生活垃圾焚烧发电项目各项准备工作。

队伍规范化建设。按照省住建系统执法队伍规范化建设的要求，对照星级单位创建标准，开展法律知识和执法实务学习竞赛、执法案卷“大评查”等活动，借助“数字执法”平台全面推行“网上办案”，继续深化“服务式管理、说理式执法”，规范执法人员行为，提升执法队伍形象。全市城管系统11支执法队伍，有9支被省住建厅命名为最高级别三星级执法队伍、2支被命名为二星级执法队伍。

【数字城管建设】 完善数字城管平台和网络，建立13个三级平台、3个四级平台和17个社区城管工作站。按照数字化城管长效综合管理考评办法，逐一落实各专业部门责任，促其缴纳保证金，实行“月度通报、季度点评、媒体公示”制度，提高问题的及时发现率和处理率。全年收到各类城市管理信息193721件，有效立案派遣175608件，专业部门反馈173663件，反馈率98.89%；处理172027件，处理率97.96%；及时处理170170件，及时处理率96.90%。

【“百姓城管”品牌】 依据“文明、亲民、规范、和谐”的总体要求，以“听百姓声音，为百姓办事，让百姓满意”为内涵，打造“百姓城管”品牌。年内，将全局工作思路向社会公布，广泛征求人民群众的意见、建议；加强行政权力公开透明运行工作，提供优质高效服务；开通“88012319”服务热线和“86999389”举报热线，及时解决群众关心或反映强烈的热点、难点问题；设立摊点疏导区，改造无主旱厕，完善环卫设施；编印《泰州城管》，开辟《泰州日报》城管专版，营造市民参与城管、社会关注城管的良好氛围。

（城 管）

房地产管理

【概况】 2010年，按照全市住房建设规划和年度计划，强化房地产市场管理，合理引导住房消费，抑制投资投机性购房需求。全年市区累计完成房地产开发投资56.95亿元，商品房施工面积504.21万平方米。

【楼盘品质】 年内，全市房地产业经济指标保持高位运行，住宅品质不断提高。在江苏省第七届“江苏优秀住宅”评选活动中，市区“美好上郡”、靖江“新江海花园”分获“江苏优秀住宅奖”。组织市区多家房地产开发企业赴杭州、海安等地参观考察，示范引导泰州住宅建设水平的提高。

【房产管理】 全年共办理开发项目预售许可事项62件，许可预售面积136.64万平方米，其中住宅109.95万平方米、非住宅26.70万平方米。完成网上合同备案 13473 套、157.17万平方米，其中住宅 11280 套、133.08万平方米，非住宅2193套、24.09万平方米；手工

合同备案65套，其中住宅47套、非住宅18套。举办春秋房博会，在“泰州之春”、“泰州金秋”两届房博会上共成交商品房223套，总成交金额1.85亿元，接待参展人员和市民12万人次。

【住房保障】 市区将人均住房建筑面积18平方米（含）以下、人均月收入800元以下的低收入家庭纳入廉租房保障。全年落实廉租住房租赁补贴613户，实物配租100户，租售并举经济适用房350套，全面完成省、市下达的住房保障目标任务。全年共审批发放老职工一次性住房补贴748户，补贴金额1235万元；出售公有住房41套，2300平方米，回收售房款80.63万元。全年共审核新职工住房补贴3688人，逐月发放月住房补贴额216.33万元；老职工租金补贴8375人，发放月租金补贴额238.71万元；离退休人员租金补贴2088人，发放月租金补贴额44.25万元。市房管局连续5年被省住建厅表彰为“全省住房保障先进单位”。

【拆迁管理】 2010年，泰州市区国有土地共许可拆迁项目17个，拆（搬）迁房屋建筑面积62.83万平方米，拆迁户数5677户，其中住宅4963户，房屋建筑面积44.67万平方米。集体土地共批准实施35个拆迁项目，拆迁房屋建筑面积123.92万平方米，拆迁户数4208户，其中住宅3845户，房屋建筑面积104.38万平方米。受理裁决 169 件，下达裁决书103件。办理拆迁应诉案件19 起。

（房　管）

周山河街区建设

【概况】 周山河街区位于海陵区、高港区和泰州经济开发区的结合部，总面积32平方千米，总人口4.8万人，户籍3.4万人（农业人口3.1万人），外来人口1.4万，代管凤凰街道办事处（含10个社区，5个行政村）。2010年实现地区生产总值5.51亿元，比上年增长21.29%。完成工业总产值11.07亿元,完成农业总产值6119万元，全年农民人均纯收入9488元。实现财政总收入3.3亿元，增长30%，其中一般预算收入1.73亿元，增长30%。

【街区整体规划】 周山河街区整体规划为“两核、两带、四区”。“两核”为商业核心区及园博园公园绿核。商业核心区位于深圳大道以北，永定东路以南，鼓楼南路与海陵南路之间的位置。“两带”即城市中轴线公共设施带：由北向南形成人民公园、市政府、人民广场、文化中心、商业核心区、园博园主题公园、体育中心的城市中轴线布局。滨水景观带为周山河两岸的绿化景观带。“两带”把规划区分成4个居住社区，各社区均有其各成系统的社区中心。

【街区建设】 推进市区城建重点工程“四路七桥”和新区高级中学建设。东风路南延、东风路大桥、鼓楼路南延、海军大道东延、周山东路、凤凰曦城二期等城建重点项目开工建设。海陵南路已建成通车，海军大道、东风南路、鼓楼南路及新区高级中学拆迁工作基本完成。街区所辖凤凰街道建成面积1万多平方米、功能完善的宣传文化中心和行政服务中心，建成塘湾实验学校食堂并投入使用。建设面积59.9万平方米的东润第一城、上海大花园、上海景瑞、南通名流等招商项目。年内，街区共征地138.37公顷，完成拆迁835户，妥善完成园博园工程回迁户安置进宅工作。

【街区七大工程集中开工】 10月16日,周山河街区城建七大工程集中开工,标志着周山河街区进入全面建设的新阶段。此次开工的七大工程分别为东风南路南延工程、东风南路周山河大桥工程、海军大道东延工程、鼓楼南路南延工程、海陵南路南延工程、凤凰曦城工程。项目的建成将进一步拉开街区的框架,完善街区的路网系统，优化街区发展的环境，为南部新城区的建设奠定基础。周山河街区控制性详规范围为泰州大道以东，春兰南路以西，永定东路以南　淮河路以北，总规划面积1182.65公顷，规划人口15万人。

（周山河管委会）

综　　述

【概况】2010年，全市环保系统围绕实施开放创新“双轮驱动”战略，以环境质量持续改善为目标，实施主要污染物总量减排，开展环保专项行动；积极上争环保专项资金，推动环境基础设施建设；开展城乡环境综合整治，加强生态保护与建设。市环保局开展省（市）级文明单位、机关作风建设、联创共建等系列创建活动．连续10年获“泰州市文明单位”称号，连续6年被评为“江苏省文明单位”，成功创建成“2007～2009年度江苏省文明单位标兵”。

年内，全市生态环境状况总体保持良好。重点流域污染防治取得进展，主要河流水质状况有所好转。空气污染防治取得成效，全市空气环境质量持续改善。城市交通、区域环境噪声、各功能区环境噪声年平均值均控制在国家规定的范围之内。化学需氧量（COD）和二氧化硫（SO_2）等主要污染物排放总量持续下降，顺利完成国家和省政府下达的减排目标任务。

环境监察整治

【环保专项行动】为巩固和扩大环保专项行动工作成果，连续6年在全国、全省率先启动环保专项行动。列出10个重点环境问题作为整治重点，明确整治要求、责任和措施，交办各市（区）进行整治；制订五年环保专项行动“回头看”工作方案，对85件市级挂牌督办案件出现的污染反弹问题逐一排查核实，对10件反弹案件逐一交办各市（区），落实整治要求和责任，限期整改到位。加强与市纪委监察局、工商局等部门联系，对20件交办案件组织督查和暗访。加强主城区专项行动工作，排查出27家小化工企业报市化治办列为关停企业；开展联合执法行动，强制取缔苏陈镇28家非法油品加工企业。2010年，全市共出动检查人员26034人次，检查企业6980厂次，关停取缔污染严重、治理无望企业68家，投入整治资金1.46亿元，新上或完善治污设施14台（套），削减COD年排放量700吨。市级20件交办案件按要求进行整治，靖江市季市镇小电镀、泰兴市张陈村猪鬃加工业、兴化市张郭镇酸洗行业以及海陵区第一金属压铸造厂等涉及饮用水源、行业性、区域性、群众反映强烈和污染反弹的环境污染问题均得到有效解决。

【现场监察】 坚持重点污染源每月1次、一般污染源每季1次、污水处理厂每旬1次的现场监管机制，坚持例行监察和明察与暗访、白天监察与节假日、汛期、夜间检查相结合的监察工作制度，不定期组织开展“零点执法行动”和突击检查活动，加大对排污企业的现场监管力度和频次，增强打击环境违法行为的针对性和有效性。

总结现场监察、排污收费、环境稽查、环境信访和环境应急等9个方面工作经验做法，组织编制《环境监察工作手册》，确保环境监察行为规范。在全市范围内开展涉铅生产企业专项整治，对43家涉铅企业进行集中整治，关闭整治不到位或无法整治的企业13家。开展畜禽养殖业专项整治，对全市畜禽养殖业全面调查摸底，对99家规模化养殖场存在问题提出相应整改措施。开展建设项目专项整顿，对2005～2008年市局审批的工业项目“三同时”执行情况进行清理整治，对已建成的191个项目逐一进行现场监督检查，65个项目通过“三同时”验收，对35个项目立案查处。推行建筑施工环保公示制度，组织对60家建筑施工场地调查摸底，建立动态管理台帐，协调相关部门督促建设单位悬挂《泰州市环境保护公示栏》，明确责任主体，各自接受监督，打造“宁静工程”。加强风险源监管，对全市405家重点行业企业环境风险及化学品进行全面检查，规范管理，对发现问题及时督促整改，通过省级考核。

【创建环保示范企业】 组织对全市范围内的重点行业、重点企业进行全面排查梳理，将船舶制造、化工码头、畜禽养殖等行业企业作为示范创建的重点。通过现场指导、规范整治、公开推荐、暗访核实、组织评比和联合确认，先后成功举办了2次全市环境保护示范企业现场会，推广9家企业的经验做法，促进企业环境规范管理。

【信访处理】 全年全市共受理环境信访1785件，其中办理46件向省环保厅投诉的信访、30件向市委书记信箱投诉的信访、155件向市长信箱和市长公开电话投诉的信访、23件数字化城管转办的信访。按时上报调查处理结果并回复信访人，维护社会稳定。信访总量比上年下降5.4%，信访办结率和回复率均为100%。主城区信访总量为609件，比上年下降4.6%。市环保局被国家环保部表彰为“全国环境信访工作优秀集体”。

【排污收费】 加强对排污收费工作的组织领导，规范排污收费行为，强化排污收费核查核算和稽查，严格依法足额全面征收。实施收费公开制度，通过各种媒体公开收费政策和收费情况，提高透明度，接收社会监督。2010年，全市共征收排污费12972.59万元，为防治污染积累资金。

（李俊芳）

环境科研监测

【例行监测】 2010年，市环境监测中心站做好对市区地表水14个主要河流水质监测断面（其中2个长江流域、3个淮河流域考核断面）、1个城市集中式饮用水源地、6个地下水源测点、191个农村地表水断面、6个降尘测点、3个降水测点的例行监测工作；开展功能区噪声6个测点、主要道路交通噪声38个测点、区域环境噪声154个测点的例行监测；开展长江、溱湖水体两菌、底栖动物等生物和生态遥感监测工作；做好市区3个大气自动监测站和2个水质自动监测站的运行管理和维护工作。对全市26个废水污染源、11个废气污染源和9个污水处理厂每季度开展1次监督监测，对污染源自动监控设施开展比对监测，建立完善全市重点污染源监督监测数据库。全年共获得监测数据28万多个，编制各类监测报告和报表800多份。

【环境监测技能竞赛】 2010年，泰州市环境监测中心站以第一届全国环境监测专业技术人员大比武为契机，开展环境监测技术大练兵活动，获江苏省环境监测技能竞赛团体二等奖、个人一等奖和三等奖，参赛选手获“江苏省五一创新能手”称号和“江苏省环境监测技术能手”称号。杨文武代表江苏省参加首届全国环境监测专业技术大比武，获个人二等奖。9月，市环保系统举办全市环境监测系统技能竞赛。

【环境应急监测】 市环境监测中心站先后参加市环保局和海事局组织的饮用水源地附近水域化学品船碰撞引发突发事件的综合演练以及省安委会和市政府联合举办的化工仓储泄露事件应急演练。2月8日的盐邵河硫酸沉船事故和9月21日的宁靖盐高速公路拖挂车丙酮外泄事故，启动应急预案完成环境监测。全年共处置突发性环境污染事故10多起。9月，盐城市向省厅汇报饮用水源地铁锰超标，疑是上游兴化污水影响，接报后，中心站应急人员赶赴现场对相关河流进行监测，同时对泰州市与扬州、南通和盐城等地的交界断面进行监测，为事故处置提供翔实的数据和科学的处置方案。

【环境监测质量管理】 完善实验室管理体系，巩固国家实验室认可工作成果，市环境监测中心站顺利通过江苏省实验室资质认定的监督评审工作；通过环保部标准样品研究所组织的能力验证项目；通过省环境监测中心组织的实验室比对项目；参加省水质自动监测系统和省城市空气自动监测系统的质控考核。全市有79人参加13个专业类别204项次的上岗理论考试，66人参加270项次的上岗操作考核，考核内容涉及水质采样、废气和环境空气采样、噪声监测、实验室基本操作、各类大型仪器的操作等。34人参加37项次的标准样品的考核，考核合格率达98%。

【环境监测科研】 2010年，市环境监测中心站相继完成多个国家、省市课题，在省级以上核心期刊发表论文11篇。中心站编写的《水质 丙烯酰胺、内吸磷、阿特拉津、苦味酸、松节油、百菌清、溴氰菊酯的测定 气相色谱法》征求意见稿已由国家环保部科技标准司面向社会发出。承担的“水质 多氯联苯混合物的测定 气相色谱法”和“水质 有机氯农药和有机卤化物的测定 液液萃取或固相萃取/气相色谱-质谱法（转化ISO6468-1996）”两项国家环保部验证课题顺利开题。承担的“突发性环境污染事故监测、预警与风险评估系统”获2010年江苏省科技进步三等奖。“泰州市沿江地区铅污染调查、评价及治理对策研究”和省环境监测科研基金项目课题“国家级城市湿地公园溱湖湿地生物多样性和湿地保护研究”课题顺利通过专家组鉴定和验收。配合省环境监测中心，承担国家“水专项”“流域水环境监测质量管理指标评价体系研究”子课题的研究工作。中心站申请的江苏省环境保护土壤与固废监测重点实验室顺利通过评审，启动全省首家二噁英实验室建设。6月，中心站被环保部确定为国家环境污染物监测方法标准验证工作实验室，陈军入选国家环境污染物监测方法标准工作专家名单。

【专项环境监测】 开展小康监测和区域补偿等专项监测工作，全市环境质量综合指数为90.9，各市（区）在88.6～92.4之间，均达到江苏省全面建设小康社会环境质量综合指数考核要求。开展通榆河水环境资源区域补偿监测工作，涉及区域补偿的共有海陵区泰西、姜堰市洪林大桥、泰东大桥和兴化市大纵湖出口四个断面，个别断面水质出现超标现象。

环 境 质 量

【概况】 2010年，全市城区饮用水源水质达标率保持稳定，主要河流水质状况总体比较稳定，农村地表水环境质量达到相应考核要求。全市环境空气质量有所改善，各市环境空气质量优良率均在85%以上。区域环境噪声总体较好，道路交通噪声基本保持稳定。全市生态环境状况处于良好状态，无明显变化。

【水环境质量】 全市集中式饮用水源地水质达标率为100%，饮用水源水质状况总体保持稳定。全市主要河流水质状况总体比较稳定，30条主要河流的57个断面中，优于Ⅲ类水断面占74%，与上年基本持平。其中达Ⅱ类水标准的断面有8个，占14%；达Ⅲ类水标准的断面有34个，占59.6%；属Ⅳ类水标准的断面有13个，占22.8%；水质为Ⅴ类和劣Ⅴ类水质的断面各1个，分别为靖江市横港大东桥断面和市区卤汀河渔业社断面。全市水质达Ⅱ类水标准的断面主要位于长江（泰州段）和泰州引江河。全市长江流域6个考核断面均达到相应考核要求，达标率为100%，淮河流域6个国家考核断面达标率为100%。全年分两次对全市农村地表水功能区、农村乡镇及以上河流、行政村水环境水质进行监测，年内全市农村地表水环境质量达标率为88.7%，高于67%的年度目标值。

【环境空气质量】 各市（区）空气质量达到国家二级标准的天数占全年天数比例分别为：兴化市92.3%，靖江市86.6%，泰兴市91.2%，姜堰市90.1%，海陵区90.7%，高港区88.5%。与上年相比，姜堰市、海陵区、高港区略有上升，靖江市持平，其余各市略有下降。全市二氧化硫年均值为0.026～0.046毫克/立方米，均低于国家二级标准0.06毫克/立方米的限值；全市二氧化氮年日均值为0.016～0.047毫克/立方米，均符合国家二级标准0.08毫克/立方米的要求；全市可吸入颗粒物浓度为0.086～0.101毫克/立方米，除靖江市略超过国家二级标准外，其余各市（区）均达标；影响全市空气质量的首要污染物是可吸入颗粒物。年内全市酸雨发生率为12.4%，与上年相比，靖江市、泰兴市酸雨发生频率有所升高，其余各市（区）酸雨发生频率均有不同程度降低。2010年，全市降水pH均值为5.55～6.71，仅市区降水pH均值小于5.60，呈酸性。

【声环境质量】 全市城市区域环境噪声平均等效声级为51.9～57.4分贝。靖江市、姜堰市和高港区处于“轻度污染”级别，其余各市（区）处于“较好”级别。与上年相比，姜堰市区域环境噪声污染程度加重，其余各市（区）基本稳定。全市城市道路交通噪声平均等效声级为66.2～68.8分贝，其中高港区道路交通噪声值最高，处于“较好”级别，其余各市（区）处于“好”级别。与上年比较，泰兴市和高港区交通噪声污染程度有所减轻，其余各市（区）基本稳定。

【生态环境质量】 全市生态环境状况指数为65.51，生态环境状况处于良好状态。下辖各市（区）的生态环境状况指数分布范围在56.54～67.24之间，各市（区）的生态环境状况均处于良好状态，其中兴化市生态环境状况指数最高为67.24，市区生态环境状况指数最低为56.54，与上年相比，全市生态环境状况指数变化值为-0.50，生态环境状况总体无明显变化；下辖各县市（区）的变化值为-2.81～1.41，其中市区变化值下降2.81，生态环境状况略微变差，其余各市（区）生态环境状况均属于无明显变化。

（龙桂林）

环境宣传教育

【宣传走访活动】 年内，围绕“6·5”世界环境日主题——低碳减排·绿色生活，组织系列宣传走访活动。

*新闻媒体宣传形式多样化。*市电台和电视台在“6·5”活动期间播放和刊登“低碳减排·绿色生活”、“减少污染 珍爱家园”、构建资源节约型、环境友好型社会、人与自然和谐发展，秸秆禁烧以及高考、中考护考等公益广告。副市长刘励6月5日在《泰州日报》发表署名文章《倡导低碳绿色生活，推进生态文明建设》。《泰州日报》和《泰州晚报》刊登泰州市25个环委会成员单位环境保护目标责任工作职责、市10家环保示范企业发出的环保倡议书、市百家企业单位签署环保承诺书；在泰州环保网公布《2009年度部分企业环境行为评级信息》和《泰州市2009年度环境质量公报》。在城区主干道两侧悬挂标有环保口号的横幅，科协、公安、环保电子显示屏显示环保标语。

*举办环保知识竞赛和培训班。*在全市中、小学生中组织开展“亚太杯”环保征文竞赛；组织万人参加“康洁杯”环保知识竞赛；邀请环保专家、资深律师，对市级机关、市直属单位中层干部360人，作“生态文明建设 维护环境权益”报告会；举办全市各乡镇环保助理培训班；组织邀请海陵区各街道办社区居委会100名市民参观有代表性的环保工程设施建设成果等。

*开展广场宣传活动。*6月5日上午，在市中心滨河广场举办“低碳减排·绿色生活”、“减少污染 珍爱家园”大型宣传活动，市环委会25个成员单位参加，副市长刘励作“低碳减排·绿色生活”主题动员讲话。市环保局局长顾国祥介绍环委会“6·5”宣传活动内容。举行环保征文、环保知识有奖竞赛现场抽奖活动。海陵区城北街道的盘鼓舞、腰鼓、灯笼舞和万年青艺术团的民族舞蹈、对唱、歌伴舞等文艺节目，为广场宣传活动进行表演。各环委会成员单位接受现场群众的咨询和投诉。广场宣传通过108块展板、80条横幅向市民宣传环保知识，解答群众提出的环境保护方面的问题，并向市民发放环保节能、低碳减排宣传资料10000份。

*开展环保走访宣传活动。*6月5日下午，市环保局成立7个走访小组，深入海陵区各街道办的7个社区、梅兰集团等7家企业、省泰中、省泰中附中等7所学校走访调查，了解群众、企业和学校对环境需求，接受环境咨询和投诉，赠送“6·5” 环保宣传画、环保系列漫画、宣传单、环保购物袋等。

各市（区）采用各种形式，开展广场宣传、送法下乡、进社区、学校、企业等宣传活动。“6·5”期间，全市共举办各类广场宣传活动8场；环保知识竞赛、有奖竞猜活动4场；文艺晚会、演唱会15场；送环保法律法规下乡、进社区、学校、企业等11场；制作宣传展板220多块；发放宣传画、环保书15000多套（本）；发放宣传单150000份；环保购物袋35000只。

【环境教育展示厅建设】 按照泰州市环境教育展示厅建设方案要求，为环境教育展示厅的设计施工、软件建设、多媒体制作的文字、图片等素材资料的收集提供准备工作。共提供文字材料约12万字，各种图片1000多张。

【绿色创建】 组织和指导各市（区）绿色学校、绿色社区、环境教育基地、绿色家庭的申报工作。全市共创建成省、市级绿色学校26所、绿色社区22个、环境教育基地3个、绿色家庭2个。

（裴甸昶）

生态建设与保护

【生态市建设工作会议】12月底，市委、市政府组织召开生态市建设工作会议。市委书记张雷在会上明确提出“全市力争2014年确保2015年建成国家生态市”的建设目标。

【调整生态市建设工作领导小组成员】为加强对生态市建设工作的组织领导，市委、市政府决定调整生态市建设工作领导小组。生态市建设工作领导小组以市长为组长，分管副书记、分管副市长任副组长，市有关部门、各市（区）负责人为成员。领导小组下设办公室，办公室设在市环保局。

【江苏省环境优美乡镇】5月28日～6月4日，靖江市生祠镇，泰兴市宣堡镇、古溪镇、新街镇、河失镇、泰兴镇，兴化市安丰镇、合陈镇8个镇的创建工作通过市环委会组织的专家组验收，并于年底被省环委会命名为“江苏省环境优美乡镇”。

【国家生态镇省级考核】8月3～11日，泰兴市泰兴镇、黄桥镇、新街镇，姜堰市溱潼镇，兴化市戴南镇创建国家生态镇工作通过省环保厅组织的专家组验收，待报环保部命名。

【省级环境优美乡镇验收考核】9月10～30日，靖江市斜桥镇、马桥镇、东兴镇、西来镇、新桥镇、季市镇、孤山镇，泰兴市虹桥镇、姚王镇，姜堰市姜堰镇、俞垛镇、沈高镇，兴化市陈堡镇、周庄镇、大垛镇，海陵区苏陈镇、九龙镇，高港区白马镇共18个镇的省级环境优美乡镇创建工作通过市环委会组织的专家组验收，待报省环委会命名。

【姜堰市被列为全国首批（2010年）中央农村环境连片整治示范市】为加强农村环境保护工作，推动社会主义新农村建设，中央决定从2010年起，在全国范围内开展农村环境连片整治。姜堰市被列为全国首批（2010年）中央农村环境连片整治示范市。年内编制完成农村环境连片整治示范实施计划并通过评审。农村环境连片整治示范片区覆盖白米镇、娄庄镇2个镇，重点建设1个非规模化畜禽粪便收集处理厂、2个垃圾中转站和5个农村生活污水处理厂。共申请中央农村环保资金1400万元、省补资金700万元、地方自筹资金1400万元。

（刘朝霞）

天德湖公园

信息化建设

责任编辑　耿　维

综　　述

【概况】2010年，全市国民经济和社会信息化进一步发展，信息产业和信息化建设取得新成果。信息化建设“十二五”规划草案编制完成，信息产业培育进程进一步加快；推进网络与信息安全体系建设，增强协调安全保障能力；加大应用信息技术改造传统产业力度，信息化和工业化步伐加快融合。

【编制《信息化建设“十二五”规划纲要》】组织编制《信息化建设“十二五”规划纲要》，谋划全市“十二五”期间信息化建设布局。组织召开专题会议，深入各市（区）进行调研，全面掌握全市信息化发展面临的机遇和挑战。《纲要》明确“十二五”期间全市信息化建设指导思想及目标、重点任务、保障措施。年内，《规划纲要》初稿完成。

信 息 化 推 进

【信息化发展资金项目管理】发挥信息化发展资金功能，创新信息化发展资金管理工作模式。编制项目指南，组织专家组对所有申报项目进行专业审查、财务分析和项目答辩。海田电气公司的水冷干式变压器系统、海陵区信息中心的便民信息亭数据交换平台、世纪星辰网络公司的农村综合信息服务示范点建设等8个项目获本年度市信息化发展资金支持。本期资助项目按行业分类为电子信息制造2个、软件研发2个、社会信息化4个，项目总投资4240万元。

【信息化水平指数稳步提升】2010年，泰州市信息化水平总指数为66.7，居全省第二级次，增幅为5.0，排名居全省第4。加大信息化基础设施建设投入，推进重大信息基础设施建设，加强信息化应用条件，市区宽带用户数达15万多户，普及率达53.49%；信息技术应用普及程度大幅提高，环境与应用效果良好。海陵区通过“和谐海陵”平台建设，建立统一的社区管理与服务综合信息平台，整合社区公共服务资源。全市纳税户电子申报率达98%以上，企业基本实现网上电子申报纳税，各级政府部门加快电子政务建设，开设大批面向社会公众和企业的网上办事项目，提高行政效率。

软　件　业

【概况】2010年，市委、市政府对软件产业明确8条奖励办法，促进软件产业发展。全市通过国家“双软认定”的软件企业7家、软件产品23个，累计通过国家认定的软件企业46家、软件产品112个。通过认定的软件企业数量居全省第7。江苏安方电力科技有限公司等7家软件企业的7个项目获专项引导资金资助，共计1180万元。全年完成软件业务收入15.01亿元，比上年增长

46%；软件出口102万美元。实现利税6.96亿元、利润3.41亿元。全市软件业从业人员1.02万人。

【市软协一届三次理事会】 4月8日，市软件行业协会召开一届三次理事会，审议通过《拓宽思路，创新服务，全面推动我市软件产业再上新台阶》的工作报告，表彰2009年度发展软件产业先进工作者，增补江苏冬庆数控机床有限公司等4家企业为协会理事单位。会议邀请上海普兰认证咨询有限公司CMMI总咨询师门轩庭进行CMMI/ISO 27000知识讲座。

【组织国家软考泰州考区考试】 5月、11月，两次组织中国计算机技术与软件专业技术资格(水平)考试（泰州考区），有346人报名参加考试，52人通过国家线，其中43人取得中级以上资格。至年末，全市累计有486人取得专业资格证书，其中237人取得中级以上资格。

2010年泰州市获江苏省优秀软件产品奖（金慧奖）名录

表6

序号	软件产品	所属企业
1	HC工程机械智能监控软件V2.0	江苏华骋科技有限公司
2	安方10KV及以下配电网无功电压优化运行集中控制系统软件V2.0	江苏安方电力科技有限公司

2010年泰州市列入首届江苏省规模布局内重点软件企业一览表

表7

序号	软件企业	类别	备　　注
1	江苏华骋科技有限公司	规模型	是苏中、苏北唯一一家规模型重点软件企业。规模型认定要求之一：企业软件年销售额超过7000万元
2	泰兴市晨光高新技术开发有限公司	潜力型	潜力型认定要求之一：企业软件年销售额超过500万元
3	江苏东华测试股份有限公司		

【江苏安方电力科技有限公司】 公司成立于2001年12月31日，2010年6月由江苏颐和投资有限公司注资控股，注册资本金5000万元，现拥有职工81人。公司主要从事电网节能、电压稳定、电网污染治理、配网及自动化的产品开发、生产和技术服务，主要产品有地区网无功电压优化控制系统、配电网无功电压优化控制系统、电能质量监测装置等。2010年，公司完成经营收入6502万元、利润总额550万元。公司始终坚持科技创新，在无功优化控制系统和谐波治理等领域，先后开发出多个国内首创产品，获"国家科技进步奖二等奖"、"全国职工技术创新成果奖"、"中国电力科技进步奖"等，已申请国家发明专利8项，并通过ISO9001：2008质量管理体系认证。

【江苏华骋科技有限公司】 公司是研发制造车辆部件的规模型软件企业，注册资本2000万元。2010年，公司实现产值2.49亿元、销售收入2.14亿元、利税3132.67万元，比上年分别增长41.25%、40.79%和22.61%。全员劳动生产率达94.38万元。主要产品有数字化仪表与应用软件、车辆灯具与灯光智能软件、网络化传感器及配套软件，产品在叉车、工程车部件市场份额分别达到95%和85%，并开始应用于汽车主流市场。公司投入1200万元建成电子产品自动焊接线与流水装配线，采用机器人操作系统，并投资1400多万元用于研发创新，推出了CAN数字化仪表、基于物联网的车辆信息智能处理系统和电动交流电机控制单元等研发成果和项目，均获国家和省级立项。

【泰兴市晨光高新技术开发有限公司】 公司是专业从事各类数控机床、组合机床和数控自动加工线及软件开发、生产及销售的高新技术企业。公司资产总额6507万元，建有省级技术中心，拥有大专以上各类技术人员65人，其中软件技术人员57人。2010年实现总产值8448万元，其中软件产品收入4307万元，利润总额1175万元，上缴税金707万元，比上年增长20%。

公司从1998年开始涉足炭材料加工行业，在国内首次将数控技术及梳刀加工技术结合，成功开发出CGK-18数控电极螺纹加工机床，填补该项技术国内空白，陆续研制成功具有自主知识产权的数控电极双端镗孔、刮平机床和数控电极双螺纹梳加工机床以及其它配套的数控专机系列产品40多个品种，同时开发全数控石墨接头柔性自动加工线以及全数控石墨电极本体柔性自动加工线等大型全自动加工生产线。先后研制成功多种高科技机电一体化产品，其中6个产品经过省级鉴定，取得专利16项，开发5个软件产品。撰写《石墨电极与接头专用数控机床精度及要求》、《炭块加工专用数控机床精度及要求》两项行业标准。共3次获省科技进步奖三等奖。

网络信息安全

【概况】《泰州市网络与信息安全事件应急预案》经市政府第33次常务会议审议通过，全市网络与信息安全保障体系进一步健全，信息安全突发事件的响应处置能力得到提升。6月，印发《2010年全市网络与信息安全工作要点及分解落实方案》，各部门落实信息安全管理责任和防范措施，应对各种网络与信息安全威胁，营造良好的信息安全环境。10月，组织市级机关各部门和各市（区）开展政府信息系统安全检查，共检查126个部门单位，涉及网络计算机2978台、移动介质326个、防火墙28台。针对检查中发现的问题，下发整改通知书，督促限期整改。年内，全市共处置被黑客入侵攻破政府网站9个、有害信息53160条，侦破涉网案件48起，处置“飞客”病毒事件20多起。

【重要信息系统风险评估】组织风险评估技术支撑单位参加工信部CISP（注册信息安全专业人员）培训班，4人获国家CISP资质证书，市龙翔智业网络信息有限公司和恒丰信息技术有限公司被确定为江苏省信息安全风险评估备案企业。组织开展政府重要信息系统风险评估工作，分批对市人社局、公安局等8家单位的12个重要信息系统开展风险自评估工作，网络与信息安全的保障能力和防护水平得到提升。

无线电管理

【概况】2010年，全市无线电管理工作坚持“加强管理，保护资源，保障安全，健康发展”的方针，创新思路，推进关键措施的落实。年内，在全省无管系统组织的统一考核中，市无管办总分居第1位，并连续第9年被表彰为全省无线电管理先进单位。

【重大活动保障】做好春运、“两会”及“上海世博会”等重点时期、重大活动期间的无线电通信保障工作，对重点区域电磁环境加大保护性监测力度，严格执行24小时值班和“零报告制度”，确保通信安全。配合教育、人事、卫生、公安等部门，完成研究生入学考试、公务员考试、高考、司法考试等8次重大考试期间的反无线电作弊任务，并现场查获作弊案2起。

【监测检测】全年共实施固定监测监听6021小时。及时排查和解决姜堰市广播电视局、江苏电信泰州分公司等9起设台单位的干扰投诉。协助镇江、扬州管理处完成海事微波站测试任务。全年共检测各类无线电发射设备166部、公众网基站80个，检测合格232部，合格率94.3%。完成电磁频谱分中心及网络设备规范化建设工作。配合市公安局、广电局等部门开展“防非法无线电插播”、“环沪‘护城河’反恐紧急拉动演习通信保障”等应急保障演练活动。

【频率台站管理】按照规定的许可项目、程序和时间实施行政许可，全市共受理并办结行政许可61项。为大型设台单位提供频率保障，依法指配频率64个，办理新设台站88个，核查到期固定台28个，换发各类到期无线电执照550份。开展调频广播电台整治和民防、电力系统无线电台（站）核查工作，共发放江苏人民广播电台新闻广播及“村村通”广播电视节目执照18份，清理民防、电力系统无线电业务6类，核查设备6743部。

【执法监管】全年共开展行政执法23次，查处不明信号14个，查处8家非法使用单位，违规查处率100%。联合长江泰州通信管理处、市水警支队在长江泰州段开展“整顿长江水上无线电秩序专项活动”，共检查机动船舶30多艘，提供咨询服务100多人次。推进行政权力网上公开透明运行工作，并通过市公开办的考核验收，报送的“泰州海陵时代超级购物中心设置无线电台（站）的行政许可卷宗”获评优秀等级。

【公用移动通信基站管理】市无管办牵头组织开展基站规划编制工作，帮助编制单位协调解决有关政策及技术层面上的问题。年内，市政府正式批复通过《泰州市城市移动通信基站规划》，该规划被评为2010年度全省无管系统创新项目。

（王　芊）

通信服务

·电信通信·

【概况】2010年，泰州电信分公司积极优化资源配置，努力探索全业务经营规律，加强市场营销、网络维护、内部控制等方面的精确管理，推进实施各项转型创新措施，服务地方经济、服务社会，在推进社会信息化进程、营造和谐社会环境等方面作出主导通信运营商应尽的责任。

全面提升全业务经营能力。坚持以效益为前提，规模为保障，推进聚焦客户的信息化创新战略，全面提升全业务运营能力。坚持规模发展，注重策略倾斜，强化客户引导，突出3G推广，实现天翼移动市场的快速渗透。坚持凸显品牌优势，丰富宽带内容应用，推进账号经营，促进有线、无线宽带协同发展。坚持深化企业转型，聚焦成熟应用，瞄准重点行业，丰富ICT应用内容，开辟物联网应用市场，推广可持续收益的运营型产品，提升综合信息服务能力。

推进信息化泰州建设。加大通信基础设施投入，加快基于光纤网络的宽带基础设施建设。至5月，开通"城市光网"，实现集IP化、宽带化、融合化为一体的城市光纤宽带网络，可提供"百兆到户、千兆进楼、T级（百万兆）出口"的网络能力，为广大企事业单位和用户构筑信息"光速路"。推进C网基站建设，开展网络优化 "卓越"行动，用于CDMA基站建设和网络优化，保证手机用户的通话质量，网络质量居全省前列。全面实施"八大信息化"应用工程，通过电子政务、平安城市、卫生、教育、社保、数字城管、数字环保、数字旅游、数字家庭、信息田园等系列信息化应用的推广，推进政务信息化、企业信息化、公共领域信息化和信息化新农村等建设，努力打造"活力、和谐、生态"的"信息化新泰州"。

实施服务提升工程。坚持"用户至上，用心服务"的服务理念，开展服务转型三项工程。一是推进"通畅"工程，从基于机关服务向基于重要客户转型，加强客户联系和沟通，及时发现和解决服务中存在的问题，消除客户沟通和商机转化短板。全年走访客户146人次，征集意见23条，全部得到解决落实。二是推进"活力"二程，从基于网络向基于产品、基于客户转型，建立基于网络、面向客户、面向产品的高效运行维护体系；以满足客户差异化需求为目标，重点研究探索满足客户需求、推进功能提升的产品改进机制。三是推进"会聚'工程，从基于多层面、多点接应向基于一揽子、一点接应转型，全方位会聚外部客户的各类需求和企业内部的各方面资源，统筹安排，为客户提供"一揽子"解决方案，实现"一点"接应。2010年，公司客户综合满意度测评居全省第一。

推进企业创新工作。优化创新配套机制，突出知识产权培育和新产品推广工作，全年申报软件著作权16个、专利2个，获国家计算机软件著作权登记证书1项。

【无线宽带城市建设】 坚持加速布局，加快建设，以3G和WLAN的协同发展，打造泰州无线宽带城市的立体覆盖，为客户提供无缝的无线上网服务能力。2月26日，市政府与省电信公司签订"无线宽带城市"建设协议，将无线宽带城市工程项目列为市政府重点工作之一，委托泰州电信分公司全面实施。按照"以点带面、梯级推进、建设与应用同步"的总体思路，第一阶段重点建设无线宽带网络平台，提升"面"的覆盖质量，实现3G无线宽带网络全覆盖。第二阶段聚焦热"点"，对300个重要热点区的无线局域网进行强化覆盖，主要覆盖范围为医药城、高校园区、核心商业圈及党政机关、部门、各大中型企业、宾馆、学校、商务楼宇、专业市场、大型休闲娱乐场所、部分高档小区等。第三阶段重点实施重要道路WLAN无线宽带强化覆盖，解决"线"的问题。至年末，海陵区凤凰路、税东街、五一路、人民路、东进路，高港区港城路，开发区药城大道等道路实现无线局域网覆盖。

【"助残e通"品牌建设】 为提升服务残疾人生活质量、公司专业化信息运营优势，针对残疾人的特殊需求，联合手机厂商、信息运营商等，在全国率先推出"助残e通"信息化品牌，为残疾人提供适合应用的信息产品。通过助残热线、助残网站、助残频道、助残e通天翼手机等平台，向全市残疾市民提供24小时语言、信息、视频、音乐等综合信息服务，促进残疾人事业的管理与服务。

（蒋海峰）

·移动通信·

【概况】 2010年，泰州移动分公司以"创新、精细、均衡"三轮驱动为指导，加快创新步伐，深化能力建设，实现企业的可持续发展。年内，公司用户规模达264万，实现运营收入近17亿元、净利润5.7亿元，先后获江苏省诚信单位、江苏省价格诚信单位、江苏省放心消费创建活动示范单位、江苏省服务质量奖、江苏省"青年文明号"、江苏省质量管理小组活动优秀企业、江苏省群众体育先进集体等40多项省、市级荣誉称号。

【网络支撑】 围绕客户需求，加大网络建设力度，启动并实施G12.2期工程、网络扫盲工程、G13.1工程、TD热点优化工程、TD三期储备站工程、TD四期工程、G13.2期工程以及各类基站搬迁工程，全年新增GSM基站250座、2G室内分布系统130个、TD基站33座、3G室内分布系统10个，实现29处WLAN热点地区覆盖。加强小区宽带建设工作，市、县公司上下联动，完成

396个小区宽带建设，累计覆盖用户32万多户，超额完成省公司下达的全年建设任务。推进集团接入建设工作，强化投资管理和规范建设，累计接入各类集团专线2300多条。在宁启铁路泰州段专网优化中，省公司测试指标达满分。在“网络感知提升”劳动竞赛评比中，泰州分公司基础通信类投诉改善度、语音质量、数据质量、基础维护四项指标得分均为满分，居全省第一。

【特色业务】 年内，公司立足客户多元化需求，提升产品质量。引入“12580”商户联盟，汇集3000多家泰州地区的商家，丰富消费折扣信息，并同步开通“12580”电话购物热线，实现“12580”订购用户超过35万户，年收入超过1000万元。与市人社局联合开通社保快讯业务，为泰州居民实时提供社保账户信息，被列为“泰州十大民生工程”之一。以动感地带品牌建设为依托，联合高校合作开展求职培训系列讲座、精英挑战赛、大学生创业启动会、音乐动力营、手机阅读见面会等20多场活动，为大学生搭建就业、创业、交流平台。

【优质服务】 坚持“沟通从心开始”的服务理念，持续开展“便捷服务、满意100”活动。实施营业厅5S管理提升项目，打造环境整洁、服务规范的营业厅；积极参与“3·15”、“5·17”广场活动，保护客户权益不受侵害；通过开展“服务提升邀您参与”活动，向客户征集意见和建议，改善多项服务短板；开展总经理接待日、行风热线、质量月等活动。组织召开全区服务明星事迹巡讲报告会，交流工作经验。创新开发“中高端客户关键时刻服务”，将中高端客户关键时刻服务分为“第一时刻、异动时刻、特殊时刻、免服务时刻”四类。该项目已在全省推广，并成为年度总经理课题之一 。

【行业信息化】 围绕百姓生活，开拓信息化领域，推动各行各业转型升级。年内，先后承建海陵、兴化、靖江校园安防项目；在泰州职业技术学院、泰州师范高等专科学校建设数字化校园，推广一卡通业务；与国家医药高新区共同建设泰盈呼叫中心，助推泰州高科技服务业的发展；签约全国第一个地级市层面、基于交通部新标准的“出租车智能监控调度”项目，并提供“12580”电话叫车服务，丰富‘12580”差异化服务内容。全国首创集TD-SCDMA、物联网、云计算技术于一体的“移动数字执法终端”，实现现场处罚、现场缴费、移动取证、非现场执法、自动比对、事故处理、指挥调度等功能。该系统入选“物联之光耀江苏”物联网宣传案例。

（丁玲玲）

·联通通信·

【概况】 2010年，泰州联通分公司围绕“抓机遇、保增长、调结构、上水平”的战略方针，以“融合创造新优势，3G实现新发展”为重点，深化企业转型，积极探索营销新模式，强化服务质量与品牌建设，提高客户满意度。

市场经营。发挥3G网络优势，通过明星终端和机卡组合的营销方式，成功推广沃3G无线上网卡、iPhone合约用户等产品，实现3G业务快速发展。基于先进的WCDMA技术，成功推广无线视频监控、数字化城管、平安校园和车辆定位等行业应用项目，深化3G信息化应用。加强宽带小区和商务楼宇的光纤建设，扩大资源覆盖，增强家庭宽带和商务楼宇发展。

工程建设。全年共投资1.1亿元，新建通信基站302座、室内分布系统50个，新建各类传输设备260套、新敷设光缆980千米。投资350多万元开展网络优化工作，实施GSM和WCDMA网络天馈线整治、校园网络质量提升、网络资源整合等专项优化活动。网络通信质量大幅提升，呼叫建立成功率、业务信道掉话率等通信关键指标居全省前列，固网装机满意度和修障满意度分别达94%和95%。

客户服务。树立“大服务”的理念，夯实服务基础，解决服务短板。对“资费争议、固网障碍修复、窗口服务质量”3项服务热点问题进行专项治理，开展“泰州联通窗口服务问题‘零容忍’行动”、制定《泰州装维管理与考核办法》、配合市场销售部疏理业务受理单中存在的缺陷，提出解决办法，提升客户满意度。年内，泰州联通客户服务部获省级五部门联合颁发的“服务明星班组”称号，在满意度第三方测评中，客户满意度比上年明显提升。开展“创建学习型班组、争做知识型职工”活动，客服经理树立“今天的努力，明天的能力”的学习理念。

（殷金成）

水　利　建　设

【概况】 全市水利部门继续推进城市水利建设，实施以河道疏浚、灌区改造、农村饮水安全为重点的农村水利建设，全年完成水利建设投资8亿元。年内，市水利局被省水利局表彰为“全省水利目标考核先进单位”，市城区河道管理处被评为省“文明单位”。

城区水利建设。主城区完成城市水利投资1.98亿元。城区水生态环境封闭控制工程总投资1.36亿元，被市政府列为2010年度十大城建重点工程之一。凤凰河控制工程、中干河节制站、刘西河节制站、翻身河控制工程、老通扬运河控制工程、南官河控制工程全面启动实施，累计完成投资4230万元。老通扬运河二期工程（二水厂至南官河段）全面竣工，累计完成投资4000万，整治河道1.8千米，完成河道土方9.6万立方米，新增河道绿化3万平方米。鸭子河整治工程（南官河—泰高路段）全面完成，累计完成投资1500万元，整治河道1.8千米，完成土方10万立方米，新增河道绿化面积5.5万平方米。城区生态调水泵站总投资3000万元，设计调水能力15立方米/秒，年内主体工程竣工，共完成投资2000万元。

农村水利。全市农村水利建设共投入资金5.2亿元，完成土石方3600万立方米，修建小沟以上建筑物1381座，新建、改造排涝站140座、灌溉站428座，新建、改造圩口闸112座，加修整治圩堤233.6千米，兴建衬砌渠道398千米。农村饮水安全工程上争省和中央补助资金1.3亿元，完成投资2.33亿元，铺设管道1050千米，建成供水增压站5座，解决47.7万人农村饮水不安全问题。灌区改造及节水示范工程共完成投资3900万元，实施总干渠防护2千米，疏浚干、支渠12千米，衬砌渠道184千米，新（拆）建电灌站114座、排涝站10座、桥梁5座、配套建筑物686座。中央财政小型农田水利建设工程共完成投资6416.07万元，新（拆）建排涝站82座，新（拆）建灌溉站163座，新（拆）建水闸21座，新建衬砌渠道135.3千米,新建配套建筑物1067座。全市共疏浚整治县级河道11条，共110.2千米，完成土方327.7万立方米；疏浚整治乡级河道296条，共735千米，完成土方1152万立方米；疏浚387个行政村的村庄河道2764条，完成土方1538.8万立方米。兴化市通过省级河道疏浚验收，至年末，全市全面完成“十一五”规划河道疏浚整治任务。

【水利重点基建工程】 兴化白涂河治理工程总投资1651万元，计划疏浚河道5.2千米,建设堤防5.4千米，兴建挡墙1.1千米,拆建排涝站1座，已完成投资50万元。靖江夏仕港治理工程总投资2708万元，计划疏浚河道10.5千米,加固堤防15.6千米，拆建节制2座，穿堤涵洞48座，已完成投资85万元。兴化市上官河城区段整治工程全面完成，里下河灾后重建洼地治理项目通过竣工初验。

防　汛　防　旱

【汛前准备】 按照省防指下达的防汛物资储备任务，

共储备编织袋99万只、木桩3.2万根、土工布4万平方米、块石5万吨、板坝式子堤50米、反滤围井20块、土工滤垫40块、便携式打桩机2台、应急发电照明灯2台。组建水利局青年防汛抢险突击队，请省防汛专家对80名队员进行培训和演练。修编《泰州市抗旱预案》、《泰州市防御台风预案》、《城市防洪预案》、《泰州市长江堤防溃口性抢险预案》等应急预案。按照查全、查细、查实的要求，开展汛前、汛后大检查，测量长江水下地形，对沿江地区重点病险涵闸站、里下河地区病险圩口闸及险工患段组织实施岁修。

【抗洪抗台】 年内，长江出现近10年以来最大汛情，大通流量继2005年三峡大坝建成后首次出现60000立方米/秒以上流量，累计达36天，7月15日出现全年最大流量63800立方米/秒。沿江一度出现险情，泰兴新星涵下游-15米深塘面积由4月的300平方米扩大至7月份的1000平方米，7月14日～8月12日，泰兴市动用中央水利建设基金（应急度汛资金）120万元，抛石8400立方米，清除泰兴新星段坍情；7月6～10日高港区抛石3000立方米，加固国电泰州电厂洗坍段。7月12～13日，泰州降特大暴雨，降雨量达217毫米/24小时，河水一日上涨1.5米，上下河水位全面超警戒，长江潮位超警戒，城区14处积水，全市2.93万公顷农田受涝。市防指、市水利局沉着应对，调用防汛抢险突击队，在24小时内排除涝水，把洪涝灾害损失降到最低。

【水源调度】 根据《泰州市水利工程调度运行方案》，科学调度水利工程。汛期，沿江夏仕港、过船闸、马甸闸、口岸闸共引水7.68亿立方米，排水2.13亿立方米。全年沿江各口门共计引水约42亿立方米，保障全市的工农业生产、人民生活和生态环境用水。

水政水资源

【行政执法】 全市共组织长江执法巡查60多次，处理、纠正各类水事违法行为16起。结合“百湖执法大检查”活动，开展河道湖泊清障工作，共清理网簖320处，拆除违章搭建9处，清理非法种植4.67公顷。7～11月，开展长江河道涉砂船舶专项整治与执法行动，查处非法采砂案件5起，上缴财政罚没款43万元。成功处置长江泰兴七圩段与常州段交界水域黑恶团伙非法采砂案。

【行政许可】 严格按照《泰州市水利局行政许可工作制度》、《泰州市水利局重大具体行政行为报告制度》、《泰州市水利局决策评估制度》受理和办理行政许可事项。全年共受理行政许可事项51件，办结50件。推进行政权力网上公开透明运行工作，按照行政许可权力的动静态流程图，实施涉水行政事务的网上公开受理和公布办理结果。制定《泰州市水利局规范性文件定期清理和评估制度》、《泰州市水利局规范性文件制定与备案管理办法》。组织开展行政许可卷宗的评查，1件案卷被省水利厅评为优秀卷宗。

【水资源管理】 全年共征收水资源费2100万元、水利工程水费2600万元、南水北调工程基金310万元。全市地下水开采量为3727万立方米，较省水利厅下达的开采计划少采393万立方米，全市无地下水超采区域。修订完善《泰州市用水定额》，确定418个工业品种用水定额。加强水功能区管理，对全市骨干河道设置38个断面进行水质监测，双月印发《泰州市水资源水质简报》，对5个集中供水水源地水质实施旬测旬报。修订全市5个集中式饮用水源地应急预案，委托泰州市水工程管理处管理市区备用水源厂。市水利局会同环保等相关部门，及时处置2月8日兴化与江都交界处110吨浓硫酸船沉没引发水污染、2月26日兴化市西北片发生水污染、8月泰东河姜堰段盐酸船沉没等突发事件，保证饮水安全。启动建设水资源实时监控系统工程，总投资1688万元，已完成投资400万元。编制完成《泰州市主城区用水总量控制及计划用水实施方案》。完成《泰州市水资源调查评价》。完成《泰州市主城区排污总量控制》并通过水利部审查。

【节水型社会建设】 加快推进国家节水型社会建设试点工作，共建成泰州师范专科学校、梅兰化工集团等11家节水型企业和节水型高校，完成八大行业节水行动项目8个。姜堰市通过省级节水型社会建设中期评估。

水利管理与改革

【农村河道管理】 推广靖江市、高港区农村河道管护经验，对疏浚整治过的农村河道，落实专门经费，建立管护队伍。出台农村河道长效管理意见，明确各级农村河道长效管理的责任主体、管理范围及权属。开展河道保洁与长效管理工作，做到河面清洁、水体干净、河坡整洁、绿化完好。

【城区河道管理】科学管护城区23处水利景区、绿化景点，发挥景区景观、环境、人文、经济效益。每周2次巡查城区56条骨干河道，维护城市河道管理秩序。科学调度运行城区35座闸涵泵站，为城区防汛、水质改良和文明城市创建提供保障。

【湖荡管理】里下河省管湖泊的管理进入正常轨道，各地合理安排省级湖泊管理经费，做好市级配套。溱湖、乌巾荡等湖泊设立专门管理机构，严格按照省管湖泊勘界设桩的范围保护湖荡，每月定期开展湖泊巡查1次。调查处理兴化市沙沟镇在湖区保护范围内建设公路事宜，杜绝新的圈围发生。

【建设管理】严格水利建设管理，将50万元以上工程全部纳入招标范围，并按招投标管理程序进行；50万元以下的小型水利工程采取邀请招标的方式。对1000万元以上的工程项目，均成立专门的工程建设领导小组，并落实项目法人。执行各项基本建设程序，建立健全质量监督体系，强化财务管理，规范资金拨付程序，保证专款专用。加强水利工程安全检查、维修养护水毁工程、防治长江堤防白蚁等工作，全年各类水利工程未发生安全生产事故。

【水利科技】成立泰州市水利学会和泰州市水文化研究会。加强与高校、科研院所的合作，开展水利科技工作，做好项目的立项、推进、评审、报奖等相关工作。“泰州市城市排水系统关键技术研究”课题获省财政厅、省水利厅立项，在城市水生态环境建设工程中引进钢坝新技术。“改善泰州市城市水环境的水利工程优化调度技术研究”、“城市水利可持续发展战略及技术支持系统研究”已结题上报评审。全年市水利局共完成水利论文67篇，出刊《泰州水利》杂志3期。启动全国第一次水利普查工作，初步完成河湖专项普查任务。

（张 剑 王连民）

泰州引江河建设与管理

【防汛防旱】2010年，泰州引江河管理处严格安全生产责任制，开展水利工程汛前、汛后检查，修订完善各类预案，确保工程设备安全完好；加强处管工程控制运用，提高工程管理水平。年内，被省水利厅评为“全省水利目标管理先进单位”。全年高港枢纽累计开闸267天,引水23.4亿立方米。做好主汛期防汛排涝准备，两次组织对泵站机组逐一试机，确保机组保持应战状态。编制省防汛机动抢险三队出机预案，确保随时出机投入一线防汛抢险。9月，受台风外围影响，高港泵站开机抽排涝水0.87亿立方米，控制里下河地区河网水位。

【河湖资源管理】强化河道巡查督查，及时消除工程隐患。完善考核评价机制，将河道管护经费下达与考评结果挂钩，促进河道管理水平的提升。加强里下河腹部地区湖泊湖荡管理，建立联席会议制度，召开联席会议成立大会；加强与涉湖地方政府部门的沟通，协调解决湖泊湖荡管理与保护、资源开发利用等方面的问题；组织检查里下河湖区管理与水行政执法工作，加大考核力度，加强资料整编工作，编制湖区管理动态简报，并利用手持GPS对界桩进行定位检查。全年里下河湖区未发生新的圈圩，退渔还湖有序推进，生态环境逐步改善，蓄滞洪能力得到提升。

【泰州引江河二期工程前期准备工作】探索二期工程投融资体系及运行管理模式，成立二期办，为二期工程建设运管做好准备工作。组织人员调研京杭运河沿线复线、三线船闸运行管理的成功经验，谋划管理处船闸管理区的功能定位，并加强与规划、设计部门的沟通联系，提出意见及建议。

（王昕炜）

交　　通

·交通基础设施建设·

【概况】2010年，全市交通系统围绕构建“12345”大交通格局总体思路，瞄准“三年大变化、交通率先大变化”奋斗目标，紧扣科学发展主题，在务实中推进，交通基础设施建设取得历史性突破。全年交通基础设施计划投资 44 亿元，实际完成投资50亿元。

【公路建设】全年公路建设累计完成投资38.51亿元，占计划投资的116%，建成通车里程63.8千米，占计划的100%。9月28日，G328泰州至姜堰段改线工程正式竣工，建成通车17.4千米。大邹周庄公路建成通车40千米，七圩港区（北区）疏港公路建成通车6.4千米；S336靖江改线段路基、中小桥施工基本结束，正在进行基层、十圩港特大桥及夏仕港大桥的上部施工；2个新建项目S233兴化城区改线段及S334泰兴改线段的前期相关手续已完备，征地拆迁及招投标工作正在进行中。全年新改建农村公路500千米，改造桥梁200座，完成投资4.54亿元，全面完成年度计划。

【航道、港口、站场建设】全市沿江港口建设完成投资10.16亿元，建成9个万吨级泊位，新增货物年通过能力1642万吨。至年末，全市沿江港口共拥有万吨级以上生产性泊位43个，占全省的11%，全港综合通过能力达9477万吨。完成航道工程养护、建设总投资9746.5万元,其中，焦港船闸工程完成投资5000万元，航闸运行维护及专项工程完成投资2746.5万元，周山河船闸改造工程完成投资2000万元；航道通航保证率、航标正常率、船闸通航保证率、优良闸次率均达标。

·交通运输生产·

【客、货运输量】2010年，全市境内完成公路客运量8680万人次，客运周转量626535万人千米；货运量3693万吨，货运周转量34.19亿吨千米。水路货物运输量8649万吨，货运周转量166.40亿吨千米。

【运力结构调整】客运车辆更新升级，全市客运车辆高级车比例达50%，其中旅游高级车达80%，中长途客运班车高级车达70%，累计更新中高级客车110辆。新增厢式货车、专用货车156辆，全市拥有量达3954辆，占货车总量的34%。新增液货危险品运输船16艘，5000

吨以上的海船33艘。

全年沿江港口货物吞吐量累计完成13471万吨，比上年增长25.9%。其中，外贸吞吐量802.57万吨,增长73.4%；集装箱吞吐量10.03万TEU,增长21.22%。与“十五”期末相比，港口货物吞吐量增幅达293.18%，年均增速31.50%，比全省吞吐量年均增速高出15.5个百分点，居“长三角”地区16个城市前列。

·交通行业管理·

【运输管理】 推进运输结构调整，提高运输服务质量，培植品牌运输企业，积极引导物流业发展。开展驾校规范化达标创建和汽车维修企业服务规范化达标活动。加大对无证“黑车”和异地经营车辆的查处力度，维护运输市场秩序和行业稳定。加快全市客运车辆更新升级，促进全市客运行业节能减排，走低碳发展、科学发展之路。

【路政管理】 累计完成路面病害铣刨维修8.8万平方米，沥青路面裂缝灌缝处治6.5万延米，桥头跳车处治61座，桥梁结构性病害维修、加固221座。完成8项大中修工程，累计投资8373.8万元（其中含G328大修工程提办项目2251万元）。建成国省干线公路绿色通道8千米，创建省级文明样板路8千米，完善安保工程建设8千米。开展精细养护“八化”整治活动，完成177个干线公路搭接道口标准化整治。加大养护工区改造力度，参照全省公路统一标识要求做好各养护工区改建，共完成6个养护工区改造出新、3个应急处置基地建设。全市国省干线公路MQI值为94.4，PCI优良率100%，RQI优良率100%。

【航政管理】 加大依法治航力度，严格执行航政许可制度，及时查处涉航行政案件，拆除违章碍航设施，加大航标更新力度。辖区内航标正常率达100%，干线航道通航保证率达95%以上，船闸畅通保证率达100%。营造和谐的服务环境，为省市重点工程建设提供保障。对中国医药城、宁启铁路电气化改造、台湾纬创、泰州疏港大道等16个国家、省、市重点工程项目进行依法许可。开展航道专项整治活动，取缔违建码头7座，清除渔网网簖48处，保护航道设施，保障通航安全。

【地方海事管理】 做好世博会水上安保工作，强化通航秩序管理，开展“三无”船舶、船舶防污等专项整治活动，水上交通安全形势持续稳定。服务全市造船业发展，强化船舶检验工作，推进内河船型标准化，全年完成船舶检验117万总吨。加强船员培训，建成内河船员考试中心。全年未发生干线航道12小时以上堵航事件以及船舶污染水域事故，事故各项指标较上年大幅下降，辖区安全形势持续稳定。

【港口管理】 完善规划体系建设，编制的《泰州港总体规划》、《泰州内河港总体规划》即将完成。推进基础设施建设，货物吞吐量屡创新高，连续5年吞吐量增幅在“长三角”16个城市中居第一位。坚持“安全第一”的方针，强化港口安全监管，全港设施保安形势继续保持平稳。沿江产业带格局，初步形成7个有规模的产业集群。开展港口工程建设和港口经营市场等“规范管理年”活动，清查整顿港口建设经营市场的违规行为，履行港口基本建设程序、规范港口经营行为。强化港口统计工作，完成第三次全国港口普查，获交通部、省交通厅表彰。

【安全监管】 开展“安全生产年”活动，健全安全监管机制，落实安全监管体系，健全安全考核体系。完成春运、国庆长假、上海世博会等重点安全保障任务。开展水上交通安全专项整治和“打非”专项行动，对全市26个水上危险品和6家沿海普货运输企业进行督查，核实1240艘危化品船舶信息，登记“三无”运输船舶323艘。组织开展安全生产“拉网式”检查，排查、整改各类事故隐患和管理缺陷336处。以交通运输安全应急保障能力建设为重点，设立应急保障机构，加大应急保障物资储备。加强应急救援演练演习，提升交通运输应急救援能力。

【工程监管】 围绕交通工程建设质量，开展“两创三比”活动（创新、创优，比精细、比节约、比环保）。加大质量通病治理力度，推动工程质量的提升。推进“平安工地”建设，努力消除施工安全隐患，保障公路、水运项目的顺利实施。提高招投标监管工作的针对性和有效性，严格对中标单位进行履约考核，并建立交通招投标服务中心，规范全市交通建设市场秩序。完成107个项目的招投标，合同金额27.25亿元，交通工程招投标率、质量监督覆盖率均达100%，工程质量稳步提高。

【法制建设】 健全执法监督机制，推进网上公开透明运行工作，市局行政权力在线办理数量在市级机关中居第一。制定《泰州市交通局行政复议办案程序规定》，全年无行政诉讼案件，行政复议案件被撤销率为零。完成“五五”普法规划，营造交通法治氛围，加强交通系统干部职工学法用法。开展“十佳执法标兵”、“十佳服务明星”等评选活动，发挥先进典型的示范带动作用。以服务现代交通运输业为目标，提高交通运输市场监管和公共服务水平。

·交通企业·

【概况】 2010年，市直8家交通企业累计实现主营收入53953万元，比上年增长24 %;实现利润3626万元，比上年减亏889万元。泰州长运公司、泰州港务集团2家企业共完成利润4500万元，泰州公交有限公司、海阳公司、泰轮公司、造船厂、日松快运公司、汽运公司6家企业产生亏损，累计亏损874万元。

（张新民）

·泰州火车站·

【概况】 2010年，泰州火车站围绕车务段党委关于《2010年度新长车务段政治工作要点》，开展“优质服务质量年”、争创“四强”党支部、争做“四优”共产党员等活动。确保上海世博会、清明、中秋、“五一”、“十一”、广州亚运会、残运会等重要节日、活动期间的行车安全和旅客运输安全。全年车站安全运输生产有序可控。

【安全基础建设】 泰州火车站坚持“规范管理、强基达标”的工作标准，完善安全管理制度，按照铁道部《铁路旅客运输服务质量标准》，制定车站客运各岗位作业标准，细化作业流程，实行岗位责任制，服务达标上等级等各项管理办法。年内，结合各个时期的重点工作，先后制定车站治安管理办法，车站通道人员、车辆进出管理办法，强化对重点部位的管理，逐步制定和完善商业网点管理办法、贵宾室使用管理办法和工作人员进出票房规定。建立健全各类客运台帐，在日常工作中坚持动态管理，实施分层分级监控，按照“机制促控制，过程保结果”的要求，强化客运标准化作业，确保车站安全生产有序可控和职工队伍持续稳定，各项管理朝着规范化方向发展。

【客货运服务质量】 泰州火车站贯彻落实《铁路路风管理办法》，开展规范货场和货运代理经营行为专项整治活动，以客票代售点、粮食化肥重点物资运输收费、货运计划审批管理为重点，做好规范收费工作。开展路风自查自纠活动，确保路风持续稳定。延伸、拓展“青年文明号”等优质服务品牌营造良好服务环境。

【铁路客、货运量】 客、货运输取得历史性突破。组织研究客流动态，加强售票组织，提高服务质量，满足社会需求。货运方面克服去向限制、车种不足的困难，强化货运营销，挖掘货运增量 提升运输服务水平和运输质量。2010年，泰州火车站完成客运发送170.74万人，实现客运收入1.31亿元；完成货运发送9.3万吨，实现货运收入2461万元。

【春运发送人数16万人次】 春运期间，泰州火车站克服“学生流”、“民工流”、“探亲流”、“旅游流”等困难，克服方向性、时段性运能的不足，安全发送旅客16.1万人次，实现运输收入1527.83万元。客运服务组共收到锦旗7面、感谢信10封，受电台、电视台媒体表扬30多次，被评为江苏省省春运先进集体。

（罗跃华）

邮　　政

【概况】 2010年，泰州实现邮政业务总收入5.85亿元，比上年增长26.79%，其中，邮政实现业务收入3.61亿元，实现收支差额698万元；邮储银行实现业务收入1.53亿元，增长56.9%；速递物流公司实现业务收入6990万元，增长11.48%。业务结构得到优化，经营效益持续提高。全区邮务类业务累计实现收入1.4亿元，增长19%，占邮政业务总收入比重为24%，下降1.6个百分点。速递物流类业务累计实现收入7319万元（其中邮政代理速递物流业务实现收入329万元），增长16.7%，占邮政业务总收入比重为13%，下降2.7个百分点。金融业务实现收入3.71亿元，占邮政业务总收入比重为63%，提高4.3个百分点，其中，邮政代理金融业务完成收入2.18亿元，增长24%；全区邮政局、行、公司收入占比分别为61.81%、26.23%、11.96%。代理金融类业务结构得到优化、分销业务收入规模不断扩大。

金融业务规模发展。2010年，全区累计实现金融收入3.71亿元，比上年增长35%。全区邮储余额达161.2亿元，活期比重27%，比上年提高2.8个百分点，其中，邮政网点储蓄余额125亿元，活期比重24%，提高1.9个百分点　银行网点储蓄余额36.2亿元，活期比重37.7%，提高5.8个百分点。累计实现首期保费10.6亿元，增加4.5亿元，其中，邮政实现首期保费9.2亿元，增加4.3亿元；邮储银行实现首期保费1.4亿元，增加0.2亿元。全区累计销售基金7892万元、国债19827万元、理财产品20916万元，其中，邮政累计销售基金2958万元、国债8277万元、理财产品4651万元；邮储银行累计销售基金4934万元、国债11550万元、理财产品16265亿元。全区累计发放小额贷款1.13万笔8.18亿元，累计发展公司业务1576户，账户余额23.1亿元，其中，邮政累计发放小额贷款211笔1380万元，发展公司业务133户，账户余额1.04亿元；邮储银行累计发放小额贷款1.11万笔8.04亿元，发展公司业务1443户，账户余额22.08亿元。

邮务类业务实现新跨越。全区累计实现函件收入5325万元，比上年增长13%，完成年计划的100.7%，增幅居全省第8，进度居全省第7。实现电子商务收入1213.75万元，增长23.78%，完成年计划的101%，进度居全省第9。实现集邮收入2738万元，增长32.91%，完成年计划的118.27%，增幅和进度均居全省第2。实现报刊收入3483万元，增长13.12%，完成年计划的101.25%，增幅居全省第6，进度居全省第5。实现包裹收入196万元，增长56.8%，完成年计划的178.18%，增幅和进度均居全省第2。

速递物流业务持续健康发展。全区速递物流业务累计实现收入5990万元，比上年增长14%，增幅居全省第9(含9个计划单列县分公司)。

企业文化氛围日趋和谐。年内，第五次通过江苏省文明行业验收，顺利通过江苏省质量奖评审。何健忠获全国劳动模范称号，张健、郭伟获泰州市劳动模范称号。“棋高一着先”——野徐支局保险业务发展被评为“2010年度全省邮政精神文明‘十佳’新事”。

【企业精细化管理】 一是出台《工作任务交办单制度》、《书面报告处理流程》及《部门工作标准化管理办法》，累计处理基层书面报告123个，累计签发《工作任务交办单》24项。二是继续实施基层挂钩调研闭环管理机制。采取月度挂钩小结及领导批示扫描公布、基层反映问题协调会及处理反馈、根据经营重点适时调整挂钩人员及挂钩要点、四县（市）局调研后督办单限期整改等多项措施，确保基层挂钩调研活动闭环、有效，全年累计开展挂钩调研活动近500次，解决问题近300项。三是严格重大项目十五天闭环管理机制。各类涉及奖励项目及营销实施方案均统一归口人力部门登记、汇总和督办，确保及时总结、及时奖励、及时兑现。四是加大市管县工作力度。出台《泰州邮政业务发展问责制》、《人力资源市管县工作管理办法》、《财务市县一体化管理办法》；执行专业季度经营分析会制度，会议召开及会议纪要纳入其年度KPI指标考核；明确市局党委委员、各职能部门主要负责人挂钩下访定点县（市）局并参加“三会”（季度经营分析会、民主生活会、职代会）。五是策划实施“啄木鸟行动”及“议事园项目”。以随行跟踪、拍摄、记录等形式对营投窗口服务、经营生产单位规范经营、办公现场管理等进行检查和监督；“议事园项目”分设议事箱、公开栏、回音壁3个环节，以OA网讨论、项目组议事等方式将局内大型活动、突发事件、重要工作以及存在问题第一时间处理、公布。六是定期印发“项目任务分解表”。全年累计下发《项目任务分解表》5次共207项工作安排，督办相关部门按期完成。七是设立“一周工作提示”。根据各类文件要求上报内容、上报时间、责任单位，在周工作安排中提示，销号管理。

【“两个拉动”战略】 推进发展方式转变，按照年初职代会确定的工作目标和要求，围绕地方亮点、经济热点、民生需求，有针对性地开展服务，贯彻实施“两个拉动”战略，加强大客户开发，突出大项目营销，推动企业营销方式及发展方式的转变，拉动企业效益提升。年内,市邮政局在“服务地方经济”和“十佳服务地方经济发展”测评中，分获先进单位称号。

加强大客户开发。中国医药城项目三大板块联合开发，医药园区内欧式全功能邮局正在策划筹备中；12月12日首届中国国际医博会召开，速递物流、临时邮局现场派驻服务，电子票务代理有效支撑和满足医博会票务需求；累计制作《中国医药城》邮册2000册。纬创资通项目邀请台湾管理层中秋联谊和产品推介，航空电子客票达成合作意向，纬创公司提供场地的全功能邮局即将开工建设。济川药业集团继成功开发《魅力济川》各类钱币册、邮册后，个性化设计分销物流、报刊收订、金融服务等服务项目效应显著。

突出项目营销。开展“保险60亿”专项营销活动，全区代理保险业务提前50天完成省定目标，年底代理保险销售进度居全省第一，下半年保险总量和南京局并列第一，全局保险收益及质态发展居全省领先地位。“思乡月”项目累计实现销售额1400.69万元，9月9日在全省率先完成。首发《梅兰竹菊》特种邮票，“文化让兴化更美好”主题邮品累计销售各类首日封、卡书、纪念邮册6700多套。“大富豪”啤酒分销以方便市民为宗旨，全区各邮政网点均有销售，累计销售啤酒20.05万箱，超目标计划近6万箱。

实现内部资源整合。产品与产品联动、专业与专业联动，邮政内部产品和企业外部资源整合联动。保险销售推出“买保险 送月饼 送祝福”活动；贺卡用户拜访同时联动发展航空签约客户；2011年贺卡产品中增添集邮元素，订制钱币贺卡、红包贺卡，搭载客户个性化邮票，组合营销；行业客户变“单独拜访”为“行业联谊”，进行重点产品现场推介和案例展示，实现专业、客户、地域多项资源整合。

【完成“保险60亿”专项营销活动目标】 年内，通过合理配置营销费用、每日通报进度、及时表彰标杆等举措，全区代理保险业务保持快速发展的势头，呈现出新的发展格局，即保险快速发展的同时余额稳中有升、市局的保险业务发展首次领先于所有县局、农村与城市支局均衡发展。全区平均日产量达360万元、最高日产量超过900万元、点均日产量超过2万元；最大保单达300万元、最高单点产量达1600万元。10月上旬，在全区推出保险“冲锋舟”主题竞赛活动，每周命名“周冠军”并予以奖励。全年，邮银累计销售保险10.6亿元，比上年增加4.5亿元，其中邮政销售9.2亿元，增加4.3亿元。11月11日，泰州区提前50天完成全省邮政代理“保险60亿”专项营销活动省定目标，实现代理保险销售4.34亿元，营销进度居全省第2，业务收入水平居全省第1，省公司总经理顾汶专门发来贺电。

【实体化运作】 以结算、利润、绩效考核为三个关键点，明确责任部门，相继出台“三局一中心”实体化实施办法、绩效办法及负责人年薪考核办法。辅助邮区中心局实行“定里程、定时间、定路线”车辆三定管理、优化作业组织、生产人员交叉作业，实现邮件分拣前置。发行投递局强化核算、开拓市场，实现DM广告和期刊广告业务收入25万元。营业局、高港分局明确责任主体和架构，细化结算标准，全年收入比上年分别增长24%和28.13%。数据服务咨询中心依靠BIU团队运作、数据服务咨询，加快定位转变和市场开拓，新建800平方米数据服务咨询中心，分设DIY制作区、客户体验区、数据展示区、广告设计区等四大功能区，专业能力得到增强。

【提升服务能力】 加大硬件投入，适应邮政新业务发展需要，增强支撑服务能力，提升邮政形象。全区34个二类网点完成改造19个，新增玲珑嘉园网点1个。投资35万元实施楼顶广告三面翻改造，实现年内投资，年内收回成本。加强邮政实体店建设，累计投资100多万元建成苏邮惠民旗舰店、泰州集邮专卖店、邮政书店、邮政数据服务咨询中心。全区新增ATM机8台、终端机75台、打印机64台；新建小区信报箱安装验收13处6843户。

提升科技信息化水平，创新信息平台运维模式，完成工程建设项目8项，其中省级工程6项、市级工程2项。完成科技项目11项，其中省级科技项目3项、市级项目8项。完成县局汇接点网络改造取消工程，网络带宽由2M扩展为4M。

优化作业组织，调整兴化一班、二班邮运路线，日均减少邮运里程150千米。增开泰州—姜堰《扬子晚报》邮路，带运《泰州日报》、《泰州晚报》，提高畅销报刊运输时限。全面实施普通给据邮件封发无纸化改革，“网上封发清单及时准确率”从20%上升至99.8%。窗口实行现场检查和视频检查相结合，服务水平得到提升。

年内，“创新服务理念、创建示范窗口”活动通过省公司验收；东进西路邮政旗舰店被评为全国邮政“示范窗口”；永兴路投递部被评为江苏省“邮政投递优质服务示范窗口”。全年缮发征询意见函2500多份，平均得分91.45分。

【东进西路旗舰店被评为全国邮政“示范窗口”】 泰州邮政局东进西路支局隶属于泰州邮政局营业局，地处主城区核心商业区。2008年9月，东进西路旗舰店正式开张营业，有职工22人，其中，拥有本科学历2人、大专学历20人；高级工 3人、中级工 15人。两年多来，旗舰店围绕服务发展主题，强化主动意识，以旗舰品牌为核心，利用节假日走进周围商场、社区宣传邮政业务，展现邮政风采，走出一条以服务树品牌、以品牌创效益的发展之路。2009年、2010年，旗舰店分别实现邮政业务收入335.5万元、472.7万元。建店至今，东进西路旗舰店先后被授予泰州邮政局先进集体、江苏省“巾帼服务示范窗口”、江苏省“规范服务示范窗口”、江苏省“十佳文明示范窗口”等称号。2010年，旗舰店被集团公司评为全国邮政“示范窗口”。

（朱凌云）

综 述

【概况】全市农业系统积极转变农业发展方式，实施现代高效农业“5218”工程，培大做强优势特色产业，优化农业结构，推进高产技术普及化和高效农业规模化。2010年，全市完成农业增加值151.65亿元，可比价增幅4.5%，全市农民人均纯收入9324元，比上年增加14%，全面完成或超额完成各项目标任务。开展粮棉油高产增效创建示范活动，加大指导服务力度，落实抗逆应变措施，粮食生产实现连续第7年增产，全市粮食播种面积43.3万公顷，总产314万吨。全市创建稻麦油等万亩高产增效创建示范片52个，其中15个部省级水稻万亩示范片平均公顷产10297.5千克，比上年增产90千克，比全市平均高1267.5千克；兴化钓鱼水稻示范片平均公顷产11245.5千克，居全省第一。兴化市再次获“全国粮食生产先进县标兵”称号，泰兴市获“全国粮食生产先进县”称号。全年生猪出栏量264万头、家禽饲养量4648万只、奶牛8900头，肉、蛋、奶产量分别为23.6万吨、9.8万吨、3.7万吨。全市水产放养面积4.2万公顷（不包括稻田养殖），养殖河蟹4.32万公顷、小龙虾0.99万公顷，水产品产量32.6万吨。以绿色通道建设为重点推进林业绿化工作，全年新增绿化造林面积0.72万公顷，其中成片造林0.56万公顷，四旁植树465.7万株，新建和完善重点绿色通道里程758.2千米，全市森林覆盖率进一步提高。泰兴市获“全国绿化模范县市”称号。全市建成新农村绿化合格村523个，其中省级绿化示范村145个，姜堰、靖江成为全省第二批村庄绿化整体达标县（市）。强化生态公益林管理，全面完成集体林权制度改革任务，发放林权证11.57万份、股权证明书25.82万份。

【农业科技推广】全年引进种养业新品种50个，推广高效农业新技术20项，水稻优质化率达95%、小麦专用化率达96%、双低油菜面积达98%，优质、高效蔬菜品种应用覆盖率达80%以上。推进科技入户工程，组织农业实用技术培训40多万人次，创业培训7000多人。实施农药减量工程，推广绿色防控技术，新增测土配方施肥推广面积4万公顷，推广生物农药5.67万公顷次、商品有机肥2.8万吨。推进农作物病虫专业化统防统治，全市专业化防治覆盖率比上年增加5.5个百分点。推广秸秆综合利用技术，市区秸秆综合利用及能源化取得突破性进展，姜堰市再次被评为省级秸秆综合利用先进县。推广池塘管道微孔增氧技术、克氏原螯虾主混养技术等先进实用技术，新增微孔增氧设施面积1330公顷，推广种草养殖、仿野生养殖、科学套养等生态养殖模式，全市新增农业部水产健康养殖示范场7家。

【农业基础设施建设】推进标准化渔池建设，新建、改建标准化渔池0.89万公顷，硬质护坡64千米，新增设施渔业面积0.24万公顷。全面完成2009年度农业综合开发项目建设任务，农业基础设施进一步完善。全市农业综合开发投资2.09亿元，其中财政投资1.32亿元，比上年分别增长25.9%、7.9%；改造中低产田0.92万公顷，建设高标准农田0.55万公顷，实施产业化经营项目18个。海陵区被列入“国家农业综合开发县”。推广农业新机具，新增高速插秧机64台、步进式插秧机581台、大中拖384台、秸秆还田机械580台，植保机械2800台。

【农业产业化】全市新增“三资”农业规模项目 230个，农业实际利用“三资”45亿元，其中实际利用外资6000万美元以上。全市农产品出口1.69亿美元，比上年增长27.8%。新增市级以上龙头企业12家。全市省级以上龙头企业全年完成销售收入116.2亿元，上缴税金2.39亿元，实现利润1.65亿元，分别增长11.2%、13.4%和27.5%。市级以上龙头企业科研投入5500万元，开发新品251个。推进农产品批发市场升级改造，建成各级农产品批发市场18个，其中年交易额超过1亿元的有13个。组织参加江苏农业国际合作暨项目洽谈会、中国国际农产品交易会、江苏名特优农产品（上海）交易会等展会活动。

【为农服务】落实各项强农惠农政策，全市共发放良种补贴8406.75万元、水稻直补6145.54万元、农资综合补贴23342.1万元、农机购置补贴2638万元、机动渔船柴油补贴1927.9万元。优化《泰州农业》杂志、《泰州农业信息》简报、“泰州农网”等平台，全年通过各类信息服务活动解答农民咨询问题3100多个，接待群众约2万人次，现场出诊300多次。

【农业信息化】开展农业信息化“1519”工程，农业信息化载体日益多样化，强化与传统媒体合作，开展“农业信息乡村行”活动，开通“12316” 三农服务热线。兴化市建立全国首家基层农技推广体系信息化平台，实现“3G到村，服务到人，指导到田”。电子商务运用于农业日益频繁，全市积极培养网络营销，拓宽销售渠道，组织龙头企业业主和农民经纪人开展上网知识培训，帮助龙头企业培养自己的网络人才，推动农业龙头企业和经纪人上网销售；通过网站发布农产品供求信息，为农产品提供销路。靖江市双鱼食品有限公司、伊香食品有限公司、津津食品有限公司和香沙芋协会，均在淘宝网开设网店，通过网上定购、网上支付实现猪肉脯、香沙芋等农产品销售，交易额近200万元，全年通过网上营销实现农产品销售超过1亿元，通过网上订购、网上支付等手段实现交易超过100万元。

【农产品质量安全】开展“农产品质量建设推进年”活动，农产品质量安全水平进一步提高，全年新增“三品”418个，居全省第一。新增国家级农业标准化示范区2个、地理标志农产品1个、省名牌农产品4个。在全国率先开展“无公害农产品园艺场整体认定”，一次性认定无公害蔬菜产品30个。做好农畜水产品、产地环境及农业投入品检测工作，检测各类样品2000多批次，抽检合格率比上年有所提高。开展迎世博动物卫生监督“蓝盾行动”，对34家进沪农产品企业开展专项治理行动，世博会期间没有发生农产品质量安全事件。做好常年畜禽免疫工作，组织春季防疫、夏季消毒、秋季防疫和冬季补免四大防疫行动，高致病性禽流感、口蹄疫等重大动物疫病免疫密度和畜禽挂标率均达100%，动物疫病防控工作取得成效，全年未发生重大动物疫情。开展乡镇畜牧兽医站“五有五化”创建活动，组织全市动物检疫技能操作大比武活动，承办全省首次突发重大动物疫情应急演练，完成全国首次执业兽医资格考试泰州考点工作任务。

【农业执法检查】推进农业执法规范化建设，高港区创建成省“农业行政综合执法规范化单位”。加强种子管理、林政管理、植物检疫、动物卫生监督、农机监理等工作，开展种子种苗、农药兽药、肥料饲料、生鲜乳、农机安全生产等专项整治行动，维护农业生产安全和农产品质量安全。全年累计出动行政执法人员5920人次，检查生产经营企业2500多家（次），受理各类投诉举报45件，立案查处165起。兴化市农业执法大队在全国农业执法培训班上作经验介绍。加强渔船管理，推进船东互保。实施长江禁渔，保护水生资源，共放流各类鱼种100多万尾计40多万元。依法行政能力得到提升，全年无重大农业生产和农产品质量安全事故、无群体性上访、无行政复议、无行政诉讼。

【泰州·上海优质农产品市场接洽会】11月27日，在上海举行“泰州·上海优质农产品市场接洽会”。市委副书记王守法出席接洽会。接洽会共签订14个农产品贸易合同，贸易总额达48.12亿元。其中，泰州农副产品中心批发市场分别与上海农产品中心批发市场、中国寿光蔬菜物流园、上海铜川水产市场、嘉兴水果市场签约，贸易总额达36亿元；姜堰市白米镇苏鹏禽蛋购销专业合作社、兴化市粮食批发市场以及梅香食品有限公司分别与上海企业签订合同，每年向上海市场供应大量优质农副产品。

【泰州市首届农艺节】 12月18～20日，泰州市首届农艺节在江苏省现代农业综合开发示范区召开。首届农艺节融园艺博览、项目推介、科技示范、旅游观光于一体，集中展示全市现代农业发展成果，开展农业商贸交流合作，提升泰州农业和产业园区的对外形象。国家农业部副部长张桃林，江苏省委常委、副省长黄莉新出席开幕式并共同启动开幕装置。市领导张雷、徐郭平、陈克勤、李国华、张本印、缪志红、王振南等出席开幕式。市委副书记王守法主持开幕式。开幕式上，江苏省现代农业综合开发示范区被命名为“农业部现代农业技术培训基地”、“江苏省现代农业产业园区”、“全国农业旅游示范点”、“城乡一体化综合配套改革固定联系点”、“江苏省‘精品乡村旅游区’”、“江苏省科普教育基地”。

现代高效农业

【概况】 放大“5218”工程辐射效应，突出以现代农业园区建设为主导，以“现代农业加快推进年”活动为契机，建成现代农业产业园区31个、特色产业示范基地92个、现代农业示范村65个。市农业开发区被评为省级现代农业产业园区。全市农业产业结构不断优化，设施农业、特色农业规模不断扩大，新增高效农业1.25万公顷，其中设施农业0.3万公顷，新增高效渔业0.83万公顷。

【高效种植业】 发展以设施农业为主体的高效种植业，全市新增高效农业1.25万公顷，其中设施农业0.3万公顷，设施农业总面积达1.59万公顷，农（林）牧结合、稻鱼（蟹）共育、稻鸭共作、稻菜轮作等一批新型农作方式和“一亩田、千斤粮、万元钱”等粮食高产高效生产新模式得到推广应用。

【高效规模养殖业】 推进畜禽生产规模化、标准化。至年末，全市生猪、肉禽、蛋禽规模养殖比重分别达71%、92%、90%，平均提高7个百分点，奶牛规模养殖比重保持在100%。全市共有86家畜禽养殖企业通过国家和省级生态健康养殖等“三项创建”验收，其中泰州卫岗、兴化隆康等6家企业获农业部“畜禽标准化示范场”称号。

【高效渔业】 加大结构调整力度，加快发展高效渔业，全市新增高效渔业面积0.83万公顷，高效渔业总规模达3.62万公顷，占水产养殖面积的比重达52.13%。

【农民合作组织】 引导农村土地流转和农民合作，推进土地向种田大户、小农场和专业合作社流转和集中，农业适度规模经营水平进一步提高。至年末，全市各类农业合作组织有1960家。成立全国第一家水产养殖专业合作联社——兴化市苏兴水产养殖专业合作社联社，联社由10个农民专业合作社组成，带动农户1300多户。

（周　波）

种　植　业

【概况】 全年完成种植业现价总产值138.15亿元，比上年增长17%，占农林牧渔总产值的54.2%。农作物总播种面积57.2万公顷，其中粮食面积43.3万公顷，总产量314.4万吨；棉花面积1.2万公顷，总产量1.7万吨；油菜面积3.7万公顷，总产量9万吨；蔬菜（含瓜果）播种面积7.5万公顷，总产量223.1万吨。

【种植业补贴】 全市共实施小麦、油菜、水稻、玉米和棉花5项良种补贴面积45.29万公顷，累计补贴资金8406.75万元（小麦、油菜、玉米每公顷分别补贴150元，水稻、棉花每公顷分别补贴225元）。其中，实施小麦良种补贴面积19.8万公顷，涉及1335个村，受益农户100.4万户，发放补贴资金2969.51万元；实施油菜良种补贴面积3.32万公顷，涉及1432个村，受益农户65.56万户，发放补贴资金498.46万元；实施水稻良种补贴20.41万公顷，涉及1238个村，受益农户100.38万户，发放补贴资金4591.40万元；实施玉米良种补贴6435公顷，涉及332个村，受益农户19.24万户，发放补贴资金96.53万元；实施棉花良种补贴1.18万公顷，涉及444个村，受益农户9.84万户，发放补贴资金250.76万元。全市共落实水稻直补和农资综合补贴面积43.04万公顷，发放补贴资金2.95亿元。其中，水稻直补面积20.49万公顷，涉及1618个村，受益农户109万户，补贴资金6145.54万元(每公顷补贴300元)；农资综合补贴面积22.53万公顷，涉及1642个村、受益农户111.64万户，补贴资金2.33亿元(每公顷补贴1035元)。补贴信息数据均通过中国农民补贴网录入上报，所有补贴资金通过农民“一折通”发放到户。

【高产示范创建】全市创建稻麦棉油等四大作物万亩高产增效创建示范片52个，创建面积3.63万公顷，其中部、省级万亩示范片27个（部级万亩片17个，其中水稻7个、小麦6个、油菜3个、棉花1个），自行创建的万亩片25个。15个部、省级水稻万亩示范片平均每公顷产量达10297.5千克，比全市平均单产增产1252.5千克/公顷。其中，兴化钓鱼水稻示范片平均每公顷产量达11245.5千克，居全省第一，该示范片和姜堰沈高镇的水稻万亩示范片在全省万亩创建评比中，同时被评为A级。8个部、省级小麦万亩示范片每公顷产量达7383千克，比全市大面积平均单产增产1411.05千克/公顷。3个部级油菜万亩示范片每公顷产量为3262.5千克，比大面积平均单产增产837千克/公顷。1个部级棉花万亩示范片，经农业部组织专家审核验收，皮棉单产达2167.5千克/公顷，该示范片在全省万亩创建评比中被评为A级。

（孙敬东　黄秀芳）

【水稻生产】 全市水稻面积20.42万公顷，与上年持平。其中，粳(糯)稻面积19.67万公顷，占水稻总面积的96.33%。平均单产9029千克/公顷，增产5.2 %。总产184.4万吨，比上年增加0.8万吨，再创历史新高。产量结构表现为“三增一减”。每穗总粒数、结实率和千粒重分别为112.48粒、92.77%、26.8克,分别增加1.28粒、1.1个百分点和0.1克。每公顷穗数353.7万穗，比上年减少2.4万穗。不同稻作方式中每公顷实收单产：手工移栽稻9412.7千克；机插稻9351千克；抛栽稻9127.5千克；直播稻8719.5千克。水稻种植效益显著提高，稻谷市场收购价格平均每千克2.67元，比上年增加0.61元，平均每公顷产值24275.4元，比上年增长31.2%。公顷物化成本6775.8元，比上年增加99.3元。从不同的栽培方式比较，每公顷平均物化成本由高到低表现为机插稻、直播稻、手工移栽稻、抛栽稻。每公顷政策补贴1042.5元，水稻平均净收益（不扣除用工）为每公顷18542.1元，比上年增加5676.3元，增长 44.1%。品种结构得到优化，以南粳44 、扬粳4038、宁粳3号为主的早熟晚粳面积7.42万公顷，以武运粳24、淮稻系列为主的迟熟中粳品种面积7万公顷，以武运粳21、镇稻99、徐稻3号、徐稻4号等为主的中熟中粳品种面积为5.95万公顷，品种优质化率达96%以上。

（孙敬东）

【夏粮生产】 全市夏粮面积19.63万公顷，比上年增加0.55万公顷，增加2.9%；每公顷产量5881.5千克，与上年持平，略增4.5千克；总产115.49万吨，比上年增加3.31万吨，增加3%。其中，小麦面积18.05万公顷，比上年增加0.47万公顷，增加2.7%；每公顷产量5971.5千克，与上年基本持平；总产107.78万吨，比上年增加2.72万吨，增加2.6%。大(元)麦面积1.17万公顷，比上年增加0.12万公顷,增加11%;每公顷产量5498千克，比上年增加111千克,增加2.1%;总产6.43万吨，比上年增加0.76万吨，增加13.4%。推广品种中，扬麦16号、扬麦13号、宁麦13号三个品种种植面积占全市小麦面积80%左右，其中，扬麦16号种植面积8.13万公顷，扬麦13号种植面积3.87万公顷，宁麦13号种植面积2.2万公顷，分别占全市小麦面积的45.1%、21.4%和12.2%。全市弱筋小麦种植面积6.67万公顷，占小麦面积的37%。共建立专用小麦生产基地10.13万公顷，占小麦面积的56.2%,其中，弱筋小麦生产基地5.07万公顷，订单面积3.93万公顷；中筋小麦生产基地5.07万公顷，订单面积2万公顷。小麦平均收购价1.98元/千克,比上年增加0.317元/千克,增加19.1%，比2010年国家出台的红麦托底收购价高0.26元/千克；农民种植小麦的纯收益为每公顷6427.5元，比上年增加1675.5元，增加35.3%,仅此一项，全市农户增收3亿多元，农民人均增收80元。

（陈俊才）

【油菜生产】 全市油菜面积3.73万公顷，比上年增加0.07万公顷，增加1.8%；每公顷产量2425.65千克，总产9.04万吨，分别减少114千克和0.3万吨，减幅为4.5%、2.8%。产量结构中，平均每公顷实收株数为171975株，增加3.97%；单株有效角果数273个，减少3.5%；每角粒数16.7粒，减少4.3%；千粒重3.46克，减少1.42%；理论产量为每公顷2713.5千克，减少5.4%。

主要推广品种中，秦优系列中的10号、11号等品种面积2.04万公顷，占油菜总面积的55.8%；宁油系列品种面积0.27万公顷，是上年的近2倍。白菜型品种进一步减少到120公顷。油菜籽平均每千克出售价格为3.88元，比上年上涨0.47元，上涨13.8%；平均每公顷产值9428.4元，增加769.05元，增加8.9%；每公顷生产成本5923.8元，增加411.3元，增加7.75%，其中，每公顷物化成本2185.8元，减少174.21元，减少7.4%，每公顷用工成本3738元，增加600.45元，增加19.1%，每公顷纯收入3504.6元，比上年增加342.45元，增幅10.83%，低于同季生长的小麦种植效益。

【旱杂粮生产】 全市旱粮面积3.26万公顷，比上年减少3.1%。每公顷产量4462.5千克，增产3.9%，总产14.56万吨，增加0.7%。其中，玉米面积、总产分别为0.76万公顷、5.54万吨，分别增加3.24%、2.64%，每公顷产量7254千克，略增13.5千克；大豆面积1.8万公顷，总产5.29万吨，分别增加8.5%、4.8%，每公顷产量2850千克，减少3.2%；薯类面积0.54万公顷，每公顷产量5998.5千克，总产3.26万吨，分别增加0.6%、4.4%、5.1%；花生面积0.75万公顷，总产2.43万吨，分别增加0.8%和0.9%，每公顷产量3213千克，与上年持平；芋头面积0.33万公顷，减少7.9%。鲜食玉米、青毛豆、鲜食甘薯、芋头、花生等鲜食类旱杂粮面积1.26万公顷，比上年增加33.33公顷，其中，鲜食甜、糯玉米面积0.16万公顷，增加40.6%，每公顷产量12174千克，增产10.1%；鲜食花生面积0.21万公顷，增加6.4%，每公顷产量7521千克，增产12.6%。旱粮市场价格和种植效益提高，其中，每千克价格：玉米2.0～2.2元、大豆4.5～5.2元、鲜甘薯0.80～0.85元、花生5.5～7.0元；每公顷产值：玉米13500～15000元、大豆10500～13500元、甘薯和花生均为18000～22500元。

（黄秀芳）

【棉花生产】 全市棉花面积1.24万公顷,比上年增加3.78%；每公顷皮棉产量1406千克，增产4.3%;皮棉总产1.74万吨，增加8.5%。产量结构中，平均每公顷实收24150株，减少1.88%；单铃重4.93克,增加0.2%；衣分37.33%，增加0.89个百分点。平均单株成铃34.11个，其中，伏前桃、伏桃、早秋桃、晚秋桃分别占总成铃数的3.79%、50.15%、31.3%和14.76%，比上年分别减少67.68个百分点、增加0.54个百分点、增加48.76个百分点和减少14.98个百分点。优质桃比例占81.45%，比上年增加10.55个百分点。植棉收益显著高于上年，全市平均籽棉收购价格为每千克10.08元,比上年提高3.72元，上升58.5%；平均每公顷产值39695元，增加64.28%；每公顷物化成本4965元,增加13.23%；公顷平均纯收入22241元,是上年的3倍。

（陈俊才）

【蔬菜生产】 全市蔬菜播种面积7.22万公顷，比上年增加1.2%；蔬菜生产总量225.61万吨，增加13.21万吨，增长6.2%；蔬菜产值42.94亿元，增长30.91%。在“菜篮子”工程建设中，投入4534万元用于设施蔬菜生产基地、蔬菜标准园、工厂化育苗和产后加工等项目建设。新增连片33.3公顷以上的优质蔬菜生产基地29个；新增蔬菜专业合作社54家，销售总量66.08万吨，销售额4.75亿元，销售利润1.14亿元。全市有加工蔬菜企业161家，比上年减少3家；年加工能力135万吨，比上年下降10%；年加工总产值15.16亿元，出口创汇7934万美元。

（孙敬东　冒维维）

林　业

【概况】 全年林业现价总产值2.87亿元，新增造林面积0.72万公顷，其中成片造林0.56万公顷，四旁植树465.7万株。

【绿色通道建设】 全市重点建设10多条省级以上道路两侧绿色通道，除S231医药高新区部分地段受区划调整影响和沿江高等级公路靖江段受管线施工影响不具备建设条件外，其余绿色通道全部达标。累计新建、完善绿色通道里程758.5千米（按双侧计），完成造林面积1146.67公顷。

（叶　军）

【林权制度改革】 全面完成集体林权制度改革工作目标。全市完成集体林改面积1.52万公顷，完成林权证发证面积1.52万公顷，发放林权证115683份；完成股权证发证面积1.21万公顷，发放股权证明书258228份。

【林政执法】 全年共立案查处各类涉林行政案件49起，其中，盗伐林木1起，滥伐林木12起，毁坏林木、苗木17起，违法征、占有林地3起，非法猎捕野生动物3起，非法收购、出售、运输野生动物及其产品7起，其他1起。损失林地0.2公顷、林木90.44立方米、幼树或苗木0.1万株、野生动物15994只，罚款3.27万元，补征育林基金0.1万元；没收野生动物15994只，补种树木3160株，行政处罚11人次，案件查处率100%。救治放生受伤的重点保护野生动物苍鹰1只、猫头鹰2只、黄嘴白鹭1只，一般保护动物青蛙15000多只、麝鼠1只、野八哥2只、乌鸦5只。

【森林防火】 针对节日期间的特点，多次组织森林防火安全检查，对组织领导、防火设施设备、人员值班高度、通讯等进行排查，发现问题及时提出限期整改意见。下发《关于做好春节期间森林防火工作的通知》等文件，安排部署护林防火工作。落实省护林防火指挥部《关于做好森林火灾案件查处和责任追究工作》文件精神，明确森林防火工作的责任人。组织学习新修订的《森林防火条例》，完成2010年森林防火年报和森林防火应急预案执行情况的评估工作。做好森林防火专业分队建设工作。全年全市未发生一起森林火灾事故。

畜 牧 业

【概况】 全年畜牧业现价总产值52.66亿元，占农业总产值的20.69%。全年生猪饲养量395万头、家禽饲养量6268万只、奶牛栏存8752头，比上年分别增长2.6%、5.3%和8.7%；山羊饲养量90万只，与上年持平。肉、蛋、奶产量分别达23.6万吨、9.8万吨和3.7万吨，分别增长5.6%、5.5%和15.6%。

【规模养殖】 强化政策引导，加大项目带动，规模养殖得到快速发展。全市畜禽规模养殖场（户）达1.06万个，生猪、肉禽、蛋禽的规模养殖比重分别达71%、92%和90%，比上年分别提高11个、11个和10个百分点，奶牛规模养殖比重保持在99%。全市新增生猪规模养殖场407个，新增生猪规模出栏23.8万头。全市家禽规模养殖结构不断优化，肉禽大型规模场出栏量占总规模出栏的60%，蛋禽中等规模场存栏量占规模总量的59%。

【扶持畜牧业生产】 落实中央、省市发展畜牧业的优惠扶持政策，全市实施生猪（奶牛）标准化养殖项目35个，争取中央资金860万元，带动投资1807万元；实施肉鸡、蛋鸡标准化养殖扶持项目6个，争取中央资金150万元。泰兴市、姜堰市承担国家生猪调出大县项目。能繁母猪的补贴和保险，生猪、奶牛良种补贴项目实现全覆盖。落实扶持政策，市本级继续对高效规模畜牧业实施奖励，各市（区）均出台规模养殖工作奖励政策，发展壮大一批规模养殖企业，带动高效规模畜牧业的发展。

【示范创建活动】 组织开展畜牧生态健康养殖、畜禽标准化养殖、畜禽良种化示范创建等“三项创建”活动。参与创建的畜禽养殖场通过完善基础设施建设，规范畜禽饲养管理，加强养殖污染环境治理，提升畜禽现代化养殖档次。全市共创建6家农业部畜禽标准化养殖示范场、9家畜禽良种化示范基地、44家省、市畜牧生态健康养殖示范基地。至年末，全市累计创建畜牧生态健康养殖示范基地99家。

【重大动物疫病防控】 明确重大动物疫病防控工作责任，落实各项措施，全年未发生重大动物疫情。在常年程序免疫的基础上，组织实施“春季集中防疫、夏季高温消毒灭源和补免、秋冬季集中防疫”等三大行动；组织开展“动物防疫规范达标示范创建”、“重大动物疫病采样监测技能大比武”、“兽医实验室达标创优”、“动物科学防疫知识普及提高”四大主题活动，加强免疫抗体监测和疫情预警。加强动物疫病防控应急管理体系建设，与姜堰市防治重大动物疫病指挥部共同承办省防指举办的“全省突发重大动物疫情应急演练”活动，全市重大动物疫情综合防控能力得到提升。

【畜产品安全监管】 加强畜产品质量安全监管，全年未发生动物产品质量安全事件，为世博会等重大活动提供畜产品安全保障。开展动物防疫条件专项整治行动、动物诊疗专项整治行动、检疫技能大比武、迎世博动物卫生监督“蓝盾行动”等多项重大活动，推进动物卫生监督“强基础抓规范促提高”工程建设。各地坚持“以监促检、以检促防”的工作方针，加强动物产地检疫和屠宰检疫工作，全市动物产地检疫率、屠宰检疫率均达100%；全年共监督检查兽药、饲料生产经营单位360家（次），抽检兽药80批（次）、饲料产品380批次、生鲜乳样品140批次，未检出瘦肉精等违禁药物。

【执业兽医资格考试】 全国执业兽医资格考试于10月24日首次开考，泰州市为全省考生人数最多的考点，共有730名考生参加考试。考场设在泰州机电高等职业技术学校。为确保考试工作顺利完成，市考点办制定《泰州考点考试实施阶段工作方案》、《泰州考点考试实施阶段工作安排》、《泰州考点考试日工作流程》、《泰州考点偶发事件应急处置措施》等，每项工作均落实到具体责任人；协调市公安局、保密局、无管办、人事考试中心等部门，做好各项突发事件的应急准备工作，维持考场及周边环境秩序。市委副书记王守法、省农委副主任王春喜在考试当日到现场进行巡视。

（徐巧琴）

渔　业

【概况】全年实现水产品产量32.58万吨，渔业总产值47.53亿元，渔业增加值23.8亿元。水产养殖面积4200公顷，比上年增加50公顷，增长1.3%。特种水产品养殖面积5600公顷，特种水产品产量13.16万吨。全市新增高效渔业面积8300公顷,高效渔业总规模达36000公顷，占全市水产养殖面积的比重达到52.13%。

【渔业科技创新】水产良种工程建设。按照良种生产“有资质、有制度、有标准、有档案、可追溯”的要求，重点加强省级水产良种繁育场和省级河蟹良种培育场的规范化建设，提高良种生产水平。

水产新品种、新技术、新模式的推广应用。扩大长江刀鱼、美洲鲥鱼、笋壳鱼等新品种的试验、示范规模，加大池塘管道微孔增氧技术、克氏原螯虾主混养技术等先进实用技术的推广力度，全市新增微孔增氧设施面积1330公顷，新增小龙虾养殖面积2330公顷。12月9日，在兴化市召开微孔增氧技术推广工作会议。加快推广优势水产品、出口水产品健康养殖模式，种草养殖、仿野生养殖、科学套养等生态养殖模式，提升现代渔业的建设水平。年内，全市新增农业部水产健康养殖示范场7家。

渔业科技培训工作。开展先进实用技术培训，邀请专家举办多期水产养殖新品种、新技术、新模式讲座和信息发布会。全年全市共举办各类技术培训班226期，培训22546人次。加强水生动物疫病防控工作和渔业科技入户工作。

【微孔增氧技术推广工作会议】12月9日，微孔增氧技术推广工作会议暨鱼池标准化建设现场观摩会在兴化召开。各市（区）农委分管渔业、农机的负责人，水产站、农机站负责人，重点渔业乡镇水产站站长，重点水产养殖企业、合作经济组织负责人，养殖大户共102人参加会议。池塘微孔管道增氧技术是近年来出现的实用型养殖新技术。泰州市从2008年引进该技术，现已示范推广2000多公顷。

【渔业执法】创新联动执法机制，严厉打击非法捕捞违法行为。在推进全市渔业统一综合执法的同时，继续与海事部门开展联动巡航执法，保护渔民生命财产和水上交通安全，实现辖区渔船安全、交通畅通、执法文明目标。采取市(区)正常检查与市集中检查相结合、平时检查与节假日突击检查相结合、水上检查与陆上检查相结合、白天检查和夜间检查相结合的对策，重点突出长江和市区水域，加大打击非法捕捞力度，全年共查处电鱼、违禁捕捞等非法捕捞作业149起，没收非法渔具170多件，罚款20多万元，全市渔业生产秩序进一步稳定。

【长江禁渔】禁渔期间，全市围绕“六个结合”，加大工作力度，保证长江禁渔期制度平稳过渡。一是实行专管与群管相结合。挑选10名渔民担任长江禁渔志愿者，参与长江禁渔管理。二是县（区）站正常检查与市站集中检查相结合。市站从内河地区抽调渔政骨干，组建长江执法检查组，定期不定期开展执法检查。三是宣传教育与严厉打击相结合。对查获的违禁偷捕渔民，除现场进行宣传教育，均从严进行处罚，结案率为100%。四是江上检查与市场检查相结合。先后3次与工商部门联合，对乱打“江鲜”广告的饭店进行检查。五是白天检查与夜间检查相结合。适时组织夜间突击检查。六是明察与暗访相结合。先后与扬中市渔政站和海事部门配合开展暗访抽查，全市共查获违禁偷捕事件10起，取缔迷魂阵300多米，并处罚款4.3万元。违禁偷捕事件比上年下降20%,有害渔具数量大幅度下降，全市长江渔业生产秩序进一步好转。

【增殖放流行动】5月25日，泰州市在长江高港段举行以“增殖水生资源，养护长江生态”为主题的2010年长江下游水生生物增殖放流暨泰州市第二届放鱼节活动。沿江企业、海事、渔政、渔业公司以及40多名渔民代表参加放流活动。活动中，共放流暗纹东方鲀、胭脂鱼、细鳞斜颌鲴、赤眼鳟、青草鱼、花白鲢鱼种100多万尾，投入放流资金40多万元。

【机动渔船柴油补贴】落实国家“惠渔”政策，全市共核准机动渔船10221艘，发放2009年下半年补贴资金1927.9万元。全年未发生一起违纪和因工作失误引起的上访事件。

农业机械化

【概况】全市农机总动力218.2万千瓦，联合收割机拥有量6166台。拥有插秧机3865台，作业面积4.54万公顷。三麦机收率98.5%,水稻机收率95%。

【农机跨区作业】利用全国机收网络，帮助机收服务队与外地农机部门联系作业，共签订跨区作业合同620

份，向农机作业经纪人、机手发放信息资料共500份，发放联合收割机跨区作业证4500份，发放插秧机跨区作业证610份。全年实现跨区收入4亿元。

【农机职业技能鉴定】 坚持考核鉴定数量与质量并重，严格执行职业技能鉴定程序和考场规则,初步形成以1个鉴定工作站、6个培训基地为基础的培训鉴定体系。全年培训鉴定机手2800人，通过鉴定1169人，其中，拖拉机驾驶员667人、联合收割机驾驶员148人。

【农机安全监理】 做好年审年检工作。全年共检验上道路拖拉机11358台，其中核换发农业行业标准号牌9767副；年检联合收割机2560台，完成省所下达任务的100%，其中核换发农业行业标准号牌1715副。检查各类拖拉机、联合收割机8538台次，纠正各类违法行为4201起，其中进入一般程序的违法案件112件。开展创建“平安农机”示范镇活动，至年末，全市共创建“平安农机示范县”1个、“平安农机示范乡镇”41个、“平安农机示范村”287个、“平安农机示范户”1368户。

（熊　伟）

【农机具补贴】 国家和省农机购置补贴资金2638万元，拉动全市农民投资农机8500万元，补贴机具12652台套，受益个人和合作组织5501人（个）。

【水稻机插秧推广】 加快区域整体推进步伐，创新优化组织体制，培植服务大户和合作组织，推广步进式插秧机612台、高速插秧机36台，实现机插面积4.54万公顷，占水稻总面积24%。

【秸秆机械化还田】 建设省级“秸秆机械化还田示范县”3个、推进县2个，新增大中拖及配套还田机具384台（套），实现秸秆机械化还田面积9.33万公顷。

【秸秆综合利用】 夏秋两季成立5个指导督查组及1个综合组，对市区秸秆禁烧和综合利用工作进行指导督查。禁烧期间，组织2个巡查组实行24小时巡查，市区18个镇（街）全面实现禁烧目标。推进秸秆多种形式利用，开展秸秆机械化还田及秸秆能源化利用，市区新建秸秆能源化利用企业8家，收集秸秆6万吨。

（黄毅成）

农 业 综 合 开 发

【概况】 全市国家农业综合开发土地治理任务0.65万公顷，其中高标准农田示范项目0.22万公顷，项目总投资10017.5万元，其中财政总投资8315万元。全市省级农业综合开发高沙土治理任务为0.27万公顷，总投资3840万元，其中财政投资3120万元。实施国家农业综合开发产业化经营项目18个，其中贴息项目10个；总投资7055.09万元，其中财政总投资1723万元。

【海陵区被列为国家农业综合开发县】 根据《国家农业综合开发办公室关于2011年新增和调整国家农业综合开发县事项的批复》精神，海陵区被列为国家农业综合开发县，标志着海陵区将从2011年开始每年均获得国家级农业综合开发项目资金近1000万元。

【开发招商引资】 全市农业综合开发项目通过招商引资新增农业项目29个，吸引投资3.93亿元，新增农业产业化龙头企业12家，形成年加工产值近10亿元。其中，各市（区）开发局自主招商3个项目，合同金额7700万元。

（陆仁峥）

江苏省现代农业综合开发示范区

【概况】 2010年，江苏省现代农业综合开发示范区以推进“现代农业示范”为主线，以发展“税源经济”为核心，围绕创建“国家现代农业示范区”和“省现代农业产业园区”，突出“三增”主题（增加职工农民收入、增加财税收入、增加园区亮点），加快经济转型升级和改革创新，全力打造“全省一流、全国有影响”的现代农业综合开发示范区。

农业产业化经营。稻麦良种繁育单产水平全市领先。建成全市最大的鲜切花生产基地和非洲菊观赏基地。刀鱼、鲥鱼等长江特种淡水鱼种苗繁育进入试验阶段。畜牧文化展示馆和素质拓展区建成，粮食仓储加工物流项目开工建设。7月16日，被省政府命名为“江苏省泰州现代农业产业园区”。

招商引资。全年新签约项目20个，协议投资总额9.28亿元，到账资金2.9亿元，超额完成协议投资总额5亿元、到账资金2.5亿元的年度目标任务。上争项目资金4097万元。

农业旅游。园区被确认为“江苏省精品乡村旅游区（点）”和“江苏省科普教育基地”。举办第二届泰州城郊农业休闲观光旅游节，承办市首届农艺节。花博园、民防园、农展馆相继开园开馆，市气象科普雷达站、省未成年人社会实践基地选址入区。

社会事业。职工农民收入增幅高于上年。实现“土地换社保”，秸秆禁烧工作达到“双零”要求。完成美好家园二期配套工程施工，三期工程项目规划方案通过公示；污水管网一期工程获批即将实施。全年未发生重大安全生产事故。序时完成全国第六次人口普查工作任务。园区绿化新增面积超过67公顷，绿化工作考核综合得分居全市第一。完成年度为民办十件实事项目。

【市首届农艺节】 12月18～20日，泰州市首届农艺节开幕式在园区花卉博览园举行。农业部副部长张桃林，江苏省委常委、副省长黄莉新出席开幕式并共同启动开幕装置。市领导张雷、徐郭平、陈克勤、李国华、张本印、缪志红、王振南等出席开幕式。省委常委、副省长黄莉新，市委副书记、代市长徐郭平分别致辞，市委副书记王守法主持开幕式。农艺节期间，先后举办现代农机展览、花卉园艺博览、现代农业发展论坛、招商引资项目推介、百名中外客商游园等活动。花卉博览园、民防园、市农展馆正式对外开放，现代农业生态观光园和兴泰路粮食加工仓储物流项目奠基开工建设。

【领导调研】 3月30日，农业部财务司司长王正谱一行到园区调研指导，省农委副主任徐惠中，副市长丁士宏陪同。王正谱一行先后实地调研园区重点项目现场，听取园区发展情况汇报。

4月24日，市委书记张雷专题调研园区发展情况。市委副书记王守法，副市长丁士宏等陪同。张雷一行先后视察盆景馆、秋雪湖现代渔业生态园、农展馆、花卉博览园、防空林和动物标本馆等项目建设施工现场，详细了解项目最新进展情况，并听取园区专题汇报。

9月2日，省委常委、副省长黄莉新调研园区。省委副秘书长胥爱贵，省农委主任吴沛良、副主任祝保平，市委副书记、代市长徐郭平，市委副书记王守法等陪同。黄莉新一行考察农展馆、泰州花卉博览园、秋雪湖现代渔业生态园和泰州民防园等项目建设现场，听取相关情况的汇报。

【花卉博览园建成对外开放】 12月18日，泰州花卉博览园正式对外开放。该园是由森禾种业股份有限公司投资建设的一个以花卉博览为主题的农业科技园，总投资1亿元，占地33.33公顷，设有五大功能区、十二大名花园，拥有世界各地珍稀花卉和观赏植物500多种，品种2000多个，植物种类跨越热带、亚热带、温带、寒带等地域。园内“珍贝”生态观光温室占地18000平方米，建筑面积9900平方米，投资总额4000万元，由1个主馆、3个副馆及附属设施组成。温室集展示、休闲、生产、旅游、科普教育、文化推广于一体，采用智能化控制，分为热带植物展示厅、水生植物展示厅、植物运用展示厅、花卉展示厅、生态茶室五大功能区域，共展示1000多种珍稀名贵植物和花卉。

【民防园建成对外开放】 由市民防局、市人防办投资1800万元、占地20公顷的泰州民防园于2010年3月下旬开工建设,11月18日建成并对外开放。泰州民防园建有办公管理区、疏散隐蔽区、生态水网区、生态防护区、堤岸湿地防护带等“四区一带”。

【园区核心区控制性详规评审】 6月11日，由市规划局、市住建局等部门专家组成的评审组，对园区核心区控制性详细规划进行评审,形成《泰州市红旗良种场场圃（江苏省现代农业综合开发示范区）核心区控制性详细规划评审意见》，并上报审批。

江苏红旗种业有限公司

【概况】 江苏红旗种业有限公司是省科技厅认定的

“江苏省农业科技型企业”，实施的国家级“优质杂交水稻制种生产标准化示范区”项目通过国家标准化管理委员会委托省质监局组织的现场验收。2010年，公司夏熟大麦总产量108.5万千克，平均公顷产7013千克；小麦总产量155.5万千克，平均公顷产7020千克，单产水平居全市第一。秋熟杂交水稻区内制种总产量92.3万千克，亩均效益超过2000元。推行“公司+农户”、“服务+示范”经营模式，实行小麦种源、技术服务、销售一体化，全年销售小麦良种200多万千克，销售量首次超过自主生产量。年内，公司与国内大型种子企业挂钩联系，获得500公顷的杂交稻制种生产订单（其中133.33公顷为外贸出口订单）；在江苏方强农场承租133公顷，建立外繁基地用于杂交稻制种。在新品种应用推广方面，买断南京农业大学国审水稻新品种宁粳4号经营权，落实经销代理商30多个；竞标取得国审优质小麦新品种“生选6号”，在全国独占实施许可权并进行大面积生产，区内种植面积300多公顷，每公顷增收3000元。年内建成占地33.33公顷的新品种推广示范基地二期工程，并开始承担省、市下达的稻麦新品种试验、示范任务。

【科技成果】 年内，公司自主选育的“三系”杂交水稻Ⅱ优30通过安徽省品种委员会审定。9月4日，省科技厅专家组对江苏红旗种业有限公司申报的2010年度省科技成果转化专项资金“高抗赤霉病优质高产弱筋小麦生选6号产业化”项目，进行现场考察。专家组对项目技术、科研情况及企业的经营业绩、资金筹措能力、项目实施基础、主要负责人和团队综合素质和项目经费预算等进行逐项逐条评审。项目顺利通过专家组的专业评审和综合评审。

【水稻新品种宁粳4号现场观摩会】 9月24日，由江苏省作物栽培技术指导站、江苏省种子管理站主办，南京农业大学农学院、江苏红旗种业有限公司承办，兴化市农业局协办的“水稻新品种宁粳4号现场观摩会”在红旗种业兴化外繁试验示范基地召开。农业部种植业司司长叶贞琴出席会议，对南京农业大学与江苏红旗种业的“产学研”合作模式予以肯定。省人大常委会原副主任凌启鸿，省农委副主任张坚勇，中国农业科学院作物科学研究所所长万建民，南京农业大学副校长沈其荣，南京农业大学农学院院长丁艳峰出席会议，省种子管理站站长周春和主持会议，苏中、苏北地区8个省辖市及34个县（市、区）农委分管主任，种子站、作栽站站长及相关企业单位负责人共250多人参加会议。

（顾　伟）

“珍贝”智能温室

综　述

【概况】2010年，全市工业战线积极应对复杂经济形势，实施开放创新“双轮驱动”战略，着力调结构、抓创新、促转型，工业经济运行保持高开稳进、持续良好发展态势。

生产和效益稳步提升。工业经济主要指标继续保持较快增长。全年规模以上工业完成现价产值4916.08亿元，实现增加值1208.1亿元，分别比上年增长31.7%、15.8%；实现销售4742.55亿元、利税565.65亿元、利润348.85亿元，分别增长30.6%、31.3%和37.6%；现价产值、销售收入两项增幅分别比上年提高3.8和1.6个百分点。重点企业贡献突出，全市“50强”企业完成现价产值1688.7亿元，增长23.6%，占规模以上工业比重达34.7%。中盛光电、益海粮油、爱森絮凝剂等7家企业产值增幅超过50%，扬子江药业销售突破250亿元，新世纪造船利税突破40亿元。

产业结构不断优化。全年装备制造业完成现价产值2095亿元，比上年增长33.4%，占规模以上工业比重43.1%；实现销售1977.8亿元、利税246.7亿元、利润163.3亿元，分别增长29.9%、30%和28.6%。其中，船舶产业增势强劲，规模以上船舶工业完成产值682.8亿元，增长29.6%，造船完工量、新接定单均居全省首位。生物技术和新医药、电子信息、新能源三大新兴产业发展加快，完成现价产值659.1亿元，增长33.3%；实现销售655.9亿元、利税64.9亿元、利润39.3亿元，分别增长34.5%、30.7%和39.1%。智能电网、节能环保、新材料、核电装备等特色产品集聚发展势头良好。企业结构进一步优化，新增产销超过10亿元企业13家、超过50亿元的6家，新增利税超过1亿元企业35家；企业上市取得进展，亚星锚链、新扬子造船成功上市。

重大项目建设有序推进。工业有效投入持续扩大，技改财务发生数突破1000亿元，达1006亿元，比上年增长36.4%。实施3000万元以上重点项目512个，其中1亿元以上项目198个，分别增加92个和53个，18个项目列入国家、省重点产业振兴和技术改造投资计划；1亿元以上项目中，拥有自主知识产权的比重超过13%，引进国外先进技术和设备进行改造的比重达26%。加强园区载体建设，项目承载能力不断提升，新能源产业园加快建设，核心港区建设取得进展。

民营经济发展势头迅猛。全年新办私营企业突破1万户，达1.06万户，比上年增加41.4%，新增个体工商户2.55万户；私营个体经济注册资本1138.5亿元，比上年末净增324.9亿元。民营企业规模不断壮大，新增注册资本500万元以上规模企业1589家，增加553家，7家企业跻身中国民营企业500强。民资投入稳定增长，实施民资项目4062个，当年完成投入895亿元，增长31.3%。民营经济贡献份额持续提升，全年实现增加值占GDP比重达55%，比上年提高1个百分点；完成税收186.2亿元，增长26.9%，占全市财政总收入比重达40.8%；私营个体企业吸纳就业人数突破100万人，达104.1万人。

科技创新和节能减排工作持续加强。推进创新体快增长，对整个行业的支撑增强。至年末，全市化工产业资产总额达395.66亿元，从业人数5.75万人。2010年，全市化工产业实现销售689.13亿元、利税96.23亿元、利润47.76亿元。稳步推进化工集中区建设，化工产业集聚效应逐步显现。

（张　焱）

【梅兰集团】 集团是以氟硅新材料为发展方向、以新型致冷剂为产业主导、以氯碱化工为工业基础，集科、工、贸为一体的大型产业集团。2010年，集团拥有职工1802人，其中各类技术人员278人。全年完成产值34.11亿元，比上年增长18.48%；实现销售收入34.75亿元，增长23.28%；实现利税3.11亿元，增长231.03%，其中利润2.05亿元，增长323.99%。主要产品为年产30万吨的液体烧碱、年产24万吨的甲烷氯化物、年产7万吨的氟致冷剂、年产4万吨聚氯乙烯、年产3.5万吨有机硅以及聚四氟乙烯、六氟丙烯、氟橡胶、氟涂料、F32、F125、F152a等含氟化工产品。建有热电厂，生产电力和蒸汽。年末集团总资产达38.55亿元，固定资产16.03亿元。全员劳动生产率48万元/年·人。

年内，集团完成包括10000吨/年高纯度F32的技术开发、低门尼氟橡胶的技术开发和工程化开发、含氢硅油研发、有机硅室温胶工程化开发、聚四氟乙烯LB730、LB531产品研发和含氟织物整理剂（WR）研发。

【泰州石油化工有限责任公司】 公司为中石化扬子石化的全资子公司，有职工1236人，其中专业技术人员280人。公司拥有10套炼油化工装置、3万吨级油品码头、自备库区总罐容21万立方米，建有泰州石化专用线。主要产品有溶剂油、汽柴油、石蜡、液化气、燃料油、沥青；甲基叔丁基醚、叔丁醇、甲乙酮、甲基异丁基酮、环己烷。其中专用油墨溶剂油、A型蜡、仲丁醇、甲乙酮等产品填补国内空白。主要产品市场分布全国20多个省、市、自治区，甲乙酮、叔丁醇出口韩国、日本等东南亚市场。2010年，公司加工原料总量47万吨，实现销售收入23.4亿元，实现利润2.8亿元，上缴税收3.7亿元。年内，公司完成酮苯装置节能降耗挖潜改造项目，实现当年改造、当年超标；重点推进重油制烯烃和环保型轮胎橡胶填充剂项目，完成项目的可研编制与上报；特种蜡和MIBC项目通过市科技成果鉴定，完成侧线试验技术包的编制；仲丁胺项目完成科技开发，通过专家验收；完成丁烯羰基合成制戊醛技术开发，通过省级科技成果鉴定并形成中试工艺包，戊醛工艺过程已获发明专利授权。

（王秧梅）

【江苏中丹集团股份有限公司】 公司是一家产学研相结合、科工贸一体化的企业集团，产品主要涉及精细化工、医药中间体和农药中间体领域，产业地域分布在江苏、重庆、内蒙古三地，国际商务团队、营销网络遍布欧洲、美洲、亚洲各地。还原靛蓝、氨基苯醚、乙氧基喹啉三大主导产品国际市场占有率均居世界第一。2010年，全集团实现营业收入48.2亿元，其中总部完成产值20.46亿元，实现销售20.29亿元、利税2.73亿元、自营出口1.25亿美元。集团实施“高市场定位、高科技含量、高附加值”的研发战略，构建完善的研发创新体系，成立中丹药物研究院（南京）、江苏省专用化学品工程技术研究中心、博士后科研工作站等科技创新载体，并与南京大学、南京工业大学等建立全面合作关系，拥有哈佛大学、麻省理工学院、东京工业大学等国外高等学府归国博士8人。

【新浦化学（泰兴）有限公司】 公司是新加坡上市公司新浦化学有限公司全资子公司，成立于1995年12月，投资总额31亿元，注册资本1.24亿美元，拥有可直接停靠外轮的液体化工5万吨级的散装货物码头、3万吨级的化学品码头和5万吨级煤码头。主要生产和经营离子膜烧碱、液氯、苯胺、硝基苯、氯乙烯等化工原料。拥有离子膜烧碱46.5万吨/年、苯胺13万吨/年、硝基苯18万吨/年、氯乙烯20万吨/年的生产能力。2010年，公司新扩建离子膜烧碱30万吨/年、氯乙烯30万吨/年、苯乙烯32万吨/年项目。2010年，实现销售收入34.2亿元，利税7.04亿元。

【江苏奥喜埃化工有限公司】 公司是由江苏光明化工股份有限公司与香港凯仕顿投资有限公司共同出资组建的股份公司。注册资本3534万美元，投资总额4999万美元，有配套自备热电厂。主要产品为氢氧化钾、盐酸、液氯和热力等，氢氧化钾年生产能力达10.5万吨(100%)，是国内最大基础化工原料氢氧化钾的生产厂家。2010年，公司总资产原值3.26亿元，净值2.73亿元。实现销售收入5.57亿元、利税0.63亿元。年内，公司投入1.7亿元，采用国际先进的复极式离子膜氢氧化钾生产装置替代原有的金属阳极隔膜氢氧化钾生产装置，采用三效降膜蒸发系统，达到国内先进水平。

【江苏双乐化工颜料有限公司】 公司有员工688人，其中工程技术人员286人。主导产品为铬黄和酞菁系列颜料，年生产颜料16000吨以上，国内市场占有率超过30%，居国内同行业第一位。公司拥有总资产2.97亿元，其中净资产1.4亿元。2010年，实现销售4.5亿元、利税4701万元。公司采用先进的反应釜、压榨机、喷雾式烘干粉碎一体化系统等装备，实行DCS全自动监控，面向油墨、涂料、塑料等行业生产高档次、高性能、专业化、针对化的铬黄颜料和酞菁颜料。

·食品加工产业·

【概况】 2010年，全市食品产业资产总额达197亿元，从业人数2.3万人。全年食品产业实现销售收入307.35亿元、利税26.17亿元，其中利润15.53亿元。

【益海（泰州）粮油工业有限公司】 公司是由新加坡丰益国际公司独资兴建的粮油加工企业，成立于2006年，总投资1.8亿美元，注册资本6700万美元，主要从事大豆、菜籽等农产品的生产加工、仓储及销售，是中国食用油市场畅销品牌——“金龙鱼”系列食用油的主要生产基地之一。公司已建成日处理大豆6000吨的榨油厂、日处理毛油1000吨的精炼厂、日分提1000吨的棕榈油分提厂、日罐装1250吨的小包装厂、日加工瓶胚43万只的注塑厂，配套建设内河及长江岸线码头，形成集生产加工、贸易、中转为一体的粮油集散中心。年内，投资2900万美元，建设600吨/天稻谷加工项目；投资3300万美元，建设大豆浓缩蛋白车间项目。2010年，公司完成工业产值46.38亿元，实现利税3.36亿元，比上年分别增长14.77%和0.63%。

【江苏三泰啤酒有限公司】 公司于2009年被泰州市港城建设投资发展中心全面收购，同时合并江苏华狮啤酒有限公司、江苏三泰啤酒营销有限公司。公司产品“三泰”系列啤酒连续10年被评为“江苏名牌”产品，“三泰”商标连续10年被评为“江苏省著名商标”。公司有职工540人，其中，技术人员 215人。2010年，公司完成工业总产值 27683.1万元，实现销售收入 25424万元、利税3467万元。年内，高港区经信委牵头引进华润雪花啤酒，于2010年底成功收购三泰品牌，并拟在高港许庄工业园新建年产20万吨啤酒厂，预计2012年6月份竣工投产。

【江苏楚龙面粉集团有限公司】 公司是全国农产品加工业示范基地，旗下有江苏楚龙面粉有限公司、兴化市楚皇食品有限公司等4家子公司，主要从事小麦种植技术推广、面粉生产、挂面加工等业务。公司现拥有4条自动化控制面粉生产线和2条营养强化挂面生产线。面粉生产线日处理小麦能力达1400吨，年可消化当地优质中筋红皮小麦40万吨，年生产各类专用面粉达30万吨；挂面生产线年产各类中、高档挂面达2万吨。2010年公司实现销售5.67亿元、利税5595万元。公司建立一流的研发检验中心和泰州市红麦研究中心，配备国际先进的德国BRABENDER公司和瑞士PETEN公司生产的面粉检测、检化设备，先后通过ISO9001质量管理体系认证、HACCP和ISO14001环境质量体系认证。公司与武汉工业学院、江南大学、河南工业大学等高校建立校企科技合作关系，建立全国面粉行业首家企业院士工作站。

·纺织服装产业·

【概况】 经过多年的结构调整、资源整合，全市纺织产业整体素质和综合竞争力进一步提升，现已形成纺、织、染、服装、纺机、化纤等门类比较齐全的纺织工业体系。2010年，全市纺织产业资产总额达121.32亿元，从业人数6.73万人，实现销售收入270亿元，实现利税25.64亿元，其中利润14.55亿元。

（张　焱）

【江苏海阳化纤有限公司】 公司是由原中石化南化集团泰州化纤公司改制设立，在岗员工2350人。主要从事帘子布的生产，销售规模连续6年在全国同行业中居第3位，产品销售至全国50多家轮胎生产企业并远销南亚、东南亚等国家和地区，出口量占总量的40%，产品国内市场占有率达15%以上。2010年，公司生产锦纶6帘子布2.55万吨，生产民用丝、线3600吨，锦纶6切片2.6万吨。完成工业现价产值14.35亿元，实现销售收入 13.86亿元、利税7350万元、利润 4164万元。公司全年技改投入1.43亿元，锦纶6浸胶帘子布已形成年产3.5万吨帘子布、3.5万吨外售民用切片、5000吨锦纶工业丝、线的生产能力。公司总投资2.5亿元的海陵工业园区3万吨/年锦纶6工业长丝及差别化纤维项目正在有序推进，一期工程设备于10月进行安装，现已全部完成，产品进入市场销售；二期工程设备安装准备工作已就绪，将于2011年10月底全部完成；三期、四期设备安装将于2012年完成。公司投资3018万元，新建2.3万吨/年锦纶6民用切片4#聚合装置。12万吨/年锦纶6功能性尼龙切片项目正在规划当中。

【江苏裕纶纺织集团有限公司】 公司建有4个纺纱分厂、1个织布分厂，总资产7.5亿元，净资产3.3亿元，职工1980人。公司拥有纱锭16万枚、气流纺2800头、喷气织机168台，技术装备达全国同行业先进水平。主要产品为纯棉、纯化纤、混纺、气流纺四大系列60多个品种的纱线，以及各种细支高密府绸织物、高档混纺交织布、牛津纺和弹力布等坯布和面料。2010年，公司全年生产纱线2.19万吨、坯布1350万米，完成现价产值7.48亿元，实现销售收入7.55亿元、利税6285万元、利润3020万元，比上年分别增长14.92%、

13.35%、126.05%、4866.45%。年内，公司连续第10年被中国棉纺织行业协会授予“全国棉纺织行业前五十强排头兵企业（集团）”称号，精梳纯棉40支针织纱获2010～2011年“全国棉纺、针织行业用户信得过优等产品”称号，精梳纯棉32支针织纱、涤棉40S针织纱获“全国棉纺、针织行业用户信得过产品”称号。

（莫志怀）

【江苏泰达纺织有限公司】公司总资产6.6亿元，其中净资产3亿元，主要产品为棉纺纱，拥有职工862人。2010年，完成工业现价产值7.6亿元，实现销售收入7.3亿元、利税9595万元、利润1617万元，比上年分别增长26.7%、24.3%、64.38%和4.19%。年内公司投资1.5亿元，实施16万吨纱锭改造8万纱绽的技改项目，一期工程全面竣工投产，二期工程开始规划论证。

·建材产业·

【概况】2010年，全市建材产业完成销售收入69.69亿元，实现利税6.89亿元、利润3.64亿元。

【泰州杨湾海螺水泥有限责任公司】公司成立于2002年，是安徽海螺集团在泰州经济开发区内投资建设的国内最大的水泥粉磨生产和出口基地，现有员工352人。拥有先进的水泥粉磨生产线，年产能600万吨，自备5万吨级码头，总长度为638米，码头年吞吐能力达1000万吨以上。主要生产“海螺牌”美标Ⅰ/II型、美标II/V型、P.I52.5、P.II52.5、低碱P.O52.5等品种水泥。2010年，公司生产水泥362万吨，比上年增长17%；完成产值9.14亿元，增长45.3%；实现销售收入9.09亿元，增长42.7%；实现利税3562万元，增长59.7%。年末公司资产总额7.13亿元。年内，公司完成脱硫石膏技改，实现一期PC水泥100%使用脱硫石膏；完成粉煤灰输送管道技改，提高粉煤灰输送效率，降低电力消耗。组织对桥式卸船机、二期水泥出口发运系统的收尘进行优化技改，对一、二期的原料系统进行物流互通技改，对相关噪音点进行完善技改，对联合粉磨系统易磨损的部位进行技改性维修，全年共完成修配改项目63项。

·电力工业·

【概况】2010年，泰州供电公司实现全社会用电量176.61亿千瓦小时，完成供电量166.55亿千瓦小时、售电量153.21亿千瓦小时，分别比上年增长13.62%、17.19%和17.57%；实现线损率8.01%，比上年下降0.29%；电费回收率100%；完成固定资产投资20.03亿元；售电收入80.86亿元，比上年增长23.32 %；全员劳动生产率393.97万元/人·年，超额完成省电力公司计划；完成省公司下达的可控管理费用总额压降目标。安全生产形势总体保持稳定，突出电网建设和隐患整治，加强安全风险管控，顺利完成电网迎峰度夏、“世博会”保电以及社会经济重要活动的保电任务。至年末，泰州电网拥有35千伏~500千伏变电所136座、主变压器253台、容量1784.35万千伏安，其中500千伏变电所2座、主变压器5台、容量425万千伏安；220千伏变电所21座、主变压器40台、容量660万千伏安；输电线路353条共计4114千米；年末在册正式员工2080人，农电人员3438人。

【安全生产】坚持“安全第一、预防为主、综合治理”的安全生产方针，加大安全管控力度。定期召开安全分析会、安委会和安全网活动，把握安全生产的运行质态。组织“5·21”专题安全日活动和安全生产专题民主生活会，全面排查管理工作的漏洞，制定和落实整改方案。强化管理人员的安全生产到岗履责。实施安全风险抵押考核制度，对发生的各类事故异常，进行严格的考核问责。

规范安全生产行为。下发《关于进一步规范班组安全日活动的通知》，实施领导和管理人员班组安全日活动联系制度。强化安全知识培训考核，开展安规、主变充氮灭火、工作票“三种人”和新进人员等专题培训780多人次，组织安规抽考260人次。开展开关检修、高压试验、运行操作、线路登杆等专业技能培训，全年共组织群众性岗位技能比武和劳动竞赛21次。加大现场安全督查力度，全年各级督查队共督查现场14099个，查究违章487次、516人，现场作业行为逐步规范。

安全隐患排查治理。坚持季节性安全大检查的常态化管理，促进各项安全措施有效落实。针对安全生产的具体情况，组织专项安全隐患排查治理：组织现场作业触电危险源的排查治理，排查危险源96项，整改88项；组织电力电缆通道隐患的排查整治，排查隐患310处，整改292处；组织线路异物挂线危险源的排查治理，共排查农膜大棚、垃圾场等危险源31处；组织高危客户供电隐患排查治理，排查出77处安全隐患，整改43处。

电网抵御风险能力。完善泰州电网网架结构，按计划完成电网工程项目，电网技改38项，建成投产500千伏泰兴3号主变扩建和220千伏洋桥、何庄、帅垛等输变电工程11项、110千伏项目22项，解决配网低电压和配电设备满超载问题，实施配网紧急和特急项目，调整更换满超载配变1500多台，切割调整负荷不平衡配变900多台，改造超满载配电线路47条，全市配电网

络结构显著改善，供电能力得到加强。加强电网运方管理，科学安排各类停电，合理安排运行方式，认真执行《电网风险预警调度通知书管理办法》，超前做好风险控制，全年发布执行预警通知书86份。落实电网迎峰度夏和世博保电要求，制定8个专业的保电方案，组织对总体预案和15个专项预案进行修订，并建立1200人的应急队伍。

提升设备健康水平。制定并实施《输变电工程验收管理办法》、《配网验收管理实施细则》，确保缺陷闭环整改，从源头上保证设备质量。加强断路器等设备的管理，完成500千伏泰兴变电所和沈高220千伏GW6、GW12型隔离开关的技改更换。组织对全市110千伏及以上折臂式隔离开关运行的专项排查，对排查出的问题设备安排检修计划进行检修消缺。制定实施《电力设施保护工作管理规定》和《群众护线管理办法》，严格执行输电线路通道第一责任人制度，做好通道内建房、植树、钓鱼等事件的防范工作。

【电网建设】 完成“十二五”期间配电网规划和《泰州市区供电专项规划》（2010～2020）》的编制。全年完成固定资产投资20.03亿元，占年度计划的100.15%，其中电网投资完成17.66亿元。建成投产500千伏泰兴变电所3号主变扩建，220千伏洋桥、盛泰、帅垛等项目11项，110千伏项目17项，开工建设220千伏工程9项、110千伏工程19项，完成配网项目2489项。年内新增供电生产能力35千伏~220千伏输电线路309.50千米，变电容量273.45万千伏安。

加强电网规划管理，深化电网发展方式转变。对20千伏专供区进行调整，规划确定靖江新港、新城、姜堰开发区西区和市区医药城4个专供区，针对四个专供区的规划，及时调整2008～2010年电网项目以及大型技改项目的可研报告，并对涉及的20千伏设备进行调整。组织编制泰州地区“十二五”期间20千伏电源点规划、35千伏升压规划。组织“十二五”期间负荷电力需求侧及负荷特性研究，完成报告编制并通过省公司审查。开展“十一五”期间电网发展总结评估工作，完成“十二五”期间配电网的规划编制。编制完成“十二五”期间大型电网改造规划报告。

全面开展年度计划30个项目的前期工作。已核准的电网项目中，共计新建220千伏变电所11座，扩建220千伏变电所4座；新建110千伏变电所18座，扩建110千伏变电所10座；建设220千伏变电容量276万千伏安，220千伏线路628千米；110千伏变电容量295万千伏安，110千伏线路626千米，工程总投资39.72亿元。完成16项输变电工程的环境影响评价工作，其中220千伏线路工程1项、110千伏输变电工程5项、220千伏变电所配套110千伏线路工程10项。共完成220千伏盛泰变等21项输变电工程的环保验收工作。

【农电工作】 全市农电安全生产形势平稳，农电系统没有发生人身、电网及设备考核事故。农村电网建设加快，全年完成农村电网建设投资2.44亿元，完成低压线路维修54839千米，低压配电设备54台，更换接户线119392户。建设（改造）低压配电设备346台，低压线路610千米。完成兴化市新农村1个电气化县、18个电气化镇、216个电气化村建设。

强化农网安全管理。严格按照标准化作业指导书作业，强化现场安全管理，成立专项督查队伍。加强线路下鱼塘防钓鱼触电安全管理，采用在重点地段装设安全警示牌、签订安全协议以及现场照相等方式，防范安全风险。加强农村综合变总、分保护装置“三率”管理，通过明察暗访、专项检查等形式，杜绝不装、不投运等严重违反安全规程现象，确保正确动作率100%。

推进农网项目管理和实施。采用“四定一盯”（定人、定项目、定标准、定进度以及盯安全）的方法，调动各供电所力量，加大施工力度，强化进度管理；加强工程业务外包，引入30多个外包队伍。至年末，2009年农网项目全面完成，2010年除农网改造升级项目外其他项目均全部完成。

加强标准化供电所及班组建设。按照《泰州供电公司农村供电所标准化建设实施方案》，明确目标、细化内容、确定职责。标准化供电所及班组建设工作取得突破。至年末，全市有49个供电所被省公司命名为标准化供电所，其中马桥供电所被国网公司命名为标准化示范供电所，野徐、九龙和河失供电所被确认为省公司标准化示范供电所，153个农电班组通过标准化班组考评验收。

提升农电信息化管理水平。SG-ERP是国网公司信息登高的重大项目，泰州供电公司作为全省3个试点市公司之一，于6月成立专项领导小组，明确相关技术支撑，组织专人进行500人次数据疏理。系统上线后，向省公司项目组争取并开展供电所人员ERP应用培训，对全市农村供电所关键用户开展培训，共培训市（县）公司农电管理人员、供电所所长、运行班长、技术员及核算员300多人，确保系统的正常运行和使用。

（许永良）

【国电泰州发电有限公司】 2010年，国电泰州发电有限公司（以下简称“泰州公司”）积极应对煤价高位运行、财政货币紧张等严峻挑战，完成年度考核目标和各项工作任务，年内未发生一般设备事故、人身轻伤及以上事故，实现连续安全生产无事故951天。全年完成发电量128.34亿千瓦小时，比上年增加8.56亿千瓦小时，占江苏统调发电量的4.04%，创历史最高纪录；

发电设备平均利用小时6417小时，增加428小时，超出区域平均水平733小时；平均上网电价406.14元/千千瓦小时（含税），提高6.45元/千千瓦小时；供电煤耗完成294.57克/千瓦小时，降低2.19克/千瓦小时；综合厂用电率完成4.82%，综合标煤单价804.88元/吨(不含税)；实现主营业务收入42.23亿元、其他业务收入4579万元、利润总额3.72亿元。年内，泰州公司先后被南京电监办评为“2009年度发电企业节能减排先进单位”；被集团公司精神文明建设领导小组评为“文明单位标兵”；被集团公司评为“2009年安全生产先进单位”，获“国电二级奖状”；被中华全国总工会授予“模范职工之家”称号；被集团公司党组评为“先进基层党组织”，获“国电一级红旗奖状”；被集团公司授予“四星级发电企业”称号。

挖潜增效。坚持以经济效益为中心，树立“效益至上、挖潜永无止境”的理念，密切关注燃料、电力、资金3个市场，增强企业的综合盈利能力。拓宽采购渠道，优化燃煤结构，实现长期协作与短期合作、国内供应和国外采购、高热值煤和低热值煤的有机结合，保障煤炭供应，控制燃料成本。全年共采购燃煤604万吨，其中重点计划煤170万吨，占采购总量的28.15%。开展配煤掺烧工作，累计掺烧褐煤65.7万吨，占全部耗用煤量的12.19%，节约燃料成本1429万元。全年完成发电量128.34亿千瓦小时，基数电量完成105.72亿千瓦小时，基数外电量22.62亿千瓦小时，占发电量的17.63%，其中争取到2.7亿千瓦小时的煤电加工发电量。拓展融资渠道，对燃料、运费、大宗物资等均采用票据结算，选择利率最低的银行进行贴现，票据结算总规模达25.78亿元；寻求低成本资金，争取到委托贷款14.85亿元，利率均比基准利率下浮15%以上，全年节约利息支出近1700万元。

储煤场建设。开工建设3号储煤场，提高抵御煤炭市场风险的能力，控制和降低企业经营成本。3号储煤场位于二期扩建工程煤场位置，长350米，宽150米，可储煤60万吨，配套建设输煤系统及块煤分选系统。年内，斗轮机基础桩基施工全部完成。

港口综合利用。建设脱硫减排综合码头扩建及其配套工程，在原2000吨大件码头上扩建2000吨级泊位1个（水工结构兼顾5000吨级）及相关配套设施，设计年通过能力200万吨，扩建后综合码头总长232米，宽度35米，靠船能力3.5万吨，可作为一期煤码头卸煤的补充渠道，提高卸煤能力。3月4日，综合码头工程初步设计通过江苏省交通运输厅的审查；11月10日，综合码头工程施工图设计通过泰州市港口管理局组织的审查。至年末，综合码头工程完成水工结构工程。

对外投资。8月，经泰州公司股东会同意，泰州国泰热力有限公司正式注册成立，注册资本1000万元，其中泰州公司出资600万元，占60%股份；地方政府及主要用户出资400万元，占40%股份。12月30日，泰州公司至高港高永化工区的供热管网的所有用户接入工作全部完成，正式投入运行。

【国电泰州公司2010年第一次股东会暨二届三次董事会、监事会】 6月18日，国电泰州公司召开2010年第一次股东会暨二届三次董事会、监事会。股东会审议董事会工作报告、2009年利润分配方案及2010年投资方案和财务预算方案，同意深圳颐和置业有限公司王亚平担任泰州公司董事，李军担任泰州公司监事，张登楼和潘春大不再担任泰州公司董事和监事；同意成立控股热力公司，注册资金1000万元。董事会听取并审议总经理工作报告、财务工作报告和提交董事会审议的有关事项，同意泰州公司姜国平担任副总经理，张苏闽担任总工程师。

【1号机组C级检修】 国电泰州公司1号机组C级检修于2月1日正式开始，历时28天。此次检修共完成标准项目439项、非标准项目80项。重点解决1B一次风机动叶铜滑块磨损严重、1A一次风机电动驱动端轴颈磨损严重、1A及1B汽泵腰侧机械密封冷却水腔室泄漏等重大缺陷，发现并解决锅炉堵阀及分隔屏出口集箱三通焊缝、高旁管路及主汽、给水焊缝等8条重大焊缝缺陷，提高设备的安全可靠性。

【一期煤码头获永久开放权】 2010年，国电泰州公司积极开展一期煤码头对外开放工作。7月12日，市口岸委组织泰州海事、海关、国检、边检专家对一期煤码头对外开放工作进行预验收，并顺利通过。8月26日，顺利通过南京海关、江苏检验检疫局、江苏海事局和省边防总队4家省级查验单位的联合验收。9月26日，省政府正式批复同意国电泰州公司一期煤码头对外国籍船舶开放。

年内，国电泰州公司推进二期扩建工程项目前期准备工作，取得二期扩建取排水工程建设涉及航道事宜的复函、二期煤码头及取排水工程通航水域岸线安全使用的行政许可决定和二期工程取水行政许可3项补充支撑性文件。

（韩　燕）

2010年9月20日，江苏泰州出口加工区正式通过国家9个部委的联合验收，获得验收合格证书。江苏泰州出口加工区将正式封关运作。

江苏泰州出口加工区于2010年4月28日经国务院正式批准设立，从申报到获批只用了5个多月时间，创造了泰州速度，促进了泰州市开放创新“双轮驱动”战略向纵深推进。

9月20日，举行江苏泰州出口加工区颁发验收合格证书仪式。（顾祥忠 摄）

省政府副秘书长张吉生与国家9部委联合验收组组长、国家海关总署加贸司副司长孙群为泰州出口加工区揭牌。

（顾祥忠　摄）

出口加工区验收合格证书

署加 54 号

江苏泰州出口加工区海关监管隔离设施及相关配套设施经海关总署等部委联合验收小组验收合格，特发此证。

海关总署联合验收小组

2010年9月20日

出口加工区卡口

7月15日，市委书记张雷在纬创资通（泰州）一期厂区F1厂房封顶典礼上讲话。（顾祥忠　摄）

市领导及纬创负责人为F1厂房封顶（顾祥忠　摄）

综 述

【概况】2010年，全市新办私营企业10568户，比上年新增3096户，其中新增注册资本500万元以上企业1589户，增加553户；新办个体工商户25470户。至年末，全市累计私营企业44118户，比上年末净增6861户；个体工商户累计160882户；全市私营个体经济累计注册资本1337.51亿元，比上年末净增337.05亿元，增长33.69%，其中私营企业累计注册资本1138.48亿元，比上年末净增324.92亿元，增长39.94%。全市新增民营企业纳税户8322户，私营个体企业共吸纳就业人数104.07万人，比上年末净增9.55万人。民营经济实现增加值占全市GDP比重为55%，比上年提高1个百分点；实现纳税总额186.6亿元，增长26.9%。创新发展公共服务平台建设，“一中心五平台”建设取得成效，中科院泰州技术市场网、泰州检验检测信息服务平台年内开通运行，中小企业信息网、人力资源服务平台、中小企业金融服务网建设水平不断提高，全市有5家单位获“省三星级公共服务平台”称号。

（叶成伟）

【特色产业集群】2010年,全市产业集群经济实现工业销售收入2400亿元，比上年增长30%。10家省重点产业集群聚集企业5000多家，其中规模企业约2000家，实现增加值415亿元，完成销售收入1750亿元，实现利税233亿元。其中,年销售收入100亿元以上的有泰州医药产业集群、泰州市区汽车零部件产业集群、靖江舶舶产业集群、兴化戴南不锈钢产业集群；50～100亿元的有泰兴减速机产业集群、兴化脱水蔬菜产业集群；10～50亿元的有姜堰石油机械产业集群、泰兴黄桥纺织牛仔布产业集群、溪桥小提琴产业集群。2010年，靖江船舶制造产业集群、姜堰能源装备产业集群获“第三届中国百佳产业集群”称号；戴南科技园、高港高新技术产业园区获“第一批江苏省中小企业产业集聚示范区”称号；高港临港装备制造产业园、壁纸产业园、泰兴城东环保设备产业园，靖江核电配套件产业园初具规模。年内，泰州新能源产业园正式成立，微电子产业园即将投产。

（丁俊杰）

【融资担保】至年末，全市列统40家中小企业信用担保机构累计为1.29万户企业提供担保2.4万笔，担保总额329亿元，其中当年为4137户企业提供担保5541笔，担保总额130.33亿元。

担保行业规范整顿。根据省经信委关于开展融资性担保行业规范整顿的要求，市中小企业局成立规范整顿工作班子，编印下发《融资性担保行业监管政策文件汇编（一）》，召开全市融资性担保行业规范整顿工作会议，部署开展调查、整改和验收工作。组织开展融资性担保机构基本情况调查、风险排查、网上统计、担保行业政策宣讲和业务培训等工作，促进全市融资性担保机构健康运行。

担保机构信用评级工作。市中小企业局联合市人行开展融资性担保机构信用评级工作。全市有30家担保公司参加信用评级，其中有20家担保机构获A级以上等级，占评级担保机构的66.7%，比上年新增A级以上担保机构13家。21家担保机构与16家金融机构签订银保合作协议书，涉及总金额63.7亿元，落实对新准入担保机构授信20多亿元。

扶持担保机构发展。组织担保机构申报国家2010年度中小企业担保业务补助资金和国家中小企业信用担保机构免征营业税的优惠政策。泰州市国信担保有限公司获国家3年免征营业税优惠政策。

（鞠建淮）

【私营个体经济】 全市规模以上民营工业企业3054家，实现产值3189.07亿元，比上年增长37%，上升7.2个百分点，高于全市规模以上平均水平5.3个百分点；占规模以上总量的65.6%，比上年上升2.4个百分点。其中私营工业企业2295家，实现产值1732.88亿元，增长36%，高于全市规模以上平均水平4.3个百分点。民营工业实现增加值709.9亿元，增长20%，占规模以上总量的58.76%。其中私营工业实现增加值378.71亿元，增长21.2%，比上年提升4.2个百分点。民营工业产销率97.9%，上升0.3个百分点，其中私营工业97.4%，下降0.2个百分点。

（叶成伟）

服务与监管

【概况】 *加强组织领导，营造浓烈氛围。*调整民营经济发展领导小组，由市政府主要领导担任组长，分管农业、工业、服务业的副市长任副组长。市政府制定出台《泰州市民营经济三年跃升计划》和《关于加快市区民营中小企业发展的政策意见》，明确今后三年全市民营经济发展的指导思想和主要发展目标，确定推进全民创业、拓宽民间投资领域范围、发展特色产业集群等10个方面主要工作措施。设立市级扶持中小企业发展专项资金1200万元，用于支持市区民营中小企业创业、推动企业技术创新和技术改造、推进中小企业创业基地和标准化厂房建设、新兴特色产业集群发展、信用担保体系建设、中小企业融资贷款风险补偿、社会化服务体系建设、中小企业培训等。

*推进"六件实事"，化解发展难题。*推进标准厂房建设，全市重点工业集中区新建标准厂房185万平方米，完成年度目标的123%。开展中小企业融资服务进市区、金融服务走进中小企业等专题活动，举办银企对接活动，加强融资性担保机构的规范整顿工作，至年末，全市小企业贷款余额423亿元，占全部企业贷款余额的44.6%，全市小企业新增贷款141亿元，占全市企业贷款新增量的62.9%。建设开通中科院泰州技术市场网，免费吸纳860家中小企业成为会员单位，征集各类科技成果信息3000多条，征集企业技术难题1000多条，一批企业和科研单位达成合作意向。建立泰州检验检测信息服务平台，收集全市400多家实验室的有关信息资料，减少中小企业重复投资，为中小企业的技术研发和检验检测提供服务。建立完善人力资源服务平台，以泰州人力资源网为平台，整合全市高校和企业资源，建成并启动与"全国创业项目索引"服务平台实现链接的泰州市创业项目库。完善市中小企业信息服务网，加强与各类中小企业服务网站链接互动，实现信息资源共享。

*加大科技投入，提高创新能力。*组织开展"高成长型中小企业"培育工程和微小企业进规模工程，建立高成长型中小企业数据库和微小企业进规模数据库，开展业主培训和银企对接等专题服务。全年争创省高成长型中小企业4家、省高成长型中小企业重点培育企业5家。开展中小企业自主创新转型升级情况调查，建立技改项目库，引导企业加强创新投入，实施一批中小企业重点技术创新和技术改造项目，全年民营企业技改投入比上年增长36%，创成首批江苏省中小企业创新能力建设示范企业6家、重点培育企业1家。引导中小企业开发专利新产品，全年新增18个省中小企业专利新产品，累计达75个。市中小企业局与知识产权部门联合制定《泰州医药高新区中小企业知识产权战略推进工程实施方案》。推进中小企业信息化，市中小企业局与金蝶软件有限公司等信息化服务商联合举办多场信息化推进培训活动，近千家中小企业参与培训，全年争创省中小企业信息化应用示范企业8家，累计达23家。组织实施质量兴市战略和企业品牌战略，全市中小企业新创中国驰名商标5件，新增省著名商标16件。

*制定发展规划，培育产业集群。*按照区域内产业发展现状，推进产业集群科学编制发展规划，形成区域分工有序、相互协作、前后配套、链接紧密、各具特色的产业集群发展格局。引导中小企业集约集聚发展，加强产业前延后伸，加大产业投入，做大集群经济总量。2010年，10家省重点产业集群营业收入比上年增长16.5%。推荐工业园区集群载体建设，年内重点工业集中区入驻企业6234家。

*完善服务体系，提升服务水平。*泰州职业技术学院、江苏泰康生物医药有限公司、江苏省不锈钢制品质量监督检验中心等5家单位被认定为省三星级公共服务平台。加强中小企业培训体系建设，举办省中小企业主管理研修班、创业辅导人员培训班、省中小企业竞争力大讲堂、"促进民营企业发展"专题讲座等培训，全年共培训约1000人次。加强中小企业技术

服务平台建设，编制全市中小企业公共技术服务平台"十二五"期间发展规划。全市新增2家省级中小企业技术服务示范平台，累计达5家。推进创业基地建设，至年末全市共有国家级小企业创业基地1家、省小企业创业基地16家，其中创业示范基地6家、市级小企业创业基地9家。

【全市民营经济工作会议】11月23日，全市民营经济工作会议召开。会议决定实施"民营经济三年跃升计划"，促进全市民营经济跃上新台阶。市四套班子主要负责人、市有关部门主要负责人，各市（区）主要负责人和分管负责人，以及重点乡镇工业集中区、中小企业创业基地负责人、部分重点民营企业负责人参加会议。市委书记张雷在会上讲话，市政府代市长徐郭平作工作报告，5家单位作交流发言。

【市政府确定为中小企业办好"六件实事"】1月15日，市委、市政府召开"三服务活动"总结推进会，市委副书记、市长姚建华要求将中小企业作为"三服务活动"的重点对象，整合各方资源，完善服务体系，办好"六件实事"：以建设标准厂房为重点，解决中小企业发展空间问题；以完善融资担保体系为重点，解决中小企业融资难问题；以中科院泰州技术市场网为重点，解决中小企业创新问题；以整合检验检测资源为重点，构建中小企业技术支持平台；以高技能人才培养为重点，完善中小企业人力资源服务体系；以整合网络信息平台为重点，健全中小企业信息服务体系。

【5家企业入选2009年省百强民营企业】5月12日，省经信委、省中小企业局、国家统计局江苏调查总队、省统计局、省工商联联合召开新闻发布会，公布2009年江苏营业收入百强民营企业（集团）名单，泰州市共有5家企业入选。扬子江药业集团有限公司、江苏新时代造船有限公司、江苏省第一建筑安装有限公司、江苏中兴建设有限公司、泰州三福船舶工程有限公司分别以营业收入180.3亿元、124.8亿元、103.77亿元、59.76亿元、39.73亿元，分列百强名单第14、25、34、63和92位。

【8家企业入选2010中国民营500强】10月10日，由中国民营企业联合会、中国统计协会、中国管理科学研究院企业发展研究中心联合组织的2010年中国民营500强企业调研排序工作顺利完成，并向社会发布。泰州市共有8家企业入选，分别是扬子江药业集团有限公司、江苏新世纪造船有限公司、江苏双登集团有限公司、江苏兴达钢帘线股份有限公司、正太集团有限公司、泰州三福船舶工程有限公司、江苏中兴建设集团有限公司、泰通(泰州)工业有限公司。

【部分民营企业和企业家获省委、省政府表彰】10月23日省委、省政府召开全省民营经济工作会议，会议表彰一批优秀民营企业和20位杰出民营企业家。扬子江药业集团有限公司、江苏双登集团有限公司、江苏兴达钢帘线股份有限公司、江苏中丹集团股份有限公司、江苏亚星锚链股份有限公司、江苏罡阳股份有限公司6家企业被表彰为优秀民营企业，扬子江药业集团有限公司董事长徐镜人、江苏新世纪造船有限公司董事长袁凯飞被表彰为杰出民营企业家。

【融资服务高港行活动】8月27日，泰州市举办2010年中小企业融资服务高港行政银企恳谈会暨企业融资签约仪式。工商银行等4家银行对小企业信贷产品进行推介演示，市银监局介绍泰州中小企业金融服务网及"189"网上贷款申请专用邮箱运行情况，交行及企业代表对"189"邮箱进行现场互动演示，11家银行现场与高港区50家企业进行签约，授信额达5.1亿元。

【金融服务走进中小企业活动】9月29日，江苏银行泰州分行和市经信委、市中小企业局联合举办"金融服务走进中小企业"银企签约会。江苏银行泰州分行就相关金融产品作现场演示，60家中小企业与江苏银行泰州分行进行合作签约。签约会前，江苏银行泰州分行联合市及各市（区）经信（中小企业）部门开展"行长走访月活动"，共走访企业116户，受理客户授信需求6.94亿元。

民营企业选介

【江苏兴达钢帘线股份有限公司】公司是钢帘线专业生产制造商，为亚洲最大、世界第二的钢帘线生产基地。现有资产总额68.6亿元，下设8个分厂，职工8600多人。公司已在香港成功上市，产品进入美国固特异全球轮胎采购系统，"兴达"被认定为中国驰名商标。2010年，公司累计生产钢帘线36万吨、胎圈钢丝6.4万吨，完成销售60.3亿元，实现利税总额11.4亿元。公司现有国家认可的技术中心、实验室和博士后科研工作站各1个，是钢帘线新国标的唯一起草单位、国家"九五"期间科技攻关项目承担企业。公司拥有授权专利123项（其中发明专利11项），研发能力居全国同行之首，是国内同行实施省、国家重点项目及拥有自主知识产权最多的厂家。

【江苏明星减震器有限公司】 全球知名摩托车零部件生产基地。现有职工1028人，注册资金2600万元，资产总额3.8亿元。公司拥有电镀、热处理、涂装及国内外先进的机加工组合线35条。主要生产摩托车减震器、汽车减震器。其中，摩托车减震器国内市场占有率20%以上，连续8年产销量居国内第一。2010年，公司完成产值3.8亿元，实现销售3.72亿元、利税1360万元，完成技改投入1500万元，开发减震器新品32种。

（季小锅）

【泰州市创新电子有限公司】 公司主要生产液晶显示器转轴，在国内液晶显示器转轴、支架、笔记本电脑转轴等配套方面具备领先优势。年内，公司加大对笔记本电脑转轴，手机翻盖转轴和手机滑轨，以及电脑产品塑胶件和液晶电视塑胶件的研发力度。2010年，公司完成产值2.2亿元，实现销售近2亿元，利润近1000万元，实现30%的增长目标。公司新厂区新征土地10公顷，一期工程于年底正式动工，预计2年内投入生产。

【江苏恒力制动器制造有限公司】 公司成立于1958年，注册资本2000万元，拥有合肥工厂、大觉工厂等4个厂区，并在市内拥有30多家协作配套企业。公司为国内二汽、一汽、江淮、宇通等30多家主机厂配套，主要产品为气压鼓式制动器，生产规模居国内第一。2010年，公司完成总产值4.1亿元，年末总资产2.98亿元。公司与江苏大学、湖北汽车工业学院建立产学研合作关系，拥有研发人员69人。

【江苏永益铸管股份有限公司】 公司是一家省级股份制企业，国内最大的大口径离心球墨铸铁管生产厂家之一。公司下设永益营销公司、永益安装公司、永益运输公司、江苏扬子电站辅机制造公司、靖江市合金铸造厂，拥有固定资产2.5亿元，员工1000多人。主要从事大型装备制造、铸钢节点及支座、船用铸钢件、结构用厚壁钢管、离心球墨铸铁管及管件等产品的专业制造，单件最大生产能力150吨，其中大型钢构节点占国内销售市场80%以上。2010年，公司完成产值10.73亿元，实现销售10.21亿元、利润3587万元。

【泰兴市圣达铜业有限公司】 公司是生产各种无氧铜及铜合金制品的专业公司，固定资产6000多万元，职工总数300多人。产品有无氧铜丝、铜杆、铜棒、铜管、铜母线、无氧铜空芯导线、微电机用异型合金铜排、合金铜带、杜美丝等10多个系列100多个品种，其中高新技术产品占销售总值的70%以上。2010年，公司实现开票销售4.24亿元、利税552万元。

【江苏博生医用新材料股份有限公司】 公司专业从事药用丁基橡胶瓶塞和非PVC多层共挤输液膜的生产，是国内最具现代化的药包材生产基地之一。注册资本4998万元，资产总额 1.95亿元，员工近500人，公司自主研发的镀膜丁基胶塞、头孢曲松钠专用胶塞，先后被认定为江苏省高新技术产品，其中镀膜丁基胶塞获国家实用新型专利，被列为国家重点新产品。2010年，公司实现销售3.5亿元、利税3535万元，比上年分别增长28.5%、23.3%。

【江苏兴海特钢有限公司】 公司是江苏省民营科技企业、国家火炬计划兴化特种合金材料及制品产业基地重点骨干企业，是全国最大的不锈钢焊丝生产基地。拥有总资产1.86亿元，其中净资产1.15亿元，员工近600人，年生产不锈钢产品近1.8万吨。主导产品为“兴海牌”焊接用不锈钢丝和内燃机气阀钢压钢，其中不锈钢焊丝国内市场占有率达70%以上。2010年，公司实现销售4.5亿元，上缴税金3100万元。

（叶成伟）

江苏兴达钢帘线生产车间

建筑业

责任编辑 耿 维

综 述

【概况】2010年，全市建筑业继续健康稳步发展，全年完成建筑业总产值1264.1亿元，比上年增长16.1%；实现工程结算收入802.7亿元、利润40.15亿元，分别增长15%、37.9%；上缴税金38.26亿元，增长17.1%。出国施工人数5747人，完成境外营业额5.06亿美元；承接房屋建筑施工面积14865万平方米、新开工面积7676万平方米、竣工面积6781万平方米，分别增长16.5%、19%、15.5%；承接规模工程4215项、面积9161万平方米，分别增长12.1%、6.1%。年内，市建工局被省住建厅表彰为“迎世博、迎亚运优质服务提升年”竞赛活动先进集体、省建筑业管理先进单位，被省住建厅工会评为劳动保护工作先进集体；被泰州市评为行政（市民）服务中心先进窗口、“平安工地”建设先进集体、信访工作先进单位。

【企业改制】全市建筑企业按照市场发展规律，深化企业产权制度改革，少部分尚未改制的国有、集体企业实施股份制改造，已改制企业创新管理模式，完善法人治理结构。针对市直属特困企业的实际情况，市建工局与市人社局、财政局、国资局、总工会等部门联系，研究“三置换一保障”改制政策，协调处理相关资产问题，会同市信访局接待职工代表，解释宣传相关改制政策，做好社会维稳工作。年内，完成市安装公司和三建、四建公司改制扫尾工作；完成泰州一建公司、二建公司及其下属17家子公司的审计、评估及处置方案，分别采取挂牌出让、减资退股、清算注销和破产终结等形式，17家子公司的改制工作基本完成；泰州一建成功挂牌出让，职工分流安置已完成近2/3。

建 筑 管 理

【资质管理】按照省建管局文件要求，从2010年1月1日起，凡由省住建厅初审或审批的企业资质实行网上申报（包括设计施工一体化），不再上报纸质材料（由住建部审批的资质除网上申报外，还要上报一套附件纸质材料）。按照“扶强、扩专、限小”的原则，引导企业调整产业结构，扶持企业做大做强，帮助企业资质升级，培植专业企业，适当控制房屋建筑三级资质的审批。年内全市新增一级资质企业7家（含增项和设计施工一体化），新增二级资质企业55家（含增项和设计施工一体化），新批三级资质企业81家。其中房屋建筑资质企业24家、专业资质企业47家，劳务资质企业10家。

【质量管理】强化企业建立质量技术管理体系，建立覆盖全市的技术质量管理督查网，提高企业技术质量管理水平。年内，全市建筑企业获国家级优质工程4项、省级优质工程75项、市级优质工程150多项。

【市场管理】加强建筑市场动态监管制度建设，建立完善的建筑市场准入和清出制度。推行工程项目实名制管理，加强对建筑施工企业和人员的管理，加强合同备案监管，坚决遏制转包、违法分包、挂靠等行为，及时纠正查处项目建设过程中的违法违规行为，做到惩防并举，为企业创造良好的市场环境。加大诚信体系建设力度，在推行《信用管理手册》的基础上，出台《建筑施工领域失信行为名录和评价办法》。研究制定《建筑业企业暨项目经理信用等级评定办法》，建立健全信用管理等级评级平台。

【安全管理】 年初，召开全市建筑安全生产工作会议，与各市（区）主管部门签订安全生产目标责任状，细化安全生产目标中的各项指标和管理责任，提出了明确的考核标准与具体要求。坚持安全例会制度，每季度召开四市二区安全站长会议，分析安全生产形势，促进安全生产工作。突出春节后复工、上海世博会期间、重大节日、夏季、冬季等重点时段和重要时期安全生产，集中开展排查建筑安全隐患治理工作。围绕“安全发展，预防为主”主题，开展“安全生产月”活动。开展安全督查，全年共监督在建工程586项，施工面积1128万平方米；开展集中执法行动36次，打击违法和非法建设47个，发出各类检查意见书和整改意见书817份、停工通知书113份，现场封停各类建筑起重机械34台次，排查并治理隐患3217处，隐患整改回复率100%，安全监督覆盖率100%。对工程重点部位和易发生事故的危险性较大的分部分项工程，提前防范，查找生产管理中存在的漏洞和薄弱环节，消除事故隐患。对照《江苏省建设工程安全监督机构及人员考核管理办法》要求，市建工局安监站健全建筑安全监管机构，充实人员，推进安全监管工作规范化、标准化。

【建筑安全专项治理】 出台《2010年泰州市建筑施工安全专项整治方案》，开展建筑安全专项整治活动，重点预防高处坠落、重大设备伤害、模板和基坑坍塌等易造成群死群伤事故；对高支模和深基坑要求有专项设计和施工方案并经过专家论证，对塔吊等大型起重设备的拆装必须由有资质的专业拆装队伍进行并持证上岗，塔吊无产权登记手续、未经检测检验，一律不许使用；对国家明令淘汰的机械设备禁止使用，对高层悬挑脚手架和整体卸料平台要有设计计算书和限载标志。建立重大危险源公示和登记制度，落实专人对重大危险源进行跟踪监控，对达到一定规模的危险性较大的分部分项工程，由安监站派专人参与专家论证。开展起重机械安全生产专项整治，办理机械设备产权登记871台次，使用登记649台次；使用登记注销74台次。检查起重安装单位16家，清理不合格起重安装单位1家；检查起重设备758台次，发出限期拆除通知53份、限期整改通知68份，现场查封不合格起重设备45台次。开展施工现场临时设施专项检查，全年共检查76家施工单位82项工程，查出临时设施安全隐患93个，拆除不合格临时设施11处，整改加固81处。开展高支模、深基坑、超高脚手架等危险性较大工程专项治理，建立危险性较大工程的申报和专家论证制度，从方案设计和论证、实施、结束等各个阶段进行全程监管，消除事故隐患。全年共有40多个项目进行专家论证，并督促施工单位落实好隐患点监控措施，明确专人巡查和监控，提出改进措施48处，确保重大危险源处于受控状态，避免重大安全事故发生。

【文明施工】 开展建筑施工安全质量标准化活动，通过举办各种培训，宣传安全质量标准化标准，强化安全质量标准化意识。开展“文明工地”、“平安工地”创建活动，举办2次安全质量标准化观摩会、2次“平安工地”推进会，推广先进单位开展安全质量标准化和文明工地、平安工地创建经验。结合平时安全监督工作，加强对安全质量标准化工作的指导验收，提高施工现场安全和文明施工水平。2010年，全市建筑业共创省级文明工地37项，市级文明工地83项。

建　筑　施　工

【概况】 全市建筑施工范围向市政、铁路、商品混凝土、设备租赁等领域延伸，建筑企业涉足房地产、商贸、制造、仓储、金融等多个行业。全市320家总承包企业先后取得钢结构、装饰、市政等739家增项资质。全年实现建筑业总产值超1亿元的企业有218家，比上年增加30家。其中，3家企业产值突破100亿元，比上年增加1家；5家企业产值突破45亿元，比上年增加2家；14家企业产值超10亿元，比上年增加6家；37家企业产值超5亿元，比上年增加10家。专业企业完成产值185.7亿元，占全市总产值的14.2%，比上年上升17.2%。

年内，全市建筑业在巩固传统建筑市场的同时，实施“走出去”发展战略，开拓海外市场。至年末，全市拥有北京、广东、四川、辽宁、重庆等产值10亿元以上的重点国内市场29个；拥有新加坡、沙特、阿联酋、俄罗斯及非洲等16个国际市场。2010年，全市施工总人数61.6万人，其中外出施工人数38.77万人，占全市施工总人数的62.97%；完成外出施工产值904.6亿元，比上年增长13%，占全市建筑业总产值的69.13%。

建 筑 科 技

【概况】全年建筑企业发布省标准2部，获国家专利31项，27篇施工学术论文获省级优秀论文奖，2篇论文参加华东六省一市优秀学术论文交流。由江苏中兴公司承建的上海湖畔佳苑三期，正太集团承建的武汉钢铁（集团）公司新建办公楼等11项工程获省级科技示范工程；江苏中兴公司的提高大跨度空间螺旋楼梯施工质量等9项成果获江苏省QC成果奖。由江苏一建创建的格构式“网架”结构加固大型预埋件施工工法、正太集团创建的穹顶钢结构双向旋转累积滑移施工工法等32项新型施工工法被评为2010年度省级施工工法。

2010年度泰州市建筑业“十强企业”名录

江苏省第一建筑安装有限公司
正太集团有限公司
江苏中兴建设有限公司
江苏广宇建设集团有限公司
锦宸集团有限公司
江苏万邦建设集团有限公司
泰兴市第一建筑安装工程有限公司
江苏中程建筑有限公司
江苏正飞建设有限公司
江苏祥云建设集团有限公司

2010年度泰州市建筑业“明星企业”名录

中建钢构江苏有限公司
江苏骏龙建设有限公司
江苏正裕建筑安装工程有限公司
江苏正威建设有限公司
江苏苏兴建设工程有限公司
江苏大江建设集团有限公司
江苏神龙海洋工程有限公司
江苏源丰建设有限公司
江苏天龙建设工程有限公司
江苏中泰桥梁钢构股份有限公司

2010年度泰州市获省“扬子杯”优质工程名录

表8

工程名称	施工单位	项目经理
南京大学教学科研综合楼	江苏广宇建设集团有限公司	洪东贤
扬州联合广场	正太集团有限公司	周 湖
盐城师范学院新校区图书馆	江苏省第一建筑安装有限公司	赵英豪
徐州工业职业技术学院新校区体育馆	锦宸集团有限公司	李焕文
泗阳体育中心体育场	江苏省第一建筑安装有限公司	张建玉
泰州市文化中心一期会议中心	江苏省第一建筑安装有限公司	赵国庆
泰兴市人民医院综合楼	江苏金禾建设工程有限公司	蒋东兴
靖江市人民医院迁址新建	江苏广宇建设集团有限公司	周明山
泰州市行政服务中心综合楼	江苏省第一建筑安装有限公司	韩秋宏
江苏新时代造船有限公司办公楼	江苏骏龙建设有限公司	夏树法
盛世广场1#楼	靖江市长里建筑安装工程有限公司	刘伯奇
汉旺无锡工业园B区厂房	江苏俊龙建设有限公司	张灿平
教学科研综合楼	正太集团有限公司	刘押平
长白岛科研设计中心1#办公楼	正太集团有限公司	陈 林
金通花园	正太集团有限公司	吕长扣
宣化街小区	锦宸集团有限公司	李焕宝 武俊平
中国移动青海公司通信基地调度楼工程	江苏省第一建筑安装有限公司	陈荣富
湖畔嘉苑19#楼	江苏中兴建设有限公司	王 南

续表8

工　程　名　称	施　工　单　位	项目经理
青海盐湖集团研发中心综合楼	江苏省第一建筑安装有限公司	倪　军
西安长远雷达电子产品生产基地B标段	江苏中兴建设有限公司	丁邦华
宝钛-钛棒丝材热轧生产线厂房工程	正太集团有限公司	杨建明
青海盐湖集团西宁高层商住楼	江苏省第一建筑安装有限公司	毛庆珊
宁夏司法警官职业学院综合实训楼	锦宸集团有限公司	王和寿
宝龙巷住宅工程A区一标段5#	正太集团有限公司	沈长山
天津金茂广场4#楼	江苏中兴建设有限公司	严传忠　卜天荣
锦龙·国际花园一期工程A-10#、20#、21#楼	锦宸集团	李德章
数码康城	江苏省第一建筑安装有限公司	薛剑胜
建大·教授花园B-6号楼	江苏省第一建筑安装有限公司	韩庆诗
成都华侨城地产一期住宅工程4#、5#楼	泰兴市第一建筑安装工程有限公司	陶桂华　姚建国
重庆荣鼎国际C、D栋住宅	江苏省第一建筑安装有限公司	杨建明
上海国浩长风城公寓式办公楼1#楼、2#楼	江苏中兴建设有限公司	陈云成
金沙商务广场公寓式办公楼	江苏中兴建设有限公司	朱章元
爱家国际华城（一期二区）10#、12#、17#、19#楼	江苏苏兴建设工程有限公司	邹　伟
涂装、总装、焊接车间工程	江苏中兴建设有限公司	王卫东
湖北省农产品加工与核农技术实验楼	泰州市建设工程有限公司	钱益东
葛洲坝二公司东湖D-20区28#住宅楼	江苏省第一建筑安装有限公司	杨恒金
长沙朝阳二村改建项目三号地块1号楼	江苏天宇建设工程有限公司	傅寿国
宜昌城投置业公司办公室	江苏省第一建筑安装有限公司	焦伯雄
汉口花园清桐阁9#楼	正太集团有限公司	鲍春喜
东方海棠10#楼	正太集团有限公司	陈祥荣
雅典娜花园商住楼N1栋	江苏中兴建设有限公司	李季瑛
神华佳苑14#、15#、18#楼	江苏省第一建筑安装有限公司	蒋建华
湛江市华德力雍景城2#、6#楼	江苏省第一建筑安装有限公司	吴安国
大芬油画村经济适用房西地块	江苏中兴建设有限公司	屈鹏程
湖滨花园A区一标段工程1#、2#、5#、6#、9#楼	锦宸集团有限公司	曾　波
珠海格力电器第八期物流工程E座	江苏省第一建筑安装有限公司	丁正义
盐田普洛斯物流园一期工程	江苏省第一建筑安装有限公司	孟向阳

2010年度泰州市获江苏省建筑施工“省级文明工地”名录

表9

工　程　名　称	施　工　单　位	项目经理
姜堰市中医院病房楼	江苏中程建筑有限公司	卞国祥
苏州慈济园区项目工程	江苏永泰建造工程有限公司	朱成利
江苏济川制药研发检验中心	江苏金禾建设有限公司	沈荣军
铭润庄园1-23号楼	江苏泰宇建筑安装工程有限公司	周吉鹏
泰兴市体育中心游泳馆及全民健身中心	江苏中兴建设有限公司	何永道
昆山沿沪产业带四期1-12、15、16、19、20号楼	江苏中昱建设工程有限公司	丁秀其
扬州西都国际中心清华苑S01	江苏金禾建设工程有限公司	高云俊

续表9

工　程　名　称	施　工　单　位	项目经理
靖江市港区服务中心大厦	靖江市祥盛建设工程有限公司	陈　剑
泰兴市体育中心体育场看台	江苏广宇建设集团有限公司	潘广进
绵竹市汉旺无锡产业转移B区厂房工程	江苏骏龙	—
绵竹市汉旺镇安置房三期二标工程	江苏骏龙	—
泰州市图书馆工程	江苏祥云建设集团有限公司	刘国凡
正太集团锦秀姜城项目部1.1期	正太集团有限公司	黄志祥
江苏姜堰农村合作银行金融大厦	江苏中兴建设有限公司	生智勇
姜堰市史志档案馆	江苏鸿佳建设有限公司	陆和平
昆山中扬包装4＃厂房	江苏省第一建筑安装有限公司	李　军
虹桥安置区20#楼	靖江市苏民建设有限公司	范广富
滨江新城三产服务中心	江苏华昊建设集团有限公司	陈　亮
泰州市民俗文化展示中心	正太集团有限公司	鞠林群
正太集团锦秀姜城项目部1.2期	正太集团有限公司	黄志祥
石桥花园拆迁安置房二期工程	泰兴市华新建筑安装工程有限公司	石建平
华纺锦宸稻河湾综合楼工程	锦宸集团有限公司	郁　俊
广盛大厦	锦宸集团有限公司	季　祥
隆泰福府一期	泰兴市星月星建筑安装工程有限公司	申炳安
隆泰福府二期	泰兴市星月星建筑安装工程有限公司	徐　娟
清水湾花园三期一标（32#、35#及商业）	江苏省第一建筑安装有限公司	蒋建华
徐矿集团华美和园四期A11–21楼	锦宸集团有限公司	沈春秋
上山拆迁安置楼六标段	江苏原野建筑安装工程有限公司	韩正华
杉湾花园四期一标段6#、10#楼	江苏中兴建设有限公司	卜兴国
沭阳体育中心体育馆	江苏苏兴建设工程有限公司	柯存龙
沭阳体育中心游泳馆	江苏省第一建筑安装有限公司	张建玉

（姜剑羽）

泰州市建筑业工作会议召开

对外及对港澳台经济贸易

责任编辑 叶 彤

综　　述

【概况】2010年，全市开放型经济运行质态良好，呈现出“外来投资结构优化、外贸出口明显回升、对外投资势头迅猛、开发园区建设稳步推进”的发展局面。年内，全市累计新批外商投资企业219家，协议注册外资39.71亿美元，比上年增长46.27%，总量、增幅分居全省第7和第3；实际到账注册外资13.63亿美元，增长29%，总量、增幅分居全省第8和第5。全市累计新批及净增资超过1000万美元的项目165个，比上年增加69个，占全市新批项目数的75.3%。全市新批项目协议注册外资平均规模1813万美元，单个项目协议注册外资平均规模比上年增加177万美元。外资企业对全市经济增长贡献显著，全市外商投资企业缴纳涉外税收52.96亿元，增长21.63%；累计出口40.97亿美元，增长38.21%，占全市出口总量的69.72%；外商投资设备进口0.68亿美元，增长123.33%。

全市累计完成进出口85.85亿美元，比上年增长47.5%。其中，累计出口58.8亿美元，增长39.4%，比全省平均增幅高10个百分点，出口额占全省的2.17%，居全省第7；累计进口27.09亿美元，增长68.9%，增幅居全省第3，比全省平均增幅高29个百分点。全市提前2个月完成全年出口目标任务。

全市新签外经合同额5.04亿美元，比上年增长30.9%；实现外经营业额5.8亿美元，增长29.9%，居全省第3。境外投资取得突破，全年新批境外投资项目20个，累计新增协议投资额3955万美元，是上年的4倍。

利用外资及港澳台资

【投资项目】全市累计新批及净增资超过1000万美元的项目165个，协议注册外资35.13亿美元，比上年增长57.46%，占全市总量的88.47%，与比提高6.5个百分点；累计新批及净增资超过3000万美元的项目31个，比上年增加13个，协议注册外资9.86亿美元，增长49.4%。港台项目明显增加，全市新批（新增）协议注册港资15.18亿美元，增长50.1%，占全市总量的38.2%；实际到账注册港资5.06亿美元，增长97.14%，占全市总量的37.15%。利用台资增长显著，全市协议注册台资11.37亿美元，增长160.1%，占全市总量的28.6%；实际到账注册台资2.51亿美元，增长16.7%，占全市总量的18.4%。

【投资结构】外商投资三次产业结构。第一产业利用外资比重较低，但上升较快；第二产业仍是外商投资的主要领域，但增速放缓；第三产业利用外资比重稍有增加。

第一产业实际到账注册外资0.25亿美元，比上年增长286.3%，占全市总量的2.1%，增加1.5个百分点。

第二产业实际到账注册外资9.92亿美元，增长18.68%，占全市总量的85.5%，增加6个百分点。

第三产业实际到账注册外资1.45亿美元，同比增长39.9%，占全市总量的12.4%，增加2.6个百分点。

外商投资来源结构。亚洲地区仍是全市外资主要来源地，份额继续增大。其次为美洲、欧洲。年内，亚洲国家和地区在泰投资新增项目170个，注册协议外资31.33亿美元，实际到账注册外资9.29亿美元，占全市比重分别为79.4%、82.1%、80%，比上年分别增加8.9%、12.2%和16.9%。美洲国家在泰投资新增项目25个，注册协议外资3.94亿美元，实际到账注册外资1.53亿美元，占全市比重分别为11.7%、10.3%和13.2%。欧洲国家在泰投资新增项目9个，注册协议外资1.38亿美元，实际到账注册外资0.44亿美元，占全市比重分别为4.2%、3.6%和3.8%。实际到账注册外资及港澳台资排名前五位的国家/地区分别是：中国香港（5.06亿美元）、台湾（2.51亿美元）、新加坡（1.2亿美元）、英属维尔京群岛（0.94亿美元）、克罗地亚（0.26亿美元）。前五位国家/地区的实际到账注册外资及港澳台资占全市总量的85.8%。

外商投资地区结构。靖江市（含江阴开发区靖江园区）实际到账注册外资占全市的份额最高，共新批项目13个，新增协议注册外资8.87亿美元，比上年增长36.5%；实际到账注册外资3.66亿美元，增长16.34%。全市省级以上经济开发园区利用外资占全市比重超过2/3，共实际到账注册外资9.1亿美元，占全市总量的78.2%。全市沿江地区新增协议注册外资32.82亿美元，增长46.5%；实际到账注册外资11.02亿美元，增长26.7%。新批（增资）投资总额1000万美元以上的项目中，沿江地区占80%以上；31个投资总额3000万美元以上的项目有90%落户沿江地区，大项目向沿江集聚的速度加快。

【泰州出口加工区获国务院批准设立】 4月28日，国务院批复同意设立江苏泰州出口加工区。这是继2008年淮安出口加工区、2009年武进出口加工区之后，全省又一家新批准设立的出口加工区。泰州出口加工区位于市经济开发区，紧邻泰州港和建设中的泰州长江公路大桥、苏中机场，距上海虹桥机场、浦东机场、上海港及南京禄口机场均在2至3小时车程范围内，交通运输条件优越。出口加工区规划面积1.76平方千米，一期建设0.6平方千米。区内设置工业加工区、保税物流区、综合服务区和联检公共服务区4个功能分区。入驻开发区的企业可实现“973模式”运营模式，即97%订单从接单到产品送到客户手上只需3天。

出口加工区实行“境内关外”的运作模式，凡进入出口加工区，就视同出口；凡从出口加工区出来，就视同进口。凡在出口加工区投资建厂的企业从国外进口生产设备、原料、燃料、零件、元件及半成品的，一律免证进口税；生产的产品出口时一律免征出口关税。国家对入驻出口加工区的企业课以较低的国内捐税，并规定投产后一定年限内完全免征或减征。入区企业所获利润可自由汇出国外。

【招商引资活动】 2010中国泰州投资说明会。4月28日，泰州市举行“2010中国泰州投资说明会暨项目签约仪式”，吸引来自20多个国家和地区的200多名嘉宾参加，市领导张雷、姚建华、张正方、卢佩民、金文鸾及市政府秘书长王群出席签约仪式，市委副书记、市长姚建华致欢迎辞。会上共发布130多个招商项目，新签19个项目，总投资达90亿元，其中1亿元以上项目16个，外资项目9个，总投资6.73亿美元；新签内资项目10个，总投资44.1亿元。此次签约总投资额比上年增加34亿元，单体规模达4.73亿元，比上年增加1.65亿元。项目涉及物流、环保科技、新材料、化工、农产品深加工、三产服务、家具制造等领域，其中，美国森林蘑菇有限公司在泰兴市黄桥工业园投资1亿美元建设的农产品加工及物流仓储项目，是泰州市引进的最大农业项目。

中国医药城70个项目集中签约。4月29日，中国医药城举行项目签约暨竣工投产仪式，有70个项目集中签约，10个项目竣工投产。市委书记张雷与省国土资源厅厅长夏鸣出席签约投产仪式，并共同按动项目竣工投产按钮。台湾民意代表、中华海峡两岸医疗暨健康产业发展协会、台湾基层诊所协会理事长廖国栋，中国工程院院士侯云德，中国科学院院士吴祖泽，中国科学院院士陈凯，以及美国德克萨斯大学副校长布鲁斯·巴特勒等来自美国、日本、英国、西班牙、加拿大等20多个国家和地区的客商代表参加签约仪式，布鲁斯·巴特勒、廖国栋、杨大俊、吴祖泽先后发言。此次签约的70个项目总投资近100亿元。其中，科研项目类22个、产业化类项目26个、平台支撑类项目13个、综合配套类项目9个。江苏斯坦福生物技术有限公司、江苏海元蛋白生物技术有限公司等10个项目举行集中竣工投产仪式。签约仪式后，与会嘉宾参观考察美时医疗，大、小分子平台，江苏省干细胞库、东方小镇等项目现场。

首届国际透明薄膜太阳能电池发展与投资峰会。6月5～6日，首届国际透明薄膜太阳能电池发展与投资峰会在海陵区举行。市委书记张雷出席开幕式并讲话，副市长卢佩民主持开幕式，海陵区委书记杨杰、区长孙耀灿参加。会上，神农太阳能发展公司总裁张一熙作题为《透明薄膜太阳能电池构建的大规模光伏农业大棚发电厂的新发展》的演讲。中国科学院院士何祚庥向大会介绍一种低损耗、低成本、低售价的中低温太阳炉供热锅炉，提出兼用“透明薄膜”太阳能电池聚光发电的设想。与会人员就透明薄膜太阳能发展前景、应用市场、投资机会等议题进行交流，并在泰州市新建透明薄膜太阳能大棚基地。

世博会长三角“友谊日”活动。9月6~7日，2010年上海世博会长三角 “友谊日”活动在泰州举行，来自41个国家和地区的52位世博会参展国家代表应邀到泰，先后参观溱湖国家湿地公园、凤城河、天德湖公园、泰州医药高新技术产业园区。

2010年泰州市利用外资及港澳台资工作目标完成情况表

表10

单位：万美元

市（区）	实际到账注册外资					协议注册外资					
	年计划	本期累计	比上年增长（%）	占年计划（%）	占全市比重（%）	年计划	新批项目数（个）	本期累计	比上年增长（%）	占年计划（%）	占全市比重（%）
海陵	12600	8473	-23.81	67.25	6.22	30600	18	36669	48.19	119.83	9.23
高港	14000	14982	35.39	107.01	11.00	34000	25	39283	48.62	115.54	9.89
开发区	28000	24074	37.97	85.98	17.67	68000	37	76427	45.69	112.39	19.25
兴化	8400	10414	35.14	123.98	7.64	20400	31	26244	47.88	128.65	6.61
靖江	36400	36626	16.34	100.62	26.88	88400	13	88744	36.51	100.39	22.35
靖江园区	—	20105	81.62	—	14.76	—	5	15444	15.30	—	3.89
泰兴	25200	26055	68.99	103.39	19.12	61200	54	87561	57.46	143.07	22.05
姜堰	15400	15629	37.33	101.49	11.47	37400	41	42674	44.63	114.10	10.75
合计	140000	136254	29.00	97.32	100.00	340000	219	397109	46.27	115.80	100.00

对外及港澳台贸易

【出口商品结构】 2010年，全市大宗商品出口逐步回升，船舶、高新技术产品增长迅速，纺织、化工产品出口增速较慢。机电产品出口39亿美元，比上年增长48.1%，占全市出口总额的66.4%，比上年提升4.3个百分点。其中，船舶产品出口22.3亿美元，增长56.6%，占全市出口总额的37.9%，提升4.3个百分点。高新技术产品出口5.9亿美元，增长80%，占全市出口总额的10%，提升2.2个百分点，其中泰通（泰州）工业有限公司出口3.9亿美元。化工产品出口7.1亿美元，增长10.7%。纺织品出口5.5亿美元，增长18%。农产品出口1.6亿美元，增长29%。

【进出口企业】 全市有出口业绩的企业1014家，比上年增加110家，其中，外贸流通企业131家，自营生产企业538家，三资企业345家。新增出口企业中有2家当年出口达1亿美元，其中江苏东方重工有限公司出口1.1亿美元，泰州中航船舶重工有限公司出口9992万美元。全年出口超1000万美元企业78家，比上年增加19家，其中82.1%的企业出口增长；出口超1亿美元企业8家，比上年增加3家，除江山制药公司以外，其他7家企业均有较大幅度增长，其中，泰通（泰州）工业有限公司增长156.6%，国内贸易部口岸船舶工业公司增长83%，泰州三福船舶工程有限公司增长64.3%；出口超10亿美元企业1家，为江苏新时代造船有限公司，出口13.5亿美元，增长36.5%。

【出口市场】 欧洲取代亚洲成为全市出口第一大地区，德国取代美国成为出口第一大市场，非洲、拉丁美洲等新兴市场增长强劲。2010年，全市出口的国家和地区共188个，比上年增加14个。居全市出口前三位的地区为欧洲、亚洲、北美洲，分别出口21.2亿美元、19.4亿美元、8.2亿美元，合计出口48.8亿美元，占全市出口总额的83%，增长25.9%。居全市出口前三位的国家为德国、美国、韩国，分别出口7.3亿美元、5.9亿美元、3.7亿美元，分别增长77.6%、23.2%、76.4% 。对新兴市场出口增长明显，对非洲、拉丁美洲分别出口4.5亿美元、4.3亿美元，增长271.9%、219.3%。对大洋洲出口1.1亿美元，增长34.8%。

【进口方式结构】2010年，全市进口快速增长，全年累计进口27.1亿美元，比上年增长68.8%。其中，一般贸易进口16亿美元，增长93.4%，占全市进口总额的59%；加工贸易进口9.8亿美元，增长35.8%，占全市进口总额的36.2%。进口额最高的是高港，达7.4亿美元，进口增幅最大的是靖江，增长143.5%。进口主体进一步壮大，有进口实绩的企业462家，比上年增加52家。其中，进口超1000万美元企业34家，增加10家；进口超1亿元企业5家。进口前三位企业分别是益海(泰州)粮油、新时代造船、万林国际木业，分别进口4.7亿美元、2.3亿美元、2.2亿美元。进口前三位的商品是机电、植物、化工，分别进口8.4亿美元、5亿美元、3.8亿美元。

2010年泰州市外贸工作目标完成情况表

表11　　　　单位：万美元

市（区）	进出口		出　口				进　口	
	进出口额	比上年增长（%）	年计划	出口额	比上年增长（%）	占年计划（%）	进口额	比上年增长（%）
市直	49429	15.7	37200	38367	12.2	103.14	11062	29.8
海陵	89459	70.2	43300	67765	68.2	156.50	21694	76.6
高港	165865	63.3	55500	92172	86.0	166.08	73692	41.7
开发区	47453	16.7	34000	35062	19.7	103.12	12391	9.0
兴化	42694	75.0	19900	32018	80.3	160.89	10675	60.6
靖江	288406	47.7	182100	215988	30.4	118.61	72418	143.5
泰兴	124817	51.5	53000	65618	33.8	123.81	59200	77.6
姜堰	50384	19.0	38700	40751	13.9	105.30	9633	47.1
合计	858507	47.5	463700	587741	39.4	126.75	270765	68.8

对外投资和经济合作

【对外承包工程】2010年，全市新签外经合同额5.04亿美元，比上年增长30.9%；实现外经营业额5.8亿美元，增长29.9%，完成营业额居全省第3。新派劳务3089人次。新批境外投资项目20个，增长25%，中方协议投资额3955万美元，增长400%。全市1000万美元以上的境外工程合同项目11个，其中超6000万美元企业4家。至年末，全市有外经企业21家，其中对外劳务合作企业7家，中盛光电能源股份有限公司成为全市第一家非建筑工程类的外经企业。

【对外劳务合作】年内新批1家企业获对外承包工程经营资格，全市对外经济合作企业共21家，其中对外劳务合作企业7家。姜堰正太集团与博茨瓦纳签订大学城项目，合同额达1.85亿美元，为泰州市最大的境外工程项目。

【境外投资】境外投资步伐加快，海外并购开始起步。全年境外投资企业20家，中方协议投资额3955万美元，比上年增长300%。全年海外并购项目4个，中方投资额1322.5万美元，其中500万美元以上项目3个，最大的江苏圣奥科技有限公司的印度并购项目，中方投资额950万美元。

2010年泰州市外经工作目标完成情况表

表12 单位：万美元

市（区）	新签合同额				实现营业额			
	年计划	累计	比上年增长（%）	占年计划（%）	年计划	累计	比上年增长（%）	占年计划（%）
市直	4750	5966	26.6	125.60	5100	6593	25.0	129.27
海陵	8500	9112	11.7	107.20	16000	18370	23.0	114.81
高港	1500	2458	309.7	163.87	1000	1620	653.5	162.00
开发区	2000	534	–62.8	26.70	2400	1308	–37.2	54.50
兴化	2400	2550	22.6	106.25	1800	2206	97.3	122.56
靖江	6600	6760	57.6	102.42	6500	4329	7.6	66.60
泰兴	7300	7432	13.8	101.81	7800	9173	30.7	117.60
姜堰	9300	15591	68.4	167.65	8500	14382	82.7	169.20
合计	42350	50403	30.9	119.02	49100	57981	29.9	118.09

（王　华）

国际贸易促进

【经贸活动】 2010年，泰州市贸促会以上海世博会为平台，加强与外国企业的交流，组织企业赴上海世博会参加比利时馆和波兰馆相关活动，增进对东欧新兴市场的了解，在能源、汽车行业、健康医疗与生命科学、物流业、交通与运输业与国外同行进行互动，建立联系。联系波兰驻上海总领事馆，联合举办“2010泰州—波兰经贸研讨会”。组织企业参加在南京举办的“2010意大利—江苏经贸对接会”。组织洪林织布厂等企业分赴巴林、黎巴嫩、阿联酋、泰国、斯里兰卡等国参加“中国—海湾经贸合作论坛”、“中国—黎巴嫩经贸洽谈会”等活动，帮助企业参与国际市场竞争。

【展览工作】 完成首届中国（泰州）国际医药博览会招展、布展、接待等工作。多次去靖江市孤山镇，对制冷设备产业展开调研，并于3月组织参加“2010意大利米兰国际空调制冷展”，参展人员近30人，展出面积超过100平方米。组织良帅制衣等企业参加拉斯维加斯服装面料展，组织骏马压路机、海恒建材等企业赴印尼雅加达参加2010年印度尼西亚中国工程机械、建材机械与矿山机械展览会。

【第十一届江浙市级贸促会联席会议】 3月16～17日，第十一届江浙市级贸促会联席会议在泰州召开，来自浙江、江苏两省20个市的贸促会会长、秘书长50多人参加会议。

【法律服务】 年内，市贸促会把优惠原产地证书、仲裁调解和商标国际注册作为法律工作的重点，先后举办优惠原产地证书、仲裁调解和商标国际注册的专场推荐会。加大对企业的服务力度，多次走访企业，上门服务，全年共申办46份优惠原产地证书，接收2家企业的商标国际注册申请，受理泰兴和靖江2家企业的商事调解案件，在商标注册和调解工作方面取得突破。

（肖　枫）

沿江开发

责任编辑 叶 彤

综 述

【概况】2010年，沿江地区完成地区生产总值1378.1亿元，比上年增长18.8%（现价）；规模以上工业增加值907.7亿元，比上年增长23.2%（现价）；全社会固定资产投资1034亿元，比上年增长30.7%；社会消费品零售总额371.6亿元，比上年增长20%；地方财政一般预算收入132.1亿元，比上年增长21.9%；协议利用外资32.82亿美元，比上年增长46.4%；实际利用外资11.02亿美元，比上年增长27.4%；出口总额51.5亿美元，比上年增长39.9%。

【岸线资源】全市共有长江岸线96.3千米，至年末，已开发利用长江岸线52.91千米，占全市岸线资源的54.9%。除去河口、闸口和已用岸线外，未开发利用岸线37.91千米，占全市岸线资源的39.4%，其中一级宜港岸线11.27千米、二级宜港岸线7.86千米。

【重要事件】2月2日，泰州长江大桥北引桥基础工程完工。

3月1日，新加坡裕廊国际工程有限公司的5名高级规划设计师开始对永安洲镇经济社会状况开展全面调研，核心港区规划设计正式启动。

3月15日，泰州高港高新技术产业园区通过中国建筑装饰协会认定，获“中国壁纸产业基地”称号。

7月12日，泰州市沿江地区规模最大的变电所——华菱变电所220千伏输变电工程送电成功。

7月21日，国家商务部机电和科技产业司副司长、国家机电产品进出口办公室副主任支陆逊调研靖江经济开发区船舶产业发展情况。

7月22日，国家口岸办副主任杨振庆一行调研靖江申报一类开放口岸情况及港口码头申报临时对外开放情况。

7月22日，由中国机电产品进出口商会船舶分会、中船重工公司、黄海造船有限公司、中国船舶报社等单位组成的船舶专家团，参观调研靖江经济开发区船舶产业发展情况，并召开江苏省船舶出口基地情况汇报会。

10月9日，国内最大的绞吸式挖泥船—华夏重工1号在泰州市核心港区顺利下水。华夏重工1号5500立方米/小时非自航绞吸式挖泥船是全国第一艘拥有全部自主知识产权的海洋疏浚工程船舶，其制作精度、自动化程度达到全国领先水平。

10月12日，泰州市数控加工设备和减速机产业获江苏省特色产业基地认定。

10月18日，泰州市核心港区控制性详规论证会召开，会议原则通过核心港区控制性详规和滨江新城城市设计。

12月10日，江山制药有限公司国家级博士后科研工作站揭牌。这是泰州市第5个经国家人力资源和社会保障部批准成立的国家级博士后科研工作站。

岸线资源管理

【岸线资源清理整合】年内，沿江各地继续加大岸线资源整合力度。高港区加大对小船厂的整合力度，完成对永庆船厂的整合，启动东风、兴港2家小船厂整合工作，推进古马干河以南江苏太平洋钢管、梅兰港务两家企业的资源整合。靖江市对黄浦船舶修理厂和永业船舶有限公司所占用的岸线进行整合。全年共清理整合长江岸线资源915米，提高岸线使用效率。

【岸线资源集约利用】依托通江河道开挖港池，减少对原有长江岸线的使用，节约深水岸线资源。至年末，已实施和正在报批的港池项目7个，港池岸线总长度4342米，建设千吨级泊位63个。

【项目审查】市发改委会同市有关部门对使用长江岸线项目实行会办制度，对使用长江岸线项目进行现场踏勘和审查会办，全年共审查通过项目11个，暂缓实施项目1个。

基础设施建设

【重大基础设施】以基础设施建设为重点，完善配套功能，增强承载能力。加快推进泰州长江大桥及北接线建设项目，大桥上部结构主缆架设完成。沿江高等级公路靖江新桥连接线段拆迁基本结束，即将开工建设。靖江开发区新港园区铁路专用线获铁道部批准，正在进行施工图设计。

【港口码头】全年新增万吨级泊位9个，总数达43个；完成港口货物吞吐量9971万吨，比上年增长33.58%；集装箱吞吐量10.03万标箱，比上年增长21.21%。靖江市申报境内长江岸线全线开放的省级征求意见工作完成。泰兴市境内长江岸线全面对外开放获省政府批准。永安作业区二期、德桥仓储码头等建成运营，新港作业区三期、恒德通用码头等正在建设，永安作业区三期工程实现试打桩。

【园区基础设施】沿江开发园区新开工建设道路30条，总长54千米；建成通车道路13条，通车里程24千米。江阴－靖江工业园区兴建110千伏变电所1座，完成区内天然气主管的铺设，完善园区电、气等基础配套设施。高港高新技术产业园区完成园区绿化等工程建设，燃气管网实现园区全覆盖，110千伏变电所进入设备安装阶段。

重大产业项目的招引与实施

【重大项目招引】2010年，沿江地区新签约总投资超3000万美元或3亿元的项目32个，计划总投资241亿元；其中投资约1亿美元或10亿元以上的项目12个，计划总投资166亿元。靖江市引进总投资28亿元的山煤集团煤炭储备基地、20亿元的上骐集团工程机械产业园、15亿元的重粮集团粮食加工基地等项目；泰兴市引进总投资0.98亿美元的阿贝尔苯乙烯项目、1.4亿美元的叶氏醋酸丁、乙酯系列项目、1.4亿美元的裕廊丙烯酸项目；中海油项目总投资由44亿元增加到80亿元。

【重大项目实施】扬子江金属加工、华菱锡钢一期、龙威棕榈油、纬创资通一期等项目顺利竣工，鑫福金属加工物流、天脉环保设备加工、华鼎封头等项目开工建设，万林木业、安泰动力二期、新浦烧碱、联成化学、中海油等在建项目正在积极推进。全年总投资超3000万美元或3亿元的竣工项目15个，完成总投资146.6亿元，其中投资约1亿美元或10亿元以上的项目8个，完成总投资111.6亿元。新增总投资3000万美元以上或3亿元以上的在建项目15个，计划总投资88.2亿元，其中投资约1亿美元或10亿元以上的项目9个，计划总投资69.1亿元。

联　动　开　发

【江阴－靖江工业园区】年内，江阴－靖江工业园区不断完善管理体制，加快产业项目和配套基础设施建设，加快产业集聚，园区经济继续保持快速稳健的发展态势。全年实现地区生产总值88亿元，比上年增长35%；完成财政总收入14.56亿元，比上年增长99.7%；实现工商销售收入414亿元，比上年增长34.39%；完成工业投入25亿元，比上年增长24.4%；实际到账外资1.45亿美元。中铁康远、华澄重工等项目竣工投产，国宇高科、华海海工、永益重钢、三鹏汽配等项目开工建设。园区累计开工和在建项目8个，其中投资超1亿美元项目4个，总投资4.8亿美元；竣工投产或投用项目4个，总投资2.5亿美元。园区与申银万国合作成立投资近30亿元的低碳产业基金，成为全国重钢结构产业生产示范基地。

【联动动态】 4月21日，江阴－靖江工业园区聘请日本JBP协会会长汇田正兴及协会顾问杨显义为园区经济发展顾问，对园区汽车零部件、特种车辆等方面的对日招商提供支撑和协助。

5月11日，江阴－靖江工业园区赴江苏科技大学开展产学研合作交流活动。江苏科技大学船海学院与江苏新扬子造船有限公司就共建企业研究生工作站进行正式的合作签约。

5月19日，江阴－靖江工业园区产学研交流团前往江苏大学进行产学研交流合作，双方就科技研发和技术创新进行探讨和交流。江苏海鹏特种车辆有限公司与江苏大学汽车与交通工程学院签订产学研合作协议。

8月27日，扬子江船业（控股）有限公司赴台湾上市申请获批。9月8日，"扬子江船业"股票以台湾存托凭证（TDR）的方式在台湾证券交易所正式挂牌上市。

10月12日，由中石油昆仑燃气有限公司和中腾燃气集团共同投资的绿色低碳清洁能源项目举行签约仪式，正式落户江阴－靖江工业园区。

10月12日，由江阴－靖江工业园区举办的2010海洋工程装备产业专题研讨会在园区召开，来自各地的海工企业代表及专家学者对海洋工程装备产业未来的发展前景及江阴、靖江市的海工产业发展展开讨论。

12月3日，江阴－靖江工业园区与江苏科技大学召开产学研合作交流及项目对接会。江苏科技大学与江苏新扬子造船有限公司合作设立研究生工作站，与江苏宇山万向传动轴制造有限公司签订实习基地建设协议，与江苏中泰桥梁钢构股份有限公司就设立企业研究生工作站达成合作意向。

（沿江办）

滨江工业园区3万吨级码头

开发园区

综　　述

【概况】 2010年，全市1家国家级开发区及6家省级经济开发区共实现工业产品销售收入3001亿元，比上年增长31.2%；地方一般预算收入 50.72亿元，增长57%；进出口总额70.12亿美元，增长73.7%；出口46.3 亿美元，增长47.4 %；实际到账注册外资9.1亿美元，增长21.9%；全社会固定资产投入656亿元，增长46.8%。新批外商投资企业139家，期末注册外商投资企业数931家。新增注册内资企业1828家，期末注册内资企业8830家；建成投产企业7515家。累计建成高新技术创业服务中心（孵化器）22个，高新技术创业中心有企业382家，高新技术企业88家，高新企业工业增加值468.48亿元，增长3.63倍。

全市7家省级以上开发区均明确产业定位。泰州医药高新区重点发展医药、电子信息、新材料等产业；靖江开发区重点发展船舶修造、石油化工、现代大型仓储物流等产业；泰兴开发区注重放大优势，培强精细化工产业特色；兴化开发区利用本地资源优势，重点招引农副产品加工项目；姜堰开发区重点打造电子信息产业、五金产业、汽车配件产业；海陵工业园区重点打造现代服务业、新能源产业；高港高新区重点发展现代物流业和壁纸产业。

开发区载体建设得到提升。随着泰州出口加工区的正式封关运作，全市开发区载体功能日趋完善。围绕港口、码头、供水、供热、供电、供气和污水处理等方面加强基础设施投入，各开发区投资发展环境明显提升。打造特色园区，海陵新能源产业园、泰兴化工新材料产业园等一批特色园区已形成规模。创建生态园区取得成效，海陵工业园创建生态园区获批，高港创建生态园区规划获专家论证，靖江、姜堰创建生态园区规划于2011年1月通过论证。至年末，全市开发区已开发面积176平方千米，项目用地140平方千米。

2010年，各开发区实际到账注册外资超1000万美元的项目34个，比上年增加8个，其中泰州医药高新区8个、靖江开发区7个、泰兴开发区6个、兴化开发区5个、姜堰和高港开发区各3个、海陵工业园1个。实际到账注册外资6.06亿美元，增长35.57 %。泰州医药高新区的纬立资讯和纬创资通（泰州）项目实际到账外资分别为4405万美元、3000万美元，兴化开发区的兴化天恒机械制造项目实际到账外资近3000万美元。

面对国际环境的变化，全市开发区对外贸易稳步发展，外贸进出口总量保持增长。全市开发区完成进出口总额70.12亿美元，比上年增长73.7%，其中，完成出口额46.4亿美元，增长47.4%。进出口额、出口额分别占全市总量的 81.68 %、78.95%，增幅分别高于全市平均增幅25.8和8个百分点。

（王　华）

2010年泰州市各开发区建设情况表

表13

名称	工业产品销售收入（万元）		规模上工业增加值（万元）		地方一般预算收入（万元）		进出口总额（万美元）		出口额（万美元）		实际到帐外资源（万美元）		全社会固定资产投入（万元）	
	当年数	比上年增减（%）	当年数	比上年增减（%）	当年数	比上年增减（%）	当年数	比上年增减（%）	当年数	比上年增减（%）	当年数	比上年增减（%）	当年数	比上年增减（%）
医药高新区	4977146	24.7	833941	25.7	124415	44.3	99028	32.7	74392	26.0	24005	66.3	1365625	30.6
靖江经济开发区	10600000	30.8	2086085	29.4	152000	88.4	268763	52.6	201996	31.8	16511	-19.2	1519426	70.6
泰兴经济开发区	5738464	30.0	1168273	26.0	70738	47.0	104346	61.1	50464	44.6	13505	35.5	1636709	28.0
姜堰经济开发区	3815680	30.2	772036	32.7	44512	27.5	28161	26.3	21543	18.8	11509	16.8	223006	17.3
兴化经济开发区	1784152	37.7	388805	34.1	57208	56.6	22814	448.9	14733	326.4	10154	140.3	592097	40.2
泰州海陵工业园区	1032876	19.9	210078	15.1	29726	55.2	22373	36.3	14130	23.8	6054	-38.6	446000	36.7
高港高新区	2062520	50.7	370500	-36.6	28605	63.6	155742	244.2	86317	152.0	9449	56.9	781466	144.5
合　计	30010838	30.7	5829718	20.4	507204	57.0	701227	73.7	463577	47.4	91187	21.9	6564329	46.8

（政府办）

江苏省泰州经济开发区

【概况】 2010年，泰州经济开发区实现地区生产总值68亿元，比上年增长13.5%；实现财政总收入27.59亿元，增长34%，其中一般预算收入10.27亿元，增长39.3%,增幅居全市第一。完成工业总产值290亿元，增长33%，其中规模工业实现产值207.2亿元、利税27亿元、利润12.22亿元，分别增长30%、31.4%和40.9%；实现高新技术产业产值70.78亿元，增长32.3%；民营经济净增注册资本22.44亿元，新增注册资本500万元以上的民营企业77家，新增工业民营企业纳税户335家。全社会固定资产投资108.4亿元，增长26%。

年内，根据纬创项目的需要，推进园区基础设施和功能建设。泰州出口加工区于4月28日获国务院批准设立，9月20日通过海关总署等国家九部委的联合验收。IT产业配套区的10万平方米标准厂房和生活配套区可容纳1万人的职工宿舍全部建成。纬创F1厂房建成，F2厂房在建，员工宿舍区初具规模；纬立厂房和员工宿舍均建成。加快完善区内道路等基础设施，328国道裁弯取直、出口加工区跨周山河大桥等重点工程完工，对永定西路、纬六路、引江大道、吴陵南路两纵两横道路绿化进行全面改造。污水处理厂二期工程建成，并投入试运行。

【产业招商】 围绕纬创项目，招引配套企业落户。德通电气公司增资9800万美元，新建300兆瓦电池片项目，一期已投产，全部投产后年产值可达30亿元；安方科技投资2亿元，建设智能电网项目。继中海油沥青润滑油一体化项目后，与中石化合作的年产100万吨重油制烯烃项目正式签约，总投资60亿元，项目投产后可实现年产值200亿元、利税20亿元。

【拆迁安置】 根据项目建设需要，全年共实施拆迁2688户，面积95万平方米。实施阳光拆迁，推进拆迁“十公开”制度，杜绝暗箱操作。积极探索市场化拆迁，引进资质高、信誉好、有经验的拆迁公司担当拆迁实施主体。对拆迁全过程严格把关，并聘请会计事务所专业人员对拆迁补偿协议跟踪复核审计。全年回迁安置拆迁户1000多户，安置面积20万平方米。加大违法建筑的查处力度，全年共拆除违法建筑688户、5.8万平方米。

【社会事业】 推进10件实事工程和农村新“5+1”实事工程，农村各项社会事业得到发展。全年办理被征地农民基本生活保障7157人，在手办理2511人，做实资金账户4.04亿元。全年净增就业4330人，其中失地农民实现就业1912人。实施农村劳动力转移培训3560人，新增城镇职工养老保险3618人、医疗保险3015人、失业保险1860人、城乡居民养老保险23466人、少儿保险6315人，全面超额完成市交指标。解决劳资纠纷79起，帮助讨还欠薪及补偿金21.8万元。提高低保补助标准，做到应保尽保。推进农民健康工程，新型农村合作医疗保险覆盖所有行政村，参合率达100%。节能减排完成既定目标。

（泰州开发区）

江苏省泰州海陵工业园区

【概况】 2010年，海陵工业园区完成全部工业总产值105.12亿元，比上年增长42.49%，其中，规模以上工业完成产值84.16亿元、销售80.6亿元、利税5.2亿元、利润2.65亿元，分别增长50.6%、47.61%、39.51%和50.96%。全社会固定资产投入46.52亿元，增长35.71%。实现财政收入5.1亿元，增长28.09%。全年协议利用外资1.3亿美元，实际利用外资8000万美元，利用民资6.28亿元。

策应全市新一轮城市总体规划调整，加快转型升级步伐，发展新电子、新材料、文化创意等新兴产业。年内，华龙电子竣工投产，明昕电子、科化塑封料等项目签约落户，IC封装及微电子产业初具雏形。中广国际绿色传媒示范基地项目签约，文化创意产业成功破题。

“十一五”期间，海陵工业园升格为省级经济开发区，工业产值、财政收入、实际利用外资、协议利用外资平均增幅超过40%。坚持“项目为王”理念，引进各类项目420多个，其中工业项目330多个，建成各类项目300多个，在建项目30多个。累计投入30多亿元，建成“十纵十三横”道路50千米、桥梁25座、标准厂房55万平方米、安置房60万平方米，完成拆迁2000多户、50多万平方米，实施绿化面积100万平方米，疏浚整理河道40多千米，通过ISO14000环境体系认证。

（翟山明）

江苏泰州高港高新技术产业园区

【概况】 2010年，高港高新技术产业园区实现地区生产总值33.7亿元，完成工业总产值103.2亿元，实现列统工业产值73.39亿元，实现财政收入2.93亿元、一般预算收入1.33亿元，民营经济净增注册资本6.99亿元。全年协议利用外资1.58亿美元，实际利用外资7700万美元。年内，高新区获“中国壁纸产业基地”称号，创建了江苏省二星级中小企业公共服务平台、第一批江苏省中小企业产业集聚示范区、第三批江苏省小企业创业示范基地。高新区汽摩科技创新平台已获市科技局批准。

【特色产业】 确立以墙纸、汽车零部件、电子信息、生命健康四大产业作为高新区产业重点发展方向。壁纸产业，落户生产企业11家，其中已投产8家；壁纸专业人才培训中心、检测中心相继成立，壁纸产业加速器启动建设。汽车零部件产业，有相关企业近30家，实现产值22亿元。电子信息产业已落户企业近10家，实现产值11亿元。生命健康产业已成功引进台湾统一、华润啤酒等重点企业。

【项目建设】 全年引进项目30个，总投资162亿元，其中外资项目14个。统一果汁饮料、万向精工、太祥科技、恒泰电缆、爵尚壁纸、新明和机械、成兴弹簧、铭建精机、艾克美金属、浙华机械及台湾国际新城、明发城市综合体等一批项目相继落户，投资超1亿美元项目取得突破。

【基础设施】 累计完成工程投入1亿多元。完成兴园路北延、兴旺路北延、太平中沟道路拓宽改造、园区绿化等工程建设，启动建设永盛路东延、永丰路工程，污水管网接户工程全面完成，燃气管网实现园区全覆盖，110千伏变电所已进入设备安装阶段。湖滨小区建成农民安置房4幢，新城花园一期工程8万平方米即将竣工交付使用。

【高港高新技术产业园区获“中国壁纸产业基地”称号】 3月15日，在第十七届中国（北京）国际建筑装饰及材料博览会上，高港高新技术产业园区被中国建筑装饰协会授予“中国壁纸产业基地”称号。至年末，有11家规模以上壁纸企业集中落户园区，其中3家企业为全国壁纸行业“十强企业”；已建和在建各类壁纸生产线50条，年产壁纸2400万卷，占全国产量的30%以上。

（高港高新园区）

江苏省兴化经济开发区

【概况】 2010年,兴化经济开发区实现地区生产总值20.3亿元，比上年增长24.1%，其中实现农业增加值0.6亿元、工业增加值12.4亿元、建筑业增加值3.0亿元、服务业增加值4.3亿元，比上年分别增长5.1%、27.4%、

22.0%和20.1%。实现财政总收入3.54亿元，比上年增长44.9%，其中实现税收收入2.59亿元、非税收入0.95亿元，比上年分别增长29.2%、250%；实现一般预算收入1.59亿元，比上年增长37.5%。实现工业产值78.4亿元、销售收入77.4亿元、利税6.2亿元，比上年分别增长27.5%、28._%和40.3%，其中规模以上工业实现工业产值45.5亿元、销售收入44.8亿元、利税4.95亿元，比上年分别增长31.8%、31.7%、39.2%。

【招商引资】 全年引进项目30个，协议利用资金55亿元，投资1亿元以上的项目3个，分别是东华链条、美鑫车桥、鑫佧环保；外资项目有梅帝亚包装材料、日成金属制品、大立电子等。由杭州东华集团投资兴办的东华链条项目总投资8亿元，为开发区成立以来引进的最大投资规模项目，征用土地18.73公顷，计划用3年时间建成杭州东华集团配套产业园。

【项目建设】 坚持项目引进与项目建设并重，通过举办项目集中开工活动、定期开展现场观摩、实行建设进度与优惠政策相挂钩等举措，推进项目的开工建设。年内新引进的30个项目实现当年引进当年开工建设，德创制管、双发机械、丰顺阻燃、新希望饲料、盛洲粮油等一批重点项目建成投产，全年项目建设实际到位资金5.6亿元。

【基础设施】 加大园区建设投入，投资2600万元实施经一路向阳段拆迁贯通工程，打通贯通南北、连接城区的主干道，配套实施向阳安居房工程建设。围绕实现集中治污、恢复集中供热，通过BT方式启动污水处理厂建设，完成热电公司资产重组。推进拆迁开发工作，完成4万平方米的房屋拆迁，五里转盘商贸开发、兴洋公司"退二进三"两地块成功挂牌出让，葛家马场基商住开发启动建设。

【社会事业】 坚持发展惠民，加快发展民生事业，农村生活垃圾处理实现"村集中、区中转、市处理"，通村公路全面改造到位，学生接送实现公交化，中心敬老院建成投入使用，全区城乡居民养老保险和新型农村医疗保险实现全覆盖，农村自来水管网二次改造全面完成。

（兴化开发区）

江苏省靖江经济开发区

【概况】 2010年，靖江经济开发区共实现营业总收入1428亿元，完成工业总产值1161.35亿元、销售收入1070.86亿元、利税141.13亿元、利润110.29亿元，分别比上年增长33.83%、34.25%、31.05%、28.56%和22.34%；实现开票销售569.26亿元，增长24.43%；完成财政总收入42亿元，其中一般预算收入15.2亿元，分别增长31.25%和61.87%。注册协议外资6.79亿美元，实际利用外资3.34亿美元，分别增长15.65%和7.46%。注重鼓励企业推进转型升级，加大科技投入，高新技术产业成长势头良好。全年共新增省级高新技术企业6家、省级高新技术产品21个、专利产品360个；实现高新技术产业产值184.69亿元，增长38.09%。注重现代服务业特别是生产性服务业的培育与发展，围绕港口发展，加快推进重大物流项目建设，产出效能逐步释放。全年共实现三产增加值49亿元，增长41.41%；完成港口货物吞吐量5860万吨，增长44.6%；三江现代物流中心完成营业收入107.3亿元，实现税收2.4亿元，分别增长166.7%和360%。

围绕主导产业做大做强、产业链的拉长延伸，开展招商选资。全年共新批进区项目40个，计划总投资57.49亿元；新签项目52个，计划总投资111.13亿元，其中投资超1亿元的重大项目23个，主要有总投资28亿元的山煤集团数字化煤炭储备基地项目、总投资15亿元的重粮集团大豆压榨生产线项目、总投资20亿元（一期投资7亿元）的上海交大靖江高新科技园项目、总投资9亿元的上骐产业园项目、总投资8亿元的高精度铝板带箔生产项目、总投资6亿元的金太阳光伏电子产业项目等。有8个意向性重大项目正在洽谈。

【项目建设和报批】 全年在建项目67个，计划总投资229.34亿元，其中新开工项目37个，总投资111.08亿元。年内建成投产重大项目14个，总投资40亿元的华菱锡钢一期项目于10月建成并试生产；龙威工业粮油小包装生产线正式投产，当年实现销售收入20亿元；扬子江金属加工项目于3月试投产，每月生产成品5万吨，全年实现销售收入近12亿元；众达炭材项目基本建成。华元金属、三峰港务、仲阳商贸城、苏农物流、金太阳光伏电子、巨鼎机械、金卡扩产等26个重大项目序时推进。

推行重大项目"打包"服务机制，重点做好重大项目前期手续的报批和用地指标的落实。年内，先后帮助三峰港务、下青龙港港池码头、苏农物流、联合安能石化等14个重大项目完成海事、环评、水利、航道、安评、防洪等报批工作。加大项目包装力度，积极开展上争土地供应工作，满足重大项目开工建设需求，全年共落实点供项目4个，共计116.53公顷，其中华菱锡钢物流项目33.2公顷、新时代海洋平台项目34.87公顷、苏农物流项目25.53公顷、扬子江金属加工二期项目22.93公顷；单独选址项目3个，共计60.93公顷，其中三峰港务项目28.67公顷、苏通港务项目18.13公顷、华元金属项目14.13公顷。

【基础设施建设】 路桥建设。全年共组织实施39个路桥项目建设，道路总长29.2千米，其中新开工建设的新洲路含跨六圩港桥、沈家圩路（八圩港西路—兴业路）、纬六路（新建北路—姜八路）、华元路、南洋路等路桥项目17个，总长12.5千米；续建北六路南段、新建北路、下青龙港路等22条道路，总长16.7千米。年内有七圩港西路、北六路南段、下青龙港路、新世纪大道改造等8个项目建成通车，通车里程7.7千米。

配套设施建设。新港园区污水处理厂建设进展顺利，其中西区污水处理厂即将进水调试，东区污水处理厂于2011年一季度建成投运。铁路专用线大部分支撑性文件完成审批，正进行施工图设计，即将报铁道部申请行政许可。投入1200多万元，对人民路两侧部分地块及安置区进行绿化美化，新增绿化面积21.3公顷；投入1.4亿元完成靖石线高压线路改造，投入近1亿元完成110千伏生开线、35千伏园城线铁塔迁移及部分项目建设涉及到的管线迁移及架设；投入近600万元对区内部分路段和小区进行亮化，安装路灯785盏。

【拆迁安置】 重点组织实施公新公路拓宽、扬子江金属加工二期、新港城中心公园等21个项目的拆迁工作，涉及搬迁民房3658户、企业2家，全年签约1775户，腾房交拆1777户，拆除面积近53万平方米。加快推进斜桥五期、江澄苑二期、北六二期等15个安置房建设，建设总面积52万平方米，建成面积41.6万平方米，交付安置房2674套。

【城市建设】 市一中基本建成，9月正式对外招生，周边商贸开发健康发展，7.5万平方米的加州洋房开盘销售；渔婆北路汽车商贸城初见雏形，泰达别克4S店、奥迪4S店等一批汽车销售、维护企业相继入户。全面启动城南园区公所桥集镇改造工程，园区便民服务中心、政法中心、水利站均已开工建设，文体中心及11个小游园建设项目完成招投标；百富绅三期、人民路两侧原商业项目建设进展顺利。新港城标志性建筑——港区服务中心大厦主体工程已完成，正在进行室内、外装修；东阜小区幼儿园建成，港城医院、中心农贸市场、仲阳商贸物流城、天冠酒店、南方小麦交易市场按序时进度加快建设；西区公园、职教中心、外国语港城分校等项目进入方案论证阶段。

【资金保障】 加大区内国有资产整合力度，增强融资能力，合理调度资金，提高信用等级，确保到期贷款还贷后及时续贷，全年共还贷8.43亿元，转贷8.16亿元。组建港口发展有限公司，开展政企合作，借助实体公司平台进行融资，全年新增贷款13.4亿元。配合市国资委做好债券融资工作，并于9月成功发行，筹集社会资金15亿元。推行BT、BOT建设形式，引导民间资本参与开发建设，缓解建设资金不足的难题，年内建成污水处理厂、安置房等一批公共工程。

【民生工程】 组织创业培训、失业人员再就业培训和农村劳动力职业技能培训，提高创业就业成功率。做好失地农民“零就业”家庭援助服务，实现充分就业。全年免费开展失地农民创业就业培训70批次，培训总人数4000多人，创业就业率98%以上。做好被征地农民社会保障工作，全年为7648人办理被征地农民保险，为1470人办理新型城乡养老保险。继续推行平安开发区创建，加强社会治安综合治理、社会矛盾排查调处。制定和完善重大灾害天气、群体性事件应急预案，避免突发事件对社会造成重大危害。加强企业人员安全教育培训和现场防护，推动安全生产责任制再落实，重点开展船舶、危化品、人员密集场所等高危行业的安全检查。

【靖江经济开发区（船舶产业）被授予“江苏省新型工业化产业示范基地”称号】 近年来，开发区通过引导和扶持，推动船舶产业的结构调整和优化升级，实现船舶产业集聚发展、集约发展和创新发展，成为开发区的支柱产业。2010年，开发区造船完工量700万载重吨，经济总量500亿元，船舶出品量占全省总量的30%以上，占全国的10%以上。江苏省经信委经过综合会审、实地抽查等程序，授予靖江经济开发区（船舶产业）“江苏省新型工业化产业示范基地”称号。

【承办“科学发展、产业升级”论坛暨投资恳谈会】 12月6日，由靖江市委、市政府主办，靖江经济开发区承办的“科学发展、产业升级”论坛暨投资恳谈会召开。会议邀请来自全国各地的领导、专家、学者以及80多家外地客商代表，围绕“科学发展、产业升级”主题展开讨论。江苏省原副省长吴瑞林作关于加快谋划“十二五”的专题讲座。省发改委副主任魏然，省经信委副主任、省国防工办主任秦雁，省科技厅党组副书记、副厅长曹苏民，中国船舶工业行业协会常务副会长于世春，省知识产权局局长朱宇，省宏观经济研究院院长顾为东等嘉宾代表先后发言。活动期间，共有海洋工程平台、新型传动减速机、红外热像仪、新能源产业园等13个项目成功签约，总投资80亿元。项目建成投产后，预计可实现年开票销售350亿元、利税48亿元，新增就业岗位1万个。

（陈 伟）

江苏省泰兴经济开发区

【概况】2010年，泰兴经济开发区已建成面积16平方千米，按功能定位分为化工园区、高新技术产业园区、港口仓储物流区及行政商务区。其中，化工园区区域环评面积16.9平方千米，区内建有日处理能力10万吨的污水处理厂、年处理能力2万吨的固体废弃物处理中心、总装机容量14.5万千瓦的热电装置、日供水5万立方米的自来水厂，实行集中供热、供水、污水处理。沿江6千米深水岸线有化工、通用、油品等万吨级码头6座。精细化工成为开发区的主导特色，化工产业集聚效应逐步显现，离子膜烧碱、氯乙酸、聚硫橡胶、聚丙烯酰胺、羧甲基纤维素、活性染料等产品畅销国际国内市场。

年内，全区实现地区生产总值104.4亿元，比上年增长19%。其中，实现农业增加值2.08亿元、工业增加值91.16亿元、建筑业增加值12.32亿元、服务业增加值10.8亿元。完成财政总收入10.2亿元，实现工商税收收入9.56亿元、一般预算收入3.82亿元，分别增长21.78%和37.41%。完成工业总产值414.8亿元、销售收入387.3亿元、利税47.2亿元、利润26亿元，分别增长33.9%、29%、42.7%、62.7%；工业国税开票销售210亿元，增长43.8%，占泰兴市总量的45%。区内有产值超1亿元企业31家，其中，超20亿元企业2家、超5亿元企业9家。实现粮食总产量5.94万吨，新增高效规模农业106.67公顷、水产养殖45.33公顷。农民人均纯收入10624元，增长11.9%，高于泰兴市平均水平1286元。

优化招商模式，做好项目的引进、开工、建设，项目入区和产业集聚呈现良好态势。全年完成协议利用外资2.87亿美元，实际利用外资9865万美元。新引进盛泰科技日化园、梅兰化学氟材料、苏威环氧氯丙烷等10个投资1亿美元或7亿元以上重大项目，总投资113亿元。推进"科技兴区"战略，实现高新技术产业产值139亿元，比上年增长60.5%；企业申报专利211项，其中发明专利54项。

【项目建设】开展"重大项目推进年"活动，全年共有12个重大项目竣工投产，18个项目顺利开工。其中，阿克苏诺贝尔公司6万吨/年氯乙酸扩产项目竣工；沙桐煤焦油项目开工建设，一期投资总额9980万美元。至年末，在建项目29个，总投资100.5亿元，全部达产后可新增年产值240亿元。

【基础设施】全年投入基础设施建设资金12亿元，预征土地270.33公顷、完成拆迁评估1300户，签订拆迁协议1050户，拆除房屋1010户。滨江医院、石桥花园安置楼等重点工程顺利建成，企业集中办公区综合楼建成启用，行政商务中心初具雏形。污水处理厂二期、区内消防站和多条主要道路前期工程基本完工。开展农村环境综合整治，整理疏浚中沟5.2千米、村庄河道5.6千米，新建桥梁12座，改造泵站12座，维修涵闸15座，铺设硬质路面18千米，新栽树木1.3万株。

【环境保护】严格项目准入，提高化工项目准入门槛，严控污染重、体量小、附加值低的项目入园，全年有近20多个化工项目被拒绝入园；加大环保管理力度，严格对现有企业的监管和执法，进行废气和危险固废专项整治行动，新、改建废气治理装置14台，首家创设"国标"、"民标"同时验收的新模式。落实企业的安全生产主体责任和安委会成员单位的安全监管主体责任，全年无较大安全事故发生。加大公共安全硬件设施投入，完成区镇区域安全评价、消防规划编制等工作，启动实施企业联合消防站建设。

【社会事业】立足发展惠民，推进为民实事工程，区（镇）各项社会事业取得成效。推进教育现代化，区（镇）所有中小学、幼儿园顺利通过省级评估验收，新区学校基本建成，马甸初中校舍改造全面完成。加强农村文化阵地建设，丰富群众文化生活，洋思村农家书屋通过"省星级农家书屋"验收，3项非物质文化遗产项目入选泰州市非遗项目汇编。推进新型农村合作医疗，新建农村社区卫生服务站3个，新型合作医疗参合率达100%。逐步完善社会保障体系，城乡居民养老保险基本实现覆盖。开展劳务培训输出，实施创业扶持计划，完成农民工培训610人，输出剩余劳动力404人，扶持创业典型10个，新增自主创业586户，带动农民创业1632人。落实中央惠农政策，累计发放各类补贴956.84万元。新增计划生育新农村新家庭创建达标村5个，完成区域供水、农村饮用水安全工程任务和第六次全国人口普查阶段性工作。推行"法治滨江"、"平安区（镇）"建设，开展危化品安全专项整治，加快"省级生态工业园"创建步伐，区（镇）社会治安、安全生产形势和环境质量进一步好转。

（朱 炜 朱 鹏）

江苏省姜堰经济开发区

【概况】2010年，姜堰经济开发区实现工业纳税销售381亿元，比上年增长31%；实现财政总收入9.27亿元，其中一般预算收入4.45亿元，分别增长34.8%、35.6%。

加强招商队伍建设，加大招商活动力度，强化督查考核引导，全年完成签约项目36个，完成协议利用外资2.02亿美元，实际利用外资1.15万美元。其中民资项目29个，3000万元～5000万元项目4个、5000万元～1亿元项目5个、1亿元以上项目14个；外资项目7个，其中1000万美元～1亿美元项目4个、1亿美元以上项目2个。捷运绿托盘、新盛磨具新材料等3个项目获批省点供土地56.51公顷。签约项目数量、利用外资金额、重大项目规模均创历史新高。

【项目建设】 年内，全区新开工项目28个，其中1亿元以上项目6个、5000万元～1亿元项目6个。至年末，在建项目20个，其中1亿元以上项目6个、5000万元～1亿元项目4个。24个项目竣工投产，其中1亿元以上项目2个、5000万元～1亿元项目2个。

【基础配套设施建设】 全年完成天目路、纬一路、纬六路、经十路等5条道路的设计工作，完成经八路等4条道路4.3千米建设，开工建设经十路、纬六路等6条道路以及经八路四支河桥等5座桥梁，完成河道护坡工程1.2千米。新增绿化道路3条，完成120万平方米绿化管护，春季绿化造林面积10万平方米。做好拆迁安置工作，全年完成城北、三沙、唐宁、双寿、陈庄等地段近600户的拆迁，拆除面积11万平方米。做好马厂七期、许陆小区三沙安置区、唐宁安置区、石家岱小区、马厂自建区等安置区建设，群众的居住环境得到提升，区域发展空间得到拓展。

【区镇一体化】 实施区镇一体化战略，与桥头镇开展接对帮扶。开发区从发展规划、资金项目、配套政策等方面扶持桥头镇，桥头镇主动接受开发区的辐射带动，形成区镇优势互补、齐头并进的双赢局面。2010年，桥头镇实现工业纳税销售比上年增长33%，实现财政收入增长73.3%。新建桥头中小项目园区，全年入园1000万元以上项目9个、5000万元以上项目2个。

（于光宇）

姜堰开发区

口岸·港口

责任编辑 叶 彤

综 述

【概况】 2010年，泰州市不断优化口岸环境，提高通关效率，全市口岸通行能力得到提升，口岸指标继续保持快速增长势头，创历史最高水平。全年完成港口吞吐量9971.02万吨,比上年增长33.6%;进出口货运量802.57万吨,增长73.4%,其中进口586.53万吨,增长96.8%,出口216.06万吨,增长31.7%;集装箱运量10.03万标箱,增长21.2%;监管进出境船舶2155艘次,增长115.9%；监管进出境船员4.09万人次，增长118.6%。

【口岸开放】 经省政府批准，重新界定泰州港的开放范围，高港港区至泰兴港区实现全线开放，国电泰州发电有限公司煤码头实现对外开放，新荣修船码头、龙威粮油码头临时开放获交通运输部批准。杨湾海螺水泥二期码头对外开放通过市级预验收，双江化工码头临时开放通过市级论证。全年有100多艘国际航行船舶临时靠泊作业。

【口岸通关环境】 全市口岸各查验监管部门依法监管，规范运营，优化口岸通关环境。规范报关报验行为，深化通关作业改革，扶持扩大进出口，简化办事流程，全面推行风险管理，坚持24小时通关、节假日预约通关、“5+2”工作日等制度，进出口企业满意度不断提高。改善和优化口岸基础设施条件和服务环境，克服人手紧缺与业务量快速增长的矛盾，加快通关速度，促进口岸效率的提高和口岸竞争力的增强。

【组织对开放码头进行年度联合检查】 年内，组织对开放码头综合运行情况进行年度联合检查，强化码头企业安全生产和涉外管理意识，查找存在问题和事故隐患，督促企业对存在问题进行整改。

【副省长张卫国视察泰州口岸】 2月3日，江苏省副省长张卫国专程到泰州港江苏海企化工仓储有限公司码头，慰问检验检疫、海关、边防、海事等口岸查验单位的一线人员，了解海企码头生产经营状况和各口岸查验单位工作情况。

（陈菊芬）

出入境检验检疫

【概况】 2010年，泰州国检局共完成出入境检验检疫5.12万批，货值44.70亿美元，比上年分别增长22.03%和45.17%;检验检疫出入境船舶1373船次，增长62.68%;检验检疫进出境集装箱1.1万标箱，下降14.85%；检验检疫进境原木742万立方米，增长246.73%;进境木薯干73万吨，增长8.96%;进境植物油116万吨，增长16.00%；进口废物原料40万吨，下降23.08%；完成法定重量鉴定197万吨，增长36.9%;签发各类证单6.09万份，增长21.15%;检出不合格进出口商品877批，货值9.28亿美元；截获各类有害生物370种、11965种次，首次在进口美国大豆中截获种衣剂玉米，疫情疫病检出率和截获率居全省前列。

年内，在全市“万人评议机关”活动中，泰州国检局在垂直部门中获总分第一，第三次被市委、市政府授予“十佳服务地方发展单位”称号。局党组中心组在全市创先争优活动中，被市委组织部、宣传部授予“党组示范中心组”称号，并作为典型在全市创先争优工作大会上作经验交流发言。

【质量提升活动】选择标杆示范企业10家，在示范企业召开对比提升现场会，全年组织免费培训238次，有260家企业、405人次参与培训；组织专家解读各类产品标准和文件，76家企业、149人次到场听讲。开展“检地同行”主题活动，推动“大质检”机制建设，在《中国国门时报》、《中国质量报》、《江苏经济报》、《泰州日报》等媒体进行宣传，将检测工作整顿作为质量提升活动的重大行动，推动检测工作质量提升。

【服务地方发展】 年内，组织开展“质量提升进万企”，“树标杆、学典型、促提升”等活动，制定出台文件 12 份，推出服务举措30多项，全年减免检验检疫收费366万元。重点对中国医药城、出口加工区、纬创资通等重点项目和企业进行全过程服务，确保各重点进出口业务的顺利开展。主动与地方政府对接，共同召开推进会，协助靖江市政府引进外资，促进靖江口岸开放和港口经济发展，其中进口木材深加工区已逐步形成具有一定规模的黄金产业链，带动靖江口岸木材进口量的增加，全年木材进口212.1万立方米，比上年增长208.2%。

【兴化出口农产品示范区获省政府授牌】 8月19日，江苏省国检局和省农委、省海洋与渔业局联合在南京举行江苏出口食品农产品质量安全示范区授牌仪式。国家质检总局局长王勇、副局长魏传忠，省长罗志军、副省长黄莉新、省政府秘书长樊金龙，以及省局局长王伟等领导共同为全省7个示范区代表和9个示范基地代表授牌。其中，泰州市有1个示范区（兴化出口蔬菜质量安全示范区）和1个示范基地（顶能公司跃进村出境蔬菜种植基地）代表接受授牌。兴化出口蔬菜质量安全示范区运行一年多来，已为出口企业提供新鲜蔬菜原料40多万吨，出口脱水蔬菜成品近3万吨，创汇8000 万美元，为企业节省成本300多万元，货物的通关速度得到提高。同时，示范区安排当地农民2.5万多人就业，年发放工资2亿多元，受惠农户3万多户，促进地方“三农”经济的发展。

【检验检疫监管新模式获总局专家组认可】 3月10日，泰州国检局提出的出口宠物食品检验检疫监管新模式通过国家质检总局专家组认可。

【全国首次截获南方三棘果】 泰州国检局港办检疫人员在加拿大油菜籽杂草样品中截获有害生物，经江苏局植检实验室鉴定为南方三棘果。2011年1月20日，省局为此专门发出警示通报，要求加强对进境油菜籽的检验检疫。这是全国首次从进口加拿大油菜籽中截获南方三棘果。

【为出口企业减免关税4000多万美元】 年内，泰州国检局发挥推动泰州外向型经济发展的作用，共签发优惠产地证书3187份，货值1.51亿美元；签发亚太贸易协定证书等区域性优惠原产地证927份，货值3350.31万美元。按照平均6%的关税减免幅度计算，帮助出口企业利用各种优惠产地证书减免进口国关税4000多万美元。

【韩国食药厅考察泰州食品企业】 5月27日，韩国食药厅考察团一行对泰州地区输韩食品安全等问题进行现场考察，给予较高的评价。

【沥青实验室通过国家级重点实验室验收】 12月8～10日，国家质检总局组织验收考核组对泰州国检局沥青实验室进行为期两天的考核验收。考核组一致认为，该实验室满足国家级重点实验室的验收标准和要求，通过现场验收。

【疫情截获取得历史突破】 2010年，泰州口岸动植物疫情截获水平取得历史性突破，有害生物截获种类和种次数居全省前三位。全年共截获各类有害生物360种、12014种次，比上年分别增长73.9%和226.1%，其中检疫性有害生物32种、1318种次，分别增长88.2%和244.1%。

【举行联合反恐演习】 4月29日，泰州国检局、边防站、海关在泰州港联合举行反恐演习，演练反生物恐怖袭击的应变处置。此次反恐演习为泰州口岸首次进行的联合演习，实地检验泰州口岸联检部门应对突发事件的处置能力，提高国检、边防、海关等部门协同反恐应变处置能力。

【泰州口岸首次进口椰子粕】 4月23日，越南籍外轮“VINH”号散货船靠泊于泰州过船码头，该轮装载3300吨菲律宾椰子粕、货值39.32万美元，这是泰州口岸首次进口椰子粕。港办检疫人员查阅相关资料、文件规范等，进行椰子粕检验检疫质量策划，确保椰子粕顺利入境。

【泰州口岸首次开展船舶电讯检疫】 11月13日，泰州国检局港办检验检疫人员为一艘来自日本音户的巴拿马籍船舶“亚力”轮首次办理电讯检疫。此次船舶电讯检疫的成功实施，不仅丰富泰州口岸船舶检疫的模式，而且为国示航行船舶提供多种选择，提高船舶检疫的效率。

【两家企业获“全国进出口质量诚信企业”称号】 12月11日，江苏双登集团有限公司和江苏三江电器集团有限公司两家企业被国家质检总局授予“全国进出口质量诚信企业”称号。企业在获得该称号的两年内，将优先享有一类管理、绿色通道、直通放行等检验检疫便利措施。

【加拿大驻华大使馆副领事到泰考察进境油菜籽】 1月20日，加拿大驻华大使馆参赞兼副领事陈燕平博士专程到泰，考察泰州益海粮油有限公司进境油菜籽检验检疫有关事宜，并与泰州国检局共同探讨和解决进境油菜籽检验检疫中的问题。

（高振兴　刘　婧）

海　关

【概况】 2010年，泰州海关结合开放创新“双轮驱动”的发展战略，优化泰州进出口通关环境。强化综合治税，加强规范管理，推进管理强关和大监管体系建设。全年累计征收税款35.18亿元，其中征收关税6.38亿元，进口环节代征税28.80亿元；审核进出口报关单13089份；办理减免税手续139票，为企业减免税款4706万元；监管进出口货物1110万吨，监管进出口标箱29040个，监管进出境船舶2155艘次；加工贸易合同备案1490份，累计备案金额13.5亿美元。

【缉私分局】 以准军事化海关纪律部队建设统筹队伍建设各项工作。继续保持打击走私高压态势，推进执法规范化建设。严格落实“宽严相济”的理性司法政策，形成缉私与稽查联合行动的长效机制，巩固分工协作、优势互补的反走私工作格局。全年立案侦查刑事案件1起，案值460多万元，涉嫌偷逃税款102万元，抓获走私犯罪嫌疑人2人，采取监视居住强制措施2人次；立案调查行政案件13起，案值1100多万元，涉税80多万元，核查线索23起；审理终结案件19起，罚没入库29.33万元，补税28.8万元。

【大监管体系建设】 制定并实施《泰州海关大监管体系建设实施办法》。整合减免税核查、加工贸易后续核查、企业稽查职能，由稽查科统一管理，实现“三查合一”。从稽查科剥离企业管理、统计、风险分析职能，从监管科剥离加工贸易核销职能，并入加工贸易监管科，初步形成大监管体系的框架。以舱单管理为主线，提高布控针对性。推进监管场所规范整改和实地巡察，对新建监管场建设加强实地指导，推进海关监管场所标准化建设。落实海关贸易管制措施，加大违禁物品查缉力度。深化加工贸易监管制度和监管方式改革，推动新型保税监管体系建设。落实“守法便利、失信惩戒”措施，加强企业分类管理，规范企业经营行为。

【管理强关建设】 树立建设“让中央放心、让人民满意”的管理强关目标，开展“贯彻学习管理强关”活动，在全员中树立起管理强关统一的价值观和远景目标。完善管理制度，严格队伍管理，加强准军事化纪律部队建设。加强内务管理、关容关纪、车辆管理和工作考勤等检查力度；加强关警员日常行为考核，结合HL2008、督查内审和全面质量管理等系统，将考核与业务指标直接挂钩。加强对权力运行过程的制约和监控。

【分类通关试点】 根据海关总署和南京海关的部署，开展分类通关试点。进一步完善担保验放便利措施，探索两次申报管理模式。优化企业单证暂存条件，扩大适用单证暂存范围。加快无纸化通关建设，逐步以电子数据代替纸质单证。严格落实出口货物“有货报关”制度，全面规范监管场所管理。发挥舱单的基础作用，加强对进出境运输工具的监管，提高风险布控、查验的针对性和有效性。树立“由企及物”的守法理念，突出企业守法管理。优化审单作业模式，高风险、需专业审单报关单由直属海关审单部门负责，其它报关单，按“低风险快速放行”、“低风险快速审核”和“高风险重点审核”作业。试运行1年，利用“低风险快速放行”模式快速验放2512份出口报关单。

【创新服务举措】 在泰州、泰兴、靖江3个片区开展新年政策宣讲活动，定期举办海关业务培训班，加强政策指导。及时向社会发布监测预警信息，通过《海关情况通报》、《海关情况专报》等载体向地方政府建言献策。推行分类通关改革，推广和完善加工贸易企业守法承诺制。在关市合作备忘录的框架内，创新职能实现方式，针对泰州产业振兴发展规划，开展油气液体化工系统、船舶行业加工贸易监管模式试点。及时跟踪中国医药城、泰州出口加工区等产业区域的建设、运作监管需求，提供规划指导、监管条件等方面的支持。为相关企业提供“预监管”、“驻厂查验”等个性化服务和预约加班制度。

（潘　越）

海　　事

【概况】 2010年，泰州海事局加强水上安全监管工作，稳定辖区通航安全形势，提高海事监管和服务水平。全年完成船舶签证94799艘次，国际航行船舶进出口查验1322艘次，办理船舶载运危险货物申报6347份，危险品船舶载货量718.5万吨，办理水工作业审批48件，防污染作业许可173件，港口作业报备571件，发布航行通告115份；VTS中心接收船舶报告92671艘次，跟踪监控船舶65492艘次，提供信息服务48215条，提供助航服务419次，发布航行安全信息228次；完成内河船舶安全检查195艘次，中国籍海船安全检查37艘次，PSC检查22艘次；组织实施水上救助行动80次，成功救助船舶101艘、人员717人次。

启动以“服务泰州经济发展、争当水上安全卫士”为主题的创先争优活动，开展“省级文明单位”、“省级文明行业”争创活动和“四示范”创建工作。年内，获“江苏省文明行业”称号，大桥基地获泰州市“五一文明班组”和泰州市“青年文明号”称号。2010年，政风社会满意度为94.97%，居江苏海事局第2，连续7年保持在90%以上。

【水上交通安全】 落实水上巡航计划和陆域巡查计划，强化海巡艇“四定”巡航执法机制，推行“夜间巡航”、“高峰巡航”和“重点驻守”等针对性措施，保障辖区水上交通安全。深化与常州、镇江联动巡航机制和协同配合机制，提高巡航工作的针对性和有效性；发挥VTS和AIS系统作用，将渡运水域列入专门窗口实施监控，将所有渡船纳入重点船舶进行监管，加大对渡运水域和渡口的日常监督检查；通过运行事故调查官负责制、现场巡查随艇监督员负责制、VTS运行工班长负责制、水上搜救指定人员负责制“四个负责制”和VTS与海巡艇一体化、巡航与救助一体化“两个一体化”，遏制辖区水上事故发生势头。

【世博会期间水上安保工作】 及时张贴公告、发放文件和资料，广泛进行动员宣传；组织船舶安检、船舶签证等骨干人员参加船舶安全检查和签证管理专项培训，把好船舶签证关和安全检查关；开展应急反应演练。将世博会期间水上安保工作列为专项督察内容，反复进行部署和检查，解决世博安保工作中存在的难点和问题。与泰州边检站、水上公安等多部门签订协作方案，从“密切协作、群防群治、加强查缉、服从指挥”四方面共同做好泰州口岸的安保工作，维护上海世博会期间水上交通秩序稳定。

【水上安全生产检查】 根据“自查为三、督导为辅、全面检查和重点抽查相结合”的检查原则，全面开展水上交通安全大检查工作。落实企业安全生产主体责任，督促辖区涉水企业从安全管理制度的建立、安全生产责任的分解、安全措施的落实、应急预案的制定演练等方面开展隐患排查工作；针对排查出的各类安全隐患，制定整改措施，合理利用行政指导等方式帮助企业开展安全隐患治理工作。水上交通安全大检查活动期间，共出动海巡艇90艘次、执法车辆60车次、执法人员90多人次，抽查船厂12家、危险品码头8座、航运公司2家、水上服务区3家、客汽渡单位2家，发放整改通知书20份。

【打击船舶超载运输】 年内，将打击船舶超载运输行为作为工作重点，及时下达专项整治方案，建立闭环式反超责任制。主动走访船闸管理部门，探讨建立协同合作机制，通过开通24小时联络电话、及时通报违章信息、联合管控、内堵外查等方式，打击逃逸监管的过闸超载运输船舶，形成反超合力。严查船舶超载运输、不在规定水域内锚泊作业等违法行为。活动期间，累计出动海巡艇1165艘次、执法人员3002人次、执法车辆699车次，检查船舶1.43万艘次，发现超载运输船舶106艘次，制作船舶协查通报46起，立案查处84艘次。

【服务泰州大桥建设】 继续坚持VTS“一个中心”，全天候对桥区水域监控，严把“施工准入、事故预防”2个关口，构筑“泰州辖区船舶动态报告线、桥区核报线、桥区上下界线”3道防线，执行“月度例会制度、水上安全教育培训制度、安全信息通报制度、作业专题分析会议制度”4项制度，严格落实海巡艇定艇、定人、定区域的“三定”巡航机制。做好泰州大桥先导索过江、猫道架设等重点项目建设施工维护工作。自泰州大桥开工建设到2010年末，累计投入现场监督力量8817人次，巡逻艇出艇4792航次、航行16674小时，实现桥区“施工零干扰、通航零中断、水上零险情”的目标。

【服务航运经济发展】 完善船舶登记工作制度，通过在线访谈、发布通告、召开宣贯会等形式做好宣传工作，在顺利通过部海事局验收后正式开展海船登记工作。全面推行诚信代理制度，提供‘快速通道”和

“免于正本查验”等多项优惠政策，营造讲诚信、守规范的良性竞争氛围。继续贯彻“5+2”工作制和24小时服务制，为国际航行船舶进出港提供多种便利措施，提高船舶周转效率。强化对拆船企业的管理与服务，制定并落实安全管理措施，确保安全拆解、绿色拆解，全年共办理废钢船拆解手续11艘次，未发生安全和污染事故。

【机构“处”改“局”】 顺利实现机构“处”改“局”，完成机构升级。理顺业务关系，完善内设机构，新增纪检监察室、监管处和装备与信息处，实现指挥中心、执法支队和VTS中心的分离，完成泰州靖江海事处交接工作并正式对外开展业务。修订完善海事管理体系，正式公布运行泰州海事局海事管理体系1.0版，对泰州海事处成立以来发布的80个内部规范进行集中清理。

（杨俊杰）

外 轮 理 货

【概况】 2010年，泰州中理外轮理货公司面对港口吞吐量小、货源品种单一等严峻形势，加强与相关部门、代理、货主的联系，稳定老客户，发展新客户。全年共受理进出口船舶713艘次，完成件杂货理货量25.38万吨，船舶理箱量27330标准箱，装拆箱理货量13683标准箱，散货水尺公估业务430.09万吨。

强化安全责任目标制度，健全和完善安全生产责任体系，开展以“治理隐患、防范事故”为主题的安全生产月活动。加强安全法律法规、知识技能等宣传教育工作，提升全体员工安全意识、安全行为和公司整体安全生产水平。

改进服务措施，提供优质服务，把服务质量工作从事后检查转移到事前预控，提高服务客户的能力。推行友情服务、增值服务、延伸服务等创新服务。发放征求意见书200多份，走访客户40多家，年内未发生一起客户投诉。通过ISO9001：2008质量体系认证年度外审。全年理货船舶到数率100%，理货数字准确率100%，客户满意率和制单达标率均为100%。

（丁　华）

港口运行和管理

【概况】 2010年，全市沿江港口货物吞吐量累计完成9971.02万吨，比上年增长33.58%。其中，外贸吞吐量802.57万吨，增长73.4%；集装箱吞吐量10.03万标箱，增长21.22%。全市沿江港口完成投资10.16亿元，建成9个万吨级泊位，新增货物年通过能力1642万吨。至年末，沿江港口共拥有万吨级以上生产性泊位43个，占全省的11%，综合通过能力达9477万吨，港口的大型化、专业化、规模化程度明显提升。

年内，正在编制的《泰州内河港总体规划》取得中间成果，进行征求各县（市）交通（港口）管理部门意见。开展全市港口“十二五”发展规划的研究编制工作，该规划已结题，并获市级二等奖。

【举办迎世博港口安保演练】 3月25日，泰州港举办迎上海世博会港口设施安保演练。演练模拟泰州港泰兴港区液体化工码头无船舶靠泊作业、社会闲散人员潜入码头实施破坏场景。

【成立首家外轮代理有限公司】 4月18日，中国远洋物流有限公司和中国外轮代理有限公司投资成立全资子公司——泰州外轮代理有限公司，并正式开业运营。

【2家大型公用码头工程通过竣工验收】 4月29日，泰州港靖江港区新港作业区一期、二期码头工程通过省交通厅组织的竣工验收。

【城北物流作业区六号码头工程设计方案通过联合审查】 7月13日，泰州市城北物流作业区六号码头工程初步设计、施工图设计方案通过由港口、水利、航道、海事等部门组织的联合审查。城北物流作业区六号码头是全市内河港口最大的公用码头，建成后将完善全市公铁水联运系统，最大限度地发挥港区联动效应。

【11家对外开放码头“港口设施保安符合证书”全部通过省港口局年度核验】 10月21日，省港口局“港口设施保安符合证书”核验组到泰，对泰州港务集团件杂货码头、杨湾海螺水泥码头等11家对外开放码头进行年度核验，并全部通过验收。

【全省第96期危险货物港口作业培训在泰州开班】 11月19日，江苏省第96期港口危险货物作业培训在泰州开班。来自全省各地从事港口危险货物运输的管理、作业等90名学员参加培训。

（张新民）

旅游·园林·绿化

责任编辑　叶　彤

旅　　游

【概况】2010年，泰州市以把旅游业培育成新兴产业和现代优质服务业为目标，加强旅游项目资源的整合和开发，加强旅游宣传促销和行业管理，健全完善旅游业发展机制，旅游市场持续升温。全年共接待国内外旅游者1080.73万人次，比上年增长17.4%；实现旅游总收入120.61亿元，增长23.3%。

【泰州市旅游业发展“十二五”专项规划】对《泰州市旅游业发展“十一五”专项规划》执行情况进行跟踪性评估，规划指标所涉及任务大部分均完成。开展全市旅游资源普查，委托东南大学编制组编写《泰州市旅游业发展研究报告》，形成《泰州市旅游业发展“十二五”专项规划》征求意见稿。

【旅游发展资金上争】年内，凤城河风景区、稻河古街区、光孝律寺、海陵农业园区、兴化乌巾荡风景区、千岛菜花风景区、泰兴黄桥历史文化红色旅游、生态农业观光旅游、江岸生态公园、黄桥观光休闲生态果园、姜堰溱湖风景区和河横村、靖江金色四季生态旅游观光园等13个项目共获省级现代服务业（旅游产业）发展专项引导资金580万元。兴化市水上森林生态园区基础设施配套建设项目获国家级旅游专项资金补助80万元。

【旅游资源整合】对市区旅游资源情况逐一摸查，专题研究市区旅游资源整合工作并形成整合建议方案，报经市政府常务会议通过并组织实施。将原隶属于市文化局的梅兰芳纪念馆、学政试院、崇儒祠和原隶属于市园林局的乔园、都天行宫5个景点划转到市凤城河风景区。

【旅游管理】行业创建。年内，全市新评旅游星级饭店3家，其中三星级2家（泰州富士吉大酒店、兴化凤凰大酒店）、预备三星级1家（高港宝丰联商务会所）。13家星级饭店入选长三角世博旅游接待推荐饭店。新成立旅行社5家、旅行社分社2家，做好5家旅行社门市部及25家出境旅游委托招徕业务旅行社的备案工作。全年获批国家3A级旅游景区1家（中国人民解放军海军诞生地纪念馆），2A级旅游景区1家（高港雕花楼）；溱潼古镇4A级景区创建工作通过省局初检，溱湖国家湿地公园开展5A级景区创建工作。获批江苏省三、四星级乡村旅游点各1家（溱湖湿地农业生态园、江苏省现代农业综合开发示范区）。黄桥镇创建“全国特色景观旅游名镇”并通过省级验收。泰州宾馆、姜堰环球旅行社获批省级旅游行业文明单位。

市场监管。制定实施《泰州市星级旅游饭店互访互查制度实施办法》，采用明查和暗访相结合的方式，对全市星级饭店进行全面系统检查。建立星级访查员队伍，保证访查活动质量。开展各类旅游市场专项整治，整顿旅游企业不规范经营行为，强化对旅行社经营范围监管力度。

导游队伍建设。创新导游员年审制度，改变以往年审时间固定，形式单一的状况，设置导游大赛、跟名导走长三角、重点景区现场导游三大年审备选方式，由导游员自选时间、自选项目、自选老师，提升导游年审的实效。10月，泰州市代表团在江苏省导游技能大赛中获团体三等奖，为参赛以来历届最好名次。叶小燕、徐晓芳、孙菡、卢静雅4人获个人三等奖，并被省旅游局授予“江苏省旅游行业优秀导游”称号。

【旅游营销】 *对接上海世博会*。年内，为适应和激发上海世博会旅游客源的延伸需求，筹划组织“世博主题体验之旅”泰州体验团活动、国旅总社入境游、世博旅游新产品考察团活动、“年轻的世博 青春风采”2010上海世博会礼仪风采泰州启航仪式暨长三角重点旅行商泰州行活动、泰州世博旅游上海宣传周活动、世博主题体验之旅泰州示范点揭牌仪式；组团参加“2010走进世博—旅游大篷车”、“2010年迎世博大型旅游咨询宣传活动”、上海世博会旅游行业试运营演练等活动。针对世博旅游市场，推出制作的宣传资料和宣传品。

“南京万人游泰州”活动。3月20日，“南京—泰州旅游直通车首发暨南京万人游泰州活动欢迎仪式”在泰州老街举办，首批15辆直通车、680多名游客抵达泰州。副市长刘励出席开幕式，并给首发团授旗。

西安·泰州旅游专场推介会。4月8～12日，泰州市作为西安第十四届中国东西部合作与投资贸易洽谈会江苏省主办城市，在西安举办泰州旅游专场推介会。市委常委、常务副市长杨峰作泰州旅游推介说明，陕西省旅游局副局长部家福出席推介会。

泰州世博旅游大篷车华北巡回推介活动。为吸引华北地区世博过境游客源，开拓新兴客源市场，7月19～24日，市旅游局、凤城河风景区管委会、兴化市旅游局等重点旅游企事业单位组成泰州世博旅游大篷车，赴河南、山东等华北市场举办以“水天堂·夜游城”为主题的泰州旅游巡回推介活动。大篷车走访郑州、济南、淄博、青岛，向各地旅行社推介泰州旅游特色和优惠政策，凤城河风景区、泰州华侨城等景区与各地重点组团旅行社签订合作协议。巡回推介活动后，山东济南、青岛等地近100家旅行社组团到泰考察踩线并试发团，下半年，全市来自华北地区游客量激增。

入选世博主题体验之旅“2010最受欢迎奖”。10月8日，由上海、江苏和浙江三地旅游局联合主办的世博主题体验之旅“2010最受欢迎奖”评定正式启动。主办方邀请有关专家，根据世博主题体验之旅示范点和线路的知晓度、美誉度、服务质量、游客数量等评价指标，结合旅游者、旅游专栏记者、指定组团旅行社、指定分销平台的推荐投票，于11月18日评定出20个最受欢迎的世博主题体验之旅示范点和10条最受欢迎的世博主题体验之旅线路。泰州市报送的世博旅游示范点“马可·波罗的幸福生活（泰州·凤城河/梅兰芳纪念馆/桃园老街/望海楼）”和世博旅游线路“亲近苏北·生态之州”成功入选。

“温泉夜游”深度踩线之旅。为抢抓“后世博”旅游市场，强化宣传泰州旅游春季新品，2010年12月～2011年1月，市旅游局邀请上海静安、徐汇、黄埔、浦东四区和南京、苏州、无锡、常州四市共200多家旅行社和新闻媒体代表来泰参加2011泰州旅游春季新品踩线洽谈。凤城河风景区、溱湖国家湿地公园、泰州华侨城、兴化千岛菜花景区等重点旅游景区向旅行商和媒体推介各自特色和优惠政策，并与各地重点组团旅行社签订全年合作协议及旅游节期间组团到泰的合作协议。

【首届形象导游大赛】 4月11日，“水天堂·夜游城”杯泰州市形象导游大赛在泰州电视台演播大厅举行决赛。本次大赛由市旅游局主办，中国移动泰州分公司协办。大赛分初赛、复赛、决赛三个阶段，从200多名选手中决出15名进入决赛。通过“景点现场模拟讲解”、“知识问答”及“才艺展示”三个环节比拼，最终决出一、二、三等奖，并由观众通过手机投票产生“最佳口才奖”、“最佳才艺奖”、“最佳人气奖”。徐岑、吴悠获一等奖，卢静雅、闫丹丹、王国锐、周雪娇、金甜甜获二等奖，赵丹、周进、占何芬、戴涵、徐荣荣、邱琳琳、梁思婧、王娅苹获三等奖，周进、吴悠和卢静雅分获“最佳口才奖”、“最佳才艺奖”及“最佳人气奖”。

【参加上海世博会第5次试运营演练】 4月25日，泰州市组织6000人参加上海世博会第5次试运营演练，此次演练为上海世博会开幕式前最重要、规模最大的演练活动。泰州市参演人员为来自四市二区的机关、企事业单位团组和各行各业干部职工。市旅游局编制各项工作预案，与上海方全方位对接，密切协调，同时与全市所有承办旅行社签订目标责任状，提高组织化程度，做好演练服务工作。泰州市世博试运营演练参演工作保障有力，未发生1例旅游投诉、落园及其他安全事故，实现“安全、有序、顺利、圆满”的目标。5月，上海世博组委会向泰州市发来感谢信。

（王 蕊）

园 林 绿 化

【概况】“十一五”期间，市区建成区共新增绿地581公顷，其中公园绿地近200公顷，新建公园6个、游园18处。泰山公园于2008年被评为国家“AAA”级旅游景区，扬派盆景技艺分别于2006年和2008年被列为省级和国家级非物质文化遗产名录。泰州市分别于2006年和2010年被评为江苏省园林城市和国家园林城市。2010年，市区建成区新增绿地159.14公顷，建成区绿地面积2385公顷，绿化覆盖面积2653公顷，绿地率36.69%，绿化覆盖率40.82%；公园绿地面积594公顷，人均公园绿地9.34平方米。

【城市道路绿化建设】组织实施园博园周边海陵南路、鼓楼南路和海军路以及经济开发区永定西路、纬六路、吴陵南路、祥泰路（引江大道）共7条路的道路绿化工程；组织实施药城会展中心景观绿化工程和药南大道绿化工程，共新增绿地面积达80万平方米。

【小游园建设】分别在新、老城区组织实施东风路游园和鹏欣游园绿化工程。两个游园建设以植物造景为主，简单搭配休闲广场和休闲设施，年内均已全部竣工，其中东风路游园位于凤凰东路和东风路西南交叉口，占地1.1万平方米，四周以园林地形为基础、乡土植物绿化为造景材料，中间以小型活动广场为景观节点，点缀休闲亭台、廊架、廉政文化景墙和溪涧式叠水景观等元素而构成的街头休闲绿地。

【徒步巡活动】组织策划“管养细节徒步巡，全员行动找不足”活动，园林系统干部职工120多人分为18个巡查小组，分布到局辖道路绿化路段的18个段节中，以徒步的方式对市区主要干道绿化养护进行查找和评议。经过总长75千米的徒步查找，共收到养护意见和建议1000多条。对梅兰东路（东风路—328国道）、春晖路（迎春路—凤凰路）、育才路（春晖路—春兰路）、迎宾路（春晖路—经东三路）、春兰路（东泰花园—迎宾路）、经东三路的绿化进行集中整治。

【园林绿化三级管理机制】全面推行园林绿化“三级管护”模式，由市园林局联络员负责绿化事件的协调、指导，养护处监管员负责养护问题的查找、督办，养护单位巡查员负责具体处理日常养护工作。在市区主要道路上设置“养护责任牌”，责任牌内容涵盖责任路段（范围）、园林局联络员、养护处监管员、养护单位巡查员以及各级责任人的联系电话，方便市民举报监督。

【天德湖公园活动】天德湖公园于2009年建成开放。年内，先后组织开展“2010年新春大型游园灯会”、“祥泰笔韵六人书画展”、市首届“市民生活文化节”、百姓大舞台“我们的节日·端午”民俗风情专场文艺演出、“2010泰州金秋房博会”及“七夕水上狂欢节”和为期1个月的“水上乐翻天”等多项大型活动，全年共接待游客约100万人次，游客综合满意率达98%以上。

【各类花事竞赛】参与第八届中国杜鹃花展和第四届中国月季花展暨2010世界月季联合会区域性大会。其中，在第八届中国杜鹃花展中，参展作品《秀山春色》、《山花烂漫时》和《绚丽》分获金奖、银奖和铜奖，室内展台荣获铜奖，获奖率居所有参展城市（单位）第1；在第四届中国月季花展中，参展作品《月季插花》和《月季景点》获1银4铜。

（卢红杰　徐　莉）

【全民义务植树活动】3月10日，市四套班子领导、市级机关部门负责人及泰州医药高新技术产业开发区管委会等150多人，在泰州医药城药城大道参加全民义务植树活动，共栽植15厘米栾树400多株，绿化面积1.8公顷。3月12日，全市1000多人在天德湖公园参加以“巩固创园成果，建设生态泰州”为主题的全民义务植树活动，共种植苗木1000多株，其中，400多户家庭参加植树和认养活动。

【村庄绿化】各市（区）围绕改善农村人居环境这一主题，开展省级“绿化示范村”的创建工作，把村庄绿化作为全体林业生产的中心工作。一是加强组织发动。召开观摩会，各市（区）之间相互学习借鉴，对典型镇、村绿化进行集中宣传报道，提高广大群众对村庄绿化工作重要性的认识。二是层层落实责任。在全市林业绿化工作会议上，根据年内建设100个绿化示范村、500个绿化合格村目标任务，分别市（区）签定责任状，由各市（区）再将任务分解到镇村。三是强化分类指导。以增加绿量、美化环境为目标，突出体现“整体协调、城乡统筹”的理念，通南和沿江地区结合庄内片林改造、四旁隙地绿化，建设“小花园”、“小竹园”、“小果园”。里下河地区着重发展主次干道绿化和四旁植树，以村庄防护林、圩堤绿化、垛格造林为补充，利用周边隙地，扩展村庄成片林面积。四是加大资金筹措力度。运用市场机制，按照“谁开发、谁所有、谁收益”的原则，探索林业经营新机制，支持鼓励企业、个人参与村庄绿化建设，发展包括非公有制企业、个人在内的多种所有制林业。五是强化考核措施，严格奖惩兑现。采取以奖代补的形式，拿出部分资金按照村庄绿化水平高低，区分档次，参照一定的比例数严格兑现奖惩。全市达到省级绿化示范村标准的村庄有145个，姜堰和靖江市成为全省第二批村庄绿化整体推进县（区），并于8月通过省林业局组织的社会主义新农村村庄绿化项目检查验收。

【国债项目工作】 年内，全市上争防护林工程中央预算内投资项目730万元，其中兴化340万元，姜堰200万元，靖江160万元，海陵80万元。各市（区）加强国债防护林工程项目建设，市林业部门及时将新增中央预算内投资计划下达给各市（区），并完成各市区上报的项目作业设计书审核审批工作，同时将项目资金尽快下达给各项目建设主管单位，年内各项目进展顺利。争取江苏省长江中下游湿生树种良种繁育基地建设项目1个，总投资350万元，建设单位为姜堰市林业中心，建设内容及规模为湿生树种良种繁育基地30公顷及配套设施建设，项目建成后将提高里下河地区湿生树种的品种选择，为水网地区造林绿化提供苗木保障。

【森林资源清查】 4月，全市第八次森林资源清查工作（一类调查）进入准备阶段，6月正式展开外业工作，经过野外调查作业和内业汇总，全市森林资源一类调查工作于8月底前顺利完成，所有内、外业通过国家林业局华东院和省森林资源监测中心专家3次检查。

（沙文林）

凤城河风景区

【概况】 凤城河风景区即环城河风景区，景区范围包括泰州环城河及市区凤凰河部分。2010年，景区共接待游客近120万人次，实现旅游收入近800万元，景区管委会被授予“江苏省文明单位”称号。

推进市重点工程——凤城河风景区建设。三水湾时尚休闲街区、泰州中国传统建筑风水文化博物馆全面建成并对外开放，中国评书评话博物馆与中国曲艺家协会签订共建协议，成功引进大连万达集团入驻开工。参与第二届泰州国际旅游节活动，承办世博礼仪泰州启航仪式。在全国形成较大影响，由梅兰芳纪念馆、桃园、老街、望海楼组成的“马可·波罗的幸福生活”旅游线路高票获评世博主题旅游奖。

【旅游项目策划】 围绕打造国家级风景名胜区的要求，策划实施旅游精品项目。完成泰州中国传统建筑风水文化博物馆的建设、布展工作，于12月28日正式揭牌并对外开放，成为国内首家研究、展示、宣传中国传统建筑风水文化知识的主题博物馆。推进中国评书评话博物馆筹建工作，9月与中国曲艺家协会签订共建合作协议，提升柳园项目文化内涵。做好南山寺文化梳理及策划工作，将其打造成弘扬泰州佛教文化的重要载体。启动人类自然灾难体验场前期策划创意工作，年内完成项目立项申报，建成后将成为提高泰州旅游档次、集聚泰州旅游人气的亮点旅游项目。

【景区建设】 加大力度推进景区工程建设。做好大连万达集团入驻服务工作，筹集近8亿元拆迁资金，承担合同约定谈判事宜，协同海陵区政府完成其建设范围内1100多户房屋拆迁，配合做好证件申领、泵站迁移、管线迁移等施工前相关准备，保障万达工程8月12日顺利开工建设。全面完成三水湾时尚休闲街区建设扫尾、商户引进、入驻装修工作。9月，街区正式对外开放。推进凤城河环境综合整治工程，协同相关部门单位，实施完成凤城河滨水区域总体规划修编、沿河景观概念性规划深化设计及西、南城河沿河房屋拆迁调查，并启动东城河、北城河及景区全线夜景照明亮化提升工程。启动柳园及三水湾二期、南山寺及福龙桥工程，协同海陵区政府完成柳园、南山寺区域内所涉123户居民及厂房拆迁，启动项目规划编制；福龙桥施工单位进场实施，施工涉及的宫涵地块完成拆迁调查。

【景区管理】 创新管理服务模式，利用南京1912美力三采公司的品牌及人力资源，通过市场招投标确定物业管理单位，探索景区管理服务外包管理模式，提高景区自主管理水平。规范管理服务行为，对景区相关管理制度、服务接待流程进行进一步梳理和规范，以制度规范管理服务行为。开展岗位技能培训、技能竞赛系列活动，提高窗口人员服务技能，确保提供规范的旅游服务。健全巡查督查体系，建立专门督查工作机构，采取明查暗访、随机检查、月度考核等方式，对景区岗位人员的服务行为、履职情况进行严格考核。

【旅游市场开发】 立足全面提升景区在旅游市场的知名度和占有率，积极做好旅游市场开发工作。成功承办由共青团中央、上海世博局授权，江苏省文明委、泰州市政府联合主办的世博礼仪启航仪式晚会；以华东客源市场为主，华中、华北旅游市场为辅，兼顾香港、台湾及海外市场，组织人员开展专场推介，扩大景区在旅游市场的影响；邀请新华社、中新社、中央电视台、《中国旅游报》等一批具有影响力的新闻媒体到景区实地考察，进行广泛报道。通过系列宣传推介活动，景区"水天堂·夜游城"旅游品牌形象进一步确立。

【承办世博礼仪泰州启航仪式】 4月16日，由共青团中央和上海世博局授权，江苏省文明办、泰州市政府联合主办的世博礼仪启航仪式在凤城河望海楼景区举行。市委书记张雷，市长姚建华，省文明办副主任韩松林及市部分四套领导班子，30多家"长三角"重点旅行社老总及1000多名市民一起观看演出。上海世博会事务协调局专门发来贺电，《新华日报》、东方卫视等20家国内主流媒体对晚会盛况进行报道。本次活动的成功举办，充分展示泰州深厚的历史文化底蕴和凤城河风景区"水天堂·夜游城"独特的旅游品牌魅力，在全国旅游市场形成较大影响。

【中国评书评话博物馆】 中国评书评话博物馆选址于评话艺术宗师柳敬亭故居所在地泰州柳园内，占地5.33公顷，总投资2亿元，是国内唯一的评书评话博物馆及泰州首个国字号博物馆。博物馆筹建之初，得到中国曲艺家协会及业界知名人士的关注和支持。10月23日，中国曲艺家协会与泰州市政府在南京签署共建合作协议，共同将其打造成中国评书评话艺术展示、研究、培训以及比赛和表演的基地。博物馆主体建筑将由上海世博会中国馆总建筑师何镜堂院士担纲设计，预计2011年底建成。

【大连万达集团引进入驻】 2009年末，凤城河风景区管委会与大连万达集团达成初步合作意向，2010年3月12日正式签署协议。为保障其顺利入驻，景区管委会按照"一站式服务"的要求，协同海陵区政府，做好开工前各项准备工作，完成建设范围内1100多户房屋的拆迁。8月12日，泰州万达广场举行开工奠基仪式，预计2011年底全面建成。

【三水湾时尚休闲街区正式开街】 泰州三水湾时尚休闲街区位于凤城河景区与鼓楼南路的接合处，依托13.8公顷凤凰岛生态园基地便利的交通停车设施，建设1.5万平方米的民国风格建筑，开设中国建筑风水文化博物馆，引进高档会所、品牌餐饮和知名酒吧，是一个兼容文化气质、创新意识、环保精神和生活魅力的时尚空间。项目于2009年启动建设，2010年4月街区通过竣工验收，9月28日晚，三水湾时尚休闲街区正式开街。开街活动采用开放式、遍地秀的方式，吸引数万游人前来参加。

【泰州中国传统建筑风水文化博物馆开馆】 泰州中国传统建筑风水文化博物馆坐落在凤城河风景区三水湾时尚休闲街区中段北侧，占地2000平方米，包括风水文化常识厅、五行体验厅、办公风水厅、家居风水厅等展厅，通过器物、典籍、图片、影像等，多角度阐述和展示建筑风水文化。通过罗列家居和办公建筑环境的利弊条件，展示建筑主要特点对人们的心理及居住环境的影响。2009年9月启动建设，2010年12月28日博物馆正式揭牌开馆。中国文物学会会长、全国历史文化名城保护专家委员会副主任罗哲文、市领导缪志红、杨峰、王泓卫、殷美娟，以及国内外著名古建筑专家和风水文化研究专家学者等出席揭幕仪式。

【第二届凤城河桃花节】 3月20日，凤城河风景区第二届桃花节在泰州老街广场举行，"南京万人游泰州"也正式拉开帷幕。副市长刘励为旅游体验团向南京中北旅行社总经理顾震授旗并宣布桃花节开幕，旅游局局长、凤城河管委会主任刘宁，南京中北国际旅行社总经理顾震分别致辞。桃花节期间是泰州旅游的黄金季节，有"早春金陵赏梅花、阳春海陵看桃花"之誉。

（时　晨）

商 贸

·商品流通·

【概况】 2010年，全市社会消费品零售总额550.29亿元，比上年增长19%，增幅居全省第2，继续保持高于GDP增长态势。实现批发零售贸易额472.73亿元，增长26.42%；餐饮住宿业营业额77.57亿元，增长22.31%。零售业态平稳发展，全市43家重点商场、超市、连锁经营店、住宿餐饮商贸企业实现销售额突破62亿元，增长26.57%。

市场监测。全年重点监测样本企业52家，覆盖四市二区。运行四大监测系统，一是城市生活必需品市场监测系统（含百县监测企业2家），周监测样本企业17家，月监测样本企业4家；二是重要生产资料市场监测系统，有样本企业7家；三是重点流通企业监测系统，有样本企业47家；四是应急商品数据库，有样本企业5家。元旦、春节、国庆等“黄金周”以及月度信息均实行网上直报，对全市重点信息网络单位的信息收集、汇总、分析、上报工作运行正常，市场运行监测工作居全省第3。召开全市市场运行监测工作会议。表彰12家市场运行监测工作先进单位，制发《泰州市市场运行监测工作考核办法》。部署2011年市场运行监测工作，2011年全市市场监测样本企业分别是生活必需品28家、百县监测4家、重要生产资料12家、重点流通企业72家、应急商品7家、信息泵6家、酒类流通6家，合计有样本企业135家。

市场保供。春节前后，结合主城区的实际，保障猪肉供应和价格的基本稳定，及时启动生猪应急储备方案。与泰州市城西生猪良种繁育养殖专业合作社签订活猪储备应急供货协议。储备期限为2010年12月15日～2011年3月31日。储备数量为4000头活猪（20吨），储备资金20万元。

诚信经营。组织企业参加首批省级“诚信经营示范店”推荐工作，做好申报材料审核上报，年内有5家企业获“诚信经营示范店”称号，分别是文峰千家惠、苏宁电器、中百一店、江苏五星电器有限公司泰州东进大卖场、泰州金鹰商贸有限公司。

【春节市场】 春节前十天，市区中百一店、文峰千家惠、金鹰国际购物中心、时代超市九州店、世纪联华、苏果超市、苏宁电器、国美电器8家主要商贸企业共实现销售20627.85万元，比上年增长10.55%；春节“黄金周”共实现销售8170.71万元，增长6.27%。会宾楼宾馆、美丽华大酒店、靖江扬子江大酒店3家餐饮企业春节“黄金周”实现营业额325.66万元，增长28.33%。

【国庆黄金周】 国庆节前十天，市区中百一店、文峰千家惠、金鹰商贸、乐天玛特九州店、世纪联华、苏果超市、苏宁电器、国美电器8家主要商贸企业共实现销售13667.58万元，比上年增长24.23%；“十一黄金周”共实现销售18281.59万元，增长20.80%。会宾楼宾馆、美丽华大酒店、靖江扬子江大酒店3家餐饮企业“十一黄金周”共实现营业额516.70万元，增长16.99%。

【家电以旧换新】2010年，全市家电以旧换新回收旧家电34.3万台，回收旧家电金额229.5万元；销售新家电34.4万台，销售额12.64亿元。自家电以旧换新政策实施以来，至年末，累计回收旧家电40.9万台，回收旧家电金额431.8万元；销售新家电40.6万台，销售额15亿元，居全省第7。

【重点企业发展】商贸百货重点企业。泰州一百、金鹰商贸全年实现销售额均突破7亿元。其中泰州一百实现销售额7.79亿元，比上年增长28.5%，上缴税收3367万元，增长213%；泰州金鹰实现销售额7.3亿元，增长44%，上缴税收4300万元，增长45%。

家电销售重点企业。苏宁电器家电销售额居全市第1，全年实现销售6.8亿元，比上年增长30.73%。五星电器销售额增幅居全市第1，全年实现销售0.6亿元，增长220.32%。

餐馆住宿重点企业。会宾楼宾馆有限公司销售额及增幅均居全市第1，全年实现销售突破1亿元，增长53.60%。嘉鎏国际大酒店销售额居全市第2，全年实现销售额0.67亿元，增长22.02%，增幅居全市第3。美丽华大酒店销售额居全市第3，全年实现销售0.44亿元，增长24.81%，增幅居全市第2。

【中华老字号】泰州梅兰春酒厂有限公司的“梅兰春”品牌获国家第二批“中华老字号”称号，这是全市目前唯一被国家商务部认定的“老字号”。年内，泰州梅兰春酒厂有限公司、兴化市大地蓝绢纺有限公司2家企业，分别获国家中华老字号和丝绸品牌企业发展专项资金补助20万元和60万元。

2010年泰州市社会消费品零售总额统计表

表14　　　　单位：万元

市（区）		批发业零售额	比上年增减(%)	零售业零售额	比上年增减(%)	住宿业零售额	比上年增减(%)	餐饮业零售额	比上年增减(%)	合计	比上年增减(%)
市区	海陵	204158.1	23.0	843588.9	18.5	25484.0	20.1	166732.0	14.3	1239963.0	18.6
	高港	63149.4	86.1	132997.2	3.3	339.9	32.7	28735.2	2.8	225221.7	18.0
	开发区	39674.1	136.7	191552.7	53.6	5178.9	65.4	782.9	-54.4	237188.6	62.1
	小计	306981.6	41.7	1168138.8	21.0	31002.8	26.0	196250.1	11.8	1702373.3	23.1
兴化		119724.7	54.5	606893.3	10.2	12350.1	92.3	119554.6	19.7	858522.7	16.9
靖江		63481.6	12.6	706030.5	17.8	11491.9	9.9	146912.6	19.4	927916.6	17.6
泰兴		176664.7	52.1	724770.9	10.5	21836.2	23.8	162535.4	20.3	1085807.2	17.4
姜堰		63312.2	35.0	791223.7	16.2	5998.3	16.2	67713.4	15.3	928247.6	17.2
合计		730164.8	42.2	3997057.2	15.8	82679.3	28.6	692966.1	17.0	5502867.4	19.0

（朱国平）

·供销合作·

【概况】2010年，全市供销合作社坚持创新发展、服务“三农”，全面实施“新网工程”，加快农村市场和农业服务体系建设。全年实现销售总额186.2亿元，其中消费品零售额58.6亿元，农资销售23.2亿元，农副产品收购总额33.9亿元，利润总额5081万元，主要经济指标均超额完成全年目标和省供销合作社下达目标任务。

社有企业建设。加强对社有资产的管理，盘活存量资产，增强调控能力，农资、再生资源等传统行业快速发展，房地产、信用担保等新兴行业成为新生力量，社有企业整体经营规模、经济效益和市场竞争力实现快速提升。2010年，全系统实现销售额超1亿元以上参、控股企业达18家，销售总额突破50亿元，社有骨干企业群初步形成，骨干企业实现销售和利润占全系统60%以上，对系统经济的支撑作用日益明显。

新增长点培育。坚持开放办社，吸收社会上可利用要素、资源和力量，寻找新的有发展潜力的经营项目，全年新建扩建项目11个，投资额4.4亿元。兴化市社银桥担保公司与261家农产品加工企业、农民专业合作社、种植养殖专业户建立稳固的服务关系，2006年成立至今累计担保15.4亿元，其中2010年担保额7.5亿元，帮助农民解决贷款难题。

基层供销合作社建设。全系统基层社改造重组工作基本完成。全年建成“三位一体”基层社23个。10月，在靖江市西来镇召开全市基层社“三位一体”建设现场推进会，省社党组成员、监事会主任郭乃红出席会议并对泰州市基层社“三位一体”建设提出要求。

为农服务社建设。把村级为农服务社建设作为服务“三农”的切入点，提升服务社的经营能力和服务水平。积极发展三星级服务社，扩展功能，开展中介、文化、体育、娱乐等综合服务，对具备条件的积极创办社区服务中心。全市累计兴办为农服务社1363家，其中年内新建132家，行政村覆盖率超过90%。

专业合作组织建设。围绕农业增效和农民增收的目标，在规范发展原有专业合作社的同时，注重围绕农业主导产业和特色产品，市场化运作，积极组建新的专业合作社。靖江市旺阳肉制品加工专业合作社、兴化市合塔生猪专业合作社、兴化市金沙沟淡水产品专业合作社、泰兴市天恒银杏专业合作社、姜堰市兴泰养鸽专业合作社等一批专业合作社发展势头良好。2010年，全系统新发展有组织制度、有合作手段、有较大规模、有明显效益的“四有”专业合作社示范社37家，累计达132家，涉及种植、养殖、农产品加工等多个领域，入社农户数6500户，带动农户3.7万户。

【确定为全国总社改革发展联系点】 经过多方协调和积极申报，5月，泰州市总社被中华全国供销合作总社确定为江苏省唯一一家改革发展联系点。全国总社将通过制度化的工作联系与合作，了解地方供销合作社的改革发展情况，加强分类指导，推动相关工作，使联系点成为改革发展的试验田、由点及面的带动者、事业发展的排头兵，促进供销合作社区域连片、全面协调发展。

【“新网工程”建设】 按照《泰州市“新网工程”建设规划》要求，培育社有连锁龙头企业和配送中心，通过实施连锁配送经营，将社有企业、基层社和服务社等网点连接起来，构建全新的流通网络体系。创新开展校园超市、非处方药品连锁、市区再生资源标准化网点建设等工作。靖江市供销合作社“新网工程”立足于“微利、便民、服务”的定位，实行连锁经营模式并收到保证质量、保障供应、平抑价格、利惠于民的效果。8月4日，省长罗志军视察靖江市供销合作社连锁超市。至年末，全系统建有连锁龙头企业22家、配送中心21个、连锁网点3518个，全年实现连锁销售额31.7亿元。全系统农资、日用消费品、烟花爆竹连锁网络基本形成，再生资源、非处方药品和农副产品连锁经营网络建设有序推进。

【非处方药品连锁网络建设试点】 市总社联合中国医药城华为医药物流有限公司，以源丰供销有限公司为龙头，在靖江市社开展试点，实施“六统一”的乙类非处方药品连锁配送网络建设试点工作。在上年组织配置65个非处方药品专柜的基础上，年内在斜桥镇25个行政村中，建成验收合格的乙类非处方药品经营网点25个，实现村级经营全覆盖的预期目标。

【农产品经纪人协会成立】 加强农产品经纪人的联系与合作，推动全市农产品经纪人队伍的培育和壮大，繁荣城乡市场，促进农民增收。9月，市总社牵头成立泰州市农产品经纪人协会，中华全国供销合作总社党组成员、常务理事、中国农产品流通经纪人协会会长于培顺到会讲话，并与江苏省供销合作总社党组书记、理事会主任袁静波一起为协会揭牌，泰州市副市长丁士宏，省供销合作总社党组成员、理事会副主任、省农产品经纪人协会会长徐筱棣等出席会议。

【优化改革发展环境】 9月，市政府出台《关于加快供销合作社改革发展的实施意见》。《意见》在国务院、省政府文件的基础上，结合泰州实际，明确一系列具有泰州特色的扶持政策，11月，市政府专题召开全市供销合作社工作会议。市人大、市政协分别组织对供销合作社进行调研视察。11月，市人大常委会专题审议市政府关于全市供销合作社改革情况的汇报，并提出工作意见。

（王　荣　钱　进）

·粮 油 营 销·

【粮食购销企业改革】 2010年，全市各地分别形成骨干购销企业布局方案，形成兴化“双十”、靖江“1+4+N”、泰兴“1+6+N”、姜堰“1+6+N”、高港“1+N”模式。围绕企业整合、资产整合、规范管理、队伍建设4个方面打造骨干企业，构建“中心库+骨干库+非法人收购点”新型购销网络体系。加强企业管理制度建设，各地对骨干企业财务、经营、仓储管理制度进行修改完善。加大粮食流通基础设施建设力度，全市共投入资金1.5亿元，新建仓房31幢、仓容

15.56万吨，维修仓房36幢、仓容7.19万吨。扬子江现代粮食物流中心被授予全国粮油仓储规范化管理先进企业称号。

【粮食安全保供】 2010年，全市国有粮食购销企业购销量777万吨，比上年增加165万吨，增长27%，其中收购夏粮172万吨，占全省国有粮食购销企业收购总量的22%，连续5年居全省第一位；全市国有粮食购销企业实现报表利润3337万元，增长17.3%。规模购销企业市场竞争力得到增强，购销总量超过10万吨的企业8家、超过20万吨的企业4家、超过50万吨的企业1家，11家规模购销企业购销量占全市总量的36.3%。加强储备粮管理，全市地方储备粮规模落实到位，及时按要求组织轮换，库存账账相符、账实相符，质量良好。组织粮食供需平衡和成本利润调查，加强粮食流通统计调查，实时监测小麦、稻谷、食用植物油等5大类粮油品种价格，为政府加强宏观调控提供第一手资料。

【粮食流通产业发展】 全市列统粮油工业企业实现总产值183亿元、销售收入181亿元、利税7.1亿元，比上年分别增长53%、57%、26%。扬子江粮食物流中心年购销总量73.9万吨、实现利税2064万元，重庆粮食集团总投资15亿元的大豆压榨与物流项目成功签约。兴化粮食产业物流集聚区项目被国家发改委列入扶持项目，一期工程粮食仓储项目6幢主体平房仓建设接近完工；兴泰路粮食储备库6万吨平房仓开工建设。江苏三零面粉公司通过“江苏省著名商标”、“国家农业产业化龙头企业”、“江苏省名牌产品”复审，获“AAA级全国粮油诚信企业”称号，“苏三零”商标申报中国驰名商标进入专家按序评审阶段；兴化楚龙面粉公司院士工作站成功研发出糯性小麦新品种；江苏三零面粉公司、江苏楚龙面粉公司等6家企业被中国粮食行业协会授予“全国放心粮油示范企业”称号。全市新建粮食专业合作组织14家。

【粮食流通管理】 全年全市共开展粮食流通监督检查活动151次，检查涉粮者3704个/次。实施行政处罚88起，其中警告3起、责令改正81起、罚款4起。开展粮食库存检查、成品粮油市场整顿、地方储备粮油、粮食收购市场等10个方面监督检查活动。对2001户收购经营者粮食收购许可进行核查，注销收购许可证35份，整改问题634个。继续实行分级监管区域巡查机制，除专项监督检查外，全市对906家涉粮者进行巡查，对175家进行回访督查。发挥监管信息平台作用，将“粮食流通管理信息系统”软件升级，各地通过即时信息，提高监管能力和监管效率，降低行政运行成本。

【放心粮油工程建设】 全年新创“放心粮店（柜）”32家，其中市级“放心粮油示范店（柜）”10家，15家通过市级“放心粮油示范店（柜）”复评。至年末，全市有各级“放心粮店（柜）”203家，基本覆盖全市所有乡镇。开展“成品粮油市场规范年”活动，在中秋、国庆两个消费旺季时段集中开展整顿活动，参加部门联合检查达238人次，整改违法违规问题共5类622个/户。加强“放心粮店”长效监管，对49家市级“放心粮油示范店（柜）”、137家市（区）级“放心粮油店（柜）”进行部门联合检查。推进优质稻米产业工程，全市在11个乡镇的66个村建立稻米生产基地7000公顷，惠及1.7万农户。

（李　勇）

·食 盐 专 营·

【概况】 2010年，泰州市盐务管理局（苏盐连锁有限公司泰州分公司）履行政府职能、强化盐业市场监管、加大盐政执法力度、规范区域行业用盐，确保食盐市场供应和全市人民吃上放心加碘食盐。年内，开展水上整治等专项行动，全市盐业市场秩序持续稳定，食盐销量稳中有升。

【盐政执法】 泰州市局针对区域性、阶段性盐业市场突出的问题，全年开展“元旦、春节”、“世博食安”和“水上整治”等专项行动，特别是开展“水上运输及航道沿岸食盐市场整治”专项行动，各分局把广大农村地区、边界市场、高速公路与水路航道两侧农村地区作为市场整治的重点，强化对航道及各港口、船闸、汽渡的监控与巡查，有效打击不法分子的嚣张气焰，整顿和规范食盐市场秩序。据2010年底省疾控中心公布的碘盐监测结果，泰州碘盐覆盖率、碘盐合格率均达到100%。

【渠道增值】 转变营销观念，整合网络资源，强化客户服务部建设。发挥盐业营销网络优势，通过主营销售带动副营经济发展。至年末，泰州盐业有营销网络35个，其中自建营销网络17个，自建网络的客户经理或客户代表以本单位职工为主，随着公司渠道增值发展、副营经济的工作需要以及考核奖励政策的调整，各客户服务部转变市场营销观念，利用盐业营销网络覆盖到镇、到村、到店的优势，兼营泰州公司总代理或各分公司自主代理的各种渠道增值商品。

（赵丽梅）

·烟草专卖·

【概况】 2010年，泰州市烟草专卖局坚持“与客户共创成功”理念，做好“经营服务标准店”建设工作，推进网上订货，提升客户服务水平。健全完善物流管理制度，提升物流运行管理水平。通过优化物流资源配置，调整配送车型，整合配送线路，实现跨行政区送货，车载率、单车送货户数以及送货安全性指标均得到提升。全年全市烟草系统销售卷烟16.63万箱，实现销售收入32.08亿元，实现利税8.9亿元。年内，全市烟草系统连续3年保持在省烟草投诉中心零投诉的记录，获江苏省“放心消费”示范行业称号。

【专卖执法】 丰富监管方式，加强情报体系建设，提高依法行政水平。在大要案的侦办方面有新突破，“11·23”案件作为公安部督办案件成为华东乃至全国有影响的网络案件。全年全市烟草系统共出动执法人员3.1万人次，查处案件1235起，其中案值1万元以上160起、5万元以上33起；查获各类违法卷烟7.2万条；破获符合国标的网络案件3起，在侦网络型案件1起。市局被评为“江苏省依法行政示范点”，市局驻市民服务中心烟草办证窗口连续5年获“红旗窗口”称号。

【内部管理】 以对标和贯标两项工作为重点，提升内部管理水平。建立完善财务管理“月度协调、季度分析、年度总结”的例会制度，重点加强物流费用、燃油费、修理费的对标管理。全面开展创建优秀县级局（分公司）活动，初步实现基层单位建设的标准化、规范化和制度化。推动建立健全“三三三”综合绩效管理体系和‘三位一体”质量标准体系。全市烟草系统绩效管理和标准化建设水平迈上新台阶。推进全市烟草系统企业文化中心（文化室）建设。落实党风廉政建设责任制和反腐败工作，推进惩防体系的长效机制建设，加强对重点部位、重点环节的监督。

【公益事业】 组织党员向玉树地震灾区捐款、开展“红十字博爱万人捐”活动。开展“金秋助学”活动、资助泰州慈善总会及江苏省儿童少年福利基金会、协办“百姓大学堂”、赞助“市民音乐会”等各种社会公益性支出152.4万元。拓展社区共建工作，向海陵区20个社区捐赠20台电脑，向海陵区城南、城西街道的社区捐赠60套办公家具。全年组织6次党员义工活动，慰问贫困户。开展烟草专卖法律、法规和真假烟识别知识的宣传活动。

（徐　晖）

·成品油管理·

【概况】 2010年，市商务局认真执行《成品油市场管理办法》和《江苏省成品油市场管理办法实施细则》，加大成品油管理工作力度，协调成品油供需矛盾，规范流通秩序，加强对成品油经营企业的监管和服务，全市成品油市场健康有序发展。

加油站管理。加强成品油动态监测，维护成品油市场经营秩序，完成2010年度加油站（点）的年审工作。至年末，全市共有加油站（点）329座，通过年审的312座，暂未通过年检的15家。其中，加油站通过年审的243座，加油点通过年审的22座，水上加油点（船）通过年审的47座。按投资主体分，中石化集团有138座，占总数的42%；中石油集团有34座，占总数的10.3%；其他国有企业10座，占总数的3.1%；社会加油站147座，占总数的44.6%。办理申领成品油经营批准证书313家（含江苏中燃油品储运有限公司）。

加油站发展。进一步规范成品油市场网点建设。牵头协调规划、国土等部门编制并获批2010年度加油站（点）新建计划。对符合政策、操作程序规范、材料齐全的项目在规定期限内上报省商务厅审批。全年新建加油站5座、加油点5座，注销加油站2座、变更1座、迁建1座。

成品油经营。全年全市共销售成品油63.17万吨，其中汽油销售29.62万吨，所占比重为46.9%；柴油销售33.56万吨，所占比重为53.1%。从经营状况和设施看，国营企业中石化和中石油所属的加油站普遍好于社会加油站，主干道的加油站（点）好于中心村的加油站（点）。加油站（点）的运营逐步向规范化、制度化方向发展。

【编制成品油分销体系“十二五”发展规划】 市商务局会同市规划局开展《泰州市区“十二五”加油（汽）站及充电站专项规划（2010～2020）》编制工作，在编制过程中，严格依照国家、省有关要求和《全省成品油市场管理工作座谈会纪要》精神，明确总量适度控制、集约化、城乡统筹、加油加汽充电相衔接的原则，结合泰州市“十二五”城市总体布局进行编制。12月，召开专家论证会，通过《泰州市区“十二五”加油（汽）站及充电站专项规划（2010～2020）》，并上报待批。

（王　华）

【中石化泰州分公司】 2010年，泰州石油分公司面对国内成品油资源前松后紧、油价格震荡起伏、市场阶段性供需矛盾突出等复杂的经营环境，履行国有企业的“三大责任”，围绕“经营、发展、安全”三大主题，保障和稳定市场供应，确保企业安全平稳运行。

加强安全管理。一是层层落实安全责任，全员安全承诺书签订率100%。二是开展“我要安全”主题活动，营造“我要安全，我们在行动，大家都安全”的氛围。三是执行“安全生产禁令”和“八项纪律”，落实“四全”、“五同时”安全管理，增强全员安全意识和安全行为。四是强化加油站安全防范，突出上海世博会期间的安全保障，完善技防设施，健全应急救援体系，开展预案演练，提高技防水平和安全保障能力。五是强化承包商、承运商安全管理，开展“平安工地”创建活动，严格承包商资质审查与现场管理，防止企外事故发生。六是以诚信守法经营为准则，加强数质量管理，严格计量器具精度校验和进、销、存油品质量检验，确保各环节数质量全程受控和数、质量两个100%合格。

保障市场供应。加强市场研判，强化资源调运，保障市场需求。推进加油站规范化管理，开展加油站现场管理、服务“星级”、“达标”站培育，强化员工“八步法”服务培训、检查、考核、奖罚，建立“神秘访客”测评、现场激励、客服中心评价、客户问卷调查等服务评价体系。加强加油卡建设，增加加油卡发卡、充值网点和卡机联动站等服务措施，方便客户购卡、充值、加油。做好“三夏双优”服务工作，推出农机“双优卡”，加大支农惠农力度，开展送油到田头的服务活动，提升品牌形象。

多元经营。拓展烟、酒、食品、饮料、粮油、日用百货等非油品经营项目，实现经营多元化，提升服务功能，挖掘新的效益增长点。

规范内部管理。围绕开展“强化基础管理年”工作，加强精细化管理，提升企业基础管理水平，防范经营风险。一是推进业务经营整顿，规范业务操作流程，完善经营管理制度。二是开展改善经营管理建议试点，创新管理办法，发现并解决日常经营管理过程中的实际问题。三是开展精细化管理试点，制订覆盖基本岗位的工作职责、HSE职责、关键控制点和工作禁令，梳理规章制度和工程流程，组织开展全员成本目标管理和对标管理工作。（顾　新）

【中石油泰州分公司】 中国石油泰州销售分公司，隶属于中国石油江苏销售分公司，成立于1996年9月，下辖中石油泰兴石油储运有限公司、姜堰市中油石油有限公司、兴化市中油石油有限公司。承担着中国石油在泰州地区成品油资源的配置，以及成品油批发和零售业务，销售网络的开发建设和管理等职责。2010年，公司销售成品油20多万吨，实现销售收入13多亿元，上缴利税2000多万元。至年末，公司拥有库容为5000多立方米的油库2座，分别在姜堰市和泰兴市，正在新建的泰州油库库容达50000多立方米，现公司拥有加油站36座，分泰兴、兴化、姜堰3个片区。

【中海油销售泰州有限公司】 中海油销售泰州有限公司（筹建中）是中国海洋石油总公司的全资子公司。公司设立在泰州市滨江工业园区，注册资本3000万元，经营范围为成品油批发与零售（凭许可证经营）、燃料油、润滑油、橡胶、塑料制品、化工产品（不含危险化学品）、化工设备、金属材料销售等。依据与泰州市政府的合作共识，公司规划“十二五”期间，通过新建、收购、租赁等方式在泰州及周边地区发展加油站30座、3万立方米的油库1座，形成具有规模的成品油销售企业，为泰州地区的经济发展提供能源保障。

（王　华）

服　务　业

·综　　述·

【概况】 2010年，泰州市积极实施服务业“833工程”，推进工作创新，落实各项关键措施，全市服务业呈现“速度加快、结构改善、贡献增加、后劲增强”的良好态势。一是发展速度继续加快，规模总量不断扩大。全市实现服务业增加值771.22亿元，比上年增长13.9%，分别高于全省平均增幅和全市GDP增幅0.9个和0.4个百分点。服务业增加值占GDP的比重为37.6%，提高2.4个百分点。二是加大消费投资，拉动作用得到显现。全年实现社会消费品零售额550.3亿元，增长19%，分别高于省下目标和市调控目标2个和3个百分点。全市完成服务业固定资产投资556亿元，增长12.8%，其中，服务业城镇固定资产投资430.8亿元，增长22.8%，高于省下目标0.8个百分点。三是结构改善取得成效，贡献份额明显提高。在行业结构上，市政府出台《加快市区现代服务业重点产业发展的奖励办法》，鼓励和扶持的软件和服务外包、现代物流、旅游业、文化创意、商务服务、会展经济、楼宇经济、社区服务等新兴服务业加快发展。靖江的沿江物流、医药城的医药研发、凤城河的文化创意、海陵区和开发区的软件服务外包等新兴特色服务行业发展迅速。服务业对全市经济社会的贡献份额继续上升，全年实现服务业税收97.9亿元，增长34.3%，其中地税收入51.8亿元，增长30.2%，占全部地税总收入的54.8%。全年新增服务业就业人员3.5万人。

【"833"工程】2010年，全市继续实施服务业"833工程"，加快推进八大服务业集聚区建设，加快培育服务业30强企业，加快实施30个重点服务业项目，促进各类服务业态集聚，提升服务业内部结构优化升级。一是推进八大现代服务业集聚区建设。年内，全市重点培植的泰州医药科技创业园、泰州城北物流园、高港综合物流园、泰州凤城河创意产业园、江苏三江现代物流中心、姜堰科技创业中心、兴化戴南不锈钢综合物流中心、泰兴苏中沿江化工物流园八大省级现代服务业集聚区实现营业收入358亿元，比上年增长32%；实现税收14.7亿元，增长86%；年内新增1家省级服务业集聚区——泰兴苏中沿江化工物流园，省级现代服务业集聚区总数继续居苏中、苏北首位。二是30个重点服务业项目实施进展顺利。泰州凤城河创意产业园、泰茂商业中心等30个投资1亿元以上重点服务业考核项目实现年度投资98.4亿元，完成年度计划的105.7%。其中有18个项目竣工营业。三是30个重点培育的服务业企业赢利能力创历史最好水平。泰州一百、泰州港务公司、泰州长宏钢材物流中心等30个重点培育的本土企业实现年营业收入183亿元，增长25%；实现利税11.2亿元，增长30%，其中利税超1000万元以上企业17家，利税超5000万元以上的企业5家。

【工贸分离】2010年，通过明确指导思想、实施分类指导、强化行政推动等一系列措施，全市工贸企业分离发展服务业工作向纵深推进。一是坚持"三个有利于"的指导思想，即有利于促进企业发展，集中精力扩大主营业务；有利于调动企业积极性，让分离出来的服务业企业得到扶持；有利于企业减轻税费负担，不额外增加支出。二是实行分类指导。鼓励年物流业务支出规模较大的工业企业实行主辅分离，将现有企业所属的运输、仓储、包装、配送等物流业务从主业中分离出来，成立新的独立运作、自主经营和单独核算纳税的货物运输公司，为本企业和社会提供服务；对有建筑安装、设备维护、售后服务等业务的工业企业，鼓励其分离组建专业配套服务和中介服务企业，对外经营并缴纳营业税；引导大型骨干工业企业剥离技术研发、技术咨询、技术服务、设计检测等业务，组建专业的科技服务型企业。三是强化行政推动。市政府明确"能分则分、能多则多、能快则快"的工作原则，加快推进分离发展服务业工作的进程，并专题召开会议，研究部署加快推进分离发展服务业工作，将分离工作纳入年度服务业工作目标考核。同时，对列入计划的15家市直工贸企业，采取政府领导挂钩联系、部门包干的办法，建立专门的工作班子，进行业务指导。全年新增工贸企业分离108家，分离企业数达263家，实现地税收入1.2亿元。（黄建军）

·餐饮服务·

【概况】2010年，泰州市餐饮业实现销售69.29亿元，比上年增长17%。全市餐饮业销售前三位企业分别为会宾楼宾馆有限公司、嘉銮国际大酒店和美丽华大酒店，销售总额达2.149亿元，其中会宾楼宾馆有限公司实现销售额1.039亿元，成为全市首家销售突破1亿元的餐饮企业。

【"名店、名师"】年内，方培力等3人获中国烹饪（餐饮服务）大师称号。结合海陵区乡土菜大赛，评选出10大农家名菜，获奖的9名厨师获"泰州名厨"称号。金汇宾馆获"中华餐饮名店"称号。

至年末，市区美丽华大酒店、会宾楼宾馆、江苏嘉銮国际大酒店、金汇宾馆、丁山大酒店、泰兴银光大酒店、泰兴市人民饭店、兴化凤台大酒店、靖江市天宏大酒店、靖江南园宾馆、靖江三阳百盛大酒店11家酒店获"中华餐饮名店"称号；美丽华大酒店、会宾楼宾馆、亚细亚大酒店、福满楼大酒店、富士吉大酒店、姜堰金鸿大酒店、府园酒店管理公司、金汇宾馆、泰兴文化产业开发公司中心大酒店、泰兴银光大酒店、泰兴国际大酒店、江苏扬子江大酒店、靖江南园樱花宾馆有限公司、靖江老季市大酒店、靖江紫气东来大酒店15家酒店获"江苏省餐饮名店"称号。

张锦秀等6人获中国烹饪大师称号；罗友华等5人获中国烹饪名师称号；方培力获中国餐饮服务大师称号。王友吾等6人获江苏省烹饪大师称号；闻启元等21人获江苏省烹饪名师称号；方培力、周艳池获江苏省餐饮服务大师称号；饶玲玲、钱丽获江苏省餐饮服务名师称号。唐国兵等9人获泰州名厨称号。

【餐饮比赛】3月，市烹饪餐饮行业协会（以下简称烹协）组织参加省河豚鱼烹饪比赛。4月，市烹协与姜堰烹协共同举办沈高农家乐厨艺大赛，与海陵区政府、服务业发展局共同举办麒麟湾乡土美食烹饪大赛。4月27日，在会宾楼永泰酒店举行泰州市喜宴美食文化节，对参加酒店授予泰州喜宴美食文化节喜宴特金奖和金奖称号。8月，市总工会、市人力资源与社会保障局、市烹协共同举办"会宾楼"杯泰州市职工烹饪技能竞赛，四市二区的近50多名选手参加竞赛。11月11日、29日，金汇宾馆参加盐城黄海美食节和沿江八城市交流活动。

【业务培训】市烹协和团区委联合举办送服务进企业活动。组织专家开办定单式技能培训讲座。受市人力资源与社会保障局的委托，市烹协有针对性地开展从业人员技能水平的免费培训工作，提高餐饮服务业从业人员的技能水平。3月，高港区3家企业共6人参加山东刘全海参班的学习。6月，全市第一期服务业技能培训班（厨师、服务员高级工）开班，44人参培，其中高级工36人、中级工6人。7月，市烹协与中烹协、省烹协共同组织中国餐饮职业经理人培训与认定工作，全市有8名经理人取得高级与中级餐饮职业经理人的资格。9月，在美丽华大酒店举办“企业销售增长策略”讲座。

【春节黄金周市场】 2010年，全市各大宾馆、酒店除夕年夜饭火爆，其中，市区酒店年夜饭超过1000桌次，从正月初一开始，亲朋好友聚餐、家庭性聚餐以及婚庆喜宴增多，拉动节日期间的餐饮消费。市区会宾楼宾馆、美丽华大酒店、嘉銮国际大酒店、亚细亚大酒店、金汇宾馆5家餐饮企业春节黄金周实现营业额862.40万元，比上年增长20.01%；每家酒店日均营业额超过20万元，增长21.30%。客房入住率61.2%，增长5.34%。西餐受到市民热捧，在肯德基、麦当劳、必胜客等西餐快餐店就餐的人数明显增加，营业收入增长16%。为规范市场经营行为，保障民生，各餐饮企业遵守市烹协发布的进一步规范年夜饭市场通知，提前向消费者公布年夜饭价格和菜单。餐饮企业共同倡议规范餐厨废弃物管理、杜绝地沟油，诚信经营，规范市场秩序，营造和谐安全卫生的消费市场。

【美丽华大酒店】 创立于2007年，位于市区凤凰东路，占地面积近1万平方米，主体大楼15层。酒店拥有豪华客房126间（套），并设有商务行政楼层。有各类风格独特的中西餐厅30多个，可举办各种规模会议和酒会，餐饮服务提供新派精品粤菜、淮扬菜、海派菜等中餐、西餐。酒店还设有商务中心、精品商场、棋牌室、歌厅、桑拿洗浴中心、健身房、美容室等。

【会宾楼宾馆】 会宾楼宾馆于2005年9月16日开业，位于泰州市济川东路，毗邻泰州4A级凤城河景区，是国家三星级旅游饭店、全国优秀餐饮企业、中华餐饮名店、信用评价AAA级信用企业、江苏省餐饮最具影响力品牌、最值得向全球华人推荐的十佳江苏省餐饮名店企业、江苏省价格诚信单位优质服务示范企业。2007～2009年连续3年利税超过1000万元，2010年实现销售1.04亿元，是泰州市最大的民营酒店连锁企业。2009年被中烹协授予中华金厨奖。

宾馆主要经营餐饮、宾馆、休闲、商品批发零售、飞机与火车票代售等业务。经营面积23000平方米，有餐位2600个，有2个大型和1个中型宴会厅；客房113间（套）；有容纳500多人的大会场和4个中小型会议室。宾馆还设有商务及票务中心、精品商场、康乐中心等。

【江苏嘉銮国际大酒店】 江苏嘉銮国际大酒店于2008年11月18日开业，位于泰州市鼓楼南路，毗邻凤凰河风景区，总投资1.8亿元，建筑面积2.4万平方米，楼高15层（含地下室一层），是集客房、餐饮、会议、休闲娱乐、购物为一体的大型涉外综合性酒店。先后被授予“中华餐饮名店”、“淮扬菜餐饮名店”、“中国烹饪协会团体会员”、“AAA”国家资信等级、“全国绿色餐饮企业”等称号。酒店有各类客房165间、餐位2000多个。有8个大、小会议室，配有多语种的同声传译系统及先进的多媒体视听设备。酒店配套有精品桑拿、健身房、美容美体中心、水疗中心为一体的休闲娱乐中心。

【泰州市亚细亚大酒店】 泰州市亚细亚大酒店创办于1992年，是集餐饮、客房、休闲娱乐、会议等多功能为一体的三星级综合性大酒店。总面积20000多平方米，有包厢32个和2个宴会大厅。餐饮大厅可同时容纳1500人就餐。拥有客房60间，休闲中心有休闲大厅、休闲包厢、豪华休闲套房30间。酒店先后被授予“全国绿色餐饮企业”、“泰州市烹饪协会会员”、“营养保健协会理事单位”等称号。

（王　华）

·物　　流·

【概况】 2010年，全市实现物流业增加值111.05亿元，比上年增长19.8%，增幅提高6.8个百分点。完成固定资产投资91.45亿元、货运量3693万吨、港口货物吞吐量1.35亿吨，分别增长60.4%、17%和25.9%。年内，全市新增泰兴市苏中沿江化工物流园、泰州长宏钢材物流中心、泰兴市一联物流有限公司3家省级重点物流基地和企业，新增江苏海企化工仓储有限公司技术中心、江苏华为医药物流有限公司技术中心、泰州港务集团有限公司技术中心、江苏三江现代物流有限公司技术中心4家省级物流企业技术中心，现代物流业的集聚趋势得到加强。

编制《泰州市现代物流发展规划》、《泰州市区服务业发展规划（2009～2015）》，制定出台一系列加快发展现代物流业的政策措施，在简化行政审批手续、实施税费优惠政策、保障物流项目用地、资金项目上争等方面，给予引导扶持，物流业发展环境得到明显好转。加强工业企业主辅分离改革，降低企业运营成本，促进产业结构优化升级。

（李　勇）

【城北物流园区】 2010年，园区累计实现销售80亿元，物流营业收入2.5亿元，入库税金1.5亿元，货物周转量2.4亿吨千米，比上年分别增长60%、25%、184%和30%。完成固定资产投资10.5亿元。全区实现招商引资3.5亿元，引进项目6个，招引各类物流企业约100家，新增贸运　贸储分离企业4家。3个项目被列为海陵区服务业重点考核对象。祥和沥青储运项目装卸储运设施、沥青调和装置等基础工程全面竣工，生产经营正式启动；六号码头港丰物流铁水联运中心于10月破土动工，铁路专用线获国家铁道部行政许可，铁路支线的规划设计工作已完成；长宏钢材物流中心共招引70多家经营户入驻经营。加强基础设施建设，园区累计投入600万元，完成兴丰西路、丰联路、园区站前路东延、兴森路等支干道路建设，至年末，园区基础道路建设达10千米；完成江洲北路、兴丰路十字路口的景观改造以及兴丰西路两侧的绿化种植。发展园区社会事业，森北村完成撤村建居，与渔行村完成股份制改革，年人均收入10024元。园区一期住宅小区天赐园全面建成，二期上河佳园年底开工建设。

（海陵区经信委）

【江苏三江现代物流有限公司】 成立于2006年7月，规划控制面积10平方千米，拥有可建造万吨级港口泊位长江深水岸线21.1千米，已建和在建的万吨级以上深水泊位达40个，港口设计吞吐能力9050万吨，可停靠万吨级以上船舶，最大可停靠10万吨级船舶。根据码头、仓储、交易、加工“四位一体”发展模式，开发和建设沿江港口项目，先后吸引江苏中油、德桥仓储、扬子江粮食现代物流中心、华菱港务、新华港务、信达物流、联合安能石化、苏农物流、重庆粮食等物流项目近50家，计划总投资450亿元，其中投资规模超10亿元的重大物流项目有18个，基本形成木材、金属材料、粮油、能源石化、农业生产资料等五大特色物流基地，逐步建成家具生产、粮油加工、金属材料加工、船用机械设备制造四大加工制造基地和木材交易、粮食小麦交易、煤炭与金属材料交易三大专业交易市场。加大物流信息平台建设，投资开发建设三江物流网，实现商贸企业、物流企业、制造企业在原材料采购与供应、产品运输与配送、货物仓储管理的信息共享，提升物流效率。完善配套服务，先后引进船代、货代等代理服务机构，银行、保险、商业担保等金融机构，工商、税务、海关、港监、边检、运管、安全等行政管理机构。至年末，三江现代物流中心已入驻商贸物流企业280多家，全年实现开票销售额107.33亿元，上缴税金2.04亿元，比上年分别增长166.72%和359.85%。年内，物流中心被认定为“江苏省物流示范基地”和省级物流企业技术中心。

（靖江市经信委）

泰州西坝口黄金商业圈

发展规划和计划管理

【国民经济和社会发展】2010年，全市经济社会总体保持平稳较快发展态势，实现地区生产总值2048.72亿元，可比增长13.5%。其中，一、二、三产分别增长4.5%、14.5%和13.9%。完成全社会固定资产投资1538亿元，增长31.9%。实现社会消费品零售总额550.3亿元，增长19%。实现自营出口58.8亿美元，增长39.4%。完成财政总收入456.4亿元，增长32.7%，其中一般预算收入170.8亿元，增长23.2%。全市注册协议外资39.7亿美元，增长46.3%。实际利用外资13.6亿美元，增长29%。市区居民人均可支配收入21359元，增长11.6%，农民人均纯收入9324元，增长14%。居民消费价格指数为103.8%。城镇净增就业人员6万人；城镇登记失业率控制在3%以内。

【“411”工程】年内，“411”工程各项目标任务完成情况良好。市政府40项目标、市区城市建设10大重点工程、市区改善民生10件实事共计217个子项，214个子项完成目标任务，3个子项由于区划调整等因素未能完成。

（邱宏武）

【农业产业化】2010年，全市75家加工型龙头企业完成销售收入174.53亿元，比上年增长17.8%；实现利税10.41亿元，增长24.1%；实现利润5.8亿元，增长23.4%；出口创汇3.22亿美元，增长49.1%。其中23家省级龙头企业完成销售收入90.4亿元，增长20%；实现利税5.1亿元，增长16.6%；实现利润2.4亿元，增长19.8%；出口创汇1.4亿美元，增长10.2%。

加大技术改造投入，提升核心竞争力。全年共完成技术改造投入4.6亿元，增长26%，苏三零、双蝶、益众油脂、梅香食品等重点龙头企业的投入都超过5000万元，一批重点项目实现当年实施、当年投产，成为新的经济增长点。

加强基地建设，提升辐射带动力。全市市级以上龙头企业通过订单联结基地 17.67万公顷，其中无公害、绿色食品、有机食品面积4万公顷，62家企业与科研、推广机构、专业合作社及种养大户签订合作协议（订单），19家企业通过二次返利，全年共向基地农户返利4365万元。龙头企业加强营销，开拓市场，提高市场份额和市场竞争力。出口市场由欢美、日韩等传统市场逐步向东南亚、俄罗斯、中东等市场拓展，并进一步开拓国内市场；内销市场以“长三角”及国内一、二线大城市为主，并逐步向中西部、中小城市及农村市场拓展。一些企业在重点区域设立销售专柜、专营店，并打入连锁超市、大型百货商场。

（刁春宏）

【高新技术产业】2010年，高新技术产业发展保持快速增长，产业规模继续扩大。全年高新技术产业完成产值1592.43亿元，比上年增长35.25%，占规模工业总产值的比重为32.4%。生物技术和新医药、电子信息、新能源三大新兴产业发展加快，完成现价产值659.1亿元，增长33.3%；实现销售655.9亿元、利税64.9亿元、利润39.33亿元。分别增长34.5%、30.7%和39.1%。组织实施一批重点产业振兴和技术改造项目，全年有15个项目列入国家产业结构调整专项，项目总投资11.16亿元，其中国家补助资金5646万元，银行贷款5.37亿元，企业自筹5.22亿元。提高企业自主创新能力，创新载体建设步伐加快。年内，组织建设2个省级工程中心和1个省级工程实验室，实现企业与科研单位的强强联合，为企业创新提供平台，为全市高新技术产业和产业结构调整改造提供技术支撑。发挥全市人才、技术、资本等资源聚集的优势，依托一批产业特色鲜明、产业关联度大、产业链完整、技术水平高、创新能力强的高新骨干技术企业和与之密切相关的中小企业，加速产业集聚，建立起一批特色产业基地，初步形成区域内特色产业优势。近两年，全市共获批5家省级特色产业基地。

（陈　凯）

【固定资产投资】2010年全市全社会固定资产投资完成1538亿元，比上年增长31.9%，其中，一产2.6亿元，二产956.1亿元，三产555.97亿元。城乡规模以上投资完成1006亿元，增长36.2%。房地产开发投资完成149.7亿元，增长20.9%。投资运行的特点：一是工业投资比重上升，新兴产业不断壮大。全社会固定资产投资中，工业投资完成952.5亿元，增长49.2%，增速高于全社会固定资产投资17.3个百分点，占全社会固定资产投资的比重达61.9%。二是生产性服务业投资增加，服务业投资内部结构得到优化。城乡规模以上服务业投资中，生产性服务业投资完成146亿元，增长59.4%，占比43.2%。三是项目投资规模明显扩大。城乡规模以上投资中，全市新开工项目2588个，计划总投资864.4亿元，增长43.4%，其中1亿元以上项目95个。项目平均投资额3340万元，增长48.2%。四是沿江地区投资比重增加。沿江地区投资增幅达34.4%，高于腹地5.4个百分点，沿江投资占全市投资比重达54.5%。

（季　鹏）

【交通能源】泰州长江大桥、江海高速泰州段、328国道泰姜段改线、引江河疏港公路等续建项目稳步推进，泰镇高速泰高段、231省道泰高段改线、336省道靖江段改建、334省道泰兴段以及233省道兴化段改扩建等新建项目进入施工阶段；建成高港港区高港作业区沥青码头改扩建工程、高港港区永安作业区二期工程、靖江港区八圩作业区恒德通用码头等6个万吨级泊位，全年沿江港口吞吐量9971万吨。宁启铁路复线电气化工程泰州段进入现场施工阶段，泰锡宜城际铁路市区段形成中间研究成果，苏中机场项目完成总体规划及航站楼初步设计预评审。泰州电厂二期工程前期工作相关报请国家发改委审批事项正在推进中。民俗文化展示中心、医药城会展中心2个项目获国家专项补贴1521万元，泰州中学、预备役团2个项目进入施工阶段，园博园光伏发电项目进入核准阶段，姜堰华能2毫瓦光伏电站项目并网运行。西气东输苏中支线泰州站建成供气，市区港华、昆仑天然气利用工程投产达效，靖江、泰兴、姜堰相关工程进入核准阶段。

（陈大林）

【社会事业】市城镇居民人均可支配收入21359元，比上年增长11.6%；农民人均纯收入9324元，增长14%。全年居民消费价格指数累计为103.8%。培训城镇职工2.8万人，城镇净增就业人员6万人；城镇登记失业率控制在3%以内。企业职工基本养老保险、城镇职工医疗保险和失业保险参保人数分别达66万人、95.5万人、46万人，城镇居民基本医疗保险参保率96%。社会事业不断进步。促进义务教育优质均衡发展，24所“公有民营”学校回归公办；完成中小学校舍安全改造41.3万平方米，南京中医药大学翰林学院建成招生。推进文化泰州建设，稻河古街区改造复兴、省泰中老校区保护修复等重点文化工程取得成效。全国文明城市创建、国家历史文化名城申报工作取得阶段性成果。推进医药卫生体制改革，建成城乡社区卫生服务中心10个、卫生服务站40个。参加江苏省第十七届运动会，成功举办第六届全民健身节。

（余勇胜）

【财政金融】2010年，全市财政总收入完成456.4亿元，比上年增长32.7%；一般预算收入完成170.8亿元，增长23.2%。财政总支出完成348.85亿元，增长33.12%；一般预算支出完成215.73亿元，增长24.75%。年末，全市金融机构本外币各项存款余额2359.8亿元，较年初增加443.5亿元，同比少增54.9亿元；本外币各项贷款余额1531.1亿元，较年初增加326.1亿元，同比少增77.4亿元。1月，泰州市城市建设投资集团有限公司7年期10亿元企业债券成功发行；9月，江苏华靖资产经营有限公司7年期15亿元企业债券成功发行，这是江苏省首次以“市政项目建设债券”名称发行，苏北地区首家县级市发行的企业债券。

（沈　泉）

【省重点建设项目】 2010年，泰州市列入省重点建设项目8项，年度计划投资116亿元，项目进展总体顺利，全年完成投资116.8亿元。泰州长江大桥：三塔基本建成，悬索桥主缆架设完成。苏中机场：项目可研报告已获国家发改委批准，航站楼完成2层主体施工。宁启铁路复线电气化改造工程：征地拆迁工作结束，施工作业面全线铺开，部分地点开始铺轨。纬创资通：纬创、纬立、纬成项目和产业配套区厂房基本完成，出口加工区一期已通过国家验收，报关报检大楼、保税仓库、监管系统、配套标准厂房竣工。中海油沥青润滑油：征地拆迁基本完成，配套基础设施建成，主体工程土建开始施工，一期15万立方米的罐区工程竣工。中牧（泰州）生物制药研发制造：征地拆迁等工作已完成，周边基础设施工作基本完成。泰州国家医药高新技术产业园生物医药园一期工程：研发区二期、中试区三期及东部会展区工程年度工程已全部竣工。泰州凤城河文商创意产业园：济川路城市综合体万达广场施工顺利，济川路安置区完成征地，柳园及三水湾二期完成征地拆迁。

（窦网扣）

统　　计

【第六次人口普查】 年内，市人口普查办公室制定下发《泰州市第六次人口普查领导小组成员单位职责分工和工作方式》，各市（区）相继成立普查领导小组，落实普查人员、经费、办公用房、办公设备等，并层层签订目标责任书，做到分工明确、责任到人。针对人口普查工作量大、流动人口多、人户分离现象突出，市人普办在走访公安、计生部门，召开乡镇村座谈会，广泛调研、听取意见的基础上，先后在泰兴市开展市级流动人口专项试点，在靖江市、高港区开展流入流出人口匹配性专项试点，在兴化市开展外出人口专项试点，在姜堰市、市经济开发区开展新建小区专项试点，在海陵区开展特殊场所外来人口专项试点，在兴化市开展市级综合试点。建立由计生、民政、卫生等部门提供信息资料报送制度，人口普查定期报告制度，出生人口、死亡人口、人户分离和人口基础数据台账按月统计上报制度，摸底阶段的疑难问题解答、督查指导、碰头议事、进度报告、应急事件处理等制度，为摸底和登记工作的有序开展奠定基础。开展乡级以上行政区划名称及区域核查，利用基础测绘数据、遥感影像和界线矢量数据做好区划绘图。重视加强人口普查宣传工作，成立宣传发动工作组，明确专人负责。在春节期间，开展“人口普查送福进万家”活动；在《全国人口普查条例》颁布后，及时将《条例》翻印发放机关单位和人员；开通市人口普查宣传网站，在电视电台、报刊杂志、街头巷尾、主要干道等场所，播放市领导动员讲话、公益广告，开辟人普知识专栏、刊登《人普公告》和《致被调查户的一封信》，营造群众参与、人人有责的社会氛围。

【经济普查后续工作】 做好经济普查资料归档整理工作。以经济普查资料为基础，做好基本单位名录库和基础信息数据库的维护更新工作。根据普查中出现的新情况、新问题，开展课题研究。以普查公报、资料汇编等形式做好普查数据发布工作，发挥经普资料的经济效益和社会效益。全市在全国第二次经济普查中，获国家级先进集体8个、先进个人51人；获省级先进集体13个、先进个人56人；获市级先进集体50个、先进个人622人。

【全面小康建设申报工作】 撰写《2009年全面建设小康社会进程统计监测报告》。协助省级相关部门完成泰兴市、姜堰市全面小康达标验收工作。组织完成对高港区全面小康达标验收工作。完成地级泰州市全面小康达标申请任务。筹备泰州市、兴化市2010年全面小康迎检工作。开展城镇居民人均可支配收入、农民人均纯收入数据的统计调查和分析监测工作。

【服务党政领导决策】 年内，市统计局发挥“用数据说话，为决策服务”的职能，为市党政领导及有关部门提供涉及经济社会发展方面的资料100多份（次）。做好信息分析撰写报送工作。至年末，市局共上报《统计分析》272篇、《统计信息》448篇，被市委办、市政府办采用20篇,被政府信息网采用130篇；全市统计系统发送的分析、信息分别被省局网采用231篇、220篇，被国家网采用8篇。进一步充实《统计月报》、《服务业统计资料》内容，及时发布《2009年泰州市国民经济和社会发展统计公报》，编撰《泰州统计年鉴（2009）》。

【搭建统计服务平台】 积极参与部门开展的专项调查，先后进行公民科学素养调查、银行代收电费调查、全市机关作风建设社会满意度测评、2010年市人民满意机关调查结果统计等。加强对泰州统计网站的建设，丰富和完善网络版面和栏目，及时更新统计数据、统计信息和统计分析等内容，为社会公众及时了解泰州市经济社会发展提供信息平台，市局的政府门户网站管理工作在市政府信息网内容保障工作评比中获奖。配合有关部门完成外商投资企业联合年检工作。主动为企业提供专项统计服务，为申报“江苏名牌产品”、“中国名牌产品”、“中国免检产品”的企业提供相应的数据资料审核，并进行咨询答疑，提供关键数据核实证明。

【年定报工作】 调整充实年定报工作领导小组，修订完善年定报工作质量考评办法。强化数据审核，各专业通过年定报会议对年定报工作进行布置和业务培训，对新增指标、重点指标及其指标口径提出具体要求；对各市（区）完成的报表逐个指标比对审核，科学评估，严格把关，确保源头数据的准确性和综合数据的逻辑性。

【GDP核算工作】 组织核算人员学习国家新的《季度地区生产总值核算方案（试行）》和《中国非经济普查年度地区生产总值核算方法（修订版）》。对照《泰州市地区生产总值质量评估与控制办法》，严格规范核算工作和评估方法；加强与专业部门的沟通，定期组织召开部门数据协调会议，研究分析本地区经济发展现状和趋势，全面准确地把握分季度经济发展的态势。全面实行地区生产总值下算一级，在充分考虑各地经济发展的历史与现状的基础上，在季报上报的同时，召开各市（区）核算人员数据联审会，实现上下核算数据的衔接。

【能源统计】 各市（区）统计局均设立能源统计机构，落实统计人员。深入基层对能源统计工作进行调研，掌握全市节能降耗进程的第一手资料，坚持每月对能源统计实施监测，并进行汇总和分析，及时发出预警信息。强化能源统计工作，把能源统计专业纳入市（区）统计工作年度考评的重点。采取以会代训、经常性业务指导的方法，提高能源统计人员的知识水平和工作质量。在计算全社会能源消费量期间，逐市（区）上门协助推算全社会能源消费量，为全市能源平衡表的编制打好基础。

【服务业统计】 做好服务业抽样调查，加大批发和零售业、住宿和餐饮业等统计工作力度。贯彻落实市政府《关于进一步加强全市服务业统计工作的意见》，从布置任务、讲解表式、规范报表收集、走访相关单位、了解基层填报情况、实地解决问题、完善调查方法制度等方面入手，加强数据质量评估，按时完成数据汇总上报和查询任务。按照《泰州市服务业部门统计报表制度》，对涉及14个行业门类、47个行业大类、覆盖49个职能部门的全社会服务业发展情况，分部门进行全面统计，为全市服务业增加值核算提供详实的基础数据。做好服务业数据资料整理工作。加强《服务业统计月报》的编辑和发行力度，广泛收集部门数据，完善版面内容和指标结构，为领导和公众了解服务业数据提供方便。

【抽样调查工作】 利用国家统计局对农村住户、城镇住户、粮食产量、中间消耗和价格等各项抽样调查的国家调查样本点轮换契机，做好以市县为总体的抽样调查工作。加强与国家调查队的沟通衔接，实行资料共享、样本整合，减少重复调查。完成服务业抽样调查的季报、半年报和年报任务。组织实施农村、城镇住户调查的大样本轮换工作，抽选新的记账户，组织新户业务培训，为正式记账、客观分析居民生活状况打下基础。

【规范“三上”企业统计】 围绕创建工业企业统计基础规范化示范企业，提出“以规范化促进企业完善统计基础，以统计基础规范化提高统计数据质量”的要求；围绕县、乡两级政府统计机构规范化建设，提出“以规范统计基础提高统计数据质量，以拓宽统计服务领域提高专业影响力，以创新统计方法改善统计条件”的要求。市局对部分单位贯彻落实《江苏省“三上”企业统计工作规范（试行）》情况进行抽查和督查，对条件成熟的县级统计局和企业组织考核验收，并将考核验收结果作为年度考核的重要依据，促进各单位统计工作规范化建设，夯实了“三上”企业统计工作基础。

【统计信息化建设】 先后制定网络使用、安全保密、设备领用等一系列管理制度；完成计算机、存储介质等保密安全自查，并与计算机使用人员签定保密承诺书。制定全市统计信息化考核评比方案，明确对各市（区）统计局统计信息化工作考核方法、考核内容、考核标准，并将考核结果纳入年底综合考评。进一步推进“双杨”OA办公自动化系统建设。推进乡镇联网工程，下发《泰州市统计系统乡镇（街道）广域网联网方案》，各市（区）加快统计信息网络向乡镇延伸的进程，至年末基本建立起市、县、乡三级统计网络体系。

【统计执法大检查】 组织开展《中华人民共和国统计法》和《统计违法违纪行为处分规定》贯彻执行情况的大检查。成立由市统计局、监察局、司法局及调查队等部门组成的领导机构，先后研究制订《统计执法大检查工作方案》、《统计执法大检查宣传工作方案》、《泰州市统计执法自查自纠工作计划》，为全面实施统计执法大检查奠定组织基础。加大统计执法大检查信息和统计法律法规知识的宣传力度，扩大执法大检查的影响力。全市共检查252家单位，发现统计违纪违法行为76起，均依法给予处理。

（丁一兵）

审　计

【概况】年内，全市审计机关共完成审计(调查) 项目367个，查出违规金额11.97亿元，管理不规范及损失浪费金额52.19亿元，应上交财政4.09亿元，应归还原渠道4.92亿元；提出审计建议607条，促进被审单位制定整改措施37项，建立健全规章制度19项。

【财政审计】市本级和四市二区共对36家单位组织进行延伸审计，查出违规金额8.76亿元。针对市区财政体制调整后的新情况，在组织实施地税审计时，把市区两级作为一个整体，检查地税部门执行国家税收政策、履行征管职责、税收稽查执法情况，分析税源结构性增收减收原因，并提出相应的审计建议。将财政同级审计与投资、专项资金、部门预算执行等审计和审计调查相结合，重点揭露和反映财政预算、专项资金和投资项目管理中存在的不规范行为，查找影响公共财政体系建设的体制性、机制性问题并提出对策建议。对兴化市、高港区2009年财政决算进行审计。

【专项资金审计】加强对社保、科教文卫等涉及民生的项目和资金开展审计和审计调查，全市共审计28家单位、审计调查34家单位，审计专项资金总额189.54亿元。市局组织对住房公积金、残疾人就业保障基金和新农合、新农保等项目进行审计，保障专项资金的安全、合规。

【固定资产投资审计】全市审计机关共完成竣工决算审计项目119个、预算审计项目31个，审计资金28.56亿元，核减投资额4.53亿元。年内，市局在推行重大项目跟踪审计的同时，积极探索和实践拆迁预算审计，制定《拆迁审计操作规程》，明确拆迁预算审计的方法、程序、重点，进一步规范审计行为，加强对拆迁工作的约束和管理。修订《外聘中介机构审计工作管理办法》，制定《外聘中介机构考核办法》，加强对外聘中介机构的管理。

【经济责任审计】注重检查领导干部任期内职责履行情况，加强对事关可持续发展和国计民生等重大政策落实情况、公共财政资金使用情况的审计。加强对领导干部廉政执纪情况的检查，注重检查领导干部违反决策程序造成重大经济损失和严重违纪违规问题。全年完成对49名党政领导干部任期经济责任审计，查出领导干部负主管责任的违规金额1.11亿元，负直接责任的违规金额572万元。

【推进绩效审计】年初，举办全市绩效审计培训班，邀请省厅和南京、苏州等地的专家，给审计人员授课，促进绩效审计工作水平的提高。开展优秀绩效审计项目、优秀绩效分析报告和优秀绩效审计报告评选活动，将绩效审计工作列为审计机关综合考核重要内容。拓宽绩效审计领域，在预算执行审计、固定资产投资审计、经济责任审计中探索绩效审计方法。其中，在经济责任审计中，根据“三定”方案确定的职责，对领导干部职责履行情况进行检查，为评价领导干部经济责任履行情况提供全面客观的依据。

【信息化建设】全面运用计算机审计软件进行审计，审计效率和审计水平不断提高。市局选报的审计项目《泰州市中医院信息系统审计》被国家审计署评为全国审计机关优秀典型审计案例之一，《AO审计把好失业金发放“安全阀门”》等2篇被评为国家审计署AO应用案例优秀奖，《住宅专项维修资金审计调查中的AO应用》等4篇被评为国家审计署AO应用案例应用奖，另有7篇被评为鼓励奖。

（沈金勇）

物　价　管　理

【价格调控】积极应对居民消费价格居高不下的严峻形势，加大监测检查力度，促进市场价格回稳，减轻社会通胀预期。研究居民消费价格指数运行情况，与国家统计局泰州调查队建立全市月度居民消费价格指数分析机制，并按时上报公布月度价格指数。2010年，全市CPI累计上涨3.8个百分点，与全省平均水平持平。贯彻落实国家、省“稳定消费价格总水平保障群众基本生活”的通知要求，起草并经市政府下发15条贯彻实施意见，提请市政府专门召开价格调控联席（扩大）会议，全面落实调控措施。建立居民消费价格指数、低收入居民基本生活费用价格指数与低保家庭生活费用补贴的“双联动”机制，二、三、四季度市区累计发放146.46万元。开展“保供稳价，让利惠民”倡议活动，累计让利惠民80多万元。对4家政府投资的农产品市场、集贸市场的摊位费和超市进场费降低20%以上。

【市场价格监测】 建立健全重要民生商品、建材、工业生产资料、涉农等4个价格监测网络,专门成立职工价格监测员队伍。全市共设立常规监测点69个，全年累计监测商品2962个种类，价格10万多条，报送各类价格监测报表1800多份。针对居民消费价格指数持续走高、粮食价格涨幅较快、猪肉价格持续走低、杂粮价格异常波动等情况，在第一时间启动应急预案，增加监测频率，强化监测分析。全年累计上报各类监测分析材料160多篇，在各类报刊上刊登20多篇，报市政府80多篇。其中《泰州市区食用油日销量同比大幅增长》等7篇材料分别被国务院领导批示和国办、省厅采用，《2010年1～10月份CPI分析及调控建议》等分析材料被市政府主要领导批示。加强价格应急预警，提高监测频率，建立每周监测、分析、报告制度，每天通过市“一报两台”民生栏目，向社会公布让利商品的品种、数量和价格。

【服务新农村建设】 制定《泰州市物价局2010年农村价格公共服务工作意见》，从6个方面提出服务新农村建设的具体要求。按照扶优限劣的作价原则，合理制定稻种价格。积极探索农药价格管理新方法，制定《泰州市农药价格管理实施细则》。加强涉农价费公示，维护涉农价费公示栏，整理汇编《泰州市涉农价费公示目录》，并送至各乡镇、行政村。认真贯彻国家粮食收购保护价政策，及时督查政策落实情况。开展“价格服务新农村建设”专题调研，听取农民的意见和建议，及时梳理并解决13个涉农价费难题。

【热点价费监管】 规范教育收费行为。严格核定代办费、住宿费标准，从严控制幼儿园收费，规范改制及民办学校收费行为，减轻学生家长负担。严格执行公办高中招收择校生的“三限”政策，建立教育收费巡查制度，定期开展专项检查，强化教育收费公示和教育举报投诉案件的处理，严控各种乱收费行为。

强化商品房价格监管。提请市政府同意，印发《关于完善商品房价格管理 促进市区房地产市场平稳健康发展的意见》，对规范商品房价格行为提出“338”的新规定，即重复备案与前次备案的期间不得少于3个月，且备案价格上调幅度控制在3%以内；开发企业实际成交价格均不得高于备案价格，也不得低于备案价格的8%。实行商品房销售价格备案、销售成交价格报告、商品房销售“一价清”和商品房明码标价等“四项制度”，有效控制全市商品房价格的随意定价、频繁调价现象的发生。

加强药品价格管理。认真贯彻落实国家发改委和省局公布的基本药物价格政策、招标药品价格政策，并做好试点乡镇卫生院、社区服务中心的价格公示工作。严格执行省物价局《关于降低头孢曲松等部分药品最高零售价格的通知》精神，加强对政策落实情况的督查。按照《江苏省中药饮片作价办法》，制定《泰州市区中药饮片作价办法》和加价率标准，适时调整150种中药饮片价格。

【服务地方经济】 服务泰州国家医药高新技术产业开发区发展。年内，与园区管委会以及北科、天一时等10家企业代表举行座谈，了解园区、企业发展中的价费难题，听取医药产品定价服务需求，建立园区38家企业物价联络员网络，组织业务培训并发放企业付费登记卡。贯彻省局《关于运用价格杠杆促进泰州国家医药高新技术产业开发区发展的意见》，制定并落实8条优惠政策，建立挂钩制度，协调解决价费难题，提供成本监审、价格认证等服务。先后围绕医药教学区供电方案优化、住宅小区物业服务收费、华创新能源产业发展、北科公司干细胞储存，以及征地拆迁补偿、制备服务价格和标准厂房、研发楼、科技大厦出租出售价格认证等内容，多次开展园区现场服务。

服务重点工程建设。建立市场建材价格监测网络，对市区砂石、玻璃制品、水泥、墙体材料、混凝土制品、钢材、木材制品、油漆、水暖、门窗、洁具等12个大类品种进行跟踪监测，并按月向市政府进行报送，为“阳光拆迁”提供决策服务。运用成本倒逼机制、压缩机制和激励机制，先后对政府投资的自来水管网建设和供电供气及延伸服务、区域供水工程及政府补贴、污水处理、垃圾发电项目等开展成本监审服务，为政府投资项目提供决策参考。泰州市区全年累计受理成本监审11件，共计核减8329.43万元，核减率32.14%。

深化公用价格改革。严格依照规定权限和法定程序，推进水、电、气等价格改革，并为困难弱势群体配套制定优惠政策。会同市经信委对高耗能的八大行业提高差别电价加价标准，对超能耗产品实行惩罚性电价；会同市财政局、水利局制定《泰州市水资源费征收管理使用实施细则》；与供电部门进行9次对接，制定全市居住区供配电工程具体价格标准；对全市601条县际以上班车线路的最高限价进行联合审批；按照国家、省、市关于稳定消费价格总水平的通知精神，对年内所有政府涨价项目暂停调整。

【整顿和规范市场价格秩序】 加大市场价格秩序整治力度。全市共投入1700多人次，检查各类经营单位6458家。针对10月后出现的农副产品价格大幅上涨情况，建立日汇总报告制度，密切监管市场价格动态。围绕涉农、教育、行业协会、质量监督检验检疫等收费情况，开展专项检查。全市全年共查处各类违法案件71件，没收上缴财政766.6万元，退还消费者1.1万元。组织开展创建明码标价示范街活动，并将创建活动向乡镇延伸。开展价格争议调解处理工作。制定《泰州市价格争议调解处理实施细则》，在消协、仲裁、街道、乡镇、社区等场所，设立6个价格争议调解室，首批聘任32名专兼职价格争议调解员，调处价格争议31起。畅通价格举报渠道，加强举报统计分析，推行对重大价格举报案件上门回复制度，努力化解价格矛盾。全年共接受各类价格投诉咨询633件，按期办结率100%。开展行政处罚上网运行工作，确保行政处罚事项100%在网上运行。

【价格公共服务】 制定《进一步加强价格公共服务工作实施意见》，确立力争通过三年努力，确保建成“三大体系”、实现“六个全覆盖”的总体目标，以及“一年打牢基础，二年干出成效，三年建成品牌”的年度工作目标。重点实施经济转型服务工程、涉企减负服务工程、“三农”发展服务工程、价格公示服务工程、价格维权服务工程、价格信息服务工程等“六项服务工程”，并分别制定2010年“六项服务工程”的工作目标、主要内容、实施步骤、保障措施等具体实施方案。在全系统建立行政效能监察、工作进度报告、工作例会等制度。成立由常务副市长任组长、相关部门负责人组成的全市重要民生价格公示工作领导小组，以市政府的名义下发《全市重要民生价格公示工作实施意见》，召开现场推进会，并把重要民生价格公示工作列入2011年市政府改善民生的一件实事。搭建价费公示栏、价格内部刊物、价格信息网站、有线数字电视902频道、手机短信、小区电子显示屏等“六大服务平台”，向社会提供价格公共信息服务。对所涉收费项目进行公示，并进行价格政策解读；发布市场建材、重要民生商品价格行情，开展价格“价比三家”活动。印发《关于加强重要民生价格监测公示工作的通知》，明确商场超市、医院药店等30个价格监测点单位，以及四大农贸市场35个价格采集点，坚持每周公布2次农贸市场和蔬菜批发市场主副食品价格行情，每周公布1次大型超市主副食品价格行情，每月公布2次商场家用电器、超市日用工业消费品、医院药店常用药品价格行情。全年累计发布“价比三家”行情366期，涉及价格11.3万个，提高价格政策的透明度，促进商家诚信经营和合理定价，引导群众理性消费。

【价格法制】 严格执行《行政权力网上公开透明运行管理暂行规定》，制定《关于进一步规范行政权力网上公开透明运行工作的补充意见》，规范和固化流程，针对不同情形，分档设限，细化标准，按时办理。重新核对行政权力项目、名称和流程，对68项行政权力的静态信息进行补充完善，并公布监督电话、实施主体、法定依据、自由裁量等内容，接受社会监督。

（阮文慧）

工商行政管理

【概况】 2010年，全市工商系统围绕践行“四个统一”、建设“三型工商”和实现“三创三优”的总体要求，把握“创新·规范”的主题，开展创先争优活动。集聚职能优势，促进产业结构优化；以“个转企”推动民营经济转型升级；推进商标战略，培养自主品牌。积极规范市场秩序，提升执法公信，促进全市经济社会平稳较快发展。

服务医药城和出口加工区建设。按照“用足职能、做优服务、办好实事”的原则，下放行政许可审批权限、下移服务监管职能，实行“领导督办、部门包办、企业协办”的全程服务模式。全年组织现场办公3次、赴京协调5次，解决急难问题12个，出口加工区在国家10个部委中率先得到工商总局批准，医药城成为全国医药产业唯一冠名的市场主体。

集聚职能优势促进产业结构优化。贯彻省局加快发展方式转变的26条意见，从“培育上市、组建集团、个体转企、品牌培育”等方面出台促进经济转型升级的20条具体服务措施。开展全市六大新兴产业调研，建立专项数据库，进一步放宽对新兴产业企业名称、经营范围、注册资本、出资方式、出资期限、住所、集团登记的限制，全市新登记生物医药、电子信息、新能源三大新兴产业企业431户、注册资本总额14.85亿元；现代服务业企业5083户，注册资本总额159.74亿元。建立上市企业培育库，实施重点挂钩指导，帮扶亚星锚链等5家公司完成上市改组改造，江苏亚细亚等9家企业组建集团公司，泰州日报社、广电集团实现转企改制，为产业结构优化调整奠定基础。

推动民营经济转型升级。开展“助转型、提质态、促发展”百日服务活动，动员和引导符合条件的个体工商大户升格企业，全市新增私营企业5071户，比上年增长69%，提前半年完成“411”工程任务，被表彰为人民满意服务项目。建立民营经济登记数据分析制度，编发《民营经济发展情况》12期；针对民营企业用工短缺的情况，联合相关部门搭建“用工信息平台”，采集信息465条，提供岗位3895个；成立首届民营经济协会党委，以“双报双推”为载体推进非公党建工作，建立民企党组织824家。

消费维权。按照总局打造“四个平台”的要求，进一步加强“12315”联络站建设，1848个联络站点分布全市农村和社区，实现消费维权全覆盖。受理消费投诉，全系统共答复消费咨询9994件，办结申诉 2899件、举报612件，为消费者挽回经济损失374.2万元。组织开展“消费与服务”年主题进社区、进学校、进农村系列宣传活动，与泰州交广网、泰州电视台、凤城网联办“空中3·15”、“焦点网谈”专题节目；挑战餐饮行业“潜规则”，在全市推广免费提供一次性消毒餐具。深入贯彻《测评体系》，组织15个区域、6个行业和49家企业开展争创省级放心消费示范、先进单位活动，拓展创建领域。

商标监督管理。通过提请政府出台《关于推进商标战略培育自主品牌的实施意见》，举行“4·26”知识产权日大型咨询宣传活动、商标战略成果巡展，召开全市实施商标战略新闻发布会、巡回报告会、地理标志推进会等措施，推进商标战略。建立三级品牌培育库和泰州市重点商标保护名录，加强产业集群品牌培育基地确认和管理，做好品牌培育申报工作，全年全市新增驰名商标5件、著名商标20件、知名商标77件，驰名商标增幅居全省第一。推广“公司＋商标＋农户”的新型农业经营模式，以“兴化大闸蟹”等一批地理标志和农副产品商标为依托，带动农民致富。

打造“红盾服务创业第一岗”品牌。依托工商电子政务网，推出远程预核、网上登记、授权登记等服务措施；开展“高新技术企业服务月”活动，深入重点企业、园区和特色基地进行面对面、点对点服务；进一步优化登记注册流程，统一操作规范，依法把好准入关口。全市新增各类市场主体31166户、注册资本345.89亿元，其中私营企业9145户、注册资本231.80亿元；新登记农民专业合作社427户、个体工商户21065户、资金总额33.29亿元；新增外资企业140户、投资总额20.28亿美元、注册资本13.88亿美元。市行政服务中心工商窗口先后获“巾帼文明岗”、“十佳优质服务窗口”、“党员先锋岗”等称号。

流通环节食品安全监管。以大型商场和超市、食品批发企业、批发市场为重点，开展“学栖霞、强监管、促规范”食品安全百日执法行动，共检查食品经营主体6143户，整改规范888户，取缔无证照24户。推进流通环节食品安全长效机制建设，备案登记食品总代理（总经销）309户，安装“放心通”电子系统377户。加强节日和世博会期间市场整治和食品抽样检验工作，监测乳制品、食用油等45类食品286个批次，快速检测肉制品等食品近10000个批次，查获各类不合格食品1600多千克，依法销毁“毒豇豆”103千克。

重热点行业整治。按照“分行业治理、分领域突破”的工作思路，组织实施“4＋X”专项执法行动，对金融担保、建筑施工、房屋开发、公共服务等政府、企业、群众关注的热点行业实施专项整治，全系统共查办各类案件2227件，其中商业贿赂10件、房地产行业28件、公共服务领域15件、傍名牌案件62件。加大广告监测力度，监测各类媒体广告28465条次，其中重点监测药品、医疗、保健食品、美容美体广告16234条次，下发责令停播通知书121份，立案查处118件。先后开展打击非法传销、安全生产、世博会标志保护、动漫市场、打击虚假广告、节能减排、“打假冒、保名优、促发展”等各类专项整治，以及社会治安综合治理和“平安泰州”创建系列活动，进一步规范市场秩序。

商品交易市场信用分类监管。加强市场监管信息化建设基础工作，建立农副产品及农资商品价格采集点12个，实现监管平台和监管数据库三级共享。召开商品交易市场信用建设与监管现场推进会，在全市250个市场实行企业化登记，信用分类监管推行率达100%。加强农资市场监管，全面推行“六统一”的连锁经营模式、“两账两票一文本”的质量溯源制度，以及“一卡一书一回访”的售后服务规范，配合农业等部门开展农资示范店活动，评出“放心农资经营店”67家。

服务领域监管。拓宽职能服务领域。推进“红盾三服务”活动，走访企业2169户、帮助解决实际问题

1242件。办好各项民生实事，完成列入市区改善民生十大实事的5家农贸市场升级改造工作，新增市场建筑面积1.6万平方米、入场经营户700多人；开展“基层分局（所）与百名大学生村官结对服务”活动，帮助优选创业项目，协调解决资金不足、市场开拓等困难，全系统共结对帮扶大学生村官126名，指导26名大学生村官实现自主创业。

*提升执法监管效能。*积极探索专业化执法工作，建立健全人才培训、要案督办和部门协作机制，成立执法专案组12个，定向培养烟酒、建材、食品、农资等四大类专业办案能手60人，实施跨区作业5场次，大要案查办工作取得新突破。贯彻实施《中华人民共和国食品安全法》，推行基层食品安全巡查监管工作规程，得到省局肯定并发文推广。贯彻执行《江苏省合同监督管理办法》，加强供水、燃气等垄断行业合同格式条款备案审查，修改格式条款40处，《新华日报》、《江苏经济报》作此专题报道，省局在泰州召开现场会予以推广。

*依法行政工作向更高层次推进。*推进依法行政示范点创建工作，开展法制宣传教育，先后被省局和国家总局表彰为“五五普法”先进集体和“2006～2010年全国工商行政管理系统法制宣传教育先进集体”。加强常态化监督，先后组织开展登记注册、年检质量、行政处罚三类8次专项检查，规范执法行为。实施行政争议案件质量考核评价制度，全系统连续多年实现诉讼无败诉、复议无撤销、信访无错案、复查无改错的“四无”目标。加强基层法制员队伍建设，坚持实战式培训、等级化考核。

（沈云芳）

国土资源管理

【概况】 *提升用地保障能力。*一是积极上争用地计划指标，全年上争各类农转用计划1304.47公顷，比上年增加500%以上，其中，争取省“点供”项目19个、面积404.8公顷；争取省独立选址项目54个、面积421公顷，均创历史最好水平。二是推进重大项目建设。全年省厅共批准全市93个批次项目用地，农转用征收面积2133.33公顷，用地总量比上年增长40%，先后满足医药高新区、出口加工区、新区中学、医院等一批重点工程和基础设施项目的用地需求。三是发挥土地资产的平台支撑作用。全年为各类企业办理土地抵押登记18000多宗，为各类融资平台以土地资产抵押融资259亿元。代各级政府征收土地出让金141亿元，耕地占用税2.22亿元，耕地开垦费1.11亿元。四是推进土地节约集约利用。坚持开源节流、内部挖潜，将清理处置闲置土地、盘活存量建设用地作为保障中小项目用地的重要举措。组织开展存量土地调查工作，引导各地综合运用经济、行政及法律手段进行处置，全年共盘活存量土地367公顷。泰州医药高新区节约集约用地模式得到国土资源部的肯定和推广。

*推进资源规范管理。*各地根据全市耕地和基本农田保护目标要求，全面落实耕地保护和基本农田保护目标责任制。积极开展万顷良田建设工程试点工作，兴化市一期工程戴南、张郭片开工建设，泰兴市虹桥镇项目获省厅批复。开展“三模联创”活动，靖江市、高港区分获省土地执法模范市和创建工作先进区称号，并分获20公顷和10公顷的农用地转用指标奖励。加强涉土信访工作，全市共受理群众来信428件，接待群众来访375起840人次。

*基础业务工作。*全面完成第二次土地调查工作。农村土地调查完成5787平方千米正射影像图和农村土地利用现状调查，制作完成1：5000比例尺调查工作底图、土地利用现状图及数据建设。全市366平方千米的1：500城镇土地调查全面完成内外业和数据建库工作。按期完成基本农田上图补划工作和“数字泰州”建设任务。全面完成航空摄影、街景量测等外业数据采集和空间数据库建库等工作，并拓展在城市规划地理信息系统等方面的应用。

*干部队伍建设。*加强学习型机关建设，市局党委被市委组织部、宣传部命名为县处级党委“示范中心组”。加强干部使用管理，调整充实泰兴市局领导班子，完成兴化市局副科级领导干部竞争上岗和靖江市局中层干部配备晋升工作。推进机关作风建设，市局机关连续3年被市委、市政府表彰为作风建设先进单位。开展“走近你我他，服务进园区、进企业、进农村”专题活动，被市作风办表彰为人民满意服务项目。深化精神文明创建，全系统创建成江苏省文明行业先进行业，有7个国土所被省厅表彰为“优秀国土资源所”，市局行政服务处被市委组织部命名为首批市级机关“党员先锋岗”。加强党风廉政建设，强化对关键岗位、热点部门和重点环节的监督。开展“两整治一改革”专项行动，对房地产开发用地进行专项审查。

【被征地农民基本生活保障】 全市共落实征地补偿安置费用11.6亿元，被征地农民基本生活保障资金政府出资7.8亿元，纳入被征地农民基本生活保障34588人，保障水平得到提高。

【建设用地管理】 注重建设用地全程管理。严格执行《江苏省建设用地控制指标》，认真履行预审职责，对项目的投资强度、土地产出率等严格把关，对达不到规定要求的坚决核减其用地规模，完成6个省级、35个市级建设项目用地预审初审，预审涉及土地总面积1200公顷。开展独立选址项目涉及的乡镇土地利用规划一般性修改、建设项目用地预审、建设项目规划和计划审查，全市共有75个乡镇规划进行一般性修改并呈报省厅。

【土地招标、拍卖、挂牌出让】全年公开竞价出让经营性用地252宗、735.73公顷、总成交价157.15亿元；出让工业用地398宗、面积1110.56公顷、总成交价24.16亿元。

【国土资源执法监察】围绕"零约谈零问责"目标，开展2009年度卫片执法检查工作。按照"既查事又查人"的原则，加大查处力度，加快整改进程，共拆除、没收建筑、构建物52.6万平方米，罚没款942万元，对60名责任人提出党纪或行政处分建议。

【基本农田保护】全面落实基本农田保护责任。市政府与各市（区）签订土地管理和耕地保护责任状，将耕地保有量及基本农田保护考核指标执行情况列为市（区）政府主要负责人业绩考核的重要内容。各地通过开展基本农田"达标创先"活动，制定完善基本农田保护责任目标考核办法。

【土地复垦开发】年内，全市耕地占补平衡项目库共有建库项目134个，规划新增耕地744.8公顷，经验收，实际完成项目128个，新增耕地658.67公顷。

【地政地籍管理】全年发放国有土地使用权证53060本、集体建设用地使用权证7061本，初始登记发证19852本。

【矿产资源管理】全市挂牌出让黏土资源118宗，资源出让价款1305万元。采矿企业年检率100%，通过省厅检查。矿业权实地核查工作受到省厅表彰。地热井开发利用工作初见成效。完成泰州城市规划区浅层地热能调查评价工作。

【地质环境管理】做好地下水监测和数据收集工作，及时发布地质环境通报，防汛期间对长江大堤组织开展巡查。编制年度地质灾害防治方案，开展建设用地地质灾害评估核准工作。

【依法行政】做好国土资源行政复议和行政应诉，进一步规范行政许可和行政处罚工作。顺利完成"五五"普法各项任务。以"4·22"地球日、"6·25"土地日为契机，开展国土资源法制宣传教育。高港区开展的"大江放歌"活动、姜堰市开展的"青春献国土，我们在行动"活动，分获省厅"6·25"宣传好项目奖和好项目提名奖。

（范建国　王　伟）

质量技术监督

【概况】2010年，全市质监系统发挥职能优势，巩固质量基础，强化安全监管，提升服务效能，推动质监文化建设。

开展"走访千家企业"活动，宣传质量技术监督法律法规，掌握企业产品质量状况。开展"质量提升"活动，为1200家中小企业提供质量服务，帮助企业提高产品质量水平。全年获82个江苏名牌产品，新增50家"标准化良好行为企业"试点单位、6项江苏农业地方标准制定计划，新增采用国际标准和国外先进标准生产的企业120家，至年末，全市采标企业数512家。开展能源管理体系标准宣贯培训，组织相关食品生产企业签订质量安全联盟宣言，牵头召开看标杆质量提升座谈会，督促企业提升产品质量。

【计量监管】开展重点耗能企业能源计量监督管理，提高能源计量管理水平，在全省率先完成江苏兴达钢帘线股份有限公司的能效评价工作。开展农业标准进村入户活动，帮助农民按标准组织生产。开展春耕农用物资类定量包装商品计量监督检查，确保春耕顺利进行。开展秋粮收购计量器具检定，免费检定187家集贸市场的计量器具10293件，1344个村卫生室的4881件血压计、B超，粮食收购用电子汽车衡23台、电子秤台秤74台，首检合格率90.5%，责令整改后复检合格率100%。

【食品安全监管】全面落实监管责任制，加强食品生产企业监管，巡查食品生产企业2024家次，检查小作坊326家次。

开展专项整治活动。组织对节日期间的食品、饮料、脱水蔬菜等组织专项抽查工作及工业产品的定期监督检查工作。开展食品添加剂、乳粉生产企业和使用乳粉生产食品企业专项整治。

加强应急能力。成功迅速处置兴化市一食品生产企业使用的核桃粉原料中三聚氰胺严重超标和有关媒体报道的"江苏一企业生产面粉增白剂加石灰粉"事件。加强对供应上海世博会食品生产企业的监管力度，帮助企业落实主体责任，建立绿色通道，确保企

业产品随到随检。

【特种设备安全监管】开展锅炉房安全与节能双达标活动，对194台燃煤锅炉进行能效检测。强化化工、公园、商场等重点行业、场所的安全监察，保证特种设备安全运行。开展特种设备安全大检查，共检查399家特种设备使用单位，继续开展特种设备隐患排查，督促整改各类隐患305条，整改消除隐患271条。

【产品质量监督抽查】年内，国家、省、市质量技术监督部门共抽查全市2292家企业生产的2531批次的产品，合格2371批次，全市产品质量监督检查总体平均合格率为93.68%，较上年增长1.96个百分点。其中，抽查食品791批次，合格率为94.94%，较上年增长4.45个百分点；抽查工业产品1740批次，合格率为93.10%，较上年增长0.79个百分点；实行工业生产许可证管理的产品抽查444批次，合格率为90.99%；实行强制认证管理的产品抽查121批次，合格率为95.04%。从抽查情况来看，全市大中型企业产品质量较为稳定。

国家级产品质量监督抽查合格率为92.45%，较上年提高6.09个百分点，省级产品质量监督抽查合格率为91.16%，产品质量指数为98.67%，家用电器产品质量较好，全年共抽查家电产品23批次，合格率为100%；化工产品、不锈钢制品、风机盘管3项专项监督抽查，合格率在90%以上；实行生产许可证和强制认证管理的产品质量稳定。

【打假治劣】年内，市局出动执法人员580人次，检查建筑工地、企业182家，立案查处案件107起，其中质量案件89起，许可证、强制性认证案件5起，特种设备案件6起，食品案件4起，其他案件3起。货值高于5万元的大要案件33起，查获假冒伪劣产品货值1180多万元，移送司法机关案件2起，完成罚没预算609万元。全市质监系统共出动执法人员10410多人次，查办案件568件，货值总计12700万元，移送司法机关案件5起，完成罚没预算2692.5万元。

加大对假冒伪劣产品的打击力度，先后开展节前名烟名酒专项执法检查、乳制品生产企业落实质量安全主体责任专项检查、液化石油气掺杂使假专项检查、假冒“东北大米”专项检查、农资专项检查、纺织制品专项检查、贝壳粉冒充珍珠粉专项检查等各类专项执法检查，持续开展建材专项整治行动。全年共受理举报投诉225件、质量申诉37件、业务咨询246件，其中打假举报办结213件、质量申诉办结35件、业务咨询办结246件，办结率为97%。

【检验检测平台建设】服务产业集群，完善检验检测平台，创建优质产品生产示范区。加强位于兴化市戴南镇的国家不锈钢制品质检中心筹建工作，围绕提升检测中心能力，积极筹措资金，更新购置检验检测设备，中心现拥有各类设备70多台套。11月，国家不锈钢中心顺利通过“计量认证、审查认证、实验室认可”现场工作评审。与常州大学合作，将传动机械研发中心落户省减速机产品质检中心。特种安全防护产品、减速机省级检验检测中心正式获准挂牌。服务中小企业，创建泰州市检验检测信息服务平台，共收集400多家实验室的有关信息资料，包括法定检验检测机构、社会检测机构、高等院校、科研院所及企业实验室，专业涉及机械、电子电器、医药化工、轻工、纺织、食品、冶金、建筑建材、综合等十大类，企业可以根据检测需求或检测目的，选择相应的参数进行搜索引擎查找相关信息。网站设置“企业服务直通车”留言板栏目，企业的诉求可在第一时间传递到平台上，实现信息资源互助与检测资源共享。

（张吉祥）

食品药品监督管理

【概况】2010年，全市食品药品监管系统推进机构改革和监管体制调整，履行食品药品监管职责，积极应对食品药品安全监管和医药经济发展的新情况、新变化，保障广大群众饮食用药安全。

【荣誉称号】年内，市局被评为2010年省级依法行政示范点，市局及靖江、泰兴、姜堰食品药品监督管理系统被授予“2007～2009年度江苏省文明行业”称号，市局和靖江、泰兴、姜堰食品药品监督管理局被评为江苏省食品药品监管系统创建文明行业标兵单位和先进单位，市局文明服务满意度在全市30个部门行业中居第4，被市文明委评为五星级文明服务单位。

【职责调整】《泰州市人民政府机构改革实施意见》明确，江苏省泰州食品药品监督管理局由省以下垂直管理机构改为政府工作部门，并更名为泰州市食品药品监督管理局，业务上接受上级主管部门的组织指导和监督。将综合协调食品安全、组织查处食品安全重大事故的职责划给市卫生局，将市卫生局餐饮业、食堂等餐饮服务环节食品安全监管和保健品、化妆品卫生监督管理的职责划入市食品药品监督管理局。成立市餐饮化妆品监督所，机构规格为正科级，是市食品药品监督管理局下属事业单位，对全市餐饮服务和保健品、化妆品消费实施日常监管，受理相关投诉举报，开展专项整治，对违法行为实施行政处罚。江苏省泰州药品检验所更名为泰州市食品药品检验所，仍为市食品药品监督管理局的下属事业单位。

【食品安全监督】 兴化市、海陵区顺利通过全省第三批食品安全示范县创建验收。先后组织开展八大食品安全专项整治、问题乳粉核查以及“地沟油”、“一次性筷子”等各类联合检查活动，妥善处理5起关联食品安全突发事件，全市未发生等级食品安全事故。开展《中华人民共和国食品安全法》宣传培训工作，配合市人大开展《食品安全法》执法检查，并牵头做好整改落实工作。

【药品安全监督】 强化基本药物质量安全监管，保证基本药物的质量安全和有效供给。与各市（区）局、职能处室以及相关药品生产、经营企业签订确保基本药物质量安全责任书。建立健全基本药物品种档案225个。对基本药物品种生产工艺和处方进行全面核查，对常年生产并参加各省基本药物中标的98个品规实行重点核查。推进电子监管码管理。督促企业根据新版《中国药典》要求提高和完善企业内控质量标准。2010年，全市生产销售基本药物53亿元，辖区内配送基本药物3650万元，地产基本药物品种抽检合格率100%。

巩固落实全市药品生产企业法定代表人联系制度、质量受权人制度、质量例会制度等，构筑源头安全保障体系；强化飞行检查、现场核查等各类监督检查；做好重点企业和高风险品种监管，对注射剂品种进行全覆盖监督检查。对扬子江药业集团等4家企业的12个注射剂车间现场以及注射剂品种的原辅料、药包材采购、生产工艺质控要点、生产环境及质量检验等进行全覆盖检查，排查安全隐患，确保上市药品安全；督促苏中制药集团主动开展中药注射剂安全性再评价的基础研究，提高生脉注射液的生产和质量控制水平，提高企业内控标准，完善药品说明书和标签；加大对特殊药品和含特药复方制剂生产的监督检查力度，完善药品经营企业特药监管网络，加强与公安禁毒部门配合，联合开展药品类易制毒化学品和含特药复方制剂专项监督检查，严防流弊现象发生。

【药品市场监督】 强化市区零售药店诚信等级分类管理，提升药品零售行业运行质态。监测违法药品广告265例，提请省局采取暂停销售措施23例，移送工商部门处理25例，药品广告市场得到净化。推进城区药品“两网”建设，全市新建21个镇街药品安全办公室，高港区通过全省城市社区药品“两网”示范区验收。提高医疗机构药品质量安全水平，全市2家三级、14家二级医疗机构全部通过《江苏省医疗机构药品使用质量管理规范》验收；全年上报药品不良反应（ADR）报告3045份。

【药品、医疗器械稽查】 组织开展市区零售药店专项检查、违法药品广告整治、非药品冒充药品专项行动、世博会期间打击假劣药械专项行动、互联网发布虚假药品信息等10项专项整治活动。全系统查处案件189件，受理药品和医疗器械相关举报、投诉108件，举报查处率和办结反馈率均为100%。查处“假风痛骨康胶囊案”以及“百喘停胶囊、风痹康胶囊、深海鲔胶囊等保健品和非药品非法添加西药成分案”等一批性质恶劣、影响严重的假药案件，2起案件移交公安部门刑事处理。

【药品检验】 全年共完成药品抽样2540批。其中，监督性抽验1733批，不合格率4.2%；评价性抽验659批，合格率99.8%；泰州地产药品合格率100%。

（孟　健）

安全生产监督管理

【概况】 2010年，全市安全生产监管工作坚持“安全第一，预防为主，综合治理”方针，加强基层基础建设，强化安全生产监督管理。

年内，全市安全生产形势总体稳定，事故总量和死亡人数实现“双下降”。全年共发生各类安全生产事故1624起，死亡422人，比上年分别下降9.43%、2.35%。其中，工商贸企业发生事故27起、死亡34人，比上年分别下降6.89%、2.85%。市安全生产监管工作被省政府评为2010年安全生产工作优秀等次。

加强组织领导。全年市委、市政府召开全市安全生产工作会议、安全生产电视电话会议、安委会扩大会议等安全生产专题会议10多次，及时研究部署重点工作。市委书记张雷于4月17日召开会议研究安全生产工作；市长徐郭平到任后召开的第一个会议就是安全生产工作紧急会议，并亲自带队赴各市（区）进行安全生产督查；8月3日，市委召开全市领导干部会议，研究部署安全生产工作。副市长张爱平在年初、7月和11月先后3次到市安监局调研视察；市领导在元旦、春节、世博会、国庆等重要节日、重大活动前，都分别带队进行安全检查。

坚持政策引导。市政府在全省率先出台《关于进一步加强和改进安全生产基层基础工作的意见》，对基层基础工作提出全面要求；制定《泰州市安全生产工作目标考评奖励办法》，加强目标考核。召开市安全生产工作会议、安委会会议，多次专题部署贯彻落实国发[2010]23号、苏政发[2010]136号文件工作。在安委会全体成员讨论的基础上，市政府出台《关于进一步加强企业安全生产工作的实施意见》，突出企业主体责任落实，充实、细化相关内容；出台《关于认真贯彻落实省政府关于全省各级人民政府有关部门和单位安全生产工作职责暂行规定的通知》、《泰州市一般事故查处挂牌督办办法》，落实一系列具体措施。

工作支持。加强安监队伍建设，在全市开展乡镇安全生产监察中队建设，每个中队监管2～3个乡镇，并将建设到位情况作为对各市（区）“三个文明”考核和年度安全生产考核的“硬指标”。市安委会投入10多万元先后3次在《泰州日报》制作专版登载国发[2010]23号文件全文、解读和相关文件，发放《致全市广大生产经营单位的公开信》，专门编印有关小册子免费送到市区、企业；投入20多万元在市区30多个主要居民小区设置宣传专栏，营造浓厚的宣贯氛围。

严格考核。根据省下达控制指标和泰州市实际，签订年度安全生产目标管理责任状，将年度安全生产目标责任层层分解落实。市委、市政府将安全生产情况纳入对各地“三个文明”考核内容，印发《各市（区）、泰州经济开发区2010年工作目标考评（安全生产工作）计分细则表》、专项整治考核办法和考核表，把工作内容具体量化成评分标准；各相关部门按照自身职责，对监管企业进行检查考核。严格奖优罚劣，将考核结果与单位评先评优、部门监管保证金等挂钩，对达不到要求的坚决予以“一票否决”、扣除监管保证金等处理。强化“一把手”负责制、领导班子全员责任制和“一岗双责”制，各级行政正职领导安全生产年度报告制度，对高危企业主要负责人实行安全承诺和定期报告制度。市安委会制定《关于明确市有关部门隐患排查治理督查职责分工的通知》、《泰州市较大社会影响生产安全事故信息处置办法》、《关于进一步明确生产安全事故调查有关事项的通知》等文件，进一步落实安全监管各环节工作职责，消除监管盲点和漏洞。

【隐患排查治理】 坚持领导带队检查、专家协同检查，采取全面检查、重点抽查、突击复查、明查暗访等方式，发动职工群众积极参与，广泛排查，将安全隐患排查清楚，整改到位。年内，全市参查企业17600多家，排查隐患64193处，整改62910处，整改率98%；对市级挂牌的10个工矿商贸隐患、8个重大火灾隐患，组织相关部门和专家进行逐个跟踪、验收、销号。在治理要求上，坚持实施挂牌督办制度，确保整改责任、措施、资金、时限、预案“五到位”。组织新一轮重大危险源普查登记，全面开展安全评估、分级和上报备案工作，建立健全重大危险源数据库，督促落实地方监管责任和企业日常管理、监控主体责任，全市共确认危险化学品重大危险源企业108家。

【安全生产专项整治】 在道路交通、水上交通（内河、长江）、人员密集场所以及危险品（烟花爆竹、危险化学品）、建筑施工、造（拆）船等行业开展安全专项整治，定期编发《专项整治简报》，通报整治工作情况，推广工作成果和成功经验、做法。

危化品生产经营方面，将涉及“三危”（危险物品、重大危险源、危险设备）的危化品企业作为监管重点，共检查企业300多家，排查出各类安全隐患900多条，督促整改隐患800多条。以全市62家“红色”监管企业为重点，组织专家进行逐一现场检查，对存在重大隐患的15家企业责令立即停产整改，逾期未完成整改的一律不得恢复生产。以化工集中区和园区建设为重点，严格规划控制，推动整体风险评估，建立统一的应急系统。

烟花爆竹方面，规范市场秩序，制定并报省核准布点规划，全市规划烟花爆竹批发企业13家、零售网点3844家，指导成立了由全市13家批发企业组成的行业管理协会。以打击“四私”为重点，全年查处非法经营、储存烟花爆竹案件27起，依法收缴礼花弹1152只、爆竹1950只、小鞭1067箱、烟花451箱；加强日常监控，对构成重大危险源的烟花爆竹批发公司仓库100%实现监控。检查烟花爆竹批发企业和零售网点1399家，发现安全隐患348处，督促整改328处。

造（拆）船方面，出台《泰州市船舶修造（拆）企业安全标准化考评办法（试行）》、《泰州市船舶修造（拆）企业安全生产管理规范（暂行）》。2010年，首批参加标准化建设的企业38家，预计用3年时间完成标准化任务。出台《泰州市船舶修造（拆）企业安全生产分级监管办法（试行）》、《泰州市船舶修造（拆）企业安全生产管理办法（暂行）》等一系列制度，明确企业的主体责任和外包工队伍在船舶修造（拆）企业内的管理要求，推动企业加强安全管理。以造船企业危化品储存、使用为重点，开展专项检查，发现存在问题的企业16家，对未按时整改到位的3家企业实施行政处罚。

【重点行业监管】 建立健全重点行业领域“一纵两横”的安全监管机制。纵向上实施分级监管，根据标准对企业进行等级评定，在危化品企业实施红、橙、蓝分级监管，在造（拆）船企业实施A、B、C分级监管，对重大危险源实施甲、乙、丙分级监控，落实相应的监督检查措施。横向上健全联席会议和联合执法两个机制，完善烟花爆竹、交通、消防、危化品、造拆船行业监管联席会议制度，各相关部门职责明确。联合开展打击“四私”、道路交通黑点和隐患点段、施工现场塔吊、沿江企业气象灾害防御等执法检查，消除一批跨地区、跨部门的安全生产问题。

【打击非法违法】 组织15个部门，开展为期3个月的集中专项行动，严厉打击非法违法生产经营建设行为。结合近年来安全生产执法、治理行动查出的突出问题，对事故频发、隐患突出、非法违法行为突出的地区、行业和单位，实施重点打击。开展对38家危化品企业未批先建查处情况的“回头看”检查，对3家整改不到位的企业，提请当地政府予以关闭；对在检查中发现存在重大安全隐患的重点危化品企业，给予责令停产整顿处理。

【安全生产宣传教育】 加强宣教平台建设，提升泰州安全生产网、《泰州安全生产》杂志和安全生产宣教中心等宣教平台的层次和水平，对安全生产网进行重新改版，增加《泰州安全生产》杂志信息量，安全生产宣教中心在全省首家实现特种作业人员培训考核的教学多媒体化、课件更新实时化、考试无纸化、发证一体化。开展“安全生产月”、“安康杯”竞赛、安全知识“六进”等宣教活动，举办“企业老总话安全”主题征文活动，结合重要时段开展短信提醒活动，结合有关文件贯彻分别开展致生产经营单位、致客运企业的公开信活动，“安全月”期间开展万人签名、新闻媒体通气会等30项系列活动。加强安全读物普及教育，编印《造拆船企业标准化资料汇编》、《危化品行业安全生产法律法规汇编》、《珍爱生命从安全开始——2005至2009年全市安全生产典型事故案例汇编》、《年度安全生产文件汇编》、《企业安全生产法律文件汇编》等一批安全生产读本，免费发放到广大基层、企业。

【基础“三化”建设】 安全生产标准化方面：建立安全标准化考评委员会，制定安全标准化认证工作的规范和程序，对国家已有标准的危化品、烟花爆竹等行业全面推行标准化建设；对国家尚无安全标准化的事故多发、危险性大的行业，组织专家制定地方安全标准，在全省率先制定造拆船行业和砖瓦行业的安全标准化考评标准；对面广量大的中小企业，组织贯彻国家安监总局颁布的《企业安全生产标准化基本规范》，加快标准化推进步伐。安全控制自动化方面：对涉及15种高危工艺的危化品企业进行自动化控制改造并进行有效性检查，全市57家相关企业自动化控制改造已全部完成。安全管理制度化方面：对全市企业明确规定必须制定的几十项基本安全生产制度，开展企业职业卫生公告栏、毒物周知卡、岗位操作要领卡、异常工况处置卡“一栏、三卡”建设，加强企业岗位安全制度落实。

【安全生产事故查处】 按照“四不放过”原则，从重、从快、从严查处事故。2010年，市政府共批复结案生产安全事故13起，处理责任单位24家、责任人25人，其中移送司法机关7人，结案率100%。对社会影响较大的事故，既加大查处力度，督促企业领导重视，提高职工认识；又注重举一反三，认真吸取事故教训，进一步规范监管程序，落实监管措施，避免同类事故再次发生。

（顾　莉）

财　政

【概况】2010年，全市财政工作围绕开放创新“双轮驱动”战略目标，发挥财政调控职能，以服务经济发展、推动转型升级为核心，进一步突出财政投入重点，推动经济发展方式转变，加快民生和社会事业建设，全面加强财政科学化、精细化管理，财政收支达到预计目标，全年完成财政总收入456.4亿元，比上年增长32.7%，其中，一般预算收入完成170.8亿元，增长23.2%。被省政府表彰为“财政收入新增贡献先进单位”。

2010年泰州市地方财政收支主要项目一览表

表15　　单位：万元

财政收入	实绩	比上年增减（%）	财政支出	实绩	比上年增减（%）
增值税(25%部分)	310798	17.76	一般公共服务	303809	18.65
营业税	335087	29.77	公共安全	137138	22.64
企业所得税(40%部分)	216805	50.8	教育	386163	31.48
个人所得税（40%部分）	57562	26.02	社会保障和就业	174269	41.90
契税	104046	28.19	医疗卫生	121407	34.02
城建税	89279	27.43	城乡社区事务	295175	44.64
其他各项税收	203888	31.34	农林水事务	258551	22.15
非税收入	390567	6.07	采掘电力及金融等事务	103385	–46.62
基金收入	1400691	61.93	基金支出	1331258	49.36

扶持优势产业做优做强。落实重点企业扶持政策，市级安排“双轮驱动”战略专项资金1.7亿元，支持重点骨干企业实施技术改造，提升核心竞争力。加快生物医药、石化、机电等优势产业的蓄势调整和优化振兴，市财政上争专项资金2400万元，促进产业优化升级。

强化资金导向功能。市级投入资金1200万元，支持企业创业、中小企业技术改造和新兴特色产业集群发展，加速经济结构优化。政府参股的担保公司为中小企业提供担保31.12亿元，缓解企业融资难题；通过市级安排和向上争取，安排服务业引导资金3300多万元，外经外贸发展资金近2000万元，推进现代服务产业和外向型经济发展。

支持科技创新。市级安排科技专项资金5100万元，上争省科技专项资金1.38亿元，扶持重大自主创新产业化项目，支持完善科技创新公共服务平台，加快科技成果转化。设立科技型中小企业创新资金1000万元，支持中小企业技术创新。投入2000万元落实“凤城千人计划”，支持高层次人才引进。

推进发展载体建设。集中财力打造医药高新区、出口加工区等发展载体，加快园区基础和配套设施建设，推动企业开发创新和技术服务平台构建，加快高端成果孵化、转化和产业化。全年安排结算及补助资金7.5亿元，争取省级补助1.36亿元，加快泰州高新技术产业开发区建设，促进医药产业升级。

促进节能减排。市级安排500万元支持企业节能技术改造，淘汰落后设备。安排城市建设维护资金6600万元，争取省级资金3800万元推进城市污水处理工作。省、市投入环保专项资金7000多万元，支持重点生态项目和污染治理项目建设，改善人居环境。

落实宏观调控各项措施。进一步落实扩大内需政策，管好用好中央项目地方配套资金，市区兑付成品油价格改革补贴、家电和汽车、摩托车下乡等补贴资金9500万元，拉动消费11.2亿元。规范行政事业性收费和政府性基金项目，落实各项结构性减税政策，优化经济发展环境。

【收支管理】 注重协调征管，提升收入质态。一般预算收入中税收收入完成131.7亿元，比上年增长29.4%，高于全省平均水平4.6个百分点，税收收入占一般预算收入比重比上年提高近4个百分点。优化支出结构，贯彻中央厉行节约各项要求，有效压减公用经费支出，控制部门单位利用财政资金实施固定资产投资支出。严格财政资金监管，落实《泰州市市级政府投资项目管理暂行办法》等文件精神，强化财务总监制度管理，严格财政监管；依托财政大监督工作平台，构建财政监督长效机制，开展部门预算、政府投融资平台和政府投资项目专项检查。推进绩效评价，完善绩效评价工作机制，年内组织对城管卫生事业经费、省级科技成果转化资金项目等开展绩效评价，推动财政支出效益不断提高。完善偿债机制，降低财政风险。开展地方政府性债务管理工作，探索经济发展与适度负债的平衡点，确保地方财政安全。编制政府债务和融资平台公司各项报表，对政府性债务情况进行动态监控，适时进行风险评估，努力完善偿债机制，合理控制政府性债务规模。落实国家关于加强地方政府融资平台管理的要求，完善投融资工作，促进融资平台公司充实公司资本金，完善法人治理结构。

【支农惠农】 坚持统筹城乡发展，注重推进重点镇村建设，支持农民就业创业，促进农业发展方式转变。一是保证财政支农支出稳定增长。全市农林水事务支出完成23.5亿元，比上年增长24.7%，高于一般预算支出增幅1.9个百分点。二是提高农业生产能力。围绕市委、市政府发展高效农业“5218”工程要求，支持现代农业发展，突出农业园区建设，拓展农业保险覆盖面，全市兑付粮食直补等各类涉农补贴4.67亿元，促进农业增效、农民增收。三是推进新农村建设。做好新一轮农村实事工程，做好一事一议财政奖补工作，推进村级公益事业建设，加快改善农民生产生活条件。四是优化支农资金管理。市级整合涉农项目资金近1亿元，重点支持市区新农村建设、现代高效农业等4大类项目建设。

【发展社会事业】 完善义务教育经费保障机制。提高生均公用经费拨款基准定额，建立健全扶困助学体系，年内市财政发放困难学生补助1600万元，惠及市区1.2万名学生，市级筹资3800万元实施校舍安全工程。加大公共卫生服务事业投入。市财政安排1100万元完善城乡公共卫生服务体系，投入资金4050万元用于基层医疗机构补偿，确保市区全面实施基本药物制度，安排补助7600万元完善新型农村合作医疗制度。推进中心城市建设。安排重点建设资金2.57亿元，筹资1.05亿元用于泰州文化中心建设，完善城市功能，提升城市形象；筹资2亿元落实市区公交优先发展三年行动计划，支持完善公交服务体系。

【完善社会保障体系】 围绕创建国家级创业型城市的目标，贯彻积极就业和创业带动就业政策，支持稳定和扩大就业。年内，市财政安排就业资金1320万元，比上年增长10%。继续发挥援企稳岗政策效应，鼓励金融机构增加劳动密集型中小企业贷款额，扶持中小企业发展，促进企业稳员增效。整合创业扶持政策，支持创业带动就业，市区发放小企业贷款1200万元、小额担保贷款2135万元，安排贴息资金200万元。稳定养老保险政策。推行和完善社会保险费“五险合一”征缴办法，加大征缴、扩面清欠力度，提高企业退休人员养老金待遇。年内筹集职工基本养老保险基金8亿元，争取省级养老补助资金1.44亿元。市区全面落实新农保政策，发放基础养老金3089万元。健全社会保障体系。调整完善职工和居民医疗保险政策，推行工伤保险市级统筹。加大社会救助力度。全市投入1.5亿元统一各地低保标准，城乡低保标准分别提高到每月340元和210元；市财政建立医疗保险特困补偿专项资金，完善城乡医疗救助制度；安排5300万元加快保障性住房建设，解决低收入家庭的住房问题。

【服务文化泰州建设】突出公共文化服务体系建设和文化产业发展两大重点，积极服务促进文化泰州建设。在筹措落实市文化中心建设资金的同时，筹集2000万元专项资金，支持市区、乡镇宣传文化中心建设；安排专项资金，落实图书馆等公益性文化单位免费开放政策。以财政贴息、财政补助方式支持报业传媒集团、广电传媒集团做大做强，设立专项资金支持泰州大剧院的运营，每年投入超过200万元支持文化精品创作。

【改革创新】按照财政预算编制、预算执行、绩效评价、财政监督“四位一体”的要求，完善体制机制，提升财政科学化、精细化管理水平。一是完善预算编制。加快预算编制流程，规范结余指标管理，加强对新增重点项目的绩效目标评价，推进预算信息公开工作。二是推进预算外资金纳入预算管理。从市区财税库行联网系统建设入手，实现非税收入网络化电子缴库，确保从2011年全面实施预算外收入纳入预算管理。三是加强国有资产管理。推动资产管理信息化建设，建立市直行政事业单位资产动态管理系统，实现行政事业单位国有资产规范化和标准化管理；加强企业国有资产管理制度化建设，开展调查摸底，制定出台《泰州市企业国有资产监督管理办法》。四是深化各项改革。完善国库集中支付制度，建立健全财政国库动态监控体系，规范财政资金收付方式。全年市级国库集中支付金额51.6亿元，其中直接支付达到91%，比上年提高8个百分点；完善政府采购制度，拓展采购范围，推广并规范政府采购代理业务。全市政府采购实现48.54亿元，资金节约率18.8%。（黄丽霞）

国家税务

【概况】2010年，全市国税部门坚持依法征收，优化税收服务，推进国税工作的科学化、专业化、规范化、精细化和信息化，国税收入保持平稳较快增长，全年组织国税收入179.57亿元，比上年增收34.28亿元，增长23.6%。高于全省平均增幅3.42个百分点。

税种结构不断优化。完成国内增值税129.19亿元，占比为71.95%；企业所得税34.44亿元，占比为19.18%，收入比重明显提高；消费税9.98亿元，占比为5.56%；车辆购置税5.80亿元，占比为3.23%；国税收入中地方一般预算收入的比重从“十五”期末的23.77%上升到2010年的25.31%，提高1.54个百分点。

地区收入协调发展。全市区域经济协调发展取得成效。年内，靖江市组织国税收入34.83亿元，比上年增长25.10%，总量在4个市（县）继续处于领先地位；兴化市国税收入30.76亿元，增长35.51%；市区国税收入75.11亿元，增长23.64%，占全市收入总量的41.83%。比重居首。总体呈现市区强劲支撑、南北齐头并进、中部蓄势待发、全市联动发展的良好态势。

结构调整成效明显。全市二产和三产国税收入分别入库123.57亿元和46.79亿元，比“十五”期末分别增长176.01%和326.91%，来自三产的国税收入增速明显加快，比重从21%提高至26%。产业转型升级成效明显，高新技术企业、医药产业、新型能源产业实现国税收入分别达12.07亿元、13.18亿元和2.01亿元，其中，医药产业的国税收入总量继续居全省首位。

重点税源企业发展壮大。全市国税收入超1000万元的重点纳税企业158户，比上年增加14户；入库国税直接收入105.09亿元，增长28.27%，占当年全市国税直接收入的62.77%，比上年增加1.5个百分点。其中，国税收入1亿元以上的企业18户，入库税款61.5亿元，增长27.15%。全年申报税款入库率99.98%。

国税收入质量不断提高。强化税收征管，初步形成以税收风险管理为导向的税源专业化管理体系，准期申报率、入库率保持在99%以上，“零负申报面”、“低税负面”、“新增欠税数”和催报催缴率等指标低位运行，税源管理质态保持良好，国税收入与地方经济发展保持同步协调。

【税源专业化管理】强化税收征管，推进运行“双层架构、团队管理”新机制，提升税源专业化管理水平。形成以税收风险管理为导向的税源专业化管理体系。税源管理联动机制有序运行，税收信息情报工作初步开展。市、县、基层分局三级风险管理团队共组织风险应对4489户次，查补入库税款3.62亿元，加收滞纳金896万元。

【税收服务】规范服务窗口设置，整合优化办税流程。加强办税服务厅标准化建设，提高办税效率，全市全职能窗口从46个增加到72个。扩充完善网上办税服务厅功能，推行全程跟踪服务系统、“服务质量”评价系统、“一机双卡”管理系统等，发挥国税网站短信平台咨询岗位等宣传功能，增强纳税服务人性化、便捷化和时效性。“12366”咨询热线服务功能影响不断扩大。举办纳税人大讲堂，推行涉税风险预警提醒和税收政策个性化推送服务。建立纳税人需求分析工作机制，开展纳税人需求分析和满意度调查，针对需求优化纳税服务，纳税人满意度和税法遵从度不断提升。

【依法治税】完善税收执法风险内控机制，组织开展重点税收执法检查，推进税收执法检查的“参数化”和“常态化”。编制《税收执法过错防范目录》，强化“执法责任制管理信息系统”应用。开展创建“规范执法示范点”，做好重大税务案件审理。组织开展药品经销、房地产建筑安装等十大行业专项检查，加大发票违法犯罪打击力度，查补税款、罚款、滞纳金合计2.63亿元。

2010年独立纳税企业国税收入十强表

表16　　　　　　　　　　　　单位：万元

序号	纳 税 人 名 称	国税收入
1	中海沥青（泰州）有限责任公司	104336
2	中海油气（泰州）石化有限公司	78630
3	扬子江药业集团有限公司	68110
4	江苏新时代造船有限公司	43269
5	江苏省烟草公司泰州市公司	33961
6	泰州石油化工有限责任公司	33030
7	江苏兴达钢帘线股份有限公司	32046
8	国电泰州发电有限公司	26385
9	中国石油化工股份有限公司江苏油田分公司	23030
10	新浦化学（泰兴）有限公司	20980

2010年外资企业国税收入十强表

表17　　　　　　　　　　　　单位：万元

序号	纳 税 人 名 称	国税收入
1	江苏新时代造船有限公司	43269
2	江苏兴达钢帘线股份有限公司	32046
3	新浦化学（泰兴）有限公司	20980
4	江苏圣奥化学科技有限公司	17503
5	江苏兴达特种金属复合线有限公司	14700
6	江苏江山制药有限公司	13739
7	江苏新世纪造船有限公司	11207

续表17

序号	纳 税 人 名 称	国税收入
8	江苏双登集团有限公司	9272
9	泰州艾格服饰有限公司	7866
10	靖江市新程汽车零部件有限公司	6663

2010年医药行业国税收入十强表

表18　　　　　　　　　　　　单位：万元

序号	纳 税 人 名 称	国税收入
1	扬子江药业（集团）	87387
2	江苏江山制药有限公司	13739
3	江苏济川制药有限公司	13383
4	泰凌医药（江苏）有限公司	5969
5	江苏苏中药业集团股份有限公司	5683
6	亿腾医药（中国）有限公司	2878
7	江苏济源医药有限公司	2531
8	江苏美通制药有限公司	1081
9	江苏博生医用新材料股份有限公司	1004
10	江苏苏中海欣制药有限公司	444

2010年化工行业国税收入十强表

表19　　　　　　　　　　　　单位：万元

序号	纳 税 人 名 称	国税收入
1	中海沥青（泰州）有限责任公司	104336
2	中海油气（泰州）石化有限公司	78630
3	泰州石油化工有限责任公司	33030
4	新浦化学（泰兴）有限公司	20980
5	江苏梅兰化工有限公司	6211
6	爱森（中国）絮凝剂有限公司	6063
7	泰州东联化工有限公司	4179
8	泰兴锦云染料有限公司	3735
9	泰兴市康鹏专用化学品有限公司	2973
10	泰州百力化学有限公司	2601

“十一五”全市国税收入、GDP及单位GDP税收贡献率表

表20 单位：亿元

年度＼项目	国税总收入	国税增幅	地区GDP	GDP增幅	单位GDP税收贡献率
2006年	71.72	28.65%	1002.28	21.89%	7.16%
2007年	92.68	29.22%	1201.82	19.91%	7.71%
2008年	116.79	26.01%	1394.20	16.01%	8.38%
2009年	145.28	24.39%	1651.02	18.42%	8.80%
2010年	179.57	23.60%	2002.60	21.29%	8.97%

注：GDP增幅为现价增幅。

“十一五”全市国税系统落实税收优惠政策统计表

表21 单位：万元

年度＼项目	落实税收优惠政策	减免税金	办理退税	固定资产抵扣	降低小规模纳税人税收负担	合　计
2006年	89805	187254	—	—	277059	769090
2007年	112061	258875	—	—	370936	1556902
2008年	166791	314967	—	—	481758	162391
2009年	152621	391631	64828	8248	617328	16393
2010年	247813	404175	97563	8145	757696	2504776

（陈　铭　许耀明）

地 方 税 务

【概况】 2010年，全系统共组织入库各项收入164.96亿元，比上年增收32.79亿元，增长24.80%，其中，入库税收收入（不含契税、耕地占用税）94.55亿元，增收20.78亿元，增长28.18%；组织入库省级税收收入4.72亿元，增收0.91亿元，增长23.92%；组织入库市县级税收收入89.84亿元，增收19.87亿元，增长28.41%。入库契税6.52亿元、耕地占用税3.36亿元。全系统累计征收各项基金、费60.52亿元，增收9.7亿元，增长19.08%，其中征收社保费50.10亿元，增收7.52亿元，增长17.66%。年内，市局被省委、省政府和省军区联合表彰为“江苏省双拥模范单位”，被市委、市政府表彰为“服务地方发展十佳单位”，全系统市、县两级有67家基层单位在创建省级文明行业活动中受到省、市各级表彰。

【税收管理】 贯彻落实市政府《关于加强地方税收征管保障工作的意见》，制定下发《委托街道乡镇代征税收工作意见》，加强个体税收源泉控管，社会综合治税网络基本形成。做好市区征管范围调整工作，对欠税实施定期公告，进一步规范非正常户认定表证单书，并对3.0系统非正常户管理流程进行修改。加强和规范普通发票管理，建立发票管理长效机制。落实“两个减负”，推广CA认证工作。推行企业所得税责任区管理新模式，加强税源控管，通过落实管理责任、制定管理标准、设立考评指标和强化信息管税，

初步形成控管针对性强、规范化管理水平高的“链条式”管理机制。强化股权转让个人所得税管理，研究制定《泰州市地方税务局自然人股东股权转让所得个人所得税征收管理暂行办法》，明确自然人股东股权转让的登记管理、个人所得税征收管理、清算管理及违反规定的相关法律责任。加强高收入人群个人所得税征管，做好个人年所得12万元个税申报工作，全年共办理自行申报10602人，申报年所得34.79亿元，应纳税所得额23.07亿元，应纳税额4.74亿元，补缴税额2998.37万元。加强房地产税收管理，制定出台全市房地产税收标准化、规范化、一体化管理实施方案，建立起与相关部门涉税信息共享传递制度和源泉控管制度。进一步完善建筑工程项目管理制度，下发《关于做好建筑业和房地产业项目管理工作的补充通知》和《建筑工程项目清算暂行办法》。规范全市房地产税收秩序，开展土地增值税核定征收方式的创新、二手房最低计税价格认定方法的制定和契税耕地占用税执行情况的专项核查等工作。

【征管改革】在全省率先完成税收征管改革工作，基本构建科学高效的税收征管新格局。

整体推进改革，做到“四个统一”。一是统一机构设置和职能配置。市、县两级统一设立征收局、税收风险评估局、重点税源管理局、一般税源管理局、稽查局和数据管理处（科）。二是统一设置岗位。对新成立机构中的所有岗位进行统一设置，明确岗位职责和工作要求，规范操作流程。三是统一配置人力资源。以市、县（市）局为单位，结合个人专业特长、工作能力、在岗时间等因素，对所有干部职工逐一配岗。四是统一市、县两级改革进程。对市、县两级改革进行统一部署，做到模式一致、要求一致、步调一致。

强化专业化管理，推行“三个集中”。一是实行重点税源集中管理。对本辖区内的重点税源企业，由重点税源管理局集中管理，实现对重点税源纳税人税收管理工作的专业化、信息化和精细化；对其他纳税人，由一般税源管理局管理。二是实行涉税数据集中管理。由数据管理处（科）集中负责本区域涉税数据信息的收集、整理、审核和维护，对涉税数据信息进行加工、分析、比对、推送和发布，并实施数据质量监控和考核，保证基础数据的真实、准确、完整和规范。三是实行所有税种集中征收。将包括耕地占用税和契税在内的所有地方税的征收、服务职能划归征收局，纳税人的所有涉税事项，在征收局及下设办税服务网（点）均可办理，并可“同城通办”和网上办理。

强化风险管理，实施管、评、查分离。植入风险预警理念，将建立维护评估指标和模型、归集税收风险、制定维护税收风险排序规则、确定税收风险等级等专业化程度较高的税收风险管理职能，从属地管理的税收管理职能中分离出来，交税收风险评估局，实现管评分离。市局和各县（市）局分别成立评估稽查

“十一五”期间泰州地税收入情况

表22 单位：万元

年 份	类别	全市	市区	兴化	靖江	泰兴	姜堰
2006年	收入总量	586710	210341	69077	116726	105417	85149
	税收收入	350366	148664	38883	56759	58815	47245
2007年	收入总量	813804	282767	107816	162782	146529	113910
	税收收入	472075	201620	50480	79059	76863	64053
2008年	收入总量	1039983	358446	129064	226509	180491	145473
	税收收入	593460	242599	72966	103190	91273	83432
2009年	收入总量	1245874	463276	155762	262901	204696	159239
	税收收入	737661	306211	94573	138371	107686	90820
2010年	收入总量	1649551	626251	207068	341962	276118	198152
	税收收入	945510	382108	125272	185745	140570	111815

注：2010年契税和耕地占用税收入未纳入税收收入统计，但包含在收入总量中。

2010年全市地方税收分税种入库情况表

表23　　单位：万元

项目	全市			市区			兴化			靖江			泰兴			姜堰		
	全年实绩	上年同期	增减(%)	全年实绩	上年同期	增减(%)	全年实绩	上年同期	增减(%)	全年实绩	上年同期	增减(%)	全年实绩	上年同期	增减(%)	全年实绩	上年同期	增减(%)
合计	945510	737661	28.18	382108	306211	24.79	125272	94573	32.46	185745	138371	34.24	140570	107686	30.54	111815	90820	23.12
1. 营业税	375453	291972	28.59	151119	121731	24.14	50294	38886	29.34	77756	57964	34.15	51014	38687	31.86	45270	34704	30.45
2. 企业所得税	173348	136520	26.98	73178	56673	29.12	20560	13784	49.16	28775	22247	29.34	30305	25151	20.49	20530	18665	9.99
3. 个人所得税	142163	113083	25.72	48573	40464	20.04	18365	14827	23.86	32572	24451	33.21	24867	17179	44.75	17786	16162	10.05
4. 资源税	1102	1199	-8.09	2	2	0.00	821	905	-9.28	—	—	—	159	182	-12.64	120	110	9.09
5. 土地使用税	47264	41413	14.13	16767	15283	9.71	6301	5065	24.40	9648	8170	18.09	8398	7180	16.96	6150	5715	7.61
6. 城建税	93314	74891	24.60	45986	36982	24.35	14184	11720	21.02	14070	10841	29.79	10786	9048	19.21	8288	6300	31.56
7. 印花税	20226	14618	38.36	8044	5480	46.79	2579	1871	37.84	4347	3295	31.93	3047	2169	40.48	2209	1803	22.52
8. 土地增值税	60640	37261	62.74	23897	18099	32.03	8196	3939	108.07	12799	6605	93.78	7602	4247	79.00	8146	4371	86.36
9. 房产税	25901	21703	19.34	10461	8292	26.16	3533	3295	7.22	5199	4246	22.44	3804	3267	16.44	2904	2603	11.56
10. 车船税	6099	5001	21.96	4081	3205	27.33	439	281	56.23	579	552	4.89	588	576	2.08	412	387	6.46

注：2010年契税和耕地占用税收入未纳入税收收入统计，但包含在收入总量中。

2010年全市地方税收分经济类型入库情况表

表24 单位：万元

项目	全市			市区			兴化			靖江			泰兴			姜堰		
	全年实绩	上年同期	增减(%)	全年实绩	上年同期	增减(%)	全年实绩	上年同期	增减(%)	全年实绩	上年同期	增减(%)	全年实绩	上年同期	增减(%)	全年实绩	上年同期	增减(%)
累计数合计	945510	737661	28.18	382108	306211	24.79	125272	94573	32.46	185745	138371	34.24	140564	107260	31.05	111815	90820	23.12
1. 国有企业	80930	66253	22.15	40695	31748	28.18	4559	5888	-22.57	16547	12552	31.83	15212	11832	28.57	3917	4233	-7.47
2. 集体企业	30887	32749	-5.69	14315	18057	-20.72	1922	2689	-28.52	2425	2171	11.70	6144	5815	5.66	6081	4017	51.38
3. 股份合作企业	3255	5969	-45.47	644	536	20.15	36	32	12.50	672	1733	-61.22	1093	1153	-5.20	810	2515	-67.79
4. 股份公司	488642	388839	25.67	201434	165135	21.98	57756	42053	37.34	88666	71204	24.52	88884	68096	30.53	51902	42351	22.55
5. 私营企业	230423	150231	53.38	95085	63877	48.86	38880	26416	47.18	52266	27149	92.52	11454	7294	57.03	32738	25495	28.41
6. 涉外企业	67674	57568	17.55	23893	19550	22.21	8596	6087	41.22	16882	16639	1.46	9900	7891	25.46	8403	7401	13.54
7. 个体经营	40421	30831	31.11	5961	5316	12.13	10499	9459	10.99	8120	6087	33.40	7877	5179	52.09	7964	4790	66.26
8. 其他企业	3278	5221	-37.22	81	1992	-95.93	3024	1949	55.16	167	836	-80.02	6	426	-98.59	0	18	-100.00

2010年全市地方税收分产业累计入库情况表

表25

单位：万元

项　目	全市			市区			兴化			靖江			泰兴			姜堰		
	累计实绩	上年同期	增减(%)	累计实绩	上年同期	增减(%)	累计实绩	上年同期	增减(%)	累计实绩	上年同期	增减(%)	累计实绩	上年同期	增减(%)	累计实绩	上年同期	增减(%)
总　计	945494	737632	28.18	382104	306210	24.78	125272	94573	32.46	185741	138348	34.26	140562	107681	30.54	111815	90820	23.12
一、第二产业合计	427677	339937	25.81	167999	132674	26.63	51466	42453	21.23	88645	67603	31.13	71264	53155	34.07	48303	44052	9.65
1. 采矿业	2756	3203	-13.96	318	243	30.86	1867	2364	-21.02	0	4	-100.00	189	194	-2.58	382	398	-4.02
2. 制造业	231840	204888	13.15	93259	82429	13.14	25379	20152	25.94	45444	41258	10.15	43889	36609	19.89	23869	24440	-2.34
3. 电力煤气及水生产供应	10125	6785	49.23	5329	3180	67.58	1282	864	48.38	1284	942	36.31	1617	1174	37.73	613	625	-1.92
4. 建筑业	182956	125061	46.29	69093	46822	47.57	22938	19073	20.26	41917	25399	65.03	25569	15178	68.46	23439	18589	26.09
二、第三产业合计	517817	397695	30.20	214105	173536	23.38	73806	52120	41.61	97096	70745	37.25	69298	54526	27.09	63512	46768	35.80
1. 交通运输仓储及邮政业	47306	31784	48.84	12622	8478	48.88	13429	8462	58.70	7139	3901	83.00	6540	5781	13.13	7576	5162	46.76
2. 批发和零售业	35235	27808	26.71	17826	13388	33.15	8068	6194	30.26	4141	3300	25.48	2866	2514	14.00	2334	2412	-3.23
3. 金融业	70182	55656	26.10	34572	26774	29.13	7739	6405	20.83	11470	8938	28.33	7681	6246	22.97	8720	7293	19.57
4. 信息传输计算机服务等	7852	9524	-17.56	2773	3160	-12.25	370	1725	-78.55	1559	1549	0.65	1879	1808	3.93	1271	1282	-0.86
5. 住宿和餐饮业	14770	12477	18.38	4892	4927	-0.71	1541	1318	16.92	3621	2463	47.02	2786	2329	19.62	1930	1440	34.03
6. 文化、体育和娱乐业	2978	1923	54.86	733	686	6.85	637	312	104.17	531	320	65.94	337	230	46.52	740	375	97.33
7. 租赁和商务服务	36546	15913	129.66	18489	7663	141.28	2510	1428	75.77	5878	2952	99.12	4950	1766	180.29	4719	2104	124.29
8. 房地产业	262465	190460	37.81	107713	86585	24.40	34739	19739	75.99	55030	38091	44.47	35217	26169	34.58	29766	19876	49.76
9. 其他行业	40483	52150	-22.37	14485	21875	-33.78	4773	6537	-26.98	7727	9231	-16.29	7042	7683	-8.34	6456	6824	-5.39

选案委员会，负责确定纳税评估、日常检查、税务稽查选案的总体思路和选案方向，审定选案名单，实现选案与评估、稽查相分离。

优化征管流程，实现涉税数据直接推送。按照"扁平化"管理要求，对县（市）局基层管理分局进行缩减，共减少基层管理分局18个，减并岗位84个。引入流程再造理念，优化征管流程，减少管理层级，由数据管理部门将收集分析的数据直接推送至重点税源局的管理岗和一般税源局的管理科，实现管理与数据推送的合理分离。

调整系统数据，保障工作运行。制定《征管改革大集中系统数据调整总体方案》，划分岗位权限修改、工作流修改、数据迁移脚本编写等15项工作职责。按照机构调整、数据迁移、流程测试、未办结事项处理、数据调整应急、特殊事项处理等若干具体方案，推动征管改革顺利实施。

【"两税"划转】做好"两税"划转各项对接工作，组织"两税"专题培训辅导班，将营业税、土地增值税等税种管理与契税和耕地占用税征管有机结合。注重政策宣传，整理、摘录"两税"政策中的常见问题，进行重点介绍，提高纳税人知晓度。与各级财政、国土、房管等部门联系，协调耕地占用税的协税护税工作，优化"两税"征管的外部环境。

【税收执法风险管理】深入排查税收执法风险源点，共排查出风险源点136个、具体表现形式708项，初步建立起覆盖所有执法部门、执法岗位、执法环节的风险源点库。根据风险源点的表现形式实行风险等级评价机制，将所排查出的执法风险源点按风险等级区分为61个重点风险源点和75个一般风险源点。对重点执法风险源点，由市局法规处会同重点风险源点所在的部门、单位共同防控；对一般执法风险源点，由所在部门、单位自行防控。

【税务稽查】开展企业自查工作，全年共发动706户纳税人进行自查约谈，组织自查收入2.12亿元，直接检查各类纳税人239户，查补税款3953.94万元，全年合计完成稽查收入2.51亿元，比上年增加1.22亿元，增长87.77%。组织开展金融保险、房地产、建筑安装和医药经销等行业的税收专项检查工作，完成国家税务总局直接布置的19家重点税源企业的自查辅导和直接检查工作。实行《稽查查案积分办法》，鼓励检查人员查办大案要案，全年共计查处税额100万元以上的案件11起，查补税款1670万元，查处的大要案件是上年的4倍。严厉打击发票违法犯罪行为。与市公安经侦部门联手，共同摧毁一个横跨四市两区的特大假发票网络，缴获假定额发票、通用发票等63万份，抓获犯罪嫌疑人7人；8～10月，与公安部门共同开展"会战100天，查获100万份假发票"活动，通过由地税稽查部门提供案源、公安部门主查的工作方式，成功破获2起特大制售假发票案件。

【纳税服务】构建全功能窗口服务模式，在全省率先推出全功能窗口服务，实现从"单功能"窗口向"全功能"窗口的转变。完善"同城通办"服务举措，为"省辖市域通办"做好基础准备。建立纳税服务审核监督机制，制定出台《纳税服务内部审核工作规范（暂行）》，共组织内审4次，审核各类涉税事项46253项，纠正工作失误34项，建立起后台推动前台、审核促进服务的纳税服务风险监控机制。推广网上办税，全年先后组织税务人员进行专题培训16次，累计培训830多人次；组织面向纳税人的专题讲座60次，累计培训8600多人次。开展纳税人维权活动，《中国税务》杂志对泰州地税"纳税人之家"建设情况进行报道。开展"三服务"活动，举办全市百强企业培训班和农民专业合作社培训班，参加"税收与大学生创业就业"专题活动。发挥税收职能，用好用足税收优惠政策，全年有41家高新技术企业享受税收优惠，减免企业所得税1.62亿元；有43家企业享受研究开发费用加计扣除，减免企业所得税3783万元；有218家企业享受残疾人员工资加计扣除优惠，减免企业所得税2339万元。继续推进二、三产业分离，全市共计实现二、三产分离244户，其中本年新增89户，增加地税收入9000万元。在各办税服务厅开辟"再就业绿色通道"，做到"专人负责、优先受理、优先审核、优先审批"，对符合条件的审批申请，全面实行当场办结制。2010年，全市共计新增符合再就业减免税条件的个体工商户606户，企业新安置符合再就业减免税条件的职工141人，实际减免各项地方税收1076.05万元，其中，营业税800.86万元、城建税98.48万元、教育费附加54.12万元、个人所得税122.59万元。

【信息化建设】推进大集中系统数据维护平台二期工程，8月底完成软件开发，12月在全省范围内推广应用。强化数据分析监控，组织制定数据质量类、数据逻辑类、工作质量类等数据审计规则293条，对其中46条数据质量类规则开展为期一个月的基础数据审核和补录工作，共审核修正纳税人基础信息285607条，补录财务报表信息14253条。探索以税源专业化管理为主要内容的信息管税改革，建立风险规则库，开发应用平台，实现对全市地方税税源的总体掌控和重点税源企业的分析监控。创新税款（基金、费）征缴新模式，推广MIS版POS应用。（袁曙明）

银 行

·中国人民银行泰州市中心支行·

【概况】2010年，全市金融机构围绕市委市政府开放创新“双轮驱动”战略，贯彻执行适度宽松的货币政策，推进“金融三区”建设，加大有效信贷投放，优化金融生态环境，提升金融服务水平。年末，全市金融机构本外币存贷款余额分别为2359.79亿元、1531.07亿元，比年初分别增加443.50亿元和326.08亿元，增幅分别达23.1%和27.1%。居民金融资产呈现多元化，其中，储蓄存款余额1164.18亿元，比年初新增162.28亿元；累计实现保费收入65.32亿元，比上年增加16.1亿元；累计实现证券交易2013.27亿元，比上年减少367.28。签发银票221亿元、保函141亿元、信用证39亿元，吸引异地金融机构贷款 170亿元。吸引外商直接投资11.75亿美元，比上年增长68.7%；办理外债登记1.63亿美元，实际提款1.55亿美元。全年净投放发行基金46亿元，比上年增加15亿元。

【货币信贷】按照“总量适度、结构优化、节奏均衡、风险防范”的要求，将推进地方经济发展方式转变作为引导金融机构信贷投放的工作重点，出台2010年信贷工作、加快金融业发展、金融支持重点产业等指导意见，促进政策意图的准确传导和有效贯彻，信贷投放更趋均衡，满足地方经济发展的合理资金需求。拓展政银企合作平台，牵头召开全市工业重大项目推介会，推介工业重大项目355个，其中投资1亿元以上项目144个，项目计划总投资700.45亿元，申请银行贷款65.62亿元。推进“中小企业金融服务年”各项活动，实施中小企业融资培育“双千计划”，有504户企业获银行信贷支持，授信总额132.1亿元。民生金融加快发展，推进农民合作经济组织“融资通达工程”，成功推广“融资通达工程”在线管理系统，至年末，贷款余额5.2亿元，贷款总量是“融资通达工程”实施前的4.7倍。小额担保贷款受众面从下岗失业人员扩大到妇女创业群体和大学生村官，累计发放6.5亿元，占全省的20%，继续居全省首位。全年信贷投放呈现出的特点：从地域分布看，市区新增贷款最多，占全市新增贷款的34.4%；兴化市新增贷款最少，占11.6%；沿江地区新增贷款116.3亿元，占35.7%。从机构分布看，农行新增最多，为61.4亿元，工行、建行分列二、三位，分别新增41.3亿元和33.1亿元。从贷款投向看，工业贷款新增109.3亿元，增长28%；农业贷款较年初增加53.7亿元，增长54.5%；中小企业新增207.37亿元，增长34.5%；基础设施类贷款增加24.92亿元，少增83.68亿元；个人购房贷款新增65亿元，增长40%。全市净投放发行基金46亿元，比上年增加15亿元。

【金融稳定】发挥稳定工作协调机制作用，建立统计报表、分析报告、风险监测点“三位一体”的监测预警机制，将小额贷款公司、村镇银行、农民资金互助社等新型农村金融机构纳入日常监测范围，防范系统性、交叉性金融业务风险。配合地方政府对扬动股份有限公司实施破产重整，保全金融债权3.2亿元。加强对专项央行票据兑付后的后续跟踪管理，强化对农业银行“三农”事业部制改革和邮储银行资产业务的绩效监测。制定《泰州市银行业金融机构执行人民银行政策情况评价操作实施细则》，加强对辖内银行业金融机构的监督管理。配合市政府实施的“引银入泰”工程，指导13家新设银行业机构加入人民银行金融服务与管理体系。丰富县域金融体系，3家股份制银行在4个县级市和重点中心镇设立分支机构，吴江农商行和江阴农商行在泰兴、姜堰、兴化、海陵、高港设立支行。推动新型农村金融组织发展，村镇银行、小额贷款公司、农民资金互助社的覆盖面和辐射力得到提升。加强反洗钱监管，协助司法机关审结“2·18”案件。启动第二批金融生态县试点工作，开展“平安金融”创建活动，组织宣传活动，提高全社会的金融意识和风险意识。

【金融服务】 加强支付清算体系建设。进一步完善大小额支付、支票影像、账户管理、联网核查等系统，成功推动工行泰州分行发行全市首张金融IC卡——牡丹交通卡，全年刷卡交易额197亿元。推进农村支付结算“快通工程”建设，启动“快通工程”省级示范县兴化、靖江“双联同创”计划，建立农村支付结算服务站26个，建立农户支付结算服务档案3200个。

创新拓展国库服务功能。从5月起，海陵区974户低保户的财政补贴资金全部由国库直接支付到个人账户，实现国库直接支付在社保领域的突破。协调市财政局、国税局开展再生资源回收企业增值税退税质押融资试点工作，引导金融机构支持再生资源回收企业做大做强，促进循环经济的发展。加强对延压税款、缴纳不及时等行为的监督管理，提升税收征管效率和社会效益。

加强现金管理。全市金融机构全年净投放46亿元，其中投放小面额货币6400万元，满足全市现金总量和结构需求。在全省率先出台《现金整点业务管理办法》，辖内现金出纳差错率创2006年以来最低水平。启动“人民币流通满意工程”，开展“让市民用上放心钱”、“盘活沉淀硬币，促进现金流转”主题活动，举办“反假货币宣传月”活动。

推进征信体系建设。组织开展工商、质监、税务、法院、海关、环保、社保、物价、公积金等信息采集工作，指导姜堰市成功将水、电、气公共事业的信用信息采集纳入规范化轨道。推进中小企业征信系统实验区工作，开发银保合作监测系统并率先在全省推广应用，实施泰州市农村青年信用示范户创建及融资扶持试点工作。召开担保机构信用评级结果发布暨银保合作签约推进大会，签约涉及总金额63.7亿元，银保合作总额突破110亿元。

启动人民银行履职领域金融消费者权益保护试点工作。成立全国首家金融消费者维权中心，并在金融机构中进行工作流程的试运行，强化金融机构和社会公众的权益保护意识。全年促成商业银行解决涉及货币信贷、银行卡、人民币收付等领域的公众投诉8起，回复满意率100%。

改进外汇管理服务。推进进口核销制度的改革试点，制定完善进口付汇核销内控制度，推动跨境贸易人民币结算试点工作开展，全年共办理跨境贸易人民币结算业务8笔、金额5434万元。制定支持中国医药高新技术园区发展的十项措施和支持出口加工区发展的八条措施。制定“主体分类动态监测工作制度”，建立国际收支统计质量控制工程的体系框架。开展外汇管理专项查处工作，打击外汇违法违规行为，全辖共收缴罚没款128.8万元。

（于雪刚）

·中国银行业监督管理委员会泰州监管分局·

【概况】 2010年，泰州银监分局针对后危机时代经济复苏形势和泰州区域经济实际，确立全市银行业“调结构、防风险、促发展”目标，落实宏观调控措施，推动银行业稳健发展。年内，泰州银监分局连续被评为江苏银监局系统“优秀分局”和泰州市“服务地方发展十佳单位”。

存贷款稳步增长。年末，全市银行业本外币各项存款余额2359.79亿元，比年初增加443.5亿元，增幅23.14%；增幅居全省第6，高于全省平均增幅2.22个百分点。本外币各项贷款余额1531.07亿元，比年初增加326.08亿元，增幅27.06%。增幅居全省第4，高于全省平均增幅7.13个百分点。

提升重大项目金融服务。修订《泰州市银行业金融机构银团贷款实施意见》，出台《银行业支持出口加工区建设和发展指导意见》，引导各银行业金融机构加强对中国医药城、出口加工区等主要园区、重大项目、重点企业的金融服务。指导工行泰州分行牵头组建台湾纬创集团及其配套企业基础设施项目7.5亿元银团贷款，建行泰州分行牵头组建中国医药城教育教学区一期工程6.4亿元银团贷款，交行泰州分行牵头组建引江河疏港公路13亿元银团贷款；推动农行泰州分行在中国医药城设立苏中苏北地区第一家科技支行，建行泰州分行设立医药城支行，为医药城企业和个人提供服务。

健全银行结构体系。完善辖区银行体系，全年共引进和组建20家新银行机构，实现江苏银行县域支行全覆盖，苏南农商行异地支行在四市二区全覆盖，全市银行机构种类年内新增8个，总数达25个。鼓励和帮助本土银行业金融机构做大做强，提升发展层次。江苏长江商业银行在成功设立泰州分行的基础上，筹建扬州分行，姜堰农村商业银行开业，泰州农村商业银行已获准筹建。

【小企业信贷模式创新】 年内，泰州银监分局督促各银行业金融机构调整信贷结构，加大对小企业信贷支持力度，确立小企业贷款“增量不低于上年，增幅不低于各项贷款平均增幅”的目标，按季进行考核通报和现场督查。推动小企业专营机构建设，推广小企业网上申请贷款服务，至年末，有11家银行成立小企业信贷中心（部）或专业支行，17家银行开通189网上申贷邮箱，全年共受理小企业网上贷款申请1208户、金额47.97亿元，授信并发放贷款945户、金额34.44亿元。组织银行业金融机构开展“中小企业融资服务基层行”活动，分别在高港区和海陵区举办两场专题活动，共有13家银行与100家成长型企业现场签订授信协议9.27亿元。年末，全市银行业金融机构小企业贷款7990户，比年初增加1845户；贷款余额420.25亿元，比年初增加139.1亿元，同比多增加44.43亿元；增幅49.5%，高于全部贷款增幅24.1个百分点。至年末，全市银行业金融机构小企业贷款户数8123户，比年初增加1978户；余额436.23亿元，比年初增加157.24亿元，同比多增加56.39亿元；增幅达56.36%，高于贷款平均增幅29.3个百分点，全面完成小企业贷款“两个不低于”的目标。

【“富民阳光信贷”试点】 确定“三农”贷款“增量不低于上年，增幅不低于各项贷款平均增幅”的目标，指导各涉农银行业金融机构创新模式，改善“三农”金融服务。指导农合机构培育农户信用互助模式，以村为单位实行农户联保，提升信用水平，农合机构对其提高授信额、延长授信期、循环用信、降低利率，并在兴化市3个村进行推广，使农户获得的授信总额比上年末增加1.5亿元。年内，泰州银监分局选择兴化市周庄镇进行“富民阳光信贷”试点，指导周庄镇政府、农户和农村经济组织联合入股组建省内第一家专门为农民及农民专业合作社贷款提供担保的机构——兴化市周庄镇惠农担保有限公司，通过农合机构与农户专业贷款担保公司的合作，提高农民申请贷款成功率，扩大农民贷款覆盖面，减少农民贷款成本支出。至年末，共向181名农户和农民专业社发放贷款1967万元，是周庄镇2010年财政支农资金投入的7.5倍，“富民阳光信贷”试点取得成效。至年末，全市银行业金融机构涉农贷款余额785.98亿元，较年初增加184.06亿元，比上年多增加117.17亿元；增幅30.58%，高于全部贷款增幅3.52个百分点，实现“三农”贷款“两个不低于”的目标。 （李琴华　赵锦城）

·中国农业发展银行泰州市分行·

【概况】 年末，市农发行贷款余额44.37亿元，比年初增加17.58亿元，增幅65.63%；存款总额5.24亿元。全行不良贷款余额1.46亿元，比年初下降2.31个百分点，不良贷款余额和占比实现双降，实现中间业务收入140.31万元。实现账面利润7097万元，比上年增长2366万元，增幅50%。实现所辖支行全部达省行一级行以上的目标，有3家支行获“信贷资产质量优质行”称号，业务规模、资产质量和支农水平得到提升。

【资产业务】 2010年，累放各类贷款39.28亿元，比上年增加9.97亿元，增幅69%，居全省首位，是泰州分行成立以来贷款投放最多的一年，贷款余额44.37亿元，创历史新高。靖江万亩生态农业土地整治项目、姜堰市溱湖湿地保护与恢复建设项目、营业部高港农业生态园建设项目、泰兴新源农产品加工园区建设项目为中长期贷款规模扩大提供支撑。传统业务贷款规模提升，兴化支行在夏收期间投放企业自主收购贷款9.18亿元。创新业务发展，夏收前，与各市粮食主管部门签定银企共管协议，筹集共同担保基金1.1亿元。优化服务功能，实现中间业务收入140万元，比上年增长44.14万元，增幅46%，国际结算手续费收入居非国际业务结算行前列。秋收期间，市分行开展网银、牡丹金山惠农卡等业务，推广收购资金非现金结算。

【内控管理】 市农发行围绕“规范信贷行为，保证制度落实，有效降低风险，提高管理水平”主题，强化信贷基础管理。注重动态监管，提升预警能力。通过随时走访、现场调查、账户监管、在线监测等方式实行动态监控，降低贷款风险度。运用信贷真实性核查系统、办贷流程跟踪系统、CM2006系统，及时发现分析企业的预警信息，保障信贷资产运行质量。注重贷后监管，提升监管实效。做好“四查”工作，即客户经理检查、信贷主管检查、分行条线检查和内审督导检查的制度落实，以日常检查强化监管实效，增强主动纠偏能力。注重分层管理，提升贷后管理层次。落实风险经理职责，强化支行副行长兼主管履职考核工作，加强贷款运行分析检查，建立起全方位、多角度的风险排查体系。注重防控措施，提升基础管理水平。为规范贷款审查工作，提高办贷质量和效率，有效控险，制定市分行贷款审查工作规则，对12个审查环节从真实性、合规性、完整性和风险性等方面逐一明确具体审查要求，确保信贷业务操作合法合规。

（于仙桃）

·中国工商银行股份有限公司泰州分行·

【概况】2010年，泰州工行积极应对宏观经济金融环境变化，结合区域经济特色，加快转型升级，强化市场营销和内部管理，年末人民币各项存款新增40.4亿元，各项贷款新增26.58亿元，实现利润6.4亿元。

【资产业务】围绕全市经济发展重点，加大信贷投放力度，支持地方经济建设。围绕纬创资通（泰州）有限公司到泰投资，制定金融服务方案，成功营销纬创在工行开立外汇资本金账户及人民币基本账户，同时积极营销纬创项目在建期间各配套施工企业。加大“两小贷款”营销力度，小企业贷款增量、“网贷通”增量居全省前列，小企业贷款对全行信贷结构调整、利息收入、中间业务收入的贡献不断提高，全年新拓展小企业信贷客户147户，小企业贷款余额49.7亿元，比年初净增18.4亿元，“网贷通”余额6.8亿元。调整个贷产品结构，个人消费及经营性贷款新增7.8亿元，占全行新增个人贷款的55.6%。

【负债业务】强化组织领导和营销考核，以全口径个人金融资产销售为工作主线挖掘客户资源，以理财产品销售维护客户拉动储蓄增长，加强市场营销的组织领导，制定具体的营销方案和工作措施。按照省分行持续抓好八大重点市场要求，泰州工行推行“一把手”负责制，落实部门、责任人、营销目标和进度，至年末，归集批量项目1218个，金额18.6亿元；新增代发工资309户，全部代发工资金额41.71亿元；新增第三方存管客户5698户；在大型专业市场新增投放“银商通”1715台，增加储蓄存款10905万元。与农合行“柜面通”业务开办以来，工行共办理4394笔，金额73557万元。强化渠道建设，全年成立2家工银商友俱乐部，其中靖江支行成立江苏省县级地区首家工银商友俱乐部。全辖已建成分行财富管理中心1家；贵宾理财中心新建1家，总量12家；理财网点新建4家，总量31家；离行式自助银行新建4家，总量12家,形成财富中心、贵宾理财中心、理财网点、金融便利店和自助银行五级服务渠道。开展综合营销工作，围绕客户、项目、产品三个方面加强行内联动，促进客户资源共享，推动销售创新。加强公司、机构与个金业务市场拓展的有机联动，实现公私业务协调发展；加强个金内部资源的有机联动，以个人资产类客户为切入点，分类捆绑银行卡、保险等个金产品；加强个金市场营销与网点服务的有机联动，营销团队与营业网点相互促进，提高对客户的竞争维护水平。

【中间业务】推进外汇重点客户发展战略，对全市进出口50强企业和在工行未办理国际业务的59户企业进行调研和分析，确定以50户需要突破的重点进出口企业为营销目标，逐户制定营销策略和服务措施，至年末，成功营销31户目标客户。发挥全行客户资源优势，在存量客户中梳理筛选目标客户，落实营销措施，提高电子银行发展质量，实现电子银行业务对传统业务的优势补充，2010年，客户通过企业网上银行购买理财产品交易额235亿元。提升银行卡业务发展水平，加大发卡工作力度，以项目发卡为突破口，加强功能卡、主题卡、联名卡的项目营销。与泰州交巡警支队合作，推进“交通卡”营销，至年末，已办理交通卡1442张。

【内控管理】坚持“以内控促经营、以合规求效益”的理念开展创“内控合规优秀网点”活动，加强内控案防工作。开展职业操守教育和案件防控专项治理活动，将“六禁一公开”与20个风险点排查相结合，以营销管理人员、营业网点负责人、客户经理、柜面人员为重点，全行有822人参与排查。

【改革创新】推进网点主任坐堂制，严格网点服务的规范化、标准化管理。强化柜员和大堂经理规范服务的执行力，实施网点管理标准化建设，改进人员配置，实行弹性工作制，优化业务流程，加强分流引导，提升营业网点服务效率。开展网点规范服务达标活动。推进服务工作精细化工程，推广营业网点5S管理，加强服务流程控制。组织开展“面无表情专项整治季”活动，落实服务的管理责任，提高柜员、大堂经理热情迎客、规范服务执行率。开展业务技能达标活动，提高现场应急处置能力。

（潘　杰）

·中国农业银行股份有限公司泰州分行·

【概况】年末，市农行各项存款总量403.08亿元，比年初增加54.86亿元，其中储蓄存款总量、增量分别达245.88亿元和36.13亿元；对公存款总量157.2亿元，增量25.25亿元；各项贷款总量211.39亿元，增量36.32亿元，其中实体贷款总量207.85亿元，增量52.58亿元；个人贷款余额58.6亿元，比年初增加19.41亿元。

【信贷支持】 加大信贷投入力度，支持地方经济发展，重点投向优质客户和项目，共支持优质项目17个，投放金额49亿元。针对信贷规模控制的形势，发展保函、银行承兑、信用证等表外资产业务，新增表外资产余额19.18亿元。运用上海票据中心转贴现 16.25亿元，利用人行票据中心再贴现6100万元。在信贷结构调整中将客户进行排序，将现有的信贷规模资源配置到风险小、质态好、回报高的优质客户，优先保证实体经济、优势产业发展的信贷资金需求，重点保证新增客户、新增项目以及小企业和个人助业贷款的突破，至年末，新增小企业实体贷款5.5亿元、个人助业贷款2.2亿元。

【中间业务】 制定《中间业务发展指导意见》，引导全行加强电子银行业务占比、银行卡发卡量以及代收代付等优势项目，卡业务收入、电子银行业务收入分别实现4837万元和4021万元。加大常财业务内涵式发展力度，实现牵头银团贷款业务的突破，推动投行、担保承诺等业务的发展，共实现投行业务收入 7044万元，实现担保承诺业务收入1523万元。加大外汇业务收入总量和市场份额的考核权重，促进中间业务收入稳步增长，实现国际结算36亿美元，比上年增长58%。累计贸易融资发生量4.7亿美元，累计进口开证2.9亿美元，开立涉外保函3.68亿美元，增幅283%，实现外汇中间业务收入4531万元。

【经营转型】 在全辖构建对公业务和零售业务“一体两翼”营销组织架构，制定对公和零售业务“一体两翼”建设实施方案，通过对主体业务和两翼业务营销管理组织架构的再造、业务流程的优化，业务边界的明晰、岗位职责的确定以及信贷资源、费用资源、人力资源的整合，提升全行对公业务和零售业务的市场竞争能力和营销管理水平。通过完善个贷集中经营模式、强化资产业务考核激励、突出营销重点，推动资产业务的发展。加快自助设备投放和自助银行建设进程，年内新购建网点4家，建设改造竣工14家，已招标建设9家。明确基层网点以个人和小企业客户为主，兼顾大企业客户的开户结算业务，发挥网点的功能优势，增强网点竞争能力。加强县域骨干网点的建设，筛选出19家网点，通过对网点主任、客户经理培训学习和资格准入，打造一批全功能型网点，提高网点的辐射力，提升县域网点的核心竞争力。与医药高新区、市科技局、人民银行、银监局等单位配合，开展“科技银行”的筹建工作，并于12月12日率先在苏中、苏北挂牌试运营科技银行，重点为科技型企业、各类科研院所、研发中心、产学研基地及相对成熟的高科技企业提供信贷、结算、顾问、理财等多种产品和渠道，发挥金融对高新技术产业的推动作用，解决科技型企业在创业初期和成长期的融资“瓶颈”。

【内控管理】 强化风险管理，坚守“不出案件、严防不良”的风险防控底线，杜绝急功近利行为发生。坚持主动控险原则，引导和推进全行风险管理科学规范运作。全面实施县级支行风险经理派驻制，全行共选拔县级支行派驻风险经理6人，县域支行派驻风险经理进驻覆盖面100%。在实施综合业务经营“双百分”考核的基础上，加强内控管理精细化考核，并与各支行行长、分管行长绩效工资挂钩，将考核排名进行公布。先后召开个人信用风险、法人信用风险、运营风险、信用卡及电子银行风险以及操作风险、市场风险四个专题分析会议，梳理主要风险点以及加强防控的具体措施，明确风险管理职责。制定《风险监测考核办法》，分别对两个网点实施整体移位检查，防范经营管理中的操作风险和道德风险。加强对员工的风险教育培训，规范产品营销人员和经办人员的操作行为。

（许　华）

·中国银行股份有限公司泰州分行·

【概况】 2010年，泰州中行各项业务平稳、快速发展。至年末，全辖本外币各项存款余额270.37亿元，比年初新增29.07亿元，增幅12.05%；本外币各项贷款余额216.67亿元，比年初新增36.77亿元。全年实现中间业务收入2.5亿元，收入占比26.54%；办理国际结算业务量37.2亿美元，实现国际结算业务收入6825万元。全年实现拨备前利润6.15亿元，实现经济价值增加值（EVA）3.44亿元；各类不良资产余额3.2亿元，比年初下降3350万元，不良率1.56%，比年初下降0.49%。

【产品创新】 2010年，泰州中行率先在全省投产外汇存款质押办理海外代付业务，新增外汇存款1944万美元；在全辖推广NRA账户，吸收外汇存款近3000万美元；办理泰州分行第一笔融货达业务，改变传统不动产抵押和第三方担保等授信抵押方式；办理泰州分行第一笔订单融资业务，解决企业非信用证项下出货前“融”资难的问题；办理泰州分行第一笔跨境贸易人民币结算业务，解决进出口企业使用人民币结算的需求。加大产品创新和开发力度，全年发放各类贸易融资10.7亿美元，办理进口开证业务5.39亿美元，开立各类保函4.2亿美元，办理“福费廷”业务2940万美元，保理业务18.4亿元人民币。加强重点产品的推广和运用，开发“联保贷”、“期间贷”、“好运贷”、“订单贷”、“立业贷”、“核心贷”等六大授信产品。

【渠道建设】 促进对公渠道发展，推动全辖网点向公司化转型，完善《泰州分行公司渠道建设指导意见》，指导各行完善KPI考核机制、优化岗位流程，提升网点对公业务销售服务水平。至年末，全辖18家公司主导型网点对公存款较年初新增2.56亿元，对公结算账户2748户，网银开户数685户。推进个金渠道建设，完成网点标准化改造5家，新增离行式自助银行6家，投放自助设备48台，筹建分行财富中心。推进电子渠道建设，全年公司网银客户新增1622户，增幅214%，个人网银客户新增6.18万户，增幅6%；电子渠道替代率36.86%，比上年末提升6.07个百分点，其中，对公电子渠道替代率26.83%，比年初提升11.01个百分点，对私电子渠道替代率37.5%，比年初提升5.83个百分点。

【内控管理】 风险管理。严格落实信贷管控和贷款新政的各项要求，推进政府融资平台清理工作，对政府融资平台贷款逐户排查、打开重检，并针对每笔贷款的具体情况进行分类管理，制定相应的整改增信方案。深化信贷结构调整，加强授信业务指导，将新增授信的53.4%投向制造业、医药产业、新能源产业等新兴行业与经济实体，对限制类和产能过剩行业加强研究和判断，及时清退。加强贷后管理，提高授后监督管理能力，加大不良信贷资产处置力度，全年共清收压降不良资产1.09亿元。

内控合规。推进网点风险内控达标活动，促进风险关口前移，提高基层网点对自查系统的利用率。深化内控机制，在全辖推广操作风险管理工具，先后开展“合规365”创建活动、“成本与代价、误区与问题、责任与幸福”三大主题教育活动，组成联合检查组对辖内支行开展全面检查，加大分行监控中心非现场检查力度，对网点违规问题及时通报处罚。建立健全内控长效机制，制定《泰州分行深化内控长效机制建设工作措施》，开展“屡查屡犯”、“双十禁”专项整治活动和“合规示范网点”评选活动，完善派驻业务经理定期交流、培训制度。

结构调整。明确结构优化方向，细化结构调整措施，至年末，全行多项结构指标实现优化。在业务结构上，中小企业贷款余额占比由7.34%上升到8.11%；人民币储蓄存款定活比由76∶24下降到74∶26。在客户结构上，公司金融有效客户占比由22.6%上升到23.9%；个人中高端客户占比由1.9%上升到3.03%。在渠道结构上，低产网点占比由40%下降到24%。

（杭林慧）

·中国建设银行股份有限公司泰州分行·

【概况】 年末，全行一般性存款余额349.57亿元,新增33亿元；各项贷款余额229亿元，时点新增32.9亿元。不良贷款余额1.73亿元，不良贷款率0.76%，处置回收不良贷款1.28亿元;超值现金回收3159万元。完成中间业务收入2.3亿元，比上年多增近5000万元。累计办理国际结算36.45亿美元，增长51.81%；累计办理结售汇16.73亿美元，增长120.16%。全年实现账面利润7.17亿元。

泰州建行连续3年被市委、市政府评为“十佳服务地方发展单位”；系统创建成“2007～2009年度江苏省文明行业先进行业”；所辖靖江、泰兴、兴化、高港支行同时创建成“2007～2009年度江苏省文明行业先进行业”。市分行营业部、鼓楼北路支行2个网点创建成“省银行业文明规范示范单位”。

【中间业务】 发展战略性业务，实现中间业务增收创收。组织夏季汽车卡专项营销活动，共发卡6980张。开展外汇业务增户增收竞赛活动，全年新增外汇账户116户，实现外汇中间业务收入5432万元。开展“增加有效客户、提升产品覆盖率”电子银行劳动竞赛活动，新增企业高级网银511户，同比增长翻番。

【资产业务】 发挥传统优势，支持地方龙头企业和项目。通过银团贷款、投行产品等，先后为华诚医药教育投资有限公司、益海粮油公司办理信托贷款和信托收据贷款；巩固船舶保函业务，新开保函2.5亿美元；加强与金融同业的合作，与姜堰合作银行、靖江农商行建立长期战略合作关系；加强本外币联动，通过“汇贷宝”业务为造船企业理财1.1亿美元。发展信贷导向业务，拓展绿色、低碳、涉农、民生等领域的信贷业务，年内发放新农村建设贷款1亿元。发展小企业业务，组织开展小企业贷款新增“百日百户十亿”专项竞赛活动，推进小企业客户成片、成块、成链开发，在全辖举办多场银企座谈会、产品推介会、项目对接会，全年小企业贷款新增17.3亿元，余额41亿元。

【负债业务】 以增户增量为载体推进负债业务发展。一季度围绕代发工资市场、拆迁市场、年终分配等市场开展存款储蓄业务，存款新增23.44亿元；二季度在全辖开展“增户增量”竞赛活动，全行新增企业账户

800户、外汇结算账户75户、个人钻石级客户136人、借记卡18万张、网上银行4万户、手机银行2.2万户、短信银行7.8万户。加大重要客户、重要资金营销力度，服务各开发区重要招商引资项目。为企业提供IPO 服务，关注上市资金的归集。

【资产质量】 按照总行信贷结构调整的要求，对国家调控行业、产能过剩行业、不良率较高的行业客户进行分类，逐户制定退出计划，加大重大项目处置力度，全年压缩公司类不良贷款9675万元，为优质客户腾出规模，信贷资源得到合理配置。

【内控管理】 以“精细化管理年”活动为载体，签订“案件防控工作责任状”，制定案件防控专题活动方案，设立案件专项考核基金；组织员工学习《中国建设银行员工从业禁止若干规定》，签订“廉洁合规从业承诺书”；开展治理小金库、案件风险点专项整治、防范商业贿赂和非法高息融资以及客户经理代客办业务等重点整治专项活动；加大风险排查检查力度，重点排查信贷资金使用情况、票据、代办业务、现金尾箱、员工交易行为、防信用卡欺诈申请和套现诈骗等关键环节；举办基层机构负责人案件防控专题培训班，召开新提拔领导干部勤政廉政座谈会。开展“贷后管理年”活动。坚持“总量控制、把握节奏、调整结构、确保质量、改善利差”原则，严格执行银监会“三个办法、一个指引”要求，以风险提示书的形式加强贷款资金真实性和规范性管理；严格执行“新国十条”有关意见和总行房贷新政相关规定，防控房贷风险；围绕风险评级指标，加强评级覆盖和风险缓释工作，在省分行2010年风险管理评级中，评价等级A级。制订贷款到逾期管理、十二级分类管理、个贷押品登记管理等各类考核办法，围绕关键风险点，组织柜面基础业务、对公会计业务、个金业务、异常业务四大项28个业务种类制度和流程的梳理评估，强化操作风险管理。加强会计营运管理，开展“两防一树”活动。加强会计营运人员业务培训，举办各项

培训23期，参训人员1050人次；加强大额可疑支付管理，将反洗钱融入日常检查中，被省分行评为反洗钱先进单位；加强网点等级管理，新增一级网点2个；开展技能培训和业务大比武，提高会计核算质量、管理监督水平和会计队伍整体素质。

【创新发展】 推进金融创新，拓展新的业务领域，先后推出国内保理、延期信用证、应收账款质押融资等新业务，全年共办理保理2.8亿元；推进网络银行业务，网络银行贷款余额近1亿元，新增2500多万元；加大联贷联保拓展力度，新增11个联贷联保体，发放贷款3.47亿元；开办动产质押、助保金等业务。优化经营机制，整合对公信贷经营职能，设置5个公司客户部，以及授信申报中心和贷后管理中心。在系统内率先成立村镇银行。提升自助区占有率，全年新增自助银行8家；在医药高新区成立首家金融机构，靖江支行新大楼投入运营，市分行综合大楼正式启动建设。

（胡桃军　刘　艺）

·交通银行股份有限公司泰州分行·

【概况】 至年末，全行人民币各项存款余额111.93亿元，较年初增加28.74亿元，增幅34.54%，完成省分行年度计划的102.64%;外汇各项存款余额3025万美元(含同业、离岸)，较年初增加532万美元，增幅21.34%，完成省分行年度计划的354.67%。各项贷款余额104.24亿元，较年初增加24.24亿元，增幅30.3%；外汇各项贷款余额3052万美元，较年初增加2494万美元，增幅446.95%。年内，获泰州市“创新金融服务，支持经济发展”业务竞赛一等奖。

【负债业务】 启动“100工程”及“112工程”，以存款业务为重心，从新户拓展、存量挖潜和提高授信客户综合贡献度三个方面推动存款业务发展，明确激励奖惩措施，通过定期不定期召开推进会，推动业务拓展。实施高层营销。6月末各项存款突破105亿元，9月末突破107亿元，11月末各项存款实现115亿元，年末各项存款余额111.93亿元。

【资产业务】 加强信贷规模管控，优化信贷结构，人民币贷款保持平稳增长，全年人民币实质性贷款累计投放97.38亿元，累计新增24.24亿元，其中1、2、3、4季度分别新增7.52亿元、7.54亿元、3.53亿元、5.64亿元，人民币贷款基本实现均衡投放。至年末，全行人民币各项贷款余额104.24亿元，较年初增加24.24亿元，增幅30.3%。人民币各项贷款泰州市场占比为7. 14%，比年初上升0.25个百分点；辖属行占比10.59%，比年初

上升0.47个百分点。落实省分行加快零售贷款发展的要求，重点打造"展业通"品牌，优先发展中小企业贷款、个人经营性物业抵押贷款以及个人消费类贷款业务，零贷业务实现跨越发展，12月末零售贷款余额突破25亿元。

【中间业务】对零贷条线的理财顾问费进行扎口把关，收取理财顾问费280万元；个金条线方面，组织"抢滩登陆" "收获金秋"两场保险训练营和"和坤荐宝"、"瑞玉呈祥，金享未来"两场黄金签售会；利用基金首发、定投竞赛、基金营养组合等方式促进销售，全年基金销售中间业务收入实现330万元；做好银团费用的收取工作，与新区支行配合，确保引江河银团贷款1000万元银团牵头费的收取；做好对公代理保险、银行承兑汇票敞口费、代理费等中间业务收入工作，调整公司条线中间业务收入的结构。至年末，累计实现本外币中间业务收入7840万元，比上年增加2137万元，增幅37.47%，完成省分行年度计划的106.09%，完成省分行奋斗目标的101.55%。

【内控管理】强化思想教育，完善制度建设，推进"廉洁从业"。开展"依法廉洁从业，遵守职业操守"集中宣传教育活动，制定下发《泰州分行2010年反欺诈行动实施意见》，开展反欺诈专项行动，先后组织开展案件风险排查、治理商业贿赂自查和非法集资风险的排查工作。年内处理违规违纪事件2起，处理相关责任人8人次，其中记大过1人、警告处分3人，经济处罚4人。强化会计风险防范，落实案件防控责任制。从会计核算营运、规章制度执行、道德风险防范和关注员工异常行为等方面入手，与会计主管签订《重大会计风险环节防控责任书》，与全行会计人员逐一签订《交通银行江苏省分行会计人员自觉纠正违规行为、坚守岗位职责承诺书》，定期对会计主管和会计人员承诺执行情况进行考核。开展"会计工作示范行"创建活动，提高会计业务管理水平，在省分行2010年度会计技能大赛中获团体第二名。提前实现存量对公不良贷款清收压降指标。强化安全保卫管理，开展安全教育和预案演练工作，对分行大楼安保情况实施突击检查制度，每周进行夜间安全突击检查，确保安全运营。

（王　茜）

·中信银行股份有限公司泰州分行·

【概况】2010年，中信银行泰州分行围绕"贴近市场、顺势而为，加快转型、提升效率，努力实现效益、效率、结构、质量、规模协调发展"全年工作指导思想，转变经营理念，加强业务经营，强化内部管理，调整业务结构，推进企业文化建设，全行各项业务呈现出良好的可持续发展态势。至年末，全行一般性存款余额71.74亿元，比年初增加21.15亿元，增幅41.81%；各项贷款余额59.09亿元，比年初增加13.77亿元，增幅30.38%；不良贷款余额27.55万元，比年初减少80.94万元，不良贷款率由年初的0.02%下降为0.0047%；税前利润增幅91.92%。被中信银行南京分行评为优秀分行，行长宋建中被授予"江苏省五一劳动奖章"。

【资产业务】年内，围绕优质客户和基础设施、民生项目进行合作，以"双优双主"及支柱产业、重点行业为原则开展新客户开发工作。发挥公司业务主线推动作用，强化"团队+方案"、"品牌+产品"的营销模式，加大对重点客户、战略客户的营销力度。运用"中信财富阶梯"对公服务品牌，按照"一户一策"的原则，制订综合服务方案。全行各项贷款增幅30.38%，高于全市贷款平均增幅3.72个百分点，贷款市场份额（商业银行）增幅在南京分行全辖居第1位。

【负债业务】围绕"专业化、集中化、集约化"的工作理念，重视零售业务的发展。零售后台管理以"打造专业化团队，提供专业化服务支撑"为工作思路，配合经营网点开展各项工作；贵宾理财中心初步建立中高端贵宾服务体系，规范理财经理的日常工作流程，举办多场贵宾客户活动，先后开展"中秋贵宾客户答谢会"、"小小厨师冷餐会"、"高校出国金融系列活动"以及和吉的堡幼儿园的"小小日本料理师"联谊会等。年末，全行一般性存款增幅为41.81%，高于全市存款平均增幅18.53个百分点；存款增幅在南京分行全辖居第2位。

【国际业务】分析国际客户市场，锁定国际业务营销目标客户，加快国际业务发展步伐，强化本外币联动营销。全年国际业务结算量增幅为260%，在南京分行全辖居第一。全年进出口收付汇市场份额比上年提高2.04个百分点，居股份制商业银行首位，国际业务在泰州市场的竞争力得到增强。

【小企业金融业务中心】加大小企业中心机构建设，加大对区域内小企业支持力度，成立小企业金融业务中心。围绕市场定位开展市场营销，开发和积累了小企业客户近100户，全年小企业贷款余额7.9亿元，比年初增加4.5亿元，增幅138%。

【网点建设】加快网点调整与建设步伐，继2008年末成立靖江支行，2009年成立青年路支行后，2010年9月

28日，主城区月城支行迁至姜堰市成立姜堰支行。

（丁　锋）

·江苏银行股份有限公司泰州分行·

【概况】年末，全行存款余额50.17亿元，新增18.99亿元，其中，对公存款余额46.02亿元，新增16.88亿元；储蓄存款余额4.14亿元,新增2.11亿元。各项贷款余额31.09亿元，新增12.85亿元，其中，公司非贴现贷款余额30.98亿元，新增10.75亿元；个人贷款余额3.79亿元，新增2.23亿元。实现中间业务净收入2226万元。税后净利润6764万元。

【县域实现机构全覆盖】年内，加快县域支行筹建步伐，先后成立泰兴支行、姜堰支行、靖江支行，全市县域实现机构全覆盖。至年末，兴化戴南支行各项存款余额 6.09 亿元，各项贷款余额 4.19 亿元；泰兴支行各项存款余额 5.72 亿元，各项贷款余额 3.24 亿元；姜堰支行各项存款余额6.45亿元，各项贷款余额6.23亿元；靖江支行各项存款余额4.83亿元，各项贷款余额4.7亿元。县域支行综合实力得到增强。

【“四走进”活动】开展“走进中小企业”、“走进外向型经济”、“走进机关事业单位、系统性客户”、“走进个体工商户”4场大型营销活动。9月29日，与市中小企业局联合举办“走进中小企业”大型营销活动银企签约会，现场签约企业60 户。“四走进”活动共走访系统性客户 60 户，达成合作意向45户，开户10 户，累计到账存款1.28亿元；走访外向型企业 87 户、中型企业 58 户，受理需求5.08亿元；走访小型企业139户，受理需求7.6亿元。全年走访个体工商户1082户，发放宣传资料1500多份，收到调查问卷952份，回访有效客户400户。

【成立小企业服务中心】12月8日，分行小企业服务中心正式挂牌。至年末，全行小企业授信客户274户，比上年增加112户；小企业贷款余额11.97亿元，占全行各项贷款余额的34%，新增5.52亿元；小企业表外授信额6.85亿元，增长5.19亿元。

【基层党组织开展统筹共建签约仪式】9月8日，市委组织部、分行与市50家民营企业举行基层党组织开展统筹共建签约仪式。统筹共建工作内容是服务“1+1”同行、党员“1+1”同心、支部“1+1”同创。统筹共建期限3年，2010年为“拓展创新年”，2011 年为“全面建设年”，2012年为“深化提升年”。

（朱金亮）

·南京银行股份有限公司泰州分行·

【概况】2010年，南京银行泰州分行按照“坚持科学发展、突出率先发展、确保稳健发展”的要求，实施信贷行业结构、客户结构调整，服务泰州开放创新经济发展。年末，分行各项存款余额79.55亿元，比年初增加26.09亿元，各项贷款余额62.14亿元，比年初增加14.21亿元。全年累计投放贷款59.92亿元，签开银票98.54亿元，保函余额10.66亿元。

【特色业务】谋求差异化、精细化和特色化的发展道路，重点打造小企业金融业务和国际金融业务的核心竞争优势，为开放创新型企业提供个性化、综合性金融服务方案。年内新增小企业客户188户，新增小企业贷款10.05亿元，小企业贷款新增额占总贷款新增额的71%。贸易融资业务呈现快速发展的态势，全年累计办理贸易融资2亿美元，是上年的5倍。加大中小企业集合票据、短期融资券及中期票据的推广力度，先后多次邀请总行投资银行部到泰讲授投行业务知识及进行客户推介服务，引导企业走直接融资道路；与多家企业签订中小企业集合票据主承销协议，短期融资券及中期票据的推广工作正在实施中。

【内控管理】围绕“内控和案防制度执行年”活动，加强内控和案防长效机制建设，促进分行在制度流程优化、检查监督、管理体制机制、IT系统维护、考核奖惩、人员管理等方面提升内控和案防能力。强化管控力度，推进管理工作的“标准化、个性化、特色化”建设，全年累计开展各类检查和审计30多次。梳理规章制度，强化整章建制工作。

【企业文化建设】秉承“以人为本、崇尚信誉、服务市民、回报社会”的企业文化理念，提高创业发展的软实力。召开以“飞扬青春梦想 燃烧激情智慧”为主题的青年员工座谈会，举办“我为南京银行争光彩”演讲比赛。开展“青年文明号”、“巾帼示范岗”等创建活动。通过开展“金梅花·红十字助学”、“金梅花·红十字助孤老”、“爱心车队同行”、“博爱万人捐”、抗震救灾捐款等一系列公益活动，展示勇于担当社会责任的银行形象。

（童宗伟）

·泰州海阳农村合作银行·

【概况】2010年，泰州海阳农村合作银行按照“推行绿色信贷，打造绿色银行”发展目标，坚持提升企业核心竞争力与金融服务效能，至年末，各项存款净增24亿元，各项贷款净增17亿元，增幅均居全省同系统第4；资产总额较年初增加25亿元，实现账面盈余1.8亿元，比上年多增加0.4亿元；风险资产拨备覆盖率153.5%，增加49.3%，各项经营指标均完成和超额完成年度股东代表大会制定的各项目标任务。

【资产业务】 支持基础农业、高效农业以及有发展潜力的绿色产业、低碳产业，推进中小企业、微小企业快速发展，实现金融与地方经济的同步发展。全年累计投放“三农”贷款68亿元，比上年增长49.21%；累放中小企业贷款110亿元，增长36.5%，中小企业增幅与增量列市区金融机构前三位。推广住房公积金贷款和住房按揭贷款业务，普及推广“阳光信贷”，开办青年农民、妇女及大学生村官创业贷款，参与泰州便民信息亭等民生项目建设，提升金融服务经济效能。

【中间业务】 以推进机构架构改革为契机，逐步推行资金配置、资金清算、授信业务等管理集中、风险控制集中、财务核算集中。逐步创新存款形式，由单一的存款结构向代收、代付、代保管等中间业务与表外业务多元结构转变，不断增加中间业务在全部业务收入中的比重，推广电子银行业务，创新推出周末联名卡，全面上线手机银行、网上银行等业务。至年末，全行中间业务收入比上年增长28.4%，电子银行业务收入增长117%，离柜率达25%。

【风险管理】 全面推进内控建设，对业务流程、管理流程、操作流程进行梳理和完善，初步建立覆盖全流程的基本制度和支位职责三大类403条。规范信贷档案管理，降低贷款分类偏离度，贷款五级分类偏离度控制在1%以内。建立完善合规风险报告机制，推行风险管理员持证上岗制度，建立“风险点库”。发挥稽核监督效能，拓宽稽核的深度、广度和力度，稽核工作考核进入全省前15名，事后监督中心和监控中心工作进入常态化。结合“案件防控工作执行年”活动，建立完善检查督促、整改落实、责任处罚工作机制，强化安全保卫责任机制建设，实现全年安全无事故。

【企业文化】 开展打造提升核心价值观课题研讨，组织探讨制定中长期发展战略规划，开展向全行公开征集愿景、使命、核心价值观活动，形成对外为广大客户和市民、对内为全行员工所接受的核心价值品牌。拓宽宣传渠道，全年被国家以及省市级以上媒体录用各类信息54篇，信息工作列省联社前5名。引入标准化员工管理机制，启动标杆网点建设；开展“文明单位”创建，获2007～2009年度江苏省精神文明建设工作先进单位以及“博爱之星”称号，两家网点成功创建省级银行业文明规范示范单位。

（冒文彤）

保 险

·泰州市保险行业协会·

【保险行业概况】 2010年，全市保险业务实现平稳较快发展，保险市场经营主体不断增加。全市有市级保险机构38家，其中产险公司19家、寿险公司19家，有保险专业中介机构20家。

年内，全市保费收入继续保持较快增长，完成保费收入65.32亿元，比上年增长32.7%，其中，财产险总保费收入13.08亿元，增长31.5%；寿险总保费收入52.24亿元，增长33%。保费收入居全省第7，增速居全省第4，产寿险比重更加均衡，全行业经营效益逐步改善，可持续发展能力明显增强。

部分险种保费增速较快。财产险业务中，车险保费比上年增长62%，责任险保费增长29%，保险证险保费增长380%，船舶险保费增长30%，健康险保费增长146%。人身险业务中，意外险、分红险和万能寿险保费分别增长22%、60%和62%。

全年全市共支付赔款5.07亿元，赔付率为39%，比上年上升3个百分点；办理赔案70662件，共给付保险金7.36亿元。保险赔款及给付为广大受灾企业和受害家庭及时解决生产和生活中的实际困难，发挥社会“稳定器”作用。

【保险行业自律】 规范财产险市场秩序。年内，市保险行业协会组织各产险公司签订“泰州市非车保险行业自律公约补充协议”、《泰州市非车财产险“见费出单”行业自律公约》和《泰州市保险行业意外险自律公约》。开展产险自律检查。协会对各产险公司车险业务、非车险业务、机动车交强险以及摩托车、拖拉机交强险承保情况进行多轮专项检查，对存在违规情况的公司进行相应处罚，并作业内通报。加强寿险行业人员流动管理以及营销员招聘管理，组织召开寿险公司总经理高峰会，审议通过并签署《泰州市人身保险公司同业流动自律公约》和《泰州市保险营销员招聘管理自律公约》。开展全市银保业务销售误导专项自律检查，成立自律检查领导小组、工作小组及暗访小组，制订出台《检查实施方案》。加强中介自律组织建设及行业自律，召开泰州市首次保险中介机构工作会议，讨论通过《泰州市保险行业协会中介专业委员会规程》和《泰州市保险中介机构自律公约》，提名产生第一届主任委员和副主任委员名单。

【保险业宣传】年内，协会组织全市6家人身险公司在《泰州晚报》上开展“人身保险个人保单信息有奖查询活动”，定期向《泰州日报》“金融专版”投稿，向社会公众宣传保险知识、产品简介、行业动态等。开展“3·15”消费维权宣传活动，与市工商局、市消协联合开展2010年“消费与服务”年主题活动，牵头组织10多家保险公司参加广场服务咨询活动，向广大市民提供各类保险咨询服务；与市放心消费办、市消协联合开展保险行业放心消费创建活动，营造和谐放心的保险行业消费环境；以“消费维权监督站”为维权平台，及时处理保险信访投诉，并向投诉人及咨询者解答疑难问题。

【保险业诚信体系建设】贯彻落实《保险监管人员行为准则》和《保险从业人员行为准则》，组织召开由部分公司业务渠道负责人、管理干部、营销员代表及行风监督员参加的专题座谈会，学习“两个准则”的主要内容，汇报交流经验做法及典型事例，加强全市保险业诚信体系建设。年内，协会在新增设的网站上开通保险营销员诚信状况查询系统。

【“泰州市保险业风险防控自查月”活动】针对新华人寿发生的“王付荣案件”，年初，协会组织开展“泰州市保险业风险防范自查月”活动，各保险公司对业务风险、财务风险、制度风险、人员风险和区域风险5个方面进行自查自纠。

【服务会员公司】举办泰州市保险业首次法律法规培训班，邀请省保监局专家到泰授课，提高各保险公司高管人员的法律意识和依法合规经营意识，推动保险公司规范运作。与市中院两次联合召开保险业法律诉讼研讨会，并联合出台《关于切实加强诉调保调工作对接妥善调处交通事故损害赔偿纠纷的指导意见》、《关于建立涉诉保险合同矛盾纠纷联动化解机制的暂行办法》。成立保险行业劳动争议调解工作中心。与市地税局联合举办地税知识专题讲座。做好手续费结算工作，成立手续费结算中心，全年共为18家保险公司以及96家保险代理机构提供手续费结算服务，共支付手续费4300万元。加强代理人考试工作，出台《关于保险中介从业人员基本资格考试及换证管理工作有关事项的通知》，规范考试及换证管理，全年共举办代理人考试471场次，11943人报名参加考试，通过7109人，通过率59.5%。做好信息服务及业务统计分析，每月按时将会员公司业务统计报表汇总上报省协会，并及时提供给各会员公司参考借鉴。

【投诉处理】全年共接到各类信访投诉263件，其中上门投诉37件、电话投诉191件、书面投诉3件、网络投诉14件、省保监局转办投诉8件、市政府有关部门转办投诉10件。处理保险信访投诉，查清事实、作出处理，并将处理结果及时反馈投诉人；协助省局做好信访投诉的现场检查工作，并按季度汇报信访投诉情况。年内，协会与市法院建立交通事故处理调解员机制，由各产险公司安排专人负责交通事故案件的调解工作；与市法院联合建立涉诉保险合同矛盾纠纷联动化解机制，调解保险合同纠纷案件。

（保　协）

·中国人民财产保险股份有限公司泰州市分公司·

【概况】2010年，公司以“促发展、增效益、防风险”为工作中心，全面追求“五个领先”，加强内部管控，提升服务品质，增强文化理念。实现保费收入4.9亿元，比上年增长33%，完成年度计划的118.8%；实收保费4.87亿元，净增1.22亿元，增幅32.5%。保费收入、实收保费提前58天完成全年任务；保费规模、业务增速、完成序时均创历史新高，获全省系统“百亿杰出贡献奖”和“标兵公司”称号。盈利能力得到增强。全辖共实现利润总额6228万元，净增3482万元，增幅126.8%，完成全年计划的211.12%；人均利润20万元，居全省第一，并连续两年完成省公司挑战目标；考核口径利润率12.7%，增加5.3个百分点；全险种、全部经营单位均实现盈利。业务结构均衡合理。车险、财产险、农险保费收入分别增长44.4%、15.6%、28%；三线盈利能力进一步加强，利润分别增长147.6%、334.5%、85.3%。总体经营健康稳健。全辖考核口径费用率20.8%，下降2.5个百分点；应收保费率2.1%；经营活动现金净流入20751万元，增加8746万元，百元保费现金净流量42.3元，增加9.8元，居全省第2。理赔追偿工作从货运等财产险种拓展到车险，3月，全辖首例27万元车险案追偿成功。

【车险业务】开展季度劳动竞赛，加强渠道建设，推动车险业务的快速发展。全年实现车险保费收入28962万元，比上年增长44.4%；实收保费28962万元，增长43.6%。通过调整承保政策、实施费用差异化制度、严格集中核保等措施，提高车险业务质态。

【财产险业务】按照“船舶险业务抓管控，效益性险种求扩张”的财产险经营思路，拓展新工程、新项目保险业务，成立专业团队，实行专项考核，给予费用支持，全年新工程、新项目实收保费395万元，超额完成320万元的全年目标。船舶险业务方面，通过制定完善船舶险核保细则，建立风险提示函制度、聘请专家进行技术指导、建立灾害性天气预警机制、建立岗位准入制度等措施，强化船舶险承保风险管控，船舶险管控做法及防汛工作经验均通过总公司网站向全系统推广。

【农险业务】加强与市农业保险工作领导小组各成员单位的合作，完成各农险险种的承保工作。大棚、奶牛、育肥猪、仔鹅等高效农险业务取得突破，完成市政府下达的高效农业指标。提升农业保险经营管理水平，完善承保和理赔工作制度化、规范化，应收保费实现归零。加强风险管控能力，能繁母猪保险业务居全省前列；未决赔款准备金提取充足，超提1104万元，为农险持续稳健经营打好基础。

【交叉销售】年内，开展“虎啸行动”、“跨越行动”活动，交叉销售业务规模快速增长，全年实现产代寿收入19396.81万元、产代健收入480.90万元、寿代产收入615.16万元、健代产收入367.29万元。业务规模和完成率居全省首位，居全国系统前列，获集团公司“交叉销售业绩突出奖”。

【内部管控】推进流程标准化工作，制定流程执行的考核办法，细化推行工作各环节人员的常态考核；建立作业流程标准化培训管理制度，对培训对象、培训内容、培训计划实施、培训后效果的评估做出明确的规定。年内，公司获2010年度全省系统标准化工作优秀团队一等奖和总经理特别奖。实施交叉检查制度。年内，每月随机抽取经营单位的上月业务和理赔档案，抽调全辖各支公司业务骨干组成检查组，进行交叉检查，推动全辖业务质量的提高，加强风险管控水平。开展“经典案例评选”、“大案回头看”活动，对以往重点赔案进行分析点评，总结大额典型案件处理过程中的经验教训，制定针对性的管控对策，反馈承保中的风险隐患。加强资金管理，对各经营单位年度和月度资金收支预算、手续费及财务费用进行审核和汇编；细化预算内容，提高预算透明度。增加预算的刚性，加强预算管理；实施差异化费用配置，使各项费用列支合规、合理，促进业务质态的提高。

（吴晓平　朱跃清）

·中国人寿保险股份有限公司泰州市分公司·

【概况】2010年，公司共实现总保费收入23.02亿元，比上年增长8.4%，其中寿险首年保费收入11.39亿元。首年期交保费3.12亿元，增长2.2%，其中，10年期及以上期交保费1.65亿元；实现短险保费收入8766万元，其中短期意外险保费4859万元。公司以43.6%的市场份额占据市场主导地位。

【内部管理】加快结构调整力度，通过结构调整增加创费水平。压缩本部行政管理费用，为业务一线的发展提供支持。推广落实理赔协理员制度，整合理赔调查和生存调查资源，通过赔付率控制的各项举措，全年公司短期险综合赔付率为52.12%，比上年下降5个百分点。加强业务管理，开展“卓悦柜面”系列活动，以“柜面之星”和“十佳示范柜面”创建为主体，提升管理效能，并在全省系统“助飞·2010”客户服务竞赛中获团体二等奖。姜堰支公司客户服务中心被省分公司推选至总公司参加“2010年度先进集体”的评选。围绕销售要求，打造“国寿 1+N”品牌，结合各类业务专项推动活动，开展VIP 客户健康体检、“中国人寿闪亮小主播”等大型客服活动。维护客户权益，全年共成功回访各类保单22.8万件，电话回访成功率87.6%，通过回访复效保单6407件，复效保费1333万元。做好客户投诉处理工作，全年共受理投诉类服务单49件，结案率97%。开展保单信息有奖查询，保护保险活动当事人的合法权益。

【风险管控】强化合规经营，提升风险管控水平。召开依法合规经营专题会议，提升全员风险防范理念。开展第三届“诚信我为先”主题教育活动，引导销售人员将诚信理念和诚信行为融入销售服务的全过程；以制度规范为标准，关注重点领域、关键岗位的风险。针对系统内外案件特点，重点关注单证、印章、资金收付费等七大类关键风险点，将风险消除在萌芽状态。开展效能监察和“小金库”专项治理、关键岗位检查、预警回访等工作，提高风险管控能力。全年预警回访成功率达92.2%，加强研究各类诉讼案件，做好反洗钱法律义务履行。年初，市分公司本部、泰兴和兴化支公司在人行泰州中心支行组织的反洗钱非现场评估中获A类等级。

【文明创建】开展文明创建活动推进公司全面建设。举办摄影作品展，开展“邻里节”奉献爱心活动，结对帮扶低保群众，履行社会责任。成立羽毛球、女子健身等协会，丰富职工业余文化生活。年内，公司获2007～2009年度省文明行业称号。

【联创共建献爱心活动】11月5日，公司作为文昌社区的联创共建单位，在市区望海楼广场举办“邻里有需要，我们伸援手邻里节”活动，社区志愿者与社区的独居、贫困、残疾老人和家庭展开“一对一”帮扶活动。市分公司工会、团委代表公司送去关爱及慰问品。

（赵桂根）

·中国平安人寿保险股份有限公司泰州中心支公司·

【概况】 2010年，公司坚持围绕挑战新高及二元发展的发展方针，继续巩固在中心城市以及地级市的市场地位，拓展二元保险市场（县级市、县、镇），实现二元网点达标率目标，提升管理水平。加强经营管理的合规化建设，提升公司品牌形象，全年实现保费收入3.38亿元。坚持走以利润为导向的业务发展模式，个险营销保费收入占总保费收入的65%，银行代理业务收入占总保费收入的35%。注重客户服务品质的提升，全年赔付金额1104万元，生存给付金额2111万元。

【客户服务】 公司践行理赔服务承诺，达成一般案件5个工作日结案的承诺， 5日结案率达成86.89%；提升理赔服务质量和服务时效，累计理赔服务满意度达成92.01%。为方便客户，保证客户资金安全，年内，公司全面实现收付费零现金服务，建立起覆盖银行转账、自助POS、电话、网络和手机的全方位电子化全新的收付费平台。10月，公司推出MIT移动展业新模式。

（平安人寿）

证　券

【概况】 2010年,市证券办积极推进“百企上市培育工程”，维护证券市场稳定，全市证券业发展态势良好。

年内，全市累计股民开户数230775户，全年新开30665户。全年实现证券交易总量2013.27亿元，比上年下降15.43%，其中，实现股票和基金交易1904.43亿元，增长10.24%；实现债券交易7.47亿元，增长121%，实现权证交易99.41亿元。股市资金流动性较为充裕，全市股市客户保证金年末余额18.46亿元，与年初基本持平，全年流入股市的资金大于流出股市的资金。

全市新增国联泰州、华泰靖江、南京靖江、东海靖江4家证券营业部，至年末，有驻泰证券营业部14家、期货营业部2家，证券从业人员364人,营业面积15550平方米。各证券营业网点推出沪深A股、B股、基金、权证、债券等交易品种，开设多品种期货交易，开通柜台委托、磁卡自助委托、热自助委托、电话委托、网上交易和银证转账等交易结算系统。

【企业上市】 12月28日，江苏亚星锚链股份有限公司A股股票在上海证券交易所成功挂牌交易，亚星锚链公开发行9000万股，募集资金总额20.25亿元，成为全市第三家境内上市公司。江苏荣联科技股份有限公司和江苏太平洋精锻科技股份有限公司分别于2009年12月及2010年3月进入上市辅导期，年内通过江苏证监局上市辅导验收，并向中国证监会报送公开发行股票申请材料。全市有3家企业启动境内上市辅导工作，申请进入上市辅导期；4家企业拟境外上市。

9月，原泰州市证券监管办公室更名为泰州市金融工作办公室。

【窗口服务】 各证券营业部加强营销渠道建设，培育和发展机构投资者。加大资金投入力度，扩大营业面积，增设电脑、磁卡交易终端、应急电源等硬件设施，改善交易环境。加强信息服务，通过“投资者园地”、“证券信息专栏”、电台、电视、报纸和手机等信息平台，为投资者提供及时、动态信息，引导客户理性投资。开展特色服务。各网点组建专业服务团队、投资咨询小组等，开展上门开户、入市一路通、债市通、24小时咨询热线、“您与专家面对面”、投资分析报告会等特色服务，指导客户入市投资。

【风险防范】 协助省证监局对全市证券市场进行监督管理，开展“平安证券”创建活动，先后2次召开证券业平安金融创建工作推进会，防范证券市场风险，保护投资者合法权益。各证券营业网点依法开展业务，自觉规范经营行为。落实《关于做好证券公司客户交易结算资金第三方存管有关账户规范工作的通知》、《关于进一步规范账户管理工作的通知》等文件要求，对投资者证券账户和资金账户进行清理规范，严格执行现场开户；做好投资者风险教育工作，及时进行风险提示，引导客户树立正确的投资理念，增强风险防范意识；落实反洗钱相关规章制度，严格按规定对客户身份信息进行登记，对可疑开户、交易行为及时上报；加强内控管理，规范员工职业行为和业务操作流程，定期召开风险控制领导小组会议，查找风险点，加强对交易、资金、清算和开销户等重要环节的把关，按照逐级申报、审核的流程设置柜员操作权限，加强信息技术风险控制，按照信息安全制度开展日常管理和业务保障工作。（李　军）

综 述

【概况】 至年末，全市共有各级各类学校602所，其中幼儿园219所、小学151所、初中163所、普通高中40所、中等职业学校16所、特殊教育学校6所、高等学校6所。有各级民办学校211所，涵盖幼儿园、小学、初中、普通高中、职业学校及非学历教育各个层次。全市共建成省优质幼儿园107所、四星级普通高中10所、三星级普通高中23所、国家级重点职业学校8所、省级重点职业学校4所。全市有在校生508524人、教职员工35963人。全市小学、初中、普高、职高专任教师学历达标率分别达99.5%、98.84%、98.67%和96.45%。有教授级中学高级教师13人，在职特级教师77人，在职泰州市名教师12人、名校长7人。

【区域教育现代化创建工作】 年底，靖江市、泰兴市、高港区通过区域教育现代化创建评估验收。全市教育信息化建设总投入达1.8亿元，建成数字化校园80所，建成全市教育城域网数据中心和教育城域网主干，基本实现校、市（区）、市、省四级联通。加快教育国际化步伐。新增3所四星级高中举办国际班。姜堰二中与澳大利亚黑利伯瑞学校签订联合办学协议，在全市普通高中率先引进国际高中课程。中学生修学旅行规模达380人，选派教育管理者和教师94人赴国（境）外学习，接收外国留学生18人。

【出台泰州市2010~2030年市区中小学和幼儿园布局规划】 2月底，市教育局和市规划院共同编制的《泰州市市区中小学和幼儿园布局规划》通过市政府批复同意。规划时间跨度为2010年~2030年。学校布局规划做到撤并有交代、保留有理由、新建有预留、迁建有发展、扩建有余地。

【高等教育】 积极筹建泰州大学，根据教育部评审专家组提出的意见和大学设置标准，明确泰州大学筹建工作的各项任务。全市高校在校生达5万多人。南京中医药大学翰林学院迁址泰州办学，本科教育规模进一步扩大。南师大泰州学院被评为“中国民办高等教育优秀院校”、“全国先进独立学院”。南理工泰州科技学院获“江苏省高校毕业生就业工作先进集体”称号。泰州高职教育4个专业被评为省级品牌专业和特色专业，4门课程被评为省级精品课程。

【颁布实施《泰州教育改革发展中长期规划纲要》】 泰州市教育改革发展中长期规划纲要起草领导小组成立，市委副书记、代市长徐郭平担任组长，副市长曹玉梅担任副组长，下设办公室及7个工作组，开展调研起草工作。《规划纲要》初稿形成后，先后召开12次座谈会，邀请省教育厅有关专家、领导进行论证，形成征求意见稿。征求意见稿通过网上发布和书面送达等方式向社会各界公开，共收到修改建议780条，采纳220多条。12月28日，《规划纲要》经市政府常务会议和市委常委会专题讨论通过，正式颁布实施。

【全市教育工作会议】 12月29日，市委、市政府召开全市教育工作会议。省教育厅厅长沈健，市委书记张雷，市委副书记、代市长徐郭平分别讲话。市委副书记王守法主持大会，市领导陈克勤、李国华、陈国华、高纪明、张本印、缪志红、杨峰、何榕等出席会议。市财政局、市教育局、靖江市政府分别作表态发言。会议的主要任务是学习贯彻全国、全省教育工作会议精神，部署实施《泰州市中长期教育改革和发展规划纲要(2010~2020)》，落实教育优先发展战略地位，加快建设教育强市，全面实现教育现代化，为推进“富民强市，建设美好泰州”提供人才保证。

【**教育行风建设**】下发《关于深入推进“四无”学校创建活动的通知》。全市5个市（区）创建成省“规范教育收费示范市（区）”。落实扶困助学政策，全市共免收773名家庭经济困难和涉农专业学生的学费192.51万元，免收39521名农村义务教育阶段学生的住宿费1449.68万元，补助4008名义务教育阶段公办学校寄宿生生活费283.72万元。各类资助活动惠及42万人次，总金额达1.17亿元。

办结人大代表和政协委员建议、提案48件，按时办结率100%。办理市委书记信箱、市长信箱和市长公开电话等交办件550多件，接待来访450多人次，按时办结率和答复率100%。“教育为民热线”被评为全市创新服务品牌，市教育局被省文明委评为江苏省精神文明建设工作先进单位。

【**学校党建工作示范区创建**】3月10日，市委组织部、市委教育工委联合下发《关于在全泰州教育系统全面开展学校党建工作示范区活动的通知》。《通知》明确：通过2~3年的努力，全市各级各类学校党组织均达到《泰州市中小学党建工作基本标准》和《泰州市高等学校党建工作基本标准》要求，创建成党建工作合格校，30%的学校创建成党建工作示范校，各市（区）争创学校党建工作示范区。11月18日，全市教育系统深入开展创先争优活动暨学校党建示范区创建工作推进会在兴化召开。市委常委、宣传部长缪志红到会讲话，兴化市委书记贾春林致欢迎辞，市委教育工委书记、市教育局局长宋吕银作工作报告。会议由市委组织部副部长程秋喜主持。

【**成立大学生法律援助讲堂**】6月11日，江苏省高校首家大学生法律援助讲堂在泰州师范高等专科学校成立。学校法律援助志愿者以讲座的形式，向全社会宣传法律援助制度、工作及典型案例。市委常委、市政法委书记高纪明出席成立仪式。

【**市领导慰问师生**】6月1日下午，市领导张雷、李国华、缪志红、王泓卫、曹玉梅、殷美娟及市委秘书长仲建生在市教育局局长宋吕银等陪同下到泰州实验学校，看望慰问学校师生，和孩子们共度“六一”儿童节。9月9日，市领导徐郭平、缪志红、王泓卫、曹玉梅、殷美娟先后到省泰州中学、南京理工大学泰州科技学院和省泰州中学附属初级中学，看望慰问教职员工。

【**走进“行风热线”**】9月1日，副市长曹玉梅、市教育局局长宋吕银、海陵区教育局局长凌华余、高港区教育局局长杨海峰走进“行风热线”直播节目，与广大听众、网友进行交流。

【**举行江苏省第十二届教育局“局长杯”乒乓球比赛**】11月13日，江苏省第十二届教育局“局长杯”乒乓球比赛在泰州市举行。市委书记张雷致欢迎辞，省教育厅领导沈健、胡金波、蒋吉生、朱卫国、倪道潜、步锦昆、洪流等出席活动。全省13个省辖市教育局代表队及省教育厅一队、省教育厅二队、省教育考试院、省教育报刊总社共17支代表队参加比赛。

【**召开廉政文化进校园推进会**】11月30日，市纪委、监察局、教育局组织召开全市廉政文化进校园推进会，市委常委、市纪委书记陈国华出席会议并讲话，市纪委副书记、监察局局长张余松主持会议，市教育局局长宋吕银到会讲话。

【**教育部“蓝火计划”在泰州启动**】12月9日，教育部“蓝火计划”在高港区启动，“蓝火计划”是教育部推进高校与地方产学研合作，加速高校科技创新成果转化的一项重大行动。“蓝火计划”启动后，生命科学、船舶、电子信息3个创新战略联盟同时宣告成立，20多个产学研项目落户高港。北京大学、南京大学等20多所高校的30名专家被聘为高港区首批科技特派员。

【**省专家组考察教育现代化创建**】12月9~11日，以省教育厅副厅长胡金波为组长的省教育现代化建设水平评估专家组对高港区教育现代化创建工作进行现场考察；12月20~22日，以省教育厅副厅长倪道潜为组长的省教育现代化评估专家组对靖江市教育现代化创建工作进行现场考察；12月23~25日，以省委教育工委副书记从懋林为组长的省教育现代化建设水平评估专家组对泰兴市教育现代化创建工作进行现场考察。副市长曹玉梅、市政府副秘书长刘宏鸣、市教育局局长宋吕银、市政府教育督导室副主任督学冯明陪同考察。

【校园安保】5月1~2日，市委书记张雷先后赴海陵区和高港区专题调研校园安保工作，市委副书记王守法、副市长曹卫海、市委秘书长仲建生、市教育局局长宋吕银等陪同调研。5月4日，市四套班子领导分5组赴全市20多所学校，就安全保卫工作进行现场督查。5月7日，市教育局印发《关于进一步加强全市中小学幼儿园安全保卫工作的意见》。5月27日,市社会治安综治委、市纪委、市委组织部、市监察局、市人社局印发《泰州市校园安全防范问责办法》。《问责办法》主要适用于泰州市中小学、幼儿园（班）、少年宫，以及各类托管、培训机构等社会办学点的校园安全防范问责。对故意或者过失不履行或者不正确履行职责，校园安全存在隐患，发生危害师生安全案件、事故的，按照“属地管理”和“谁主管、谁负责”的原则追究责任。6月23日，市政府召开全市平安校园创建暨学校周边治安综合治理工作会议。

（陆秀勇）

高　等　教　育

·泰州市高教园区·

【概况】规划建设。积极筹建泰州大学，完成新一轮规划设计方案。累计征地385.6公顷、拆迁1400多户，启动建设建筑面积12万平方米的宫涵安置区二期工程。春兰路、育才路施工进展顺利。完成春晖路以东、328国道以内56.67公顷土地的整体规划方案。与中铁电气化局集团有限公司签署合作协议，打造城市东部新商住圈。

合作办学。承担中国医药城教育教学区的合作办学和规划建设任务，完成教学区的规划设计。与南京中医药大学达成在中国医药城合作举办医药类高等教育的协议，将南京中医药大学所属的翰林学院整体搬迁到中国医药城；2009年12月5日开工建设的翰林学院，于年内9月前，完成8.3万平方米的主体及配套工程建设，保证新生入住开学。

（丁　丽　许　伟）

·南京理工大学泰州科技学院·

【概况】南京理工大学泰州科技学院是经教育部正式批准、江苏省第一所由著名高校与地方政府合作举办的全日制普通本科高校（独立学院）。学院由国家首批“211工程”重点建设院校——南京理工大学全面负责教育、教学与管理，由泰州市政府负责投资建设。学院秉持“求真务实、自强不息”的校风，以宋代教育家胡瑗“明体达用”的教育思想为校训，培养高素质本科应用型人才。学院位于泰州市主城区，占地68公顷，校舍面积33万平方米，校园内教学科研区、公共设施区和后勤生活区联为一体。教学楼可容纳万人教学需求，图书馆藏书60多万册。学院设有“机械类、电气信息类、土木类、化工制药类、经济管理类以及英语、艺术设计”等18个本科专业，31个专业方向，形成以工为主，理、工、经、管、文等多学科综合配套、协调发展的学科专业体系。有在校生9096人，已为社会输送3届3497名毕业生。学院毕业生就业率连续三届居江苏省高校前列、全省独立学院之首，毕业生就业主要集中在上海、南京、苏锡常等地区。2010年，学院被江苏省教育厅授予“江苏省高校毕业生就业工作先进集体”称号，是全省唯一获此殊荣的独立学院。

【通过省专业建设抽检】2010年6月，江苏省教育厅面向全省独立学院启动专业建设抽检工作，学院计算机科学与技术专业被确定为被抽检专业。学院开展专业自评自建、迎评迎检、总结提高等各阶段工作。12月15~16日，学院顺利通过江苏省独立学院专业建设抽检工作评估专家组的现场考察。

【被教育部吸纳为全国CDIO工程教育改革高校】2010年，学院“应用型、复合型、创新型”人才培养思路和教育改革实践得到教育部认可，被吸纳为全国39所CDIO工程教育改革高校之一，成为江苏省独立学院中唯一一所CDIO成员校。机械类、电气类、化工类、土木类4个专业投入试点。

【大学生科技创新及学科竞赛】开展大学生学科竞赛、科技创新活动，组织学院代表队参加国家级、省级大学生创新赛事和高级别学科竞赛。参加中国机器人大赛，获得1项冠军、2项亚军、8个一等奖、2个二等奖、2个三等奖。参加由科技部、教育部等部委支持的全国三维数字化创新设计大赛，获江苏赛区特等奖、全国二等奖。参加由教育部、财政部组织，北京交通大学举办的“全国大学生机械创新设计大赛”，5件作品全部获奖。参加2010年度春季学期全国大学生CAD类软件团队技能赛，获团队二等奖和个人优胜一等奖。电气专业学生吉涛设计的“火车铁轨旁的风力发电机”，获全国青年科技创新竞赛创意组优秀奖。参加全国软件专业人才设计与开发大赛选拔赛，2名学生获三等奖，2名学生获优秀奖。参加江苏省高校非理科专业数学竞赛，获奖率连续三届居全省同类高校之首。参加省高校大学生物理及实验科技作品创新竞赛，获一等奖，在全省独立学院排名第1。学院代表队入围“昆山杯”创业大赛江苏赛区总决赛，获优秀组织奖；学生代表参加泰州市大学生职场技能大赛等赛事，获团体第一名、个人一等奖等多个奖项。

【师资队伍建设】 围绕人才引进、培养和使用三个环节，加大师资队伍建设力度，形成学术型、工程型相结合的师资队伍。推进“青培工程”，确立“5+5”教师培养思路，提升教师学术水平、教学水平、科研水平和服务能力。在2010年南理工青年教师讲课竞赛中获2个二等奖、4个三等奖，4名教职工获省、市级表彰，1名教师入选“青蓝工程”优秀青年骨干教师，1名教师获“2010年泰州市有突出贡献的中青年专家”称号，5名教师获省级竞赛优秀指导老师奖。加强专业化教育管理队伍建设，学生教育管理实行专职辅导员、专业班主任的“双导师制”。

【教研与科研成果】 年内，学院主持或参与的8项国家“十一五”课题通过全国教研中心验收，获批省高校哲学社会科学研究指导项目1项，大学数学、电子学课群按省级精品课程标准建设。推进大学英语分级教学、大学物理分学科教学、计算机基础课群建设、公选课改革。14门院级立项课程完成中期任务，12门重点课程初步形成成果。推进具有本校特色的校本教材和系列实验指导书建设工作，全年共出版教材17本（其中国家本科规划教材9本），实验室指导书26本。全院教职工共发表教改与学术论文95篇，其中教研论文41篇，23篇论文在泰州市第七届自然科学优秀论文评选中获奖。

2010年获批企业博士集聚计划项目，在省级项目申报方面取得零的突破。学院获批市科技计划（工业）1项、市科技计划（科学发展）1项、市级科技发展计划（指导性）项目13项以及市社会科学基金资助项目2项。市级项目“网络可视化监管技术研究”及院级课题“发动机拆装线的设计与制造”结题。与荣生轴业共同承担的“高层建筑消防救生装置”获3项国家实用新型专利授权，填补学院专利空白。

【依法治校】 完善学院制度体系，组织现行规章制度的对照修订工作。补充修订师资、科研、党建等方面管理制度，重点完善干部队伍、学生工作及安全工作方面的考核制度。二级院系参照学院规章制度，制订相关细则。完善管理体制和运行机制．组织召开第一次党员大会和首届教职工代表大会。

【校园文化与学生活动】 打造校园文化品牌，实施学生活动项目化管理，开展首届读书节、首届外语节等活动。强化感恩教育,在全市率先发起“向西南灾区捐献一瓶水”和向青海玉树地震灾区捐款活动，合计捐款6万多元。组织学院代表队参加南京理工大学第39届运动会,院武术协会代表南京理工大学参加省高校部武术比赛。在南京理工大学2009～2010年度全校精神文明建设“五个一工程”评选中，学院校园文化建设成果获1项2等奖、1项优秀奖，是学院成立以来校园文化成果首次获奖。

【安全文明校园建设】 学院实行安全工作行政问责、责任追究及“一票否决”制，建立安全检查长效机制和服务平台，完善突发事件处理的组织体系和应急方案，开展“安全宣传月”、“消防宣传周”等活动，将实验室安全教育进课堂纳入教学计划，形成全员关注安全、全员参与安全维护的机制。在“2010年泰州市区10千伏及以上高压电力用户变、配电所”安全运行劳动竞赛中，学院配电房获第一名。

【后勤保障】 明确“标准化、规范化、程序化、精细化”的后勤工作“四化”管理要求，加大对后勤中心的监督、检查和考核，开通“一线通”维修报修平台，建立校园全覆盖巡查机制。学生食堂被评为2010年“泰州市饮食卫生笑脸单位”。加强水电管理，推进节约型校园建设。学生公寓走廊夜晚照明声光控系统全部改造安装到位，适时控制和调整公寓走廊及路灯日常照明。采用热水谷电加热方式，初步解决供给需求与节约效能之间的矛盾；加强给水管网的日常检查，确保及时修复。

（毕文健）

·南京师范大学泰州学院·

【概况】 南京师范大学泰州学院是2004年6月经教育部批准、由南京师范大学与泰州市人民政府合作举办的普通高校本科层次独立学院。学院占地面积69公顷，培养以文、理、经、管、工、艺和教师教育为特色的本科应用型专门人才，有20个二级学院（系、部），有经教育部备案的41个本科专业和60个专业方向，在校生1万多名，教职工600多人。学院完成“全力扩大规模，注重提升内涵”、“扩大规模与提升内涵并重”、“全力提升内涵，适度扩大规模”的“三步走”战略的前两步。年内，学院被评为“全国先进独立学院”和“中国民办高等教育优秀院校”，被省教育厅评为首批“江苏省平安校园”。

【应用型人才培养】 实施2009版应用型人才培养方案，制定各专业人才培养教学计划。结合学生生源状况、文化基础现状，深化教学改革与创新，调整课程结构体系，改革教学内容和方法，提高本科人才培养的质量。初步确定教学成果立项名单，其中品牌特色专业 9个、精品课程25门、精品教材13部、实验教学示范中心8个。推进学生“考研、考证、考村官、考公务员”“四考”工作。创新人才培养模式，提高人才培养质量。年内，音乐学院选派1名教师和5名学生到中央音乐学院深造，法学院选派2名教师和6名学生到东吴大学法学院深造。创新实训模式，建成多媒体教室126间、琴房172间、画室8间和其他各类实验室124间。至年末，在全市建立就业（见习）基地40多个，在南京、苏州、无锡等地建立实习见习基地4个，与泰州地区28个学校建立教育实习基地。

【专业建设】 以评促建，提高专业建设质量。对照抽检指标体系，整改材料和整合资源，顺利通过省教育考试院评估院专家的现场查看和评估。调整优化专业结构，将符合条件的信息科学与技术系和数学系分别改建为信工院和数学科学与应用学院。加强专业建设，成功申报制药工程、戏剧影视文学、应用化学3个本科专业。对生源和就业前景不好的应用哲学等专业实行停招或隔年招生。

【科研工作】 筹建成立43个教研室，明确教研室工作职责。完成教育部8个子课题的研究结项。汇编2010年教职员工科研项目成果。影视传媒学院教师卢金明制作的“语文课程与教学论”教学课件获教育部教育管理信息中心颁发的优秀奖。学院首次获江苏省生物多样性与生物技术重点实验室开放课题。数学系4个项目获泰州市科技发展计划项目立项。与华扬石油天然气勘探开发总公司合作开发“东淮盐矿溶腔模型”项目，项目签约金额6万元。

【师资队伍】 完成18名专职专任教师的招聘工作，其中拥有博士学位1人、硕士学位14人。聘请剧作家、词作家阎肃，南京大学经济学家张二震，心理学家桑志芹，南京师范大学国家级教学名师朱晓进为学院特聘教授；聘请151名具有高级职称的专业建设主持人、退休教师任教。启动“双百”工程计划，即从2010年起，用10~15年的时间教师队伍力争达到百名博士、百名教授的规模。加大教师学历进修力度，要求在3年内本科学历教师必须通过硕士入学考试或取得入学资格，每年每个单位择优推荐1~2名硕士研究生报考博士。年内，有67名教师在职进修，其中9名进修博士学位，59名进修硕士学位。教师队伍中硕士（含在读）及以上学位比例提升至90.19%。

【教学成果】 2010届2081名毕业生毕业率为99.9%，学位授予率为89.6%。在全省计算机等级考试中，一级考试的合格率分别为90.63%和77.89%。全年学院学生获国家级奖项和省级奖项10多项，有全国大学生电子设计竞赛—2010年TI杯模拟电子系统设计竞赛团体一等奖、全国大学生数学建模竞赛团体二等奖、全国第二届大学生物理教学技能大赛三等奖、全国大学生绿色智能建筑大赛三等奖、首届全国大学生创业大赛团体三等奖、2010年“国信蓝点杯”全国软件专业人才设计与开发大赛江苏赛区三等奖、央视“希望之星”英语风采大赛江苏赛区大学组二等奖等。商学院学生孙寅被厦门航空有限公司录取，是学院唯一被录取为飞行员的学生。强化培养部学生吴雯提前一年毕业，并考取南京财经大学会计学专业硕士研究生。

艺术教育成效显著。中文系学生韩琬琰在“祖国在我心中”中国青少年维也纳金色大厅2010春节文艺晚会和“魅力校园”第四届中日青少年艺术交流展演活动中均获古筝演奏金奖。在第12届CBDF“院校杯”国际标准舞公开赛中获团体第一名。青年竹笛教师孙明钰、青年琵琶教师林妍在全省民乐大赛最高级别的“2010江苏音乐茉莉花奖”中分获银奖、铜奖。在第五届中华青少年文艺英才推选江苏赛区中，获青年专业组1个特金奖、3个金奖、3个银奖。在“第三届江苏省新人新作歌舞大赛”闭幕式中，学院参赛的声乐和舞蹈奖项获得铜奖。在江苏省第四届学校体育舞蹈锦标赛中，获拉丁和摩登舞第1名、第2名。在“浩沙杯”全国万人健美操大赛江苏分赛区暨2010年江苏省健美操锦标赛中，获男子单人第2名，混双第2名、第3名。

【对外交流与合作】 开展与东吴大学法学院的交流合作。9月，与泰州国家医药高新技术产业园区管委会成功举办首届海峡两岸医药法研讨会，来自海峡两岸的专家学者共60多人参会，共提交论文35篇。组织2批师生共6人赴台湾东吴大学学习。与俄罗斯下诺夫哥罗德格林卡音乐学院、德国依尔姆瑙理工大学、法国格勒诺布尔第二大学经济学院签订合作办学协议，有1名学生赴德国依尔姆瑙大学进修，7名学生参加法国格勒诺布尔第二大学经济学院预报名，8名学生赴俄罗斯下诺夫哥罗德格林卡音乐学院进修。

【招生就业】 录取普招学生2271名，江苏省文、理科投档分分别超过省控线22分、27分。学院以880名的“专转本”招生计划数居全省第一，实际招生1015名，超额完成“专转本”招生计划。至年末，在校生10011人，至12月25日，学院2010届毕业生就业率为99.52%，签约率为89.81%，均高于上年同期水平。其中77人考取研究生，12人考取公务员，40人参加服务“西部、苏北”计划，88人被录用为“村官”。

【艺术与文化教育】 重点创建、发展“3个院”。一是做强泰州市歌舞剧院。开篇之作——大型民族歌剧《江姐》被评为南师大“五个一”工程奖，在泰州大剧院公演2轮共6场，著名剧作家、词作家阎肃在现场观看演出。二是成立泰州历史文化研究院，参与泰州历史文化遗址开发、保护、宣传、建设等工作，启动泰州民歌、泰州民曲、泰州戏曲、新四军歌曲音像资料制作和《泰州文化》、《泰州通史》两部著作的编写工作。三是拟成立泰州文化教育培训学院（暂定名），面对校内外学生开展培训。学院本体与“3个院”、教育发展基金会，形成“五位一体”发展模式。

【校园文化】 打造精品校园文化。搭建各类人才发展舞台，拓展第二课堂，先后组织校园情景剧大赛、第六届“青春风采”辩论赛、第五届“百米长卷”绘画大赛、第四届“金话筒”主持人大赛、首届“移动杯”大学生职业生涯规划大赛、第五届秀外“汇”中中英文朗诵大赛、第三届社团知识竞赛、首届五大高校羽毛球大赛等，内容涵盖素质教育、文体科技、高雅艺术等方面，参加活动人数达6000多人次。以“新学期第一课”为载体，提高新生的文化素养，组织开展“情颂中华·魅力泰院”和“品味千古华章 感悟多彩人生——中华经典诗歌吟诵会”等活动。立足学院建设，完善志愿服务体系，落实“蒲公英计划”，打造“一路同行”（特色兴趣班）、“幸福阳光”（尊老爱幼）、“微笑地球”（绿色环保）、“青春华章”（省、市活动）、“时代强音”（西北、绵竹、苏北计划）等系列特色志愿服务。创新“扶苗行动”开展方式，总计“扶苗家庭”136户，“扶苗志愿者”600人，累计服务次数675次。

【后勤保障】 推进新建筑建设和老建筑设施的维修工作，出台《零星基建、修缮及装饰工程项目建设管理办法》，加强各类工程建设监督，提高工程质量、投资效益和管理水平。开展安全保卫工作，构建平安校园。开展全院1000多名师生实地参与的歹徒冲击校园防暴演练、地震灾害后的逃生自救演练以及消防灭火演练。健全安全规章制度，加强二级学院创建“平安单位”工作。制定《南京师范大学泰州学院“平安单位”创建工作考核办法(试行)》、《南京师范大学泰州学院“平安单位”考核评估标准》。开展安全卫生大检查，重点检查学生公寓安全用电、宿舍卫生等情况。年内，学院被省教育厅评为江苏省高校“文明食堂”和“文明宿舍”、首批“江苏省平安校园”称号；被泰州市消防支队评为“2009年度消防工作先进单位”。

【学院宣传】 改革院报版面，提高院报质量。制作《南京师范大学泰州学院电视台节目审核单》、《南京师范大学泰州学院电视台节目播放审核单》，实行栏目负责人、电视台负责人、分管领导分别审核并签字的三级审核制。年内共制作33期的电视节目（每周一期），完成多机位拍摄40多次和“新学期第一课”的实况转播任务。加大学院网站建设力度。学院网站首页有21个二级网站。开展对外宣传，在《人民日报》、《扬子晚报》、《新华日报》、《泰州日报》、《泰州晚报》、泰州电视台、泰州广播电台等媒体上宣传报道40多次，在《人民日报》上发表的《南师泰州学院〈江姐〉成“新生第一课”》获2010年度泰州市“十佳教育新闻”提名奖。

（龚春艳）

·江苏畜牧兽医职业技术学院·

【概况】 江苏畜牧兽医职业技术学院是经省政府批准，教育部备案的面向全国招生的全日制公办普通高等院校，是中国南部地区唯一的一所高等畜牧兽医学院，是国家级示范（骨干）高职院校、江苏省示范性高等职业院校，是全国办学规模最大的动物科技类高校。学院隶属于省农业委员会，占地面积206.13公顷，建筑面积49万平方米。学院设有动物科技学院、动物医学院、动物药学院、食品科技学院、宠物科技系、水产科技系、园林科技系、经济贸易系、信息工程系、机电工程系等10个院系，围绕畜牧产业链开设52个专业。学院有各类教职工1000多人。专任教师中，具有教授、副教授等高级职称教师160多人；具有博士、硕士学位教师300多人。年内，成功申报国家示范性（骨干）高职院校建设单位，通过省党建考核验收，学院先后被评为“江苏省文明单位”、“江苏省师资队伍建设先进高校”、“江苏省学生就业工作先进高校”、“江苏省科技工作先进高校”、“江苏省科技富民突出贡献单位”和“江苏省职业院校学生技能大赛先进高校”。

【教学改革】 全面加强课程建设、教材建设、实验、实训基地建设，强化教育教学督导工作。动物防疫与检疫实训基地成为中央财政支持的实训基地。动物医学专业获省级品牌专业称号，食品营养与监测专业获省级特色专业称号，学院有省级品牌专业3个、特色专业3个。“动物病理”和“宠物内科病诊治技术”获省级精品课程称号。主编全国高等职业教育“十二五”规划教材9本，出版3本。修订和完善2010级专业人才培养方案与专业教学标准。与高邮红太阳集团等20多家企业签订紧密型合作协议。校外实习基地增至317个，并与企业联合开设一系列订单式培养班，促进校企合作、工学结合。

【师资队伍建设】 选派51名教学、科研骨干教师赴国内外进修培训，选派13名青年教师赴企业挂职锻炼，专门为青年教师增设43个院级教科研项目，给予专项基金资助17.9万元。完善兼职教师管理办法，鼓励院系（部）聘请兼职教师上专业课。全年引进博士、硕士等各类人才21名。28名教师晋升副教授职称，5名教师晋升教授职称。5名教师入选省2010年度“青蓝工程”培养对象，1人被评为“2010年度江苏省有突出贡献的专家”。32人通过2010年度全国执业兽医师资格考试，通过率超过94%，高于全国13.6%的通过率。学院在首届全国高职高专生物技术类专业与食品类专业教师教学竞赛中获团体二等奖，被省教育厅授予“师资队伍建设先进高校”称号。

【科研工作】 全年申报各级各类项目100多项，获各类资助项目48项，到账经费1646.6万元，其中横向项目到账经费达100万元。全年验收项目40多项，鉴定科技成果4项，申请专利3项。获省部级资助项目9项。获批工信部物联网示范评估基地1个、省级科研平台建设项目2个。成功申报2010年度省高校“青蓝工程”科技创新团队——兽用生物制药技术科技创新团队。学院获中华农业科技奖1项，获泰州市科技进步一等奖1项、三等奖2项，连续三届被省教育厅表彰为“江苏省科技工作先进高校”。

【挂县强农富民工程】 发挥科技平台优势，开展社会服务.新选派5名教师赴滨海县驻点帮扶，全面推进“挂县强农富民工程”。完成2个新品种的引进和推广。全面推进5个“一村一品”特色专业村和1个特色示范基地建设，援建3个生猪人工授精站，新引进苏姜种猪100头，推广3种养殖新模式，开展技术培训28场次，协助成立4个合作社、1个专业协会，新组建的大学生科技服务团在7家企业驻企帮扶。学院在省农委组织的绩效考评中获“优秀”等级，被省科技厅、省财政厅、省农委联合表彰为江苏省“送科技下乡 促农民增收”活动科技富民突出贡献单位。

【学生管理】 开展时政宣传、爱国爱党教育、心理健康教育等系列活动，提高学生的思想道德素质。建立学生联络员网络，组织编印《国家奖学金获奖学生优秀事迹风采录》。参加全国职业院校技能大赛农业技能大赛，3名学生获一等奖；参加全国高职高专生物技术职业技能竞赛，获团体一等奖、团体二等奖各1项；参加省第三届理工科大学生人文社会科学知识竞赛，获优秀组织奖，5名学生获二等奖、12名学生获三等奖、65名学生获优秀奖；参加第六届全国大学生跆拳道锦标赛，获2个第三名和2个第五名；参加省职业教育创新大赛，1件学生作品获一等奖、2件获二等奖；参加省第十七届大学生田径运动会，获1金1银1铜及高职高专组总分第四名。完善奖助保障体制、学生管理制度，推行辅导员进公寓工作，开展“优秀学生管理论文评选”活动。

【招生就业创业】 新建友好学校 53 所，建立优质生源基地 191 所，面向江苏、安徽、广东、河南、黑龙江、内蒙古、新疆、西藏、四川等全国19个省、市、自治区招生，共招录4122名新生。成功举办第十六届“校内双选会”暨2011届毕业生就业洽谈会，12个省市的510多家用人单位为学院毕业生提供上万个就业岗位。2010届毕业生就业率为99.09%，学院获省教育厅“高校毕业生就业先进集体”称号。加强大学生创业指导，制订实施大学生创业管理办法，支持大学生创业项目17个。开展毕业生质量追踪调查研究。

【成教培训】 开展成人教育、网络教育、自学考试等多种合作办学形式，建立校外教学点8个。学院自主招生专业增加4个，“专接本”专业增加3个，全年共招生547人。与政府及相关部门合作开设培训班，全年共开设省级农技推广人员农牧行业培训班、省职业农民培训班等30多个班次，累计为行业企业培训7593人，职业工种与技能鉴定站技能培训4488人次。成人教育和培训规模、效益实现双丰收，成教培训收入670万元。学院被农业部办公厅授予“农业部现代农业技术培训基地”称号，被省农委批准为“江苏畜牧兽医技术人员培训中心”。

【对外交流与合作】 年内，选派51人次出国考察、进修，接待外国友人访问60人次，聘请5名外籍教师担任英语和日语口语教学工作。

【凤凰路校区建设】 加快配套工程建设，完善校区各项办学功能。体育馆及大学生活动中心交付使用，解剖标本馆、环校北路和体育馆西侧道路等建设任务完成。动物医学院馆、后勤用房、动物医院开工建设。成教培训中心正式对外营业。实施校园文化二期工程，图书馆新购纸质图书66879册，新建13万册电子教参图书镜像数据库。

【基地建设】 完成畜牧科技示范园素质拓展训练区、接待馆、畜牧文化展示区基本建设。国家级水禽基因库共收集水禽品种19个，其中鸭品种9个、鹅品种10个。苏牧1号白鹅、黑羽番鸭等新品种（系）的开发工作进展顺利。成功申报市级以上科研项目12项，项目经费近650万元。接收22个班级、1100人次学生实习。倍康药业在5年一次的GMP验收中以98.1的全国最高分顺利通过GMP验收，成功申报公益性行业（农业）科研专项横向合作项目、高校科研成果产业化推进项目各1项，承担“十一五”国家科技支撑项目合作研究1项。完成蜘蛛香胶囊及复方白头翁胶囊2个国家三类新兽药报评资料的整理工作。

【平安和谐校园建设】 加强校园安全工作，与各部门签订《安全责任状》，加大人防、物防、技防力度，成立安全信息员、治安安全员、消防安全员等一系列安全保卫队伍，形成保卫处(部)、院系安全小组、班主任、辅导员、学生干部的群防群治网络。加强安全宣传教育，加强对保安人员、校园交通的管理，落实各项安全防范措施。

【后勤服务】 后勤服务注重加强制度建设，推行程序化、规范化管理。开展“建文明班组、创文明岗位、做文明职工”活动，会同有关部门加强对凤凰路校区环境的治理。贯彻落实《中华人民共和国食品安全法》、《社会治安综合治理和消防安全责任书》，构建安全校园。

（全爱国　窦小勇）

·泰州职业技术学院·

【概况】 学院占地面积32.53公顷，各类建筑面积20多万平方米。设有机电技术、医学技术、经济与管理3个二级学院和电子与信息工程、环境与化学工程、建筑工程等6个系部，开设专业45个。学院现有教职员工660多人，其中硕士以上学位176人，副教授以上职称152人。全日制普专生近9000人，非全日制专科学历教育学生4312人，年培训15000人次以上。建成护理、口腔工艺技术、机电技术等校内实训中心22个、校内实验（实训）室70个，其中，国家级高职实训基地1个、省级高职实训基地2个。建成校外实习、实训基地187家。学院先后获省高等学校和谐校园、省平安校园、省高校毕业生就业工作先进单位等称号。

【大爱育人工作】 6月，学院举行《大爱育人》专著首发仪式，《大爱育人》专著获第二届“天煌”杯中国职业技术教育科学研究成果一等奖。开展在专业课程中渗透思想政治教育和职业道德教育的研究和实践工作，开展专业课程渗透教育顶层设计试点，举办院级渗透教育公开课29场，组织撰写渗透教育论文93篇，编撰渗透教育论文集1部，举办渗透教育论坛，组织撰写渗透教育专著。《塑造大爱精神文化 倾心培育大爱之人——泰州职业技术学院打造校园文化特色品牌的实践探索》荣获全国高校校园文化建设优秀成果三等奖。《中国教育报》对学院大爱育人创新人才培养工作作系列专题报道，学院两次应邀在中国建设教育协会高等职业与成人教育专业委员会年会上作专题发言。

【招生就业】 面向江苏、河南、宁夏、内蒙古、山东等12省（区）招生2590人。学院党委把毕业生就业工作列为学院工作的重中之重，举全院之力促进毕业生就业。45个专业3205名毕业生，年内就业率99.72%，协议就业率96.41%，家庭经济困难学生和优秀毕业生就业率100%，学院再次被评为全省高校毕业生就业工作先进单位。

【教学工作】 推进6个重点专业的改革与建设。利用特色专业与精品课程建设管理平台，初步完成40门精品课程网站的基本架构，推进34门院级精品课程和立项精品课程建设。新增省级特色专业1个、省级特色专业建设点1个、省级精品课程1门。完成说课活动的推介、演示和推广、深化阶段工作。坚持督与导并重的原则，全年听评课1000多人次，被听课教师450多人次，听评院、系级公开课100多次。召开校地、校企合作委员会顾问委员会会议，利用社会资源坚持开放办学。医学技术学院与泰州市人民医院建立紧密型合作关系，签订共建护理系协议。建筑工程系与泰州市测绘院达成共建测量实训室合作协议，与江苏一建达成共建结构试验室合作协议。

【学生教育管理】编写《大学生违纪违法案例汇编》，做好学生的管理教育。动员和组织离退休老同志，做好关心下一代工作。推进“学优”活动，组织“我的青春故事”优秀大学生访谈报告会、优秀毕业生事迹报告会等活动，充分发挥优秀大学生典型示范作用。开展“培优”、“做同学榜样”活动，促进优秀学生成长。南京大学校友会领导结对培养学院优秀大学生21名，学院105名副高级以上职称教师、中层以上干部结对培养优秀学生134名。做好学生军训和征兵工作，被评为江苏省学生军训工作和泰州市征兵工作先进单位。全院485名学生取得生源地信用助学贷款约220万元，1763名学生获国家助学金，总金额315.8万元。泰州市福彩中心、泰州市交巡警支队、泰州市妇联资助学院382名学生，资助金额共计60.4万元。全院168名教师分别结对帮扶经济困难学生225名、学习能力不强学生和自律能力不强学生67名。开展“一滴水”交通协管志愿者活动，2200人次义务交通执勤累计近4400小时。开展社区街道、敬老院、福利院等志愿服务活动，4681人次累计服务6979小时。组建10支院级团队、30支系级团队，集中开展大学生暑期社会实践活动，实践队足迹遍及内蒙、江苏等省（区）的112个乡镇、24个社区，服务群众5万多人次。学院申报江苏省红十字会示范学校，通过省检查组考核。

【服务地方】提前、超额完成“十一五”规划成教工作指标，专科成人学历招生2178人，招生规模继续在苏中、苏北保持第1。加强成教内涵建设，完成2个省级特色专业、2门省级精品课程建设的检查准备工作，启动建设院级特色专业3个、精品课程5门。利用“暑期百日赛”、“100项科技服务项目”等活动，培训15982人次，其中对外培训8523人次。招收退役士兵542人，推进现役士兵培训工作，完成武警支队22名计算机网络管理员（中级）培训。7月20日，新华社、中央电视台、人民日报社等中央及省多家主流媒体采访团来学院实地采访报道。

【科研工作】成功申报“江苏省数控机床工程技术研发中心”，共申报并立项市（厅）级科研项目9项，立项院级科技研究项目15项。争取纵向科研经费44万元，对外技术服务经费200多万元，其中，齿科门诊部年收入首次突破100万元，达123万元。加强科研常态管理，完成5项泰州市科技项目、3项院级科技项目、4项院级教研项目结题工作。学院教师在省级以上期刊发表论文372篇，其中在核心期刊发表25篇。开设学术讲座114场。

【师资队伍建设】全院教师专业技术职称晋升95人，其中副高级及以上29人、中级33人，专业技术队伍的高级职称比例进一步提高。引进硕士、博士研究生17名，新增江苏省高校“青蓝工程”中青年学术带头人1名，优秀青年骨干教师1名，获泰州市“311”科研资助项目1项。暑期组织81名教师深入企业实践，提升教师实践能力。加强公寓管理，改善教师住宿条件，重新装修教工浴室，办好职工食堂，慰问离退休、身体伤病、家庭困难、亲属故世等教职工，办理在职职工意外保险。举办辅导员演讲比赛、辅导员班主任培训班，推行辅导员入住学生宿舍工作，预防和处理学生夜间突发事件。

【和谐校园建设】加强安全检查工作，健全安全信息上报制度，组建学生干部安全信息员队伍，确保在敏感时期信息畅通、传递迅速。利用讲座、网络、消防演练等形式开展法制、治安和消防安全教育，学院顺利通过省教育厅“五五”普法考核验收工作，被授予首批“江苏省平安校园”和“江苏省和谐校园”称号。加强水电管理改革，落实节能减排，推进节约型校园建设。调优绿化布局，加强管理养护。加快建设数字图书馆，新增纸质图书16200多种、43500多册，电子图书7万册，新建多媒体教室8个。完成VPN认证和上网认证统一，升级改造学院网络，实行全院实名上网。

（张明森）

·泰州师范高等专科学校·

【概况】江苏省泰州师范高等专科学校是经教育部批准成立的一所普通高等专科学校。学校占地29.2公顷，建筑面积18.8万多平方米。藏书43万多册。设有人文科学系、数理科学系、信息科学系、外语系、实验教育系、音乐系、美术系以及财经系、预科部9个系（部），专业和专业方向40个，主要分布在文化教育、制造、电子信息、财经4个专业大类。学院连续10年被评为省文明单位，先后获江苏省文明学校、江苏省思想政治工作优秀单位、江苏省规范收费先进高校、江苏省安全文明校园、江苏省高等学校和

谐校园、江苏省大中专学生暑期社会实践先进集体等称号。

【党的建设】全年发展新党员376人，预备党员转正164人，培养学生入党积极分子1300多人。开展“党员先锋岗”、“优秀党员评选”、“两创一建”、“一岗双责三服务”等活动，共评选出优秀党员和党务工作者28人。法律援助中心获市“党员先锋岗”称号。开展“廉洁从教好教师”评选活动，评选出11名廉洁从教好教师。成功承办全市廉政文化进校园现场会，获2010年省市两级反腐倡廉建设创新成果奖。“打造廉洁文化品牌，创建廉政建设‘三区’”被评为泰州市党建工作创新项目。完成党建迎考工作，以“优秀”等级顺利通过江苏省委教育工委基层党组织建设工作考核。

【师资队伍建设】学校继续实施师资队伍建设“六大工程”。一是实施“高层次人才工程”，引进师资紧缺专业硕士研究生4人，续聘泰州籍退休专家、教授10人，特聘教授8人。加大教师职称申报力度，2人获教授职称，17人获副教授职称，19人获讲师职称。二是实施“高学历教师队伍建设工程”，1人考取在职博士，18人取得在职硕士学位。三是实施“优秀青年骨干教师培养工程”，2人成为省“青蓝工程”优秀青年骨干教师培养对象，13人成为校“青蓝工程”优秀青年骨干教师培养对象，1人获泰州市“十佳教师”提名奖，10多人参加省骨干教师培训。四是实施“优秀中青年专家培养工程”，1人被评为泰州市有突出贡献的中青年专家。五是实施“优秀学术带头人培养工程”，申报市“311”高层次人才培养工程培养对象科研资助项目，获优先推荐项目1项，1人被评为市级学科带头人，7人被评为校“青蓝工程”中青年学术带头人培养对象。六是实施“双师素质教师队伍建设工程”，专业课和专业基础课教师中“双师”比例进一步提高。

【专业建设】省级特色专业“英语教育”、“学前教育”，省级示范性实训基地“数字技术应用与艺术设计”顺利通过验收。国家级精品课程“声乐”、国家教指委级精品课程“综合英语”完成建设任务。新增“音乐教育”省级特色专业建设点和‘英语教学法”省级精品课程建设项目。实验教育系‘教育学”被评为全国师范类公共教材。学校现有省级特色专业3个、国家级精品课程2门、省级精品课程4门。

【教学研究】年内，全校教师共发表论文400多篇。成功申报市科技专项经费项目2项,完成中国科协课题“地级市科协决策咨询模式和能力建设的研究”和省高校哲学社会科学课题“从受助到自助：高校贫困生帮扶体系研究”的中期检查工作。组织申报校级课题，35项课题获准立项。完成1项省高校哲学社会科学基金项目的结项工作，完成37项校级重点课题、青年专项重点课题结题鉴定工作。在泰州市第七届自然科学论文评比中，获二等奖7项、三等奖16项、鼓励奖17项。

【实验实训】加大经费投入，增加多媒体设备20多套，基本实现教室多媒体化。新增春晖校区体育馆音响灯光设备。对“数字技术艺术应用与艺术设计”基地进行整改，对语音室维修升级改造。“双证书”实训课程成为各专业核心课程之一，非师范类专业获各类资格证书的人数超过70%。获批省2010年大学生实践创新训练项目12项。

【阳光教育】实施“阳光教育行动”。推进“阳光校园”文化生态创设工程、“阳光管理”工程、“阳光教师”队伍建设工程、“阳光展翅”创业工程和“阳光学子”培养工程。2010届毕业生初次就业率、协议就业率为94.58%，超过省平均水平。用人单位和毕业生对学校就业工作满意率达97%。学院学生在第二届全国大学生电子商务“创新、创意及创业”挑战赛中，获江苏赛区特等奖1项、一等奖2项、三等奖2项，选拔参加全国大赛，获一等奖2项、二等奖1项。

【校园文化】先后举办第五届外语节、第三届大学生电脑节、第八届大学生校园文化艺术节。获省大学生舞蹈、声乐等技能大赛团体第三名。歌伴舞《青衣》获市新创节目一等奖、省新人新作比赛优秀奖、省“五星工程”铜奖。星光合唱团作为江苏选派的两支代表队之一，参加文化部举办的“中华红歌会”比赛演出，获“长江杯”（银奖）。

【基础设施】完成春晖校区舞蹈房、教师宿舍、综合楼部分楼层改造、广播系统升级改造等工程。完成迎春校区综合楼卫生间改造等工程。完成泰兴校区食堂操作间改造、管道燃气安装、体育馆报告厅等屋面防水处理、琴房改造等工程。春晖校区、迎春校区设有校园监控系统，泰兴校区电子监控系统完成升级改造。

【合作办学】 与加拿大北方学院进行学前教育、会计2个专业合作办学。全年接待日本、韩国、澳大利亚、德国等国家的40多人次访问，聘请外籍专家教师9人来校工作。派出2名教师赴德国学习，4名学生赴韩国、日本留学。加强泰州电大的系统建设，全市开放教育、奥鹏教育在籍学生规模接近5000人，市校本部达3000人；“千名村官”培训项目作为特色项目被省电大向中央电大推荐。承办市委组织部委办的社会管理干部培训项目。

【百姓阳光屋】 实施“阳光心理服务工程”，创办全国第一家心理服务呼叫中心。与高港区司法局签署“社区矫正心理矫治”合作协议，为社区矫正对象进行心理分析与疏导。与市民政局未成年救助站合作开展未成年流浪救助工作，协助市文明办继续开展全市未成年人心理教育工作。“百姓阳光屋”接待大、中、小学生和社会求助人员300多人次，接待参观、指导的团体10多批次。

【服务文化泰州建设】 推进泰州历史文化研究。“泰州历史文化概述”在全市宣讲10多场。“泰州文学史方向研究”等6项课题已通过中期考核并进入实质性撰写阶段。

【参与泰州大学筹建】 做好筹建泰州大学的基础工作，泰州大学中心共享区（泰州师专新校区）建设已列入市政府新年度工作的议程。

（张　剑　仲　宁）

基 础 教 育

【学前教育】 全市学前三年幼儿入园率达95%。优质资源进一步扩大，新申报的14所市优质园、12所省优质园接受评估验收，清理整顿48家非法办园点。举行第二届幼儿教师基本功大赛，组织优质课观摩评比活动，实施海陵区8所幼儿园与兴化市8所幼儿园跨县域结对交流。

【义务教育】 在全省率先制订出台义务教育改制学校清理规范具体方案，全市24所义务教育改制学校全部回归公办。出台全市义务教育学校招生工作意见，首次实现公办义务教育学校免试就近入学全覆盖；编制颁布实施市区中小学和幼儿园布局规划及新区中小学布局调整实施方案，新区康和学校、向阳小学正式启动建设。推行教师交流制度，全市义务教育学校851名教师、131名校长进行交流。扩大市区优质资源覆盖面，城区学校与新区5所学校结对共建。重新整合市直3所义务教育学校。靖江市被确定为省义务教育优质均衡改革发展示范区。全市义务教育实现基本均衡。

【普通高中教育】 新创1所三星级普通高中，全市进入三星级以上高中就读的学生达95%。教育教学质量稳步提高，全市高考达二本以上人数比上年增长4.42%，二本以上进线率为30.65%，继续保持全省领先。

【全市普通高中教育教学工作会议召开】 11月24日，全市普通高中教育教学工作会议在省靖江高级中学举行。市教育局局长宋吕银讲话，副局长董健作工作报告，姜堰市教育局、省泰州中学、省兴化中学、靖江市斜桥中学和泰兴市第四高级中学作交流发言。各市（区）教育局长、分管局长和职能科室负责人，全市普通高中校长、分管校长和教务主任，市教育局相关处室负责人参加会议。

【召开德育“一校一品”现场会】 4月23日，由泰州市教育局主办、泰兴市教育局协办、泰兴市襟江小学承办的泰州市德育“一校一品”现场会在襟江小学举行。各市（区）教育局分管局长、基教科科长以及全市各乡镇中心小学分管德育工作的副校长、各乡镇中心幼儿园园长近300人参加现场会。

【学校体卫艺工作】 开展学生阳光体育运动，落实“一课、两操、两活动”政策，保证学生每天1小时体育活动。阳光体育冬季长跑活动成效明显，靖江、泰兴、兴化3市获全国表彰。建立完善体育竞赛制度，组织全市田径、游泳、篮球、乒乓球、棋类、举重6项比赛，开展全市首届广播体操比赛活动，举办首次大中学生军训会操和首次市直学校学生田径运动会。开展艺术特色学校创建和京剧进课堂活动，创建43所市级艺术特色学校和9所省级艺术特色学校，其中2所学校获教育部“全国艺术教育先进学校”称号，2所学校获教育部“中华艺术传承学校”称号。

【课程改革】 推进义务教育阶段实验教学，加强综合实践活动课程和信息技术、通用技术课程建设，举办5期“课改星光大舞台”活动，构建“幸福教育”和“智慧课堂”。创新教研方式，开展全市教研方式创新大赛、青年教师解题讲题和教研组长“说课程”竞赛活动；举办各学科全市性教学基本功竞赛；首次进行网上教研活动。加强课题管理，建立课题网上管理平台，课题开题率达100%。在全省基础教育教学成果奖评选中，泰州市获3个特等奖。

【开展“三进”活动】 通过召开动员会、培植典型、加强指导、跟踪督查等方式推进“三进”活动。制定下发《关于在全市义务教育阶段学校开展“普通话进校园、书法进课堂、诵读进教材”活动的意见》。实施语言文字规范化示范校创建活动，44所学校被命名为市语言文字规范化示范校。举办“泰州市第三届诵读节”中华经典诵读比赛和规范汉字书写大赛，完成中国语言资源有声数据库建设6个点的采录工作。

【招生考试制度改革】 采取终结性评价与过程性评价相结合的方式，从综合素质评定、学业水平测试和中考科目考试等方面对学生实行综合评价。对中考的科目、分值、命题的原则和要求等作出调整，发挥评价及考试对素质教育的引领作用。采取网上填报志愿、网上录取和“录取、公示、建学籍”三同步的招生办法，全面落实“双控”政策，规范高中招生秩序。

【启动泰州青少年“快乐之夏”活动】 7月5日，泰州青少年“快乐之夏”活动启动，活动分为“文明之夏”、“人文之夏”、“科普之夏”、“关爱之夏”、“实践之夏”、“美好之夏”六大主题，历时2个月。通过围绕各项主题，组织开展一系列社会文化活动，提升青少年人文素养、道德涵养和科技实践能力。

【举行第四届中国青少年创意大赛总决赛】 7月27~30日，第四届中国青少年创意大赛总决赛在省泰州中学举行。来自全国20多个省市的中小学校、中等职业院校200 多支代表队近2000名学生参加总决赛。创意大赛由中国教育学会、国家工商行政管理总局商标局、中国版权协会共同主办，倡导绿色、科技理念，推广太阳能知识应用的科普教育，培养青少年的环保、节能意识。原全国政协副主席、大赛名誉主席张怀西参加颁奖典礼并为获奖者颁奖。省泰州中学、泰兴市洋思中学获大赛优秀组织单位奖。

【举办全市科技辅导员培训班】 为全面实施《全民科学素质行动计划纲要》，8月14~15日，市教育局、市科协联合举办全市青少年科技辅导员培训班。来自各市（区）教育局、科协职能科室负责人和部分科技教育特色学校科技辅导老师代表，参加为期2天的培训学习。

职业教育

【概况】 改革招生方法，创新招生机制，全市职教招生达346430人，完成省下达招生计划的105.4%。全市所有重点职业学校均建成学生创业园。70多家学生创业公司进驻校园，1500多名学生从事创业实践活动。在第十九届全国发明展览会上，泰州市3所职业学校的13件学生创新作品获得6枚金牌、3枚银牌、1枚铜牌，金牌数占全省1/3。推进基础能力建设和社区教育工作，创建3所省高水平示范性职业学校，创建1所国家中等职业教育改革发展示范学校，创建4所省级乡镇社区教育中心、2个省级社区教育示范乡镇、1个省级农科教结合示范基地。加强中等职业学校德育工作，市教育局及4所职业学校被省教育厅、省人社厅表彰为全省中职德育先进集体，1所职业学校被评选为江苏省德育特色学校。在第七届全国中等职业学校“文明风采”竞赛活动中，全市共有136件作品获奖，其中19件获全国一等奖，居全省前列。

【“三服务”活动】 印发《关于全市职业教育服务纬创项目工作情况和2010年工作目标任务的通知》，全市11所重点中等职业学校与纬创资通（泰州）有限公司联合举办“纬创班”。组织校企供需见面会和纬创企业专场招聘会，向纬创资通（昆山）有限公司输送近500名优秀实习生。实施“两后双百”工程，全年完成“两后”培训2163人，100%推荐就业；开展农村劳动力转移培训60155人次,农村实用技术培训185865人次。

【成立泰州电子信息职业教育集团】 1月8日，泰州电子信息职业教育集团成立，成员包括纬创资通及其配套企业、在泰5所高校、泰州机电高等职业技术学校、靖江职教中心、泰兴职教中心、姜堰职教中心、兴化职教中心、高港职教中心、泰州第二职业高级中学等职业学校和市内其他IT企业单位。

师资队伍建设

【师德师风建设】 制定出台《关于进一步加强师德建设的意见》、《泰州市中小学教师职业道德考核办法》和《泰州市中小学教师违反师德行为处理暂行办法》，建立教育、制度、监督、惩处并重的师德建设长效机制。

【支教活动】 4月22日，泰州市幼儿教育跨县域结对支教启动仪式在兴化举行。4月28日~5月7日，10月21~30日，特级（骨干）教师送教下乡活动在四市和高港、开发区分别举行，全市200多名骨干教师参加活动，直接受益教师近6000人。

【举行“感动泰州”师德模范事迹报告会】 9月8日，市委、市政府举行“感动泰州”师德模范事迹报告会。泰兴市洋思中学、泰州市泰东实验学校两个师德模范群体和泰州市沈毅中学老师陈萍、靖江市西来镇土桥小学老师陈楠、兴化中学老师徐书来、姜堰中等专业学校老师陆建根4位师德模范事迹分别在大会上作宣讲。市委书记张雷，市委副书记、代市长徐郭平，市委常委、宣传部长缪志红，市人大副主任王泓卫，副市长曹玉梅，市政协副主席黄立红等出席报告会。9月25~28日，“感动泰州”师德模范事迹报告团在全市作巡回报告。

【市政府印发《关于进一步加强中小学和幼儿园教师队伍建设的意见》】 12月24日，市政府印发《关于进一步加强中小学和幼儿园教师队伍建设的意见》。《意见》坚持人才强教、重在建设的方针，以师德师能建设为根本，以农村教师和骨干教师队伍建设为重点，以促进师资均衡发展为突破，努力建设一支师德高尚、业务精湛、结构合理、充满活力的高素质专业化教师队伍。

【中国教育干部培训网——泰州中小学校长培训中心成立】 7月12日，中国教育干部培训网—泰州中小学校长培训中心成立，泰州市2010～2012校长全员培训开班典礼同时举行。

【举办首届青年教师成长论坛】 11月28日，市教育局举办首届青年教师成长论坛，论坛的主题是“青年教师的职业幸福与专业成长”，全市近1000名骨干青年教师参加论坛。论坛设1个主会场和6个分会场，会场之间通过网络同步视频直播，互动交流讨论。长三角名校长导师团副团长、南京师范大学程振响教授作《教师主动发展与生涯设计》的报告。

（陆秀勇）

南京理工大学泰州科技学院

科 技

【概况】2010年，全市科技系统围绕开放创新“双轮驱动”战略的总体要求，加快发展高新技术新兴产业，推进产学研合作，实施知识产权战略纲要，为形成以自主创新为基础的新的经济增长点和新的竞争优势提供科技支撑。全市科技进步贡献率达53%以上。市科技局被表彰为江苏省群众性精神文明建设先进单位、2010年院省合作先进单位、2010年全省科技宣传及政务信息工作先进单位、2010年度泰州市十佳人民满意机关。

【高新技术】2010年，全市获批国家火炬计划26项、国家重点新产品13项、省高新技术产品199项；下达市重点新产品300项、新产品试制计划600项；滚动支持销售额3000万元以上的重点新产品300项；获批高新技术企业39家、省创新型企业45家。实现高新技术产业产值1592.43亿元,比上年增长35.3%，占规模工业总产值的比重达32.4%。高新技术七大领域中生物医药制造业、电气设备制造业、新材料制造业产值占全市高新技术产业的比重达80.80%。

【科技计划】获批国家、省各类科技计划项目147个，上争各类资金突破3.5亿元。其中，入选国家科技重大专项省级配套项目6个，总数居全省首位；入选2010年国家创新基金项目36项，入选总数居历年之最；获省重大科技成果转化资金项目15个，立项数居全省第3。

【产学研合作】年内，市科技局牵头组建江苏省动力电池产业技术创新战略联盟、江苏省干细胞产业技术创新战略联盟。江苏省生物医药产业创新国际合作联盟正式挂牌成立。以苏三零面粉有限公司为理事长单位申报的省级优质小麦产业技术创新战略联盟获批。新增产学研联合体110个，建成国家级博士后科研工作站3家、省工程技术研究中心39家、省院士工作站11家、省重点实验室2家；认定省级外资研发机构3家、市级10家。孙田江获“江苏省第四届十大杰出专利发明人”称号，刘祥等3人获“江苏省第四届十大优秀专利发明人”称号。在第七届中国国际专利与名牌博览会上，泰州市企业获特别金奖1枚、金奖3枚、“中国专利十佳企业”2家；7个项目获省科技进步奖，其中由江苏太平洋精锻科技股份有限公司自主研发的“轿车齿轮净成形工艺与模具制造关键技术及应用”、由兴化市农业技术推广中心和姜堰市农业技术推广中心参与研发的“水稻丰产精确定量栽培技术研究与应用”等2个项目获省科技进步一等奖。

【创新载体建设】国家科技重大专项‘中国医药城创新药物产业化基地建设”项目获国家科技重大专项及省扶持资金4123万元；医药园区7个项目获批为2010年江苏省重大科技成果转化资金项目，占全市获准立项数的近一半；园区5家企业获批为‘江苏省创新型企业”。中国（泰州）知识产权维权援助中心办事机构入驻园区开展工作。泰州医药高新区科技企业加速器获批为首批省级科技企业加速器。江苏省兴化特种合金材料科技产业园、江苏省姜堰新能源装备科技产业园、江苏省泰兴环保科技产业园、江苏省泰兴医药原料药科技产业园获批为省级科技产业园，获批数居全省前列。全市共有国家级孵化器2家、省级孵化器7家。至年末，全市共有孵化面积225527平方米，在孵企业场地面积225198平方米，公共服务平台投资总额35150万元，在孵企业392家，在孵企业内从业人数10839人，54家毕业企业实现产值超过1000万元。年内，泰州市高新技术创业服务中心有48个项目正式落户，其中大学生或海外博士创业项目8个、新能源项目4个；在孵企业拥有专利48项，正在申请的14项。全年孵化企业实现技工贸总收入17亿元、利税1.2亿元。

【知识产权保护】 2010年，全市申请专利7890件，比上年增长25.94%；专利授权4198件，增长50.74%，其中发明专利授权171件，增长69.31%。全面启动专利“三库一平台”建设工作，开通泰州市知识产权公共服务平台，优化知识产权服务环境。承办全国性的知识产权学术研讨会议，拓展知识产权工作对外交流渠道。开展“百企三创工程”，加大对103家实施单位的分类指导力度。6家企业被评选为2010年度江苏省企业知识产权管理标准化示范创建工作先进企业，4家企业新增为江苏省企业知识产权战略推进计划项目承担单位。市知识产权局被国家知识产权局表彰为全国知识产权培训工作先进集体。江苏省知识产权（南京师范大学泰州学院）培训基地成立，中国（泰州）知识产权维权援助中心正式挂牌。与公安机关联合开展“雷雨”、“天网”知识产权专项执法行动，共立案查处专利侵权纠纷8件，为权利人挽回经济损失500多万元。

【农业科技】 围绕现代农业发展、农业特色产业技术需求，加强农业科技攻关。全市新增省级农业科技型企业8家，新培植市级农业工程技术研究中心21家。“长江河豚鱼池塘循环水健康养殖技术应用示范”等25个项目被科技部确认为2010年国家“星火计划”；“仔猪水肿病基因缺失疫苗及其黏膜免疫的研究与应用”等7个项目获批为省科技（农业）支撑计划项目，获资金支持240万元；下达市级农业科技计划项目17项，下达科技经费273万元。泰州市4家农村科技服务超市分店、10家农村科技服务超市便利店获批为省级。

【“三创”环境建设】 制定《泰州市“创新型经济功臣奖”评选管理办法》等实施细则，推进市政府“双轮驱动”战略《实施意见》及《若干政策》的细化落实。推动企业研究开发费加计扣除、省级以上科技企业孵化器税收减免等优惠政策的落实。开展技术开发项目的备案工作，市本级27家企业税前减免10874.44万元。开展市高层次人才引进工作，海陵、高港、国家级医药高新产业开发区共有81家企业申报市人才计划。成功举办江苏（泰州）人才科技对接会，112个校企合作项目达成意向，50个合作项目现场签约。组织推荐企业家申报省“科技企业家培育工程”计划38人、企业人员申报省“首批产业教授”计划10人；有29人进入省高层次创新创业人才现场考察名单、21名博士入围创新类“企业博士集聚计划”名单。江苏美时医疗技术有限公司的马启元团队被列入“2010年江苏省科技创新团队”，获省2100万元资助。设立科技企业信息库、科技企业项目库和企业金融需求信息库。筹建科技小额贷款公司；农行泰州医药城科技支行正式建立，并开始试营业；与保险公司合作建立科技保险体系，指导各市（区）成立风险投资公司，初步形成科技金融服务体系。组织16家科技型中小企业、3家创投公司、9家科技孵化器参加“2010年中国（江苏）科技金融暨创业投资项目对接推进会”，5家企业与省级创业投资机构达成意向投资3200万元。

【“企业院校行”活动】 赴北京、天津、西安、长沙和武汉5个城市，开展“企业院校行”活动，现场签订科技合作项目48项，达成意向性合作协议 183项。首次将特色产业科技专场项目信息发布会安排在市外举行。

【科技服务】 探索科技服务“三农”新模式，组织召开“江苏牧医学院—泰州市科技局科技服务‘三农’对接会”，搭建高校与企业之间的桥梁，为涉农企业解决技术难题。江苏牧医学院等2家单位、陈文峰等4人、黄爱平等5人分别被省科技厅授予“科技富民突出贡献单位”、“创业先进个人”、“优秀科技特派员”称号。推进“千企科技服务工程”，先后有268人次深入近300家企业，开展以科技项目为主的科技服务活动，帮助企业解决各类难题60多项，辅导申报各类科技计划380多项。邀请中科院兰州化学物理研究所节能专家到泰，就国内外最新节能减排技术及能源前瞻技术向泰州市企业推介；发布环保减排项目信息40多条，评选12家单位为市级节能减排科技创新示范企业。加快科技情报工作改革与发展，出版发行《科情参考》，发挥情报所“耳目、尖兵、参谋”的作用。开展“发展大见效”专题活动，推进学习型党组织建设，完成“泰州市创新型经济发展‘十二五’专项规划”等专题调研课题。泰州科技信息港成功进行改版、升级，为电子政务和网上办事拓展平台。加强科技宣传和政务信息报送，市科技局被省科技厅表彰为“2010年度全省科技宣传及政务信息工作先进单位”。

2010年度高新技术企业名单（泰州市部分）

表26

序号	企　业　名　称	所属地
1	江苏民生特种设备制造有限公司	靖江市
2	靖江市海鸿塑胶科技有限公司	靖江市
3	江苏富天江电子电器有限公司	靖江市
4	江苏荣联科技发展股份有限公司	靖江市
5	江苏中化纺科技有限公司	靖江市
6	江苏金秋竹集团有限公司	靖江市
7	江苏江神药物有限公司	泰兴市
8	江苏亚太泵阀有限公司	泰兴市
9	泰州市创新电子有限公司	高港区
10	泰州三福船舶工程有限公司	高港区
11	靖江市特种粘合剂有限公司	靖江市
12	江苏光芒科技发展有限公司	靖江市
13	江苏华达汽配制造有限公司	靖江市
14	江苏赛德力制药机械制造有限公司	靖江市
15	江苏飞翔泵业制造有限公司	靖江市
16	江苏兆胜空调有限公司	泰兴市
17	江苏中科金龙化工股份有限公司	泰兴市
18	泰兴市河海给排水有限公司	泰兴市
19	江苏德美科技有限公司	姜堰市
20	江苏万基精密影像器材有限公司	姜堰市
21	泰州市金鼎精密铸造有限公司	姜堰市
22	江苏亿丰机械制造有限公司	姜堰市
23	江苏博立生物制品有限公司	姜堰市
24	姜堰市贝特管件有限公司	姜堰市
25	江苏苏北砂轮厂有限公司	姜堰市
26	江苏兴龙金属制品有限公司	兴化市
27	江苏华信达特钢科技有限公司	兴化市
28	江苏方通新型不锈钢制品股份有限公司	兴化市
29	江苏宏利达锂业有限公司	兴化市
30	江苏海陵机械有限公司	兴化市
31	江苏圣蓝科技有限公司	兴化市
32	江苏宇成动力集团有限公司	海陵区
33	泰州泰丰泵业有限公司	海陵区
34	泰州市宝锐石油设备有限公司	海陵区
35	泰州江州数控机床制造有限公司	海陵区
36	泰州口岸船舶有限公司	高港区
37	江苏三喜机械有限公司	开发区
38	泰州市金海运船用设备有限责任公司	开发区
39	江苏省北科生物科技有限公司	医药城

2010年度国家火炬计划项目表（泰州市部分）

表27

序号	项目名称	承担单位	所属地
1	实时控制嵌入式指纹识别管理系统	江苏宏泰智能电子科技有限公司	靖江
2	双重保险防误关汽车滑动门锁	江苏皓月汽车锁股份有限公司	靖江
3	KS90C耐热钢大口径离心铸造炉辊	江苏九新特钢制品有限公司	靖江
4	以纳米碳为基材的可染型导电纤维	江苏中化纺科技有限公司	靖江
5	节能环保型冶金球团生产装备	江苏宏大特种钢机械厂有限公司	泰兴
6	基于LIN总线高精度传感器产业化	江苏华骋科技有限公司	泰兴
7	YG型耐环境光纤连接器	泰兴市航天电器有限公司	泰兴
8	风力发电偏航、变桨减速器	江苏泰隆减速机股份有限公司	泰兴
9	多功能乳液泵	泰兴开广塑胶有限公司	泰兴
10	聚四氟乙烯空间结构建筑膜材产业化	泰兴市维维高分子材料有限公司	泰兴
11	C2000型近红外光谱分析系统	江苏江分电分析仪器有限公司	姜堰
12	深海石油钻井专用导管	江苏曙光石油钻采设备有限公司	姜堰
13	低泡脱脂粉的水基金属清洗剂	江苏德美科技有限公司	姜堰
14	近净成形汽车自动变速器齿轮关键技术产业化	江苏太平洋精密锻造有限公司	姜堰
15	新型高能环保胶体储能电池	江苏贝思特动力电源有限公司	姜堰
16	0Cr17Ni12Mo2特种膨胀螺钉	江苏振亚特种螺钉有限公司	兴化
17	无位置传感器三相矢量控制技术的应用	江苏春兰制冷设备股份有限公司	海陵
18	DK778050ZGJ-Ⅱ节能型高精度数控线切割机床	江苏冬庆数控机床有限公司	海陵
19	800千瓦电力电站用模块化镍氢电池储能系统	江苏春兰清洁能源研究院有限公司	海陵
20	微机CT过电压保护装置	江苏能建机电实业集团有限公司	高港
21	YST型音视频生命探测仪	泰州市华通消防装备厂有限公司	高港
22	汽车顶置天线放大器及其装置	泰州苏中天线集团有限公司	高港
23	利塞膦酸钠原料及片剂	扬子江药业集团有限公司	高港
24	利拉萘酯原料及乳膏	扬子江药业集团有限公司	高港
25	弧形组合结构强冷式蒸发器	泰州市福缘达机电有限公司	高港
26	超、特高压变压器绝缘成型件出线装置	泰州新源电工器材有限公司	开发区

2010年度国家创新基金项目名单（泰州市部分）

表28

序号	项目名称	承担单位
1	基于网络通讯的多参数信号测试分析系统	江苏东华测试技术有限公司
2	YBZEJ隔爆型电磁制动三相异步电动机	江苏环球特种电机有限公司
3	二级串联结构风冷高温熔盐泵	江苏金鳞化工机械有限公司
4	污泥干化软体造粒机	靖江市鑫盛环保科技有限责任公司
5	带副叶流线型高效镀铬合金转向舵	江苏北锐船舶设备制造有限公司
6	大扭矩、恒功率数控高速电主轴	江苏华雕机械有限公司
7	高压耐强腐蚀不锈钢复合大面积双管板换热系统	江苏民生科技发展有限公司
8	60000转/分以上的外装叠簧式自动松拉刀电主轴	江苏星晨高速电机有限公司
9	超强玻璃钢复合声屏障	靖江市凯达环保工程有限公司
10	立式氮气气封冷却磁力液下浆料泵	江苏海天泵阀制造有限公司

续表28

序号	项　目　名　称	承　担　单　位
11	基于软逻辑控制器的大型船舶监测报警控制装置	江苏远望仪器有限公司
12	高强高韧高耐磨铝镁钛稀土铝合金发动机连杆	姜堰市万里特种合金铸造厂
13	全自动处理废轮胎生产新型塑化橡胶粉成套设备	江苏虹磊橡胶有限公司
14	非膨胀型水性无机隧道防火涂料	泰州五行涂料有限公司
15	环保型无磷无氮易生物降解金属脱脂粉	江苏德美科技有限公司
16	高磁导率金属基纳米晶复合微波吸收型屏蔽材料	泰州拓谷超细粉体材料有限公司
17	基于模糊控制的节能型铜带光亮退火装置	江苏泰盛炉业制造有限公司
18	应急拖曳系统	泰兴市依科攀船舶设备有限公司
19	高强度高韧性高速电梯用高氮无镍超级双相不锈钢丝绳	江苏亚盛金属制品有限公司
20	新型可轴向移动的锥形方向节精锻件	江苏威鹰机械有限公司
21	基于生物特性的海藻酸钙止血敷料	泰州市榕兴抗粘敷料有限公司
22	高粘度热熔胶用热塑性聚氨酯树脂	泰州菲尔特高分子材料有限公司
23	低成本化制备环保型数码转印材料	泰州新永泰印花科技有限公司
24	高效节能复合叶轮倒伞型曝气机的研究与应用	江苏新天地环保工程装备技术有限公司
25	重组人血清白蛋白-粒细胞刺激因子突变体融合蛋白	泰州贝今生物技术有限公司
26	新型环保节能燃气红外辐射采暖系统	泰州安瑞燃气采暖设备有限公司
27	一类新药莫西沙星中试及临床	江苏天一时制药有限公司
28	汽车网络化光强传感器	泰兴市华威软件技术有限公司
29	A型流感病毒流行毒株检测和分型基因芯片	江苏亲合力病毒检测工程有限公司
30	大口径高韧性免维护柔性	靖江晟禾水处理设备制造有限公司
31	DB-L2模块化多元素测定仪	姜堰市华东分析仪器有限公司
32	超长微波高频电路板	泰州市博泰电子有限公司
33	新型快速多参数重金属痕量智能检测仪	泰州拓普分析仪器有限公司
34	新型核磁共振化纤含油率快速测定仪	姜堰市科苑电子仪器有限公司
35	环保型节能灯用轧扁芯柱	泰州市华强照明器材厂
36	HSP分子热升华数码打印相纸	江苏耐斯数码彩喷材料有限公司

2010年度国家重点新产品计划项目表（泰州市部分）

表29

序号	项　目　名　称	承　担　单　位	地区
1	HSP分子热升华数码打印相纸	江苏耐斯数码彩喷材料有限公司	靖江
2	超高强度R5系泊链	江苏亚星锚链股份有限公司	靖江
3	夹板式氟轴流泵	江苏新世界泵业有限公司	靖江
4	粉末冶金复合材料温压成型汽车自动变速器换档异型组件	姜堰市新创机械配件有限公司	姜堰
5	SBTJM®-10（缓凝、泵送）混凝土高效增强剂	姜堰市博特新材料有限公司	姜堰
6	耐海水高倍数泡沫灭火剂（2%）	兴化锁龙消防药剂有限公司	兴化
7	韧性高铬铁素体合金材料	江苏星火特钢有限公司	兴化
8	DK7740ZF-Ⅱ节能环保型高性能数控线切割机床	江苏冬庆数控机床有限公司	海陵
9	摩托车多级可调阻力减震器	江苏明星减震器有限公司	海陵
10	耐低温氟橡胶	江苏梅兰化工有限公司	海陵
11	混合动力轿车用DY144-8镍氢动力电源系统	江苏春兰清洁能源研究院有限公司	海陵
12	地佐辛原料及注射液	扬子江药业集团有限公司	高港
13	Φ0.025毫米微细镀银铜包钢多股线	泰州市中义通讯器材有限公司	高港

2010年度江苏省创新型企业名单（泰州市部分）

表30

序号	企业名称	地区
1	江苏倍康药业有限公司	开发区
2	江苏恒力制动器制造有限公司	靖江
3	江苏亚星锚链股份有限公司	靖江
4	江苏东华测试技术股份有限公司	靖江
5	江苏太平洋精密锻造有限公司	姜堰
6	江苏新世纪造船有限公司	靖江
7	泰州苏中天线集团有限公司	高港
8	泰州市华强照明器材厂	高港
9	江苏能建机电实业集团有限公司	高港
10	江苏明星减震器有限公司	海陵
11	江苏春兰清洁能源研究院有限公司	海陵
12	江苏春兰制冷设备股份有限公司	海陵
13	江苏振华泵业制造有限公司	姜堰
14	江苏远东电机制造有限公司	姜堰
15	江苏远望仪器有限公司	姜堰
16	江苏江分电分析仪器有限公司	姜堰
17	江苏万里活塞轴瓦有限公司	姜堰
18	泰州五行消防水带有限公司	姜堰
19	姜堰市中纺织造有限公司	姜堰
20	江苏上骐集团有限公司	靖江
21	江苏双达泵阀集团有限公司	靖江
22	江苏海狮泵业制造有限公司	靖江
23	江苏皓月汽车锁股份有限公司	靖江
24	江苏恒义汽配制造有限公司	靖江
25	江苏正祥石化设备有限公司	靖江
26	江苏三江电器集团有限公司	靖江
27	江苏靖江互感器厂有限公司	靖江
28	江苏大中电机股份有限公司	靖江
29	江苏航天动力机电有限公司	靖江
30	江苏骏马压路机械有限公司	靖江
31	江苏宏大特种钢机械厂有限公司	泰兴
32	江苏泰隆减速机股份有限公司	泰兴
33	江苏南极机械有限责任公司	泰兴
34	江苏华骋科技有限公司	泰兴
35	江苏江神药物化学有限公司	泰兴
36	泰兴市圣达铜业有限公司	泰兴
37	泰兴开广塑胶有限公司	泰兴
38	江苏波瑞电气有限公司	泰兴
39	泰星减速机股份有限公司	泰兴
40	江苏星火特钢有限公司	兴化
41	江苏省北科生物科技有限公司	药城
42	泰州康正生物技术有限公司	药城
43	江苏泰康生物医药有限公司	药城
44	江苏华冠生物技术股份有限公司	药城
45	泰州新生源生物医药有限公司	药城

2010年度江苏省重大科技成果转化资金项目表（泰州市部分）

表31

序号	市区	项目名称	承担单位
1	泰兴	江苏济川制药有限公司	蒲地蓝消炎口服液产业化升级及二次开发的关键技术研究
2	泰兴	江苏泰隆减速机股份有限公司	核电和其他特殊行业5000千瓦以上大功率立式齿轮箱机组
3	姜堰	江苏太平洋精锻科技股份有限公司	高精度净成形模具研发与轿车自动变速器关键零部件产业化
4	姜堰	江苏振华泵业制造有限公司	超大型高技术船舶压载泵系统研发及产业化
5	高港	泰州市旺灵绝缘材料厂	传感网用高频微波电路板基材关键技术研究及产业化
6	高港	扬子江药业集团有限公司	创新五类中药黄姜素胶囊产业化
7	市经济开发区	泰州新源电工器材有限公司	500～1000千伏超特高压绝缘纸板及成型件成套产品
8	市农业开发区	江苏红旗种业有限公司	高抗赤霉病优质高产弱筋小麦生选6号产业化
9	医药城	江苏雅康生物药业有限公司	国家1类新药——注射用重组改构人肿瘤坏死因子临床试验及产业化研究
10	医药城	江苏宏锦天药业有限公司	国家一类新药注射用替曲朵辛戒毒研究及产业化
11	医药城	泰州复旦张江药业有限公司	一类新药海姆泊芬的开发及产业化基地建设
12	医药城	江苏神尔洋高科技有限公司	治疗老年性痴呆的1.1类化学新药——琥珀八氢氨吖啶片的临床研究与产业化
13	医药城	泰州康正生物技术有限公司	食品兽药残留的快速检测关键技术开发及产业化
14	医药城	江苏孚睿药业有限公司	基于创新化合物结构的国家一类新药硫酸舒欣啶的临床后期研究与产业化
15	医药城	江苏命码生物科技有限公司	胰腺癌诊断试剂盒开发项目

2010年度江苏省高新技术产品名单（泰州市部分）

表32

序号	项　目　名　称	承　担　单　位
1	FDZJ-I型线切割加工放电状态检测与控制装置	江苏冬庆数控机床有限公司
2	GJN-I型数控电火花高速加工小孔机床节能型脉冲电源	江苏冬庆数控机床有限公司
3	JNG-I型精密数控线切割机床节能型多功能脉冲电源	江苏冬庆数控机床有限公司
4	轨道车辆高效精密装配用移动式液压升降平台	泰州海陵液压机械有限公司
5	GR80新型结构节能推拉窗	江苏宇马铝业有限公司
6	多功能全自动轴承清洗机	泰州市金马机电设备有限公司
7	石油钻机用发电机组数字式并联控制装置	泰州市宝锐石油设备制造有限公司
8	石油钻机用谐波滤除及无功补偿装置	泰州市宝锐石油设备制造有限公司
9	16500DWT成品油/化学品船	泰州三福船舶工程有限公司
10	微波高频超长电路板	泰州市博泰电子有限公司
11	微波高频金属基电路板	泰州市博泰电子有限公司
12	众成车用电子仪表软件V4.0	泰州市海陵区双宇电子有限公司
13	超强辐射交联聚乙烯热收缩胶带	泰州现代塑料有限公司
14	新型耐高温耐磨损高层消防车专用水带	泰州五行消防水带有限公司
15	非膨胀型水性无机隧道防火涂料	泰州五行涂料有限公司
16	KY-3000SN硫氮分析仪	姜堰市科苑电子仪器有限公司
17	KY-4盐含量测定仪	姜堰市科苑电子仪器有限公司
18	新型高起动转矩船用起重电动机	泰州市远达电机制造有限公司
19	无泄漏平板阀	江苏亿丰机械制造有限公司
20	可轴向移动的六球销盲孔式万向节精锻槽壳	江苏威鹰机械有限公司
21	304N-Mo-Cu特种金属软管用不锈钢丝	泰州华泽金属工业有限公司
22	大功率硬质铜钨铁复合电触头材料	靖江市海源有色金属材料有限公司
23	立式氮气气封冷却磁力液下浆料泵	江苏海天泵阀制造有限公司
24	轧机穿水冷却装置	江苏东方成套设备制造有限公司
25	头孢丙烯片	扬子江药业集团有限公司
26	头孢克洛缓释胶囊及片	扬子江药业集团有限公司
27	注射用生长抑素	扬子江药业集团有限公司
28	AZ超静分体挂壁式房间空调器	江苏春兰制冷设备股份有限公司
29	AZ1(d)Wa环保分体挂壁式房间空调器	江苏春兰制冷设备股份有限公司
30	KYN28A-12型铠装移开式交流金属封闭开关设备	江苏泰事达电气有限公司
31	全自动碱性无铬化水清洗旋转无阻尼揭盖式7000S商用洗碗机	泰州浩邦科技发展有限公司
32	数控砂线切割机床	泰州市晨虹数控设备制造有限公司
33	RPP-2000S荧光定硫仪	泰州市中环分析仪器有限公司
34	行列式集成套管换热器	姜堰市泰怡金属网管有限公司
35	新型高强度JYS大抓力锚	江苏扬远船舶设备铸造有限公司
36	自平衡PAC-14大抓力锚	江苏扬远船舶设备铸造有限公司
37	0.22+6-12*0.20HT子午线轮胎用钢帘线	江苏兴达钢帘线股份有限公司
38	1×3×0.28HT子午线轮胎用钢帘线	江苏兴达钢帘线股份有限公司
39	2+7×0.26HT子午线轮胎用钢帘线	江苏兴达钢帘线股份有限公司
40	3×0.175+6×0.32HT子午线轮胎用钢帘线	江苏兴达钢帘线股份有限公司
41	12×0.22+0.15HT子午线轮胎用钢帘线	江苏兴达钢帘线股份有限公司
42	3+8+13×0.23高性能子午线轮胎用钢帘线	江苏兴达钢帘线股份有限公司

续表32

序号	项　目　名　称	承　担　单　位
43	双钩液压水平弯轨机	兴化市双湖矿山液压机械厂
44	掉道矿车液压复位机	兴化市双湖矿山液压机械厂
45	基于网络通讯的多参数信号测试分析系统	江苏东华测试技术有限公司
46	新型改性双组份聚氨酯胶粘剂	靖江市特种粘合剂有限公司
47	恒转矩高速电主轴	江苏星晨高速电机有限公司
48	木工高速电主轴	江苏星晨高速电机有限公司
49	L-抗坏血酸-2-磷酸酯	江苏江山制药有限公司
50	EP级维生素C	江苏江山制药有限公司
51	用于离心铸造超长薄壁细管的智能加热系统	江苏光芒燃具股份有限公司
52	重型汽车变速器换档小盖壳体	江苏恒义汽配制造有限公司
53	高压耐强腐蚀大面积换热系统	江苏民生特种设备制造有限公司
54	3G网络TD-SCDMA智能天线	靖江国信通信有限公司
55	气动双闸板耐磨陶瓷闸阀	靖江市章华机械制造有限公司
56	中合金油淬火耐磨钢衬板	江苏双星特钢有限公司
57	高效节能轴向提升泵	江苏华电机械制造有限公司
58	新型高效耐腐化工流程泵	江苏武新氟泵制造有限公司
59	水性高耐蚀锌铝涂料	靖江市达克罗涂覆工业有限公司
60	活性嫩黄染料	泰兴市锦鸡染料有限公司
61	聚碳酸亚丙酯多元醇	江苏中科金龙化工股份有限公司
62	注射用头孢尼西钠	扬子江药业集团有限公司
63	多西他赛注射液	扬子江药业集团有限公司
64	商用汽车机械电控自动变速器AMT智能控制系统	泰州市海博汽车科技有限公司
65	单舱万吨级重吊船	泰州口岸船舶有限公司
66	5HP超高效NEMA电机	江苏微特利电机制造有限公司
67	2HP超高效NEMA电机	江苏微特利电机制造有限公司
68	25HP超高效NEMA电机	江苏微特利电机制造有限公司
69	60HP超高效NEMA电机	江苏微特利电机制造有限公司
70	150HP超高效NEMA电机	江苏微特利电机制造有限公司
71	清解退热颗粒	扬子江药业集团江苏制药股份有限公司
72	IC封装专用的FSIP12型引线框架	泰州友润电子有限公司
73	带有AOTU LOCK结构笔记本电脑转轴	泰州市创新电子有限公司
74	电镀产品专用油墨	江苏春兰机械制造有限公司
75	门式检票机	江苏春兰机械制造有限公司
76	小型二极单相发电机	江苏神驰机电有限公司
77	HW19710/15710同步器	江苏追日同步器有限公司
78	动物耳标移动智能识读器	江苏荣畅牧业发展有限公司
79	医用数字激光打印机	江苏新智源医学科技有限公司
80	汽车变速箱换档机构高性能粉末冶金结构组件	姜堰市新创机械配件有限公司
81	基于高发酵水平制备的食品添加剂-糖化酶制剂	江苏博立生物制品有限公司
82	基于高发酵水平制备的食品添加剂-耐高温α-淀粉酶制剂	江苏博立生物制品有限公司
83	符合欧Ⅴ标准高清洁度发动机活塞销（低温快速碳氮共渗热处理法）	江苏万里活塞轴瓦有限公司
84	高强耐磨铝合金活塞	江苏万里活塞轴瓦有限公司
85	新型船用静态节能电动机	江苏远东电机制造有限公司

续表32

序号	项　目　名　称	承　担　单　位
86	新型多功能防静电纤维织物（以聚亚苯基硫醚及碳纳米管为基材）	姜堰市中纺织造有限公司
87	汽车等速万向节传动轴内滑套精锻槽壳	江苏威鹰机械有限公司
88	可轴向移动的锥形六球销万向节精锻槽壳	江苏威鹰机械有限公司
89	6XQB-350型果蔬鲜切机（切丁机）	江苏李工果蔬机械有限公司
90	5WQX-5000型果蔬卧式涡旋清洗机	江苏李工果蔬机械有限公司
91	聚乙烯给水管	江苏广接通管业制造有限公司
92	新型隔爆高效变频三相异步电动机	江苏大中电机股份有限公司
93	JDZ型电压互感器	江苏靖江互感器厂有限公司
94	洗碗机水泵用电动机	江苏三江电器集团有限公司
95	铸造包覆层再制造修复废旧轧辊	江苏正祥石化设备有限公司
96	直接压片维生素C-钙颗粒	江苏江山制药有限公司
97	大速比高转矩直流电动机	江苏航天动力机电有限公司
98	小型全液压多功能农用装载机	江苏上骐集团有限公司
99	Lennox特种空调用电机	江苏上骐集团有限公司
100	散热器水室专用黄铜带	江苏环胜铜业有限公司
101	PIW系列智能型体液压冲剪机	江苏金三力机械制造有限公司
102	新型无密封自吸泵	江苏双轮泵业机械制造有限公司
103	聚酯亚胺/聚酰胺酰亚胺复合变频圆铜线	靖江市华氏电机电磁线厂
104	耐热耐高温配电箱	江苏省长虹电器实业有限公司
105	高强度自控式抗爆阀	靖江市春蕾暖通配套厂
106	纳米级晶须高阻燃强密封穿舱复合材料	靖江市金舟船舶器材有限公司
107	数控高精高强滚线型剪板机	靖江市赛力机械有限公司
108	集装型外置密封式耐磨脱硫泵	江苏亚梅泵业制造有限公司
109	核电和其他特殊行业5000千瓦以上大功率立式齿轮箱机组	江苏泰隆减速机股份有限公司
110	蒲地蓝消炎口服液	江苏济川制药有限公司
111	三拗片	江苏济川制药有限公司
112	川芎清脑颗粒	江苏济川制药有限公司
113	健胃消食口服液	江苏济川制药有限公司
114	雷贝拉唑钠肠溶胶囊	江苏济川制药有限公司
115	阿奇霉素颗粒	江苏济川制药有限公司
116	赖氨肌醇维B12口服溶液	江苏济川制药有限公司
117	高效节能型钢渣处理装备	江苏亚太泵阀有限公司
118	汽轮发电机用无缝不锈钢矩形通水管	泰兴市圣达铜业有限公司
119	BHL-4.8型船用组装式冷藏装置	江苏兆胜空调有限公司
120	弹簧外置式乳液泵	泰兴开广塑胶有限公司
121	防进水机构乳液泵	泰兴开广塑胶有限公司
122	对氟苯甲醛	江苏江神药物化学有限公司
123	高速电气化铁路大功率电力机车用电连接器	泰兴市航天电器有限公司
124	抗流淌型水性快干胶	江苏黑松林粘合剂厂有限公司
125	TXY-14通讯引线	泰兴市航联电连接器有限公司
126	高效节能 LED家用照明灯	中船永志泰兴电子科技有限公司
127	镀镍镀银铜包钢线	泰州中义通信器材有限公司
128	高性能前减震器	江苏明星减震器有限公司

续表32

序号	项　目　名　称	承　担　单　位
129	结构不对称倒置式前减震器	江苏明星减震器有限公司
130	诊断用兔单克隆抗体	江苏泰康生物医药有限公司
131	680KT汽车同步器	泰州市追日齿轮有限公司
132	液晶显示器固定座的全方位升降转动装置	泰州市创新电子有限公司
133	XY500ATV车用电子仪表总成	泰州市海陵区双宇电子有限公司
134	医用信息码纸介质胶片	江苏新智源医学科技有限公司
135	电动车用双锁随动闸	江苏双征车业有限公司
136	轮椅车用毂闸(涨闸)	江苏双征车业有限公司
137	4LB-150Ⅱ型履带自走式半喂入稻麦联合收割机	江苏常发锋陵农业装备有限公司
138	通用汽车（GF6）六档自动变速箱差速器行星、半轴齿轮	江苏太平洋精锻科技股份有限公司
139	长城汽车001变速箱齿轮组件	江苏太平洋精锻科技股份有限公司
140	大众DSG7档双离合器自动变速箱（0A4）行星、半轴齿轮	江苏太平洋精锻科技股份有限公司
141	精密复合锻造高精度高强度出口意大利DANA汽车齿轮	江苏飞船股份有限公司
142	CMCVS-HE毒素分析仪	江苏江分电分析仪器有限公司
143	WK-2E型微库仑综合分析仪	泰州拓普分析仪器有限公司
144	超强乳化金属脱脂粉	江苏德美科技有限公司
145	舰船用变频恒压供水装置	江苏振华泵业制造有限公司
146	无泄漏波纹管氯气专用阀	江苏江华阀业有限公司
147	新型燃气用抗静电高强度耐腐蚀聚乙烯管材	科思茂（江苏）管业有限公司
148	花藤子颗粒	江苏苏中海欣制药有限公司
149	无翘变板式换热板	泰州市远望换热设备有限公司
150	耐高压、超耐磨TPU/EPDM复合消防水带	姜堰市中裕消防器材有限公司
151	金属冶炼收尘装置	江苏康洁环境工程有限公司
152	欧V标准宝马轿车4缸汽油发动机系列高精度气体分配器阀体	泰州金鼎精密铸造有限公司
153	欧V标准宝马4缸柴油发动机废气再循环气体分配器阀体组件	泰州金鼎精密铸造有限公司
154	WEF168B微耕机	泰州市五鑫泵阀动力机械制造有限公司
155	地埋式免维护旋转补偿器	江苏贝特管件有限公司
156	TCS-3000型燃油润滑性分析检测装置	泰州市天创仪器有限公司
157	内燃机氢氧节能器	金雨果新能源科技（泰州）有限公司
158	大直径固结砂轮	江苏苏北砂轮厂有限公司
159	多界面陶瓷磨具	江苏苏北砂轮厂有限公司
160	大跨度梁式桥钢箱梁	江苏中泰桥梁钢构股份有限公司
161	悬索桥钢箱梁	江苏中泰桥梁钢构股份有限公司
162	超低碳高合金不锈钢焊丝（H00Cr19Ni15Si4RE）	江苏兴海特钢有限公司
163	多层共挤输液袋用聚丙稀接口	江苏金扬子包装科技有限公司
164	新型耐高温抗氧化奥氏体不锈钢	江苏新华合金电器有限公司
165	新型高密封不锈钢U形管	江苏瀚森不锈钢有限公司
166	后置内藏式大扭矩数控高速电主轴	江苏华雕机械有限公司
167	水雾润滑高速电主轴	江苏华雕机械有限公司
168	气压楔式制动器总成	江苏恒力制动器制造有限公司
169	JM813H型振动压路机	江苏骏马压路机械有限公司
170	高纯度维生素C钠盐	江苏江山制药有限公司
171	TDF高驱动大惯量风机用高速同步电动机	江苏航天动力机电有限公司

续表32

序号	项　目　名　称	承　担　单　位
172	夹板式氟材料混流泵	江苏新世界泵业有限公司
173	贝塞尔曲线流量智能控制多射流燃气燃烧系统	江苏光芒燃具股份有限公司
174	高精度耐磨型带表卡尺	靖江市德庆量具有限公司
175	大口径免维护柔性单向阀	靖江晟禾水处理设备制造有限公司
176	小口径超薄壁微合金离心铸造炉管	托普工业（江苏）有限公司
177	新型防腐衬胶管道	江苏开源环保技术工程有限公司
178	换热式一段转化炉	江苏双勤民生冶化设备制造有限公司
179	HTYG型高温液下泵（熔盐泵）	江苏海天泵阀制造有限公司
180	一氧化碳装置转化炉	卓然（靖江）设备制造有限公司
181	油浴红外线高温染样机	靖江市华泰染整设备有限公司
182	半音阶口琴用覆盖膜	江苏天鹅乐器有限公司
183	高效节能水冷合金炉喉钢砖	江苏联兴成套设备制造有限公司
184	射频同轴连接器	江苏荣联科技发展股份有限公司
185	TD-SCDMA拉远户外机柜	江苏荣联科技发展股份有限公司
186	乙基苄基氯衍生季铵盐-烷基二甲基乙基苄基氯化铵	靖江康爱特化工制造有限公司
187	固体季铵盐消毒粉	靖江康爱特化工制造有限公司
188	40万吨超大型矿砂船舵系	靖江华帝海洋工程设备有限公司
189	高效节能一体化防爆除尘器	靖江市宏翔通风净化工程有限公司
190	轿车车门防撞板	靖江市新程汽车零部件有限公司
191	车辆CAN数字化仪表	江苏华骋科技有限公司
192	HKZ-1500型特种空调装置	江苏兆胜空调有限公司
193	四氧化三钴	江苏凯力克钴业股份有限公司
194	4-硝基邻苯二甲腈	江苏江神药物化学有限公司
195	YM系列耐腐蚀圆形电连接器	泰兴市航联电连接器有限公司
196	YMG 电连接器	中船永志泰兴电子科技有限公司
197	汽车网络化光强传感器	泰兴市华威软件技术有限公司
198	液压站高效节能装置	泰兴市同济工程机械厂
199	返回复合胎胶分切机	泰兴市双羊皮革橡塑机械厂

2010年度泰州市获江苏省科技进步奖项目名单

表33

序号	项　目　名　称	完　成　人　员	完　成　单　位	获奖等级
1	轿车齿轮净成形工艺与模具制造关键技术及应用	夏汉关、赵红军、董义、朱正斌、张勇、陶立平、王耀祖、黄泽培、徐骥、黄飞、申加圣、赵军华、徐爱国	江苏太平洋精锻科技股份有限公司	一等奖
2	水稻丰产精确定量栽培技术研究与应用	张洪程、丁艳锋、凌启鸿、仲维功、邓建平、戴其根、王绍华、张瑞宏、周有炎、邵建国、徐宗进、肖跃成、吴金书	扬州大学、南京农业大学、江苏省农业科学院、江苏省作物栽培技术指导站、兴化市农业技术推广中心、武进区作物栽培技术指导站、东海县农业技术推广中心、姜堰市农业技术推广中心、丹阳市农业技术推广中心	一等奖

续表33

序号	项　目　名　称	完　成　人　员	完　成　单　位	获奖等级
3	高性能半喂入和全喂入稻麦联合收割机的研制	李耀明、徐立章、陈进、曹扬、卞大坚、赵湛、薛臻、魏本同、宋寿鹏	江苏大学、江苏常发锋陵农业装备有限公司、江苏沃得农业机械有限公司	二等奖
4	发酵肉制品加工关键技术研究	汪志君、于海、席军、赵保雷、葛兆宏、蒋云升、葛庆丰、金昌海、方维明、毛传生、许慧卿、陆敬刚、吴华俊	扬州大学、江苏长寿集团有限公司、徐州汉戎堂食品有限公司、江苏畜牧兽医职业技术学院	二等奖
5	超高强度R5系泊链	陶安祥、张卫新、殷匠、谭炳全、孙海洋、张建刚、汤卫兵、张明、郎宏军、吴爱国、袁步华、羊先群	江苏亚星锚链股份有限公司	三等奖
6	全数控多功能高精度炭块自动加工线	严小林、梅建文、张明、焦彤、陈军、夏江南、陈翊	江苏省泰兴市晨光高新技术开发有限公司	三等奖
7	突发性环境污染事故监测、预警与风险评估系统	陈希、费树岷、吴建伟、李妍、张韧、闵锦忠、张峰、毛科峰、薛锐、余夕金、任国强、尚剑红、王亮	东南大学、泰州市环境监测中心站、解放军理工大学气象学院、沈阳金建数字城市软件有限公司、江苏天创科技有限公司、南京台鑫科技有限公司、南京信息工程大学	三等奖

2010年度泰州市科技进步奖获奖项目名单

表34

一等奖（6项）

序号	项　目　名　称	完　成　单　位	项　目　完　成　人
1	汽车齿轮冷温精密净成形工艺与模具制造关键技术及应用	江苏太平洋精锻科技股份有限公司	夏汉关、赵红军、董义、朱正斌、张勇、陶立平、王耀祖、黄泽培、徐骥、黄飞、申加圣
2	“中海36-1”原油新品开发节能　扩量技术应用	中海沥青（泰州）有限责任公司	王亚明、张金钧、雷勇，李和喜、刁小祥、江志明、宋小林、孙剑飞、王爱华、钱斌、张小兵
3	车载移动及卫星通信多频段接收天线系统	泰州苏中天线集团有限公司	蒋小平、宋健、李春玫、张志清
4	甲型H1N1流感疫苗研发（免疫原性研究）	泰州（高新区）公共卫生技术研究所 泰州市疾病预防控制中心	朱凤才、杨建国、胡金妹、张翔、彭维斌
5	中药“白连肝”口服液防治鸭病毒性肝炎的研究	江苏畜牧兽医职业技术学院 泰州市动物疫病工程技术研究中心	周广生、朱善元、刘俊栋、贺生中、郑义、吴桂银、李建华、张步彩、赵永旺、管远红
6	宣畅少阳为主治疗中风后抑郁症的理论和临床研究	泰州市中医院	陈顺中、陈园桃、金亚明、袁成业、全亚萍、韩秋风、王紫莧、邱社祥、刘萍、张丽萍

续表34　　二等奖（21项）

序号	项　目　名　称	完　成　单　位	项　目　完　成　人
1	超高强度R5系泊链	江苏亚星锚链股份有限公司	陶安祥、张卫新、殷匠、谭炳全、孙海洋、张建刚、汤卫兵、张明、郎宏军
2	智能化变电站用全数字电子式互感器	靖江互感器厂有限公司	熊江咏、陆汉兵、熊刘、黄麟、朱旭锋、盛青山
3	全数控多功能高精度炭块自动加工线	泰兴市晨光高新技术开发有限公司	严小林、梅建文、朱强、张明、焦彤、陈军、陈翊
4	主机海水冷却泵	江苏振华泵业制造有限公司	俞志君、许海明、吕金喜、吴尉、唐晓晨
5	冷温复合锻造高精度高强度出口意大利DANA汽车齿轮	江苏飞船股份有限公司 江苏省金属材料精密成形工程技术研究中心	黄廷波、王欣林、韩宏军、龚仁春、葛小明、陆小兵、周智慧
6	航空航天用超低碳高合金焊丝水平连铸连轧技术与产业化	江苏兴海特钢有限公司	刘庄明、计建康、黄明义、邱爱华
7	电动车辆驱动用感应电机研发及产业化	江苏微特利电机制造有限公司	李锦洲、崔淑梅、张金林、施红亮、杨臣、宋立伟、张千帆、王铁成、赵炳荣
8	16500DWT成品油/化学品船设计和建造	泰州三福船舶工程有限公司	曹先锋、汪德庆、胡杰、赵李飞、蔡斌、冯志荣、缪小军、杜小良、丁荣
9	单舱万吨级重吊船	泰州市口岸船舶有限公司	杨春、戴益民、刘宏、吴忠、柳红兵、吉云、顾剑英
10	动态无功补偿暨闪避治理装置	江苏安方电力科技有限公司	许杏桃、董庆森、刘丽萍、景玉荣、任先宁、杨君中、时广智、季日华
11	现代儿科中药小儿豉翘清热颗粒	江苏济川制药有限公司	曹龙祥、董自波、祝纪文、赵菁、邵建国、夏立武
12	活性藏青RGB（活性藏青NDS 活性黑S-G C.I.活性蓝250）的研制与开发	泰兴市锦鸡染料有限公司	苏金奇、鞠苏华、张卫平、王国民、顾天龙、宋开梅
13	超高分子量聚乙烯钢骨架复合管	泰州申视塑料有限公司	刘阜东、刘海鹰、牟其善、房元俊、赵海里、何燕妮
14	设施蔬菜高效栽培技术集成研究与推广应用	泰兴市农业技术推广中心 泰州市蔬菜办公室	孙敬东、王迎春、张喜武、朱华、郭金平、张亚军、冒维维、钱荣祥、何洁
15	里下河地区（兴化）粳稻丰产高效技术集成研究与示范	兴化市农业技术推广中心 扬州大学农学院 泰州市作物栽培技术指导站	沙安勤、李炳维、卞卫东、周有炎、霍中洋、华正雄、池建华、蒋长富、冒维维

续表34

序号	项目名称	完成单位	项目完成人
16	普通干线公路环保集约型路基填筑技术研究	泰州市公路管理处 上海交通大学	黄金荣、徐永福、周进华、周琦玮、姚庆军、姜海波、成晟
17	CD24 CD133 P75NTR ABCG2食管鳞癌中表达及与临床病理因素和淋巴结转移的关系	靖江市人民医院	周俊、陈静、陈宏俊、张典钿、朱红娟
18	改良掌背动脉逆行岛状皮瓣的临床应用	泰兴市人民医院	田恒进、盛辉、王志勇、靖树林、严斌、张治家、陈海燕、沙震兴、朱赤云
19	半冠状加口内切口钛板内固定治疗面中1/3骨折临床研究	姜堰市中医院	冯颖、姚晨、戴中华、李铖、曹改芳、姜润林、许平武、钟生、昊俊、曹京香
20	门静脉持续灌注化疗在TACE治疗原发性肝癌中的应用研究	姜堰市人民医院	崔林、游芳芹、周向荣、司兰凤、朱扣林、何学军、刘兴祥、李阳、刘建军
21	白藜三醇对人外周血内皮祖细胞功能影响的研究	泰州市人民医院	王小斌、殷屹岗、卜春红、王如珠、林杰、任寅、张宜生、黄峻

三等奖（52项）

序号	项目名称	完成单位	项目完成人
1	小型全液压多功能装载机	江苏上骐集团有限公司	印辉、刘云华、陈燊华、沈玉涛、刘成学、马建
2	金属容栅电子数显卡尺	靖江市德庆量具有限公司	韩德庆、张欣华、苏靖、晞飞
3	多功能液压联合冲剪机	靖江市丰华机械制造有限公司	浦俊华、李逸建、王静、张艳峰、季建红
4	滚筒洗衣机用变频电动机及控制器	江苏三江电器集团有限公司	苏申科、唐震东、姚平、王伟玲、刘乐俊、高明江、李祥志
5	ZNT3-12型户内高压真空永磁断路器	泰兴市华诚机电制造有限公司	谢翠斌、赵和平、王伯运、周春龙、项忠庆、周鹏程、施金武
6	车辆数字化仪表	江苏华骋科技有限公司	陈辉、孔凡生、耿玉平、周永忠、季松涛、丁张勇、徐斌
7	核电和其他特殊行业5000千瓦以上大功率立式齿轮箱机组	江苏泰隆减速机股份有限公司	孔霞、张绍明、徐哲、蔡云龙、张介禄、殷学泉、焦映厚
8	海洋石油钻井隔水管	江苏曙光石油钻采设备有限公司	蒋家华、张希平、戴永国、马根生、朱爱民、蒋存民、张震宁

续表34

序号	项　目　名　称	完　成　单　位	项　目　完　成　人
9	石油化工及管道用无泄漏平板闸阀	江苏亿丰机械制造有限公司	陈永江、李吉春、邵有华、张兆明
10	大抓力新型海洋工程平台定位锚	江苏扬远船舶设备铸造有限公司	孙泽、钱俊峰、葛伟民、印永敦、叶邦金
11	超低碳马氏体不锈钢自动焊丝	江苏新华合金电器有限公司	华大凤、周海涛、王树平、邵兴明、张振栋、陈强
12	铬锰氮钼系奥氏体耐蚀耐磨不锈钢	江苏省方通新型不锈钢制品股份有限公司	方荣华、方荣兵
13	4LBZ-150型半喂入稻麦联合收割机	江苏宇成动力集团有限公司	邱平生、陆小明、张春晓、姚俊、童雷
14	水冷式变压器	泰州海田电气制造有限公司	周正琪、程益峰、于爱梅、管金超、高玉俭、蒋硕文
15	新型节能铝合金金隔热型材	江苏宇马铝业有限公司	鲍从桂、刘亚峰、李荣祥、孙德进、葛海波、姚淦书、汤金坤
16	航天器用矩形解锁脱落电连接器	泰州市航宇电器有限公司 泰州职业技术学院	李曙生、常小平、秦松祥、叶留芳、张亚萍、毛玉坤、许筱芹
17	高性能低成本纳米吸附净化油污水和分离乳化油装置	江苏扬子环保设备工程有限公司	张利平、杨春镇、黄广杰、徐卫星、刘永祥、陈悦
18	亚微米锌粉	江苏科创金属新材料有限公司	翟国华、严海锦
19	模板支撑体系蓄水预压施工工法	正太集团有限公司	孟向惠、何益民、蒋存根、曹启玲、顾凯、夏马喜
20	高白度阻燃剂十溴二苯乙烷	泰州百力化学有限公司	潘兵波、印焜宏、杨爱华、夏震宇、陈健、郭伟明、胥加和
21	新型活性嫩黄DF-3RS的制备方法	姜堰市东风染料厂	谢宗其、陈才美、叶祝金、戴春林、李兴喜
22	“中海36-1”改性沥青开发与生产	中海沥青（泰州）有限责任公司	王亚明、张金钧、雷勇、费恒志、张晓峰、吕伟明、孙大权
23	煤矿井下用超高分子量聚乙烯管材	泰州申视塑料有限公司	刘阜东、刘海鹰、牟其善、房元俊、赵海里、何燕妮
24	拉克替醇原料及散剂	扬子江药业集团有限公司	黄淑萍、陆宏国、徐玉凤、周坤、谷高强、黄新兰
25	基于生物持性的海藻酸钙止血敷料	泰州市榕兴抗粘敷料有限公司	褚加冕、褚省吾、关静、吴建国、陈达永

续表34

序号	项 目 名 称	完 成 单 位	项 目 完 成 人
26	斑鳜种质资源研究与规模化育苗、养殖	泰兴市天禄珍品水产有限公司	储军、黄爱平、熊文藻、李建、张喜红、陆新华、顾元俊
27	稻麦秸秆还田技术集成研究与应用	姜堰市农业技术推广中心土壤肥料站	朱德进、黄卉、钱宏兵、缪辰、许爱霞、张存銮、宫万祥
28	肉脯嫩化技术的研究	江苏畜牧兽医职业技术学院	刘靖、褚洁明、姚芳、亖瑞靖、展跃平、刘萍、王正云
29	中药免疫增强剂氧黄合剂的研制与应用	江苏畜牧兽医职业技术学院 江苏倍康药业有限公司 南京农业大学 江苏泰州动物药品工程技术研究中心	陈玉库、邢玉娟、陆桂平、陆广富、李勇军、蔡丙彦、刘运镇
30	蔬菜烟粉虱暴发规律及种群控制研究与应用	泰州市植保植检站 兴化市植物保护站 扬州大学园艺与植保学院	葛玉林、周福才、周泽华、杨阿林、高联义、丁治军、赵婷婷
31	“食管缝扎＋五管法”治疗食管破裂	靖江市人民医院	夏洪、夏漫辉、陈宏俊、冷云华、刘君美
32	以透穴法为主综合治疗中风偏瘫的临床研究	靖江市中医院	盛骥锋
33	面神经减压治疗外伤性面瘫	泰兴市人民医院	陈小东、蒋晨霞、戴军辉
34	子宫骶骨韧带高位悬吊术治疗子宫脱垂的临床研究	泰兴市人民医院	杨纪实、周留林、芮萍、余健、周秋霞
35	还原型谷胱甘肽联合丹参治疗酒精性脂肪肝的临床研究	泰兴市人民医院	于厚南
36	降气逐瘀通腑泄毒法治疗急性胰腺炎的临床研究	泰兴市人民医院	陈齐鸣、宋文武、成宏伟、张向阳、沈国伟、陈严文、朱颖
37	联合观察心电图T波及ST段改变对急性心肌梗死预后的意义	泰兴市人民医院	冯广智、陈震、严文娟、丁国斌、徐曙东
38	病窦综合征证治八法	泰兴市第二人民医院	陈邦芝、陈红兰
39	椎体成形术和传统法治疗骨质疏松性椎体压缩骨折的临床对比研究	姜堰市人民医院	王桂红、钱厚龙、曹琪、王忠明、王国喜、秦晓斌、孙爱民
40	脑钠肽在冠心病中的应用研究	兴化市人民医院	邓新桃、姚丙南、石桂良、赵建祥、吉越英

续表34

序号	项　目　名　称	完　成　单　位	项　目　完　成　人
41	尼莫地平对蛛网膜下腔出血后坐骨神经炎性因子表达的影响	兴化市人民医院	徐建军、徐书源、钟方正、李宽正、李升
42	47例肺内瘤样癌的特征及预后因素分析	兴化市人民医院	徐文静
43	超声引导下穿刺活检在近胸壁肺肿块中的应用	泰州市第四人民医院	汤四新、张恒、李娅
44	成功实践餐饮卫生监督量化分级管理制度与公示制度的有机结合	泰州市卫生监督所	孙正太、陈东周、朱霞惠、吴斌、浦政轶、魏建勋、陈建军
45	戊型病毒性肝炎流行危险因素筛查及其预防控制技术研究	泰州市疾病预防控制中心	何义林、张翔、胡金妹、熊国华、于芹生、移钱华、马智龙
46	丙戊酸钠个体化治疗小儿癫痫的临床研究	泰州市人民医院	姚炳华、张春红、戴爱所、许万宏、张亚明、王九珍
47	体外冲击波治疗乳糜尿的临床应用	泰州市人民医院	季兴建、阮亚石、牛天力、胡党粉、孙静
48	3D CE-MRA在颅内动脉瘤诊断中的应用	泰州市人民医院	陈锦华、田为中、陈小云、李瑗、徐洪泽、王秀兰
49	转录因子MEF2A单克隆抗体对新生儿缺氧缺血性脑损伤早期干预技术的临床研究	泰州市人民医院	秦晓虹、薛梅、许静、徐凤玲、居红芳、陆超
50	应用增强型透明贴预防化疗药物引起静脉炎的临床研究	泰州市人民医院	王龙凤、蔡雷、郭素萍、匡章华、夏卫芳、顾巧萍、仇春勤
51	胰腺癌非血管性介入治疗	泰州市人民医院	赵晨星、董卫民、周文彪、张好、魏蓉、刘惠兰、顾巧萍
52	面神经麻痹的无痛经穴疗法及量的研究初探	泰州市中医院	刘钦华、袁成业、袁霞、朱晓燕、姜翠明

（刘月青　周　莹）

防　震　减　灾

【概况】 2010年，泰州市范围内共发生2次地震，分别为4月19日兴化ML2.8级有感地震和11月26日兴化ML3.6级有感地震。年内，全市地震系统积极推进地震监测预报、地震灾害预防、地震应急救援三大体系建设，完成全年各项目标任务，在全省年度综合评比中获第3名。

震情跟踪监视。出台《泰州市2010年度震情跟踪方案》和《关于做好上海世博会期间泰州市震情监视工作的通知》，全年组织月度会商11次，召开全市半年、全年地震趋势研讨会，组织编写的《泰州市2010年度地震趋势研究报告》连续第4年在全省评比居第2名。市地震监测台网记录近、远震210个，分析处理地震波形123个，速报地震46个。编发《震情通报》12期，发送震情信息203条。

地震群测群防工作。出台《关于做好全市地震群测群防推进年活动的通知》，推进地震宏观测报网、地震灾情速报网、地震知识宣传网和乡镇防震减灾助理员的“三网一员”建设。全市共明确防震减灾助理员57人，明确地震灾情速报员339人，挂牌建成22个宏观测报点。核实海陵区、高港区居民反映的3起非地震前兆异常。编印《泰州市地震群测群防工作手册》。

地震应急救援。出台《关于组建社区地震应急救援志愿者队伍的通知》，通过报名、登记、审核、注册和培训，全市已成立12支社区地震应急救援志愿者队伍。文峰千家惠和京泰路街道宫涵社区等56家社（村）区及22所学校先后组织不同规模的地震应急演练，使参演人员掌握应对地震的知识和技能，检验地震应急预案，提高应对地震的组织指挥能力。

地震安全示范社区创建工作。按照创建标准和细则，海陵区工人社区、高港区新城社区、靖江市布市里社区、泰兴市东城社区、姜堰市古田社区和太平社区、兴化市英武社区7个社区开展地震安全示范社区创建工作。

行政许可。出台《泰州市地震局行政处罚自由裁量权实施办法（试行）》和《泰州市地震局行政处罚自由裁量权裁量标准》，建立行政权力网上运行管理规定和考核细则，严格执行外网受理、内网办理、外网反馈规则。对主城区万达广场、金色广场、荣御蓝湾等 6个重点工程的建设场地进行地震安全性评价工作，并按评价结果确定建设工程的抗震设防要求。许庄中心小学综合楼、高港中医院翻建工程、市第四人民医院3个建设工程高于一度进行设计和施工。对纬创资通泰州有限公司厂区、泰州名流国际家俱博览中心、泰州国际大酒店等24个建设工程按照《中国地震动参数区划图》确定的抗震设防要求进行备案审批。年内，市民服务中心地震局窗口被评为年度“先进窗口”。

推进中小学校舍安全工程，会同市安监局、教育局对海陵区、经济开发区中小学校舍安全工程实施情况进行检查，对抗震设防要求严格把关。

【全市防震减灾联席(扩大)会议】 6月9日，召开全市防震减灾联席(扩大)会议。各市（区）分管市（区）长、地震局及住建局负责人、市防震减灾工作联席会议各成员单位负责人参加会议。会议传达全省防震减灾工作联席会议精神，通报震情形势，布置全市防震减灾工作任务。省地震局高级研究员谢华章作《地震灾害与地震形势》专题报告，副市长张爱平出席会议并讲话。

【防震减灾知识宣传】 在“防灾减灾日”、“科普宣传周”、唐山“7·28”地震纪念日期间，采用广场集中宣传、专题知识讲座及多媒体播放等手段，开展防震减灾法律、法规知识和抗震避险常识进校园、进社区活动，发放宣传资料3万多份,编制地震应急防护系列短信知识40条，放映防震减灾科普电影11场。在《泰州晚报》编印《地震视窗》4期。

（地震局）

气 象 工 作

【概况】 2010年，全市气象部门围绕气象防灾减灾，加快气象现代化建设，增强气象业务科研能力，提高气象预报服务水平。

编制泰州气象事业发展“十二五”规划。“泰州市公共安全体系建设”子项目“气象预警和极端气候事件应急安全处置”研究成果被市政府“十二五”规划编制领导小组采纳，纳入政府“十二五”公共安全体系建设规划。泰州市气象事业发展“十二五”规划被列为政府专项规划，实现部门规划向政府规划的转变。

气象现代化建设。汛期前，兴化市气象科技预报中心投入使用；泰兴市局完成一流台站建设，年底完成台站搬迁。落实气象观测网建设规划，全市每个乡镇至少建有一套自动气象站，新建6套大棚内外小气候监测站，全市气象综合探测体系初步形成。提升业务科研水平，组织开展全市气象观测资料续编，加快应用基于数值产品释用的精细化预报服务平台，推进强对流天气、台风、暴雨等的预报业务分析系统建设。与南京信息工程大学联合申报的江苏省科技支撑（社会发展）项目获省政府正式立项。发表论文16篇，全市围绕现代气象业务发展，自立课题12项。

气象预报服务。全年发布决策气象服务材料150多份，及时将重要天气情况发送到市委、市政府和相关部门，提供决策参考。提前6天准确预报首届中国(泰州)国际医药博览会期间的降水过程，保障医博会顺利进行。汛前组织兴化市政府领导与省台专家连线，指导防汛减灾工作。加强公众气象服务，每天在全市10个电视频道播出电视天气预报节目，在7个电台播出21档天气预报广播节目，制作专题电视天气预报节目6期。在国际旅游节、梅兰芳艺术节、夏收夏种、秋收秋种等重大活动和重大农时期间，制作发布8个专题共100多份专业气象服务材料。市气象台被泰州市春运办表彰为“2010年春运先进集体”。加强与政府各部门的气象应急合作，气象应急队伍加入泰州市应急救援支队，参加泰州市危化品安全生产应急救援演练。完善预警信息发布平台，扩大基层预警信息发布平台用户数。重新登记全市农村气象信息员，全市200多名重点村镇气象信息员接受培训。

【新一代天气雷达项目建设】 新一代天气雷达是泰州市政府2010年重点投资建设的项目。市气象局成立专门领导小组，推进新一代天气雷达项目的建设。3月2日，江苏省无线电管理局正式批复泰州新一代天气雷达使用频率为2800兆赫±15兆赫。召开《泰州新一代天气雷达选址工作报告》评审会，中国气象局于4月13日复函同意将泰州农业开发区站址（江海高速以南，苏红河以西）（北纬120° 0'2"、东经32° 33'22"）作为泰州新一代天气雷达的站址。完成气象综合探测基地总平规划，开展雷达塔楼、雷达信息处理中心、气象科普基地等深化设计，并经过泰州市规委会审批。取得规划许可证，开展地质灾害评估，办理用地预审手续，做好前期开工准备。9月30日，中国气象局正式批复同意《泰州新一代天气雷达系统建设可行性研究报告》。年底，新一代天气雷达基础和雷达信息处理中心分别正式开工建设。

【现代农业气象服务】 制定《2010年泰州市现代农业气象建设与服务（工作）方案》，先后完成番茄、草莓、香椿、芦笋等10多种种植作物现代农业气象服务技术指标体系。在全市建成2个省级、5个市级现代农业气象科技示范基地（村），发挥气象现代农业示范基地（村）的示范辐射作用。发挥与南京信息工程大学“应用气象学院产学研基地”和“实验与就业实习基地”作用，联合申报的“江苏省设施农业气象灾害预警及防御技术研究”获江苏省科技支撑（社会发展）项目立项。加强与现代农业种养殖基地等的科研合作。制定《泰州市现代农业气象服务周年方案》，开发完善“泰州市现代农业气象服务平台”，新建、整合气象电子显示屏数十块，利用电话、传真、电子显示屏、业务服务平台、手机短信和网络终端等开展针对性服务。

【沿江气象服务】 启动高港区气象预警中心建设，提升沿江地区气象灾害防御和气象服务能力。联合安监、应急、海事、港口等部门，共同推动沿江气象灾害防御及服务工作。将沿江气象服务纳入安全生产和应急工作的日常管理体系中，开展安全生产检查、应急演练等活动。加强沿江气象服务需求调研，建立沿江专业气象服务系统，开展沿江船舶制造、粮食物流、新船试航等行业的专业气象服务。全年根据沿江重点行业服务需求，发布相应服务材料200多份。

（气象局）

泰州市　武汉大学产学研合作对接洽谈会在泰召开

综　　述

【概况】2010年，全市文化工作围绕年度35个重点项目的落实和推进，加强文艺精品创作生产，巩固提升公共文化服务体系，全面展开文化体制改革，强化文化惠民工程，加大历史文化保护力度，加强文化市场和新闻出版管理，加快文化产业发展步伐，文化泰州建设取得重要进展。市各新闻媒体围绕市委、市政府工作中心，通过开辟专题栏目、推出系列报道、开设专版、新闻评论等多种途径，营造良好氛围。同时，通过多元化经营，不断发展壮大媒体产业，各新闻媒体的综合实力进一步增强。

（市委宣传部）

文　学　艺　术

【艺术创作与生产】市淮剧团创作的大型淮剧《诺言》获江苏省舞台艺术精品剧目和省“五个一工程奖”，该剧赴上海演出受到专家和市民的好评。音乐作品《荡湖船》获全国社会文化艺术政府最高奖——群星奖，并参加上海世博会“江苏周”专场文艺演出。泰州书画院新聘画师郑剑君的人物画作品《乡里人》获中国美术家协会第六届“中国西部大地情”中国画、油画作品展最高奖“优秀奖”，填补泰州市人物画作品在全国获最高奖的空白。曹家为的音乐作品《蓝色畅想》获中国音乐家协会“首届中国海洋歌曲征集大赛”金奖。市剧目工作室程越华的大型新编历史剧《桃花扇底红尘梦》等全市10部戏剧作品获首届全国戏剧文化奖。在江苏省书法新人展活动中，泰州市共有39幅作品入展，总量居全省地级市第4，创历史新高。在省第三届新人新作歌舞大赛中，泰州市有5个节目获奖。完成2010泰州市新创文艺节目调演，推出音乐作品《茉莉花栀子花》、《我是头篙我来了》等一批优秀文艺作品。

【新春民俗展演】大年初三，组织开展2010年全市新春民俗展演活动，其中“板桥道情”、“滚莲湘”、“白米马灯”等民俗表演在中央电视台《新闻联播》“文化过大年，城乡共享欢乐春节”节目中播出。

【2010中国泰州梅兰芳艺术节】10月中旬~11月中旬，成功举办2010中国泰州梅兰芳艺术节。本届梅兰芳艺术节共有15项近30类文化艺术活动，并开展文化产业项目招商。来自中国国家京剧院、梅兰芳京剧团、日本京剧院和英国、韩国的众多艺术团体参加演出，新华社、中国日报、江苏卫视等40多家境内外媒体跟踪报道。

【各市（区）重大文艺活动】各市（区）加大品牌活动创建力度。靖江市第28届文艺节开展“唱响企业·畅想未来”企业厂歌大赛等6项活动。泰兴市举办央视激情广场演出、第五届（中国）泰兴银杏节、黄桥决战胜利70周年系列文化活动。姜堰市举办第五届中国溱潼会船节以及第六届群众文化艺术节，“激情三水”广场文艺演出活动获全省农村精神文明建设工作先进案例。兴化市推进“多彩周末”广场文艺演出制度化、常态化，以第十届板桥艺术节和纪念李春芳诞辰500周年活动为契机，扩大重大文艺演出和全国性书画大赛、摄影大赛的知名度与影响力。高港区举办第六届“长三角”民乐展演活动。

群众文化

【构建公共文化服务体系】 加快推进市图书馆、美术馆、博物馆、文化馆新馆工程建设。全市4个县级公共图书馆被评为“省级文明图书馆”，5家公共图书馆建成文化信息资源共享工程支中心。泰兴市博物馆、名人馆、城市规划展示馆开工建设。姜堰市文体中心建设已奠基，博物馆建设正在规划论证之中。全市新建一批乡镇宣传文化中心，1533个村文化室、“农家书屋”建设任务全面完成。全市有线广播电视入户129万户，超额完成“十一五”规划120万户的目标任务。

【群众文化活动】 举办老年艺术节等社会文化活动。依托市民文化广场组织各类群众文化活动，全年共举办17次“百姓大舞台”大型广场文艺演出活动，10个市民文化广场基本实现每周放映1部优秀影片、每月1次综合文化服务、每季度1场文艺演出、每半年1次专题展览的“四个一”广场文化活动目标。在全市推进“三送”工程，全年共送书20.11万册，送电影2万多场，送戏12_6场。市文化馆开展公益性免费文艺培训，培训人数280人，实施订单预约式公益性演出，获2010全市宣传文化创新成果二等奖。全市公共文化场馆共举办各类群众文化活动200多场，接待总量150多万人次。

【图书馆建设】 市图书馆全年全天开放，全年共上架新书2.3万多册。加强图书、期刊的导读工作，每月通过版报、网站连续提供新书、新刊的上架信息。继续取消办证的所有收费，持证读者超过2.3万人，是上年的1.2倍。流通册次达140万册次，是上年的1.3倍，年接待读者70多万人次。重视地方文献的征集，共征得各类近现代的地方文献100种，其中家谱10多种。重视网络信息服务工作，参与上海图书馆、南京图书馆开展的网上专家咨询活动，全年解答网上问题100多条。“凤城讲坛”共举办各类公益性讲座20多场。先后四次承办由上海图书馆提供的“走世博会”等图片展览。做好2010年全国公共图书馆服务宣传周活动，组织召开读者座谈会，发放读者意见征求表。组织“红领巾读书征文活动”，分别有3篇、8篇和19篇“红领巾读书征文”获省文化厅颁发的一、二、三等奖证书。延伸图书馆服务领域，组织图书送社区、校园、警营、军营、特殊人群（福利院、看守所等）等活动。持续开展“小太阳”送书活动，专为一些新办的民办幼儿园送去儿童图书、画册。“六一”儿童节前夕，市图书馆首次评选并奖励8名少儿阅读之星。组队参加由扬州市图书馆学会举办的第五届苏中地区图书馆发展战略研讨会，定期召开公共图书馆馆长会。继续编印《泰图动态》，及时报道全市各类型图书馆工作情况，向省图书馆推介泰州市各图书馆建设中的经验做法。严格按照泰州市图书馆学会章程规定，定期召开理事会、常务理事会，商讨图书馆发展计划。跟踪新馆建设，协助设计部门修改图纸设计方案布局，跟踪协调土建阶段中的工程问题。

文化遗产保护

【申报国家历史文化名城】 开展国家历史文化名城申报工作，通过国家专家组考核验收，编制、修订《泰州历史文化名城保护规划》、《城中历史文化街区保护规划》、《五巷-涵西历史文化街区保护规划》、《涵东历史文化街区保护规划》、《渔行水村历史文化街区保护规划》、《泰州申报国家历史文化名城简本》。制定出台《泰州历史文化名城保护管理办法》、《泰州市古建筑保护管理办法》和《泰州市地下文物保护管理办法》等规范性文件，确保文化遗产保护工作科学、规范、有序。结合《泰州历史文化名城保护规划》修编工作，划定全市30处省级以上文物保护单位的保护范围和建设控制地带。按照国家历史文化名城评估标准，整理文物管理档案，做到一户一档。

【文物保护】 重新核定公布109处泰州市文物保护单位，首次核定公布33处泰州市控制不可移动文物，66处泰州市历史建筑。对新公布的文物建筑，按照国家标准要求和现场实际，制作安装石质、钢质两种保护标志牌。开展第三次全国文物普查，全市共普查登记不可移动文物773处，复查258处，新发现515处，其中兴化影山头遗址列入江苏省文物普查十大新发现。完成省泰中保护改造工程及周氏住宅、北山寺、岳武穆祠、明代王氏住宅等修缮工程。完成全市文物定级工作，全市新增国家一级珍贵文物5件、国家二级珍贵文物52件、国家三级珍贵文物248件。完成馆藏文物数据库建设，市文物局被省文物局授予“优秀组织奖”称号，市博物馆被评为“先进集体”。调整合并文物及非物质文化遗产管理职能，成立泰州市文物保护研究中心，组建市级文化遗产保护志愿者队伍，形成文化遗产保护行政、科研、社会化管理的格局。兴化市沙沟镇被省政府评为江苏省第六批历史文化名镇。

【非物质文化遗产保护】 公布全市第三批非物质文化遗产名录，整理出版《泰州文化记忆——泰州市第二批非物质文化遗产名录专辑》。组织全市20个项目申报第三批省级“非遗”名录。“泰州淮剧”、“茅山号子”2个项目入选国家“非遗”名录，陈德林等3人被命名为省级“非遗”代表性传承人。选送面塑、叶雕艺人赴澳门参展。

【文化遗产宣传】 策划组织第五个“中国文化遗产日”系列宣传活动，以“文化遗产 在我身边”为主题，围绕第三次全国文物普查、博物馆免费开放和重大文物保护工程等重点工作开展系列活动，举办“江苏省第三次全国文物普查（泰州）新发现”图片展、泰州民俗风情摄影巡回展、“凤城讲坛”“学政试院旧事”专题讲座；组织市民参观岳武穆祠、新四军东进泰州谈判处旧址、胡公祠及安定书院、北山寺、周氏住宅、口岸雕花楼等文物保护工程、博物馆、纪念馆等活动。姜堰市举办“文化遗产 在我身边——姜堰市姓氏文化展”和“姜堰市第三次全国文物普查成果展”两个主题展览；靖江市邀请中央电视台“寻宝”栏目组到靖江，帮助靖江市民鉴定收藏品；兴化市举办市政协主席、委员及相关人士视察文物单位和历史街区、2009年文物保护成果展、民俗风情摄影作品展、“文化遗产保护”专题知识讲座等活动；泰兴市开展民间文物收藏鉴定活动。注重信息报送和媒体宣传，全年在国家、省及市各类媒体刊发文化遗产保护信息36条，其中“文化遗产日”宣传活动专栏被泰州市政府网站采用，“江苏省泰州市举行首批文化遗产保护志愿者聘任仪式”被国家文物局网站采用。

【博物馆、纪念馆建设】 市博物馆配合跟踪新馆土建工程建设，按照馆内实际需要，加强硬件建设，完成市博物馆文物数据库的建设和新一轮文物定级工作。监督出土明代徐蕃墓古尸巡展工作按合同执行完成。征集位于原东明村的明代石虎一对。基本完成南水关遗址的阶段性发掘工作，为泰州申报全国历史文化名城提供实物例证。完成西气东输冀宁线江都南通支线考古调查重点探查、复核调查等工作。验收和取回2008年出土的送荆州文物保护中心进行保护的王许氏墓出土服饰。中国人民海军诞生地纪念馆对照《旅游景区质量等级的划分与评定》标准要求，全面进行整改，提升纪念馆的服务品质，已基本符合AAA级旅游景区的要求；举办“纪念海军诞生61周年暨泰州职业技术学院德育国防教育基地揭牌仪式”、“百名少年，百米长卷”绘泰州、“庆六一，祖国海疆在心中”等活动；邀请“全国关心下一代先进集体——海军上海基地老干部讲师团”来馆与海军中学的学生互动交流；邀请国防大学教授李大光到泰举办“中国周边形势报告”的讲座；举办“爱我国防，爱我海军，爱我海中——我是一名小海军”军事夏令营和海洋科普知识夏令营、“手牵手，我在祖国怀抱中同成长”等主题教育活动，增强纪念馆的影响力、吸引力。

文化市场、新闻出版管理

【文化市场管理】 调整泰州市网吧等互联网上网服务营业场所管理工作协调小组，建立健全“扫黄打非”工作议事制度和成员单位职责分工协调机制。完善文化场所证照公开制度。制定下发《泰州市文化市场(新闻出版)管理考评细则》，形成《全市文化市场办公信息系统使用情况的通报》制度。全市各级执法机构加强文化市场监管，建立由1046人组成的全市文化市场义务监督员队伍，形成市、各市（区）、乡镇（街道）三级文化市场管理社会联动机制；坚持文化市场行业自律与日常监督相结合，组织执法人员加大检查力度，规范全市文化市场经营秩序。开展纪念第10个知识产权日广场宣传咨询暨签名活动、2010年全国侵权盗版及非法出版物集中销毁活动江苏泰州·姜堰现场会、未成年人“远离网吧、远离犯罪”系列网谈等活动，全市开展网吧、娱乐场所、音像经营业主普法培训达800多人次。年内，先后开展“创建全国文明城市先进市”、“平安世博”文化市场专项保障行动、“校园周边文化安全”、“文化市场安全生产”、“打击侵犯知识产权和制售假冒伪劣商品”、“印刷企业清查”等各类专项行动40多次，全市共出动执法人员8000多人次，检查经营单位10000多家次，立案调查147起，吊销网络文化经营许可证1家，收缴各类非法出版物13万多件。

【规范网吧经营行为】 在全市开展集中整治网吧、电子游戏经营场所专项行动。提高净网先锋监控管理工作水平，对网吧监管平台实行专人、专机管理。监管平台保持实时运行，随时进行监控管理。强化不在线网吧跟踪督查工作。制定下发《泰州市文化市场网络管理监控中心通报》25期，督促各地网吧在规定营业时间内确保争网先锋服务器的登陆和正常在线运行。加强网吧安全管理工作，全市文化、公安、消防、工商等部门开展网吧场所规范经营情况及安全工作集中检查，宣传相关法律法规，杜绝违法违规经营行为发生。

【娱乐场所管理】加强对有证娱乐场所的监管工作，建立健全日常监督巡查制度。加大无证照经营的检查力度，确保娱乐场所监管无盲区无死角。继续组织实施"阳光娱乐工程"，推进卡拉OK内容管理服务系统建设。加大对电子游戏经营场所的管理力度。严厉查处无证照的"黑游戏机室"和经营赌博游戏机以及非国家法定节假日接纳未成年人等违法违规行为。配合消防、公安部门对娱乐场所定期、不定期进行消防、安全检查，发现问题及时整改，确保安全无事故。

【"扫黄打非"工作】组织开展全市"两会"和上海世博会期间以及第一、第二、第三阶段"扫黄打非"集中行动，开展新闻出版统一执法集中行动和打击侵权盗版音像制品专项行动。组织执法人员对各类经营场所反复清查，对重点环节、重点区域、重点部位进行全方位监控。特别是对城郊结合部、庙会集市、港口码头、高速服务区、物流中转站、小商品批发市场、超市、书店等重点市场进行执法检查。市及各市（区）"扫黄打非"办协调文化、新闻出版、公安、工商等部门组织开展专项整治行动，规范出版物市场秩序。

【打造文化产业品牌】组织泰州凤城河创意产业园、溱湖里下河民俗文化产业园、泰兴市凤灵乐器集团、兴化金东门历史街区和泰州日报社网络平台建设等项目，申报省文化产业专项引导资金。组织项目参加南京"名城会"文化产业招商活动、浙江文化产业投资洽谈会和2010泰州梅兰芳艺术节文化产业项目信息发布活动。凤灵乐器集团被评为国家级文化产业示范基地，泰州凤城河创意产业园被省发改委确定为省级现代服务业集聚区，泰兴市百城数码摄影有限公司被评为省级文化产业示范基地。结合城市改造、旅游景区建设历史街区保护和文物景点修缮利用，全市形成一批特色文化街区和文化产品交易市场。

【文化体制改革】市及4个所辖市全部整合组建文化广电新闻出版局、海陵区成立文化体育新闻出版局、高港区成立文化体育旅游局。全市初步形成融文化、广电、新闻出版、文物、版权等为一体的大文化管理体制。全市广播影视工作衔接顺利有序，文化市场综合执法改革工作稳步推进。落实"属地管理"要求，年初下放两区的文化市场直接管理权，市局与海陵、高港两区局的文化市场管理工作实现顺利对接。市淮剧团完成转企改制任务，成立"泰州市淮剧演艺有限公司"。市剧目工作室挂牌成立市艺术研究所。

广　播　电　视

【概况】2010年是泰州广播电视改革之年。1月7日，市委、市政府印发《泰州市人民政府机构改革实施意见》，组建市文化广电新闻出版局，将市广播电视局的职责，整合划入市文广新局。泰州广播电视台由市政府直属事业机构调整为市委直属事业机构。10月25日，泰州广播电视传媒集团（台）成立。全年广播电台平均每日播音时间54.89小时，自制广播节目15670小时；电视平均每周播出时间638.10小时，自制电视节目7749小时。周报《泰州广播电视报》全年发行量312万份。

【新闻宣传】集团（台）各频率频道围绕宣传贯彻中共十七届四中、五中全会和市委三届八次、九次、十次全会精神，先后组织策划创建文明城市、中国泰州国际旅游节、文化泰州建设、出口加工区建设、梅兰芳艺术节、首届中国（泰州）国际医博会等重大活动的宣传报道，共开设主题性宣传专栏32个，推出综合、单项系列化的深度组合报道84组932篇，为泰州经济转型升级、跨越发展营造舆论氛围。

【对外宣传】全年广播在央广用稿20篇，电视在央视用片68条，其中《新闻联播》23条、《焦点访谈》1条、《道德观察》4条、《朝闻天下》7条、《新闻直播间》10条。

【经营创收】2010年，全台创收到账完成1.56亿元，比上年净增3774.83万元，增长31.93%。

【事业产业】新址泰州中波发射台全面建成投入使用。分别投资加入华夏城市网络电视股份有限公司和江苏省广电无线传播有限责任公司，开通2套泰州台CMMB频道信号。9月，泰州大剧院通过中国质量认证中心ISO 9001质量认证，全年自营演出项目49个63场次，上座率77.69%，观众满意度98.3%，院团满意度99.09%。

【节目创优】全年共生产各类专题片60多部。完成新版专题片《泰州印记》。电视文艺专题《流韵乡野的歌》获省第26届电视金凤凰奖电视文艺类一等奖；纪录片《郭正湖人家》获中国电视艺术家协会新农村电视片评选二等奖，并被作为“新农村电视小康工程”推荐到全国各大电视台展播。在2009年省级政府奖评比中，获特等奖1个、一等奖4个、二等奖10个、三等奖18个。与上海北弋影视公司联合摄制的青少年禁毒教育题材电影《明天》在全国公映。

【宣传出口加工区建设】 市广电台策划宣传报道方案，从5月5日起，《泰州新闻》开辟“聚焦出口加工区”专栏，先后推出《泰州出口加工区获国务院批准》、《张雷在泰州出口加工区调研时要求：加快建设进度 确保早日封关运作》等10多篇动态报道，推出组合、系列报道《服务高新区 建设新城区》（3集）和《实施阳光拆迁》（3篇），为加快出口加工区建设营造良好舆论氛围。从7月19日起，推出大型系列访谈节目《聚焦出口加工区》，邀请有创办中国第一个出口加工区的“先驱”之称的苏州市政协原副主席、昆山经济开发区管委会原主任宣炳龙以及市内外资深专家、学者、相关部门负责人，就泰州市建立出口加工区的历程、意义以及对地方经济社会发展的影响等话题进行访谈，先后播出《打造高端平台 促进转型升级》、《多方共同努力 再添金字招牌》和《出口加工区不是“铁公鸡”而是“金凤凰”》等近20篇访谈节目。

【举办“中华情·泰州情”全球华语大型文艺演唱会】 7月10日，由市委宣传部、市广播电视台、市住建局、市凤城河风景区管委会主办，江苏双沟酒业股份有限公司荣誉主办的“中华情·泰州情”全球华语大型文艺演唱会在泰州体育场举行。晚会邀请SHE组合、潘玮珀、李玟、张靓颖、韦唯、伍思凯、温岚等歌星加盟。央视主持人撒贝宁、鲁健、台湾主持人潘慧如和泰州电视台主持人杨悦联手主持晚会。泰州电视台影视娱乐频道首次对晚会进行同步现场直播。晚会创造“中华情”晚会历史上的多项第一：第一次邀请境外设计师设计晚会舞美，第一次采用人工全水景舞台，第一次确定一线演员全是境内外当红歌星的明星阵容，第一次在晚会上为一个城市专门创作一首时尚主题歌曲《泰州情》，第一次在地方专场晚会上采用四位主持人同台主持，第一次在向全球播出时插播两部介绍泰州的专题片。

【创办“欢乐宝贝”艺术团】 泰州广播电视台少儿栏目“欢乐宝贝”，从培养优秀少儿人才出发，创办“欢乐宝贝”艺术团，并成立艺术培训班，填补泰州市原创本土音乐童话剧空白。自编自导的泰州市首部原创音乐童话剧《十二生肖的故事》于5月30日在泰州大剧院公演，节目时长约80分钟，参与演出的小演员30多名。

【打造“行风热线”品牌】 集团（台）整合内部资源，构建广播、电视、报纸、网络“四位一体”，创新“行风热线”形态。在《泰州广电报》“新闻·民生”开辟“行风热线回音壁”专栏，跟踪反馈与梳理上线部门承诺解决群众所反映的民生问题；组织电视“新闻夜班车”、“直播生活”和“小范帮你忙”栏目共同报道涉及重要的民生新闻线索；添置视频播出设备，将“行风热线”栏目在“凤城泰州网站”中同步网络视频播出，拓展节目受众范围和沟通交流渠道，扩大“行风热线”的社会影响力。从2010年3月22日至2011年1月9日，共开办78档节目，有67家市级机关部门（单位）和16家海陵、高港二区机关部门（单位）上线，其中“服务企业”、“机关作风与效能”、“教育为民”、“惠民工程”4档节目在“凤城泰州网站”同步视频播出，市领导陈国华、杨峰、曹玉梅、卢佩民等走进直播室，现场解答群众提出的问题。全年在广电报刊登“行风热线回音壁”40期。

【泰州广播电视传媒集团成立】 10月25日，市委、市政府研究决定：在泰州广播电视台的基础上组建泰州广播电视传媒集团，正处级单位。由市委宣传部代表市委实施领导，同时接受市政府有关行政部门的监督管理。泰州广播电视传媒集团与泰州广播电视台实行两块牌子、一套班子，实行党委领导下的台长负责制，下设广播电视编辑委员会和广播电视传媒集团有限责任公司。泰州广播电视传媒集团有限责任公司，由市政府授权经营集团所有的国有资产。11月8日，泰州广播电视传媒集团正式挂牌成立。市委书记张雷，市委副书记、代市长徐郭平，省委宣传部副部长梁勇，省新闻出版局局长徐毅英共同为两大集团（泰州报业传媒集团、泰州广播电视传媒集团）揭牌。

（王珙泰　朱李云）

【《泰州广播电视报》】 泰州广播电视报社有职工20人，拥有《泰州广播电视报》和《风尚泰州》、《声屏内外》两本杂志。《泰州广播电视报》以“关注民生、服务家庭、娱乐大众”为宗旨，分为“新闻影视”和“生活服务”两叠周刊，4开32版，不定期推出铜版纸彩色封套，开辟“民生”、“法案”、“博客”、“明星”、“情感”等专版。经过几年的探索和实践，《泰州广播电视报》已发展为影视文化生活类周报，发行量不断增加。2010年，《泰州广播电视报》期发行量最高达12万份，全年总发行量312万份。

在2010年全国城市广电报优稿评选中，《泰州广播电视报》共有17件作品获奖，其中一等奖2件、二等奖8件、三等奖7件。

（袁　菲）

报　　刊

【概况】11月8日，泰州报业传媒集团成立，实行党委领导下的社长负责制。与泰州日报社实行一套班子、两块牌子，原隶属关系、单位性质不变。设立新闻编辑委员会，统筹管理各媒体，各媒体实行执行总编负责制；设立社委会，负责集团经营工作，设立泰州报业发展有限公司，为一级法人，成立广告、发行、印务、新媒体、出版等分公司，为二级法人。

集团拥有《泰州日报》、《泰州晚报》、泰州新闻网、《泰州手机报》、《名城》、《中华文学选刊》等媒体，总资产1.08亿元，职工总人数451人（其中报社355人、印务公司80人、离退休16人）。《泰州日报》每日对开12版（双休日为4版），每周68版；《泰州晚报》每日4开32版（双休日为16版），每周192版。

【事业建设】全年集团实现营业收入1.37亿元。广告收入稳步增长，举办"小沈阳演笑会"、"春夏房博会"、"郭德刚专场相声晚会"等10多项活动，全年完成广告利润指标4948万元。"两报"发行量大幅提升，《泰州日报》日均发行量比上年增长36%，《泰州晚报》日均发行量增加50%，《泰州晚报》市区发行量占比扩大至80%。印刷业务继续拓展，全年实现业务收入2800万元、利润400万元。开辟户外广告市场，新上主城区道路路口遮阳篷项目。泰州凤凰文化发展有限公司全年实现出书20本，成立靖江、姜堰工作站，开辟教辅用书市场。《泰州手机报》继续与移动、联通、电信合作，订户稳定在7万户。泰州新闻网通过活动策划，访问量世界排名提升到第15万位，网络视听互动平台项目获省文化产业引导资金补贴100万元。

【内部管理】以组建报业集团为契机，改革内部体制机制。科学设置内设机构，撤并相关处室，成立人力资源部和计划财务部。加强制度建设，在出台《加强广告等经营活动内部监管的意见》的基础上，制订《加强财务管理的规定》、《关于增收节支的意见》、《加强人才招聘管理的办法》和《物资采购管理办法》等多项制度，加强对人、财、物的管理。坚持收入分配向一线倾斜，在"两报"设立增收节支奖，采编一线职工人均收入增长5000元。向上争取到政府贴息、财政返税、改制免税等优惠政策，并争取到近3000万元拆迁补偿款，为集团长远发展创造外部条件。开展创先争优活动，根据岗位实际，在采编口开展争当"十佳记者"活动，在行政后勤口开展争当"管理能手"和"服务标兵"活动，在广告经营口开展争当"经营能手"活动，表彰"十佳记者"和"经营能手"，形成"争先进、比贡献"的氛围。开展"爱心奶奶"系列活动、党员义工活动、记者下基层活动，引导职工深入基层一线采访。开展"一岗双责三服务"活动，加大帮扶力度，全年单位、职工捐赠10万元。

（陈忠勋）

·《泰州日报》·

【实施改版】2010年，为让党报更加符合时代潮流，更加贴近受众需求，《泰州日报》实施改版。一是改版形式。在原有报型的基础上缩窄两厘米，高度不变；报头由居左改为居中；确定清新简约的风格，规范标题用字；图片增多加大。二是优化版面布局，将原来二版政经版改为要闻版，设立经济版，撤掉社会新闻版、时评版，打造"泰州时评"言论栏目。

【中心工作宣传报道】以全市性重大活动、重要会议、重大决策为主要内容，突出宣传市委、市政府推动科学发展、跨越发展的新思路、新举措、新成就、新经验。围绕开放创新"双轮驱动"战略、冲刺三年大变化目标、城市建设、民生工程等，先后开设十多个栏目，如"贯彻全会精神 加快双轮驱动"、"提升执行力 冲刺三年大变化"、"回顾十一五　喜看新成就"等，营造舆论氛围。对中心工作的报道，用足版面，形成声势。设立经济版，进行深度报道，先后组织泰州如何拥抱ECFA时代的分析、央行加息后对企业运行和百姓生活的影响、招商引资主攻央企台资大项目的观察等。

【"践行科学发展观，我为泰州作贡献"主题活动宣传报道】开辟贯穿全年的栏目"践行科学发展观，我为泰州作贡献"，报道全市上下在学习实践活动中的新经验、新创造。全年共刊发稿件200多篇。

（仇剑秋）

·《泰州晚报》·

【实施改版】2010年7月1日《泰州晚报》全新改版。重要新闻版报道大事，今日视点版报道热点问题，民生版关注民生，社会版突出新鲜事、突发事、感人事，公众服务版、读者俱乐部、社区版拉近与市民的距离，泰周刊报道文化泰州。改版后，地方新闻版每天都在10条以上，最多时达16条。晚报视点板块除热点报道外，有泰州地理、市民论坛、人物档案等专题栏目。视点以外的版面基本栏目化，贴近中心工作的有创建文明城市、望海楼漫笔等；贴近民生的有超市惠民菜等；与读者互动的有生活、小唐跑腿、市民评报团、晚报传情、你问我答、留言板、读者互帮、气象宝贝等；开设警方值班室、律师信箱、身边达人、泰州好人等栏目丰富版面。

【“爱心奶奶”走进央视《讲述》】 10月10日，央视“讲述”栏目组来到泰州，对泰州“爱心奶奶”系列志愿服务活动进行为期5天的采访。采访期间，栏目组对“爱心奶奶”5年来的活动进行追溯访问，12月22日晚，央视《讲述》栏目用25分钟的时间报道泰州“爱心奶奶”志愿者的事迹。

【“爱心奶奶”惠民菜】 11月下旬，晚报爱心奶奶工作室向市区各大超市、农贸市场和生鲜店发出销售“爱心奶奶惠民菜”的倡议。从11月27日起，市区乐天玛特海陵店、卜蜂莲花等四大超市6家门店陆续开展“爱心奶奶惠民菜”活动。启动首日，市区各大超市共推出50多个品种的特惠菜，让价均幅达30%，其中菠菜、猪肉、肉鸡3种商品让利额超过2万元。12月初，“惠民菜”活动得到市郊部分蔬菜生产基地的响应，部分蔬菜种植户将地产的新鲜蔬菜直接送进社区，以低于市场价实施零售，让社区居民特别是低保特困群体享受到惠民菜。活动得到中央、省、市物价部门的肯定。

【绿之源义工团】 策划并组织成立晚报绿之缘义工团。围绕环境保护和美化家园开展义工活动。先后开展持续一个多月的泰山公园扫落叶、天德湖公园环保徒步行动、到泰山公园给大树穿冬衣、凤城河徒步环保行、首届医博会义工服务、与城管一起进社区清除“牛皮癣”、与环卫工一起清晨扫马路、到火车站提供春运服务等。先后有500多名市民自发参与到晚报义工活动。

【名校名师义务咨询活动】 9月7~10日，联合市教育局举办名校名师义务咨询活动。邀请8名来自中小学校的特级教师做客晚报，通过晚报新闻热线和晚报报网互动平台在线答疑。就孩子的学习方法、学习技巧、如何与孩子沟通等市民关心的教育问题，现场接听电话、在线回复网民提问，为广大市民解疑答惑。活动期间，晚报报网互动平台有近3000人跟帖，收到咨询热线100多个。

【广场纳凉晚会】 7~8月，联合南京银行泰州分行走进广场社区，先后举办5场广场纳凉晚会。晚会内容有传统戏曲、通俗歌曲、动感拉丁舞、跆拳道表演等，有40名艺人参加表演。

（谢成明）

·新　媒　体·

【泰州新闻网成功改版】 2010年，泰州新闻网市民论坛、博客、首页频道相继改版，推出苏中机场、出口加工区获批、三水湾开街、爱心奶奶以及梅兰芳艺术节、首届中国泰州国际医药博览会、世博旅游攻略、高考招生政策解读、夺命蜱虫、钓鱼岛事件、上海胶州路特大火灾、半岛局势等专题。“两会”报道实现在区域内网络媒体独家现场图文直播。

【报网互动】 强化报网互动，先后开展征集晚报金点子、魅力泰州大家拍、招募美食点评员等活动。征集晚报金点子活动，吸引数千网友积极参与，跟帖2万多条。市民论坛与晚报《镜·像》副刊推出“魅力泰州大家拍”，网友直接在“拍客行”论坛投稿。10月，首次招募美食点评员，网友分享美食经验和美食体验，将网络上的特色文章刊发在晚报美食版上。

【网友活动】 4月1日~6月30日举办泰州博客大赛。先后组织发帖抢电影票、婚纱摄影券、KTV唱歌券等活动，形成品牌效应；举办泰州新闻网首届“易买得”杯大学生街舞大赛，10多支来自江苏各地街舞队伍的200多名选手参加比赛和表演，吸引青少年街舞爱好者和数千网友观众观看；倡导绿色生活理念，组织网友环保自行车低碳行活动；与市文明办合作，招募热心网友，组建文明观察员团活动，对社会生活中的一些不文明现象进行爆料；对房博会进行网络图文直播，让众多网民在网上了解房博会盛况，了解泰州楼市最前沿的动态走势。

【泰州手机报】 开通泰州新闻网与手机报互动页面，拓展手机报发送渠道，形成《泰州手机报·移动版》、《泰州手机报·联通版》、《泰州手机报·电信版》系列产品。《新参考报》改版为《手机小说报》（彩信版），每天连载4部小说，《绝境寻踪》、《婚姻保卫战》、《山楂树之恋》等相继登场。

【网络视听互动平台】 申报省文化引导资金，完成《泰州日报社网络视听互动平台》项目的材料准备和报送工作。11月，2010年度省文化产业引导资金项目评审结果公布，项目顺利入选，获100万元补贴资金。

（王　魁）

综　　述

【概况】2010年，市区医疗卫生体系进一步完善，以市人民医院为标志的卫生机构实力不断增强，全面建成市级医疗卫生中心。有市直医疗卫生机构9所，卫生职工2319人(其中卫生技术人员1806人)，医院床位1490张。市区人才和科研高地基本形成，有医学博士、硕士200多人，省市级重点专科30个。泰州市人民医院是三级乙等医院，是扬州大学医学院附属医院；泰州市中医院是三级甲等中医院，是南京中医药大学附属医院；泰州市疾病预防控制中心建成国家认可实验室，是南京医科大学实习基地。

农村三级医疗卫生服务网络得到发展和巩固，医疗卫生机构净资产达24亿元，固定资产19亿元。各地医疗卫生机构新建病房楼、门诊综合楼等建设工程项目93个，总建筑面积94万平方米，总投资超过7亿元，二级以上医疗卫生机构设备投入超过4亿元。乡镇卫生院的房屋、设施等得到改善，涌现出泰兴市常周卫生院等全国先进典型。

按照“预防归口，综合管理，机构整合，功能重组”的原则，全面建成疾病预防控制体系和妇幼保健体系，并基本建成应急医疗救治体系。至年末，市县两级疾控机构共有业务用房3.78万平方米，仪器设备总值2700多万元；市县两级妇幼保健机构有业务用房1.67万平方米，仪器设备总值1800万元。依法加强采供血管理，临床用血全部来自无偿献血，确保血液质量和用血安全。全市卫生监督执法体系形成，通过开展卫生综合执法，维护全市医疗、食品、公共场所及健康相关产品市场秩序。

农　村　卫　生

【新型农村合作医疗】推进新一轮农民健康工程，制定出台《关于进一步规范新型农村合作医疗制度的意见》、《泰州市新型农村合作医疗定点医疗机构管理暂行规定》，加大新农合监管力度，提高基金使用效益。全年筹集资金5.28亿元，实行住院补偿与门诊统筹相结合，补偿4.88亿元，住院补偿比超过60%，住院医药费实际补偿比达45.02%，累计受益320万人，受益面达93%，其中住院受益19.8万人（平均每人次补偿2250元），门诊受益277.9万人（平均每人次补偿8.6元）。姜堰市、海陵区、靖江市、泰兴市开展支付方式改革试点。泰兴市开展农村儿童重大疾病医疗保障试点，3名先心病和白血病患儿经治疗出院，人均补偿2.1万元。泰兴市、兴化市、海陵区先后通过新农合管理信息系统验收，实行与省管理平台联通。

【农村卫生服务体系】 完善农村基本公共卫生服务管理机制,农村基本公共卫生服务覆盖全市所有农村常住人口，按人均18元安排专项资金，共落实经费7456万元。2010年创成示范卫生院7个、省级合格村卫生室416个，乡村一体化管理率达96%。制定《泰州市2010年基本公共卫生服务项目实施方案》、《泰州市基本公共卫生服务项目考核标准》、《泰州市农村基本公共卫生服务项目资料归档管理目录》等文件，规范乡村社区卫生机构的基础管理。印发《关于建立居民电子健康档案和慢性病患者健康管理信息化的通知》，依靠新型农村合作医疗为参保群众免费体检，建立健康档案200多万份。落实村医养老保障政策，稳定乡村医生队伍。年内共组织2128人参加乡村医生中专补偿学历教育第一阶段考试。完善各教学培训点建设，近200名教学点管理人员接受培训，完成省卫生厅对泰州市第一阶段教学评估工作。对全市30名农村卫生院院长进行管理知识培训，其他人员的培训已列入实施计划。完成全市乡村医生全科医学知识培训工作，组织400名乡村医生参加全省结业考试。

公 共 卫 生

【疾病预防】 突发公共卫生事件规范处置率100%，传染病疫情和突发公共卫生事件网络直报率100%。全年全市共计报告法定传染病22种13272例，其中乙类传染病15种8227例，发病率166.59/10万，结核病、艾滋病等三项重点传染病防控工作均获省厅表彰。查螺面积3630.1万平方米，灭螺面积181.2万平方米。加强流感、手足口病疫情监测分析，甲流疫苗接种数据录入和上传工作居全省前列。国家免疫规划疫苗报告接种率均在95%以上，乙肝疫苗首针及时率在97%以上，常住儿童11种一类疫苗接种率均在95%以上。有效监测控制健康危害因素，完成食品污染物监测采样866份，公共场所监测411家。设立农村生活饮用水水质监测点86个，饮水安全工程监测点37个，水质监测覆盖率达100%。医疗卫生单位无烟单位建成率达60%。

【妇幼保健】 按照“调整提高市级，健全完善县（区）级、全面规范乡级，重点加强村级”的总体思路，加强妇幼保健网络建设。免费为3岁以下儿童提供健康体检等保健服务，为孕妇提供孕产期保健服务，为65岁以上老年人进行体格检查和健康指导，全面实施国家规定的9类22项基本公共卫生服务项目。完成儿童麻疹疫苗强化免疫、乙肝疫苗补种任务，儿童免疫规划疫苗免费接种率100%。免费为白内障患者实施复明手术500多例，完成2.86万名农村妇女“两癌”免费检查任务，为2.77万名农村妇女实施住院分娩补助，为2.65万名农村妇女免费增补叶酸。孕产妇系统管理率、婴幼儿系统管理率均在90%以上，孕产妇和婴儿死亡率分别下降至5.85/10万和4.33‰。

【卫生监督】 推进卫生监督体系标准化建设，全面履行食品安全综合协调职能，制定完善食品安全规章制度，建立规范长效的管理机制。加强公共卫生监管和医疗行业监督，查处各类违法案件94起，没收非法物品310千克，罚没款57万元。推进公共场所的量化分级管理，实现住宿场所80%、沐浴场所100%、游泳场所100%的量化目标。开展餐饮服务食品安全专项整治，完成国际旅游节、梅兰芳艺术节、国际医药博览会、上海世博会等重要活动和重大节日的食品安全和医疗保障任务。全面推行说理式执法，帮助企业完善内部管理模式。推出多项卫生行政许可服务新举措，共受理卫生许可申请1619份，群众问卷调查满意率达100%。

【卫生应急】 加强应急组织建设，修订完善各类应急预案和技术方案37种，建立突发公共卫生事件部门协调机制，组织多起应急处置模拟演练。举办各类卫生应急培训班10期，培训400多人次。及时有效处理突发公共卫生事件7起。特别是“4·29”事件发生后，快速反应，及时组织救援，事件中受伤的32名伤员无一例死亡和严重伤残。

医 院 管 理

【医院发展】 市人民医院新区医院奠基，市中医院过渡期建设项目、市疾病预防控制指挥中心建设均获市政府立项。加大新技术、新项目引进应用力度，加强重点专科与特色专病专科建设，与联合国开发计划署执行机构合作实施区域医疗卫生与国民健康安全系统，推进农村急诊救治适宜技术及急诊服务体系应用示范工程建设。

【社区卫生】 建成卫生服务中心3个、卫生服务站14个，基本形成“15分钟健康服务圈”。推进社区卫生服务机构收支两条线管理、药品零差率销售改革，完善双向转诊和社区首诊制度，累计建立居民健康档案160万份。社区卫生服务机构预防保健服务量占总量60%，门急诊人次占城市居民就诊总量40%，社区预防保健比例超过55%。

【医政管理】 年内，核发医师资格证书357份，审核、注册、发放市直医疗机构及各二级医院医师执业证书267份。完成全市550名护士首次注册及信息整理工作。组织1046名医生报名参加执业医师资格考试。对申请更换法人、变更执业范围、增设医疗科目的30家医疗机构进行审查和现场校验，向22所医疗机构下发整改通知书。从医疗机构准入管理、人员资质、消毒隔离、医疗废物处置、医疗广告监管等方面对市管87家医疗机构进行调查摸底和监督检查，覆盖率、户次率分别为100%、200%。在所有二级以上医院开展临床路径试点工作，全市5家人民医院试点实施临床路径36个专业，549个病例。制定下发《泰州市二级及以下医院护理工作标准》，实施"优质护理服务示范工程"活动，泰兴、靖江市人民医院获省卫生厅表彰。全市共有4万人次参加无偿献血，献血量58800u。全年用血量92000u，比上年提升10%。

中医药事业

【概况】成功争取到四市中医院建设国债项目,中央资助资金3230万元。组织申报国家农村医疗机构针灸理疗康复特色专科建设项目，兴化市中医院、靖江市中医院与姜堰市中医院针灸推拿科等3家单位被列为国家农村医疗机构针灸理疗康复特色专科建设项目建设单位。组织省中医重点建设项目申报工作，总计申请补助345万元，落实180多万元。3家社区卫生服务中心通过江苏省第三、四批城市中医药特色社区卫生服务中心验收，2家社区卫生服务中心被列为第五批城市中医药特色社区卫生服务中心建设单位项目。实施中医药知识宣传普及项目，创新宣传形式，普及中医药技术。市卫生局联合市中医药学会组织有关专家与基层中医针灸推拿技术人员编写的《泰州市基层医生简明针灸推拿手册》获国家中医中药中国行大型科普宣传活动组委会中医药科普宣传作品奖。做好对老中医药专家经验继承工作的考核，开展首批中医类别全科医师岗位培训，落实省农村优秀中医临床人才培养计划。

爱国卫生

【卫生城市创建】将卫生城市长效管理工作纳入对市（区）政府及市相关部门的目标考核中，市政府投入150万元作为市区国家卫生城市长效管理工作考核经费，投入60万元作为国家卫生城市长效管理的工作经费。依据《泰州市卫生城市长效管理考核试行办法》，先后会同市级机关工委、市监察局、市数字化城管监督指挥中心，对各市（区）、部门（单位）进行4次明查，8次暗访．年底对四市省级卫生城市巩固情况进行专项检查。全面整治城区街道，全面改造南通路，维修交叉路口，重点对江洲路与泰九路口、鼓楼路与东进路口、永新路和鼓楼路桥面重新铺装沥青。推进城市污水治理设施建设，实施凤城河区域污水处理全覆盖、春兰工业园区污水截流、周山河街区污水收集、医药城污水处理接通等工程。实施绿化工程建设和整治，对新区、经济开发区道路进行重点绿化，完成园博园周边海陵南路、鼓楼南路和新建东路三条道路人行道外侧绿化景观工程，完成永定西路、纬六路、吴陵南路、引江大道四条路的道路绿化。至年末，共新建（改造）道路绿化50万平方米。升级改造市区5家农贸市场，制定环卫工作制度、考核奖惩制度等一系列制度。

【农村改厕改水】市及市(区)财政投入改厕专项资金2095万元,完成农村无害化卫生户厕改造9.14万座，占年度目标任务的100.48%。设立农村生活饮用水水质监测点86个（其中靖江市5个、泰兴市20个、姜堰市21个、兴化市40个），设立饮水安全工程监测点37个（其中靖江市1个、泰兴市4个、姜堰市25个、兴化市7个）。全市农村生活饮用水水质监测覆盖率100%，全年丰、枯水期水质总合格率72.29%，其中枯水期合格率68.60%，丰水期合格率75.97%。

【创建卫生镇村】推进国家和省、市级卫生镇（村）创建工作，将卫生镇（村）创建与环境优美乡镇、生态村、新农村建设示范村、小康村等创建活动相结合。市建设、环保、卫生等部门加大对卫生镇村创建的指导力度，全年全市有3个镇、35个村通过省级卫生镇、村的考核验收，建成6个市级卫生镇、42个市级卫生村。

【健康教育和健康促进】开展11种74次卫生日宣传活动，发放宣传材料79种62000份，制作展板230块。制定《2010年泰州市城乡居民健康素养干预及监测工作方案》，深化"亿万农民健康促进行动"，贯彻实施《全国亿万农民健康促进行动规划(2006～2010)》,建成泰州市"行动"示范乡镇8个，全民健康生活方式行动示范乡镇4个、示范学校4个、示范食堂2个。推动控烟工作，建成305家无烟医疗卫生机构，占总数78%。

卫生行风建设

【概况】细化量化卫生系统党风廉政建设和作风建设目标责任，落实"廉政文化进家庭"、"廉内助"、

“党风廉政建设责任制”三大类19项考核内容。对市直医疗卫生单位热点重点岗位轮转情况开展监察效能。制定下发《关于进一步加强医疗卫生系统行风建设的意见》，明确建立和完善医疗卫生行风建设的保障机制、预防医疗卫生行风违纪违规行为发生的工作机制和奖惩机制的制度框架。推行政务公开、院务公开，推进药品网上采购工作，加大药品网上集中采购监管力度，加强商业贿赂治理工作，探索卫生行风监督管理新机制。推进“无红包医院”创建活动，新建“无红包医院”62家，全市达到创建基本要求的单位有154家，占应创建单位96.9%。3553人次拒收“红包”，上交“红包”超过206万元。出院病人对全市二级医院服务的平均综合满意度为88.60%。

医药卫生体制改革

【实施基本药物制度】 基本药物制度是对基本药物目录制定、生产供应、采购配送、合理使用、价格管理、支付报销、质量监管、监测评价等多个环节实施有效管理的制度。2010年，全市有政府办社区卫生服务中心15个、社区卫生服务站21个、乡镇卫生院28个、村卫生室240个。所有政府办社区卫生服务机构和乡镇卫生院全部配备使用基本药物制度，有196个村卫生室实施基本药物制度。靖江市、海陵区、高港区实施基本药物制度的基层医疗卫生机构门急诊量比上年增长7.65%，门诊均次费用下降23%，基层机构“以药养医”机制逐步扭转。

【试点公立医院改革】 2010年，确定靖江市为公立医院改革试点单位。靖江市卫生局对靖江市人民医院、靖江市中医院进行集团式管理改革，制订下发《关于推进卫生事业管办分离改革组建靖江市医疗集团的实施意见》。深化非营利性医院人事制度改革，完善分配激励机制，出台《非营利性医疗机构内部运行机制方案》，建立健全以聘用制度和岗位管理制度为主要内容的人事管理制度。以专业技术能力、工作业绩和医德医风为主要评价标准，完善卫生专业技术人员职称聘用制度。泰兴市卫生局进行公立医院改革尝试，以泰兴市人民医院为主体，组建医疗集团；人民医院、中医院等3家二级医院分别与22家卫生院签订帮扶合同，对卫生院的管理、技术、设备等方面给予扶持。

【完善三级医疗卫生网络】 落实国家支持项目，建设3家县级医院（含中医院），国家投入3350万元，市、县投入14750万元；建设5家乡镇卫生院，国家投入400万元，市、县投入600万元。加快城市社区卫生服务机构建设，基本建成城市社区卫生服务体系，形成“15分钟健康服务圈”，实现以街道为单位，标准化社区卫生服务中心全覆盖。完成县级医院、中心乡镇卫生院和标准化村卫生室建设任务，建成6个省级示范乡镇卫生院，按省定标准全面完成村卫生室基本建设任务，确保30%的基本公共卫生服务资金用于乡村医生劳务补助。城市社区卫生服务机构门诊量占总量的比例在45%以上，预防保健服务量占总量的比例在60%以上。根据《江苏省基层医疗卫生机构设置和编制配备标准实施意见》，专题研究布置基层医疗卫生机构设置和编制配备标准实施工作。完成市属3所卫生院重新核编工作，指导靖江市、海陵区完成基层医疗卫生机构定编工作，完成兴化市基层医疗卫生机构重新定编方案的审核和报省审批工作，加强对姜堰、泰兴、高港3个市（区）重新核编工作的业务指导，完成定编工作。

（于杏敏）

全市卫生工作会议

综　述

【概况】 群众体育。开展群众体育活动，举办第六届“全民健身节”，共开展各类活动250多项（次），参与人数超过100万人次，被国家体育总局连续第6次授予“全国全民健身活动优秀组织奖”称号。完成“十百千万”工程建设，全市新建90套新型优质健身路径设施。

学校体育。举行全市中小学校青少年阳光体育运动暨全市中小学生广播体操比赛。80多万中小学生参加活动。全市中小学校学生每天锻炼1小时以上，田径、乒乓球、篮球、棋类、举重、武术等青少年阳光体育系列比赛覆盖全年。

竞技体育。3月，贾梅在2010女子摔跤世界杯比赛上获团体冠军，成为泰州第5位世界冠军。在江苏省第十七届运动会上，泰州市有366人参加19项比赛，获45.5枚金牌、44.5枚银牌和41枚铜牌，获进步奖第一名，创泰州市参加省运会历史最好成绩。全年向省队输送22名运动员，向省体校输送19名运动员。

体育产业。年内，市体育馆承办“全国男排联赛”等重大赛事，承接房博会、“梅乡京韵　祥泰之州”摄影美术书法作品展、“中华情·泰州情”大型演出等33项次重大活动的举办。全年体育彩票销售3.6亿元。

群　众　体　育

【第六届全民健身节】 5～12月第六届“全民健身节”举行。健身节期间共举办各级各类活动250多项（次），直接或间接参与人数超过100万人次，形成姜堰溱潼会船、兴化“国象之乡”、靖江广场健身、泰兴城乡联动、海陵民间石锁、高港“柴墟大鼓”、市区全民健身日“畅游凤城河”等健身活动品牌。

【体育健身设施建设】 在实现镇、村（社区）体育设施全覆盖基础上，在城市“城中村”新建设90套新型优质体育健身路径。打造泰州市十大体育广场（公园），分别是靖江市晨阳健身广场、靖江市西来农民公园、兴化市兴健园、兴化市戴南镇董北村农民公园、姜堰市白米镇百姓公园、海陵区城南莲花四区健身广场、高港区银杏广场、市区泰山公园、市区体育中心健身广场、泰兴市羌溪公园。

【国民体质监测】 2010年是全国第三次国民体质监测工作年，市体育局结合“送体育下乡”、“体育进社区”、“体育进企业”等活动，为机关人员、企业职工等人群进行了体质测定，开具运动处方。全年共为100多家单位的近1万人进行体质监测，选取2500多个样本进行分析，形成监测公报，为2010年全国人口体质普查提供依据。

【“体育三下乡”】1月12日，市体育局参加市委宣传部组织的“体育三下乡”集中慰问服务活动启动仪式，为海陵区罡杨镇赠送价值2万元的健身器材，发放全民健身和体育彩票宣传材料，并现场为农民开展国民体质监测服务。

【社会体育指导员队伍建设】市区首次培训大学生村官近100名。全市首次在健美、肚皮舞、石锁3个项目上对120名社会体育指导员进行技能培训。全市共送培国家级社会体育指导员16人、一级88人，二、三级培训超过1000人。

【苏中三市游泳爱好者畅游凤城河】8月8日，来自扬州、南通和泰州3市的208名游泳爱好者畅游凤城河，庆祝全国第2个“全民健身日”。畅游活动在市委常委、纪委书记陈国华率领下，以58分钟的时间游完1200米距离。游泳队伍中年龄最大的76岁，最小的8岁。

【泰州市首届网上智力运动会】泰州“工行杯”首届网上智力运动会网上预赛历时3个月，吸引1000多名象棋、围棋、国际象棋爱好者报名参与。8月初，网上预赛各棋种前12名和各市（区）推荐种子棋手各20名，进行线下决赛。线下决赛于8月8日“全民健身日”举行。主办方市委宣传部、市体育局特邀泰州籍象棋特级大师徐天红、江苏棋院围棋总教练丁波依次讲解点评。获全国冠军和大师等级分的泰州籍小将程鸣应邀，与家乡6名小棋手进行车轮过招。

【迎元旦万人长跑活动】12月31日，市四套班子领导与市级机关、部队、企事业、各界群众及高校师生1万多人参加迎元旦万人长跑活动。起跑仪式上，市委副书记、市长徐郭平宣布长跑活动开始，市委宣传部长缪志红鸣枪发令，副市长曹玉梅致辞。长跑分竞技越野跑和健身长跑两种形式。高校120名学生运动员进行竞技越野长跑比赛，赛程近4000米；健身长跑以若干个百人方队依次进行。海陵区首次在老城区与市区同步进行元旦迎新万人长跑活动。

【全国百城千村健身气功交流展示系列活动江苏省启动仪式】4月28日，全国百城千村健身气功交流展示系列活动江苏省启动仪式在兴化市体育公园“兴健园”举行。活动主办方是国家体育总局健身气功管理中心、省体育局、省政府防范和处理邪教问题办公室，活动承办方是市体育局、市政府防范和处理邪教问题办公室、兴化市人民政府。兴化市数百名健身气功爱好者在启动仪式上表演易筋经、五禽戏、八段锦，中间穿插表演太极舞、腰鼓、板凳龙等兴化本土健身项目。启动仪式后，由国家体育总局健身气功管理中心部署的2010年全国百城千村健身气功交流展示系列活动陆续在全省各地展开。

【获奖表彰】12月，市体育局申报的“全民健身节”品牌，连续第6年蝉联“全国全民健身活动优秀组织奖”，兴化市体育局和高港区文体局获“全国全民健身活动先进单位”，姜堰市体育局和海陵区文体局获“江苏省全民健身活动优秀组织奖”，泰州市公安局、市住房公积金管理中心、市体育舞蹈运动协会、市国税局第二分局、高港区财政局、姜堰市地税局、靖江市建设银行和兴化市张郭镇获“江苏省全民健身活动先进单位”。靖江市马桥镇、泰兴市姚王镇、姜堰市娄庄镇、兴化市张郭镇、海陵区城南街道和高港区口岸街道获省老年人体育协会评选表彰的老年人体协工作“示范乡镇（街道）”。江苏省第十七届运动会期间，全省表彰286个群众体育先进单位和先进个人，泰州市15个群众体育先进单位和个人代表受表彰。年内，全市有70个晨晚练点获省级表彰，30个晨晚练点获市级表彰。泰州市区首次命名‘十佳群众体育健身活动站点”，并给予配套奖励。至年末，全市共有180个省、市级优秀群众健身站点。

【社区健身俱乐部建设】年内，全市新增两家省级社区健身俱乐部，分别是兴化市南沧社区通源篮球健身俱乐部和高港区口岸街道蔡滩社区新起点健身俱乐部。至年末，全市共有国家级健身俱乐部1个、省级健身俱乐部5个。

【教育培训】5月22～23日，由市委组织部、市体育局联合主办的“首期大学生村官科学健身培训班”在南师大泰州学院举行开班仪式，来自海陵区、高港区、开发区和农业开发区的89名大学生村官参加培训。大学生村官听取《全民健身条例》讲座和小型体育竞赛的组织编排，接受农民健身操、广场健身舞、乒乓球等项技能培训。7月7日，为期3天的泰州市首期游泳救生员国家职业资格技能培训班在市开泰宾馆开班，全市水上游乐场27名游泳爱好者及专门从事水上救生工作的人员报名参加培训。

学校体育

【体育传统项目学校建设】泰兴市襟江小学被评为新一轮国家级体育传统项目学校，是建市以来泰州市体育传统项目学校建设第一所国家级传统校。至年末，全市有国家级体育传统校1所，省级体育传统校11所，市级体育传统校38所。

【青少年阳光体育系列活动】全市中小学校青少年阳光体育系列活动以竞赛、表演、展示、培训等形式开展。11月初，全市中小学校青少年阳光体育运动暨全市中小学生广播操比赛将系列活动推向高潮。

【青少年体育俱乐部建设】靖江市第一中学、泰兴市泰兴镇中心小学和靖江市城南园区乒乓球俱乐部被新批为国家级青少年奥林匹克体育俱乐部。全市共建有国家级青少年体育俱乐部11所，省级青少年体育俱乐部6所。

竞技体育

【参加江苏省第十七届运动会】组队参加江苏省第十七届运动会。泰州市代表团青少年部共有366人参加19个大项、267个小项的比赛，获奖牌131枚，其中金牌45.5枚、银牌44.5枚、铜牌41枚。在全省综合排行榜上，优势项目居第6位，奖牌总数居第7位，团体总分居第8位。

【贾梅成为世界冠军】2010年世界杯女子摔跤比赛于3月27～28日在南京举行，泰州姑娘贾梅以主力身份参加团体比赛，获女子摔跤团体冠军，成为继周培顺、徐天红、于锖、袁爱军之后，泰州市第五位世界冠军。

【朱朝晖获世界中学生乒乓球锦标赛2枚金牌】4月，2010年世界中学生乒乓球锦标赛在捷克布尔诺市举行，泰州小将朱朝晖首次出国参赛，获女子团体和女子单打2枚金牌。

【朱敏获2010年广州亚运会击剑团体金牌】11月22日，在广州举行的2010年亚州运动会女子佩剑团体决赛中，泰州运动员朱敏与国家队队友合作，以45：40战胜韩国队，获得金牌。

【李茂鉴获全国柔道冠军】2010全国男子柔道冠军赛于7月16～18日举行，兴化小将李茂鉴获男子81公斤级冠军，首次获全国最高级别的柔道冠军。

【吴彤参加全国帆船冠军赛夺金摘铜】3月中旬，在福建东山岛金銮湾举行的2010年全国帆船冠军赛中，吴彤作为江苏省唯一一名女选手夺得激光雷迪尔级长距离金牌和场地赛铜牌。

【王锦鹏全国技巧冠军赛夺金摘银】9月12日，2010年全国技巧冠军赛在常州市落幕，代表江苏队参赛的泰州市13岁小将王锦鹏与队友配合，夺得1金3银。

【陆玉梅、朱亚运获全国青少年田径锦标赛3枚金牌】2010年全国青少年田径锦标赛在淮安举行，代表江苏队参赛的靖江籍运动员陆玉梅和朱亚运在比赛中获3枚金牌。在女子200米短跑决赛中，陆玉梅以24秒31的成绩获首金；在4×100米和4×200米接力赛中，陆玉梅、朱亚运与另外两名队友分获接力赛金牌和铜牌。

【张言参加全国青年赛艇锦标赛夺冠】6月4日，2010年全国青年赛艇锦标赛在安徽省六安市落幕。泰兴小将张言代表江苏队参赛，分别在男子单人双桨8千米和2千米比赛中获得第2名和第4名，以两项总分之和获男子单人双桨个人全能冠军。

【程鸣参加中国象棋全国冠军赛夺魁】7月29日，第七届中国象棋全国冠军赛暨一级棋士赛在中国棋院落幕，代表江苏参赛的兴化棋手程鸣以积14分的成绩获冠军，其胜率达76%，获晋升象棋大师资格。

【市体育局获江苏省“第十一届全运会参赛突出贡献奖”】2010年，泰州市体育局获江苏省“第十一届全运会参赛突出贡献奖”。在第十一届全国运动会上，泰州市输送的足球、击剑、举重等项目运动员共获得3金3银1铜的历史最好成绩，参赛贡献超过常州、淮安等传统强市，居全省第8位。

【市政府表彰第十一届全运会泰州市突出贡献者】在第十一届全国运动会上，泰州籍获3金、3银、1铜的成绩。3月5日，全市体育工作会议召开，市政府对取得优异成绩的集体和个人进行表彰。决定授予泰州市体育局、姜堰市体育局、靖江市体育局、泰州市体育学校、姜堰市女子足球队5个部门（单位）突出贡献奖；授予俞建国、周彩敏、杨春香、周培顺、周培莲5人启蒙教练奖；授予朱敏突出贡献奖；授予赵媛媛、卫瑶、孙娟、李元4人金牌奖，授予周高萍、宋晓丽、阮晓青、俞卫民4人银牌奖，授予袁爱军铜牌奖，授予李茂鉴、张峰、栾圆、于颖睿4人得分奖。

【召开第十七届省运会泰州市参赛总结表彰大会】在江苏省第十七届运动会上，泰州市体育代表团获45.5

枚金牌、44.5枚银牌、41枚铜牌、1575分竞技分的总成绩，金牌、奖牌和竞技分在全省分别居第9、第7和第8位。12月31日，市政府召开第十七届省运会泰州市参赛总结表彰大会，对在省运会上取得优异成绩、作出重要贡献的单位和个人进行表彰。泰州市体育局、教育局等12家单位分别被市委、市政府记集体二等功和三等功；樊蓉、徐烽、曹建、李国振等24人分别被记个人二等功和三等功。

【市体校柔道教练曹建获市劳模称号】 4月27日，泰州市召开劳动模范表彰大会，授予泰州体校柔道教练曹建市劳动模范称号。地级泰州市组建后，曹建在泰州市体校先后培养出首位世界冠军于锦、首位全国男子柔道冠军殷军、首位全国城运会冠军李茂鉴等著名运动员。柔道项目成为泰州市体育传统强项，泰州市体校连续2次被评为“江苏省高水平体育后备人才柔道训练基地”。

2010年泰州市运动员参加全国以上比赛成绩统计表

表35

运动员	比赛名称	项目	名次	属地
李茂鉴	2010年全国男子柔道冠军赛	–81公斤	第1名	兴化市
朱　敏	2010年全国击剑锦标赛	佩剑个人	第1名	靖江市
朱　敏	第十六届亚洲运动会	佩剑团体	第1名	靖江市
朱　敏	2010年亚洲击剑锦标赛	佩剑团体	第1名	靖江市
王锦鹏	2010年全国技巧锦标赛	双人全能	第1名	海陵区
贾　梅	2010年女子摔跤世界杯	女子摔跤团体	第1名	姜堰市
朱朝晖	世界中学生乒乓球锦标赛	女子团体	第1名	靖江市
朱朝晖	世界中学生乒乓球锦标赛	女子单打	第1名	靖江市
周高萍	亚运会女足比赛	足球	第4名	姜堰市
袁　烨	亚洲青少年国际象棋锦标赛	女子10岁组	第1名	海陵区
卫　瑶	俄罗斯女足邀请赛	足球	第1名	姜堰市
周高平	2010年全国女足超级联赛	足球	第1名	姜堰市
阮小清	2010年全国女足超级联赛	足球	第1名	姜堰市
孙　娟	2010年全国女足超级联赛	足球	第1名	姜堰市
王付勤	2010年全国女足超级联赛	足球	第1名	姜堰市
刘雅静	2010年全国女足超级联赛	足球	第1名	姜堰市
周高平	2010年全国女足足协杯	足球	第1名	姜堰市
阮小清	2010年全国女足足协杯	足球	第1名	姜堰市
孙　娟	2010年全国女足足协杯	足球	第1名	姜堰市
王付勤	2010年全国女足足协杯	足球	第1名	姜堰市
刘雅静	2010年全国女足足协杯	足球	第1名	姜堰市
周高平	2010年全国女足锦标赛	足球	第2名	姜堰市
阮小清	2010年全国女足锦标赛	足球	第2名	姜堰市
孙　娟	2010年全国女足锦标赛	足球	第2名	姜堰市
王付勤	2010年全国女足锦标赛	足球	第2名	姜堰市
刘雅静	2010年全国女足锦标赛	足球	第2名	姜堰市
卫　瑶	2010年U18女足联赛	足球	第2名	姜堰市
俞　晶	2010年U18女足联赛	足球	第2名	姜堰市
李　元	2010年U18女足联赛	足球	第2名	姜堰市
邱　聪	2010年U18女足联赛	足球	第2名	姜堰市

续表35

运动员	比 赛 名 称	项　　目	名 次	属 地
叶　枫	2010年U18女足联赛	足球	第2名	姜堰市
王小雪	2010年U18女足联赛	足球	第2名	姜堰市
毛奕橙	2010年U18女足联赛	足球	第2名	姜堰市
卫　瑶	2010年U18女足锦标赛	足球	第1名	姜堰市
俞　晶	2010年U18女足锦标赛	足球	第1名	姜堰市
李　元	2010年U18女足锦标赛	足球	第1名	姜堰市
邱　聪	2010年U18女足锦标赛	足球	第1名	姜堰市
叶　枫	2010年U18女足锦标赛	足球	第1名	姜堰市
王小雪	2010年U18女足锦标赛	足球	第1名	姜堰市
毛奕橙	2010年U18女足锦标赛	足球	第1名	姜堰市
陆菲菲	2010年U16女足联赛	足球	第2名	姜堰市
陆菲菲	2010年U16女足锦标赛	足球	第4名	姜堰市
张　言	2010全国青年u-18赛艇锦标赛	8000米单人双桨和2000米四人双桨全能	第1名	泰兴市
张　言	2010全国青年u-18赛艇锦标赛	8000米单人双桨	第2名	泰兴市
张　言	2010全国青年u-18赛艇锦标赛	8000米单人双桨和2000米单人双桨全能	第2名	泰兴市
贾　梅	2010年全国女子自由式摔跤冠军赛	55公斤级	第5名	姜堰市
蔡玉楼	2010年全国青年自由式摔跤锦标赛	96公斤级	第1名	兴化市
沈宏宇	2010年全国青少年射击锦标赛	少年男子10米气手枪团体	第3名	泰兴市
李茂鉴	2010年全国男子柔道锦标赛	-81公斤	第2名	兴化市
栾　圆	2010年全国女子柔道锦标赛	-70公斤	第2名	泰兴市
王锦鹏	第四届全国体育大会	技巧男子双人全能	第2名	海陵区
王锦鹏	第四届全国体育大会	技巧男子双人第二套	第2名	海陵区
王锦鹏	第四届全国体育大会	技巧男子双人第一套	第2名	海陵区
吴　椒	2010年全国少儿跳水冠军赛（C区）	儿童甲A女子三米板	第1名	靖江市
吴　椒	2010年全国少儿跳水冠军赛（C区）	儿童甲女子双人五米台	第3名	靖江市
吴　椒	2010年全国少儿跳水冠军赛（C区）	儿童甲A女子一米板	第2名	靖江市
吴　椒	2010年全国少儿跳水冠军赛（C区）	儿童甲A女子五米台	第4名	靖江市
蔡星宇	2010年全国少儿跳水冠军赛（C区）	儿童甲A女子三米板	第4名	泰兴市
蔡星宇	2010年全国少儿跳水冠军赛（C区）	儿童甲女子双人五米台	第3名	泰兴市
蔡星宇	2010年全国少儿跳水冠军赛（C区）	儿童甲A女子一米板	第4名	泰兴市
蔡星宇	2010年全国少儿跳水冠军赛（C区）	儿童甲A女子五米台	第1名	泰兴市
徐春霞	2010年全国少儿跳水冠军赛（C区）	儿童甲C女子一米板	第2名	泰兴市
徐春霞	2010年全国少儿跳水锦标赛	女子儿童甲C组一米板	第2名	泰兴市
徐春霞	2010年全国少儿跳水锦标赛	女子儿童甲C组全能	第2名	泰兴市
凌　子	2010年全国象棋少年锦标赛	女子丙组	第2名	海陵区
高天晖	2011年全国象棋少年锦标赛	女子甲组	第5名	海陵区
孙逸阳	2012年全国象棋少年锦标赛	男子甲组	第3名	海陵区
袁　烨	全国国际象棋"新人王"赛	女子D组	第1名	海陵区
袁　烨	第18届"李成智杯"全国少年儿童国际象棋冠军赛	女子10岁组	第1名	海陵区

2010年江苏省少年儿童比赛各项目泰州市队成绩统计表

表36

运动员	项　目	组　　别	小　　项	名次	属　地
赵　凯	田径	男子青年组	200米	6	泰兴市
赵　凯	田径	男子青年组	400米	5	泰兴市
薛　宏	田径	男子青年组	铅球	4	兴化市
杨雨生	田径	男子青年组	铅球	6	泰兴市
薛　宏	田径	男子青年组	铁饼	2	兴化市
周　佳	田径	女子青年组	400米	6	泰兴市
周　佳	田径	女子青年组	400米栏	3	泰兴市
李　阳	田径	男子少年甲组	400米	4	兴化市
刘　洋	田径	男子少年甲组	400米	5	姜堰市
莫相智	田径	男子少年甲组	400米	8	海陵区
王　君	田径	男子少年甲组	10000米竞走	3	靖江市
朱　杰	田径	男子少年甲组	4×100米接力	6	靖江市
莫相智	田径	男子少年甲组	4×100米接力	6	海陵区
沈文祥	田径	男子少年甲组	4×100米接力	6	海陵区
李　阳	田径	男子少年甲组	4×100米接力	6	兴化市
沈文祥	田径	男子少年甲组	4×400米接力	4	海陵区
李　阳	田径	男子少年甲组	4×400米接力	4	兴化市
莫相智	田径	男子少年甲组	4×400米接力	4	海陵区
刘　洋	田径	男子少年甲组	4×400米接力	4	姜堰市
景徐飞	田径	男子少年甲组	三级跳远	1	靖江市
姚小翔	田径	男子少年甲组	铅球	5	姜堰市
姚小翔	田径	男子少年甲组	铁饼	7	姜堰市
陆玉梅	田径	女子少年甲组	100米	1	靖江市
朱亚运	田径	女子少年甲组	100米	3	靖江市
陆玉梅	田径	女子少年甲组	200米	1	靖江市
朱亚运	田径	女子少年甲组	200米	3	靖江市
赵　凌	田径	女子少年甲组	200米	8	靖江市
赵　凌	田径	女子少年甲组	400米	2	靖江市
刘　霞	田径	女子少年甲组	100米栏	2	泰兴市
刘　霞	田径	女子少年甲组	200米栏	3	泰兴市
刘　霞	田径	女子少年甲组	4×100米接力	1	泰兴市
陆玉梅	田径	女子少年甲组	4×100米接力	1	靖江市
赵　凌	田径	女子少年甲组	4×100米接力	1	靖江市
朱亚运	田径	女子少年甲组	4×100米接力	1	靖江市
刘　霞	田径	女子少年甲组	4×400米接力	1	泰兴市
陆玉梅	田径	女子少年甲组	4×400米接力	1	靖江市
赵　凌	田径	女子少年甲组	4×400米接力	1	靖江市
朱亚运	田径	女子少年甲组	4×400米接力	1	靖江市
赵　燕	田径	女子少年甲组	铅球	6	姜堰市
钟　丹	田径	女子少年甲组	铁饼	6	靖江市
王　路	田径	男子少年乙组	400米	8	靖江市
张锦文	田径	男子少年乙组	4×100米接力	4	靖江市

续表36

运动员	项　目	组　　别	小　　项	名次	属　地
陆天杰	田径	男子少年乙组	4×100米接力	4	靖江市
夏　杰	田径	男子少年乙组	4×100米接力	4	靖江市
王　路	田径	男子少年乙组	4×100米接力	4	靖江市
杨　宏	田径	男子少年乙组	4×400米接力	4	靖江市
夏　杰	田径	男子少年乙组	4×400米接力	4	靖江市
张锦文	田径	男子少年乙组	4×400米接力	4	靖江市
王　路	田径	男子少年乙组	4×400米接力	4	靖江市
陆天杰	田径	男子少年乙组	110米栏	4	靖江市
王杰忻	田径	男子少年乙组	5000米竞走	2	海陵区
康　达	田径	男子少年乙组	5000米竞走	5	海陵区
王杰忻	田径	男子少年乙组	10000米竞走	2	海陵区
林　政	田径	男子少年乙组	跳远	6	泰兴市
陆天杰	田径	男子少年乙组	三级跳远	1	靖江市
林　政	田径	男子少年乙组	三级跳远	6	泰兴市
陆佳雯	田径	女子少年乙组	100米	5	靖江市
周　琴	田径	女子少年乙组	200米	2	泰兴市
杨思嘉	田径	女子少年乙组	200米	4	海陵区
杨思嘉	田径	女子少年乙组	400米	1	海陵区
周　琴	田径	女子少年乙组	400米	3	泰兴市
黄　妍	田径	女子少年乙组	400米	4	泰兴市
黄　妍	田径	女子少年乙组	800米	7	泰兴市
陆佳雯	田径	女子少年乙组	4×100米接力	1	靖江市
杨思嘉	田径	女子少年乙组	4×100米接力	1	海陵区
黄　妍	田径	女子少年乙组	4×100米接力	1	泰兴市
周　琴	田径	女子少年乙组	4×100米接力	1	泰兴市
黄　妍	田径	女子少年乙组	4×400米接力	1	泰兴市
周　琴	田径	女子少年乙组	4×400米接力	1	泰兴市
陆佳雯	田径	女子少年乙组	4×400米接力	1	靖江市
杨思嘉	田径	女子少年乙组	4×400米接力	1	海陵区
韩　倩	田径	女子少年乙组	跳高	3	泰兴市
韩　倩	田径	女子少年乙组	跳远	2	泰兴市
徐佳琦	田径	女子少年乙组	铅球	1	靖江市
徐佳琦	田径	女子少年乙组	铁饼	2	靖江市
储定海	游泳	男子13-14岁组	50米、100米自由泳	3	兴化市
张成洋	游泳	男子13-14岁组	50米、100米自由泳	4	兴化市
储定海	游泳	男子13-14岁组	400米自由泳	4	兴化市
储定海	游泳	男子13-14岁组	200米混合泳	4	兴化市
储定海	游泳	男子13-14岁组	400米混合泳	5	兴化市
张成洋	游泳	男子13-14岁组	100米仰泳	3	兴化市
张成洋	游泳	男子13-14岁组	200米仰泳	3	兴化市
储定海	游泳	男子13-14岁组	100米蝶泳	1	兴化市
吴金路	游泳	男子13-14岁组	100米蝶泳	6	兴化市
储定海	游泳	男子13-14岁组	200米蝶泳	1	兴化市

续表36

运动员	项　目	组　　别	小　　项	名次	属　地
罗　鹏	游泳	男子13-14岁组	4×200米自由泳接力	1	兴化市
吴金路	游泳	男子13-14岁组	4×200米自由泳接力	1	兴化市
张成洋	游泳	男子13-14岁组	4×200米自由泳接力	1	兴化市
储定海	游泳	男子13-14岁组	4×200米自由泳接力	1	兴化市
吴金路	游泳	男子13-14岁组	4×100米混合泳接力	2	兴化市
张成洋	游泳	男子13-14岁组	4×100米混合泳接力	2	兴化市
罗　鹏	游泳	男子13-14岁组	4×100米混合泳接力	2	兴化市
储定海	游泳	男子13-14岁组	4×100米混合泳接力	2	兴化市
吕云鹏	游泳	男子11岁以下组	400米自由泳	6	海陵区
吕云鹏	游泳	男子11岁以下组	200米混合泳	4	海陵区
吕云鹏	游泳	男子11岁以下组	100米仰泳	4	海陵区
吕云鹏	游泳	男子11岁以下组	100米蝶泳	4	海陵区
金松桂	游泳	男子11岁以下组	4×50米混合泳接力	4	兴化市
魏铭阳	游泳	男子11岁以下组	4×50米混合泳接力	4	海陵区
吕云鹏	游泳	男子11岁以下组	4×50米混合泳接力	4	海陵区
刘辰鹏	游泳	男子11岁以下组	4×50米混合泳接力	4	海陵区
邱　聪	女子足球	少年甲组		1	姜堰市
俞　晶	女子足球	少年甲组		1	姜堰市
卫　瑶	女子足球	少年甲组		1	姜堰市
杨雅倩	女子足球	少年甲组		1	姜堰市
王晓雪	女子足球	少年甲组		1	姜堰市
叶　枫	女子足球	少年甲组		1	姜堰市
陈丹丹	女子足球	少年甲组		1	姜堰市
王秋琴	女子足球	少年甲组		1	姜堰市
冒　娟	女子足球	少年甲组		1	姜堰市
杨　敏	女子足球	少年甲组		1	姜堰市
贡　燕	女子足球	少年甲组		1	姜堰市
司　维	女子足球	少年甲组		1	姜堰市
唐　慧	女子足球	少年乙组		5	姜堰市
肖　雅	女子足球	少年乙组		5	姜堰市
丁晓彤	女子足球	少年乙组		5	姜堰市
黄　蓉	女子足球	少年乙组		5	姜堰市
宋　微	女子足球	少年乙组		5	姜堰市
陆菲菲	女子足球	少年乙组		5	姜堰市
章　静	女子足球	少年乙组		5	姜堰市
邱涛涛	女子足球	少年乙组		5	姜堰市
李燕妮	女子足球	少年乙组		5	姜堰市
钱艳华	女子足球	少年乙组		5	姜堰市
钱艳丽	女子足球	少年乙组		5	姜堰市
刘　婷	女子足球	少年乙组		5	姜堰市
李　钰	女子足球	少年乙组		5	姜堰市
校燕如	女子足球	少年乙组		5	姜堰市
赵　钊	垒球	少年甲组		5	靖江市

续表36

运动员	项 目	组 别	小 项	名次	属 地
季 园	垒球	少年甲组		5	靖江市
徐亚惠	垒球	少年甲组		5	靖江市
毛开月	垒球	少年甲组		5	靖江市
吴一志	垒球	少年甲组		5	靖江市
沈俊莺	垒球	少年甲组		5	靖江市
陈晓雯	垒球	少年甲组		5	靖江市
张羿均	垒球	少年甲组		5	靖江市
蒋曹文	垒球	少年甲组		5	靖江市
陈 晨	垒球	少年乙组		5	靖江市
朱 樊	垒球	少年乙组		5	靖江市
展钰琳	垒球	少年乙组		5	靖江市
毛柏文	垒球	少年乙组		5	靖江市
宦士卉	垒球	少年乙组		5	靖江市
徐菲菲	垒球	少年乙组		5	靖江市
叶 楚	垒球	少年乙组		5	靖江市
张 培	垒球	少年乙组		5	靖江市
范 艺	垒球	少年乙组		5	靖江市
董 垠	垒球	少年乙组		5	靖江市
吕紫柠	垒球	少年乙组		5	靖江市
朱朝晖	乒乓球	少年甲组	女子单打	3	靖江市
张禹璐	乒乓球	少年乙组	女子双打	5	海陵区
沈添添	乒乓球	少年乙组	女子双打	5	靖江市
黄雨思	乒乓球	少年乙组	女子双打	7	靖江市
王泽榕	乒乓球	少年乙组	女子双打	7	海陵区
王泽榕	乒乓球	少年乙组	女子团体	4	海陵区
沈添添	乒乓球	少年乙组	女子团体	4	靖江市
黄雨思	乒乓球	少年乙组	女子团体	4	靖江市
张禹璐	乒乓球	少年乙组	女子团体	4	海陵区
管泽岳	乒乓球	儿童甲组	男子单打	1	泰兴市
陆啸逸	乒乓球	儿童甲组	男子单打	2	靖江市
童 沁	乒乓球	儿童甲组	男子单打	4	海陵区
陆啸逸	乒乓球	儿童甲组	男子双打	1	靖江市
管泽岳	乒乓球	儿童甲组	男子双打	1	泰兴市
管泽岳	乒乓球	儿童甲组	男子团体	1	泰兴市
童 沁	乒乓球	儿童甲组	男子团体	1	海陵区
陆啸逸	乒乓球	儿童甲组	男子团体	1	靖江市
顾翎玲	乒乓球	儿童乙组	女子单打	1	靖江市
刘斯雨	乒乓球	儿童乙组	女子单打	3	靖江市
李昊睿	羽毛球	儿童乙组	男子团体	6	海陵区
陈首浩	羽毛球	儿童乙组	男子团体	6	海陵区
孙宇晖	羽毛球	儿童乙组	男子团体	6	海陵区
封志凌	羽毛球	儿童乙组	男子团体	6	海陵区
陆海天	羽毛球	儿童乙组	男子团体	6	海陵区

续表36

运动员	项　目	组　　别	小　　项	名次	属　地
程剑钊	羽毛球	儿童乙组	男子团体	6	海陵区
陈　洋	摔跤	少年甲组	男子古典式84公斤级	3	泰兴市
侯　炼	摔跤	少年甲组	男子古典式96公斤～120公斤级	5	靖江市
李　琴	摔跤	少年甲组	女子自由式67公斤级	3	姜堰市
周　蓉	摔跤	少年乙组	女子自由式46公斤级	1	泰兴市
谢　文	摔跤	少年乙组	女子自由式49公斤级	2	泰兴市
赵　丽	摔跤	少年乙组	女子自由式56公斤级	3	兴化市
丁　舟	摔跤	少年乙组	女子自由式65公斤级	2	兴化市
丁　杰	拳击	少年组	59公斤级	3	姜堰市
周　伟	跆拳道	男子少年甲组	54公斤级	3	姜堰市
陈新泉	跆拳道	男子少年甲组	60公斤级	5	姜堰市
王　立	跆拳道	男子少年甲组	60公斤级	5	姜堰市
王　剑	跆拳道	男子少年乙组	52公斤级	2	姜堰市
陈华明	跆拳道	男子少年乙组	60公斤级	5	姜堰市
张　朦	跆拳道	女子少年乙组	42公斤级	3	姜堰市
吴　刚	柔道	男子少年甲组	66公斤级	—	泰兴市
常　波	柔道	男子少年乙组	55公斤级	1	泰兴市
洪　亮	柔道	男子少年乙组	55公斤级	3	靖江市
周　帆	柔道	男子少年乙组	60公斤级	1	靖江市
于　雷	柔道	男子少年乙组	60公斤级	6	靖江市
陈　星	柔道	男子少年乙组	66公斤级	3	泰兴市
徐　阳	柔道	男子少年乙组	72公斤级	—	泰兴市
杨晓冬	柔道	男子少年乙组	78公斤级	3	高港区
孙　浩	柔道	男子少年乙组	85公斤级	2	高港区
杨　爽	柔道	女子少年甲组	78公斤级	1	高港区
卞东玲	柔道	女子少年乙组	48公斤级	1	泰兴市
梁　倩	柔道	女子少年乙组	48公斤级	6	兴化市
栾　佳	柔道	女子少年乙组	52公斤级	3	靖江市
杨　杰	柔道	女子少年乙组	52公斤级	4	靖江市
李　敏	柔道	女子少年乙组	57公斤级	2	靖江市
叶　露	柔道	女子少年乙组	62公斤级	4	泰兴市
孙　琴	柔道	女子少年乙组	67公斤级	—	泰兴市
沈宏宇	射击	男子少年组	10米气手枪40发团体	8	海陵区
李　冬	射击	男子少年组	10米气手枪40发团体	8	海陵区
孙亦奇	射击	男子少年组	10米气手枪40发团体	8	海陵区
沈宏宇	射击	男子少年组	50米手枪30发团体	—	海陵区
李　冬	射击	男子少年组	50米手枪30发团体	—	海陵区
孙亦奇	射击	男子少年组	50米手枪30发团体	8	海陵区
谢萍萍	射击	女子少年组	10米气手枪40发团体	6	泰兴市
成　凤	射击	女子少年组	10米气手枪40发团体	6	泰兴市
蒋倩玉	射击	女子少年组	10米气手枪40发团体	6	海陵区
谢萍萍	射击	女子少年组	25米手枪15+15个人	6	泰兴市
杨　蓓	射击	女子少年组	双向50靶个人	8	兴化市

续表36

运动员	项 目	组 别	小 项	名次	属 地
尤方毅	击剑	男子少年甲组	花剑个人	3	泰兴市
徐 进	击剑	男子少年甲组	花剑个人	5	高港区
肖 鑫	击剑	男子少年甲组	花剑个人	7	泰兴市
程卫军	击剑	男子少年乙组	花剑个人	2	姜堰市
高 翔	击剑	男子少年乙组	花剑个人	5	泰兴市
宗金铭	击剑	男子少年乙组	花剑个人	6	泰兴市
程卫军	击剑	男子少年乙组	花剑团体	2	姜堰市
高 翔	击剑	男子少年乙组	花剑团体	2	泰兴市
宗金铭	击剑	男子少年乙组	花剑团体	2	泰兴市
孙 航	击剑	男子少年乙组	花剑团体	2	高港区
栾润秋	击剑	男子儿童组	花剑个人	6	靖江市
胡鑫子	击剑	男子儿童组	花剑团体	4	泰兴市
黄文韬	击剑	男子儿童组	花剑团体	4	靖江市
栾润秋	击剑	男子儿童组	花剑团体	4	靖江市
靖文宣	击剑	男子儿童组	花剑团体	4	泰兴市
钱建梅	击剑	女子少年甲组	佩剑个人	2	姜堰市
钱建梅	击剑	女子少年甲组	佩剑团体	3	姜堰市
王一琰	击剑	女子少年甲组	佩剑团体	3	靖江市
周 娜	击剑	女子少年甲组	佩剑团体	3	高港区
蔡晶晶	击剑	女子少年乙组	佩剑个人	6	高港区
蔡晶晶	击剑	女子少年乙组	佩剑团体	1	高港区
陈 佳	击剑	女子少年乙组	佩剑团体	1	高港区
殷海云	击剑	女子少年乙组	佩剑团体	1	泰兴市
钟高宇	体操	男子儿童乙组	全能	6	泰兴市
钟高宇	体操	男子儿童乙组	鞍马	3	泰兴市
钟高宇	体操	男子儿童乙组	吊环	6	泰兴市
钟高宇	体操	男子儿童乙组	跳马	7	泰兴市
钟高宇	体操	男子儿童乙组	双杠	2	泰兴市
钟高宇	体操	男子儿童乙组	单杠	6	泰兴市
姚东城	体操	男子儿童丙组	团体	5	泰兴市
顾千秋	体操	男子儿童丙组	团体	5	泰兴市
蔡文沛	体操	男子儿童丙组	团体	5	泰兴市
耿 裕	体操	男子儿童丙组	团体	5	泰兴市
张智成	体操	男子儿童丙组	团体	5	泰兴市
姚东城	体操	男子儿童丙组	全能	6	泰兴市
姚东城	体操	男子儿童丙组	自由体操	4	泰兴市
姚东城	体操	男子儿童丙组	吊环	1	泰兴市
姚东城	体操	男子儿童丙组	跳马	4	泰兴市
顾千秋	体操	男子儿童丙组	双杠	5	泰兴市
姚东城	体操	男子儿童丙组	双杠	8	泰兴市
姚东城	体操	男子儿童丙组	单杠	4	泰兴市
姚东城	体操	男子儿童丙组	男女大团体	5	泰兴市
顾千秋	体操	男子儿童丙组	男女大团体	5	泰兴市

续表36

运动员	项　目	组　　别	小　　项	名次	属　地
蔡文沛	体操	男子儿童丙组	男女大团体	5	泰兴市
耿　裕	体操	男子儿童丙组	男女大团体	5	泰兴市
张智成	体操	男子儿童丙组	男女大团体	5	泰兴市
戴欣懿	体操	男子儿童丙组	男女大团体	5	泰兴市
赵　宇	体操	男子儿童丙组	男女大团体	5	泰兴市
褚洁茹	体操	男子儿童丙组	男女大团体	5	泰兴市
朱欣怡	体操	男子儿童丙组	男女大团体	5	泰兴市
罗鑫淼	体操	男子儿童丙组	男女大团体	5	泰兴市
戴欣懿	体操	女子儿童丙组	团体	5	泰兴市
赵　宇	体操	女子儿童丙组	团体	5	泰兴市
褚洁茹	体操	女子儿童丙组	团体	5	泰兴市
朱欣怡	体操	女子儿童丙组	团体	5	泰兴市
罗鑫淼	体操	女子儿童丙组	团体	5	泰兴市
曾佳杰	跳水	男子少年组	1米板	2	靖江市
袁巍斌	跳水	男子少年组	1米板	7	海陵区
曾佳杰	跳水	男子少年组	3米板	2	靖江市
袁巍斌	跳水	男子少年组	3米板	7	海陵区
曾佳杰	跳水	男子少年组	跳台	2	靖江市
袁巍斌	跳水	男子少年组	跳台	7	海陵区
黄　鑫	跳水	男子儿童甲组	双人台	4	泰兴市
李浩然	跳水	男子儿童甲组	双人台	4	海陵区
郭世民	跳水	男子儿童乙组	1米板	6	泰兴市
周世鸿	跳水	男子儿童乙组	1米板	7	泰兴市
郭世民	跳水	男子儿童乙组	跳台（5米）	6	泰兴市
周世鸿	跳水	男子儿童乙组	跳台（5米）	7	泰兴市
郭世民	跳水	男子儿童乙组	双人台（5米）	3	泰兴市
周世鸿	跳水	男子儿童乙组	双人台（5米）	3	泰兴市
郭世民	跳水	男子儿童乙组	个人全能	6	泰兴市
周世鸿	跳水	男子儿童乙组	个人全能	7	泰兴市
鞠云钰	跳水	女子少年组	1米板	6	靖江市
陆以晴	跳水	女子少年组	1米板	6	泰兴市
鞠云钰	跳水	女子少年组	3米板	6	靖江市
陆以晴	跳水	女子少年组	3米板	7	泰兴市
鞠云钰	跳水	女子少年组	跳台	6	靖江市
陆以晴	跳水	女子少年组	跳台	7	泰兴市
吴　椒	跳水	女子儿童甲组	1米板	3	靖江市
蔡星宇	跳水	女子儿童甲组	1米板	7	泰兴市
吴　椒	跳水	女子儿童甲组	3米板	1	靖江市
蔡星宇	跳水	女子儿童甲组	3米板	6	泰兴市
吴　椒	跳水	女子儿童甲组	跳台	3	靖江市
蔡星宇	跳水	女子儿童甲组	跳台	6	泰兴市
蔡星宇	跳水	女子儿童甲组	双人台	2	泰兴市
吴　椒	跳水	女子儿童甲组	双人台	2	靖江市

续表36

运动员	项　目	组　　别	小　　项	名次	属　地
吴　椒	跳水	女子儿童甲组	个人全能	2	靖江市
蔡星宇	跳水	女子儿童甲组	个人全能	6	泰兴市
徐春霞	跳水	女子儿童乙组	1米板	5	泰兴市
徐春霞	跳水	女子儿童乙组	跳台（5米）	4	泰兴市
徐春霞	跳水	女子儿童乙组	个人全能	5	泰兴市
陈诗文	艺术体操	儿童乙组	团体	4	高港区
柏玉禧	艺术体操	儿童乙组	团体	4	高港区
余雪婷	艺术体操	儿童乙组	团体	4	高港区
朱雨佳	艺术体操	儿童乙组	团体	4	高港区
陈诗文	艺术体操	儿童乙组	身材优秀组个人全能	3	高港区
唐　龙	自行车	男子少年甲组	1千米计时赛	7	姜堰市
杨雨生	自行车	男子少年甲组	行进200米个人计时	2	泰兴市
黄　杰	自行车	男子少年甲组	行进200米个人计时	7	泰兴市
杨雨生	自行车	男子少年甲组	奥林匹克竞速赛	3	泰兴市
黄　杰	自行车	男子少年甲组	奥林匹克竞速赛	3	泰兴市
唐　龙	自行车	男子少年甲组	奥林匹克竞速赛	3	姜堰市
杨雨生	自行车	男子少年甲组	4千米团体计时	3	泰兴市
黄　杰	自行车	男子少年甲组	4千米团体计时	3	泰兴市
唐　龙	自行车	男子少年甲组	4千米团体计时	3	姜堰市
丁云吉	自行车	男子少年甲组	4千米团体计时	3	姜堰市
李海翔	自行车	男子少年乙组	500米计时赛	6	姜堰市
李海翔	自行车	男子少年乙组	奥林匹克竞速赛	4	姜堰市
何　麒	自行车	男子少年乙组	奥林匹克竞速赛	4	泰兴市
王　泽	自行车	男子少年乙组	奥林匹克竞速赛	4	姜堰市
何　麒	自行车	男子少年乙组	3千米个人计时	7	泰兴市
李海翔	自行车	男子少年乙组	3千米团体计时	2	姜堰市
何　麒	自行车	男子少年乙组	3千米团体计时	2	泰兴市
王　泽	自行车	男子少年乙组	3千米团体计时	2	姜堰市
李　微	自行车	女子少年甲组	500米计时赛	7	高港区
李　微	自行车	女子少年甲组	行进200米个人计时	7	高港区
陈　婧	自行车	女子少年乙组	行进200米个人计时	3	姜堰市
陈　婧	自行车	女子少年乙组	250米计时赛	4	姜堰市
鲍　夕	自行车	女子少年乙组	250米计时赛	8	泰兴市
鲍　夕	自行车	女子少年乙组	2千米个人计时	5	泰兴市
周　洁	自行车	女子少年乙组	2千米个人计时	6	泰兴市
陈　婧	自行车	女子少年乙组	2千米团体计时	4	姜堰市
鲍　夕	自行车	女子少年乙组	2千米团体计时	4	泰兴市
周　洁	自行车	女子少年乙组	2千米团体计时	4	泰兴市
唐　龙	自行车	男子少年甲组	30千米个人计时	6	姜堰市
丁云吉	自行车	男子少年甲组	30千米个人计时	8	姜堰市
黄　杰	自行车	男子少年甲组	80千米个人大组赛	8	泰兴市
周　洁	自行车	女子少年乙组	10千米个人计时	4	泰兴市
鲍　夕	自行车	女子少年乙组	10千米个人计时	6	泰兴市

续表36

运动员	项　目	组　　别	小　　项	名次	属　地
鲍　夕	自行车	女子少年乙组	20千米团体	1	泰兴市
周　洁	自行车	女子少年乙组	20千米团体	1	泰兴市
周庆云	自行车	女子少年乙组	20千米团体	1	靖江市
王海月	自行车	女子少年乙组	20千米团体	1	靖江市
季圣钦	套路	男子少年乙组	太极拳	6	姜堰市
徐柑霖	套路	男子少年乙组	刀、棍小全能	6	姜堰市
季圣钦	套路	男子少年乙组	对练	5	姜堰市
豆明健	套路	男子少年乙组	对练	5	姜堰市
徐柑霖	套路	男子少年乙组	对练	5	姜堰市
岳彩亚	套路	女子少年乙组	南拳	8	姜堰市
岳彩亚	套路	女子少年乙组	对练	4	姜堰市
张玉晴	套路	女子少年乙组	对练	4	姜堰市
季圣钦	套路	少年乙组	男女集体基本功	4	姜堰市
豆明健	套路	少年乙组	男女集体基本功	4	姜堰市
徐柑霖	套路	少年乙组	男女集体基本功	4	姜堰市
岳彩亚	套路	少年乙组	男女集体基本功	4	姜堰市
张玉晴	套路	少年乙组	男女集体基本功	4	姜堰市
王羽玲	套路	女子儿童组	剑术	8	姜堰市
韩　飞	套路	儿童组	男女集体基本功	7	姜堰市
陈志浩	套路	儿童组	男女集体基本功	7	姜堰市
符剑峰	套路	儿童组	男女集体基本功	7	姜堰市
王羽玲	套路	儿童组	男女集体基本功	7	姜堰市
钱巧云	套路	儿童组	男女集体基本功	7	姜堰市
徐　军	散打	男子少年甲组	60公斤级	4	高港区
蒋伶超	散打	男子少年甲组	60公斤级	5	高港区
张　泽	散打	男子少年甲组	65公斤级	2	泰兴市
葛俊鹏	散打	男子少年甲组	65公斤级	5	海陵区
李　龙	散打	男子少年甲组	70公斤级	3	泰兴市
邬沪泰	散打	男子少年甲组	75公斤级	2	泰兴市
叶　磊	散打	男子少年甲组	75公斤级	3	泰兴市
徐鑫炼	散打	男子少年甲组	75+公斤级	3	靖江市
李振发	散打	男子少年乙组	52公斤级	5	姜堰市
陈立成	散打	男子少年乙组	56公斤级	3	姜堰市
鱼　波	散打	男子少年乙组	65公斤级	2	兴化市
周建平	散打	男子少年乙组	70+公斤级	1	兴化市
钟仕勇	举重	男子青年组	77公斤级	2	兴化市
潘文琴	举重	女子青年组	58公斤级	6	靖江市
高　锴	举重	男子少年甲组	56公斤级	5	靖江市
周亚梅	举重	女子少年甲组	53公斤级	1	靖江市
王秦钰	举重	女子少年甲组	63公斤级	2	海陵区
章誉英	举重	女子少年甲组	69公斤级	4	海陵区
张馨月	举重	女子少年甲组	75公斤以上级	3	高港区
王　杰	举重	男子少年乙组	48公斤级	3	海陵区

续表36

运动员	项　目	组　别	小　项	名次	属　地
沈　鑫	举重	男子少年乙组	52公斤级	6	靖江市
冯　锴	举重	男子少年乙组	52公斤级	7	靖江市
钱俊宇	举重	男子少年乙组	56公斤级	3	靖江市
侯晓军	举重	男子少年乙组	56公斤级	7	靖江市
戴　旭	举重	男子少年乙组	62公斤级	8	泰兴市
王宇星	举重	男子少年乙组	69公斤级	2	海陵区
黄媛媛	举重	女子少年乙组	53公斤级	2	靖江市
张　言	赛艇	男子少年甲组	公开级2000米单人双桨	2	泰兴市
朱　磊	赛艇	男子少年甲组	公开级2000米单人双桨	8	靖江市
张　言	赛艇	男子少年甲组	公开级8000米单人双桨	1	泰兴市
朱　磊	赛艇	男子少年甲组	公开级8000米单人双桨	7	靖江市
万连海	赛艇	男子少年甲组	轻量级8000米双人双桨	6	兴化市
李凯华	赛艇	男子少年甲组	轻量级8000米双人双桨	6	兴化市
戴春风	赛艇	女子少年甲组	公开级2000米单人双桨	2	兴化市
顾　蓉	赛艇	女子少年甲组	公开级2000米单人双桨	5	泰兴市
戴春风	赛艇	女子少年甲组	公开级8000米单人双桨	3	兴化市
顾　蓉	赛艇	女子少年甲组	公开级8000米单人双桨	5	泰兴市
王　雪	赛艇	女子少年甲组	轻量级2000米双人双桨	1	泰兴市
陈秋凤	赛艇	女子少年甲组	轻量级2000米双人双桨	1	泰兴市
唐璐璐	赛艇	女子少年甲组	轻量级2000米双人双桨	5	泰兴市
朱佳媛	赛艇	女子少年甲组	轻量级2000米双人双桨	5	靖江市
王　雪	赛艇	女子少年甲组	轻量级8000米单人双桨	2	泰兴市
陈秋凤	赛艇	女子少年甲组	轻量级8000米单人双桨	5	泰兴市
孙美琳	赛艇	女子少年乙组	4000米单人双桨	2	靖江市
宣淑瑶	赛艇	女子少年乙组	4000米单人双桨	5	靖江市
孙美琳	赛艇	女子少年乙组	4000米双人双桨	2	靖江市
宣淑瑶	赛艇	女子少年乙组	4000米双人双桨	2	靖江市

（周　莉）

江苏省第十七届运动会泰州女足夺冠合影

民　　政

【概况】2010年，全市共保障城乡低保对象21848人和92258人，城乡人均低保标准提高到340元/月和210元/月。全市共供养五保老人23961人，落实五保供养经费7316.8万元，五保集中供养率达65%。创建全国五保工作先进集体1个、全国文明敬老院1所、全国五保工作先进个人1人和省五保工作先进集体2个、省文明敬老院14所、省五保工作先进个人11人。全年共救助城乡困难患者13.9万人次，支出救助金3905万元。医疗救助与新农合、城市居民和职工医保信息相衔接的医疗保险与救助同步结算平台全部建成。建成应急避难场所60个。创建全国综合减灾示范社区3个。年内，全市新建养老机构4家、改扩建6家，新增床位476张，床位总数4140张，比上年增长11.5%。全市首批850名孤儿纳入基本生活保障体系，集中供养孤儿保障标准1000元/月，散居孤儿保障标准600元/月。全年实现福利生产销售收入153亿元、利税5.5亿元，新办福利企业21家，新安置残疾职工1300人。全市新增居家养老服务站348家、省级示范性居家养老服务中心4家，城镇社区居家养老服务覆盖面60%，农村社区（村）居家养老服务覆盖面21%。开设4家市区街道老年活动中心，新增市区村（居）老年活动室51家。百岁老人长寿补贴提高到每人每月300元。成功举办第三届老年艺术节。完成第九届村民委员会和第八届居民委员会换届选举工作。全市1588个行政村全部开展村民直评“村官”活动，共作出整改承诺近1万项，化解疑难复杂矛盾和问题4300多件，为村民解决实际困难6680多个，群众对村干部的满意度比上年提高10%。全市城市和谐社区“一委一居一站”管理模式覆盖率达85%以上、农村达65%以上；城市社区依法自治率达95%以上，农村依法自治率达95%。市区村改居、社区调整工作取得成效，主城区41个村撤村改居到位。举办“海军将军镜头中的水兵母亲城摄影展”。推进“慰烈工程”，共集中安葬散葬烈士墓2122座，完成任务总数的79%，超过省定指标19个百分点。全市共发放各类优抚对象抚恤补助资金1.3亿元，发放城乡义务兵家庭优待金2486万元，抚恤定补优待金、护理费全部实行社会化发放。全市2.1万名重点优抚对象全部参合参保，住院医疗费实行“一站式”即时结算。全年新批社会团体79个，新批民办非企业单位133家，建成2个社会组织培育发展孵化基地。举办市首届养老护理员培训班，73名来自养老护理机构的一线工作人员参加培训，95%的护理员取得初、中级养老护理员证书。全年共办理结婚登记50640对、离婚登记6591对，合格率达100%。各市（区）民政局婚姻登记处全部达到“全国婚姻登记规范化单位”标准，市民政局被评为“全国婚姻登记规范化建设‘十一五’贡献突出单位”。全年共办理收养登记109件，合格率100%。全年共销售福利彩票3.16亿元，增长28.37%。

（史海春）

·社会救助和社会福利·

【城市居民最低生活保障】2010年，领取保障金人数为21848人，发放保障金4633.8万元，各市（区）标准均提高到每人每月340元。

【农村居民最低生活保障】 年内，全市共保障农村低保对象58767户、92258人，比上年净增2473人，年发放保障资金1.285亿元，净增2852万元。

【农村“五保”供养】 全年共为23961名“五保”对象落实“五保”供养经费7316.8万元。筹集资金1989万元建设“关爱工程”附属设施项目28个、新建床位项目3个。

【救灾救济】 年内，泰州市遭受雷电、风雹等自然灾害袭击，全市受灾人口9.98万人，3人死亡，因灾伤病8人，紧急转移安置人口432人。倒塌房屋271间，其中居民住房107户237间，损坏房屋435间。农作物受灾面积6619.1公顷，其中绝收面积22.9公顷。灾害造成直接经济损失6725.51万元。全年共投入救灾资金854万元，其中帮助灾民重建住房237间。

【医疗救助】 年内共救助139456人次，投入救助资金3905万元，其中救助住院患者17476人次，投入救助资金3084.65万元；资助参保人数118872人，投入资金672.8万元。

（罗　嘉）

【福利机构】 全市现有老年福利机构38家，拥有床位数4140张，其中民办老年福利机构31家，拥有床位数3046张。

（刘春国）

【福利彩票销售】 全市福利彩票实现销售31669.61万元，其中电脑型彩票销售26082万元，比上年增长15.78%；网点即开票销售4874万元，增长125.65%；中福在线11月恢复运营，共销售713.61万元。兴化市全年福利彩票销售7045万元、姜堰市4435万元、泰兴市5838万元、靖江市4807万元。

（毛小庆）

·基层政权和社区建设·

【基层政权建设】 第九届村委会换届选举工作，选举率为99.9%，参选率为96%，比上届提高1.1个百分点。全市1498个村委会共选出村委会成员6776人，其中，党员5140人，占总数的75.9%；大专以上文化程度的1296人，占村委会成员的19.13%；1596名妇女当选为村干部，占村委会成员总数的23.6%。加强村务公开和民主管理“薄弱村”治理工作，把“薄弱村”治理工作列入市委、市政府的重要议事日程，全市有30个“薄弱村”通过整治。9月，省委、省政府在泰州市召开村务公开和民主管理“薄弱村”治理工作现场会。

【社区建设】 完成全市第八届社区居委会换届选举。换届选举工作首次采取直接选举的方式，即凡有选举权的社区居民经过法定程序，直接投票选举社区居委会组成人员。9～11月，全市361个社区，完成换届选举，选举率为100%，参选率为97%，比往届高出3.7个百分点。直接选举的社区为222个，直选率为61.5%。推进市区撤村建居及街道社区调整工作，以市政府名义出台《关于明确市区撤村建居及街道社区调整有关政策的通知》。对市区村组（社区）和街道社区调整建设工作进行年终测评，以市政府办名义下发《关于印发2011年泰州市区村组股份制改革和街道社区调整建设工作考核奖励办法的通知》，推动市区撤村建居和街道社区调整工作规范化、制度化运行。

（孙润海）

·优抚安置·

【实施“慰烈工程”】 全市共投入1200多万元集中安葬散葬烈士墓2122座，集中安葬率达79%，超过省下达指标19个百分点。对由原乡镇或村管理的较为重要的烈士纪念建筑物和不便迁移集中安葬的，坚持属地管理，就地维修，专门设立纪念标志，划定保护范围，明确责任人。

【推行“一站式”结算服务】 全市2.1万名重点优抚对象全部参合参保，住院医疗费用实行同平台结算，重病得到救助，落实省、市规定的医疗优惠政策，解决优抚对象住院医疗费垫付难和救助手续烦琐问题。

【落实抚恤优待政策】 全市共发放各类优抚对象抚恤补助金1.3亿元，发放城乡义务兵家庭优待金2486万元，户均5423元，抚恤定补优待金、护理费全部实行社会化发放。全市义务兵家庭优待金实行城乡一体化，统一标准，统一发放。

【“一助一”帮扶活动】 全市共帮扶优抚对象4269户，投入帮扶资金507万元。兴化市帮助重点优抚对象修缮住房139户，姜堰市资助优抚对象子女上学106人。泰兴市树立“一助一”先进典型50个，靖江市组团把优抚政策送到军营，海陵、高港、开发区对重点优抚对象在医疗上实行“双保险”（在生活上实行“双补助”，在住房上实行“双优先”）。

（顾振兴）

【退伍士兵安置】全年共接收城乡退役士兵2659人，其中农村退役士兵1923人、城镇退役士兵736人。城镇退役士兵中，自谋职业706人，自谋职业率96%。7月，新华社、中央电视台、《新华日报》、《解放军报》、《中国社会报》、《群众》、《人民前线》、江苏卫视、江苏教育电视台等中央、省主流媒体到泰，对泰州市退役士兵职业技能培训模式进行采访报道，将泰州模式向全国推广。年内，泰州市退伍军人创业培训中心和泰州市军队离退休干部服务中心成立。

（唐 杰）

·专项社会事务管理·

【行政区划调整】1月21日，经省政府批准，撤销海陵区寺巷镇建制，以其境内周山河为界，将南侧的南塘、帅于等12个村和寺巷社区居委会组建设立“泰州市海陵区寺巷街道办事处”；将北侧的龙汪、城南等10个村和明珠等5个社区居委会组建设立“泰州市海陵区明珠街道办事处”。

3月25日，经省政府批准，撤销横垛镇、古溪镇建制，将原横垛镇所辖区域和原古溪镇所辖区域合并，设立新的古溪镇；撤销黄桥镇、溪桥镇、刘陈镇建制，将原黄桥镇所辖区域、原溪桥镇所辖区域和原刘陈镇所辖区域合并，设立新的黄桥镇；撤销滨江镇、马甸镇建制，将原滨江镇所辖区域、原马甸镇所辖区域和泰兴镇的向阳、张庄、郭庄、三联四村合并，设立新的滨江镇；撤销蒋华镇、七圩镇建制，将原蒋华镇所辖区域和原七圩镇所辖区域合并，设立虹桥镇。

4月30日，经市政府同意，撤销海陵区泰山街道，将原泰山街道的南蒲、书院、方洲、泰山4个社区和城中街道合并，设立新的城中街道；将原泰山街道的新城社区以及城西街道的招贤村位于卤汀河以东的4、5、6、7组划归城北街道管理；高港区原口岸街道分设成口岸街道和沿江街道，其中沿江街道隶属泰州经济开发区管理。原寺巷镇代管的居桥、二桥改由寺巷街道代管。

12月31日，经市政府同意，高港区原口岸街道的东南社区、新明社区、大石村、徐桥村划归永安洲镇代管。

【地名管理】1月12日，经泰州市地名委员会批准，鼓楼南路东侧、鹏欣丽园北侧、百凤桥西侧、望海楼景区南侧区域命名为三水湾街区；东起百凤桥，西止鼓楼南路的东西向道路命名为水街。

7月6日，经泰州市地名委员会批准，新通扬运河北侧，东起兴晨路（规划名称），西止九里河桥的东西向道路命名为兴丰东路；新通扬运河北侧，东起九里河桥，西止老兴泰公路的东西向道路命名为兴丰西路；引江河西侧，南起新通扬运河，北止罡杨镇的南北向道路命名为丰联路；江洲北路西侧，南起新通扬运河北，北止工农河北侧的南北向道路命名为宇晨路；北星河西侧，南起新通扬运河北，北止工农河北侧的南北向道路命名为兴晨路；北星河东侧，南起新通扬运河，北止站前路（规划名称）命名为兴宏路。

8月20日，经泰州市地名委员会批准，北起扬州路，南止周山河南原328国道西段南北向道路更名为祥泰路；南起迎春东路，北止龙溪大桥的南北向道路更名为兴泰北路；北起迎春东路，南止永定东路的原328国道东段南北向道路更名为兴泰南路；引江河东侧，北起江海高速，南止高港区长江岸边的南北向道路命名为长江大道；东起江洲路，西止祥泰路迎春西路西延的东西向道路命名为迎春西路；西起兴泰公路转盘，东止姜堰市宁靖盐高速公路姜堰大道的原328国道东段东西向道路更名为海姜大道；北起永定路，南止宁通高速公路的原泰高路的南北向道路更名为泰州大道。

9月7日，经市政府批准，泰州市海陵区人民政府农业开发区街道办事处更名为泰州市海陵区人民政府红旗街道办事处。

10月8日，经泰州市地名委员会批准，永定东路南侧，西起泰高路，东止春兰南路东侧的东西向道路命名为洪泽湖路；西起南官河东侧南北向道路，东止规划中的环城东路的东西向道路命名为太湖路；周山河北侧，西起引江河东侧规划建设的南北向道路，东止规划中的环城东路命名为周山河路；周山河南侧，西起20号路，东止海陵南路的东西向道路命名为云龙湖路；周山河南侧，西起鼓楼南路，东止春兰南路的东西向道路命名为大纵湖路；西起引江河东侧规划建设的南北向道路，东止海陵南路的东西向道路命名为黄河路；西起鼓楼南路，东止春兰南路东侧的东西向道路命名为海河路；跃进河北侧，西起20号路，东止海陵南路的东西向道路命名为玄武湖路；西起鼓楼南路，东止春兰南路东侧的东西向道路命名为天德路；西起20号路，东止海陵南路的东西向道路命名为秦淮河路；西起鼓楼南路，东止东风南路的东西向道路命名为天目湖路；西起23号路，东止春兰南路的东西向道路命名为淀山湖路；西起引江河东侧规划建设的南北向道路，东止规划中的环城东路的东西向道路命名为淮河路；泰高路东侧，北起永定东路，南止3号路的南北向道路命名为西谢路；海陵南路东侧，北起永定东路，南止3号路的南北向道路命名为紫金路；鼓楼南路西侧，北起永定东路，南止3号路的南北向道路命名为金山路；引凤路东侧，北起2号路，南止3号路的南北向的道路命名为双河路；春晖路西侧，北起1号路，南止3号路的南北向道路命名为东谢路；泰高路东侧，北起4号路，南止14号路的南北向道路命名为钟山路；海陵南路西侧，北起4号路，南止姜高路的南北向道路命名为栖霞山路；鼓楼南路东侧，北起5号路，南止姜高路的南北向道路命名为惠山路；东风南路东侧，北起5号路，南止香椿路的南北向道路命名为灵山路；东谢河东侧，北起凤凰路，南止3号路的南北向道路命名为云台山路。

（张亚平）

【社会团体登记管理】 至年末，经各级民政部门注册登记，全市地方性社团总数1163个，其中市直社团237个、县级社团926个；学术性社团264个、专业性社团268个、行业性社团361个、联合性社团110个，其它社团160个。年内审核批准社团79个，依法注、撤销社团25个。依法对社团年检，参检率99.3%。

【民办非企业单位登记管理】 经各级民政部门注册登记，全市民办非企业单位1255个，其中市直74个、县级1181个；教育类356个、卫生类96个、文化类48个、科技类46个、体育类59个、劳动类199个、民政类193个、中介类101个、法律服务单位2个、其他类154个。年内审核批准民办非企业单位133个，依法注、撤销民办非企业单位22个。依法对民办非企业单位年检，参检率99.4%。

（朱兰昆　张华林）

【救助管理】 全市救助城市生活无着的流浪乞讨人员2002人，其中，市区救助875人，靖江救助506人，泰兴救助169人，姜堰救助106人，兴化救助346人。

【婚姻登记】 全市办理结婚登记50640对，离婚登记6591对。全市婚姻登记率100%，婚姻登记合格率100%。“十一五”期间，泰州市7个县（市）区婚姻登记处全部获“全国婚姻登记规范化单位”称号，市民政局被授予“全国婚姻登记规范化建设‘十一五’贡献突出单位”称号。

【收养登记】 全市办理收养登记109人，其中，办理收养社会福利机构抚养的弃婴68人，办理收养社会弃婴24人，办理收养三代以内同辈旁系血亲的子女13人，办理收养父母有特殊困难无力抚养的3人，收养社会孤儿1人。

【殡葬服务】 全市殡仪馆共火化遗体39217具，火化率99.8%。

（翟宏毅）

老年人事业

【老年优待政策】 出台《泰州市委、市政府关于加快我市老龄事业发展的实施意见》，全市百岁以上老年人按每人每月不低于300元标准发放长寿补贴，90～99周岁老人按每人每月不低于100元标准发放尊老金。出台《关于加快市区现代服务业重点产业发展的奖励办法》，将为老服务业纳入到现代服务业中，对市区达到AA级、AAA级、AAAA级建设标准的社区居家养老服务中心，市财政分别给予一次性奖励5万元、8万元和10万元。

【为老服务工作】 市区新增村（居）老年活动室51家，开设明珠街道老年活动中心等4个区域性老年活动中心，基本实现基层老年活动室全覆盖。全市新增省级性示范性居家养老服务中心4家、居家养老服务站348家，城镇社区居家养老服务覆盖面达60%，农村社区（村）居家养老服务覆盖面达21%。各市（区）政府投入65.41万元，使280名70岁以上的空巢困难老人享受到政府购买的社区居家养老服务。

【泰州市第三届老年艺术节】 在全国首个“敬老月”期间，举办泰州市第三届老年艺术节，组织开展老年人门球、乒乓球、钓鱼、集邮、棋类、中华诗词创作、吟诵、书法、美术、摄影、健身操（舞）表演、文艺演出等10多个项目比赛，参赛队伍140多支，参赛队员5000多人。编辑印制老年艺术节纪念封、书法美术摄影画册、诗词作品集，分发到老年人手中。

2010年泰州市百岁老人分布情况表

表37　　　　　　单位：人

市　区	合计	男	女
全　市	403	61	342
海陵区	15	5	10
高港区	18	4	14
开发区	7	2	5
兴化市	33	3	30
靖江市	138	13	125
泰兴市	141	26	115
姜堰市	51	8	43

（朱　伟）

关心下一代工作

【概况】2010年，全市各级关工委推进校外教育辅导站建设，开展“未成年人零犯罪社区（村）”创建和“讲理想、学科技、比创业、奔小康”活动，关爱帮扶弱势群体和特殊群体青少年。周凤泉、樊才林、叶秀芳、李少卿、陈克任5人获“全国关心下一代工作先进工作者”称号，兴化市关工委获“全国关心下一代工作先进集体”称号；兴化市、泰兴市关工委获“全省城乡社区校外教育辅导站工作先进集体”称号，靖江市靖城镇小关庙社区校外教育辅导站等5个辅导站获“全省城乡社区校外教育辅导站工作优秀辅导站”称号，姜堰市王伯平等10人获“全省城乡社区校外教育辅导站工作先进个人”称号。樊才林被评为“2010年度感动泰州十大道德模范”。

【组织建设】年内，市关工委开展“创建关心下一代工作先进村、先进社区”活动，进行第二次“双创”考核工作。至年末，全市新增“泰州市关心下一代工作‘双创’活动先进村（社区）”219个，554个村（社区）被命名为“泰州市关心下一代工作‘双创’活动合格村（社区）”。与市委非公经济组织工委、市民营经济关工委联合下发《关于进一步加强民营企业关工委建设的通知》，推进全市民营企业关工委建设。至年末，全市1020家规模以上民营企业和7家规模以上市场均建立关工委，有278家中小民营企业建立关工委、260家建立关心下一代工作小组。泰州市在全省民营企业关工委工作现场经验交流会上作交流发言。

【道德实践教育】联合市教育局在中小学生中开展“继承革命传统，为中华振兴、泰州发展作贡献”道德实践教育活动。各地关工委组织青少年学习泰州地区“双百”人物事迹和身边英雄模范事迹。靖江市西来镇关工委利用西来镇的中华传统美德碑廊，开展“观碑廊、学双百、争三好”活动。兴化市沈伦镇樊荣村关工委常务副主任樊才林自费购买“双百”人物图片，在全镇巡回展出，宣传“双百”人物事迹。海陵区关工委结合文明城市创建活动，开展“争当创建文明城市‘四小员’道德实践活动”。全市各级关工委组织869名“五老”宣讲员，编写宣讲材料357份，受教育青少年20.67万人次；组织图片展览、文艺演出、演讲比赛667场次，参与活动达24.73万人次。为推进道德实践教育活动，市关工委与教育局在全市中小学生中联合开展“泰州发展我成长”征文活动，共收到712篇征文，有180篇征文分获一、二、三等奖。

【预防青少年违法犯罪】全市各级关工委开展创建未成年人零犯罪社区（村）活动为抓手，加强全市预防和减少青少年违法犯罪工作。市关工委与市综治办、市预防办等部门先后联合下发《泰州市关于深入推进“未成年人零犯罪社区（村）”创建活动的实施意见》和《泰州市“未成年人零犯罪社区（村）”创建活动的考核办法（试行）》，推进和指导全市未成年人零犯罪社区（村）创建工作。11月，市关工委在高港区召开“‘未成年人零犯罪社区（村）’创建工作交流研讨会”，构建预防未成年人违法犯罪长效机制。至年末，全市“未成年人零犯罪社区（村）”有1567个，占社区（村）总数的84.8%。高港区被评为全国平安建设先进社区，兴化市大垛镇和昭阳镇长安社区连续5年实现未成年人零犯罪。

【帮扶弱势群体】配合省关心下一代工作基金会开展“百千万”资助活动，全市6名特困儿童、60名孤弃残儿童得到资助，600名中小学生受赠到《周报》。联合市民政局、市教育局等部门先后开展“孤儿”、“两劳”人员子女“信任·沟通快乐夏令营”活动，邀请泰州师专教师进行心理咨询和引导。各地关工委加强关爱弱势和特殊群体青少年工作，开展助困、助残、助学活动。姜堰市关工委组织对残疾儿童的调查，会同有关部门开展残疾儿童的扶助矫正工作。年内全市各级关工委共筹集助学助困资金439.41万元，扶贫助学6855人，帮助孤弃残青少年2119人。各级关工委“五老”志愿者与大学生村官结对，助推大学生成长。姜堰市俞垛镇房庄村关工委形成“五老”志愿者与大学生村官结对、大学生村官与青少年结对、青少年与“五老”结对的循环挂钩帮扶模式。

【专题调查】8～11月，市关工委会同市农委、市民政局对2008年以来的农村“双后生”（初中、高中毕业后回乡的学生）、复原退伍军人以及年龄在18～35周岁的其他农村青年培训从业情况进行专题调查，并形成调研报告上报市委、市政府。

【校外教育阵地建设】与市文明办联合举办泰州市校外教育辅导站负责人培训班，市委常委、宣传部部长缪志红作开班动员。与文明办、教育局、团市委、财政局、民政局等10个部门共同出台《关于贯彻落实省关工委等十部门〈关于进一步加强全省城乡社区校外教育辅导站建设的意见〉的实施意见》，推进校外教育辅导站建设。与市扶贫办共同下发《关于关心和支持市列经济薄弱村校外教育辅导站建设的意见》，促进各市(区)扶贫办加大对市列经济薄弱村的校外教育辅导站建设的支持力度。至年末，全市已建校外教育辅导站1827个，各类校外辅导点1549个，覆盖率达98.9%。各级关工委注重发挥“五老”校外辅导员的作用，为孩子们提供学业辅导、心理疏导、规范不良行为等服务，涌现出市开发区明珠社区“五老”群体、姜堰市四中退休老教师李万华、靖江市宜和村“995461”活动站等新典型。年内，全市共有8280名“五老”志愿者、20.1万青少年参与辅导站活动。

【纪念中国关工委成立20周年】6月，召开“纪念中国关工委成立20周年座谈会”。组织一批实物、图片和事迹材料，参加全国关心下一代工作二十周年回顾展。组织各市（区）、市直有关单位、高校关工委负责人参观“全国关心下一代工作二十周年回顾展”。

【学习宣传典型】1月，市委组织部、政法委、老干部局、关工委联合发出《关于在全市离退休老同志中开展向叶秀芳同志学习活动的通知》。7月23日，市领导李国华、缪志红等代表市委、市政府会见全国关心下一代工作先进集体代表和先进工作者。通过报刊、电视台宣传全国先进代表事迹。编辑出版“五老”事迹汇编《情系后代谱华章》，共收集全市各级关工委老同志和“五老”典型事迹54篇，市委书记张雷为该书作序。（丁　详）

慈　善　事　业

【慈善资金募集】2010年，市慈善总会共募集资金3360万元。至年末，市本级慈善资金总量达7960万元。青海玉树、舟曲灾害发生后，向社会发出捐款倡议，公布接受捐赠方式，报道捐款的典型事例，分赴募捐点接受捐赠，共募集救灾资金697万元。年底，参加有关劝募会议，通报捐赠资金到位、救助项目实施、资金使用管理、监督措施制定落实、自身制度化建设等情况。12月23日在市区房产企业慈善募捐动员大会上，37家房产企业当场认捐1000多万元善款。

【慈善救助】2010年，实施助困助残助孤助学助医救灾慈善救助项目18个，救助资金1794.712万元，全市受助人数近7万人次。与省慈善总会和中华慈善总会联动开展“夕阳扶老”、“心蕊工程”、“关爱贫困孤儿”、“春蕾圆梦工程”、“情暖万家、爱心敬老”、“血透”、“视敏弱视”救助项目；与市有关部门、团体联合开展“慈善保险”、“爱心热血”、“暖心工程”、“情系功臣”、“关爱孤残儿童”、“残疾人家庭圆梦行动”救助项目。4月20日，在中宣部、民政部、国家广电总局、中国红十字会联合举办“情系玉树，大爱无疆——抗震救灾大型募捐活动”直播现场，市慈善总会作为泰州市的代表向青海玉树地震灾区捐赠600万元。开展救助舟曲灾区及“送温暖献爱心”对口支援陕西活动。

【实施自我品牌项目】实施自我品牌项目“爱心热血”行动，9名患儿接受救助治疗，2名患儿相继治愈出院回到校园，3名患儿达到临床治愈效果。与中国人民人寿保险股份有限公司泰州公司、各市（区）慈善总会联合开展“慈善保险”项目，一次性出资270万元，为全市4.5万低保户、残疾人和农村五保户，每人每年投保60元意外伤害险。

【慈善宣传】加强与《泰州日报》、《泰州晚报》、泰州电视台、泰无聊等媒体合作，通过《泰州日报》宣传《江苏省慈善事业促进条例》、《泰州市慈善总会慈善救助工作细则》，通过电子科普画廊播放“爱心热血行动”专题片，在“江苏首届慈善周”期间播放慈善口号，开通“泰州慈善网”，组织4篇文章参加省慈善工作经验交流会。（张瑞峰）

消费者权益保护

【概况】2010年，全市消费者协会共受理消费投诉2624件，调解结案2584件，调解率98.5%，为消费者挽回经济损失204.2万元，收到表扬信（电话）83人次、锦旗8面。接待来电、来信、来访咨询6886人次。开展分类消费教育，举办进学校、进社区、进商场、进农村等系列宣传服务活动，举办消费教育讲座76场次，参加人员5500多人。发放宣传资料5万多份，全年发布消费警示、提示36次。

【消费维权宣传服务】一是宣传“消费与服务”年主题。召开政府机关人员、行业负责人、社区市民、消费者代表参加的座谈会，学习“消费与服务”年主题精神，解读主题内容。利用城区电子显示屏，播放、宣传“消费与服务”年主题。在凤城泰州网、泰无聊网等网络媒体上开展“3·15”专题宣传，3月15日，在广电局播音室开展焦点网谈，对消费者提出的问题进行解答。二是开展进社区、进学校、进农村、进商场等系列宣传服务活动。1月，利用“三下乡”活动，在罡杨镇、中山社区向社会公众发放消费者权益保护有关的法律法规，现场发放资料2500多份。3月，分别到口岸中学新疆班和江苏畜牧兽医职业技术学院经贸系，给309名新疆籍学生和在校大一学生举办维权知识讲座，泰州电视台、《泰州日报》、《泰州晚报》均作报道。8月，开展“科学消费、安全为先”消费安全主题教育活动，向在校青少年宣讲安全消费知识。三是组织开展纪念“3·15”文艺晚会。3月14日，靖江市消协、靖江日报社、中国靖江网联合主办“光芒之夜”“3·15”文艺晚会，表彰“2010最受靖江人喜爱的十大消费品牌”、“靖江市放心消费创建活动先进单位”、“靖江市保护消费者合法权益先进单位”及“江苏省诚信单位”。

【消费维权网络功能建设】 集中商场、超市、公用服务企业等负责人，开展维权网络负责人培训，就消费维权的现实问题、消费维权现状、消费者的基本权利、经营者应当履行的义务、消费争议的调解等相关知识进行详细讲解。举办“百家企业同承诺，万人签字共见证”活动，建立“诚信经营，放心消费”承诺企业联盟，近300家企业加入。市消协、泰州广电报、凤城泰州网联合开展2009年度消费者满意度问卷调查，对2009年度消费者满意度问卷调查前10名的单位进行表彰和授牌。泰兴市消协组织食品企业开展食品安全知识学习和电视竞赛。

【热点消费领域维权】 泰州市、姜堰市消协组织专家向群众讲解辨别名酒、名烟、电子产品、珠宝真假的方法。组织泰州安利、完美、玫琳凯等企业向消费者介绍直销与传销的区别，开展反传销、反欺诈宣传。组织开展对“一次性消毒碗筷”收费行为的专项治理，设立“一次性消毒碗筷收费”举报奖。5～8月，市消协与泰州市电动车行业协会联合开展“消费者喜爱的电动自行车品牌”调查评议活动，通过四市三区消协、各消费者投诉服务站、“凤城泰州网”、市消协网站、《泰州广播电视报》等开展问卷调查和网络调查，共收到有效调查问卷11721份，按得票高低，评出消费者喜爱的10个品牌，通过新闻发布会的形式，向社会公告。

【姜堰市成立消费维权律师团】 5月25日，姜堰市消协成立消费维权律师团，下设办公室、消费投诉部、法律与理论研究部、组织联络部，聘请12名律师参与。制定《姜堰市消费者协会律师团工作规则》，明确律师团工作职责、程序、工作要求和工作规范，要求律师团每年至少免费代理一件消费维权领域的典型案件，每年至少参与两次消协组织的法律咨询服务，每月指派一名律师参与当月律师团分派的工作。

【大学生村官担任消费维权联络员】 年内，兴化市消协聘请145名大学生村官、泰兴市消协聘请105名大学生村官、姜堰市消协聘请85名大学生村官、靖江市消协聘请45名大学生村官、海陵消协聘请26名大学生村官、高港消协聘请4名大学生村官、开发区消协聘请11名大学生村官为消费维权联络员。各市（区）消协与大学生村官联络员建立定期联系制度，加强业务培训和指导，提升农村维权工作力量。

（陆金国）

人口和计划生育

【概况】 2010年，全市15～49周岁育龄妇女121.53万人，其中已婚育龄妇女100.29万人，比上年分别增加4.34万人和0.35万人。省政府“十一五”人口和计划生育工作终期评估，泰州市综合得分居全省第一。年内，全市出生25370人，计划生育率为99.15%，比目标高出1.15个百分点；人口出生率为5.08‰，人口自然增长率为-0.92%，处于全省一类地区行列；独生子女累积率为81.73%，高于全省平均水平7.8个百分点；孕前-围孕期保健率为95.43%，流动人口服务管理率为92.94%，依法管理、优质服务率达98.4%，分别比省定目标高出10.43、7.94、13.4个百分点。全市各级财政投入人口和计划生育事业费人均52.2元，比上年增加24.04元。年内，泰州市计生协获“全国计划生育协会先进单位”称号，徐晨等5人获“全国计划生育科技大练兵活动先进个人”称号。靖江市、泰兴市计划生育指导站和戴南镇、黄桥镇、白米镇、斜桥镇计划生育服务站被国家人口计生委命名为“全国计划生育优质服务示范站”，获奖数居全省地级市第一位。

【全市人口和计划生育工作会议】 3月3日，市委、市政府召开全市人口和计划生育工作会议。各市（区）政府分管市（区）长，人口计生委主任、计生协专职副会长及计生指导站、药具站站长，市人口领导小组成员单位负责人，经济、农业开发区和凤山河街区管委会及社会事业局（社会管理办公室）负责人参加会议。市委副书记王守法到会讲话，副市长曹玉梅作工作报告。会上，各市（区）政府、市有关部门向市政府递交2010年人口和计划生育目标管理责任书。市人口计生工作领导小组对高港等6个市（区）和市纪委（监察局）等15个部门（单位）给予表彰。

【领导考察】3月24日，国家人口计生委副主任崔丽、宣教司司长张建一行6人在省人口计生委副主任于洪军的陪同下，到泰州调研关爱女孩出生人口性别比综合治理工作。听取泰州市和兴化市政府的工作汇报，考察兴化市大垛镇计生服务站和管阮村生育文化园、公共服务中心，实地查看安民村关爱女孩家庭工作。市委副书记王守法、副市长曹玉梅陪同调研。

6月8日，中央电视台7套和江苏电视台到泰采访人口和计划生育队伍职业化建设工作。

6月9日，省人口计生委副主任戴纪生一行到泰考察调研人口和计划生育队伍职业化建设工作。听取市人口计生委主任王新华的汇报，察看相关文件、台账，决定在泰州召开全省现场推进会。

6月10日，省人口计生委副主任何小鹏一行到泰，先后考察海陵区任景社区、兴业小区、林海集团外来职工服务中心、高港区刁铺镇计生服务站、扬子江派出所等地。

7月3～4日，国家人口计生委主任李斌、办公厅主任陈立一行在省委副秘书长胥爱贵、省人口计生委主任孙燕丽、副主任于洪军的陪同下，专程考察姜堰市计划生育指导站、沈高镇河横村新农村新家庭建设、计划生育中心户工作现场，听取副市长曹玉梅代表市政府所作的工作汇报。市委书记张雷、市长姚建华等陪同考察。

7月6日，市委常委、常务副市长杨峰在副市长曹玉梅、市规划局总规划师邢秀华的陪同下，实地考察市计生药具站业务用房情况。

3月4～5日、9月25～26日，省计生协专职副会长申晓健、副秘书长邵凡一行，先后赴姜堰市白米镇马沟村、纪林村和靖江市马桥镇、生祠镇，考察村级协会评估定档工作融入新农村新家庭建设和“发挥计生协优势、推进生育关怀行动”的活动现场。

9月26日，驻国家人口计生委监察局局长杨云凯在省人口计生委纪检组组长顾翔的陪同下，到泰州市调研考察。听取泰州市阳光计生行动情况汇报，考察靖江市计划生育行政权力网上公开运行和计划生育指导站、斜桥镇服务站、新桥镇孝化村。

【人大、政协督查计生部门】9月15日，市政协副主席周书国、王东、殷美娟、黄立红一行9人走访市人口计生委，先后考察市计划生育指导所优生筛查项目和海陵区计生指导站技术服务现场，听取市人口计生委主任王新华关于近年来人口和计划生育工作情况的汇报。11月23日，市人大督查组一行9人，督查市政府落实市人大常委会审议人口和计划生育工作意见的情况，观看全市“十一五”期间人口计生工作专题片，听取审议意见落实情况的汇报，考察市计生指导所、药具站服务工作。

【创建省人口协调发展先进县（市、区）】*创建调研*。1月，市人口计生委联合16个部门，分别就全市出生性别比偏高问题治理、流动人口服务管理和社会抚养费征收管理等方面开展调研，并向市政府呈报调研报告和对策性意见。2月1～3日，市人口计生委通报各市（区）2009年度人口和计划生育工作考评情况。4月15日，抽调近100名计划生育干部，采取市（区）推磨式、随机抽样、进村入户核查等方式，调查评估各地创建迎检工作情况。6月12日，副市长曹玉梅、副秘书长刘宏鸣一行4人，走访市人口计生委，听取关于创建迎检工作情况汇报。

市级复核。6月11日，市人口计生委召开创建省人口协调发展先进市（区）评审自查工作会议，部署县（市、区）迎检复核工作。7月7～12日，核查18个乡级、18个村级省样本点。7月15～30日，复核20个乡级、20个村级省样本点。市复核样本点占省定样本点总数的60%以上。9月对20%的非样本点进行复核。复核前，随机抽点，直接进村入户；复核中，以原始人口信息、原始台账资料为依据，与育龄群众进行面对面交流；复核后，当场下发整改建议书。

省级评估。7月23～25日，省人口计生委副主任于洪军一行7人组成的督查组到泰兴市、姜堰市检查创建省人口协调发展先进县（市、区）工作，听取泰兴、姜堰市委、市政府的工作汇报，与县、乡、村计生干部交流，考察泰兴市曲霞镇、姜堰市蒋垛镇创建工作现场。市人大常委会副主任王鸿卫、市政协副主席殷美娟接待省督查组。11月18～20日，省工商局巡视员吴百灵、人口计生委副主任张春延一行10人到泰进行“十一五”人口和计划生育工作终期评估，听取市委副书记、市长徐郭平关于“十一五”终期人口和计划生育目标管理落实情况的汇报，市人社局、民政局、财政局履行人口和计划生育工作职责和市人口计生委复核工作情况汇报，考察市公安局、卫生局、计生指导所以及兴化市、靖江市人口和计划生育工作现场。副市长曹玉梅全程陪同考评。年末，省“十一五”终期评估结果显示，泰州市综合得分居全省第一，所辖6个市（区）评分均居全省前41位，均达省人口协调发展先进县（市、区）创建标准。

【计生惠民项目】1月14日，市政府将市区持“独生子女父母光荣证”退休职工一次性奖励兑现、为独生子女病残儿父母开展免费孕前优生健康检查列入2010年改善民生项目。

一次性奖励兑现。5月21～31日，市区各社区对所

辖1996～2009年期间符合计划生育一次性奖励金条件的企业退休职工进行公示，接受社会监督。从7月6日起，对公示无异议的市区持证退休职工开始发放一次性奖励金。市、区两级政府按每人3000元的标准，共拨款近6000万元，通过泰州市邮政储蓄银行直接发放给19747人。

便民惠民服务。各市（区）政府先后投入1.25亿元，新建或改造6个市（区）站、87个乡（镇）站、1872个村（居）服务室。在全省率先创建市（区）、乡（镇）计生服务机构“一站式”综合服务大厅。6个市（区）站和80%的乡（镇）站开设阳光计生、技术服务引导等5个服务窗口，满足育龄群众的办事需求。动员计生服务机构到政府购买公共服务项目11个、生育保险支付项目3个，争取资金1130万元，拓展孕前—围孕期风险评估、生殖健康查治、宫颈癌筛查等14个民生服务项目。

免费优生健康检查。争取省人口计生委资助1台价值95万元的Mes分析仪，购置彩色B超、生化分析仪、血球分析仪等高新设备，选派6名技术骨干赴省培训。建立告知、预约、检测、转诊、回访“五位一体”服务机制和市、县、乡、村四级联动服务机制，计划怀孕夫妇的优生科学知识知晓率在90%以上，人群覆盖率在80%以上，群众对免费孕前优生健康检查的服务率达100%。

生育关怀行动。年内，市计生协对全市2009年生育关怀的10933户进行评估，对计划生育4种困难家庭进行调查，确认脱贫4932户、需关怀7955户，其中，独生子女伤亡1004户、计划生育困难4550户、节育并发症2301户、亡故计生干部100人。帮扶协议签订率100%，其中，已纳入民政低保并提高20%标准的有3605户。4月23日，市及高港区红十字会、人口计生委、计生协联合举办生育关怀项目签约仪式，建立口岸街道戴集村育雏、永安洲永胜村花卉苗木、胡庄村汪群村衣鑫农业有限公司大棚蔬菜种植等3个生育关怀项目，使被关怀的100个计生家庭户每户增加纯收入4000元以上。

【依法行政】 社会抚养费征收管理。年初，抽查各市（区）“十一五”以来征收社会抚养费卷宗2776份、批准再生一孩档案3831份，并与育龄妇女信息进行核对，对自由裁量权较大和执法不规范的案件依法处理。7月11日，市政府第31次常务会议审议通过《泰州市社会抚养费征收管理实施办法》。创新征收协调机制，规范流动人口社会抚养费征收协调程序，推行社会抚养费征收公开制度，规定社会抚养费不得列入人口和计划生育财政预算支出安排。全年社会抚养费征收到位率提高到80%，结案率提高到86%。

阳光计生行动。4月8日，市人口计生委下发《关于深入开展“阳光计生行动”的指导意见》，要求市、市（区）人口计生部门行政权力实行网上公开运行，乡（镇、街道）、村（居）人口计生政务公开率达100%，村（居）计划生育基层群众自治率在95%以上。10月25日，在靖江召开全市“阳光计生行动”推进会。泰州市27项行政权力网上公开透明运行流程图和运作程序，在全省人口计生系统率先启动网上运行系统和电子监察系统。各市（区）照顾再生一孩审批、社会抚养费征收、人口计生检查考评工作纪律以及基层站所十项禁令等均在网上公开。制定《计划生育便民维权工作规范》、《村民自治工作规范》、《政务公开实施办法》、《人口计生委行政许可备案审查制度》、《人口计生委行政许可听证制度》，暗访全市12个乡（镇、街道）依法行政工作情况，检查人口计生“政务公开办事公开”制度执行情况。12月，省“两公开”检查评比组采取听汇报、查资料、访干群等方法，专项检查泰州市人口计生政务和事务公开情况。

严格病残鉴定程序。5月6日，市卫生局、市人口计生委聘请朱莉等323人为泰州市病残儿医学鉴定专家库成员。5月29～31日、11月29～30日，全市组织病残儿童鉴定工作，坚持申报资料核查、技术鉴定、审核确认、社会监督“四权分离”。年内，全年病残鉴定无一例错误、无一例弄虚作假。

【宣传教育工作】 2010年9月25日是《中共中央关于控制人口增长问题致全体共产党员共青团员的公开信》发表30周年纪念日。泰州市开展系列纪念活动，通过《泰州日报》、《泰州晚报》和电视台向全社会发布《致为人口计生事业作出贡献的各界人士的感谢信》；组织全市30.6万名党员、团员重温《公开信》；组织广场宣传、成果展览等活动，在网站、电视台、电台、人口网等媒体集中宣传泰州市人口计生“十大新闻人物”；举行人口计生文艺演出327场次，观众36.9万人次。在全省率先探索新农村新家庭“百镇千村万户”示范创建模式。泰州市将新农村、新家庭示范乡、村、中心户创建工作列入第9期科级干部进修班、第13期新上岗处级干部培训班宣讲内容。全市建成生育文化园556个、生育文化街294条、生育文化广场749个、生育文化书屋1767个、大型户外广告牌1891个，形成宣传倡导、生育关怀、优质服务、利益导向、村民自治“五位一体”的农村人口计生工作新格局。

【计划生育技术服务】 3月5日，“泰州市世代服务网”正式开通，方便育龄群众自助查询。市人口计生委、人保局联手规范“计划生育服务证”管理。全年共随访孕环情近100万人次，RTI综合防治28.5万人次，优生检测2.8万人次，宫颈癌筛查7.9万人次。乡（镇）中心服务站当年放（取）环手术量占本地区的80%，市（区）指导站年服务收入比上年增长10%。

【流动人口服务】市及各市（区）人口计生委增设流动人口科室，配备专职人员16人。各乡、村级明确流动人口专职管理员或兼职协管员，指派城乡计生中心户长协助工作。全市在计生服务站和社区卫生室、警务室、属地企业设立流动人口免费服务点共2146个。5月7日，市政府常务会议讨论通过《关于加强外来务工人员服务工作的意见》。6月4日，市公安局、人口计生委联合下发《关于进一步加强部门协作，促进流动人口信息共享的通知》，明确建立联席会议制度、流动人口信息共享制度、部门协作机制、考核奖励制度等要求。6月22日，召开全市流动人口计划生育工作会议，参观海陵区居住地以房管人、用人单位以法人代表负责的“两集中管理”，以及高港区公安、人口计生部门实行宣传咨询、信息采集、证明查验、管理服务、业务培训、绩效考评、奖惩兑现“七统一”的现场。年内，全市67个乡级计生服务站发挥流动人口信息交换作用，与流出地开展流动人口信息交流、孕检服务、联合执法、跟踪管理等协作。

【治理出生性别比】3月12日，市政府召开出生人口性别比偏高问题综合治理工作座谈会，通报全市“十一五”期间出生人口性别比情况。6月18日，市公安局、卫生局、人口计生委、统计局制发《关于进一步加强出生实名登记和出生医学证明管理工作的实施意见》，要求提高住院分娩出生登记管理水平和出生人口信息统计准确率。9月，市卫生局、人口计生委联合对全市医疗卫生、妇幼保健单位加强出生实名登记和出生医学证明管理工作进行督查。全市各界与2243名贫困女孩结对帮扶，联系各类企业3480名独女家庭成员发展生产，年内有1032个女孩户脱贫致富。

【信息建设】从4月起，全市人口计生系统开展全面清理核查“十一五”以来出生人口、孩次、性别等信息活动。年末，省人口计生委复核泰州市2000年以来出生统计信息，准确率在98%以上，居各地级市首位。6～8月，开展人口计生系统统计执法大检查。在村级，以新婚、怀孕、生育、节育、流动人口以及政策奖励等为重点，提高源头信息采集的及时性和准确性；在乡级，开展入户随访、宣传倡导、执法管理、生殖健康服务、奖励政策登记、流动人口管理服务等活动；在市（区），建立由发统科牵头、各科室参与的统计信息数据质量检查、分析、评估工作机制。年内，各市（区）启用照顾再生一孩管理服务系统、计卫部门出生信息比对系统和节育随访服务系统。

【计生协工作】3月30日，在四届六次全省计生协理事会上作“发挥计生协会作用 助推‘双新’建设”的经验介绍。12月17日，泰州市代表江苏省在中国计生协第七次全国会员代表大会上作“创建物管行业计生协，破解城市计生工作新难题”的交流发言。年内，市委农工办、市民政局、市人口计生委、市计生协联合下发《关于在全市开展人口和计划生育基层群众自治百村（居）百企示范创建活动的实施意见》，计划到2014年树立500个人口和计划生育基层群众自治示范村（居）、100个人口和计划生育基层员工自治企业；90%以上村（居）、企业基本实现人口和计划生育基层群众（员工）自治。全年全市举行人口和计划生育村级民主质询会3500多场次。

【机构队伍建设】职能机构增加。6月1日，市委、市政府印发兴化、姜堰、海陵、高港等市（区）镇机构改革方案，明确在社会事务办公室挂人口计生办牌子，保留计生服务站，为全额拨款事业单位。7月28日，市政府办批准《泰州市人口和计划生育委员会主要职责内设机构和人员编制规定》，增加参与市级人口基础信息库建设、加强对全市统筹解决人口问题的综合协调和人口发展战略研究和流动人口计划生育管理服务等职责。12月28日，泰州市《抢抓乡镇改革机遇，实现计生“强基提质”》在全国“强基提质”工程座谈会作交流介绍。

组织全员培训。1月4日，市人口计生委下发《2010年开展人口计生干部全员评选工作的实施意见》，明确培训目标，即完成3000多名4级计生干部培训任务。6月23～24日，泰州市在全省计划生育科技竞赛中分获全省理论考试和操作考核团体总分第一名，高玮玮、赵永秀分获临床医生和化验组第一名。6月29日，国家计划生育科研所研究员吴尚纯为泰兴、高港、海陵、靖江等市（区）近200名医技人员讲学。

报考职业资格。5月30日，泰兴、姜堰两市组织280名村级计生专职人员赴南京参加全国首次生殖健康咨询员考试，参考人数占全省参考总人数的21.6%；合格率74%，高于全省平均水平。6月19～20日，全市人口计生委系统共有615人参加全国注册社会工作者初、中级职称考试；10月24日，120名人口计生干部参加助理统计师、统计师考试，两项报考人数均居全省首位。

（姚东社　翟建军）

民族·宗教

【概况】全市共有50个少数民族、1万多人，约占全市总人口的0.2%；市级民族社团1个。各类宗教活动场所213处，市级爱国宗教团体5个，县级宗教团体12个，县级宗教团体筹委会2个，宗教教职人员611人，信教群众约30万人。

为加强对全市民族宗教工作的组织领导，10月，市委民宗工作领导小组调整成员单位，新增海陵区委、高港区委、泰州经济开发区、市信访局、市安监局和市红十字会等为领导小组成员单位。

年内，市民宗局被省民委、省宗教局表彰为“全省民族宗教系统信息工作先进单位”，兴化市民宗局局长韦雁国被国宗局表彰为全国宗教工作系统“五五”普法工作先进个人。

【市民族团结促进会成立】3月19日，泰州市民族团结促进会召开成立大会。大会审议通过《泰州市民族团结促进会章程》，选举产生第一届领导班子，市周山河街区管委会副主任张涛（回族）当选为会长。省民委副主任王在郑、市人大常委会副主任陶幸蓉、副市长刘励、市政协副主席胡冬生出席会议。

【宗教制度建设】巩固民族宗教维稳工作机制，制定《全面负责制》、《牵头负责制》、《分管负责制》、《首问负责制》4项维稳应急管理制度，执行市民宗局领导班子成员联系宗教人士、市民宗局机关干部联系宗教活动场所制度。出台《泰州市市直宗教活动场所百分考核细则》，加强宗教活动场所的监督管理和综合考评。

【民族团结进步创建】1月12日和11月2日，市委民宗工作领导小组分别召开全体成员会议，专题研究民族工作，推进民族团结进步创建活动，加强外来流动少数民族人员的服务管理。市委副书记王守法、副市长刘励、市政协副主席胡冬生及领导小组成员单位负责人参加会议。加强民族团结进步宣传教育，制定《关于进一步开展民族团结进步创建活动的实施意见》，推动创建活动的规范化、制度化、长效化。

【社区民族工作】贯彻执行《江苏省民族工作进社区实施办法》，以争创“省级民族工作示范社区”为载体，深化城市社区民族工作。年内，各社区组织开展“迎世博、庆端午”、社区义诊、国庆中秋联谊会、回汉小朋友联谊活动、“同感祖国恩、共述中华情”、消防演练等活动。

【农村少数民族扶贫开发】年内，上争省扶贫资金10万元，新增兴化市陶庄镇少数民族扶贫基地、泰兴市张桥镇无公害甜瓜种植和姜堰市华丽塑料有限公司3家扶贫基地，共扶持150户少数民族家庭。

【帮扶行动】市委统战部、市民宗局组织开展为期3年的“心系民族群众、共创美好未来”帮扶行动，全市统战、民宗系统科级以上干部55人与74户少数民族贫困家庭结成帮扶对子，278人受惠，帮扶行动被市作风办评为“走进你我他”服务月人民满意服务项目。

【对口支援】按照国家民委、省民委的部署，市民宗局与西藏曲水县、新疆昭苏县民宗局开展为期5年的对口支援工作，并向昭苏县民宗局赠送笔记本电脑等办公设备。省口岸中学新疆部与新疆察县一中合作办学，在当地开办“江苏班”，选派优秀教师前往支教。

【宗教文化建设】宗教文化建设列入市委2010年重点调研课题，市委书记张雷对调研报告《加强宗教文化设施运营管理》作出批示。光孝寺创成国家3A级旅游景区，史料陈列馆对外开放，并承办全省第三期佛教书画研究班。净因寺举办“书画佛缘”展览。市民宗局与凤城河景区管委会召开南山寺历史文化研究研讨会，来自宗教、古建、历史、美术界专家30多人围绕南山寺历史文化的挖掘保护进行研讨。泰山岳庙、北山寺等修缮完成。光孝寺、泰山岳庙等4处宗教活动场所被列为市级文物保护单位。

【和谐寺观教堂创建】开展“和谐寺观教堂”创建活动，增强宗教团体及场所自我管理和服务的能力，提高宗教教职人员队伍综合素质，构建和谐宗教。泰州光孝寺、泰州市基督教两会会长（主席）季惠宁牧师分获首届全国创建和谐寺观教堂先进集体和先进个人称号。泰州城隍庙等17处场所被评为全省首批争创“和谐寺观教堂”示范场所。

【宗教慈善公益活动】全市宗教界先后开展“情系玉树，奉献爱心”、“祈福舟曲，共度难关”、“心系旱区，水润西南”、济贫帮困等社会慈善公益活动，全年捐款捐物60多万元。

【宗教教职人员队伍建设】贯彻落实《宗教教职人员认定管理办法》，开展佛教人员认定备案试点工作，举办基督教教职人员认定培训班2期、宗教界人士培训班1期、市级宗教代表人士学习会11期、消防安全讲座及演练2次。10月26日，市民宗局在泰州市委党校举办2010全市宗教人士培训班，参培学员75人。泰州市法空法师、张葛珊道长分别出席中佛协、中道协全国第八次代表大会。

【领导视察】 2月22日，副市长刘励视察城隍庙等市直宗教活动场所。4月16日，原海军副政委冷宽中将参观光孝寺、城隍庙。6月10日，市委书记张雷视察光孝寺。6月28、29日，市委常委、宣传部长缪志红带队检查光孝寺、城隍庙创建全国历史文化名城迎检工作。8月25日，市委副书记、代市长徐郭平视察光孝寺。9月16日，商务部合作司副司长郑超参观光孝寺。11月13日，国宗局副局长齐晓飞视察光孝寺。11月18日，中央编办、国务院法制办、中央统战部、国宗局联合调研组到泰调研基层宗教工作机构建设。

【宗教友好交往】 3月28日，海内外诸山长老、大德居士400多人参加光孝寺方丈升座暨史料陈列馆落成庆典活动。4月10日，来自中国香港、中国台湾、新加坡、马来西亚及省内外道教界知名人士近100人，参加兴化市东岳庙殿堂落成暨神像开光庆典活动。5月11日，台湾智光、南亭法师灵骨在光孝寺入塔安奉，台湾华严莲社贤度法师等海内外佛教四众弟子参加。11月13日，世界僧伽会会长、台北善导寺董事长兼住持了中长老80寿诞宴会在泰州举行，省政协主席张连珍、国宗局副局长齐晓飞、市委书记张雷、市政府代市长徐郭平及国台办、省宗教局、省台办等代表出席。

（胡克文）

消　防

【概况】 2010年，全市共发生火灾282起，死3人,伤4人，直接财产损失202.61万元。火灾发生次数比上年下降32.2%，死、伤人数持平，直接财产损失下降33.3%。全年未发生一起较大以上火灾，连续5年未发生一次死亡3人以上群死群伤恶性火灾事故，火灾起数连续6年呈下降趋势，火灾四项指数保持平稳。

【社会化消防工作】 市政府分别召开两次消防工作会议和消防联席会议，专项督察和考评各市（区）消防工作进行。制定出台《服务地方经济建设十项承诺》，建立消防部队舞龙队、锣鼓队等特色文艺队伍12支，与共建单位建立流动图书馆9家，将消防工作开展情况纳入社会治安综合治理、创建文明城市和平安创建的考评范围。通过省政府组织的消防工作专项检查。按照国家标准和消防规划建设要求，加强农村消防基础设施建设，全市农村投入消防基础设施建设资金200多万元，有31个乡镇增设市政公共消火栓120个。年内，市消防支队被市委、市政府表彰为“2010年度十佳服务地方发展单位”。

【双拥共建】 支队参加市、区、街道、社区组织的各种双拥共建活动，加强与共建单位的联系，先后参加“春风行动”爱心捐款、社区学雷锋行动、中小学生警营一日、“119”消防宣传、跨地区消防演习、社区创建、为学校举办军训、为驻地单位开展消防安全教育等活动。开展“大走访”开门评警活动，通过上门走访、案件回访、开门接访等多种形式，走访党政机关、社区、企事业单位、共建单位、消防安全重点单位等。邀请人大代表、政协委员、消防执法监督员、行风评议员、新闻媒体以及相关部门、企事业单位代表座谈，征询服务意见和建议。关注社会困难家庭、弱势群体，累计走访慰问171人次，捐赠物品365件，捐款8.07万元。

【“防火墙”工程建设】 围绕社会单位“四个能力”建设（即检查消除火灾隐患能力、组织扑救初起火灾能力、组织人员疏散逃生能力、消防宣传教育培训能力），市政府召开社会消防“防火墙”工程部署会，举行全市“防火墙”工程建设启动仪式。按照《消防法》和公安部61号令的要求，完成全市2397家消防安全重点单位的调整工作，召开一、二级消防安全重点单位现场会32次。全市消防安全重点单位按照统一格式建立防火档案和消防管理台账。完成全市381家人员密集场所消防安全重点单位“四个能力”建设达标任务，建立消防安全重点单位“疏散引导员”队伍。部分乡镇、村庄、社区建立专职、志愿消防队伍，全市消防志愿者注册人数达8万多人，初步构建社会消防安全防火墙。

【消防宣传培训】 通过《江苏经济报》、《泰州日报》、“消防365”、“天天730”、“泰州消防网”等媒介，普及消防常识，曝光火灾隐患。至11月30日，支队共有2476篇稿件被全国各级各类新闻媒体采用，全年在省、市两级开办消防专版24期。举行了“119”消防宣传周启动仪式文艺晚会，聘请泰州籍歌手孙佳为消防宣传大使。在中小学安全教育日、安全生产月、“119”消防宣传日、“12·4”法制宣传日期间，集中开展消防知识宣传教育活动，定期开放消防站。发动全市300多名消防志愿者开展“六进”工作，为社会各界人士提供消防宣传、预警、灭火、救护等志愿服务。在人员密集场所、易燃易爆场所、建设工地举办各类消防安全知识讲座118次，培训6万多人。组织开展社会面消防联合演练25次，参演人员3600多人次。依托省级（泰州）灭火救援应急中心，建设板桥培训中心泰州联系点，对全市从事和即将从事消防职业工作的人员开展培训和职业鉴定工作，共培训178人，通过消防职业技能鉴定153人。

【消防安全专项治理】 开展中小学校舍消防安全、建筑消防设施、火灾隐患排查整治、高层建筑消防安全等专项治理，全市共出动检查人员8055人次，排查校舍597家、建筑消防设施单位646家、高层建筑745幢，发现隐患5600多处，整改隐患4300多处，下发“责令改正通知书”1848份、“公安行政处罚决定书”1206份，临时查封41家。投入800多万元，对12家政府挂牌重大火灾隐患实施整改。推行消防监督检查“错时工作制”、“防消结合”巡防工作模式等新措施。全市共查处消防行政违法案件4025起，开展消防产品地方监督检验2013批次，受理消防设计审核项目453个、设计备案项目678个、验收项目184个、备案项目32个、开业前检查61个。年内，支队被市政府表彰为“2010年度安全生产专项整治先进单位”。

【重要时期、重大活动的消防安全保卫】 在“两会”、元旦、春节、“五一”期间，全市消防部队深入辖区重点单位、重点部位开展全方位检查。完成世博会“环沪护城河”、中国（泰州）国际医药博览会、2010中国泰州梅兰芳艺术节、溱潼会船节等重大消防安全保卫任务。在中国（泰州）国际医药博览会举办期间，市消防支队提前介入，制定保卫方案，细化人员分工，组织各参勤单位熟悉会议场所、开展灭火演练和消防安全大检查，保证医药博览会期间的消防安全。上海世博会消防保卫期间，消防支队监督人员针对“环沪护城河”消防安全保卫工作要求和泰州地区火灾特点，集中开展以“防得住、打得赢、保安全”为主要目标的消防安全检查专项行动。保卫期间，支队共投入监督检查2356人次，检查单位3129家，全市一级、二级、三级重点单位检查率达100%，实现安全检查全覆盖，全市未发生一起较大火灾。

（王林林）

人 民 生 活

【市区居民生活】 市区居民收入。年内，市区城市居民家庭平均每户2.65人，其中，有收入人口2.16人，就业人口1.27人，负担系数为2.09。人均家庭总收入23126.89元，其中，人均可支配收入21358.84元，比上年增长11.58%。在家庭总收入中，人均工薪收入13278.58元，增长8.83%；人均经营净收入2047.66元，增长14.57%；人均财产性收入324.04元，增长13.06%；人均转移性收入7476.62元，增长16.08%；离退休人员人均收入19525.41元，增长12.13%。

市区居民生活消费。全年市区城市居民人均消费性支出13445.13元，比上年增长10.54%。八大类消费支出呈现全面增长的态势。食品、衣着、居住、家庭设备用品及服务、医疗保健、交通和通讯、教育文化娱乐服务、杂项商品及服务消费类支出分别为5054.50元、1733.54元、1231.68元、686.69元、733.19元、1364.20元、1989.50元和651.83元，分别比上年增长4.54%、8.37%、3.85%、17.91%、5.03%、8.22%、45.43%和2.90%。消费结构有所变动，食品支出占消费支出的比重（恩格尔系数）为37.59%，下降2.16个百分点；衣着支出占12.89%,下降0.26个百分点；居住支出占9.16%，下降0.59个百分点；家庭设备用品及服务支出占5.11%，上升0.32个百分点；医疗保健支出占5.45%，下降0.29百分点；交通和通讯支出占10.15%，下降0.21个百分点；教育文化娱乐服务支出占14.80%，上升3.55个百分点；杂项商品及服务支出占4.85%,下降0.36个百分点。

市区居民生活质量。年末，市区城市居民人均住房总建筑面积30.49平方米，比上年增加0.18平方米。拥有原有私房、房改私房和商品房的家庭占89%，安装空调器的家庭占79%,使用管道煤气和液化石油气的家庭占94.5%。每百户主要耐用消费品拥有量：洗衣机102.5台、电冰箱（含冰柜）99台、消毒碗柜6.5台、彩色电视机177台、组合音响25套、摄像机8.5架、家用电脑61.5台、钢琴2架、家用汽车7辆、摩托车43.5辆、空调器158台、淋浴热水器99台、健身器材5.5套、移动电话160部。

（吉泰顺）

【农民收入和农民生活】 全市500户农村住户抽样调查资料显示，2010年，全市农村居民人均纯收入为9324元，比上年增加1144元，增长14.0%；增幅提高2.5个百分点，增量和增幅是建市以来最高的一年，且增量首次突破1000元。全年农村居民人均生活消费支出6476元，增加837元，增长14.8%。

农民收入构成及主要变化。一是工资性收入保持较快增长速度。全年全市农村居民人均工资性纯收入5223元，比上年增加684元，增长15.1%，增幅比上年高出3.8个百分点；占农村居民纯收入的56.0%，对农村居民增收贡献率为59.8%，拉动农村居民增收8.4个百分点。其中，外出从业人员收入2017元，增加279元，增长16.0%。二是家庭经营性收入稳步增加。全年全市农村居民人均家庭经营性收入3359元，比上年增加275元，增长8.9%，增幅低于上年2.1个百分点；占农村居民纯收入的36.0%，对农村居民增收贡献率为24.0%，拉动农村居民增收3.4个百分点。其中，非农产业纯收入为1522元，增加178元，增长13.3%。三是财产性收入高速增长。全市农村居民人均财产性收入179元，增加79元，增长79.5%，增幅比上年高出36.6个百分点，增速高于农村居民收入其他三项构成，高于农村居民整体收入。财产性收入基数较小，占农村居民收入比重较低。四是转移性收入持续增加。全市农村居民人均转移性收入563元，增加106元，增长23.2%，增幅比上年高出11.6个百分点；占农村居民纯收入的6.0%。转移性收入持续增加主要得益于粮食直接补贴、农资综合补贴、良种补贴、养殖补贴等各项惠农政策以及全市离退休金和养老金的逐年增加。

农民增收。一是农村劳动力转移质量继续提高，全市加大就业培训力度，提高外出务工人员的各种技能、工资性收入在农民增收中的比重得到提高；二是发展二、三产业，提高本地企业吸纳农村劳动力的能力；三是政府帮扶措施到位，农村居民自主创业热情得到提高；四是完善并落实各种惠农政策，包括土地流转政策、医疗保险和新型养老保险制度；五是优化农业生产结构和农业发展布局，形成以粮食、蔬菜、特色水产、畜禽等支柱产业的农业生产格局；六是高效农业发展迅速，龙头带动效应增强；七是各种农村经济合作组织得到发展，成为提供社会化服务的重要载体。

农村居民生活水平。全年农民人均生活消费支出6476元，比上年增长14.8%。其中，食品消费支出2217元，增长10.5%；衣着消费支出443元，增长23.5；居住消费支出973元，增长5.9%；家庭设备用品及服务消费支出354元，增长7.7%；交通通讯消费支出700元，增长29.3%；文化教育娱乐用品及服务消费支出1210元，增长16.2%；医疗保健及服务消费支出380元，增长24.1%。在全年农民人均生活消费支出中,各项服务性支出2275元,增长24.2%。文化教育娱乐用品及服务消费支出占生活消费支出的比重为18.7%。恩格尔系数（即食品支出占生活消费总支出的比重）为0.34。农村居民基尼系数为0.27，农村居民收入差距较小。

农民生活质量。农村住户人均住房面积49.35平方米，比上年增加0.95平方米。每百户主要耐用消费品拥有量：洗衣机91台、电冰箱86台、彩色电视机144台、摩托车57辆、空调器62台、家用计算机40台、固定电话机95部、移动电话179部。人均年末金融资产余额12946元。

（李永林）

泰州锦绣花园住宅小区

海　陵　区

【概况】海陵区为泰州市主城区，总面积237.15平方千米，辖3个镇、6个街道办事处、4个园区（海陵工业园区、城北物流园区、泰州市新能源产业园区、现代农业科技示范园区）。2010年，全区户籍人口42.13万人。全区实现地区生产总值269.87亿元，比上年增长14.9%。其中，第一产业增加值5.04亿元，增长4.5%；第二产业增加值146.42亿元，增长 16.1%；第三产业增加值118.41亿元，增长13.7%。

【农业与新农村建设】发挥农业科技示范园引领带动作用，推进高效农业规模化，新增高效农业面积1000公顷，完成高效农业规模项目20个，获批“国家农业综合开发县”。推行农业标准化生产，新增国家级无公害农产品14个、省级无公害农产品基地2个。突出科技兴农，推广高效栽培新技术，新增设施农业面积147公顷，2万平方米的鲜切花连栋大棚投入使用；9家市级以上农业龙头企业实现销售收入9.8亿元、利税3860万元，比上年分别增长28.7%、25.8%，农业外贸企业出口额首次突破1000万美元。以农村新“5+1”实事工程为抓手，全面推进新农村建设。建成农村公路28千米，新建和维修农桥37座，疏浚乡级河道7条，整治村庄河塘46个，实施农村改厕4124座，新增农村造林面积473公顷。加快全面小康村建设和“城中村”改造步伐，创成省级新农村示范村1个、市级小康示范村12个，完成“撤村建居”20个。加强农村“三大合作”组织建设，新增农民专业合作社22家、社区股份合作社25家、土地股份合作社6家。“十一五”期间，城郊型农业稳步推进，建成以农业科技示范园为龙头的高效农业基地和多个蔬菜特色基地，高效农业面积达3667公顷，占比达50%。培育万头（只）规模以上生猪养殖小区4个、禽类养殖小区10个，规模养殖占比达95%。建成省级无公害农产品基地17个、无公害绿色食品品种达33个，制定通过7个省级和4个市级农产品质量标准。粮食生产连续5年获丰收。推进新农村建设，村镇建设投入96.95亿元，是“十五”期间的28倍。建成村镇道路53.8千米，新建、维修农桥135座，基本实现城乡一体、四通八达的道路网络。疏浚整治农村河道328条，生活垃圾处理覆盖率100%。新增村镇住宅建设83.24万平方米，“撤村建居”23个，创建省级康居示范村2个、市级康居示范村9个，九龙、苏陈、罡杨创成省级“环境优美乡镇”。

【工业】坚持工业“第一方略”，加强运行监控、要素保障和协调服务，工业经济平稳较快发展。全年完成全部工业总产值723.9亿元、规模以上工业产值618.2亿元、工业开票销售400亿元、利税52亿元。按原口径统计，全年完成全部工业总产值502.5亿元，完成规模以上工业产值396.8亿元、利税21.6亿元、利润13亿元，比上年分别增长37.8%、40.8%、46.2%和46.9%，“产销利税”四大主要经济指标增幅均居全市第2，全面完成“5411”目标。骨干企业支撑带动作用有效增强，33家重点成长型企业完成总产值411.4亿元、开票销售292亿元、利税42.1亿元，分别占全区规模以上工业经济的66.6%、74%和80.9%。其中，10家重点企业完成总产值309.8亿元、开票销售237.6亿元、利税34.8亿元、利润1[illegible].8亿元，分别占全区规模以上工业经济的50.1%、60 %、66.9%和60.7%。中盛光电产值增幅达68.8%，跃居全市工业企业“50强”第4位。23家成长型企业增势强劲，东星精密、微特利等7家企业产值增幅均超过50%，陵光、乐金、梅兰、春兰等4家企业贡献税收均超过1亿元，其中陵光集团入库税收16.2亿元。推进“项目建设年”活动，组织实施“5020”工程，实施3000万元以上技改项目50个，其中1亿元以上项目20个，是建区以来实施工业重大项目数量最多、体量最大、质量最优的一年。全年完成工业技改投入66亿元，增长37.5%，华龙电子、常发锋陵等28个项目竣工投产。至年末，全区工业经济总量突破700亿元、规模以上工业产值突破600亿元、开票销售突破400亿元、利税突破50亿元。全区累计销售超过1亿元企业达88家，销售超过10亿元企业6家，其中超过50亿元企业2家。项目建设取得成效，初步形成以太阳能光伏和动力电池为主导的新能源、以复合管材和电极铝箔为主导的新材料、以IC封装和微电子为主导的电子信息、以动力和装备制造为主导的先进装备制造业等新兴特色产业。

【建筑业】 全年完成建筑业施工产值90.2亿元、建筑业增加值24.52亿元，比上年分别增长45.7%、40.2%。承建工程项目2534个，承接建筑施工面积794万平方米、竣工面积305万平方米。承建规模工程项目62个，其中29层以上超高层工程项目12个。全区建筑业从业人员4.6万人。全年实现工程结算收入57.76亿元、地方入库税收8357万元，分别增长60.04%、49.28%。境外业务拓展势头良好，赴境外施工人数达2250人，完成境外施工承包劳务营业额8850万美元，居全市之首。全年新增施工总承包企业3家、专业承包企业8家以及劳务企业1家，天龙、振发公司由建筑施工总承包三级资质晋升为二级资质。全区建筑业工作目标考核居全市第1，江东正飞建设有限公司、江苏祥云建设集团有限公司获2010年度泰州市建筑业“十强企业”称号。“十一五”期间，全区新增建筑施工总承包一级资质企业2家、二级资质企业6家、专业承包企业36家、劳务分包企业4家。培育省外超1亿元规模市场9个，施工队伍遍及全国21个省、4个自治区、4个直辖市。

【民营经济】 全年净增民营企业1390家、个体工商户2298户、注册资本31.9亿元，新增注册资本500万元以上企业109家，数控电火花线切割机床行业获批省级“特色产业集群”。搭建企业融资和技术服务平台，组织“百名科长进百企”送服务活动。全年为企业和项目融资担保近40亿元，上争各类资金6300万元，获取土地点供计划46.93公顷、独立选址计划80公顷，争取土地计划13.33公顷。“十一五”期间，全区民营企业数量持续增加，经济实力明显增强。新增私营、个体工商户18988户，私营、个体工商户总量达30389户。新增私营、个体企业注册资本115.39亿元，累计达127.03亿元。1亿元以上企业达80家，产销规模占全区4/5强。“十一五”期末，全区个体、民营经济从业人员达13万多人，占全部就业人数约80%，安置下岗职工、高校毕业生等1360人就业。

【服务业】 实施“商贸兴区”战略，全年实现服务业增加值118.41亿元，比上年增长13.7%，占GDP比重达43.9%，高于全市6.3个百分点；实现服务业税收12.8亿元，增长27%；社会消费品零售总额123.8亿元，增长18.9%。实施服务业重点项目15个，金鹰天地、动漫中心、祥和沥青等项目建成运营，华钜活力城正式营业，碧桂园大酒店主体封顶。西坝口商圈实现营业额40亿元，增长18%。重点骨干企业支撑作用明显，中百一店、金鹰商贸完成营业额分别增长28.6%、43.5%，实现税收分别增长116%、44.2%；会宾楼全年完成营业收入超1亿元，利税1509万元，分别增长24%、22%，并获“江苏省著名商标”称号。城东市场群实现成交额45.1亿元，增长22%。城北物流园实现销售额80亿元、物流营业收入2.5亿元，分别增长56.9%、32.8%。工贸分离取得新进展，21家企业实施主辅分离。“十一五”期末，全区限上批零和住宿餐饮企业达99家，比“十五”期末增加49家。其中，零售企业有10家进入全市前30强，泰州一百、文峰千家惠、金鹰商贸、苏宁电器居全市前4位；住宿餐饮企业有7家营业额进入全市前30强，会宾楼宾馆居全市首位。建成仓储面积25万平方米、年吞吐量200万吨的城北物流园；会计、税务、法律服务及各种咨询中介企业300多家，年营业收入达10亿元。房地产业快速发展。房地产项目累计实现投资124亿元，是“十五”期间的4.68倍。

【对外经济贸易】 全年新批外商投资企业项目19个，新批2000万美元以上的项目10个，增资项目5个，其中泰通工业有限公司增资项目一次性实际到资2580万美元，总投资达9800万美元，是建区以来投资额最大的外资工业项目。全年协议利用外资3.18亿美元，实际利用外资1.36亿美元，比上年分别增长28.5%、22.2%；实现外贸自营出口总额6.4亿美元，增长59.5%；完成外经营业额1.7亿美元，新增境外投资企业2家。规范外派劳务市场，扩大对外劳务合作，年末在外人数达3500

人。举办首届国际透明薄膜太阳能电池发展与投资峰会。重大项目引进取得突破，深圳茂业计划总投资45亿元，建设老东站城市综合体，注册资本6.08亿港元已到账，为建区以来最大的招商引资项目。载体建设取得突破，“一区三园”累计投入近50亿元，园区的项目承载力、环境吸引力和产业集聚力增强，已成为全区经济发展的重要增长极。海陵工业园区升格为省级经济开发区，九龙台商工业园升级为泰州市新能源产业园，城北物流园获批“省现代服务业集聚区”，农业科技示范园创成“全国农业旅游示范点”。

【财政】 2010年，实现财政总收入60亿元，其中地方一般预算收入25.1亿元，比上年分别增长30.8%、24.4%。实现原口径财政总收入35.36亿元，其中，一般预算收入16.51亿元，财政收入占GDP的比重达14.6%。一般预算支出14.96亿元。

【城市建设】 加快旧城改造步伐，全年共投入122亿元，实施城建重点项目68个。全面推行“阳光拆迁”，25个拆迁项目中有17个基本完成，拆迁面积达120万平方米，搬迁改造危旧房1.9万平方米。开工建设安置区90万平方米，建成40万平方米，回迁安置4000多户。实施基础设施项目9个，建设道路8.88千米，迎春路东延、迎宾路东延、春兰路南延等道路基本贯通，城北污水处理厂一期工程通过竣工验收。推进17个房地产项目，5宗地块上市。做好江海高速、宁启铁路复线电气化改造、长江大道、万达广场等市级以上重点工程服务工作。“十一五”期间，全区累计完成城建投入300亿元，实施城建重点项目181个。修编完善北部街区控制性详细规划，全面启动旧城改造，拆除危旧房200多万平方米，建设安置房600栋，建筑面积达159万平方米，新开发房地产小区近70个，其中涉及高层建筑楼盘近30个。新建和改造城市道路40条，总里程达70千米，建成东风北路、江洲北路、森园路和泰九路等城区干道，北部街区“两横四纵”道路框架初步形成。九龙污水处理厂投入运营，城北污水处理厂一期工程建成试运营。新增城市绿地2.2万平方米，城市绿化率40%，森林覆盖率20.1%，城市化率86.1%，提前两年实现全面达小康。

【城市管理】 数字化城管二期工程扩容，覆盖面积从25.26平方千米扩大到52.28平方千米。全年处置城管案件7.1万件，处置率达96%以上。实施“百姓城管”工程，建立34个城管社区工作站，实现42个无物管小区卫生保洁长效管理。加强城管队伍建设，创成“省行政执法队伍规范化三星级单位”。全年拆除违法建设近5万平方米。建成50座便民信息服务亭，升级改造3个农贸市场，综合整治4个老小区。

【固定资产投资】 全年实现全社会固定资产投资145.05亿元，比上年增长34.3%。其中，第一产业完成固定资产投资2.41亿元，增长8.47%；第二产业完成固定资产投资60.81亿元，增长52.23%；第三产业完成固定资产投资81.84亿元，增长24.3%。

【科技创新及节能减排】 强化科技和品牌支撑作用，全年实现高新技术产业产值113亿元，比上年增长50.2%，占规模工业产值28.2%。全社会研发投入3.2亿元，占GDP的比重达2.02%。新增国家火炬计划重点高新技术企业2家、省级工程技术研究中心3家、省名牌产品5个、省著名商标2件。建立院企产学研联合体16家，签订产学研正式合作协议20多项。通过江苏省第三批知识产权示范区考核验收。申请专利868项，其中发明专利244项，专利授权336项。江苏春兰清洁能源研究院有限公司入选江苏省知识产权战略推进计划。实施节能减排，万元GDP能耗下降5%，比“十五”期末降低23.6%，提前2年完成“十一五”节能减排目标。

【文化、教育、卫生、计生】 加快文化海陵建设，广场文化特色明显，建成镇街宣传文化中心4家。北山寺、岳武穆祠修缮工程竣工，单声珍藏文物馆、王氏住宅主体完工。实施校舍安全工程，优化教育布局，组建九年一贯制海陵学校，建成渔行实验学校、江洲路小学，义务教育学校实行划区招生，创成“省师资队伍建设先进区”。全面实施基本药物制度，加强重大疫情防控，基本完成社区卫生服务机构建设。强化食品药品安全管理，新设食品药品监督管理局，通过省级“食品安全示范区”评估验收。落实人口计生政策，对核定持有“独生子女父母光荣证”，且未享受加发5%退休金的企业退休人员，实行一次性奖励，共发放奖励资金2665万元。完成第六次全国人口普查工作。“十一五”期间累计投入教育经费12.83亿元，新建改造学校11所，在全市率先创建成“江苏省教育现代化先进区”。义务教育入学率、巩固率均为100%，学前教育毛入园率达99.9%以上。提升文化馆、站和社团建设规模，建成合格“农家书屋”69家、社区（村）文化室124个，成立各类文体团队200多个。建成主题文化广场100多个。围绕“便民、利民、惠民”目标，累计投入卫生经费1.21亿元，完成城区6个卫生服务中心、30个站等项目的建设，开展农村三大类八大项公共卫生服务项目，缓解群众看病难、看病贵问题。全区有医疗卫生机构床位732张，卫生技术人员998人。新建无害化卫生厕所1.1万座，创建省级卫生镇2个，省、市级卫生村29个。创建成“省食品安全示范区”。

【人民生活和社会保障】 全年创业培训1500人，扶持创业8500人，新增就业1.4万人，城镇登记失业率2.7%。城乡居民养老保险基本实现全覆盖，新增城镇职工“三大保险”参保1.1万人。实施社会保障提标扩面，新农合筹资标准每人每年提高到160元，城市低保、农村低保标准每人每月分别提高到340元和210元。坚持“先保后征”，被征地农民保障人数达2.06万人。实现城乡医疗保障救助一体化，发放医疗救助资金380万元。全年实现城镇居民人均可支配收入21350元，农民人均纯收入10565元，比上年分别增长11.5%、11.3%。人均收入绝对数居全市第一。

【社会稳定】 推进“平安海陵”、“法治海陵”建设，被表彰为“省法治工作先进区”。开展“大下访”、“大走访”、“大调解”活动，妥善解决信访积案18件，调处各类纠纷1380件，重大纠纷案件调处成功率达98.5%，在全国率先成立行政争议调解中心。加强社会治安“大防控”体系建设，技防入户率30%以上。加强法制宣传教育，通过“五五”普法终期考核。成立综合应急救援大队和基层分队，开展综合性演练4次。民兵应急分队比武获省军区表彰，征兵工作连续30年无政治和身体责任退兵。

【海陵工业园】 全年完成全部工业总产值105.12亿元，比上年增长42.49%。规模以上工业完成产值84.16亿元、销售80.6亿元、利税5.2亿元、利润2.65亿元，分别增长50.6%、47.61%、39.51%和50.96%。全社会固定资产投资44.9亿元，增长35.71%。实现财政收入4.63亿元，增长28.09%。协议利用外资1.3亿美元，实际利用外资8000万美元，利用民资5.5亿元。发展新电子、新材料、文化创意等新兴产业，华龙电子竣工投产，明昕电子、华化塑封料等项目签约落户，IC封装及微电子产业在园区初见雏形。中广国际绿色传媒示范基地项目签约，文化创意产业成功破题。“十一五”期间，海陵工业园升格为省级经济开发区，工业产值、财政收入、实际利用外资、协议利用外资平均增幅超过40%。新增1亿元以上工业企业超过20家。坚持“项目为王”理念，引进各类项目420多个，其中工业项目330多个，建成各类项目300多个，在建项目30多个。累计投入30多亿元，建成“十纵十三横”道路超过50千米、桥梁25座、标准厂房55万平方米、安置房60万平方米，完成拆迁2000多户、面积超过50万平方米，实施绿化100万平方米，疏浚整理河道超过40千米，通过ISO14000环境体系认证。

【泰州市新能源产业园】 市委、市政府建立泰州市新能源产业园区，并列入“一城一区一园一带”战略规划，定位产业新区、西部新城，以光伏组件、储能设备、光伏产品设备制造为发展方向，力争用3～5年时间打造千亿级新能源产业园。邀请专家教授，编制西部新城和新能源产业发展规划。组建海泰新农村建设有限公司、中天新能源投资有限公司，全面提升园区载体能力。全年投入2.6亿元，用于龙轩路西延、界沟路北延、4平方千米核心区路面改造，污水管网的延伸等基础设施建设。成功签约北京易光达科技、香港中策资本集团投资的矾电池项目、瑞祥电力能源有限公司项目、优能CIGS薄膜太阳能电池项目等一批优质项目，总投资达100亿元以上，用地面积300多公顷。推进高端战略合作，成立专家咨询委员会。与哈佛大学生物质能研究院、清华大学紫荆控股公司、北京大学中国能源研究院等单位建立合作关系。全年完成地区生产总值28亿元，比上年增长25%；全部工业总产值146.3亿元，其中规模以上工业企业完成产值97亿元、销售93.8亿元，分别增长54%、54%、71%；规模以上企业完成利税3.5亿元、利润2.2亿元，分别完成区下指标的100%；实际利用外资1900万美元，实际利用民资4亿元。完成财政收入2.2亿元，增长26%；全社会固定资产投资额18亿元，增长40%。

【改革行政服务中心服务模式】 区政府把行政服务中心27个部门的受理窗口整合为一个受理中心，所有行政事项均实行阳光操作、集中审核、联合审批，将“一站式”服务全面优化成“一窗受理、分类审批、同步监督、按时办结”的运行机制，做到办理项目、服务内容、办理程序、申报材料、承诺时限、收费依据、收费标准、办理结果等“十公开”，确保群众在一个窗口办理完毕所办事项。正式运行后，审批服务事项平均办结时间缩短70%，实现服务受理“零推诿”、服务事项“零积压”、服务质量“零差错”。省依法行政领导小组办公室组织中央驻苏新闻媒体和省主流媒体对这一做法进行集中采访报道。

【单声珍藏文物馆开工奠基】 泰州市单声珍藏文物馆工程项目举行奠基仪式。项目位于泰州市海陵区东进西路109号（单毓华故居内）。规划建设中的单声珍藏文物馆占地面积280平方米，建筑面积610平方米，分为展示大厅、鉴赏室、库房，总投资约400万元。单声珍藏文物馆将陈列单声先生捐赠的300多件文物，包括青铜器、瓷器、漆器、陶俑、木雕、牙雕、丝织品以及书画等，年代跨度为西周至明清。单声珍藏文物馆建成之后将主要用于单声珍藏文物的集中存放、展示，向游客和市民开放。

【调整部分行政区域】 调整部分街道行政区划：撤销泰山街道办事处，将原泰山街道南蒲、书院、方洲、泰山4个社区居委会和城中街道办事处合并，设立新的城中街道办事处。调整后，城中街道行政区域面积4.12平方千米，下辖14个社区居委会，人口6.5万人，办公地点驻税务桥东街1号；将原泰山街道新城社区居委会、城西街道招贤村位于卤汀河以东的4组、5组、6组、7组划给城北街道办事处管理。调整后，城北街道行政区域面积3.95平方千米，下辖13个社区居委会，人口4.41万。城西街道行政区域面积26.5平方千米，下辖11个村、12个社区居委会，人口6.46万人。

2010年海陵区部分街道、乡镇简况一览表

表38

街道乡镇	土地面积（平方千米）	年末乡村人口（人）	行政村（个）	农业总产值（现价）（万元）	工业总产值（现价）（万元）	农村社会总产值（现价）（万元）	粮食产量（吨）	油料产量（吨）	水产品养殖产量（吨）
城东街道	20.4	24959	14	7293	413400	794811	1706	626	909.9
城西街道	18.8	12010	9	6673	740406	848010	3762	247	503.4
京泰路街　道	36.5	35609	13	13401	1051400	1548254	13280	722	1270
物流园区	2.9	2668	2	1337	20400	391219	371	35	151
九龙镇	30.9	27053	9	5923	1462909	1643949	13764	515	212.2
苏陈镇	45.8	39597	16	17101	390713	517814	32664	1283	753.9
罡杨镇	34.3	21379	7	10777	431112	469022	23965	463	2486.6

·组织机构及负责人·

中共海陵区委员会

书　记　杨　杰

副书记　孙耀灿

　　　　崔国庆

常　委　杨　杰

　　　　孙耀灿

　　　　崔国庆

　　　　李卫国

　　　　李东劲（至2010-04-26）

　　　　季玉平

　　　　高卫东

　　　　周雅俊

　　　　于顺华

办公室

主　任　张怀德

研究室

主　任　袁友山

考核办

主　任　黄正良

信访局

局　长　李羊喜

组织部

部　长　于顺华

组织员办

主　任　周晓晔

非公经济组织党工委

书　记　于圣筛

老干部局

局　长　金国栋

宣传部

部　长　季玉平

文明办

主　任　张　森

统战部
部　长　邵冬山
台　办
主　任　熊智慧
政法委
书　记　崔国庆
综治办
主　任　树爱萍（至2010-06-12）
　　　　吴国余（2010-06-12任）
区直机关工委
书　记　丁爱民
编委办（2010年5月机构改革，单独设置区编办，列区委机构序列，既是区委工作机构，又是区政府工作机构，挂区事业单位登记管理局牌子）
主　任　唐祚庆
事业单位登记管理局
局　长　唐祚庆
反邪教办公室
主　任　费志民（至2010-11-01）
　　　　徐立勤（2010-11-01任）
农工办
主　任　毛德安

海陵区人大常委会

主　任　董有富
副主任　赵长成
　　　　韩正章
　　　　黄　平
　　　　罗建群(女)
办公室
主　任　曹秋林
财政经济工委
主　任　吴鹤铭
教科文卫工委
主　任　王镇海
法制工委
主　任　马桂琴(女)
人事代表工委
主　任　张　进（2010-05-26任）
城乡建设工委
主　任　冯淦寿

海陵区人民政府

区　长　孙耀灿
副区长　李卫国
　　　　李东劲（至2010-05-26）
　　　　张仁德
　　　　丁和扣
　　　　朱爱俊（女）
　　　　徐　军
　　　　李文飙
　　　　方　针（2010-11-26任）
　　　　阚少敏（挂职）（2010-11-26任）
办公室
主　任　徐志仑
研究室
主　任　谭　忠
法制办（2010年5月机构改革，区政府法制局更名为区政府法制办公室，机构升格为正科级，与区政府办公室合署）
外侨办（2010年5月机构改革，不再保留区外事办公室、区政府侨务办公室牌子）
主　任　陈根源（至2010-04-10）
　　　　于　鹏（2010-05-14任）
应急办（2010年5月机构改革，成立区应急管理办公室，为政府办公室挂牌单位）
主　任　王其华（2010-05-14任）
发改委
主　任　孙远举
经信委（2010年5月机构改革，经济和贸易委员会更名为经济和信息化委员会）
主　任　彭　俊
乡镇企业局（2010年5月机构撤销）
局　长　黄明和（至2010-05-14）
中小企业局
局　长　邓庆余
教育局
局　长　凌华余
教育督导室（2010年5月机构改革，由原来与区教育局合署调整为区教育局挂牌单位，不再列区政府工作部门序列）
主任督学　陈　荣
文体新闻出版局（2010年5月机构改革，文体局更名为文化体育新闻出版局，由与区教育局合署调整为单独设置，列区政府工作部门）
局　长　顾宝林（至2010-05-14）
　　　　吴家宽（2010-05-26任）
科技局
局　长　胡文玺
地震局（2010年5月机构改革，为科技局挂牌单位）
局　长　胡文玺（2010-05-14任）

知识产权局
局　长　胡文玺（至2010-05-14）
　　　　杨　臣（2010-05-14任）
监察局
局　长　栾建中（至2010-05-26）
　　　　李顺根（2010-05-26任）
发展环境监察办公室（2010年5月机构改革，区发展环境监察中心更名为区发展环境监察办公室，为区监察局挂牌单位）
主　任　高根林（2010-05-14任）
民政局
局　长　蔡秋云(女)
双拥办（2010年5月机构撤销）
主　任　王明忠（至2010-05-14）
司法局
局　长　葛祥龄
财政局
局　长　窦国钧
人事局（2010年5月机构改革，组建区人力资源和社会保障局，挂区公务员局牌子，不再保留区人事局、区劳动局）
局　长　于世生（至2010-05）
劳动局（2010年5月机构改革，组建区人力资源和社会保障局，挂区公务员局牌子，不再保留区人事局、区劳动局）
局　长　李　林（至2010-05）
人力资源和社会保障局
局　长　李　林（2010-05-26任）
公务员局（2010年5月机构改革，为区人力资源和社会保障局挂牌单位）
局　长　李　林（2010-05-14任）
住房和城乡建设局（2010年5月机构改革，建设局更名为住房和城乡建设局）
局　长　方　针（2010-05-26任）
建工局（2010年5月机构改革，建筑业管理局更名为建筑工程管理局，为住房和城乡建设局挂牌机构）
局　长　张启平
农　委
主　任　申泰姜
商务局（2010年5月机构改革，对外贸易经济合作局更名为商务局）
局　长　曹　群（2010-05-26任）
投资促进局（2010年5月成立，为商务局挂牌机构）
局　长　拜俊锋（2010-05-12任）
卫生局
局　长　王崇山（至2010-04-10）
　　　　解锦云（2010-05-26任）
食品药品监督管理局（2010年5月成立，为卫生局挂牌机构。2010年10月，泰政复(2010)106号批复，同意食品药品监督管理局调整为单独设置，为政府工作部门）
局　长　裴承安（2010-05-14任）
人口计生委
主　任　姚建中
审计局
局　长　肖　敏
统计局
局　长　周来荣
民宗局（2010年5月机构改革，由原来与区委统战部合署办公调整为区委统战部挂牌，不再列政府工作部门序列）
局　长　黄　进
安监局
局　长　王　勇
招商局（2010年5月机构撤销）
局　长　李文飙
服务业发展局（2010年5月机构改革，由区政府直属正科级事业机构调整为区发改委下属事业机构，机构规格改为副科级）
局　长　孙远举
供销总社
主　任　沈继龙
行政服务中心
主　任　夏洪根（至2009-05-31）
创建办（2010年5月机构撤销）
主　任　王其华（至2010-05-14）
城管办
主　任　徐殿峰

政协海陵区委员会

主　席　叶海波（至2010-02-04）
　　　　崔国庆（2010-02-04任）
副主席　马东明
　　　　夏振宇
　　　　邵冬山
　　　　孙佳玲（女）
　　　　俞　军
秘书长　帅宏庆（至2010-02-04）
　　　　张永平（2010-02-04任）
办公室
主　任　帅宏庆（至2010-01-14）
　　　　张永平（2010-01-14任）

社会事业委
主　任　杨德圭
提案文史委
主　任　唐小林（2010-05-25任）
经济建设委
主　任　韩　兵（至2010-05-25）
　　　　王加兴（2010-05-25任）
群团法制委
主　任　徐美意（至2010-05-25）
　　　　韩应油（2010-05-25任）

中共海陵区纪律检查委员会

书　记　高卫东

法院、检察院、人武部

法　院
院　长　朱建华
检察院
检察长　沙建国
人武部
部　长　戴志勇
政　委　周雅俊

群众团体

总工会
主　席　丁　骅
妇　联
主　席　薛桂(女)
团区委
书　记　李　明
科　协
主　席　郑　蕴
残　联
主　席　张仁德
理事长　黄晓玲（女）
工商联
主　席　孙佳玲(女)
侨　联
主　席　陈根源（至2010-07-21）
　　　　于　鹏（2010-07-21任）
文　联
主　席　顾宝林（至2010-07-07）
　　　　王光源（2010-07-07任）
社科联
主　席　孙广华
红十字会
会　长　朱爱俊（女）
专职副会长　陈德梅（女）

乡镇、街道、园区

九龙镇
党委书记　史桂旺（至2010-06-12）
　　　　　俞　军（2010-06-12任）
人大主席　史桂旺
镇　　长　周社明
苏陈镇
党委书记　吴松柳
人大主席　刘　燕
镇　　长　李升让
罡杨镇
党委书记　吴国余（至2010-06-12）
　　　　　树爱萍（2010-06-12任）
人大主席　吴国余（至2010-01-09）
　　　　　叶慧莲（2010-01-09任）
镇　　长　周社明（至2010-01-09）
　　　　　夏洪根（2010-01-09任）
城东街道
党工委书记　钱增宏
人大工委主任　钱增宏
主　　　任　张永平（至2010-01-14）
　　　　　　陈冬生（2010-01-14任）
城南街道
党工委书记　林晨光
人大工委主任　林晨光
主　　　任　王振民
城西街道
党工委书记　王春明
人大工委主任　王春明
主　　　任　陈　群
城北街道
党工委书记　解锦云（至2010-04-10）
　　　　　　李一陵（2010-05-14任）
人大工委主任　解锦云（至2010-05-26）
　　　　　　李一陵（2010-05-26任）
主　　　任　李一陵（至2010-05-14）
　　　　　　蒋成云（2010-05-14任，至2010-11-01）
　　　　　　袁金刚（2010-11-01任）
城中街道
党工委书记　吴家宽（至2010-05）

人大工委主任　吴家宽（至2010-05）
主　　任　王加兴（至2010-05）

泰山街道

党工委书记　毛　捷（至2010-05）
人大工委主任　毛捷（至2010-05）
主　　任　蒋成云（至2010-05）

2010年5月，因街道区划调整，原城中街道、泰山街道合并为新的城中街道

党工委书记　毛　捷（2010-05-14任）
人大工委主任　毛　捷（2010-05-26任）
主　　任　于世生（2010-05-14任）

京泰路街道

党工委书记　李东劲（至2010-04-10）
　　　　　　李文飙（2010-04-10任）
人大工委主任　张根林
主　　任　吴安家

工业园区

党工委书记　李东劲（至2010-04-26）
　　　　　　李文飙（2010-04-26任）
管委会主任　吴安家

城北物流园区

党工委书记　马东明（至2010-05-14）
　　　　　　陆　钢（2010-05-14任）
管委会主任　陆　钢

农业科技园区

党工委书记　张仁德
管委会主任　周学良

垂直管理部门（单位）

国税第一分局

局　长　王　华

地税第二分局

局　长　万　军

工商海陵分局

局　长　李亚平

国土海陵分局

局　长　朱秋生

粮食海陵分局

局　长　陈家骅

规划海陵分局

局　长　朱根山

水利海陵分局

局　长　蔡　浩

城管海陵分局

局　长　徐殿峰

环保海陵分局

局　长　王厚俊

中行海陵支行

行　长　石海港

农行海陵支行

行　长　朱建圣（至2010-11-19）
　　　　唐建理（2010-11-20任）

工行海陵支行

行　长　张玉川（至2010-07）
　　　　葛崇民（2010-07任）

海阳银行

党委书记、董事长　陈　飞
行　长　陈志龙

（顾晓梅　陈　晨　王顺国）

高　港　区

【概况】 高港区南濒长江，北倚海陵，是泰州的主城区之一，总面积301.7平方千米，辖4个镇、3个街道，88个行政村（居委会）。年末总人口26.04万人。全年实现（不含市直工贸企业管理体制调整后的新增部分，下同）地区生产总值112.05亿元，比上年增长15.4%。其中，第一产业增加值7.52亿元，增长4.7%；第二产业增加值64.16亿元，增长16.8%；第三产业增加值40.37亿元，增长15.8%。人均生产总值42816元。三次产业比重为6.7：57.3：36。城镇居民人均可支配收入21038元，农村居民人均纯收入9580元，分别增长12.2%和14.3%。

【农业】 新增高效农业面积1220公顷。农业实际利用“三资”5.66 亿元，其中外资2625万美元。新增土地流转面积1186.7公顷，新增土地规模经营面积1866.7公顷。全年上争资金2177万元。秸秆危害防控和综合利用工作全市领先，夏秋两季秸秆综合利用率达95%以上。开展省级土地承包经营权登记试点工作，获省创新创优二等奖。被泰州市政府评为全市农业工作先进区。

【工业】 完成工业总产值435亿元，比上年增长39.6%；实现列统工业产值、销售、利税、利润分别达341亿元、345亿元、40.6亿元和21亿元，分别增长43.7%、45.4%、68.6%和158.7%；全年实施1亿元以上重大技改项目26个，工业技改财务发生数78亿元，增长30%。新增民营企业纳税户数652家，新办注册资本500万元以上企业102家，民营经济净增注册资本27.31亿元。开展“三服务、三尊重”活动，优化企业发展

环境，全年新培植产值超1亿元企业5家，超50亿元企业3家，三福船舶入围中国民营企业500强；开展银企对接活动，帮助中小企业融资13.8亿元；鼓励企业加快上市、重组、高位嫁接步伐，富彤化工进入上市辅导期，三泰啤酒成功嫁接华润雪花；实施企业家培养战略，提升企业家整体素质。

【建筑业】 完成建筑施工总产值77.89亿元，实现建筑企业增加值21.5亿元，比上年分别增长43.92%和61.5%。

【服务业】 实现服务业增加值40.37亿元，比上年增长15.8%；实现社会消费品零售总额22.52亿元，增长18%；完成服务业税收收入6.94亿元，增长101.3%。完成全社会固定资产投资127.8亿元，增长36.5%；完成规模以上投资99.6亿元，增长53.78%。34个投资1000万元以上的重点项目全部开工建设。上争项目23个，获各类扶持资金5551万元。高港综合物流园累计入园企业101家，实现开票销售33.9亿元、税收2.4亿元。房地产业健康发展，商品房开工面积90万平方米，竣工面积60万平方米。服务业增加值占GDP比重提高1个百分点。

【开放型经济】 全年协议利用外资3.93亿美元，实际利用外资1.5亿美元，比上年分别增长48.6%和35.4%。新增出口实绩企业15家，完成自营出口9.22亿美元，增长86%。新签外经合同额2458万美元，实现外经营业额1620万美元。组织15家企业参加第108届广交会，争取摊位34个。区外派劳务服务中心建成首批省级对外劳务合作服务平台。新设境外办事处1家，新注册境外企业1家。

【财政】 完成财政总收入31.06亿元、地方一般预算收入11.58亿元，比上年分别增长47.97%和42.98%。

【科 技】 完成高新技术产业产值106.2亿元，上争科技专项扶持资金2500万元。滚动开发年销售3000万元以上的新产品30项，实施国家重点新产品试制计划2项、国家火炬计划项目6项、国家中小企业创新基金项目4项、省重大成果转化专项资金项目2项、省科技支撑项目12项，新认定省级高新技术产品20项、省自主创新产品1项，获批省级创新型企业3家、省级民营科技型企业15家。新认定市级企业工程技术研究中心9家、省级工程技术研究中心3家、省级院士工作站1家。高港区成为全国首家“蓝火计划”正式实施单位，中国高校技术转移中心泰州中心在高港区挂牌运行。全年申请专利663件，兴东煤矿机械制造有限公司获第七届中国国际专利与名牌博览会金奖。

【城市建设与管理】 实施城建重点项目38个，完成投入60亿元。建立健全区、镇、村三级联动开发机制，成立城建重点项目指挥部，实行“一个项目一套班子”，完善城建机制。拉开城市道路框架，高港大道、环港大道、春港路东延、柴墟路东延、迎江路等道路工程加快实施，建设总长超过前5年总和。重点工程进展顺利，柴墟水景街区一期、时代广场、金港国际商业广场、国源大酒店、红星美凯龙、市公安训考基地等项目加快建设。加大安置房建设力度，建成安置房40万平方米。修编完善白马、大泗、胡庄集镇总体规划，新增市级小康示范村15个。推进城乡环境综合整治，健全长效管理机制，市容市貌得到改观。出台《高港区村民个人建房管理实施办法》，加强个人建房管理。“一户一卡”实现全覆盖，违法建设防控取得实效。

【新农村建设】 统筹推进农村基础设施建设，改造电灌站50座，新建农村公路62.5千米、桥梁60座。全年疏浚整治中沟12条34.4千米，完成17个村的村庄河道整治任务。改造无害化户厕10000座。新增农民集中居住房面积18万平方米，许庄街道乔扬村先后获“江苏省新农村建设百强示范村”、“泰州市十强村（居）”称号。胡庄镇史庄村、大泗镇大泗村通过市级康居示范村验收，胡庄镇薛垛村通过省级环境整治试点村验收。

【环境保护】 新增绿化造林面积376.67公顷，森林覆盖率达23.5%，完成沿江高等级公路、江平线等5条绿色通道建设。环境空气质量良好天数百分率为88%，集中式饮用水源地水质达标率100%，水域功能区水质达标率100%，功能区环境噪声达标率81.3%，公众对城乡环境保护满意率为81.2%。全年削减化学需氧量242吨，二氧化硫排放量控制在1500吨以内，环境综合质量指数93.6分，居全市第一。白马镇建成省级环境优美乡镇，高港高新区创建省级生态园区规划顺利通过省级专家评审，大泗镇建成市级环境优美乡镇，许庄街道办马厂村建成省级生态村。

【劳动和社会保障】 社会保障覆盖城乡，新型农村社会养老保险、医疗保险、被征地农民失地保障实现全覆盖。全区企业职工基本养老保险参保35131人，城乡居民社会养老保险参保52871人，失地保障参保20365人。全区城镇职工医疗保险参保47586人，城乡居民医疗保险参保143880人。全年城镇净增就业5100人，新增创业6807人，当期城镇登记失业率1.88%，保持全省最低。村居社会事业工作站建设经验得到中央、省市充分肯定。开展向贫困家庭“送养老、送医保、送技能、送岗位、送项目”等“五送”活动，健全扶贫济困机制。提高城乡低保标准，全面完成脱贫攻坚工程。残疾人事业加快发展，获“全国残疾人社区康复示范区”称号。推行企业工资集体协商，经验在全国推广。

【人口与计划生育】 全年出生人口1368人，自然增长率-2.86‰，计划生育率99.56%，出生人口性别比控制在正常值范围内，流动人口管理服务率达95.57%。全年享受计生奖励政策人数3.1万人，累计发放各类计划生育奖励金919万元。开展第六次全国人口普查工作。

【教育】 教育现代化创建工作通过省级评估验收。3年累计投入近1亿元改善办学条件。推进学校安全工程，规范整顿“接送学生车辆”运营市场，淘汰不合格车辆105辆，建立“接送学生车辆”购置运营政府补贴机制。拆除校舍危房近2万平方米，投入346万元用于学校人防、技防建设。推进教育均衡发展，实施学校清理规范工作，高港实验学校、实验小学回归公办。资助贫困学生825人次31万多元，资助义务教育阶段家庭经济困难寄宿生285人次10万多元。坚持依法办园，撤并村办班15个，取缔非法办园（班）4所。

【文体旅游】 新建村级文化室35个、体育健身工程点28个，实现村居全覆盖。开展“三送”工程，全年送图书17500册，送戏14场，送电影710场。承办第六届“长三角”地区民乐展演活动，举办“大江放歌”广场文艺演出活动9场。创办首份文艺期刊《高港文艺》，发行2期。举行高港区庆祝全国第二个全民健身日暨健身成果展示活动。举办高港区首届“梅兰春杯”篮球赛。5月1日，雕花楼景点正式对外开放，并成功申报国家AA级旅游景区，全年接待游客4万多人。公布首批区级非遗名录，有3项入选市级非遗名录。7处文保单位入选泰州市首批公布的文保单位名录。区文体旅游局分别被国家体育总局、江苏省体育局评为“2010年全民健身活动先进单位”及“江苏省群众体育先进单位”。

【卫生】 全面实施基本药物制度，药价平均降幅达45%，让利群众1200多万元。率先创成省级药品“两网”建设示范区。建成市“120”急救中心高港急救站。国家卫生城市长效管理工作全市领先，创成省级卫生镇1个、卫生村5个。乡镇卫生院转型社区卫生服务中心2个，新建标准化社区卫生服务站12个，创成江苏省中医药特色社区卫生服务中心1个、市城市社区卫生服务示范中心2个。中医喉科列为市级非物质文化遗产保护项目。全区“无红包医院”创建覆盖面100%。

【工商】 新增私营企业723家、个体工商户1671户，民营经济净增注册资本27.31亿元。刁铺、白马农贸市场完成升级改造。高港建筑公司成功组建江苏大江建设集团。区内外商投资企业实际出资2.59亿美元，出资率达105.36%。查处假冒伪劣商品案件17起，涉案金额500多万元。

【质量监督】 获省级名牌产品17个。旺灵绝缘材料厂创成泰州市唯一的省级高新技术标准化试点。环太电器在全区率先通过国家AAA级标准化良好行为企业的考核验收，7家单位列入全省第七批省级标准化良好行为企业试点计划。新增质量诚信单位32家。

【供销】 全系统实现商品销售9.69亿元，比上年增长17%。推进“新农村现代流通服务网络工程”，再生资源购销3亿元，实现税收4000万元。新建村级为农综合服务社20家，新创办各类专业合作社3家。区供销总社被省供销总社授予“为农服务社建设优胜单位”称号。

【审计】 全年共组织实施审计项目72个，查出违纪违规金额1.62亿元，收缴财政574万元，核减政府建设项目工程造价2423.9万元。

【信访】 全年受理群众来信来访1744件（人）次，比上年下降34%。其中，来信134件、个访663人次，分别下降1%和55%；集体访65批937人次，分别下降3 %和5%。全年无一起进京上访被登记，无赴省集体访，无去市重复集体访，到区上访总量下降，未发生一起因信访引发的有影响事件，实现“零进京”工作目标。高港区被省信访工作领导小组表彰为信访工作“三无”区。

【公安】 平安高港实现“八连冠”目标。综治平安工作被省综治委表彰为“2010年度全省社会治安综合治理先进集体”。法治创建工作被省委、省政府表彰为“2008～2009年度法治县（市、区）创建工作先进单位”。获首批“全国法治县（市、区）创建活动先进单位”称号。区公安分局获江苏省文明单位“三连冠”、江苏省公安机关执法质量考评优秀单位“八连冠”、江苏省平安创建先进集体等荣誉。

【司法】 全年共调处各类民间纠纷618件，调解成功607件，调解成功率98.2%；劝阻群体性上访18起281人次，组织纠纷排查581次。全区刑释解教人员帮教率和安置率均为100%，重新犯罪率为0。开展“五五”普法活动，3个村（社区）被命名为“省级民主法治示范村（社区）”，4个村（社区）被命名为“市级民主法治示范村（社区）”。

【交通管理】查处各类交通违法行为46452起，处罚46317起，全年行政拘留45人；执行各类交通警卫任务143起，处理各类交通事故4629起，死亡35人，伤193人，直接经济损失49.8万元，其中交通事故发生数和死亡人数比上年分别下降12.6%、16.7%。

【党建工作】深化干部人事制度改革，通过竞争性选拔方式选拔20名副科级领导干部，选派12名区管后备干部赴园区工作。全年培训干部1800多人次，举办3期领导干部能力建设讲坛，赴复旦大学、清华大学分别举办区域经济与创新发展、领导艺术与组织变革等高级研修班。实施经济领军人物素质提升工程，区财政每年拿出100万元专项资金用于培养企业经营管理人才。全年引进高层次创新创业人才（团队）26个、海外人才13名、优秀人才52名。开展创先争优活动，全区534个党组织、8912名党员共公开承诺事项近1万件。完成村（居）两委换届选举。建设村级综合服务中心40个。全年发展新党员263名。

【提前一年“全面达小康”】5月中旬，高港区4类18项25个指标全部达到或超过小康标准，小康总体实现程度100%，其中城市绿化覆盖率、森林覆盖率和环境质量综合指数全部超过小康标值，环境质量综合指数全市第一，实现“提前一年全面达小康”奋斗目标。

【长江下游水生生物增殖放流活动在高港举行】5月25日，2010年长江下游水生生物增殖放流暨泰州市第二届放鱼节活动在高港区江段举行，本次新增加“细鳞斜颌固”、“胭脂鱼”两个品种，共放流鱼种100多万尾。

【部分建筑入选泰州市文物保护单位名录】6月，口岸城隍庙、刁铺龙王庙、泰昌生木号、龙泉池浴室、解放街戚宅、解放街孙宅及佴庄战斗纪念碑7处建筑入选泰州市文物保护单位名录。

【部分地区突遭龙卷风袭击】7月22日16时6分～17时3分，高港境内口岸、刁铺、白马、胡庄突遭龙卷风袭击，电力设施及农业设施受损。其中白马、胡庄两镇设施大棚受损近30多公顷，畜禽舍倒塌近2000平方米，苗木受灾近40公顷，经济损失超过350万元。区镇相关单位赶赴一线指导救灾工作，安抚受灾群众。至7月23日16时52分，电力设施恢复供电。

【率先全面建立村级社会事业工作站】为加快推进城乡社会一体化建设，逐步实现城乡公共服务均等化，高港区探索农村社会事业工作新思路，把社保、计生、民政、综治、残疾人事业有机整合，在全省率先全面建立村级社会事业工作站。一是以政府购买公益性岗位的形式，在全区范围内公开招录时优先安排本村范围内就业困难的高校毕业生，缓解高校毕业生就业难题。二是由大学生“村官”担任村级社会事业工作站站长，为大学生“村官”提供施才舞台。三是人力资源和社会保障、民政、计生、政法综治、残疾人服务等农村社会事业有效整合，实现“一站式”服务；铺设专门网线到村，区、镇（街道）、村（社区）实行网上资源共享，农民不出村就可以办理各类社会事务。中共中央政治局委员、全国政协副主席王刚，省委书记罗志军，代省长李学勇，国家人力资源和社会保障部就业促进司司长于法鸣，先后到区村级社会事业工作站调研，肯定此项工作。

【国内最大的绞吸式挖泥船在高港下水】10月9日，国内第一艘拥有全部自主知识产权的海洋疏浚工程船舶——华夏重工1号下水。该船是国内生产能力最大的非自航电动绞吸挖泥船，标志着江苏在海工船舶制造领域有新突破。

【全国首家实施教育部“蓝火计划”】“蓝火计划”是国家教育部推进高校与地方产学研合作，加速高校科技创新成果转移的一项重大行动。2009年，国家教育部在福建漳州、江苏常熟等地进行“蓝火计划”试点。经与教育部多次磋商，12月8日，高港区成功举行“蓝火计划”启动仪式。教育部科技发展中心副主任李建聪、江苏省科技厅副厅长夏冰、市政府副市长卢佩民等出席，全国40多所高校、150多名科研专家参加会议。教育部科技发展中心与高港区政府共同建设的中国高校技术转移中心泰州中心正式揭牌，共签订21个产学研合作项目，聘请30名专家为区首批科技特派员。“蓝火计划”是高港区实施开放创新“双轮驱动”战略的一项重大举措。

【全省首家实施“五送”活动】12月27日，高港区举行贫困家庭“五送”（送养老、送医疗、送技能、送岗位、送项目）活动仪式，共送养老保险人员62人，送医疗保险人员136人，送创业项目、就业岗位、就业技能人员5人，总资金达102万元，并现场向31名贫困家庭发放养老保险卡和医疗保险卡。

2010年高港区街道、镇简况一览表

表39

街道、镇	面　积（平方千米）	人口（人）	居委会（个）	行政村（个）	农业增加值（万元）	农民纯收入（元）	工业产值（亿元）	地区生产总值（亿元）
口岸街道	70.66	68989	9	14	14655	11914	100.59	32.12
刁铺街道	26.3	24344	3	3	4967	10274	26.51	11.46
许庄街道	50.28	38799	2	12	7037	10370	76.69	22.02
永安洲镇	53.42	30118	1	8	10738	11103	128	22.24
白马镇	26.6	22154	2	5	6823	8846	19.62	4.57
大泗镇	32.4	29541	1	12	10735	8104	9.08	4.46
胡庄镇	58.1	46424	2	16	15995	8467	10	5.28

·组织机构及负责人·

中共高港区委员会

书　记　王　建
副书记　张小兵
　　　　任寿南
常　委　王　建
　　　　张小兵
　　　　任寿南
　　　　封新华
　　　　杨春宣
　　　　查学斌（女）
　　　　张兆洋
　　　　陈　军
　　　　程荣稳

组织部（组织员办公室、非公有制经济组织党工委与其合署）
部　长　查学斌（女）

非公有制经济组织党工委
书　记　孙　跃（2010-04-28任）

宣传部
部　长　程荣稳

办公室（研究室、考核办与其合署）
主　任　蒋向荣

区委研究室
主　任　戴建斌

考核办
主　任　蒋向荣

统一战线工作部（区委台办、民宗局与其合署，挂政府台湾事务办公室牌子）
部　长　汤德荣（至2010-04-25）
　　　　仲新光（2010-04-25任）

台　办
主　任　汤德荣（至2010-04-25）
　　　　仲新光（2010-04-25任）

政法委员会（综治办与其合署）
书　记　任寿南

综治办
主　任　邱爱平

机关党工委
书　记　封六生

老干部局
局　长　丁春枝（至2010-04-25）
　　　　包志明（2010-04-25任）

编　办
主　任　蔡永吉（至2010-04-25）
　　　　丁春枝（2010-04-25任）

史志档案办（挂档案局、档案馆牌子）
主　任　阙　进

机要保密局（副科级）
局　长　于　云

信访局
局　长　毛一鸣（至2010-04-25）
　　　　王明龙（2010-04-25任）

经济环境监察中心
主　任　陈荣亚

文明办
主　任　卞晓江

反邪教办公室
主　任　严夏明
沿江开发办
主　任　王　庆

高港区人大常委会

主　任　王　建
副主任　陈荣成
　　　　孙宝东
　　　　曹春明
　　　　万福龙
办公室（挂研究室牌子）
主　任　周树宏
研究室
主　任　李秀兰
人事代表工作委员会
副主任　张　平
财经工作委员会
主　任　刘晓春
法制工作委员会
主　任　徐承义
科教文卫工作委员会
主　任　乔新国
城乡建设工作委员会
主　任　戴凤鸣

高港区人民政府

区　长　张小兵
副区长　封新华
　　　　陈　军
　　　　韩　亚
　　　　邵春宁（女）
　　　　刘　玲（女）
　　　　刘　鹏
区长助理 孙桂银
办公室（政府研究室、法制局与其合署）
主　任　周云鸣
政府研究室
主　任　解卫东（至2010-02-05）
　　　　王飞平（2010-08-10任）
法制办
主　任　冷　洪（2010-04-28任）
发展和改革委员会（挂第三产业领导小组办公室、经济体制改革委员会办公室牌子）
主　任　李达华
物价局
局　长　张海峰
经济和信息化委员会
主　任　徐绍文（2010-05-06任）
经济贸易委员会
主　任　徐绍文（至2010-05-06）
科学技术局
局　长　邱小平
住房与城乡建设局
局　长　冯春桂
建管局
局　长　冯春桂（至2010-05-11）
环境保护局
局　长　梅玉才
商务局
局　长　孙　跃（至2010-05-06）
　　　　袁　斌（2010-05-06任）
对外经济贸易局
局　长　孙　跃（至2010-05-06）
农业委员会
主　任　陈宝进
教育局（教育督导室与其合署）
局　长　杨海峰
教育督导室
主　任　徐亚明
文体旅游局
局　长　张寀明（2010-05-06任）
监察局
局　长　陈荣亚
民政局
局　长　徐益明
财政局
局　长　包继春
人力资源和社会保障局
局　长　居山林（2010-05-06任）
人事局
局　长　仲新光（至2010-05-06）
劳动与社会保障局
局　长　居山林（至2010-05-06）
卫生局
局　长　梅　跃
人口和计划生育委员会
主　任　邱　健（女）
审计局
局　长　江淑平（女，2010-05-06任）
统计局
局　长　马步忠

水利局
局　长　吴国华（至2010-05-06）
　　　　胡万源（2010-05-06任）
司法局
局　长　杨　勇（至2010-05-06）
　　　　祁亚峰（2010-05-06任）
安监局
局　长　王晓球（至2010-05-06）
　　　　秦荣生（2010-05-06任）
机关事务局
局　长　包志明（至2010-04-28）
　　　　顾为进（2010-04-28任）
城管办
主　任　尹晓平（至2010-04-28）
　　　　杨　勇（2010-04-28任）
供销总社
主　任　葛　武
行政服务中心
主　任　李盛荣（至2010-04-28）
　　　　尹小平（任2010-04-28）

政协高港区委员会

主　席　任寿南
副主席　马　翔
　　　　张　勤（女）
　　　　汤德荣
　　　　李家生
　　　　田圣华
秘书长　乔国平（至2010-12-30）
办公室
主　任　李俊仁
学习提案文史委
主　任　朱长顺
经济城乡建设委
主　任　戴菊芳（女）
群团法制委
主　任　陆惠章
科教文卫体委
主　任　孙小平（任）

群众团体

总工会
主　席　张　琴（女）
团区委
书　记　邵剑峰（至2010-04-25）
妇　联
主　席　包国芳（女）
科　协
主　席　唐秧林（至2010-08-18）
　　　　邱卜雨（2010-08-18任）
工商联
会　长　李家生
残　联
理事长　刘富庭
文　联
主　席　卞晓江

中共泰州市高港区纪律检查委员会

书　记　张兆洋

法院、检察院、人武部

法　院
院　长　胡欣荣（女）
检察院
检察长　张　蓉（女）
人武部
部　长　杨春宣
政　委　窦文喜

垂直管理部门（单位）

公安高港分局
局　长　孙桂银
国土高港分局
局　长　陆　俊（2010-06-30任）
工商高港分局
局　长　吴友林
国税第二分局
局　长　顾学群（至2010-04-30）
　　　　赵剑三（2010-05-13任）
地税第三分局
局　长　陆静波
广电高港分局
局　长　徐勤生
交通高港分局
局　长　高林海
规划高港分局
局　长　刘国圣
人防办
主　任　李东升

交巡警二大队

大队长　薛荣明（2010-06-02任）

高港公安消防大队

大队长　周德元

气象高港分局

局　长　张淑慧

质量技术监督局城区（高港）分局

局　长　朱宏全

电信高港分局

局　长　路维宁

邮政高港分局

局　长　闾　飞

镇、街道、园区

口岸街道

党工委书记　刘振东

办事处主任　施光文（至2010-05-06）

副　主　任　张桂林（2010-08-11任，主持工作）

人大工委主任　邱卜雨（至2010-08-25）

韩记国（2010-08-25任）

刁铺街道

党工委书记　胡万源（至2010-04-25）

陈　军（2010-04-25任）

办事处主任　王祥生

人大工委主任　李友荣

许庄街道

党工委书记　陈　军

办事处主任　匡裕民

人大工委主任　张宏生

永安洲镇

党委书记　吴　斌

镇　　长　张万卿

人大主席　王镇静

白马镇

党委书记　李全寿

镇　　长　陆新兵（至2010-05-29）

马才本（2010-05-29任）

人大主席　马才本（至2010-05-29）

张宏山（2010-05-29任）

大泗镇

党委书记　肖志勇

镇　　长　刘长军

人大主席　翟永进

胡庄镇

党委书记　王国平

镇　　长　毛照明

人大主席　王国平

高港高新技术产业园区

党工委书记　王　建（至2010-11-12）

陈　军（2010-11-12任）

管委会主任　张小兵（至2010-11-12）

包继春（2010-11-12任）

办公室主任　袁　斌

招商局局长　孙　跃（至2010-04-25）

企业服务局局长　李盛荣（至2010-04-25）

经济发展局局长　叶　智

泰州港核心港区

党工委书记　刘　鹏

管委会主任　刘　鹏

科技创业园

党工委书记　陈　军

管委会主任　陈　军

永安洲工业园

党工委书记　吴　斌

扬子江医药产业园

党工委书记　陈　军

管委会主任　孙　跃（至2010-04-28）

（王　正）

兴　化　市

【概况】 兴化市位于"长三角"沿江经济开发带，地处江淮之间、苏北里下河腹部，东邻大丰、东台，南接姜堰、江都，西与高邮、宝应毗邻，北与盐城隔界河相望。全市总面积2394.96平方千米，人口156.12万人（户籍人口），辖29个镇、5个乡、1个省级经济开发区，设70个居民委员会、614个村民委员会。兴化素有"鱼米之乡"的美誉，境内生态环境优越，是国家级生态示范区、省级历史文化名城。2010年，全市实现地区生产总值387.11亿元，比上年增长13.6%；完成财政总收入54.46亿元，其中一般预算收入21.13亿元，分别增长32.5%、33.7%。在全国第十届县域经济基本竞争力评价中居第67位。

【农业】 农业经济继续保持良好发展势头，实现一产增加值64.51亿元，增长4.7%。全年农林牧渔业总产值106.01亿元，增长10.3%。粮食总产134.42万吨，增长1.5%，实现7年连续增产，连续8年获"全国粮食生产先进县标兵"称号。全市建有省部级万亩示范片9个、市级千亩示范区和百亩示范方146个，总面积2.67万公顷。棉花总产1.51万吨，增长13.0%。新增高效种植业面积

6733公顷，新增设施农业面积1040公顷，新增高效渔业面积5333公顷，新增畜禽规模养殖比重提高5.1个百分点。

【工业】全年完成工业现价总产值1083.46亿元，比上年增长25.5%；完成工业增加值147.7亿元，增长14.3%。列统工业总产值662.33亿元，实现销售647.81亿元，分别增长30.2%、29.4%。不锈钢材料及制品业完成产值395.34亿元，增长26.4%；农副产品加工业产值73.4亿元，增长44.5%。全市产销过1亿元企业137家，其中过5亿元15家。江苏兴达钢帘线股份有限公司实现销售60.28亿元、利税11.44亿元、利润9.81亿元，入库税金5.2亿元，分别增长31.0%、13.6%、27.6%、48.5%。全市新登记私营企业1883户、个体工商户5491户，分别占年度目标的209.2%，109.8%，新增注册资本金62.12亿元，占年度目标238.9%。

【建筑业】2010年完成建筑业总产值168亿元，建筑业增加值42.18亿元，比上年分别增长28%、20%。从业人数10.5万人，增加18%，其中外出施工8.5万人、出省施工3万人，实现外出施工劳务收入5亿元。建筑施工企业产值过1亿元企业达50家，其中超3亿元企业19家、超5亿元企业5家、超10亿元企业3家。

【开放型经济】全年完成进出口总额42694万美元，其中，自营出口32018万美元，比上年增长80.3%。组织24家企业参加广交会，组织5家企业参加法国国际食品饮料展。利用外资取得突破，全年协议利用外资26244万美元，实际到账外资10414万美元，分别增长47.88%、35.14%。全年新批外商投资企业31家。对外合作稳步推进，全年新签外经合同额2550万美元，实现营业额2206万美元，分别增长22.6%、97.3%。筹办兴化外派劳务中心，查处非法劳务中介机构，境外投资和境外工程承包取得进展。

【财政金融】全年实现财政总收入54.46亿元，比上年增长32.4%，其中地方一般预算收入21.13亿元，增长33.71%。全年一般预算支出41.44亿元，增长34.8%，其中教育、文化、医疗卫生和环境保护支出增幅，同比均高于一般预算支出平均增幅。全市各项存款余额306.25亿元，比年初增加49.37亿元，增长19%；各项贷款余额199.54亿元，比年初增加37.80亿元，增长31.55%。吴江农商行在兴化设立支行，江阴农商行控股成立苏南村镇银行，全市农村小额贷款公司由1家发展到5家，全年累计投放贷款4.12亿元。全市实现保费收入7.15亿元，增长11%，其中财产保险业务收入1.43亿元、人寿保险业务收入5.72亿元。

【水利】开展河道疏浚工作，疏浚县级河道4条，工长61.5千米，土方185万立方米；疏浚乡级河道47条，工长178千米，土方307万立方米；疏浚118个村的村庄河道，土方426万立方米。加大闸站建设力度，新建改建圩口闸75座、排涝站34座，新增改善排涝流量153立方米/秒。加修圩堤193千米，土方165万立方米。推进农村饮水安全工程建设，铺设管道393千米，新建增压泵站5座，解决14.29万人的饮水安全问题。

【城乡建设】加快城市基础设施建设，全年重点实施兴化大道南延、南亭路西延、前进桥等“14路7桥”建设。建成停车场15个，新增停车位1500个，缓解城区停车难问题。兴化自来水厂建成供水，城南污水处理厂转入常态运行，海池河、张阳夹沟污水管网成功并网，城市生活垃圾填埋场部分投入使用，牌楼路人防工程、新区英武变电所主体完成。启动城市供水水质提升工程，实施九顷南村等老小区维修改造和33个城市低洼区整治，完成关门片区水乡大桥至白涂河大桥防洪堤。加快社会事业项目建设，新区体育馆、新区幼儿园、广电信息技术中心大楼、老年大学、第四人民医院投入使用，新区农贸市场开张营业。重视城市历史文化遗存挖掘整理和保护开发，实施金东门历史街区的基础设施配套与整治，完成银北门街区改造的拆迁工程。加强历史文化街区的管理，规范八字桥文化广场、儒学广场等历史文化街区的经营质态，营造城市历史文化氛围。推进城市危旧房屋拆迁改造，完成英武中路四期扫尾，文林路、银北门、东门方兴桥、五里转盘周边等2000户15万平方米的拆迁任务。加大保障性住房建设力度，建成城堡三期、四期、张家西路等经济适用房、廉租房23万平方米，建成拆迁安置房14万平方米。

【旅游】推动乌巾荡风景旅游景区、缸顾千岛菜花风景区、李中水上森林公园、金东门历史街区建设，发掘城市水系、文化资源和湿地旅游资源，打造特色旅游线路。乌巾荡温泉度假区通过挂牌招商，落实投资主体，实现项目开工建设；整合和重组李中森林公园，吸引社会资本投入，推进二期开发项目。组织第二届中国兴化千岛菜花旅游节、大型电视娱乐活动“幸福向前冲”，旅游节期间共接待游客48万人次。

【园林绿化】推进城市公园绿化、道路绿化、景观绿化、街头绿化、滨河绿化建设，构建完善的公共绿地系统，城市绿地总面积达800万平方米，绿化覆盖率达40%。完成东环线、北环线、五里东路二期绿化，建成古城墙公园。在城市建设中融入水的元素，凸显水城特色，重点打造直港河三期、四期滨河绿化以及兴姜河、中心河、沧浪河、高王河滨河绿化，营造“水在城中，城在绿中，人在景中”的城市特色景观。

【交通】全面完成大周公路、张周公路、缸西公路改造主体工程。实施撤渡建桥工程，野行大桥完成主体工程，钓鱼文远大桥完成下部结构灌注桩。组织新开工项目，省道233西绕城项目获省发改委立项。开工建设新张公路、林湖和竹泓公路连接线、西横公路。实施117个通达项目共 26.6千米，建成农村公路桥梁89座。筹建汽车客运总站，设计方案通过省市审查。得胜湖港口物流园区正式开工建设。推进城乡道路客运改革，率先启动农村客运改革，成立亨通运业公司，更新投放180辆新型公交车。实施“公交优先”发展战略，40辆豪华空调公交车更新到位，70周岁以上老年人实现免费乘坐城市公交。推进出租车改革，民生出租汽车公司挂牌成立，首批60辆出租车投入运营。发展运输业，培育新的经济增长点，全年运输业入库税金达1.41亿元。

【供电】加强供电基础设施建设，完成220千伏同济变2#主变扩建、220千伏帅垛变新建和扩建、110千伏戴泽变2＃变扩建、110千伏堡东3#变扩建、35千伏获垛变升压输变电工程，开工建设110千伏唐获（罗么）输变电工程、35千伏钓鱼、史堡、薛鹏升压工程。全年实现供电量45.86亿千瓦小时，比上年增长22.23%；售电量42.31亿千瓦小时，增长23.29%；线损率7.73%。城市和乡村供电可靠率分别为99.93%、99.86%。

【邮政通信】全年完成邮电业务收入6.68亿元，比上年增长3.37%．其中，邮政业务收入7811万元。邮政业务总量1.38亿元，增长14.3%。年末固定电话用户数30.8万户，移动电话用户数72.47万户，全市电话普及率294部/百户，计算机互联网宽带用户8.76万户。

【环境保护】坚持生态立市、环保优先，开展饮用水源地保护、酸洗行业污泥处置等8项环保专项整治行动。重点指标达到或超过环保相关标准，其中，城区、农村饮用水源达标率分别达100%、94%，农村地表水环境质量综合达标率为85.7%；城区区域环境噪声51.9分贝，交通干线噪声67.7分贝；大气环境质量达到国家二级标准，环境空气质量良好以上天气比例达90%；环境质量综合指数90。全年实现化学需氧量减排569吨、二氧化硫减排 50吨，淮河流域污染防治工程通过省级验收考评。兴化水厂、戴南水厂、兴东水厂、周奋水厂等区域供水集中式饮用水源地得到有效保护，二水厂水质自动监测站建成运行。戴南镇建成国家级生态镇，合陈、安丰两镇省级环境优美乡镇创建工作通过考核验收。

【商贸】全市实现服务业增加值149.58亿元，比上年增长14.5%，占GDP比重37.7%。实现服务业税收22.1亿元，增长39.2%。全年实现社会消费品零售总额85.85亿元，增长16.9%；批发零售销售总额427.75亿元，增长26.8%；住宿餐饮业营业额17.2亿元，增长18.7%。发展重点专业特色市场，全年实现市场成交额125亿元。

【粮食供销】发挥粮食购销主渠道作用，国有粮食购销企业主渠道经营总量212万吨，收购夏粮66万吨，连续7年居全省第一。推进“放心粮油”工程，建成优质稻米生产基地1333公顷，创建放心粮油店泰州市级2家、兴化市级9家。完成国有仓储设施三年建设目标，保持完好仓容65万吨。成立5家粮食专业合作社。兴化粮食产业物流集聚区一期工程按序时进度实施。研究出台《关于加快供销合作社改革发展的实施意见》。12家市供销总社参控股企业实现销售28亿元，完善日用品、农资、烟花爆竹、再生资源、农副产品收购和农信担保6大经营网络，银桥信用担保公司实现担保额7.5亿元，累计建成“万村千乡”市场工程日用品农家店480家、农资连锁店269家、百惠校园超市81家，覆盖全市90%以上的学校。扩大百康豆制品城乡惠及面，全市设立68个连锁销售点，日加工黄豆量5吨以上。强化为农服务载体建设，建立中心基层社 5 家、“三位一体基层社”7家；新建为农服务社 47家，总数达594家，基本实现全市行政村全覆盖。

【质量技术监督】推进国家不锈钢制品质量监督检验中心筹建工作，提前6个月通过国家实验室三合一验收。开展质量兴市活动，建成江苏省优质产品生产示范区。实施品牌战略，新创江苏名牌产品4个，泰州市级名牌产品8个。加强特殊行业、特种设备安全整治，推行食品生产行业“三位一体”监管模式，全年巡查企业600家次，发放整改通知书20份，回访20家次。

【安全生产】坚持“安全第一、预防为主、综合治理”，以“安全生产年”活动为抓手，开展重点行业领域专项整治，实施安全生产隐患排查治理，全年共检查企业4071家（次），排查治理事故隐患12117项。全年共发生各类事故132起，比上年下降19%；死亡77人，下降1.3%；未发生较大以上生产安全事故。

【科学技术】发挥政策引导作用，重新制定《兴化市科技创新奖励办法》。高新技术产业实现产值106.24亿元，比上年增长39.8%。全年组织申报省和国家级科技计划项目38项，获批15项。兴化特种合金材料科技园区被省科技厅确认为江苏省首批科技产业园，星火特钢公司与南京理工大学共建兴化市工业企业第一家院士工作站。深化产学研活动，新建产学研联合体16个，达成正式签约项目41项，解决重大技术难题7项。全年专利申请总量1257件，其中发明专利195件、授权专利778件、授权发明专利15件，分别增长23%、84%、95.5%、50%。

【体制改革】深化行政管理体制改革，实施新一轮政府机构改革。规范国有资产运行监督机制，国有资产实现经营收入1.6亿元。完善公车改革、电子政务网上办公系统。推进以戴南、张郭为区域中心的小城市发展，出台配套政策，戴南镇成为强镇扩权的试点乡镇之一。

【教育】大力推进教育现代化工程，加大资金投入力度，优化教育资源布局，加快基础设施建设，完善基础台帐资料。启动师德建设年活动，开展师德师风专项整治行动和“师表引领百日活动”，提升教师师德水平。筹建10个“名师工作室”，发挥“名特优”教师的传帮带作用。实施“百名教育硕士”培养计划，构建兴化教育人才高地。中考高分段人数上升明显，高考本科进线数、名校录取数、应届生进线数、高校录取率等主要指标均创历史最好成绩。制订2010年城区义务教育阶段公办学校布点及施教区调整方案，楚水实验学校初中部、小学部，实验中学、昭阳实小回归公办，整合城南学校、阳山学校、楚水学校资源，组建公办楚水初级中学、楚水小学，新成立景范学校、新区幼儿园。推进平安校园建设，全面开展校园安全大检查。深化学校后勤管理改革，启动寄宿制学校学生双休日活动管理方案。组织实施校舍安全工程，开展校舍安全检测鉴定工作，完善扶贫助学体系。成立泰州地区首家县级教育党工委。创新区域教育督导机制，建立督学巡查制度，开展各类专项督查。2010年，市财政投入2亿元用于教育现代化建设，其中投入4000多万元用于校舍维修和改造；投入近9000万元用于教育城域网和信息化建设；投入近2000万元用于实验室、图书室等各类功能教室装备配置；投入4000多万元用于操场改造及校园环境绿化。

【体育】全民健身体系日趋完善。全年组织舞龙、龙舟、舞蹈大赛、“幸福向前冲”、三球联赛等群众体育活动40多项。开展“万村工程回头看”活动，调整全市城乡体育设施布局，建立健全体育设施使用和管理制度。竞技体育实力提升，李茂鉴获世界柔道大奖赛男子81公斤级银牌，侯逸凡获首枚亚运会国际象棋金牌和女子国际象棋世锦赛金牌。在第十七届江苏省运动会上，兴化籍运动员获4金、6银、5铜。放大“国象之乡”效应，打造品牌赛事，全年承办4项省和全国性比赛。创办文体双修班和叶江川国际象棋学校，培养优秀体育后备人才。兴化体育馆、全民健身中心竣工。体育彩票年销售额7200多万元。兴化体育局被泰州市政府记集体三等功。

【卫生】全年建成社区卫生服务站101个，全市已建成506个农村社区卫生服务站，占应建总数的100%。有389家农村社区卫生服务站通过省卫生厅、财政厅考核验收。城中社区卫生服务中心和新华社区卫生服务站创建省级示范城市社区卫生服务中心和服务站，通过省卫生厅考核组的评审。市人民医院迁址建设工程进展顺利，市四院一期工程基本完工，启动市中医院病房综合楼建设，全市有8家乡镇卫生院改扩建业务用房10000多平方米。全年完成改厕20065座，涉及全市25个乡镇85个村。临城镇砖场村、新垛镇团结村、获垛镇七子村、戴窑锯家村创建成省级卫生村，新垛镇朱彭村、缸顾乡瞿冯村、永丰镇永兴村、合陈镇张居村、临城镇宣扬村创建成泰州市级卫生村。

【文化】加强“三馆”建设。兴化市图书馆创成国家（县级）一级图书馆，兴化市文化馆扩大服务功能，兴化市博物馆完成馆藏文物的数据库建设，实现兴化国家一级文物零的突破。加强乡镇文化站考核力度，充实完善配套设施，推进文化信息共享工程基层点建设。按照每个乡镇全年送戏不少于4场，每村每月送电影不少于1场的要求，全面完成三送任务。举办迎新春文艺演出、第三届新春舞龙表演大赛、菜花节闭幕式文艺演出、第三届乌巾荡龙舟大赛、首届民歌大赛、青年歌手电视大奖赛等活动。板桥系列小淮剧《板桥事亲》、《板桥断鸡》、《板桥卖画》在央视戏剧频道播出，系列小淮剧4个剧本获中国首届戏剧剧本文化奖二等奖。民歌表演《拉纤号子》、新创歌曲《垛田水乡》在省“五星工程奖”评比中获奖。拍摄创作《林湖秧歌》、《垛田印象》等MTV，配合拍摄电影《步步惊心》，召开施耐庵文学奖研讨会，搜集、整理、编辑兴化民歌集，编辑出版《文化兴化》第5辑。加强文化遗产保护，共普查文物点229处，影山头古遗址入选“三普”全省十大新发现，垛田文化景观入围“三普”全省十大新发现、入选“三普”全国重大新发现。沙沟镇被评为国家级历史文化名镇。民间音乐“茅山号子”继竹泓木船制造工艺后成为兴化第二个国家级非遗保护项目。沙沟板凳龙舞、施耐庵与《水浒》传说等4个项目成为省非遗保护项目。完成宋县署和成家大司马府4个固定展馆陈列布展，并对社会正常开放。加强文化市场管理，开展“扫黄打非”专项行动，组织开展知识产权保护宣传周活动，共发放宣传资料5000多份，接受各种咨询2000多人次。发挥历史文化名人效应，打造“板桥”牌、“水浒”牌，开发特色文化工艺品，重点培育书画、音像制品、工艺品、古玩收藏、旅游纪念品等各类交易市场，推进儒学街区文化产业招商工作。

【广播电视】巩固、培植收听亮点，改版原有《交通直达车》、《农业热线》、《校园之声》等节目，新增《青春友约》、《工会是我家》、《合行业务指南》等新栏目；全新改版《兴化新闻》、《民生直通车》、《经济视线》和《访谈》等栏目。拓宽外宣渠道，广播在省电台用稿40多篇，在泰州电台用稿280篇；电视在省台用稿量保持县级电视台前十名，在泰州台传片600条以上。全市新增有线电视用户2.05万户，有线电视用户总数达34.34万户，综合入户率为88.62%。实施有线电视“户户通”村工程，全市有近200个村实现“户户通”。调频广播与有线电视“双入户”工程全面完成，全市614个行政村实现有线广播“村村响”，安装可寻址音柱6048只。城区及城郊有线数字电视整转工作全面结束，共整转数字电视用户45663户，整转率达94.6%。投资7500万元新建的广电信息技术中心大楼和投资近2000万元新建的广播电视塔全部投入使用。

【人口和计划生育】开展“十一五”省人口协调发展先进市创建活动，通过省检查组考核验收。开展国家、省级优质服务示范站创建活动，世代服务体系实现市、乡、村全覆盖。实施新农村新家庭计划，规范开展社会抚养费征收，强化部门综合施治，全市出生性别比持续下降。建成覆盖全员的人口信息系统。依法落实人口计生奖扶政策，全市政策兑现落实到位率100%。

【人力资源社会保障】推进创业型城市创建，全年实现城镇新增就业9962人，转移农村劳动力20363人，组织各类就业创业培训33000多人，建成5个创业孵化基地、5个就业实训基地、全省首家村级人力资源市场和523个村级劳动保障工作站，基本实现“动态清零”的充分就业目标，期末城镇登记失业率控制在3.03%。企业职工养老保险、城镇职工医疗保险、工伤保险、失业保险分别新增扩面10242人、4600人、15276人和17662人。城乡居民养老保险参保68.28万人，60周岁以上基础养老金发放24.64万人，实现“全覆盖、全发放”。城乡居民医疗保险、新农合参保率均达100%，提高医疗保险参保待遇。实施参保群体各类免费健康体检近12万人次，开通就业人员银行代缴保费系统。实行企业离退休人员养老金100%按时调整和足额社会化发放，符合条件的失业人员100%按政策足额享受失业保险待遇。实施“十百千万”人才工程。引进培养高层次人才1257人，其中博士23人、硕士147人、高级人才1097人。6人获省、市级“有突出贡献中青年专家”称号，6人享受政府特殊津贴，分别有7人、145人、422人被列入省“333工程”、泰州市“311工程”、兴化市“313工程”培养对象。实施6个引智项目。率先在全省实施事业单位招聘面试无特邀考官制度。接收安置军转干部及家属30人。

【政法、信访、民政】落实维稳和综治平安法制工作措施，全市治安和信访形势平稳可控，杀人案件连续11年全破，未发生有影响的恶性案件、事件。强化信访工作领导责任制，建立“一岗双责”的信访工作责任体系，完善信访接待制度，畅通信访渠道，及时排查矛盾纠纷，积极化解信访积案，实现信访总量、去京越访、赴省上访和信访老户积案“四个连续下降”。强化民生保障工作，建立城乡低保自然增长机制，提高农村“五保”供养标准，推进“万户结对帮扶”活动。实现省级双拥模范城“六连冠”。组织实施第九届村委会换届选举工作。

【第二届中国·兴化全国国际象棋锦标赛】兴化涌现出侯逸凡、谷笑冰两位国际象棋特级大师、7名全国冠军、4名全国棋协大师、40名国家二级运动员，有近万名青少年利用课余时间研习国际象棋。2009年，兴化获“国际象棋之乡”称号，建立“中国国际象棋协会高水平后备人才培训基地”，举办第一届全国国际象棋锦标赛。2010年5月23日～6月4日，兴化市委、市政府举办“合行杯”第二届中国·兴化全国国际象棋锦标赛（个人甲组）。经过11轮角逐，王皓和居文君分获男子组和女子组的冠军。

【铸造行业协会】4月29日，兴化市铸造行业协会成立。兴化市铸造行业起步于20世纪70年代，经过30多年的发展，初步形成一个主要面向水泥、电力、冶金和汽车行业配套生产耐热钢、耐磨钢以及精密铸钢件的产业集群，2010年行业产值突破50亿元，规模以上企业80多家，耐热钢铸件占全国的市场份额超过60%，成为全国耐热铸造基地。

【中国中小不锈钢企业战略发展研讨会】10月19～20日，中国中小不锈钢企业战略发展研讨会在兴化召开，会议由中国特钢企业协会不锈钢分会、国家不锈钢制品质量监督检测中心和兴化市政府联合主办。与会专家、学者和企业家代表分别介绍国外中小企业发展的经验和思路，就国内中小企业在国内工业化、信息化过程中如何抓住机遇、选好定位，全面提升中小不锈钢企业和不锈钢产品的竞争力等有关论题进行研讨。会议对兴化不锈钢产业的发展提出具体建议和意见：戴南不锈钢产业必须走“高、精、特、稀”发展之路，加快产业集聚，推进产业转型。

【第二届中国兴化千岛菜花旅游节】 4月2～25日，第二届中国兴化千岛菜花旅游节在缸顾乡千岛菜花风景区举行。旅游节期间，国内近100家媒体、100多家旅行社到兴化。千岛菜花景区接待各地党政领导、新闻记者、摄影家、商务游客、普通游客等共48万人次，实现旅游总收入2.4亿元，比上年增长500%。

【城区供水水质提升工程】 10月25日，市委、市政府召开城市供水水质提升工程推进会，决定斥资5000万元，用一年左右的时间，实施城区供水水质提升工程，彻底解决城区居民安全饮水问题。一是对水厂取水口上下游进行疏浚，清除围网养殖，打捞水上漂浮物，消除水源污染，保证原水安全；二是实施水厂生产工艺改造，采取深处理新工艺，保证出厂水合格；三是2011年年底前完成城区供水管网的更新改造和清洗，以解决管网二次污染问题，保证管网水水质。

2010年兴化市乡镇简况一览表

表40

乡镇	乡镇总面积（平方千米）	年末人口（人）	农业总产值（万元）	工业总产值（万元）	人均纯收入（元）	地区生产总值（万元）	棉花产量（吨）	油料产量（吨）	粮食产量（吨）
合　计	2282	1561175	1079187	10834550	8817	380.24	15111	35629	1344192
戴窑镇	94	68677	42126	442612	8543	107963	209	1585	70916
合陈镇	97	55387	33270	218043	9082	54186	198	1710	66857
永丰镇	77	49604	28988	93955	8167	42394	198	1796	58136
大营镇	50	27648	21338	56527	7194	24384	2	1606	42314
新垛镇	47	26487	18291	77849	8006	30780	524	1510	32069
老圩乡	52	27396	17980	48335	7660	26459	435	781	36533
安丰镇	95	71262	60690	626989	10080	159899	1206	1676	56034
下圩镇	49	25363	21842	105685	8314	25964	697	961	39206
海南镇	70	36809	30650	65830	8509	39715	250	885	50626
钓鱼镇	73	45531	22680	55150	7650	36438	271	1424	58124
大邹镇	45	27760	16750	62858	7870	24259	254	707	27321
沙沟镇	67	30270	28231	26729	8211	28233	353	1594	21678
周奋乡	56	27856	22655	13556	7885	21655	363	2156	21469
缸顾乡	39	21191	26624	55102	9029	32385	497	2203	23551
中堡镇	62	34933	33265	42665	9056	46805	471	1913	38598
李中镇	78	35011	36655	53020	8348	48941	411	1057	33854
西郊镇	69	29135	34784	171016	9627	58200	4193	919	31163
城东镇	53	30451	30220	120362	8971	46700	201	752	25923
西鲍乡	50	28755	21730	35900	7720	28235	180	616	39189
临城镇	90	55885	44195	380249	9945	119480	1617	1386	50759
林湖乡	62	37890	22410	65690	7447	26248	73	1117	38613
垛田镇	57	56976	35888	305518	8265	67706	—	435	2909
竹泓镇	62	39651	28040	182335	8307	37423	263	881	39666
沈伦镇	49	28057	19106	36750	7780	25580	796	786	31113
大垛镇	70	42938	47241	357809	10111	121664	203	6405	56144
荻垛镇	69	45957	33601	207061	9380	67634	618	983	60512
陶庄镇	69	46112	32571	82200	7188	48192	1581	1307	53478
昌荣镇	59	37720	29423	86721	8182	43317	121	520	50924
茅山镇	43	30417	16406	104989	9069	37136	147	595	32507
周庄镇	89	56183	46885	519441	10800	184022	437	2641	65809
陈堡镇	78	45413	45737	249860	10290	96965	169	1447	56162
戴南镇	105	93065	22881	2869286	13979	1022547	72	968	59805
张郭镇	82	62772	25171	1244881	12759	439286	339	1141	51894
昭阳镇	38	159219	21761	985268	11290	313014	939	428	11766
开发区	37	23394	14768	784309	10745	202929	477	752	19093

·组织机构及负责人·

中共兴化市委员会

书　记　贾春林
副书记　李　伟
　　　　金厚坤
常　委　顾跃进
　　　　赵旭东
　　　　张育林
　　　　韩成龙（至2010-11）
　　　　徐立华
　　　　万永良
　　　　杨　健
　　　　袁祝禧（2010-07任）
　　　　朱国全（至2010-07）
办公室
主　任　刘云山
研究室（挂牌）
主　任　金国明（2010-05任）
接待办（挂牌）
主　任　蔡　娟（女）
机要保密局
局　长　朱　峰（至2010-09）
台湾工作办公室
主　任　刘云山（2010-05任）
　　　　吴存夏（至2010-04）
信访局
局　长　于万才
组织部
部　长　万永良
组织员办公室（挂牌）
主　任　沈卫国（2010-09任）
　　　　花在明（至2010-09）
非公有制经济组织工作委员会
书　记　曹建中(至2010-09)
机构编制委员会办公室
主　任　刘秀武（2010-04任）
市事业单位登记管理局（挂牌）
局　长　刘秀武
宣传部
部　长　徐立华
精神文明建设指导委员会办公室
主　任　李　纲
统战部
部　长　杨　健
民族宗教事务局（挂牌）
局　长　韦雁国
农村工作办公室
主　任　周福宏
政法委员会
书　记　张育林
社会治安综合治理委员会办公室
主　任　杨加安
反邪教办公室
主　任　李从德
市级机关工作委员会
书　记　冯晓华（女）
机关作风建设办公室（挂牌）
主　任　冯晓华（女）
老干部局
局　长　花在明（2010-09任）
　　　　曹建中（至2010-09）
史志档案办公室
主　任　谷幼农
党　校
校　长　万永良
兴化中学
校　长　曹伯高

兴化市人大常委会

主　任　贾春林
副主任　卞正祥
　　　　葛鸾英（女）
　　　　王小跃
　　　　薛宏全
　　　　李如亮
办公室
主　任　茅康勇
人事代表联络工作委员会
主　任　徐晓梅（女，至2101-10）
法制工作委员会
主　任　邹　健
财经工作委员会
主　任　钱建忠
社会事业工作委员会
主　任　毛　洁（女）
农村工作委员会
主　任　王福全

兴化市人民政府

市　长　李　伟

副市长　顾跃进
梅建成
吉天鹏
顾国平
马雅斐（女）
陈　浩
邓志方（女）
戴荣军（2010-06任）

办公室
主　任　刘　忠

研究室（挂牌）
主　任　李维干

应急办（挂牌）
主　任　丁　锋（2010-06任）
刘　忠（至2010-06）

人民防空办公室（挂牌）
主　任　汤　澎

市政府法制办（挂牌）
主　任　侯洪义（2010-05任）

外事、侨务办（挂牌）
主　任　舒桂兰（女，2010-05任）

行政服务中心
主　任　王永国

审计局
局　长　顾天荣

发展和改革委员会
主　任　李山庆

服务业局（挂牌）
局　长　卞爱昌（2010-06任）
李山庆（至2010-06）

物价局（挂牌）
局　长　彭瑞庆（2010-05任）
倪忠德（至2010-05）

人力资源和社会保障局
局　长　刘广华（2010-05任）

统计局
局　长　丁天方

经济和信息化委员会
主　任　杨　杰（2010-05任）

中小企业局（挂牌）
局　长　杨　杰

经贸资产经营管理公司
经　理　卢存林

商务局
局　长　刘海山（2010-05任）

粮食局（挂牌）
局　长　蒋　林

安全生产监督管理局
局　长　陆维珠

兴化经济开发区管委会
主　任　李　斌

科学技术局
局　长　陈　阳

财政局
局　长　盛卫东

市政府国有资产监督管理办公室（挂牌）
主　任　杨加平（2010-05任）

住房和城乡建设局
局　长　陈学俊（2010-05任）

规划局（挂牌）
局　长　李安康

旅游局（挂牌）
局　长　秦　朴

城市建设投资有限公司
董事长　顾跃进
总经理　施迎春

环境保护局
局　长　陈茂旺（2010-10任）

国土资源局
局　长　韩中东

泰州市住房公积金管理中心兴化分中心
主　任　闵　华（女）

交通运输局
局　长　沈德才（2010-12任）
孙家祥（2010-05任，至2010-12）

城市管理局
局　长　朱春红

邮政局
局　长　杭　坚（至2010-06）

农业委员会
主　任　顾国平（兼）

农业局（挂牌）
局　长　吴存发（2010-05任）
彭瑞庆（至2010-05）

林牧业局（挂牌）
局　长　耿永才

水务局
局　长　包振琪

供销合作总社
主　任　张永华

气象局
局　长　邹大林

教育局
局　长　邹祥龙

市政府教育督导室（挂牌）
主　任　吉如涛
文化广电新闻出版局
局　长　刘春龙（2010-05任）
广播电视台
台　长　瞿　平（2010-05任）
卫生局
局　长　江文舟（2010-04任）
　　　　金加余（至2010-04）
人口和计划生育委员会
主　任　周金喜
人民医院
院　长　张　彤
公安局
局　长　陈　浩
民政局
局　长　华宗辉
司法局
局　长　马红专
监察局
局　长　顾　荣

政协兴化市委员会

主　席　范学忠
副主席　谢云洪
　　　　李呈运（女）
　　　　杨宝泉
　　　　余建年
　　　　彭国良
秘书长　石益平
办公室
主　任　石益平
社会法制委员会
主　任　萧万茂
教育卫生文化体育委员会
主　任　王以庭
经济科技委员会
主　任　王宇云
学习文史委员会
主　任　彭国良

中共兴化市纪律检查委员会

书　记　韩成龙（至2010-11）

法院、检察院、人武部

法　院
院　长　吴跃生（至2010-12）
检察院
检察长　陆红梅
人武部
部　长　王吕忠（2010-05任）
　　　　朱国金（至2010-05）
政　委　袁祝祥

群众团体

工商联
主　席　余建年
侨　联
主　席　舒桂兰（女）
红十字会
会　长　马雅斐（女）
总工会
主　席　蔡　莹
共青团兴化市委员会
书　记　黄卫平（2010-05任）
妇女联合会
主　席　徐秀红（女）
文学艺术界联合会
主　席　刘春龙（至2010-04）
科学技术协会
主　席　王元戈
残疾人联合会
理事长　梅广旺

垂直管理部门（单位）

质量技术监督管理局
局　长　王亦波
供电公司
总经理　刘玉方（2010-11任）
　　　　张　澄（至2010-11）
中国人民银行兴化市支行
行　长　陈　平
中国工商银行兴化市支行
行　长　赵雪梅（2010-08任）
　　　　张　健（至2010-08）
中国建设银行兴化市支行
行　长　叶为民（2010-03任）

中国农业银行兴化市支行
行　长　王广勤（2010-03任）
　　　　许正章（至210-03）
中国银行兴化市支行
行　长　顾国庆
中国农业发展银行兴化市支行
行　长　汪建国
农村合作银行
董事长　王文林
行　长　黄锦荣
邮政银行
行　长　李曙光
中国人民财产保险股份有限公司兴化市支行
经　理　申家岚
中国人寿保险股份有限公司兴化市支行
经　理　许 源（女）
国家税务局
局　长　张世荣
地方税务局
局　长　邹 鹤
工商行政管理局
局　长　唐龙础
烟草局（烟草公司）
局长、经理　朱玉乔
电信公司
总经理　柴　进
移动公司
总经理　杭晓明
联通公司
总经理　邵玉才
食品药品监督管理局（挂牌）
局　长　孙如兰（女）（2010-05任）

乡　镇

昭阳镇
书　记　翟云峰
镇　长　余建东（2010-12免）
人大主席　蒋兆兰（2010-12免）
城市社工委
主　任　翟云峰（兼，2010-12免）
　　　　蒋兆兰（2010-12任）
戴南镇
书　记　马元连
镇　长　黄寿余（2010-12免）
人大主席　拜　磊
张郭镇
书　记　徐学坚
镇　长　戴振涛
人大主席　徐学坚（兼）
大垛镇
书　记　沙顺喜
镇　长　王建宏
人大主席　袁春和（2010-12免）
荻垛镇
书　记　朱长才
镇　长　吴吉林（2010-12免）
人大主席　朱长才（兼）
戴窑镇
书　记　王晓秋（2010-12任）
　　　　王宝伦（2010-12免）
镇　长　袁卫国
人大主席　叶长春（2010-12免）
合陈镇
书　记　孙　健
镇　长　孙长桂
人大主席　孙　健
昌荣镇
书　记　杭爱兵
镇　长　李永松（2010-12免）
人大主席　孙登峰
陶庄镇
书　记　张大军（2010-12任）
　　　　郏成洋（2010-12免）
镇　长　张大军（2010-12免）
人大主席　郏成洋
海南镇
书　记　陈学明
镇　长　王永善
人大主席　孔凡春（2010-12免）
大邹镇
书　记　陈万健
镇　长　张永辉
人大主席　陈万健（兼）
永丰镇
书　记　张天源
镇　长　孙翠华
人大主席　张天源（兼）
安丰镇
书　记　常传林
镇　长　王晓秋（2010-12免）
人大主席　胡泽元（2010-12免）

老圩乡
书　记　吉天河
乡　长　浦　成
人大主席　吉天河（兼）
新垛镇
书　记　倪红香
镇　长　曹　慧（女）
人大主席　陆红兵（2010－12免）
钓鱼镇
书　记　姚群印
镇　长　花再鹏（2010－12免）
人大主席　葛同华
大营镇
书　记　陆炳祥
镇　长　张继华
人大主席　陆炳祥（兼）
下圩镇
书　记　卞胜平
镇　长　唐小进
人大主席　马　骏（2010－12免）
沙沟镇
书　记　王广云（2010－12任）
　　　　杨成楠（2010－12免）
镇　长　王广云
人大主席　阮马凤（2010－12免）
李中镇
书　记　钮月桂
镇　长　朱学美
人大主席　钮月桂（兼）
西郊镇
书　记　赵桂银（2010－12任）
　　　　黄满盛（2010－12免）
镇　长　刘金鹏
人大主席　黄满盛（2010－12免）
周奋乡
书　记　徐德凤
乡　长　赵长河（2010－12免）
人大主席　徐德凤
中堡镇
书　记　张友银
镇　长　陈　坚
人大主席　李　宏（2010－12免）
缸顾乡
书　记　荀维荣
乡　长　刘旦元
人大主席　瞿国平（2010－12免）
西鲍乡
书　记　李玉东（2010－12任）
　　　　徐文鑫（2010－12免）
乡　长　王洪全
人大主席　王永江（2010－12免）
城东镇
书　记　周海霞（2010－12任）
　　　　赵桂银（2010－12免）
镇　长　周海霞
人大主席　赵桂银（2010－12免）
临城镇
书　记　吴海盈
镇　长　刘宏照
人大主席　赵友怀（2010－12免）
陈堡镇
书　记　黄满盛（2010－12任）
　　　　仲春瑞（2010－12免）
镇　长　刘宝华
人大主席　仲春瑞（2010－12免）
周庄镇
书　记　杨成楠（2010－12任）
　　　　唐永贵（2010－12免）
镇　长　陈新生
人大主席　时育龙（2010－12免）
垛田镇
书　记　王　铎
镇　长　冯春华
人大主席　王　铎（兼）
竹泓镇
书　记　郑元明
镇　长　李玉东（2010－12免）
人大主席　仝建国（2010－12免）
茅山镇
书　记　谭世国
镇　长　赵长宏
人大主席　谭世国
林湖乡
书　记　花再鹏（2010－12任）
　　　　彭中法（2010－12免）
乡　长　李庆斌
人大主席　吴俊富（2010－12免）
沈伦镇
书　记　夏爱东（2010－12任）
　　　　戴荣军（2010－09免）
镇　长　夏爱东
人大主席　丁　宏

（兴化市政府办）

靖 江 市

【概况】靖江市位于长江下游，襟江近海，东、西、南三面临江，南与张家港、江阴等地隔江相望，东与如皋相邻，西北与泰兴相连，是苏中新兴的港口工业城市，拥有长江岸线54千米，水陆交通便利。锡澄、广靖高速公路通过江阴长江大桥南连沪宁高速公路，北接宁通高速公路；新长铁路从靖江过江，向南联沪宁铁路，向北通陇海铁路。总面积655.6平方千米。全市辖2个省级经济开发区，8个镇、1个街道办事处，设有188个行政村、66个社区居民委员会，人口66.82万人。2010年，全市实现地区生产总值441亿元，比上年增长15.1%；三次产业增加值分别达到14.83亿元、253.78亿元、172.39亿元，分别增长4.5%、16.1%和15.1%；完成全社会固定资产投资265.69亿元，增长36.5%；实现财政总收入90.04亿元，一般预算收入36.89亿元，同口径分别增长31.9%和36%；农民人均纯收入10242元，城镇居民人均可支配收入21904元，分别增长14.1%和12.2%。人均主要经济指标居苏中首位。

（徐常青）

【农业】全年实现农业总产值23.74亿元，比上年增长10.1%；实现农业增加值14.83亿元，增长4.5%。农业生产保持平稳增长。粮食总产量33.14万吨，生猪、家禽饲养量分别为59.7万头、260.43万羽。全市农民人均收入10242元，增长14.1%。推进“6138”工程，现代农业“一区三园”格局初具雏形；全市高效种植面积达到7867公顷，新增1200公顷。完成绿化造林面积1240公顷；推进农产品质量建设，新认定 “三品”25个。加快农业产业化进程，29家龙头企业实现销售51.89亿元、利税3.09亿元。改善农业生产条件。推进水利建设，整治县级河道1条，疏浚镇级河道14条，开工建设下六圩港枢纽工程，完成中央财政小型农田水利重点县一期工程；提高农业机械化水平，年末拥有农业机械总动力22.51万千瓦，拥有大中型拖拉机533台、小型拖拉机2240台、联合收割机348台、插秧机419台、机动喷雾器3240台；实施农业综合开发项目，全年改造中低产田1033公顷。

【工业】完成工业增加值237.15亿元，比上年增长15.1%。实现全部工业总产值1716亿元，增长30.1%，其中规模以上工业产值1165亿元、销售1082亿元、利税150亿元、利润110亿元，分别增长29.4%、26.2%、24%和15.7%。加大技改投入，完成技改财务发生数223亿元，增长27%。亚星锚链公司在主板成功上市。新世纪造船有限公司完成产值180亿元、开票销售170亿元、利税32亿元。

【政治、经济和社会事业改革】市政府设立24个工作部门，对12个限额外的常设办事机构进行清理、归并和规范。11项行政权力网上公开透明运行，行政审批第四次提速，121个事项重新制定审批流程。“集中收费”步入“以票控费”的监管运行轨道，“三联服务”延伸至各镇、园区和企业、项目，建立便民服务中心15个。推行延时服务和加班服务，累计加班462个，接待咨询113个，受理办件2279个，当时办结2004个，群众满意度达100%。市直预算单位国库集中收付总量达15.76亿元，市国税入库累计收入34.83亿元。落实各项税收优惠政策，减免退、抵税达31.14亿元，惠及纳税人3656户。健全招标采购体制和机制，成立市招标采购管委会，建立市纪委执法监察、招管办全程监督、部门依据职能监督、交易部门自身监督、交易过程公开群众监督“五位一体”的监督体系，出台4个综合性文件、8个专业性文件、7个工作流程和37个监督制度，全年进场交易项目323个，交易额30.67亿元，节约资金3.08亿元，节约率9.13%。城乡协调发展稳步推进，公共投入向小城市、特色镇倾斜，扶持小城市和特色镇发展。创新政策引导农民加快集中居住试点，健全土地流转机制，成立镇土地流转交易中心，累计流转土地2294公顷；发展农民合作经济组织190个，涉及农户12689户。非公有经济和产业集群发展强劲，新世纪造船公司进入中国企业500强、进出口500强；安泰动力公司成为国内首批生产MAN低速船用柴油机的民营企业；总投资40亿元的华菱锡钢一期工程10月底建成投产；龙威粮油、重庆粮食两家大型粮油加工企业实现年销售收入20亿元；万林木业项目有40多家木材贸易公司入驻，全年接卸木材300万立方米；德桥仓储、山煤集团等一批项目建成，能源石化产业雏形初现；三江现代物流中心完成年营业收入85亿元、利税1.5亿元；亚星锚链公司在主板上市融资。新认定高新技术企业11家、省民营科技企业19家、省创新型企业11家。涉外经济持续发展，凯傲宝骊公司将靖江作为全球经济型叉车生产基地，月产量从300台向1000台迈进；大中电机公司与瑞士ABB公司合作生产高效节能电机，全年自营出口1556万美元；三江电器、三马起重机械、扬子江船业、东方造船、江山制药等一批企业与国际先进技术接轨，走向国际市场。推进社会事业改革，新出台《新型城乡居民养老保险实施办法》、《被征地农民就业和社会保障试行办法》、《社会基本医疗保险门诊统筹暂行办法》等政策，完善社会保障体系，养老、医疗、工伤、生育、失业保险参保人数分别新增3158人、3302人、5902人、3211人、3285人，城镇登记失业率控制在2.7%。推进教育、医疗卫生体制改革，通过省教育现代化评估，被确定为省首批义务教育优质均衡发展示范区；完善农村卫生服务网络，全面实施基本药物制度，以人民医院为核心组建市医疗集团。

（陈　明）

【建筑业】 全年完成建筑业总产值191.9亿元，实现增加值58.02亿元、税收2.3亿元。其中，房屋建筑施工面积1057.7万平方米，比上年增长5%；实施规模工程419个，规模工程面积1011.4万平方米,工程结算收入98.5亿元,利润总额5.08亿元，增长10%。创优质项目25项、泰州市优质工程（梅兰杯）20项、省优质工程（扬子杯）2项；创省级文明工地8项、泰州市级文明工地16项，靖江市级文明工地在90%以上。全市共有资质企业139家，其中特级资质企业1家、一级资质企业5家、二级资质企业31家（含专业承包企业）；设计和施工一体化资质企业3家，劳务分包资质企业11家。

（钱　诤）

【财政金融】 全年实现财政总收入90.04亿元，比上年增长31.9%；一般预算收入36.89亿元，增长36.0%。全年一般预算财政支出32.57亿元，增长36.3%。金融存贷款规模平稳增长。年末全市金融机构人民币存款余额542.75亿元，增长27.1%；人民币贷款余额295.41亿元，增长29.9%。保险收入持续增加，全年实现保费收入11.01亿元，增长19.3%，其中财产险保费收入2.23亿元、人身险保费收入8.78亿元，分别增长32.0%、16.4%。全年各类保险赔款给付支出2.20亿元，下降6.8%。

（宋　立）

【城乡规划和建设】 编制完成“十二五”规划（城镇体系与空间布局研究课题）、滨江新城学校规划建筑设计方案、金融区规划设计方案和步行街二期规划方案；完成双鱼地块和中毅地块绿地规划设计方案、23个小游园选址和规划设计方案；完成靖江技师学院（筹）、职业教育中心规划方案招标工作，城中小学、新港城外国语学校分校、新桥教育中心和城南初中等方案设计编制工作。强化城乡规划管理，宣传《江苏省城乡规划条例》，完善城市功能。全年共实施道路建设4.5千米，总面积7.3万平方米。完成工农路(车站路—渔婆路)、桃园路（江平路—工农路）、合兴路(南环路南侧)等重点道桥建设任务。新城行政核心区基本形成，开工建设市文化中心、体育中心、新城中学，加快建设行政、商贸、住宅项目。加强市政设施管护工作，维修主支干道40条，维修管道49820米；加快燃气管网建设，新增天然气用户5000户。改造人民公园、西郊公园和东湖园，完成桃园路、工农路等12条道路行道树栽种和广靖高速公路防护林带建设任务。全年建成小游园13个，新增绿地面积160万平方米。7个省级园林式单位、5个省级园林式小区通过省级验收。完成4个省级农村生活污水处理试点村污水处理工程建设。加强新农村集居点建设监督管理，跟踪督查已开工建设的4个镇6个集中居住点工程。

【环保】 全年共受理环保审批事项201件，参与“三联”审批和上报亿元以上重大项目112个，办结各类环评审批事项209件。开展整治企业违法排污专项行动，完成14家泰州、靖江两级挂牌督办企业整治任务，关闭7家小电镀企业。落实污染减排措施，加大对9项减排工程督导力度，完成化学需氧量和二氧化硫的减排任务。全市饮用水源水质达标率100%，城市污水集中处理率84%。发放排污许可证1353家。推行对危险废物从产生、贮存、运输到处置（利用）全过程的监督管理，加强对放射源的日常监管与动态管理。全年环境空气质量优良天数为315天，功能区环境噪声达标率100%。完成靖江环保网站升级。开设环保讲座、开展环保宣传，建立固定电子显示屏宣传阵地。建成1个省级绿色社区、3个泰州市级绿色社区，1个省级绿色学校、1个泰州市绿色学校；全市8个镇全部通过省级环境优美乡镇验收；建成2个省级生态村、3个泰州市级生态村、2个省级环境综合整治试点村。完成“十二五”规划编制工作。

（钱　诤）

【教育】 年末，全市共有各类全日制学校57所，在校学生7.13万人，其中普通中专0.91万人、普通中学2.99万人、小学3.22万人、特殊教育70人、有专任教师5743人。全市有幼儿园27所，在园幼儿1.33万人。根据“顺应城乡发展规划、顺应教育发展规律、顺应群众对教育的需求和顺应人口出生趋势”的要求，加大对城乡学校的合理布局。市一中迁至新址并按时开学，建成阳光、新港2所幼儿园，撤并2所农村初中、4所农村小学。滨江新城学校、中虹幼儿园、莲沁小学二期、刘国钧初中扩建、新港城初中、西来镇教育现代化等6个项目开工建设。

【文化】 中央电视台《寻宝》节目走进靖江。在以“欢乐广场 激情靖江”为主题的第28届文艺节期间，共开展 “唱响企业 畅想未来”企业厂歌大赛、“锦绣靖江”文艺新作调演、“乡风民韵”宝卷讲唱交流、“科学发展看靖江”中青年书画影展、“激情

广场　欢乐金秋”群众广场文化活动、“马洲秋韵”经典锡剧展演6项活动。全年组织文艺演出280场、放电影2400多场。举办“欢乐元宵”大型歌舞晚会、迎新春“笔歌墨舞”青年书法篆刻家靖江主题作品四人展。完成基层文化站文化信息资源共享工程基层点的建设，建成63个农家书屋。音乐作品《荡湖船》代表江苏省参加全国第十五届“群星奖”现场决赛，获国家社会文化最高奖——“群星奖”。《渔村飞出金凤凰》、《笑笑笑》分获泰州市群众文化新作调演银奖、铜奖及优秀创作奖；作品《片龙舞》、《钉秤》获泰州市民俗风情摄影展三等奖。规范各类娱乐市场，组织开展 “打击手机网站传播淫秽色情信息专项行动”、“迎世博文化市场统一执法行动”、“打击侵权盗版音像制品专项行动”、“整治校园周边环境”、“打四假”专项行动等各类专项集中行动，收缴各类非法盗版图书6015册、盗版音像品、电子出版物23650张、取缔无证经营摊点22个。清理整顿网吧213家次,电子游戏场所98家次、歌舞娱乐场所45家次，取缔无证游戏室1家。广播电视节目综合覆盖率达100%，全市有线电视用户累计达18.8万户，综合入户率114.23%，其中数字电视用户数达16.25万户。全年广播获泰州一等奖7个，在省台用稿70篇、泰州台用稿175篇；电视获泰州一等奖5个、二等奖12个，在中央台用片2条、省台和城市台用片86条、泰州台用片653条；《小徐说交通》获江苏省交通宣传优秀栏目奖；经济信息节目《开心美食》获全国三等创优栏目，《车行天下》、《安居乐业》分获全国二、三等创优信息资讯节目。

【卫生事业】 规范开展公共卫生服务。完善基层社区卫生服务机构“六位一体”功能，全面开展省定9大类22项基本公共卫生服务。开展卫生监督工作，全年处理食品安全案件14件，处置重大食物中毒事件4起。加强疾病预防控制，全年共发生各类急性传染病18种1666例，发现并报告HIV感染者6例、慢性乙型肝炎285例，未发生甲类传染病疫情。全面完成妇幼卫生服务项目，落实住院分娩补助，妇女增补叶酸完成目标，农村妇女乳腺癌、宫颈癌筛查工作顺利实施，全年完成筛查2.86万人。

推进医疗卫生改革。成立靖江市医疗集团，明确集团的责任、权利、义务和发展方向，建立医院之间的分工协作机制。基本药物制度有序实施，全市20个镇卫生院、4个城市社区卫生服务中心以及村卫生室和社区卫生服务站，全部配备和使用基本药物，实行集中采购、统一配送和零差率销售。全市已配送药品908个品规，金额5590.6万元，配送到位率为98%。

提升医疗服务水平。实施人才强医战略，引进实用和高尖端人才。各级医疗机构新招聘卫技人员53人，其中研究生学历16人、本科学历29人、大专学历8人。鼓励医务人员参加科研工作，全年发表论文60多篇，其中核心期刊30多篇。

（陈　林）

【人口与计划生育】 全市计划生育率99.33%，人口自然增长率为-2.28‰；出生人口性别比101.4，在正常值范围内。计划生育法定奖励政策和农村部分计划生育家庭奖励扶助政策兑现率达100%，计划生育社会保障优先优惠政策措施落实率在95%以上。

（夏　羽）

【体育事业】 在第十七届江苏省运动会上，靖江市运动员获25金11银11铜，列泰州榜首。广州亚运会上，运动员朱敏获女子佩剑团体金牌。围绕“科学健身与你我同行”主题，组织开展体育节，全市近20万市民参与市、镇两级体育节。承办泰州市广场健身舞蹈大赛，组队参加泰州市举办的庆祝全国第二个全民健身日活动。全年共举办全民健身活动比赛43次。体育彩票发行首次超过7000万元，多种经营创效益突破400万元。

（陈　林）

【国内贸易】 实现全社会消费品零售总额92.8亿元，比上年增长17.6%。完成服务业增加值165.3亿元，增长15%。沿江物流业初具规模，形成粮油、木材等五大物流基地。三江现代物流中心完成营业收入85亿元、利税1.5亿元，分别增长111.1%和125.1%。百富绅家居、长阳金属等专业市场以及骥江路商业中心、渔婆路商业街得到发展和壮大。特色餐饮业健康发展，被评为“中国河豚美食之乡”。

【外向型经济】 全年新批外资项目12个，增资项目7个；注册协议外资8.86亿美元，实际利用外资3.64亿美元，比上年分别增长36.3%和15.6%。新增进出口获权企业55家，完成自营出口21亿美元。全年共有14家企业出口超1000万美元，其中新时代造船、江山制药和东方重工出口超1亿美元，亚星锚链出口超5000万美元。鼓励有实力的企业加快境外投资，引导高层次建筑企业参与境外总承包工程竞标，促进境外工程承包向总包、高端工程发展。新签外经合同额6600万美元，完成外经营业额4100万美元。

（钱　诤）

【交通】 加大交通基础设施投入，重点做好沿江高等级公路、江平公路靖江段改线工程以及农村公路建设，全年完成交通基础设施投资5.2亿元。沿江高等级公路西来段5千米建成通车，东兴、新桥段9.8千米路基贯通，新桥连接线3.79千米完成施工图设计、房屋拆迁、公路用地、取土用地征用以及工程招投标工作。江平公路靖江段改线工程完成路基工程。新建、改建农村公路41条，长56千米，完成桥梁56座。建立公交GPS智能化指挥调度系统，实现公交智能管理。加快汽车快修市场培育，10多家一、二类企业取得修理代理权，建成1家2S与服务站，建成1家“江苏快修”品牌连锁店。启动交通物流基地建设，规划用地6.67公顷，完成一期建设征地和围墙建设。被省交通运输厅评为“农村公路建管先进集体”和“城乡客运一体化发展先进单位”。

【电信】 优化企业运营质态，改善管理水平，提升业务运营能力。改造升级传统网络，提升网络功能和服务质量。固定电话用户数近21万户，宽带用户数突破8万户，天翼用户数突破10万户，小灵通用户数3万多户。搭建综合信息服务平台，全面完成市政府电子政务平台开发建设。加强信息化镇村建设，在各镇（街道、园区、办事处）推广镇村便民服务信息系统。连续多年保持“省级文明行业”、“省服务质量奖”等称号。

【邮政】 完成邮政业务总收入9435.06万元，其中邮政收入5541.73万元、邮储银行收入2374.94万元、速递物流公司业务收入1518.34万元。邮务类、速递物流类和金融类业务占邮政总收入的比重分别为25.17%、16.09%、58.74%。定期对全市20台ATM进行系统升级及设备巡检。完成取消县局汇接点网络改造工程。“中邮快购”网开网运营，初步建立“苏邮惠民”连锁经营体系。继续保持江苏省文明行业、泰州市文明行业、泰州市文明单位称号。

【供电】 全年总供电量31.05亿千瓦小时，比上年增长13.19%；总售电量28.35亿千瓦小时，增长13.33%。线损率8.69%，电费回收率100%。城市和乡村供电可靠率分别为99.938%和99.894%。

（陈　伟）

【社会保障】 年末城镇集体以上单位从业人员6.75万人，比上年增长2.9%。拥有社会福利收养机构21家，床位总数2455张，收养人数1879人。加大对困难群体的慈善救助　全市有12649人纳入低保范围，其中城镇低保对象3365人，农村低保对象9284人。推进社会保险工作，养老、医疗、工伤、生育、失业参保人数分别达14.10万人、18.96万人、15.89万人、10.50万人和10.53万人，新农合参保36.6万人，新发生征地农民100%参保。以创建国家级“创业型城市”为抓手，新增创业13725人，创业带动就业41680人。全年组织各类招聘会71场，提供岗位数累计88875个，新增就业14873人，新增农村劳动力转移7492人。年末城镇登记失业人口3521人，城镇登记失业率控制在2.68%。

（宋　立）

【科技】 新认定高新技术企业11家、省民营科技企业19家、省创新型企业11家，实现高新技术产业产值281亿元，占规模以上工业产值的比重达24.1%。新建院士工作站4个、博士后科研工作站8个、省级工程技术研究中心7家,申请专利1300件。

（赵小华）

【靖江市将建设30个万人集中居住小区】 靖江市将原先新农村集中居住点规划“小而散”模式修编为“大而优”框架，农村集中居住点从85个“缩编”为30个。按照新规划，农民户均宅基地面积由近1亩下降到0.45亩，全市农民集中居住区用地可以减少近1万亩。将集中居住点纳入城镇总体规划，在保证水、路、电、电话、网络、有线电视“六通”的前提下，健全幼儿园、文化活动室、老年活动室、健身场所等公共服务设施。年内，生祠集镇点、马桥徐周点、新桥孝化点、西来创新点等10个集中居住点开始建设。

【龙威打造华东最大油脂加工基地】 靖江龙威粮油工业公司、港务公司，两个项目一期工程投资都超过5亿元，总额达11亿元。2007年，天津聚龙集团选址靖江，打造华东地区最大的油脂综合加工基地与物流配套园区。两年多来，集团下属粮油港务公司投资5亿元，建设两个5万吨级和一个3.5万吨级泊位，每年在靖江可加工进口毛油100万吨。

【船舶行业实现产值500亿元】 近年来，全市船舶行业快速发展，造船年产能接近1000万载重吨，造船总量约占全省的1/3、全国的1/10，成为全国最大的民营造船基地，效益指标列全国第一方阵。2010年，靖江市造船业实现产值500亿元、利润70亿元，造船完工量800万载重吨。靖江船舶产业将按照“产品高端化、产业集群化、管理精细化、信息集成化”的要求，形成4家销售超100亿元的企业、5家上市公司，形成1500万载重吨、1000亿元的销售规模，推进由“造船大市”向“造船强市”转变。（施群峰）

2010年靖江市街道、乡镇简况一览表

表41

街道乡镇	土地总面积（平方千米）	年末总人口（人）	居委会（个）	行政村（个）	农业现价总产值（万元）	农民人均纯收入（元）	工业现价总产值（万元）	粮食产量（吨）	油料产量（吨）
靖城街道	58.06	132602	24	11	16865	12245	1635961	14392	290
新桥镇	61.35	61156	3	18	31393	13070	1408666	42209	864
东兴镇	35.68	34787	–	12	21350	10067	614252	25614	358
斜桥镇	43.98	53210	4	15	17205	10681	491635	22711	460
西来镇	46.66	48721	2	16	20350	10228	898964	31975	297
季市镇	41.63	48664	2	24	23133	10195	655091	28027	482
孤山镇	41.63	41390	2	14	17103	9113	285643	33284	438
生祠镇	70.19	49833	2	19	32833	9028	496289	54364	965
马桥镇	50.31	37048	2	18	28180	9758	310087	38384	686

·组织机构及负责人·

中共靖江市委员会

书　记　刘建国（至2010-10-25）
　　　　陈明冠（2010-10-25任）
副书记　赵　叶（2010-11-02任）
　　　　尤爱民
常　委　刘建国（至2010-10-25）
　　　　陈明冠
　　　　赵　叶
　　　　尤爱民
　　　　尤　红
　　　　陈燕国
　　　　钱进华
　　　　王金国
　　　　赵国庆
　　　　陶　玲（女）
　　　　孔德峰
　　　　丁少华
　　　　李　军
　　　　游忠明（挂职，2010-07-16任）

办公室
主　任　丁少华
组织部
部　长　陶　玲（女）
宣传部
部　长　尤　红
统战部
部　长　赵国庆
政法委
书　记　陈燕国
农工办
主　任　钱炳兴
编委办
主　任　邵剑平
机要保密局（与市委办合署）
局　长　严　格（女）
信访局
局　长　侯兴华

机关工委

书　记　叶丽生（女）

老干部局

局　长　范新宇

非公有制经济组织工委（与市委组织部合署）

书　记　朱　涛

党　校

校　长　尤爱民（兼）

史志档案办

主　任　王亚平（女）

台　办（与市委统战部合署）

主　任　徐利言

侨　联（与市委统战部合署）

主　席　黄明华

民宗局（挂在市委统战部）

局　长　石　坤

综治办（与市委政法委合署）

主　任　孙　群

反邪教办公室

主　任　陈建林

靖江市人大常委会

主　任　陈汉高

副主任　刘秀华（女）

范幼芳（女）

陈九日

顾正荣

办公室

主　任　唐文勇

农村工委

主　任　卢宝云

财经工委

主　任　徐建军

法制工委

主　任　杨建明

社会事业工委

主　任　朱秀堂

人事代表工委

主　任　樊兴华（至2010-02-03）

陈文红（2010-02-03任）

靖江市人民政府

市　　长　陈明冠（至2010-11-05）

代理市长　赵　叶（2010-11-05任）

副 市 长　钱进华

王金国

游忠明（挂职，2010-07-28任）

范　敏（女）

王生华

顾利华

方　捷（援藏）

黄文龙

龚颂福（挂职）

陈兴初（挂职，2010-03-31任）

饶建辉（挂职，2010-11-24任）

市长助理　杜文艳（女，2010-06-23任）

杨玉明（2010-11-11任）

根据省、泰州市委、政府关于市县政府机构改革的意见，2010年3月29日，靖江市委常委会研究决定实施新一轮政府机构改革。

办公室（挂研究室、人民防空办公室，法制办公室、外事办公室、应急管理办公室牌子）

主　任　苏　徐

人民防空办公室

主　任　陈洪江

法制办公室

主　任　李达林

市级机关行政事务管理局

局　长　陈　兴

行政干部学校

校　长　王金国（兼）

发展和改革委员会（挂市物价局、市粮食局牌子）

主　任　殷爱华

物价局

局　长　鞠桂松

粮食局

局　长　刘争鸣

经济和信息化委员会（挂市中小企业局牌子）

主　任　沈南松

教育局（挂市政府教育督导室牌子）

局　长　罗晓东

教育督导室

主　任　褚庆前（女）

科技局（挂市知识产权局牌子）

局　长　方　欣（至2010-07-28）

郑企力（2010-07-28任）

公安局

局　长　王　平

监察局（与市纪委合署办公）

局　长　（空缺）

民政局

局　长　陈小平

司法局
局　长　宋　亮
财政局（挂市政府国有资产监督管理办公室牌子）
局　长　何卫东
人力资源和社会保障局（挂市公务员局牌子）
局　长　符　平
国土资源局
局　长　张仁德
住房和城乡建设局（挂市城市管理局牌子）
局　长　韩来春
城管局
局　长　印江红
规划局
局　长　仇　颖
交通运输局
局　长　朱松海
水利局
局　长　刘　放
农业委员会（挂林牧渔业局、农业机械管理局、农业资源开发局牌子）
主　任　沈康华
商务局
局　长　王绍斌
文化广电新闻出版局（挂市体育局牌子）
局　长　季灿华
体育局
局　长　朱旭良
卫生局（挂市食品药品监督管理局牌子）
局　长　吴　芳（女）
食品药品监督管理局
局　长　陆晓媚（女）
人口和计划生育委员会
主　任　叶焜宝
审计局
局　长　丁亦工
环境保护局
局　长　周灿荣
统计局
局　长　陈金星
安全生产监督管理局
局　长　朱晓波（2010-02-03任）
广播电视台
台　长　刘振宇
行政服务中心
主　任　羊文华
供销合作总社
主　任　顾南林
口岸工作办公室（港口管理局与其合署办公）
主　任　何　靖
渔业公司
经　理　刘拥政
国有资产经营管理（集团）公司
董事长　何卫东
总经理　马晓波
医疗集团
管委会主任　刘灿均（2010-01-18任）

政协靖江市委员会

主　席　苏增耀
副主席　孙桂芳（女）
何晓鸽
毛雨华
王维三
庞余亮
秘书长　王宇清
办公室
主　任　王宇清
学习文史委
主　任　鞠　荣
提案委
主　任　何艳阳
经济委
主　任　张　平
教卫文体委
主　任　刘舰平
社会法制委
主　任　黄圣儒（2010-05-26任）

中共靖江市纪律检查委员会

书　记　孔德峰

法院、检察院、人武部

法　院
院　长　何　能（至2010-11-29）
代理院长　陈卫兵（2010-11-29任）
检察院
检察长　何建明
人武部
部　长　李　军
政　委　薛继业

群　众　团　体

总工会
主　席　王建新
团市委
书　记　陈　刚
妇　联
主　席　王晓东（女）
科　协
主　席　刘德泰
文　联
主　席　夏林梁
哲学社会科学联合会（与市委宣传部合署）
主　席　朱新宇
工商联
会　长　毛雨华（兼）
残　联
理事长　刘震纡
归侨侨眷联合会（与市委统战部合署）
主　席　黄明华
红十字会
会　长　范　敏（女，兼）

垂直管理部门（单位）

靖江日报社
总编辑　叶晓庆
中国人民银行靖江支行
行　长　殷荣霞
泰州银监分局靖江监管办事处
主　任　顾亚红（女）
中国工商银行靖江支行
行　长　何华南（至2010-07-06）
　　　　张　健（2010-07-06任）
中国农业银行靖江支行
行　长　唐建理（至2010-11-19）
　　　　刘月江（女2010-12-30任）
中国建设银行靖江支行
行　长　田振林
中国银行靖江支行
行　长　季玉生
农村商业银行
党委书记、董事长　刘友余
行　长　曹文铭
交通银行靖江支行
行　长　黄　萍（女）
中国农业发展银行靖江支行
行　长　范建芳（女）
上海浦东发展银行靖江工业园区支行
行　长　张少华（至2010-06-28）
　　　　缪宵渊（2010-09-06任）
长江商业银行
董事长　朱惠建
行　长　史玉泉
泰州市住房公积金管理中心靖江分中心
主　任　顾宏亮（女）
人民保险公司靖江支公司
经　理　王晓文
人寿保险公司靖江支公司
经　理　许　震（至2010-06-25）
　　　　周云飞（2010-06-25任）
太平洋财产保险公司靖江支公司
经　理　张志斌（至2010-10-10）
　　　　朱利民（2010-10-10任）
太平洋人寿保险公司靖江支公司
经　理　丁　卫（至2010-12-20）
　　　　夏传喜（2010-12-20任）
烟草专卖局
局　长　李汉洲
泰州出入境检验检疫局靖江办事处
主　任　崔　鸿
工商局
局　长　卢振岳
国税局
局　长　朱鹏亚
质监局
局　长　卢　飞
地税局
局　长　冯健男（至2010-07-05）
　　　　虞　健（2010-07-05任）
供电公司
总经理　金纪庚（至2010-03-03）
　　　　黄　宏（2010-03-03任）
党委书记　陈祥麟（至2010-07-16）
　　　　　吴旭鸣（2010-07-16任）
邮政局
局　长　熊建钢
电信公司
总经理　唐继东
气象局
局　长　姚　珙
盐务局
局　长　罗文武（至2010-09-01）

谷　春（2010-09-01任）

开发区、园区、镇

经济开发区管理委员会

党工委书记、主任　钱进华（兼）

城南园区管理委员会

党委书记、主　任　徐　宁

新港园区管理委员会

党委书记、主任　刘志明

城北园区管理委员会

党委书记、主任　史骥涛

招商局

局　长　李建新

市政府城南办事处

党委书记　徐　宁

主　　任　徐玉海

江苏江阴—靖江工业园区办事处

党委书记、主任　朱　俊

市政府滨江新区办事处

党工委书记　王　靖

主　任　刘全荣

靖城街道

党工委书记　顾正荣（兼）

人大工委主任　顾正荣

办事处主任　沈　阳

西来镇

党委书记　鞠林红

人大主席　鞠林红（至2010-01-30）

　　　　　夏德昌（2010-01-30任）

镇　　长　刘　强

斜桥镇

党委书记　刘志明

人大主席　刘志明

镇　　长　陈建定

孤山镇

党委书记　史骥涛

人大主席　赵方伟

镇　　长　吴铭华

季市镇

党委书记　顾灿红

人大主席　侯孝林

镇　　长　蔡新杰

马桥镇

党委书记　黄泓轩

人大主席　秦永琪（至2010-08-06）

镇　　长　卢　杰

东兴镇

党委书记　吴一江

人大主席　程东华（至2010-02-04）

　　　　　吴一江（2010-02-04任）

镇　　长　张建斌

生祠镇

党委书记　张劲松

人大主席　张劲松

镇　　长　李江豪

新桥镇

党委书记　刘志明

人大主席　鞠景良

镇　　长　张　鹏

（靖江政府办）

泰　兴　市

【概况】 泰兴位于泰州市南部，东接如皋，南界靖江，西濒长江，北邻姜堰，东北与海安接壤，西北与高港毗邻。土地总面积1169.56平方千米，年末总人口119.6万人。辖15个镇、1个乡、1个省级经济开发区、1个省级工业园区和3个市级工业园区。2010年，全市实现地区生产总值407.58亿元，比上年增长14.1%。其中，第一产业增加值33.66亿元，增长4.6%；第二产业增加值224.45亿元，增长15.5%；第三产业增加值149.47亿元，增长14.1%。产业结构为8.3：55：36.7。全市完成财政总收入71.49亿元，增长40.7%，其中地方一般预算收入完成22.73亿元，增长20.7%。在全国县域经济基本竞争力百强县（市）中的排名上升至第46位。

【以市为单位建成全面小康社会】 根据江苏省全面建设小康社会进程统计监测，25项指标在2009年全部达到或超过省定目标的基础上，2010年各项指标的实现值有提高。小康实现程度达到100%，全市以市为单位建成全面小康社会。

【农业】 全市实现现价农业总产值54.55亿元，可比增幅4.69%。粮食生产实现“七连增”，被评为全国粮食生产先进县。全年粮食总产量66.43万吨，比上年净增0.49万吨，增长0.74%。农作物播种面积为13.15万公顷，其中，粮食作物播种面积9.33万公顷，比上年增加900公顷，油料作物播种面积1.43万公顷。全年生猪出栏96.28万头，增长5.33%；家禽出栏为536.35万羽，增长3.23%；山羊出栏6.16万只，增长1.32%；肉类产量7.65万吨，增长5.08%；禽蛋总产量2.2万吨，增长

2.87%；牛奶产量17714吨，增长46.25%；水产品总产量2.08万吨，增长11.23%。全市新增无公害农产品认证162个、绿色食品21个、江苏省名牌农产品2个。“泰兴花生果”获国家农产品地理标志登记保护。经省、市抽查检测，泰兴市农产品合格率保持在99 %。

农业产业化经营。24家农业产业化龙头企业实现销售收入57亿元，比上年增长21.61%，实现利税2.94亿元，增长23.5 %，其中税金1.21亿元，增长11.46%。出口创汇7312万美元。农业利用工商资本、民间资本项目达64个，投资总额13.5亿元，农业利用外资项目5个，投资总额3736万美元。

高效农业。新建高效规模农业面积7000公顷，每个乡镇均建成规划面积333.3公顷、连片种植面积200公顷以上的高效农业示范园区。新建连片66.7公顷以上高效规模种植、6.7公顷以上设施种植项目96个，高效农业面积25333.3公顷，设施农业面积4333.3公顷。新发展各类畜禽规模养殖场（户）121个，总数达到3589个，新建10个畜禽生态健康养殖示范基地。新增造林面积1133.3公顷，建成村庄绿化示范村 61个。

农机化事业。年末，全市拥有农业机械总动力52.11万千瓦，百亩耕地平均动力达到52.1万千瓦，拥有大中型拖拉机677台、联合收割机1204台、插秧机964台、农用运输机械1849台。农机跨区作业面积173333.3公顷，机插面积达8533.3公顷，机播面积达55600公顷。主要农作物农机化综合作业水平达80%，比2009年高出1.4个百分点。其中机耕、机播、机收获、机植保作业水平分别达到86.89 %、60.39%、83.2%、 89.65%。

【工业】 全市规模以上工业企业完成现价工业总产值905.14亿元，比上年增长33.10%；实现销售收入880.92亿元，增长32.27%；实现利税110.48亿元，增长38.29%，其中实现利润60.85亿元，增长77.66%。规模以上工业产销率达97.63%，下降0.37个百分点。规模以上企业完成增加值233.22亿元，可比增长15.6%。规模企业不断增加，新增列统企业116个。全年完成技改投入199.03亿元，比上年增长38.5%。全年实施3000万元以上工业项目124个，总投资226.3亿元，分别净增48个和124.2亿元。其中，1亿美元或7亿元以上重大项目15个。

【建筑业】 全年完成施工产值258.8亿元，实现建筑企业增加值60.6亿元，比上年分别增长12.2%、11.4%，本地入库税收1.88亿元。全市产值超1亿元企业39家，其中超5亿元的8家。全年全行业施工面积2800多万平方米，在建工程造价466亿元。新增二级资质企业6家，全市二级以上资质企业总数达到36家，非房建企业达60多家，在建规模工程647个，创省优工程16个、市优30个、省级文明工地6个、市级文明工地20个。泰兴市唯一的房屋建筑特级资质企业中兴公司实现产值突破100亿元，上缴各种税金近3亿元。

【固定资产投资】 全年完成全社会固定资产投资额336.63亿元，比上年增长34.29%。其中规模以上投资194.82亿元，增长44.46%。在投资总额中第二产业投资226.57亿元，增长48.17%。房地产开发投资额19.4亿元，增长102.8%。全年商品房屋施工面积114.10万平方米，房屋竣工面积达40.91万平方米，增长64.5%。商品房销售面积83.35万平方米，增长33.8%；商品房销售额40.15亿元，增长88%。

【城市建设】 实施“551”工程，推进原市政府及周边地块、鼓楼北路东西两侧地块、汽车站东西两站地块、游泳池地块和种子库地块拆迁，全面完成文化广场改造，启动规划展示馆、博物馆、名人馆、图书馆“四馆”建设。全市累计拆迁近80万平方米，新增城市绿地面积33.8万平方米，新建垃圾中转站8座，新建、改造公厕32座。

【新农村建设】 创建50个全面小康村、2个泰州市十强村。61个村基本建成村庄绿化示范村，获“全国绿化模范县（市）”称号。推进农业适度规模经营，新增土地流转面积1613.3公顷，新增农业适度规模经营面积2600公顷，新增各类农民合作经济组织100个。疏浚整治中沟40条（段）70.5千米，村庄河道128条（段）76.4千米。拆建电灌站217座、涵洞130座，新建农桥13座，改造中低产田3566.7公顷。农村饮水安全工程全面完工，自来水普及率达到96%。全市新建农村社区卫生服务站34个。全市森林覆盖率达21.7%，获全国绿化模范市、省村庄绿化先进市称号。

【交通运输】 全市公路总里程2009 千米，其中高速公路74千米、一级公路153.5千米，全市“1小时交通圈”基本形成。加快推进站场建设，新汽车客运站正式营运，建成二级以上客运站1个，乡镇标准化客运站8个、候车亭93个。全市拥有营业性客车1256辆、货车3710辆，运输船舶730艘。新增10个行政村通客运班车，通达率达92.1%。年末，实有公共汽车119辆，公共汽车客运量总数达495万人。全市拥有出租车665辆，其中有377辆新型、环保、节能出租车正式营运。年末，民用汽车拥有量40889辆，同比净增10614辆；私人汽车拥有量30837辆，同比净增9873辆。城市每万人拥有公交车辆3.86标台。交通部门公路客运量873万人，公路旅客周转量92254万人千米。

【邮电通信】 全市邮电业务收入6.89亿元，比上年增长1.02%。其中，邮政收入0.76亿元，增长0.3%；电信收入2.43亿元，增长0.3%；移动业务收入3.6亿元，增长10.6 %；本地电话用户达37.5万户，移动电话用户达81万户。宽带数字网用户达11.04万户，净增3.33万户，互联网宽带接入用户普及率达24.4%。

【旅游业】 全市有旅行社17家。新四军黄桥战役纪念馆全年接待观众78万人次，中共江浙区泰兴独立支部纪念馆全年接待观众13万人次，朱东润故居免费接待中小学生4万多人次。

【国内贸易】 全年实现社会消费品零售总额108.58亿元，比上年增长17.4%。其中，批发业、零售业、住宿业、餐饮业分别实现零售额17.67亿元、72.48亿元、2.22亿元、16.21亿元，分别增长52.1%、10.5%、26.1%、20%。城市实现消费品零售额78.5亿元，增长16.8%；农村实现消费品零售额30.1亿元，增长19%。

【外向型经济】 全市完成进出口总额12.48亿美元，比上年增长51.5%，其中，出口总额6.56亿美元，增长33.8 %；进口总额5.92亿美元，增长77.6 %。实际到账注册外资26055万美元，增长69.0%。新批协议注册外资8.76亿美元，增长57.5%。完成外经实际营业额9173万美元，增长30.7%。

【私营个体经济】 全年新增私营企业2089家，其中，注册资金500万元以上企业385家。新增个体户6448户，私营个体注册资金233.72亿元，净增注册资本54.15亿元。至年末，全市私营企业达9572家，个体户37102户。个私从业人员达21.71万人，增长11.5%。民营经济实现税收24.27亿元，增长22.3%。

【金融】 年末，全市金融机构存款余额（本币）338.25亿元，比年初净增54.75亿元，增长19.3%。城乡居民储蓄存款余额达218.11亿元，比年初净增30.6亿元，增长16.3%；贷款余额为184.7亿元，比年初净增37.94亿元，增长25.9%。江苏银行、吴江商业银行、南京银行、交通银行、建信村镇银行先后落户。中小企业金融超市正式运营。

【保险】 全年实现保险业务收入11.33亿元，比上年增长13.6%。其中，人寿保险4.32亿元，下降1.5 %；人保财险0.81亿元，增长24.0%；保险业务支出2.41亿元，下降9.7 %。

【科技】 全市列入国家级“火炬”、“星火”项目各6项。实施国家中小企业创新基金项目5项，江苏省科技支撑计划2项，农业支撑计划2项。全市获各级政府科技进步奖47项。获省知识产权战略推进先进县（市）称号，被认定为省首批创新型试点城市。全市专利申请受理量1588件，申请发明专利323件，专利申请授权量800件，其中百亿元GDP专利授权数200件，百亿元GDP发明专利申请数397件。全年高新技术产业实现产值361.28亿元，比上年增长43.9%，占规统工业产值的比重达40.3%，比上年提高5个百分点。全市新增省级高新技术企业5家，拥有省级高新技术企业16家，建成省级科技创业服务中心1个、省级技术研究中心7个、省级以上企业博士后科研工作站6个、省级院士工作站2个、省级留学人员创业园1家。中丹集团精细功能高分子高技术研究实验室被认定为省重点实验室。

【教育】 全市共有普通中学59所，在校学生6.65万人，减少0.83万人；小学45所，在校学生5.60万人，减少0.16万人。小学入学率、巩固率、普及率均为100%，初中入学率、巩固率、升学率分别为100%、99.9%、95%，盲聋哑及智障儿童少年义务教育入学率在98.3%以上。高考本科进线3603人，比上年上升2个百分点。全市共有省优质园27所，省合格园8所。学前三年入园率为92.3%。职业学校招收应届初中毕业生6818人，普职招生比例0.93∶1。新增省级社区教育中心2个，省级社区教育示范乡镇1个，泰州市合格社区教育中心3个。

【文化】 全市建成农家书屋319家，完成全市100%的村文化室建设任务。组织开展文化“三下乡”活动，送书下乡25000册，送戏下乡352场，送电影下乡4500场。在2010年度泰州市新创文艺节目调演活动中，泰兴市获银奖1个、铜奖2个。全年新增有线电视用户3.35万户，总用户达28万户，城乡门槛入户率达94%。宽带新增个人用户1823户，累计达3021户，集体用户累计达124户。全市设立有线数字电视营业网点17个，完成16.5万户有线电视用户整转。

【卫生】 年末，拥有医疗卫生机构128个，其中一级医院3个、卫生院33个。医疗机构床位数3071个。各类卫生技术人员3736人，其中执业医师、执业助理医师1691人，注册护士1340人，卫生防疫人员198人。孕产妇住院分娩率达100%，新生儿出生缺陷发病率3.75‰，5岁以下儿童死亡率5.68‰，婴儿死亡率4.49‰，孕产妇死亡率0.1‰。

【体育】 在省十七届运动会上，泰兴市获14.75枚金牌、12.33枚银牌，创泰兴市省运会新纪录。有2人达国家健将级、1人达国家一级、8人达国家二级运动员标准。全市体育社团达13家，社会指导员总数1961人。体育中心体育场、游泳馆和全民健身中心土建工程封顶。

【人口与人民生活】全年出生人口9306人，出生率7.78‰，其中女性3966人。全年死亡人口11308人，死亡率9.45‰，人口自然增长率为-1.67‰。年末，全市户籍人口119.62万人，其中男性60.96万人。年末总户数40.21万户。全年城镇居民人均可支配收入20026元，比上年增长12.20%，其中工薪收入14220元，增长9.96%；经营性收入2455元，增长21.74%。人均消费性支出12596元，增长8.95%。全年农村居民人均纯收入9338元，增长14.2%。人均消费支出6203元，增长17.5%。全年在岗职工工资总额18.51亿元，增长17%；在岗职工平均工资32148元，增长15%。

【劳动就业和社会保障】全市城镇新增就业11038人，城镇下岗失业人员再就业4577人，其中援助就业困难人员再就业429人，新增农村劳动力转移21370人，年末城镇登记失业率2.74%。全年企业养老保险参保人数13.73万人，覆盖率达97%，城镇职工基本养老保险参保人数18.54人，覆盖率达99%，城镇失业保险参保人数8.96万人，失业保险覆盖率为97%。农村养老保险实现全覆盖，参保人数达29.9万人。

【环境保护】全市环境质量综合指数89.92，比上年提高2.76%，水域功能区水质达标率85.7%，提高10.2%，集中式饮用水源水质达标率和功能区环境噪声达标率均为100%。黄桥镇、泰兴镇、新街镇是泰兴市首批通过国家级生态镇验收的乡镇，占泰州市通过国家级生态镇验收总数的60%。宣堡镇、古溪镇、河失镇、虹桥镇、姚王镇5个镇均通过省级环境优美乡镇验收，创建数量占泰州市通过省级环保优美乡镇验收总数的40%。35个村建成泰州市级生态村，17 个村建成省级生态村，张桥镇西桥村率先创成国家级生态村。

【节能减排】加强污染源自动监控系统建设，新增联网企业20家，对国控、省控、市控重点污染源进行24小时监控。实施重点节能减排项目，淘汰落后用能设备111台（套），关闭小化工企业20家，关闭小锅炉26台（套）。全市化学需氧量、二氧化硫排放量分别为10100吨、6400吨，较上年分别削减3.7 %、5.81 %。

2010年泰兴市乡镇简况一览表

表42

乡镇	土地总面积（平方千米）	居委会（个）	村民委员会（个）	现价农业总产值（万元）	农民人均纯收入（元）	工业现价总产值（万元）	粮食产量（吨）	油料产量（吨）
珊瑚镇	49.26	3	10	23511	8466	414138	36408	2266
黄桥镇	175.95	12	55	98357	9340	911596	111205	7355
分界镇	71.13	1	17	28863	7847	236960	47188	2463
古溪镇	76.06	2	16	47838	8373	530002	46924	4206
元竹镇	47.49	2	10	27774	7988	213613	28306	1595
广陵镇	58.43	2	15	22671	7223	315573	37162	1976
曲霞镇	35.31	1	10	20156	8235	278445	24755	1478
张桥镇	61.76	3	15	31342	9231	369105	35330	1883
河失镇	64.41	3	17	43051	8347	348156	43132	3588
新街镇	72.06	–	28	38118	6883	222136	43091	2666
姚王镇	57.92	1	19	28873	11132	757266	35541	1587
虹桥镇	88.25	3	24	51316	11794	1877502	63843	2014
滨江镇	104.04	4	33	29708	10485	4148307	59347	2894
根思乡	58.90	1	17	27288	7794	218536	37265	3196
宣堡镇	32.27	1	12	12465	8557	160486	20621	1747
泰兴镇	73.31	21	23	41600	11856	2656684	31874	1213

·组织机构及负责人·

中共泰兴市委员会

书　记　张兆江

副书记　高亚梓
　　　　张泽民

常　委　张兆江
　　　　高亚梓
　　　　张泽民
　　　　李仁国

戴仁泉
顾　萍（女）
沈惠彪
孙宏建
孙　云
王　越（挂职，至2010-12-31）
刘荣华
田之本
王彦芳（女，挂职，至2010-08-31）
陈　岷

办公室
主　任　张国祥
组织部
部　长　顾　萍（女）
宣传部
部　长　戴仁泉
统战部
部　长　朱从云（兼）
政法委
书　记　田之本
农工办
主　任　费金山
反邪教办公室
主　任　朱益民（2010-01-24任）
台　办（与市委办合署）
主　任　张国祥（兼）
机要保密局
局　长　徐旭洲
经济环境监察中心（在纪委挂牌）
主　任　沈惠彪（兼）
研究室（在市委办挂牌）
主　任　张国祥（兼）
组织员办公室（在组织部挂牌）
主　任　尹松林
老干部局
局　长　尹松林（兼，至2010-04-20）
顾为成（2010-04-20任）
市级机关工委
书　记　王长健（2010-04-20任）
非公经济组织工委
书　记　吕　斌（2010-09-02任）
精神文明建设指导委员会办公室（在宣传部挂牌）
主　任　张余华（兼）
史志档案办公室
主　任　李国华
党　校
校　长　顾　萍（女，兼）

市机构编制委员会办公室（根据2010年4月20日泰兴市委泰委发〔2010〕67号通知：与人事局合署办公的市机构编制委员会办公室（挂市事业单位登记管理局牌子）单独设置，仍列市委机构序列，既是市委工作机构，又是市政府工作机构）
主　任　肖　荣（至2010-04-20）
尹松林（兼，2010-04-20任）

泰兴市人大常委会

主　任　张兆江
副主任　张　伟（女）
陈培才
吕炳生
李建生
王中先
办公室
主　任　胡　凌（至2010-04-22）
金爱萍（2010-04-22任）
人事代表工作委员会
主　任　孙建明（至2010-04-22）
张友生（2010-05-21任）
法制工作委员会
主　任　尤泰生
财经工作委员会
主　任　尹建祥
社会事业工作委员会
主　任　赵国强
农村工作委员会
主　任　黄秀峰（女）

泰兴市人民政府

市　长　高亚梓
副市长　孙　云
王　越（挂职，至2010-12-31）
刘荣华
王彦芳（女，挂职，至2010-08-31）
徐闻仲
黄红旗
耿元进
周桂香（女）
姜文湘
林　楠
刘　辉（援疆，2010-07-29任）
杨晋安（挂职）
姜佩剑（挂职，2010-11-26任）

市长助理　俞秋言（女）
　　　　　吴江红（挂职，2010-11-17任）

办公室

主　任　顾爱军

发展和改革委员会

主　任　王先国

经济贸易委员会

主　任　吴　斌（至2010-04-22）

经济和信息化委员会（根据2010年4月20日泰兴市委泰委发〔2010〕67号通知：将市经济贸易委员会内贸管理以外的职责、市发展和改革委员会的信息化工作职责、市政府办公室的无线电管理职责，整合划入市经济和信息化委员会，挂市中小企业局牌子，不再保留市经济贸易委员会，不再保留市乡镇企业管理局牌子，市政府办公室不再保留市无线电管理办公室牌子）

主　任　吴　斌（2010-04-22任）

教育局

局　长　毛华平

科学技术局

局　长　张　禾（至2010-04-22）
　　　　焦国文（2010-04-22任）

公安局

局　长　姜文相

监察局（与市纪委合署）

局　长　王　耘（女）

民政局

局　长　潘传伦

司法局

局　长　恽志华

财政局

局　长　王克毅

人事局

局　长　肖　荣（至2010-04-22）

劳动和社会保障局

局　长　张　政（至2010-04-22）

人力资源和社会保障局（根据2010年4月20日泰兴市委泰委发〔2010〕67号通知：将人事局的职责、市劳动和社会保障局的职责，整合划入市人力资源和社会保障局，挂市公务员局牌子，不再保留市人事局、市劳动和社会保障局）

局　长　肖　荣（2010-04-22）

建设局

局　长　陈　甫（至2010-04-22）

住房和城乡建设局（根据2010年4月20日泰兴市委泰委发〔2010〕67号通知：将市建设局的职责、市建筑工程管理局职责，整合划入市住房和城乡建设局，挂市建筑工程管理局牌子，不再保留市建设局、市建筑工程管理局）

局　长　陈　甫（2010-04-22任）

规划局

局　长　尹辉宏

城市管理行政执法局

局　长　张金堂（至2010-04-22）

城市管理局（根据2010年4月20日泰兴市委泰委发〔2010〕67号通知：将市城市管理行政执法局挂市城市管理局牌子调整为市城市管理局挂市城市管理行政执法局牌子）

局　长　张金堂（2010-04-22任）

交通局

局　长　黄一祥（至2010-04-22）

交通运输局（根据2010年4月20日泰兴市委泰委发〔2010〕67号通知：市交通局更名为市交通运输局，不再保留市交通战备办公室）

局　长　黄一祥（2010-04-22任）

水务局

局　长　张文贵

农业局

局　长　俞玉龙（至2010-04-22）

农业委员会（根据2010年4月20日泰兴市委泰委发〔2010〕67号通知：市农业局更名为市农业委员会）

主　任　俞玉龙（2010-04-22任）

安全生产监督管理局

局　长　朱群智

对外贸易经济合作局

局　长　生国权（至2010-04-22）

商务局（根据2010年4月20日泰兴市委泰委发〔2010〕67号通知：将市经济贸易委员会的内贸管理职责、市对外贸易经济合作局的职责，整合划入市商务局，挂市投资促进局牌子，不再保留市对外贸易经济合作局，不再保留市招商局牌子）

局　长　生国权（2010-04-22任）

文化局

局　长　许咏诗（女，至2010-04-22）

文化广电新闻出版局（根据2010年4月20日泰兴市委泰委发〔2010〕67号通知：将市文化局的职责、市广播电视局的职责，整合划入文化广电新闻出版局，不再保留市文化局、市广播电视局。市广播电视台为市文化广电新闻出版局下属事业机构，机构规格相当正科级）

局　长　张　敢（2010-04-22任）

卫生局

局　长　朱泰石

人口和计划生育委员会

主　任　叶　兵

审计局
局　长　杨　健
环境保护局
局　长　官新民
统计局
局　长　叶建和
物价局（根据2010年4月20日泰兴市委泰委发〔2010〕67号通知：将市物价局的职责划入市发展和改革委员会，挂市物价局牌子，不再保留市物价局）
局　长　董文健（至2010-04-22）
　　　　王春中（兼，2010-05-10任）
粮食局
局　长　叶亚东
市信访局
局　长　何荣富（至2010-09-20）
　　　　常爱国（2010-09-20任）
民防局（根据2010年4月20日泰兴市委泰委发〔2010〕67号通知：市人民防空办公室更名为市民防局，列入市政府工作部门，挂市人民防空办公室牌子）
局　长　陆建明（2010-04-22任）
体育局（根据2010年4月20日泰兴市委泰委发〔2010〕67号通知：市体育局列入市政府工作部门）
局　长　王晓云（女）
民族宗教事务局（根据2010年4月20日泰兴市委泰委发〔2010〕67号通知：将市民族宗教事务局、市政府侨务办公室由与市委统一战线工作部合署办公调整为在市委统一战线工作部挂牌）
局　长　桂永泽（兼）
国家保密工作局（在市委办挂牌）
局　长　徐旭洲
台湾事务办公室（在市委办挂牌）
主　任　张国祥
研究室（在政府办挂牌）
主　任　顾爱军（兼）
应急管理办公室（在政府办挂牌）
主　任　顾爱军（兼）
无线电管理办公室（在政府办挂牌）
主　任　顾爱军（兼，至2010-05-10）
外事办公室（根据2010年4月20日泰兴市委泰委发〔2010〕67号通知：市外事办公室更名为市政府外事办公室，由与市政府合署办公调整为在市政府办公室挂牌）
主　任　顾爱军（兼）
法制局
局　长　杨建成（至2010-05-10）
法制办公室（根据2010年4月20日泰兴市委泰委发〔2010〕67号通知：市政府法制局更名为市政府法制办公室，由与市政府合署办公调整为在市政府办公室挂牌）
主　任　顾爱军（2010-05-10任）
社会治安综合治理委员会办公室（与政法委合署）
主　任　鲍曙境（兼）
维护稳定工作领导小组办公室（与市公安局合署）
主　任　姜文湘（兼）
乡镇企业管理局
局　长　吴　斌（兼，至2010-05-10）
市中小企业局（在经济和信息化委员会挂牌）
局　长　王春中（至2010-05-10）
　　　　吴　斌（兼，2010-05-10任）
拥军优属拥政爱民领导小组办公室（根据2010年4月20日泰兴市委泰委发〔2010〕67号通知：市民政局不再保留市拥军优属拥政爱民领导小组办公室）
主　任　潘传伦（兼，至2010-05-10）
老龄工作委员会办公室（根据2010年4月20日泰兴市委泰委发〔2010〕67号通知：市民政局不再保留市老龄工作委员会办公室牌子）
主　任　潘传伦（兼，至2010-05-10）
财政监督稽查局（根据2010年4月20日泰兴市委泰委发〔2010〕67号通知：市财政局不再保留市财政监督稽查局牌子）
局　长　王克毅（兼，至2010-05-10）
中兴国有资产经营投资有限公司
总经理　王克毅（兼）
中泰城市建设投资有限公司
总经理　赵爱军（兼）
事业单位登记管理局（在市编办挂牌）
局　长　肖　荣（兼，至2010-05-10）
　　　　尹松林（兼，2010-05-10任）
绿化委员会办公室（根据2010年4月20日泰兴市委泰委发〔2010〕67号通知：市林业局不再保留市绿化委员会办公室牌子）
主　任　俞玉龙（兼，至2010-05-10）
交通战备办公室（根据2010年4月20日泰兴市委泰委发〔2010〕67号通知：不再保留市交通战备办公室）
主　任　黄一祥（兼，至2010-05-10）
侨务办公室（在市委统战部挂牌）
主　任　季金林（兼）
知识产权局
局　长　张　乐（兼，至2010-05-10）
　　　　焦国庆（兼，2010-05-10任）
新闻出版局（根据2010年4月20日泰兴市委泰委发〔2010〕67号通知：不再保留市新闻出版局牌子）
局　长　许咏诗（女，兼，至2010-05-10）
广播电视局（根据2010年4月20日泰兴市委泰委发

〔2010〕67号通知：不再保留市广播电视局）
局　长　俞南松（至2010-05-10）
广播电视台（根据2010年4月20日泰兴市委泰委发〔2010〕67号通知：市广播电视台为市文化广电新闻出版局下属事业机构，机构规格相当正科级）
台　长　张　敢（兼，2010-05-10任）
机关事务管理局（根据2010年4月20日泰兴市委泰委发〔2010〕67号通知：市机关事务管理局更名为市市级机关事务管理局，并由市政府直属事业机构调整为市政府下属事业机构，机构规格相当正科级）
局　长　潘建平
行政服务中心
主　任　吉小明
地震局（委托科技局管理）
局　长　张　乐（兼，至2010-05-10）
　　　　焦国庆（兼，2010-05-10任）
档案局（在市史志档案办公室挂牌）
局　长　李国华
建筑工程管理局（在住房和城乡建设局挂牌）
局　长　苏国勤（至2010-05-10）
　　　　陈　甫（兼，2010-05-10任）
服务业发展局
局　长　王先国（兼）
旅游局（在发改委挂牌）
局　长　王先国（兼，2010-05-10任）
城市管理行政执法局（在城市管理局挂牌）
局　长　张金宝（兼）
经济开发区管理委员会
主　任　潘石定
口岸管理委员会办公室（在泰兴经济开发区挂牌）
主　任　潘石定（兼，至2010-09-15）
　　　　吉　勇（兼，2010-09-15任）
港口管理局（在交通运输局挂牌）
局　长　黄一祥（兼，至2010-09-15）
　　　　吉　勇（2010-09-15任）
公务员局（在人力资源和社会保障局挂牌）
局　长　肖　霖（兼，2010-05-10任）
农村土地流转交易管理办公室（根据2010年4月12日市机构编制委员会泰编发〔2010〕12号批复：市委农工办增挂“市农村土地流转交易管理办公室”牌子）
主　任　费金山（兼，2010-09-15任）
投资促进局（在商务局挂牌）
局　长　生国权（兼，2010-05-10任）
政府教育督导室（与教育局合署）
主　任　毛华平（兼）
职业教育中心校（根据2009年12月15日泰州市教育局泰教职〔2009〕44号通知：江苏省泰兴职业教育中心校更名为泰兴中等专业学校）
校　长　汪静波
电　大（在泰兴中等专业学校挂牌）
校　长　汪静波
泰兴中学
校　长　孙　钦
供销合作总社
主　任　陈新亮
接待办公室
主　任　吉　勇（至2010-05-10）
　　　　冯　军（2010-05-10任）
人事局军官转业安置办公室（2010年4月20日更名为市人力资源和社会保障局军官转业安置办公室）
主　任　朱连成
农村能源办公室
主　任　陈　岳
林业局
局　长　俞玉龙（兼）
农业资源开发局（根据2010年4月20日泰兴市委泰委发〔2010〕67号通知：将市农业资源开发局由市政府直属事业机构调整为市农业委员会下属事业机构，机构规格相当副科级）
局　长　刘中荣（至2010-05-10）
　　　　栾炳群（兼，2010-05-10任）
农业机械管理局（根据2010年4月20日泰兴市委泰委发〔2010〕67号通知：将市农业机械管理局由市政府直属事业机构调整为市农业委员会下属事业机构，机构规格相当副科级）
局　长　唐国平（至2010-05-10）
　　　　成圣江（兼，2010-05-10任）
农业委员会农技推广中心
主　任　王迎春
农业委员会畜牧兽医中心
主　任　陈　君
农业委员会林业技术推广中心
主　任　李　群
农业委员会综合执法大队
大队长　唐咸进
建设工程招投标办公室
主　任　尹晓阳（至2010-05-10）
　　　　缪吉宏（兼，2010-05-10任）
房管处（房改办）
主　任　尹家斌
驻北京办事处（根据2010年4月12日市机构编制委员会泰编发〔2010〕4号批复：同意撤销市政府驻北京办事处）
主　任　吕天玉（至2010-05-10）

驻南京办事处（根据2009年7月7日泰州市机构编制委员会办公室泰编办〔2009〕54号批复：同意设立“泰兴市人民政府驻南京办事处”，为全民事业单位，隶属市政府办公室，机构规格相当副科级）
主　任　马苏宁（2009-07-13任）
经济开发区管委会驻上海办事处（挂“泰兴市人民政府驻上海办事处”牌子）
主　任　卢正龙
经济开发区管委会驻深圳办事处（挂“泰兴市人民政府驻深圳办事处”牌子）
贸促会
会　长　蔡桂星
爱卫会
主　任　田启明（兼，至2010-05-10）
　　　　唐小丽（女，兼，2010-05-10任）
城市管理行政执法大队
大队长　张　荣
拆迁管理办公室
主　任　叶伯生（至2010-05-10）
　　　　陈　中（兼，2010-05-10任）
市公安局交巡警大队
大队长　王扣发
公安局刑侦大队
大队长　苏永哲（至2010-01-24）
　　　　季在君（2010-01-24任）
公安局治安大队
大队长　樊金明（至2010-01-24）
　　　　蔡进托（2010-01-24任）
公安局国内安全保卫大队
大队长　杨金贵（至2010-01-24）
　　　　苏永哲（2010-01-24任）
公安局经济犯罪侦查大队
大队长　钱俊民
公安局水上警察大队
大队长　徐承国
公安局警务督察室
主　任　杭国民（至2010-01-24）
公安局政工监督室（根据市公安局新“三定方案”：原市公安局政治处与警务督察室合并，组建政工监督室）
主　任　陆献荣（2010-01-24任）
公安局指挥中心
副主任　戴选民（主持工作，至2010-01-24）
主　任　侯圣桂（2010-01-24任）
市公安局巡防大队
大队长　李　剑
公安局网络安全监察大队（根据市公安局新“三定方案：市公安局增设网络安全监察大队）
大队长　戴建华（2010-01-24任）
地方海事处
处　长　季晓河
财政集中支付中心
主　任　蒋登华（兼，至2010-09-15）
财政国库集中收付中心（根据2009年10月12日市机构编制委员会会议纪要，决定撤销市财政集中支付中心、预算外资金管理中心，设立市财政国库集中收付中心，机构规格为副科级）
主　任　朱晓鸣（2010-09-15任）
疾病预防控制中心
主　任　姚根红
卫生监督所
所　长　邵　泓
人民医院（根据2010年10月20日泰州市机构编制委员会泰编办〔2010〕67号批复：同意泰兴市人民医院增挂“泰兴市人民医院医疗集团”牌子）
院　长　李文江
黄桥中学
校　长　黄克恭
第一高级中学
校　长　陈民生
金融工作办公室（根据2010年6月30日市机构编制委员会泰编发〔2010〕18号批复：建立泰兴市政府金融工作办公室，全民事业单位，隶属于市政府办公室管理，机构规格相当副科级）
环境监察大队（根据2009年4月17日市机构编制委员会泰编发〔2009〕45号批复：市环境监察大队机构由股级调整为副科级）
大队长　葛建亚（2010-09-02任）

政协泰兴市委员会

主　席　张泽民
副主席　朱从云
　　　　张春山
　　　　吴　斌
　　　　薛晨光
　　　　刘　建
秘书长　袁进生（至2010-01-24）
办公室
主　任　王家龙
学习文史提案委员会
主　任　周根生
经济科技委员会
主　任　陈志军

教卫文体委员会
主　任　张春山（兼）
港澳台侨委员会
主　任　朱从云（兼）
社会法制城乡建设委员会
主　任　丁向群

中共泰兴市纪律检查委员会

书　记　沈惠虎

法院、检察院、人武部

法院
院　长　丁正明
检察院
检察长　蔡红卫
反贪局
局　长　钱　飞
人武部
部　长　吕海涛
政　委　陈　民

群　众　团　体

总工会
主　席　刘赛龙
团市委
书　记　蒋　杰（至2010-04-20）
　　　　姚　鸿（女，2010-04-20任）
妇　联
副主席　赵建华（女，主持工作至2010-04-20）
主　席　黄建云（女，2010-04-20任）
工商联
主　席　薛晨光（兼）
科　协
主　席　陈匡生（至2010-04-20）
　　　　许咏诗（女，2010-04-20任）
文　联
主　席　陆迸富（兼）
侨　联
主　席　耿元进（兼）
残　联
理事长　封红年
社科联
主　席　朱桂明

红十字会（根据泰政发〔2008〕20号通知，市红十字会机构的管理体制由市卫生局代管调整为市人民政府领导联系，并实行单独建制，列市级群团机构序列，机构规格为副科级。根据2009年6月19日泰编发〔2009〕58号通知，市红十字会机关的机构规格由副科级调整为正科级）
会　长　周桂香（女，兼，2009-06-25任）

垂直管理部门（单位）

中国银行业监管会泰州监管分局泰兴办事处
主　任　李成文（至2010-07-23）
中国人民银行泰兴市支行
行　长　张建华
中国工商银行泰兴市支行
行　长　李　杰
中国建设银行泰兴市支行
行　长　陆新山（至2010-07-08）
　　　　倪红卫（2010-07-08任）
中国银行泰兴支行
行　长　袁　铭
中国农业银行泰兴市支行
行　长　徐泽中
中国农业发展银行泰兴支行
副行长　袁秋勤（主持工作）
市农村信用合作联社
理事长　施正山
财产保险股份有限公司泰兴支公司
经　理　钱　俊
中国人寿保险公司泰兴支公司
经　理　李　驭
中国太平洋财保股份有限公司泰兴支公司
经　理　朱　军
太平洋人寿保险股份有限公司泰兴支公司
经　理　王兆华
泰州出入境检验检疫局泰兴办事处
主　任　沈学友
泰州海关驻泰兴办事处
副主任　胡明清
国家税务局
局　长　朱　勇
地方税务局
局　长　虞　健（至2010-07-05）
　　　　冯健男（2010-07-05任）
国家统计局泰兴调查队
队　长　叶建和

省统计局泰兴调查局

局　长　叶建和

国土资源局

局　长　刘国成

质量技术监督局

局　长　王　坚

工商行政管理局

局　长　杨基全

食品药品监督管理局（根据2010年4月20日泰兴市委泰委发〔2010〕67号通知：泰州市泰兴食品药品监督管理局更名为泰兴市食品药品监督管理局，其职责与市卫生局整合，市卫生局挂市食品药品监督管理局牌子）

局　长　何惟欢（女，至2010-05-10）
　　　　朱泰石（兼，2010-05-10任）

电信公司

总经理　王开明

邮政局

局　长　仇小甫

供电公司

总经理　封志宏

泰兴石油分公司

经　理　孙建华

烟草专卖局

局　长　王伯楠

气象局

局　长　谢宗锦

盐务局

局　长　燕才良（至2010-03-30）
　　　　李茂顺（2010-03-30任）

泰州师范专科学校泰兴校区

主　任　戴爱民

泰州市住房公积金管理中心泰兴分中心

副主任　李文章（主持工作，至2010-01-08）
　　　　王建泰（主持工作，2010-01-08任）

乡　　镇

黄桥镇

党委书记　孙宏建（兼）
人大主席　钱　军（至2010-04-20）
　　　　　孙宏建（兼，2010-04-20任人大主席候选人，2010-07-17任人大主席）
镇　　长　焦国庆（至2010-04-20）
　　　　　钱　军（2010-04-20任镇长候选人，2010-07-17任镇长）

溪桥镇

党委书记　孙　群（至2010-04-20）
人大主席　孙　群（至2010-04-20）
镇　　长　黄建云（至2010-04-20）

古溪镇

党委书记　谢红官（至2010-04-20）
　　　　　臧荣国（2010-04-20任）
人大主席　谢红官（至2010-04-20）
　　　　　臧荣国（2010-04-20任人大主席候选人，2010-08-19任人大主席）
镇　　长　耿　进

珊瑚镇

党委书记　赵新元
人大主席　赵新元
镇　　长　肖强华

横垛镇

党委书记　臧荣国（至2010-04-20）
人大主席　臧荣国（至2010-04-20）
镇　　长　曾瑞祥（至2010-04-20）

分界镇

党委书记　李　飞（至2010-04-20）
　　　　　谢红官（2010-04-20任）
人大主席　李　飞（至2010-04-20）
　　　　　谢红官（2010-04-20任人大主席候选人）
镇　　长　闾月清

泰兴镇

党委书记　高寿林
人大主席　高寿林
镇　　长　张银德

滨江镇

党委书记　黄红旗（兼）
人大主席　黄红旗（兼）
镇　　长　冯金华

七圩镇

党委书记　董剑东（至2010-04-20）
人大主席　孙晓复（至2010-04-20）
镇　　长　董剑东（至2010-04-20）

蒋华镇

党委书记　吴成剑（至2010-04-20）
人大主席　吴成剑（至2010-04-20）
镇　　长

虹桥镇

党委书记　吴成剑（2010-04-20任）
人大主席　孙晓复（2010-04-20任人大主席候选人，2010-07-10任人大主席）
镇　　长　马志刚（2010-04-20任镇长候选人，2010-07-10任镇长）

马甸镇
党委书记　王长健（至2010-04-20）
人大主席　王长健（至2010-04-20）
镇　　长　顾晓平（至2010-04-20）

姚王镇
党委书记　顾　刚
人大主席　顾　刚
镇　　长　马志刚（至2010-04-20）
　　　　　成文蔚（2010-04-20任镇长候选人，2010-06-26任镇长）

河失镇
党委书记　徐　进
人大主席　徐　进
镇　　长　王　华（至2010-04-20）
　　　　　褚新华（2010-04-20任镇长候选人，2010-07-01任镇长）

张桥镇
党委书记　陈嵘嵘
人大主席　陈嵘嵘
镇　　长　顾晓平（2010-04-20任镇长候选人，2010-07-22任镇长）

曲霞镇
党委书记　顾为成（至2010-04-20）
　　　　　李　飞（2010-04-20任）
人大主席　顾为成（至2010-04-20）
　　　　　李　飞（2010-04-20任人大主席候选人，2010-07-27任人大主席）
镇　　长　张华国

广陵镇
党委书记　周建国
人大主席　周建国
镇　　长　刘　军

新街镇
党委书记　黄宗岳（至2010-04-20）
　　　　　何文军（2010-04-20任）
人大主席　黄宗岳（至2010-04-20）
镇　　长　何文军

元竹镇
党委书记　刘　辉（至2010-09-02）
人大主席　刘　辉（至2010-09-02）
镇　　长　赵建东

宣堡镇
党委书记　李宝泉
人大主席　李宝泉
镇　　长　杨万荣

根思乡
党委书记　吴小平
人大主席　吴小平（2010-01-11任）
乡　　长　栾　路

刘陈镇
党委书记　金爱萍（至2010-04-20）
人大主席　金爱萍（至2010-04-20）
镇　　长　陈宏伟（至2010-04-20）

园　　区

黄桥工业园区
党工委书记　孙宏建（兼，至2010-04-20）
　　　　　　孙　群（2010-04-20任）
管委会主任　洪　飞

虹桥工业园区
党工委书记　刘荣华
管委会主任　刘荣华（至2010-04-20）
　　　　　　董剑东（2010-04-20任）

农产品加工园区
党工委书记　耿元进
管委会主任　黄宗岳

城东工业园区
党工委书记　顾　刚
管委会主任　顾　刚

（顾爱军　叶开成）

姜　堰　市

【概况】 姜堰市位于泰州市中部，东邻海安县，南接泰兴市，北毗兴化、东台市，西连泰州市海陵区、高港区。全市总面积927.53平方千米，人口79.38万人。下辖15个镇、1个省级经济开发区和1个风景区。2010年，实现地区生产总值306.76亿元，可比增长14.1%。其中，第一产业增加值24.91亿元，可比增长4.6%；第二产业增加值165.28亿元，比上年增长15.1%；第三产业增加值116.57亿元，可比增长14.8%。三次产业结构比为8.1：53.9：38.0，二、三产业增加值占GDP的比重为91.9%，产业结构更趋合理。新增私营个体经济注册资本52.08亿元，新增私营企业数和个体经营户数6608户。年末，私营个体经济注册资本达到229.48亿元，私营企业数7071户，个体工商户26716户。实现民营经济增加值193.84亿元，比上年增长14.1%，占全市GDP比重达64.31%。

【农林牧渔业】 2010年，实现现价农林牧渔业总产值41.56亿元，比上年增长14%。可比价农林牧渔业总产值

38.17亿元，增长4.7%。全年粮食产量52.36万吨，增长3.0%。棉花产量0.22万吨，下降15.4%。油料产量2.67万吨，增长1.0%。全年造林面积1613.3公顷。全市森林覆盖率达22.21%，比上年提高2.21个百分点。全年生猪饲养量81.48万头，其中，生猪出栏57.24万头。家禽饲养量1132.93万羽，比上年增加36.21万羽。主要畜产品中，肉类总产量5.34万吨，比上年增长4.9%；禽蛋总产量2.10万吨，与上年基本持平。全年水产品产量3.76万吨，增长3.3%。全年新增高效农业2306.1公顷、高效渔业467公顷、设施农业826.7公顷；新办50万元以上农业项目110个，其中200万元以上45个；新增农业适度规模经营面积2133公顷，新增土地流转面积1886.7公顷，新建农村“三大合作”组织118家；新增无公害农产品20个、绿色食品12个、有机农产品1个。

【工业】 2010年实现全部工业现价总产值914.72亿元，比上年增长16.7%。其中，定报企业完成产值671.18亿元，增长24.3%。全年实现全部工业增加值137.48亿元，可比增长12.7%，全部工业增加值占地区生产总值的比重达44.8%。全市636家定报工业企业实现产品销售收入626.55亿元，增长19.2%；利税总额68.35亿元，增长24.2%；利润43.69亿元，增长24.8%。

【建筑业】 建筑业生产平稳发展。全市建筑业注册施工人数累计达10.8万人，比上年增长2.9%，其中，外出施工人数7.0万人，增长1.7%。全市建筑业累计施工面积4102万平方米，增长17.4%；竣工面积1707万平方米，增长18.4%。全年实现建筑施工总产值293.0亿元、建筑企业增加值75.3亿元，分别增长2.1%、11.1%。

【固定资产投资】 2010年，全社会固定资产投资完成额264.76亿元，比上年增长34.3%。其中，城乡规模以上投资158.02亿元，增长27.0%；城乡规模以下投资79.15亿元，增长55.2%；房地产开发完成投资25.43亿元，增长60.8%；城乡居民私人建房2.15亿元，下降63.3%。全社会固定资产投资中，第一产业投资5.63亿元，第二产业投资176.38亿元，第三产业投资82.75亿元，分别增长15.6%、40.8%，23.5%，所占比重分别为2.1%、66.6%、31.3%。全年房地产施工面积239.93万平方米，增长43.2%，竣工面积61.58万平方米，增长12.8%。商品房销售面积82.67万平方米，增长45.5%，商品房销售额34.97亿元，增长81.3%。

【国内贸易】 消费品市场稳中趋活。2010年，全市社会消费品零售总额92.83亿元，比上年增长17.2%，其中，城镇消费品零售额88.42亿元，增长17.4%；乡村消费品零售额4.41亿元，增长14.3%。住宿和餐饮业同步增长。全年住宿业实现零售额0.6亿元，比上年增长16.2%。餐饮业实现零售额6.77亿元，增长15.3%。

【对外贸易】 外贸进出口全面增长。全年进出口总额（海关数）50384万美元，比上年增长19.0%，其中，进口总额9633万美元，增长47.1%；出口总额40751万美元，增长13.9%。利用外资快速发展。全年协议利用外资42674万美元，增长44.6%；实际利用外资（商务部确认数）15629万美元，增长37.3%。对外经济合作继续发展。全年完成外经营业额14382万美元，增长82.8%，新签外经合同额18176万美元，增长148.8%。

【城市建设】 建立健全系统数字化管理交办、督查网络，全年共受理各类报告事项1700多件，并按规定时间进行督查反馈，系统各职能单位回复率95%，落实率80%。先后整修城区道路9000平方米，疏通排水管道近8000米，清理各类窨井18600座（次），安装路灯450盏，维修路灯、草坪灯、射灯5300多盏（次）。栽植各类乔木200多株、灌木近1万平方米，维修各类损坏园林设施400多处，全年新增绿地面积24.1万平方米。实现水销售1350万吨，水质、水压合格率均在99%以上。新铺设天然气管道102千米，新增天然气用户5500户，平均日供气量达3.2万立方米。加强小区管理。归集公共部位维修资金1800万元，追缴外借基金1940万元。先后投入600多万元对城区25个小区内的道路、排水、技防等设施进行整修，全年共维修小区路面800多平方米，疏通各类管道6000多米，维修路灯近2500盏。

【环境保护】 2010年全市环境空气污染指数小于或等于100的天数为321天，空气良好天数达标率为87.9%；全年饮用水水质状况基本稳定，必测项目均符合《地表水环境质量标准》（GB3838－2002）中Ⅲ类水标准；区域环境噪声监测点监测结果，全市昼间均值为54.7分贝，达到二类混合区标准要求，交通噪声昼间均值为66.3分贝，符合功能区标准要求。环境质量综合指数为94.8分。全年二氧化硫排放削减率为3.2%，化学需氧量排放削减率为1.98%，全面完成年度减排各项任务。

【交通运输】 全年完成交通运输业增加值19.89亿元，按可比价计算增长17.5%，占地区生产总值的比重为6.6% 。全年完成公路客运量695万人次，公路旅客周转量35475万人千米；完成公路货运量345万吨，公路货物周转量12204万吨千米；完成水路货运量1710万吨，水路货物周转量134028万吨千米。

【邮电业】 全年完成邮电业务收入21030万元，比上年增长4.8%。其中，邮政业务收入4984万元，增长

10.3%；电信业务收入16046万元，增长4.0%。年末局用交换机容量35.3万门，其中，市内交换机容量18.2万门、农村交换机容量17.1万门。年末城乡固定电话用户18.9万户，无线市话用户11.7万户，移动电话用户44.3万户。宽带用户年末达71957户，比上年增加15657户。

【财政、金融、保险业】2010年，全市财政总收入51.23亿元，比上年增长25.1%，其中，地方一般预算收入17.6亿元，增长21.6%。全年财政支出45.47亿元，增长34.5%。年末，全市金融机构本外币存款余额337.68亿元，比年初增加66.44亿元，增长24.5%，其中，人民币存款余额334.14亿元，比年初增加68.1亿元，增长25.6%；本外币贷款余额231.82亿元，比年初增加59.72亿元，增长34.7%，其中，人民币贷款余额225.73亿元，比年初增加54.84亿元，增长32.1%，在人民币贷款中，短期贷款158.6亿元，比年初增加48.39亿元，增长44.1%。

全年保险业务收入54435万元，比上年增长10.6%。其中，财产险业务收入7879万元，增长33.7%；人寿险业务收入46556万元，增长7.5%。全年保险业务支出26220万元，其中，财产险业务支出4876万元、人寿险业务支出21344万元。

【科学技术】2010年，市委、市政府将产学研合作列为全市重点工作，制定产学研合作活动方案。围绕新能源、石油装备、汽车零部件等重点产业，与中科院、中国石油大学、江苏大学开展校（院）地合作。全年组织开展重大产学研对接活动16场次，签订产学研协议156项 共建产学研联合体22家，建立大学生（研究生）实习基地11家。全年组织申报各级各类科技计划项目143项，其中省级以上项目85项。新申报认定国家火炬计划重点高新技术企业3家，7家企业通过省级新标准高新技术企业网上公示和专家审核。新获批省创新型企业8家。太平洋精锻“轿车齿轮净成形工艺与模具制造关键技术及应用”项目获2010年度省科技进步一等奖。全年完成专利申请1928件，其中发明专利申请316件，获授权专利量700件。高新技术产业产值占列统工业产值比重达到30.4%，比上年提高0.7个百分点。再次获评省知识产权工作先进集体。

【教育】加强学前教育管理，学前三年入园率达99.3%，3所中心幼儿园接收省优质园验收；推进义务教育均衡发展，义务教育入学率、巩固率均达99.9%，初中生升学率达98.5%。姜堰中学首次获得北大实名制推荐资格。2010年，全市共有7905名学生被全国普通高校录取。年内，普通高中教育工作获泰州市局评比一等奖，教育局被泰州市政府记集体三等功。年末，全市拥有普通中学30所，其中，高级中学7所、完全中学2所、初级中学15所、九年一贯制学校6所。中学毕业生人数15123人，其中，高中5584人、初中9539人。中学在校人数40132人，其中，高中16286人、初中23846人。规模职业教育学校1所，在校学生4583人。小学27所，毕业生人数6408人，在校学生数35356人。幼儿园35所，在园幼儿人数14261人。特殊教育学校1所，在校学生90人。

【文化、广电】2010年，举办第五届中国溱潼会船节以及第六届群众文化艺术节十项系列文化活动。在第九届江苏省“五星工程奖”活动中，市文化馆选送的《过云楼印稿》获书法类成人组金奖、漆画《山越远越清晰》获美术类成人组铜奖。市文广新局选送的男声独唱《我是头篙我来了》获音乐类成人组银奖。小品《邻里之间》获首届中国戏剧文化奖二等奖。第三次全国文物普查取得新成果，完成全市190处文物点的普查数据采集，进行文物普查数据方面部分点的数据校勘，举办普查成果展示活动，完成馆藏文物评审定级工作，新增46件国家珍贵文物，总量计148件。编制完成《天目山遗址保护规划》，天目山遗址申报“江苏大遗址名录”，做好北大街古民居相关文史资料的调查整理工作，实施坝口广场工地抢救性考古挖掘工作。开展“5·18”国际博物馆日和“6·12”中国第六个文化遗产日宣传活动，公布姜堰市第三批“非遗”保护名录12个，姜堰面塑列入江苏省第三批“非遗”保护名录。央视2套《消费主张》栏目《寻找民间记忆》摄制组在姜堰市摄制《体会姜堰》节目。

全年电视台、电台在泰州市以上媒体用稿（片）1200多篇（条），在省和泰州市组织的优秀作品评比中，共有52件作品获奖。电台“行风热线”、“服务到家”和电视“星期新闻”、“小萍访谈”分别获泰州市优秀栏目。完成城区及开发区6万户用户的数字电视整转工作，整转率95%，互动率高达19%以上。先后投入1230万元，全面启动市镇环网建设工程，布放光缆1000多千米，新开通光点1400个，于9月底拉开了通往镇区数字电视整转，年底完成溱潼、华港、俞垛7个镇近7万户整转任务，20多家省内外同行前来参观学习。

【卫生】年末，全市拥有各类卫生机构107个，其中，医院4个、卫生院27个、诊所40个、医务室13个、城市社区卫生服务站16个、疗养院1个、急救中心1个、采供血机构1个、妇幼保健所1个、专科疾病防治所1个、疾病预防控制中心1个、卫生监督所1个、医学在职培训机构1个、其他卫生机构1个。村卫生室188个。拥有床位数2352张，其中，医院1101张、卫生院1178张。全市平均每万人拥有卫生技术人员35人、医生16人、床位29张。全面推行农村新型合作医疗，覆盖率达99.1%。

【体育】 开展全民健身活动。先后举办“体彩杯”新春乒乓球精英赛、“交行杯”市级机关围棋赛、“人防杯”市级机关党委乒乓球赛、“农行杯”职工象棋赛、“大洋百货杯”职工乒乓球赛、第九届老年人体育运动会。年内，体育强镇创建达标率达100%。全面提升竞技体育水平，先后承办首届全国女子围棋名人赛、泰州市门球邀请赛、全国围棋甲级联赛（四川VS重庆）、首届省少儿围棋比赛、泰州市“棋协杯”象围棋赛、泰州市中小学篮球赛。举办2010年“肯德基杯”全国青少年三人篮球冠军挑战赛姜堰赛区常规赛、泰州市中小学篮球赛、姜堰市中小学生田径运动会、姜堰市中小学篮球赛。新组建女足丙组、丁组，补充女足甲、乙组队员，开展业余训练；姜堰女足先后夺得“省长杯”冠军、省十七届运动会冠军。

【人口与计划生育】 年末，全市总户数27.56万户，比上年末增加493户，总人口79.38万人，比上年末减少1600人；在总人口中，女性39.23万人，占49.4%。全年出生人数4066人，人口出生率为4.18‰，死亡人数5266人，死亡率为6.63‰；人口自然增长率下降2.45‰。

【人民生活】 年末，城镇在岗职工人数为48817人，比上年增加818人。城镇登记失业率为2.86%，下降0.14个百分点。全年城镇在岗职工工资总额14.72亿元，增长14.8%。城镇在岗职工平均工资为30211元，增加3641元，增长13.7%。城镇居民人均可支配收入达20352元，增加2205元，增长12.2%。据农村住户抽样调查资料显示：2010年农民人均纯收入为9131元，比上年增加1128元，增长14.1%。城乡居民人民币储蓄存款余额达到201.94亿元，比年初增加25.43亿元，增长14.1%。城镇劳动保障三大保险覆盖率达98.2%，其中，参加失业保险人数达5.89万人，失业保险覆盖率达97.8%；参加基本养老保险人数12.01万人，基本养老保险覆盖率达97.9%；参加医疗保险的人数15.24万人，基本医疗保险覆盖率达98.8%。全市享受农村最低生活保障的对象9281户13350人，城镇1698户3375人。全年最低生活保障金额2009.87万元，其中，农村1430.31万元、城镇579.56万元。

2010年姜堰市乡镇简况一览表

表43

乡镇	土地总面积（平方千米）	年末人口（人）	居委会（个）	行政村（个）	农业总产值（万元）	农民人均纯收入（元）	工业总产值（万元）	粮食总产量（吨）	棉花总产量（吨）	油料总产量（吨）
姜堰镇	46.48	154719	21	20	23545	12400	1386988	16285	–	884
溱潼镇	38.6	33646	4	9	12128	9870	286591	11191	57	652
蒋垛镇	65.01	49975	1	17	33020	7990	254066	39517	–	857
顾高镇	38.2	30251	–	11	14275	7371	166549	22282	–	2311
大伦镇	55.03	41569	–	16	27356	7562	275668	32665	–	1754
张甸镇	93.6	76851	1	35	38829	8062	445606	62877	–	3296
梁徐镇	66.63	52334	–	21	25733	10431	742879	39292	–	2624
桥头镇	37.99	24675	–	7	17516	10077	188790	24453	36	476
淤溪镇	71.68	42022	2	15	22494	9440	246164	23248	1012	2588
白米镇	54.87	44436	2	17	26878	10760	1087093	37009	0	1051
娄庄镇	67.92	47043	2	17	30964	11400	757200	49133	35	2442
沈高镇	56.73	36443	1	15	40974	10501	458980	36245	265	2032
兴泰镇	36.91	24840	–	8	14556	10003	370080	27282	5	1108
俞垛镇	79.8	47314	1	18	33696	9968	782126	46450	549	2215
华港镇	69.77	40856	2	17	29978	9579	388270	35156	229	1739
开发区	43.49	44324	1	18	8941	10063	850567	19234	–	670
风景区	–	4590	–	1	–	–	–	–	–	–
其　他	4.76		–	–	3795	–	–	1507	12	20

·组织机构及负责人·

中共姜堰市委员会

书　记　王仁政

副书记　蔡德熙
　　　　高永明

常　委　王仁政
　　　　蔡德熙
　　　　高永明
　　　　莫鹏程

夏月林
仲亚岭
栾立平
钱　娟（女）
戴庆柳
汪亚强（至2010-08）
戚才俊
林　伟（挂职，至2010-12）
朱国全（2010-08任）

办公室

主　任　张士林

研究室

主　任　张士林（至2010-11）
沈　崎（2010-11任）

机要保密局（国家密码管理局）

局　长　（空缺）

组织部

部　长　戴庆柳

组织员办公室

主　任　王圣彪（至2010-04）
吴庆海（2010-11任）

非公经济组织党工委

书　记　丁如根

宣传部

部　长　钱　娟（女）

精神文明办公室

主　任　胡口华

新闻中心

主　任　陶忌林（兼）

统战部

部　长　陈二亚（兼）

民族宗教事务管理局（统战部挂牌机构）

局　长　许亘才

政法委

书　记　戚才俊

综合治理办公室

主　任　张　进

农村工作办公室

主　任　许仁俊（至2010-04）
张亚平（2010-04任）

台湾工作办公室

主　任　王　方

机构编制委员会办公室（挂事业单位登记管理局牌子）

主　任　黄彭赣

党　校

校　长　戴庆柳（兼）

行政干部学校

校　长　仲亚岭（兼）

史志档案办公室

主　任　周建军

老干部局

局　长　王圣彪（2010-04任）

老干部大学

校　长　戴庆柳（兼，2010-04任）

市级机关党委

书　记　宋书圣

姜堰市人大常委会

主　任　高永明
副主任　尹　刚
张正华
张逸群
王　萍（女）

办公室

主　任　高亚军

财经工委

主　任　杨　希（女）

社会事业工委

主　任　钱忠林

法制工委

主　任　李新荣（女）

人事代表工委

主　任　曹德锋

农村工委

主　任　徐　刚

姜堰市人民政府

市　长　蔡德熙
副市长　仲亚岭
林　伟（挂职，至2010-12）
钱拥军
缪　鸿
张红霞（女）
朱嘉浩
钱爱社
刘瑾亮（挂职）
盛育河（2010-06任，援藏工作）
市长助理　周如勇
蒋　虹（2010-06任，挂职）

办公室

主任、党组书记　刘文荣

研究室
主　任　刘文荣（至2010-11）
　　　　景吉跃（2010-11任）
招标采购管理办公室（副科级）
主　任　申　兵（2010-08任）
法制办公室（政府办挂牌机构）
主　任　吴俊明（2010-04任）
应急管理办公室（政府办挂牌机构）
副主任　周　兵
外事侨务办公室（政府办挂牌机构）
主　任　景吉跃（2010-04任）
发展和改革委员会
主任、党组书记　陈以寿
经济和信息化委员会（2010年3月31日组建）
主任、党委书记　魏玉山（2010-04任）
中小企业局（经信委挂牌机构）
局　长　周亚平
工业资产经营公司
董事长　魏玉山
总经理　游海涛
教育局
局长、党委书记　武晓明
科技局
局长、党组书记　王亚亲
地震局
局　长　何　剑（2010-08任）
知识产权局
局　长　王亚亲（兼）
公安局
局长、党委书记　周如勇
政　委　陆　进
督察队（2010年12月与政治处合并为政工监督室）
队　长　徐汉邦（至2010-11）
政工监督室（2010年12月成立）
主　任　蒋亚明（2010-11任）
指挥中心
主　任　蒋亚明（至2010-11）
　　　　赵　林（2010-11任）
教导员　钱宏生
国内安全保卫大队
大队长　赵　林（至2010-11）
　　　　杨　俭（2010-11任）
教导员　杨　俭（至2010-11）
　　　　仲亚明（2010-11任）
治安警察大队
大队长　李　健（至2010-11）
　　　　徐汉邦（2010-11任）
教导员　姜庆海
交巡警大队
大队长　陈元福（至2010-11）
　　　　李　健（2010-11任）
刑警大队
大队长　陈书根
教导员　叶姜生
经济犯罪侦查大队
大队长　于忠海
教导员　蔡鹏飞
水上警察大队
大队长　孔祥欣（2010-11任）
教导员　孔祥欣（至2010-11）
　　　　沈爱宝（2010-11任）
防控特警大队
大队长　陈　勇（2010-11任）
教导员　孙伯明（2010-11任）
民政局
局长、党委书记　王　跃
司法局
局长、党组书记　刘兆山（2010-04任）
财政局
局长、党组书记　尤玉华（女）
预算外资金办公室
主　任　丁爱华（至2010-08）
　　　　朱　斌（2010-08任）
财政集中支付中心
主　任　钱忠健
国投集团公司
董事长　仲亚岭（兼）
总经理　尤玉华（女）
监事会主席　孙志远（兼，至2010-08）
　　　　　　马　林（兼，2010-08任）
人力资源和社会保障局（2010年3月31日组建）
局　长　黄彭赣（2010-04任）
党组书记　胡建华（女，2010-04任）
公务员局（人力资源和社会保障局挂牌机构）
局　长　黄彭赣（兼，2010-04任）
社会保险管理中心
主　任　钱友才（至2010-08）
　　　　钱宏兵（2010-08任）
国土资源局
局长、党组书记　吴子玉
住房和城乡建设局（2010年3月31日组建）
局长、党委书记　汤文林（2010-04任）
城市管理局
局　长　颜礼明

党组书记　夏建琪
城市管理行政执法局（城市管理局挂牌机构）
局　长　颜礼明（兼，2010-04任）
交通运输局（2010年3月31日组建）
局长、党委书记　左　明（2010-04任）
地方海事处
处　长　朱桂凤
水利局
局长、党委书记　陈永吉
农业委员会（2010年3月31日组建）
主　任　张红霞(女，兼，至2010-04)
　　　　王玉才（2010-04任）
党委书记　王玉才（2010-04任）
农干校
校　长　孔令寿（至2010-04）
　　　　戴晓东（2010-04任）
农业技术推广中心
主　任　钱存金（2010-04任）
农科所
所　长　钱存金
商务局（2010年3月31日组建）
局长、党委书记　树桂义（2010-04任）
企业投资服务局（商务局下属事业机构，副科级）
局　长　树桂义
文化广电新闻出版局（2010年3月31日组建）
局长、党组书记　周　谅（2010-04任）
卫生局
局长、党委书记　凌　涛
食品药品监督管理局（2010年3月31日至2010年12月3日为卫生局挂牌机构，2010年12月3日起为市政府工作部门，正科级）
局　长　徐跃进
党组书记　薛建国（至2010-04）
　　　　徐跃进（2010-11任）
人口和计划生育委员会
主任、党组书记　王天波
审计局
局　长　马　林
党组书记　孙志远（至2010-04）
　　　　马　林（2010-04任）
环保局
局长、党组书记　陈中华
统计局
局长、党组书记　林俊宽
信访局
局　长　王余根
安全生产监督管理局
党组书记　张如春（至2010-04）
　　　　沈锦云（2010-04任）
局　长　沈锦云
行政服务中心
主任、党组书记　高慈祥
体育局
局　长　陈国胜
供销合作总社（商务局下属事业机构，正科级）
主　任　邰　宏
党委书记　邰　宏（2010-08任）
广播电视台（文化广电新闻出版局下属事业机构，正科级）
台　长　黄跃华（2010-04任）
机关事务管理局（政府办下属事业机构，副科级）
副局长　陈怀玉　朱洪海　王月军
建筑工程管理局（住建局下属事业机构，副科级）
局长、党委书记　宋　羽
农业资源开发局（农委下属事业机构，副科级）
局　长　陈亮宏
农业机械管理局（农委下属事业机构，副科级）
局长、党委书记　赵文澜
人民防空办公室（政府办挂牌机构）
主　任　李建胜
物价局（发改委挂牌机构）
局　长　俞扬贯
党组书记　黄　强
规划局（住建局挂牌机构）
局长、党组书记　沈　梅
林业局（农委挂牌机构）
局　长　夏义华（2010-04任）
粮食局（商务局挂牌机构）
局　长、党委书记　薛维昌
旅游局
局　长　刘志群
姜堰市中等专业学校
校　长　武晓明（兼，至2010-04）
　　　　高文章（2010-04任）
支部书记　李兰芳（女，2010-04任）
江苏省姜堰中学
校　长　高志雄
党委书记　申忠华
姜堰市第二中学
校　长　陈余根
党委书记　陈余根（2010-08任）
溱潼中学
校　长　徐树旺

张甸中学
校　长　张金华
人民医院
院　长　陈文德
党委书记　申仕海
中医院
院长、党总支书记　沈宇清

政协姜堰市委员会

主　席　莫鹏程
副主席　颜大龙
钱拥军
周　林
夏彩霞（女）
陈文亚
秘书长　张苏平
办公室
主　任　张苏平
提案委员会
主　任　钱元君
学习文史委员会
主　任　缪卫东
经济科技委员会
主　任　石存元
社会事业委员会
主　任　王　明

中共姜堰市纪律检查委员会

书　记　栾立平

法院、检察院、人武部

法院
院　长　汤建国（至2010-12）
代院长　褚靖娟（2010-12任）
党组书记　汤建国（至2010-11）
褚靖娟（2010-11任）
检察院
检察长　童连芳
党组书记　童连芳
反贪局局长　刘　贵
人武部
部　长　汪亚强（至2010-06）
朱国金（2010-06任）
政　委　史　军

群　众　团　体

总工会
主　席　肖乐平
党组书记　夏国萍(女)
团市委
书　记　杭绘东（2010-04任）
妇　联
主　席　黄晓萍（女，2010-04任）
工商联
会　长　周　林
党组书记　吴　彪（兼）
科　协
主席、党组书记　王百年
残疾人联合会
理事长、党组书记　游庆宝
红十字会
会　长　尹　刚（至2010-12）
钱拥军（2010-12任）
侨　联
主　席　景吉跃（兼）
哲学社会科学联合会
主　席　刁义峰
文学艺术界联合会
主　席　陶惠林

垂直管理部门（单位）

国税局
局长、党组书记　王申筛（至2010-04）
顾学群（2010-05任）
地税局
局长、党组书记　吉秋根
工商局
局长、党组书记　李国民
质量技术监督局
局长、党组书记　张建强
邮政局
局长、党委书记　徐赣林
电信公司
总经理、党委书记　刘　洪（至2010-07）
李新太（2010-07任）
供电公司
总经理　刘宝生（至2010-03）
刘玉方（2010-03任，至2010-11）
朱云山（2010-11任）

党委书记　邹文斌（至2010-07）
　　　　　游余根（2010-07任）
总工程师　冯开网
烟草专卖局
局长（经理）、党组书记　陈　啸
盐业公司(盐务局)
局长（经理）　丁　华
支部书记　丁　华
气象局
局　长　朱爱国（至2010-07）
　　　　吕冬红（2010-07任）
党支部书记　朱爱国（2010-07任）
中国人民银行姜堰市支行
行长、党组书记　刘艳霞（女）（至2010-10）
中国工商银行姜堰支行
行长、党委书记　刘剑平（至2010-01）
　　　　　　　　邓　纯（2010-11任）
中国农业银行姜堰市支行
行长、党委书记　顾家训（至2010-07）
　　　　　　　　王　炜（2010-08任）
中国银行姜堰支行
行长、党委书记　张建勇
中国建设银行姜堰支行
行长、党委书记　王　龙
江苏姜堰农村合作银行（2010年11月24日，组建江苏姜堰农村商业银行）
董事长、党委书记　洪其华
行　长　申和健
交通银行股份有限公司姜堰支行
行　长　束　兵
中国农业发展银行姜堰市支行
行　长　赵季民
邮政储蓄银行姜堰市支行
行　长　徐向春
南京银行股份有限公司姜堰支行（2010年5月9日成立）
行　长　王　飞（2010-05任）
吴江农村商业银行姜堰支行（2010年6月30日成立）
行　长　沈小明（2010-06任）
江苏银行姜堰支行（2010年7月15日成立）
行　长　华志坚（2010-07任）
中信银行股份有限公司姜堰支行（2010年9月28日成立）
行　长　陈宏昊（2010-09任）
中国人民保险公司姜堰市支公司
总经理　许如宏
中国人寿保险有限公司姜堰市支公司
经　理　黄　韦（至2010-05）
　　　　曹爱军（2010-05任）
太平洋财产保险公司姜堰支公司
经理　周兴中
太平洋人寿保险公司姜堰支公司
经　理　张　明
住房公积金管理中心（正科级）
主　任　（空缺）
新华书店
经　理　王万军
石油公司
党总支书记　陶　潜
经　理　陈明君
移动公司
经　理　朱　烨
联通公司
经　理　周　锦
江苏省姜堰经济开发区
党工委书记　夏月林（兼）
主　任　周昌云
开发区办事处
主　任　徐　林（至2010-04）
党政办公室
主　任　柳泽友（兼）
经济发展局
局　长　李华中（兼，至2010-04）
　　　　拱启荣（2010-04任）
招商局（开发区经济发展局挂牌机构）
局　长　李华中（兼）
建设管理局
局　长　陈建章（兼）
社会事业局
局　长　徐　林（兼，至2010-04）
　　　　王春辉（2010-04任）
财政审计局
局　长　胡大明（兼，至2010-04）
　　　　王蓉凤（2010-11任）
党工委
副书记　魏玉山（兼）
管委会
副主任　胡大明（常务）
纪工委（科级）
书　记　柳泽友
溱湖风景区
党工委书记　刘志群
主　任　刘志群
溱湖湿地公园管理处
主　任　秦永金（兼）

镇

姜堰镇
书　记　戴兆平
人大主席　姜洁云（女，2010-08任）
镇　长　戴兆平（兼）
溱潼镇
书　记　秦永全
人大主席　秦永全（兼）
镇　长　曹圣基
顾高镇
书　记　戴明亮
人大主席　戴明亮（兼，至2010-08）
　　　　　吴巧林（2010-08任）
镇　长　孙大明
蒋垛镇
书　记　莫鹏权
人大主席　莫鹏权（兼，至2010-08）
　　　　　李伯琴（2010-08任）
镇　长　何　剑（至2010-08）
　　　　缪昌友（2010-08任）
大伦镇
书　记　吴　琼
人大主席　吴　琼（兼，至2010-08）
　　　　　刘兴军（2010-08任）
镇　长　王国斌
张甸镇
书　记　薛金林
人大主席　薛金林（兼，至2010-08）
　　　　　胡银虎（2010-08任）
镇　长　段厚林
梁徐镇
书　记　丁家余
人大主席　钱兔琳（女，至2010-08）
　　　　　杨书标（2010-08任）
镇　长　周宏才（至2010-08）
　　　　钱兔琳（女，2010-08任）
白米镇
书　记　黄健全
人大主席　黄健全（兼）
镇　长　周旺根
桥头镇
书　记　张亚平（至2010-04）
　　　　胡大明（2010-04任）
人大主席　单春旺
镇　长　俞扬祖
淤溪镇
书　记　孙来扣（2010-04任）
人大主席　沈玉堂（2010-08任）
镇　长　周建华（至2010-04）
　　　　袁　勤（2010-08任）
俞垛镇
书　记　花庆如
人大主席　袁　勤（至2010-05）
　　　　　纪马龙（2010-05任）
镇　长　郑洪林
兴泰镇
书　记　盛育河（至2010-08）
　　　　周宏才（2010-08任）
人大主席　徐武庆（至2010-04）
　　　　　盛育河（兼，2010-04任，2010-08免）
　　　　　周宏才（2010-08任）
镇　长　王荣明
沈高镇
书　记　卜青山
人大主席　陈冬官
镇　长　孙来扣（至2010-04）
　　　　卜青山（兼，2010-08任）
娄庄镇
书　记　李宝权
人大主席　章惠明
镇　长　陈希斌
华港镇
书　记　王长林
人大主席　陆光华
镇　长　张　勇

（姜堰政府办）

全国劳动模范

【许杏桃】1967年3月生，硕士研究生学历，中共党员，泰州供电公司信息中心主任，高级工程师，先后获泰州市"突出贡献人物"、国家电网"感动2008十大人物"、全国五一劳动奖章等荣誉称号。2010年4月，获"全国劳动模范"荣誉称号。

【何健忠】1959年5月生，中专学历，中共党员，泰兴市邮政局江平路支局支局长，先后获泰州市文明职工、江苏邮政系统先进工作者、江苏邮政十佳文明服务标兵、江苏省十大行业杰出标兵、江苏身体力行社会主义道德模范的楷模、江苏第六届精神文明建设新人新事、江苏省十大杰出志愿者、全国邮政系统劳动模范、全国百优青年志愿者、泰州市"十大服务杰出先锋"、江苏省第六届十佳文明职工、1998～2005"感动泰州"经典人物、江苏省优秀共产党员、第十一届全国优秀人大代表、北京奥运会火炬手、"新中国成立以来感动江苏人物"、泰州市突出贡献人物、江苏省第二届道德模范、第二届全国道德模范提名奖等荣誉称号。2010年4月，获"全国劳动模范"荣誉称号。

【戚俊宏】女，1947年7月生，高中学历，中共党员，泰州三福船舶工程有限公司工程师，先后获"江苏省三八红旗手标兵"、"全国三八红旗手"等荣誉称号。2010年4月，获"全国劳动模范"荣誉称号。

【杨善基】1953年12月生，研究生学历，中共党员，江苏双登集团有限公司总裁，高级经济师，曾获江苏省劳动模范荣誉称号。2010年4月，获全国劳动模范荣誉称号。

【徐忠祥】1952年9月生，高中学历，中共党员，靖江市马桥镇徐周村党支部书记，先后获泰州市劳动模范、江苏省劳动模范荣誉称号。2010年4月，获"全国劳动模范"荣誉称号。

【张柏和】1973年12月生，大专学历，中共党员，江苏罡阳股份有限公司机加工三车间新品开发组组长，高级技师，先后获泰州市科技进步二等奖、江苏省科技进步三等奖、泰州市技术能手、姜堰市有突出贡献的高技能人才、江苏省技术能手、泰州市劳动模范、全国五一劳动奖章等荣誉称号。2010年4月，获"全国劳动模范"荣誉称号。

全国先进工作者

【顾继礼】1951年11月生，大学学历，泰兴市人民医院综合外科主任、主任医师，先后被选为泰兴市、泰州市、江苏省人大代表，先后获泰州市有突出贡献的中青年专家、江苏省劳动模范等荣誉称号，享受国务院特殊津贴。2010年4月，获"全国先进工作者"荣誉称号。

【葛玉林】1964年4月生，大专学历，中共党员，兴化市植物保护站站长，高级农艺师，先后获"泰州市劳动模范"、"泰州市有突出贡献中青年专家"、"泰州市十大杰出青年"、"泰州市十佳科技之星"、

"江苏省劳动模范"等荣誉称号，并被确认为省333工程培养对象。2010年4月，获"全国先进工作者"荣誉称号。

先进个人名录

全国条线系统表彰的先进个人

表44

姓名	荣誉称号	授予单位	授予时间	工作单位
孙家祥	全国交通运输系统先进工作者	人力资源和社会保障部、交通运输部	2010-12	兴化市交通局
韩　平	全国交通运输系统先进工作者	人力资源和社会保障部、交通运输部	2010-12	姜堰市交通局
刘　放	全国水利系统先进工作者	人力资源和社会保障部、交通运输部	2010-01	靖江市水利局局长
于秀英	全国城乡妇女岗位建功先进个人	全国妇联、全国妇女"双学双比"活动领导小组办公室	2010-03	泰州市妇联
李彩云	2009年度总经理奖励基金一等奖	中国国电集团公司	2010-01	国电泰州发电有限公司
朱永超	2009年度总经理奖励基金一等奖	中国国电集团公司	2010-01	国电泰州发电有限公司
杨宏强	2009年度总经理奖励基金一等奖	中国国电集团公司	2010-01	国电泰州发电有限公司
张苏闽	2009年度总经理奖励基金一等奖	中国国电集团公司	2010-01	国电泰州发电有限公司
姜国平	2009年度总经理奖励基金一等奖	中国国电集团公司	2010-01	国电泰州发电有限公司
朱永超	2009年度安全生产先进工作者	中国国电集团公司	2010-03	国电泰州发电有限公司
张苏闽	2009年度安全生产先进工作者	中国国电集团公司	2010-03	国电泰州发电有限公司
王　平	2009年度安全生产先进工作者	中国国电集团公司	2010-03	国电泰州发电有限公司
唐正华	中央企业优秀党务工作者	国资委党组	2010-06	国电泰州发电有限公司
王　平	2010年优秀共产党员	中国国电集团公司	2010-06	国电泰州发电有限公司
郑玲红	300兆瓦及以上火电机组热控技能竞赛优秀选手	中国国电集团公司	2010-09	国电泰州发电有限公司
吴东黎	优秀合理化建议奖	中国国电集团公司	2010-12	国电泰州发电有限公司
陈永生	优秀合理化建议奖	中国国电集团公司	2010-12	国电泰州发电有限公司
徐福斌	优秀合理化建议奖	中国国电集团公司	2010-12	国电泰州发电有限公司
周凤泉	全国关心下一代先进工作者	中国关工委、中央文明办	2010-06	泰州市关工委
叶秀芳	全国关心下一代先进工作者	中国关工委、中央文明办	2010-06	姜堰市关工委
樊才林	全国关心下一代先进工作者	中国关工委、中央文明办	2010-06	兴化市沈伦镇樊荣村关工委
李少卿	全国关心下一代先进工作者	中国关工委、中央文明办	2010-06	泰兴市关工委

续表44

姓　名	荣　誉　称　号	授　予　单　位	授予时间	工　作　单　位
陈克任	全国关心下一代先进工作者	中国关工委、中央文明办	2010-06	靖江市滨江新区关工委
赵昶东	全国安全生产监管监察先进个人	国家安全生产监督管理总局、国家煤矿安全监察局	2010-01	泰州市安监局
李东升	全国人民防空先进个人	国家人民防空办公室	2010-10	泰州市民防局
周庆生	全国地方志系统先进工作者	中国地方志指导小组	2010-10	泰州市史志档案办公室
洪　澄	优秀社员	九三学社中央委员会	2010-09	泰州市九三学社
邹云翔	优秀社员	九三学社中央委员会	2010-09	泰州市检察院法律政策研究室
杨　勇	第二次全国经济普查先进个人	国务院第二次全国经济普查领导小组	2010-01	泰州市统计局
钱跃明	第二次全国经济普查先进个人	国务院第二次全国经济普查领导小组	2010-01	泰州市统计局
徐　龙	第二次全国经济普查先进个人	国务院第二次全国经济普查领导小组	2010-01	泰州市统计局
杨建林	第二次全国经济普查先进个人	国务院第二次全国经济普查领导小组	2010-01	泰州市统计局
杨　德	第二次全国经济普查先进个人	国务院第二次全国经济普查领导小组	2010-01	泰州市统计局
沙本荣	第二次全国经济普查先进个人	国务院第二次全国经济普查领导小组	2010-01	泰州市统计局
樊留国	第二次全国经济普查先进个人	国务院第二次全国经济普查领导小组	2010-01	泰州市统计局
朱建和	第二次全国经济普查先进个人	国务院第二次全国经济普查领导小组	2010-01	泰州市财政局
殷伯清	第二次全国经济普查先进个人	国务院第二次全国经济普查领导小组	2010-01	江苏第一建筑安装工程公司
刘利民	第二次全国经济普查先进个人	国务院第二次全国经济普查领导小组	2010-01	泰州陵光石化集团
吕玲芳	第二次全国经济普查先进个人	国务院第二次全国经济普查领导小组	2010-01	泰州第一百货商店股份有限公司
许慧红	第二次全国经济普查先进个人	国务院第二次全国经济普查领导小组	2010-01	海陵区京泰路街道办事处
王　莹	第二次全国经济普查先进个人	国务院第二次全国经济普查领导小组	2010-01	海陵区泰山街道办事处
刘金贵	第二次全国经济普查先进个人	国务院第二次全国经济普查领导小组	2010-01	海陵区统计局

续表44

姓　名	荣　誉　称　号	授　予　单　位	授予时间	工　作　单　位
凌亚东	第二次全国经济普查先进个人	国务院第二次全国经济普查领导小组	2010-01	海陵区统计局
李卫国	第二次全国经济普查先进个人	国务院第二次全国经济普查领导小组	2010-01	海陵区人民政府
李正堂	第二次全国经济普查先进个人	国务院第二次全国经济普查领导小组	2010-01	高港区统计局
施光文	第二次全国经济普查先进个人	国务院第二次全国经济普查领导小组	2010-01	高港区口岸街道办事处
梅久琴	第二次全国经济普查先进个人	国务院第二次全国经济普查领导小组	2010-01	高港区统计局
孔　华	第二次全国经济普查先进个人	国务院第二次全国经济普查领导小组	2010-01	高港区统计局
毛建明	第二次全国经济普查先进个人	国务院第二次全国经济普查领导小组	2010-01	高港区胡庄镇
黄　峰	第二次全国经济普查先进个人	国务院第二次全国经济普查领导小组	2010-01	泰州市经济开发区经发局
顾春香	第二次全国经济普查先进个人	国务院第二次全国经济普查领导小组	2010-01	兴化市昭阳镇镇政府
仇文明	第二次全国经济普查先进个人	国务院第二次全国经济普查领导小组	2010-01	兴化市统计局
李山庆	第二次全国经济普查先进个人	国务院第二次全国经济普查领导小组	2010-01	兴化市发改委
陆健康	第二次全国经济普查先进个人	国务院第二次全国经济普查领导小组	2010-01	兴化市财政局
丁心亮	第二次全国经济普查先进个人	国务院第二次全国经济普查领导小组	2010-01	兴化市统计局
张　波	第二次全国经济普查先进个人	国务院第二次全国经济普查领导小组	2010-01	兴化市统计局
武茂刚	第二次全国经济普查先进个人	国务院第二次全国经济普查领导小组	2010-01	兴化市戴南镇镇政府
杨　杰	第二次全国经济普查先进个人	国务院第二次全国经济普查领导小组	2010-01	兴化市经贸委
吴学泉	第二次全国经济普查先进个人	国务院第二次全国经济普查领导小组	2010-01	兴化市安丰镇镇政府
季士发	第二次全国经济普查先进个人	国务院第二次全国经济普查领导小组	2010-01	靖江市政府办公室

续表44

姓　名	荣　誉　称　号	授　予　单　位	授予时间	工　作　单　位
周网琪	第二次全国经济普查先进个人	国务院第二次全国经济普查领导小组	2010-01	靖江市统计局
吴铭华	第二次全国经济普查先进个人	国务院第二次全国经济普查领导小组	2010-01	靖江市孤山镇镇政府
杨　乐	第二次全国经济普查先进个人	国务院第二次全国经济普查领导小组	2010-01	靖江市新桥镇镇政府
陆卫平	第二次全国经济普查先进个人	国务院第二次全国经济普查领导小组	2010-01	靖江市城南办事处
孙　云	第二次全国经济普查先进个人	国务院第二次全国经济普查领导小组	2010-01	泰兴市人民政府
叶建和	第二次全国经济普查先进个人	国务院第二次全国经济普查领导小组	2010-01	泰兴市统计局
吴正华	第二次全国经济普查先进个人	国务院第二次全国经济普查领导小组	2010-01	泰兴市统计局
管镜明	第二次全国经济普查先进个人	国务院第二次全国经济普查领导小组	2010-01	泰兴市统计局
孙　群	第二次全国经济普查先进个人	国务院第二次全国经济普查领导小组	2010-01	泰兴市溪桥镇镇党委
叶瑞兰	第二次全国经济普查先进个人	国务院第二次全国经济普查领导小组	2010-01	泰兴市河失镇镇政府
戴丹阳	第二次全国经济普查先进个人	国务院第二次全国经济普查领导小组	2010-01	泰兴市滨江镇镇政府
李伯群	第二次全国经济普查先进个人	国务院第二次全国经济普查领导小组	2010-01	姜堰市姜堰镇党委
袁新程	第二次全国经济普查先进个人	国务院第二次全国经济普查领导小组	2010-01	姜堰市俞垛镇统计站
丁　卉	第二次全国经济普查先进个人	国务院第二次全国经济普查领导小组	2010-01	姜堰市开发区统计站
仲亚岭	第二次全国经济普查先进个人	国务院第二次全国经济普查领导小组	2010-01	姜堰市人民政府
倪倩如	第二次全国经济普查先进个人	国务院第二次全国经济普查领导小组	2010-01	姜堰市统计局
程炳官	第二次全国经济普查先进个人	国务院第二次全国经济普查领导小组	2010-01	姜堰市统计局
郁　进	第二次全国经济普查先进个人	国务院第二次全国经济普查领导小组	2010-01	姜堰市统计局
田敬民	第二次全国经济普查先进个人	国务院第二次全国经济普查领导小组	2010-01	姜堰市统计局

省委、省政府、省人保厅、省军区、省武警总队表彰的先进个人

表45

姓　名	荣　誉　称　号	授　予　单　位	授予时间	工　作　单　位
张长平	江苏省对口援建四川绵竹先进工作者	省委、省政府	2010-11	泰州市医药园
孙正龙	江苏省对口援建四川绵竹先进工作者	省委、省政府	2010-11	泰州市发改委
陈龙益	江苏省对口援建四川绵竹先进工作者	省委、省政府	2010-11	泰州市住建局
徐旭洲	全省机要系统先进工作者	省委办公厅、省政府办公厅、省人保厅	2010-01	泰兴市委机要局
顾宁成	全省政府法制工作先进工作者	省人保厅、省法制办	2010-01	泰州市政府法制局
费彩荣	全省行政复议工作先进工作者	省人保厅、省法制办	2010-01	泰州市政府法制局
薛利民	全省相对集中行政处罚权工作先进工作者	省人保厅、省法制办	2010-01	泰州市城管执法局
殷继东	全省检察机关先进工作者	省人保厅、省检察院	2010-06	高港区人民检察院
印　华	全省检察机关先进工作者	省人保厅、省检察院	2010-06	泰兴市人民检察院反贪污贿赂局
柏长春	省科协系统先进个人	省人保厅、省科协	2010-06	泰州市科协
钱绿林	省科协系统先进个人	省人保厅、省科协	2010-06	泰州市科协
王元戈	省科协系统先进个人	省人保厅、省科协	2010-06	兴化市科协
唐秧林	省科协系统先进个人	省人保厅、省科协	2010-06	高港区科协
杨阿林	省科协系统先进个人	省人保厅、省科协	2010-06	泰州市农委
徐存明	省科协系统先进个人	省人保厅、省科协	2010-06	靖江市科普网
刘华勤	省科协系统先进个人	省人保厅、省科协	2010-06	海陵区科协
胡冬兰	省科协系统先进个人	省人保厅、省科协	2010-06	梅兰化工科协
张国华	省科协系统先进个人	省人保厅、省科协	2010-06	姜堰市沈高镇科协
王天圣	省科协系统先进个人	省人保厅、省科协	2010-06	泰兴市科协
查桂山	全省党史系统先进工作者	省人保厅、省委党史工办	2010-09	泰州市史志档案办公室
董炜伟（肢残）	全省自强模范	省人保厅、省残联	2010-12	兴化市幸福老年公寓
常新民（盲）	全省自强模范	省人保厅、省残联	2010-12	泰州市常三盲人按摩推拿康复部
杭忍福	全省残联系统先进工作者	省人保厅、省残联	2010-12	泰州市残联
蔡　惠	全省残联系统先进工作者	省人保厅、省残联	2010-12	泰兴市残联综合部
李亚东	优秀共产党员	省武警总队	2010-07	武警泰州市支队泰兴市中队
刘张春	优秀党务工作者	省武警总队	2010-07	武警泰州市支队政治处
孙继来	三等功	省武警总队	2010-08	武警泰州市支队

市委、市政府表彰的先进个人

表46

姓　名	荣　誉　称　号	授　予　单　位	授予时间	工　作　单　位
翟云峰	记二等功	市委、市政府	2010-08	兴化市昭阳镇党委
余建东	记二等功	市委、市政府	2010-08	兴化市昭阳镇镇政府
王建宏	记二等功	市委、市政府	2010-08	兴化市大垛镇镇政府
戴兆平	记二等功	市委、市政府	2010-08	姜堰市姜堰镇党委
卜青山	记二等功	市委、市政府	2010-08	姜堰市沈高镇党委
周宏才	记二等功	市委、市政府	2010-08	姜堰市梁徐镇镇政府
刘志明	记二等功	市委、市政府	2010-08	靖江市斜桥镇党委
李东劲	记二等功	市委、市政府	2010-08	海陵区京泰路街道办事处
陈　军	记二等功	市委、市政府	2010-08	高港区许庄街道办事处

“感动泰州”十大人物

【丁雪其】 1964年生，男，泰兴市黄桥镇祁巷村党总支书记，学中猪鬃有限公司董事长。他是单腿残疾人，在其父亲病逝后，独立扛起管理父亲所办工厂的重担。在他的打理下，企业实现了跨越性发展。丁雪其积极回报国家和奉献社会，他的企业累计上缴国家利税1000多万元，他先后投资为本村修建电灌站3座，修筑公路48千米，修建桥梁6座，为400户特困村民安装自来水，帮助本村10多名贫困学生读完大学。此外他还每年出钱为本村青年当兵入伍时召开欢送联谊会。每年还拿出6万多元，帮助村民救急，如急病住院等，至今已惠及400多户。

【单　声】 1929年生，男，祖籍泰州，全英华人华侨中国统一促进会会长。1951年赴法国深造，获国际法学博士学位，1967年赴英国定居。他为人慷慨，对华人公益事业十分热心，在华人中享有崇高的威信和声望。他为两岸和平统一积极奔走，发动“百万海外华人华侨支持一国两制、和平统一签名活动”，建议“立法促统”受到广泛认可。他关心支持家乡教育事业的发展。1998年，他将祖宅捐赠给泰州市大浦小学作为课外活动中心。2008年7月，他捐款100万元人民币设立泰州市单声教育奖学基金，奖励家乡生活贫困的优秀学子。2009年，他决定将毕生收藏的300多件珍贵文物全部登记造册，捐献给家乡。

【樊才林】 1941年生，男，兴化市沈伦镇樊荣村退休医生。他长期关注未成年人思想道德建设。十多年前，樊才林就将自家的4间房子腾空，自费建立了青少年活动中心。2009年，他将活动中心进行扩建，总面积达170平方米，总造价达15万元，取名“关情书苑”，成为兴化最大的家庭式校外教育辅导站。他牵头建立了兴化市第一个民间爱心组织——“樊荣村爱心互助会”，带头注入2000元资金，吸引一批热心人士加入这一行列。两年多来，该爱心组织资助的特困学生、孤残儿童达98名。而他自己却很节俭，2009年5月，他要到无锡参加省关工委举办的校外教育辅导员培训班学习，翻箱倒柜，也找不到一件像样的衣服来。

【张玉兰】 1975年生，女，泰州市莲花八号区南门福彩投注站站主。2009年9月27日，在苏州做生意的张先生打电话给张玉兰让她垫付168元随机投注购买彩票，因为是老彩民，张玉兰当即掏钱帮他购买，谁知晚上开奖时竟然中得二等奖，奖金近17万元。按照规定，张先生应当在开奖前将投注款交过来，而且他也不知道随机号码到底是多少，如果不是做人诚信，张玉兰完全可以将近17万元的奖金据为己有。但是张玉兰并没有这么做，她立即联系中奖人，把中奖彩票给了张先生。说起这件事，张玉兰一点也不后悔，因为她觉得做人诚信最重要。

【傅南昌】 1953年生，男，江苏绿天置业有限公司兼姜堰市大洋百货有限公司董事长。2004年，他在姜堰投资房地产遭遇冰冻天气两个多月，导致延期交房40天，他坚持赔付了消费者130万元的违约金，这在姜堰是史无前例的。尽管有人说他傻，但他认为，诚信是用钱买不来的。2006年姜堰凯翔百货因经营不善而倒闭，面对几百名失业职工以及一大堆遗留问题，他自筹资金成立了姜堰市大洋百货有限公司，接下这个烂摊子。在他的领导下，经过几年的发展该公司资产总额已近亿余元，成为该市10家重点流通企业之一。先后获得姜堰市“诚信单位”、“消费者投诉不出门十佳示范单位”等荣誉称号。为回报社会，他还积极参与各项慈善活动，确定并践行着三年资助150万元向社会奉献爱心的目标。

【陈　楠】 1978年生，女，靖江市土桥小学教师。她是城里一所艺术特色学校的有着11年教龄的美术课骨干教师，经常下乡听课却没有听过一节美术课，给她留下遗憾。“农村的孩子也需要美，也需要艺术的熏陶，我要为农村孩子做些事情。”3年前，她主动报名走进偏远的土桥小学支教。一年前，她索性放弃城里优越的教学条件，扎根乡村，她的理由很朴素，但彰显着教育人员的情怀：“家里只有一个孩子需要我，乡下有一群孩子需要我！”她舍弃了城市的繁华生活，成为靖江首位支教的教师。但在农村，她有挥洒惬意的广阔舞台，她如同华丽蜕变的“蝴蝶”，找到了自由翱翔的另一片天空。

【陶杰、周伟】 陶杰，1987年生，男，武警靖江市消防中队通讯员。周伟，男，1989年生，武警靖江市消防中队合同制消防员战斗班班长。他们靠勤学苦练的硬功，用血肉之躯筑起了保护人民群众生命财产安全的坚实屏障。2009年8月21日10时10分左右，靖江市某公司厂房发生火灾，过火面积达到860平方米，现场形成了100多米的多点燃烧，车间内的化工产品燃烧释放出大量的有毒气体和高温烟气，情况十分危急。陶杰、周伟主动请缨，要求深入火场内部部署二道水枪阵地阻止火势蔓延。两位战士连续在火场奋战了一个多小时，由于体力透支，吸入过量有毒气体，双双昏倒在了现场，后经抢救脱险。

【冯学田】 1970年生，男，泰兴市张桥镇人。2000年，在无锡市打工的安徽小伙冯学田通过收音机，聆听了泰兴高位截瘫女孩郭雅凤的倾诉。郭雅凤遭遇车祸后学着用手写字的自强精神深深感染了冯学田，通过电波，他们成了朋友。当得知郭雅凤的父亲患上癌症无人照料的情况之后，他决定放弃工作来到泰兴市张桥镇帮助郭雅凤照顾父亲。在随后的日子中，她的乐观、善良深深地打动了冯学田，他逐渐爱上了这个女孩。当郭雅凤的父亲临终前将女儿托付给冯学田时，他毫不犹豫地答应了。多年来，冯学田用他的爱心，耐心而又细致地照顾着郭雅凤，让这位曾经被医生宣判“死刑”的姑娘不仅活了下来，而且活得很开心，活得很精彩。

【李子红】 1969年生，女，姜堰市开发区杏林村村民。1994年，丈夫杭留红发生意外，造成高位截瘫，她发誓与丈夫不离不弃。从那以后，她每天喂饭送药、端屎端尿，精心照料瘫痪丈夫。1998年，女儿又不幸发生车祸，造成脾脏挫伤。她默默操劳，含辛茹苦，坚强地支撑起整个家庭的重任。2000年，经亲戚邻居多次劝说，她和杭留红二哥杭留林组成了新的家庭。再婚后，她依然坚守着那份承诺，并与杭留林共同承担起照料杭留红的责任。中央电视台、泰州电视台等媒体专题报道了她的事迹。2009年7月，她光荣当选为江苏省第二届道德模范候选人。

【徐天明】 1953年生，男，兴化市公安局钓鱼派出所辅警队长。2009年11月21日，钓鱼镇陆某家中因液化气泄漏引发火灾，徐天明不顾液化气罐随时可能爆炸的危险，奋不顾身冲进火场，抢出烧得滚烫的液化气罐，扔进河里，避免了后果更为严重的爆炸事故发生，保护了人民群众的生命财产安全。当问及纵身钻进火海时是怎样想的，有没有想到有生命危险？他笑了笑，坦诚地说：“肯定有危险，火大得很，又有蔓延扩大的可能，更何况煤气罐随时会爆炸……说实在当时什么也没想，只想着去灭火！”英雄壮举绝非偶然。14岁那年，还在上小学的他，在放学回家的路上，奋不顾身地救起落水的少年。

先进集体名录

全国条线系统表彰的先进集体

表47

单　　位	荣 誉 称 号	授 予 单 位	授予时间
泰州市巾帼维权工作站	全国维护妇女儿童权益先进集体	全国妇联、全国维护妇女儿童权益暨平安家庭创建协调组	2010-03
泰州市妇联	全国维护妇女儿童权益先进集体	全国妇联、全国维护妇女儿童权益暨平安家庭创建协调组	2010-03
武警泰州市支队	连续13年预防事故案件工作先进单位	武警总部	2010-12
国电泰州发电有限公司	2009年度安全生产先进单位	中国国电集团公司	2010-03
国电泰州发电有限公司	模范职工之家	中华全国总工会	2010-04
国电泰州发电有限公司	2010年先进基层党组织	中国国电集团公司党组	2010-06
国电泰州发电有限公司	四星级发电企业	中国国电集团公司	2010-07
兴化市关心下一代工作委员会	全国关心下一代工作先进集体	中国关工委、中央文明办	2010-06
兴化市地税局工会	全国模范职工书屋	全国总工会	2010-08
姜堰市地税局工会	全国模范职工书屋	全国总工会	2010-08
泰州市委宣传部	基层理论宣讲先进集体	中共中央宣传部	2010-11
泰州市民政局	全国婚姻登记规范化建设“十一五”贡献突出单位	民政部	2010-11
泰州市国土资源局	双保行动成效显著单位	国土资源部	2010-01
泰州市文化局	2008～2009年度全国优秀文化市场综合执法案卷一等奖	文化部	2010-01
泰州市环保局	全国环境信访工作优秀集体	环保部	2010-03
泰州市体育局	全国全民健身活动优秀组织奖	国家体育总局	2010-12
泰州市总工会	全国工会系统“五五”普法先进单位	中华全国总工会	2010-12
泰州供电公司	国家电网世博电力保障工作先进集体	国家电网公司	2010-11
泰州银监分局	2008～2009年度银监会系统文明单位	中国银监会	2010-01
泰州市人才服务中心	全国人力资源和社会保障系统2008～2010年度优质服务窗口	人力资源和社会保障部	2010-12
泰州市劳动就业管理中心	汶川地震灾区对口就业援助工作表现突出单位	人力资源和社会保障部	2010-04
泰州市民防局	全国人民防空先进单位	国家人防办	2010-10
泰州市计生协会	全国计划生育协会先进单位	中国计划生育协会	2010-12

省委、省政府、省人保厅、省军区、省武警总队表彰的先进集体

表48

单　　位	荣誉称号	授予单位	授予时间
泰州市对口援建绵竹市拱星镇指挥部	江苏省对口援建四川绵竹先进集体	省委、省政府	2010-11
姜堰市委机要局	全省机要系统先进集体	省委办公厅、省政府办公厅、省人保厅	2010-01
靖江市政府法制局	全省政府法制工作先进集体	省人保厅、省法制办	2010-01
泰州市公安局法制处	全省行政复议工作先进集体	省人保厅、省法制办	2010-01
泰兴市城管执法局	全省相对集中行政处罚权工作先进集体	省人保厅、省法制办	2010-01
靖江市人民检察院	全省检察机关先进集体	省人保厅、省检察院	2010-06
泰州市科协	省科协系统先进集体	省人保厅、省科协	2010-06
靖江市科协	省科协系统先进集体	省人保厅、省科协	2010-06
靖江市史志档案办公室	全省党史系统先进集体	省人保厅、省委党史办	2010-09
武警泰州市支队直属中队	先进基层党组织	省武警总队	2010-07
泰州市地税局	省双拥模范单位	省委、省政府、省军区	2010-05
泰州市级机关事务管理局	2007~2009年度江苏省文明单位标兵	省委、省政府	2010-12
泰州市国税局	2007~2009年度江苏省文明单位标兵	省委、省政府	2010-12
泰州电信公司	2007~2009年度江苏省文明单位标兵	省委、省政府	2010-12
泰州市财政局	财政收入新增贡献先进单位	省政府	2010-01
泰州地方海事局	2007~2009年度江苏省文明单位标兵	省委、省政府	2010-12
泰州市环境监察局	2007~2009年度江苏省文明单位标兵	省委、省政府	2010-12
江苏兴达钢帘线股份有限公司	2007~2009年度江苏省文明单位标兵	省委、省政府	2010-12
董北村	江苏省文明村标兵	省委、省政府	2010-12
张郭镇	江苏省文明乡镇标兵	省委、省政府	2010-12
戴南镇	江苏省文明乡镇标兵	省委、省政府	2010-12

市委、市政府表彰的先进集体

表49

单　　位	荣　誉　称　号	授 予 单 位	授予时间
泰州市发展和改革委员会	泰州市十佳人民满意机关	市委、市政府	2010-02
泰州市委统战部	泰州市十佳人民满意机关	市委、市政府	2010-02
泰州市妇联	泰州市十佳人民满意机关	市委、市政府	2010-02
泰州市经济贸易委员会	泰州市十佳人民满意机关	市委、市政府	2010-02
泰州市财政局	泰州市十佳人民满意机关	市委、市政府	2010-02
泰州市行政服务中心	泰州市十佳人民满意机关	市委、市政府	2010-02
泰州市凤城河风景区管委会	泰州市十佳人民满意机关	市委、市政府	2010-02
泰州市信访局	泰州市十佳人民满意机关	市委、市政府	2010-02
泰州市对外贸易经济合作局	泰州市十佳人民满意机关	市委、市政府	2010-02
泰州市国税局	泰州市十佳服务地方发展单位	市委、市政府	2010-02
人民银行泰州中心支行	泰州市十佳服务地方发展单位	市委、市政府	2010-02
泰州银监分局	泰州市十佳服务地方发展单位	市委、市政府	2010-02
泰州工商行政管理局	泰州市十佳服务地方发展单位	市委、市政府	2010-02
泰州市地方税务局	泰州市十佳服务地方发展单位	市委、市政府	2010-02
泰州市国土资源局	泰州市十佳服务地方发展单位	市委、市政府	2010-02
中国银行泰州分行	泰州市十佳服务地方发展单位	市委、市政府	2010-02
建设银行泰州分行	泰州市十佳服务地方发展单位	市委、市政府	2010-02
工商银行泰州分行	泰州市十佳服务地方发展单位	市委、市政府	2010-02
泰州供电公司	泰州市十佳服务地方发展单位	市委、市政府	2010-02
泰州市总工会	泰州市作风建设先进单位	市委、市政府	2010-02
泰州市检察院	泰州市作风建设先进单位	市委、市政府	2010-02
泰州市法院	泰州市作风建设先进单位	市委、市政府	2010-02
泰州市政府法制局	泰州市作风建设先进单位	市委、市政府	2010-02
泰州市农业委员会	泰州市作风建设先进单位	市委、市政府	2010-02
泰州市民族宗教事务局	泰州市作风建设先进单位	市委、市政府	2010-02
市级机关事务管理局	泰州市作风建设先进单位	市委、市政府	2010-02
泰州市审计局	泰州市作风建设先进单位	市委、市政府	2010-02
泰州市高教园区管委会	泰州市作风建设先进单位	市委、市政府	2010-02
泰州市体育局	泰州市作风建设先进单位	市委、市政府	2010-02

（姚俊峰）

行政区划和土地面积

（2010年）

表50

（一）

地　区	镇（个）	乡（个）	街道（个）	居民委员会（个）	村民委员会（个）	居民小组（个）	村民小组（个）	土地面积（km^2）	建成区面积
全　市	75	6	15	388	1498	6086	32320	5787.25	162.58
市　区	8	–	14	154	113	2971	2030	639.60	65.00
海陵区	3	–	7	76	45	1654	923	237.15	53.20
高港区	4	–	3	48	40	971	729	301.70	11.80
高新区	1	–	4	30	28	346	378	100.75	–
兴化市	29	5	–	70	614	462	8202	2394.96	20.50
靖江市	8	–	1	66	188	1570	3681	655.60	33.00
泰兴市	15	1	–	60	321	583	13953	1169.56	23.00
姜堰市	15	–	–	38	262	500	4454	927.53	21.08

（二）

地　区	乡、镇、街道名称
海陵区	城东街道、城西街道、城南街道、城中街道、城北街道、京泰路街道、红旗街道、九龙镇、苏陈镇 、罡杨镇
高港区	口岸街道、刁铺街道、许庄街道、永安洲镇、白马镇、胡庄镇、大泗镇
高新区	凤凰街道、沿江街道、寺巷街道、明珠街道、野徐镇
兴化市	戴窑镇、合陈镇、永丰镇、新垛镇、安丰镇、海南镇、钓鱼镇、大邹镇、沙沟镇、中堡镇、李中镇、西郊镇、临城镇、垛田镇、竹泓镇、沈伦镇、大垛镇、荻垛镇、陶庄镇、昌荣镇 茅山镇、周庄镇、陈堡镇、戴南镇、张郭镇、昭阳镇、大营镇、下圩镇、城东镇、老圩乡、周奋乡、缸顾乡、西鲍乡、林湖乡

续表50

地　　区	乡、镇、街道名称
靖江市	靖城街道、新桥镇、东兴镇、斜桥镇、西来镇、季市镇、孤山镇、生祠镇、马桥镇
泰兴市	黄桥镇、分界镇、古溪镇、元竹镇、珊瑚镇、广陵镇、曲霞镇、张桥镇、河失镇、新街镇、姚王镇、宣堡镇、泰兴镇、虹桥镇、滨江镇、根思乡
姜堰市	姜堰镇、溱潼镇、蒋垛镇、顾高镇、大伦镇、张甸镇、梁徐镇、桥头镇、淤溪镇、白米镇、娄庄镇、沈高镇、兴泰镇、俞垛镇、华港镇

泰州市市、县（市、区）社会经济基本情况表

（2010年）

表51

指标名称	计量单位	泰州市				兴化市	靖江市	泰兴市	姜堰市
			市区	海陵区	高港区				
一、人口、就业及土地面积									
年末总人口	万人	504.65	82.72	42.13	26.04	156.12	66.82	119.62	79.38
#女	万人	246.93	41.17	21.15	12.82	74.68	33.18	58.66	39.23
年平均人口	万人	504.31	82.40	41.93	26.09	156.03	66.76	119.67	79.46
年末常住人口	万人	462.13	87.96	47.51	25.05	125.38	68.46	107.43	72.90
#城镇人口	万人	257.01	67.68	40.81	14.21	57.59	38.79	55.28	37.67
暂住人口(一个月以上)	万人	53.93	19.12	12.24	3.93	4.98	14.36	8.55	6.93
当年出生人口	人	46316	9011	3948	3010	19747	4186	9306	4066
当年死亡人口	人	56022	13135	4562	5675	20606	5707	11308	5266
年末总户数	户	1729290	289589	155803	83159	540335	221645	402127	275594
年末单位从业人员	人	371520	129522	80060	37394	55497	67476	65750	53275
#女	人	145898	48062	30702	12574	19306	29023	24741	24766
(一)按国民经济行业分组									
第一产业(农林牧渔业)	人	2391	80	72	8	1390	121	404	396
第二产业	人	179183	69011	37181	26523	18992	37751	28022	25407
第三产业	人	189946	60431	42807	10863	35115	29604	37324	27472
(二)按登记注册类型分组									
#国有单位	人	134932	39863	29819	5569	26613	21804	27082	19570
城镇集体单位	人	38481	15510	4859	9817	5107	6261	8968	2635
港澳台商投资单位	人	20807	5808	4223	299	3257	5353	2232	4157
外商投资单位	人	44545	8074	6383	701	9511	13000	4368	9592
私营企业从业人员	人	749191	202080	88574	52806	125447	146268	157681	117707
#城镇私营	人	448184	147053	57765	41822	39895	105106	99166	56964
个体从业人员	人	291529	73355	40256	18364	92360	34015	59339	32268
#城镇个体	人	201042	58665	33696	16524	63814	19238	40794	18531
年末城镇登记失业人员数	人	21800	5663	4967	696	4061	3621	4363	4092
行政区域土地面积	平方千米	5787.25	639.60	237.16	301.70	2394.96	655.60	1169.56	927.53
#建成区面积	平方千米	163	65	53	12	21	33	23	21
城市建设用地面积	平方千米	173	88	66	22	19	23	21	22
#居住用地面积	平方千米	64	34	26	8	5	8	8	9
公共设施用地面积	平方千米	16	7	5	2	2	2	2	4
工业用地面积	平方千米	44	25	17	8	4	8	4	4

续表51

指 标 名 称	计量单位	泰州市				兴化市	靖江市	泰兴市	姜堰市
			市 区	海陵区	高港区				
二、综合经济									
地区生产总值	亿元	2048.72	551.87	269.87	199.75	387.11	441.00	407.58	306.76
第一产业	亿元	151.65	13.8	5.04	7.07	64.51	14.83	33.66	24.91
农业	亿元	94.12	9.15	3.22	4.90	37.01	9.40	21.51	17.06
林业	亿元	1.90	0.12	0.03	0.07	0.85	0.23	0.51	0.19
畜牧业	亿元	26.21	2.77	0.90	1.56	6.41	3.12	9.09	4.81
渔业	亿元	23.80	1.15	0.54	0.45	17.70	1.20	1.65	2.10
农林牧渔服务业	亿元	5.62	0.52	0.33	0.09	2.55	0.88	0.90	0.75
第二产业	亿元	1125.85	340.26	146.42	138.12	173.02	253.78	224.45	165.28
工业	亿元	981.02	298.5	121.80	129.49	147.70	237.15	194.40	137.48
建筑业	亿元	144.83	41.76	24.62	8.63	25.32	16.63	30.05	27.80
第三产业	亿元	771.22	197.81	118.41	54.56	149.58	172.39	149.47	116.57
交通运输、仓储和邮政业	亿元	111.05	13.69	6.54	4.35	28.07	28.02	23.15	19.89
信息传输、计算机服务和软件业	亿元	24.72	7.26	4.55	1.78	3.92	4.20	5.03	8.52
批发和零售业	亿元	138.24	34.73	21.03	10.46	25.18	29.41	28.45	20.47
住宿、餐饮业	亿元	45.05	10.34	6.28	2.70	7.69	10.19	9.10	5.70
金融业	亿元	74.41	25.59	13.93	8.89	11.84	15.58	11.35	10.05
房地产业	亿元	139.44	32.12	17.50	7.16	27.87	31.89	25.67	20.11
公共管理和社会组织	亿元	81.73	38.37	27.48	8.56	16.10	16.62	13.24	10.88
人均地区生产总值（按常住人口计算）	元	44118	66195	52755	77997	30025	65752	36994	41606
地区生产总值指数(上年=100)	—	113.5	114.9	114.9	115.4	113.6	115.1	114.1	114.1
第一产业	—	104.5	102.9	104.5	104.8	104.7	104.5	104.6	104.6
第二产业	—	114.5	115.0	116.1	115.9	117.2	116.1	115.5	115.1
#工业	—	114.6	114.5	116.8	116.3	115.6	115.4	115.4	112.7
第三产业	—	113.9	115.6	113.7	115.7	114.5	115.1	114.2	114.8
人均地区生产总值指数(上年=100)	—	113.0	113.5	117.8	119.9	113.3	114.6	113.8	113.8
三、固定资产投资									
全社会固定资产投资完成额	万元	15380306	4317090	1450481	1277936	2392401	2656915	3366324	2647576
#国有投资	万元	1636530	992245	177618	81029	139427	164058	162963	177837
集体经济	万元	424228	179865	53030	101599	171683		11700	60980
个体私营经济	万元	4675761	1191982	481297	677231	876137	1052559	728631	826452
城镇固定资产投资	万元	8016286	3381009	1085849	851332	981416	1735998	1106040	811823
#房地产开发投资	万元	1497332	569761	361645	62502	169938	309285	193966	254382
#住宅	万元	1155749	471483	306712	56618	124165	258825	148099	153177
农村固定资产投资	万元	3543369	480046	270848	207178	580737	423709	1036152	1022725
施工项目个数	个	2828	657	291	216	612	281	610	668
#本年新开工	个	1981	436	230	161	450	200	552	343
商品房销售面积	万平方米	523.79	185.90	101.25	25.41	83.98	87.90	83.35	82.67
#住宅	万平方米	463.30	171.81	95.33	23.53	66.57	80.02	77.78	67.13
#别墅、高档公寓	万平方米	45.75	23.70	6.78	4.65	0.00	14.21	5.31	2.54
商品房销售额	万元	2486127	902599	436000	96257	331382	500959	401526	349661
#住宅	万元	2080830	798737	404733	84195	229805	438537	370524	243227
#别墅、高档公寓	万元	268992	125758	37497	18600	0	104235	28251	10748
空置面积	万平方米	76.21	31.96	23.06	1.06	20.32	8.65	1.54	13.74
#住宅	万平方米	41.33	19.50	16.82	0.07	7.41	3.42	1.48	9.53
保障性住房本年完成投资	万元	47433	27356	24656	2700	8917	3543	4017	3600
保障性住房施工面积	万平方米	30.71	18.88	16.32	2.56	1.29	5.84	2.00	2.70
保障性住房竣工面积	万平方米	17.12	11.36	11.36	–	–	3.06	–	2.70

续表51

指 标 名 称	计量单位	泰州市	市 区	海陵区	高港区	兴化市	靖江市	泰兴市	姜堰市
四、财政、金融、保险									
财政预算内总收入	万元	4563733	1891429	600318	355216	544652	900429	714931	512292
上划中央收入	万元	1455013	604184	274827	139666	185756	348027	185152	131894
地方财政收入	万元	3108720	1287245	325491	215550	358896	552402	529779	380398
#一般预算收入	万元	1708032	724599	251139	128999	211266	368898	227256	176013
#税收收入	万元	1317465	505168	227185	109978	169202	312591	187580	142924
地方财政支出	万元	3488527	1339131	219998	196564	564925	506026	623772	454673
#一般预算支出	万元	2157269	805744	149604	107288	414440	329961	353166	253958
#一般公共服务	万元	303809	118430	33093	20187	53134	46608	45518	40119
科学技术	万元	43819	23164	1435	3151	8323	5661	1788	4883
教育	万元	386163	108503	31963	26090	87371	55610	77775	56904
文化体育与传媒	万元	39402	20237	598	664	6126	5547	3345	4147
社会保障和就业	万元	174269	47981	10725	5906	51299	22717	32316	19956
财政对社会保障基金补助支出	万元	69943	23383	1418	931	23065	7042	10810	5643
医疗卫生	万元	121407	27683	8703	6898	31947	20342	26354	15081
环境保护	万元	58598	25925	3131	4384	5164	9316	10908	7285
城乡社区事务	万元	295175	174899	8695	11162	25547	66972	15259	12498
交通运输	万元	43180	16152	0	206	12950	5366	4957	3755
农林水事务	万元	258551	56491	12705	15588	62315	39268	61753	38724
社会保险基金支出	万元	337201	109012	0	20737	40189	77377	67939	42684
年末金融机构各项存款余额	万元	23203190	8015067	–	–	3036691	5427577	3382489	3341366
#企业存款	万元	5832122	2581582	–	–	296365	1800137	627859	526179
居民储蓄存款	万元	11605987	2988929	–	–	2069359	2347208	2181126	2019365
#定期	万元	8092018	2065907	–	–	1300841	1644742	1605414	1475114
年末金融机构各项贷款余额	万元	14606807	5558724	–	–	1989714	2954121	1846976	2257272
#短期贷款	万元	7988671	2686660	–	–	1332533	1493531	889912	1586035
#工业贷款	万元	4349463	1590567	–	–	660681	1008232	527072	562911
商业贷款	万元	1185977	461554	–	–	172887	343209	72458	135869
农业贷款	万元	1517867	270379	–	–	486066	107544	185713	468165
私营个体贷款	万元	–	–	–	–	–	–	–	–
个人短期消费贷款	万元	175943	86661	–	–	12899	34546	12182	29655
中长期贷款	万元	6156360	2747388	–	–	630955	1305308	848778	623931
#个人消费贷款	万元	2113562	777604	–	–	282104	419317	399238	235299
保费收入	万元	653235	261005	–	–	79901	110145	113310	88874
财产险	万元	130806	56503	–	–	14880	22311	20212	16900
人寿险	万元	522429	204502	–	–	65021	87834	93098	71974
赔款和给付	万元	124344	41376	–	–	18177	22002	24087	18702
财产险	万元	50722	21574	–	–	6333	8603	8221	5991
人寿险	万元	73622	19802	–	–	11844	13399	15866	12711
五、规模以上工业、建筑业									
规模以上工业企业单位数	个	4012	844	332	308	836	792	837	703
1.内资企业	个	3586	729	302	282	800	696	742	619
#国有企业	个	13	6	3	0	1	3	2	1
私营企业	个	2741	535	255	206	686	635	448	437
2.港澳台商投资企业	个	170	48	11	7	16	41	35	30
3.外商投资企业	个	256	67	19	19	20	55	60	54
#高技术产业企业	个	788	212	69	91	102	153	199	122
#亏损企业	个	250	74	24	12	9	78	61	28

续表51

指 标 名 称	计量单位	泰州市	市 区	海陵区	高港区	兴化市	靖江市	泰兴市	姜堰市
#国有控股企业	个	27	12	5	1	2	7	5	1
#轻工业	个	1101	305	120	112	214	160	228	194
#大型企业	个	17	8	4	4	1	3	4	1
中型企业	个	172	48	23	9	21	43	40	20
工业总产值(当年价)	万元	49160775	14827230	6247925	6410817	6806674	11763605	9051441	6711824
1.内资企业	万元	35449216	11969674	5348053	5146159	5774667	5894651	6770644	5039581
国有企业	万元	1504796	1400700	715978	0	2073	92967	7162	1894
私营企业	万元	17230370	4033849	2749540	1064545	4112767	3329883	2953203	2800668
2.港澳台商投资企业	万元	3889986	579533	139869	38938	159910	1565449	784621	800474
3.外商投资企业	万元	9821573	2278024	760004	1225720	872098	4303505	1496176	871770
#国有控股企业	万元	3494991	2837330	1605089	419447	20876	538078	96813	1894
#轻工业	万元	13188717	5642732	1782839	3463259	1588040	1686129	2450932	1820884
#大型企业	万元	6815681	4269342	400755	3868587	603816	795564	697701	449258
中型企业	万元	15208107	4170013	2806234	820568	829691	6519698	2569488	1119217
资产合计	万元	29313697	9799798	3188794	5356848	2842684	9244695	4961791	2464730
#流动资产合计	万元	16463025	5242786	1936250	2530923	1257326	6156082	2130157	1676675
固定资产合计	万元	10110140	3792969	817179	2598261	1487492	2118940	2075208	635530
负债合计	万元	17889716	6202546	1823893	3626173	1371794	5966172	3036391	1312814
所有者权益合计	万元	11423981	3597252	1364901	1730675	1470891	3278523	1925400	1151916
主营业务收入	万元	47425540	14482735	6012114	6433515	6653266	11214876	8809187	6265477
#主营业务税金及附加	万元	331458	165019	95620	33891	29132	22250	74422	40636
主营业务成本	万元	39511215	11515531	5288586	4424175	5728467	9706880	7298552	5261785
利润总额	万元	3438750	811752	244711	437419	415446	1166137	608526	436890
亏损企业亏损总额	万元	57007	27507	23386	822	390	9248	15647	4215
利税总额	万元	5656452	1584802	537108	765421	702059	1581229	1104843	683520
本年应交增值税	万元	1886244	608032	196777	294111	257482	392842	421895	205994
全部从业人员年平均人数	人	509779	148494	57836	65510	78726	97316	116255	68988
建筑企业单位数	个	640	235	75	63	107	83	110	105
建筑企业从业人员	人	666740	190813	56948	30187	79912	96894	175726	123395
建筑业总产值	万元	12640960	3878076	872995	759015	1672270	1608003	2572220	2910391
房屋建筑施工面积	万平方米	14830.48	4341.13	740.84	497.96	1924.32	1463.48	2992.43	4109.12
房屋建筑竣工面积	万平方米	6755.31	1867.79	342.00	314.38	1212.85	653.67	1306.40	1714.60
六、交通运输、邮电通信、电力									
铁路营业里程	千米	102	21	21	–	12	23	25	21
火车站个数	个	6	2	1	–	1	1	1	1
铁路客运量	万人	227	207	207	–	–	–	–	20
铁路货运量	万吨	23	23	23	–	–	–	–	–
公路里程	千米	8696	1100	443	615	2520	1212	2009	1855
#等级公路	千米	8664	1094	443	610	2495	1212	2009	1854
#高速公路	千米	244	26	14	11	53	24	74	68
一级公路	千米	729	158	75	80	111	135	153	171
民用汽车拥有量	辆	226588	70319	–	–	39214	44013	36190	36852
#私人汽车拥有量	辆	169165	53585	–	–	32687	32353	22753	27787
邮政局所数	处	181	32	9	11	48	30	39	32
邮政业务收入	万元	35908	9505	–	–	7981	5534	7785	5103
电信业务收入	万元	305186	79767	24144	14207	59036	56556	54305	45522
本地电话用户	户	1490493	333743	193241	140502	331091	252128	347771	225760
#城市电话用户	户	624994	142736	82557	60179	137185	107062	144962	93049

续表51

指标名称	计量单位	泰州市	市区	海陵区	高港区	兴化市	靖江市	泰兴市	姜堰市
#移动市话用户	户	153326	37291	21629	15662	21858	31733	39171	23273
住宅电话用户	户	1190137	268491	155395	113096	263188	202283	277069	179106
#农村电话用户	户	865499	191007	110685	80322	193906	145066	202809	132711
移动电话年末用户	户	3393212	808295	–	–	724612	580872	728893	550540
互联网宽带接入用户数	户	504150	149432	94041	55391	91434	95566	99183	68535
全年用电量	万千瓦时	1766051	399557	–	–	465035	319836	334118	247505
#工业用电	万千瓦时	1389377	290497	–	–	391499	248222	261260	197899
城乡居民生活用电	万千瓦时	204185	47193	–	–	43183	38821	46293	28695
#城镇居民	万千瓦时	74391	27193	–	–	10220	14061	14270	8647
七、批发零售贸易、外经、旅游									
社会消费品零售总额	万元	5502867	1702372	1239963	225222	858523	927917	1085807	928248
#城镇	万元	4921982	1698657	1239963	223894	750047	804172	784955	884151
农村	万元	580885	3715	0	1328	108476	123745	300852	44097
#批发和零售业	万元	4727222	1475120	1047747	196147	726618	769512	901436	854536
住宿和餐饮业	万元	775645	227252	192216	29075	131905	158405	184371	73712
限额以上批发和零售业住宿和餐饮业主要指标			0						
法人企业个数	个	454	152	73	43	45	112	70	75
#批发业	个	204	63	32	19	22	61	22	36
零售业	个	153	53	22	13	18	35	23	24
餐饮业	个	67	21	10	10	3	12	21	10
住宿业	个	30	15	9	1	2	4	4	5
从业人员数	人	38880	17954	10458	4776	3060	6877	6127	4862
#批发业	人	11696	7399	3098	3602	738	1341	1204	1014
零售业	人	15142	5444	4161	332	1764	3392	2412	2130
餐饮业	人	6606	2361	1429	732	398	1459	1595	793
住宿业	人	5436	2750	1770	110	160	685	916	925
从业人员年平均人数	人	31358	15057	8164	4336	1939	5644	5072	3646
流动资产合计	万元	2393823	1582155	699793	544239	136424	452699	107038	115507
固定资产合计	万元	330026	170060	134722	19272	25241	93455	17786	23484
主营业务收入	万元	6089542	2964081	1251948	1037390	857612	1363392	434967	469490
#主营业务税金及附加	万元	45950	27890	24503	2582	8073	5395	1775	2817
主营业务成本	万元	5597795	2657160	1096584	979260	864378	1261348	390816	424093
利润总额	万元	120800	90413	16198	10115	2835	6003	9824	11725
本年应交增值税	万元	173062	64930	36195	20398	85218	11659	6324	4931
批发和零售业商品销售总额	万元	6672219	3341682	1402813	1182624	890179	1491034	438363	510961
#零售业	万元	1271807	718693	380122	15932	104151	223050	116351	109562
住宿和餐饮业营业额	万元	150791	52413	36501	7183	3856	30793	46168	17561
进出口总额(海关数)	万美元	858506	352205	89459	165865	42694	288406	124817	50384
#出口总额	万美元	587741	233366	67765	92172	32018	215988	65618	40751
外国和港、澳、台地区在华直接投资									
新签项目(合同)个数	个	219	80	18	25	31	13	54	41
合同外资金额	万美元	397109	151886	36669	39283	26244	88744	87561	42674
实际到账外资(商务部口径)	万美元	136254	47530	8473	14982	10414	36626	26055	15629
星级饭店数	个	30	14	–	–	3	5	5	3
星级饭店客房总数	间	2295	821	–	–	218	602	485	169
名胜风景区和文物保护区个数	个	283	142	67	5	42	12	37	50
八、市政公用事业、环境保护									
供水综合生产能力(包括自备水源)	万吨/日	108	57	50	7	12	20	19	0

续表51

指标名称	计量单位	泰州市	市区	海陵区	高港区	兴化市	靖江市	泰兴市	姜堰市
供水总量	万吨	14880	5321	4081	1240	1600	3759	2290	1910
用水人口	万人	146.89	63.59	49.58	14.01	18.06	21.68	24.66	18.90
公共汽(电)车运营车辆数	辆	881	479	–	–	106	86	119	91
出租汽车数	辆	3154	739	–	–	420	859	665	471
煤气(人工煤气、天然气)供气总量	万立方米	60330	22004	17879	4125	6478	15591	9489	6768
煤气(人工煤气、天然气)用气人口	人	1454500	622900	485900	137000	179200	216800	246600	189000
道路面积	万平方米	3030	1413	979	434	311	496	483	327
排水管道长度	千米	1967	838	595	243	314	290	316	209
建成区绿化覆盖面积	公顷	6558	2653	2153	500	824	1322	909	850
污水处理率	%	78.7	83.7	97.7	36.9	69.6	75.3	77.5	82.1
#污水集中处理率	%	42.3	52.1	67.7	0.0	19.0	35.7	44.2	48.9
生活垃圾无害化处理率	%	87.3	100.0	100.0	100.0	100.0	100.0	0.0	100.0
自然保护区个数	个	31	3	1	2	8	4	15	1
自然保护区面积	公顷	37472	1869	256	1613	14847	5055	13101	2600
工业废水排放量	万吨	15493	1961	1587	374	2203	2257	7687	1385
工业废水排放达标量	万吨	15087	1807	1447	359	2203	2150	7637	1290
工业废水排放达标率	%	97.4	92	91.2	96.1	100.0	95.3	99.4	93.2
工业二氧化硫去除量	吨	59168	53331	53211	120	1511	208	2331	1787
工业二氧化硫排放量	吨	52950	24681	23775	905	5998	10995	8669	2607
化学需氧量排放量	吨	14588	1854	1557	297	1958	2683	5494	2599
工业烟尘去除量	吨	72843	12379	10975	1403	7604	43583	7430	1847
工业烟尘排放量	吨	16826	6888	6591	297	1203	1415	2772	4548
工业烟尘排放达标率	%	98.1	95	98.0	72.6	100.0	92.9	100.0	100.0
工业废气排放量	万标米	9262422	4920761	4855044	65717	1484506	628641	1532367	696147
工业固体废物产生量	万吨	268	132	128	4	28	47	50.7	11
工业固体废物综合利用率	%	99.8	100	100.0	99.9	99.6	99.9	99.4	100.0
三废综合利用产品产值	万元	54624	11969	11669	301	5442	18428	18784	–
环境噪声达标区总面积	平方千米	143	55	36	10	9	41	18	19
空气质量达标(API<100)天数	天	333	327	331	323	337	316	333	329
九、教育、科技、卫生									
学校总数	个	381	76	30	24	84	58	102	61
毕业生总数	人	159267	38425	8775	6269	37177	20315	39720	23630
招生总数	人	144807	40939	8503	5032	31912	18394	33295	20267
在校学生总数	人	551422	144081	37168	23417	123126	71266	131202	81747
专任教师总数	人	39755	9492	2652	1817	9518	5532	9618	5595
幼儿园数	个	219	60	27	12	55	27	42	35
在园幼儿数	人	108143	20735	9475	5117	35644	13342	24161	14261
从事科技活动人员数	人	21046	6317	3032	3285	2119	5819	4707	2084
R&D经费内部支出	万元	406833							
各类专业技术人员数	人	255765	44938	13222	8160	53617	40153	66610	50447
#中级技术职称以上人员	人	88966	16444	4963	2772	23048	8169	23220	18085
#农业技术人员	人	13221	585	258	121	3902	1983	3528	3223
专利申请受理量	件	7890	1594	867	663	1257	1513	1588	1938
#发明	件	1499	447	236	169	195	218	323	316
专利申请授权量	件	4198	1149	544	564	778	771	800	700
#发明	件	177	53	34	13	15	33	45	31
体育场馆数	个	22	8	6	1	4	3	4	3
广播覆盖率	%	100.0	100.0	100.0	100.0	100.0	100.0	100.0	100.0

续表51

指 标 名 称	计量单位	泰州市	市 区	海陵区	高港区	兴化市	靖江市	泰兴市	姜堰市
电视覆盖率	%	100.0	100.0	100.0	100.0	100.0	100.0	100.0	100.0
有线电视入户率	%	74.5	85.5	–	–	63.6	84.9	72.6	79.1
剧场、影剧院数	个	9	4	1	–	1	1	2	1
公共图书馆	个	6	2	–	1	1	1	1	1
公共图书馆图书总藏量	千册、件	1616	583	–	60	172	414	274	173
艺术馆、文化馆(站)数	个	101	20	10	8	36	11	18	16
卫生机构数	个	654	177	135	29	107	119	145	106
#医院	个	30	14	2	3	5	3	3	5
卫生院	个	141	14	7	7	46	21	33	27
卫生机构床位数	张	14928	3992	807	817	3269	2446	2869	2352
#医院	张	8084	3102	551	330	1331	1252	1298	1101
卫生院	张	6262	564	232	332	1800	1149	1571	1178
卫生技术人员	人	17972	4965	1238	794	3186	3220	3785	2816
#执业(助理)医师	人	8432	2239	524	375	1886	1428	1603	1276
注册护士	人	6104	1886	378	238	1244	941	1094	939
十、人民生活									
在岗职工工资总额	万元	1165428	466961	277030	143780	152731	213416	185124	147196
#国有单位	万元	596238	213489	154424	31954	92262	102721	110574	77193
城镇集体单位	万元	81845	32176	7871	22456	10406	17100	14624	7540
港、澳、台商投资单位	万元	46640	14098	10111	739	6144	11202	5964	9232
外商投资单位	万元	109380	17861	14646	1311	25517	33383	12342	20279
城镇企业职工基本养老保险参保人数	人	674926	177411	46119	35131	94521	141036	137278	124680
城镇职工基本医疗保险参保人数	人	959899	262419	70865	43898	162867	189633	184513	160467
城镇失业保险参保人数	人	473668	140581	29624	29253	74851	105345	89593	63298
社会福利收养性单位数	人	246	20	9	7	165	21	21	19
社会福利收养性单位床位数	张	18187	1584	769	633	8295	2455	3221	2632
社区服务设施数	个	532	157	56	96	87	77	86	125
城镇居民最低生活保障人数	人	21848	2687	1367	693	8891	3365	3529	3376
农村居民最低生活保障人数	人	92258	12374	1559	6861	28153	9284	29097	13350
农村五保供养人数	人	23961	1024	273	608	12271	1912	5711	3043
参加农村合作医疗的人数	人	3448574	389845	245965	143880	1237977	361900	864214	594638
参加农村养老保险的人数	人	1559607	184173	79960	67723	680460	134322	300313	260339
十一、社会治安									
刑事案件立案数	件	2356	529	337	147	635	358	528	306
犯罪人数	人	3969	1014	623	298	1035	570	862	488
#青少年（16~25岁）	件	902	264	236	16	182	17	319	120
民事案件发案数	件	37585	8133	6103	1557	6744	8776	9673	4259
交通事故发生数	起	1313	371	113	128	226	142	345	229
交通事故受伤人数	人	1413	408	116	140	226	143	397	239
交通事故死亡人数	人	375	113	31	33	73	45	74	70
交通事故损失额	万元	437	327	11	34	51	13	19	28
火灾事故发生数	起	282	65	36	7	63	81	37	36
火灾受伤人数	人	4	1	1	–	1	–	2	–
火灾死亡人数	人	3	0	–	–	1	–	1	1
火灾损失金额	万元	203	60	40	16	58	23	35	27

主要年份国民经济和社会发展主要指标

表52

指　　标	单位	1996年	1997年	1998年	1999年	2000年	2001年	2002年	2003年	2004年	2005年	2006年	2007年	2008年	2009年	2010年
一、综合																
1.地区生产总值	亿元	284.17	305.90	334.24	362.32	399.08	443.87	498.70	574.05	699.17	822.26	1037.08	1222.32	1446.29	1660.92	2048.72
第一产业	亿元	59.52	60.23	61.66	63.85	66.16	68.98	69.37	72.56	84.99	89.89	102.00	112.93	123.8	133.70	151.65
第二产业	亿元	133.95	145.15	160.52	174.43	197.32	223.51	262.01	313.60	398.86	476.65	585.56	694.02	828.34	943.07	1125.85
工业	亿元	118.76	126.97	136.12	145.88	163.59	185.28	216.34	261.40	331.53	401.59	502.29	601.65	723.3	825.35	981.02
建筑业	亿元	15.19	18.18	24.40	28.55	33.73	38.23	45.67	52.20	67.33	75.06	83.27	92.37	105.04	117.72	114.83
第三产业	亿元	90.70	100.52	112.06	124.04	135.60	151.38	166.32	187.89	215.32	255.72	321.72	398.87	476.49	584.15	771.22
2.人均地区生产总值	元	5925	6139	6873	7380	8340	9279	10468	12102	14777	17474	21509	26085	30259	35711	44118
二、农业																
1. 农林牧渔业总产值	亿元	119.34	114.26	120.09	125.48	129.02	133.80	138.86	135.59	158.19	166.18	171.21	178.23	203.23	213.21	254.52
#农业总产值	亿元	69.58	70.95	72.99	74.72	73.42	76.46	78.41	65.36	79.72	83.68	87.11	88.31	99.62	104.81	138.15
林业总产值	亿元	2.31	2.23	2.06	3.08	2.53	2.95	3.93	3.63	2.78	3.13	3.36	3.66	3.33	3.56	2.87
牧业总产值	亿元	32.89	24.74	26.37	27.02	30.16	30.80	31.87	34.93	41.86	43.46	42.20	44.84	54.01	56.53	52.66
渔业总产值	亿元	14.56	16.35	18.68	20.65	22.92	23.59	24.64	25.28	26.83	28.14	29.98	32.11	35.71	37.22	47.53
2.粮食产量	万吨	286.17	281.93	273.35	291.54	270.52	254.49	247.37	230.26	258.12	267.18	282.25	272.07	300.62	310.22	314.4
棉花产量	万吨	3.52	3.38	2.87	1.06	1.47	2.56	1.91	1.58	2.45	1.70	2.09	1.64	2.12	1.60	1.74

注：1、人均地区生产总值自2000年起按常住人口计算；2、2003、2004、2005年农林牧渔业总产值含农林牧渔服务业。

续表52

指　　标	单位	1996年	1997年	1998年	1999年	2000年	2001年	2002年	2003年	2004年	2005年	2006年	2007年	2008年	2009年	2010年
油料产量	万吨	7.28	7.06	5.40	8.51	11.23	13.75	12.25	13.66	15.93	15.19	13.76	10.09	11.91	11.73	11.66
肉类总产量	万吨	24.13	15.64	17.68	19.16	21.73	21.74	22.59	23.44	23.86	24.53	24.88	20.34	21.18	22.31	23.55
禽蛋产量	万吨	14.44	8.45	9.43	11.45	11.23	11.66	11.56	11.94	12.02	12.01	10.85	8.38	9.27	9.29	9.8
水产品产量	万吨	13.59	14.31	15.24	16.42	17.64	18.29	18.95	18.84	20.21	21.05	22.03	22.26	29.18	28.63	32.58
三、列统工业																
1. 工业企业数	个	—	—	956	972	936	971	1083	1209	1492	1905	2190	2588	2849	3566	4012
2. 工业总产值	亿元	—	—	367.07	403.38	443.80	449.39	579.82	736.65	997.35	1216.80	1664.54	2266.59	2949.82	3769.46	4916.08
#轻工业	亿元	—	—	167.57	185.02	220.55	239.03	269.96	311.26	402.99	480.66	595.00	732.3	828.91	989.75	1318.87
重工业	亿元	—	—	199.50	218.36	223.25	260.35	309.86	425.39	594.36	736.14	1069.54	1534.29	2120.91	2779.71	3597.21
#国有企业	亿元	—	—	66.23	74.05	40.32	64.83	70.24	74.89	109.92	90.73	127.64	117.57	114.64	131.39	150.48
集体企业	亿元	—	—	155.83	158.06	107.87	114.25	104.81	116.49	146.90	144.04	126.23	131.86	151.74	165.47	198.37
股份制经济	亿元	—	—	86.37	100.42	214.20	234.04	245.55	262.07	446.66	706.17	993.42	1322.4	1610.43	2123.61	2929.39
外商及港澳台投资企业	亿元	—	—	64.14	55.42	72.82	68.58	78.89	105.75	153.60	180.37	315.30	554.98	818.64	1207.49	1371.16
#大中型企业	亿元	—	—	220.76	244.51	268.10	307.62	347.84	409.28	508.03	642.45	856.31	1078.69	1377.38	1661.58	2202.38
3. 产品销售收入	亿元	—	—	317.15	350.95	387.69	433.69	495.16	651.96	879.94	1160.07	1589.57	2172.78	2794.88	3622.23	4742.55
4. 利税总额	亿元	—	—	35.05	38.66	44.36	51.32	47.45	67.23	86.58	107.80	139.43	199.71	287.5	429.55	565.65
#利润	亿元	—	—	17.26	19.86	23.14	26.87	21.11	33.53	43.05	54.80	73.15	101.11	152.01	251.73	343.88
5. 流动资产合计	亿元	—	—	308.78	222.27	226.21	240.94	257.60	306.48	341.88	454.16	557.18	778.89	967.89	1320.33	1646.3
6. 固定资产净值	亿元	—	—	122.64	135.33	146.47	154.98	169.10	192.34	194.85	234.13	286.52	333.84	483.98	683.86	846.35
四、固定资产投资																
全社会固定资产投资	亿元	68.62	72.16	95.80	117.95	138.74	155.96	177.26	230.65	306.24	403.13	532.56	703.97	900.52	1166.20	1538.03
# 房地产投资	亿元	4.83	4.63	7.00	8.75	12.63	17.14	19.47	31.15	39.28	47.24	63.09	92.07	111.78	123.88	149.73

注：列统工业口径为全部国有工业及年销售收入500万元以上的非国有工业企业。

续表52

指　　标	单位	1996年	1997年	1998年	1999年	2000年	2001年	2002年	2003年	2004年	2005年	2006年	2007年	2008年	2009年	2010年
五、对外经济																
1. 自营进出口	亿美元	2.70	3.44	3.74	3.56	4.48	5.32	5.73	8.81	12.56	19.28	28.64	39.56	63.42	58.20	85.85
#出口	亿美元	2.20	2.48	2.96	2.37	3.29	3.85	4.20	6.34	9.54	13.41	22.04	29.57	48.87	42.15	58.77
进口	亿美元	0.50	0.96	0.78	1.18	1.19	1.47	1.53	2.46	3.02	5.87	6.60	9.99	14.55	16.05	27.08
2. 新批外资项目个数	个	74	32	54	45	67	104	154	217	214	253	268	153	139	166	219
3. 注册协议外资金额	亿美元	1.92	1.06	1.20	1.21	1.85	2.56	3.12	4.80	7.93	11.22	12.09	17.18	19.55	27.15	39.71
4. 实际利用外资	亿美元	0.91	1.08	1.01	0.84	1.03	1.21	1.81	3.03	4.17	4.91	7.66	8.75	10.5	10.56	13.63
5. 新签劳务承包合同额	亿美元	0.58	0.22	0.31	0.42	0.89	0.96	1.61	1.90	1.34	1.68	2.21	2.64	3.62	3.85	5.04
6. 完成劳务承包合同额	亿美元	0.39	0.54	0.08	0.16	0.54	0.91	1.18	1.52	1.43	1.65	2.38	2.99	4.14	4.46	5.8
六、贸易业																
社会消费品零售总额	亿元	100.68	109.10	114.68	123.22	133.57	146.16	154.56	173.76	200.69	233.81	271.33	321.07	395.73	469.99	550.29
#市的零售额	亿元	61.16	70.04	73.40	78.27	86.70	95.59	103.57	117.45	136.98	161.42	189.86	226.7	287.01	344.67	396.91
县以下零售额	亿元	39.52	39.06	41.28	44.95	48.87	50.57	51.00	56.31	63.71	72.39	81.47	94.37	108.72	125.22	153.39
#批发零售贸易业	亿元	64.85	67.74	71.25	79.38	88.82	101.36	136.28	149.34	172.26	200.80	229.74	269.78	328.03	385.22	472.72
住宿餐饮业	亿元	5.44	6.94	7.67	9.46	12.16	13.93	16.11	21.50	25.35	28.95	36.53	44.84	65.24	82.14	77.57
七、财政、金融、保险																
1. 财政收入	亿元	20.76	23.77	27.35	27.66	31.83	38.54	53.13	66.26	86.47	113.95	155.41	211.42	262.31	343.84	456.37
#中央收入	亿元	9.77	11.4	12.94	12.72	14.23	17.38	24.51	29.66	38.02	46.35	58.49	76.38	97.22	118.72	145.5
地方一般预算收入	亿元	10.99	11.85	14.17	14.48	17.03	20.67	21.9	26.57	34.07	46.91	61.47	85.22	101.08	138.62	170.8
2. 地方财政支出	亿元	14.62	17.47	20.72	21.57	25.40	29.09	41.11	50.59	64.41	82.72	112.08	153.13	191.22	262.06	348.85
3. 金融机构年末存款余额	亿元	221.40	268.90	317.09	355.93	388.82	431.46	488.61	596.33	701.17	824.90	953.88	1126.94	1402.12	1885.39	2320.32
#城乡居民储蓄余额	亿元	151.95	175.35	215.73	245.41	264.07	294.53	336.00	394.99	461.46	535.67	594.45	639.8	824.87	997.87	1160.6

注：2002年起协议（合同）外资金额、实际利用外资、社会消费品零售总额指标为新口径。

续表52

指　　标	单位	1996年	1997年	1998年	1999年	2000年	2001年	2002年	2003年	2004年	2005年	2006年	2007年	2008年	2009年	2010年
4. 金融机构年末贷款余额	亿元	179.96	211.23	231.36	236.50	236.26	260.70	287.39	348.70	397.73	446.95	545.53	653.95	792.89	1160.37	1460.68
5. 保险费收入	亿元	1.67	2.89	4.12	4.52	5.66	8.47	12.46	17.87	20.95	23.54	27.55	29.27	40.24	49.21	65.32
八、人民生活																
1. 市区居民人均可支配收入	元	5425	5630	6057	6753	7005	7439	7788	8517	9695	11122	12682	14940	17198	19143	21359
市区居民人均消费性支出	元	4302	4488	4726	5323	5637	4945	5550	5743	6318	7556	8184	9021	10985	12163	13445
2. 农民人均纯收入	元	2951	3140	3251	3402	3549	3649	3834	4079	4574	5102	5659	6469	7338	8180	9324
农民人均生活消费支出	元	2466	2519	2326	2527	2695	2344	2589	2606	2924	3396	4046	4459	5075	5657	6476
3. 市区居民消费价格总指数	%	107.5	101.6	100.1	98.7	100.2	101.0	99.5	101.3	104.0	101.6	101.3	103.7	104.8	99.7	103.8
市区商品零售价格总指数	%	105.4	99.6	98.7	97.5	98.3	98.8	97.4	99.6	103.0	100.9	100.7	102.6	105.9	101.1	103.4
4. 城乡居民人均储蓄	元	3062	3529	4327	4896	5265	5854	6672	7840	9178	10662	11804	12778	16478	19800	22998
九、供电、邮电																
1. 全社会用电量	亿千瓦时	30.93	31.09	31.27	33.59	38.37	43.28	51.17	62.12	80.47	95.74	113.47	134.02	145.57	155.43	176.61
#工业用电量	亿千瓦时	18.36	18.20	17.54	19.39	22.75	26.77	37.04	47.38	63.97	77.59	92.10	109.53	117.64	124.71	138.94
城乡居民生活用电	亿千瓦时	6.28	6.57	7.07	7.48	8.91	9.35	8.36	8.05	9.13	10.56	12.02	13.09	15.09	16.92	20.42
2. 年末固定电话用户数	万户	-	39.55	-	65.21	82.21	106.69	124.70	141.20	162.47	172.45	183.54	180.81	176.89	162.48	149.05
3. 固定电话普及率	户/百人	-	7.96	-	13.01	16.39	21.21	24.74	28.05	32.31	34.35	36.44	36.11	35.34	32.25	29.54
4. 年末移动电话用户数	万户	1.89	3.89	6.36	13.43	31.34	46.69	66.61	94.10	96.04	118.14	149.47	195.92	234.24	300.63	339.32
5. 移动电话普及率	户/百人	0.38	0.78	1.28	2.68	6.25	9.28	13.23	18.68	19.10	23.51	29.68	39.13	46.79	59.67	67.24

泰州市主要经济指标占全省比重

（2010年）

表53

指　　标	单　位	江苏省	泰州市	泰州市占江苏省比重（%）
土地面积	万平方千米	10.26	0.58	5.7
年末常住人口	万人	7869.34	462.13	5.9
地区生产总值	亿元	41425.48	2048.72	4.9
第一产业	亿元	2540.10	151.65	6.0
第二产业	亿元	21753.93	1125.85	5.2
工业	亿元	19277.65	981.02	5.1
建筑业	亿元	2476.28	144.83	5.8
第三产业	亿元	17131.45	771.22	4.5
人均地区生产总值	元	52840	44118	83.5
规模以上工业增加值	亿元	21223.84	1208.11	5.7
规模以上工业产品销售收入	亿元	91077.41	4742.55	5.2
规模以上工业实现利税总额	亿元	9316.01	565.65	6.1
#利润总额	亿元	5970.56	343.88	5.8
全社会用电量	亿千瓦时	3864.37	176.61	4.6
#工业用电量	亿千瓦时	3052.12	138.94	4.6
全社会固定资产投资	亿元	23184.28	1538.03	6.6
#城镇投资	亿元	17416.47	694.58	4.0
#房地产开发投资	亿元	4299.38	149.73	3.5
财政总收入	亿元	11743.22	456.37	3.9
#一般预算收入	亿元	4079.86	170.8	4.2
一般预算支出	亿元	4914.06	215.73	4.2
社会消费品零售总额	亿元	13606.80	550.29	4.0
批发零售贸易业	亿元	12207.18	472.72	3.9
住宿餐饮业	亿元	1275.15	77.57	6.1
其他行业	亿元	124.50	–	–
进出口总额	亿美元	4657.93	85.85	1.8
#出口总额	亿美元	2705.50	58.78	2.2
合同外资金额	亿美元	568.33	39.71	7.0
实际利用外资	亿美元	284.98	13.63	4.8
农民人均纯收入	元	9118	9324	102.3
城镇居民人均可支配收入	元	22944	20347	88.7
城乡居民储蓄存款余额	亿元	23334.48	1160.60	5.0

泰州的一天

（2010年）

表54

指　　标	单　位	实绩	指　　标	单　位	实绩
全市每天创造的财富			政府消费	万元	3979
地区生产总值	万元	56129	社会消费品零售总额	万元	15076
第一产业	万元	4155	每天其他经济活动		
第二产业	万元	30845	公路客运量	万人	24
工业	万元	26877	公路货运量	万吨	10
建筑业	万元	3968	内河港口货物吞吐量	万吨	37
第三产业	万元	21129	水上货运量	万吨	24
全社会固定资产投资	万元	42138	全社会用电量	万千瓦时	4838
财政总收入	万元	12503	#工业用电量	万千瓦时	3807
财政支出	万元	9367	城乡居民生活用电	万千瓦时	559
保险费收入	万元	1790	每天对外经济		
规模以上工业总产值	万元	134687	出口	万美元	1610
规模以上工业增加值	万元	33099	协议外资金额	万美元	1088
规模以上工业产品销售收入	万元	129933	实际利用外资	万美元	373
规模以上工业利税	万元	15497	接待海外旅游者人次	人次	216
规模以上工业利润	万元	9421	旅游外汇收入	万美元	22
粮食	吨	8614	每天社会治安		
肉类	吨	645	刑事案件立案数	件	6
水产品	吨	893	民事案件发案数	件	103
家用电冰箱	台	4258	交通事故发生数	起	4
房间空调器	台	638	火灾事故发生数	起	1
全市每天消费量			每天人口变动和婚姻		
最终消费	万元	20297	出生人口	人	127
居民消费	万元	16318	死亡人口	人	153
农村居民	万元	4916	结婚对数	对	139
城镇居民	万元	11402	离婚对数	对	18

泰州市市、县（市、区）全社会固定资产投资完成情况

表55 （2010年） 单位：万元

指标名称	全市	市区	市直	海陵区	高港区	开发区	兴化市	靖江市	泰兴市	姜堰市
固定资产投资完成额	15380306	4317090	501677	1450481	1277936	1086996	2392401	2656915	3356324	2647576
城乡规模以上	10062323	3291294	405362	995052	996008	894872	1392215	1850422	1948226	1580166
房地产开发投资	1497332	569761	96315	361645	62502	49299	169938	309285	193966	254382
城乡规模以下	3266809	388347	-	85512	166875	135960	660528	333911	1092487	791536
城乡居民私人建房	553842	67688	-	8272	52551	6865	169720	163297	131645	21492
一产投资	259677	43344	4267	24058	12119	2900	119380	12450	28245	56258
二产投资	9560869	2256959	97312	608060	821461	730126	1465849	1808498	2255718	1763845
#工业投资	9525046	2227438	97312	578539	821461	730126	1463849	1808498	2251416	1763845
三产投资	5559760	2016787	400098	818363	444356	353970	807172	835967	1072361	827473

全市外向型经济主要指标

表56 （2010年）

指标	计量单位	2010年	2009年	比上年增减（%）
一、进出口总额	万美元	858507	581985	47.50
进口总额	万美元	270765	160444	68.80
出口总额	万美元	587741	421541	39.40
二、新批外资项目个数	个	219	166	31.93
三、注册协议外资金额	万美元	397109	271499	46.27
四、商务部确认实际外资	万美元	136254	105626	29.00
五、新签对外承包劳务合同额	万美元	50403	38493	30.94
六、对外承包劳务实际完成营业额	万美元	57981	44620	29.94
七、当年新派劳务人员	人	3089	4286	-27.93

中共泰州市委重要文件题录

表57

文　号	文　件　题　名	发文日期
泰发〔2010〕1号	中共泰州市委关于贯彻落实党的十七届四中全会《决定》和省委十一届七次全会《意见》的通知	2010-01-12
泰发〔2010〕2号	关于印发《泰州市人民政府机构改革实施意见》的通知	2010-01-07
泰发〔2010〕3号	关于实施2010年市区改善民生10件实事的通知	2010-01-13
泰发〔2010〕4号	关于对各市（区）、泰州经济开发区2010年度工作实施目标考评的意见	2010-03-19
泰发〔2010〕6号	关于大力推进重点镇村建设的意见	2010-03-30
泰发〔2010〕7号	关于印发《关于进一步加强乡镇党委书记队伍建设的意见》的通知	2010-04-09
泰发〔2010〕9号	关于印发《2010年泰州市党风廉政建设工作责任分解表》的通知	2010-04-23
泰发〔2010〕10号	中共泰州市委关于贯彻落实《中国共产党党校工作条例》的实施意见	2010-06-07
泰发〔2010〕11号	关于进一步加强和改进新时期工会工作的意见	2001-06-12
泰发〔2010〕12号	中共泰州市委 泰州市人民政府关于推进残疾人事业加快发展的工作意见	2010-06-13
泰发〔2010〕17号	中共泰州市委 泰州市人民政府关于加快我市老龄事业发展的实施意见	2010-11-09
泰发〔2010〕19号	中共泰州市委　泰州市人民政府关于印发《泰州市中长期教育改革和发展规划纲要（2010～2020年）》的通知	2010-12-28
泰办发〔2010〕1号	关于严明机构改革纪律确保市政府机构改革顺利进行的通知	2010-01-07
泰办发〔2010〕2号	关于印发《泰州市关心下一代工作委员会2010年工作要点》的通知	2010-01-14
泰办发〔2010〕3号	关于江苏梅兰集团等三家企业党组织划归中共泰州市委管理的通知	2010-01-15
泰办发〔2010〕4号	关于转发《〈泰州年鉴（2010）〉编纂实施方案》的通知	2010-01-22
泰办发〔2010〕5号	关于市委副秘书长办公室主任副主任工作分工的通知	2010-01-26

续表57

文　　号	文　　件　　题　　名	发文日期
泰办发〔2010〕7号	关于印发《2010中国泰州国际旅游节暨经贸洽谈会筹备委员会成员名单及各工作组职责》的通知	2010-02-04
泰办发〔2010〕8号	关于明确调研联系点的通知	2010-02-09
泰办发〔2010〕9号	关于明确2010年度全市重点调研课题的通知	2010-02-09
泰办发〔2010〕10号	关于2010年市区改善民生10件实事责任分解的通知	2010-02-20
泰办发〔2010〕14号	中共泰州市委办公室关于印发《2010年全市宣传思想工作要点》的通知	2010-03-22
泰办发〔2010〕18号	关于印发《2010年全市农业农村工作要点》的通知	2010-03-26
泰办发〔2010〕19号	关于印发《泰州市“5218”工程现代农业园区项目考核奖励办法》的通知	2010-03-30
泰办发〔2010〕25号	关于印发《贯彻全市三级干部会议精神工作要点》的通知	2010-04-22
泰办发〔2010〕29号	中共泰州市委办公室印发《关于进一步创优信息服务提升服务效能的意见》的通知	2010-04-22
泰办发〔2010〕40号	中共泰州市委办公室关于开展创先争优活动的实施意见	2010-04-28
泰办发〔2010〕42号	关于转发《关于建立我市党委新闻发言人制度的意见》的通知	2010-06-22
泰办发〔2010〕43号	关于转发《市人大常委会党组关于领导干部代表积极参加闭会期间人大代表活动的意见》的通知	2010-07-05
泰办发〔2010〕46号	关于印发《泰州市社会稳定风险评估实施办法（试行）》的通知	2010-07-06
泰办发〔2010〕47号	关于印发《全市开放型经济工作目标考核奖励办法》的通知	2010-07-14
泰办发〔2010〕58号	关于印发《关于做好全市村党组织和村民委员会换届选举工作的意见》的通知	2010-07-16
泰办发〔2010〕63号	市委办公室　市政府办公室转发市文明委关于《泰州市未成年人思想道德建设三年提升行动计划（2010～2012年）》的通知	2010-08-03
泰办发〔2010〕71号	关于进一步加强全社会节电节能工作的紧急通知	2010-08-19
泰办发〔2010〕74号	关于进一步加强“三项排查”工作的通知	2010-08-24
泰办发〔2010〕86号	关于泰州市对省十二五规划建议（征求意见稿）意见的报告	2010-09-03
泰办发〔2010〕91号	关于印发《首届中国（泰州）国际医药博览会筹备工作领导小组及各工作小组职责》的通知	2010-10-15
泰办发〔2010〕93号	市委办公室　市政府办公室关于印发《泰州市事业单位岗位设置管理实施办法》的通知	2010-10-27
泰办发〔2010〕98号	关于转发市委组织部、市编委办、市人力资源和社会保障局《泰州市事业单位进人管理办法》的通知	2010-11-30
泰办发〔2010〕101号	关于转发市委组织部等九部门《关于建立进一步发挥离退休专业技术人员作用工作平台的意见》的通知	2010-12-15
泰办发〔2010〕105号	关于认真做好乡镇党委换届工作的通知	2010-12-28

泰州市人民政府重要文件题录

表58

文　　号	文　件　题　名	发文日期
泰政规〔2010〕1号	关于印发泰州市市区廉租住房保障实施细则的通知	2010-02-01
泰政规〔2010〕2号	关于印发泰州市信访事项复查复核工作实施细则的通知	2010-02-22
泰政规〔2010〕3号	关于印发泰州市市级政府投资项目管理暂行办法等17项办法的通知	2010-02-23
泰政规〔2010〕4号	关于印发泰州市城乡居民社会基本养老保险办法的通知	2010-03-02
泰政规〔2010〕5号	关于修改泰州市征地房屋拆迁补偿安置管理办法的决定	2010-03-02
泰政规〔2010〕6号	关于调整市区城镇居民基本医疗保险政策的通知	2010-04-06
泰政规〔2010〕7号	关于进一步加强和改进安全生产基层基础工作的意见	2010-06-18
泰政规〔2010〕8号	关于加强泰州市城市规划区公路沿线和城市干道两侧高立杆T型户外广告设置管理工作的通告	2010-07-12
泰政规〔2010〕9号	关于印发泰州市社会抚养费征收管理实施办法的通知	2010-07-11
泰政规〔2010〕10号	关于印发泰州市建筑节能管理办法的通知	2010-07-16
泰政规〔2010〕11号	关于印发泰州市城市规划区村民个人建房规划管理办法（试行）的通知	2010-08-19
泰政规〔2010〕12号	关于加快供销合作社改革发展的实施意见	2010-09-19
泰政规〔2010〕13号	印发关于促进市区二手车市场健康发展意见的通知	2010-09-25
泰政规〔2010〕14号	关于印发泰州市城市规划区城乡规划编制管理规定的通知	2010-10-28
泰政规〔2010〕16号	印发关于实施蓝天工程改善大气环境质量的实施意见的通知	2010-12-20
泰政规〔2010〕17号	印发关于加快市区现代服务业重点产业发展的奖励办法的通知	2010-12-20
泰政发〔2010〕6号	关于表彰2009年度全市金融工作先进单位先进个人和优秀客户经理的决定	2010-01-21
泰政发〔2010〕10号	关于表彰2009年度全市普通高中教育工作先进单位的决定	2010-01-29
泰政发〔2010〕11号	关于下达2010年全市财政收入任务的通知	2010-02-01
泰政发〔2010〕13号	关于做好2010年泰州市劳动模范评选工作的意见	2010-02-02
泰政发〔2010〕14号	关于实施2010年市区城市建设10大重点工程的通知	2010-02-04
泰政发〔2010〕18号	关于表彰2009年度泰州市建筑业十强企业明星企业的决定	2010-02-24
泰政发〔2010〕19号	关于表彰泰州市建筑业第七届优秀企业家的决定	2010-02-24
泰政发〔2010〕20号	关于表彰2009年度泰州市科学技术进步奖获奖项目的决定	2010-02-26
泰政发〔2010〕21号	关于表彰2009年度工业经济工作先进单位和个人的决定	2010-02-26
泰政发〔2010〕23号	关于表彰在第十一届全运会上取得优异成绩的集体和个人的决定	2010-02-26
泰政发〔2010〕25号	关于印发市政府2010年40项重点工作目标任务及分解落实方案的通知	2010-03-02
泰政发〔2010〕30号	关于表彰2009年度泰州市服务业目标考核先进市（区）先进部门单位利税过1000万元企业新创品牌单位先进服务单位的决定	2010-03-10
泰政发〔2010〕32号	关于下达2010年度引进优秀人才指标的通知	2010-03-16
泰政发〔2010〕33号	关于推进商标战略培育自主品牌的实施意见	2010-03-12
泰政发〔2010〕48号	关于调整泰州市人民政府法律专家咨询认证委员会法律顾问团的通知	2010-04-15
泰政发〔2010〕50号	关于印发泰州市重大项目审批联席会办暂行办法的通知	2010-04-16
泰政发〔2010〕51号	关于表彰2009年度全市固定资产投资工作和重点项目建设先进单位的决定	2010-04-16
泰政发〔2010〕53号	关于做好2010年农业保险工作的通知	2010-04-19

续表58

文　号	文　件　题　名	发文日期
泰政发〔2010〕55号	关于市长副市长工作分工的通知	2010-04-21
泰政发〔2010〕57号	关于表彰泰州市劳动模范的决定	2010-04-26
泰政发〔2010〕60号	关于李东劲等同志职务任免的通知	2010-04-29
泰政发〔2010〕62号	关于董健等同志任职的通知	2010-04-29
泰政发〔2010〕63号	关于赵斌等同志任职的通知	2010-04-29
泰政发〔2010〕64号	关于葛崇烈等同志职务任免的通知	2010-04-29
泰政发〔2010〕81号	关于给高天蔚等同志记二等功的决定	2010-05-27
泰政发〔2010〕84号	关于印发进一步加大工作力度确保实现全市节能目标任务的实施方案的通知	2010-05-31
泰政发〔2010〕91号	关于明确陈林等同志职级的通知	2010-06-13
泰政发〔2010〕92号	关于核定公布泰州市文物保护单位的通知	2010-06-21
泰政发〔2010〕95号	关于认真做好全市第八届社区居委会换届选举工作的意见	2010-06-22
泰政发〔2010〕123号	关于进一步加快淘汰落后产能工作的实施意见	2010-08-23
泰政发〔2010〕132号	关于印发泰州市区公交优先发展三年行动计划2010～2012年的通知	2010-09-14
泰政发〔2010〕133号	泰州市开展涉企非税收费专项治理工作的意见	2010-09-14
泰政发〔2010〕136号	关于表彰征兵工作先进单位先进个人的决定	2010-09-17
泰政发〔2010〕149号	关于建立泰州市社会保险管理中心的通知	2010-10-11
泰政发〔2010〕154号	关于市区鸣放防空警报的通告	2010-10-20
泰政发〔2010〕159号	关于印发泰州市企业国有资产监督管理办法的通知	2010-11-01
泰政发〔2010〕163号	关于张舜琴等同志免职的通知	2010-11-12
泰政发〔2010〕164号	关于邢秀华等同志免职的通知	2010-11-12
泰政发〔2010〕165号	关于进一步加强全市服务业统计工作的意见	2010-11-12
泰政发〔2010〕169号	关于印发市区重大项目绿色通道服务保障实施办法的通知	2010-11-15
泰政发〔2010〕170号	关于张长平等同志职务任免的通知	2010-11-16
泰政发〔2010〕172号	印发关于加快市区民营中小企业发展政策意见的通知	2010-11-20
泰政发〔2010〕173号	印发泰州市民营经济三年跃升计划的通知	2010-11-20
泰政发〔2010〕175号	关于调整泰州市区部分行政区划的通知	2010-11-23
泰政发〔2010〕176号	关于稳定消费价格总水平保障群众基本生活的通知	2010-11-26
泰政发〔2010〕177号	关于曹茂良等同志职务任免的通知	2010-11-29
泰政发〔2010〕178号	关于孟国平等同志任职的通知	2010-11-29
泰政发〔2010〕179号	关于王洪兴等同志任职的通知	2010-11-29
泰政发〔2010〕183号	关于进一步加强企业安全生产工作的实施意见	2010-12-09
泰政发〔2010〕184号	关于调整泰州大学筹建领导小组组成人员的通知	2010-11-29
泰政发〔2010〕185号	关于公布泰州市第三批非物质文化遗产名录和泰州市第一二批非物质文化遗产扩展项目名录的通知	2010-12-10
泰政发〔2010〕188号	关于表彰泰州市第七届自然科学优秀论文作者的决定	2010-12-13
泰政发〔2010〕191号	关于开除杨寅生公职的决定	2010-12-20
泰政发〔2010〕194号	关于表彰在江苏省第十七届运动会上取得优异成绩的集体和个人的决定	2010-12-20

续表58

文　　号	文　件　题　名	发文日期
泰政发〔2010〕195号	关于进一步加强中小学和幼儿园教师队伍建设的意见	2010-12-24
泰政发〔2010〕196号	关于查长法等同志任职的通知	2010-12-27
泰政发〔2010〕205号	泰州市2010年依法行政工作报告	2010-12-28
泰政办发〔2010〕1号	关于印发泰州市人民政府2010年度规范性文件制定计划的通知	2010-01-05
泰政办发〔2010〕6号	关于成立2010年泰州市劳动模范评选工作领导小组的通知	2010-01-14
泰政办发〔2010〕7号	关于印发医药高新区经济开发区周山河街区中小学布局调整实施意见的通知	2010-01-13
泰政办发〔2010〕8号	关于成立泰州市2010年春节运输工作领导小组的通知	2010-01-25
泰政办发〔2010〕9号	关于做好2010年春节运输工作的通知	2010-01-26
泰政办发〔2010〕10号	关于下达2010年全市银行业金融机构信贷计划的通知	2010-01-26
泰政办发〔2010〕13号	关于命名2008～2009年度泰州市农村综合信息服务示范镇村的通知	2010-01-20
泰政办发〔2010〕15号	关于调整市区机关事业单位职工养老保险缴费基数口径和支付项目的通知	2010-02-04
泰政办发〔2010〕17号	关于2010年市区城市建设10大重点工程项目分解的通知	2010-02-04
泰政办发〔2010〕20号	关于成立泰州市粮食高产增效创建工作领导小组的通知	2010-02-01
泰政办发〔2010〕21号	关于印发泰州市防范应对雨雪冰冻等灾害性天气工作方案的通知	2010-02-010
泰政办发〔2010〕23号	关于建立2009年度土地卫片执法检查工作领导小组的通知	2010-02-010
泰政办发〔2010〕26号	印发关于进一步加强市区流浪乞讨人员救助管理工作的实施意见的通知	2010-02-26
泰政办发〔2010〕31号	关于印发泰州市2010年血吸虫病地方病和寄生虫病防治工作意见的通知	2010-03-09
泰政办发〔2010〕35号	关于印发2010年全市对口支援工作计划的通知	2010-03-16
泰政办发〔2010〕36号	关于印发泰州市区2010年度城乡规划编制计划的通知	2010-03-16
泰政办发〔2010〕37号	关于印发泰州市车辆超限超载长效治理工作意见的通知	2010-03-15
泰政办发〔2010〕38号	关于调整泰州市区生育保险有关待遇规定的通知	2010-03-20
泰政办发〔2010〕39号	关于成立泰州市城乡居民社会基本养老保险工作领导小组的通知	2010-03-22
泰政办发〔2010〕41号	关于印发2010年全市行政监察工作要点的通知	2010-03-24
泰政办发〔2010〕42号	关于命名第四批泰州市康居示范村的通知	2010-03-26
泰政办发〔2010〕43号	关于调整泰州市流浪乞讨人员救助管理工作协调小组的通知	2010-03-29
泰政办发〔2010〕44号	关于转发市建设局市征收集体所有土地房屋拆迁管理办公室泰州市区房屋拆迁阳光操作规程的通知	2010-03-26
泰政办发〔2010〕45号	关于印发泰州市翻身河南侧东风南路西侧地块土地开发储备项目实施方案的通知	2010-04-01
泰政办发〔2010〕46号	关于转发市国土局市区土地登记实施细则的通知	2010-03-31
泰政办发〔2010〕47号	关于印发泰州市区2010年农村重点工作考核奖励办法的通知	2010-04-07
泰政办发〔2010〕48号	关于成立泰州市电动汽车充电设施建设工作领导小组的通知	2010-04-09
泰政办发〔2010〕53号	关于表彰2009年度市政府门户网站内容保障工作先进单位和泰州市优秀政府网站建设单位的通报	2010-04-23
泰政办发〔2010〕54号	关于成立江苏泰州农村商业银行股份有限公司筹建领导小组的通知	2010-04-27
泰政办发〔2010〕55号	转发泰州市经信委泰州供电公司关于泰州市超容违约用电专项整治工作实施方案的通知	2010-05-04

续表58

文　号	文　件　题　名	发文日期
泰政办发〔2010〕56号	关于市政府秘书长副秘书长工作分工的通知	2010-05-04
泰政办发〔2010〕58号	关于调整泰州市防汛防旱指挥部组成人员的通知	2010-05-04
泰政办发〔2010〕59号	关于建立泰州市公共机构节能工作领导小组的通知	2010-05-05
泰政办发〔2010〕60号	关于加强企业用工服务工作的意见	2010-05-06
泰政办发〔2010〕62号	关于转发市发展和改革委员会泰州市2010年体制改革要点的通知	2010-05-10
泰政办发〔2010〕63号	转发市农委关于做好第八次森林资源清查工作意见的通知	2010-05-11
泰政办发〔2010〕64号	关于高考中考期间加强市区环境监管的通告	2010-05-11
泰政办发〔2010〕65号	关于加强外来务工人员服务工作的意见	2010-05-13
泰政办发〔2010〕66号	关于调整泰州市淮河流域重点平原洼地治理项目领导小组组成人员的通知	2010-05--14
泰政办发〔2010〕67号	关于调整泰州市高等学校招生委员会成员的通知	2010-05-14
泰政办发〔2010〕69号	关于印发泰州市产业结构调整指导目录试行的通知	2010-05-19
泰政办发〔2010〕71号	关于调整泰州市药品集中采购工作领导小组成员的通知	2010-05-19
泰政办发〔2010〕72号	关于成立泰州市商标战略推进工作领导小组的通知	2010-05-21
泰政办发〔2010〕74号	转发市公安局关于构筑全市社会消防安全防火墙工程实施意见的通知	2010-05-27
泰政办发〔2010〕75号	关于调整市区基本医疗保险有关政策的通知	2010-05-28
泰政办发〔2010〕76号	关于细化2010年市区改善民生10件实事实施方案的通知	2010-05-31
泰政办发〔2010〕78号	关于调整泰州市文物管理委员会组成人员的通知	2010-06-03
泰政办发〔2010〕79号	关于调整市非物质文化遗产保护工程领导小组成员的通知	2010-06-03
泰政办发〔2010〕83号	关于调整泰州市地名委员会成员的通知	2010-06-04
泰政办发〔2010〕84号	关于调整泰州市减灾委员会组成人员的通知	2010-06-04
泰政办发〔2010〕85号	转发市残联等部门关于推进市区残疾人参加城乡居民社会基本养老保险工作的实施意见的通知	2010-06-10
泰政办发〔2010〕86号	关于成立泰州市第七届哲学社会优秀成果评奖委员会的通知	2010-06-10
泰政办发〔2010〕92号	转发市民政局关于加强全市社会组织培育发展和监督管理工作的意见的通知	2010-06-24
泰政办发〔2010〕93号	关于调整泰州市市区公路工程建设指挥部成员的通知	2010-06-29
泰政办发〔2010〕95号	关于转发市物价局市财政局市地方税务局市监察局泰州市区经营性服务收费登记证管理办法试行的通知	2010-06-30
泰政办发〔2010〕98号	转发市第六次全国人口普查领导小组市公安局关于泰州市第六次全国人口普查户口整顿工作方案的通知	2010-07-05
泰政办发〔2010〕99号	转发市环保局2010年泰州市主要污染物总量减排监测体系建设和运行工作计划的通知	2010-06-30
泰政办发〔2010〕101号	关于调整泰州市网吧等互联网上网服务营业场所专项整治工作协调小组的通知	2010-07-07
泰政办发〔2010〕102号	关于印发全市深入开展化工生产企业专项整治工作方案的通知	2010-06-09
泰政办发〔2010〕103号	关于调整泰州市防治重大动物疫病指挥部组成人员的通知	2010-07-12
泰政办发〔2010〕104号	关于调整市安全生产委员会成员的通知	2010-07-14
泰政办发〔2010〕105号	关于进一步做好国家级创业型城市创建工作的通知	2010-07-20

续表58

文　　号	文　件　题　名	发文日期
泰政办发〔2010〕109号	关于印发泰州市2010～2012年推进企业工资集体协商工作规划的通知	2010-07-27
泰政办发〔2010〕110号	关于组建泰州市应急救援支队的通知	2010-07-27
泰政办发〔2010〕119号	关于成立泰州市问题乳粉清查联合工作组的通知	2010-07-23
泰政办发〔2010〕120号	关于正向公布涉房收费项目标准的补充通知	2010-08-03
泰政办发〔2010〕121号	关于调整市区城市住房建设规划编制工作领导小组成员的通知	2010-08-03
泰政办发〔2010〕122号	关于加强全市互联网安全保护技术措施建设工作的通知	2010-08-04
泰政办发〔2010〕123号	关于调整泰州市语言文字工作委员会组成人员的通知	2010-08-06
泰政办发〔2010〕124号	关于调整泰州市禁毒委员会组成人员的通知	2010-08-11
泰政办发〔2010〕125号	关于调整泰州市治理三乱减轻企业负担领导小组的通知	2010-08-11
泰政办发〔2010〕126号	关于调整泰州市化工行业专项整治工作领导小组成员的通知	2010-08-16
泰政办发〔2010〕127号	关于明确政府新闻发言人的通知	2010-08-16
泰政办发〔2010〕132号	关于成立全市水利普查领导小组的通知	2010-08-19
泰政办发〔2010〕154号	关于成立泰州市征地拆迁专项治理工作领导小组的通知	2010-08-25
泰政办发〔2010〕155号	关于成立泰州市农业重点项目推进工作领导小组的通知	2010-08-31
泰政办发〔2010〕156号	关于成立泰州市中长期教育改革发展规划纲要领导小组的通知	2010-09-06
泰政办发〔2010〕161号	关于调整泰州市征兵领导小组成员的通知	2010-09-19
泰政办发〔2010〕162号	关于转发市物价局等部门进一步加强行政事业性和经营性服务收费管理意见的通知	2010-09-07
泰政办发〔2010〕165号	关于成立泰州市对口支援新疆伊犁州昭苏县工作组的通知	2010-09-25
泰政办发〔2010〕166号	关于加强食品加工小作坊和食品摊贩安全监管工作的通知	2010-09-19
泰政办发〔2010〕169号	关于印发泰州市区公共客运交通规划的通知	2010-09-29
泰政办发〔2010〕171号	关于调整泰州仲裁委员会组成人员的通知	2010-10-08
泰政办发〔2010〕172号	关于成立泰州市市级政府投资建筑工程预告承包商资格审查委员会的通知	2010-09-30
泰政办发〔2010〕174号	关于印发泰州市城乡环境卫生整治行动实施方案的通知	2010-10-11
泰政办发〔2010〕176号	关于调整泰州市未成年人保护委员会组成人员的通知	2010-10-14
泰政办发〔2010〕186号	关于在全市开展用电信息采集系统建设工作的通知	2010-10-25
泰政办发〔2010〕187号	转发市规划局关于全市重点镇村规划审批程序实施意见的通知	2010-10-20
泰政办发〔2010〕188号	关于调整泰州市民营经济发展领导小组的通知	2010-10-26
泰政办发〔2010〕189号	关于调整泰州市道路交通安全联席会议领导小组成员的通知	2010-11-18
泰政办发〔2010〕190号	关于印发2011年泰州市政府集中采购目录和政府采购限额标准及公开招标数额标准的通知	2010-11-18
泰政办发〔2010〕191号	关于进一步加强基层劳动就业社会保障公共服务平台建设的意见	2010-11-23
泰政办发〔2010〕193号	转发市总工会等部门关于做好享受劳模待遇的受表彰人员管理工作的意见的通知	2010-11-23
泰政办发〔2010〕194号	关于印发全市重要民生价格公示工作实施意见的通知	2010-11-23
泰政办发〔2010〕195号	关于成立泰州市重要民生价格公示工作领导小组的通知	2010-11-26
泰政办发〔2010〕196号	关于成立泰州市口岸卫生检疫核心能力建设领导小组的通知	2010-11-30

续表58

文　　号	文　件　题　名	发文日期
泰政办发〔2010〕197号	关于印发2011年泰州市区村组股份制改革和街道社区调整建设工作考核奖励办法的通知	2010-12-01
泰政办发〔2010〕198号	关于印发泰州市市区在地统计实施方案的通知	2010-12-01
泰政办发〔2010〕199号	关于成立泰州市打击侵犯知识产权和制售假冒伪劣商品专项行动领导小组的通知	2010-12-03
泰政办发〔2010〕200号	关于印发泰州市打击侵犯知识产权和制售假冒伪劣商品专项行动实施方案的通知	2010-12-03
泰政办发〔2010〕201号	关于切实加强消防安全工作坚决防止重特大火灾事故的通知	2010-11-26
泰政办发〔2010〕206号	关于认真贯彻落实省政府关于全省各级人民政府有关部门和单位安全生产工作职责暂行规定的通知	2010-12-08
泰政办发〔2010〕208号	关于印发泰州市区推广使用天然气燃料汽车实施意见的通知	2010-12-09
泰政办发〔2010〕209号	印发关于完善和发展新型农村合作医疗制度的意见的通知	2010-12-10
泰政办发〔2010〕211号	关于成立泰州市食品安全委员会的通知	2010-12-15
泰政办发〔2010〕213号	关于成立泰州市迎接国家环境保护模范城市复核工作领导小组的通知	2010-12-20
泰政办发〔2010〕214号	关于调整泰州市全民健身工作指导委员会组成人员的通知	2010-12-24
泰政办发〔2010〕216号	关于推进全市新一轮菜篮子工程建设保障市场供应的通知	2010-12-24
泰政办发〔2010〕217号	关于调整市区拆迁房屋搬迁补助费临时安置补助费等发放标准的通知	2010-12-29
泰政办发〔2010〕218号	关于命名爱民固边模范的决定	2010-12-30

海军大道

泰州市国民经济和社会发展第十二个五年规划纲要

（2011年1月21日泰州市第三届人民代表大会第四次会议批准）

序　　言

“十二五”时期(2011～2015年)，是我市全面建设更高水平小康社会、向率先基本实现现代化迈进的重要时期，是加快转变经济发展方式、推动经济社会转型升级的关键阶段。《泰州市国民经济和社会发展第十二个五年规划纲要》，根据《中共泰州市委关于制定泰州市国民经济和社会发展第十二个五年规划的建议》编制，主要阐明“十二五”期间泰州市国民经济和社会发展的指导思想、目标任务和发展重点，是全市人民共同奋斗的行动纲领，是制定其他规划和年度计划的基本依据，也是政府制定政策、审批核准项目的重要依据。

本规划由十章组成：第一章，开启现代化建设新征程；第二章，构建现代产业体系；第三章，实施开放创新双轮驱动战略；第四章，加快发展中心城市；第五章，促进城乡区域协调发展；第六章，加强社会建设与管理；第七章，推进文化泰州建设；第八章，提高生态文明水平；第九章，增强体制机制活力；第十章，规划组织实施。

第一章　开启现代化建设新征程

第1节　发展基础

“十一五”时期，全市上下深入贯彻落实科学发展观，积极适应国家宏观调控政策的变化，有效应对国际金融危机的严重冲击，经济社会发展取得了可喜成绩，“十一五”规划确定的主要目标任务完成情况良好，总体上实现全面建设小康社会的奋斗目标。

经济发展迈上新台阶。2010年全市地区生产总值2002.6亿元，是2005年的2.3倍，年均可比增长14.4%；人均地区生产总值42872元，突破6000美元。财政总收入和地方一般预算收入分别达456.4亿元和170.8亿元，年均增长32%和29.3%。五年累计完成全社会固定资产投资4841亿元。社会消费品零售总额达550.3亿元，年均增长18.7%。金融机构本外币存款余额达2359.8亿元，贷款余额达1531亿元，分别是2005年末的2.8倍和3.4倍。

结构调整取得新进展。产业结构进一步优化，三次产业结构由2005年的11.1∶57.8∶31.1调整为2010年

泰州市“十一五”期间经济社会发展主要目标完成情况

类　别	指　标　名　称	单位	2010年目标	2010年完成
经济发展	地区生产总值	亿元	力争比“十五”期末翻一番	2002.6左右
	人均地区生产总值	美元	4000左右	>6000
	二、三产业增加值占GDP比重	%	93左右	92.6
	财政总收入	亿元	250	456.4
	全社会固定资产投资	亿元	累计3000	累计4841
	工业技改投入	亿元	累计1700	累计2990
	实际利用外资	亿美元	累计40	累计51.1
	自营出口额	亿美元	30	58.8
	社会消费品零售额	亿元	450	550.3
人民生活	城镇居民人均可支配收入	元	18000	20250
	农民人均纯收入	元	8000	9324
	城镇人均住房建筑面积	平方米	30	36.8
	农村人均钢筋、砖木结构住房面积	平方米	40	50
	农村行政村通灰黑公路或航道比重	%	100	100
	城镇人均拥有道路面积	平方米	20	20.5
	百户家庭电话拥有量	部	220	281.9
	百户家庭电脑拥有量	台	40	50.2
	居民文教娱乐服务支出占家庭消费支出比重	%	18	18
	恩格尔系数	%	<40	35.6
社会发展	研发经费支出占地区生产总值比重	%	≥1.5	1.8
	高中阶段教育毛入学率	%	90	99.5
	卫生服务体系健全率	%	≥90	100
	城镇职工基本养老、失业、医疗保险覆盖面	%	≥99	99
	新型农村合作医疗参保率	%	90	99.7
	人民群众对社会治安的满意率	%	97.5	97.5
	城镇社区居委会依法自治达标率	%	95	96
	农村村委会依法自治达标率	%	98	99
	计划生育率	%	≥98	>98
	人口自然增长率	‰	≤4	-1.9
	城市化水平	%	55	53
资源环境	城市绿化覆盖率	%	40	40.4
	森林覆盖率	%	20	17.5
	环境质量综合指数	—	≥82	90.9
	主要污染物排放总量减少	%	5左右	5
	耕地保有量	万公顷	30.6	31.6
	万元GDP能耗	吨标煤	<0.85	0.94

的7.4：56.2：36.4，新兴产业加快发展，高新技术产业产值占规模以上工业产值比重达32.7%。生态文明建设取得新成效，主要污染物排放比2005年末削减5%，森林覆盖率达17.5%。

改革开放实现新突破。对外开放水平不断提高，自营出口额达58.8亿美元，年均增长34.4%，五年累计实际利用外资51.1亿美元。纬创资通、葛兰素史克等一批重大项目成功落户，医药园区升格为国家级医药高新技术开发区，出口加工区成功获批，泰州口岸开放持续扩大。体制改革步伐不断加快，经济发展软环境明显优化，市区管理体制改革实现突破。

城乡面貌发生新变化。全市城市化水平达53%。中心城市建设明显加快，五年累计投入城建资金520亿元，建成区面积达61平方千米，园博园、泰州大剧院等一批重点工程顺利建成，成功创建国家卫生城市、国家环保模范城市、国家园林城市、中国优秀旅游城市和全国双拥模范城市，荣获中国城市管理进步奖。新农村建设稳步推进，高效农业面积比重达37%，农村实事工程、全面小康村“十百千”工程和脱贫攻坚工程成效明显，农村生产生活条件不断改善。重大基础设施建设实现新突破，泰州长江大桥、宁启铁路复线电气化改造、苏中机场开工建设，国电泰州电厂一期工程竣工运营。

社会发展取得新进步。居民收入明显提高，城镇居民人均可支配收入、农民人均纯收入分别达20250元和9324元，是2005年的1.9倍和1.8倍。五年累计新增城镇就业人员33.7万人，社会保障覆盖面明显扩大，保障水平进一步提高。社会事业取得长足发展，高等教育规模和层次实现重大跨越，基层医疗卫生服务体系基本建成，文化泰州建设加快推进。法治泰州、平安泰州建设得到加强，社会保持和谐稳定。

总的看，“十一五”时期是我市经受挑战考验、发展特色逐步形成的五年，是城乡面貌持续改变、区域协调发展不断加快的五年，是改革发展成果继续惠及百姓、人民生活水平不断改善的五年，也是全市干部群众思想进一步解放、精神不断振奋的五年。这些成绩的取得，主要得益于始终把解放思想作为引领经济社会发展全局的“第一动力”，坚持开放创新，形成了科学发展、跨越发展的共识；得益于坚持以人为本、民生优先的根本导向，办成了一批经济社会发展急需、人民群众企盼的大事和实事，形成了上下同心的良好氛围；得益于科学把握事关全局的各种重大关系，注重统筹推进政治、经济、文化、社会、生态建设，形成了全面协调可持续发展的整体格局；得益于切实加强执政能力建设，牢牢抓住基层基础这个重点，形成了团结拼搏、抢抓机遇、求真务实的工作局面。

同时，我市“十一五”规划执行及经济社会发展中还存在着一些问题和不足：一是经济结构仍然不够合理，产业竞争力有待进一步增强；二是高层次人才仍然较为缺乏，自主创新能力有待进一步提高；三是中心城市首位度仍然不高，综合竞争力有待进一步提升；四是社会发展与经济发展仍然不够协调，改善民生的任务相对较重；五是节能减排压力较大，资源环境约束日益显现。

第2节　发展环境

“十二五”时期，复杂的宏观形势将成为一种常态，有利不利因素交织，机遇挑战并存，经济发展的不确定因素明显增多。

从国际看，全球经济进入新一轮科技革命和产业革命时代，新兴产业成为经济增长的新动力，将为我市实施开放创新“双轮驱动”战略、构建现代产业体系创造有利条件。全球化深入推进，有利于我市更好地“引进来”和“走出去”。

从国内看，我国仍处于大有作为的重要战略机遇期，经济社会发展基本面将保持不变，为我市建设更高水平小康社会提供了必要保证。我国工业化、城镇化深入发展，消费结构加速升级，为我市经济持续较快增长提供了有利条件。改善民生成为国家宏观政策重要取向，扩大内需政策深入实施，为我市开拓国内市场提供了有力支撑。

从区域看，长三角区域经济一体化进程加速，有望建设成为亚太地区重要的国际门户和世界级城市群，为我市接受经济辐射、调整产业结构提供了有利条件。

从自身看，随着泰州长江大桥、苏中机场等重大基础设施项目建成以及一批重大产业项目落户，加之开发园区载体功能不断增强，全市经济发展的基础条件更为完善。近年来全市上下积极探索具有泰州特色的科学发展道路，取得了初步成效，积累了成功经验，为下一阶段经济社会发展提供了较好基础。

与此同时，“十二五”时期经济社会发展还面临一些挑战和矛盾。国际政治、经济关系复杂多变，世界经济发展的不稳定、不确定因素增多，发达国家消费模式发生变化，贸易保护主义抬头，加之人民币持续升值压力增大，对我市外贸出口增长带来一定压力。全球气候变化、能源资源安全问题越来越突出，对我市经济发展将形成较大的制约。随着经济社会全面转型时代到来，我市推进科学发展的任务将更为艰巨。国内区域发展格局正在发生重大而深刻的变化，区域之间围绕市场、资本、资源、人才等的竞争将更为激烈。此外，我市自身发展还面临一些深层次矛盾：一是加快转变经济发展方式与经济发展还不充分、高层次人才短缺的矛盾；二是统筹城乡发展与城市辐射带动能力还不强的矛盾；三是和谐社会建设与现有财力基础相对薄弱的矛盾；四是提升城市软实力与泰州深厚的文化资源保护、利用、挖掘还不够的矛盾。

第3节 发展前景

(一)指导思想

坚持以邓小平理论和“三个代表”重要思想为指导，深入贯彻落实科学发展观，以“推进富民强市、建设美好泰州”为主题，以加快转变经济发展方式为主线，以开放创新“双轮驱动”为动力，以新型工业化和新型城镇化为导向，着力推进经济结构调整，着力统筹城乡发展，着力加强文化泰州建设，着力保护生态环境，着力促进社会和谐稳定，努力走出一条具有泰州特色和优势的发展新路，向率先基本实现现代化迈进。

(二)基本要求

——以“推进富民强市、建设美好泰州”为主题。把“富民”放在更加突出的优先位置，鼓励百姓创业，千方百计增加居民收入，推进基本公共服务均等化，加快实现“学有优教、劳有多得、老有乐养、病有良医、住有宜居”目标。把“强市”作为“富民”的重要基础，着力增强产业核心竞争力、城市集聚辐射力、文化软实力和区域综合竞争力。坚定走科学发展之路，“把泰州建设得更加美好”。

——以加快转变经济发展方式为主线。把转变经济发展方式贯穿经济社会发展的全过程和各领域，坚持在发展中促转变，在转变中谋发展，坚定不移推进经济结构调整，加快实现“三个转变”：由主要依靠物质资源消耗向创新驱动转变、粗放式增长向集约型发展转变、城乡二元结构向城乡发展一体化转变。

——以开放创新“双轮驱动”为动力。立足泰州经济社会发展阶段实际情况，坚持开放创新“两个轮子”一起转、协调转，两步并作一步走，在开放中高起点创新，在创新中高起点开放，努力走一条以开放创新相融并进为特征的“泰州之路”。

——以新型工业化和新型城镇化为导向。坚持以新型工业化改变传统的产业结构，以新型城镇化改变传统的城乡结构、社会结构，推动经济发展方式加快转变，实现经济社会全面协调可持续发展。

(三)发展目标

综合实力进一步提高。地区生产总值年均可比增长12%左右，到2015年达4000亿元左右，比2010年翻一番。人均地区生产总值达85000元左右。财政总收入、地方一般预算收入年均增长15%。固定资产投资年均增长16%，城乡规模以上投资比重明显提高。社会消费品零售总额年均增长16%。

经济结构进一步优化。现代产业体系基本形成，新兴产业规模不断壮大，高新技术产业产值占规模以上工业比重达38%以上，服务业增加值年均增长13%，生产性服务业比重逐步提高。经济发展质量和效益明显提升。

发展动力进一步增强。开放创新“双轮驱动”战略取得明显成效，研发经费支出占地区生产总值比重达2.5%，百亿元GDP专利授权数达190件，人力资本投资占GDP比重达12.5%，人才贡献率达43%，工业技改累计投入8600亿元，累计实际利用外资100亿美元，装备制造业及新兴产业利用外资比重达60%。外贸发展方式加快转变，外贸进出口总额达220亿美元，高新技术产品出口比重达30%。经济社会发展体制活力进一步增强。

城乡发展进一步协调。城乡统筹发展取得新进展，城市化水平达60%左右。新农村建设取得明显成效，农村基本公共服务水平明显提高，高效农业比重稳步提升。中心城市集聚辐射能力明显增强，市区经济占全市经济比重大幅提高。市域城镇体系进一步完善，对农村发展带动辐射作用明显增强。

公共服务进一步完善。科教文卫体等各项社会事业全面发展，高等教育毛入学率、高中阶段教育毛入学率分别达50%和99%以上，万人拥有病床数达35张。城乡基本社会保险覆盖率达99%，社会保障水平进一步提高，新型农村合作医疗实际补偿比75%左右。社会管理进一步加强，人民群众对社会治安满意率保持98%以上。

人民生活进一步改善。城乡居民收入普遍较快增加，城镇居民人均可支配收入、农民人均纯收入年均增长12%左右，低收入者收入明显增加。社会就业比较充分，城镇登记失业率控制在3.5%以内，五年累计新增城镇就业人员30万人。新增保障性住房面积300万平方米。

生态环境进一步提升。单位地区生产总值能耗下降率、单位地区生产总值二氧化碳排放削减率、主要污染物排放削减率达省下目标要求，耕地保有量30.6万公顷，森林覆盖率达22%左右，环境质量综合指数保持在85以上。

泰州市“十二五”期间经济社会发展主要目标

类　别	指　标　名　称		单位	2010年完成	2015年目标	指标性质
经济发展（10项）	地区生产总值		亿元	2002.6	4000左右	预期性
	人均地区生产总值		元	42872	85000左右	预期性
	财政总收入增速		%	年均32	年均15	预期性
	地方财政一般预算收入增速		%	年均29.3	年均15	预期性
	服务业增加值增速		%	年均15.3	年均13	预期性
	城市化水平		%	53	60左右	预期性
	固定资产投资增速		%	—	年均16%	预期性
	实际到账注册外资		亿美元	累计51.1	累计100	预期性
	外贸进出口总额		亿美元	85.9	220	预期性
	社会消费品零售额增速		%	年均18.7	年均16	预期性
开放创新（8项）	研发经费支出占GDP比重		%	1.8	2.5	预期性
	高新技术产业产值占规模以上工业比重		%	32.7	>38	预期性
	百亿元GDP专利授权数		件	180	190	预期性
	人力资本投资占GDP比重		%	10.3	12.5	预期性
	人才贡献率		%	—	43	预期性
	工业技改投入		亿元	累计2990	累计8600	预期性
	装备制造业及新兴产业利用外资占全市比重		%	38	60	预期性
	高新技术产品出口比重		%	10	30	预期性
社会发展（7项）	高等教育毛入学率		%	37.2	50	预期性
	高中阶段教育毛入学率		%	99.5	>99	约束性
	万人拥有病床数		张	30.5	35	预期性
	公共文化服务设施网络覆盖率		%	>90	>95	预期性
	城乡基本社会保险覆盖率		%	98	99	约束性
	新型农村合作医疗实际补偿比		%	45	70左右	约束性
	人民群众对社会治安满意率		%	97.5	>98	预期性
资源环境（6项）	耕地保有量		万公顷	31.6	30.6	约束性
	单位地区生产总值能耗下降率		%	12	完成省下达目标	约束性
	单位地区生产总值二氧化碳排放削减率		%	—	完成省下达目标	约束性
	主要污染物排放削减率	化学需氧量	%	—	完成省下达目标	约束性
		二氧化硫	%	—	完成省下达目标	约束性
		氨氮	%	—	完成省下达目标	约束性
		氮氧化物	%	—	完成省下达目标	约束性
	森林覆盖率		%	17.5	22左右	约束性
	环境质量综合指数		—	90.9	>85	约束性
人民生活（6项）	人口自然增长率		‰	-1.9	3左右	约束性
	城镇居民人均可支配收入增速		%	年均14.2	年均12左右	预期性
	农民人均纯收入增速		%	年均12.6	年均12左右	预期性
	城镇登记失业率		%	≤3	≤3.5	预期性
	新增就业人数		万人	累计33.7	累计30	预期性
	新增保障性住房面积		万平方米	—	300	约束性

第二章 构建现代产业体系

大力推进产业结构调整，促进新兴产业跨越发展、传统产业提升发展、现代服务业加速发展，着力构建特色鲜明、优势突出、富有竞争力的现代产业体系。

第1节 大力推进新型工业化

抓住重要战略机遇期，着力招引大项目，培育大企业，发展大产业，努力构建以装备制造业，生物技术与新医药、电子信息、新能源三大新兴产业和若干个新兴产品集群为主体的“1+3+N”产业体系。

(一)构建“1+3+N”产业体系。大力发展新兴产业和优势产业，重点实施“新兴产业双倍增计划”，加快构建“1+3+N”产业体系。到2015年，力争新兴产业总量比2010年翻两番，装备制造业、生物技术与新医药、电子信息、新能源产业产值占规模以上工业产值比重达60%。

装备制造业。重点发展船舶、动力机械、汽摩零部件、家用电器、数控机床、采油装备等产业，努力形成一批拥有自主知识产权及核心技术的成套装备、高新技术装备和关键零部件。其中，船舶产业重点提升现有主力船型设计制造水平，加快研发生产关键配套设备，积极发展海洋工程产品、特种船舶，适时发展豪华邮轮、高档游艇产业。

生物技术与新医药产业。大力发展生物医药，重点研发生产基因工程产品、重组蛋白药物、组织与细胞工程药、疫苗和生物试剂，着力构建以研发为核心、制造为基础、流通和医疗康健为终端，涵盖“生物、医药、健康”领域的产业体系。加快提升化学药发展水平，积极推进国家一、二类新药研发及产业化。加快中药现代化步伐，力争开发一批药效机理清晰、安全高效可控的新品种。积极发展医疗器械制造，重点研发生产成像诊断、医用化学检测与分析等高端成套医疗设备。

电子信息产业。发挥纬创资通项目的龙头带动作用，加快集聚配套企业和关联企业，大力发展以高端光电产品为重点的IT产业，以嵌入式软件为主的软件产业，以及电子元器件产业，努力把泰州建成具有一定影响力的电子信息产业基地。

新能源产业。以中盛光电、春兰集团、双登集团等企业为龙头，重点打造泰州新能源产业园，重点发展光伏系统集成、储能装备、动力电池、核电配套件和节能产品制造，着力提升技术水平，不断壮大产业规模。

新兴产品集群。围绕国家、省新兴产业方向，结合泰州产业基础，加强规划引导，积极培育新材料、智能电网、节能环保装备等一批新兴产品集群，逐步培育未来千亿级产业的后备梯队。

(二)改造提升传统产业。坚持信息化工业化深度融合，积极改造提升传统产业，促进向高新化、品牌化和特色化发展，向产业链高端攀升，向研发设计和营销服务延伸，努力提高产业附加值和竞争力。“十二五”期间，建成省级“两化融合”示范(试点)企业100家，中国名牌产品、驰名商标分别达20个和16个。

化工产业。以特色化、集约化为方向，加快化工集中区建设，积极优化产品结构，重点发展石油衍生产品、精细化工产品和新型化工复合材料，努力构筑化工产业新优势。

冶金及金属制品业。围绕汽车、船舶、家电等领域需求，重点发展板、带、管、丝及金属深加工制品，加快发展特殊钢、优质钢、高性能不锈钢及制品，不断提高精深加工能力。

纺织服装业。强化品牌建设，提高设计制造水平，提升高附加值化纤、棉纺和毛纺产品生产比重，着力发展高档服装、家用纺织品和产业用纺织品。

食品加工业。围绕出口需求和国内高端需求，重点发展安全、营养、方便、功能食品，在深加工、精加工上求突破，着力延伸产业链，努力把我市建成长三角绿色食品生产基地。

建材产业。围绕节能减排、增强功能的要求，重点发展高性能混凝土、功能性涂料、新型建筑节能材料及电磁屏蔽功能建筑材料，努力提高产品档次。

(三)积极优化产业布局。积极推进集约化发展，加快构筑以中国医药城、出口加工区、新能源产业园、沿江产业带和里下河特色经济板块为主体的“一城一区一园一带一块”产业空间格局。坚持差别定位，错位竞争，重点规划建设靖江船舶产业园、泰兴节能环保设备产业园、姜堰智能电网产业园、兴化不锈钢材料及制品产业园、海陵微电子产业园、高港临港装备制造产业园等20个左右特色产业园区，促进项目集中园区、产业集群发展、资源集约利用、功能集成建设。

(四)加快培育大企业大集团。大力实施“规模企业培育计划”，支持企业兼并重组、资本运作、跨国经营，积极招引大项目和规模企业，努力形成具有较强竞争力的大企业群。积极推进“百企上市培育工程”，努力形成培育一批、辅导一批、上市一批的良性机制。滚动扶持100家高成长性企业，引导向专精特新方向发展，逐步构建大中小企业协作的战略联盟。到2015年，全市销售收入超100亿元工业企业达15家以上，超50亿元的30家以上，过亿元的1000家以上，新增上市公司10家左右。

第2节　加速发展现代服务业

坚持现代服务业与先进制造业融合互动，促进服务业发展提速、结构提升、层次提高。到2015年，生产性服务业比重达42%。

(一)推动服务业提速发展。立足区域制造业发展需求和生活消费需求，重点发展现代物流、金融服务、科技服务、软件和服务外包、旅游、现代商贸等现代服务业，不断提高贡献度。

现代物流业。依托港口、铁路等重大交通设施，以泰州港(核心港区、泰兴港区、靖江港区)综合物流园、泰州城北物流园、江苏三江物流中心、兴化得胜湖港口建材物流园、姜堰经济开发区综合物流园等为重点，加强信息平台建设，积极推进多式联运，重点发展码头、仓储、加工及交易四位一体的大物流，加快发展第三方、第四方物流，努力把泰州建成区域性物流中心。

金融服务业。积极引进国内外金融机构，支持现有商业银行延伸网络，着力创新担保、抵押方式和投融资工具，加快发展非银行金融机构，切实加大金融对地方经济的支持力度。到2015年，力争新引进全国性商业银行5～8家、外资银行2～3家，金融机构本外币贷款余额达3500亿元。

科技服务业。依托各级科技创业服务中心、生产力促进中心，加快发展科技信息、技术咨询、技术培训、科技研发、技术孵化、科技金融及技术市场等服务业，着力构建开放协作、功能完备、运行高效的服务体系，为科技创新创业提供支撑。

软件和服务外包业。围绕工业优势产业，大力开发应用软件和系统集成产品，为生产制造、研发设计、企业管理提供有效服务。坚持离岸外包和境内外包并举，积极承接服务资本转移，重点发展医药外包、软件外包，不断提高发展层次和水平。

旅游业。以休闲度假旅游为重点，围绕“文化、水乡、生态”特色，积极整合旅游资源，加强旅游开发、推介和合作，加快完善泰州文化古城旅游区、溱湖(溱潼)旅游区、兴化人文水乡旅游区、泰州(泰兴)红色旅游区和沿江风光带等“四区一带”发展格局，努力把泰州建成长三角旅游目的地。重点推进凤城河、溱湖风景区深度开发，积极实施引擎型项目，加快形成吃住行游购娱一体、自然景色人文内涵融合的龙头型旅游产品。依托里下河及长江风光资源，加快发展一批生态休闲型特色景点。到2015年，旅游总收入达250亿元。

现代商贸业。大力引进新型流通业态和现代经营方式，努力提高商贸业发展水平。重点发展新区商圈、济川路商业中心，提升西坝口商圈层次，加快培育县域商贸中心，不断增强城市商贸集聚能力。积极提升市场发展水平，重点培育壮大戴南不锈钢交易城、靖江中阳钢材市场等一批有产业支撑的专业特色市场。加快发展农村连锁超市和农业生产资料连锁网络，不断壮大农村市场。

(二)积极打造服务业集聚区。加强规划引导，完善服务功能，重点发展壮大现代物流园、科技创业园、服务外包园、软件园、中央商务区和产品交易市场等服务业集聚区，加快提升发展质量，促进服务业集聚集约发展。到2015年，力争形成百亿级服务业集聚区8家以上，500亿级的2～3家。

(三)着力培育新热点。适应消费结构升级的新形势，积极拓展新领域，发展新业态，着力培育养老服务、健康服务、家庭服务、教育培训、医疗服务、信息服务、商务服务等一批新热点，努力抢占发展先机。

第3节　积极发展现代农业

以高产、优质、高效、外向、生态、安全为方向，以提升“5218工程”水平为抓手，积极发展现代农业，促进农业持续增效、农民持续增收。

(一)加快发展高技术农业。整合农业科技资源，建立市级农业科研平台，加强产学研、农科教合作，积极推进农业自主创新、引进消化吸收再创新和科技成果转化，努力突破一批关键特色农业技术，到2015年农业科技进步贡献率达60%。加快完善农技推广服务体系，不断提高农业科技入户率和到位率，更好地为农民提供技术公共服务。加快普及粮食高产技术，大力实施农业新品种、新技术、新模式“三新工程”，到2015年引进推广农业新品种300个、新型农业生产技术100项、农业发展新模式50项。加强农艺与农机结合，提高农业机械化水平。

(二)大力发展高产出高效益农业。大力发展高效农业、设施农业，重点培育壮大优质水稻、专用小麦、高效蔬菜、花卉苗木、应时鲜果、食用菌、食草畜禽、特色渔业等优势特色产业，着力打造一批十亿元级产业集群，到2015年高效农业面积比重达50%。大力推进农产品精深加工，不断提高农业附加值。适度发展观光农业，努力建设一批具有较强竞争力的农业观光园。加快农业标准化建设，加强农产品质量安全，努力培育优质农产品品牌。强化农产品营销，加快发展农产品物流网络、专卖店、连锁店和专业批发市场。

(三)积极发展规模化农业。创新农业生产方式，推动土地向种养大户、小农场和专业合作社集中，促进大宗农产品集中连片、规模发展，到2015年农业适度规模经营面积比重达55%左右，生猪、家禽规模养殖比重分别达80%和95%。加快发展外向型农业，鼓励外商资本、民间资本和工商资本投资，带动农业规模化发展，到2015年农业利用“三资”达150亿元。积极发展农民专业合作社，大力推进农业产业化经营，培育壮大龙头企业，努力形成产加销一体化的发展格局，不断提高农业生产组织化程度。加强“菜篮子”工程建设，努力打造一批规模化生产基地。

(四)着力培育现代农业发展载体。大力推进现代农业园区建设，重点培育壮大江苏省现代农业综合开发示范区、海陵现代农业综合开发示范区、高港现代农业园、兴化农副产品加工区、泰兴高效农业园、靖江生祠现代农业示范园、江苏河横生态农业科技示范园等一批农业科技示范园区和农产品加工园区，努力建成优质高效农业示范区和集聚区。积极推进种植业产业带、畜禽养殖基地和特色渔业板块建设，努力培育一批现代农业基地。积极创新机制，支持有条件的地区发展现代化小农场。

第4节　提高建筑业发展水平

充分发挥“建筑之乡”的优势，进一步提升水平，努力把建筑业发展成具有较高技术水平的现代产业、节能减排的绿色产业。“十二五”期间，建筑业总产值年均增长12%以上。

(一)积极推进转型升级。积极调整建筑业结构，大力发展路桥、轨道交通、港口、特种工程、装饰装修等专业领域，着力推进工程总承包，到2015年专业企业比例达50%。适应资源节约型、环境友好型社会建设和低碳发展的要求，积极推进绿色施工，促进传统建筑业向现代建筑业转变。

(二)加快提升技术水平。加大科技投入，研发和推广新技术、新工艺、新材料、新设备，积极运用高新技术改造提升建筑业，不断提高建筑业的资产质量、装备水平，到2015年技术装备率达30000元/人。加强建筑业人才培训，加快提高从业人员素质。

(三)培育壮大骨干企业。积极整合资源，引导各类要素向骨干企业集中，不断提高产业集中度，努力培育一批高等级资质企业和规模型专业企业。鼓励企业加强品牌建设，争创鲁班奖、国优工程奖5项。支持有条件的企业，创新经营模式，开展资本运营，带动生产运营。

(四)加大市场开拓力度。抢抓世界经济逐步复苏和我国城镇化进程加快推进的机遇，积极巩固传统市场，主攻重点市场，抢占热点市场，开拓国际市场，努力培育一批新的优势市场。

第三章　实施开放创新双轮驱动战略

坚持开放创新有机融合、相互促进、能量共生，以开放促进创新，以创新带动更高水平开放。

第1节　构筑“三高”创新格局

坚持开放式创新和自主创新并举，加快构筑以高起点引进、高位嫁接、高水平产学研合作为主要途径的“三高”创新格局。

(一)高起点引进。抢抓全球新一轮科技革命及产业调整重组的机遇，大力引进全球技术、成果、人才等高层次要素资源，积极招引具有世界先进水平的龙头企业，充分利用全球资源提升科技创新能力和产业发展水平。鼓励有条件企业直接并购国外企业和研发机构，加快提升技术水平。到2015年，力争设立外资研发机构50家以上。

(二)高位嫁接。鼓励引导有条件的企业，积极转变观念，与世界一流企业、央企100强开展高端合作、平等合作、战略合作，高位嫁接全球先进技术、知名品牌、市场网络和现代管理，推动企业裂变式扩张，促进产业高端化发展，努力走一条以高位嫁接为特色的创新之路。

(三)高水平产学研合作。引导产学研由短期、松散、单项合作，向长期、紧密、系统合作转变，加快建立产学研基地、研发中心和“校企联盟”等紧密型合作机构，推动创新要素在产业层面集聚融合。围绕“1+3+N”产业体系，组建产业技术创新联盟，努力提升核心竞争力。到2015年，力争实施科技合作项目1000项以上，建成实质性运作的产学研联合体500个以上。

(四)强化企业创新主体地位。强化企业在技术创新中的主体地位，推动创新成果向企业集中，创新政策向企业倾斜，创新人才向企业流动。支持大中型企业建立企业技术中心、工程技术研究中心、院士工作站和博士后工作站，鼓励行业龙头企业建设企业研究院和重大工程实验室，努力培育一批高新技术企业和创新型企业，为产业创新提供支撑。到2015年，新建企业院士工作站30家以上。

(五)加强创新载体建设。积极推进留学生创业园、科技企业孵化器、高新技术加速器、高新技术创业服务中心等各类科技创业园建设，到2015年建成10个左右科技创新创业示范区，各类科技孵化器、加速器达15家以上。加强创新服务体系建设，加快提高资源共享、技术创新、成果转化三大平台服务水平。

第2节　加快建设中国医药城

坚定不移举全市之力建设中国医药城，努力把医药城打造成开放创新的高地。到2015年，力争引进1000个以上创新创业团队，落地申报1000项左右创新成果，集聚1000家以上研发机构和高科技企业，实现1000亿元以上销售收入。

(一)提高技术创新水平。加强政策激励，加快医药城人才特区建设，努力集聚一批顶级发展顾问、高端领军人才。大力引进世界一流医药研发机构、高新技术，加强技术整合和消化吸收再创新，不断提高医药产业技术水平。加强公共技术服务、社会化服务、人力资源配置等平台建设，促进企业自主创新，努力掌握一批核心技术，形成一批创新药物。

(二)加快产业化步伐。加快推进重大项目建设，促进早日投产达效，努力抢占产业化发展先机。进一步完善项目报批快速通道，推进医药成果落地申报，加快科技成果转化步伐。积极招引国内外知名医药企业、世界500强企业项目，加速集聚一批体量大、科技含量高、爆发力强的产业化项目。“十二五”期间，逐步形成生物制药、化合药新型制剂、高端医疗器械、中药现代化、医药研发外包和康健医疗服务等一批特色产业基地。

(三)加强资本化运作。积极探索资本化运作的新机制和新模式，鼓励吸引国内外风投公司、创投公司落户，大力发展平台项目基金、政府引导基金、中小企业创业基金等产业类基金，加快推进上市融资和企业债券发行，努力构筑现代资本化体系。加强金融创新，促进科技、产业和金融融合。

第3节　提升开放型经济水平

适应对外开放的新形势，加快提升开放水平，以开放促发展、促改革、促创新，不断提高开放型经济的贡献度。

(一)提升利用外资水平。更加注重招引新兴产业项目、优势主导产业重大项目，努力提高利用外资层次。更加注重引进技术、管理和人才，实现由引进资本向引进全要素转变。更加注重引进物流、金融、服务外包等现代服务业项目，鼓励外资企业来泰设立研发中心、销售机构和地区总部，到2015年服务业利用外资比重达30%。统筹推进农业、社会事业领域的利用外资。突出招引港台、欧美、日韩资本，积极打造台资密集区，进一步扩大利用外资规模。

(二)提高对外贸易水平。加快推进外贸转型升级，积极提升传统出口产品的技术含量和附加值，扩大新兴产业产品出口，推动一般加工和贴牌加工向自主设计转型。加快建设出口基地，积极培育出口品牌，努力打造一批出口产业集聚区。大力开发东盟、拉美、非洲、大洋洲等市场，努力培育新的出口增长点。充分发挥进口对产业升级的推动作用，鼓励企业扩大先进技术、成套设备和资源进口。

(三)加快企业“走出去”步伐。依托产业优势和特色，鼓励骨干企业建立海外生产加工基地、资源开发基地，设立境外营销网络，努力培育发展一批跨国公司。积极提高对外承包工程层次，逐步由低端工程施工向承揽大中型工程、高端工程转变。

(四)积极扩大对内开放。抢抓央企资产重组以及布局新兴产业的机遇，积极开展上门招商，力争我市在央企研发机构布点、产业基地布局、区域中心设置上取得新突破。“十二五”期间，力争引进央企项目10个左右。抓住上海、苏南等地转型升级的机遇，有选择地承接产业梯度转移。加强与上海产学研合作，高起点引进高新技术和成果，为我市经济转型升级提供智力支撑。

第4节　强化人才保障

大力实施人才强市战略，坚持人才优先发展，充分发挥人才第一资源作用，设立人才发展专项资金，加强人才引进、培养和使用，完善人才发展环境，以人才高地建设引领产业高地、创新高地建设。到2015年，人才资源总量达85万人。

(一)突出建设高层次创新创业人才队伍。大力实施“凤城千人计划”，着力引进高层次创新创业人才和团队，努力造就一批能够突破关键技术、具有自主知识产权的创新型科技人才，一批依靠核心技术自主创业的科技企业家，实现高层次人才队伍建设、高新技术产业发展、高科技成果转化“三高联动”。到2015年，引进和培养2000名左右高层次创新创业人才和海外优秀人才。

(二)大力开发急需紧缺产业人才。适应构建现代产业体系的需要，加强急需紧缺人才的引进和培养。到2015年，为装备制造、生物技术与新医药、电子信息、新能源等重点产业领域培养开发急需紧缺人才1.5万人。

(三)加快建设企业经营管理人才队伍。以提高企业经营管理水平和国际竞争力为核心，加快推进企业经营管理人才职业化、市场化、专业化，实施科技企业家培育工程，努力建设一批具有创新精神，熟悉资本运作、企业管理、市场营销的高水平企业经营管理人才。

(四)加快建设专业技术人才队伍。深入实施“311高层次人才培养工程”、专业技术人才知识更新工程，加强新兴产业、现代服务业、农业、教育、卫生、文化等领域人才开发，努力培养一支规模宏大、素质优良、结构合理的专业技术人才队伍。

(五)加快建设高技能人才队伍。以提高职业素质和专业技能为核心，以技师和高级技师为重点，努力建设一支数量充足、门类齐全、梯次合理、技艺精湛的高技能人才队伍。到2015年，高技能人才总量达10万人。

(六)统筹建设其他各类人才队伍。完善领导干部选拔任用、教育培养、考核评价、监督管理制度，加快建设高素质党政人才队伍。以农村经济发展带头人和农村经营人才为重点，加快推进农村实用人才队伍建设。适应和谐社会建设需要，努力培养职业化、专业化的社会工作人才。

第5节　优化开放创新环境

依托城市和开发园区，进一步完善功能，优化环境，为开放创新提供保障。

(一)加强生产配套功能。进一步优化开发园区产业布局，逐步完善产业链，切实增强产业综合配套能力。强化服务功能建设，加快完善工业设计、金融、物流、信息等专业化服务体系。积极推进特殊功能区建设，鼓励有条件的开发区加快特殊监管区建设，支持出口加工区申报综合保税区，促进功能叠加。加强口岸建设，进一步提高通关效率。

(二)加快提升人文环境。加快建设国际化就医、就学的各类设施，逐步完善适宜高层次人才休闲娱乐、消费的各类服务功能，着力推动城市功能向创业型、宜居型、生态型转变，努力营造最佳的人文环境。

(三)积极优化服务环境。进一步完善行政服务中心运行机制，严格落实“两集中、两到位”，切实提高服务效率。深化“三服务”活动内涵，创新服务方式，建立健全重大项目服务“绿色通道”，努力打造一流服务环境。严格查处乱收费、乱罚款、乱检查等行为，规范行业协会、中介组织收费行为，认真落实出台的各项政策，为企业投资创造良好环境。

(四)实施知识产权战略。加强知识产权创造、运用、保护和管理，完善知识产权公共服务平台，加大对侵犯知识产权行为的打击力度，争创知识产权示范市。鼓励和支持企业牵头或参与研制产业技术标准，掌握产业发展主导权。到2015年，培育具有自主知识产权的创新型企业100家以上，百万人口发明专利授权数达60件左右。

第四章　加快发展中心城市

坚持城市建设与城市经济互动并进，进一步拓展空间，优化布局，完善功能，壮大产业，彰显特色，逐步把中心城市建成中国医药名城、长江三角洲先进制造业基地、江苏省长江南北联动发展枢纽城市、滨江生态宜居旅游城市。到2015年，中心城区人口达85万人。

第1节　优化城市空间结构

(一)完善城市发展格局。积极改造老城区，加快建设新城区，大力发展港城区，着力完善城市发展格局。老城区，着力彰显“汉唐古郡、淮海名区”的人文风貌，努力改造成以文化、旅游、生态、商贸等功能为特色的城市片区。新城区，着力凸显现代化气息，努力建设成以新兴产业、商务、金融、高等教育等功能为特色的城市片区。港城区，着力做足滨江文章，努力发展成以临港产业、滨江休闲旅游等功能为特色的城市片区。

(二)优化城市空间形态。重点建成苏中机场、泰州长江大桥、泰镇高速泰高段、231省道改线、长江大道、站前路、高港大道、环港大道等一批骨干工程，完成青年路、鼓楼路北延、济川路、梅兰路西延等60条城市道路工程，努力构建“内通外畅、衔接贯通”的城市交通网络。积极争取实施行政区划调整，推进重点城镇组团发展，进一步拉开城市框架。加强城市地下空间规划、开发和利用。科学、统筹布局地下管网体系。到2015年，中心城市建成区面积达93平方千米。

(三)着力推进同城化发展。立足长远，统筹规划，创新机制，推进中心城市与副中心城市之间基础设施统一布局、共建共享，逐步形成功能分工清晰、产业定位互有补充、基础设施网络连接、人员往来便捷通畅的组团式城市空间格局。

第2节　完善城市功能

加快开发医药高新区中央商务区、火车站街区、滨江新城、临湖新区等重要功能区，实施一批重点项目，着力完善社会服务、商贸服务、公共交通、公用设施四大体系，不断增强城市功能。

(一)社会服务体系。进一步加大投入力度，统筹规划，整合资源，重点实施新区高级中学、泰州人民医院新院、市精神病防治院、市传染病医疗中心、市体育公园、高港体育中心等一批社会事业项目，切实提高社会服务功能。

(二)商贸服务体系。重点建设万达、深茂、泰茂等城市综合体项目，实施泰州国际、碧桂园、世贸雅思、万达希尔顿、药城国银酒店等五星级酒店项目，加快引进和建设一批大型超市、专业市场，不断增强商贸服务功能。

(三)公共交通体系。坚持公交优先发展，加强投入、增加车辆、优化线路、改善服务，规划建设城市慢行系统，提倡绿色出行，合理引导私人小汽车发展，完成城市轻轨、快速公交系统的前期研究工作，提升城市交通管理和交通智能化水平，到2015年新建公共停车场15处，市民公交出行分担率达20%。

(四)公用设施体系。科学布局城市给水、排水、电力、通信、燃气、供热、环卫、消防、人防等设施，扩建第一城南、城北、滨江、永安洲污水处理厂及配套管网、三水厂水源工程和三水厂净水厂，到2015年城市污水集中处理率达75%以上。基本建成基于信息系统的人民防空体系。

第3节　提升城市品质

致力于建设生态宜居城市，努力塑造“水亲、绿透、文昌、城秀”的城市风貌。

(一)彰显城市秀水特色。加快建设凤城河风光带，大力推进环境综合整治，实施生态护坡、亮化等景观工程，努力建成“水清、水美、水活、水畅”的生态景观廊道。深入实施城市水生态环境建设工程，综合整治周山河、南官河城区段、老通扬运河、鸭子河及城区内部河道环境。

(二)提高城市绿化水平。全面实施“建绿、扩绿、补绿、透绿”工程，完善城市绿地系统，重点打造永定东路等一批园林式景观大道，建设大桥生态公园、滨江生态湿地公园、海陵城北三河公园、周山河庆丰公园等公共绿地公园及一批街头小游园，不断扩大绿化面积，提高绿化水平。

(三)推进旧城改造更新。加大老城改造更新力度，加快改造城市东大门、西大门和城北等区域，推进迎春路、东进路等主干道立面改造，综合整治老小区环境，切实提升城市形象，到2015年基本完成旧城改造更新。

(四)提升城市规划水平。依据修编的城市总体规划，调整完善专项规划和详细规划。高水平开展城市设计，加强对重点区域建筑形态、色彩、高度等元素的整体控制。进一步放开建筑设计市场，加强设计审查。强化住宅小区、安置区的建筑设计，努力形成一批高品质、精品化楼盘。加强周边乡镇农民建房的规划控制，引导农民进城或集中居住。强化规划审批和后续管理，切实增强规划的权威性和严肃性。

(五)加强城市管理。进一步完善城市管理体制，推动城市管理重心下移，健全“两级政府、三级管理、四级网络”的体系。创新城市管理方式，优化数字城管平台，促进城市管理向信息化、标准化、动态化和精细化转变。加强综合执法，切实解决一批城市管理热点、难点问题，加快构建长效管理机制。坚持人性化管理，引导市民参与城市管理，努力打造“百姓城管”品牌。加强小区物业管理。

第4节　做强市区经济

立足市区产业基础及比较优势，加快构筑以新兴产业为主导，先进制造业和现代服务业为支撑的城市产业体系。积极推进老城区工业企业退城入园，促进海陵工业园转型升级，优化市区产业布局，努力打造医药高新区、出口加工区、新能源产业园区、核心港区、城区服务业集聚区五大板块。到2015年，力争市区经济占全市经济比重达40%以上。

(一)医药高新区。加快建设科研开发区、生产制造区、会展交易区、教育教学区、综合配套区和康健医疗区等六大功能区，着力打造千亿级园区，努力建成全国加快发展战略性新兴产业的示范区、“江苏制造”向“江苏创造”跨越的先导区、高层次人才和高新产业的集聚区。

(二)出口加工区。积极完善物流、用工等配套服务，加快推进重点项目建设，形成现实生产力。积极发挥辐射带动作用，统筹推进海陵、高港微电子产业园发展，科学布局配套项目，加快形成产业整体优势。

(三)新能源产业园区。进一步完善管理体制，加强基础设施和公共服务平台建设，积极整合产业资源，重点发展以太阳能光伏和动力电池为主的新能源产业，努力建成特色示范园区、现代化新城区。

(四)核心港区。充分发挥港口带动作用，加快引进战略投资者，整合岸线资源，推进纵深开发，重点发展先进装备制造、船舶、粮油食品、现代物流等临港产业，不断提升产业发展水平。

(五)城区服务业集聚区。重点依托老城区和新城区，加快推进现代服务业集聚区建设，不断增强生产服务和生活服务功能，全力打造区域性服务中心。

第五章　促进城乡区域协调发展

坚持以城镇化为核心，以新农村建设为基础，以优化空间开发格局为重点，促进城乡之间、区域之间优势互补和协调发展，切实增强整体竞争力。

第1节　大力推进新型城镇化

坚持走新型城镇化道路，加快推进农民市民化、城镇建设特色化、城镇产业和就业结构多样化、城镇发展生态化、区域城市同城化，着力构筑中心城市、副中心城市、小城市、特色城镇协调发展的格局。

(一)大力发展县域经济。加大对县域经济发展的支持和指导力度，积极落实省直管县改革措施，加快推进新型城镇化步伐，着力培育壮大主导产业，切实增强县域经济发展实力和活力，力争有条件的地区率先基本实现现代化，其他地区全面建成更高水平小康社会。

(二)建设副中心城市。加大县域城市建设力度，切实发挥统筹城乡发展的主体带动作用。

姜堰城。加强与中心城市衔接，坚持西进南扩北控东优，重点发展先进制造业、物流业和生态人文旅游业，加快构建“一核双轴多组团”的空间布局，努力建成长三角重要生态旅游城市。到2015年，市区人口达30万人。

泰兴城。加强与中心城市衔接，坚持“重心北移、中部改造、东部提升、南部拓展、西部开发”的思路，重点发展临港产业，加快建设沿江现代制造业基地，努力打造人文底蕴深厚的滨江工贸城市。到2015年，市区人口达38万人。

靖江城。重点发展临港产业、商贸物流和旅游业，加快建设滨江新城区，积极改造老城区，发展城南园区、城北园区、江阴-靖江工业园区等组团，努力建成沿江现代化、综合性工贸港口城市。到2015年，市区人口达35万人。

兴化城。加快城市东进南扩步伐，优先发展旅游业，大力发展机械铸造、农副产品深加工等产业，积极培育新兴产业，努力建成生态水乡人文特色明显、宜居宜商的现代化中等城市。到2015年，市区人口达35万人。

(三)着力培育小城市。按照特色城市的理念和标准规划建设，进一步做强做特产业，做美环境，做优功能，加快培育新桥、新港、黄桥、虹桥、溱潼、白米、戴南、安丰等一批小城市，努力建成上承中心城市、下接一般城镇的区域性中心，切实发挥统筹城乡发展的纽带作用。

(四)积极发展特色镇。坚持以产业集聚带动城镇发展，大力培育特色产业集群，加快完善基础设施、公共服务和居住功能，积极发展一批商贸流通型、工业主导型、生态旅游型、历史文化型特色城镇，切实发挥统筹城乡发展的基础带动作用。

(五)加快农民转市民步伐。积极推进“双置换一转化”改革，促进农民由在城镇落脚变为在城镇落户。进一步推进户籍制度改革，放宽城镇落户条件，有序引导农民融入城镇，促进农民转市民。已落户城镇的农业转移人口在教育、医疗、社保、住房等方面享受与城镇居民同等待遇。加强农民工权益保护，着力解决农民工社会保障、子女就学、住房租购、计划生育服务等现实问题。全面提高进城农民素质，加快融入城市文明，着力培育现代市民。

第2节　加快建设新农村

坚持以工促农、以城带乡，协调推进工业化、城镇化和农业现代化，提升全面小康村“十百千”工程，加快推进农村新一轮实事工程，健全农村社会化服务体系，努力建设农民幸福生活的美好家园。

(一)提高农民收入水平。突出农业、就业、创业、物业“四业富民”，加快形成以经营性收入为基础、工资性和财产性收入为重点、转移性收入比重稳步提高的增长格局。加快培养新生代农民，挖掘农业内部增收潜力，完善利益联结机制，让农民更多地从农业效益提升中获得收益，更多地分享农产品加工流通环节利润，让更多的本地农民从农业发展中增加收入。加快发展农村非农产业，促进劳动力就近转移增收。加强农村特色劳务基地建设，大力发展劳务经济。鼓励农民自主创业、联合创业、返乡创业，逐步提高经营性收入。坚持因地制宜，大力发展资源开发型、资产经营型、为农服务型、休闲观光型村级集体经济，实现强村富民。积极落实各项惠农政策，适时提高扶贫标准，努力增加转移性收入。

(二)发展农村公共服务。大力发展农村教育事业，扩大农村学前教育优质资源，努力提高农村义务教育质量和均衡发展水平。大力发展农村卫生事业，加强镇村两级医疗卫生机构建设，切实改善农村医疗卫生条件。加强农村公共文化、体育健身设施建设，不断满足农民精神文化需求。推进新农村新家庭建设，完善世代服务体系。加强农村交通建设，重点实施危桥改造、农村集中居住区道路通达工程．“十二五”期间建设农村公路1500千米。加快推进城乡客运一体化、镇村客运公交化，到2015年行政村通班车率达100%。以农村水利基础设施为重点，加快大中型灌区改造，完善农村小型水利设施，全面加强农田水利建设。加强农村饮用水工程建设，基本解决农村饮用水安全问题。加强农村信息化、电网改造、沼气等工程建设，不断改善农村生产生活条件。理顺农村事业单位体制，增强农村公共服务能力。

(三)建设新型农村社区。坚持因地制宜，按照“田园村庄、生态社区”理念，加强配套设施建设，提升文化品位，努力改造形成一批具有“田园风光、乡土风情、民俗风韵、传统风貌”的生态型村庄。积极实施村庄布局和建设规划，引导农民集中居住，加快形成一批基础设施城镇化、生活服务社区化、生活方式市民化的新型农村社区。加强社区综合服务中心建设，搭建为农服务的公共平台。

第3节　促进区域协调发展

牢固树立主体功能区的理念，更高层次推进区域发展，加快形成中心城市、沿江地区、里下河地区及黄桥老区等三大经济区协调发展的新局面。

(一)优化空间开发格局。综合资源环境承载能力、发展潜力和现有开发强度，将全市域规划为优化开发、重点开发、适度开发、禁止开发四类功能区域，以市(区)为主体，实施空间分类调控，推动区域差异化、特色化发展。

优化开发区域。主要包括中心城市老城区和县级市城关镇，适度减少制造业空间和农村生活空间，增加服务业、城市居住、公共设施空间，重点发展高端制造业、新兴产业和现代服务业，逐步提高开发效率和发展层次。

重点开发区域。主要包括中心城市和县级市城区部分乡镇、重点中心镇、省级以上开发区等，适度增加服务业、城市居住、公共设施空间，积极调整制造业空间，重点发展先进制造业和生产性服务业，逐步集聚生产要素和人口，努力提高开发密度和投资强度。

适度开发区域。主要包括优化开发、重点开发区域以外的乡镇，适度增加生态空间，减少建设空间，重点发展生态型制造业、现代农业和旅游业。

禁止开发区域。主要包括饮用水源、湿地公园、文物保护单位等具有重要生态功能和文化保护价值的区域，实施强制性保护，禁止不符合主体功能定位的开发活动，严格保障生态安全。

(二)深入推进沿江开发。抓住长江深水航道整治的机遇，统筹沿江港口定位，大力发展临港产业，努力把沿江地区建成现代制造业走廊。坚持集约开发，着力招引一批旗舰型、基地型和龙头型大项目，努力打造经济国际化新高地。大力推进跨江联动、江海联动，加快融入苏南经济板块和沿海地区产业链，不断拓展沿江开发空间。

(三)增强里下河地区及黄桥老区发展活力。加强政策扶持，加大基础设施建设力度，切实改善发展环境，力争经济增长速度高于全市平均水平。抢抓沿海开发及泰州长江大桥建成通车机遇，充分发挥资源优势，鼓励飞地开发，努力发展一批优势和特色产业。大力发展民营经济，不断增强经济发展活力。加快发展小城镇，培育区域性增长极，切实增强辐射带动作用。

第4节　加强重点基础设施建设

坚持“统筹规划，适度超前，完善功能，提高水平”的原则，加强重点基础设施建设，努力提高基础设施的支撑能力。

(一)大力推进交通基础设施建设。统筹各种交通运输方式发展，加强交通信息化管理系统建设，着力构建布局合理、功能完善、衔接畅通、安全高效的市域综合交通体系。

交通通道和交通枢纽。协调推进公路、铁路、航道等交通设施建设，加快构筑沿江、江海、兴泰、盐靖四大综合交通通道。加强各种交通运输方式衔接，建成泰州客运西站枢纽，建设泰州铁路客运枢纽，开展泰州客运总站综合枢纽前期研究，促进客运“零换乘”和货运“无缝衔接”。

港口和航道建设。重点建设和改造一批沿江港口码头，到2015年泰州港货物吞吐量达1.5亿吨以上，核心港区集装箱吞吐能力达100万标箱。加强航道整治和建设，重点实施通扬线、泰东线和盐邵线等干线航道和周山河船闸建设工程，加快提升航道运输能力，完善港口集疏运体系。

公路建设。重点实施宁通高速江广段扩容、省道334泰兴段改线、233兴化绕城段、229姜堰南段和靖江段改建、232泰兴沿江段改线工程，加快推进泰常过江通道、盐兴高高速公路、泰州中部干线工程前期研究工作。到2015年，高速公路、一级公路里程分别达240千米和920千米。

轨道交通建设。完成宁启铁路复线电气化改造，积极推进靖江–江阴铁路过江通道和泰锡宜城际铁路规划建设，加快泰州港核心港区、泰州城北物流园、靖江新港工业园、兴化粮食物流园铁路专用线建设，着力构筑市域铁路网络。

(二)完善水利基础设施。加强水资源供给体系建设，重点实施卤汀河拓浚、泰东河拓浚、引江河二期工程等一批骨干项目。巩固长江、328国道控制线的防洪标准，提高里下河圩区、沿江圩区防洪排涝水平，加快推进城市防洪工程建设，加强车路河、西塘港河、渭水河、白涂河、两泰官河等中小河流排涝能力建设，着力形成流域、区域、城镇统筹协调的防洪减灾体系。

(三)加强能源基础设施建设。加强电源点建设，力争开工建设国电泰州电厂二期和国信靖江电厂，积极推进大唐姜堰燃机热电联产项目、泰兴煤气化联合循环发电项目前期工作。加强电网建设与改造，重点扩建500千伏凤城变，新建220千伏药城变等18个输变电工程，推进特高压1000千伏泰州变前期工作。加快建设智能电网。建成靖江山煤集团煤炭储备基地和泰兴、靖江、姜堰天然气利用工程，加快建设苏北成品油管道、中心油库和兴化天然气利用工程。

(四)提升信息基础设施水平。按照“枢纽型、功能性、网络化”的要求，积极推进第三代移动通信(3G)网络、光纤宽带、新一代广电网等工程建设，共建共享人口、地理等基础信息系统，促进电信网、广播电视网、互联网“三网融合”，努力形成无所不在、高速互联、业务融合的新型信息服务网络。以信息共享和互联互通为重点，大力推进信息公共服务平台建设。加强网络信任体系和安全保密设施建设。

第六章　加强社会建设与管理

坚持以人为本、民生优先，促进社会收入结构从宝塔型向橄榄型转变，基本公共服务从非均等化向优质均衡转变，社会管理从防控型向服务型转变，努力提升和谐发展的水平。

第1节　促进社会充分就业

坚持把扩大就业作为民生之本，统筹推进城乡就业，努力促进社会充分就业。

(一)积极推进民众创业。进一步加强宣传引导，促进民众创业，努力放大创业带动就业的倍增效应。积极落实各项扶持政策，整合政策资源，进一步优化创业环境。强化创业服务，努力建设一批创业实训基地、孵化基地和创业服务超市。

(二)加强就业技能培训。坚持以培训促就业，大力加强公共培训机构建设，鼓励社会力量参与技能培训，健全面向全体劳动者的职业技能培训体系，不断提高技能型劳动者比重。适应不同就业群体要求和经济社会发展需求，改进培训模式，设计培训产品，切实增强培训针对性。加强与中西部地区劳务输出协作，努力保障劳动力供给。“十二五”期间，年均开展城乡就业创业培训16万人次。

(三)努力扩大就业规模。实施更加积极的就业政策，积极发展服务业、中小企业和劳动密集型产业，多渠道扩大就业规模，实现经济增长与就业增长的良性互动。加强就业援助，加大对困难群众、特殊群体的就业帮扶力度，动态消除城乡“零就业”、“零转移”家庭。积极创造更多的智力型就业岗位，促进高校毕业生就业。加强城乡就业服务平台建设，为城乡劳动者提供均等化服务。

(四)构建和谐劳动关系。加强劳动监察和执法，规范企业用工行为，完善劳动争议处理机制，维护劳动者合法权益。指导督促企业增强劳动法制意识和社会责任意识，注重人文关怀，改善用工条件。大力推行工资集体协商制度，不断提高覆盖面。建立落实企业职工工资正常增长机制和支付保障机制。加强工资指导线、劳动力市场工资指导价位和用工成本信息的发布，引导企业合理调整工资水平。

第2节　健全社会保障体系

(一)扩大社会保障覆盖面。加强城乡社会保险体系建设，加快推进非公企业人员、灵活就业人员、进城务工农民、城镇居民、学生参加社会保险，支持特殊困难群体参加社会保险，巩固和扩大新型农村合作医疗、新型农村养老保险覆盖面，完善被征地农民社会保障制度，初步实现人人享有基本社会保障。积极推进机关、事业单位养老保险制度改革。加强基层社会保障平台建设，进一步完善社会保险管理服务体系。

(二)提高社会保障水平。根据经济社会发展水平和各方面承受能力，建立企业退休人员基本养老金正常调整机制，逐步提高城镇职工、居民医疗保险及新型农村合作医疗报销比例，逐步提高以常见病、多发病为重点的居民医疗保险门诊医疗费用统筹水平。积极发展企业年金、职业年金和补充医疗保险，构建多层次社会保险体系。完善社会保险转移接续办法。积极提高社会保险统筹层次，实现医疗、工伤、生育和失业保险市级统筹。

(三)加大保障性住房建设力度。加强资金筹集，优先供应建设用地，优化选址，科学布局，加快构筑廉租房、租售并举房、经济适用房、公共租赁房、限价商品房五级住房保障体系，力争低保家庭住得上廉租房、低收入家庭住得起经济适用房、新就业人员和外来务工人员租得到房。“十二五”期间，新增保障性住房300万平方米(3.5万套左右)。积极完善廉租房制度，稳步提高实物配租比例和廉租房租金补贴标准，逐步扩大保障范围。进一步规范经济适用房制度，严格准入审查和交易管理。积极推进“阳光拆迁”，加强拆迁安置房建设。

(四)加强社会救助和社会福利。实施城乡低保动态管理和分类施保，健全保障标准自然增长机制，力争有条件的市(区)实现城乡低保一体化。积极整合社会救助资源，健全分层分类社会救助办法，形成集生活救助、医疗救助、灾害救助、脱贫援助、社会互助等为一体的社会救助体系。引导社会力量参与慈善和红十字事业，进一步增强慈善、红十字救助能力。加强社会福利事业建设，完善重点优抚对象抚恤补助标准自然增长机制，加快推进补助标准城乡一体化。关爱弱势群体，全面落实五保供养政策和供养标准增长机制，进一步保障孤儿、残疾人等特殊群体的合法权益。落实低收入群体价格上涨动态补贴机制，保障基本生活水平不降低。

(五)推进养老服务体系建设。坚持政府主导和社会参与相结合、居家养老和机构养老相结合、硬件建设和软件建设相结合、物质保障和精神关爱相结合，努力探索泰州特色的养老服务新路子。积极应对人口老龄化，加快发展老龄服务事业和产业，建立健全养老服务体系，努力提高老年人生活质量。“十二五”期间，养老机构床位数年均增长10%以上。

第3节　大力发展社会事业

(一)大力推进教育现代化。全面落实教育优先发展战略，大力推进教育现代化和教育信息化，建成教育强市，构筑具有泰州特色和优势的现代教育体系。开展国际交流和合作，提高教育国际化水平。

*均衡发展基础教育。*坚持适龄儿童少年接受义务教育免试、就近入学，建立县域范围内义务教育学校校长、教师定期交流制度，加大农村学校、薄弱学校发展支持力度，高水平实现义务教育优质均衡发展。坚持学前教育公益性，建立政府主导、社会参与、公办为主、公办民办共同发展的办园体制，高水平普及学前三年教育，到2015年省优质幼儿园达70%以上。积极推进普通高中教育优质化、特色化发展，不断提升教育质量和水平。大力实施中小学现代化建设工程，加快培育优秀校长队伍，到2015年60%以上义务教育学校建成现代化学校。大力推进素质教育，促进学生德智体美全面发展。加强师德师风建设，提高教师专业化水平。强化基础教育公平性，保障流动就业人口随迁子女等特殊群体孩子平等接受教育权利。

*优化发展职业教育。*加强实训基地建设，大力发展装备制造、医药、化工和电子信息四大专业群，加快建设模具设计与制造、物流管理、造船、光伏照明、软件与服务外包、新型环保六大新兴专业，切实增强服务地方经济的能力。探索中外合作办学，进一步扩大职业教育规模。到2015年，新建8个高水平示范性实训基地，建成5～6所国家中等职业教育改革发展示范校，“双师型”教师比例达70%以上。

*加快发展高等教育。*积极推进高教园区建设和现有高校内涵发展，提高师资队伍水平和教学科研水平，加强研究生教育，力争建成泰州大学。着力提高高职院校办学水平，努力创建国家级、省级示范性高职院校。到2015年，普通高等院校在校生规模5万人左右。

*构建终身教育体系。*优化整合教育资源，构建终身教育平台，广泛开展社区教育，大力发展农村成人教育，加快发展老年教育，努力建设全民学习、终身学习的学习型城市和学习型社会。

(二)提高全民健康水平。把基本医疗卫生服务作为公共产品向全民提供，实施社区卫生服务机构建设提升工程，加快培养全科医生，完善分级诊疗、双向转诊制度，全面实施基本药物制度，为人民群众提供安全、有效、方便、价廉的基本医疗卫生服务。加强疾病预防控制、卫生监督、妇幼保健、急救、采供血等公共卫生服务体系建设，逐步提高人均公共卫生经费。总结靖江改革试点经验，积极稳妥推进公立医院改革，创新管理机制和运行机制。大力发展中医药事业，推动中医、中药进社区。鼓励社会资本举办医疗机构，满足群众多样化医疗保健需求。开展爱国卫生运动，推进全民健康教育。加大监管力度，推进食品放心工程，有效防控食品药品安全风险。

(三)着力增强全民体质。贯彻实施全民健身条例，加强体育场馆、全民健身设施建设和管理，扩大体育设施开放程度，广泛开展全民健身运动和青少年阳光体育运动，努力提高全民健康素质，到2015年人均占有公共体育设施面积2平方米以上。加强体育人才培养和输送，不断提高竞技体育水平，努力创建体育强市。加快发展体育产业，重点开发体育健身市场，着力开发体育竞赛和体育表演市场，促进大众体育消费。

(四)加强人口和计划生育工作。稳定适度生育水平，全市人口自然增长率控制在3‰以内。完善人口和计划生育公共服务体系，全面实施免费孕前优生健康检查，努力改善出生人口素质。完善综合治理机制，有效控制出生人口性别比。落实计划生育奖励补助政策，提高计划生育家庭社会保障水平。保障妇女合法权益，加强未成年人保护，发展妇女儿童事业。支持残疾人事业发展，健全残疾人服务体系。

第4节　提高社会管理水平

适应社会结构的新变化，加强和创新社会管理，维护社会公平正义，努力促进社会和谐稳定。

(一)更加注重平安泰州建设。建立健全重大决策、重大工程社会风险评估机制，从源头预防社会矛盾。进一步加强信访工作，深入开展领导干部大接访、机关干部大下访、社会矛盾大调解活动，积极主动化解各类社会矛盾和疑难复杂信访问题，加快形成科学有效的利益协调、诉求表达、矛盾处理和权益保障机制。加强社会治安综合治理，突出信息化和现代科技手段应用，强化基层基础建设，集中整治突出治安问题，依法打击各种犯罪活动，不断提高人民群众的安全感。加强舆论正面引导，推进互联网有效使用和管理。

(二)更加注重基层组织建设。加大城乡社区建设投入，加强社区管理平台和队伍建设，逐步提高社区工作者待遇，提升社区工作的专业化水平，建立社区居委会主办、社会力量支持、群众广泛参与的工作机制，推动政府行政管理与社区自我管理有效衔接、良性互动，努力把城乡社区建成管理有序、服务完善、文明祥和的社会生活共同体。完成市区建成区及周边、集镇及周边、规划建设区及周边的村组(社区)股份制改革，加强撤村建居后的社区达标建设。

(三)更加注重社会组织建设。坚持政府指导和社会参与相结合，积极培育协调管理类、公益志愿类、社会中介类和行业协会类社会组织，指导支持社会组织拓宽活动内容、改进活动方式、提高活动成效，充分发挥其反映诉求、规范行为、协调利益和服务社会等方面的作用，努力形成社会管理和服务的合力。

(四)更加注重保障公共安全。坚持预防与应急并重，健全预防预警和应急处置体系，制定和完善全方位、多层次的应急预案，加强公共安全基础设施建设，有效应对公共卫生、社会安全等突发公共事件。加强安全生产监管，落实安全生产制度。加强气象、地震等重大自然灾害监测和救援队伍建设，提高建筑物抗震设计标准，不断增强事前预警、事中救援和事后恢复的灾害综合处理能力。

(五)更加注重流动人口服务管理。加强流动人口信息采集，建立全员流动人口信息库。加强流动人口服务管理网络建设，改革流动人口登记办法，探索建立居住证制度，完善“以证管人、以房管人、以业管人”的管理体系。

第5节　加强民主法治建设

(一)加强民主政治建设。健全民主制度，丰富民主形式，保证公民依法民主选举、民主决策、民主管理和民主监督。加强基层民主建设，积极推进政务、厂务、村务和社区事务公开，深入开展“村民直评村官”活动和“民主法治示范村”创建活动，推行民主化议事，保障人民群众对社会事务的知情权、参与权、监督权和选举权。加强职工代表大会制度建设。充分发挥工会、共青团、妇联、侨联、社科联、文联、科协、残联、红十字会等群众团体桥梁纽带作用。加强民族、宗教、对台和侨务工作。

(二)加强法治泰州建设。深入推进依法行政，严格规范行政执法行为，努力建设法治政府。加强司法监督，推进司法公开，规范司法行为，促进司法公正。加强司法队伍建设，提高司法人员素质和执法水平。完善法律援助机制，不断扩大覆盖面。深入开展法制宣传教育，实施“六五”普法规划。加强国防动员建设和国防教育，进一步做好拥军优属工作。

(三)加强廉政建设。坚持标本兼治、综合治理、惩防并举、注重预防的方针，加大从源头上预防和治理腐败的力度，建立健全教育、制度、监督并重的惩治和预防腐败体系。加强对权力运行的制约和监督，加强政府内部层级监督和专门监督，自觉接受社会监督，努力营造风清气正的发展环境。严肃查处违纪违法案件，坚决纠正损害群众利益的不正之风。

第七章　推进文化泰州建设

加快推进文化泰州建设，努力把泰州建成长三角城市群中文化底蕴深厚、文化特色鲜明、文化事业繁荣、文化产业有竞争力、文化软实力较强的后起之秀。

第1节　提高全民文明素质

(一)加强公民思想道德建设。加强社会主义核心价值体系建设，深入推进社会公德、职业道德、家庭美德、个人品德建设，评选表彰精神文明建设新人新事、百姓新事、“感动泰州”十大人物，不断提高市民文明素质。弘扬科学精神，提高全民科学素质，繁荣发展哲学社会科学，注重心理疏导，培育奋发进取、理性平和、开放包容的社会心态，提倡修身律己、尊老爱幼、勤勉做事、平实做人。净化社会文化环境，保护青少年身心健康。

(二)开展精神文明创建活动。扎实推进文明城市创建活动，努力创成全国文明城市。深化文明行业、文明单位、文明社区、文明村镇、文明家庭等系列创建活动，深入推进双拥模范城创建活动，组织开展行业和市民文明指数测评，推动形成我为人人、人人为我的社会氛围。

(三)培育城市人文精神。深入开展创先争优主题教育活动，进一步解放思想，推动科学发展。大力弘扬“三创”时代精神，传承泰州优秀文化基因，增强全社会凝聚力。突出改善民生、服务百姓、提高幸福指数的工作追求，精心打造“祥泰之州”城市文化主题。丰富拓展“爱心”系列品牌内涵，打造“爱心”城市。大力开展志愿者服务活动，建立健全社会志愿服务体系。

(四)建设诚信泰州。弘扬诚信文化，建立健全失信行为惩戒机制，加快建设诚信政府、诚信企业、诚信社会，努力提高全社会诚信意识。强化诚信泰州的基础建设，积极完善诚信泰州网、企业信用、个人信用、信贷信用数据库等“一网三库”。

第2节　加快发展文化事业

(一)完善公共文化服务体系。坚持公益性、基本性、均等性、便利性原则，加快建成市青少年科技活动中心(科技馆)、未成年人社会实践基地、海军舰艇主题公园、盐税文化广场、民俗文化展示中心、中国评书评话博物馆、泰州盆景博物馆、单声文物珍藏馆、泰兴文化综合展示馆、黄桥决战纪念地、靖江文化中心、姜堰文体中心等一批重点文化设施，改造升级兴化博物馆，全面完成乡镇(街道)宣传文化中心、村(居)特色文化广场建设，努力构筑覆盖全社会的市县乡村四级文化服务体系。深入实施文化惠民工程，逐步扩大向社会免费开放公共文化设施的范围，向低收入困难群体提供免费文化服务，向社会提供数字化文化服务，不断提高文化设施使用效率。

(二)加强文化遗产保护与利用。按照“护其貌、显其颜、铸其魂、扬其韵”的总体思路，全面实施名地、名街、名居、名遗四大工程，加快改造保护稻河、城中、渔行古街区和柴墟水景街区，修缮光孝寺、南山寺、宫氏住宅、吴同甲故居、高港戚氏故居、孙氏故居等历史文化遗存，深入挖掘和开发利用文化资源，力争跨入国家历史文化名城行列。加强非物质文化遗产保护与利用，逐步建立科学有效的保护传承机制。加强史志档案工作，力争80%的档案馆达到国家二级馆标准。

(三)积极推进文化精品工程。树立精品意识，深入挖掘文化资源和特色，加强与国内著名编剧、导演和演员合作，大力推进戏剧、影视剧、文艺类图书、广播剧、歌曲、舞蹈等门类作品的创作生产和大型地域风情演出，努力形成一批精品力作。强化品牌意识，积极整合资源，提高中国泰州国际旅游节、梅兰芳艺术节、溱潼会船节、郑板桥艺术节、千岛菜花节、靖江文艺节、泰兴银杏节等节庆活动层次，努力提升泰州的美誉度和影响力。

(四)大力开展群众文化活动。大力开展社区文化、广场文化、校园文化、企业文化等群众性文化活动，促进城市文化下乡、农村文化进城的良性互动，不断丰富群众精神文化生活。深入开展百姓大学堂、百姓议事园、百姓大舞台等系列活动，努力打造群众性文化活动品牌。

第3节　大力发展文化产业

(一)加快发展优势特色产业。制定实施文化产业发展总体规划，设立文化产业发展专项引导资金，着力培养和引进文化创意人才和经营管理人才，重点发展文化生态旅游、文化创意两大产业，加快发展现代传媒、文化会展、文化演艺和乐器制造等文化产业，积极发展新型文化业态，不断壮大文化产业规模。到2015年，文化产业增加值占地区生产总值比重达5%以上。

(二)着力建设文化产业园区。按照优先发展、创新发展、集聚发展的原则，加快筹建泰州文化创意产业园区，着力发展三水湾创意产业园、海陵文化创意产业园、泰兴提琴文化产业园，积极培育老行当、绿色传媒等一批特色文化创意产业园，努力形成富有活力、形态多样的文化产业集群。

(三)积极推进文化创新。深入推进经营性文化事业单位转企改制，深化公益性文化事业单位内部改革，努力打造文化产业发展的生力军。鼓励吸引社会资本投入文化领域，积极培育一批民营文化企业。加大资源整合力度，积极发展一批具有较强实力和竞争力的文化企业，做大做强泰州报业传媒、广播电视传媒等文化产业集团。完善文化行政综合执法体系，努力构筑大文化管理格局。

第八章　提高生态文明水平

坚持环保优先、节约优先方针，树立绿色发展、低碳发展的理念，大力推进生态文明建设，努力实现生态文明与物质文明同步发展、产业竞争力与环境竞争力同步提升。

第1节　持续改善环境质量

加强源头控制和综合治理，着力解决水、大气、固体废弃物、噪音、农业面源污染等突出问题，促进城乡环境持续改善。

(一)加强污染源头控制。完善环境与发展综合决策机制，严格实施污染物排放总量控制、排放许可和环境影响评价制度，加强污染源监控，从源头防治污染。坚持控制增量与降低存量并举，认真执行规划、项目环评制度，加快淘汰小化工等落后产能。加强传统产业改造，切实降低污染排放总量。

(二)加强水污染防治。优先保护城乡饮用水源，加强备用水源地建设，综合整治水源地环境。实施“碧水工程”计划，加强重点河流水污染防治，深入开展城市黑臭河流综合整治，努力建设一批清水廊道。加大城市、重点镇污水处理厂及配套管网建设，基本消除生活污水直排城市河道的现象。加快推进开发园区的污水处理，确保重点工业园区全部建成污水处理厂。

(三)加强大气污染防治。实施“蓝天工程”计划，加大工业废气、烟尘、粉尘的治理力度，加快实施集中供热工程和脱硫脱硝减排工程，不断改善城乡空气质量。加大监管力度，全面加强机动车尾气、工程施工扬尘等污染的治理。“十二五”期间，全市空气质量良好以上天数比重达85%以上。

(四)加强农村环境治理。开展农村环境集中连片整治，努力建设清洁家园、清洁田园、清洁水源。加强农业面源污染治理，推进畜禽养殖污染防治和秸秆能源化利用，加快发展生态农业、有机农业，积极防治与修复土壤污染。加快建立农村生活垃圾“组保洁、村收集、镇转运、县处理”收运体系，促进分类收集和减量化、无害化、资源化。推广农村生活污水处理技术，促进农村生活污水处理。加强农村河道疏浚，进一步畅通农村水系。

第2节　加强生态建设和保护

(一)加大生态建设力度。积极开展植树造林，重点推进沿江生态防护林、工业园区生态隔离带、公路铁路航道两侧绿色通道、高标准农田林网、绿色城镇和绿色村庄建设，加快构筑绿色生态屏障，增加森林蓄积量，提高森林覆盖率和固碳能力。创新生态建设理念，适度发展经济林，努力实现增绿与增收的统一。

(二)加强生态保护。加强生态功能区划管理，重点保护森林公园、风景名胜区、饮用水源保护区、重要湿地、清水通道维护区、生态公益林等6大类重要生态功能区，严格保障生态空间，促进区域生态平衡。

(三)强化生态环境创建。加大生态环境创建力度，到2015年创成国家生态市，80%以上乡镇达到国家级生态乡镇标准，建成国家环保模范城市群。积极推行绿色学校、绿色家庭、绿色企业、绿色社区等创建活动，提高全社会生态文明素质。

第3节　建设资源节约型社会

(一)加快发展循环经济。积极推进工业园区生态化改造，加快构建绿色产业链和资源循环利用链，努力建设一批生态工业园、循环经济示范园，实现资源在不同企业、不同产业之间的充分利用。大力推进清洁生产，加强化工、冶金、纺织等行业清洁生产审核，努力建设一批清洁生产先进企业。加强资源综合利用，加快构建废旧物资和再生资源回收利用体系。积极发展循环型农业、循环型服务业，完善循环经济体系。

(二)节约利用能源。突出工业领域节能，加强能评管理，积极应用低碳技术，推广节能工艺，重点推进冶金、化工、建材等高耗能行业和年耗标煤3000吨以上企业大户的节能降耗，严禁高耗能项目引进。加快推进建筑、交通、生活等重点领域节能，积极推广应用节能型照明产品、新型建筑材料、节能型交通工具。积极调整能源消费结构，推广应用新能源，逐步提高非化石能源比重。加强公共机构节能工作。

(三)节约利用资源。严格执行耕地保护制度，全面落实各项保护措施。加快推进工业向园区集中、人口向城镇集中、居住向社区集中，促进土地集约利用。加强产业用地引导，严格执行投资强度控制标准，加快推进标准厂房建设，不断提高土地投入产出效率。加强土地开发复垦，推进土地资源整合。倡导文明、节约、绿色、低碳消费模式，实行严格的水资源保护制度，节约利用水资源，加快推进节水型社会建设，努力建成国家级节水型城市、全国节水型社会建设示范市。

第九章　增强体制机制活力

深化重点领域和关键环节改革，积极落实国家收入分配制度、资源性产品价格、财税体制、金融体制等各项改革，着力解决深层次矛盾和问题，切实增强经济发展活力。

第1节　打造服务型政府

(一)加快转变政府职能。加快推进政企分开、政资分开、政事分开、政府与市场中介分开，加强政府社会管理和公共服务职能，努力建设服务型政府。深入推进政务公开，加快电子政务建设，实现市县乡行政权力网上公开透明运行全覆盖。健全科学决策、民主决策、依法决策机制，完善重大决策专家咨询、社会公示和听证制度，开展行政效能绩效评估，提高政府公信力和执行力。

(二)创新公共服务方式。充分发挥政府主导作用，逐步建立基本公共服务财政投入稳定增长机制。创新基本公共服务提供方式，引入竞争机制，积极推行政府购买、管理合同外包、特许经营、投资补贴等方式，实现提供主体和提供方式多元化。深入推进经营性事业单位改革，鼓励社会力量参与提供服务，促进非基本公共服务市场化。

(三)完善市区管理体制。积极创新市区管理体制，努力形成既能坚持市区一体发展，又能充分调动各级积极性的新型体制。坚持抓大放小，进一步理顺市区城建、城管、环保、水利管理、工贸企业管理、税收管理体制，促进一般性、具体性工作任务重心下移。建立健全工作机制、管理模式和协调方式，加强产业规划、项目布局、共性政策和重点企业服务的市级统筹，实现重大规划、重大项目的统一协调。

第2节　激发市场活力

(一)大力发展民营经济。积极落实各项政策措施，支持民间资本进入基础产业、基础设施、市政公用事业、社会事业、金融服务等领域。进一步优化环境，完善税收、土地等扶持政策，建立小企业贷款风险补偿基金，推广“富民阳光信贷”，探索非实物资产抵押贷款，健全以“一中心五平台”为重点的中小企业服务体系，努力形成拥有自主知识产权和知名品牌、市场竞争力较强的民营中小企业群。鼓励民营企业做大做强，努力培育一批民营大企业大集团。到2015年，个体私营经济注册资本达2000亿元。

(二)深化投资体制改革。全面落实企业投资主体地位，完善和规范核准制、备案制，健全市场主导、企业自主决策的新型投资体制。积极规范政府投资行为，推行重大项目投资社会公示、听证、专家咨询等制度，切实提高政府投资决策水平。加强重点项目前期工作、后评价和稽查，积极推行政府投资项目代建制，最大限度提高财政资金使用效益。

(三)健全现代市场体系。积极培育土地、技术、产权、劳动力、人力资源等要素市场，促进生产要素合理流动和资源优化配置。坚持公平准入、公平交易原则，完善工程建设招投标、产权交易、土地使用权出让、政府采购等制度。加强市场监管，打击违法经营活动，规范市场竞争秩序。

第3节　创新农村发展机制

(一)加快建立城乡统筹发展机制。加快推进城乡规划、产业布局、基础设施、公共服务和劳动就业“五个一体化”，着力构筑城乡统筹发展机制。统筹编制城乡规划，促进城乡建设、土地利用、产业发展等规划有机衔接。统筹布局城乡产业，加强城乡产业协作和融合，促进生产要素在城乡之间自由流动。加大财政投入向农村倾斜力度，促进基础设施向农村延伸、公共服务向农村覆盖、现代文明向农村扩散。逐步建立城乡平等的要素交换关系，构建有利于土地增值收益和农村存款用于农业农村的机制。

(二)积极推进农村综合改革。完成农村土地和农民住宅确权登记发证，探索建立城乡统一的建设用地市场，建立和完善农村集体经营性建设用地使用权有序流转制度。有序推进城乡建设用地增减挂钩试点。深化农村信用社改革，鼓励有条件的县市建立社区银行，发展农村小型金融组织、小额贷款和农业保险。进一步拓展农村合作途径，大力发展和规范农村三大合作组织，把土地变成资本、资源变成资本，让农民成为发展的参与者和受益者，到2015年三大合作组织达4200家。深入推进全国供销社改革试点工作，规划建设供销产业园。积极开展国家和省经济发达乡镇行政管理体制改革试点以及戴南、黄桥国家小城镇发展改革试点。

第十章　规划组织实施

本规划经市人民代表大会审议通过后，各地区、各部门必须严格执行，切实维护规划的严肃性和权威性。

(一)完善规划体系。专项规划，是本规划在特定领域的延伸和细化。市(区)规划，是本规划在市(区)的延伸和细化。各地区、各部门要加强与本规划的衔接，完善市(区)规划和专项规划，形成功能清晰、衔接协调、统一完整的规划体系。

(二)落实规划内容。市政府将把“十二五”规划确定的目标任务逐条分解到年度，落实到部门，以年度计划的执行推动本规划的实施，以部门任务的完成保证本规划的推进。

(三)做好规划宣传。本规划一经批准，将及时向社会公布。市发展和改革部门要面向社会，充分利用各种媒体，积极宣传规划，充分展示规划内容，使规划提出的发展思路和目标任务深入人心。

(四)强化跟踪监测。市发展和改革部门要密切监测重要目标，及时跟踪重点项目进展情况，定期向市政府汇报。当国内外环境发生重大变化或其他重要原因，导致实际运行与规划目标发生较大偏离时，市政府将提出调整方案，报市人大常委会审议批准。

(五)实施中期评估。市政府将于2013年组织规划中期评估，主要评估重要目标完成情况、重点任务进展情况、重大项目实施情况和规划实施效果。根据评估结果，及时总结经验，发现问题，研究对策措施，确保规划顺利实施。

索　　引

说　　明

一、本索引采用主题分析法编制,按标引词第一个汉字的拼音字母(同音字按声调)顺序排列;同音同调,按第二字的音序排列,依次类推。

二、标引后的阿拉伯数字表示内容所在页码，数字后的拉丁字母（a、b）分别表示该页的左、右栏。

三、本年鉴的特载、大事记、专文、人物、先进集体、重要文件题录、统计资料等栏目具体内容均未作索引。

四、为便于检索，在泰州的企事业单位和泰州发生的事件名称前的“泰州”两字，除易产生歧义者外，均予省略。

A

B

C

D

E

F

G

H

J

K

L

Z

（耿 维）

泰州新区一角

沿江开发战略实施

成为当时泰州最富含金量的大机遇

东方重工作为我国第二家在境外上市的民营造船企业，现在已成为靖江四大造船企业之一。

沿江开发不仅仅是长江海岸线的开发，从一开始它就承载着省委、省政府更宏大的构想：充分利用沿江地区的区位优势和处于“承南接北”的重要地位，发挥沿江地区作为苏南各类产品、各类生产要素、各类信息想苏中苏北扩散得第一窗口作用，进一步向腹地以及苏北广大区域传导融入苏南、接轨上海、走向世界的发展势能，带动整个区域经济的发展。泰州显然成为这一宏大构想的最直接参与者和受益者。

泰州日报

立足特色谋求发展

45个项目落户我市开发区

30

今日8版

A1

李源潮在泰州调研时强调

抓沿江开发 促苏中崛起

界新春联欢

冯萍：

众人助我

平安过新年

让经济薄弱乡镇基本跟上全市经济社会发展步伐

全力帮扶30个经济薄弱乡镇

市级机关部门到挂钩帮扶乡镇看望贫困家庭。

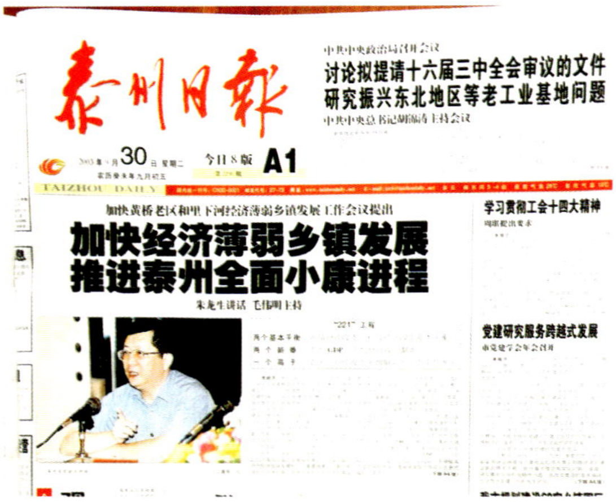

泰州日报

中共中央政治局召开会议

讨论拟提请十六届三中全会审议的文件

研究振兴东北地区等老工业基地问题

中共中央总书记胡锦涛主持会议

A1

TAIZHOU DAILY

加快黄桥老区和里下河经济薄弱乡镇发展工作会议提出

加快经济薄弱乡镇发展

推进泰州全面小康进程

朱龙生讲话 飞福明主持

学习贯彻工会十四大精神

党建研究服务跨越式发展

据政府部门相关数据，到2010年年底，共有26个经济薄弱乡镇、420个经济薄弱村、16万贫困人口实现脱贫，基本上消除了农民人均年收入低于2500元的贫困人口，确保了泰州市全面小康目标的顺利实现。

泰州有了本科学院

南理工泰州科技学院、南师大泰州学院招生

首批本科新生入校。

泰州日报

TAIZHOU DAILY

2004年7月21日

A1

第七次全国归侨侨眷代表大会在京开幕

南京理工大学泰州科技学院
南京师范大学泰州学院
昨隆重揭牌

上半年新增劳务输出4万余人

1至6月全市产品合格率97.4%

南京理工大学泰州科技学院、南京师范大学泰州学院的成立，结束了泰州没有本科院校的历史，也实现了本科高校全省13个地级市的全覆盖。

德艺双馨 梅韵流芳

全市隆重举行系列活动纪念梅兰芳诞辰110周年

泰州日报
TAIZHOU DAILY
要闻

胡锦涛作出重要指示
把老干部工作的各项政策措施落到实处

促进各民族共同繁荣进步
做好新形势下的民族工作
胡锦涛在中共中央政治局第十六次集体学习时强调

江阴阳光参与开发靖江新城

我市将成立"五老"志愿者服务团

前三季规模以上工业产值同比增三成

城河水位状态佳

海内外名家名票献演泰州

梅兰芳先生塑象

2004年10月22日是京剧大师梅兰芳诞辰110周年纪念日。全市举办了一系列活动来纪念这位艺术巨匠。当晚，举行了“永远的梅兰芳—中国·泰州海内外京剧名家名票演唱会”。

连心桥上的贴心人

张云泉成全国重大典型

2005年，在保持共产党员先进性教育活动中，张云泉被树立为全国重大典型，中央新闻采访团来泰采访，中央和地方媒体作大量报道。

张云泉工作照。

泰州日報
TAIZHOU DAILY

我市倾力打造中华医药城

学习张云泉

冯敏刚在中央新闻采访团来泰欢迎会上高度评价张云泉同志，他要求

宣传张云泉事迹 弘扬张云泉精神
为推进“两个率先”注入强大精神动力

我市半数家禽标准化饲养

43家旅行社共推泰州红色游

张云泉接受全国媒体采访

泰州跨入火车时代

宁启铁路泰州站通车

通车当天，火车站站前广场上人山人海。

2005年7月1日，宁启铁路泰州站正式通车运营，开通之际共设6条始发线，分别是：泰州-杭州、泰州-广州、泰州-深圳西、泰州-兰州、泰州-北京-哈尔滨、泰州-成都

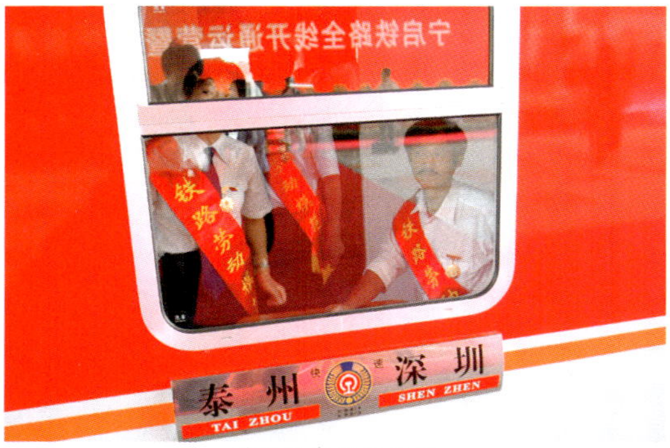

首趟列车就要出发。

泰州日报

TAIZHOU DAILY

我市高考成绩再创新高

今日五列列车从泰州首发

3000余旅客快乐出行

大力发展高新技术产业 构筑区域竞争新优势

我市组建安全生产执法队伍

市政府部署安全生产工作

加强党风廉政建设和反腐败工作

把第二批先进性教育活动抓紧抓好抓出成效

机关作风和软环境建设义务监督员换聘

部分案件将实行巡回审理就地办案

国际医药产业顶级盛会

博鳌亚洲论坛在泰举行

专家交流发言。

泰州日报

TAIZHOU DAILY

贾庆林在江西、江苏调研时强调

多献求真务实之策 多做开拓创新之事 为实现“十一五”奋斗目标作出新贡献

博鳌论坛国际医药产业大会在泰州开幕

张怀西致辞 李源潮梁保华会见与会嘉宾 龙永图主持开幕式

2006年4月26日至27日，博鳌亚洲论坛与江苏省人民政府联合举办的“博鳌亚洲论坛国际医药产业大会”在江苏泰州拉开帷幕。这是博鳌亚洲论坛首次安排在一个地级市举行。

发展经济 造福百姓

GDP首次破千亿

2006年，泰州市地区生产总值突破千亿元大关，达1002.28亿同比增长15.1%，是1996年地级泰州市组建之初的3.5倍；实现财政收入155.4亿元，增长36.4%，是1996年的7.5倍，经济社会发展跃上新的平台。

建设中的口岸船厂

泰州日報
TAIZHOU DAILY
2006年5月14日 星期日
新闻报料热线 6893110 13515158110

力争5年创中国名牌产品企业
我市大幅提高企业

我市船舶产能占全国十分之一

一季度完成现价产值16.84亿元，同比增长66.4%

国家“十一五”重点建设项目

国电泰州电厂投运

国电泰州电厂是国家“十一五”重点建设项目，总规划容量为4台100万千瓦超超临界机组，分两期建设，其中一期工程建设两台100万千瓦超超临界机组。

2005年12月12日，国电泰州电厂一期工程开工建设。

2007年12月6日、2008年3月31日，1号、2号百万千瓦发电机组相继竣工投运，正式发电。

图为国电泰州电厂施工工地。

泰州日报 TAIZHOU DAILY

2007年12月7日 星期五

泰州碧桂园 新城市生活即将开幕

样板房展示区现正开放

8680 8888

号机组通过168小时满负荷试运行

国电泰州电厂投产发电

国家验收组全面检查我市创

我市汇报旅游创优工作情况 朱龙生致

又一座跨越长江天堑的大通道

泰州长江大桥开工建设

2007年，泰州长江大桥动工兴建，预计于2012年上半年通车。建成后，泰州城将从上海及苏南版块辐射的交通末梢变成枢纽节点，为上海及苏南城市实现产业资本转移提供了腹地。

▲今年8月，泰州长江大桥已进入桥面吊装，一座完整的大桥雏形已经形成。

泰州长江大桥效果图。

泰州日报
TAIZHOU DAILY
2007年12月27日 星期四
农历丁亥年十一月十八
今日16版 第3778期

梁保华寄语大桥建设者
希望你们创造新的辉煌

泰州长江大桥昨开工

梁保华宣布开工 张连珍主持开工仪式 徐祖远赵克志朱龙生致词

社论

跨越天堑 连接梦想

——热烈祝贺泰州长江大桥开工建设

新一轮思想大解放 推进新一轮大发展

“践行科学发展观 我为泰州作贡献”主题教育活动深入开展

泰州日报
中科院泰州中心新添两大研发分中心
践行科学发展观 我为泰州作贡献
加快两岸联动步伐 深入推进沿江开发
践行科学发展观，实现泰州新跨越
多部门联动破解村庄规划落实难

在全党开展深入学习实践科学发展观活动，是党的十七大作出的重要战略部署。

2008年4月，根据省委要求，泰州市委就学习实践活动作出了重要决定，一场“践行科学发展观 我为泰州做贡献”的主题教育活动迅速全面展开。

这是建市以来又一次思想大解放运动。

活动中，泰州市把中央对科学发展的要求、把总书记对泰州发展的期望，全面落实到泰州又好又快发展的实践中，以思想的大解放推动经济的大发展、社会事业的大飞跃。

思想大解放的突破口和切入点

泰州日报
我市将逐步取消乡镇工业小区
提升文化软实力 助推泰州大跨越
解放思想是推动科学发展的强大动力
进一步优化发展思路

泰州日报
推动思想大解放 引领泰州新跨越
市级机关开展资源节约活动
务推动泰州新一轮大发展
弘扬新浙商精神 为泰州发展添砖加瓦

泰州日报
100多个规模化高效农业项目落户
坚定不移地践行科学发展观
坚持科学发展 力争多作贡献

祥云飘过泰州

奥运圣火在泰州市传递

泰州的大街小巷，到处是热情的市民。

泰州日报
TAIZHOU DAILY

2008年5月27日

胡锦涛主持政治局会议

研究部署抗震救灾和灾后重建工作

“祥云”飘过泰州，爱与圣火同行

柳纪纲余钟夫何权张雷姚建华等出席奥运火炬接力起跑仪式

圣火见证大爱情怀

传递现场井然有序
彰显市民文明素养

电信公司投入150万元
整修电话亭

践行科学发展观 我为泰州作贡献

2008年5月26日，千年凤城的热情和爱心，因为奥运圣火的来临而迸发。从黎明到中午，满目的红心，鲜艳的国旗，赤红的圣火，泰州的大街小巷，到处是一片红色的海洋。

三年再来一个大变化

市委三届五次全会吹响新一轮科学发展的号角

泰州日报

办好奥运是当前头等大事

解放思想 科学发展 为建设更加美好新泰州而团结奋斗

市委召开三届五次全体会议

泰州市委三届五次全体

“致力转变经济开发方式，致力推进城市建设，致力加快文化建设，致力改善民生，力争经济社会发展三年再来一个大变化。”2008年7月26日，市委召开的三届五次全会提出了泰州新一轮科学发展的新标杆。

会上，市委书记张雷代表市委常委会所作的题为《解放思想科学发展 为建设更加美好新泰州而团结奋斗》工作报告，清晰勾勒了市委在今后三年的施政纲领。

举全市之力打造中国医药城

国家级医药高新区诞生

大小分子平台为科研人员提供服务。

2009年3月18日，国务院正式批复同意泰州医药高新技术产业开发区升级为国家高新技术产业开发区，我国唯一一家国家级医药高新区宣告诞生。

泰州日报 TAIZHOU DAILY

我国唯一一家国家级医药高新区宣告诞生

泰州国家医药高新技术产业开发区成立大会举行

共绘国家医药高新区美好蓝图

54个国家高新区工业增加值占全国的9.8%

集合一切要素支持高新区发展

乘势而上全力建设高新区南园

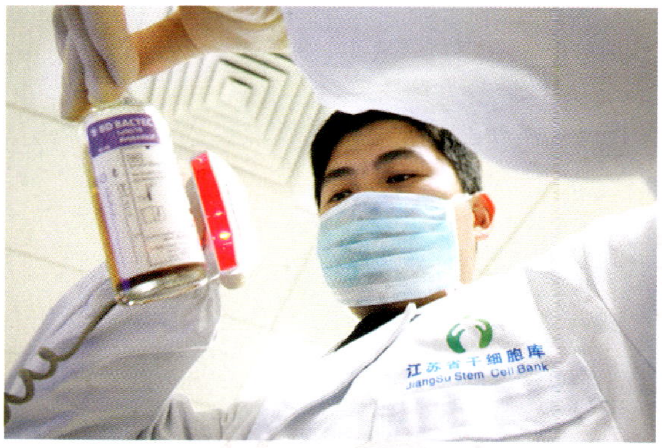

招商引资工作的重大突破

纬创项目落户泰州

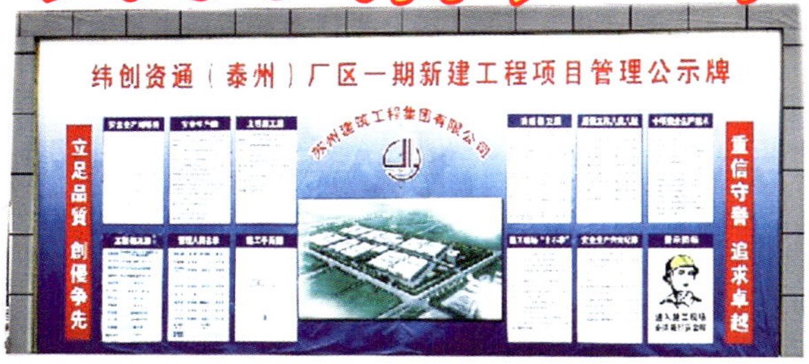

纬创资通项目公示牌

2009年7月9日，纬创资通（泰州）项目签约仪式在泰州宾馆隆重举行。它的落户在泰州创造了多项之最：单体项目投资最大，达10亿美元；单体项目直接创造5万个以上的就业岗位；将成为泰州外贸出口第一大户。

泰州日报

研究部署维护新疆社会稳定工作

纬创笔记本电脑项目落户泰州

纬创资通（泰州）项目签约仪式

2009.07.09

纬创何以选择泰州

我市创建国家历史文化名城

全市深入开展“三服务”活动

应对金融危机 交出泰州答卷

金融危机期间，世纪天虹通过研发高弹力棉布拓展市场。

泰州日报
TAIZHOU DAILY

集中破解发展难题

——全市深入学习实践科学发展观活动整改落实阶段工作综述

12亿元投入泰州信息化建设

40单位成“小金库”治理重点

58家中小企业加入阿里巴巴

外经贸局：
“零障碍”审批服务

践行科学发展观 我为泰州作贡献

“改变我们能改变的”

泰州LG公司100万公益金助100名大学生圆梦

“我们爱你，继续优秀”

2009年，是新世纪以来经济发展最为困难的一年。立志超越发展、“三年再来一个大变化”的泰州，咬定目标，经受住了一场严寒的考验，实现华丽转身。

苏中民用机场奠基，新328国道、江海高速通车……

泰州构建大交通格局

江海高速。

泰州日报
TAIZHOU DAILY
2010年3月19日

苏中民用机场奠基

梁保华为奠基石揭幕 李家祥罗志军孟国平讲话 张雷致辞 王荣文主持

打开空中开放的大门

——写在苏中机场奠基之际

市老科协举行报告会

我市抢救保护文物保护建筑40多处

本报今日推出苏中机场奠基特别报道

苏中机场、新328国道、江海高速这些重大工程，将与宁启铁路复线及电气化改造、泰州大桥等重大基础设施项目一起，构建和完善泰州乃至苏中地区现代化的综合交通运输体系，全面提升区域综合竞争力。

继国家医药高新区之后，泰州又添一块“国字招牌”

泰州出口加工区获批

泰州出口加工区授牌仪式。

2010年9月20日，泰州出口加工区正式通过国家9个部委的联合验收，获得验收合格证书。这意味着，江苏泰州出口加工区正式封关运作，同时在继国家医药高新区之后，泰州又增添了一块“国字招牌”。

泰州日报 TAIZHOU DAILY

2010年9月21日 星期二

继国家医药高新区之后，我市又添一块“国字招牌”

泰州出口加工区通过国家验收

对外开放的里程碑

——热烈祝贺泰州出口加工区通过国家验收

开放创新“双轮驱动”

市委市政府出台意见，打好转型升级主动仗

全市着力打造生物医药、电子信息、新能源三大新兴产业。

泰州日报
TAIZHOU DAILY

中共十七届五中全会10月在京召开

市委召开三届九次全体会议

在开放创新道路上迈出更加坚实的步伐

中国共产党泰州市第三届委员会第九次全体会议决议

把“双轮驱动”战略落到实处

2010年7月22日，市委召开三届九次全体会议，审议通过《关于实施开放创新“双轮驱动”战略推进经济转型升级的意见》。

8月6日，市委、市政府出台《意见》，要求全市上下以深入贯彻落实科学发展观为统领，以转变经济发展方式为主线，抢抓创新型经济发展新机遇，坚持创新型开放与开放式创新相融合、相促进，以经济的转型升级带动整个城市发展的转型升级，走出一条以开放创新相融并进为特征的“泰州之路”。

推进富民强市 建设美好泰州

阔步迈进“十二五”

《泰州市国民经济和社会发展第十二个五年规划纲要》提出，“十二五”期间发展的指导思想是：坚持以邓小平理论和“三个代表”重要思想为指导，深入贯彻落实科学发展观，以“推进富民强市，建设美好泰州”为主题，以加快转变经济发展方式为主线，以开放创新“双轮驱动”为动力，以新型工业化和新型城镇化为导向，着力推进经济结构调整，着力统筹城乡发展，着力加强文化泰州建设，着力保护生态环境，着力促进社会和谐稳定，努力走出一条具有泰州特色和优势的发展新路，向率先基本实现现代化迈进。

岳阳年鉴

2012

岳阳市人民政府主办
中共岳阳市委史志办编

方志出版社

图书在版编目（CIP）数据

岳阳年鉴. 2012 / 中共岳阳市委党史市志办公室编
. -- 北京：方志出版社，2012.10
ISBN 978-7-5144-0635-1

Ⅰ. ①岳… Ⅱ. ①中… Ⅲ. ①岳阳市—2012—年鉴
Ⅳ. ①Z526.43

中国版本图书馆CIP数据核字（2012）第239844号

岳阳年鉴（2012）

编　　者：中共岳阳市委党史市志办公室
责任编辑：何明忠

出 版 者：方志出版社
（北京市东城区夕照寺14号院富瑞苑公寓6层）
邮编　100061
网址　http://www.fzph.org
发　　行：方志出版社发行部
（010）67120966-6008
经　　销：新华书店总店北京发行所
法律顾问：北京市大禹律师事务所
印　　刷：岳阳鑫容印刷有限公司

开　　本：889×1194　1/16
印　　张：25
字　　数：1196千
版　　次：2012年11月第1版　2012年11月第1次印刷
印　　数：0001～2500册

ISBN 978-7-5144-0635-1 / K · 516　　定价：260.00元

编辑说明

一、《岳阳年鉴》是岳阳市人民政府主办，中共岳阳市委党史市志办承编，岳阳地区各有关部门（包括国家部委、湖南省、解放军驻岳有关单位）共同参与编纂，全面反映岳阳市情的大型综合性年刊，每年出版一册。《岳阳年鉴（2012）》为总第15卷，主要记载2011年岳阳市自然、政治、经济、文化和社会发展的基本情况，为社会各界和海外人士了解研究岳阳提供基本资料。

二、本年鉴采用分类编辑法，以篇目、分目、条目组成框架结构的主体部分。在少数分目中，增加子分目的层次。全书条目标题统一用黑体加【】表示。为方便读者检索，全书前有目录，后设索引。

三、本年鉴中所列的市是指岳阳市，辖区内县级市用全称。所载领导人名录以2011年12月31日在职为准。

四、本年鉴所载稿件内容和数据均由各部门、各单位提供，并经撰稿单位领导审核。主要数据由市统计局提供。

五、本年鉴的编辑出版，得到各级领导大力支持和相关单位的通力协作，在此深表谢意。鉴于我们编辑水平有限，难免出现疏漏，不妥之处，恳请读者批评指正。

《岳阳年鉴》编辑委员会

顾　问	黄兰香	中共岳阳市委书记
	盛荣华	中共岳阳市委副书记、岳阳市人民政府市长
	李志坚	中共岳阳市委副书记
主　任	陈奇达	中共岳阳市委常委、市人民政府常务副市长
副主任	王小中	岳阳市人民政府秘书长、市人民政府办公室主任
	任小娟	中共岳阳市委副秘书长
	何林福	岳阳市人民政府副秘书长
	杨志军	中共岳阳市委党史市志办公室主任
专职委员	戴长明	中共岳阳市委党史市志办公室副主任
	周友珍	中共岳阳市委党史市志办公室副主任
	吴青萍	中共岳阳市委党史市志办公室副主任
	张秀娥	中共岳阳市委党史市志办公室纪检组长
	易　林	中共岳阳市委党史市志办公室副主任
委　员	陈光荣	中共岳阳市纪律检查委员会副书记、市监察局局长
	许伟奇	中共岳阳市委组织部常务副部长
	罗光辉	中共岳阳市委宣传部常务副部长
	沈六生	中共岳阳市委统战部常务副部长
	刘孝纯	中共岳阳市委政法委常务副书记
	刘铁健	岳阳市发展和改革委员会主任
	文春方	岳阳市经济和信息化委员会主任
	华克敏	岳阳市人民政府农村工作办公室主任
	王德华	岳阳市教育局局长
	谢春生	岳阳市科学技术局局长
	邹三友	岳阳市财政局局长
	谈正红	岳阳市住房和城乡建设局局长
	龚柏松	岳阳市交通运输局局长
	黄军建	岳阳市卫生局局长
	罗陆平	岳阳市审计局局长

《岳阳年鉴》理事会

王星耀　岳阳市工商行政管理局局长
熊道生　岳阳市商务局局长
李建雄　岳阳市金融工作办公室主任
焦铎辉　岳阳市统计局局长
殷清华　岳阳市物价局局长
文延风　岳阳市国家税务局局长
龙晓红　岳阳市地方税务局局长
刘美树　岳阳经济技术开发区管委会主任
李美云　岳阳洞庭湖旅游度假区管委会主任
王洪斌　平江县人民政府县长
张中于　岳阳县人民政府县长
喻　文　华容县人民政府县长
黎作凤　湘阴县人民政府县长
龚卫国　临湘市人民政府市长
周金龙　汨罗市人民政府市长
秧　励　岳阳楼区人民政府区长
田文静　云溪区人民政府区长
杨　昆　君山区人民政府区长
许平亚　屈原管理区管委会主任

《岳阳年鉴》编辑部

《岳阳年鉴（2012）》组稿人

（按姓氏笔画排列）

丁旭平	文晓强	文正辉	亓　磊	王　瑜	王冬梅
王友华	王志应	方克君	方芙蓉	方少文	邓　丹
邓治军	邓旭红	毛征兵	龙　伟	白石华	付红伟
艾定海	朱　秘	田　攀	田利庄	任映宇	任海冰
兰　岚	向子荣	刘　端	刘　创	刘　斌	刘　慧
刘　彬	刘　莉	刘青山	刘革新	刘志武	刘国平
刘志强	刘燕林	刘少红	刘乾辉	刘利民	刘跃新
刘演林	刘新华	刘文静	刘炳平	刘风波	刘晓辉
许万景	许卫国	许义中	苏红琳	杨　柳	杨　辉
杨　玲	杨岳斌	杨胜辉	杨子成	杨亚中	李　貌
李　勇	李　霄	李　舜	李　健	李少华	李渡江
李赐军	李滚源	李跃龙	李性刚	李湘驹	李季平
李爱龙	李元平	李永江	李尧瑶	李奇明	李岳新
李雄伟	李光健	李海波	李员明	李良文	汪四新
吴　勇	吴岳丽	吴腾彪	吴拥军	吴新权	吴有祥
何　琼	何　雄	何　倩	何人类	何小勇	何灿红
何大伟	何石朝	闵孚君	林　荡	孙　兵	孙胜举
孙七喜	张　莹	张　鸿	张　军	张　玲	张　萍
张朝东	张国强	张兴中	张怡之	张碧华	张志勇
张哲平	陈　文	陈绍祥	陈朝辉	陈仁和	陈飞明
陈建明	钟　肯	钟　韬	邵丽旻	范　艳	欧诗衡
欧阳娟	欧阳德儒	易　朋	罗　奇	罗　湘	罗春芳
周　民	周　涔	周治中	周红日	周奇华	周善育
周铁林	周荣鹿	徐爱明	徐　宁	胡曼君	胡先红
胡君健	胡晓临	胡云霞	胡佑爱	赫　纯	贺伟奇
袁建华	袁服务	黄　勋	黄碧丽	聂　吉	凌晓明
涂放明	梅新文	彭公穆	彭兴国	彭长城	童为华
蒋宏凯	曾文奇	葛取兵	高　瀛	湛应根	谢模满
谢文辉	谢庆国	蔡光伟	蔡亚辉	喻应康	谭建军
谭岳海	熊　晖	熊小尽	熊厚辉	黎　伟	黎雄斌
黎运筹	黎艳平	瞿伟华	戴武会	戴桂勋	隋秉华

目　录
CONTENTS

图片专辑
PICTURE COLLECTION

特　载
SPECLAL EDITION

岳阳论坛
FORUM OF YueYang

大 事 记
THE CHRONICLE OF EVENTS

综　述
GENERAL INTRODUCTION

中共岳阳市委员会
THE COMMUNIST PARTY OF CHINA YUEYANG MUNICIPAL PARTY COMMITTEE

岳阳市人民代表大会
YUEYANG PEOPLES CONGRESS

岳阳市人民政府
THE PEOPLES GOVERNMENT OF YUEYANG

社会团体
SOCIAL ORGANIZATIONS

政　法
LEGAL SYSTEM

国防建设
NATIONAL DEFENSE

经济监督与管理
ECONOMIC SUPERVISION AND ADMINISTRATION

工 业
INDUSTRY

信息业
INFORMATION INDUSTRY

农 业
AGRICULTURE

交通运输
TRANSPORTATION

商务·口岸
PORT & COMMERCIAL COUNSELLOR

城市建设与管理
URBAN CONSTRUCTION AND MANAGEMENT

开发区·新区
DEVELOPMENT ZONE·NEW ZONE

教　育
EDUCATION

文　化
CULTURE

卫生·体育
HEALTH AND SPORTS

社会民生
SOCIAL AND LIVELIHOOD

县市区概况
SURVEY OF DISTRICT, COUNTY AND CITY

人 物
FIGURES

榜上有名
QUALIFIES

统计资料
STATISTICAL DATA

彩色插页
COLOR INSERTS

岳阳市地图

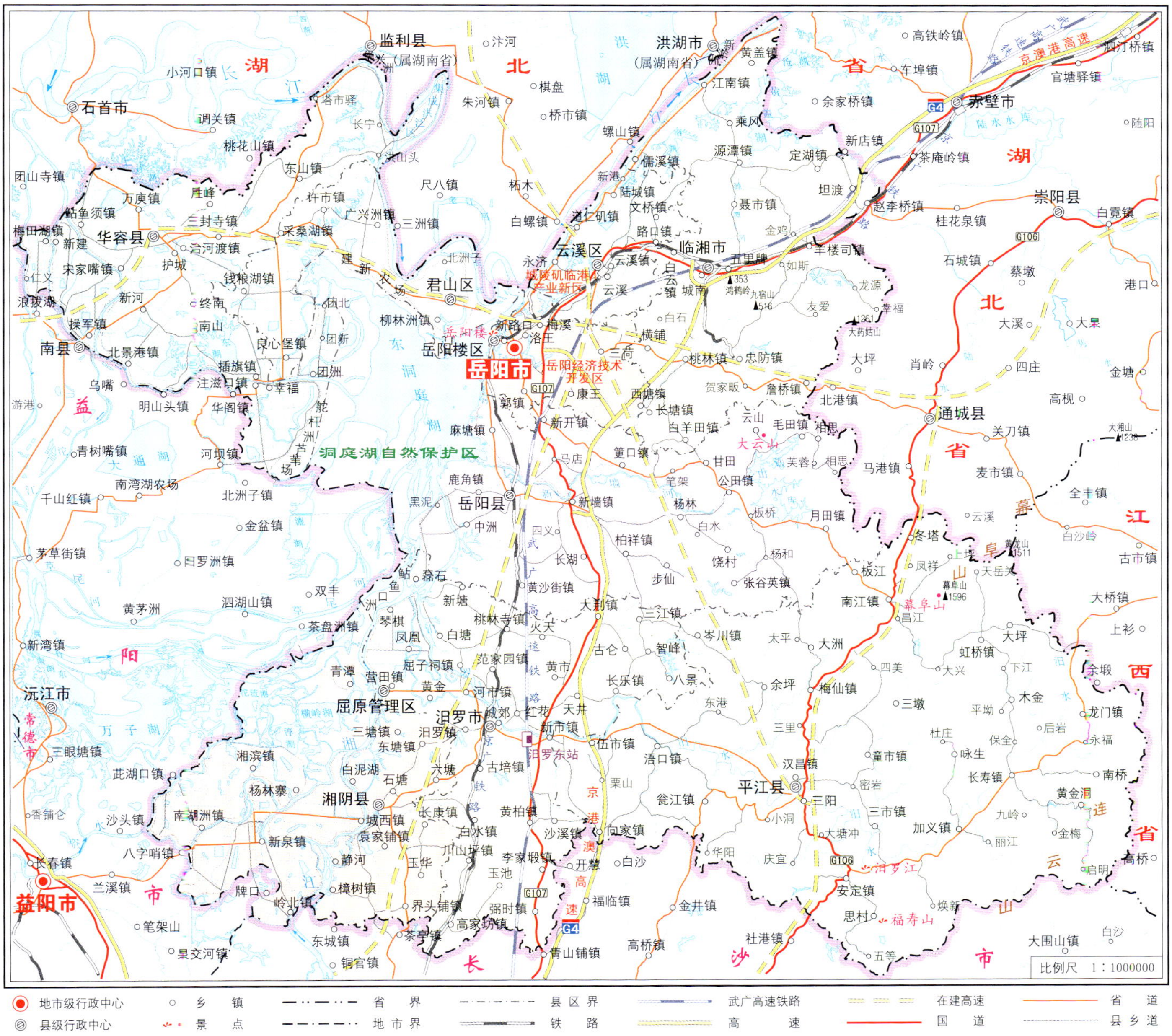
监利县
（属湖南省）
洪湖市
（属湖南省）
湖
北
省
湖
北
省
江
西
省
益
阳
市
长
沙
市
岳阳市
岳阳楼区
云溪区
君山区
临湘市
岳阳县
华容县
湘阴县
汨罗市
平江县
屈原管理区
石首市
南县
沅江市
益阳市
赤壁市
崇阳县
通城县
洞庭湖自然保护区
岳阳经济技术开发区
城陵矶临港产业新区
大云山
幕阜山
福寿山
汨罗东站
京港澳高速
京澳港高速
武广高速铁路
塔市驿
广兴洲镇
三洲镇
朱河镇
桥市镇
螺山镇
白螺镇
路口镇
文桥镇
聂市镇
坦渡
定湖镇
羊楼司镇
赵李桥镇
茶庵岭镇
新店镇
车埠镇
余家桥镇
江南镇
黄盖镇
乘风
源潭镇
儒溪镇
陆城镇
道仁矶镇
云溪镇
城南
五里牌
桃林镇
忠防镇
詹桥镇
北港镇
横铺
长塘镇
白羊田镇
毛田镇
甘田
公田镇
杨林
饶村
张谷英镇
月田镇
麦市镇
马港镇
关刀镇
全丰镇
南江镇
大洲
梅仙镇
余坪
三墩
汉昌镇
三阳
三市镇
加义镇
长寿镇
童市镇
安定镇
社港镇
金井镇
福临镇
青山铺镇
高桥镇
瓮江镇
伍市镇
新市镇
古培镇
长康镇
白水镇
归义镇
黄柏镇
李家段镇
沙溪镇
向家镇
罗江镇
弼时镇
界头铺镇
高家坊镇
铜官镇
樟树镇
东城镇
岭北镇
静河
城西镇
袁家铺镇
新泉镇
南湖洲镇
杨林寨
湘滨镇
白泥湖
三塘镇
东塘镇
营田镇
屈子祠镇
黄金
河市镇
范家园镇
桃林寺镇
黄沙街镇
新墙镇
柏祥镇
步仙
大荆镇
黄市
长乐镇
八景
岑川镇
三江镇
鹿角镇
麻塘镇
新开镇
康王
郭镇
西塘镇
筻口镇
柳林洲镇
新路口
梅溪
洛王
许市镇
钱粮湖镇
良心堡镇
插旗镇
注滋口镇
华阁镇
东山镇
桃花山镇
调关镇
小河口镇
三封寺镇
万庾镇
鲇鱼须镇
梅田湖镇
宋家嘴镇
护城
操军镇
北景港镇
明山头镇
青树嘴镇
河坝镇
南湾湖农场
千山红镇
金盆镇
北洲子镇
茅草街镇
阳罗洲镇
泗湖山镇
茶盘洲镇
黄茅洲
新湾镇
三眼塘镇
武湖口镇
沙头镇
八字哨镇
长春镇
兰溪镇
笔架山
临资口镇
牌口
高铁岭镇
官塘驿镇
汀泗桥镇
桂花泉镇
石城镇
白霓镇
港口
大溪
大泉
四庄
金塘
高枧
全丰镇
古市镇
大桥镇
虹桥镇
大坪
龙门镇
南桥
黄金洞
高桥
大围山镇
比例尺 1∶1000000
地市级行政中心
县级行政中心
乡镇
景点
省界
地市界
县区界
铁路
武广高速铁路
高速
在建高速
国道
省道
县乡道

岳阳市中心城区图

洞庭湖大桥
洞庭湖
东风湖
南湖
千亩湖
南津港
麦子港
汽渡码头
岳阳楼
民主广场
天主教堂
鲁肃墓
汴河街
岳阳文庙
巴陵广场
慈氏塔
乾明寺
基督教堂
岳阳货运站
岳阳火车站
岳阳汽车西站
岳阳汽车站
火车站立交桥
商业步行街
东风广场
金鹗公园
金鹗山隧道
南湖广场
南湖公园
岳阳乐园
岳阳楼区人民政府
市委
市政府
市信访局
洞庭大桥管理局
市长江修防处
广福陶瓷精品批发大市场
广济医院
工行
中国银行
中国石化
鹰山中学
枫桥湖
市中医院
兴盛农贸市场
火车站商贸城
岳阳轻机厂
蛋禽批发市场
市邮政局
地下商城
车站派出所
市十二中
五里中学
市国税局
兴湘花园
市边防检查站
洞庭春苑
同连药业
北门
九华山
洞庭
捕捞
汴河
东风湖
七家贩
市一中
圣华织带厂
市二中
岳前街
汉森宾馆
新势力商城
九州大厦
东茅岭
小龙城服装城
通程电器
光宏广场
九龙商厦
岳阳商业城
福润超市
泰和商业城
洞庭大厦
沃尔玛购物广场
泰和大酒店
开发区工商局
岳阳图书城
口腔医院
人寿大厦
地产大厦
苏宁电器
百盛
市一医院
粮都宾馆
汇金国际城上城
市建筑设计院
中国银行
市文广新局
农行
长城宾馆
市审计局
云梦宾馆
区国税局
市粮食局
市劳动局
市总工会
邮政
市商务执法支队
劳动力市场
晓朝宾馆
市计生委
市四中
市文联
市规划局
市建设局
邦臣大酒店
三辉大厦
华泰证券
楼区房产局
楼区交通局
摩登国际
五里牌
国际大厦
市政府行政中心
家润多超市
工业品批发市场
中房大厦
古井集贸市场
新路口小区
四化建家属区
市妇幼保健院
湘钢钢球厂
梅溪桥农贸市场
市三中
金华楼
市救助管理站
和顺时代
东风广场
岳荣
太子庙
雅典新城
南景花园
盛世一品
市六中
茂源小区
螺丝港
市啤酒厂
南湖寓园小区
南津港
市污水处理管理处
市房屋经营管理中心
湖锦花园
三辉家园
金鄂山派出所
万家坡
市城市绿化管理中心
工商银行市分行
市三医院
市广播电视台
金鹗宾馆
区妇幼保健院
市教育局
市司法局
市十四中
区水务局
五星小区
市路桥公司
市疾控中心
市十中
市国土局
湘泰阳光嘉园小区
市人事局
市园林局
区国土局
岳阳晚报
市科技局
市中心血站
市科技馆
市住房公积金管理中心
市地税局
力力鱼馆
南湖
市旅游局
市检察院
市体育局
岳阳体育馆
华融湘江银行
市图书馆
湖南理工学院
天下楼美食街
求索
湘天国际花园
爱尔眼科医院
市中级人民法院
金鹗山
市检验检测所
楼区计生卫局
市林业局
富丽居
市八中
恒信家园
市海事局
市氮肥厂
湖畔新村
楼区民政局
楼区新闻出版局
楼区文化体育局
市财政局
规划勘测设计院
市交警支队
南湖风景区管委会
楼区审计局
巴陵石化
渔光
南湖花园
蓝湖水岸
市城管局
市博物馆
阿波罗御庭酒店
南湖宾馆
四化建医院
岳阳公
市血防所
市老干局
区地税局
市出入境检验检疫局
市药检所
岳阳环卫局

城陵矶平面图
★城陵矶临港产业新区
岳阳纸业集团有限责任公司
洪家洲社区
博文外国语培训学校
华能湖南岳阳发电有限责任公司
油毡原料厂
造纸厂中学
电厂生活区
城陵矶港
建行城陵矶支行
电厂俱乐部
通海路
市五中
湖南华粮储运有限公司
光明变电站
建行城陵矶支行华能分理处
岳阳丰益生物化肥厂
三江大厦
市永金起重水磁铁有限公司
工行城陵矶支行
湖南省第四程公司岳阳分公司
市水运公司
桂花园小学
城陵矶办事处
富星化工厂
桂花园路
市水运公司
康大饲料公司
光明塑料制品厂
陵矶路
市生资公司仓库
中储棉岳阳直属库
粉末冶金厂
滨湖学校
市肉联厂
市物资储运公司
滨湖一砖厂
滨湖二砖厂
岳阳双猫植物油有限公司
滨湖九砖厂
长江
洞庭湖
芭蕉湖
巴陵公司已内酰胺事业部
延寿寺
岳阳北站
京广铁路
李家坡
农行
工行
建行
丁家山场
冷水铺派出所
洞氮医院
巴陵中学
望岳路
何杨屋场
福泰花园
高家大畈
老垅坡
宋家畈
白杨坡
潘宋家
大桥湖
洞庭密封材料厂
润康小区
力天科技园
藕塘坡
车工畈
康复医院
天元科技
白象集团
洛王工商所
洛王集贸市场
洛王司法所
洛王街道
琵琶王花园
雷锋山小区
洛王
琵琶王立交桥
斯柯达4S店
洛王中学
富兴大厦
华日（岳阳汽配汽贸市场）
洛王医院
兴国大厦
一汽大众4S店
上海大众4S店
钢材大市场
花果山水果市场
鸿升科技园
市质监局
开发区供电局
泰瑞化工
大陆科技园
中科电器
四化建
三生化工
岳磁高新
新蓝天科技
东方电器
长炼机电
恒升汽车空调公司
道道全
中科电器
科德工业园
东风本田4S店
景达生物
华晨汽车4S店
日产汽车4S店
市体育中心
岳阳火车东站
湘汇源
长途线路局
107国道管理处
市烟草局
湘沪汽车城
交通银行
市交通局
巴陵路
五里牌路
区人民法院
市二医院
市电信局
广州本田4S店
开发区地税局
东昌河汽车4S店
市气象局
汇泽家居
岳阳国家经济开发区
长炼小区
建设银行
上城旺座
东升小区
长炼生活小区
亮山
岳州中学
电信小区
八字门小学
力天电磁
永兴家园
物流园
楼区公安分局
青年路
市农业局
景盛园
市运管局
金岭花园
景顺大厦
恒鑫大酒店
东开路
经开区劳动就业服务中心
市石油公司
锦绣河山小区
八字门
北港一中
熙园壹号
北港河
珍珠山小区
华瑞丹枫假日酒店
太阳桥建材大市场
枫桥湖路
华一宾馆
★市人大
市一医院东院
中国石化
市环保局
毛家洞大桥
金鹗东路
市公路局
区检察院
金东门大酒店
屈大附中
华融湘江银行
文化小区
岳阳经济技术开发区管委会
★市政协
市文化艺术会展中心
市房产局
高速联络线
北港
天邦·珍珠湾
御景华都
中南批发大市场
华融湘江银行
武汉 wuhan
长沙 changsha
尚书桃花源
市公安局
岳阳广播电视大学
景汇大厦
南湖香榭
螺丝山
南湖大桥
南湖
望岳村
市民政局
太阳桥物流园
老馆冲
白石岭公安分局
冯家畈小区
市残联
风水垄
朱王家
工商银行
湖南理工学院
北港河大桥
107国道
图例
市级行政中心
区、县行政中心
乡、镇、办事处
社区、村
单位、小区、酒楼
国家单位
重点单位
学校
宾馆
银行
医院
大厦、写字楼
加油站
景点

数字岳阳 2011

全市总面积	1.5万平方公里
全市总人口	548.53万人
全市生产总值	1899.49亿元
第一产业增加值	230.18亿元
第二产业增加值	1078.57亿元
第三产业增加值	590.74亿元
财政总收入	185.83亿元
财政总支出	200.63亿元
县域经济生产总值	1109.62亿元
全市规模工业企业主营收入	3552.93亿元
工业园区规模工业增加值	447.9亿元
非公有制规模工业实现增加值	1117.17亿元
规模工业增加值	995.3818亿元
建筑业增加值	96.80亿元
房地产业投资	100.4亿元
房屋竣工面积	825.98万平方米
商品房销售面积	327万平方米
房屋销售额	95.29亿元
全市上市公司数量	10家

全市证券公司营业部	9家
全市期货公司	3家
期货成交金额	1080亿元
全市证券交易额	997.15亿元
货物运输量	16542.49万吨
进出口总额	11.79亿美元
接待旅游人数	1568万人次
旅游总收入	131.3亿元
旅游创汇数	4830万美元
各类医疗卫生机构	4812个
医疗床位数	2万张
城镇居民人均可支配收入	19558元
农民人均纯收入	7070元
社会消费品零售总额	598.06亿元
新增廉租住房	1.39万套
城镇居民人均消费支出	13404元
农村居民人均消费支出	5233元
城镇社会保险参保人数	42.09万人
新增城镇就业人员	5.5万人

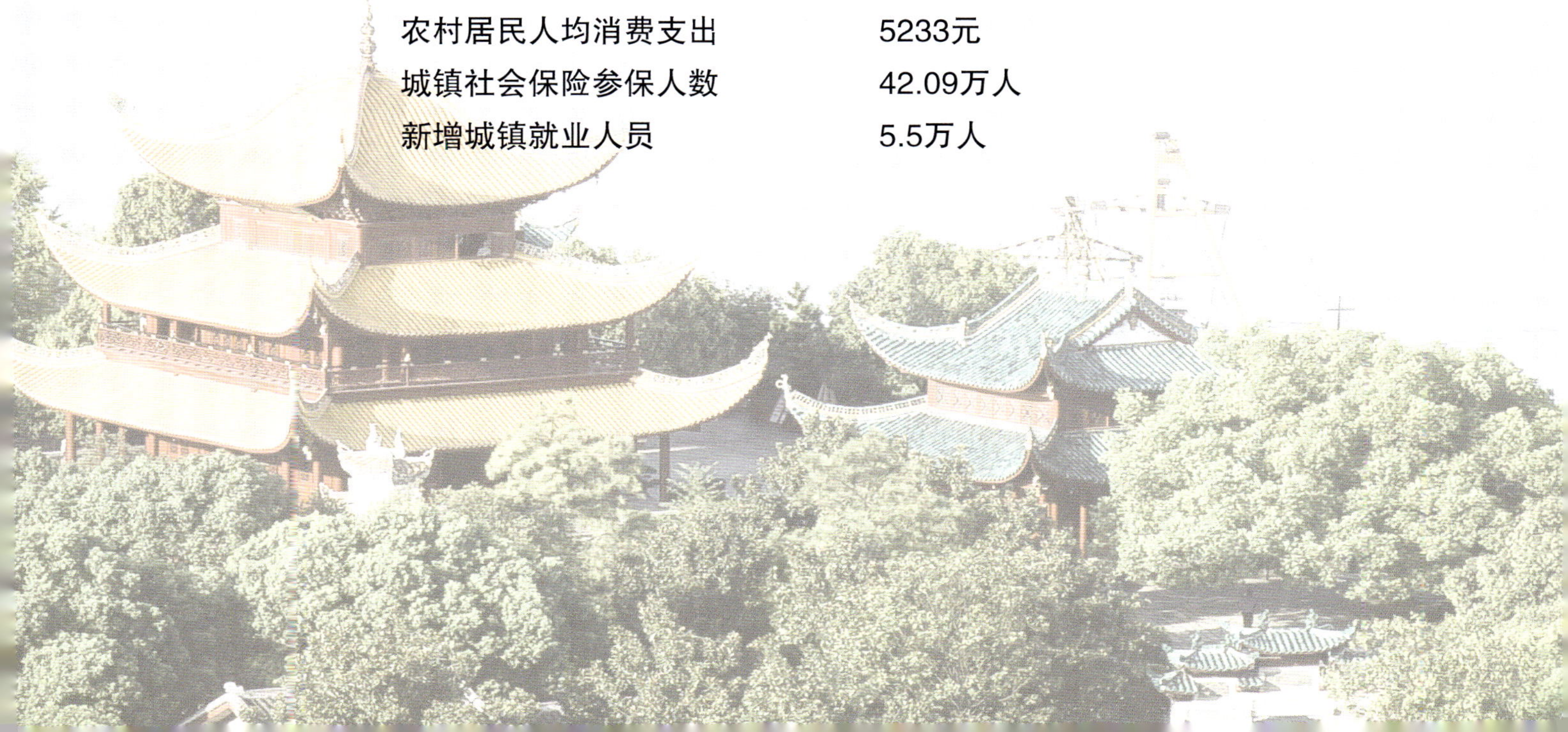

媒体看岳阳

岳阳城陵矶口岸是湖南唯一通江达海的一类水运口岸，全国28个主要内河港口之一。2011年，交通部在批准开通城陵矶口岸至宁波、南通、太仓、上海四条“五定”始发班轮外贸运输航线后，又于10月批准开通了城陵矶口岸至香港澳门水运直达航线。

《人民网》

2007年，当国家批准长株潭和武汉建设“两型社会” 综合配套改革试验区之时,世人的目光却都不约而同的投向了另一座城市——岳阳。距离长株潭和武汉都不到2个小时车程,坐拥湘江、长江、洞庭湖如此优越的条件,让岳阳将中国的两个“两型社会”实验区紧密的连接起来,更成为其中至关重要的一环。自此,岳阳这座拥有2500多年历史的国家文化名城,翻开了其和谐崛起新篇章。

“宁可不要眼前的金山银山,也要守住长远的碧水青山”,“宁可少要一个GDP,也不能多增一个COD”。这两句话已经深深融入了岳阳执政者们的脑海与血液里面,也正是凭借引领科学发展方向的这两句“座右铭”,使得岳阳“两型社会”建设既取得了人民满意的阶段性成果,也奠定了岳阳全面协调可持续发展的长远性基础。

《香港文汇报》

近年来，岳阳政通人和，经济发展迅速，是湖南省“第二大经济体”，仅次于省会长沙，经济和综合实力位居中部六省大中城市前十强。其优越的生态环境与良好的投资政策，令岳阳在海内外拥有极高的美誉度和吸引力。岳阳被国家商务部评为“十一五”期间跨国公司最佳投资城市和加工贸易梯度转移重点承接地；岳阳还被《福布斯》杂志评为中国内地最适宜开设工厂的20个城市之一和最佳商业城市百强之一。岳阳已经成为海内外企业家投资兴业的热土。

《香港商报》

武广高铁与广深高铁的全面贯通，对广东、湖南、湖北三省的旅游发展具有划时代的促进作用。2012年7月17～19日，深圳晚报联合楚天都市报、潇湘晨报等三地媒体，共同在深圳举办2012粤湘鄂（城际高铁）旅游商洽会，联动三省旅行社、景区、高铁等单位，通过不同渠道、平台、方式传播，形成一体化联合营销，把高铁旅游打造为高标准、高品质的旅游工程。

《深圳晚报》

随着武广高铁、广深港高铁广深段的相继开通，粤深港客人“岳阳游”越来越快捷、便利，并掀起了新一轮旅游热潮。岳阳借此推出“工业游”，旨在让人们在饱览巴陵自然风光和人文胜景的同时，更多地了解岳阳的经济建设和社会发展成果，促进湘深粤港在经济、文化上进行更深层次的交流与合作。

《深圳商报》

以文化为魂，岳阳的旅游业具有与众不同的风骨和气韵，也在规模化、产业化的过程中找寻到方向。被誉为“洞庭湖畔文化走廊”的岳阳楼新景区，是岳阳这几年运作最成功的一个案例。

《芜湖日报》

岳阳这个城市，如果从天上看，她就躺在水的怀抱里。她从来就没有缺水的危机，就是碰上大旱之年，很多地方连饮用水都告急时，岳阳人民仍能十分奢侈地枕着波涛入睡。

岳阳是一个真正意义上的宜居城市。幸福指数高，是高在快乐与健康上。

《潇湘晨报》

2011年6月2日，中共中央政治局常委、国务院总理温家宝，中共中央政治局委员、国务院副总理、国家防汛抗旱总指挥部总指挥回良玉在省市领导周强、易炼红、黄兰香等陪同下视察洞庭湖干旱情况　　（张　目　摄）

2011年5月9日，中共中央政治局常委、中纪委书记贺国强在省市领导周强、易炼红、黄兰香等陪同下到巴陵石化考察

（甘和平 摄）

2011年4月8日，中共中央政治局委员、中央书记处书记、中央组织部长李源潮到岳阳楼区梅溪乡调研乡镇党委换届、创先争优活动及群众工作情况 （张 目 摄）

2011年6月10日，中共中央政治局委员、国务院副总理、国务院安全生产委员会主任张德江在省市领导周强、徐守盛、易炼红等陪同下到巴陵石化检查安全生产工作 （张 目 摄）

2011年10月6日，中共中央政治局委员、十一届全国人大常委会副委员长、中华全国总工会主席王兆国一行到岳阳考察期间，与省、市领导和市青年志愿者在一起（尹明伟　摄）

一个“干”字担日月　一个“实”字写春秋

市领导出席岳阳市重大招商项目签约仪式

岳阳市坚持以科学发展观为统领，按照省委、省政府“四化两型”的战略部署，认真践行民本岳阳的执政和发展理念，确立了“五市一极”的发展战略，努力把岳阳打造成为现代工业大市、现代农业强市、现代航运物流旺市、现代旅游热市、现代生态宜居城市和湖南经济新增长极，经济社会又好又快发展，主要经济指标稳居全省前列，城市综合经济实力跻身全国地级市60强。

强力推进“四三六”工程显现成效。“四”就是扎实做好“四篇文章”，即以港区为依托，加快建设湖南长江经济带；以楼岛湖AAAAA级景区为依托，加快建设洞庭湖旅游度假区；以国家级经开区为依托，加快发展战略性新兴产业；以城镇和园区为依托，全面提升县域经济实力。“三”就是强力推进“三大攻坚”，即项目引进和项目建设攻坚，城乡环境整治攻坚，节能减排淘汰落后产能攻坚。“六”就是全力提供“六大保障”，即强化民生保障、环境保障、要素保障、人才保障、基础保障、组织和纪律保障。全市人民团结协作，开拓创新，攻坚克难，努力推动各项工作上水平、争一流、作贡献。

市长盛荣华与中国农业银行湖南省分行行长许涛签订战略合作框架协议

撰文：王　艳
摄影：杨一九　尹明伟　范向烂　熊式湘　张　奎
李亚妮　黎雄斌　成　兵　许　蓉

长炼1000万吨炼化一体化项目

华能电厂三期工程

岳阳纸业股份公司年产40万吨含机械浆印刷纸技改项目

云溪区精细化工产业园

城陵矶口岸至香港、澳门水运直达航线通航仪式

随岳高速公路

南津港大堤

岳阳楼沿湖风光带

岳阳经济技术开发区一角

南湖新城

绿色农家——君山

悦行花海

“学雷锋当好人，建设爱心城市”志愿服务活动启动仪式

乡村农运会

甜蜜的事业

渔业丰收

广场舞

龙腾盛世闹元宵

国家级非物质文化遗产
——汨罗抬阁故事会

汨罗市长乐镇是一个历史文化古镇。长乐抬阁故事源于人们为祈福降祥举行的祭祀活动。唐代，祭祀活动与上元闹花灯相结合，逐渐演变成历史悠久、独具艺术魅力的故事会。

千百年来，每逢太平年景，从正月初起至元宵节，长乐镇人自发分成上市街和下市街两个团体，举行故事会比赛，内容为历代忠孝节义和民间传说的故事，显示技巧与新奇，传递友谊与祝福，祈求吉祥与平安，代代传承，技艺越传越精，故事越传越多，影响越传越远。

长乐故事会分为地故事、地台故事、高彩故事、高跷故事四大类，再以彩旗、牌匾、彩灯、油筒、锣鼓、乐队等为辅，并配以玩龙舞狮、彩莲船等。近年现代科技手段的运用，使故事表演既有传统色彩，又有时代精神，更具新、奇、巧。“比”字贯穿着长乐故事会的始终，促使长乐故事会的传承与发展。2006年，长乐故事会被列为湖南省首批非物质文化遗产重点保护项目。2008年10月，长乐故事会作品《大战陆文龙》获得第七届中国民间艺术节暨“山花奖”中国民间飘色艺术展演银奖。2011年6月，长乐抬阁故事成功入选第三批国家级非物质文化遗产名录，并在“湖南省首届非物质文化遗产宣传评选”活动中荣获“十大最具魅力的非物质文化遗产项目”。

撰文、摄影：杨一九

石板街上演故事

万人空巷闹故事

妆扮

抬阁故事

《大战陆文龙》

元宵节之夜

庆祝《岳阳年鉴》创刊15周年
荣获全省年鉴评比特等奖

《岳阳年鉴》是市委、市政府的年度公报，由市人民政府主办，市委史志办承编。《岳阳年鉴》创刊于1997年，至今连续出版15卷，累计1700余万字。全书设置34个部类，是逐年记载岳阳自然、政治、经济、文化、社会等领域基本情况的大型综合性、实用性、资料性工具书。

15年来，市委、市政府始终高度重视《岳阳年鉴》组编工作，推动年鉴工作不断提质量、上水平，《岳阳年鉴》始终坚持创新、实效、实用的编纂理念，文字简练、装帧精美、检索方便，突出年度特色、地方特色和个性特色，努力打造特色文化品牌。多次获得全国、全省奖励，2012年6月，荣获湖南省第三届年鉴评比特等奖，成为岳阳一块名片。

撰文、摄影：王艳

市委常委、常务副市长、《岳阳年鉴》主编陈奇达在年鉴工作会议上讲话

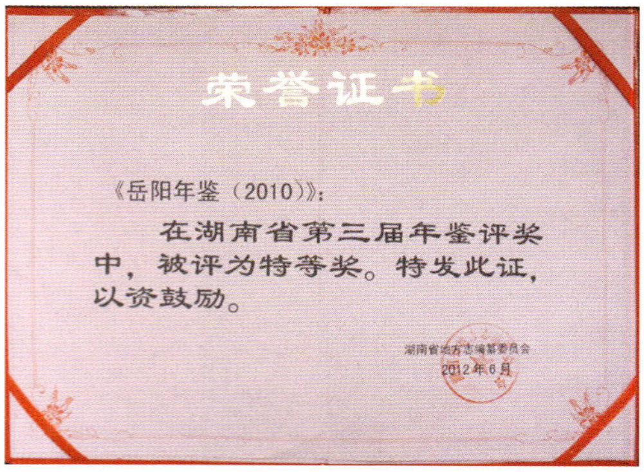
荣誉证书

《岳阳年鉴（2010）》：

在湖南省第三届年鉴评奖中，被评为特等奖。特发此证，以资鼓励。

湖南省地方志编纂委员会
2012年6月

《岳阳年鉴》篇目研讨

主要荣誉：
◇首届全国年鉴编校质量评比综合二等奖 （2003年）
◇湖南省第二届年鉴评比市州综合一等奖 （2007年）
◇第四届全国年鉴编纂出版质量评比综合二等奖 （2010年）
◇全国地方志系统第二届年鉴评比二等奖 （2010年）
◇第五届全国年鉴编校质量评比二等奖 （2011年）
◇湖南省第三届年鉴评比特等奖 （2012年）

特　载

SPECLAL EDITION

稳中求进　进中求强

夺取推进“四化两型”建设“五市一极”新胜利

政府工作报告

稳中求进　进中求强
夺取推进“四化两型”　建设“五市一极”新胜利

——在市委六届二次全体（扩大）会议暨市委经济工作会议上的讲话

中共岳阳市委书记　黄兰香

（2011年12月31日）

市委书记　黄兰香

同志们：

这次会议的主题是，深入贯彻中央和省委经济工作会议精神，向全会报告2011年经济工作，研究部署2012年经济工作，动员全市上下坚持稳中求进、进中求强，续写民本岳阳和谐崛起新篇章，夺取推进“四化两型”，建设“五市一极”新胜利。下面，我讲三个问题。

一、总结成绩，坚定信心

即将过去的2011年，是极不平凡的一年：这一年，外部形势严峻，世界经济复苏乏力，欧债危机波及全球，外贸出口市场萎缩；这一年，要素制约明显，煤电油等生产要素供应紧张，银行贷款收缩，用地政策趋紧；这一年，民生压力增加，物价涨幅居高，消费预期降低，内需拉力不足；这一年，自然灾害较多，先后遭遇建国以来最为严重的春夏连旱和局部地区三百年一遇的特大山洪泥石流；这一年，大企业停产检修时间长，对产值、税收影响较大，中小企业综合成本上升，发展面临多重困难；这一年，大事喜事也很多，庆祝中国共产党成立90周年，成功召开市第六次党代会，圆满完成市县乡三级党委换届，炼化一体化等一批重大项目竣工投产，等等。一年来，我们在省委、省政府的坚强领导下，认真践行民本岳阳的执政和发展理念，强力推进“四化两型”，加快建设“五市一极”，有效克服各种困难，科学应对诸多挑战，全面或超额完成了年初目标任务，实现了“十二五”开门红。

发展速度加快。预计（以下都为预计数）实现GDP1900亿元，增长14.2%，总量稳居全省第二。规模工业增加值增长20%，对经济增长的贡献率达到62.3%，拉动GDP增长8.6个百分点。到11月底，规模工业增加值增长超过全市平均水平的有岳阳县、平江、华容、汨罗、临湘、湘阴、君山、屈原、云溪；财政总收入增长超过全市平均水平的有君山、湘阴、汨罗、云溪；固定资产投资增长超过全市平均水平的有湘阴、华容、平江、汨罗、临湘、云溪、岳阳楼区、岳阳县、君山；2010年，汨罗、华容、岳阳县进入全省县域经济20强，君山进入全省县域经济发展较快前10名。粮食生产连续8年丰收，规模农产品加工企业完成增加值142.7亿元，增长22%，湘阴、华容荣获“全国粮食生产先进县”称号。

社会财富增加。完成财政总收入183.8亿元，增长31.7%，增幅为十年来最快，总量保持全省第二。规模工业实缴税金过100亿元，增长28%。城乡居民收入分别为19558元和7186元，增长12.5%和20%。截至11月末，全市银行机构各项存款余额939.46亿元，增长19.6%，新增存款153.69亿元；银行融资总量达548亿元，增长20.5%；证券交易额达1115亿元，居全省第二。

结构调整向好。三次产业比重调整为13.4∶55.8∶30.8，一产业比重进一步下降，工业主导地位增强，石化产业成为我市首个千亿产业。完成固定资产投资858亿元，增长35%；亿元以上投资项目130个，完成投资额198亿元，亿元投资占比20.4%，比去年提高4.1个百分点。社会消费品零售总额595.7亿元，增长17.5%，旅游、住房、汽车等消费快速增长，汽车销售量增长52%。完成减排工程91个，整治66家城区污染严重小企业，年度减排目标全面完成，万元规模工业增加值能耗下降8.5%。

品牌战略加强。城市公共文明指数测评进入全国地级市前30名，荣获第三批“全国文明城市提名奖”，城市环境综合整治定量考核排名全省第一，华容县获评全国文明县城。分别新增2家、14家国家级和省级农业产业化龙头企业，总数分别达5家、33家；14家企业进入湖南省私营企业100强；上市公司总数达10家，还有3家企业在天交所挂牌交易，省重点上市后备企业达20家；成功引进中粮集团、中国水电八局等8家央企。新增注册商标1124件，总量达6676件；新增中国驰名商标6件，总量达19件；新增湖南省著名商标34件，总量达149件。组建3家院士工作站、1家产学研战略联盟、9家工程技术研究中心、3家重点实验室，获得国家、省级科技进步奖16项；科技对经济贡献率为52%，高新技术企业99家，全年实现高新技术产值900亿元，增长32%。

“五区”建设加力。城区方面，“五创”提质深入开展，中心城区36个城建项目完成投资14亿元，提质改造95条小街巷，完成5条主干道临街建筑立面改造，环南湖截污管网建设竣工，青年东路王家河大桥通车，千亩湖旅游走廊开园，步行街人防工程、市体育中心、得胜北路等项目进展顺利。园区方面，竣工1000万元以上的基础设施和公共平台项目12个，完成投资5.38亿元；投资1000万元以上的产业项目85个，完成投资72.9亿元。全市园区完成产值1430亿元，增长25%，产值过100亿园区达到7个。云溪工业园获批国家新型工业化产业示范基地，岳阳经济技术开发区获批省级“两化”融合试验区。景区方面，37个在建旅游项目计划总投资123.2亿元，累计完成投资36.2亿元。岳阳楼——君山岛晋升国家AAAAA级景区，洞庭湖旅游度假区挂牌，君山区成功创建全国休闲农业与乡村旅游示范区，平江县获评全国红色旅游先进县。港区方面，启动五大基础设施建设，“三纵三横”骨干道路已全面成型，水网、电网、标准化厂房和安置小区建设全面推进，“三年搭骨架”目标基本实现；共签约项目30个，合同引资206亿元，到位资金15.3亿元；集装箱吞吐量突破16万标箱，增长33.3%；保税港区申报进展顺利。农业示范区方面，屈原国家级现代农业示范区争取项目资金近亿元，十大基地建设加快，产业带动能力增强，华容县获批全国农业标准化示范县，君山区获批中国绿色食品建设示范基地。

改革改制攻坚。全市150家市属国有企业，已有148家基本完成改制任务（未含公交、自来水公司），整体安置职工8.1万人，其中今年完成改制任务29家，安置职工11485人，企业改制进入全面扫尾阶段；加强国有资产监管，实现国有资产收益6亿元；财税体制改革、人事制度改革等深入推进；文化体制改革力度加大，文化市场综合执法监管加强，我市被评为全国文化体制改革先进地区。

基础建设加速。随岳高速、省道306华容段、省道202二期等建成通车，岳常、通平等5条高速公路建设提速，国、省干线公路建设强力推进，开放通道更加顺畅。新农村建设投入力度加大，道路硬化、安全饮水、农村电改、环境整治等加速推进，加快实施病险水库除险加固、灌区续建配套等一批水利项目，环洞庭湖基本农田建设一期工程如期完成。

民生实事扎实推进。1～11月，全市民生支出104.2亿元，占全市一般预算支出的69.2%。省市实事如期完成。新增城镇就业5.5万人、农村劳动力转移就业8.6万人，城镇零就业家庭保持动态清零。截至11月底，全市“五大保险”征缴基金28.3亿元；新型农村养老保险参保人数99.88万人；全市12个县市区社区卫生服务中心和乡镇中心卫生院实现基本药物制度全覆盖；新农合参合率达99.4%，排名全省第一，临湘在全国率先开展新农合乡、村门诊全免费试点。争取中央、省财政住房保障专项资金9.47亿元，新建改建一批廉租房、经济适用房和公共租赁房。

社会事业加快发展。全市教育投入42.8亿元，增长10%。切实加强社区建设，岳阳楼区被评为全省社区党建和社区建设先进单位。群众性文化活动深入开展，建成一批乡镇综合文化站和农家书屋，全市图书馆、纪念馆、博物馆、文化馆全部免费开放。加快实施体育休闲公园、市民健身公园工程，大力兴建农民体育健身工程。计生工作连续13年保持全省先进，广播电视、新闻出版、党史市志、档案管理、气象防灾等各项事业协调推进。

灾后重建全面完成。3517户因灾全倒户全部搬进新居，修复水毁水利设施5000处、公路672公里、耕地3766.67公顷，补种改种农作物6573.33公顷，灾区水利、交通、电力、通讯等基础设施全面恢复。

法治建设不断加强。认真落实“两个维护”，深入贯彻《法治湖南建设实施纲要》、《关于加强法治政府建设的意见》。加大党务、政务、村务公开力度，加快建设市县乡村四级政务服务网络。加强“六五”普法教育，全民法制意识进一步提高。

社会大局和谐稳定。创新社会管理，深入开展矛盾纠纷大排查、大整改活动；组织开展打黑除恶、“打四黑、除四害”、“清网行动”等；“打非治违”推进有力。建立市县乡村组五级联动的群众工作网络，全市进京、赴省非正常上访总量全省最少。和谐劳动关系构建受到中央、省委充分肯定。一年来，全市没有发生影响大的恶性案件、群体性事件、涉农案件、重大安全责任事故。安全生产工作、社会治安综合治理工作被评为全省先进。

事业成败，关键在人。一年来，我们坚持时时抓队伍，不断加强领导班子和干部队伍建设，提升党的建设科学化水平。深入开展“两个忠诚”等主题教育，党员干部政治素质和精神境界明显提升；市县乡三级党委换届风清气正、圆满顺利，选人用人的科学性和公信度显著增强；深入开展创先争优，村支“两委”换届顺利完成，基层基础更加稳固；深入推进党风廉政建设和反腐败斗争，认真做好教育、制度、监督、改革、纠风、惩防各项工作。充分发挥市委核心作用，支持人大、政协依法依章履职，扎实推进党管武装工作，抓好工会、共青团、妇联等群团工作，不断加强统一战线，营造了共推发展、共创和谐的强大合力。

在肯定成绩的同时，我们也要清醒地认识到发展过程中存在的突出问题：一是经济总量大，但经济结构不优，第三产业占GDP比重低于全省平均水平7.8个百分点，全省排名靠后；财税依赖中省企业格局没有根本改观；亿元以上投资项目个数偏少，新兴产业增加值比重偏低，非公经济规模偏小。五大重点能耗产业产值占整个规模工业产值的41%，而能耗占规模工业能耗的85.2%，节能减排和环境保护任务艰巨，赶超压力大。二是财政增速高，但财力底子不厚，虽然我市财政增幅再创新高，但由于受财政体制影响，增量收入的大部分财力被中央和省集中，可用财力少。1～11月，中央、省集中我市财力25.8亿元，占总增量的57.5%，其中市本级被集中20.6亿元，占总增量的68.1%，县区级被集中5.2亿元，占总增量的35.6%，导致我市可用财力占财政总收入比重低于全省平均水平，工作压力大。三是城乡变化快，但功能配套不全，城乡规划起点不高、规划落实难；投资渠道单一、投入与需求差距大，历史欠账多，公共配套设施建设跟不上城市扩张速度，由此产生的就业、就学、就医、出行等民生问题和瓶颈制约日益显现，诉求压力大。四是社会大局稳，但局部问题不少，随着经济社会进入转型期，社会管理面临的挑战越来越多，利益格局变动引发的社会分化，因人口流动、资源配置、网络发展等带来的管理难题凸现，局部矛盾增多，城区违法建设屡禁不止，涉黑涉恶势力时有抬头，各种不安全、不稳定因素不同程度存在，管理压力大。五是干部队伍好，但个别素质不高，有的服务意识差，门难进、脸难看、事难办；有的办事效率低下，作风漂浮散漫，不负责，不落实；有的水平较低，不学习经济和社会管理，不会做群众工作，面对突发事件和复杂问题束手无策，等等，少数干部素质亟待加强，提升压力大。

肯定成绩，并不是沾沾自喜，而是为了提振精神、增强信心；分析问题，并不是妄自菲薄，而是为了清醒头脑、坚定决心。只要我们视差距为潜力，化压力为动力，开拓奋进，真抓实干，就一定能克服任何困难，排除一切干扰，在推进“四化两型”、建设“五市一极”新征程上阔步前行、再续新篇！

二、把握形势，明确目标

展望2012年，是“十二五”规划实施承上启下、深入推进的关键之年；是全面贯彻落实省市党代会精神的起步之年；是加快岳阳经济转型升级、更大更强的攻坚之年。

纵观2012年，从国际环境看，世界经济复苏不稳定、不确定因素增多。国际经济环境总体仍严峻复杂，欧美发达经济体主权债务危机持续，世界经济复苏动力减弱，经济下行压力加大。但美国经济正在温和复苏，新兴经济体仍将保持较快增长，欧债危机正在努力缓解，因危机蔓延导致全球经济衰退的可能性较小。从国内环境看，“稳中求进”成为经济社会发展总基调。世界经济复苏放缓使得出口动力减弱；房地产调控持续和出口回落影响投资增长，投资需寻找新的增长点；消费将肩负更重要的使命，但消费能力和消费意愿不强仍将制约消费；由于外部环境影响和综合成本上升碰头，实体经济发展仍将面临比较困难的处境。2012年货币政策将整体保持稳健，但为了稳定经济增长，结构上将实行定向宽松，针对中小微型企业、战略性新兴产业、重大基础设施建设和民生等领域的信贷投放力度将进一步加大。总的来看，2012年机遇与挑战同在，困难与希望并存。

面对2012年诸多不确定因素，关键是要有信心。信心重于黄金，有信心才有克服困难的勇气、力量和智慧。我们的信心来自于：一是全省经济加快发展的强劲态势。湖南正处在工业化、城镇化快速发展阶段，“四化两型”、“四个湖南”建设成效显著，发展态势良好，发展潜力巨大。省党代会提出“两个加快”的奋斗目标，湖南经济将进一步加速上升。二是岳阳企业对外依存度不高，企业产品主要是面向国内，市场需求旺盛，外贸出口市场萎缩对我市影响不大。据对全市重点骨干企业的调查结果显示，预计明年企业经营形势将普遍好于今年。三是省委省政府对岳阳的大力支持。省里正在组织相关厅局，研究支持城陵矶港口平台建设、电煤储运基地和环洞庭湖生态经济圈发展的政策措施；长沙更加重视向北发展，对我市南部县域带动辐射将进一步扩大；中石化与省政府签订战略合作框架协议，将在长炼、巴陵石化新上一批重大项目，新增税收主要留归地方；中联重科、神华集团、淮南矿业等一批大企业都将落户岳阳。四是岳阳作为水利资源大市，中央一号文件出台对我市是一个重大利好；岳阳作为历史文化名城，六中全会提出推进文化大发展大繁荣对我市也是一个难得机遇；总投资60亿元的环洞庭湖基本农田重大项目建设工程，大部分投放在岳阳；蒙西至华中铁路煤运通道（原荆岳铁路）明年正式开工，京港澳复线岳长段、临岳高速已进入程序开工在即，等等。可以预见，2012年岳阳经济发展潜力巨大，前景美好。只要我们坚定信心，乘势而上，加强战略谋划，着眼对策研究，扬长避短、趋利避害，真抓实干、攻坚克难，就一定能实现岳阳经济社会更好更快发展。

2012年经济工作的指导思想是：全面贯彻落实党的十七大和十七届三中、四中、五中、六中全会，中央和省委经济工作会议及省市党代会精神，以邓小平理论和“三个代表”重要思想为指导，深入贯彻落实科学发展观，以“稳中求进、进中求强”为主调，抓好经济发展，创新社会管理，办好民生实事，加强党的建设，续写民本岳阳和谐崛起新篇章，夺取推进“四化两型”、建设“五市一极”新胜利。

经济发展预期目标是：地方生产总值增长12%以上，财政总收入增长15%以上，固定资产投资增长23%以上，社会消费品零售总额增长17.5%以上，城镇居民人均可支配收入和农民人均现金收入分别增长11%和12%以上，城镇登记失业率控制在4.5%以内，居民消费价格上涨4%左右，人口自然增长率控制在6.8‰以内，国家下达的节能减排约束性指标全面完成。奋斗目标是：地方生产总值增长13%以上，财政总收入增长18%以上，城乡居民收入增长13%以上，固定资产投资增长30%以上。

经济工作的总体要求是：稳中求进、进中求强。

“稳中求进”是中央经济工作的总基调。稳，就是要坚决贯彻中央、省委精神，稳实体经济，稳经济增长，稳市场物价，稳社会大局；进，就是要着力推进又好又快发展，在转变经济发展方式上有新进展，在深化改革开放上有新突破，在保障和改善民生上有新成效，在推进“四化两型”、建设“五市一极”上取得新胜利。

“进中求强”是对市第六次党代会确定的“转型升级、更大更强”主线的积极呼应。就是要做大经济总量，做强综合实力，建设经济强市，加快实现总量、均量、质量“三量齐升”，使岳阳在经济总量、财政收入、综合实力等方面更加具有竞争力。

为什么要这么提，这是省委省政府的要求。省委省政府对岳阳的发展一直寄予厚望，明确要求岳阳优势优先、加快发展，打造湖南经济发展的增长极和扩大开放的桥头堡，争当推进“四化两型”的排头兵。这是岳阳发展的要求。岳阳的经济社会发展已经站到了新的历史起点，处于加力加速、提质提效的关键阶段，人民群众和社会各界对岳阳更好更快发展的美好前景充满期待。这是区域竞争的要求。生产要素向来就是“嫌贫爱富”，区域竞争的规律是哪里发展快，项目资本就往哪里汇聚；哪里发展慢，对项目资本就越缺乏吸引力。发展如逆水行舟，不进则退。立足省内，我们主要经济指标虽然位居第二，但与标兵长沙的距离很大，与后面追兵的距离很小。跳出湖南，与长江沿岸同类城市特别是沿海发达城市相比，我们的差距更加明显。面对责任和使命，我们时刻不能耽误、丝毫不能懈怠，必须以更加开阔的视野、更高的标准、更扎实的工作，负重奋进，奋力赶超，抢道前行，抢先发展。

三、突出重点，强力推进

要实现稳中求进、进中求强，必须突出以下重点：

（一）扎实做好四篇文章

1. 以港区为依托，建设沿江经济带。加快建设物流基地，全面打开水路、公路、铁路、航空等开放通道，加快构建口岸通关体系，整合物流资源，推进云溪物流园、城陵矶物流园等项目建设，启动湖南烟草国际物流基地建设。发展壮大石化产业集群，支持巴陵石化、长岭炼化等大厂技改扩能，延伸石化产业链，加快配套园区发展，壮大中小企业群，建设世界一流非乙烯精细化工基地。建设造纸产业基地，推进林纸一体化工程，加快岳阳林纸等企业发展，把岳阳建成中部地区最大的造纸深加工、造纸物流、造纸化工和造纸机械产业基地。建设湘北能源基地，推进电力能源基地建设，争取建设国家石油储备基地、湖南省煤炭储运基地，推进君山风力发电项目，扎实做好小墨山核电等项目前期工作。发展大运量大耗水产业，科学规划利用长江岸线资源，以临港产业新区和沿江沿湖配套港口群为依托，引进战略投资者。

2. 以楼岛湖AAAAA景区为依托，建设洞庭湖旅游度假区。围绕“欢乐健康”主题，培育五大旅游板块：洞庭湖旅游度假板块，重点推进楼岛湖、环南湖旅游开发、君山生态农业休闲，加快建设洞庭湖旅游度假区，争创国际旅游品牌。红色旅游和山水开发板块，创建平江起义纪念馆国家AAAA级旅游景区，完善弼时纪念馆旅游景区，加快石牛寨二期工程建设，开发度假休闲、体验参与型项目，打造“漂流之乡”。屈子文化板块，加快屈子文化园建设，进一步打响屈原文化品牌，建设湘楚文化体验区，申报世界文化遗产。“长株潭后花园”板块，打造“左公天下武”品牌，规划建设洋务运动基地，开发户外休闲娱乐、农家乐旅游项目，加快青山岛旅游开发，建设长株潭市民休闲的后花园。民俗文化板块，保护开发张谷英村古建筑群，参照浙江乌镇发展模式，打造特色民俗文化产品；加快平江九龙舞、汨罗长乐故事会等民俗文化资源的保护开发和旅游融合。

培育五大板块，要抓好四个重点：一是做产品，适应市场建设一批大项目，开发一批新产品，加紧推进市内板块之间、岳阳板块与外地板块的连接，实现景点互通、资源互补、客源互动。二是做特色，充分挖掘岳阳文化底蕴，加强文化与旅游融合，进一步打响端午文化、爱情文化、生态文化等品牌，彰显岳阳旅游特色。三是做营销，要按照现代旅游规律，引进专业团队，开展旅游营销活动，加强岳阳城市形象策划、品牌宣传，提高城市的知名度、美誉度。四是做链条，把旅游作为活三产、扩内需的突破口，以旅游的进一步升温带动购物、文化娱乐、酒店、餐饮等三产业的全面提质。

3. 以国家级经开区为依托，加快战略性新兴产业发展。提升发展先进制造产业，对接国家产业振兴规划，重点发展符合产业方向和具备产业优势的电磁冶金、高端装备、磁力检验、汽车配件等先进制造产业。聚集发展生物医药产业，引导医药企业向岳阳经济技术开发区和华容工业园、岳阳县生态工业园集聚，延伸产业链条，推进医药与食疗、养生结合，制造与研发、物流结合。培育电子信息产业，加快岳阳经济技术开发区和湘阴、汨罗、华容等电子信息产业园发展，全力支持建设北斗卫星导航产业基地和研发基地。加快发展生产性服务业，围绕支柱产业和新兴产业，配套发展现代物流、金融保险、商业服务、信息咨询、研发设计等业态。

4. 以城镇与园区为依托，全面提升县域经济实力。

城镇是区域经济竞争的制高点。要按照“两型”城区要求，建设一批产业发展上规模、经济实力上水平、城镇建管上品位、三产消费上档次，辐射力、带动力、影响力强的“两型”城镇。湘阴、汨罗、平江要全面学习长沙、对接长沙，主动承接长株潭的辐射拉动和产业转移。

园区是工业化与城镇化的结合点，是县域对外开放的主阵地、项目建设的主战场和经济发展的增长极。加快建设两型园区，按照土地集约经营、资源循环利用的要求，推进园区产业升级、节能减排和环境保护，严把项目入口关，发展“两型”产业。大力推进项目建设，继续开展项目满园扩园和项目建设升级行动，注重招大引强，引进一批科技含量高、带动能力强、经济效益好的重大项目。突出园区产业特色，进一步明晰功能分区、产业定位，推动产业链条式延伸、企业集群式组合，提升聚集度。不断增强园区影响力，打响“国字”、“省字”号品牌，切实增强园区对外开放吸引力、项目承载力、就业拉动力和财税贡献率。培育2～3个在全省乃至全国有影响的示范园区。

继续大力扶持非公经济和中小企业发展，完善和落实各项扶持政策，搭建资金、人才、技术等公共服务平台，重点扶持发展创新型、创业型中小企业，实施企业成长工程，充分发挥非公经济和中小企业在繁荣经济、吸纳就业、兴旺三产等方面的重要作用。

农业增产、财政增收、农村发展，事关经济社会发展全局。要进一步巩固农业基础地位，落实强农惠农富农政策，毫不放松粮食生产，着力保障农产品有效供给；要坚决依法保护农民的合法财产权利，认真解决被征地农民的生产、生活问题；要坚持科教兴农战略，加强农业技术创新；要加快发展现代农业，扩大工厂化加工、规模化种养、社会化服务在农业中的比重；要深入推进社会主义新农村建设，着力加强农村基础设施建设和公共服务，改善农民生产生活条件；要切实加大扶贫开发力度，进一步减少贫困人口。

全面提升县域经济实力，要在县域经济总量、财政总收入、大项目支撑上有明显变化，坚持单项工作争先进、整体实力进名次。2010年全市只有汨罗、华容、岳阳县进入全省县域经济20强，汨罗前进了一位，排第10位；华容后退三位，排第15位；岳阳县前进三位，排第17位。虽然这三个县（市）进入了20强，但实事求是讲，与前九名的差距很大，有的还可以说不在一个等量级上。我市县域经济实力总体差距大，尤其体现在财政收入上。全面提升县域经济实力，要着重在增加财政收入上下功夫，在提升产业实力上下功夫，在增强城镇竞争力上下功夫。

（二）强力推进三大攻坚

1. 项目引进与项目建设攻坚。投资拉动增长是岳阳今后一段时期的必然选择，投资拉动就是靠项目拉动，抓经济发展，第一位的就是抓项目。要精心策划项目、包装项目，竭诚争取项目、引进项目，全力服务项目、建设项目。既要注重引进工业产业项目，也要注重引进现代物流等三产项目，我市的三产业规模小、名气小，占GDP的比重只有30.8%，远低于全国平均水平，还应大幅增加，这既是发展的需要，也是增加就业的需要，还是调整结构的需要。要以自主创新和产业结构调整为重点，抓一批大型产业项目；以加快节能减排、加强生态建设为重点，抓一批“两型社会”建设项目；以保障性安居工程建设为重点，抓一批改善民生项目；以发展现代农业、推进城乡一体化为重点，抓一批“三农”项目；以公路、铁路、水利和能源建设为重点，抓一批基础设施项目；以完善城市功能、提升城市品位为重点，抓一批城市建设项目；以商贸、旅游设施建设为重点，抓一批三产项目；以教育、文化、医疗、卫生、群众性体育设施建设为重点，抓一批社会事业发展项目。

2. 城乡环境整治攻坚。环境创造的是价值，集聚的是财富，带来的是效益。近年来，很多地方就是因为环境的改善带来了大项目、大发展，如株洲攸县提出“城镇客厅理论”，广泛开展“三创四化”和“洁净攸县”大行动，取得明显成效。省委、省政府要求全省向攸县学习。要通过开展“学攸县、见行动”活动，推动城乡环境大整治。开展清洁家园行动。要切实加强农村垃圾处理，争创一批清洁家园样板村；大力发展循环农业和生态农业，减少农业面源污染，推动农村环境全面提质；建立健全长效机制，使清洁家园变成人民群众的生活习惯和自觉行动。深入开展五创提质。重点要在深化、求精、延伸上下功夫，立即启动、全面铺开新一轮全国文明城市创建工作。要围绕“水清水美水活”，科学规划城区水系，重点推进“四湖两河”治理，加快环湖滨水地带开发建设。要围绕“绿心绿带绿地”，加快实施“森林进城”工程，大栽树、栽大树，扎实开展园林式单位、森林社区、绿色校园等创建活动。要围绕“清洁整洁保洁”，切实加强背街小巷、城中村和城郊结合部环境整治，加快集贸农贸市场改造提质步伐。要围绕“路面立面顶面”，加快临街建筑立面改造提质，中心城区道路全面实施“白改黑”改造，加强城市管理，大力整治乱摆乱放、乱搭乱建、乱装乱挂、占道经营等视觉污染，使“天际线”成为美丽的风景线。要围绕“车畅物畅人畅”，发展智能交通，加强交通疏导和管理，重点整治交通违章行为。尤其要建设一批停车场与行人过街设施，加大对公共交通的投入。

3. 淘汰落后产能攻坚。坚决关停“十五小”企业。加大执法和处罚力度，坚决关停一批高能耗、污染严重的“十五小”企业，逐步淘汰印染、纺织、冶炼、建材、造纸等行业中的落后产能。大力整顿无序开采。严格管理砂石、高岭土、花岗岩、长石等矿产资源，加强河道采砂治理，严厉打击非法滥采行为，建立长效机制，既要满足经济发展对资源的合理需求，又要严格保护、加强监管，守护好岳阳的绿水青山。狠抓节能减排。加快中心城区污染企业“退二进三”步伐，原定三年“退二进三”政策到2012年12月取消，到期没有完成任务的企业将依法予以关停。严格实施排污许可制度，强化污染物排放控制。全面推行新上项目环评制度，防止新增落后产能。推动化工、陶瓷、水泥、冶炼和造纸等重点行业节能降耗。切实加强湘江流域重金属污染治理。推进自主创新。强化企业主体，引导支持企业加大技术自主创新力度，不断提高产品科技含量和环保指数，促推企业低耗低碳、高速高效发展。

（三）全力提供六大保障

1. 把人民幸福作为第一追求，强化民生保障。着力增加城乡居民收入。要把促进充分就业作为增加居民收入的基础工程，切实提高就业公共服务水平，努力扩大就业和再就业；继续支持和鼓励全民自主创业，以创业带就业，以创业促致富；进一步提高低收入人群收入，提高中等收入者比重，实现居民收入增长和经济发展同步。着力完善社会保障体系。围绕“学有所教、劳有所得、病有所医、老有所养、住有所居、困有所济”，扎扎实实为民办实事、做好事。进一步完善覆盖城乡的社会保障体系，提高社会保障水平；加快保障性安居工程建设，加快棚户区和农村危房改造；加强教育重点领域建设，促进教育公平；加快构建覆盖城乡的公共文化服

市委第六届二次全体（扩大）会议暨市委经济工作会议会场 （范向辉 摄）

务体系建设，促进基本公共文化服务均等化；扎实推进医药卫生体制改革，创造条件为人民群众提供满意的基本医疗卫生服务。着力稳控市场扩大消费。科学引导和调剂市场供应，加强市场物价监管。出台扶持城镇三产业发展的各项优惠政策，扩大消费，兴旺人气；加快商业网点向农村布点延伸，倡导“福满巴陵、放心消费”；畅通农产品流通绿色通道，推进“农、超对接”、“农、校对接”，减少中间环节，降低流通成本，拉动内需活力。

2. 把优良环境作为第1名片，强化环境保障。要树立环境优先观。现在，地区之间的竞争，不再取决于给多少优惠政策，很大程度上取决于环境状况，看人文环境，看居住环境、看法治环境、看投资环境、看项目建设环境。有人说“上面很好，下面好狠”，其实病症在下面，病根在上面，下面“好狠”，也是上面不好！是上面没有管好下面。如果“招进外商，打成内伤”，这样谁还愿意到岳阳来？！如果办件事既要跑这个部门，又要跑那个部门；今天跑，明天还要跑，久拖不决，办个事情非常难，怎么发展？！“政府创造环境，企业创造财富。”我们要坚持一手抓软环境，一手抓硬环境，两手抓、两手都要硬。

要营造便民、高效的办事环境。实行限时办结制、公司代理制、网上承办制，提高行政效能。要营造宜居、宜游的城市环境。以良好的城市环境聚人气、集财气、提士气，让在岳阳投资创业、观光旅游的客商和游客有家的温馨与惬意。要营造文明、开放、守法、诚信的人文环境。以创建全国文明城市为载体，进一步提升公众文明素质；以加强政府公信为重点，带动社会诚信建设；以弘扬岳阳精神为引领，打造合作、共赢、诚信、包容的工商文化；以法治建设为抓手，形成依法执政、依法行政、公正司法、人人守法的良好氛围。要营造稳定、和谐的社会环境。切实加强烟花爆竹生产、危化行业、非煤矿山、水上交通、道路交通、公众聚集场所消防、校车校舍、河道采砂、建筑施工、森林防火等安全隐患的重点整治；认真部署、深入开展打黑除恶专项行动，始终保持对黑恶势力的严打高压态势；坚持铁腕拆违，坚决遏制违法建设猖獗势头；加强和创新社会管理，争创全国治安模范城市。要营造低门槛、低成本、高效率、高回报的经济环境。高效服务，信守承诺，进一步优化投资环境；联手帮扶，排忧解难，进一步优化企业发展环境；依法保护合法权益，坚决打击强买强卖、强揽工程、强行阻工等行为，进一步优化施工环境。

3. 把生产要素作为第一支撑，强化要素保障。水、电、油、气、土地、资金等生产要素是经济运行的血液。要千方百计保护、利用、引进、争取这些资源，用于岳阳经济发展，用于造福人民。要努力保障用地需求。一方面，要积极争取用地指标，让新上项目快落地、早落地；另一方面，要帮助落地项目尽快依法办理土地等产权手续，为项目运营提供便利条件。同时，要依法清理闲置土地，对以项目建设为名行非法圈地之实的要坚决依法收回。要通过多渠道、多途径优先保障高新技术产业、先进制造业、环保节能产业等项目用地需求。要努力保障资金需求。各类金融机构要切实增强“企业发展我发展，我促企业快发展”的理念，加大对本土项目建设的扶持力度；政府要加强引导和监管，构建政、银、企良性互动机制，创建“金融生态安全区”。要加快发展各类投融资公司、担保公司和小额贷款公司，加快组建农村合作银行，引导发展新型银行业，增强金融资本市场活力，增强对实体经济特别是中小企业发展的支撑力和服务力。要努力保障能源需求。以湘北能源基地建设为突破口，增强能源调配掌控能力；积极争取支持，增加煤电油气等能源供应指标；建立能源应急体系，科学编制应急预案，加强能源储备，提高应急处变能力。

4. 把优秀人才作为第一资源，强化人才保障。人才是经济发展中最活跃、最具竞争力的因素。岳阳需要一大批懂经济、会经营、善管理的人才，如科技领军人才、企业管理人才、旅游营销策划人才、招商引资人才、资本运作人才、城市建管人才，等等。要加强教育培训，与高等院校联合，大规模培训企业家队伍，提高企业经营管理水平；选派有潜力的干部到沿海和发达地区挂职锻炼，跟班学习，开阔视野，提升水平。要加强实践锻炼，引导干部在实践中施展才华、磨砺提高、建功立业，从明年起，要把各单位后备干部有计划安排到重大项目、重点工程和敏感地区工作，在实战中锻炼人才、发现人才、提拔人才。要加强人才引进，营造尊重人才的人文环境、优质高效的人才服务环境、温馨舒适的人才生活环境，广泛吸引各类优秀人才选择岳阳、扎根岳阳、创业岳阳。

5. 把班子队伍作为第一基石，强化组织保障。领导水平决定发展水平，发展水平检验领导水平。实现明年经济工作“稳中求进、进中求强”，领导班子是核心力量，干部队伍是关键因素。要强化发展意识，提升发展能力。党委是领导经济发展的核心力量，一个地方引不进好项目，经济发展水平上不去，县市区委书记要负第一责任。各级党委要驾驭大局、统揽经济、领导发展，带头解放思想抓发展，敢于放权让利抓发展，带领干部敞开思路谋事，放开手脚干事，一门心思成事。要营造发展氛围，形成发展合力。坚持“以发展论英雄、凭实绩用干部”的选人用人导向，大胆使用“坚持科学发展有韧劲、谋划科学发展有思路、推动科学发展有激情、实现科学发展有贡献”的干部，尤其要敢于使用抓发展有能力的干部，敢于使用市场观念强、经济意识强的干部，把所有干部的思想和精力引导到想事谋事上来，把智慧和力量凝聚到干事成事上来，形成一心一意谋发展、群策群力促发展的良好氛围和强大合力。要抓作风重落实，务求发展实效。作风是成事之基，落实是责任所在。要大力倡导真抓实干、开拓进取、攻坚克难的作风，坚持分解责任抓落实，突出关键抓落实，敢于问责抓落实，力戒空谈，务求实效，防止“以会议落实会议、以讲话落实讲话”，确保各项工作任务落到实处。

6. 把廉洁高效作为第一形象，强化纪律保障。廉洁是从政的底线，高效是工作的标准。要认真履行政治责任，始终把党风廉政建设责任制作为“一把手”工程来抓，坚持“一岗双责”，党政齐抓，合力推进；深入推进惩治和预防腐败体系建设，着力提高反腐倡廉科学化水平；要切实加强监督检查，确保政令畅通，确保市党代会确定的目标任务落到实处，确保市委、市政府决策部署落到实处；要全面加强机关效能建设，全市所有党政机关和行政事业单位全面推行目标化管理、绩效化考核，科学考评，奖优罚劣；切实加大惩治力度，突出查办大案要案，坚决纠正损害群众利益的不正之风，着力优化经济环境，对蓄意破坏项目建设和经济发展环境的人和事，一律坚决查处，决不姑息迁就。

同志们，今天是2011年的最后一天，明天就跨入2012年了。展望新的一年，我们豪情满怀、信心在握。让我们紧密团结起来，齐心协力、真抓实干，开拓进取、顽强拼搏，续写民本岳阳和谐崛起新篇章，夺取推进“四化两型”、建设“五市一极”新胜利，以优异成绩向党的十八大献礼！

政府工作报告

——在岳阳市第六届人民代表大会第五次会议上

岳阳市人民政府市长 盛荣华

（2012年1月5日）

市长 盛荣华

各位代表：

我代表市人民政府，向大会报告政府工作，请予审议，并请各位政协委员和其他列席人员提出意见。

一、2011年实现“十二五”良好开局

2011年是实施“十二五”规划的第一年，全市上下在中共岳阳市委的坚强领导下，努力践行民本岳阳执政和发展理念，以“科学发展、富民强市”为主题，以“转型升级、更大更强”为主线，围绕“四化两型”和“五市一极”建设，团结一心，奋力拼搏，完成了市六届人大四次会议确定的年度目标任务，各项工作取得新的成绩，实现了“十二五”开门红。

（一）科学应对挑战，保持经济平稳较快增长。面对发展中凸显的诸多挑战，我们科学应对，战胜严重的春夏连旱和局部地区300年一遇的特大山洪泥石流等自然灾害，努力化解资金、土地、能源等生产要素趋紧的制约，经济发展呈现良好态势。全市实现地区生产总值1899.5亿元，同比增长14.2%；完成财政总收入185.8亿元，增长33.1%；完成固定资产投资861.8亿元，增长35.6%；实现社会消费品零售总额598.5亿元，增长18%；三次产业结构调整为12.1：56.8：31.1；非公经济增加值占GDP比重达到58.8%；万元GDP能耗同比下降3.9%；城镇居民人均可支配收入19558元，增长13.1%；农民人均纯收入7070元，增长18.1%。国家统计局评定我市名列全国城市综合实力第57位。汨罗、华容、岳阳县进入全省县域经济前20强，君山获评全省经济发展先进县（市）区。

新型工业化加速推进。规模工业企业总数达到1345家，规模工业增加值增长20.7%。工业主导作用进一步增强，对经济增长的贡献率达到67.8%，工业企业实缴税收达到104.7亿元。石化产业成为我市首个千亿产业，总产值达1038.2亿元。百亿园区达到7个，园区工业增加值占全市规模工业增加值比重31.3%。非公规模工业企业增加值增长33.7%。平江工业园、云溪工业园获评“国家新型工业化产业示范基地”。科技创新能力进一步增强，全市获国家、省级科技进步奖16项，授权专利850件，新增高新技术及其产品企业40家，总数达到237家，高新技术产值增幅达32%。临湘被定为“湖南省知识产权试点县（市）”。

农业现代化扎实推进。粮食生产又获丰收，总产量达307.7万吨；出栏生猪720.1万头；水产品产量达38万吨，继续保持全省第一。规模农产品加工企业达到291家，完成增加值142.7亿元，增长22%；新增湖南巴陵油脂有限公司、湖南九鼎科技（集团）有限公司2家国家级农业产业化重点龙头企业；新增插旗、长康、现代美、山润、华康5个涉农中国驰名商标。新增农民专业示范合作社185个，总数达574个。我市被授予“中国黄茶之乡”称号；华容获评“全国农业标准化示范县”；湘阴、华容荣获“全国粮食生产先进县”称号；君山获批“中国绿色食品建设示范基地”；屈原国家级现代农业

示范区建设稳步实施。

第三产业加快发展。第三产业完成增加值590.7亿元，同比增长14.6%。航运物流业日益趋旺，实现1.2万吨散货船舶和5000吨集装箱船舶常年通航，全市集装箱吞吐量达16万标箱，增长33.3%，物流业增加值占GDP比重达8.3%。商贸流通更加活跃，城乡流通网络进一步完善，“万村千乡”农家店总数居全省第一。旅游业不断升温，全年接待国内外游客1581.7万人次，旅游总收入131.3亿元，增长25.6%。岳阳楼-君山岛晋升国家AAAAA级旅游景区，洞庭湖旅游度假区挂牌，君山获批“全国休闲农业与乡村旅游示范区”，平江获评“全国红色旅游先进县”。房地产业健康发展，完成投资100.4亿元，商品房销售面积增长35.3%。金融业平稳运行，全市金融机构新增存款余额163.5亿元，新增贷款余额80.3亿元。引进国家开发银行在汨罗设立村镇银行，组建平江博创兴业小额贷款公司，设立湖南碧城创业投资基金和湖南城陵矶临港产业新区创业投资基金，全市保险公司发展到33家。凯美特气在深交所中小板上市，汨特石墨、湘菌科技、福星林业在天津股权交易所挂牌交易，全市共实现直接融资22.9亿元。

（二）狠抓项目建设，增强发展后劲。深入开展“项目建设与项目服务年”活动、“联手帮扶企业和产业发展升级”行动，全市亿元以上项目达到146个，完成投资229.5亿元。

产业项目扎实推进。完成投资420.9亿元。总投资57亿元的长岭炼油改扩建项目全面建成投产；巴陵石化化工改造建设项目完成投资31亿元，12万吨苯乙烯、10万吨双氧水装置建设、20万吨己内酰胺装置挖潜改造等子项目完工；东方雨虹二期、凯美特尾气回收、远大可建一期等重点项目建成投产；中国造纸装备自主化研制基地落户岳阳经济技术开发区；城陵矶临港产业新区签约项目30个，完成投资15亿元；汨罗“城市矿产”示范基地和以洞庭湖国际公馆为依托的湖滨综合旅游开发加快推进。

基础设施项目扎实推进。完成投资104.6亿元。随岳高速、省道306华容段、进港路等建成通车；京港澳高速公路岳阳连接线昆山互通至收费站段、长炼路等提质改造工程完成；城陵矶临港产业新区长江大道等9条骨干道路基本拉通；通平和岳常等5条高速公路、炼化一体化公路、省道207平江段、鸭栏码头一期、芙蓉大道北拓工程（湘阴段）等项目加快建设；改造农村公路1119公里。环洞庭湖基本农田重大建设一期第一年度工程全面竣工，湘江流域重金属污染治理项目进展顺利，铁山水资源保护和利用项目前期工作全面展开。钱粮湖、麻塘垸堤防加固、水库除险加固、灌区续建配套等一批水利项目加快实施，解决农村人口安全饮水30.3万人。全面启动农网升级改造，完成中心城区12.8万户居民智能化用电改造和金凤桥片区线路迁改。

城镇市政项目扎实推进。完成投资36亿元。启动岳阳市历史文化名城保护规划修编，完成环南湖总体城市设计；环南湖截污管网建设竣工；千亩湖旅游走廊开园；洞庭大道君山段、通海路、园艺路、云溪城南新区三路、冷水铺路三期等项目完成；南湖大道北段、云梦路完成油化提质；德胜北路完成主体工程；青年东路王家河大桥竣工通车；步步高城市综合体、天伦城金三角商业街、东茅岭步行街人防工程、天灯嘴旧城改造等项目稳步推进；华容护城港综合治理、平江首家坪大道、岳阳县荣鹿公路、汨罗屈原南北路、湘阴太傅路延伸线、临湘向阳路拓宽改造等一批城建工程顺利实施。

（三）推进“五创”提质，美化城乡环境。文明城市创建取得阶段性成果，我市城市公共文明指数测评进入全国地级市前30名，荣获“全国文明城市提名奖”，华容荣获“全国文明县城”称号。“环保创模”通过国家环保技术评估，全市共完成91个减排工程，二氧化硫、化学需氧量、氨氮分别削减3%、2.4%和4.1%；中心城区“退二进三”进展顺利，韶峰建材、新泰化肥等实现关停，中南科伦、同联药业启动新址建设。开展城乡环境卫生整洁行动，城镇生活垃圾无害化处理率达37%，全市“四清”、“四改”率分别达到10%和15%。城市环境综合整治定量考核获全省第一，湘阴评为“全省城乡环境卫生整洁行动十佳县”。“绿化创模”完成植树造林1.71万公顷，森林覆盖率达45.3%；城区新增绿地110万平方米，人均公共绿地面积达9.3平方米，绿化覆盖率达39.8%。“治安创模”深入人心，新建电子眼614个，开展“打四黑、除四害”专项行动和“清网行动”，严厉打击涉黑、涉恶、涉赌、涉毒、涉黄等犯罪行为，社会治安综合治理考评继续保持全省先进。“交通创模”完成《城市交通管理规划》等方案，完善一批交通标线标牌，大力整治交通乱源，积极疏通交通拥堵路段，城区交通秩序逐步好转。中心城区加速提质，完成火车东站、邕园西路、岳阳大道沿线、金鹗东路、巴陵广场和南湖广场周边亮化改造，实施95条小街巷路面及设施改造，完成5条城区主干道建筑立面改造。“五创”提质由中心城区向县（市）区延伸，城乡面貌进一步改观，城市更加秀美宜居。

（四）大办惠民实事，改善民生福祉。完成41件省市实事任务，全市民生支出占财政一般预算支出71.7%。灾后重建全面完成。临湘、平江、岳阳县三个重灾区3517户因灾全倒户入住新居；修复水毁水利设施近5000处、耕地3800公顷，补改种农作物6600公顷，灾区交通、电力、通讯等基础设施全部恢复。国家的大力支持，社会各界的无私援助，灾区群众的艰苦奋斗，共同唱响了众志成城、重建家园的凯歌。社会就业持续增加。全市新增城镇就业人员5.5万人，新增农村劳动力转移就业8.6万人，零就业家庭实现动态清零；屈原启动全省统筹城乡就业示范区创建工作。保障性住房建设任务超额完成。积极争取国家支持，加大地方配套，共投入25.3亿元建设保障性住房，开工40397套，开工率113.5%，竣工36832套，竣工率103.5%。控物价保民生取得实效。认真落实国家稳定物价的各项政策措施，居民消费价格上涨4.9%；建立社会救助和保障标准与物价上涨挂钩的联动机制，向全市35.7万名低收入群众发放价格补贴4095万元。社会保障不断加强。城乡低保对象月人均补差分别达到182元和81元，大病医疗慈善救助基金规模达到5000万元、发放救助资金714万元，农村“五保”老人集中和分散供养标准继续提高，市儿童福利院投入使用，国泰阳光颐养苑即将投入运营。8个县市区纳入新型农村养老保险试点。在全省率先实现乡镇卫生院、社区卫生服务中心基本药物制度全覆盖，新农合参合率达到99.4%。城乡医疗条件进一步改善，市一医院东院、市中医院科教大楼投入使用，市二医院科教大楼加快建设，7家县市区人民医院、中医院完成改扩建。教育事业不断进步。完成166个校安工程建设；建成37所义务教育合格学校和19所农村公办幼儿园，市十五中顺利搬迁；岳阳中南工业学校和岳阳县职业中专被评为“国家首批职业教育改革示范校”；素质教育进一步加强。文化惠民受益面继续扩大。建成95个乡镇综合文化站和1585家农家书屋；送戏下乡1028场，公益电影放映4.4万场；城乡群众文化活动更加活跃，全民健身运动深入开展；《汨罗江畔的‘城市矿产’》荣获“中国新闻奖”；全市图书馆、博物馆、文化馆、纪念馆全部免费开放；市档案馆晋升国家一级综合档案馆；市体育中心加快建设。扶贫开发力度加大。新一轮扶贫工作启动，帮扶贫困农民6.9万人，“雨露计划”培训贫困农民4170人。

（五）深化改革开放，提升发展活力。完成市属29家国有企业改制，妥善处理一批历史遗留问题。开展税收管理改革试点，推广二手房交易价格评税系统，推行稽查预告和“三自两免”制度，税收征管秩序进一步优化。成立湖南大湖传媒集团公司，组建市巴陵戏传承研究院，我市被评为全国文化体制改革先进地区和“扫黄打非”先进单位。启动市城市建设投资管理体制改革；下放经济社会管理权限，推进扩权强县；公立医院等事业单位改革稳步推进。对外开放不断扩大，全市实施内联引资项目592个，到位资金226.5亿元；实际利用外资1.87亿美元；进出口总额3.9亿美元。引进中粮集团、中建集团、中航集团、中种集团、中国铁建、中国水电八局、中纺集团、中轻集团、中联重科等一批央企名企落户。城陵矶至上海、宁波、太仓、南通四条“五定”始发班轮航线和城陵矶至香港、澳门直达航线正式开通，“重庆、武汉、长沙、上海”四地海关口岸通关模式在岳阳顺利实施，城陵矶保税港区申报工作正式启动。

（六）强化社会管理，促进和谐稳定。认真办理人民来信来访，努力化解各类矛盾纠纷。食品、药品安全监管得到加强。开展安全生产大排查、大整治，安全生产形势稳定。严厉打击传销，积极整治非法集资，市场秩序不断规范。进一步加强规划编制和管理，推进禁违拆违。试行城市干道项目化管理，推行“七位一体”路段综合管理模式，加强城区烟花鞭炮限放工作，推进数字城管建设和网格管理。计划生育工作实现保先进位和均衡发展，连续13年保持全省先进，华容、汨罗、湘阴、屈原、君山、云溪进入全省计划生育模范单位行列，全市人口自然增长率5.93‰。深入推进依法行政，建立监察、审计、法制联动协作监管机制，自觉接受人大法律监督和政协民主监督，全年承办人大议案、代表建议170件，承办政协建议案、委员提案474件。国防教育、国防动员、国防后备力量建设和人防工作继续加强，驻岳人民解放军、武警和民兵预备役部队服务经济社会发展的作用不断发挥。统计、外事、侨务、对台、广播、电视、新闻、出版、民族、宗教、国安、气象、史志、保密、老龄、残联、质监、检验检疫、驻外联络、住房公积金、移民、工会、共青团、妇联、科协、社会科学、邮政、通信、盐业、烟草等各项工作取得新进步。

各位代表，过去一年取得的成绩，是市委统揽全局、正确领导的结果，是市人大、市政协大力支持和监督的结果，凝聚着全市人民的心血和汗水。在此，我代表市人民政府，向全市各行各业的广大劳动群众，向各民主党派、工商联、无党派人士和各人民团体，向驻岳人民解放军、武警、消防部队指战员和政法干警，向所有关心、支持和参与岳阳改革建设的社会各界人士，表示崇高敬意和衷心感谢！

回顾一年的工作，我们也清醒地看到工作中存在的困难和不足。主要是：产业结构不尽合理，高耗能产业比重较大，新兴产业、旅游业、生态农业等比重偏小；大项目、好项目还不多，园区工业发展还不快，县域经济实力还不强；资金、土地、能源等生产要素制约较为突出；需要解决的民生诉求还比较多，维护社会和谐稳定的任务较为艰巨；经济发展环境有待进一步优化，公务员队伍建设有待进一步加强。对这些问题，我们将予以高度重视，采取有效措施，努力加以解决。

二、全面完成2012年各项工作任务

2012年，是本届政府任期的最后一年，是我市被国务院定为长江沿岸对外开放城市20周年。展望2012年，挑战与机遇同在，压力与动力并存，机遇大于挑战。从国际看，受国际金融危机特别是欧债危机影响，世界经济形势总体上仍将十分严峻复杂，但经济全球化深入发展的趋势没有改变，国际生产要素重新整合、产业布局优化调整，为我们扩大对外开放、特别是扩大引进带来新机遇。从国内看，我国经济虽然出现了一些新的阶段性特征，经济增长存在下行压力，物价上涨压力仍然较大，发展中不平衡、不协调、不可持续的矛盾和问题较为突出，但仍处于发展的重要战略机遇期，中央已确定“稳中求进”的工作总基调，实施积极的财政政策和稳健的货币政策，针对中小微型企业、战略性新兴产业、重大基础设施建设和民生等领域的信贷投放力度将进一步加大，中央重点保障、重点支持的领域正是岳阳需要加强、正在重点推进的领域，我们争取政策支持的潜力很大。同时，省委、省政府支持环洞庭湖生态经济圈建设和我市城陵矶港口平台建设、电煤储运基地建设、石化产业发展的力度进一步加大，有利于岳阳争取更多更好的发展条件。从我市看，全市经济发展转型升级、节能减排任务艰巨，部分企业生产经营困难，发展实体经济面临新的难题，但我们有历届市委、市政府为岳阳发展打下的坚实基础，有社会大局和谐稳定、人民群众干事创业激情饱满的良好局面，岳阳的区位优势、新的竞争优势正在加速凸显。我们必须全面、正确研判形势，增强忧患意识，充分利用有利条件和积极因素，努力化解矛盾，更加周密地做好应对各种风险和挑战的准备，牢牢把握工作的主动权，奋力推动各项工作“上水平、争一流、作贡献”。

今年政府工作的指导思想是：全面贯彻落实中央、

省市委经济工作会议及省市党代会精神，以科学发展观为统领，以"稳中求进、进中求强"为主调，抓好经济发展，创新社会管理，办好民生实事，维护社会稳定，加强自身建设，续写民本岳阳和谐崛起新篇章，夺取推进"四化两型"、建设"五市一极"新胜利。

主要预期目标是：地方生产总值增长12%以上；财政总收入增长15%以上，其中一般预算收入增长18%以上；固定资产投资增长23%以上；社会消费品零售总额增长17.5%以上；城镇居民人均可支配收入和农民人均纯收入分别增长11%以上和12%以上；城镇登记失业率控制在4.5%以内；居民消费价格上涨4%左右；人口自然增长率控制在6.8‰以内；省下达的节能减排约束性指标全面完成，各项社会事业协调发展。

（一）加快转型升级，推动经济更好更快发展

坚持新型工业化第一推动力不动摇，充分发挥岳阳经济技术开发区、城陵矶临港产业新区、县市区工业园区在推进新型工业化中的骨干作用，充分利用丰富的水土资源、优良的生态环境、深厚的文化底蕴和宝贵的江湖岸线等优势，加快滨湖示范区发展，推动环洞庭湖生态经济圈建设，实现绿色、低碳发展。

1. 做好四篇文章，在更宽领域更高层次优化区域经济布局

以城陵矶临港产业新区为依托，打造湖南长江经济带。岳阳作为湖南唯一通江达海的港口城市，必须充分利用这一优势，打造一条属于岳阳、属于湖南的长江经济带。

发展港口经济。加强港区基础设施建设，按照"现代新港、产业新区、滨江新城、岳阳经济新增长极和长江中游区域性航运物流中心"的发展目标，在基本完成"三年搭骨架"的基础上，加快完善港区路网、管网、污水处理厂、标准化厂房等配套设施，启动城陵矶新港二期、铁路专用线和白杨湖综合配套服务区建设，加快实施长江航道疏浚工程，提高发展港口经济的承载力。加快发展航运物流业，启动湖南烟草进出口基地建设，加快建设港龙物流项目，依托大市场繁荣物流。积极引进船代、货代公司，实现江海联运直航常态化，积极推进对台直航。抓紧建立统一的港口信息平台，推动跨区域口岸合作。发挥"四关联动"优势，组织更多货物进出，力争集装箱吞吐量达到20万标箱。立足于引大引强，着力引进投资大、带动性强的战略投资者，做到落户一家企业、形成一个产业。启动创建城陵矶临港产业新区国家级高新技术产业开发区，推进城陵矶保税港区申报工作。科学规划、利用、管理好长江岸线资源，推进临湘鸭栏、云溪道仁矶、君山荆江门、华容塔市驿、岳阳县鹿角、屈原推山嘴、汨罗营田港、湘阴漕溪港等沿江沿湖港口集群发展，引导一批大耗水、大运量产业沿江布局。积极发展船舶制造业，进一步支持岳阳纸业做大做强。

壮大石化产业。支持巴陵石化、长岭炼化进一步扩大炼油生产能力，尽快实现原油加工总量达到1500万吨的目标。重点发展炼油产品综合利用、己内酰胺与环己酮、特种环氧树脂、高档锂系聚合物、炼油化工催化剂等优势产业，支持巴陵石化建设世界一流的非乙烯精细化工企业。围绕炼化一体化，做大配套产业，大力开展关联地区、关联产业、关联企业招商，促进长岭炼化、巴陵石化产品本地终端化。发展云溪精细化工园、长炼工业园、儒溪化工园等石化产业园区，推动全市石化产业产值向2000亿元迈进。

建设湘北能源基地。支持华能岳阳电厂扩大产能、华能供热改造及配套管网项目建设。充分发挥江海联运和交通枢纽优势，开辟电煤运输新通道，建设湖南煤炭储备（中转）基地。推进岳阳县鹿角、临湘黄盖湖、君山三江口等沿江风力发电项目建设。继续推进小墨山核电项目前期工作。

以岳阳经济技术开发区为依托，发展战略性新兴产业。进一步提升产业发展规划，引进一批拥有核心技术、创新能力强的战略项目，把岳阳经开区打造成对外开放的窗口、体制创新的试点、产业升级的平台、城乡统筹的示范、"两型"建设的领头雁。

提升发展先进装备制造产业。以中科电气、科美达为重点，建设国家磁力设备检验检测中心和国家电磁产品设计与研发中心，规范行业约束，促进良性竞争，加快发展电磁冶金成套设备产业。以国泰机械为重点，加快发展造纸机械设备产业。以雷博电气为重点，加快发展特种电机产业。

聚集发展生物医药产业。支持中南科伦和同联药业新厂建设。推进中小医药企业与大企业协作配套，延伸产业链条，推动全市生物医药产业产值向百亿元迈进。

培育发展电子光伏产业。加快卫星导航产业发展，大力支持国信军创建设卫星导航产业岳阳基地。推进田谷电子信息产业园做大规模，培育一批领军企业。支持湖南桑乐数字化太阳能热水器升级扩张，支持千盟电子、天元电子等企业加快发展。

扶植发展设计创意产业。支持百利科技等企业拓展市场，支持君山科技印刷工业园扩规提质，推动文化创意产业园区和基地建设。发展新媒体、数字技术、视觉艺术创作、工业产品设计等新型业态，构建特色文化创意产业体系。

以岳阳楼君山岛AAAAA级景区为依托，建设洞庭湖旅游度假区。充分发挥和放大AAAAA级景区的品牌效应，整合旅游资源，加快产品开发，推进国家级洞庭湖旅游度假区创建工作，提升旅游产业的整体水平和带动能力。

拓展岳阳楼君山岛景区。抓好文庙、慈氏塔、君山野生荷花世界、濠河生态湿地、虹宇生态农庄等景点建设，与岳阳楼君山岛景区整体打捆、统一营销，丰富AAAAA级景区内涵，提升竞争力。

开发环南湖旅游。按照科学规划、建设、开发、保护和管理的思路，抓好环南湖城市设计整体策划，完善总体规划，启动一批分项规划建设，构建生态文化新景区、现代滨湖新城区、旅游休闲度假区。

做强县域特色旅游。突出区域特色，发挥比较优势，大力发展平江红色游和体验游、汨罗屈子文化游、湘阴休闲游、张谷英民俗游、临湘和华容山水游。加快推进洞庭湖国际公馆、洋沙湖度假村、任弼时纪念馆二期工程、石牛寨国家地质公园等一批重点旅游项目。

推进旅游与文化融合。以文化提升旅游品位，打造旅游品牌，加快建设屈子文化园、左宗棠纪念园，启动旅游实景剧项目。办好君山爱情文化节、端午旅游文化节、洞庭湖国际观鸟节等活动，促进巴陵戏、长乐故事会等非物质文化遗产保护传承与旅游相结合，发展工业旅游、农业休闲旅游、商贸旅游，不断丰富旅游新业态。

以城镇和园区为依托，提升县域经济综合实力。进一步扩权强县，加速新型城镇化、工业园区和农业现代化发展，以城带乡、以工促农，提高县域经济发展水平，努力实现财政收入上台阶。

推进新型城镇化。科学规划，合理布局，统筹城乡基础设施建设、生态环境保护和公共服务，以县级市、县城和中心镇为重要节点，构建县城支撑县域经济、中心镇带动乡村发展的新型城镇体系。突出对接长株潭，推进湘阴、汨罗、屈原、平江四地连片开发、组团发展；发挥近城优势，支持岳阳县北靠、与市区融合发展；立足省际边界区域优势，推动临湘、华容提速发展；加大对沿江、沿路、沿边和特色城镇支持力度，建设一批精品小城镇。因地制宜，凸显特色和个性，加强乡村规划，推进乡村居民点集中布局，逐步形成富有地域特色的村庄体系。

壮大特色工业园区。以“两型园区”发展为主线，以引进科技含量高、可持续发展能力强的龙头企业为重点，以特色谋求竞争优势，形成园区规模集聚效应。深入实施“千百十”工程，引导工业企业向园区集中，推进平江汽车和工程机械零部件基地、岳阳县食品轻工和生物医药工业集中区、华容医药纺织和电子光伏产业园、湘阴先进制造和电子信息产业园、临湘建材矿产和化工农药工业园、汨罗“城市矿产”基地等园区建设，构建特色鲜明、功能完善、分工协作的产业园区体系。以园区为载体，大力发展配套产业和企业，增强县域承载能力和吸纳能力，辐射带动县域经济全面发展。

提高农业现代化水平。全面落实强农惠农富农政策，健全农村发展体制机制，促进农业增产、农民增收、农村发展。加快农业科技进步和农业技术推广体系建设，推进农业机械化，提高农业物质技术装备水平。抢抓国家大兴水利建设的机遇，建设一批水利工程，新建一批高标准农田，提高农业综合生产能力和防灾减灾水平。严格落实耕地保护制度，做好种子、化肥、农药等重要农资的储备供应，毫不放松地抓好粮食生产，切实保护农民种粮积极性，抓好“菜篮子”工程建设。发展畜禽、茶叶、油料、蔬菜、水产和棉麻等特色优势产业，开发林下经济，推进农业标准化生产、规模化经营和集约化发展，提高农产品产量和质量。实施农产品加工业振兴计划，壮大一批农产品加工龙头企业。支持屈原国家级现代农业示范区、岳阳县台湾农民创业园、湘阴和华容全国农业标准化示范县、君山全国农产品加工示范基地、临湘楠竹产业园等农业园区建设，支持以君山银针为代表的黄茶产业和临湘黑茶产业发展，提升农业产业化水平，引领现代农业发展。坚持龙头带动，特色发展，打造食品千亿产业集群。进一步健全农民专业合作社、农产品流通中介组织、农产品质量检查和认证、农业信息等农业产业化社会服务体系。大力发展农业职业教育，着力培育“有文化、懂技术、善管理、会经营”的新型农民，全面提升农民素质。深入开展“万企联村、共同发展”活动，实施“百城千镇万村”工程和“示范村庄”建设，着力加强农村基础设施建设和公共服务，抓好饮水安全、道路建设、电网改造和农村危旧房改造，改善农村人居环境和生产条件，深入推进社会主义新农村建设。进一步加大扶贫开发力度，促进专项扶贫与行业扶贫、社会扶贫相结合，形成扶贫攻坚的强大合力，坚持不懈地消除贫困落后，让困难群众早日过上富裕安康的生活。

2. 实施三大攻坚，以更大气魄更硬措施推动发展提速提质

实施项目引进和建设攻坚行动。加快经济发展，关键靠项目支撑。努力引进一批大项目、好项目，掀起项目建设新热潮。重点推进100个重大项目建设，力争完成投资196.6亿元。主要是：长岭炼化1150万吨炼油综合能力配套项目和环氧丙烷及配套双氧水项目、巴陵石化350万吨炼油装置改造、10万吨乙酸仲丁酯生产项目、远大可持续建筑低碳经济科技园、压力传感器产业化项目、澳门名嘉城市商业综合体等30个产业项目；京港澳高速公路复线、环洞庭湖基本农田重大建设工程、天灯嘴旧城改造，平江、岳阳县、临湘路网工程等20个基础设施项目；洞庭湖综合治理、湘江流域重金属污染治理、汨罗江及支流综合治理等20个生态环保项目；岳阳楼区居民安置房建设、农村饮水安全、华容长江引水工程、新一轮城区和农村电网改造等30个民生工程项目。围绕重点项目组织开展项目建设竞赛活动，推行一个重点项目、一位市县级领导、一个责任单位、一名责任人、一套方案、一支队伍的项目服务模式。

实施淘汰落后产能攻坚行动。淘汰落后产能是转变经济发展方式、推进新型工业化和实现包容性增长的必然要求。坚决依法关闭落后产能企业，全面完成际华3517等首批6家重点排污企业“退二进三”、“退城进园”，启动第二批企业“退二进三”、“退城进园”，关停一批“十五小”企业。充分发挥科技对产业升级的支撑作用，运用高新技术和先进适用技术，对落后产能进行改造，扎实推进燃煤锅炉改造等重点节能减排项目，加强清洁生产示范试点建设，扩大企业清洁生产，促进企业低耗、高效发展。严格市场准入，推行新上项目节能评估和“区域限批”制度，强化安全、环保、能耗、物耗、质量、土地等指标的约束作用，鼓励发展低消耗、低污染的先进产能，防止新增落后产能。强化企业的主体责任，推动化工、陶瓷、水泥、冶炼、发电和造纸等重点行业节能降耗。建立健全淘汰落后产能长效机制，实行年初公布淘汰落后产能企业名单，分季调度，年终考核验收，确保淘汰落后产能工作取得明显成效。

实施城乡环境整治攻坚行动。在全市所有乡镇开展“四清、四改”整治行动，推行“户分类、村收集、乡中转、县处理”的农村垃圾分类处理模式，创建300个市级新农村建设清洁家园样板村。集中整治中心城镇、旅游景区、交通要道沿线和城郊结合部环境。推广生态种养，深化畜禽污染防治，控制化肥、农药污染，切实消

除农业面源污染。在全市开展"集中整治年"活动，依法整治矿产资源、河道砂石资源开采秩序，严厉打击滥采滥挖的不法行为。切实加大铁山水库等重点水资源环境整治力度，保护水环境。深入开展城乡绿化，大力实施沿水、沿路和城镇周边绿化工程，全力推进"身边增绿"，扎实推进园林式单位、森林乡镇、生态村庄和绿色校园创建活动，全年完成造林1.33万公顷以上，新增城区绿地面积170万平方米以上。

3. 深化"五创"提质，以更高品位更强活力建设宜居城市

加强规划管控。坚持中心城区"东扩、西连、南延、北靠、中提"发展战略，突出山水生态保护，抓好环南湖、东风湖、芭蕉湖、吉家湖等滨水地段城市设计，加快编制产业、环保、交通、管网等专项规划。强化规划约束，严格规划执法，严禁违法建设，全面开展禁违拆违集中整治行动，严肃查处涉规的违法违纪案件。以铁的手腕、铁的纪律、铁的措施，严厉打击、坚决遏制违法建设行为。

加快扩容提质。进一步拉开城市发展大骨架，高标准建设京港澳高速公路岳阳连接线提质改造工程，启动临湖路、奇康路建设，推进"跨湖发展"。创新理念，拓宽融资渠道，启动洞庭新城建设；积极对接，加强与国家开发银行合作，加快金凤桥片区开发。启动城区河湖连通环城水系工程，搞好环南湖水环境综合治理，完成王家河流域综合治理一期工程，完成32条中心城区主次干道"白改黑"任务，完善城区小游园、人行天桥、公厕等便民设施建设，改善人居环境，增强服务功能，提高城市品位。

提升城管水平。全市动员，全民参与，全面开展新一轮全国文明城市创建活动，力争"环保创模"成功夺牌、"绿化创模"和"交通创模"顺利通过国家验收，深入推进"治安创模"。运用"数字城管"系统，推进城市管理信息化、标准化、网格化。加大城区烟花鞭炮限放力度。注重公益性、服务性，进一步理顺殡葬管理体制，规范殡葬服务市场秩序。深入开展爱国卫生运动，确保顺利通过国家卫生城市复查。加强交通管理，提高市民文明交通意识，优化路网结构，优先发展公共交通，规范客运市场秩序，合理规划建设停车场地，发展智能交通系统，有效化解中心城区日益凸显的"停车难、行车难"问题，为市民出行方便和安全创造良好条件。

活跃城市经济。努力增加城乡居民特别是低收入群众收入，提高中等收入者比重，提高居民消费能力，积极扩大居民消费。改善消费环境，抓好市场监测和供应，加强市场经营监管，深入推进消费安全工程，维护消费者合法权益。加快消费结构升级，积极培育文化、信息、旅游等消费热点，发展电子商务、网上购物、在线交易等消费方式，拓展服务类消费。培育主力商圈和商业综合体，建设胥家桥市场集群，完成中心城区农贸市场改造提质任务。培育家政服务、养老服务、健康服务等新型服务业态，引导房地产业健康理性发展。大力发展非公有制经济，降低准入门槛，鼓励充分竞争，凡是政策和法律没有禁止的领域，都允许各类资本进入。重点支持创新型、创业型、劳动密集型中小微型企业发展，认真落实国家结构性减税政策，进一步完善服务体系。

4. 深化改革扩大开放，以更新理念更广视野破解发展难题

坚持不懈改革创新。深化国有企业改革，妥善处理国企改制遗留问题，尽快完成改制扫尾工作；加强现代企业制度建设，改进国企资产监管，确保国有资产保值增值。推进水利改革，完善防汛抗旱减灾机制，实行最严格的水资源管理制度，抓好水利工程管理体制、基层水利服务体系等改革。深化财税管理体制改革，调整和完善中心城区财政体制。抓好投融资体制改革，优化财政投资运行机制，确保投向民生领域的财力稳步增长；举办金融博览会，促进"银、保、证、企"对接互动；全力支持企业上市、发行债券；加强与天津股权交易所合作，力争设立华中股权交易中心；加快组建岳阳市农村商业银行，积极引进股份制商业银行，引进设立村镇银行和小额贷款公司，努力缓解中小微型企业融资难问题；依法打击恶意逃废银行债务、非法集资和高利贷行为，优化金融生态。增强科技创新能力，健全覆盖全市主导产业的产学研结合创新体系，新组建一批省级以上创新平台，实施一批关键共性技术攻关和重大科技成果转化项目，争取专利授权量突破1000件、具有自主知识产权的高新技术产品达到600种。大力实施商标战略，推动品牌创建。

坚持不渝扩大开放。牢固树立"开放兴市"理念，充分发挥口岸优势，大力发展开放型经济。突出招商引资，继续推进"招商引资和项目建设年"活动，积极承接产业转移，对接央企名企，着力招大引强。依托国家级平台和大厂优势，做大做强产业集群。加强中介招商、驻点招商和小分队招商，提高招商实效。加强区域合作，实施"走出去"战略，发挥地缘、人缘优势，加强与珠三角的经贸交流；发挥通江达海的航运物流优势，加强与长三角的对接协作。扩大对外贸易，发展加工贸易，进一步扩大石化产品出口，继续保持机电、轻纺产品、农副产品、工艺产品等传统产品的出口优势。加强引才引智，积极引进国际金融、港口发展、环保旅游、城建规划、企业经营管理等领域的专业人才。

坚定不移优化经济发展环境。建立健全以政府信用为关键、企业信用为重点、个人信用为基础的社会信用体系。加强机关效能建设，继续推进行政审批职能相对集中改革，进一步优化办事流程，实行一个窗口对外、一站式审批、"一票制"收费、"一条龙"服务，提高服务质量和效率。大力推行企业"宁静日"制度和"围墙法则"，建立项目周边环境责任制度。推进政务公开，加强电子政务建设，完善公共资源交易平台。像爱护生态环境一样爱护经济发展环境，像抓项目一样抓经济发展环境，深入开展"机关作风大家评"活动，完善优化经济环境的考核讲评办法，加大奖惩力度，对损害投资创业者合法利益、扰乱市场秩序等破坏经济发展环境的人和事，严厉查处，决不姑息。

（二）加强和创新社会管理，建设和谐美好家园

提高社会管理科学化水平，努力形成社会管理人人

参与、和谐社会人人共享的生动局面。

推进法治建设。认真实施《法治湖南建设纲要》，全面推进依法治市。切实加强法制宣传教育，推进“六五”普法和“法律六进”活动，营造全社会自觉学法守法用法的良好氛围。加强民主政治建设，自觉接受人大依法监督和政协民主监督；扩大基层民主，健全城乡基层群众自治机制，加强基层依法治理，畅通社情民意表达渠道，切实保障人民群众的知情权、参与权、表达权和监督权。坚决维护社会公平正义、维护社会公共秩序，依法规范信访行为，依法严处违法信访行为，依法调处各类矛盾纠纷，加强社会治安综合治理，坚决打黑除恶，严惩黄赌毒等违法犯罪行为，让全市人民安居乐业。

强化公共管理。强化安全生产监管，深入开展“安全生产年”活动，推进安全生产标准化，全面落实安全生产责任制，深化非煤矿山、道路交通、水上交通、危险化学品、特种设备、烟花爆竹等重点专项整治，确保安全生产形势持续稳定向好。强化应急管理，加强公共安全体系建设，完善自然灾害、事故灾难、公共卫生事件、社会安全事件的监测预警和应急处置机制，健全应急指挥体系和应急救援队伍，提高应急救援和应急处置能力。建立完善互联网动态管控、信息巡查、舆情监测机制，启动互联网经营场所监管平台建设，加强虚拟社会管理。创新警务管理，优化整合警务力量，加大警力向治安一线下沉力度，建立便民利民处警机制，提升快速处置能力。强化食品药品安全监管，加强食品药品生产、经营和餐饮安全各环节管理，严厉打击食品药品违法犯罪，让人民群众吃上放心菜、放心油、放心肉和放心药。加强人口和计划生育工作，突出“阳光计生建设年”主题，进一步完善“依法管理、村（居）民自治、优质服务、政策推动、综合治理”工作机制，严厉整治违法生育和“两非”行为，稳定低生育水平，提高出生人口素质。

加强社区建设。以构建和谐社区为目标，推动城市和农村社区工作健康发展。建立财政支持、社会赞助、费随事转、有偿服务等多元筹资机制，加大社区基础设施建设投入，按照便民、利民、惠民的原则，逐步完善社区服务窗口、生活配套设施、休闲娱乐设施，提高社区服务功能。进一步加强社区工作队伍建设，配齐配强社区工作人员，保障社区工作人员工资福利待遇，加强业务培训，提高队伍整体素质。创新社区管理体制，探索社区扁平化管理，在城区进行区直管社区试点。推进农村社区建设，积极探索农村社区管理有效途径和办法。

（三）大力改善民生，让人民群众共享发展成果

坚持把保障和改善民生作为政府一切工作的出发点和落脚点，围绕群众最关心、最直接、最现实的利益问题，集中力量办好民生实事，全面完成省市实事任务，年底向全市人民交账，让更多改革发展成果惠及广大人民群众，提升人民群众的幸福感和满意度。

扩大城乡就业。以创业带动就业，大力支持实体经济发展，鼓励全民创业，积极创建省级创业型城市，着力推进屈原管理区创建全省统筹城乡就业示范区。搭建对外劳务合作服务平台，大力推动劳务对外输出，拓宽就业渠道。全年新增城镇就业4.6万人以上，新增农村劳动力转移就业4万人以上，城镇“零就业”家庭继续动态清零。

加强社会保障。强化价格调控，努力保持价格总水平基本稳定，认真实施社会救助和保障标准与物价上涨挂钩的联动机制。抓好保障性住房建设，推进中心城区旧城、城中村、筒子楼、棚户区改造，完成保障性安居工程和各类棚户区改造4.96万套，努力解决城市中、低收入家庭住房困难。扩大社保“五大保险”覆盖面，推进基本养老保险城乡全覆盖。提高低保、五保、优抚、孤儿等保障标准。实施重度残疾人特殊生活补贴、部分辅助器具免费配送、6岁以下贫困残疾儿童抢救性康复等惠残助残项目。开展大病医疗救助，进一步搞好慈善基金募集和管理工作。

推进公共卫生服务。发展医疗卫生事业，建立健全城乡基本公共卫生服务网络，普及基本公共卫生均等化服务。启动市妇幼保健院和市儿童医院整体搬迁，实施省安康医院、8家县级卫生监督中心和5家乡镇中心卫生院建设。新农合参合率巩固90%以上，最高支付限额由8万元提高到15万元。落实儿童先天性心脏病、白血病、农村五保对象免费治疗政策，推广单病种费用包干政策。医疗卫生事业关系人民群众健康和家庭幸福，我们要克服一切困难，把这项事业办好。

发展教育事业。加大教育投入。优化中小学校布局，促进义务教育均衡发展。坚持普、职合理分流，加强职业教育专业规范化建设。提高高等教育质量，培养适应社会需求的各类人才。推进学前教育三年行动计划。坚持德育为先、能力为重，全面推进素质教育。加强教师队伍建设，继续抓好校安工程，加强校舍、校车、校园食品安全监管。教育不普及不提高，就不可能富民强市，这个道理我们永远要铭记。

建设文化强市。坚持以社会主义核心价值体系引领文化发展，加强机关、学校、企业文化建设，不断提高全体市民精神文明素质。深化文化体制改革，推进政企分开、政事分开、管办分离，加强国有文化资产管理，推进公益性国有文化单位劳动就业、人事人才、收入分配和社会保障制度改革，激活内力，强化服务，提高水平。推动公益性文化事业发展，加大公共文化基础设施建设力度，加快市广电中心、市体育中心、市青少年活动中心、市档案馆新馆、市图书馆新馆、洞庭湖博物馆等设施建设。按照“强化主体、做大项目、创新业态、拓展市场”的要求，推动文化产业跨越式发展。加强社区和农村文化建设，合理配置城乡文化资源，实施以城带乡的文化帮扶计划，建立一批基层文化工作阵地。继续实施“演艺惠民，送戏下乡”工程，推进文化惠民，繁荣文艺创作，满足人民群众精神文化需求。加强文化人才队伍建设，建立专业文化人才储备库，制定培养、引进专业人才的特殊政策，重视青年文化人才，完善文化人才激励机制。大力开展全民健身运动，发展体育事业。

继续加强国防教育、国防动员、民兵预备役和人防工作，搞好拥军优属、拥政爱民，促进国防建设与经济建设良性互动。切实抓好民族、宗教、史志、妇女、儿童和老龄等工作，推进各项社会事业协调发展、全面进步。

三、以过硬的自身建设保障工作落实

注重民主、担当、实干、公廉，努力建设法治政府、服务政府、责任政府和廉洁政府。

坚持科学施政。加快岳阳发展是全市人民的企盼，是政府工作的第一要务。坚持群众路线，大兴调查研究之风，问政于民，问计于民，问需于民。健全集体决策制度，实行科学民主决策，尊重经济社会发展规律，努力创造经得起实践、人民和历史检验的实绩。下决心精简会议，精简文件，控制检查，减少应酬，把心思用在谋发展上，把激情用在干事业上，把精力用在抓工作上。

坚持依法行政。认真贯彻实施《湖南省行政程序规定》和《湖南省政府服务规定》，严格按照“职权法定、权责统一”的要求，进一步规范行政权力运行，提高政府执行力和公信力。落实行政决策听证制度，完善行政决策配套制度，建立重大行政决策风险评估机制；健全行政决策智力支持系统，进一步完善法律顾问工作制度；严格执行规范性文件“三统一”制度、备案审查制度、有效期制度、定期清理制度、审查申请制度等，认真落实行政裁量权基准制度和行政执法案例指导制度，加强行政复议规范化建设。依法履行各项职能，按照法定权限办事；树立程序意识，按照法定程序办事；改进执法方式，规范行政执法，严格落实执法责任制，营造良好的政务环境。

坚持从严治政。强化行政效能监察，健全重大决策部署执行情况专项督查制度，坚决纠正和严肃查处上有政策、下有对策，有法不依、有令不行、有禁不止的现象和问题，确保政令畅通。加强对事关全局工作的大事、改善民生的实事、久拖不决的难事的督查，推动工作落实。强化政府行政绩效考核作用，完善绩效考核办法，加强履行职能职责考核，搞好绩效考核结果运用。坚持精细化服务管理，追求零差错、零失误、零事故。严格工作责任，坚持有错无为问责，努力建设一支政治强、素质高、业务精、作风好的公务员队伍。

坚持廉洁从政。加强党风廉政建设，严格遵守廉政准则，认真落实“一岗双责”，以更加坚定的决心、更加有力的举措推进惩治和预防腐败体系建设。建立健全决策、执行、监督相对分离、相互制约的行政运行机制，严惩公权滥用。强化公务用车购置及运行、公务招待、因公出国（境）、公职人员招录和公共资源交易监管，加强对工程建设、国土资源、规划许可、药品器械采购等重点领域和关键环节的监管，加强对各类基金和专项资金的监管。厉行节约，严格控制各类论坛、节会、表彰等活动，降低行政运行成本，推动廉洁透明政府建设。

各位代表！困难和挑战考验着我们，机遇和期待召唤着我们，责任和使命激励着我们。让我们在中共岳阳市委的坚强领导下，凝聚全市人民的智慧和力量，坚定信心、抢抓机遇、开拓创新，强力推进‘四化两型”，加快建设“五市一极”，为续写民本岳阳和谐崛起新篇章而努力奋斗，以优异成绩向党的十八大献礼！

责任编校　刘兴汉

岳阳论坛

FORUM OF YUEYANG

坚持科学发展　加快转型升级　奋力推进“四化两型”、建设“五市一极”

关于发展临港经济，加速建设湖南长江经济带的调查与思考

发展农业品牌　推进现代农业示范区建设

贯彻实施《政府服务规定》　全力打造法治型政府

全力推进“四三六”工程　努力建设现代幸福城区

实践“两型”发展　打造幸福云溪

坚持科学发展　加快转型升级
奋力推进“四化两型”、建设“五市一极”

胡知荣

2011年，岳阳经济技术开发区坚持以科学发展观为统领，围绕“四化两型”和“五市一极”发展战略，按照“三并重、两致力、一促进” 的发展方针（即先进制造业与服务业并重、吸收境外投资与利用境内投资并重、经济发展与社会和谐并重，致力于提高发展质量和水平、致力于提高体制机制活力，促进开发区向以产业为主导的多功能综合性区域转变），加速推动经济社会转型发展，实现“十二五”的良好开局。全年实现地区生产总值165亿元，比2010年增长14.6%，其中规模工业增加值101.7亿元，增长18.6%；完成规模工业总产值473亿元，增长23%；完成全社会固定资产投资65.4亿元，增长35.6%；完成财政总收入11亿元，增长21.2%，其中一般预算收入6.6亿元，增长67.5%；完成社会消费品零售总额68亿元，增长17.8%。

一、坚持把项目建设作为推进“四化两型”、建设“五市一极”的重要载体。实行招商引资重点项目建设“一个项目、一名领导、一个单位、一套班子、一套方案、一抓到底”的“六个一”工作机制，坚持“一月一讲评”制度，项目建设成效显著。全年新引进项目47个，实际到位内资32.82亿元、外资2993.4万美元。79个重点项目已开工49个，竣工21个。21个工业项目中，有中科电气一期、科伦生物医药一期、桑乐太阳能物流配送中心等9个项目实现当年开工当年投产。38个三产项目已开工24个，竣工2个，廖家安置小区、烟草物流园、市体育中心、市十五中学迁建、熙园壹号、巴陵壹号等10多个三产项目进展顺利。11个基础设施项目中，随岳高速湖南段正式通车，金凤桥路、对门山路、旭园路提质改造基本竣工，大岳高速、京港澳高速连接线提质改造工程进展顺利。

二、坚持把加速产业结构调整作为推进“四化两型”、建设“五市一极”的核心任务。深入开展联手帮扶企业和产业发展升级行动，全年新增规模以上工业企业4家，总数达153家。湖南巴陵油脂有限公司、湖南中科电气股份有限公司、湖南科美达电气有限公司、湖南吉祥石化科技股份有限公司被评为湖南省100强民营企业。纳税过500万的企业达到22家，过1000万元的企业10家。雷勃电气岳阳有限公司纳税4200多万元，成为开发区成立以来首家税收过4000万元的工业企业。新增国家火炬计划重点高新技术企业1家，省级以上高新技术企业4家，总数达33家，居全市第一位。新增省级产学研平台1家、市级5家，现有省级产学研平台11个、市级16个。新增专利授权77件，两项企业产品进入国家重点新产品计划。新增湖南名牌3件、岳阳名牌1件；现有驰名商标3件，著名商标9件，居全市前列。新增国家农业产业化龙头企业2家，省级1家。岳阳经济技术开发区被定为湖南省首批知识产权工作试点园区和“两化”融合示范区。

三、坚持把统筹城乡发展作为推进“四化两型”、建设“五市一极”的重要途径。坚持以城带乡、城乡一体，编制完成《岳阳经济技术开发区“十二五”发展规划》，修订完善金凤桥、新华、木里港等7个片区36.5平方公里的控制性详规，调整土地利用规划1.5平方公里，长远发展基础进一步夯实。中心城区新建和续建狮子山路、王家垄路、对门山路、新华路、元家塘路，完成南片大水、大电工程建设，城市规模扩张的骨架基本成形。监申桥工业园扩容提质，木里港工业园加速建设，康王工业园形象提升，园区水、电、路、污水管网等基础设施不断完善，项目承载能力显著增强。严格落实“四为主”工作机制，实行领导包片、部门包村制度，全年拆除违法建筑960多栋10万多平方米，有效遏制违法建设蔓延。深入开展“五创”提质活动，全面推进城乡环境卫生整洁行动，实施40条小街巷提质改造，完成巴陵东路立面改造和白石岭路、屈原路“白改黑”工程；完成6个节能减排工程，整治5家污染严重企业，二氧化硫、化学需氧量分别削减63吨和72.9吨；完成植树造林666.67公顷，森林覆盖率达45.67%；12个村纳入环境卫生整洁行动试点。完成乌江、伍家洞水库等水利设施除险加固工程，新修通乡公路8.3公里、通村公路83.5公里，新建沼气池265口、农村卫生厕所1000座，农村生产生活条件明显改善。

四、坚持把民生改善作为推进“四化两型”、建设“五市一极”的根本目的。进一步调整优化财政支出结构，更加注重保障和改善民生，全年新增城镇就业2392人，农村劳动力转移就业1107人，零就业家庭援助率100%。五类社会保险累计新增扩面7182人、征缴基金6326万元，分别超全年任务的44%和21%。启动庙坡、八字门等9个安置小区6830套安置房建设，已竣工1202套，超过历年安置房建设总和。新建廉租房156套、公租房338套，改造棚户区338户、农村危房206户，保障性住房开工率达108.5%，竣工率达95.9%。义务教育入学率100%，小学、初中巩固率分别为100%和99.67%。新建农家书屋84个。新型农村合作医疗参合率107.2%，受益度达64.4%，比2010年提高32.4个百分点。城乡低保月人均保障标准分别达300元和135元，居全市前列。五保供养金、优待抚恤金、孤儿生活保障金均按时足额发放。

出生人口符合政策生育率87.38%，人口出生率13.3‰，人口自然增长率5.8‰。严厉打击各种犯罪，查处各类违法案件441起，打掉犯罪团伙17个，抓获逃犯71人，“两抢”发案率与罪案率同比分别下降38%和48%，“清网行动”全省排名第二。认真开展“三联三为”民情大走访活动，及时解决人民群众的合理诉求，信访形势进一步好转，集访同比下降5.3%、重访下降10.1%。全面落实安全生产责任制，深入开展隐患排查整治，杜绝重特大安全责任事故发生。深入推进“党建带工建，园区促和谐”活动，党工共建成功经验在全省推广。宣传思想和舆论引导工作进一步加强，工会、共青团、妇联、党管武装、国防教育、统战等工作取得新的进步，服务经济社会发展的作用日益增强。

五、坚持把干部队伍建设作为推进“四化两型”、建设“五市一极”的基本保障。围绕树立国家级开发区干部职工新形象，按照“高标准、高质量、高效率”的工作要求，进一步完善各项工作制度，规范办事程序，组织召开全区机关作风建设讲评大会，制定出台《关于进一步加强机关作风建设的有关规定》，开展明查暗访21次，问责处理部分单位和个人，机关作风明显好转。制定出台《岳阳经济技术开发区干部教育培训实施方案》，通过开办“周末课堂”、“岳阳开发论坛”等形式，大力加强知识水平、文化素养和专业技能培训，提升干部服务意识和服务水平。圆满完成乡镇党委和支村两委换届工作，新建非公经济党组织30个，区直机关党组织规范化建设成效明显，基层党组织战斗堡垒作用充分发挥。认真落实党风廉政建设责任制，推进“一岗双责”，坚守《廉政准则》，实施党务公开，切实纠正损害群众利益的不正之风，严肃查处滥用权力、玩忽职守、谋取私利的违纪违法行为，立案查处各类违纪案件32件，党纪政纪处分30人，党风廉政建设和反腐败工作成效明显。

2012年，岳阳经济技术开发区将坚持以科学发展观为指导，深入推进“四化两型”和“五市一极”发展战略，按照“对外开放的窗口、体制创新的试点、产业升级的平台、城乡统筹的示范和‘两型’发展的领头雁”的总体要求，进一步提升理念、提升标准、提升状态，强势推进“四三六”工程和“二次创业”行动，全面促进各项工作“上水平、争一流、作贡献”，争当全市经济社会发展的排头兵。力争全年实现地方生产总值190亿元，其中规模工业增加值180亿元，比2010年分别增长20%和25%；实现财政总收入15亿元，增长36%；城镇居民人均可支配收入和农民人均纯收入均增长12%以上；完成招商引资50亿元以上。

（作者系岳阳经济技术开发区工委书记）

关于发展临港经济，加速建设湖南长江经济带的调查与思考

李运帷

城陵矶港是湖南省唯一通江达海的国家一类对外开放口岸，是长江八大深水良港之一。充分利用得天独厚的城陵矶港黄金水运资源优势，大力发展临港产业，打造新的经济增长极，促进岳阳经济腾飞，实现科学跨越，已提到了市委、市政府的重要议事日程。2006年，岳阳市委、市政府作出“选址松阳湖，开辟新港区”的重大决定，2008年组建湖南城陵矶临港产业新区临时管委会，2009年12月10日，正式成立临港产业新区党工委和管委会。2012年，岳阳市委、市政府将“以港区为依托，加快建设湖南长江经济带”作为“四篇文章”的开篇之作，湖南长江经济带建设进入强力推进、加速发展的新阶段。

一、湖南城陵矶临港产业新区发展现状

近3年来，在省委、省政府和岳阳市委、市政府的坚强领导下，临港产业新区按照“三年搭骨架、五年见成效、十年成规模”的总体要求，大力实施“以港兴业、以业强区、以区拓城”的发展战略，探索“低碳化、市场化、生态化、高效化”的发展模式，弘扬“敢为人先、开放包容、攻坚克难、争创一流”的港区精神，进一步理清发展思路，创新发展方式，突出工作重点，加大工作力度，取得明显成效。

（一）港口功能提升到新的水平。集装箱通过能力刷新纪录。投资6.5亿元的城陵矶新港一期于2009年6月8日正式开港运营，3个3000吨级泊位年吞吐量可达30万标箱，是老港的5倍。实际吞吐量由2009年的不到4万标箱提升到2011年的16万标箱，年均增长50%以上，增幅位居长江内河航运第一。口岸直航瓶颈实现突破。2010年7月16日，长江干线武汉至城陵矶河段海轮航道正式开通，长江海轮航线向内陆延伸228公里，万吨海轮可直达岳阳，城陵矶港由内河港变为海港，岳阳长江岸线变为海岸线，实现真正意义上的通江达海。重庆-武汉-岳阳-上海大通关运输模式顺利实施，“属地申报，口岸验放”新型监管模式正式运行，首开城陵矶口岸非船舶直航进口货物报检报关先河。2012年3月28日，城陵矶—香港、澳门直达航线开通，彻底改变岳阳城陵矶口岸无始发班轮航线的历史。同时，新港二期工程将在2012年下半年启动建设，新建散货泊位2个、5000吨级化工储运码头泊位3个，预计年内集装箱吞吐量将突破20万标箱。物

资集散范围不断扩大。现在的城陵矶港，对内，可凭洞庭湖四水，沟通省内74个县市，把全省80%的地域与长江大动脉连成一体，物资集散范围达20多万平方公里；对外，可上通川渝，下可直达长江及沿海各主要港口，辐射川鄂赣等10省170个县级以上城市。

（二）港区规划建设步入新的起点。2年多来，临港产业新区基础设施建设累计投入资金近30亿元，9条主干路网基本拉通，实现与市区、云溪区、随岳高速的无缝对接；征地拆迁近1133.33公顷，澳门名嘉集团、凯达科旺重卡车桥、硅峰电动汽车、新加坡恒阳石化物流有限公司、中国水利水电建设集团等一批国内外大企业、大项目签约落户，一个现代航运物流中心、光电子产业园、装备制造产业园、汽车装备制造产业园和新材料产业基地正在形成。

（三）政策支持上升到新的平台。2010年2月3日岳阳市委、市政府下发1号文件《关于进一步支持湖南城陵矶临港产业新区加快发展的意见（试行）》，给予临港产业新区19项具体政策支持，下放15个市直部门的65项市级行政审批权限后，连续3年组织开展市直单位为临港新区办实事活动，2年来全市市直部门单位累计为临港产业新区办实事100多件，港区发展环境进一步优化。2010年8月6日，省政府办公厅于下发《关于支持湖南城陵矶临港产业新区加快发展的意见》，授予临港新区市级综合经济管理权，从规划修订、建设用地保障、项目转移、高新技术、基础设施建设、综合交通运输网络、芭蕉湖的保护与利用、投融资、重大项目的开发利用、农民就业和社会保障等方面提出支持湖南城陵矶临港产业新区加快发展的23条意见。

（四）人才支撑体系建设达到新的高度。临港产业新区实行灵活多元的选人用人机制和薪酬管理模式。港区机关干部全部实行竞聘上岗、凡进必考，先后经过6次面向全国、全市的公开招选，引进40多名一专多能的高素质人才，组成一支结构合理、忠诚精干、充满活力的务实团队，保障了新区的高效运转。同时，成立由省人大常委会副主任陈叔红，中国工程院院士、全国科协副主席、原中南大学校长、博士生导师黄伯云，中国工程院院士、湖南大学校长、博士生导师钟志华任顾问，湖南省教育厅厅长、博士生导师王柯敏为主任，32名在各个领域具有非凡造诣的一流专家为成员的城陵矶临港产业新区专家委员会，为临港产业新区科学跨越发展提供高层次的智力支持平台和坚强后盾。

二、临港产业新区建设湖南长江经济带面临的主要困难和问题

目前制约临港产业新区发展的突出问题主要在以下几个方面：一是经营管理体制不顺。现在岳阳沿长江有27个1000吨级以上生产泊位，分别由8家公司经营管理，由于企业利益分散，各自为战，矛盾难以调和，造成老港货物压港严重，新港货源不足。二是基础设施落后。部分码头泊位运营时间已超过40年，一些装卸机械、堆场、仓库还是上世纪80年代投入使用的，设施水平严重落后，缺少现代化、规模化的作业区。同时，作为龙头港的城陵矶新港还没有铁路专线，铁水联运通道不畅。三是港区功能不健全。大多停留在货物装卸、中转换装和库贮等基本功能上，商贸和服务不足，港园、港厂、港城效应没有得到有效发挥。四是通关不畅。因没有保税区，经上海等地港口进湘外贸集装箱不能直接中转，既提高运输成本，又影响箱源。五是信息化程度不高。未建立统一的港区信息平台，港区企业之间以及港口物流信息不能实现互通互联和共享。六是缺少战略大项目的支撑。产业龙头大项目还不多，集聚效应、带动效应发挥不够。

三、对策建议

建设湖南长江经济带，就是要将湖南沿长江流域打造成全省经济最发达、最繁华的地区，成为全国重要的高密度经济走廊，要立足现有基础，进一步突破发展瓶颈，着力打造大港口、建设大园区、推动大发展，加速将临港新区打造成岳阳乃至湖南的经济增长极。

（一）做强大港口，着力打造百万标箱、亿吨大港。围绕“百万标箱、亿吨大港”目标，探索“江海联运、集约中转”、“散改集、陆改水”、“海陆联运、区港联动”等新港口物流模式，做大港口码头，将城陵矶新港打造成为湖南综合交通运输体系的重要枢纽，成为长江中游区域性枢纽大港，发挥其水运龙头地位。一是推进港口集群化。整合长江湖南沿线所有深水岸线港区资源，将城陵矶、岳阳楼、七里山、道仁矶、陆城港区、华容塔市驿、临湘鸭栏、君山荆江门作业区实行统一规划、统一建设、统一管理，放大港口经济效应。升级港区码头泊位，加快推进城陵矶新港二、三期码头建设，建好煤炭战略储备基地码头、矿石和钢材码头，争取建设石油战略储备基地码头。二是推进揽货纵深化。争取省级设立城陵矶港区发展专项资金，在财政安排资金的同时，将土地入股金、进入岳阳市区和城陵矶港区的公路收费站（含高速公路）每年新增收费额的50%等纳入专项资金，加快进港公路、铁路和标准化航道建设，对城陵矶始发班轮实施补贴尽快实现公路成网、铁路进港、铁路公路水路无缝对接目标。不断加大船公司引进力度，把城陵矶港纳入江海联运和物流服务网络，继续加大港口宣传和推介力度，在腹地重点区域、重点企业上求突破，跟外贸企业进行点点对接，确保港口和周边地区外贸箱量回流。三是推进航线密集化。以港澳直航航线开通和“四关联动”为契机，加密航线航班，延伸航线航程，全力打造近洋精品航线、广增内河中转渠道，打造成长江中游的驳船调运中转平台。

（二）兴旺大产业，致力形成两型主导、千亿园区。未来10年，临港产业新区要按照“两型引领、集群发展、突出特色”原则，依托良好的港口立体交通网络和现有产业基础，着力围绕现代物流、高端装备制造、现代服务业、战略性新兴产业等四大主导产业，开展集群招商和沿链招商，加速引进战略大项目，力争将湖南城陵矶临港产业新区打造成与岳阳石化产业相当的又一千亿产业园区和“两型”社会建设示范园区。大力发展现代物流产业。以港口为依托，重点发展集装箱、石油化工储运、大宗散货件杂货配送、大宗农产品及粮油等物流中心；全力申报集航运、保税、物流、加工制造于一体的综合保税区，逐步形成特色明显、优势突出的现代化航运物流产业。大力发展高端装备制造产业。

重点发展大运量重型临港装备制造产业，着力打造“三园”，即化工机械园、工程机械园、汽车产业园，引进世界和全国500强装备制造企业建立生产制造基地并逐步发展配套产业，加快形成机械基础件、关键零部件到先进重大技术装备的装备制造业产业链，把临港产业新区建设成集先进制造、技术创新、产业配套为一体的先进装备集聚区。大力发展现代服务业。发展信息技术、金融商贸、商务会展、软件服务、电子商务、工业设计、文化创意等现代服务业。探索连锁经营、物流配送、电子商务等新型商业形态，使其成为拉动经济增长的重要动力。做好做活芭蕉湖的水文章，重点引进实力强、品位高、信誉好的投资商，投资100亿元以上进行整体开发，彰显山水交融、水流环城特色，努力把芭蕉湖区域打造成全国知名的创业投资中心、商务服务区、休闲居住地。大力发展战略性新兴产业。结合现有产业基础，重点发展化工新材料产业，培育先进储能材料产业，大力引进先进复合材料产业。引进新型电子信息、LED、光电子等低碳新兴产业，发展外向型、出口型产业，形成新的经济增长点。

（三）建设大园区，全力推进高点规划、先行先试。一方面，坚持顶层设计。按照建设湖南长江经济带，打造湖南经济增长极的要求，高起点编制《岳阳港区总体发展规划》，与《岳阳港总体规划》和岳阳市城市有关规划相衔接，准确把握城陵矶港区发展定位和功能布局，以块状发展带动线型发展。编制《岳阳港区空间发展规划》，着力加强后方陆域保护，拓展港区发展空间；编制《岳阳港区水路集疏运网络规划》，实现港区内铁路公路水路联运，促进物流园区建设，发挥港区整体效益；编制《岳阳港区产业布局规划》，突出港区特点，发展“临港”、“两型”特色产业。另一方面，打造政策洼地。举全市之力加快申报出口加工区和保税物流园区，推动建设保税港区，抓住洞庭湖生态经济圈即将进入国家战略的重大机遇，全力争取岳阳港区成为湖南保税区申报的首选之地。发挥港区在开放型经济建设中的桥头堡作用，争取港区重大项目进入省重点工程建设项目，用地指标实行单列。在省级高新区已经挂牌的基础上，按照申报国家级高新技术开发区的要求，启动申报前期工作，发挥港口优势与政策优势的叠加效应，力争港区在更高平台建设发展，在建设湖南长江经济带中更好地发挥主力军作用。

（作者系湖南城陵矶临港产业新区管委会主任）

整治城乡环境　建设秀美家园

张中于

推进城乡环境卫生整治，是市委、市政府“四三六”工程的重要内容。2012年以来，岳阳县委、县政府开展“学攸县，见行动”活动，大力推进城乡环境卫生整治工作，取得较好成效。

一、推进城乡环境卫生整治，必须调动各方力量

城乡环境卫生整治涉及千家万户，不是一人一家之事，工作任务艰巨，不是一朝一夕之功。必须深入宣传发动，调动各方力量，努力构建“全民动员、全民支持、全民参与”的工作格局。

一是实行大联动。城乡环境卫生整治的主体是群众，关键在干部。广大干群唯有戮力同心、群策群力、整体联动，方能取得实效。县级领导身先士卒。县委、县政府主要领导高度重视，大力支持，做到“政策向环境整治倾斜、领导向环境整治靠拢、力量向环境整治整合”，倡导一种势在攻坚的导向。联乡镇县级领导组织“四定四带头”参与单位，经常深入所联乡镇开展专项督查，及时发现并协调解决乡镇在农村环境卫生整治工作中遇到的难题，坚持用“身影去指挥群众、用行动去带动群众、用真情去感化群众”。机关干部认真负责。各乡镇党政主要领导把环境卫生整治作为保障和改善民生的实事工程来抓，带着感情深入一线指导，带着责任亲自督查督办。联村干部主动担责，定期组织村组干部入村入户进行检查，发现问题及时整改。基层组织积极作为。各村组、社区统筹协调辖区内环境卫生整治工作，对重点街道和路段包干责任到人。村支两委成员全力靠上，负责具体工作的组织实施和落实。同时，把农村环境整治纳入基层党组织和党员的考核评比范畴，与村级运转经费直接挂钩，充分激发基层组织干事创业的热情。

二是开展大宣传。要改善环境，先改变观念。通过全方位、多角度、立体式的宣传，形成强大的舆论氛围，让环境卫生整治成为广大群众的自觉行为。宣传有氛围。通过出动宣传车、制作大型宣传牌、发放宣传资料等形式，并召开党员会、户主会、妇女会等会议，大张旗鼓地宣传城乡环境卫生整治的重大意义、主要任务、政策措施，充分调动广大群众参与城乡环境卫生整治的积极性。新墙镇在工业园区、道路沿线、集镇等人口集中的地方，制作固定的宣传广告，设置醒目的提示标牌，形成强大的视觉冲击力和持久的氛围感召力。报道有声势。县政府门户网、县电视台策划专辑专题，开设专题专栏，综合运用消息、通讯、言论、访谈、评论等形式，在重要版面、重点时段及时报道整治工作动

态，对先进典型大力宣传，对落后地方坚决曝光。评比有力度。全县对各乡镇、乡镇对各村组、村组对各农户定期开展工作评比，评出“环境卫生清洁村”和“环境卫生最差村”，评比结果分别在县电视台、县政府门户网进行公布，反响大，效果好。

三是进行大教化。有形发展靠建设，无形发展靠教化。城乡环境卫生综合整治的一个关键就是教育群众，感化群众。强化理念灌输。组织开展“整治环境卫生，共建秀美家园”大讨论活动，深入宣讲文明新观念和健康新风尚，在大宣讲、大讨论中强化广大群众的卫生意识，让群众明白：每个人都是垃圾的制造者，也是受害者，每个人都是秩序的管理者，也是受益者；举手之劳可以维护公共卫生，举手之劳可以维护公共秩序。加强教育引导。开展城乡环境综合整治知识“进社区、进单位、进企业、进课堂、进住户”活动，让环境综合整治成为社会各界的自觉行动。特别是全县各学校加强对学生的教育引导，通过提高学生的思想认识来影响和带动千家万户。开展行为规劝。有研究表明，21天以上的重复可以形成初步的习惯，90天以上的重复可以形成稳定的习惯。岳阳县坚持组织机关干部、离退休干部等上街下乡、进店入户，开展规劝行动，现场纠正乱停乱靠、乱扔乱吐、乱摆乱放等不良行为，逐步提升广大人民群众的文明素养。

二、推进城乡环境卫生整治，必须创新管理模式

城乡环境卫生整治必须以超常的思路、超常的措施推进，着力在统筹上下功夫，在全域上做文章，在创新中求实效。

一是创新投入模式。推进城乡环境整治靠财政单方面投入不现实，必须创新投入模式，通过实践逐步建立“财政拨、乡村投、项目调、群众筹、社会助”的多元化投入模式。财政拨。县财政按照新增财力向保障和改善民生倾斜的要求，建立稳定的财政投入机制；按照“全面铺开、突出重点、培植亮点”的工作思路，负责全县户用垃圾焚烧池的配备投入，并按以奖代投的形式支持重点村垃圾收集屋建设。乡镇投。各乡镇负责集镇卫生、垃圾处理场所和村垃圾收集屋的建设投入。新墙镇自去年以来，累计筹集资金700多万元，用于集镇、主干道路等公共区域的环卫设施配套，重点支持新农村建设示范村进行绿化、亮化、美化，实现以点带面，整体推进。项目调。按照“项目配套、渠道不变、用途不变、打捆使用、各计其功”的原则，整合财政扶贫、改水改厕、对口帮扶、本级财政预算、“一事一议”、移民后扶等资金1500万元，充分发挥资金的集聚效应。群众筹。在充分尊重农民意愿的基础上，逐步健全农民自主筹资筹劳机制，负责解决保洁员工资、垃圾清运费用及其它运转经费，真正体现农民在环境卫生整治中的主体作用。

二是创新村民理事会模式。建立城乡环境整治村民理事会，明确职能。筹资职能。理事会具有村民自治性质，可以避免村民的抵触情绪，便于筹资的顺利进行。理事会可以根据本村人口、经济水平等因素，在征得村民代表同意的基础上，合理确定具体的筹资标准并对全部资金（包括政府投入资金、自筹资金、奖励资金等）进行管理。管理职能。保洁员的聘用及工资保障可由理事会讨论决定，并对保洁员工作绩效进行考核评比，调动保洁员的工作积极性。新墙镇各村理事会与农户签定“门前三包”责任状，不定期开展检查；细分农村卫生保洁管护区，公共活动场所由卫生保洁员每星期清扫两次以上，有效消除公共场所“乱搭、乱建、乱贴、乱挂、乱排、乱倒”现象。评比职能。开展“文明卫生户”、“卫生流动红旗”等多种形式的评比活动，把基层先进评选的主动权交给村民，进行实地评审、现场打分、实物奖励，用身边典型激发群众参与共建的积极性和主动性，引导村民逐步养成良好的卫生习惯。

三是创新保洁模式。主要是做到“三个统一”。统一划分保洁区域。各村严格按照“分区包干”的要求，划分村级责任区、农户责任区。乡村主干道和公共区域由村组安排专人定期保洁，农户房前屋后由各农户进行“三包”（包卫生、包绿化、包秩序）。统一聘用保洁人员。由理事会根据本村大小及工作难度，以自然屋场为单位统一聘请合理数量的保洁员。统一配备保洁工具。按照“户有垃圾焚烧池、村组有垃圾收集屋、乡镇有垃圾填埋场”的要求，配套完善环卫基础设施。同时，各村统一配置卫生日常保洁工具，并实行统一的保洁标识。

四是创新垃圾处理模式。按照“资源化、降害化、减量化”的要求，创新垃圾处理模式，切实解决垃圾如何减和到哪里去的问题。垃圾减量化。按照分类处理的原则，对煤渣灰土、建筑垃圾、厨余垃圾等自行填埋处理；对金属、玻璃、塑料、废纸、废弃包装盒、废旧衣服等可回收垃圾重新变成资源；对废旧电池、日光灯管、农药瓶、垃圾袋等不可降解、不可回收有害垃圾倒入垃圾收集屋统一清运。垃圾资源化。以“减量化、再利用、资源化”为原则，发展循环经济，提高废物回收利用率。对易腐垃圾（厨余、青料、粪便等）倒入沼气池、粪池或农田，转化为农家有机肥料和清洁能源。垃圾无害化。边远地区、山区等交通不便的村以村组为单位，采用“统一收集、就地分类、综合处理”的模式进行处理；近城乡镇按照“户分类、村收集、镇中转、县处理”的模式进行处理。

三、推进城乡环境卫生整治，必须建立长效机制

城乡环境整治不可能一蹴而就、一劳永逸，更不能寄希望于靠风暴式的突击治理，必须建立长行久效的工作机制，推进城乡环境综合治理常态化、规范化、制度化。

一是建立健全组织领导机制。成立岳阳县乡村环境卫生整治工作领导小组，从县住建局、县环保局、县爱卫办等相关单位抽调专人集中办公。各乡镇、旅游景区管理部门成立相应的组织机构，由乡镇党委书记和旅游景区管理部门主要负责人任组长，为第一责任人，安排专人专抓。同时，加大组织协调和落实推进力度，从经费保障、人员配备上给予支持，解决工作开展中的问题和矛盾，确保农村环境综合整治和长效管护各项工作落到实处。各村（居委会）成立相应的工作机构，由支部书记（居委会主任）为环境卫生整治第一责任人，并明确分管责任人，设立环境卫生理事会，选聘保洁员，健全“村规民约”、“环境卫生管理公约”，完善长效保

洁制度。

二是建立健全考核督导机制。建立分期考核制度。将乡村环境卫生整治纳入党政管理绩效评估，按照“一月一督查，一季一考核”的要求，由县乡村环境卫生整治办公室每季度开展一次工作考核，在县电视台通报各乡镇环境卫生整治工作考核排名情况，年度评选“清洁集镇”、“秀美村庄”。各乡镇制定环境卫生整治考核奖惩办法，对村（居）逐月开展卫生检查评比，公布检查结果，年度评选“清洁屋场”、“清洁户”。村组、居委会、机关对住户逐月开展卫生检查评比活动，公开评比结果，张贴清洁标识。建立定期督查制度。县政府办督查室、县农办、各乡镇成立专门的督查组，定期对环境卫生进行督查，及时发现问题并督促限期整改到位。建立公开曝光制度。县电视台记者随行摄像督查，对环境卫生整治到位的予以公开表扬及推介，对于污水乱泼、垃圾乱倒、粪土乱堆、杂草乱蹿、畜禽乱跑的现象予以摄像并在电视台进行曝光。

三是建立健全奖惩问责机制。实行绩酬挂钩。将县财政安排到乡镇、景区和村的环境卫生整治专项经费与工作实施情况和考核结果挂钩，从县、乡镇相关责任人员绩效工资和村干部工资中提取20%的资金与环境卫生整治效果挂钩，分季度兑现绩酬工资。健全以奖代投。县对乡（镇）、景区从组织领导、宣传发动、整治成果、长效管护、经费筹措等方面进行考核，强化结果运用，对在季度考核排名前一、二、三位的单位分别奖励3万元、2万元、1万元，排名倒数一、二、三位的单位分别处罚3万元、2万元、1万元；年度考核排名前一、二、三位的单位分别奖励30万元、20万元、10万元，排名倒数一、二、三位的单位，取消财政扶持资金。同时借鉴四川宜宾的“黄旗层层挂”制度，即在县、乡、村三级，对环境卫生排名最后的，将黄旗直接挂到单位“一把手”的办公室，用以警示，督促整改。

整治城乡环境，只要全县上下继续下决心，再鼓劲，加力度，强措施，巩固和提高整治成果，建立和落实长效管理机制，岳阳县的城乡环境一定会变得更加美丽、更加迷人，70万人民群众一定会生活得更加舒适、更加幸福！

（作者系岳阳县人民政府县长）

发展农业品牌 推进现代农业示范区建设

汪 涛 喻 文

华容县按照省委“四化两型”和市委“五市一极”战略部署，以争创全国现代农业示范区为目标，发展农业品牌建设，全力推进现代示范区建设，农业品牌呈现出良好的发展势头。至2012年，全县有24个农产品通过国家无公害农产品认证，华容芥菜、华容黄白菜苔、华容芦苇笋、华容潘家大辣椒先后成功申报为国家地理标志认证农产品，“插旗”及图商标被评为全国驰名商标。还有6个产品被评为湖南名牌产品或著名商标、4个产品被评为绿色食品、3个产品被评为有机食品。近3年有50多个农产品在各种博览会上获奖。2012年1～6月，全县农业增加值达19.72亿元，同比2010年同期增长3%；农民人均现金收入达5376元，同比增长26.8%，其中品牌农业贡献率达37.6%。

一、完善三项机制，强化品牌意识

华容县坚持把培植农业品牌、发展品牌农业作为加快经济结构调整，提升农业效益的战略举措来抓，不断完善机制，营造争创品牌的良好氛围。一是突出宣传引导机制。制定《关于加快推进农业品牌建设的实施方案》，定期举办农业品牌创建培训班，邀请专家剖析农业品牌打造的成功案例，传授品牌创建的基本知识，切实强化广大农民的品牌意识；组织开展农产品质量安全认证、原产地认证等工作进行培训指导；充分利用多种载体和方式，宣传《商标法》、《商标法实施条例》等法律法规，推广普及农产品商标注册等相关知识。通过培训、宣传和指导，在全县掀起发展品牌农业的高潮。二是推行激励奖励机制。出台《关于扶持农业品牌建设的实施意见》，鼓励生产经营主体参与各级各类名优农产品和驰名商标、著名商标和知名商标的争创。加大对品牌农业的投入力度，在农业发展基金中设立品牌农业发展专项资金，用于农业公用品牌的打造、地理标志、原产地认证、推介展销活动的扶持。每年县委经济工作会议上，对认定为国家级名牌产品商标、省级名牌产品商标，分别奖励10万元、5万元，并且对在名牌产品和商标认定工作中有突出贡献的部门单位奖励5万元。同时，增强品牌农业在各乡镇工作考核中的比重，将争创各级名牌（名优）农产品列为现代农业发展和新农村建设考核加分项目。三是注重部门联动机制。成立由县长任组长的推进现代农业建设工作领导小组，进一步细化品牌农业建设的各项任务，明确各乡镇和职能部门的责任。由县农办统筹，抓好政策制定、组织协调、情况调度、市场拓展、宣传推介等工作；县农业局、林业局、水务局、畜牧局等单位各自抓好粮食、蔬菜、林果、水产、畜禽等特色品牌基地建设；县农业局和工商局根据各自职能，负责对商标注册、质量安全认证、原产地和地理标志认证、各级名牌争创等进行指导服务；县供销联社、商务局负责搭建平台，构建名优农产品连锁营销体系；县委宣传部负责抓好品牌农业的宣传，形成注册品牌、认证品牌、推介品牌、争创名牌，推动现代农业和品牌农业建设的强大合力。

二、狠抓三个重点，整合品牌资源

通过狠抓工作重点，把有限的资源盘活，有效降低品牌农业建设的成本和风险，提升品牌竞争能力。一是狠抓基地板块建设。坚持以生产优质、安全、生态、高效农产品为目标，积极推动优质农产品基地的标准化改造和基地规模的扩张，采取有效措施，进一步整合涉农项目和资金，加大基地建设投入力度，推动土地流转，引导社会力量参与规模种养基地建设。按照优势产业优先发展的原则，先后建成优质稻、优质棉、双低油菜、高效蔬菜、特色水产品养殖等5个产值过亿元的农产品规模生产基地。东湖渔场还被定为全国水产品健康养殖示范基地。二是狠抓特色品牌开发。深入挖掘我县特色名优农产品的历史渊源和文化内涵，立足体现华容元素，着力抓好插旗芥菜、潘家大辣椒、华容道系列土特产等历史传统名品公用品牌的策划、包装和推介。认真组织插旗芥菜、华容黄白菜苔、长江芦苇笋、潘家大辣椒等区域特色农产品的中国地理标志认证工作，对农业公用品牌、地理标志、原产地标识和“华容名优农产品标识”，实行使用授权制和可追溯制，加强使用环节的监控，杜绝滥用现象。同时，强化品牌主体的自律意识，加强品牌质量保证体系和监督管理体系建设，监督品牌主体依法经营品牌，确保品牌农产品质量安全，自觉维护品牌形象。三是狠抓产销主体培育。从提高管理规范化程度，增强凝聚力、市场拓展力等方面入手，切实加强农民专业合作社建设，在棉花、蔬菜种植营销、畜禽及水产养殖等方面重点培育20家具有一定知名度和较强营运能力的合作社，实现了小生产与大市场的有效对接。该县注册登记的农民专业合作组织达45家，入社社员8000多户，其中被评为全国农民专业合作社示范社的1家，全省农民专业合作社示范社的2家。全县各类农产品加工企业达1000余家，其中有一定生产规模的加工企业186家，省级农业产业化龙头企业3家，市级农业产业化龙头企业23家，初步形成粮、棉、油、菜加工4条完整的产业链，全县农产品加工转化率达到67%。同时，积极筹建湖南嘉隆仓储物流有限公司等大型综合性农产品交易市场，及时开通农产品“绿色通道”，进一步促进鲜活农产品的运输流通。

三、构建三大体系，支撑品牌发展

通过构建保障体系，不断加大农业品牌实施力度，促进现代农业发展。一是构建质量保障体系。加强工业“三废”和农业废弃物的管理，严格农业投入品管理，逐步淘汰高残毒品种。推进无公害农产品生产基地、动植物无疫区和水产健康养殖基地建设，抓好无公害产地认定工作。近年该县无公害农产品认定面积达1.76万公顷，“三品认证”达26个。根据相关要求，整合县内检测资源，组建县农产品质量检验检测中心，全面提升检验检测能力和水平，有效杜绝有污染、不安全的食品流入市场。同时，鼓励支持农产品加工企业、农民专业合作社购置检测设备，加强生产环节质量监控，为品牌农业创建提供保障，基本上形成以市级中心为龙头，以市场、企业为主体的农产品质量检测体系。二是构建科技推广体系。制订良种推广战略，实施“优质种苗”工程，加快超级杂交稻、杂交猪、名贵鱼等优良新品种的推广速度。大胆引进安全性能好，已通过国家认证的转基因品种，提纯复壮“田家湖贡鲫”、“潘家大辣椒”等地方优特品种，引导插旗菜业等具有一定规模和实力的企业成立科技自主创新体系，加快企业技术改造步伐，运用先进技术装备和产品质量控制设备，提高名牌产品的科技含量和附加值。大力推广农机新型机具，全县农业生产综合机械化水平达到61.36%。进一步加强农业科技推广服务体系建设，完善机构，保障经费，加强培训，着力建设一支现代农业建设的技术骨干队伍。切实加强对村场干部、种养大户、科技示范户的培训，普及科学种田技术，培养造就新型农民。三是构建信息服务体系。通过“阳光工程”培训兼职农业信息员300多人，利用农信通建立农业信息手机短信服务平台，覆盖1万多人，及时把有关政策法规、市场行情、致富信息等传递给农民群众。同时，充分利用农业信息网络，建立农产品网上交易中心，开展农产品期货交易，组织10多家业主上网参展，参展产品100多个，及时收集发布供求信息，年促成交易各种农产品10多万吨。

尽管华容县农业品牌建设取得了一定成绩，但仍处于品牌农业发展初级阶段，与现代农业发展的需要还存在一定差距。一是农业标准化建设还存在标准层次低、推广应用率低、科技投入含量低等“三低”现象，有待进一步加强。二是品牌企业规模偏小，深加工程度弱，产品附加值低，赢利能力不强。三是品牌促进经济发展的质效不明显。名牌效应没有得到充分发挥。后段，将进一步加强品牌农业建设力度，着力提升农产品质量安全水平和市场竞争力，加快传统农业向现代农业转变。一是进一步实施品牌发展战略。围绕棉花、粮食、蔬菜、水产等特色优势农产品，加快发展中国地理标志保护产品和无公害农产品、绿色食品、有机农产品。立足华容芥菜、黄白菜苔、土鸡、胖头鱼、大米等注册品牌，注册一个共有品牌，由一家品牌推广公司统一运作，品牌公司实行连锁推广经营，采取“农超对接”模式，让产品直接进入超市。二是进一步推行农业标准化生产。争取上级支持，继续整合涉农项目资金，进一步创新农村金融信贷投入机制，着力加快农产品标准化生产体系建设和农产品标准化示范区建设，建立镇、村、大户农业标准化示范网络，推进特色板块集中连片发展。三是进一步培育品牌农业产销主体。采取强有力措施，扶植培育一批农产品企业，打造农产品加工标志性企业，以点带面，带动和加快农业产业化进程。积极引导和帮助农产品专业合作组织，争创精品名牌，做大做强农业品牌，促进农业稳定增效，农民持续增收，绿色经济发展。

（作者分别系中共华容县委书记、县人民政府县长）

贯彻实施《政府服务规定》　全力打造法治型政府

龚卫国

临湘市地处湖南东北边陲，素称“湘北门户”，市域总面积1760平方公里，辖20个乡镇（办事处），总人口53万。近年来，特别是《湖南省政府服务规定》颁布实施以来，我市按照上级政府的要求，精心组织、周密部署，大力推进依法行政，努力建设服务型政府，有效地提高了政务服务能力和水平，推动经济社会又好又快发展。2011年，在遭受了“6·10”这场百年一遇特大自然灾害的情况下，市域经济逆势奋进，平稳发展，实现生产总值140.9亿元，增长13.2%；完成财政总收入5.1亿元，增长30%；一大批投资过亿元的重点项目强力推进，社会大局和谐稳定。临湘市依法行政工作的一些做法与经验，得到省政府的认可，并且连续几年被上级政府法制办评定为依法行政工作先进县市。

一、抓关键，推进行政决策法治化。围绕建设法治型政府目标，强化行政决策监督和责任追究，在深入推进决策法治化的进程上，进行有益探索。一是拓宽公众参与决策渠道。坚持将民主贯穿于政府决策的全过程，不断拓展公众参与行政决策的广度、力度和深度。坚持重大行政决策信息公开常态化，对事关经济社会发展的重大问题、涉及群众切身利益的重大事项，充分利用网络、报纸等载体向全社会公布，全年先后开展3次较大规模的市民意见征集活动，充分听取社情民意，有效规避行政决策风险。二是完善重大决策审查制度。强化政府重大事项集体讨论、风险评估、合法性审查制度，规定政府重大事项，由市政府法制部门提前介入、深度参加、全程追踪；建立健全规范性文件刚性审查、书面审查、前置把关等制度。2011年，审查征地拆迁、被征地农民社会保障、城乡居民社会养老保险等重大行政决策100余件，确保行政决策的合法性和科学性，规范部门单位及其工作人员的行政行为。三是深入推行信息公开制度。从公开决策程序、公开权力运行入手，将行政审批、执法执纪、重大突发事件处置、社会公益建设项目、经济社会发展目标及完成进度、事关全局的政策措施决策过程等事项，通过政府网站、《政府公报》、新闻发布等多种形式及时向社会公开，2011年，主动发布政务信息2万多条，既保障了公众的知情权、参与权，又提升了政府公信力，得到社会各界的大力支持。

二、抓重点，推进行政执法规范化。在强化宣传培训，加大考核力度的基础上，稳步推进行政执法规范化，进一步提高行政执法质量。一是狠抓行政执法质量评查。2011年，我们对全市行政机关1100余件行政处罚案件，分阶段、分步骤从处罚案件的立案、调查取证、审查决定、送达和执行、案卷归档等环节开展全面评查。在此基础上，评选出10个“优秀案件”，印发全市，予以指导，加强宣传，提升各行政执法单位的责任感和紧迫感。二是狠抓行政执法资格清查。以换发行政执法证为契机，对全市部门及所属单位行政执法主体、行政执法人员资格进行全面清理，清理申报主体资格的执法主体62 个，办理执法证件近1000个，坚决杜绝无证执法现象。三是狠抓行政复议案件审查。着力推行“阳光复议”，大胆探索案件的审理方式，慎重对待市政府涉法诉讼和行政争议。如2011年1 月，太子奶公司因拖欠建设施工方资金，引发数百民工集体讨薪，形势堪忧。对此，我们立即启动应急措施，规范做好案件受理、审查、裁决和善后工作，短短几天，平息了一起大型群体性事件，提升了法治政府的良好形象。同时，2011年，临湘市办理行政复议5件，已全部审结，其中变更1件，调解、和解2件、维持1件、不予受理1件，进一步健全了行政复议网上受理机制，切实畅通行政复议渠道，充分听取当事人的意见和诉求，增强行政复议工作的透明度。

三、抓难点，推进公共服务人性化。不断夯实政府服务平台，督促各部门正确发挥职能作用，进一步优化经济发展环境，提升公共服务人性化水平。一是建好公共资源交易平台。2009年以来，临湘市按照“管办分离、统一交易、统一监管”的原则，进一步规范公共资源交易行为，实行进场交易、信息发布、受理报名、交易规则和监督管理，逐步形成比较规范完善的公共资源交易运行体系，有效营造公开透明、公平竞争、公正诚信、廉洁高效的公共资源交易环境，实现公共资源交易效率的最大化。2011年，临湘市公共资源交易中心累计成交政府采购项目49个、建设工程项目40个、土地出让7宗，总成交额2.41亿元。二是建好政务信息公开平台。一方面，加大政务公开和政府信息公开在年度综合目标管理考核中的权重，明确要求各乡镇、各部门落实专门机构和专门人员；编辑《政府公报》，公开向全社会发布，增强政务服务的公开性和指导性。另一方面，大力督促各乡镇、各部门充分利用会议、简报、网站、公开栏等多种形式，把民生工程、灾后重建、办事服务、行政权力公开透明运行等群众广泛关注事项主动公开。如，2011年“6·10”特大自然灾害发生后，在落实救助政策时，特别注重做到统一灾情核实标准、统一灾民补助标准、统一住房重建标准，有效地理顺群众情绪，化解各种矛盾纠纷，确保灾区大局稳定。三是建好市民热线办理平台。坚持“来信必复、限时办结”和“实事求是、严谨高效”的原则，认真办理“12345市民热线”交办信件，使之成为群众信赖的咨询、求助、投诉的重要平台，以及政府了解民意、解决问题、改进工作的重要渠道。2011年，临湘市办理“12345市民热线”263件，办理回复率保持100%。与此同时，大力推进网上办公平台建设，提升政务办理电子化水平。临湘市20个乡镇（办事处）和25个政府工作部门全面实行公文无纸化传输及办理，行政办公效能进一步提升。

坚持依法行政，建设服务型政府，是时代的要求，是人民的期盼，也是自身的责任。今后，将严格按照《规定》要求，进一步强化组织保障，进一步优化服务管理，进一步加强监督检查，开拓创新，扎实工作，为深入推进服务型政府建设，促进湘北门户强势崛起，作出新的更大的贡献。

（作者系临湘市人民政府市长）

全力推进“四三六”工程　努力建设现代幸福城区

秩　励

“四三六”工程为全市经济社会建设指明了方向、部署了重点、确定了措施，作为中心城区，岳阳楼区今年和今后一个时期的工作重点就是全力落实“四三六”工程，围绕“中提”谋划产业，围绕产业落地项目，围绕项目优化环境，围绕环境锤炼干部，推动现代幸福城区建设上水平，在全市各项工作中争一流，为加快建设“五市一极”作贡献。

一、紧扣“四篇文章”，提升八大产业。一是提质发展商贸业。全力打造“五圈一带”，加快实现产业聚集。以引进一批大集团、大企业为抓手，以重大商贸业项目建设为重点，加快推进九龙商厦整体改造、胥家桥市场集群等一批重大项目，打造集聚区内行业高端和业态高点；以特色街区为单位，着力提质升级东茅岭服饰特色街、竹荫街副食街等特色街区；以洞庭新城开发为龙头，建设一批集商务、旅游、购物、餐饮等为一体的特色产业带，推进城区产业集约和集群发展，形成产业综合优势和区域特色优势。二是优先发展现代服务业。发展社会服务、科技服务、金融保险、经纪评估、网络购物、信息咨询等现代服务业，建设中心城区老年服务中心，努力构建功能完备、布局合理、服务高效、供给良好的新兴服务业体系，着力营造生产性、生活性等新兴服务业竞相发展的势头。三是积极发展物流业。主动对接临港产业新区，建设城陵矶区域大宗散货配送物流中心、粮油原料及产品物流中心和仓储基地，改造提升枫桥湖物流中心、泰和商品批发中心，完善城市物流配送网络；鼓励现有运输、仓储、货代、快递企业的功能整合和服务延伸，推动物流业形成规模效应，提高物流业自身产值和对经济发展的贡献值。四是健康发展房地产业。推进洞庭大桥两侧、琵琶王立交桥周边地段等旧城改造项目建设；加快冷水铺路、望岳路、青年东路两侧土地收储招商工作；抓好房地产项目开发，建设一批高品质小区，引导房地产业健康发展。五是大力发展旅游休闲业。充分借助楼岛湖AAAAA景区等核心旅游资源，延伸“旅游链”，推动文庙、慈氏塔、吕仙道观等景点整合，丰富都市城郊旅游景观。充实人文历史、民俗风情、生态旅游、城市观光等旅游元素，满足游客吃、住、游、购、娱等多方面需求，提升服务品质。六是加快发展文化产业。整合城区文化经营资源，引导零散文物古玩经营户向庙前街集聚，培育产业集群；适应城乡居民消费结构的新变化、新需求，增强文化消费意识，开发与文化结合的教育培训、健身、休闲等服务性消费，提供价格合理、丰富多样的精神文化产品和服务，打造新的消费增长点。七是升级发展新型工业。培育做大机械装备型产业，促进新型材料企业做优做强，加快食品加工企业发展壮大。八是鼓励发展都市农业。加强农业科技创新，以现代、高效、绿色、生态、安全为目标，加快建设郭镇乡千亩无公害蔬菜基地，推进体验农业、观光农业、农家乐等都市休闲农业发展。

二、紧扣“三大攻坚”，开展六项行动。一是着力推进项目建设。主动对接国家、省市投资重点，在产业发展、城市建设、基础设施、民生工程等方面精心策划包装一批项目，争取更多项目纳入上级建设“笼子”。结合新拓道路两侧土地收储、市区企业改制、旧城改造等，主攻最具有利条件、最具成长性和带动性的优质项目，力争形成储备一批、引进一批、落地一批、开工一批、建成一批重大产业项目。二是全面开展城乡同治。全力服务王家河流域综合治理、临湖公路、奇康路、城区道路“白改黑”等市政重点工程建设，加快北港北路、雷锋山路、胥家桥路、城北路建设，完善城区交通路网。着力实施城管数字化工程、城市形象提升工程、市容环境提升工程、市民文明素质提升工程。开展“再到攸县取真经，城乡同治见行动”活动，强力推进“四清四改四化”，即清洁家园、清洁田园、清洁能源、清洁水源，改水、改电、改厨、改厕，硬化、绿化、净化、美化，建立“户分类、村收集、乡转运”的农村垃圾处理模式，促进城乡环境明显改善。三是努力推动社区建设。深入推进和谐社区建设，完善社区公共服务用房、社区路灯、社区菜店等基础设施，建设好一批社区办公用房，更好地满足居民生活需求；全面完善社区议事会、文化大讲堂、群众大舞台等社区和谐“十元素”，扎实做好社区出租房屋管理、特殊人群管理和重点项目风险预警评估三本台账，切实发挥社区在社会管理服务中的基层基础作用，着力创建50个精品社区。四是切实加强环境保护。积极创建“国家环保模范城市”和“全国绿化模范城市”，落实节能减排任务，依法取缔关停“十五小”企业；推进“禁实推新”，逐步关停粘土砖厂；大力整治中心城区噪声污染，实现中心城区全天候禁炮；持续实施沿水、沿路、沿城市周边绿化工程，加快森林进城、身边增绿步伐。五是强力推进禁违拆违治违。坚持常态禁违、集中拆违和重点查处三管齐下，始终保持禁违拆违高压态势。完善组巡查报告，村、社区巡查控制，乡、办控制拆除，区级督查督办，部门积极配合和社会举报监督相结合的禁违拆违责任体系，建立健全巡查、处置、疏导、保障和奖罚机制，努力实现违法建设的新发生率为零、复工率为零、新的违纪干部为零的“三零”目标。六是大力开展文明创建。完善区、乡（街道）、村（社区）三级文化基础设施，高标准配置村（社区）文化活动室；开展社区教育，宣传普及文明知识、交通法规知识，推进交通模范城市创建工作；积极引导，广泛动员，开展“社区万家乐”、“市民大课堂”、“市民文化广场”等形式多样的群众性文化活动，丰富群众精神文化生活，提高市民文明素质。

三、紧扣“六大保障”，强化八项举措。一是持续推进民生改善。加快推进以改善民生为重点的社会建设，进一步增强人民群众幸福感。不断提高基本养老、医疗、失业、工伤、生育保险的参保人数和覆盖面；加大各类资金筹措力度，加快覆盖城乡居民的社会保障体系建设，加强社会救助规范化建设，确保各类救助资金按时、足额、公平发放，加大对低收入群众和困难下岗职工、困难被拆迁户的帮扶力度，进一步提高城乡最低生活保障标准。继续大力开展“四送进社区”活动，加强职业技能培训，提高就业能力，组织动员群众参与经济建设，共同发展产业、活跃经济，推进民生事业持续健康发展。二是全面发展社会事业。完成郭兴小学建设和仓田小学校安工程，基本完成城区学校校园监控系统建设，继续创建省社区教育实验区，进一步彰显教育为民力度。积极稳妥地推进医药卫生体制改革，加强城乡基层卫生服务机构建设，新建王家河社区和奇家岭社区卫生服务中心。切实巩固新农合工作成果，进一步提高参合率，并积极推进城镇居民医疗保险工作。着力推进人口计生工作升类进位，以经常性工作为主，针对违法生育反弹、出生性别比偏高、社会抚养费征收不到位、流动人口管理不到位四大突出问题，制订有效措施，稳定低生育水平。三是全力维护社会稳定。加大社会治安综合治理力度，继续开展“干部访民情”活动，争取民调排名有较大幅度提升。按照“四个清楚”的工作要求，落实领导接访处访责任，实现信访矛盾纠纷积案归零。加强对危险化工品行业、非煤矿山、道路交通、公众聚集场所、校车校舍、午托机构、学校周边环境、建筑工地、食药卫生等安全隐患的排查、整治和管理，对重点区域进行常态监控，坚决杜绝各类重大安全事故。四是合理配置要素资源。在土地资源方面，加快区属改制企业资产处置，做好零星闲置土地、新拓道路两侧土地收储工作，促进农村土地连片开发、集约利用，为项目建设提供用地保障。在资金方面，定期开展银企洽谈会、重点项目推介会，充分发挥区城建投融资平台的作用，有效吸引社会资本，加快完善多元化的投融资机制，为保障性住房等重点项目建设提供资金支持。在人才队伍方面，按照“人才主动、企业主体、政府主导”模式，帮助企业打造一批民营经济领军人物，引进一批管理人才，培养一批业务骨干。五是优化经济发展环境。严厉打击强买强卖、强揽工程、偷盗哄抢、敲诈勒索、强行阻工、恶意闹事等破坏行为，对为首者、组织者、保护者尤其要加大打击力度，维护正常的市场经济秩序和工程建设环境。继续严查不作为、乱作为，加强行政效能监察，有针对性地开展行风评议，严肃查处破坏发展环境的典型人和事。加快建设区政务中心，全面对接“12345”公众服务平台，继续组织开展“企业家年会”，深化“两为”服务，加大为企业、群众的服务力度和广度，拓展服务内涵，切实为投资者和群众办成事、办好事。六是提升干部能力素质。加强学习，提升干部队伍整体素质，增强工作能力。在处理中心城区主导产业、项目建设等经济发展事务时，按照市场规律办事，及时研究新情况新问题，抓住机遇、应对挑战，不断提高驾驭市场经济的能力；在拆迁安置中，处理好拆迁工作进度和维护群众合法利益之间的关系，善于抓早、抓小、抓主动，不断提高应对复杂局面的能力；在处理信访矛盾纠纷时，善于运用政策、法规解决具体问题，不断提高依法行政的能力。七是进一步务实工作作风。切实解决一批居民群众反映强烈的实际问题，扎扎实实把打基础、增后劲、管长远的事办好，进一步做实群众工作。集中精力、集中优势资源，扎扎实实地把提质改造50条背街小巷、安装2000盏小区路灯、完成5家农贸市场标准化建设、疏通50处下水道等民生实事做好做实，让群众切实得到实惠。八是不断提升工作绩效。进一步完善督查评估机制，围绕产业发展、民生实事、市政建设等领域的重点项目，按照任务要求，对照项目进度，加大行政问责力度。对重点工程建设领域、财政资金使用等实行全方位、全过程审计监督，节约行政成本，加大源头治腐力度，以工作绩效来体现岳阳楼区各项工作“上水平、争一流、作贡献”的实效。

（作者系岳阳楼区人民政府区长）

实践“两型”发展 打造幸福云溪

田文静

岳阳市云溪区拥有独特区位、便捷交通和特色产业，是岳阳市新型工业化的主战场。中石化长岭炼化“七建二改十利旧”和巴陵石化“五改七建一配套”项目建设正加快推进；云溪工业园于2010年被评为全省“十大最具投资价值产业园区”并跻身“国家高新技术产业基地”，2011年获得“国家新型工业化产业示范基地”称号；依托长炼油品升级产业链启动的长炼工业园开发建设呈后来居上之势。顺应良好的发展态势，云溪区委、区政府提出在“十二五”期间加快建设新型工业示范区、现代物流先行区、城乡统筹试验区、环境保护模范区和岳阳经济新增长极，勇当全省“四化两型”建设排头兵，打造幸福云溪。

一、引导产业集群，建设新型工业示范区

把整个云溪作为一个大工业园区来谋划，以驻区大厂为依托，以云溪工业园、长炼工业园为平台，以湖南城陵矶临港产业新区为节点，坚持高起点规划、高水平建设，打造设施完备、服务完善、特色突出、承载力强的国内一流绿色石化基地。一是壮大千亿产业，服务大厂扩张。按照全省千亿产业规划，跟进服务岳阳地区炼化一体化等重大项目建设，在手续办理、矛盾协调、优化环境等方面加大力度，促使驻区大厂尽快形成年加工1000万吨原油和生产500万吨化工产品能力。重点扶持大厂改制剥离企业加快发展，支持催化剂新基地、兴长股份、东方雨虹、凯美特等一批骨干企业做大做强。二是打造千亿园区，提升承载能力。着力加强云溪工业园和长炼工业园开发建设，重点抓好扩园道路、双回路电源、热力管线、标准化厂房等基础设施建设，力争3年内2个工业园开发面积达到10平方公里；优化园区功能分区，加强“厂、港、园”现有规划的协调和优化，实现资源减量投入、集聚生产、循环利用；强化园区要素保障，配套跟进土地利用、金融服务、行政效能等体制机制创新，形成相对独立、运作高效的园区服务与管理系统，提高园区承载能力。三是发展千亿集群，构建竞争高地。利用岳阳石油化工产业集群列入全省10大千亿产业集群规划契机，推进优势产业集群发展。重点围绕催化剂新基地项目规划“催化剂园中园”，建设亚洲最大的催化剂生产基地；支持尤特尔生化公司做大做强，打造亚洲最大的酶制剂生产基地；依托科苑、科立孚等企业集群发展，建设国内最大的酮醛树脂加工基地；引导长源化工、德智隆化工等企业发展，打造国内知名的高沸点芳烃生产基地。力争全区石化产业工业总产值突破1000亿元大关，构建云溪在全省、全国的产业竞争高地。

二、依托资源优势，建设现代物流先行区

云溪区拥有大厂、大江、大港、大路，每年物流额在600亿元左右，随着炼化一体化项目的实施，数额将翻番。发展现代物流，优势非常明显。一是加快物流设施建设。加强区内铁路、公路、航道、管线等物流设施之间的衔接互通，提升运输能力，形成网络化、立体化的物流运输体系。重点加快码头站场、仓储罐区、原料管道、交易市场、物流企业等5大物流硬件建设。依托28公里黄金水道和荆岳长江大桥、随岳高速等交通优势，编制实施长江岸线保护和开发，重点规划道仁矶、陆城2个港区发展，在道仁矶筹建湘鄂边贸散货码头，以港口航运促进沿江物流带建设，把云溪建成国家级化工产品交易市场、中南地区专业物流园、长江中游重要的区域物流中心。二是构建现代物流体系。大力发展仓储码头、连锁经营、综合商贸、物流配送、电子商务等新型物流业态，形成一体化、高效率的物流集散和交换系统；充分利用独特资源优势，推进物流业和制造业关联互动，积极培育和引进第三方物流、供应链管理企业和物流网，加快完善社会化、专业化的物流服务管理。区委、区政府成立现代物流业发展协调服务机构，强化行业政策引导和企业服务，建立共享式物流信息平台，有效整合园区、港区、大厂物流资源，构建规范有序的物流管理体系，把物流业培育成为区域经济发展新的增长极。三是推动物流良性发展。立足厂、港、园、地四位一体，推动产业和物流相互吸纳、互为促进、共同发展。依托产业辐射，重点提质金融、商贸流通、餐饮住宿等服务业，规划建设一批危货车辆停车场、专业市场、职工之家和品牌商店。引导中介服务业规范发展，大力培育高新技术产业和高端服务业，力争在服务外包、工程研发、创意设计、信息咨询等领域有所突破，以三产促进城乡消费升级。

三、立足城乡一体，建设城乡统筹试验区

坚持城乡统筹发展，加强制度改革创新，逐步推进城乡发展规划、资源配置、产业布局、基础设施、公共服务、就业社保和社会管理一体化，基本形成功能区域合理分明、基础设施配套完善、农村改革重点突破的良好局面。一是着力推进城乡发展规划一体化。注重把统筹城乡协调发展和统筹厂地港地一体发展有机结合，既发挥新型工业化、农业现代化对城乡统筹的辐射带动作用，又坚持以新型城镇化和新农村建设反哺新型工业化和农业现代化。把产业布局、农村发展、社会进步、生态环境等放在更加突出的位置作好规划，实现城乡互补融合、协调发展和共同繁荣。完善城镇规划体系，以“中心城区——中心城镇——重点村庄”为主体，构建梯次鲜明、功能协调、布局合理的城镇发展框架；优化城镇空间布局，建设云溪新城区，打造宜居云溪。二是着力推进城乡基础设施一体化。大力加强农村水、电、路、通讯等基础设施建设的同时，把加快小城镇建设、新农村建设与开展长岭炼化厂区周边改造提质、巴陵石化“厂中村”搬迁等工作有机结合，提升“湘北门户”和驻区企业对外形象。三是着力推进城乡公共服务一体化。按照“城乡共建、城乡联网、城乡同享”的原则，统筹城乡公共产品供给，提升城乡教育、医疗、文化设施等公共服务质量，让城乡居民享受同等公共服务。建立完善以养老保险、新型农村合作医疗、五保对象集中供养和最低生活保障为主要内容的农村社保体系，让城乡居民享受同等的社会保障。

四、推进标本兼治，建设环境保护模范区

针对过去大厂发展和区内小化工企业积累的历史污染，坚持在保护中发展、在发展中保护的工作理念，加大治理和保护环境力度，切实做到发展、保护两促进。一是多还旧账，加紧综合治理。按照云溪“环境整治三年行动计划”，分步治理历史遗留污染问题，2012年以前对污染严重、群众反映强烈的35家小化工企业实行集中整治，其中2012年关停16家、搬迁4家，高质量完成垃圾场建设。同时建立与大厂、港区、园区联动的环境治理工作机制，探索市场化运作模式，推进生态环境综合治理。重点加快云溪城区和巴陵石化公司生活污水管网合并运营、工业园区水体应急事故处理池及危险固体废物处理场的规划建设，提高综合治理能力。广泛开展城乡环境卫生整洁行动，继续推进农村饮水安全工程和农村环境连片综合整治，加强农业污染治理。二是不欠新账，加强环境保护。把环保理念贯穿于社会发展、产业发展全过程，注重预防和控制相结合，进一步争取上级支持，加大自身投入，形成环保工作长效机制。特别重视项目准入评审委员会专家组建设，严格实行项目准入审查终身负责制和“一票否决权制”，未经准入审查的项目不签约，未完成环评的项目不开工，环保“三同时”建设未经竣工验收的不投产。不断健全环境监测监管体系，严厉打击污染环境和破坏生态的违法行为。三是自主创新，加快循环发展。以打造国家级精细化工循环经济示范园区为终极目标，加快推进产业结构优化升级。围绕“四千工程”发展战略性新兴环保产业，重点扶持20家以上中小企业推进节能减排，增强创新能力；支持20家以上企业申请认定中国驰名商标、中国名牌产品；加快云溪工业园省级孵化器配套、科技信息、人才培训等服务平台建设，做精做强工业园科技创业服务中心，全方位服务企业，加快两型社会建设。力争到“十二五”期末，万元GDP能耗累计下降15%左右，主要污染物排放总量累计减少10%，城镇生活污水处理率达到80%，城乡垃圾处理率达到90%，森林覆盖率达到38%以上，让云溪的天更蓝、地更绿、水更清、空气更清新。

（作者系岳阳市云溪区人民政府区长

创新方式推进项目引进建设

杨　昆

2009年起，君山区针对投资拉动型经济特点，坚持把项目引进和建设作为推进区域经济加快发展的第一抓手，持续开展“招商引资和项目建设年”活动。三年来，全区运作项目412个，其中过亿元项目23个，累计完成投资33.6亿元。大批项目的引进和实施促进区域经济社会又好又快发展，2011年，君山区首次进入全省县域经济发展快区行列。2012年，君山区按照市委、市政府“四三六”工程要求，将进一步创新工作方式，切实做好“新、实、优、严”四字文章，强力推进项目引进及建设攻坚。

“新”思维推动项目引进。一是更新理念。以新一轮思想大解放和学习实践科学发展观活动为契机，坚决克服“政策优惠怕吃亏，客商赚钱就眼红”的心理，牢固树立“大项目大发展、小项目小发展、无项目不发展”的理念，引导全区上下一切围绕项目转、一切为了项目干，敢于负债搞建设，敢于让利促开放。通过项目建设增强发展后劲、加快发展速度、提升发展质量成为全区上下的共识。二是革新思路。变引进企业为引进产业。结合全区经济和产业发展规划，立足资源和基础优势，注重引进和培育产业集群。如在2010中国（岳阳）野生荷花节经贸洽谈会上就一次性引进印刷科技项目8个，为建设“湖南省印刷科技示范基地”奠定坚实基础。变引进单个项目为引进综合项目。引进战略投资者开发大型综合性项目，2011年签约引进总投资20亿元的桥头三角坪城市综合体项目。变招商引资为招商选资。严格招商准入门槛，更加注重招商质量，积极对接世界和国内500强企业，成功引进三一重工机械制造基地落户君山，实现引进世界500强企业零的突破。变招商引资为招商引行。2011年，成功引进市工商银行建君山支行，打破君山区历史上只有两家银信机构的格局，金融服务能力不断增强。变争资金为争项目争政策。激励全区广大干部既做“会争资金的精明干部”，更做“会争项目的聪明干部、会争政策的高明干部”，在全区形成“以项目论英雄”的良好氛围。近三年，全区累计向上争取资金8.62亿元。三是创新方法。创新招商模式，大力开展节会招商、网上招商和驻点招商，不断提高招商引资的针对性、实效性和成功率。在节会招商方面，变过去坐地等商为节前找商，会前主动收集项目信息，对接洽谈项目，促使节会招商真正取得实效。2010～2011年，两届中国（岳阳）野生荷花旅游节成功签约项目23个，合同引资78.8亿元。

“实”举措保障项目建设。一是充实领导力量，为项目建设凝神聚力。成立区招商引资和项目建设年活动领导小组，由书记任顾问，区长任组长，负责项目引进和建设的领导协调。同时，大力实施区级领导联项目制度，做到“一个项目、一名领导、一套班子、一抓到底”，落实区级领导联项目、联资金、联责任工作机制。对项目开发、申报、洽谈和建设过程中遇到的矛盾和问题，主要领导定期召开例会进行研究解决，有力地保障了项目引进和建设攻坚效果。二是夯实招商平台，为项目建设筑巢引凤。为充分发挥工业园区作为全国农产品加工业示范基地、湖南省印刷科技示范基地、岳阳市医药产业专业园和绿色食品产业园的载体作用，先后投资近1亿元完善配套基础设施，园区洼地效应和集聚功能进一步凸显。近三年，园区新增企业20家，2011年完成产值12亿元，同比增长51.2%，上缴税收3600万元，同比增长107%；解决就业3000多人，同比增长100%。三是落实经费保障，为项目建设添柴加薪。采取多个“一点”的办法，强化项目建设资金保障。向上争一点。积极跑部进省，加强汇报衔接，调动各种积极因素，千方百计争取最多项目资金。在建设总投资超过10亿元的层山安全区项目上，成功争取国家政策性投资5亿多元。银行贷一点。着力帮助企业破解融资难题，积极组织银企洽谈，近三年累计协助企业获得银行贷款5.4亿元，引导企业完成技改项目11个。招商引一点。通过 BT、BOT、TOT等多种投融资方式，扩大利用民间资本规模，解决项目资金瓶颈问题。提质改造洞庭大道君山段项目采用BT模式，成功引进民间资本2亿元，高标准完成工程建设。地方筹一点。区财政在经费紧张的情况下，挤出资金支持项目引进和建设。2012年区财政预算项目前期经费300万元、招商引资事业经费210万元和奖励资金70万元，同比分别增加40万元、10万元和10万元。

“优”环境服务项目建设。一是优化政策环境。制订并落实《君山区关于鼓励投资的若干规定》、《君山区关于发展商贸流通业发展的若干规定》和《君山区“为财政作贡献”奖励办法》等政策，对重大项目实行“一事一议”、“特事特办”，给足优惠政策，构筑政策洼地。二是优化政务环境。实行项目证照全程代办、一站式收费和一条龙服务。同时，每个在建项目都通过区招商引资领导小组会议明确一名区级领导和一个部门进行联点服务。三年来，先后为企业代办各类证照425个，解决困难240多件。三是优化法治环境。实行纪委常委联重点项目、公安挂牌保护、约谈机制、评审机制、项目预警、解难挂号销号等制度，为项目建设提供平安稳定、公正高效的法制环境。三年以来，公安和纪检监察等部门受理企业投诉150多起，查办率达100%。

“严”考核促进项目建设。一是调高目标，自我加压。每年年初，区委、区政府组织召开招商引资和项目建设专题会议，下达全年招商引资和项目建设目标任务，在省市基础上分别增加20%，进一步调高工作目标，增加工作的压力和动力。二是及时调度，强化督查。坚持实行“月调度、季通报、半年讲评、年终奖惩”的督查考核制度，对项目建设过程中遇到的问题，及时召开调度会，制订解决措施，确保项目建设进度。三是严格考核，兑现奖惩。出台《君山区招商引资工作目标任务考核办法》和《君山区项目建设目标任务考核办法》，把招商引资和项目建设工作作为“四区”建设考评、年度目标管理综合考评和干部考核任用的重要内容，对工作进度快、工作成效好的，给予重奖；对达不到预期进度的，给予通报批评；对在项目建设中互相推诿扯皮、工作不配合、服务不到位，甚至有意设置障碍，造成项目丢失或影响项目落实、影响项目建设进度的，实行效能追究。通过重奖严罚，激发了各级干部干事创业的积极性，全区上下形成关注项目、支持项目和推动项目的良好氛围。

（作者系君山区人民政府区长）

责任编校　刘兴汉

大事记

THE CHRONICLE OF EVENTS

2011年大事记

1月

5日　市政府召开财政收入过百亿新闻发布会。2010年岳阳完成财政收入139.6亿元，比2009年增长25.9%，首次突破百亿元大关，跃居全省第二，仅次于长沙。

△　中国种子集团有限公司和市农业科学研究所战略合作暨湖南洞庭高科种业股份有限公司股权转让签约仪式在岳阳举行。市委副书记、市长黄兰香，中国中化集团总裁助理、中国种子集团有限公司总经理张伟，省农业厅副厅长李志纯等出席盛会。副市长陈四海主持仪式。

6日　国家工商总局党组书记、局长周伯华到平江县，看望慰问基层工商干部，检查节日市场，副省长刘力伟，省长助理袁建尧，市领导易炼红、黄兰香、赖社光、苏耀辉等陪同视察。

△　湖南省2011年“就业援助月”活动启动仪式暨岳阳市就业援助专场招聘会在市体育馆举行。

△　20时18分，华能岳阳电厂三期工程5号机组顺利完成168小时满负荷试运行，标志着湖南省首台600兆瓦超超临界节能环保机组已经建成并按期投入商业运行。与该工程同时竣工投产的还有烟气脱硫和脱硝工程。

8日　市委、市政府在北京世纪华天大酒店举行在京乡友新年联谊会。500余位岳阳籍乡友和特邀嘉宾欢聚一堂，叙乡情、报佳音、话发展，互致新春的美好祝福。

9～12日　政协岳阳市第六届委员会第四次会议在市政协礼堂召开。市政协主席白尊贤作常委会工作报告，副主席戴新果作提案工作报告。12日，政协岳阳市六届四次会议胜利闭幕，市委书记易炼红，市长黄兰香等出席。

11～13日　岳阳市第六届人民代表大会第四次会议在岳阳文化艺术会展中心召开。会议由市人大常委会主任李湘岳主持，会议听取和审查人大常委会、市人民政府、市中级人民法院和市人民检察院工作报告。13日，岳阳市六届人大四次会议胜利闭幕，市委书记易炼红、市长黄兰香等出席。

12～13日　全国总工会副主席马培华率慰问团到岳慰问，向困难企业、职工和劳模送上深切的关怀。全国总工会保障工作部副巡视员凌萍、省总工会副主席肖刚强、周乐红，市委常委、市总工会主席樊进军等陪同。

13日　市长黄兰香在南湖宾馆会见海航集团执行副总裁折益宁一行。双方就交流合作进行了深入磋商，并就相关项目的引进达成了初步意向。

15～16日　省委常委、省军区政委杨忠民一行到岳阳检查指导创先争优活动开展情况，看望慰问基层特困党员。

17日　交通银行岳阳分行与市直商会举行授信签约仪式，市长黄兰香出席签约仪式并发表讲话。

18日　市委书记易炼红到长沙做客人民网“走近2011湖南‘两会’”特别节目——“两会”会客厅，畅谈岳阳“十二五”的发展思路和美好前景，并就节能减排、岳阳的发展定位和临港产业新区建设进程等网友们关心的问题一一作答。

19日　市委书记易炼红，市委副书记、市长黄兰香，副市长陈四海率领市水务局有关负责人到省水利厅进行工作对接。

21日　省长徐守盛、省委副书记梅克保参加省十一届人大五次会议岳阳代表团审议时，充分肯定岳阳的发展成绩和发展方略，并对岳阳“十二五”的发展寄予厚望。

23日　市委、市政府在长沙通程大酒店举行2011新年工作汇报会，畅叙乡友之情，共话美好未来。

28日　“春满洞庭”2011年春节联欢晚会在岳阳文化艺术会展中心大剧场开演。

30日　市委书记易炼红主持召开常委扩大会议。会议审定2010年度建设民本岳阳等工作考核评估结果和先进单位名单，确定市委经济工作会议召开方案，部署春节期间各项工作。

是月　岳阳市君山区团湖野生荷花世界被评定为国家3A级景区。

△　湖南长康实业有限责任公司兰岭绿态茶业自主培育的有机茶叶种植基地荣获全国首批标准示范茶园称号。

△　湘阴县水产企业湖南洞庭黄龙原生态水产股份有限公司在天津股权交易所成功挂牌上市。

2月

1日　省委书记周强带着省委、省政府的关怀与温暖“回村”过年，深入农户家里走访调研，看望慰问敬老院老人。省委常委、省委秘书长杨泰波，市领导易炼红、黄兰香、赖社光等及省市相关部门负责人陪同。

9日　市委书记易炼红主持召开市委常委扩大会议，专题研究部署2011年“五创”提质工作。

△　市委召开议军会，总结2010年度军事工作，部署2011年军事工作任务。

10日　市委经济工作会议召开。

△　全市人口和计划生育工作会议召开，提出保先进类、创优创新、均衡发展，市本级在继续保持全省先进地位的同时，“十二五”期间要争创全省“模范市州”。

△　全市社会治安综合治理工作会议提出努力建设平安和谐岳阳。

△　全市农村工作会议提出尽快实现农业大市向农业强市转变。

11日　岳阳出入境检验检疫局城陵矶办事处从进境货物集装箱中截获进境植物检疫性有害生物——暗褐断眼天牛。经中国检验检疫科学研究院鉴定，这是湖南省首次截获从国外传入的该种害虫。

14日　全市公安机关综合考评表彰暨社会管理创新大会召开，市委书记易炼红参加会议并寄语全市公安干部以更加过硬的工作作风，以更加有效的工作举措，实现综合考评全省“保三争一”的奋斗目标，谱写更加浓墨重彩的崭新篇章。

15日　省人大常委会副主任蒋作斌、省建设厅厅长高克勤与中联重工科技发展股份有限公司董事长詹纯新一起到湘阴县就中联重科落户湘阴项目选址进行最后考察。詹纯新宣布，中联重科正式决定落户湘阴工业园区。

15～16日　市委副书记、市长

黄兰香率市党政考察团到湘西保靖县，考察对口扶贫工作，商议新一轮帮扶大计。

17日　交通银行总行业务部副总经理、大项目部经理金旗一行到岳，就洞庭新城项目合作进行考察。市委副书记、市长黄兰香，市委常委、副市长韩建国出席汇报会，就相关事宜进行洽商。

△　联合国工业发展组织国际环境资源监督管理机构主任李建军一行到岳阳市就岳阳低碳经济进行考察。

18日　9时25分，湖南凯美特气体股份有限公司正式在深圳证券交易所挂牌上市，公司股票简称凯美特气，股票代码002549。

△　城陵矶临港产业新区专家座谈会在长沙举行，省人大常委会副主任陈叔红，中国工程院院士、全国科协副主席、中南大学校长、博士生导师黄伯云，省政府参事苏仁华，中南大学教授、博士生导师吴金明等临港新区专家委员会成员汇聚一堂，为港区更好更快发展献计献策。市委副书记盛荣华和临港新区相关负责人等出席。

20日　市政府召开研究投融资平台工作专题会议。

△　中国社科院循环经济与环境评估预测研究中心和汨罗市政府签约设立“循环经济调研基地”，并向汨罗市授牌。

21日　投资1.9亿元的凯美特长炼尾气回收项目在云溪长炼工业园正式奠基开工。

22日　市第五届纪委第十一次全会暨全市反腐败工作会议要求以人为本执政为民努力开创反腐倡廉新局面。

△　市委党务工作暨加强新时期群众工作会议召开。会议的主要任务是安排部署全市党务工作和新时期群众工作，为推进“四化两型”战略、建设“五市一极”、奏响民本岳阳和谐崛起最强音提供坚强的政治保障和坚实的群众基础。下午，全市组织编制工作会议要求认清新形势，明确新任务，把握新要求。全市党委办公室主任会议提出忠诚履行职责，深化精细管理。全市宣传思想工作会议提出为“五市一级”建设强有力舆论支持和精神动力。

△　全市人才工作会议要求创优环境，为经济发展提供人才保障。

23日　全市城市建设管理工作会议召开。全市审计监察法制工作会议召开。

24日　《岳阳日报》报道：岳阳市中级人民法院被最高人民法院授予“全国优秀法院”荣誉称号。

24～25日　江西省政协副主席、九江市委书记钟利贵，九江市委副书记、市长曾庆红率领该市党政代表团到岳阳考察，并举行岳阳·九江两地经济社会发展交流会。

25日　在全省推进新型工业化工作会议上，云溪工业园获“国家新型工业化产业示范基地”称号，省长徐守盛为云溪工业园授牌。

26日　岳阳市旅游协会举办2011年全国旅游供应商合作交流会。

27日　市委副书记、市长黄兰香主持召开市政府研究“五创”提质工作会议，就推进“五创”总体工作和重点项目进行研究部署。

28日　市委、市政府召开服务临港产业新区建设工作会议，总结讲评2010年全市服务临港新区建设工作，向32个市直部门单位下发2011年为港区办实事任务。

△　中组部调研组到岳阳调研乡镇党委换届工作进展情况。

3月

2日　岳阳机场项目预可行研究报告预评审会议召开。中国民用航空局中南管理局副局长郭建业、市政府副市长蒋锋、市政协副主席万岳斌出席。

△　全省优秀组工干部先进事迹巡回报告会在岳阳市举行。市委书记易炼红会前接见报告团成员。

4日　市委副书记、市长黄兰香利用参加全国人大会议的间隙，考察北京谊安医疗系统股份有限公司。

9日　第二届岳阳文学艺术颁奖大会召开，100件作品获奖，作家陈亚先、甘征文获得终生成就奖。

△　市委副书记、市长黄兰香应邀考察中国中化集团公司，并出席市政府与中国中化集团公司战略合作座谈会。

△　全国人大代表、市委副书记、市长黄兰香专程拜会水利部部长陈雷、副部长刘宁和相关司局负责人，汇报岳阳市水利基础设施建设情况，请求水利部给予更大的支持。

△　全市人力资源和社会保障工作提出切实改善民生，维护民利，促进民富。

10日　《岳阳日报》报道：洞庭湖禁渔期为3月10日12时至6月30日12时，长江湖南段禁渔期为4月1日12时至6月30日12时。

△　召开全市安全生产工作会议。

△　深圳市创新投资集团有限公司增资3250万元湖南金联星冶金材料技术有限公司签约仪式在君山区举行。

10～11日　省委副书记梅克保率省直相关部门负责人到岳阳调研新型工业化建设及作风建设工作情况。

12日　全省“百城万店无假货”暨“诚信湖南”宣传教育活动启动仪式在岳阳市文化艺术会展中心隆重举行。副省长刘力伟在仪式上讲话并宣布活动启动，市委书记易炼红致辞。

△　湖南科尔龙珠钢球有限公司在岳阳经济技术开发区工业园正式投产。

14日　中央综治委副主任、中央政法委副秘书长、中央综治办主任陈冀平，省委政法委副书记、省综治办主任林勇一行到岳阳考察指导工作。

15日　全省地税系统党风廉政建设工作会在岳阳召开。

18日　国家发改委副主任解振华，省委副书记、省长徐守盛到岳阳重点考察调研汨罗循环经济工业园和屈子园建设。

△　市委召开会议传达学习全国“两会”精神，市委书记易炼红主持会议并讲话。

20～22日　中央候补委员、省政协副主席武吉海率省政协湿地保护调研组到岳阳考察。

21日　受中宣部、中央文明办的委派，央视七套《文明乡风》栏目摄制组走进云溪区，将镜头对准该区以“道德评议”等为载体的精神文明创建成果。

22日　市委、市政府召开全市创建全国文明城市“五创”提质工作表彰奖励暨再动员会议。

23日 市国税局召开重大税务案件公开审理会，由相关部门、特约监察员、新闻媒体与纳税人代表组成的“陪审团”，参与此次行政执法全过程。

25日 副省长韩永文一行到岳阳调研水运发展和岳阳综合枢纽建设工作。

28日 市委学习中心组进行2011年第一次集中（扩大）学习，主题是贯彻全国“两会”精神，推动“十二五”规划实施。

30日 国家推进政府机关和企业使用正版软件工作督查组一行专程到岳阳督导检查工作，国家工商总局副局长付双建先后了解市艾欧斯密斯、岳阳鲁良粮油等企业的正版软件使用情况。

是月 第二届中国出版政府奖评选在京揭晓，岳阳籍作家陈启文长篇报告文学《共和国粮食报告》获奖。

△ 日本政府“利民工程”无偿援助项目正式签约，平江县长寿镇毛湾小学教学楼获此次受援。

4月

2日 市委副书记、市长黄兰香召集市住房和城乡建设、规划、国土、环保等部门负责人座谈，探讨建设“岳阳生态城示范区”。

△ 由湖南依鲁光电科技有限公司投资的LED光电项目在湘阴工业园开工建设。

4日 商务部副部长傅自应一行到岳阳视察君山区广兴洲镇合兴蔬菜示范基地、岳常高速第一标段施工现场、金联星冶金材料技术有限公司。

8日 中央政治局委员、中央书记处书记、中组部部长李源潮在中组部秘书长邓声明等陪同下，深入到岳阳楼新景区、岳阳楼区鹰山社区、梅溪乡、洞庭湖君山岛和汨罗工业园企业、屈子祠，就创先争优活动、基层党组织建设、乡镇党委换届选举和经济社会发展进行考察调研。

9日 中国国民党革命委员会岳阳市第七次代表大会召开，选举产生新一届领导班子。

9～10日 应项目投资商邀请，市委副书记、市长黄兰香与市委常委、岳阳经济技术开发区工委第一书记樊进军率招商和开发区负责人一行赴广东，对东莞机械进出口有限公司（电子彩屏）和深圳（香港）富之岛有限公司进行招商考察。

9～15日 市委书记易炼红应南非布莱德市政厅和崇拜市政府城市建设部门的邀请，率岳阳市城建商贸代表团一行6人赴南非、阿联酋进行考察。考察期间受到了全非洲中国和平统一促进会会长李新铸的热情接待，重点考察了崇拜的城市建设和岳阳籍企业家在阿联酋的子公司江河公司中东集团总部。

11日 中国民主建国会岳阳市第四次代表大会召开，选举产生了新一届领导班子。

12日 市委、市政府在平江县举行纪念苏振华系列活动，省委常委、省军区政委李有新，省政协党组副书记石玉珍，市委副书记、市长黄兰香，总政治部宣传部编研室副主任毛乃国，海军政治部办公室老干部办公室主任江元泽，市领导李志坚、赖社光、陈奇达、徐新启、陈吉辉、常建国，以及苏振华亲属和社会各界代表出席纪念活动。

13日 日本三菱综合材料株式会社代表团到岳阳考察访问。团中央青年国际交流中心主任邓亚军、团省委副书记陈雪楚，市领导严华、宋爱华等陪同。

13～15日 中央候补委员、省政协副主席武吉海率省政协调研组到岳阳，深入华容、湘阴等地工业园和企业，就“加快湖南县域经济转型发展”开展专题调研。

14日 数字岳阳地理空间框架建设工程设计书评审暨省国土资源厅、市政府共建共享合作协议签署仪式在岳阳举行，省政协副主席、省国土资源厅副厅长杨维刚，市领导黄兰香、蒋锋、万岳斌及市国土资源等市直部门负责人出席协议签署仪式。

15日 中国民主同盟岳阳市第七次代表大会召开，选举产生了新一届领导班子。

△ 全国人大环资委环境保护法修改调研座谈会在岳阳举行。全国人大常委会委员、全国人大环资委副主任委员蒲海清，市领导李湘岳、韩建国、李开龙等出席座谈会。

△ 国家开发银行在湘设立的首家村镇银行——汨罗国开村镇银行正式挂牌成立。

16日 平江黄柏山风景区正式开园。

19日 全市党务公开工作领导小组第一次会议召开，研究部署基层党务公开工作。

19～24日 市委书记易炼红参加由省委书记、省人大常委会主任周强，省委副书记、省长徐守盛率领的湖南省党政代表团赴江苏、浙江等地考察。

20日 国务院国资委在岳阳召开处理国有企业改革有关问题座谈会。国务院国资委副主任邵宁及国家发展改革委、财政部、人力资源和社会保障部等国务院有关部委的相关领导出席会议。会后，副省长韩永文到城区南津港千亩湖、湖滨等地，考察市城市建设重点工程。

△ 由省委宣传部、省委农村工作部、省人民政府农村工作办公室共同组织的“‘四化两型’开新局——探访县域经济”集中采访报道团赴岳阳县，采访县域经济发展的新思路、新举措、新经验。

22日 市委书记易炼红在参加湖南省党政代表团赴江浙考察期间，率领招商等部门在南京索菲特大酒店会见全国工商联副主席、苏宁电器集团董事长张近东一行并举行座谈。

△ 市委副书记、市长黄兰香主持召开市城乡规划委员会2011年第一次会议，审议岳阳经济技术开发区七个片区控详规划。

24日 市委副书记、市长黄兰香率市住房和城乡建设、规划、城建投、岳阳楼区、南湖风景区等部门单位负责人，考察株洲城市建设。

26日 中国民主促进会岳阳市第六次代表大会召开，选举产生了新一届领导班子。

27日 市委书记易炼红主持召开专题会议，研究部署京港澳高速公路岳阳连接线提质改造工程、沿湖风光带三期工程及洞庭新城项目建设。

△ 中国致公党岳阳市第四次代表大会召开，选举产生了新一届领导班子。

△ 召开全行党的基层组织党务公开工作会议，贯彻落实全国、全省电视电话会议精神，部署工作任务。

28日 交通运输部党组成员、纪检组长杨利民，省政府副秘书长石华清，省交通运输厅党组成员、纪检组长刘志信一行到岳考察工作。

△ 城陵矶临港产业新区举行面向全国招选管理人才和专业人才公开答辩会，共有128人竞聘6个职位。

5月

4日 召开迎接全国文明城市测评推进会，全面部署迎接“国考”的各项具体工作。

4～5日 民盟中央常务副主席张宝文率民盟中央调研组就“社会保障制度的建设与完善”课题到岳阳调研。省政协副主席、民盟省委主委杨维刚等陪同调研。

5日 市委书记易炼红专程前往长沙，与中联重科董事长詹纯新就企业投资城陵矶临港产业新区相关问题进行友好洽谈和实质性交流。

△ 召开2011年南湖水环境综合整治工作会议。

7日 中国企业联合会雇主工作部副主任程多生率中央构建和谐劳动关系联合调研组第五小组到岳阳，就民营企业经营者队伍建设进行调研座谈。

8日 中国石化集团公司董事长、党组书记傅成玉到巴陵石化、长岭炼化等中石化驻岳企业考察调研。

8～9日，中央政治局常委、中央纪委书记贺国强到岳阳，深入岳阳楼新景区、巴陵石化、长岭炼化、洞庭湖君山岛考察。中央纪委副书记黄树贤、中央纪委副书记、秘书长吴玉良等，省委书记、省人大常委会主任周强，省委副书记梅克保，省委常委、省纪委书记许云昭，省委常委、省委秘书长杨泰波，中石化集团董事长、党组书记傅成玉等陪同考察。

10日 市委副书记、市长黄兰香主持召开全市抗旱工作会商会议。

△ 市委书记易炼红会见知名策划专家杨振之教授一行，并就沿湖三期及洞庭新城项目规划进行深入交流。

△ 江苏泛资城市建设有限公司董事长李杰率队到岳阳投资考察。市长黄兰香会见李杰一行。

10～11日 中国银监会副主席周慕冰到岳开展农村信用社改革工作调研。

11～15日，市农办组织县市区农办和部分企业在海南省海口市开展农业招商引资活动。

12日 副省长、省防指指挥长徐明华到平江检查防汛工作，省水利厅厅长戴军勇，市长黄兰香，以及市县两级防指负责人等陪同。

15日 由国家防办副主任张旭率队的国家防总工作组在君山区、华容县察看旱情，指导抗旱工作。

16日 全市农村党风廉政建设和农村党务公开工作会议召开。

△ 全市第一个安全宣传电视专栏节目《直击安全防线》开播。

△ 中国人民大学国际关系学院外交学系主任、中国知名礼仪与公共关系专家、博士生导师金正昆教授应邀作客“市民大课堂”，在岳阳艺术会展中心大剧场讲授“文明礼仪与我们的生活”。

18日，省发改委主任胡衡华就项目建设与港口经济发展到岳作专题调研。

19日 市委召开五届十次全体会议。会议表决通过了《关于召开中国共产党岳阳市第六次代表大会的决议》。市委书记易炼红在会上作重要讲话，市委副书记、市长黄兰香主持会议，市委副书记盛荣华作《关于召开中国共产党岳阳市第六次代表大会的决议（草案）》的情况说明。

△ 华南地区2011年环境监察与主要污染物减排工作座谈会在岳阳召开。华南环境保护督查中心主任刘长根，湖南省环保厅厅长蒋益民及湖北、广东、广西、海南等省（区）环保部门主要负责人出席。市委副书记、市长黄兰香致辞。

△ 京港澳高速公路岳阳连接线的连接线提质改造工程正式动工。

26～27日 中国农业银行股份有限公司党委书记、董事长项俊波到岳阳考察金融工作。中国农业银行湖南省分行行长许涛陪同。

27日 全市未成年人思想道德建设工作推进会召开。

29日 市委副书记、市长黄兰香主持召开市城乡规划委员会2011年第二次会议，审议云溪区8个片区控制性详细规划方案。

30日 广东省东莞机械进出口有限公司董事长陈海生一行到城陵矶临港产业新区，就投资合作进行实地考察。市委副书记、市长黄兰香会见并洽谈。

△ 2011年城市土地推介会在南湖宾馆隆重举行。

是月 市委副书记、市长黄兰香、副市长宋爱华率市招商局、临港产业新区、君山区等负责人赴福建晋江招商考察，先后与恒安集团、福建晋兴集团、福建凤竹纺织科技股份有限公司负责人沟通交流，加快项目推进，扩大合作领域。

△ 在科技部举办的“三农科技服务金桥奖”颁奖大会上，市首批农业科技特派员、市畜牧水产局水生动物防疫监督站副站长左钢获得了全国“三农科技服务金桥奖”。

6月

2日 岳阳市地震局正式挂牌。

2～3日 中共中央政治局常委、国务院总理温家宝，中共中央政治局委员、国务院副总理、国家防汛抗旱总指挥部总指挥回良玉到岳阳，深入洞庭湖腹地、君山区柳林洲镇新洲村和华容县新河乡前进村，实地查看水情、旱情、灾情，看望慰问干部群众，指导抗旱救灾工作。

5日 “长江化肥杯”第七届中国汨罗江国际龙舟节在汨罗市汨罗江隆重举行。

6日 由水利部副部长李国英率领的国务院粮食稳定增产行动督导组一行到汨罗市和湘阴县等地，就全市早稻生产和水利设施建设进行实地督查。

7日 全市党务公开工作现场观摩调度会在华容县召开。

8日 中国太平洋保险（集团）股份有限公司董事长高国富到岳阳考察。市长黄兰香会见高国富一行。

△ 市委副书记、市长黄兰香主持召开市政府第55次常务会议，重点研究岳阳市食品安全工作。

10日 中共中央政治局委员、

国务院副总理、国务院安全生产委员会主任张德江到岳阳，深入临湘市桃林铅锌矿渔潭尾矿库和巴陵石化，指导企业科学发展，检查安全生产工作。全市67座尾矿库安全度汛。

△ 召开紧急防汛会商会，市委书记易炼红传达省委书记周强、省长徐守盛关于进一步做好抗灾救灾工作的指示，要不惜一切代价，全力搜救失踪人员，做好因灾死亡人员善后工作，做好迎接新一轮强降雨工作。

△ 零时至6时，临湘市、岳阳县、平江县等县市区局部地区发生300年一遇的短时集中强降雨过程。据不完全统计，全市有6个县市区71个乡镇62.1万人受灾，其中临湘市、岳阳县、平江县等集中降雨中心区域受灾严重。特大山洪泥石流地质灾害导致临湘市死亡10人、19人失踪；岳阳县死亡5人、6人失踪，平江县死亡3人、3人失踪。

11日 省委常委、宣传部长路建平，副省长徐明华到岳阳临湘市和岳阳县查看灾情，慰问灾民。

11～12日 水利部副部长刘宁率国家防总工作组到岳阳听汇报，看现场，检查指导岳阳市抗灾救灾工作。副省长徐明华等陪同。

12日 全市防汛救灾工作紧急电视电话会议召开，部署防汛抗灾救灾工作。

13日 全市县市区党委换届工作座谈会召开。省委巡视二组组长朱俊杰，市委书记易炼红出席会议并讲话，市委副书记、市长黄兰香主持会议。

15日 省委常委、宣传部部长路建平到岳阳，与市委副书记、市长黄兰香，市委常委、宣传部长徐新启一道，赶赴临湘市白羊田镇青坑水库检查防汛处险进展，看望慰问战斗在防汛抗灾一线的武警官兵和干部群众。

16日 市委副书记、市长黄兰香主持召开市政府专题会议，部署防汛抗灾救灾和当前重点工作。

18日 省水利厅厅长戴军勇率省水利专家，深入临湘调研在特大暴雨中受损的山塘、水库和中小河流堤防。

20日 市委书记易炼红在南湖宾馆看望回到家乡的平江籍老将军裴周玉。

21日 省国土资源厅厅长方先知到岳阳，专题调研环洞庭湖基本农田建设重大工程及地质灾害防治工作。

△ 全省纠风专项治理工作会议在岳阳召开。

22日 市委书记易炼红在南湖宾馆会见北京华严集团董事局主席徐锋及其专家团队一行。

23日 全省“党建带工建，和谐促发展”现场经验交流会在岳阳召开。

24日 省委常委、常务副省长于来山深入临湘市、岳阳县、平江县，看望慰问灾区干部群众，检查指导防汛救灾工作。

△ 中国医疗保险研究会2011年年会在岳阳召开。

25日 湖南省“杨善洲式的好党员好干部”先进事迹巡回报告会在市南湖宾馆举行。

26日 岳阳文化艺术会展中心大剧场举行纪念中国共产党成立90周年“颂歌献给党”合唱比赛。

27～28日，全省民兵武器装备仓库正规化建设暨半年军事工作分析会在岳阳市举行。

28日 召开纪念中国共产党成立90周年庆祝大会，市委书记易炼红在会上发表重要讲话，市委副书记、市长黄兰香主持会议。会议向50年以上党龄共产党员代表颁发荣誉纪念章，对一批全市先进基层党组织、优秀共产党员、优秀党务工作者进行了表彰。

△ 全市灾后生产自救重建家园工作动员会召开。

30日 全市召开“效能制度落实年”工作电视电话会议。

△ 岳州书画院在市文化会展中心揭牌。

是月 湘阴县被国家科协命名为2011～2015年度全国科普示范县，该县科协主席张娜也被评为全国科协系统先进工作者。

7月

1日 中国石化巴陵石化公司党委被中央授予“全国先进基层党组织”称号。

2日 湖南胜景山河生物科技股份有限公司引进战略投资机构合作签约仪式在南湖宾馆举行。

5日 市委、市政府召开全市迎接全国文明城市考核测评动员大会，进一步动员全市人民迅速行动起来，众志成城，奋力拼搏，争创全国文明城市。

△ 在城陵矶临港产业新区项目签约仪式上，宇业集团金融投资等8个项目正式签约落户，合同引资50.5亿元。

6～7日 省委常委、统战部长李微微到岳阳调研。

7日 召开市属国有企业改制领导小组会议，专题研究部署企业改制工作。

8日 由岳阳市旅游局、君山区人民政府主办的2011中国（岳阳）野生荷花旅游节，在芙蓉国里·君山野生荷花世界隆重开幕。

△ 中粮集团粮油产业园及第一期30万吨稻谷加工项目在岳阳举行签约仪式。

△ 中纸装备与泰格林纸重组岳阳国泰机械、中纸装备自主化集成（岳阳）基地项目落户经开区两项签约仪式在岳阳举行。

9日 岳阳市档案馆晋升国家一级馆。

△ 巴陵石化化肥煤代油工程安全设施通过竣工验收。

11日 省委副书记、省长徐守盛到岳阳市湘阴县考察县、乡、村人口计生工作。市委书记易炼红，市委副书记、市长黄兰香陪同调研。

12日 农业部联合湖南、湖北、江西、安徽、江苏五省人民政府举办的长江中下游渔业资源修复放流活动主放流仪式在岳阳举行。农业部党组成员、人事劳动司司长梁田庚宣布放流活动启动。省人大常委会副主任蔡力峰，省农业厅厅长田家贵，市领导黄兰香、李湘岳、陈四海等出席。

13日 省委副书记、省长徐守盛率发改、民政、住房和城乡建设、物价、人力资源和社会保障、国土、交通、水利、财政等省直厅局部门负责人，深入临湘重灾区看望慰问灾区群众和参加灾后重建的基层干部，检查指导防汛救灾工作。

△ 环保部城考审核组到岳阳就环保创模工作进行审核。

△ 全市惩防体系建设牵头任

务落实情况汇报会召开。

14日　受中央文明办的委托，由省委宣传部部务会成员、省文明办主任宋智富率领的创建全国文明城市考评组到岳阳开展测评工作。

△　省政协主席、党组书记胡彪一行到岳阳，专题调研市县域经济发展情况。

15日　岳阳市分子筛封装材料应用技术院士工作站成功组建。

14～15日　省编委市县政府机构改革评估检查组到岳阳，督查指导机构编制改革和管理情况。

18～19日　2011年全省民政工作年中分析会议在岳召开。

△　省人大常委会副主任蒋作斌率队到岳阳市调研，勉励岳阳市加大项目推进力度，助推全省“四化两型”建设。市委书记易炼红陪同。

20日　召开血吸虫病传播控制达标动员会议，总结“十一五”期间血防工作情况，部署血吸虫病传播控制达标5年行动和血防“省部联动”工作。

△　全市环保工作会议召开，部署污染减排、环保创模、农村环保等工作。

△　市委副书记、市长黄兰香主持召开市政府全体（扩大）会议，传达贯彻省政府第六次全体会议精神，总结上半年工作成绩，分析经济形势，部署下半年工作。

21日　省委常委、组织部长黄建国率全省党的建设专题调研组到岳阳，与市委书记易炼红进行访谈，听取意见建议。

22日　监察部副部长姚增科率领国务院督查组，到岳阳检查打击侵犯知识产权和制售假冒伪劣商品专项行动情况。市委副书记、市长黄兰香主持汇报会。

23日　岳阳经济开发区机械建材工业园湖南吉祥石化科技股份有限公司新生产基地奠基仪式举行。

25日　省委常委、长株潭试验区工委书记陈肇雄一行到岳阳，就“两型社会”建设进行专题调研。

27日　省委常委、宣传部部长路建平一行到汨罗市考察屈子文化园工程建设情况。

△　市委副书记、市长黄兰香会见王府井百货集团副总裁高国良，就王府井百货入驻岳阳市场的具体事宜进行商榷。

28～29日　岳阳市妇女第六次代表大会于28日在市政协礼堂开幕，29日，岳阳市妇女第六次代表大会闭幕。

△　市政府部署7～10月开展安全生产大排查、大整治、大督查专项行动。

△　中共武警岳阳市支队第二次代表大会召开。

8月

1日　城陵矶临港产业新区地方税务局挂牌成立。

10日　三网融合·内容平台与智能终端产业合作暨银企合作项目的签约仪式在岳阳举行。

12日　岳阳致公书画院举行成立大会。

14日　市各县（市、区）主要负责人齐聚岳阳县，参加全市保障性安居工程建设现场推进会，交流建设经验，共同谋划加快保障房建设。

14～16日　国家卫星导航信息服务中心常务副主任王平，中国北斗卫星导航系统服务平台（多媒体）副董事长、总经理刘贵生一行到岳阳考察。

16日　市委副书记、市长黄兰香主持召开中心城区旧城改造专题会议，研究加快推进新形势下旧城改造工作。

17日　京港澳高速岳阳连接线改造进行设计评审。

23～24日　省人大常委会党组副书记、副主任、省委政法委书记李江率专题调研组到岳阳，就如何从机制上把好人大代表素质关开展调研。

24日　举行“爱心改变命运”慈善助学金发放仪式，182名金榜题名的寒门学子获得了由市烟草局、中科电气、潇湘砂石三家企业共同提供的30万元助学金。

25日　由国务院办公厅、国家发改委、国家旅游局组成的加快旅游产业发展赴湘调研组到岳阳，就市旅游产业发展情况进行专题调研。

△　临港产业新区湖南硅峰电动车辆制造有限公司新产品展示及生产基地奠基仪式举行。

25～31日　长炼大项目建成投产。31日，市委、市政府举行服务长炼大项目建设工作表彰会，总结经验，部署工作。

25～26日　省人民检察院检察长、党组书记龚佳禾一行到岳阳，先后深入汨罗市、屈原行政管理区和云溪区，看望慰问工作在检察系统一线的干警。

26日　市未成年人心理健康研究会成立。

28～29日　28日，江苏省湖南商会会长、宇业集团董事局主席、总裁周旭洲率团到岳进行投资考察。29日，临港产业新区开发投资有限公司与商会六家企业签约成立岳阳市首家创业投资基金——湖南城陵矶临港产业新区创业投资基金。

30日　美籍华人、美国英佛曼纳米材料公司董事长萧镜如带领合作团队到岳阳市投资考察。市委副书记、市长黄兰香会见萧镜如一行。

31日　市政府和珠海金山办公软件有限公司举行项目签约仪式。

是月　在第七次全国法制宣传教育工作会议上，云溪区荣获2006～2010年全国法制宣传教育先进县(市、区)称号，受到中宣部和司法部的联合表彰。

△　《岳阳党建90年》由湖南人民出版社公开出版。

9月

1日　广州市委常委、常务副市长苏泽群率广州市政府代表团到岳考察城市建设和旅游文化产业。

△　市直部门党务公开工作现场调度会召开。

4日　市委副书记、市长黄兰香主持召开市城乡规划委员会2011年第三次会议，审议环南湖6个片区控制性详细规划和环南湖城市设计方案。

5日　市委召开座谈会，听取部分曾担任副市级以上领导职务的离退休老领导对市第六次党代会报告（征求意见稿）的意见和建议。

6日　《岳阳日报》报道：岳阳楼—君山岛景区晋级国家5A级旅游景区。

△　市委、市政府召开城区迎接全省城市卫生检查动员会议。会上市委书记易炼红要求，在全省城

市卫生检查中岳阳要全力冲刺，勇争第一。

△　中国石油化工集团公司董事长、党组书记傅成玉，党组成员、股份公司高级副总裁章建华一行到岳阳。市委书记易炼红，市委副书记、市长黄兰香亲切会见傅成玉一行并进行座谈。市委常委、市委秘书长赖社光，市委常委、宣传部长徐新启等参加会见。

△　人力资源和社会保障部副部长、国家公务员局党组书记杨士秋，全国人大内务司法委员会内务室副主任王振乾率检查组到岳阳市，就《公务员法》的贯彻实施进行检查指导。市委副书记、市长黄兰香，市委常委、组织部长严华等陪同并出席汇报会。

7日　第七届湘台经贸交流合作会——岳阳市投资（旅游）推介会暨项目签约仪式隆重举行。市委副书记、市长黄兰香，市委副书记盛荣华等出席仪式并见证签约。

13日　岳阳市经济学会成立。

15日　创维集团创始人、广东高科技产业商会会长黄宏生率粤港高科技明星企业投资考察团到岳，就投资建设高科技综合开发园进行交流。

△　在北京召开的全国老干部工作先进集体和先进工作者表彰大会上，岳阳市委老干部局荣获“全国老干部工作先进集体”称号。

16日　远大住宅工业有限公司董事长张剑率考察组到城陵矶临港产业新区进行投资考察。

△　省民主党派无党派人士社会服务基地建设推进会在平江召开。

18日　中国国民党荣誉主席连战及夫人连方瑀一行到岳阳考察。

△　临湘市民、全国道德模范候选人李国武进京，出席中央电视台举办的第三届全国道德模范颁奖典礼。

19日　中国共产党岳阳市第六次代表大会在文化艺术会展中心举行预备会议。市委书记易炼红讲话。市委副书记、市长黄兰香主持会议，市委副书记盛荣华作市第六次党代会筹备工作报告。

△　湖南湘菌农业生物科技股份有限公司在天津股权交易所挂牌交易。

20日　中国共产党岳阳市第六次代表大会开幕。易炼红代表中共岳阳市第五届委员会向大会作题为《强力推进“四化两型”，加快建设“五市一极”，续写民本岳阳和谐崛起新篇章》的报告。22日大会闭幕。

20～21日　全国人大常委会委员、环资委副主任委员曹伯纯，全国人大环资委副主任委员王鸿举带领的全国人大调研组，到岳阳调研《循环经济促进法》实施情况。

21日　新兴际华集团有限公司董事、总经理沙鸣一行到岳阳，就旗下在岳企业际华3517公司“十二五”规划审核调整和公司“退二进三”工作进行实地考察。

22日　市委六届一次全会召开。选举产生市委新的一届领导班子，易炼红任书记，黄兰香、盛荣华任副书记。

△　上海、重庆、武汉、长沙海关进出口集装箱货物转运座谈会在岳阳城陵矶新港召开。

△　岳阳市铁路管理处正式挂牌。

23日　市委、市政府在湖南民族学院举行新疆高校毕业生到岳培养欢迎会。

△　市机电装备制造产业协会正式成立。

25～26日　农工党湖南省委监督工作委员会会议在岳阳举行。

26日　全国工商联副主席、苏宁电器集团董事长张近东带领苏宁置业负责人一行到岳，专程考察岳阳苏宁广场项目。

△　省依法治省督查团到岳阳，就落实推进依法治省、建设法治湖南进行调研。

△　岳阳楼——君山岛国家5A级旅游景区揭牌仪式在岳阳楼景区民本广场隆重举行。市委书记易炼红，省旅游局局长杨光荣揭牌，市委副书记、市长黄兰香讲话。

27日　潇湘科技文化有限公司筹委会专家组到岳进行投资考察。

28～29日　美南集团、美南银行董事长李蔚华，江苏紫阳集团董事长孟剑一行到岳考察项目投资。

29日　岳阳华瑞丹枫酒店与首旅建国酒店管理有限公司签订合作协议，创建五星级旅游酒店。

△　湖南韶峰岳阳建材有限公司5座大型水泥立窑和水泥罐被爆破拆除。

10月

5～6日　市委副书记、市长黄兰香率队赴南京苏宁电器集团总部实地参观、洽谈项目。

8日　市政府与国家开发银行湖南省分行、开元发展（湖南）基金管理有限责任公司签订金融、投资合作协议。

△　岳阳凯达科旺汽车零部件制造有限公司举行重卡驱动桥壳项目建成投产暨产品下线仪式。

9日　市委书记易炼红主持召开市委常委扩大会议，研究部署岳阳市“六五”普法、加快水利改革发展、环南湖城市设计以及城区水系“四湖两河治理”工程等工作。

10日　由益阳市委副书记、市长胡忠雄率队的益阳市政府考察团，到屈原管理区考察调研农场改制工作。

11日　中国社会科学院党组副书记、常务副院长王伟光一行到岳阳，参观考察岳阳楼新景区、洞庭湖、屈子祠等地。

△　全国人大内司委副主任委员刘振华率调研组到岳，就《妇女权益保障法》贯彻落实情况进行执法检查后续跟踪监督调研。

12日　市作家协会召开成立30周年庆典大会。

△　在第七届中国茶叶经济年会暨首届中国三峡茶叶国际博览会开幕式上，授予岳阳“中国黄茶之乡”牌匾。

△　农业部“推进现代农业示范区建设专题调研”活动小组，到屈原管理区考察调研现代农业建设情况。

14日　国家税务总局副局长钱冠林一行到岳阳考察。

△　市委书记易炼红主持召开专题会议，研究部署加强中心城区烟花爆竹燃放管理工作。

△　市委、市政府召开迎检动员大会。号召全市上下进一步统一思想，坚定信心，切实做好创建国家环保模范城市技术评估迎检工作，确保顺利通过“创模”评估。

14～15日 国家人防办副主任杨青山到岳阳调研人防工作。

15日 新闻出版总署副署长邬书林一行到岳阳市考察农家书屋工程建设情况。

△ 屈原管理区创建湖南省统筹城乡就业示范区正式启动。

△ “龙骧·金城”2011湖南（岳阳）海峡两岸商博会在东风广场开幕。

16～18日 全省人大农业与农村工作第八次联席会议在岳阳市召开。

17～19日 省“双联”帮扶工作调研督查组到岳检查指导。

18日 市委召开“迎接党代会·奏响民本岳阳和谐崛起最强音献计献策活动”总结表彰座谈会。

△ 中石化长岭炼化举行庆祝炼油改扩建项目全面建成投产暨建厂40周年庆典仪式。全国人大常委会原副委员长盛华仁，省委常委、常务副省长于来山，中国石化集团公司，湖南省委、省政府等分别发来贺电。

△ 市人民检察院干部教育培训基地、湖南理工学院学生实习基地揭牌仪式在湖南理工学院举行。

18～19日 省老科协楠竹产业开发经验交流会在临湘市召开。

19日 市委召开水利工作会议。

20日 省委常委、常务副省长于来山率省调煤保电督查组到岳阳，深入华能岳阳电厂检查工作。

△ 全国人大教科文卫委员会主任委员白克明一行到岳阳考察旅游工作。

△ 第三届全市道德模范评选表彰颁奖典礼——《德行巴陵》在市文化艺术会展中心举行。市委书记、市文明委主任易炼红向20名受到表彰的道德模范致信祝贺，市领导徐新启、易丽珍、柴小平等为道德模范颁奖。

20～21日 省交通运输厅副厅长邹和平深入岳阳市部分港口、岸线和航运物流企业，调研城陵矶（松阳湖）港区二、三期工程和电煤码头建设前期工作。

20～21日 中国农业发展银行总行副行长刘梅生一行到岳，就棉花收购信贷工作进行考察调研。

26日 湖南岳阳洞庭湖旅游度假区举行更名授牌仪式，该区原名岳阳南湖旅游度假区，是1992年经湖南省人民政府批准建立的全省首家省级旅游度假区，又名南湖风景区。

27日 市委副书记、市长黄兰香召集会议，听取赴东钱湖、西湖、金鸡湖等地考察组学习考察情况，专题研究环南湖规划、建设、保护、管理、开发等工作。

△ 全市农村秋冬工作电视电话会召开。

28日 创建国家环保模范城市技术评估汇报暨意见交流会在南湖宾馆召开。

29日 由中国茶叶流通协会、岳阳市人民政府联合主办的湖南省岳阳市“中国黄茶之乡”新闻发布会在北京湖南大厦举行。

30日 “东方莱茵河，湖南两型梦——2011海外华文媒体高层聚焦湖南”大型采访活动采访团到岳阳市考察采访。市长黄兰香会见采访团一行并作市情推介，市委书记易炼红接受专访。

11月

2日 省政协党组副书记、省计生协会会长石玉珍一行到岳阳，专题调研计生协会工作。

4～6日 市委副书记盛荣华率队赴广东高科技产业商会和深圳市投资商会走访考察，并深入部分高科技企业洽谈合作。

5～6日 全国政协常委、中国妇幼保健协会会长张文康一行到岳阳视察工作。

9日 国土资源部部长徐绍史一行在省委常委、常务副省长于来山等陪同下，到岳阳市湘阴县鹤龙湖镇东垸村，考察县城西片区环洞庭湖基本农田建设重大工程实施情况。

△ 大汉集团总裁傅胜龙率公司高层到岳考察。市委副书记、市长黄兰香会见傅胜龙一行。

10日 总投资8亿元的中联重科传动机构产业化项目正式落户湘阴县，省人大常委会副主任蒋作斌、中联重科董事长詹纯新、市长黄兰香等领导参加签约仪式。

12日 新疆维吾尔自治区副主席艾尔肯·吐尼亚孜率政府考察团到岳考察调研劳动保障基层平台建设、环境保护和治理工作，看望新疆在岳接受培养的高校毕业生。

14日 市政府召开专题会议，听取城陵矶保税港区申报工作汇报，研究保税港区规划选址方案。

15日 空军副司令员赵忠新中将一行在省委常委、常务副省长于来山等的陪同下到岳阳，参观考察了岳阳楼景区和君山岛。

△ 千亩湖旅游走廊开园仪式在南湖之滨举行。

16日 省政协副主席王晓琴率调研组到岳，就提案工作情况进行调研。

△ 交通运输部国家干线公路网长大桥梁抽检和巡查专家组对洞庭湖大桥安全运营状况进行全面检查。洞庭湖大桥安全运营纳入全国重点监测系统。

19日 在深圳召开的第13届高交会上，深港高科技成果转化岳阳基地正式落户城陵矶临港产业新区，副市长宋爱华接过牌匾并与中国投资商会副会长、深圳市投资合作商会会长刘女桢签订战略合作协议。市政协副主席肖建华等出席授牌签约仪式。

24日 市政府下发《岳阳市城市工业灾害防治工作方案》，城市工业灾害防治工作正式启动。

25日 中国石化巴陵石化公司“五改七建一配套”特色化工项目之一的新建苯乙烯项目实现中间交接，年产12万吨苯乙烯项目从建设阶段全面转入开车准备阶段。

△ 省委常委、岳阳市委书记易炼红到临港产业新区和岳阳经济技术开发区进行调研，要求两区认真贯彻落实省第十次党代会精神，加快推进项目建设，为全省“两个加快”、“两个率先”作出贡献。

△ 岳阳县杨林乡等10个乡镇被省政府授予省级安全生产示范乡镇称号，至此岳阳市累计有26个乡镇获得省级安全生产示范乡镇称号，在全省市州中排名第一。

28日 全国水利系统在岳阳召开窗口服务单位为民服务创先争优工作现场会，交流经验做法，安排部署创先争优下一步工作任务。水利部党组成员、副部长周英，省政协副主席武吉海，市长黄兰香，以及全国各省、自治区水利部门负责人出席。

△ 2011年湖南岳阳农博会在岳阳市东风广场开幕。

△ 副市长蒋锋代表市政府与中国水电建设集团新能源开发有限责任公司总经理吴洵正式签订协议，中国水电将投资50亿元在岳阳建设三个风电项目。

28～29日 省委常委、省军区政委李有新少将率机关工作组视察岳阳军分区部队。

29日 由市政府、省供销合作总社主办的“中国黄茶高峰论坛暨君山银针黄茶产业园启动仪式”举行。

11月30日～1日 全省第21次老年教育工作会议在岳阳市召开。省委副书记、省老年教育工作领导小组组长梅克保出席会议并讲话。省委常委、岳阳市委书记易炼红致辞。

12月

2日 省政协党组副书记、省委原副书记孙载夫到华容县，调研该县新型城镇化建设情况。

△ 福建省委常委、宣传部长袁荣祥率考察团一行，到岳阳调研文化产业。

5日 清华大学岳阳市企业家高级研修班开班典礼举行。

△ 西藏自治区山南地委副书记、地区行署专员赵宪忠率山南地区党政代表团到岳考察。省委常委、岳阳市委书记易炼红会见代表团一行。

6日 岳阳市民营企业福星林业在天津股权交易所挂牌上市。

8日 省委宣讲团到岳举行“学习贯彻省第十次党代会精神，推进‘四化两型’，实现‘两个加快’”专题宣讲报告会。

9日 城陵矶临港产业新区申报岳阳临港高新技术产业开发区通过省级评审。

10日 文化部党组成员、副部长励小捷，文化部政策法规司司长、改革办主任韩永进率队到岳，就岳阳市文化体制改革工作情况进行专题调研。

△ 洞庭大道君山段正式竣工通车。

12日 举行庆祝中国民主建国会在岳阳成立组织20周年大会。

14日 中纪委驻科技部纪检组组长郭向远率专项督导检查组深入汨罗市，就《廉政准则》贯彻执行情况实地检查。

15日 省委副书记梅克保带队检查考核岳阳市落实党风廉政建设责任制、推进惩治和预防腐败体系建设情况工作。

17日 环洞庭湖基本农田重大工程建设考核组到岳阳检查。

18日 全市领导干部会议召开。省委组织部副部长袁新华代表省委宣布关于岳阳市委主要负责人职务调整决定：易炼红任中共湖南省委常委、省委秘书长、省直机关工委书记，黄兰香任中共岳阳市委书记，盛荣华提名为岳阳市人民政府市长候选人，李志坚任中共岳阳市委副书记。

△ 湘北农产品冷链物流中心正式建成营运。

20日 市人大常委会主任李湘岳主持召开市六届人大常委会第27次会议，会议决定任命盛荣华、向伟雄为岳阳市人民政府副市长，同意黄兰香辞去岳阳市人民政府市长职务，决定任命盛荣华为岳阳市人民政府代市长。

△ 全国精神文明建设工作大会在北京召开。华容县荣获全国文明县城，平江县城关镇被评为全国文明镇，汨罗市新市新书村、岳阳县筻口镇西冲村被评为全国文明村，岳阳市国家税务局、岳阳市烟草专卖局、中国移动通信集团湖南有限公司岳阳分公司、岳阳电业局、中石化长岭炼油化工有限责任公司等5个单位被评为全国文明单位。

22～23日 省人民政府副省长何报翔率省直相关部门负责人到岳阳，专题调研口岸和外向型经济发展。

23日 市委书记黄兰香会见兴业银行长沙分行行长陈伟，兴业银行岳阳市分行筹建负责人周坤一行，就到岳设立分支机构事宜进行洽谈交流。

24日 省委常委、长沙市委书记陈润儿到湘阴县作专题调研考察。

26日 湖北随州至湖南岳阳高速公路通车。

27日 岳阳市屈原管理区营田镇菱湖村种粮大户阳岳球在北京参加全国粮食生产表彰奖励大会上作典型发言，并接受国务院总理温家宝颁奖。

30日 步步高广场岳阳店建成开业。

△ 青年东路王家河大桥正式通车。

31日 市委六届二次全体（扩大）会议暨市委经济工作会议召开。

是月 湘阴县被科技部授予2011年度全国科技进步考核先进县。县委书记田自力、县长黎作凤等3人获得2011年度“全国县（市）科技进步工作先进个人”称号。

是年 岳阳市连续第五年被省委、省政府评为湖南省安全生产工作先进单位，连续第三年被国务院安委会评为“全国安全生产月”活动先进单位。

责任编校 罗 岚

综　述

GENERAL INTRODUCTION

概　况

【地理位置】　岳阳市位于湖南东北部，素称“湘北门户”。地处北纬28°25′33″~29°51′00″，东经112°18′31″~114°09′06″之间。东邻江西省铜鼓、修水县和湖北省通城县；南抵湖南省浏阳市、长沙县、望城县；西接湖南省南县、安乡县、沅江县；北界湖北省赤壁市、洪湖市、监利县、石首县。市东西横跨177.84公里，南北纵长157.87公里。土地总面积1.5万平方公里，占全省总面积的7.05%。城市规划区面积845平方公里，其中市区建成区面积83.73平方公里。

【历史沿革】　岳阳历史悠久。早在20万年前，就已出现人类活动。距今9000年前，先民们就在这里繁衍生息，用石制器具，拓现远古文明。夏、商时为“三苗”之地。春秋战国时期属楚，秦代属长沙郡。汉高祖五年（公元前202年），东属长沙国下隽县、罗县，西属南郡华容县、武陵郡孱陵县。建安十五年（210年），孙权分长沙郡北的下隽、罗县建汉昌郡，郡治设今平江金铺观。建安二十年（215年），孙权遣鲁肃率万人屯巴丘邸阁，筑巴丘城（今岳阳楼区）。晋武帝太康元年（280年），分下隽县西部建巴陵县。元康元年（291年），分长沙郡北部四县建立建昌郡，郡治设巴陵县城。南朝宋元嘉十六年（439年）置巴陵郡。隋开皇九年（589年）废巴陵郡为巴州，十一年（591年）改为岳州。元为岳州路。明为岳州府。民国2年（1913年）废府，后设湖南第一行政督察区，并改巴陵县为岳阳县。1949年7月，境内各县相继解放，现辖区东部属长沙专区，后改属湘潭专区；西部华容县属常德专区。1960年1月，以岳阳县城关镇建立岳阳市。1962年10月，撤销复为城关镇。1964年9月，设岳阳专区，辖岳阳、临湘、华容、平江、湘阴5县。1966年2月，拆分湘阴县为湘阴、汨罗县。1975年12月，恢复岳阳市，实行县、市分治。1981年10月，撤销岳阳县，行政区划并入岳阳市。1983年7月，岳阳市升为省辖市，实行地、市分设。1986年1月，撤销岳阳地区，所辖县并入岳阳市，实行市管县体制。1992年，岳阳被列为长江沿岸对外开放城市；1994年，被列为国家历史文化名城；1998年，被批准为中国优秀旅游城市；2003年，被评为国家卫生城市；2005年，被列为国家园林城市；同年，被评为全国创建文明城市工作先进城市。1996年4月，撤销岳阳市南区、郊区，设立岳阳楼区、君山区；北区更名为云溪区。2000年，撤黄盖湖农场建镇，归临湘市管辖，撤君山农场、钱粮湖农场建镇，归君山区

表1　　2011年岳阳市行政（管理）区划

单　位	街道办事处	镇	乡
华容县		城关、三封寺、治河渡、插旗、注滋口、北景港、宋家嘴、梅田湖、鲇鱼须、万庾、操军、东山	护城、终南、南山、幸福、团洲、新河、新建、胜峰
平江县		城关、向家、伍市、浯口、瓮江、虹桥、南江、梅仙、安定、三市、加义、长寿、龙门、童市、岑川、福寿山	三阳、咏生、南桥、木金、大坪、冬塔、板江、三墩、大洲、余坪、黄金洞
湘阴县		文星、樟树、东塘、鹤龙湖、新泉、岭北、湘滨、长康、三塘、金龙、袁家铺、南湖洲	静河、玉华、石塘、六塘、青潭、白泥湖、杨林寨
岳阳县		荣家湾、黄沙街、新墙、麻塘、鹿角、筻口、公田、毛田、柏祥、新开、月田、张谷英	饶村、长湖、中洲、杨林、步仙、相思、甘田、云山
临湘市	长安、桃矿	桃林、忠防、长塘、白羊田、詹桥、聂市、源潭、江南、儒溪、白云、定湖、黄盖、羊楼司	横铺、坦渡、乘风、城南、五里牌
汨罗市		城关、汨罗、新市、古培、白水、弼时、黄柏、大荆、长乐、三江、沙溪、高家坊、李家塅、屈子祠、范家园、川山坪、桃林寺	智峰、火天、八景、新塘、白塘、磊石、域郊、红花、玉池、黄市、天井、古仑

续表1

单 位	街道办事处	镇	乡
岳阳楼区	岳阳楼、三眼桥、吕仙亭、金鹗山、五里牌、望岳路、枫桥湖、城陵矶、洛王、东茅岭、洞庭、奇家岭、站前路、王家河		梅溪、郭镇
君山区	西城	柳林洲、钱粮湖、良心堡、采桑湖、广兴洲、许市	
云溪区	长岭	云溪、文桥、路口、陆城、道仁矶	云溪、永济
屈原管理区	天问	营田、河市	黄金、凤凰、琴棋
岳阳经济开发区		西塘	康王、三荷
岳阳南湖风景区	南湖、湖滨、求索		

管辖；同年12月，撤屈原农场，建屈原管理区。（严 柯）

【行政区划】 2011年，岳阳市辖2个市、4个县、3个区和屈原管理区、岳阳经济技术开发区、南湖风景区，有60个乡、96个镇和22个街道办事处。湘阴县城西镇和界头铺镇更名为鹤龙湖镇和金龙镇。

（吴 伟）

【自然资源】 地质、地貌：岳阳市位于新华夏系巨型第二沉降带，地貌组合复杂。拥有山地、丘陵、岗地、平原、水面5种地貌，丘陵与平原是构成地貌的主体。地势东高西低，呈阶梯状向洞庭湖盆倾斜。东部是连绵起伏的山岳地带，中部以岗地丘陵为主，西部是河湖冲积的平原。最高海拔1600.3米（平江县境内连云山主峰），最低海拔23米。平原面积38.78万公顷，占全市国土总面积的26%；丘陵35.78万公顷，占24%；岗地26.8万公顷，占18%；山地23.8万公顷，占16%；水面23.8万公顷（其中东洞庭湖面积7.6万公顷、横岭湖面积4.3万公顷），占16%。

气候：岳阳市属于东亚热带季风性（湿润）气候，具有光热资源丰富，雨量充沛，山区略多湖区，生产季节光热水基本协调，四季分明，春秋多变等特点。年平均气温17.3℃，极端最高气温40.4℃（1966年8月11日临湘市），极端最低气温-18.1℃（1969年1月31日临湘市），系湖南省极端最低气温之最。

土壤：岳阳市土壤种类繁多，有8个土类、21个亚类、76个土属，222个土种，357个变种。其中，红壤土地面积占总面积的52.1%，其次为水稻土，占25.2%，潮土占15.7%，其他有紫色土、山地黄壤、菜园土、黄棕壤、山地草甸土共占7%。

植被：岳阳市属中亚热带阔叶林带区，同时具备中亚热带向北亚热带过渡的明显特征，植被种类繁多，区系成分复杂。特别是幕阜山及连云山区天然针阔叶林植被群落和君山岛繁杂的刚竹属植被类群，成为全省重要的天然物种基因库之一。由于地理条件悬殊和水热条件不同，植被分布也存在着明显的地区性差异，东部中山区从山麓到山顶，由常绿阔叶林向落叶阔叶林过渡的地带性明显，中部丘陵及环湖丘岗区以常绿阔叶林为主，洞庭湖平原区以落叶阔叶林为主。有野生植物、栽培植物90多科300多属1118种，属国家保护的古树古木有19种。其中，属国家一级保护的植物有银杏、水杉、红豆杉等3种，属国家二级保护植物的有樟树、金钱松、闽楠等3种。

野生动物资源：岳阳市是野生动物栖息繁衍的良好场所，野生动物资源比较丰富，有以洞庭湖为核心的湿地生态类型（水禽为主），以幕阜山、药菇山为核心的森林生态类型（兽类为主），境内各类动物23目84科近600种，其中属国家一类保护的有云豹、黄腹角雉、金雕、白鹤、白头鹤、东方白鹳、黑鹳、大鸨、中华秋沙鸭、白尾海雕、草号11种，属国家二类保护的有穿山甲、灰鹤、白枕鹤、虎纹蛙、猛禽类等36种。鸟类资源极其丰富，仅东洞庭湖自然保护区内观

城区一角 （杨一九 摄）

测记录的鸟类有338种，其中属国家一类保护的有7种。鱼类资源有11目22科124种，其中国家一类保护的有中华鲟、白鲟等。

水资源：岳阳市水系发达，河湖密布，雨量充沛，过境水量大，水资源丰富，湘江和资水、汨罗江和新墙河、华容河和藕池河分别从南、东、北三面汇入洞庭湖，经城陵矶注入长江。境内长江堤岸线180公里，环洞庭湖堤岸线250公里。境内50公里以上河流6条，5公里以上的河流265条，大小湖泊165个，内湖面积达3.2亿平方米，大小水库3659座，其中大型水库1座，中型水库19座。据测算分析，在正常年景，地表水年径流总量95.21亿立方米，地下补给水量年均20.06亿立方米，为地表水资源的21%；长江干流、洞庭湖水系年过境水量6477亿立方米，其中客水6381.79亿立方米；洞庭湖出口年平均径流总量为3035亿立方米，其中客水2939.74亿立方米。水能资源多年平均理论蕴藏量为41.5万千瓦。

矿藏：岳阳市矿产资源比较丰富，已发现矿产32种，矿点近200处，其中金属矿产9种，非金属矿产16种，稀有及轻稀土金属矿产7种。矿泉水达到饮料标准的26处，达到命名标准的9处，其中温泉命名的有2处。

【人口状况】 2011年，岳阳市年末总人口548.53万人，其中男性人口283.57万人，女性人口264.96万人；城镇人口262.25万人，乡村人口286.28万人，城镇化率47.81%。人口出生率11.01‰，死亡率4.73‰，自然增长率6.28‰。

【民族宗教】 岳阳市是一个多民族散杂而居的城市，有已识别少数民族成分51个，人口12928人，约占全市总人口的2.36%。超过1000人以上的少数民族有土家族、苗族等。

岳阳有佛教、道教、基督教、天主教、伊斯兰教。三国时吴赤乌十年（247年），吴国在罗县隐居山（今汨罗市铜盆乡）建宏济寺，佛教逐渐传入岳阳。佛教寺庵有岳阳的乾明寺、圣安禅寺，汨罗资圣寺，湘阴双林寺、至源寺，平江东山古寺。晋太康年间（280～289年），道教开始在岳阳建观传道。著名的宫观有吕仙道观、大云山祖师殿、真君殿，特别是大云山祖师殿始建于唐，迄今约1300年历史。伊斯兰教于南宋德祐元年（1275年）、天主教于清康熙四十三年（1704年）传入岳阳。基督教于19世纪60年代末有人宣传教义，1980年传入岳阳。全市有宗教活动场所100余处。

【语言文化】 岳阳话，俗称“巴陵话”或“巴陵腔”，属汉语北方话语系。境域洞庭湖以西，长江以北，与西南官语区相接，幕阜山、连云山以东，是赣方言地域，南部与湘语的典型——长沙话连成一片。这种地理特点，造成境内方言的差异。历史上政区隶属关系的演变、人口的迁徙，以及交通条件的发展，使岳阳话经历一个由与北趋同变为与南趋同的过程。

岳阳是湖湘文化的重要发源地，以“先忧后乐”、“团结求索”为精髓的岳阳文化，底蕴丰富。地方戏、曲艺中，巴陵戏被列入首批国家级非物质文化遗产名录，华容夹叶点子、洞庭渔歌、龙舞（九龙舞）、岳阳花鼓戏、平江花灯戏、汨罗抬阁故事、临湘嗡琴戏列入湖南省非物质文化遗产代表作名录。

【风景名胜】 岳阳市是一座历史文化名城，是中国优秀旅游城市，以“洞庭天下水、岳阳天下楼”著称于世。全市有各类文物点1800多处，其中国家重点文物保护单位6处，省级重点文物保护单位55处，市级重点文物保护单位24处，国家AAAAA级景区2处，国家历史文化名镇名村1处，国家重点风景名胜区2处，国家森林公园3处，国家级自然保护区1处。东洞庭湖湿地入选国际重要湿地，岳阳楼和君山岛旅游区入选国家AAAAA级旅游区。著名的历史文化古迹有古楼（岳阳楼）、古庙（岳州文庙）、古塔（慈氏塔）、古祠（湘妃祠、屈子祠）、古屋（张谷英古建筑群）、古桥（三眼桥）、古亭（朗吟亭、三醉亭、独醒亭）等。岳阳楼景区尽显古城风貌、衬托楼湖风光、再现巴陵胜状。屈原投江殉国的汨罗江是龙舟文化的发源地。以爱情文化为主题的君山岛被誉为“东方伊甸园”。团湖荷花公园，被上海大世界吉尼斯评为“面积最大的野生荷花成处聚生地”。有“东方日内瓦”之美誉的南湖，湖内绿岛耸立，呈现“一龙赶九龟”的奇观，湖畔修建环湖旅游走廊和总面积15万平方米的南湖广场。

【交通状况】 岳阳承东联西、贯穿南北，区位优势明显。港口：城陵矶港是国家对外开放的一类口岸，是湖南唯一的国际标准集装箱港口。松阳湖新港区全部建成后可形成年吞吐量1000万吨、88万标箱的运输能力。铁路：有京广铁路，武广高速铁路，荆岳铁路，岳常铁路，岳九铁路，岳吉铁路，岳长城际轨道交通。公路：京珠高速公路、京港澳复线，随岳高速公路，杭瑞高速公路，岳宜高速公路，岳汝高速公路。城市公交：线路55条，游2路、23路、15路、16路、51路、55路（夜班）为豪华公交。

【市标】 1985年，岳阳市开展市树、市花评选工作，评选出杜英树为市树，栀子花为市花。杜英树干形高大，树冠广阔，枝繁叶茂。树叶红绿相间，大方美观，喜温暖湿润环境，是理想的庭院风景林树种。栀子花属茜草科，四季长青，品种较多，喜光稍耐荫，喜肥耐瘠薄干旱，分布面广，尤具本地特色。花洁白无瑕，芳香馥郁，备受岳阳人喜爱。

【2011年气候概况】 2011年，岳阳市冷暖起伏较大，冬季暴雪，低温冰冻，春季5月低温，夏季高温热害，秋季寒露风侵袭。年降水显著偏少，降水时空分布不均，遭遇历史罕见的冬春连旱，6月突变，又遇史上最剧烈旱涝急转引发山洪、泥石流灾害。年日照时数正常。全年温光水配置对农业、水产养殖等行业属于偏差年景，对旅游等行业较为有利，属于正常偏差年景。

气温。全市年平均气温17.3℃，较常年偏高0.1℃，属正常年份，是自2001年以来连续第11年年平均气温高于常年平均值。各地年平均气温16.9℃（平江县）~17.5℃（华容县、岳阳县、湘阴县），呈西高东低分布。全年气温波动大，1、3、6、8、9、12月均偏低，其中1月异常偏低，偏低幅度达2.8℃，创历史同期第4低值；其他各月均偏高，其中11月平均气温偏高达2.5℃，创历史同期第二高值，仅次于1998年。

降水。全市年平均总降水量945.9毫米，较常年偏少493.3毫米，创历史最低新值，属显著偏少年份，降水距平百分率-34.3%，达到中旱标准。年总降水量呈东多西少的分布态势，湘阴县、汨罗市属异常偏少，创历史最低新值，其余各地均属显著偏少。临湘市、平江县达轻旱标准，华容县、岳阳县达中旱标准，湘阴县、汨罗市达重旱标准。

汛期（4~9月）出现10次暴雨过程，汛期总降水量在538.7毫米（湘阴县）~948.8毫米（临湘市），较常年偏少1~4成。6月9~19日，华容县、岳阳市降水量均超过200毫米，达到轻度洪涝标准。

4月7日~5月22日，先后开展6次人工增雨作业，期间降雨总量为130.9毫米（岳阳县）~164.4毫米（湘阴县）。特别是5月22日，全市开展人工增雨作业后，北部县市及汨罗市普降暴雨（53.7~84.6毫米），平江县、湘阴县大到暴雨（38.8~41.0毫米），人工增雨效果明显，旱情得到缓解。

日照。全市年平均总日照时数1716小时，较常年偏多89小时，属正常。总日照时数1611小时（平江县）~1832小时（岳阳县），呈北多南少的分布态势，各地均属正常，北部偏多幅度比南部幅度大。

【重要天气情况及影响】 2011年，岳阳市极端天气气候事件突出，主要有1月雨雪冰冻过程频繁，严重冬春连旱，暴雨引发特大山洪、泥石流灾害，高温热害，寒露风范围广强度重，雷暴日数少，初日迟，终日早等。

雨雪冰冻过程频繁。1月，全市出现3段低温雨（雪）过程，汨罗市、湘阴县、华容县出现轻度冰冻。降雪最强的时段出现在1月18~20日，岳阳市境24小时降雪量达10.1毫米（华容县）~28.6毫米（湘阴县），各地均达到暴雪标准。汨罗市积雪深度达32厘米，接近历史极值（34厘米），为省内同日最大积雪深度；其他地方雪深在7厘米（市城区）~23厘米（湘阴县）之间。

严重冬春连旱。冬季降水量偏少2~6成，其中华容县、岳阳县、临湘市降水偏少5~6成，相继出现中度冬旱。进入春季，降水持续偏少，降水量创历史同期新低，日照偏多，气温偏高，使旱情进一步发展，加上工程蓄水减少，河流来水不足，促进干旱的持续发展，相继出现全区性的春旱，除汨罗市为轻度气象干旱外，其余各地均达中度气象干旱。

暴雨引发特大山洪、泥石流灾害。全市1~5月降水持续偏少，平均降水量较常年平均偏少近6成，前期一直进行抗旱工作。进入6月，持续少雨的态势迅速转变，6月10~20日、6月24~25日、6月28~30日先后遭受暴雨强降水天气过程袭击，使6月降水比常年偏多4.6毫米~308.7毫米，降水距平百分率为2.3%~135.6%。旱涝转换快速、剧烈，为20世纪50年代有完整气象记录以来之首。其中尤以6月10日的暴雨影响最大，造成全市入汛后最强的一场大暴雨天气过程。岳阳市城区降水量143.3毫米，临湘达167.1毫米，区域雨量点大于50毫米的暴雨点有60个，临湘贺畈乡最大降水量达275.6毫米。主要强降水区域集中在临湘市、云溪区、岳阳市城区、岳阳县东部山区及平江县东北部，而临湘市、岳阳县境内多山地，由于暴雨广、降雨时间长、累计雨量大、局地降雨强，导致部分地区旱涝急转，造成巨大经济损失和人员伤亡。

高温热害。5~9月，岳阳市出现3段持续大于35℃的高温天气，华容、汨罗、临湘均达5天，汨罗12天，其余各地6~10天。高温持续时间最长持续14天（平江县），全市出现不同程度的高温热害。

寒露风范围广强度重。9月18日，受地面持续较强冷空气影响，全市连续5~6天日平均气温小于20℃，出现寒露风天气。平江县连续3天小于18.4℃达到中等寒露风标准，华容县连续3天小于17℃达到重度寒露风标准，平均气温最低下降到13.3℃，岳阳县、临湘市、湘阴县、汨罗市连续6天日平均气温小于20℃，达到重度寒露风标准，其中临湘市最低气温降至12.1℃。

（覃 鸿）

“十二五”规划

【发展目标】 “十二五”（2011~2015年）时期，是加快转变经济发展方式、全面建设小康社会的关键时期，也是岳阳实现跨越发展的攻坚时期。综合考虑未来发展趋势和条件，与加快转变经济发展方式相适应，与全面建设小康社会任务相衔接，全市今后5年经济社会发展的主要目标是：

经济实力跃上新台阶。全市地区生产总值年均增长11%以上，到2015年总量达到3000亿元；固定资产投资年均增长18%以上，5年累计完成投资6500亿元；居民消费率达到49%，财政总收入到2015年达到300亿元。

结构调整实现新突破。到2015年，全市三次产业结构调整为9：55：36左右。工业带动能力和效益进一步提高，高新技术产业增加值占GDP的比重达到25%以上；服务业发展更具活力，年均增长13.6%；所有制结构更趋合理，非公有制经济占GDP的比重提高到62%以上；全市城镇化率达到55%，新农村建设扎实推进，城乡区域发展协调性进一步增强。

“两型”建设迈出新步伐。资源综合利用水平大幅提高，城乡生态环境明显改善，示范区改革建设取得实质性突破。全市耕地保有量不低于31.93万公顷，单位GDP能耗累计降低17%，化学需氧量、二氧化硫、氨氮、氮氧化物排放量分别累计削减9.22%、9.85%、11.34%和17.99%，森林蓄积量达到1820万立方米，城市建成区绿化覆盖率达到42%以上。

民生改善取得新成效。社会事

表2

岳阳市“十二五”规划主要指标

类别	序号	指标名称	2010年	2015年	年均增长（%）	属性
经济发展	1	地区生产总值（亿元）	1539.4	3000	>11	预期性
	2	居民消费率（%）	45	49		预期性
	3	五年累计固定资产投资（亿元）	[2352]	[6500]	>18	预期性
	4	财政总收入（亿元）	139.6	300	16.5	预期性
	5	规模工业增加值（亿元）	751.5	1500	>12	预期性
	6	服务业增加值比重（%）	31.8	36		预期性
	7	进出口总额（亿美元）	10.2	20	14.4	预期性
	8	城镇化率（%）	48.1	55		预期性
教育科技	9	高中阶段教育毛入学率（%）	91.5	92		约束性
	10	高新技术产业增加值占GDP比重（%）	12.5	>25		预期性
	11	非公经济占经济总量比重（%）	57.5	>62		预期性
	12	研发经费占GDP比重（%）	0.8	2		预期性
	13	每万人专利授权量（件/万人）	1.1	>2.5		预期性
资源环境	14	耕地保有量（万亩）	480.8	479		约束性
	15	森林蓄积量（万立方米）	1447	1820		约束性
	16	主要污染物排放累计减少（%）：化学需氧量削减率（%）	[8.31]	[9.22]		约束性
	16	主要污染物排放累计减少（%）：二氧化硫削减率（%）	[6.36]	[9.85]		约束性
	16	主要污染物排放累计减少（%）：氨氮削减率（%）		[11.34]		约束性
	16	主要污染物排放累计减少（%）：氮氧化物削减率（%）		[17.99]		约束性
	17	单位GDP能源消耗降低（%）	[21]	[17]		约束性
民生改善	18	人口总数（万人）	560	575		约束性
	19	城镇居民人均可支配收入年均增长%）	9.8		>11	预期性
	20	农民人均纯收入年均增长（%）	11		>11	预期性
	21	城镇登记失业率（%）	4.3	<4.5		预期性
	22	五年新增城镇就业人口（万人）	[25.4]	[20]		预期性
	23	城镇参加基本养老保险人数（万人）	40.1	47.6		约束性
	24	城乡三项医疗保险参保率（%）	95	>95		约束性

注：地区生产总值和城乡居民收入绝对数按现价计算，速度按可比价格计算；[ ]表示5年累计数。城乡三项医疗保险指城镇职工基本医疗保险、城镇居民基本医疗保险、新型农村合作医疗。

业更加繁荣，基本公共服务更加均等化，人民生活更加殷实。人口自然增长率控制在6.5‰以内；城镇登记失业率控制在4.5%以内，新增城镇就业20万人，失业人员再就业10万人，农村劳动力转移就业30万人；城镇居民人均可支配收入和农民人均纯收入年均增长11%以上，分别达到3.4万元、1.2万元左右；公共产品供给能力进一步增强，以养老服务为主的适度普惠型社会福利服务体系基本建立。

经过全市人民5年努力工作，全市经济结构调整取得明显进展，区域竞争能力明显增强，人民物质文化生活水平明显提高，全市人民生活更加幸福、更加美好。

【基本公共服务范围和重点】　公共教育：九年义务教育免费，农村义务教育阶段寄宿制学校免住宿费，并为家庭经济困难寄宿生提供生活补助；农村中等职业教育免费；适龄儿童特殊教育免费；为家庭经济困难幼儿入园提供补助。

就业服务：为城乡劳动者免费提供就业信息、就业咨询、职业介绍、劳动仲裁；为下岗失业人员、农民工、新增劳动力免费提供基本职业技能培训和技能鉴定；为就业困难人员和零就业家庭提供就业援助。

社会保障：新型农村社会养老保险实现全覆盖；提供城镇职工基本医疗保险、城镇居民基本医疗保险、新型农村合作医疗等基本医疗保障；为城镇职工提供失业保险、工伤保险、生育保险；为城乡困难群体提供最低生活保障、医疗救助等社会救助服务；为孤残、五保户、高龄老人等特殊群体提供福利服务。

医疗卫生：提供居民健康档案、预防接种、传染病防治、儿童保健、孕产妇保健、老年人保健、健康教育、高血压等慢性病管理、重性精神病管理等基本公共卫生服务；实施15岁以下人群补种乙肝疫苗、农村妇女孕前和孕早期补服叶酸、农村妇女住院分娩补助、农村适龄妇女宫颈癌乳腺癌检查、贫困人群白内障复明等重大公共卫生专项服务；实施国家基本药物制度，把基本药物全部纳入基本医疗保障药物报销目录；提供免费孕前优生健康检查、免费生殖健康技术服务等计划生育服务。

公共文化：公共博物馆、纪念馆、美术馆、文化馆、图书馆、青少年宫、科技馆、群众艺术馆和基层文化体育设施向全社会免费开放；农村广播电视全覆盖，为农村提供电影放映、送书送戏等公益性文化服务。

住房保障：为城市低收入住房困难家庭提供廉租住房；中等偏下收入住房困难家庭提供公共租赁住房；改造城市棚户区和农村危房。

环境保护：县县具备污水、垃圾无害化处理能力和基本环境监测评估能力；保障城乡饮用水水源地安全。

基础设施：行政村全部实现通公路，城市建成区公共交通全覆盖；邮政服务做到乡乡设所，村村通邮。　　（本栏撰稿　吴有祥）

国民经济和社会发展

【经济保持较快增长】　2011年，岳阳实现地区生产总值1899.5亿元，比2010年增长14.2%，其中一、二、三产业增加值分别增长3.5%、18.6%和14.6%。经济发展的质量和效益继续提升，完成财政总收入185.8亿元，增长33.1%，其中一般预算收入完成73.6亿元，增长41.9%。消费市场持续繁荣，完成社会消费品零售总额598.5亿元，增长18%。对外贸易稳步发展，完成进出口总额11.8亿美元，增长15.1%。综合实力不断增强，国家统计局评定岳阳名列全国城市综合实力第57位，汨罗市、华容县、岳阳县入围湖南县域经济前20强，君山区获评湖南经济发展先进县市区。

【一、二、三产业协调发展】　2011年，岳阳市新型工业化加速推进，规模工业增加值比2010年增长20.7%，对经济增长贡献率达到62.3%，实缴税收突破100亿元。长岭炼油改扩建项目竣工投产，石化产业总产值达1020亿元，成为首个千亿产业。自主创新步伐加快，组建产学研结合创新平台15家，新增高新技术及其产品企业40家，高新技术产业总产值增长32%。农业现代化扎实推进，粮食生产连续8年丰收，规模农产品加工企业完成增加值142.7亿元，增长22%，湘阴县、华容县被评为全国粮食生产先进县。第三产业加快发展，完成增加值590.7亿元，增长14.6%。集装箱吞吐量达15.5万标箱，增长24.5%。房地产投资突破100亿元，商品房销售面积增长35.3%。“岳阳楼—君山岛”晋升国家5A级旅游景区，全市接待国内外游客1582万人次，旅游总收入增长26.5%。金融机构本外币存款余额949.3亿元，增长20.9%；本外币贷款余额508.3亿元，增长16.3%。

【投资支撑作用突出】　2011年，岳阳市项目建设扎实推进，完成固定资产投资861.8亿元，比2010年增长35.6%。重大项目数量增加质量提升，亿元以上项目146个，完成投资229.5亿元。重点推进的205个重大项目进展顺利。产业发展方面，总投资57亿元的长岭炼油改扩建项目全面建成投产，巴陵石化化工改造建设项目完成投资31亿元，东方雨虹二期、凯美特尾气回收、远大可建一期等重点项目建成投产，城陵矶临港产业新区签约项目30个，完成投资15亿元。城建方面，环南湖截污管网建设竣工，环南湖总体城市设计基本完成，千亩湖旅游走廊竣工开园，青年东路王家河大桥建成通车，商业步行街广场与东茅岭路地下人防工程、市体育中心等项目加快推进。交通方面，随（州）岳（阳）高速、省道306华容段等建成通车；京港澳高速岳阳连接线昆山互通至收费站段、长炼路等提质改造工程全面完成；通（城）平（江）、岳（阳）常（德）等5条高速公路、炼化一体化公路、省道207平江段、芙蓉大道北拓工程（湘阴段）等项目稳步推进。水利方面，钱粮湖和麻塘垸堤防加固、灌区续建配套、中小河流治理、水库除险加固等一批项目加快实施。

【城乡环境明显改善】　2011年，岳阳市深入开展“五创”提质活动，城市公共文明指数测评进入全国地级市前30名。生态环境不断优化，完成污染减排项目91个，实施锅炉清洁能源改造82台，单位GDP能耗下降3%，化学需氧量、二氧化硫、氨氮排放量分别削减2.4%、3%和4.1%。创建全国绿化模范城市活动扎实推进，完成植树造林1.71万公顷，城市建成区绿化覆盖率达39.8%。城乡清洁工程深入实施，建成市政污泥处置中心，100个村纳入环境卫生整洁行动试点，新建1.43万口沼气池和2.8万座农村卫生厕所。新农村建设力度加大，改造农村公路1119公里，解决30.3万农村人口的安全饮水。

【改革开放不断深化】 2011年，岳阳市进一步深化企业改制、税收改革等工作。完成市属29家国有企业改制。开展税收管理改革试点，推广二手房交易价格评税系统，推行稽查预告制度，税收征管秩序优化。成立湖南大湖传媒集团公司，组建市巴陵戏传承研究院，岳阳被评为全国文化体制改革先进地区和“扫黄打非”先进单位。启动市城市建设投资管理体制改革，公立医院等事业单位改革稳步推进。对外开放扩大，实施内联引资项目592个，到位资金226.5亿元，比2010年增长24.3%；实际利用外资1.9亿美元，增长19.1%。成功引进中粮集团、中建集团等8家央企名企落户。开通城陵矶至上海、宁波、太仓、南通4条始发班轮航线和城陵矶至香港、澳门直达航线，重庆、武汉、长沙、上海4地海关口岸通关模式在岳阳顺利实施，城陵矶保税港区申报工作启动。

【社会民生保障有力】 2011年，岳阳市社会民生有效改善。41项省市实事完成，民生支出占财政一般预算支出的71.7%。灾后重建完成，临湘市、平江县、岳阳县3个重灾区的3517户因灾房屋全倒户入住新居，灾区交通、电力、通讯等基础设施全部恢复。社会就业持续增加，新增城镇就业人员5.5万人，新增农村劳动力转移就业8.6万人，零就业家庭实现动态清零。保障性住房建设任务超额完成。开工保障性安居工程和棚户区改造5.05万套、开工率113.9%，竣工4.57万套、竣工率103.2%。控物价保民生取得实效。居民消费价格上涨4.9%，低于全国和湖南平均水平；建立社会救助和保障标准与物价上涨挂钩的联动机制，向35.7万名低收入群众发放价格补贴4095万元。社会保障不断加强，城乡低保对象月人均补差分别达到182元和81元。8个县市区纳入新型农村养老保险试点。在湖南率先实现乡镇卫生院、社区卫生服务中心基本药物制度全覆盖，新型农村合作医疗参加率达99.4%。扶贫开发力度加大，帮扶贫困农民6.9万人，“雨露计划”培训贫困农民4170人。教育事业有序发展，完成166个校安工程建设，建成37所义务教育合格学校和19所农村公办幼儿园，岳阳市第十五中学顺利搬迁。文化惠民工程深入推进，建成95个乡镇综合文化站和1585家农家书屋。居民收入提高，城镇居民人均可支配收入19558元、增长13.1%，农民人均纯收入7069元、增长18.1%。

（本栏撰稿　吴有祥）

实事项目建设

【各项目标任务全面完成】 2011年，岳阳市各项目标任务全面完成，呈现经济社会发展充满活力、优势产业不断壮大、项目建设成效显著、民生建设收到实效、发展环境不断优化等诸多亮点。开展为民办实事工作，解决群众关注的热点难点问题，全市民生支出占到财政总支出的70%，省政府下达岳阳的32个为民办实事项目有38个考核指标，至11月，有25项指标超额完成，13项指标全面完成任务。

表3　2011年1～11月岳阳市为民办实事项目指标完成情况

事项	考核指标		单位	全市工作目标	1～11月实际完成	1～11月完成率
1	改造县乡公路		公里	160	265	165.6
2	建成乡镇到村水泥（沥青）路		公里	100	792.8	792.8
3	解决农村饮水不安全人数		万人	25.175	23.86	94.8
4	完成病险水库除险加固		座	38	38	100.0
5	改扩建乡镇敬老院		所	12	15	125.0
6	城乡低保对象补助	城市低保对象月人均补差	元	168	182	99.3
		农村低保对象月人均补差	元	65	81	114.2
		农村五保户分散供养标准	元/年	1500	1650	100.8
7	农村危旧房改造	农村危房改造	户	4760	10305	216.5
		国有林场危旧房改造	户	1364	1291	94.6

续表3

事项	考核指标		单位	全市工作目标	1～11月实际完成	1～11月完成率
8	新建改建廉租住房		套	9468	11033	116.5
9	城镇生活垃圾无害化处理率		%	32.5	37	104.4
10	新增城镇就业人员		万人	4.6	5.5019	119.6
11	新增农村劳动力转移就业		万人	4	8.6083	215.2
12	新型农村养老保险参保人数		万人	87.44	99.88	114.2
13	居民医保门诊统筹的县、市、区		个	5	10	200.0
14	移民重点县纳入新型村养老保险试点范围		%	100	100	100.0
15	统筹地区新农合政策范围内住院费用平均补偿率		60%以上	60	72.98	111.5
16	农村五保对象在县乡级新农合定点医疗机构住院实行基本医疗费用全免		%	100	100	91.7
17	农民专业合作社省级示范社建设		个	9	9	100.0
18	新建农村沼气池		万口	1.2	1.2749	106.2
19	建设农村清洁工程示范村		个	8	8	100.0
20	义务教育合格学校建设		所	37	37	100.0
21	市州特殊教育中心学校建设		个	1	1	100.0
22	农村公办幼儿园建设		所	11	19	172.7
23	乡镇综合文化站建设及设备配套		个	95	95	100.0
24	建设农家书屋工程		个	640	640	100.0
25	城市治安电子防控系统建设安装监控摄像机		个	200	300	150.0
26	新增通电话自然村		个	16	77	481.3
27	新增行政村实现互联网宽带上网		个	68	205	301.5
28	新建和改造行政村配电网		个	276	276	100.0
29	乡镇邮政所建设		所	47	24	51.1
30	地质灾害防治		处	4	4	100.0
31	帮扶贫困农民		万人	2.065	6.8982	334.1
32	农民技能培训	农民工和农村劳动预备制培训	万人	2	4.5774	228.9
		农民工阳光工程培训	万人	1.74	1.74	100.0
		移民实用技术与就业技能培训	人	3570	5132	143.8
		贫困农民帮扶培训	人	540	600	111.1

（本栏撰稿　谭岳海）

精神文明建设

【全力做好创建全国文明城市测评工作】 2011年，岳阳市文明办组织召开2次公共文明指数测评讲评会，不断改进和完善考评办法，将测评工作与爱卫创建和控建拆违结合起来，奖罚当场兑现，强化测评工作的执行力。根据全国文明城市测评的相关要求，完成近500个样本点的申报工作，7月初，完成352本资料的搜集、整理和立卷工作。7月11日开始，省文明城市考订测评组分2批到岳阳市进行检查验收。岳阳市总得分在湖南省地级市中名列第二，被中央文明办评为全国文明城市提名城市。

【开展“十大不文明行为”彩信图片展播活动】 2011年11月，为深化文明创建活动，岳阳市文明办启动岳阳市“十大不文明行为”彩信图片展播活动，第一期节目于12月9日在移动电视平台上进行循环展播，每天收视群众达40万人。图片展播全年播出12期，市民反响热烈，参与人数不断增多。

【“道德评议进农家”活动在全国推介】 2011年4月1日，岳阳市文明办推介的云溪区“道德评议进农家”活动，在中央电视台七套《文明乡风》节目中播出。云溪区“道德评议进农家”活动是岳阳市农村精神文明创建的创新案例，被纳入全国首批13个创建典型，中央文明办将其编入《农村精神文明创建工作定性经验评析》一书，并将通过央视和《光明日报》等中央级媒体在全国予以重点推介。

【文明创建成效显著】 2011年，岳阳市文明办指导并开展全国文明城市、全国文明县城（镇）、全国文明村、全国文明单位及各级各类文明单位创建活动，举办文明创建研讨班。岳阳市获得全国文明城市提名奖，华容县被评为全国文明县城，平江县城关镇、岳阳县筻口镇西冲村、汨罗市新市镇新书村被评为全国文明村镇，岳阳市国税局（机关）、岳阳市烟草专卖局（公司）、中国移动通信集团湖南有限公司岳阳分公司、岳阳电业局、中石化长岭炼油化工有限责任公司获评全国文明单位。

【完成第三届道德模范评选表彰工作】 2011年，岳阳市文明办组织开展岳阳市第三届道德模范评选表彰活动，评选出12名道德模范和8名提名奖获得者，精心组织隆重热烈的颁奖典礼。另外，市文明办推出的第二届省道德模范，十三村食品有限公司经理李国武荣获全国第三届道德模范提名奖。

“四三六”工程项目——青年路王家河大桥通车典礼 （严 柯 供稿）

【作家阮梅的新书首发式】 2011年，岳阳市青年作家阮梅的新作《拿什么来爱你，我的孩子》被列入国家“十二五”重点图书出版规划项目，该书是岳阳市未成年人思想道德建设工作的又一精品力作。5月5日上午，市文明办在新华书店隆重举行该书的首发仪式。在11月1日湖南省三湘读书月活动启动仪式现场，阮梅应邀出席该作品的签售会，受到省委书记周强的亲切接见。

【参与全国优秀童谣征集活动获得大奖】 2011年，由岳阳市作家谭哲创作的童谣《露珠儿》，经市文明办推荐代表岳阳市参选中宣部、中央文明办等举办的第二届全国优秀童谣征集评选活动。经过全国优秀童谣评选委员会审核，确定100首童谣参加网上推荐，湖南省只有常德和岳阳2家入围。经过网络票选，优秀作品展播等程序，9月，谭哲的《露珠儿》被组委会评为全国优秀童谣一等奖。

【未成年人思想道德建设工作获得全国先进】 2011年5月，岳阳市文明办组织召开全市未成年人思想道德建设工作推进会。市委书记易炼红发表书面讲话，市领导徐新启、易丽珍、隋国庆，市关工委主任方贵吾出席。市未成年人思想道德建设工作联席会成员单位主要负责人等130人参加会议。会议宣读《全市2011年未成年人思想道德建设工作要点》，提出岳阳市未成年人思想道德建设主要大力实施“六大工程”。年内，岳阳市被中央文明委评为全国未成年人思想道德建设工作先进城市。

【开展“讲文明树新风”志愿服务活动】 2011年4月，岳阳市文明办联合市总工会等单位，举行“给力农民工·情暖2011”关爱农民工志愿服务主题活动启动仪式。中国志愿服务基金会副理事长曹分田、中央和省文明办志愿服务工作相关负责人出席启动仪式。启动仪式上，中共岳阳市委宣传部副部长、文明办主任许卫国宣读《关于在全市广泛开展关爱农民工志愿服务活动实施方案》。志愿者刘沅代表全体志愿者向社会各界发出倡议。际华3517橡胶厂和河北正龙食品公司现场为农民工捐献爱心物品。

【举办首届岳阳公益嘉年华活动】2011年12月5日，岳阳市文明办举办庆祝第26个国际志愿者日暨首届岳阳公益嘉年华启动仪式。市各界志愿者组织和社团参加此次活动。仪式结束后，市领导与志愿者们一同参观考察市残疾人服务中心、残疾人康复治疗中心，并与46名残疾人签订“一对一”爱心助残帮扶协议。作为该活动的延伸，志愿者募集爱心善款（含物资）计330万元，开展临湘市贺畈泥石流灾区助老助残助学等各项活动30场次。

（本栏撰稿 张志强）

中共中央政治局委员、中组部部长李源潮在巴陵石化鹰山社区便民服务中心视察

（严 柯 供稿）

党和国家领导人关注岳阳

【李源潮到岳阳考察调研】 2011年4月8日，中共中央政治局委员、中央书记处书记、中央组织部部长李源潮到岳阳考察调研。他深入到岳阳楼新景区、巴陵石化鹰山社区、君山岛、岳阳楼区梅溪乡、汨罗万容电子废弃物处理有限公司、屈子祠等地，就岳阳市创先争优活动、基层党组织建设、乡镇党委换届选举和经济社会发展情况进行考察调研，并发表重要讲话。李源潮在讲话中充分肯定岳阳市经济社会发展特别是“十一五”期间取得的成就，充分肯定岳阳深入开展创先争优活动和推进党委换届工作取得的成绩，城乡建设和生态建设取得的成效和民生改善和加强新时期群众工作取得的成果，并就深入推进创先争优活动、精心做好市县乡党委换届工作、进一步推动经济社会又好又快发展提出明确要求。

【贺国强到岳阳调研】 2011年5月7日，中共中央政治局常委、中央纪委书记贺国强先后到湖南省株洲、衡阳、岳阳、湘潭、长沙等地进行调研。他强调，要大力弘扬革命传统，牢牢把握主题主线，紧紧抓住长株潭“两型社会”综合配套改革试验区建设这个龙头带动，切实推动湖南经济社会又好又快发展。在岳阳巴陵石化公司和长岭炼化公司调研时，贺国强要求把加快企业发展与改善职工生活结合起来，通盘考虑、协调推进，使广大职工共享企业改革发展成果。

【温家宝、回良玉到岳阳考察】2011年6月2日，中共中央政治局常委、国务院总理温家宝，中共中央政治局委员、国务院副总理回良玉赶赴旱情严重的江西、湖南、湖北三省，到鄱阳湖、洞庭湖等湖区及丹江口水库实地察看水情、旱情、灾情，看望慰问干部群众，指导抗旱救灾工作。6月2日下午，温家宝、回良玉一行到岳阳市君山区、华容县察看旱情。

在君山区柳林洲镇新洲村，君山区委书记赵岳平告诉总理，君山区农作物受灾面积达到65%，但是通过人工增雨、打井、从大江大河引水等方式，实现保水保苗，尽量把旱灾损失降到最低限度。温家宝高兴地说：“这就是经验。”村旁的棉田里，村民龚义成正用从机井中压出的水给低矮的棉苗浇水。温家宝走进棉田，和老汉亲切交谈，还舀起一勺水，轻轻给一株棉苗浇灌。正值早稻返青分蘖和中稻育秧用水的关键时期，一片片引水灌溉的水田里，禾苗长势喜人。村民们告诉温家宝，由于干旱，双季稻改成了单季稻，田里就是刚刚种下的中稻。积极引水、打水灌溉，玉米苗、豆角苗用地膜覆盖保湿，双季稻改种一季稻，改种抗旱作物……面对严重的干旱，各级党委、政府和干部群众不等不靠，千方百计抗旱救灾的情景使温家宝深受感动。他说，面对这么大的旱情，乡亲们迎难而上，奋力抗旱保丰收，这种精神极为宝贵。

温家宝强调，必须充分认识这场旱情的严峻性，要做最坏的准备，尽最大的努力。旱情涉及经济社会发展全局，事关粮食安全、物价水平、经济发展和社会稳定，旱区各项工作要以抗旱为中心。各级政府要全力支持农业抗旱，全力支持水利工程建设，全力保障生产生活用水，全力保障农民生活水平不降低、收入不减少。干部和技术人员要下到基层，和群众同甘共苦。只要大家团结一致，就一定能战胜这场自然灾害。

在华容县新河乡前进村，当地群众介绍的“引、提、增、取、保、节”抗旱6字诀给温家宝留下深刻印象——引江济河，多级提灌，人工增雨，打井取水，保水保苗，节约用水。温家宝说，这6点很重要。越是旱的时候，越要科学调度，节约用水，增强全民的节水意识。惟有节水，才是解决中国水问题的出路。

【张德江到岳阳考察】 2011年6月10日，中共中央政治局委员、国务院副总理、国务院安全生产委员会主任张德江到岳阳考察，深入临湘市桃林铅锌矿渔潭尾矿库和巴陵石化，指导企业科学发展，检查安

中共中央政治局委员、十一届全国人大常委会副委员长、中华全国总工会主席王兆国到岳阳考察 （严 柯 供稿）

全生产工作。国家安监总局局长骆琳、铁道部部长盛光祖、国务院国资委主任王勇、国务院副秘书长肖亚庆、国务院应急办主任陈建安等随同检查。省委书记、省人大常委会主任周强，省委副书记、省长徐守盛，省委常委、省委秘书长杨泰波，副省长刘力伟等省领导，市委书记易炼红，市委副书记、市长黄兰香，以及盛荣华、赖社光、蒋锋等市级领导陪同。张德江强调，安全生产关系人民群众的生命财产安全，一定要坚持以人为本，把安全生产牢牢抓在手上，落到实处。

10日上午，张德江一行首先到临湘市桃林铅锌矿渔潭尾矿库，检查尾矿库的治理情况。听取汇报后，张德江说，这些年来，湖南省在省委、省政府的领导下，高度重视安全生产，安全生产工作取得了显著成绩。安全生产在湖南的一个突出问题就是尾矿库的治理，尾矿库是历史上遗留下来的一个安全隐患的源头，如果不及时治理，将对下游人民群众的生命财产造成极大危害。党中央、国务院高度重视各地尾矿库的治理工作，将其纳入国家规划，正在分步积极推进之中。

下午，张德江到中石化巴陵公司进行考察调研。在烯烃事业部成品油罐区，听取情况介绍和参观消防灭火演示后，张德江要求巴陵石化认真吸取国内外典型事故教训，举一反三，高标准，严要求，定措施，抓整改，确保成品油罐区安全生产万无一失。烯烃事业部成品油车间小小的主控室里，一名职工拿出笔和纸，请张德江副总理为巴陵石化的安全生产题词，他微笑着在操作台前坐下，沉思片刻，写下“科学发展、安全生产”8个苍劲有力的大字，并欣然与当班职工合影留念。在氯丙烷装置主控室，张德江向当班职工致以亲切问候，并嘱咐大家精心操作。张德江指出，当前化工产业的发展潜力很大，巴陵石化在科技创新等方面取得良好成效，希望再接再厉，为中国精细化工发展作出更大贡献。对于安全生产，必须坚持“以人为本、安全第一、预防为主、综合治理”的总体思路，切实把安全生产放在关键位置，常抓不懈。在岳阳考察期间，张德江沿途看到岳阳城乡面貌发生了很大变化，连连称赞“岳阳越来越美了”。

【王兆国到岳阳考察】 2011年10月6日，中共中央政治局委员、十一届全国人大常委会副委员长、中华全国总工会主席王兆国一行到岳阳考察，省委书记周强、省委副书记梅克保、省委常委、省委秘书长杨泰波、省人大常委会副主任刘莲玉，市领导易炼红、黄兰香、盛荣华、李湘岳、白尊贤、樊进军等陪同。王兆国一行考察了岳阳楼景区和君山公园。

（本栏撰稿 海 宇）

组织机构及负责人名单

（负责人任职时间截至2011年12月31日）

中国共产党岳阳市委员会

书　记　黄兰香
副书记　盛荣华　李志坚
常　委　陈奇达　康代四　韩建国
　　　　严　华　徐新启　樊进军
　　　　陈吉辉　陈四海
秘书长　樊进军
副秘书长　倪慧君　江巨涛
　　　　　任小娟　王文选
　　　　　李白才　曹合群
　　　　　吴敬文　黄伟雄

岳阳市人民代表大会常务委员会

主　任　李湘岳
副主任　刘衍华　陈国荣　余炳锐
　　　　李开龙　周　哲　包忠清
　　　　易丽珍
党组成员　罗美安
秘书长　谢卫东
副秘书长　李新洲　黄国华

岳阳市人民政府

市　长　盛荣华
常务副市长　陈奇达
副市长　陈四海　隋国庆　宋爱华
　　　　蒋　锋　向伟雄
副巡视员　苏耀辉
副厅级干部　丁阳云　易癸巳
党组成员、教育顾问　张益民
秘书长　王小中
市长助理　邱国庆　王益民
市委、市政府督办专员　何林福
副秘书长　林霞辉　范安辉
　　　　　丁源源　王湘涛
　　　　　兰建中　禹　辉
　　　　　费荣新　陈正文
　　　　　陈　峰　廖长生
　　　　　王雨田

中国人民政治协商会议岳阳市委员会

主　席　白尊贤

党组副书记 赖社光
副主席、副书记 戴新果 柴小平
副主席 周传博 张振彬 肖建华
秦吉兵 万岳斌 李 为
刘晓英
副厅级干部 吴钢良
秘书长 李永丰
副秘书长 苑 欣 吴建国
陈慧君

中国共产党岳阳市纪律检查委员会（监察局）

书 记 康代四
副书记 陈光荣 任茂辉 贺名良
常 委 汪四新 曹克强 黄定军
陈 平 余凤祥
监察局局长 陈光荣
副局长 汪四新 李 为 曹克强

市优化经济环境办公室

主 任 陈 平

岳阳军分区

司 令 员 陈吉辉
政 治 委 员 常建国
副政治委员 郭玉锁
参 谋 长 袁建华
政治部主任 雷体全
后勤部部长 胡小合

临港新区、经开区、南湖风景区

湖南城陵矶临港产业新区

工委书记 盛荣华
管委会主任 宋爱华
副书记、副主任 李运帷
副书记、纪工委书记 王文华
综合管理部部长 彭公穆
财政金融部部长 范星飞
招商联络部部长 徐福保
投资开发有限公司总经理 游志坚
国土规划建设部部长 李建华
岳阳楼区工作部部长 周牡奇
云溪区工作部部长 桂海波

岳阳经济技术开发区

工委书记 胡知荣
主任、工委副书记 王雨田
工委副书记 欧江平 刘光明
副主任、工委副书记 罗同乐
副主任 胥棉桃 严若鹏 黄小年
谭国良 涂克成
工委委员 段德彬 郑德明
李兴吾

岳阳南湖风景区

工委书记 王伊亮
主任、工委副书记 李美云
副主任 李军辉 邓有根 夏金城
李精明 余格尧
李征兵 苏正明
纪工委书记 李征兵
总经济师 姜 华
工委委员 张朝东

岳阳市中级人民法院

院长、书记 杨太平
副院长、副书记 李建平 廖迪文
副 院 长 龙建新 袁小文
纪检组长 刘亚洲
政治部主任 陈松林
党组成员 姜跃军

岳阳市人民检察院

检察长、书记 朱必达
副检察长、副书记 邱建国 刘恩怡
副检察长 黄志强 沈月光 白尊三
纪检组长 许 太
政治部主任 仇新华
党组成员 周 湘

市委机构

市委办公室

主 任 樊进军（兼）
纪检组长 许 杨
副 主 任 钟剑毅 胡 玮

市委政策研究室

主 任 黄伟雄
副主任 徐 煜

市委党史市志办公室

主任、书记 杨志军
副主任、副书记 戴长明
副主任 周友珍 吴青萍 易 林
纪检组长 张秀娥

任弼时纪念馆

党组书记 曹合群
馆 长 李莨主
副 馆 长 周益祥 符国凡

市国家保密局

局 长 刘利民

市委机要局（市国家密码管理局）

局 长 邹青松

市委组织部

部 长 严 华
副厅级干部 殷石爱
常务副部长 许伟奇
副部长 刘传汉 周立社
谢 胜 张 赟 殷道春

党员干部现代远程教育管理中心

主 任 任栩栩

市直机关工作委员会

书 记 胡 伟
副书记 徐重林 毛永明 李力之
副书记、纪工委书记 翁桂萍
委 员 李志峰 方克君 周 劲

市委机构编制委员会办公室

主 任 罗忠勇
副主任 荣般芝 李耀华
副处级纪检员 袁益志

市事业单位登记管理局

局 长 杨九年

市委党校、市行政学院、市社会主义学院

第一校（院）长 严 华
校（院）长 朱葆芝
副校（院）长 刘宇赤 廖社华
刘建新 曾君华
教 育 长 霍益辉
纪检组长 李革风

市委老干部局

局长、书记 张 赟
副局长、副书记 许铁军
副局长 周 兰 余长庚 胡向荣
纪检组长 尹少勇

市委宣传部

部 长 徐新启
常务副部长 罗光辉
副部长 李 红 许卫国 李鹏飞
彭东明
纪检组长 易兴吾

市精神文明建设指导委员会办公室

主 任 许卫国

岳阳日报社

社长、书记 张思扬
总编辑、副书记 李鹏飞
纪检组长 皮露基
副 社 长 肖艳娟
副总编辑 魏 星 刘朝晖
工会主席 黄俊拔

市委讲师团

主 任 李桂华
副主任 蔡吉跃 李卫兵

市委统战部

部　长　严　华
副部长　沈六生　李建群　方亚华
　　　　王亚丹
纪检组长　梁旭光

市委台湾工作办公室

主　任　罗　纯
副主任　刘中力　张志勇

市委政法委员会

书　记　韩建国
副书记　刘孝纯　李健安　蒋仁凯
　　　　贾建湘　许　雄
纪检组长　李湘滨
政治部主任　胡平华
委　员　彭兴国　许继英

市综治办

主　任　李湘滨

市委维护社会稳定领导小组办公室

主　任　胡　卫

市人大常委会机构

内务司法委员会

主任委员　黄衍苗
副主任委员　刘孟虎　周　升

财政经济委员会

主任委员　丁金华
副主任委员　李卫平　杨旅华

教育科学文化卫生委员会

主任委员　徐登源
副主任委员　方平波　李学松

城乡建设与环境资源保护委员会

主任委员　郭明奇
副主任委员　许晓早　鲁　勇

农业与农村工作委员会

主任委员　贾罗生
副主任委员　万方平

选举任免联络工作委员会

主　任　王双凡
副主任　刘米英　戴　斌

预算工作委员会

主　任　李卫平
副主任　万旦明　余子鹏

办公室

主　任　谢卫东
副主任　李新洲　汤文彬　刘志强
　　　　戴　丽
纪检员　李首元

研究室

主　任　杨岳斌
副主任　李正钧

信访办

主　任　吴德仁

市政府机构

市政府办公室

主　任　王小中
副主任　刘衡岳　李国伟
党组成员　张　翎

市政府驻北京联络处

主　任　郑绍华
副主任　袁　波　杨啸非　祖庆恒

市政府驻上海联络处

主　任　廖星辉
副主任　徐　鸿　蔡志芳

市移民开发局

局　长　何晓明

市无线电管理处

主　任　李湘驹

市政府民族宗教事务局

局　长　查　宜

市人民政府政务服务中心

主　任　张　翎

市住房制度改革领导小组

主　任　许阳春

市住房公积金管理中心

主　任　刘跃红

市政府研究室

主　任　甘　勇
副主任　李文伟　宋可权

市政府法制办公室

主　任　何季如
副主任　向元宗　杨子建　赵　瑾

市信访局

局　长　丁源源
副局长　何四军　向阳春　李　霖

市委、市政府接待处

处长、书记　喻　文
副处长　钱丹青　胡　蝶
纪检组长　刘炳生

市发展和改革委员会

主任、书记　刘铁健
副主任、副书记　余国祥
副主任　张　鑫　易　灿　唐检保
　　　　欧阳思平　陈　辉
　　　　陆小成
总经济师　蒋仕林
纪检组长　夏安民

市两型社会滨湖示范区建设协调办公室

主　任　周文建

市经济建设投资中心

主　任　颜鸿钊

市金融工作办公室

主任、书记　李建雄
副主任　陈深彻　彭怡明　张　炯
　　　　宋元喜
纪检组长　何　雄

市经济和信息化委员会

主任、副书记　文春方
书记、副主任　李鲜利
副主任　李　煌　李岳星　曾曙光
　　　　陈岳红　程　均　姚海燕
工会主任　刘建武
总经济师　陈　丰
总工程师　徐舒翔

市科学技术局

局长、书记　谢春生
副局长、副书记　柳　怀
副局长　黄跃文　李立平　彭波涛
　　　　何厚德　张　忠
党组成员　李载智　袁　武
纪检组长　戴本柱
总工程师　罗明亮

市知识产权局

局　长　李正国

市地震局

局　长　吴奇良

市教育局

局长、书记　王志明
副局长、副书记　喻玲玲
副局长　宋杰林　刘志高　徐载满
　　　　朱新和
纪检组长　李晓雄
党组成员　张诗文　童卓君

市招生考试委员会办公室

主　任　刘益良

市大中专学校毕业生就业管理办公室

主　任　万志勇

市公安局

局长、书记　丁阳云
副书记　罗小康
副局长、副书记　唐文发　仇岳刚
副局长　喻伟民　苗晓光　曾新韬
　　　　王景亮　廖亚文
纪委书记、督察长　毛贻忠
政治部主任　欧阳德儒

市刑事侦查支队

支队长　邹坤光
政　委　阳文益

市治安支队

支队长　张　伟
政　委　李克山

市巡特警支队

支队长　张政协
政　委　刘永红

市交通警察支队

支队长　仇岳刚（兼）
政　委　余　昕

市监所管理支队
支队长 易 昊
政 委 万艳秋
市警官培训中心
主 任 张伟明
政 委 丁建兵
市边防检查站
站 长 潘蜀湘
书 记 王年开
市民政局
局长、书记 刘对平
副书记、副局长 黄 鸣
副局长 黄森林 张其瑞 曹远鹏
李建军 杨树生
纪检组长 李 彤
党组成员 周伟祥
市社会救助工作局
局 长 彭 浩
市司法局
局 长 张群望
副局长 熊赞国 何灿文 梁松林
刘铭竹 赵碧喜
纪检组长 胡进良
市劳动教养管理所
所 长 陈超群
政 委 黎鹏飞
市普法办公室
主 任 张 韬
市财政局
局长、书记 刘美树
副局长、副书记 方新群 邹三友
副局长 洪建军 熊建伍 谢建华
谭 斌
总会计师 周继祥
总经济师 何 斌
纪检组长 彭 坚
党组成员 李向阳
市非税收入征收管理局
局 长 陈 辉
市财政国库集中支付局
局 长 隋 蕾
市行政事业单位资产管理处
主 任 陈定宝
市农业综合开发办公室
主 任 钟 肯
市城市建设投资管理中心
总经理 方新群
副总经理 易 轩 李 铮
贺正哲
市人力资源和社会保障局
局长、书记 殷道春
副局长、副书记 卢进星
副局长 何卫宏 朱六斌 陈 彬
晏桃宝
何文忠 文飞宇 陆敏刚
党组成员 李鹏杰 邹望春 姜继辉
纪检组长 李有星
工会主席 卢景辉
市人才服务中心
主 任 邹望春
市劳动就业服务局
局 长 姜继辉
市社会保险事业管理处
处 长 李鹏杰
市医疗生育保险基金管理服务处
主 任 易惠军
市工伤保险基金管理服务处
处 长 李胜军
市劳动人事争议仲裁院
院 长 刘跃裕
市劳动保障监察支队
支队长 谈 抒
市住房和城乡建设局
局长、书记 谈正红
副局长、副书记 叶建国 李永忠
副局长 程志忠 刘继和 艾更知
罗文彬
总经济师 谢 卿
总工程师 刘新华
工会主任 易立先
市建筑设计院
院 长 刘正力
书 记 殷克然
市规划勘测设计院
院长、书记 伍 丽
市交通局
局长、书记 龚柏松
副局长、副书记 徐浩明 刘勇强
副局长 方全民 李炎云 张建辉
刘泽江
工会主任 刘强国
总工程师 吴鹏扬
党组成员 彭旅京
纪检组长 胡荣满
广州铁路(集团)公司岳阳火车站
站 长 聂国生
书 记 黄志雄
市农村公路局
主 任 谢 钢
市道路运输管理局
局长、书记 李 晖
市公共交通总公司
总经理 卢 平
书 记 胡春山
市城市公交管理局
局 长 周赞先
市交通质量和安全监督管理局
局 长 孙晓红
市107国道管理处
书 记 缪小靳
主 任 范 律
市农村工作办公室、市委农村工作部
部长、主任 华克敏
副部长、副主任 蔡绍忠 彭略武
施永国 李新生
朱诚放 郑剑山
纪检组长 李秀瑛
市农村经营管理局
局 长 晏春华
市政府扶贫开发领导小组办公室
主 任 李赐军
市能源生态局
局 长 凌晓明
市水务局
局长、书记 骆岳梨
副局长、副书记 皮梅芳
副局长 李超军 曾革军 许 杰
刘固华 刘湘龙
纪检组长 吴建平
工会主席 丁文奇
总工程师 方 潭
市防汛抗旱指挥部办公室
主 任 冯楚生
市水政水资源管理处
主 任 毛再斌
市农业局
局长、书记 谌亚忠
副局长、副书记 胡一心
副局长 刘利文 黄玉祥 陈 刚
左仕庚 周 泉
纪检组长 刘长华
总农艺师 高家枚
党组成员 黄泽根
市农业科学研究所
书 记 彭高文
所 长 李 平
市林业局
局长、书记 徐石坚
副局长、副书记 邱少雄 方归农
副局长 曹道伍 李永胜 孟正兴
杨大成
总工程师 李洪泽
纪检组长 邓金洲
党组成员 黄景文
市森林公安局
局 长 徐海湘
湖南东洞庭湖国家级自然保护区管理局
局 长 赵启鸿
市畜牧水产局

局长、书记　陈克祥
副局长　余世忠　何广庭　李学勇
　　高四新　蒋文胜　曾新保
总工程师　李亚白
纪检组长　赵志坚
总畜牧师　徐　勇
市铁山供水工程管理局
局长、书记　刘海波
副局长、副书记　尹　山
副局长　李新武　任伟明　骆新保
　　许泽波
纪检组长　付路明
总经济师　余东球
党委委员　许石兵
市农业机械管理局
局　长　万五龙
书　记　蔡绍忠
副局长　涂亚明　刘　勇
纪检组长　范　瑛
总工程师　彭小星
市长江修防处
处长、书记　湛锡光
副处长、副书记　蔡东华
副处长　杨军建　胡世忠　谢月秋
纪检组长　余　渊
工会主席　游兴盛
市招商局
局长、书记　王德华
副局长、副书记　邹慕贤
副局长　周剑农　张志超　刘友才
　　许德煌
纪检组长　唐立德
市商务局
局长、书记　熊道生
副局长、副书记　熊树林
纪检组长　李新武
副局长　丁道剑　宋岳军　陈文斌
　　冯庆新　周良凤
工会主席　汤美孚
机关党委书记　韩湘龙
市市场建设管理处
主　任　周月殿
市文化广电新闻出版局
局长、书记　汪　灿
副局长　刘光辉　柳亚非　何立夫
　　范泽容　何　亮
纪检组长　甘学红
市广播电视台
台　长　江玉祖
总编辑　杨衡之
副台长　谢青山　陶沙岸　张立军
　　罗永明
纪检组长　陈　勇
副总编　周泽柱　周钟声　罗　岚
工会主席　夏建华
市电视转播台
台　长　章宏平
市中波台
台　长　向东林
市新华书店
总经理　仇晓云
市文化市场综合执法局
局长、书记　孙山青
副局长、副书记　冯　毅
副局长　陈胜根　凌慧民
纪检组长　李玉新
市卫生局
局长、书记　黄军建
副局长、副书记　吴晓青
副局长　臧作明　胡小军　徐伟科
　　刘志敏
工会主任　李湘华
纪检组长　董艳萍
市血吸虫病防治领导小组办公室
主　任　李江辉
市人口和计划生育委员会
主任、书记　彭纲要
副主任　秦吉兵　赵曙光　孙　奕
潘宏军（援藏）　夏荣才
纪检组长　邵爱军
市审计局
局长、书记　罗陆平
副局长　邓春初　杨如松　李星吾
　　陈　超　丁湘平
总审计师　干忠叶
纪检组长　曾建国
市环境保护局
局长、书记　李国保
副局长、副书记　余岳良
副局长　李石六　卿　漪　蒋　卉
　　万四良　傅　平
总工程师　程育芝
纪检组长　周　兴
市环境监察支队
支队长　龚石罗
省（市）洞庭湖环境监测中心
主　任　汪　铁
市统计局
局长、书记　焦铎辉
副局长　邹　俭　徐光明　许勇球
　　吴龙标
总统计师　胡燕飞
纪检组长　胡列宇
市粮食局
局长、书记　邹国良
副局长、副书记　何友良
副局长　蔡宇志　黄时正　司马孟军
纪检组长　吴新平
工会主席　廖敬东
市物价局
局长、书记　殷清华
副局长　陈步清　周和平　韩保新
　　胡　颖　佚沛根
纪检组长　彭　晟
党组成员　周孝元
市价格监督检查局
局　长　周孝元
书　记　冯先义
市政府外事侨务办公室
主任、书记　邱　虹
副主任　涂爱军　王诗宽　罗爱慧
侨联专职副主席　毛伟华
纪检组长　陈文亮
工会主席　唐中华
市规划局
局长、书记　曹学军
副局长、副书记　杨劲松
副局长　陈　江　杨建军　张世愚
纪检组长　易湘清
党组成员　李建军　刘雪梅
市人民防空办公室
主任、书记　曲安江
副主任　孟庆杰　许其良　徐光华
　　李佳军　刘绍斌
纪检组长　贾建中
市体育运动局
局长、书记　徐远杰
副局长　陈跃进　王建龙　吕敬国
　　李永波
纪检组长　周　赞
市档案局
局　长　戴文慧
副局长、书记　任欣欣
副局长　陈祯祥
纪检组长　黄淑平
市旅游局
局长、书记　刘腊干
副局长、副书记　任巍辉
副局长　黄二良　杨川勇　吴　波
党组成员　李方爱
纪检组长　巢岳农
岳阳楼君山景区管理委员会
主　任　黄二良
市旅游发展有限公司
总经理　李方爱
市安全生产监督管理局
局长、书记　黄柏良
副局长、副书记　龙卓煌
副局长　李春光　赵珍彩

童俏冰 方延子
纪检组长 李荣华

市国有资产监督管理委员会

主任、书记 黄俊钧
副主任、副书记 陈琪钢
副主任 林军华 曹冠军
纪检组长 余良成
总经济师 贾双彬
工会主席 戴武会

市食品药品监督管理局

局长、书记 卢大平
副局长 王亚明 周志宏 邓艺文
王如松 徐焕斌
纪检组长 欧阳藏修

市药品检验所

所长、书记 毛谊平

市供销合作联社

理事会主任 罗 荣
监事会主任 何 晖
理事会副主任 胡 建 方国华
陈眺军
监事会副主任 李 静
纪检组长 陈 城
总经济师 刘三蒙
工会主席 李贻华

市口岸管理办公室

主任、书记 何移兵
副主任、副书记 宋振权
副主任 彭受宾 刘师迅 肖德根
纪检组长 李兰平

市公路管理局

局 长 罗黑反
书 记 冯嘉皇
副局长 吴加森 李茂文 刘美良
付瑞祥
高建勋 吴岳新
纪检组长 李海秋
党委委员 陈友斌
工会主席 邓永胜
总工程师 徐 军

市洞庭湖大桥管理局

局长、书记 彭旅京
副局长 钟鉴波 李华云
总工程师 伏挠宁
纪检组长 胡利华

市地方海事局

局长、书记 刘岳华
副书记、纪检组长 赖富成
副局长 杨德华 秦乐辉 邓跃飞
钟爱国 付维民
总经济师 黄 河

市城市管理局

局长、书记 陈阁辉
副局长、副书记 柳泗明
副局长 鲍京平 许心豪 陈定乾
胡荣华 许 淞 樊 卫
邓晓峰
总会计师 袁本德
纪检组长 周 峰
总工程师 陈 鑫

市风景园林局

局 长 程文艺

市市容环境卫生管理局

局 长 方欲林

市城市管理行政执法支队

支队长 刘其汉

市房地产管理局

局长、书记 李大元
常务副局长、副书记 易红卫
副局长、副书记 赵海波
副局长 张胡根 付 荣 葛文斌
叶湘林 刘高聃
总工程师 陈 宏

市政协机构

办公室

主 任 李永丰
副主任 马本木 黄建平
纪检组长 王东培

提案委员会

主 任 柳海平

经济科技委员会

主 任 潘刚强
副主任 陈北海 姚海根

文化教育卫生体育委员会

主 任 段 春
副主任 郭介川 任浩波

法制群团人口资源环境委员会

主 任 方建中
副主任 罗 湘

文史和学习委员会

主 任 刘祖保
副主任 王志龙 王馥兰

港澳台侨民族宗教外事委员会

主 任 杨 玲
副主任 杨驰军

国防建设

湖南陆军预备役步兵师第三团

团 长 李志勋
政治委员 王向东
副 团 长 朱启卫
参 谋 长 刘少红
政治处主任 阳哲民
后勤和装备处处长 周宗文

武警岳阳市支队

支队长 邓海兵
第一政治委员 丁阳云
政治委员 彭勇辉
副支队长 罗华雄
副政治委员 郑乾禄 常建清
参谋长 戴国兵
政治处主任 杨彦华
后勤处处长 元宇新

市消防支队

支队长 苏永亮
政治委员 何超群
副支队长 王科林
副政治委员 李志明
参谋长 杨胜利
政治处主任 王明科
后勤处处长 戴敏章
防火监督处处长 李俊杰

省主管机构、银行、保险

国家统计局岳阳调查队

队长、党组书记 吴当时
副队长 刘爱玲 李黄金
纪检组长 李 俞

市国土资源局

局长、书记 杨 克
副局长、副书记 胡 辉
副局长 万岳斌 易拓新 刘险峰
黄 琪
纪检组长 艾鲜枝
总经济师 严 菲
总工程师 彭四林
党组成员 李志宏
工会主席 陈湘栋

市国土资源执法监察支队

支队长 李志宏

市国家税务局

局长、书记 文延风
副局长、副书记 李小亚
副局长 陈回院 曹克俭
李石道（兼纪检组长）
罗 旻
总经济师 余稳成
总会计师 李森岩

市地方税务局

局长、书记 方志平
副局长、副书记 张 军
副局长 徐 奎 黎 毅
总经济师 罗平原
总会计师 唐益民
纪检组长 龙伟华

市工商行政管理局
局长、书记　王星耀
副局长、副书记　宋继军
副局长　林新湘　吕新民　罗岳锋
　颜石湘
纪检组长　周忠平
市质量技术监督局
副巡视员、书记　王石生
局　长　蒋跃进
副局长　赵奇志　胡力平　单　俊
　周　喆
纪检组长　刘荣保
总工程师　杨建良
中华人民共和国岳阳海关
关长、书记　何　洪
副关长　毛同坤　秦长林
党组成员　朱建平
中华人民共和国岳阳海关缉私分局
局　长　毛同坤
中华人民共和国岳阳海事局
局　长　龙营华
书　记　汪阳生
副书记、纪检组长　朱远志
副局长　周　韧　夏乐群
岳阳出入境检验检疫局
局长、书记　盛胜军
副局长　林建军
纪检组长　谢忻然
岳阳出入境检验检疫局城陵矶办事处
主　任　成亦吾
岳阳电业局
局　长　李伏才
书　记　杨立付
副局长　杨立古　杨五一　姚维平
工会主席　赵润琪
纪委书记　李泽龙
总工程师　唐丽红
总会计师　郭宜刚
市邮政局
局长、书记　李少锋
副局长　陈海山　狄　洪　范湘彤
中国电信股份有限公司岳阳分公司
总经理　唐述福
副总经理　刘爱军　万建湘
　罗　明　戴东文
湖南移动通信有限责任公司岳阳分公司
总经理　陈越南
副总经理、书记　李爱平
总经理助理　吴　铸　肖必胜
中国联合网络通信有限公司岳阳市分公司
总经理　陈松林
副总经理　刘文剑　杨錡顺　徐楚评

市烟草专卖局（公司）
局长、经理、书记　黄国联
副局长　刘湘江
副经理　毛岳胜
纪检组长　陈　览
岳阳盐务管理局
总经理　吴新明
局长、书记　李克才
副总经理　晏　勇　陈　楚　张森林
市气象局
书记、局长　邹用昌
副局长　陈万林　李东阳
纪检组长　向良权
岳阳监狱
监狱长、书记　龚　跃
政委、副书记　袁冰可
副书记、纪委书记　张运良
建新实业公司总经理　陈志刚
副监狱长　高常陆　林福生
　刘　伟　程志文
工会主席　艾祥卫
政治处主任　李　剑
党委委员　康　健
湖南省白泥湖劳教所
所长、书记　高利国
政委、副书记　伍贤坤
纪委书记　刘智峰
副所长　张良吉　潘建强　陈建鑫
　李向阳　李九根
政治处主任　左建华
工会主席　岳放清
中国石油化工股份有限公司湖南岳阳石油分公司
经　理　元立峰
书　记　罗　立
副经理　王军辉　谷秋林
湖南省血吸虫病防治研究所
所　长　易　平
书　记　罗志红
副书记　邓维成
副所长　任光辉　贺宏斌　彭先平
　王璋华　肖翠兰
工会主席　肖　群
纪委书记　刘兆春
中国人民银行岳阳市中心支行
行长、书记　谢汉阳
副行长　朱振球　任　辉　袁曙光
纪委书记　贺学群
工会主任　李利华
中国银行业监督管理委员会岳阳监管分局
局　长　罗治光
副局长　金爱钦
纪委书记　李雁新
中国农业银行岳阳市分行
行长、书记　陈千清
副行长、副书记　王建平
副行长、纪委书记　杨　辉
副行长　彭　勇　司马新义
中国银行股份有限公司岳阳分行
行长、书记　滕小明
副行长　肖群力　赵　勇
中国农业发展银行岳阳市分行
行长、书记　甘克勤
副行长、副书记　范金剑
副行长、纪委书记　朱奠荣
副行长　傅　圆
交通银行股份有限公司岳阳分行
行长、书记　周良成
副行长　李克拉　周利民　彭政红
中国工商银行股份有限公司岳阳分行
行　长　凌金建
副行长　柳会刚　喻康桥　陈飞宝
　罗　健
工委主任　袁校刚
建设银行股份有限公司岳阳分行
行长、书记　彭　辉
纪委书记　曹王飞
风险主管　周秋文
副行长　何柏青　梁运胜　李　强
华融湘江银行岳阳分行
行长、书记　殷六荣
副行长、副书记　郑　武
工会主席　严三益
副行长　姜卫其　韩志农
中国邮政储蓄银行岳阳市分行
行　长　肖子政
党委书记　胡奇志
副行长　刘清干
副行长　郑精兵
总审计师　谈　磁
湖南省农村信用社联合社岳阳办事处
主任、书记　王文芳
副主任　王小洪　马克银
中国人民财产保险股份有限公司岳阳市分公司
总经理、书记　谭　赣
纪委书记　刘忠祥
副总经理　杨晓明
党委委员　任　燕
总经理助理　袁爱吾
中国人寿保险股份有限公司岳阳分公司
总经理、书记　李仁松
副总经理　曾政新
党委成员　熊灵芝
中国太平洋财产保险股份有限公司岳阳中心支公司
总经理　刘敬军
副总经理　颜伟琦　何　华　毛伟波

中国太平洋人寿保险股份有限公司岳阳中心支公司
总经理 卢顺芝
副总经理 易海洋
总经理助理 肖 钢
中国平安财产保险股份有限公司岳阳中心支公司
总经理 马立新
副总经理 付小义 谢志辉
中国平安人寿保险股份有限公司岳阳中心支公司
总经理 吕 峰
后援负责人 张安安
新华人寿保险股份有限公司岳阳中心支公司
总经理 熊 鹰
副总经理 石 磊
总经理助理 李晚雄

学校（院）、医院

湖南理工学院
书 记 彭时代
院长、副书记 韦成龙
副书记 余三定
正校级督导员 郭振斌 文艺文
副院长 易健民 邱绍雄 卢先明
李 文 张松德 钟 华
纪委书记 刘六工
岳阳职业技术学院
书 记 肖自力
院长、副书记 段 华
副书记 潘岳生
常务副院长 张 建
副院长 李应龙 吴丽文 李晚林
纪委书记 胡振东
工会主席 陈卫东
湖南民族职业学院
书 记 袁建华
院长、副书记 吴顺发
副书记 童和歆
常务副院长 戴南海
副院长 王立丁 文小华 李葵模
纪委书记 杨火保
工会主席 戴金波
湖南石油化工职业技术学院
书 记 李结果
院 长 徐 方
副院长 孙 雷 刘 滔
工会主席 郭丽荣
纪委书记 周耀华
党委委员 陈 平
岳阳广播电视大学
书 记 陈美中
校长、副书记 黄湖滨
副校长、副书记 袁 征
副校长 江家立 封 屹
纪委书记 乐艳华
岳阳工业技术学院（中南工业学校）
书 记 赵跃先
院 长 张文兵
副院长 唐世林 方柏年 章传美
张旭辉
副书记、纪委书记 杨力强
岳阳中学
校长、书记 林 立
副校长 郑社求 孙 瑾 王哲生
李仲芬
纪委书记 李阳春
市第一中学
校 长 廖炳晔
书 记 李赞辉
市第十四中学
校 长 符新培
书 记 杨 锋
市第十五中学
校 长 宋卓辉
市第一职业中等专业学校
校 长 孙光友
书 记 潘志扬
市一人民医院
院长、副书记 唐 敏
书 记 曾 强
副院长 李自华 夏伟瑜 余飞跃
许文杰
纪委书记 王学明
工会主席 陆海湖
党委委员 张建安
市二人民医院
院长、副书记 吴晓球
书 记 李 岳
副书记 王松柏
副院长 应民政 方兴旺 刘 芳
杨福炎
纪委书记 刘文龙
工会主席 方志明
市三人民医院
院长、副书记 葛华阶
书 记 文立波
市中医院
院长、副书记 向明波
书 记 邓寅风
副院长 张正元 邹智国 余绍清
司马雄翼 曹建雄
工会主席 钟利民
市爱国卫生运动委员会办公室
主 任 黎 明
市疾病预防控制中心
主任、副书记 黄岳四
书 记 姚建云
市卫生监督中心
主任、副书记 张壮军
市中心血站
站长、副书记 方奎明
市妇幼保健院
院长、副书记 袁劲进
书 记 陈 卓
市康复医院
院 长 曾建国
市红十字会
常务副会长 李一锋

民主党派·工商联

中国国民党革命委员会岳阳市委员会
主 委 秦吉兵
专职副主委 陈立新
副主委 任浩波 袁正宏
秘书长 彭岳斌
中国民主同盟岳阳市委员会
主 委 万岳斌
副主委 傅小松 李石夫
中国民主建国会岳阳市委员会
主 委 方争奇
副主委 梁志军 王五星 李永波
中国民主促进会岳阳市委员会
主 委 隋国庆
专职副主委 李尧瑶
副主委 张世愚 袁公平 丁卫平
中国农工民主党岳阳市委员会
主 委 李 为
专职副主委 周 波
副主委 司马雄翼 林 辉
中国致公党岳阳市委员会
主 委 余炳锐
副主委 黄玉祥 丁湘平 李 文
九三学社岳阳市委员会
主 委 李 平
专职副主委 郭跃平
副主委 黄二良 付 萍
市工商业联合会
主 席 刘晓英
书 记 沈六生
副主席 赵小龙 张 超
纪检组长 肖华斌

社会群众团体

市总工会

主　席　樊进军（兼）
书记、副主席　谭志兰
副书记、副主席　彭慕侬
副主席　卢　谦　刘其元　冯胜建
纪检组长　彭城华
经费审查委员会主任　李文新

市妇女联合委员会
主席、书记　喻岳兰
副主席　杨　勤　胡晓明　吴玉玺
纪检组长　曾　琴

共青团岳阳市委员会
书　记　汪　灿
副书记　姜佳莉　白再兴　万　东
刘曙光

市社会科学界联合会
主　席　胡中习
书　记　李　红
副主席　李平辉　刘光明

市文学艺术界联合会
主席、书记　蔡世平
副书记　刘子华
副主席　聂尚武　周　迅

市科学技术协会
书　记　吴罗生
主　席　何祚云
副主席　张长庚　单宇利　傅道德
纪检组长　陈　虎

市残疾人联合会
理事长、书记　向科军
副理事长　沈　楠　李正望

部·省·市属企业单位

中国石油化工股份有限公司巴陵分公司
中国石化集团资产经营管理有限公司巴陵石化分公司
总经理、副书记　朱建民
书记、副总经理　李大为
副书记、纪委书记、工会主席　宾湘华
副总经理　李德武　谭怀山　张韶熙
李德刚　许世政
总会计师　郑联福

中国石油化工股份有限公司长岭分公司
中国石化集团资产经营管理有限公司长岭分公司
董事长、书记、总经理　侯　勇
总经理　李　华
副总经理　文志成　邵国刚　刘建平
谢型样
总会计师　谯培武

华能湖南岳阳发电有限责任公司
总经理（厂长）　唐烂芳
书记（副厂长）　尹开颜
副总经理（副厂长）　李亚强
郝明波
副书记、纪委书记、工会主席　周立华

岳阳林纸股份有限公司
董事长　童来明
总经理　蒋利亚
常务副总经理　刘曙光
副总经理　尹　超
董事会秘书　施湘燕
总工程师　邵启超
财务负责人　陈绍红
监事会主席　邹小弟

湖南华升洞庭麻业有限公司
董事长　黄云晴
总经理　宋学军
书　记　蒋贤明
副总经理　荣金莲　曾建云　陈继无
胡世如　李绍如

际华3517橡胶制品有限公司
董事长　张　进
书　记　傅　胜
总经理　容三友

中国化学工程第四建设公司
董事长、书记　刘德辉
总经理　胡流芳
副总经理　钱家林　陈荣仓
周　鸿　周　栗
周水柏
副总经理、总会计师　李石付
副书记、纪委书记　何玉文
总工程师　孙　韵

岳阳神驰运输集团
董事长、书记　袁　俊
总经理、副书记　胡太勋
副书记、纪委书记　汪景林
副总经理　李载良　戴文力
许　峰　张怀国
监事会、工会主席　李宏伟
党委委员　晏岳华

湖南省核工业地质局311大队
大队长　肖国强
书记、工会主席　皇甫悦心
副大队长　熊建华
副书记、纪委书记　汪巧红
副大队长、总工程师　谭黎明

长江动力机械厂
厂长、书记　周　华
副厂长、副书记　向　前
副厂长、总工程师　童俊威
总会计师　胡国明
副厂长　丁立辉　周　耿　吴　杰

岳阳城陵矶新港有限公司
董事长　蒋昌贵
总经理　徐忠诚
副总经理　陈述林　邓隆标
财务总监　孙　尧

国信军创（岳阳）六九零六科技有限公司
董事长、总经理、书记　向志明
生产副总经理　徐志和
经营副总经理　张万英
副书记、纪委书记、工会主席　涂永良

责任编校　王　艳　龚英明

中共岳阳市委员会

THE COMMUNIST PARTY OF CHINA YUEYANG MUNICIPAL PARTY COMMITTEE

重要会议

【市委经济工作会议】 2011年2月10日，市委经济工作会议在市文化艺术会展中心召开。会议的主要任务是：深入贯彻党的十七大和十七届四中、五中全会以及中央、省委经济工作会议精神，回顾总结“十一五”，展望谋划“十二五”，研究部署2011年经济工作。

市委书记易炼红作题为《奏响民本岳阳和谐崛起最强音》的讲话。市委副书记、市长黄兰香主持会议并讲话。市委副书记盛荣华就人口和计划生育工作讲话，市委常委、政法委书记陈奇达就社会治安综合治理工作讲话，副市长陈四海就农业农村工作讲话。

易炼红指出，“十一五”是岳阳发展速度最快、发展质量最好的时期之一，是城乡面貌变化最大、人民群众受惠最多、社会最为和谐稳定的时期之一。五年的伟大实践使我们积累了宝贵的发展经验，那就是始终坚持深深植根于岳阳这方热土的民本岳阳的执政和发展理念，始终大力弘扬以人为本、民生为先的忧乐精神，解放思想、改革创新的求索精神，负重奋进、攻坚克难的骆驼精神，团结拼搏、奋勇争先的龙舟精神，形成了推动岳阳经济社会又好又快发展的无坚不摧、战无不胜的强大力量。

面对机遇与挑战并存的“十二五”，易炼红指出：经济升温与政策趋紧交织，要抢抓机遇、提速发展；产业扩张与转变方式交结，要转型升级、优化发展；优势优先与梯度推进交汇，要统筹兼顾、协调发展；民生改善与需求升级交替，要共建共享、人本发展；社会稳定与矛盾多发交错，要创新管理、和谐发展；走势强劲与竞争加剧交融，要乘势而上、跨越发展。

易炼红要求，强力推进“五市一极”建设，把岳阳打造成为长江经济带上一颗璀璨的明珠。第一，要突出项目带动，努力建设现代工业大市；第二，要突出产业支撑，努力建设现代农业强市；第三，要突出港口带动，努力建设现代航运物流旺市；第四，要突出品牌打造，努力建设现代旅游热市；第五，要突出“五创”提质，努力建设现代生态宜居城市。

黄兰香要求，做好2011年的经济工作，要紧扣中心，抓好七个方面的重点工作。一是突出项目建设，二是突出环境优化，三是突出民生改善，四是突出节能减排，五是突出改革创新，六是突出基层基础，七是突出“五创”提质。

会议对2010年度建设民本岳阳、行政绩效考核、市实事承办、人口和计划生育、信访、推进新型工业化、发展非公有制经济、社会治安综合治理、促进经济发展、支持地方经济发展、招商引资、新农村建设帮扶和新农村建设授牌示范村等先进集体和突出贡献单位进行了颁奖表彰。各县市区负责人递交了人口计生和社会治安综合治理工作责任状。

【市委党务工作暨加强新时期群众工作会议】 2011年2月22日，市委党务工作暨加强新时期群众工作会议在市文化艺术会展中心召开。会议的主要任务是：安排部署全市党务工作和新时期群众工作，为推进“四化两型”战略、建设“五市一极”、奏响民本岳阳和谐崛起最强音提供坚强的政治保障和坚实的群众基础。市委书记易炼红作讲话，市委副书记、市长黄兰香主持会议。

易炼红指出，做好新时期群众工作，要按照“深入民众，紧贴民心；尊重民意，维护民利；依靠民力，共建民享”的基本要求，坚持“规范性、协同性、开放性、创新性、实效性”的基本原则，不断开创新时期群众工作新局面。

黄兰香要求，全市各级各部门要迅速贯彻会议精神，各级各部门要按照“一岗双责”的要求，在抓好经济发展和社会管理的同时，努力做好新形势下的群众工作和党务工作，为岳阳经济社会发展提供强大的思想、组织、人才和制度保障。

会议对2010年度党务工作先进集体进行表彰。市纪委（监察局）通报2010年查处的典型案件。

【市委五届十次全会】 2011年5月9日，市委五届十次全会在南湖宾馆召开。会议表决通过《关于召开中国共产党岳阳市第六次代表大会的决议》。市委书记易炼红在会上发表讲话，市委副书记、市长黄兰香主持会议，市委副书记盛荣华作《关于召开中国共产党岳阳市第六次代表大会的决议（草案）》的情况说明。

易炼红指出，这次全会决定召开的市第六次党代会，是在全市上下认真贯彻落实“十二五”规划，强力推进“四化两型”、努力建设“五市一极”的关键时刻召开的一次极为重要的会议，是全市广大党员干部群众政治生活中的一件大事。要通过开好这次党代会，全面客观、认真总结过去五年所取得的成就，科学分析、正确研判未来发展走势，深入谋划、安排部署今后五年岳阳经济建设、政治建设、文化建设、社会建设和党的建设的奋斗目标和主要任务。在“十二五”开局之年召开市第六次党代会，对于“十二五”开好局、起好步，进而顺利实现“十二五”宏伟蓝图、促进岳阳经济社会更好更快发展，实现岳阳经济转型升级、更大更强意义重大、影响深远；对于进一步加强和改进新时期党的建设，提高科学执政、民主执政、依法执政能力，提升党建科学化、规范化、制度化水平意义重大、影响深远，必将统一全市广大党员干部群众的思想和认识，凝聚各方智慧和力量，激发全市干事创业的激情和干劲，共同奏响民本岳阳和谐崛起的最强音。要站在全局、战略、长远的高度，充分认识开好市第六次党代会的重要性，自觉把思想和行动统一到省委、市委的安排部署上来，统一到促进岳阳经济社会更好更快发展的总体要求上来，以对550万岳阳人民高度负责的态度、以对岳阳未来五年乃至更长时期经济社会发展高度负责的态度，以强烈的政治责任感和历史使命感，认真细致、有效做好各项准备工作，真正把这次会议开成一次团结、民主、务实、创新的大会，开成一次气氛热烈、凝心聚力、提神鼓劲、继往开来的大会。

黄兰香要求，认真传达学习市委五届十次全会精神，充分认识开好市第六次党代会的重大意义，自觉把思想和行动统一到市委的要求上来，做好各项准备工作，确保大会圆满成功。要做好当前工作，一是集中精力做好县市区党委换届工作；二是集中精力抓经济发展和项目建设，深入开展为企业排忧解难、优化经济发展环境活动，开展“促发展、比贡献”活动，取消或精简各种不必要的会议、活动和检查，聚精会神谋发展，一心一意搞建设，以优异成绩迎接市第六次党代会的胜利召开。

【市委五届十一次全会】 2011年9月14日，市委五届十一次全会在南湖宾馆召开。会议酝酿、表决确定岳阳市出席省第十次党代会代表候选人预备人选名单。市委书记易炼红主持会议，市领导黄兰香、盛荣华、彭国甫、李湘岳、白尊贤、赖社光、陈奇达、康代四、韩建国、严华、徐新启、李劲夫、樊进军、陈吉辉，以及在家的市委委员、候补委员出席会议，全体市纪委委员列席会议。

市委常委、组织部部长严华作《关于岳阳市出席中国共产党湖南省第十次党代会代表候选人预备人选酝酿产生情况的说明》。全市认真贯彻省委要求，精心部署省党代表候选人推荐人选的推荐工作，严格履行推荐程序，自下而上逐级推荐省党代会代表候选人推荐人选。市委常委会9月13日召开会议讨论通过了候选人初步人选名单。预备人选酝酿名单59名，其中各级领导干部代表人选34名，各类专业技术人员代表人选14名，各条战线先进模范人物代表人选11名，妇女代表人选17名，少数民族代表人选2名，50岁以下的代表人选46名，其中35岁以下代表人选5名。会议以无记名投票的方式，一致通过岳阳市出席省第十次党代会代表候选人预备人选名单。

【市委五届十二次全体（扩大）会议】 2011年9月19日，市委五届十二次全体（扩大）会议在南湖宾馆召开。市委书记易炼红主持会议并讲话。会议听取了中共岳阳市第六届委员会委员、候补委员和市纪律检查委员会委员人事安排的说明，审议并表决通过中共岳阳市第五届委员会工作报告（审议稿）、岳阳市纪律检查委员会工作报告（审议稿），同意提交中共岳阳市第六次代表大会审议。两个工作报告在提交全会审议之前，市委在各层面召开座谈会，广泛征求和听取各方面意见。同时，市委还开展为党代会献计献策活动，通过各种渠道，收集到3700多条意见和建议。根据各方意见建议，大会秘书处文件报告组对报告进行不断修改、提升和完善，形成中共岳阳市第五届委员会工作报告（审议稿）、岳阳市纪律检查委员会工作报告（审议稿）。通过审议，与会人员举手表决，一致通过两个工作报告。

【市第六次党代会】 2011年9月20日，中共岳阳市第六次代表大会在市文化艺术会展中心开幕。大会执行主席黄兰香宣布大会开幕。出席开幕式的代表474名，因事、因病请假9人，实到465人。

易炼红代表中共岳阳市第五届委员会向大会作题为《强力推进“四化两型”，加快建设“五市一极”，续写民本岳阳和谐崛起新篇章》的工作报告。

易炼红指出，市第五次党代会以来，全市深入贯彻落实科学发展观，在省委、省政府的坚强领导下，强力推进“一化三基”和“四化两型”战略，认真践行民本岳阳的执政和发展理念，团结一致，求真务实，圆满完成市第五次党代会确定的各项目标任务。这五年，是岳阳发展速度最快、发展质量最好的时期之一，是城乡面貌变化最大、人民群众受惠最多、社会最为和谐稳定的时期之一，是党委领导核心作用发挥充分、民主集中制坚持得好、几大家班子最团结、全市上下谋事干事氛围最浓的时期之一。岳阳经济、政治、文化、生态、社会和党的建设全面发展，民本岳阳和谐崛起的时代强音在巴陵大地激情奏响。五年来，全市全力推进“产业兴旺”，进一步稳固了全省第二的重要地位；全力推进“城乡秀美”，进一步提升了生态宜居的城市形象；全力推进“文化繁荣”，进一步焕发了文化名城的时代新姿；全力推进“民生殷实”，进一步构筑了以人为本的幸福家园；全力推进“社会和谐”，进一步展现了政通人和的巴陵胜状；全力推进“走势强劲”，进一步奠定了更好更快的坚实基础；全力推进党的建设，进一步强化了富民强市的领导核心。

易炼红在报告中明确指出岳阳市后五年的指导思想是：高举中国特色社会主义伟大旗帜，坚持以邓小平理论、“三个代表”重要思想为指导，深入贯彻落实科学发展观，在省委、省政府的坚强领导下，认真践行民本岳阳的执政和发展理念，以“科学发展、富民强市”为主题，以“转型升级、更大更强”为主线，强力推进“四化两型”，加快建设“五市一极”，全面加强经济、政治、文化、社会和生态建设，以改革创新精神全面推进党的建设新的伟大工程，不断提高党的建设科学化水平，续写民本岳阳和谐崛起新篇章。后五年的奋斗目标是：全市经济总量达到3330亿元，财政总收入达到355亿元，城乡居民人均收入分别达到39835元和13779元，确保全省第二的地位更加稳固、更加强势，努力实现产业更加兴旺、城乡更加秀美、文化更加繁荣、民生更加殷实、社会更加和谐、走势更加强劲，在巴陵大地描绘出政通人和、物阜民康、幸福涌流、活力迸发的壮丽画卷！

会上，市委常委、市纪委书记康代四代表中共岳阳市纪律检查委员会作工作报告。报告回顾了岳阳市过去五年来反腐倡廉的基本情况，提出后五年进一步加强反腐倡廉工作的主要任务。康代四强调，后五年，全市上下要认真贯彻落实党中央确立的反腐败战略方针、基本原则、领导体制和工作机制，继续加强以完善惩治和预防腐败体系为重点的反腐倡廉建设，加强以保持党同人民群众血肉联系为重点的作风建设，着力解决人民群众反映强烈的突出问题，真抓实干、开拓创新，不断提高反腐倡廉建设科学化水平，为实现这次党代会确定的奋斗目标提供坚强的纪律保证。

【市委六届一次全会】　2011年9月22日，市委六届一次全会在南湖宾馆召开。市委书记易炼红受市第六次党代会主席团的委托，主持召开这次全会。全会通过市委六届一次全会选举办法，通过监票人名单，在酝酿了市委常委、书记、副书记候选人建议名单后，选举产生六届市委常委11名，在市委常委中选举产生书记1名，副书记2名。全会通过市纪委一次全会的选举结果。

【市委常委扩大会议】　2011年7月27日，市委召开常委扩大会议，学习传达省委常委扩大会议和省委九届十三次全会精神，结合岳阳实际，对2011年下半年经济工作进行部署安排。市委书记易炼红主持会议并讲话。市委副书记、市长黄兰香通报上半年全市经济社会发展情况，分析当前全市经济形势，对后段工作进行部署。

2011年10月9日，市委召开常委扩大会议，研究部署全市“六五”普法、加快水利改革发展、环南湖城市设计以及城区水系“四湖两河治理”工程等工作。市委书记易炼红主持会议。市司法局负责人传达全省基层依法治理暨第七次法制宣传教育工作会议精神，并就推动岳阳市法治建设和“六五”普法工作提出意见建议。会议讨论通过《关于在全市公民中开展法制宣传教育的第六个五年规划》（草案），同意适时召开全市第七次法制宣传教育工作会议。市水利局负责人通报了省委水利工作会议精神和岳阳市的贯彻落实情况，并将成立市水利改革发展工作领导小组、召开市委水利工作会议、审批《岳阳市加快水利改革发展方案》等问题提请会议讨论。会议还听取市规划局负责人关于环南湖城市设计方案的汇报及大家的意见建议、市长江修防处负责人关于岳阳城区水系“四湖两河治理”工程的设想。

【市委水利工作会议】　2011年10月19日，市委水利工作会议在南湖宾馆召开。会议主要任务是：深入贯彻落实中央、省委水利工作会议精神，进一步统一思想、明确目标、落实措施，在全市上下迅速掀起治水兴水的新热潮，推动水利事业跨越式改革发展。市委书记易炼红，市委副书记、市长黄兰香出席会议并讲话，市委副书记盛荣华主持会议。会议宣读《岳阳市加快水利改革发展方案》，方案确定岳阳市水利改革发展的指导思想是：坚持以科学发展观为引领，认真贯彻落实党中央、国务院和省委、省政府关于加快水利改革发展的一系列重大决策部署，深入践行民本岳阳的执政和发展理念，统筹城市和农村两个区域，统筹水资源开发利用和管理保护两项任务，推进工程水利向资源水利、传统水利向现代水利两个转变，加快建立人水协调的现代水利体系，为强力推进“四化两型”、加快建设“五市一极”，续写民本岳阳和谐崛起新篇章提供坚实的水利支撑和保障。水利改革发展的目标任务是：到2020年，全面构建水安、水利、水清、水美、水畅、水活的水环境新格局，让水利更好地服务经济社会发展。

【举行纪念中国共产党成立90周年庆祝大会】　2011年6月29日，市委、市政府在市文化艺术会展中心举行纪念中国共产党成立90周年庆祝大会。市委书记易炼红在会上发表讲话，市委副书记、市长黄兰香主持会议。会议向50年以上党龄的老党员代表颁发荣誉纪念章，对一批全市先进基层党组织、优秀共产党员、优秀党务工作者进行表彰。市领导盛荣华、彭国甫、李湘岳、白尊贤、赖社光、陈奇达、康代四、韩建国、严华、徐新启、李劲夫、樊进军等，50年以上党龄共产党员代表，曾担任市重要领导职务的退休领导干部代表，受表彰的全市先进基层党组织、优秀共产党员、优秀党务工作者代表，市直正处级以上单位党政主要负责人、分管党务工作副职、政工人事科长（机关党委专职副书记），中央、省驻岳单位党委组织部门负责人，以及部分机关干部800余人参加会议。

重大活动

【开展“迎接党代会·奏响民本岳阳和谐崛起最强音”献计献策活动】　2011年，为集中民智，开好市第六次党代会，使各项决策更好地体现科学发展观的要求，体现人民群众的意愿，市委决定采取多种渠道多种方式在全市党员和干部群众中开展献计献策活动，并印发《“迎接党代会·奏响民本岳阳和谐崛起最强音”献计献策活动实施方案》。献计献策重点围绕建设现代工业大市、现代农业强市、现代航运物流旺市、现代旅游热市、现代生态宜居城市和湖南经济新增长极，围绕加强改进新时期党的建设、推进“创先争优”、创新社会管理、做好群众工作、抓好“五创”提质等工作开展。参与方式有单位报送、信箱投递、信函参与、网络参与、问卷调查、活动参与等方式。市委书记易炼红为此多次深入基层一线，走访老领导和普通干部群众，调研座谈，征求意见。市委副书记、市长黄兰香专门主持召开促进中小企业发展献计献策座谈会。其他市领导带头深入基层求贤问计，真情实意倾听群众声音。全市140多位离退休老干部积极为岳阳发展建设建言献策。陈秉芝、梅楚波、黄甲喜、罗传根、高碧云、刘泗元、陈志刚、张治雄等65位市“四大家”老领导还联名对全市经济社会发展以及各县市区经济发展提出宝贵的具体建议和对策。市人大代表、政协委员、专家学者充分发挥智囊库优势结合社情民意纷纷建言。各县市区、市直各部门单位主要负责人纷纷行动，深入基层，踊跃献策。全市有56位县市区和市直部门党政一把手撰写献计献策调研文章。广大市民积极参与，把对岳阳建设发展的热切关注化作建言献策的实际行动。新闻媒体为献计献策活动做好宣传工作。《岳阳日报》在头版开辟《献计党代会 共谋新发展》专栏，报道70多篇。岳阳电视台《岳阳新闻》栏目开辟2个版块，播出相关新闻200多条次。红网岳阳论坛在献计献策专栏刊登300多篇具有较高价值的献计献策文章。市广播电台、《长江信息》报、《洞庭之声》报、岳阳网、岳阳新闻网、《民本岳阳》等媒介也为活动进行宣传报道，营造舆论氛围。2011年6月初至9月中旬，社会各界近万名人士踊跃参与献计献策活动，征集到意见、建议3700多条。经过市委献计献策活动领导小组组织专家分类和评选，评选出68篇献计献策优秀建议、15位献计献策优秀个人、15个献计献策组织工作先进单位、15位献计献策组织工作先进个人。

【西藏山南地区党政代表团到岳阳考察】　2011年12月5日，西藏自治区山南地委副书记、地区行署专员赵宪忠率山南地区党政代表团到岳阳考察。省委常委、岳阳市委书记易炼红会见代表团一行，省政府办公厅副巡视员石慧农，市领导黄兰香、盛荣华、韩建国、樊进军、隋国庆等先后陪同。在岳阳·山南地区对口援助工作座谈会上，赵宪忠指出，16年来，岳阳市委、市政府累计选派6批33名优秀干部到桑日县工作，带去先进的发展思路，为当地群众谋利益、办实事，赢得桑日县各族干部群众的爱戴和信任。累计援助资金7468.4万元，项目涉及新农村、市政、交通等方面，一批批援藏项目已成为湘藏人民友谊的历史见证。为桑日县培养培训一批专业人才，解决种养殖等方面的技术难题，加快桑日农牧业产业化发展步伐。大力推进援藏招商，一批批招商项目成功落地，援藏工作实现由“输血型”向“造血型”的转变。赵宪忠表示，将学习岳阳市推进科学发展的好经验、好做法，深化两地间的交流与合作，增加了解、加深感情，推进援藏工作向纵深发展。

盛荣华表示，岳阳与西藏虽然远隔千山万水，但两地人民的心紧紧相连。岳阳将更加充分利用对口援助这个平台，进一步加大援藏工作力度，加强与山南和桑日的合作与交流，实现优势互补，促进共同发展。代表团一行还参观考察了岳阳楼景区、君山公园等地。

（黄　满）

纪检监察工作

【概况】　2011年，岳阳市纪检监察机关认真贯彻落实中央纪委第六次全会精神和党风廉政建设责任制要求，全面落实反腐倡廉各项工作任务，推进党风廉政建设和反腐败工作，取得明显成效。岳阳市连续第五年被评为全省反腐倡廉建设先进单位，反腐倡廉制度廉洁性试点工作被评为全省纪检监察创新工作。

一、全力服务和保障经济发展。牵头组织相关单位开展对加快转变经济发展方式的监督检查，重点围绕水利改革、节能减排、环境保护、耕地保护等9项内容开展专项检查，及时发现并督促整改一批突出问题。开展工程建设领域突出问题专项治理情况和市中心城区内经济适用房、廉租房政策落实情况专项检查，分别向有问题的县市区和市直单位下发整改通知书，对整改落实情况进行全面督查。继续深入推进规范权力运行制度建设，第一批开展规范权力运行制度建设的69个市直单位完成清理职权底数、编制权力目录和流程图、查找风险点、制定完善各项制度等工作。启动党委、人大、政协、司法机关和社会团体的规范权力运行制度建设工作。加快电子政务和电子监察系统建设，争取市委、市政府重视，市财政投入1500多万元，完成市本级政务中心的视频监控系统建设，指导督促10个县市区完成接入光纤的连通工作，初步建成省市县联网的电子监察系统。按照《民本岳阳九项工程2011年度重点工作目标任务分解》的要求，牵头组织对2011年“诚信岳阳”工程目标任务进行分解，对5大项24小项目标任务所涉及的23个成员单位的任务落实情况开展了督查。开展重大项目建设环境集中整治行动，制定《关于优化重大项目建设环境的实施意见》、《关于设立临港产业新区绿色通道的实施意见》等文件。继续做好服务长炼油品质量升级改扩建项目工作，协调解决了后期建设中的相关问题。对市教育局等15家市直单位开展了重点岗位效能监督。2次进行经济环境网上测评，测评结果在全市公开通报，对排名靠后单位的负责人进行诫勉谈话。深化厂务公开工作，制定《推进国有企业贯彻落实“三重一大”决策制度的实施办法》，召开全市厂务公开民主管理工作总结表彰会，促进厂务公开民主管理。认真受理行政效能举报投诉，加大办理力度，市行政效能投诉中心受理投诉49件次，已按要求全部办结，及时处理了随岳高速等重点项目建设中的环境投诉问题。严肃查办损害经济环境的案件，查办损害经济环境的案件11件，立案9人，移送司法机关4人。

二、认真抓好反腐倡廉宣传教育。开展“责任与共”主题教育活动，下发《关于开展反腐倡廉“责任与共”主题宣传教育活动的通知》，把贯彻落实中央新修订颁布的《关于实行党风廉政建设责任制的规定》与理想信念教育、岗位廉政教育、示范教育、警示教育、党纪法规教育相结合，筑牢广大党员干部拒腐防变的思想道德防线。加强干部教育培训，在市委党校举办新任领导干部廉政培训班和纪检监察干部培训班，选派8批55名纪检监察干部参加中纪委、省纪委业务培训。加强廉政文化“六进”示范点建设，新增市级廉政文化“六进”示范点7个，营造廉政文化氛围。加强反腐倡廉宣传报道，在《岳阳日报》开设“学习贯彻纪委全会精神，深入推进反腐倡廉建设”和“反腐倡廉建设五年工作回眸”专栏，在《中国纪检监察报》、中国廉政网等省级以上报刊杂志和网络媒体上刊发新闻稿件和工作信息240多篇，及时宣传报导和整体推介岳阳市反腐倡廉工作。

三、严肃查处违纪违法案件。坚持有案必查。全市纪检监察机关党纪政纪立案687件，给予党纪处分458人，政纪处分153人，移送司法机关46人。其中市纪委监察局立案23件，涉案处级干部12人，移送司法机关处理12人。重点查办了市计生委原主任谢某、市安监局原副局长姜某、市经信委原副主任李某等利用职权收受贿赂案，南湖风景区工委原副书记、管委会原副主任蔡某等违规插手干预工程建设、收受贿赂案，岳阳楼区政府原副调研员刘某等严重损害项目建设环境案、临湘市黑恶势力保护伞等大要案件，以反腐败的实际成效取信于民。发挥查案治本功能。在市党务工作会上公开通报一批上年度查办的典型案件，建立到发案单位通报案件制度，先后在岳阳楼区、岳阳经济技术开发区、市财政局、平江县等单位通报了一批案件，以身边的典型案例教育各级党员干部，督促发案单位建章立制，加强管理，堵塞漏洞，推进了源头治腐工作。

四、深入推进反腐倡廉制度建设。出台《关于加强监察审计法制工作的若干意见》，配套制定《贯彻落实〈省纪委、省监察厅关于重大项目向纪检监察机关报告的暂行办法〉的实施意见》、《岳阳市未纳入预算的政府性基金及专项资金管理使用情况抄报监察审计机关备案暂行办法》，制定《机关事业单位招录招聘工作人员监督管理暂行办法》，《关于进一步加强和改进公共资源交易管理的试行意见》、《岳阳市防治公共资源交易领域腐败创新工作实施方案》，对从源头上预防腐败发挥了重要作用。开展反腐倡廉制度执行和重大决策部署落实情况专项检查，对各县市区和市直单位贯彻执行《廉政准则》，清理规范庆典、研讨会、论坛活动，规范征地拆迁行为等12个方面的情况开展专项检查，及时通报检查情况。督促有关单位按照要求对存在的问题进行整改。

五、严格规范领导干部从政行为。抓好《廉政准则》及实施办法的贯彻落实，督促党员领导干部落实“八个严禁、五十二个不准”的规定。开展“两述三谈”活动，制定了《岳阳市县处级单位主要负责人述廉评议工作暂行办法》，组织4名县处级单位主要负责人在市纪委全会上公开述廉评议，市纪委负责人对12名县处级单位“一把手”进行廉政谈话。加强对科级干部的监督管理，会同有关部门制定《加强对市直单位科级干部监督管理的暂行办法》，在市规划局召开内设科室及二级机构主要负责人公开述职述廉评议现场观摩大会，推进《暂行办法》的贯彻落实。针对反腐倡廉建设中群众反映强烈和社会高度关注的突出问题，联合市直有关单位定期和不定期开展机关干部作风的监督检查；牵头组织公务用车、公务出国（境）、领导干部违反规定收送现金、有价证券、支付凭证等问题的专项清理，深入推进党政机关、事业单位、社会团体和国有企业“小金库”专项治理工作，严格执行党员领导干部个人有关事项报告制度，落实厉行节约相关规定。全面推进基层党务公开工作，加强农村党风廉政建设，出台《岳阳市党的基层组织实行党务公开工作的实施方案》和实施细则，党务公开面达100%。继续推进乡镇便民服务中心和村级便民服务点建设，完善服务功能，其提升工作效率、加强监督管理的作用进一步显现。

【科级干部向行政相对人公开述职述廉】　2011年，市纪委监察机关加强全市科级干部监管，12月底，组织开展市直单位内设科室及二级机构主要负责人公开述职述廉现场观摩会。市规划局4名重点岗位科长在大会上公开述廉，各地各单位纪检、组织部门负责人，市直和中央正处以上单位分管政工人事的副职、纪检组长（书记）以及重点岗位科长约1000人参加观摩，活动设置现场问廉环节，采取全程录像，同步直播的形式，参会人员产生强烈震撼。

【建立人事考试监督新办法】　2011年，为规范党政机关事业单位招录招聘工作人员及职称认定等人事考试的监督管理，市纪委监察局制订出台《岳阳市机关事业单位招录招聘工作人员监督管理暂行办法》，在确定招考之前，用人单位的用人计划、招考工作方案和具体实施流程、监督方案、确定拟录人员等涉及到公权决策的过程中，所有决策须经组织人事部门审核，再报纪检监察机关备案后方可执行，对决策权力的行使进行有效监督。在考试完后，由纪检监察机关或组考单位纪检监察组织工作人员，对所有录像再一次进行查看，确保无监管漏洞。通过查找风险点，找准关键环节，建立健全公权考试防控体系，做到考前防范、考中监督、考后总结，将招考过程置于阳光之下，确保考试的公平公正。通过两年的实践，市纪检监察机关及时对5场公权考试予以纠错，处理执行制度不力的工作人员12名，实现“零投诉”、“零差错”、“零事故”。

【加强政府性基金及专项资金的监督管理】　2011年，岳阳市纪委在全省乃至全国率先出台并实施《岳阳市未纳入预算的政府性基金及专项资金管理使用情况抄报监察审计机关备案暂行办法》，将未纳入预算的政府性基金及专项资金的情况抄报同级监察、审计机关备案审查；备案审查机关通过审查，及时发现报备单位存在的问题并予以纠正，对重大问题或带倾向性的问题及时报告同级政府并提出建议意见供其决策。加强基金及专项资金的监督管理，为确保基金及专项资金的安全运行、规范管理和有效使用，创建了一种全新的、有效的监督工作机制。

【全省纪检监察信息和信息化建设工作会议在岳阳召开】　2011年3月22日，全省纪检监察信息和信息化建设工作现场会在岳阳市召开。省纪委相关领导及13个市州分管信息工作的负责人出席会议。会议通过现场观摩的方式，推介岳阳市纪委着力构建和推广应用综合办公、案件管理两大信息化网络平台的经验。　（本栏撰稿　杜克文）

组织工作

【概况】　2011年，市委组织部按照全国、全省组织部长会议的部署要求，始终围绕中心、服务大局，忠诚履职、创先争优，全市组织工作继续取得新进展。4月8日，中组部部长李源潮在岳阳考察调研时充分肯定：“岳阳党建工作和班子建设富有成效”。市委组织部在3年1次的全省先进组织部门评比中被评为先进单位。被中组部、中科协等9部委评为《全民科学素质行动计划纲要》实施工作先进单位。在全省“六个组工”文化建设座谈会上作典型发言。

一、围绕实现“三好”目标，着力抓好党委换届。按照中央和省委的统一部署，加强领导，精心组织，严肃纪律，周密部署市本级、9个县市区党委和156个乡镇党委圆满完成换届工作任务，组织提名的候选人全部满票或高票当选，全面实现组织意图。一是形成好报告。中组部《市县乡换届工作简报》第47期以《湖南岳阳市在乡镇党委换届中突出抓好“形成一个好报告”》为题进行推介。二是选出好班子。市委换届新当选的11名市委常委中，43岁以下干部1名，女干部2名；县市区党委领导班子配备职数为97名，比上一届精简20名；乡镇党委班子成员1009人中，大专以上文化887人，女干部54人，35岁及以下265人，党政正职女干部10人，班子结构进一步优化。三是营造好风气。认真落实“5个严禁、17个不准、5个一律”的纪律规定，确保“零上访”、“零投诉”。市县两级党代会期间，党代表对换届风气总体评价“很好”、“好”两项比例合计分别高达100%和99.46%。5月17～19日，中纪委、中组部换届风气巡回督导组到岳阳市督导检查时，给予充分肯定。

二、围绕推动中心工作，着力抓好创先争优。把创先争优融入到转变经济发展方式中。开展“四化两型、五市一极先锋行”活动，涌现一批“重点项目党员先锋队”、“科技创新党员示范岗”和“自主创业党员标兵”。全省“党建带工建”创先争优活动现场会在岳阳市召开，岳阳市开展的“党建带工建，和谐促发展”活动得到全国总工会和省委领导好评；把创先争优融入到“五创”提质行动中。结合“五创”提质，组织中心城区基层党组织开展“党员带头作表率、服务五创当先锋”活动，引导万名机关党员一部上街进行文明劝导，产生良好反响。把创先争优融入到做好新时期群众工作中。广泛开展“与群众交朋友，为基层搞服务”、“惠民服务先锋行”等活动，从34个部门单位中选派一批党员骨干组成惠民服务队伍，受到群众欢迎。9月7日，《人民日报》以《擦亮为民服务的“窗口”》为题对岳阳市抓窗口单位创先争优的做法进行报道。岳阳楼区鹰山社区创先争优活动经验在全省推介。中央创先争优活动《简报》7次、省委创先争优活动《简报》24次推介岳阳市的做法。

三、围绕选准管好干部，着力抓好改革创新。扎实推行“教育培训制”。结合学习型党组织创建活动，开展忠诚主题教育活动。创新培训模式，成功举办新时期群众工作、城乡规划建设管理等专题培训班，定期选派新提拔县处级干部担任信访督查员、选派县处级干部参与“联手帮扶企业”行动，使干部得到全方位培养锻炼。推行“差额竞职制”。在认真落实干部人事制度改革“十一制”的同时，以市县乡党委换届为契机，把全市的改革成果特别是“四差额”选任办法运用到换届中，对新提拔进班子的提名人选实行差额提名、差额考察、差额酝酿、差额决定。这一做法，被中组部收录进《市县党委换届干部人事制度改革100例》。全面推行“问责监督制”。全面推行“有错与无为问责”、“不换状态就换人”、“庸懒表现挂号销号”、“谈心谈话”等制度，全年全市问责处理干部344人，市县党委和组织部门与2700名干部进行谈心谈话。11月2日，新华社《国内动态清样》第6494期以《湖南岳阳系列问责制有效整治干部庸懒现象》为题进行推介。

四、围绕夯实基层基础，着力抓好党建工作。构建城乡党建一体化新格局。落实“一定三有”、“四有一化”等要求，抓好城市社区办公用房、村级活动场所、乡镇“五小”设施的建设、维护和管理。开展“万企联村、共同发展”活动，全市155家企业党组织与236个农村党支部结成帮扶对子。抽调94名干部进驻60个村开展建设扶贫工作。全市3089个行政村“两委”换届工作顺利完成。推进基层党内民主建设。全面推行“四议两公开”工作做法等经验，完善和规范村党组织领导的村级民主自治机制。总结提升农村民主议事工作经验，推广华容县农村“三议三公”做法。尊重党员主体地位，落实党员“四权”，稳妥推进基层党务公开。做好党员教育、管理和服务工作。广泛开展“农村党员科学素质行动”和远程教育“双创双争”活动，创建示范终端站点115个。举办农村党支部书记培训班10期，培训1000余人次。加强流动党员管理，指导平江县建立流动党员网上“e”支部。做好大学生“村官”管理服务工作，一批大学生“村官”成为自主创业和带富群众的能手。层层召开庆祝建党90周年大会，对“两优一先”集中表彰和宣传推介。“七一”前夕，组织向1.77万名50年以上党龄共产党员颁发荣誉纪念章，增强广大党员的荣誉感、责任感和归属感。

五、围绕整合优势资源，着力抓好人才开发。建设人才引进“洼地”。市委、市政府确立人才优先发展战略布局，每年设立1000万元人才发展专项资金，实施“十百千万”人才引进培养工程。各用人单位先后引进硕士以上学历高层次人才60多名，储备“985”、“211”名校本科学历优秀青年人才近200名。全市有院士工作站3家、博士后工作站7家、各级研发中心48家。建设人才培养“基地”。围绕推进“四化两型”、建设“五市一极”，启动“三千”人才培训计划，用3年左右时间培养一批高层次技能人才、企业经营管理人才、新型工业化人才和农村实用人才。建设人才使用“高地”。做好挂职干部的服务与管理工作，接受18名中直、省直单位选派到岳阳市的挂职干部，选送2名干部到省直部门挂职，从市直单位、高校选派5名干部到国有大中型企业、县市区挂职。出台最高达20万元的人才奖励政策，评选出10名优秀专家、2名突出科技贡献奖获得者、31名学术技术带头人培养对象和10名扎根基层建功立业“十佳”高校毕业生。全面推行科技特派员工作，推进科技特派员农村创业行动。市县两级选派的254名科技特派员中具有中级以上职称的达到179人，占70.5%。农业科技特派员与农户创建利益共同体65个、创办农业企业68家、建立专业合作经济组织或协会72家，带动项目投资近2亿元，实现利润2000多万元，带动服务区农民年增收18.5%；医卫特派员支持乡镇卫生院新建专科30个，促进增收759.2万元。科技特派员工作连续4次被评为全省先进。

【圆满完成市委换届工作】 2011年，市委组织部顺利完成市委换届工作。7月下旬，配合省委考察组开展市委换届考察工作，配合省委考察组组织263人进行民主评议、民主测评、民主推荐，组织138名干部个别座谈，组织170名市党代表、市人大代表和市政协委员，对拟提拔人选进行民意调查、民主测评、实绩分析和公示考察。按照“德才兼备、以德为先，工作需要，优化结构，相对稳定”4条原则，结合实际，拟定市委委员、候补委员以及市纪委委员候选人建议名单。通过精心组织和安排，9月19～22日召开的中共岳阳市第六次代表大会选举任务圆满完成，选举产生第六届市委委员53名、候补委员10名、市纪委委员35名以及出席中共湖南省第十次代表大会代表；组织提名的新一届市委、市纪委领导班子成员候选人全部满票或高票当选。

【抓好民主党派换届工作】 2011年，市委组织部以民主党派换届工作为契机，加强党外干部工作。配合市委统战部制订各民主党派换届工作实施意见，大力支持各民主党派坚持党管干部原则，树立正确导向，严格按程序推荐主委、专职副主委和安排骨干力量，优化班子结构，增强整体功能。换届后的7个民主党派市委班子，朝气蓬勃，年富力强。有1名新任主委，有3名新任专职副主委，有9名新任兼职副主委，有23名新任党派市委委员。7个党派班子成员中92%有大学以上学历，比上届上升8%；平均年龄46岁，比上届下降2%。班子成员分布于13个行业和20个部门，遍布在中心城区和岳阳楼区、云溪区、君山区和岳阳县。同时，推动党外干部安排使用，将1名兼职副主委选拔到主委岗位，分别解决卸任的民盟、民进、致公3个党派市委专职副主委的正处级待遇，将12名科级干部选拔到专兼职副主委岗位并解决副处级待遇，将3名专兼职副主委交流任职。

【举办“清华大学岳阳市企业家高级研修班”】 2011年12月5日，由市委、市政府主办，市委组织部、市工商联、市经信委、市人社局联合承办的“清华大学—岳阳市企业家高级研修班”在岳阳市正式开班。湖南省经信委主任、党组书记谢超英，市委副书记、市长黄兰香等领导出席开学典礼并分别讲话、致辞。该研修班采取与清华大学继续教育培训学院联合办学的模式，由湖南省经信委专项资金补助、市财政补贴、企业分担的方式，邀请清华大学教授、成功企业家和相关专家学者到岳阳授课，培训时间为1年，安排企业管理创新、领导力等4个培训模块，240课时，全市有79名企业的董事长、总经理参加研修班学习。

【开展建党90周年庆祝活动】 2011年，市委组织部按照市委《关于中国共产党成立90周年纪念活动的实施意见》的要求，组织开展系列庆祝活动。2月至3月底，对全市50年以上党龄的共产党员和新中国成立前入党的老党员人数进行摸底统计。4月下旬至6月20日，统一监制荣誉纪念章。6月29日，将荣誉纪念章发放到50年以上党龄共产党员手中。同时，制定《岳阳市向党龄50年以上共产党员颁发荣誉纪念章办法》。完成全国、全省“七一”表彰大会先进集体和个人的呈报工作，评选出50名全市先进基层党组织、50名全市优秀共产党员和50名全市优秀党务工作者。

【精心制作观摩课件】 2011年，市委组织部进一步加大全市党员教育教学资源建设力度，拍摄制作《从“赛马”到“亮剑”》等专题片17部，时长超过300分钟。坚持围绕中心、贴近群众、注重实用的原则，搞好乡土教学资源开发。特别是围绕纪念建党90周年和推进创先争优活动，拍摄制作一批反映优秀共产党员先进事迹的党员教育电视片。其中《希望的田野》专栏获得最佳作品奖并被评为“十佳编导作品”，《从“赛马”到“亮剑”》获得优秀作品奖。组织申报8部作品参加全省党员教育电视片观摩交流活动。　（本栏撰稿　王柳青）

宣传思想工作

【概况】 2011年，全市宣传思想工作者按照“高举旗帜、围绕大局、服务人民、改革创新”的总要求，紧扣中心，突出重点，积极作为，扎实推进宣传思想各项工作，成效明显，为强大推进“四化两型”、加快建设“五市一极”提供了强大的思想保证、精神动力、舆论支持和文化条件。

一、以学习型党组织建设为主线的理论武装扎实推进。组织市委学习中心组集中学习8次12天，参学率均达98%以上。继续创新中心组学习的内容与方式，推行“行动学习法”，开展“热点话题谈心录”、“十二五规划”、十七届六中全会、省市党代会精神等形势政策教育和理论宣传宣讲，强力推进了对广大党员干部群众的理论武装工作。组织开展“千名书记讲形势政策”、“市民大课堂”等建设学习型党组织系列活动。其中学习型党组织建设品牌活动“千名书记讲形势政策”被中宣部、中央学习办多次向全国推介，董希如被中宣部评为全国理论宣讲十佳先进个人；广泛开展社科普及宣传和市情对策应用研究，为提速岳阳科学发展提供有力的理论支持。

二、新闻宣传和舆论引导能力进一步增强。围绕全市推进“四化两型”、建设“五市一极”发展大局，抓好新闻宣传和舆论引导。先后组织了“十二五”规划、“五市一极”、献计献策、迎接党代会等重大主题宣传活动，营造了良好的舆论氛围。积极向上发稿，完善新闻发布机制，强势开展对外宣传，进一步提升岳阳的知名度、美誉度和影响力。提升网络文化建设与管理水平，及时有效应对和处置网络舆情，网上主流思想舆论不断壮大。新闻宣传和舆论引导能力日益增强，成功做好了“6·10”特大山洪泥石流灾害等突发事件的新闻应急处理及舆情引导，维护了社会大局稳定。

三、精神文明创建活动广泛深入。坚持服务人民，深入开展创建全国文明城市“五创”提质工作，掀起了创建活动的新热潮。岳阳市在创建全国文明城市考核测评中获得全国文明城市提名奖，华容跨入全国文明县城行列，8个单位获得全国文明单位（村镇）称号。加强未成年人思想道德建设，岳阳市获得全国未成年人思想道德建设先进城市称号。以推进社会主义核心价值体系建设为根本，广泛开展讲文明树新风、市民文明素质提升、农村精神文明建设、志愿服务、道德模范评选表彰、“百城万店无假货”、“美德少年”评选等群众性精神文明创建活动，加强思想政治工作，净化社会文化环境，城乡文明程度进一步提升。深入开展文化市场综合执法和“扫黄打非”工作，市文化市场综合执法局被授予全国“扫黄打非”工作先进集体。

四、文化改革发展取得更新成效。全面完成文化宏观管理体制改革，岳阳市被评为湖南省唯一的“全国文化体制改革工作先进地区”。文化惠民深入推进，全市图书馆、博物馆、文化馆全部免费开放，爱教基地管理使用提质升级，建好并开放岳阳美术馆，年内分别建成乡镇综合文化站95个、农家书屋1585家。建党90周年系列庆祝活动隆重热烈，唱响时代主旋律。评选表彰了第二届岳阳文学艺术奖，广泛开展“三下乡”等群众文化活动，送戏下乡1028场、送电影下乡43094场。平江县创作演出的花灯戏《金凤凰》、汨罗市创作演出的花鼓戏《平民领袖》深受观众喜爱。“全民阅读”持续开展，表彰了一批先进典型，人民群众的精神文化生活更加丰富多彩。文化产业加快发展，屈子文化园、广电中心等标志性文化项目建设扎实推进。引进了拓肯动漫，成立大湖传媒，实行了报业资源整合，启动了电子阅报栏（屏）工程。对市巴陵戏剧团、花鼓戏剧团、歌舞剧团实行三团合并，成立了巴陵戏传承研究院和岳阳市艺术剧院。全市文化产业增加值达75亿元，比2010年增长19%。

【开展“千名书记讲形势政策”比赛活动】 2011年5月，市委宣传部在全市广泛开展“千名书记讲形势政策”比赛活动。比赛采用“普遍讲”和“集中赛”的方式，全市有1500多名各级党组织书记参加这一活动，参与听课的人数达50多万人次，参与面占基层党组织的80%以上，在全市形成了“宣讲形势、鼓舞干劲、服务群众、促进发展”的良好氛围。11月16日，全市总决赛落下帷幕，南湖风景区工委学习办等4家单位荣获组织工作奖，杨峰等4人获得特等奖，李大汉、赵新华等32人分别获得一、二等奖。中央学习办简报、中宣部《舆情摘报》及省内外媒体多次推介岳阳市开展“千名书记讲形势政策”，推进学习型党组织建设的经验做法。

【开展新闻战线“走基层、转作风、改文风”主题实践活动】 2011年7月，市委宣传部在全市新闻采编人员中组织开展“走基层、转作风、改文风”主题实践活动，先后举办有200多位市直新闻单位采编人员参加的“走、转、改”实践活动形势政策报告会，选派30名中青年记者、编辑赴乡镇进行实践锻炼和基层驻点采访，在实践中提升自己。在市属各媒体开办一批面向基层、服务群众的专题专栏，大量来自基层、清新朴实、生动鲜活的报道跃上报纸、荧屏。“走基层、转作风、改文风”主题实践活动成效明显，获得社会各界的肯定与赞扬。

【承办全省“百城万店无假货”活动暨“诚信湖南”宣传教育活动启动式】 2011年3月12日，全省“百城万店无假货”活动暨“诚信湖南”宣传教育活动启动式在岳阳市举行，副省长刘力伟发表讲话并宣布启动式开始。省委宣传部、省商务厅、省文明办、省工商局、省质监局、省物价局、省食品药品监督管理局、团省委、省信用建设促进会及岳阳市领导、各市州委宣传部分管副部长、企宣科长、商务局市场秩序科科长或负责信用建设的科室负责人和各界人士1000余人参加启动式。启动式后，工商、质检、物价等执法部门130多台执法车、60多台满载2000多吨假冒伪劣产品的车辆和400多名执法人员进行诚信宣传和假冒伪劣产品展示，有2000多人进行现场咨询。工商部门在岳阳县垃圾处理场销毁63车标值500多万元的假冒伪劣产品。（本栏撰稿　邹　镇）

党校工作

【干部教育培训】 2011年，市委党校坚持以培训为中心，以教学为重点，不断拓宽培训渠道，着力构建“计划调训为主体、社会培训为支撑、学历教育为补充”的干部教

中央党校副校长孙庆聚等一行到岳阳调研县级党校建设（严　柯　供稿）

育培训格局，培训主渠道地位进一步巩固。办主体班20个，培训1043人，其中上学期9个班430人，下学期10个班503人，暑期1个班110人，主体班培训规模为历年最高，处于全省市级党校的前列。开展社会宣讲100余场，受众2万多人次。班次设置上，按照《改革纲要》精神，分层次、分类别、分专题设置班次，加大了专题研讨班的比重，增强了培训的针对性，使党校培训更好地服务于市委、市政府的中心工作。教学内容上，围绕全面提高党政干部的综合素质，大力加强党的执政能力建设的培训目标，坚持以中国特色社会主义理论教育为中心，突出实现岳阳科学发展新跨越这个教学主题，突出干部能力培养，根据不同班次的不同培训需求设置教学专题，安排教学专题162个，专题更新率达到39%。教学方法上，在坚持以课堂讲授式为主的基础上，还开展了专题报告、党校论坛、课堂研讨、座谈交流、现场教学、征文活动、模拟演讲竞聘、社会调研、结业联欢等丰富多样的教学活动，增强培训效果，学员对教学评价优良率在95%以上，在全省党校行政学院系统教学竞赛中获得二等奖。学员管理上，实行校领导跟班联系制度和住校值班制度，学员出入凭证登记，请假必须经过市委组织部批准，对到课情况进行严格考勤，实行百分制考核制度，学员到课率明显提高，课堂纪律好转。进一步更新观念，统筹盘活党校现有资源，加大力度抓好社会培训，办班38期，培训社会各类人员6627人次，培训收入实现历史性突破。继续开展函授学历教育，为省委党校代招函授研究生89人，居全省第二。

【科研咨政】 2011年，市委党校在省级以上刊物公开发表论文47篇，其中在CSSCI期刊发表论文4篇。参加省级以上理论研讨会获奖35个，其中参加国家级理论研讨会获得优秀论文奖6个。申报各级各类课题16项，获准立项7项，承担省级委托课题4个；校级课题立项7个、结项8个。参加岳阳市第九届社会科学优秀成果评奖获组织奖和6个单项奖，并被评全省党校行政学院系统科研工作先进单位。注重发挥党校在党委、政府决策中的思想库作用，为市委、市政府决策咨询提供重要依据。省社科基金重点项目《公开选拔领导干部问题研究》成果得到市委主要领导赞扬，省社科基金重点委托项目《弘扬“先忧后乐”文化与培育当代公仆精神研究》成果受到省社科规划办领导肯定，省长株潭领导协调委员会智力办重点项目《长株潭城市群通江达海战略研究》成果得到市领导批示。

【改善办学条件】 2011年，市委党校争取市委、市政府的关心支持，投入近400万元资金，更换了一、三、四、五号学员宿舍楼的床铺、桌椅、床上用品、空调和电视机，对三、四号学员宿舍进行全面装修；升级改造热水系统，将学员宿舍由锅炉供热改造为空气能热水器供热，保证全天候供应热水；食堂采用用电设备取代燃煤锅炉，取得节能环保的效果；进行校园绿化提质改造，校园面貌焕然一新，办学条件得到较大改善。

【省社科规划重点课题《公开选拔领导干部问题研究》顺利结项】 由市委党校原校长石树林教授主持的省社科规划重点课题《公开选拔领导干部问题研究》2011年底顺利结项，鉴定为优秀。课题在借鉴国内外已有研究和实践成果的基础上，通过广泛深入调研，从建设中国特色社会主义民主政治制度的本质要求出发，对中国公选领导干部制度的相关问题作了全面研究。从学术价值看，课题组将研究内容放在中国社会主义民主政治制度建设的体系中加以考察，拓展了理论新视野，提出了完善公选制度新的见解和思路。从应用价值看，研究成果具有很强的现实性、针对性和可操作性，对全国各地正在广泛进行的公开选拔任用领导干部的实践，具有一定的指导和借鉴意义。课题的8个专题研究报告的主要成果已经在省级以上刊物公开发表，其中有3篇在国家级核心期刊发表，已经或正在为地方开展公选领导干部工作提供重要参考。课题提出的公选制度的管理体制、运行机制和技术方法等，已经得到实践和验证，受到一致好评。

【“四校两创”办学与发展理念】 2011年，市委党校坚持以改革创新精神努力探索党校办学规律，在总结近几年开展干教培训工作的成绩和经验的基础上，形成一套较为成熟的具有该校特色“四校两创”的发展理念和工作目标，即坚持“培训立校，科研兴校，人才强校，管理活校”，开展“争创一流工作业绩，争创全省一流市级党校”活动，努力推进党校事业持续发展。坚持培训立校，就是把培训作为党校的一切工作的中心，努力增强培训的针对性和实效性，提高培训质量；坚持科研兴校，就是要做到咨政服务求有为，理论创新出精品；坚持人才强校，就是加强队伍建设，提振队伍精神状态，提高素质，增添活力；坚持管理活校，就是以高效而又充满活力的管理整合党校现有资源，加快党校建设和发展；争创一流工作业绩，是指凡已纳入全市考核的指标、有关服务市委、市政府中心工作的活动以及已纳入全校综合或单项考核的工作，要争创一流的工作业绩，争当先进；没有纳入全市或全校考核的，自己跟自己比要有明显进步，本年跟上年比要有明显进步；争创全省一流市级党校，近三年的总目标是在全省市州党校办学水平评估和选优评估中排名靠前，成为甲等综合示范单位；在全省党校系统教学竞赛中获得等次奖；在五年内争创市级文明标兵单位和省级文明单位。中央党校主办的《党校工作通讯》2011年第15期刊发了岳阳市委党校坚持“四校”理念，开展“两创”活动的做法。校长朱葆芝在全省党校校长会上介绍了按照“四校两创”理念带队伍抓工作的经验。

（本栏撰稿　彭亚林）

讲师团工作

【提升党委中心组理论学习服务水平】 2011年，市委讲师团一是科学制订市委中心组理论学习计划并精心组织学习。研究制定《2011

年市委学习中心组理论学习安排意见》，并下发市直各单位和县市区委宣传部，指导全市副处以上单位党委（党组）中心组理论学习。市委中心组集中学习8次12天。每次集中学习做到"有专人考勤、有专人记录、有专人发放学习资料、有专人备课辅导、有专人撰写综述、有专人接待服务"，规范统一、全方位全过程的学习服务工作，得到省委讲师团和市委领导的充分肯定。《学习导刊》第2期以《务实创新抓学习，以学促干谋发展》为题，对岳阳市中心组近几年学习做法和经验进行推介。10月19日，在娄底召开的全省党委中心组学习服务经验交流会上，岳阳市委讲师团以《把学习的力量转化为科学发展的生动实践》为题作了大会发言。二是加强对副处级以上单位党委（党组）中心组秘书的管理和培训。全市各级党委中心组普遍成立了以党委（党组）主要负责人为组长，分管领导为副组长，政工科室负责人为秘书的中心组学习机构。与市委宣传部联合，上半年，举办"全市各级党委（党组）中心组学习秘书和理论骨干培训班"，培训197人。下半年，举办"十七届六中全会精神培训班"，培训207人。同时，参加省委宣传部、省委讲师团举办的"全省各级党委中心组学习秘书和理论骨干培训班"的培训。三是严格按相关文件要求开展考核督查旁听及示范点建设工作。8月下旬至9月上旬，与市委学习办对全市12县市区和11个市直单位党委（党组）中心组的理论学习进行全面督查考核，并下发《督查通报》。落实旁听制度。邀请省委讲师团副巡视员薄小平全程参与市委中心组第二次集中（扩大）学习的旁听，并得到他的高度评价。与此同时，市委宣传部、市委讲师团派出6人到全市12个县市区党委中心组进行旁听，充分发挥督学、考学、促学的作用。加强中心组学习示范点建设。在全市建立了君山区委中心组等6个示范点。省委宣传部副巡视员肖君华带队到岳阳督查调研，对君山区进行实地考察，对岳阳市委讲师团各项工作，特别是市中心组学习服务和示范点建设给予充分肯定。

【理论宣讲普及活动】　2011年，市委讲师团一是开展理论集中宣讲。策划、参与5次重点专题宣讲，即："学习贯彻中央和省委'十二五'规划建议，加快推进'四化两型'和'五市一极'建设"；"建党90周年与学习贯彻胡锦涛总书记'七一'重要讲话精神"；"学习贯彻市第六次党代会精神"；"学习贯彻党的十七届六中全会精神"；"学习贯彻省第十次党代会精神"。在宣讲过程中，选派多名理论骨干参与，宣讲146场（次）。二是开展面上理论宣讲。为市直各单位、县市区、厂矿企业、部队、学校、乡镇（街道）、社区讲课271场（次），听众达3万多人（次）。内容涉及十七届五中全会精神、全国"两会"精神、"四化两型"与"五市一极"建设等20多个方面。年初，确定6个重点专题，编写《岳阳市党员干部2011年理论学习专题讲座》。三是开展"送理论下基层"活动。围绕群众关心的社会热点、难点问题，开展内容充实、形式活泼的"送理论下基层"活动。教授李卫兵等分别到经开区三荷乡、云溪区永济乡、南湖风景区南湖街道办事处湖滨社区就"贯彻落实中央一号文件精神"、"加强社会管理，做好群众工作"等专题进行讲授。四是建好理论学习网络平台。及时完善更新讲师团"理论学习服务网"栏目，突出"中心组学习"、"新课推介"、"高层声音"等栏目，全年上稿100多篇。为扩大信息量，加大与全国讲师团的工作交流。加强与"湖南省委中心组学习服务网络平台"、北京"宣讲家"等全国理论网站的联系与交流，充分发挥网络在中心组学习和理论普及中的宣传作用。

【理论研究和重大调研活动】　2011年，市委讲师团出版专著1部：《党的理论宣讲论纲（中卷）——党委讲师团的思想库建设》（刘生康著）；主持或参与完成国家、省、市级课题8个，其中，刘生康先后参与完成国家级课题《中国民意调查理论与方法研究》、中组部课题《不断推进马克思主义与中国实际相结合科学化》、省级课题《打造新形势下湖湘人才群》、省委组织部课题《建立健全创先争优的科学评价体系和长效机制》、岳阳市社科立项课题《新时期社会组织建设与管理创新研究——以岳阳市为例》。副主任蔡吉跃主持、教研人员全程参与完成课题3个，在省级报刊发表和省级理论研讨会获奖及其他公开出版物收录的文章22篇。主任李桂华撰写的《中国共产党90年的光辉历程和建党执政的经验启示》获省讲师团纪念建党90周年征文二等奖；刘生康撰写的《用发展中的马克思主义武装全党教育人民——改革开放30年来党的宣传思想工作的历史脉络、主要经验和成效》获得省讲师团纪念建党90周年征文三等奖；蔡吉跃撰写的《提升学习力，永葆先进性》获得省委宣传部建党90周年征文三等奖，编入省委《决策思考》2011年第5期，被收录在湖南人民出版社出版的《学习·感悟·前行》一书中。由李卫兵撰写的《提高党的建设科学化水平要做到"五个必须"》，收录在建党90周年大型文献史册《党的建设与思想政治工作优秀成果汇编》，《坚持廉洁从政，书写清廉人生》编入吉林大学出版社出版的《党旗下的心语》；由刘生康撰写的《高度重视中小河流的治理》获得省第十次党代会"三问"对策建议三等奖，编入向省委领导专报的《领导专报》第233期，被收录在湖南人民出版社出版的《凝智聚力》。此外，在市级报刊发表文章和市级理论研讨会上获奖文章47篇。向中宣部直报舆情信息30多篇，刘康生被中宣部评为舆情信息先进个人。

【创新市委中心组理论学习的内容、形式和手段】　2011年，市委讲师团报请市委领导同意，制定《关于创新市委中心组理论学习服务工作，提高服务质量和水平的实施意见》，并分发市委中心组全体成员。《意见》提出，要不断创新市委中心组学习的内容、形式和手段。在学习内容上，紧紧围绕中央、省委省政府的重大决策部署，开展集中学习，坚持市委领导定期务虚制度，在学习中研究问题，在学习中统一思想，在学习中科学决策。在学习形式上，力求集中辅导与讨论交流相结合，注重学习研讨，突出中心发言，形成教学互动。在学习手段上，尽可能采用多媒体教学，增强吸引力，提高实效性。还拟定下发《市委学习中心组成员2011年推荐用书问卷调查表》，并按各位中心组成员自己选定的书目，委托市新华书店组织书源，配齐送到各位领导手中。市委中心组成员人均配书15本，投入3万多元。

【举办重点理论特刊，引导社会舆论】 2011年7月7日，市委讲师团同《岳阳日报》联合举办学习胡锦涛总记“七一”重要讲话精神特刊，市委讲师团李桂华、蔡吉跃、李卫兵、谢朝晖4人共撰写8篇理论文章，形成两个专版，对讲话精神进行全面解读。市第6次党代会召开后，以市委讲师团课题组名义连续在《岳阳日报》发表解读党代会精神文章8篇。党的十七届六中全会召开后，密切配合市委宣传部，以岳阳市理论评论小组名义连续在《岳阳日报》上发表全会精神解读文章15篇，岳阳电视台同期在黄金时段播出文章内容。先后7人次接受岳阳电视台访谈，解读重大会议精神，正确引导社会舆论。

【参加全省讲师团系统教学竞赛】 2011年，为提升队伍素质，提高教学水平，市委讲师团充分准备、参加在衡阳举行的全省讲师团系统教学比赛。通过精心选题、集体备课、反复试讲，副主任李卫兵代表岳阳团参赛获得第一名，被省委讲师团领导赞为全省讲师团系统“第一方阵中的领先者”。

（本栏撰稿　李卫兵）

机构编制工作

【市县政府机构改革工作】 2011年，市委编办加强市县政府机构改革，一是调优机构设置。市县两级对人力资源和社会保障、经济和信息化、住房和城乡建设等10多个领域的机构进行优化组合，相关行政管理职能得到有机统一。市本级减少行政机构3个，精简7.9%；县市区减少行政机构25个，精简10.2%。二是理顺职责关系。统筹把握同级政府部门的横向联系和市县政府之间的纵向关系，界定职能，明确权限责任，完善体制机制，逐步实现财权、事权、人权的科学匹配。市本级新增强化职能109项，调整划转职能24项，削减职能34项；县市区新增强化职能772项，整合划转职能125项，削减职能165项，较好解决了一批主次不分、关系不顺、政出多门、推诿扯皮的问题。三是提升行政效能。大力推进政企、政事、政社、政府与市场经济组织“四个分开”，深化行政审批制度改革。市本级减少行政审批12项，在市规划局、市国土资源局等25家部门统一设置了行政审批科，将260项行政许可、行政审批事项集中到政务服务中心办理，做到了一个窗口对外、一条龙服务。按照管理、监督和公益服务职能相对分离的原则，推进市县文化体制改革，组建文化广电新闻出版机构和文化市场综合执法机构，调整了文化领域事业单位布局，解放和发展了文化生产力。岳阳市被评为全国文化体制改革工作先进地区，是全省唯一获得此殊荣的市州。全面启动乡镇机构改革，出台了《全市深化乡镇机构改革的实施意见》等一系列文件，组织召开全市乡镇机构改革座谈会，认真研究乡镇机构改革中存在的问题，全面部署改革工作。各县市区相继召开乡镇机构改革动员大会，改革工作有序推进。

【机构人员编制优化配置】 2011年，市委编办继续对县市区事业单位人员编制进行总量控制，对市直行政事业单位进行控编审批。全市行政事业单位在编人员总量净减2527名，其中消化党政机关超编人员326名，连续7年实现“负增长”，有效减轻了人员包袱和财政压力。会同市委组织部、市人社局进一步修订《岳阳市机关事业单位科级领导职务名称及科级职数管理办法》，通过抓落实，全市消化超配科级领导干部149名。把空出的编制面向经济发展一线和民生领域倾斜，保障事业发展需要。市直报请市编委批准，发改、水务、交通、建设等部门下属事业单位用编203名，招聘经济建设人才；市直教育系统用编153名、卫生系统用编200名，招聘专业技术人才。全程参与用编进人各个环节的工作，确保“编尽其用”。克服各种阻力，跨层级、跨行业、跨单位调整机构编制资源，调有余补不足，实现资源合理配置。与市公安局联动，从机关向40个城区派出所下调警力177名，有效缓解了基层警力不足的压力；与市教育局协作，从超编超结构学校向薄弱学校调整教师编制40名，初步化解市直学校教师学科结构不合理的矛盾。会同市纪委、市财政局等部门进一步修订公务用车编制标准，重新核定553家市直单位的车辆编制；严格公务车辆用编审批，市直全年处置公务用车102台，批准购买74台，公车总量较上年度净减28台，节省车辆购置费500多万元。

【机构编制监督检查】 2011年为全市机构编制督查年，市委编办开展建章立制、法规学习培训、专项督查、整改复查和经验交流等活动，取得较好成效。对各县市区、市直各单位机关及下属事业单位机构编制管理情况进行全面督查，查出违规设置调整机构、超职数配备科级领导干部和混编混岗等同类问题27个，通过下发整改通知、冻结机构编制事项、停发违规借调人员工资等措施，各类问题基本整改到位。全市清理清退借调、临雇人员567名，规范“三性”人员用工382名，清理“吃空饷”人员340名。市委常委、组织部长严华代表市编委对相关单位主要负责人进行约谈，进一步增强了各级领导的机构编制意识，促进了机构编制管理的规范化。

【事业单位法人履职评估】 2011年，市委编办和下属市事业单位登记管理局对市直承担食品药品安全、建设工程监察、城市公共管理等职能的33家事业单位法人开展履职评估，并逐单位下发评估报告、上门提出整改要求，通过跟踪督查，解决涉及群众切身利益问题20多个。探索推进事业单位法定代表人离任审计。会同组织、审计等部门对市中心血站、市卫生监督中心等4家副处级事业单位和公路、房产等部门下属14家科级事业单位法定代表人进行离任审计，查出各类经济问题30多个，均依法作出妥善处理，取得了监管实效。对全市3375家事业单位法人进行年检，评出合格单位3359家，不合格单位16家，年检合格率达到99%。

（本栏撰稿 李 谦）

统一战线工作

【调运一切积极力量参与“四化两型”建设】 2011年，市委统战部一是服务发展出实招。推动非公经济人士投身“四化两型”建设。开展“联手帮扶产业升级”行动，向60多家非公企业和商会派驻统战干部和党外专家120多名。支持和帮助企业争取国家和省级项目资金1.5亿元，贷款融资2亿元，新上技改项目30多个，申报各项专利300多项，提供法律维权100多次，挽回经济损失5000多万元。建立部领导与重点非公企业对口联系制度，帮助企业解决问题和困难130多个。大力开展招商引资活动，促成一批项目落户岳阳。全年引进项目10个，总投资30.78亿元，实际到位资金10.06亿元。开展“万企联村、共同发展”活动，新增结对村62个，对接项目30个，安排农村劳动力就业1.4万人，捐赠扶贫帮困资金2744万元，建设“万企联村”活动示范村15个、示范项目20个。新建非公党组织500个，村企党支部新结对110对，开展互帮互助活动630多次。发动党外知识分子助推“四化两型”建设，党外知识分子完成科研项目140多个，取得科技成果230多项，其中70%与非公企业实现“联姻”。配合省委统战部、各民主党派省委搞好平江县瓮江镇盘石洲村社会服务基地建设，将盘石洲村作为市直统战系统新农村建设联系点。先后投入资金1200多万元，帮助其完成环境综合治理等工程建设。先后3次召开现场办公会，落实帮扶资金120多万元。二是参政议政建诤言。搭建党外人士献计“四化两型”建设平台。开展全市统一战线“迎接党代会、奏响民本岳阳和谐崛起最强音”献计献策活动。各民主党派、工商联、知联会分别完成市委提出的专题调研任务，向市委、市政府提交重大调研成果80余项、意见、建议1200多条。三是社会管理探新路。探索统一战线参与社会管理的新途径。参与“法治湖南”建设，以法律服务为切入点，组织各民主党派在城市社区设立法律工作站，制定《民主党派法律服务协议》、《律师接访制度》等系列制度。在各民主党派成员中精心挑选68名职业律师，每月10日上门服务。各民主党派在社区设立法律工作站21个，开展“法律志愿者进社区”等活动33次，派发法律咨询卡3000多张，举办各类法律讲座46场次，为社区居民和企业免费提供法律咨询、诉讼代理57次，帮助协调化解各类信访问题81起。开展“党派联社区、共建促和谐”活动，参与社会管理。全年各民主党派基层组织在各社区新建立联系点38个，开展惠民政策宣讲、义诊扶贫进社区等活动142场次，惠民15万余人次。四是文化惠民献真情。组织党外人士深入文化领域调查研究，为助推文化发展建言献策，提出意见建议70多条，一批建议得到相关部门采纳，一批支持文化发展繁荣的文件和政策相继出台，一批公共文化设施相继免费开放。引导非公经济人士投资文化产业，主动捐助公共文化事业，非公人士捐资200余万元，捐书50多万册，为社区建市民学校5所，为农村建农家书屋15个。引导党外人士投身文艺创作，完成各项文学艺术创作100多项，其中20多项获得国家和省市奖励。先后举办岳阳首届浴佛文化节、湖湘美食文化节等大型文化艺术活动。开办宗教文化学习班和“民族宗教与现代社会”专题研讨班。组织各民主党派开展科普宣传、送欢乐下乡等文化进社区活动50多次，文化惠民近10万人。

【促进党派民族关系和谐】 2011年，市委统战部一是促进政党关系和谐。开展纪念辛亥革命100周年“五个一”系列活动，征集各类征文200多篇，评出获奖作品60多篇，编成《岳阳与辛亥革命》一书。推出纪念辛亥百年图片展，展出史料、作品1000余件。召开纪念辛亥革命100周年大会，并举行纪念辛亥百年文艺演出，所有演出节目都由统战成员原创，社会各界近1000人参加观看。做好民主党派换届工作。市委成立换届工作领导小组，制订工作方案，形成《各民主党派换届工作会议纪要》，下发《关于进一步严肃民主党派市委换届组织人事纪律的通知》，市四大家主要领导分别参加各党派市委的换届选举大会，市委统战部实行部领导联系党派换届大会制度，为换届工作圆满顺利提供组织保证。各民主党派安排正、副主委28人、委员101人。换届工作风清气正、圆满顺利，组织满意、群众认可。开展民主党派负责人暑期谈心活动。市委统战部8名部领导和科室负责人分别与30多位党外代表人士谈心，畅通党内党外沟通渠道，增进政治共识。坚持和完善市委常委与党外人士联系交友制度。13名常委与党外人士结对交友、交心座谈50多人次。推进党外干部的培养选拔。市委3次研究党外干部工作，提拔副处级以上党外干部10人，交流4人。重视党外后备干部队伍建设，开展党外后备人才调查摸底，建立数据库。二是维护民族关系和谐。开展智力援藏、援疆工作，倾力办好岳阳市一中、湖南民族学院西藏班，做好新疆高校毕业生到岳培训工作。联合市人大开展3次民族政策落实情况督查，推动“一法两规定”的贯彻落实。协调解决市清真寺建设规划问题，妥善处置四川黑水县藏民在岳阳贩卖管制刀具和占道经营、回民王某与湖南民族职业技术学院清真食堂经济补偿纠纷等民族领域突发事件，增强民族团结，维护社会稳定。三是推动宗教关系和谐。举办宗教干部培训班，加强宗教干部队伍建设。开展“和谐寺观教堂”创建活动，召开首届岳阳市创建和谐寺观教堂表彰大会，树立表彰一批先进宗教活动场所和宗教界代表人士典型。健全四级民宗工作组织网络，建立宗教维稳机制。妥善处理临湘基督教房产纠纷、市清真寺与周边居民矛盾等突发事件，维护宗教界的和谐稳定。坚决抵御境外宗教渗透工作，召开反渗透工作会议，签订反渗维稳责任状，有效抵御境外渗透。充分挖掘宗教文化的积极因素，召开宗教界服务社会座谈会，举办“佛慈祖德、茶道祈福——和谐之路、同心同行”系列活动，汨罗崇善寺养老院服务社会品牌在全省得到推介。宗教界人士在各类救灾扶贫等活动中捐出善款1000多万元，助养孤寡病残老人1400多人次。引导宗教加强对外交流，联系澳门牧师兰钦文为岳阳市公益事业捐款30多万元。四是引导阶层关系和谐。贯彻落实中央16号、省委23号文件精神，加强工商联工作。市委常委会形成《关于工商联工作会议纪要》，出台《关于加强和改进新形势下工商联工作的实施意见》，解决一系列制约非公经济健康发展和非公人士健康成长的瓶颈问题。召开全市工商联换届工作会议，有序推进市县两级工商联换届工作。开展岳阳市统一战线“进‘三区’、访‘三老’、促发展、建和谐”活动，引导126家非公企业联系“三老”地区46个，结对帮扶“三老”人员600多人次，投入帮扶资金400万余元。开展民营企业家教育培养工程，举办“清华大学-岳阳市中小企业家卓越领导力高级研修班”，80名非公企业家参加培训学习。引导非公人士投身光彩事业和慈善公益事业，组织开展送科技、送医疗、送书籍、送温暖、送绿化“五下乡”活动。主办为临湘市“6·10”泥石流自然灾害献爱心、“岳阳民营企业招聘周”等慈善公益活动，累计捐款捐物2000多万元，为农民工提供就业岗位1万多个。五是营造海内外关系和谐。做好台商、台资企业服务工作，建立台资企业、台商、台胞、台属数据库，召开在岳阳台资企业征求意见座谈会，解决一系列实际问题。举办岳台经贸洽谈会，引进项目17个，引资29.8亿元。举办“湖湘文化之旅岳阳行”、岳阳市“澳门豆捞杯”第四届湖鲜美食旅游文化节、海峡两岸商贸博览会等商贸文化交流活动。邀请台湾三立电视台《美食大三通》栏目到岳阳进行系列采访，促成台湾大叶大学到岳阳开展学术交流。全年有15批次270人次海外朋友到岳阳考察交流。海外朋友向全市各地助学助残、扶贫救灾捐资2000多万元。

（本栏撰稿　张艺弘）

对台工作

【开展岳台两地交流活动】　2011年5月16日，市台湾工作办公室（简称市台办）牵线，台湾大叶大学代表谢文章教授一行到岳，同湖南理工学院进行学术交流，两校在学生、教师、学术交流等方面达成基本合作意向，并在合作细节问题上进一步沟通。8月14～21日，由省台办主办，市台办承办的以“传承中华文化，感受湖湘情怀”为主题的“湖湘文化之旅”之江湖岳阳行活动在岳举行，省台办交流处副处长凌玉兰，岳阳市委常委、统战部长李劲夫，副市长隋国庆、以及理工学院和市台办主要负责人出席开营仪式，并分别致辞。来自台南15所大学的60多名学生代表参加这一文化之旅活动。活动期间，台湾青年学子与湖南理工学院学生结队听取湖南理工学院教授余三定教授“岳阳文化”知识讲座，参观岳阳楼、城陵矶港口、君山、屈子祠等地，感受湖湘文化的博大精深。10月15～25日，由市政府主办，市台办协办的2011湖南（岳阳）海峡两岸商品博览会在市东风广场举行，省台办副主任刘丽华出席开幕式并致辞。活动共设400个展厅，其中台商40家。较好地展示和推介了台湾特色小吃、特产、水果，加深了岳台两地民众的相互了解。为纪念湘北抗战英烈，打造三湘抗战文化品牌，加强海峡两岸抗战历史文化交流，11月11日，由台办和市政协文史委、湖湘文化与抗日战争研究中心合作举办纪念湘北抗战英烈座谈会。湘北会战国民党将领黄保德将军亲属黄开基、王文健，抗战英烈史恩华的亲友台湾老兵杨老、史新生等专程从美国、台湾、江西、武汉等地赶到岳阳，吊唁英烈。

市台办在“请进来”的同时积极组织“走出去”。先后组织“岳阳市统战、宣传干部考察团”、“岳阳政协文史交流团”和“岳阳篮协走访团”赴台考察交流。

【对台宣传工作】　2011年，市台办主动联系各新闻媒体和自由撰稿人，加大对台宣传力度。6月9～11日，邀请台湾三立电视台《美食大三通》栏目拍摄组一行6人，到岳阳采拍民间美食。拍摄组先后到岳阳县北斗村农家、岳阳楼景区汴河街、巴陵渔歌食府等地对岳阳民间特色湘菜、经典美食和特色小吃进行系列拍摄采访。市电视台播放涉台新闻8条，《岳阳日报》用稿10篇，《湖南对台工作》用稿38篇，《统战三湘》用稿5篇，通过华夏经纬网、湘台连线网上稿50篇，其中35篇被中国台湾网、你好台湾网、湖南新闻网等28家网站转载。涉台教育做到进机关、进学校、进乡镇，先后在市委党校、市人大、市政协、华容县委统战部等地开展台海形势讲座5场，其他县市区也都分别组织类似活动，及时宣传中央对台工作大政方针，通报台海形势，助推对台交流合作工作，收到较好效果。

【对台招商引资】　2011年，市台办一是依托“二区一园”，加强针对性招商。确定以临港产业新区、岳阳经济技术开发区、岳阳台湾农民创业园作为定向招商引资的重点，根据各园区产业定位，选择项目，针对性联络台商，牵线搭桥，帮助双方畅通联系，对接项目。三地先后与台湾相关企业建立意向项目联系。如临港产业新区与台湾一家企业就投资3亿美金的化工项目进行多次沟通，被这家台企列为在大陆投资该项目的第二期计划。二是动员在岳台商，开展以商招商。通过在岳台商牵线，掌握一批项目线索，并与其中部分台商取得联系。如台商曾景立初步计划在岳阳台创园投资规模为3万株的西非柚项目。台商朱亮铨到岳考察，有意在岳阳东站征地53.3公顷建台湾商贸城等。台湾蓝天电脑集团在岳阳进行多次考察选址，计划投资7亿～8亿元在岳阳新建“百脑汇”IT电子城等。三是承办经贸交流活动，突出重点招商。利用节会推介和宣传岳阳，吸引更多的台商到岳参观考察和投资兴业。9月，在组织参加第七届湘台经贸交流合作会后，又牵头承办在岳阳市举办的岳阳分场活动。台湾湖南商会会长熊子杰、台湾前新党主席谢启大、台湾立法院最高顾问高资敏、台湾中华妇女党主席涂明慧等来自台湾的嘉宾和90多位台商170人一同出席盛会。有17个项目（包括2个旅行商合作协议）签约，合同总投资29.8亿元。活动期间还新对接了水族馆、纯净水、竹材包装加工等一批新项目。

（本栏撰稿　权　怿）

政策研究工作

【概况】　2011年，市委政策研究室围绕市委工作大局，恪守“在爱岗敬业中感受愉悦，在为民尽责中实现价值，在默默耕耘中彰显才华，在参谋咨询中大力作为，在奋发进取中磨炼提高，在推进大业中成就大器”的室训，按照“忠诚、认真、勤奋、严密”八字方针，认真践行“时时学习，学风好；字字推敲，文章好；事事求真，参谋好；处处规范，管理好；人人友爱，团结好；天天向上，形象好”的政研工作理念，强化学习，提升服务，规范管理，锤炼队伍，各项工作取得新的成绩。

一、文稿服务得到新提升。起草文稿329篇154.5万字，是近年来文稿任务最重的一年。在《人民日报》、《求是》等中央媒体发表署名文章8篇2.2万字；在《湖南日报》、《新湘评论》等省级媒体发表署名文章和通讯稿件13篇4.1万字，是近年来在中央、省级媒体发表文章最密集的一年。

二、调查研究取得新突破。坚持一周两期《信息参考》呈送市委主要领导，全年编印95期、报送信息1210条。坚持一月一个深度调研，形成调研报告18个、《调研内参》6期，市委主要领导先后4次作出重要批示。坚持一季一次形势研判，每季度组织相关部门分析研究全市经济形势，编辑《岳阳经济社会动态》3期。

三、刊物编辑创造新成果。瞄准把《民本岳阳》办成“全省一流、全国有影响知名党刊”的奋斗目标，围绕“决策参考、工作交流、风采展示、学习园地、友谊桥梁”的办刊方向，丰富栏目设计，扩大赠阅范围，对内覆盖全市正科级以上行政事业单位主要负责人，对外发送中央有关部委、省直有关厅局，与全国128个城市党刊交流，总印数近3000份，《民本岳阳》的传播力、影响力明显提升。同时，编印出版4本书：《民本岳阳——市第六次党代会特刊》、《民本岳阳耀洞庭——炼红书记活动集》、《洞庭激荡——省第十次党代会岳阳市代表团活动集锦》、《聚焦民本——炼红书记在省级以上媒体发表文章集锦》；准备出版《民本岳阳理念与实践》、《八百里洞庭凭岳阳壮阔——亲历民本岳阳建设与发展》。　（本栏撰稿　喻应康）

党史地方志工作

【概况】　2011年，市委党史市志办公室（简称市委史志办）以纪念中国共产党成立90周年活动为重点，将史志工作首次列入民本岳阳建设年度考核，做好党史研究、资料征集、史志宣传教育、党史联络、修志、年鉴等工作。被省委党研室评为全省党史工作考核目标管理优胜单位，被省地方志编纂委员会评为全省地方志工作先进单位。《岳阳年鉴（2010）》获岳阳市第五届社科优秀成果特别奖，第五届全国年鉴编校质量检查评比二等奖。继续贯彻全国、全省、全市党史工作会议精神，做好党史工作。编写、修订《中共岳阳市地方史》第三卷（1978～2002年）篇目，进行相关资料的征集。编辑完成《中共岳阳市委大事记（2010）》，13万字。全面完成岳阳市革命遗址普查工作，在此基础上编纂《湖南省革命遗址通览·岳阳卷》。根据省委要求，开展苏区认定工作，加强苏区历史专题研究，促进地方经济发展。完成《省委工作纪实》、《湖南革命遗址通览》、《中国共产党湖南简史》等书籍涉及岳阳内容的组稿任务。发挥党史联络组的特殊作用，先后开展6次联络活动，到社区卫生服务中心、市中心医院参观视察，对农村工作进行系统调研，就“三农”问题撰写调研报告。加大对重大党史事件、重要人物的文献档案资料和口述回忆资料的征集力度，《回首当年》第七集出版。完成省编书籍《难忘的历程——湖南党的建设90年纪念文集》、《湖南人民公社化运动》两书的组稿。继续贯彻《地方志工作条例》和《湖南省实施〈地方志工作条例〉办法》，做好方志工作。督促县市区加快第二轮修志，创新篇目和内容，组织县市区史志业务骨干撰写评审意见。出版发行《华容县志》。开展部门志、乡镇志编修，审定《岳阳市教育志》，编纂《岳阳水路交通60年》，写出初稿20多万字。借助岳阳丰富的史志档案信息资源开展史志宣传教育。“岳阳市情网”全面提质，完成100多万字的史志书籍电子文档录入。在媒体刊物发稿39篇。参加纪念辛亥革命100周年活动，撰写纪念文章2篇均获奖。协助广东电视台到平江县拍摄《元帅叶剑英》电视片，与湖南电视台金鹰纪实频道合作拍摄“平江三月扑城”和“平江惨案”纪实性节目。

【开展纪念建党90周年活动】2011年，市委史志办组织参与系列纪念活动，庆祝中国共产党成立90周年。一是打造纪念建党90周年的献礼书——《岳阳党建90年》。二是与市委宣传部组织开展岳阳市纪念中国共产党成立90周年理论研讨活动，在全市征集论文97篇，评选出获奖作品，同时推荐10篇参加省委组织的论文征集评选，其中5篇获奖。三是市党史联络组、市委史志办、市老干局等4个单位组织“老少牵手颂党恩诗书联画展”，并编辑出版《老少牵手颂党恩诗书联画集》。四是与《岳阳日报》、《长江信息报》、《洞庭之声》报和电视台、广播电台联合举办纪念建党90周年专栏，刊发文章37篇。办板报3块，进行党史编纂与研究成果展览。

【开展资政活动】　2011年，市委史志办开展资政活动，服务岳阳经济社会建设。温家宝总理、张德江副总理、中央政治局常委贺国强、政治局委员李源潮等中央领导到岳阳视察，市委史志办都为市委、市政府主要领导提供相关历史地情资料及图片。组织全市史志部门开展课题调研，加强党的基层建设和理论研讨，向省委党史研究室提供7篇资政文章。撰写《搞活君山旅游的建议》、《再次呼吁统筹建设洞庭湖公路铁路大桥》、《文化改革的本质分析》等文章9篇，服务岳阳社会经济建设。参加“迎接党代会献计献策”活动，提建议5条，其中2条被市领导批示交有关部门参考落实，并获得优秀建议奖。

【湖南省方志资源开发利用经验交流现场会在平江召开】 2011年5月16～18日，省地方志编纂委员会在平江县召开方志资源开发利用经验交流现场会，促进新时期地方志事业发展，推进地方文化软实力和影响力的提升。省地方志编纂委员会党组书记、副主任王晓天，市委常委、市委秘书长赖社光等出席并讲话。全省25个史志单位在会上发言，交流方志资源开发利用的经验。平江县“开发利用地情资源、服务经济社会发展”的经验被重点推介，岳阳市“开发方志资源、服务民本岳阳”的工作受到表彰。

【《岳阳党建90年》出版】 2011年8月，市委史志办为庆祝中国共产党90华诞，加强新时期党的建设，着力打造献礼书——《岳阳党建90年》。该书由湖南人民出版社出版，分重要活动、重要人物、重要会议、重要文献、重要革命遗址等篇目，100万字。采取全景式梳理和条目式反映的方法，对90年来党组织在岳阳这块红色土地上进行的各种重大革命和建设活动、重要人物、会议、文献和纪念地进行记述。系统总结党所取得的伟大成就和宝贵经验，反映各个时期岳阳共产党人的优良作风和高尚品德。

【《岳阳年鉴（2011）》出版】 2011年11月，《岳阳年鉴（2011）》由方志出版社出版发行，有30个部类138万字，120个彩版。其主要特点：一是公共彩版推出中国共产党岳阳市第六次代表大会、庆祝中国共产党成立90周年、岳阳市开展“五创”提质活动、辉煌的“十一五”、国家级非物质文化遗产——岳阳市巴陵戏等专题专版，紧扣市委、市政府中心工作，突出年度特色。二是适当调整框架结构。对部分栏目进行微调，涵盖内容更广，结构更趋科学合理。三是对条目进行规范与创新。为“大事、新事、特事”立目，为“热点问题”立目，为“经验教训”立目，年鉴信息更具实用价值、鉴戒价值和史料价值。 （本栏撰稿 黄玉祥）

接待工作

【概况】 2011年，市委、市政府接待处扎实工作、锐意进取，圆满完成市委、市政府交办的各项工作任务。接待来宾2285批36720人次，其中接待党和国家领导人6人次，省部级领导228批625人次，重要客商118批384人次。成功接待了中央政治局常委、国务院总理温家宝，中央政治局常委、中央纪委书记贺国强，中央政治局委员、国务院副总理回良玉，中央政治局委员、国务院副总理张德江，中央政治局委员、中央书记处书记、中组部部长李源潮，中央政治局委员、十一届全国人大常委会副委员长、中华全国总工会主席王兆国等党和国家领导人。市接待处被评为建设民本岳阳工作先进单位、全市党风廉政建设工作和市直机关作风建设先进单位、全市人口和计划生育工作先进单位等荣誉称号。

一、用文化的元素提升接待品味。集体创作的接待之歌《您来到这里》，为重宾赠送的集重宾在岳阳考察观光时的留影、画册、集邮于一体的《岳阳印象》成为全国接待部门首创，提升了接待工作的文化品位。用餐注重湖湘特色与地方口味相结合，菜式讲究吉祥寓意和美味可口相融合。礼品选用土特产品，宣传推介了岳阳的地方文化特色。机关工作人员统一着装、工作时间讲普通话，形成了良好的机关文化。市接待处党组秉承“打造接待文化，追求更好服务”的理念，把提升接待讲解员的讲解水平作为提升接待工作的一项重要工作来抓。每年开年进行综合素质培训，举行政务接待模拟讲解大比武和讲解员风采大赛等活动，进一步提升接待讲解员的综合素质和讲解水平，着力当好市委、市政府的政务接待员、资源优势推介员、大政方针与建设成就宣传员。坚持集中讲课制度，每2周进行一次集中学习，处领导带头讲课，加强文化学习，提升文化水平。

二、用精细的管理提高服务水平。一是在接待预案上下工夫，不断提升服务水平。无论是日常接待还是重宾接待，都对照《接待工作暂行办法》和《重宾与重大活动接待工作流程》严格操作。从客房检查到餐中服务，从迎送工作到外出考察，从礼品赠送到资料存档，都细化分工、明确职责，到岗到人到位。组织工作主动超前，安全工作细致严谨，常规服务热情高效，个性化服务用心用情，确保每次接待工作精细周到、安全无误。二是在硬件建设上下工夫，努力改善服务环境。高度重视接待基地建设，抓接待用车、餐饮住宿等配套设施的升级改造。对南湖宾馆的地面、墙面、门窗进行全面翻新改造，更换了套房与餐厅包厢LED电视机，对餐厅地毯进行了整体翻新，新购置了无污染、节能环保的天燃气锅炉，提升了接待宾馆的整体档次。还选调专业人员培育花卉、苗木，既把基地装扮成新型园林式绿色生态宾馆，又能为一般性、经常性会议提供花卉，达到美化环境和节约成本的双重效果。

三、用制度化管理加强廉政建设。一是规范接待签单、审批制度。每批来客的食宿原始消费清单必须由协助分管日常接待的副调研员和接待科长签字，再由分管日常接待的副处长核实签字才能入账。审核制度即接待费用先由接待科人员初核，然后由财务室进行复核，加盖“已审核”公章，最后报一把手审批。二是规范物资采购、领用制度。集中采购物资，召开采购领导小组会议，至少由具体承办的3个人先做市场调查，选择实力雄厚、经营状况好、有总经销权的供应商，分别制作投标书，密封后交采购领导小组集体开封，定下供应商后还要谈价压价。酒水、香烟领用严格手续，没用完的酒水退回仓库下次使用，为财政节约每一笔开支。接待工作者从不利用单位、职务之便为家人、朋友开一间房、吃一顿饭、私开一张景点门票。市接待处系统没有出现违反规定收送现金、有价证券、支付凭证和收受干股以及以赌博和交易等形式收受财物，利用婚丧嫁娶等事宜收钱敛财等违法违纪行为。（本栏撰稿　黎　雯）

老干部工作

【概况】　2011年，市委老干部局以“让市委、市政府放心、让老干部满意”为目的，以创先争优为动力，忠诚履职　务实求为，推动了老干部工作的新发展。被评为全省14个市州中唯一的“全国老干部工作先进集体”。

一、营造老干部工作氛围。5月，与市委督查室对全市各级各部门老干部工作开展一次全面督查。争取市委、市政府主要领导和分管领导出席老干局的会议和活动，邀请市领导在重要节日和纪念日走访慰问老干部，让老领导感受组织的温暖。年初召开老干部工作、关心下一代工作暨“双先”表彰会，对先进集体和先进工作者进行表彰；“七一”前夕，召开全市先进离退休干部党组织和优秀离退休干部党员表彰大会，表彰40名优秀离退休干部党员和30个先进离退休干部党组织。建立“岳阳老干部工作网”，加强了调研、信息、宣传等工作。与岳阳日报社合作，开设“巴陵红枫”专栏，对优秀老干部和老干部工作者进行宣传。

二、提高老干部待遇。一是以深入推进离退休干部创先争优活动为契机落实老干部政治待遇。坚持阅文、听报告、参加重要会议和重大活动、通报情况、订阅报刊、就近参观工农业生产建设成就、走访慰问等制度。举行经济形势通报会，向老领导通报全市经济社会发展和组织工作等情况。实施“先锋工程”、“安家工程”和“阵地工程”，选配130多名年龄较轻、威望较高、熟悉业务的离退休干部党支部书记，全市980多个离退休干部党组织做到了班子健全、制度完善、活动经常，涌现出一批先进集体和优秀党员。这些做法和经验得到中组部部长李源潮、省委组织部副部长郭树人和省委组织部副部长、老干部局局长常世雄等领导的充分肯定。二是以提升服务管理水平、解决离退休干部的特殊困难为重点落实老干部生活待遇。开展“工作人员下基层、与老干部交朋友”活动和“夏季送清凉、冬季送温暖、住院送舒馨、节日送祝福”四送活动。深入推进老年保健工作，召开全市老年保健工作会议，开展“医保杯”健康老人评选表彰，为每个离休干部建立健康档案，全市老年保健工作实现后发赶超。进一步推动“三个机制”（离休干部离休费保障机制、医药费保障机制、财政支持机制）的巩固完善和有效运转，建立健全困难离退休干部帮扶机制和离退休干部共享经济社会发展成果两个机制，形成了“3+2”工作机制。

三、丰富老干部活动。以老干部活动中心和老年大学为阵地，以关工委、老科协、老年书画协会、老年门球协会、老年志愿者协会和金秋艺术团等老年组织为平台，通过组织活动来引领老年人树立健康文明的养老新观念，引导老年人在三个文明建设中发挥积极作用，使老年人在愉悦身心的同时安享“幸福金秋”。岳阳老年大学开办84个班，学员达3600多人次，教学成果得到省老年教育领导小组的充分肯定。以庆祝建党90周年为契机，开展走访慰问老干部活动，全市先进离退休干部党组织和优秀离退休干部党员表彰大会暨“老少牵手颂党恩”才艺大赛等一系列活动。通过开展活动，充分展示了老年人积极向上的风采和活力，组织“四大家”市级老领导深入12个县市区和重点建设工程，开展“看变化、促发展”考察调研活动，并形成专题考察报告呈送市领导，受到高度评价。在市第六次党代会召开前夕，市级老领导和离退休干部积极建言献策，提出建议800多条。深入推进离退休干部党组织和党员创先争优活动。通过设岗定责、老年社团共建共创、狠抓示范带动等方式，开展活动，激励离退休干部创先争优活动，离退休干部党组织和离退休干部党员踊跃参与，在创建学习型党组织、参与全国文明城市五创提质、从事关心教育下一代、服务经济社会发展和投身志愿服务等5个方面创先争优，争作贡献。市关工委连续3届荣膺全国关心下一代工作先进集体；7月，在全国关工委举办的“关爱明天、普法先行”—全国青少年普法教育表彰大会上，市关工委被评为先进单位。

四、加强老干部工作队伍建

市级老领导在“看变化，促发展”活动中考察岳阳社会经济发展（杨亚中　摄）

湖南省第21次老年教育工作会议在岳阳汇报演出 （刘 培 摄）

设。开展“三比三争”活动，激活内力。在全市老干部工作部门和老干部工作人员中，深入开展以“比学习强素质，争创过硬队伍；比服务强作风，争创模范部门；比贡献促发展，争创一流业绩”为内容的“三比三争”创先争优主题活动。老干部工作呈现整体推进、你超我赶的良好工作格局。加强学风、作风和党风廉政建设，增强“免疫力”。在全市老干系统深入开展创建学习型机关活动，形成爱读书、多读书、读好书、善读书的良好风气，制定《加强廉洁自律和厉行节约工作的规定》等11项制度，老干部工作队伍学习政策、掌握政策、运用政策的能力水平不断提高，呈现党性强、作风正、纪律严、工作实的良好风貌。

【市级老领导赴县市区“看变化 促发展”考察调研活动】 2011年，市委老干部局推进离退休干部党组织和党员创先争优活动，引导老干部在服务经济社会发展中发挥作用。3月29日至4月14日，组织开展市级老领导的“看变化、促发展”考察调研活动。陈秉芝、梅楚波、黄甲喜、罗传根、高碧云、刘泗元、陈志刚、张治雄、赵协成、方贵吾等50多位市级老领导先后深入12个县市区考察调研，喜看新变化，献计促发展。市领导盛荣华、彭国甫、严华、田自力、向伟雄等先后陪同。活动期间，老领导们入车间、进社区、看工地、观港口，对各地的巨大变化赞叹不已，也为之欣喜自豪。考察调研后，老领导对岳阳建设“五市一极”、推动经济转型升级更大更强更加充满了信心，为全市经济社会又好又快发展献计献策。

【全省第21次老年教育工作会议】 2011年11月30日至12月1日，全省第21次老年教育工作会议在岳阳市召开。省委副书记、省老年教育工作领导小组组长梅克保出席会议并讲话。省委常委、岳阳市委书记易炼红致辞。省政协原副主席、省老年教育工作领导小组常务副组长、湖南老干部大学校长游碧竹作工作报告。省人大常委会原副主任、省老年教育工作领导小组顾问刘玉娥、罗海藩，市委副书记盛荣华，市委常委、组织部长、统战部长严华等出席会议。会议期间，参观考察了岳阳老年大学、岳阳楼区枫树新村社区、鹰山社区老年学校和岳阳楼景区；岳阳市、长沙市、平江县等6个单位介绍了老年教育向基层延伸的经验和做法。会议还表彰了老年教育工作先进单位和先进个人。

（本栏撰稿 杨亚中）

市直机关党建工作

【创先争优不断提升机关党建科学化水平】 2011年，市直机关工委一是加强党建基础工作。通过指导机关党委换届选举、作风建设调研等方式，加强工委与部门党组（党委）的联系，督促部门党组（党委）书记认真履行第一责任人的职责，领导班子成员自觉落实“一岗双责”，更好地履行管党责任。指导市直卫生系统机关党委等8个机关党委换届，指导经信委成立系统机关党委，整合交通系统机关党委力量，调整、划转政府办系统、交通系统、经信委系统6家单位的组织关系隶属问题，任命商务系统等19名机关党委书记、副书记人选。加强对商务、经信委、建设等系统流动党员的管理，扩大了机关党建工作的覆盖面。共审查发展新党员519名，开展了党费专项检查。市直各系统组织“千名书记讲形势政策”活动获奖。各系统组织“对人民负责、为人民服务、受人民监督、让人民满意”公务员演讲比赛，7人参加全市初赛，市检察院毛直姿获一等奖，并参加省里比赛获三等奖。二是推进基层党建示范单位创建活动。继续在市直机关单位开展创建基层党建示范单位竞赛活动，全面开展“系统机关党委、局机关党委、单位党支部”三级联创。农林水系统市气象局机关党委等12个基层党组织被授予创建基层党建示范单位，组群系统总工会机关党委等8个基层党组织被命名为基层党建工作示范单位。三是“创先争优”活动卓有成效。市直机关创先争优活动领导小组先后4次召开工作推进会，研究部署、组织指导创先争优活动。各级党员领导干部带头参加学习，作好公开承诺，办好联系点，查找问题，搞好整改。书记、市长、人大主任、政协主席、市委常委及91个正处级单位一把手的公开承诺都上交市直机关工委备案。市直机关工委3次对1313个基层党组织开展的公开承诺、领导点评、群众评议、活动考核等工作组织抽查，督促个别单位“回炉补火”。动员市直机关各级党组织和党员围绕“五市一极”建设开展创先争优，自觉在五创提质中发挥先锋模范作用。组织市直机关党员开展“惠民服务先锋行”活动，统筹协调“与群众交朋友、为基层搞

2011年5月13日全国红军小学建设工程理事会常务副理事长兼秘书长方强一行到馆举办任弼时红军小学授牌仪式　　（严　柯　供稿）

任弼时纪念馆加强与上级业务主管部门的及时沟通，了解政策信息。着重抓了2个建设和维修项目的方案编制和申报。《任弼时纪念馆红色旅游二期项目建设方案》历经4次修改，通过对该项目可行性研究报告和环境评估报告的专家评审，并报送国家发改委待批。该方案包括停车场、安防设施等8个子项目，总预算923.25万元，拟申请国债资金600万元；《任弼时故居保护规划》历经3次修改，2次省文物局专家评审，已报送国家文物局审批，此次规划涉及近期年中期投资达6000多万元，其中故居维修资金为380万元。为实施好纪念馆二期红色旅游项目建设，广泛征求意见，11月底完成召开了《任弼时纪念馆修建性详细规划》评审。红色项目的前期工作扎实有序开展，完成基建投资约100万元。新扩展区地形、地貌、道路路基等全部成形，围墙已建设到位；420株香樟、玉兰等栽植成活，铺设了4500平米的草皮；新建的西入口完成传达室装修工程，拉通了陈列馆至故居90米长道路，新建了1500平方米生态停车场。

【宣传研究初显成效】　2011年12月28日，在任弼时纪念馆召开第一届任弼时生平思想研讨会，特聘研究员马志宇、胡启良等4名专家学者及全馆工作人员开展学术讨论。收集论文18篇，评选9篇优秀论文。在省市报刊发表专业论文6篇。制订并向市委呈报了《任弼时诞辰110周年纪念活动筹备工作方案》，拟召开“九个一”活动。

【加强文物保护】　2011年，任弼时纪念馆对馆藏的1200件文物进行全面清理，实施账物分开管理。加强了对任弼时故居的日常检查，实施白蚁治理，及时修复和更换故居内破损的12件仿制生活用品和农具等。投资近20万元，设计安装了避雷系统，实施日夜值班巡逻，确保文物的安全。　（本栏撰稿　许红阳）

市委重要文件选目

▲岳发〔2011〕1号　市委、市政府关于进一步加强武警部队建设的意见（2011年1月10日）

▲岳发〔2011〕2号　市委、市政府关于印发《岳阳市中长期人才发展规划纲要（2011—2020年）》的通知（2011年1月13日）

▲岳发〔2011〕3号　市委、市政府关于加强新时期群众工作的若干意见（试行）（2011年2月21日）

▲岳发〔2011〕4号　市委关于认真做好县市区党委换届工作的意见（2011年4月6日）

▲岳发〔2011〕5号　市委关于中国共产党成立90周年纪念活动的实施意见（2011年4月7日）

▲岳发〔2011〕6号　市委、市政府关于2011年建设民本岳阳综合考评的意见（2011年4月26日）

▲岳发〔2011〕7号　市委、市政府关于加强灾区生产自救重建家园的意见（2011年6月21日）

▲岳发〔2011〕8号　市委、市政府关于加强和改进新形势下工商联工作的实施意见（2011年9月1日）

▲岳发〔2011〕10号　市委、市政府关于印发《岳阳市保障和改善民生实施纲要（2011—2015年）》的通知（2011年11月29日）

▲岳委〔2011〕6号　市委、市政府关于表彰岳阳市第二届文学艺术奖获奖作品和作者的通报（2011年1月26日）

▲岳委〔2011〕28号　市委关于表彰全市先进基层党组织、优秀共产党员及优秀党务工作者的通报（2011年6月27日）

▲岳委〔2011〕30号　市委关于同意呈报将《岳阳晚报》更名为《岳阳日报》的批复（2011年7月27日）

▲岳委〔2011〕31号　市委关于颁发岳阳市第九届社会科学优秀成果奖的通报（2011年8月5日）

▲岳委〔2011〕34号　市委关于对出席中国共产党湖南省第十次代表大会代表候选人初步人选进行公示的通知（2011年9月6日）

▲岳办发〔2011〕22号　市委办、市政府办印发《关于推进终身教育和建设学习型社会的实施意见》的通知（2011年3月7日）

▲岳办发〔2011〕23号　市委办关于印发《关于开展“与群众交朋友、为基层搞服务”主题活动实施方案》的通知（2011年3月7日）

▲岳办发〔2011〕34号　市委办、市政府办关于印发《民本岳阳九项工程2011年度重点工作目标任务分解》的通知（2011年4月25日）

▲岳办发〔2011〕39号　市委办、市政府办转发《市纪委市监察局关于贯彻落实〈省纪委省监察厅关于重大项目向纪检监察机关报告的暂行办法〉的实施细则》的通知（2011年6月8日）

▲岳办发〔2011〕41号　市委办、市政府办关于印发《岳阳市人口和计划生育审查制度》的通知（2011年8月31日）

▲岳办发〔2011〕44号　市委办、市政府办关于印发《关于进一步治理“小金库”的实施意见》的通知（2011年10月9日）

▲岳办发〔2011〕46号　市委办关于印发《岳阳市县处级单位主要负责人述廉评议工作暂行办法》的通知（2011年10月17日）

▲岳办发〔2011〕48号　市委办、市政府办关于印发《岳阳市新型工业化考核奖励办法（修订）》的通知（2011年11月14日）

▲岳办发〔2011〕49号　市委办、市政府办转发《市委宣传部、市司法局关于在全市公民中深入开展法制宣传教育的第六个五年规划（2011～2015年）》的通知（2011年11月24日）

▲岳办〔2011〕1号　市委办、市政府办关于印发《岳阳市规范领导干部任期经济责任审计工作“五项制度”》的通知（2011年1月26日）

▲岳办〔2011〕3号　市委办、市政府办关于印发《岳阳市“十百千万”人才引进培养实施办法》的通知（2011年1月26日）

▲岳办〔2011〕10号　市委办、市政府办关于印发《岳阳市2011年“联手帮扶企业和产业发展升级”行动实施方案》的通知（2011年2月28日）

▲岳办〔2011〕14号　市委办、市政府办关于印发《岳阳市第八次村民委员会换届选举工作实施方案》的通知（2011年3月22日）

▲岳办〔2011〕20号　市委办、市政府办印发《关于在“五创”提质工作中加强领导班子和干部队伍专项考核工作的办法（试行）的通知》（2011年4月25日）

▲岳办〔2011〕21号　市委办、市政府办转发《市纪委关于市直单位贯彻落实2011年党风廉政和惩防体系建设任务的分工意见》的通知（2011年4月25日）

▲岳办〔2011〕23号　市委办、市政府办关于印发《岳阳市2011年招商引资目标考核办法》的通知（2011年5月11日）

▲岳办〔2011〕24号　市委办、市政府办关于印发《2011年县市区落实党风廉政建设责任制推进征治和预防腐败体系建设目标管理考核办法》的通知（2011年5月20日）

▲岳办〔2011〕25号　市委办、市政府办关于印发《2011年市直单位落实党风廉政建设责任制推进惩治和预防腐败体系建设目标管理考核办法》的通知（2011年5月20日）

▲岳办〔2011〕26号　市委办、市政府办关于印发《2011年中央、省驻岳企业和市属国有及国有控股企业落实党风廉政建设责任制推进惩治和预防腐败体系建设目标管理考核办法》的通知（2011年5月20日）

▲岳办〔2011〕29号　市委办关于印发《“迎接党代会、奏响民本岳阳和谐崛起最强音”献计献策活动实施方案》的通知（2011年6月7日）

▲岳办〔2011〕32号　市委办、市政府办关于印发《关于开展生产自救重建家园工作的实施方案》的通知（2011年6月25日）

▲岳办〔2011〕33号　市委办、市政府办关于印发《2011年全市“效能制度落实年”工作要点》的通知（2011年6月29日）

▲岳办〔2011〕34号　市委办、市政府办关于印发《岳阳市防汛工作责任追究暂行办法》的通知（2011年6月29日）

▲岳办〔2011〕36号　市委办、市政府办关于印发《岳阳市工业园项目建设升级行动实施方案》的通知（2011年7月20日）

▲岳办〔2011〕38号　市委办、市政府办关于做好城陵矶临港产业新区申报省级高新技术开发区相关工作的通知（2011年8月8日）

▲岳办〔2011〕39号　市委办、市政府办关于印发《岳阳市2011年度机关作风建设考评办法》的通知（2011年8月29日）

▲岳办〔2011〕41号　市委办关于表彰“迎接党代会·奏响民本岳阳和谐崛起最强音”献计献策活动优秀建议先进集体和先进个人的通报（2011年10月14日）

▲岳办〔2011〕43号　市委办关于加强老年保健工作的通知（2011年10月24日）

▲岳办〔2011〕45号　市委办、市政府办关于进一步加强机构编制管理的通知（2011年10月27日）

▲岳办〔2011〕46号　市委办、市政府办关于加强社区戒毒（康复）工作的实施意见（2011年11月29日）

▲岳办〔2011〕49号　市委办、市政府办关于加强全市评比达标表彰活动管理的通知（2011年12月21日）　（黄　满）

责任编校　秦小燕

岳阳市人民代表大会

YUEYANG PEOPLES CONGRESS

市六届人大第四次会议

市六届人大常委会第二十次至二十七次会议

关于同意调整中心城区路街巷名称的决定

《城市绿化条例》等法律法规实施情况检查

城区“四湖连通”工作情况视察

综 述

【概况】 2011年，市人大常委会围绕“五市一极”建设大局，依法履行职责，为推进岳阳经济转型升级，加快民主法治建设作贡献。全年举行常委会会议8次，主任会议18次；听取和审议“一府两院”专项工作报告21项，人大常委会专项工作报告2项，执法检查报告4项；作出决议、决定6个；开展专题视察6次。

一、服务科学发展大局，推动“五市一极”建设。常委会抓住“五市一极”建设中的大事、要事，依法行使职权，推动岳阳经济社会健康协调发展。一是保障经济健康运行。高度关注市域经济整体运行情况，跟踪监督“十二五”规划开局、年度国民经济和社会发展计划、财政预算执行情况，特别是重要经济指标。听取和审议市人民政府关于2011年上半年国民经济和社会发展计划及财政预算执行情况的报告。针对物价持续攀升、信贷、土地等生产要素紧张、财政收支矛盾突出、节能减排压力加大、农业受灾严重等不利因素，建议市政府突出经济发展重点，拓宽企业融资渠道，稳定农业生产，保持物价基本稳定，促进民生持续改善，努力完成全年发展目标。检查滨湖示范区发展情况，督促完善规划，整合资源，创新体制机制，推动“两型”社会建设。关注城建资金计划管理和使用，听取2010年城建资金计划执行情况及2011年计划编制情况的汇报，督促市政府根据宏观经济情况，严格执行资金计划，健全债务偿还机制，提高资金使用效率。二是推动“五市一极”建设。督促推进新型工业化，继续开展“联手帮扶”行动，保障企业生产要素，加快产业转型升级，打造本土支柱产业。专题调研社会主义新农村建设和扶贫开发工作情况。针对新农村建设整体发展不平衡，扶贫开发基础仍然薄弱等问题，督促市政府探索新农村建设、扶贫开发与农村社会保障体系建设的有效衔接，提升农村社会保障水平。听取农业综合开发工作情况汇报，督促加大农业基础设施投入，推进高标准农田建设，提高农业生产能力。调研临港产业新区基础设施建设情况，专题视察旅游资源整合工作。督促启动城区水系综合治理，推进环南湖截污管网建设和王家河整治，南湖水质恶化趋势得到扭转。审议批准市政府调整中心城区部分路街巷名称，督促规范地名管理，合理设置地名标识。三是强化预算审查监督。听取和审议2011年市本级财政预算编制、2010年财政决算及审计工作报告。审议批准发行政府债券2.5亿元，批准调整部分预算。要求加强预算管理和监督，防范和化解债务风险，保障民生支出。督促完善预算编制，增加汇编单位，细化部门预算，完善社会保障基金和城市建设资金等专项预算以及政府性基金预算。充分发挥审计监管作用，跟踪督促市级财政预算执行和其他财政收支审计查出问题的整改落实，要求加强和规范市本级财政专项资金管理，完善基金项目的预算监督及使用机制。四是依法进行人事任免。坚持拟任命人选任前法律知识考试和供职发言制度，强化被任命人员的法律意识、公仆意识和责任意识。全年常委会依法任免国家机关工作人员57人次。

市人大常委会主任李湘岳在市六届人大五次会议上作报告（市人大办 供稿）

二、关注热点难点问题，促进民生持续改善。坚持以人为本，把关系群众切身利益和社会普遍关注的热点问题作为监督重点，督促解决民生问题。组织开展食品安全法执法检查。针对食品安全监管体制不顺，监管难度加大，食品安全隐患较多等问题，督促市政府建立健全食品安全综合协调机制，加大执法力度，规范食品生产经营行为；跟踪督促保障性住房建设，推进建设进程与管理创新；专题调研全市物价工作情况，督促有关部门加强市场监管，维护价格秩序，保持大宗物价相对稳定。专题调研学前教育发展情况，督促市政府推进学前教育公共服务体系建设，加强行业监管，适应学前教育儿童的入园需求。专题视察农村饮水安全工作情况，督促加强工程建设，保障供水安全，建立长效管理机制。专题视察社会保障平台建设与服务工作情况，督促提升服务水平和保障能力，推进全市社会保障体系建设。专题视察安全生产和人防工作情况，推进其工作进程；按照省人大常委会的统一安排和部署，市人大相关专门委员会抓住与人民群众生产生活息息相关的民生热点问题，组织开展环保世纪行、农产品质量安全行、农民健康行和民族团结进步行动等专项活动；重视信访工作，接待人民群众来信来访，做好信访件的转办、催办、督办工作。全年接待群众来信来访466件，756人次。

三、督促依法行政、公正司法，推进依法治市进程。一是开展执法监督。组织开展《中华人民共和国食品安全法》、《中华人民共和国渔业法》、《中华人民共和国工会法》、《城市市容和环境卫生管理条例》、《城市道路管理条例》、《城市绿化条例》、《风景名胜区条例》、《湖南省散装水泥管理条例》、《湖南省长株潭城市群区域规划条例》等9部法律法规的执法检查与调研，配合全国、省人大常委会开展《中华人民共和国妇女权益保障法》、《湖南省扶持革命老区发展条例》执法检查。针对城市管理4个条例贯彻实施中存在城市基础设施不全、部分功能缺失、违法建设和违规燃放烟花爆竹屡禁不止等问题，建议市政府加快基础设施建设，完善城市服务功能，整合城市公共资源，化解城区停车难题，提升城市管理水平。针对工会法贯彻实施中存在非公企业工会组织建设滞后，职工合法权益保障乏力等问题，督促加强工会维权能力建设，加大非公企业工会组建力度，切实维护职工合法权益。针对渔业法贯彻实施中存在违法捕捞、洞庭湖渔业资源衰退等问题，督促加大执法力度，开展增殖放流行动。还专题调研市检察院关于职务犯罪案件审查逮捕上提一级改革工作情况，督促市检察院健全工作机制，规范职务犯罪案件决定逮捕工作程序。二是加强工作监督。专题调研全市“五五”普法工作情况与“六五”普法规划，听取和审议市政府关于全市“五五”普法工作情况和“六五”普法规划的报告。针对普法工作中社会参与度不高，法制宣传教育针对性和实效性不强以及保障和考核机制不完善等问题，建议创新普法工作形式，强化普法工作保障，健全普法工作机制，推进依法治市进程。评议市文化广电新闻出版局城乡文化建设与市场管理工作、市审计局市级财政预算执行审计工作和市政府外事侨务办公室工作，肯定成绩，指出问题，提出整改建议。三是坚持跟踪督促，强化整改落实。加强对上年度有关监督事项的跟踪监督，督促“一府两院”认真落实审议意见和常委会组成人员的意见和建议。专题听取“560亩湖”湖面萎缩询问整改意见，推进新型工业化、社会保障和社区工作的评议意见，矿产资源法、老年人权益保障法执法检查报告的审议意见，农业产业化、教育卫生基础设施建设工作情况审议意见整改落实情况的报告。督促市政府制订专项规划，出台管理办法，加强监督管理。督促整顿采矿秩序，推进矿山整合，打击非法开采。督促加大养老基础设施建设力度，提高基本养老标准。四是规范备案审查，维护法制统一。开展规范性文件备案审查工作，全年接收市政府及其办公室、岳阳经济技术开发区、南湖风景区、屈原管理区报备规范性文件52件，各县市区人大常委会报备规范性文件18件，向省人大常委会报备规范性文件2件，督促有关单位依法修正规范性文件1件。加强与文件制定机关的双向互动，规范文件制定程序，加强文件备案管理，提高文件质量。

四、支持代表积极履职，充分发挥代表作用。探索新形势下开展代表工作的有效途径，改进和完善代表活动方式。一是密切联系，拓宽代表知情渠道。坚持开展市级领导和常委会组成人员走访联系代表活动，全年走访人大代表150多名。为市人大代表征订刊物，寄送资料，定期向代表通报常委会重要工作和重要活动情况。督促“一府两院”向代表通报全市经济社会发展和审判、检察工作情况。吸纳代表更多参与常委会工作，全年安排10名全国、省人大代表列席省人大常委会会议，邀请49名省、市人大代表列席市人大常委会会议。二是开展活动，搭建代表履职平台。组织市人大代表参加中共岳阳市第六次代表大会建言献策活动，136名市人大代表提出建议58件。委托各县市区人大常委会组织省、市人大代表深入基层，开展视察活动。组织邀请190名代表参加调研座谈、执法检查、工作评议、建议督办等活动。做好市人大代表履职登记工作，综合评价代表年度履职情况，提高代表履职责任。三是加强督办，提升建议办理实效。市六届人大四次会议及闭会期间，市人大代表提出建议、批评和意见173件。常委会认真研究梳理，及时向“一府两院”交办。加强跟踪督办，注重建议、批评和意见所提问题的解决率。市政府高度重视办理工作，办理实效进一步提高。继续跟踪督办市六届人大一次、二次会议确定的代表议案，推进办理进程。

五、加强学习和调研、宣传工作，不断提升履职能力。一是注重学习提高。先后举办争当合格党员、党风廉政建设与国内国际形势等专题讲座。组织机关干部进行法律知识、人大业务知识和计算机操作水平考试。组织常委会机关干部和县市区、乡人大工作者到全国人大培训中心学习政治理论和人大业务知识。二是注重调查研究。分别对粮食工作、烟草专卖、社会治安、电子防控、殡葬改革、“两型”农业建设、水利事业发展、农业产业化等议题进行调查研究。组织开展市、县（区）、乡三级人大换届选举工作调研，探讨换届工作中的具体问题。开展代表资源调查，推进代表资源库建设。三是注重宣传研讨。加强人大宣传阵地建设，提升《人大导刊》、岳阳人大网办刊办网水平。编印《常委会公报》、《人大工作动态》，推介全市人大工作情况。重视人大理论研究工作，以“学习实践科学发展观，提升人大工作水平”为主题，开展理论研讨活动。

重要会议

【市六届人大第四次会议】 2011年1月10～13日召开岳阳市第六届人民代表大会第四次会议。会议听取和审议市人民政府工作报告、市人民代表大会常务委员会工作报告、市中级人民法院工作报告和市人民检察院工作报告。审查和批准岳阳市国民经济和社会发展第十二个五年规划纲要。审查和批准岳阳市2010年国民经济和社会发展计划执行情况与2011年计划草案的报告。批准岳阳市2011年国民经济和社会发展计划。审查和批准岳阳市2010年预算执行情况与2011年预算草案的报告。批准岳阳市2011年市本级预算。

岳阳市第六届人民代表大会第五次会议，盛荣华当选为市人民政府市长　（严　柯　供稿）

【市六届人大常委会第二十次至二十七次会议】 2011年3月22～23日召开市六届人大常委会第二十次会议。会议听取和审议市政府关于2011年财政预算编制和市本级部门专项资金预算编制情况的报告。听取市人大常委会办公室关于规范性文件备案审查工作情况的报告。听取和审议市政府关于《中华人民共和国老年人权益保障法》执法检查审议意见落实情况的报告。听取和审议市政府关于全市农业产业化工作审议意见落实情况的报告。

5月18日召开市六届人大常委会第二十一次会议。会议集中学习《中华人民共和国渔业法》。听取和审议市经济和信息化委员会、市人力资源和社会保障局、市民政局等部门相关工作评议整改情况的报告。听取和审议市政府关于全市教育卫生基础设施审议意见落实情况的报告。听取和审议市政府《关于提请审议市中心城区路街巷名称调整方案的议案》，并作出决议。听取和审议市人大常委会执法检查组关于全市贯彻实施《中华人民共和国渔业法》执法检查情况的报告。

6月16日召开市六届人大常委会第二十二次会议。会议进行有关人事任免。

7月28～29日召开市六届人大常委会第二十三次会议。会议集中学习《中华人民共和国食品安全法》。听取和审议市政府关于2010年全市及市级财政决算草案的报告、2010年财政预算执行和其他财政收支情况的审计报告、2011年上半年国民经济和社会发展计划及财政预算执行情况的报告，审议通过关于批准2010年市级财政决算的决议。听取和审议市人大常委会执法检查组关于全市贯彻实施《中华人民共和国工会法》执法检查情况的报告。听取和审议市人大常委会执法检查组关于全市贯彻实施《中华人民共和国食品安全法》执法检查情况的报告。听取市人大常委会代表资格审查委员会、联工委关于代表资格审查、代表异动情况的报告，并进行人事任免。

9月28～29日召开市六届人大常委会第二十四次会议。会议集中学习《城市市容和环境卫生管理条例》等法律法规。听取和审议市政府关于《中华人民共和国矿产资源法》执法检查审议意见落实情况的报告。听取和审议市人大常委会执法检查组关于全市贯彻《城市市容和环境卫生管理条例》、《城市绿化条例》、《城市道路管理条例》、《风景名胜区条例》等执法检查情况的报告。听取和审议市政府关于2011年全市地方政府债券资金安排及市级预算调整方案（草案）的报告。审议通过关于批准2011年全市地方政府债券资金安排及市级预算调整方案的决议。评议市文化广电新闻出版局、市审计局、市政府外事侨务办公室有关工作。

10月31日召开市六届人大常委会第二十五次会议。会议进行有关人事任免。

11月29日召开市六届人大常委会第二十六次会议。会议听取和审议市政府关于全市“五五”普法工作情况和“六五”普法规划的报告。听取和审议市政府关于市六届人大四次会议代表建议、批评和意见办理情况的报告。听取市六届人大四次会议代表建议、批评和意见办理工作督办情况汇报。听取和审议市政府关于2010年市级财政预算执行和其他财政收支审计查出问题整改情况的报告。部分编组在岳阳的省十一届人大代表书面述职。审议通过关于召开市六届人大五次会议的决定。

12月20日召开市六届人大常委会第二十七次会议。会议初审市人大常委会工作报告及市六届人大五次会议有关文件。作出《关于接受黄兰香辞去岳阳市人民政府市长职务的决定》、《关于盛荣华代理岳阳市人民政府市长的决定》。根据《中华人民共和国地方各级人民代表大会和地方各级人民政府组织法》的有关规定，决定接受黄兰香的辞职请求，同意其辞去市政府市长职务，并决定由副市长盛荣华代理市长，报市第六届人民代表大会第五次会议备案。会议补选省十一届人大代表1名。

【市人大常委会主任会议】 2011年，市六届人大常委会召开主任会议18次。会议先后讨论通过市人大常委会2011年工作要点，研究确定2011年度被评议的政府工作部门和9件重点督办建议。听取2011年市直部门预算编制和城建项目建设资金安排、物价工作、学前教育发展、农业综合开发工作、“560亩湖”湖面萎缩专题询问会有关意见整改落实、《湖南省散装水泥管理条例》贯彻实施等情况的汇报。听取市检察院关于司法改革中职务犯罪上提一级审查决定逮捕工作情况的汇报。听取市人大有关专门委员会环保世纪行、农产品质量安全行、农民健康行、民族团结进步行动活动等情况的汇报。

【全国二十城市人大工作座谈会】 2011年9月5～8日在岳阳市召开全国二十城市人大工作座谈会，有全国26个城市的人大常委会领导参加。与会人员围绕依法开展备案审查工作深入探讨。省人大常委会副主任蔡力峰出席会议并讲话。

【全省人大农业与农村工作第八次联席会议】 2011年10月16～18日在岳阳市召开全省人大农业与农村工作第八次联席会议。省人大常委会副主任蔡力峰，原副主任罗海藩，省直有关单位和各市州人大常委会负责人参加会议。会议研讨如何稳定发展粮食生产，推进农业产业化。

决议决定

【关于同意调整中心城区路街巷名称的决定】 2011年5月18日，市六届人大常委会第二十一次会议作出《关于同意市人民政府对中心城区路街巷名称进行调整的决定》。决定指出，要进一步规范城区地名管理，科学合理设置地名标识，更好地服务人民群众生产生活需要。

【关于批准2010年市级财政决算的决议】 2011年7月29日，市六届人大常委会第二十三次会议作出《关于批准2010年市级财政决算的决议》。决议指出，要进一步严格预算执行，切实改进和加强专项资金和项目支出预算管理。加强财政资金使用的绩效考核，提高财政资金使用效益，完善财政资金使用绩效评价机制。

【关于批准2011年地方政府债券资金安排及市级预算调整方案的决议】 2011年9月29日，市六届人大常委会第二十四次会议作出《关于批准2011年地方政府债券资金安排及市级预算调整方案的决议》。决议指出，要加强地方政府债券资金的使用管理和监管，加大债券资金使用项目的绩效评估考核，充分发挥资金使用效益。建立债券资金偿还机制，按期足额安排偿还资金。

市人大常委会主任李湘岳调研城区水系治理工作 （市人大 供稿）

执法检查

【《渔业法》实施情况检查】 2011年4月中下旬，市人大常委会执法检查组对2008年以来全市实施《中华人民共和国渔业法》及相关法律法规的情况进行检查。听取市政府实施渔业法情况的汇报，组织市畜牧水产局、公安局、林业局、环保局、工商局、东洞庭湖国家级自然保护区管理局等单位负责人座谈，并对长江、湘江、洞庭湖水域周边的6个县市区进行检查，主要检查养殖水域滩涂规划执行、水产品质量安全、执法和技术支撑队伍、禁渔制度实施、水生生物资源保护和使用以及水生动物疫病防治等情况。

【《工会法》实施情况检查】 2011年5月中下旬，市人大常委会执法检查组检查《中华人民共和国工会法》贯彻实施情况。围绕工会组织建设、职能发挥和党政重视支持工会工作等方面，分别听取市总工会、市人力资源和社会保障局等有关单位的工作情况汇报。组织召开有关部门负责人、企业代表座谈会，深入部分县市区和厂矿企业调研检查，并委托国家统计局岳阳调查队问卷调查。

【食品安全执法检查】 2011年5月下旬至6月下旬，市人大常委会执法检查组组织市政府有关部门食品安全执法检查汇报会，到岳阳县、平江县、临湘市、岳阳楼区、岳阳经济技术开发区、南湖风景区开展食品安全执法检查。深入市食品加工行业商会、工商局、农业局、药监局、质监局、卫生局、畜牧局听取食品安全工作情况汇报。组织人大代表、从业人员、消费者代表座谈。到超市、酒店、生产企业、集贸市场、批发市场等生产经营场所实地察看，查看资料和报表。

【《城市绿化条例》等法律法规实施情况检查】　2011年6月下旬至7月上旬，市人大常委会执法检查组检查《城市绿化条例》、《城市市容与环境卫生管理条例》、《城市道路管理条例》、《风景名胜区条例》及相关法律法规的贯彻实施情况。深入市城管局及其二级机构、部分县市区进行检查，并到相关部门、社区听取意见，组织召开座谈会。

专题视察

【人防工作视察】　2011年8月4日，市人大常委会驻会组成人员视察人防工作。先后察看新电园小区、御景华都小区、滨水新境界小区、东茅岭步行街、市四中等处的人防工程。建议不断提升人防工程建设的前瞻性，新建楼盘与人防工程同步进行，提高信息化水平，创新人防工程管理，加强人防工作宣传，增强全民国防意识，建设“战时能力强，平时作为大”的现代岳阳人防。

【安全生产工作视察】　2011年8月12日，市人大常委会驻会组成人员视察全市安全生产工作。实地察看市东方雨虹防水技术有限责任公司安全生产情况和临湘市桃矿渔潭尾矿库整治情况，调查了解有关安全生产责任体系建设、隐患排查和治理方面情况。建议进一步加强宣传教育，强化安全生产意识；加强基层基础建设，提高安全生产依法监管的能力和水平，强化企业安全生产意识和措施；加大打非治违力度，构建安全监管长效机制。

【农村饮水安全工作视察】　2011年9月16日，市人大常委会驻会组成人员视察农村饮水安全工作情况。实地察看岳阳县新墙水厂、岳阳县城至麻塘镇集中供水管网延伸工程，听取水务部门关于全市农村饮水安全工作情况的汇报。要求把农村饮水安全工作作为重点民生工程来抓。从科学规划、资金投入、工程管理、政策支持等方面着手，切实解决好农村饮水安全工作中的有关问题。

【城区“四湖连通”工作情况视察】　2011年10月8日，市人大常委会主任会议成员视察城区“四湖连通”工作，听取相关部门关于“四湖连通”前期工作的汇报。到王家河周边、东风湖、吉家湖实地察看水系生态、环境保护、旅游景观，详细了解四湖治理工程方案可行性。建议城区水系开发治理要注意保护生态环境，改善人居环境。

【社会保障平台与服务工作视察】　2011年11月1日，市人大常委会驻会组成人员视察社会保障平台与服务工作情况。先后到社保、医保、工伤保险服务大厅、人才市场等地实地察看，征询前来办事人员意见，到服务窗口询问了解有关情况。建议进一步整合资源，推进信息共享，加强基础平台建设。规范流程、优化服务，打造“为民、务实、高效、廉洁”的服务窗口。

议案建议

【代表议案建议办理】　市六届人大四次会议及闭会期间，市六届人大代表和有关专门委员会提出建议173件。市人大常委会认真研究疏理，确定9件重点建议，及时向“一府两院”交办。所有建议分别由市人大各专门委员会按照工作对口联系，分工具体督办。173件建议全部办理完毕，并逐件答复，代表满意率81.5%。加强对办理工作的跟踪督促检查，注重建议、批评和意见所提问题的解决率。建议所提问题已经解决或基本解决的32件，占建议总数的18.5%，正在解决或列入规划逐步解决的129件，占建议总数的74.6%。继续跟踪督办市六届人大一次、二次会议确定的代表议案，推进办理进程。

（本栏撰稿　杨岳斌　谌国华）

责任编校　肖　卫

岳阳市人民政府

THE PEOPLES GOVERNMENT OF YUEYANG

市政府第四十八次常务会议

贯彻实施《湖南省政府服务规定》

开展领导干部大接访活动

优抚、安置、军休工作

引进500强企业投资岳阳

重要会议

【市政府第四十八次常务会议】2010年12月31日由市长黄兰香主持召开。

一、审议通过《关于大力支持屈原管理区国家现代农业示范区建设的意见》。

二、审议通过《关于推进国家商标战略工作的实施意见》。会议认为，全市商标工作取得较好成绩，驰名商标、著名商标数分别在全省排名第二位、第三位，并被国家工商总局认定为首批全国商标战略示范城市之一。会议指出，要进一步提高认识，继续大力实施国家商标战略，加快传统产业改造升级，促进新兴产业发展，推进品牌自主化、高端化、国际化、制度化、社会化。

三、审议通过《岳阳市中心城区建筑垃圾管理办法》。

四、听取市中心城区路街巷名称调整方案情况汇报。会议原则同意市民政局提出的《调整方案》，由市民政局进一步修改后，提交市人大常委会审批。

五、审议《关于规范征地补偿费分配管理的指导意见》。会议原则同意该《指导意见》。会后，由市政府法制办牵头，依法依规对《指导意见》进行修改、完善，按程序颁布实施。

六、听取4宗国企改制土地出让方案情况汇报。会议同意4宗国有企业改制土地采取网下公开拍卖方式出让。

【市政府第四十九次常务会议】2011年1月4日由市长黄兰香主持召开。

一、听取关于为民办实事工作情况汇报。会议认为，岳阳市全面完成2010年度省市为民办实事工作任务，要求加压奋进，全面完成2011年度为民办实事工作任务。

二、听取关于2010年全市重大项目建设推进情况和2011年重大项目计划安排情况汇报。会议强调，各级各部门要按照推进“四化两型”、“五市一极”的发展战略，抓好关键，突出重点，以固定资产投资1亿元以上，直接关系民生和环境的项目投资5000万元以上为标准，确定好2011年重大前期和建设项目。

三、关于岳阳乐园搬迁建设有关问题的情况汇报。会议明确，岳阳乐园整体搬迁、天灯嘴地区拆迁和云梦新城（560亩湖）拆迁安置房（包括中心绿化广场、地下公交停车场）的建设与其三个项目的土地收储收益相联捆绑，由市城建投作为业主封闭运作。岳阳乐园资产变性和处置等相关问题，要依法依规进行。

【市政府第五十次常务会议】2011年1月28日由黄兰香市长主持召开。

一、听取市中心城区2011年度主要城建项目情况汇报。会议原则同意市住房和城乡建设局提出的市中心城区2011年度主要城建项目方案。

二、听取落实省环保厅《关于岳阳市创建国家环保模范城市整改达标建议的函》的情况汇报。会议强调，创模工作要抓好以下几件事：加快推进城区污染企业“退二进三”，6家企业纳入城区“退二进三”计划；全面关停城区“三废两小”企业，凡关停的“三废两小”企业要拆除生产装置；切实加强铁山水资源保护，继续推进南湖、东风湖、王家河等水环境综合治理；做好城区4吨以下锅炉清洁能源改造扫尾工作，严格控制新上燃煤锅炉；加快城镇污水处理厂建设，有效收集处理城市污水；尽快启动医疗废物处置中心搬迁。

三、审议《岳阳市投融资公司人员薪酬管理暂行方案》。会议要求在市国资委提出的《暂行方案》的基础上，再作认真修改完善，报市委常委、常务副市长郭振斌审核签发。

四、审议年终表彰事项。会议原则同意市人力资源和社会保障局《关于拟在市委经济工作会议上表彰事项》和《关于市扶贫办等单位申请表彰事项》、市财政局《关于2010年度全市促进经济发展财政奖励方案》、市招商局《关于2010年度招商引资中介人奖励项目》、市绩效办《关于2010年市政府绩效评估和为民办实事考核评先方案》。

五、听取2011年《政府工作报告》目标任务分解情况汇报。会议原则同意市政府督查室对2011年《政府工作报告》目标任务分解意见。要求相关领导和责任单位各负其责，全面推进，狠抓落实，确保全面完成各项工作任务。

【市政府第五十一次常务会议】2011年3月1日由市长黄兰香主持召开。

一、传达全省有关会议精神。会议要求，全市各级各部门单位要认真贯彻落实好会议精神，不等不靠，一项一项抓落实。要结合本部门工作特点，明确发展思路，突出重点，强化措施，创新方式方法，推进各项工作取得新成绩。

二、听取新建市老干部活动场所有关情况的汇报。会议同意采用市场运作模式尽快新建市老干部活动中心，由市老干部局牵头负责。

三、审议并原则同意《关于进一步加强监察审计法制工作的若干规定》。

四、审议通过《关于进一步加强房地产市场调控工作的通知》。会议要求，各级各有关部门单位要进一步提高认识，按照“稳定房价、维护民生”的要求，认真做好房地产市场调控工作，2011年全市新建商品房房价增幅控制在10%左右，促进房地产市场平稳健康发展。

五、听取2011年市本级财政预算（草案）编制情况的汇报。会议要求，按照“规定动作的科目不少，总量基本平衡”的原则对2011年市本级财政预算（草案）进一步修改完善，对涉及工作正常运转、民生改善事项的经费安排，要再进一步细致研究，确保经费安排到位。

六、听取2011年“五创”提质项目经费安排情况汇报。会议原则同意市财政局提出的2011年“五创”提质项目经费安排意见。

【市政府第五十二次常务会议】2010年4月2日由市长黄兰香主持召开。

一、听取贯彻落实中央和省委1

号文件精神情况汇报。会议同意尽快出台《贯彻落实<中共中央国务院关于加快水利改革发展的决定>实施意见》，会后由市水务局对《实施意见》修改完善，按程序报市委审批。

二、审议《关于贯彻落实〈国有土地上房屋征收与补偿条例〉的若干规定》。会议同意在省政府的实施意见出台前，岳阳市先行出台暂行规定。

三、传达全省消防工作会议精神。会议要求，严格落实消防工作责任制，按照“属地管理”和“谁主管谁负责、谁受益谁负责”的原则，抓好消防工作责任的落实。将《2011年消防工作目标责任状》落实情况纳入市政府绩效评估考评范围。会议要求，进一步抓好城区限（鞭）炮工作。

【市政府第五十三次常务会议】2011年4月27日由市长黄兰香主持召开。

一、审议并原则同意《京港澳高速公路岳阳连接线提质改造工作建设实施方案》。会议决定，市政府成立京港澳高速公路岳阳连接线提质改造工程建设指挥部，市长黄兰香任指挥长。会议要求，各级各相关部门要各负其职，各尽其责，紧密配合，加速推进项目建设，确保这条“生态阳光路”2012年10月竣工通车。

二、听取用股权处置收入偿还银行到期贷款的汇报。会议同意，市国资委将市国资公司名下的原市商业银行（现华融湘江银行）5000万股股权进行公开处置，按每股4元底价实行挂牌转让，转让收入原则上用于国有企业改制。

三、听取岳阳市烈士陵园重建工作情况汇报。会议同意按规划部门确定的新址重建市烈士陵园，规模为国家级烈士陵园，新址设岳阳楼区郭镇乡马鞍村拳形山。

四、审议市中心城区5宗拟出让地出让方案。

五、传达全省投资工作、全省政务公开工作会议精神。

六、会议研究当前几项工作。

【市政府第五十四次常务会议】2011年5月23日由市长黄兰香主持召开。

一、听取市人口和计划生育工作情况汇报。会议要求，全市人口计生工作要继续确保全省先进，各级各部门要为人口与计生工作解决实际困难和问题，使计生工作人员、经费和条件得到有力保障。

二、听取洞庭新城公司引进湖南路桥集团作为战略投资者情况汇报。会议同意由市国资委、岳阳楼区城建投公司采取转让部分股权的方式引入湖南路桥集团作为战略投资者，并于5月底前完成签约。其股本设置为：市国资委代表市政府占45%；湖南路桥集团以现金入股，占38%；岳阳楼区城建投公司代表岳阳楼区政府占17%。会议还进一步明确洞庭新城公司的权利、义务和责任。

三、听取市国资公司自主开发原市印刷厂和粮都宾馆项目有关情况汇报。会议同意原市印刷厂和粮都宾馆两宗土地附带条件依法在网上招拍，如流拍，则以相同的条件和价格实行网下挂牌，该两宗地的土地纯收益全部用于市属国有企业改制。

四、听取数字岳阳城市综合管理系统建设情况汇报。会议要求，市信息化管理局要拿出切实可行的实施方案，在年内完成“数字城管”和“平安城市二期工程”建设。

五、听取市档案馆新馆建设情况汇报。会议同意启动市档案馆新馆建设，新馆按规划建筑面积1.28万平方米。

六、审议并原则同意《岳阳市廉租住房产权出售和公共租赁住房产权共有管理办法》。会议对廉租住房几个具体问题进行明确。

七、传达全省扩大开放工作会议精神。

八、会议对市政府领导成员分工作出适当调整。

【市政府第五十五次常务会议】2011年6月8日由市长黄兰香主持召开。

一、听取全市食品安全工作情况汇报。会议要求，各相关职能部门要加大食品安全工作宣传教育力度，落实工作责任，要加大食品安全违法违规行为特别是犯罪案件的查处力度，要提高食品安全工作合力和工作水平。会议就完善食品安全行政执法程序等5个具体问题进行明确，决定由市财政局提出食品安全工作经费方案报市政府审批。

二、听取市市政建设总公司改制工作情况汇报。会议要求，市市政建设总公司改制要按照市政府有关企业改制的相关政策规定实施，会议就组建市市政维护管理处等4个具体问题进行明确。

三、听取市审计局办公楼附楼危房改造项目建设情况汇报。会议同意市审计局将办公楼附楼C级危房拆除，并在原址重建，项目投资800万元由市审计局自筹。

四、审议并同意市国土资源局提出的2011年市中心城区第二批宗地出让方案。

五、听取并同意市科技局提出的关于表彰2010年岳阳市科学技术《奖励方案》。

六、听取全市纪检监察系统开展先进集体和先进个人评选表彰活动和2008～2010年度无偿献血先进单位表彰活动的情况汇报。会议同意市人社局提出的《表彰方案》。

七、审议并原则通过市绩效办起草的《2011年市政府绩效评估实施方案》。会议同意将临港产业新区纳入市政府绩效考核评估范围《实施方案》修改完善后由市绩效办组织实施。

【市政府第五十六次常务会议】2011年7月12日由市长黄兰香主持召开。

一、学习胡锦涛总书记“七一”重要讲话精神。会议要求，各级各部门单位要把学习贯彻胡锦涛总书记重要讲话精神作为一项重大政治任务，摆上重要议事日程，要把学习成果转化为推动全市经济社会又好又快、更好更快发展的强大动力。

二、听取临湖公路项目建设情况汇报。会议明确，市政府成立临湖公路建设指挥部，由市长黄兰香任指挥长，市委常委、副市长韩建国任常务副指挥长，指挥部下设办公室和4个工作组，办公室设市交通运输局。会议要求，项目建设必须依法依规，确保成为优质工程、高效工程、民生工程、廉政工程、和谐工程。

三、审议并原则同意《岳阳市银行业金融机构支持地方经济发展工作目标考核奖励暂行办法》。

【市政府第五十七次常务会议】 2011年7月22日由市长黄兰香主持召开。

一、审议并原则通过市监察局提出的《关于进一步加强和改进公共资源交易管理的实施意见》。会议同意成立岳阳市公共资源交易管理委员会，要求各级各部门单位要统一思想认识，把加强和改进公共资源交易管理统一到省纪委的要求和工作部署上来，统一到保护和爱护干部上来，确保公共资源交易公平、公开、透明。

二、听取洞庭新城建设规划设计项目采用邀请招标方式的情况汇报。会议同意洞庭新城建设规划设计项目采用邀请招标方式，要求市招标投标监督委员会要切实履行职责，认真搞好监督。洞庭新城公司要科学有效运作，把洞庭新城片区旧城改造好，开发建设好，使之成为城市经营的示范区。

三、审议并同意出台《关于开展企业提档升级行动的若干意见（试行）》。会议要求，市经信委要进一步深化研究，修改和完善好《意见》。要对现有中小企业澄清底子，科学归类，合理划分级别档次，引导企业加快发展，做大做强。

四、审议同意市国资委提出的《岳阳市投融资公司高管人员2011年度薪酬标准》

【市政府第五十八次常务会议】 2011年7月29日由市长黄兰香主持召开。

一、传达贯彻中央水利工作会议精神。会议肯定市水务局落实中央1号文件及中央水利工作会议精神，措施得力，强调要进一步抓紧项目研究，要抓好“两大执法”即切实加大制止城区非法填河填湖执法和加大打击全市河道非法采砂行为执法力度，要全力以赴抓好防汛抗旱工作，要抓好城区水系项目建设，要认真研究水利融资平台组建工作。

二、听取建设“12345”政府公共服务中心的情况汇报。会议明确，成立市“12345”政府公共服务中心项目建设领导小组，成立工作机构(具体由市编办研究方案，按程序报批) 解决项目建设和运行费用。

三、听取市城建投资公司发行第二期15亿企业债券工作情况汇报。会议要求，各有关部门要高度统一认识，全力以赴，相互配合，争取在10月1日前上报相关材料送审，市城建投资公司要及时将发行第二期15亿企业债券方案向市人大常委会报告，确保发行取得成功。

四、听取关于推广交通银行“税融通”产品的情况汇报。会议明确，成立市推广交通银行“税融通”产品工作协调领导小组。

五、听取当前有序用电工作汇报。会议要求，市经信委、岳阳电业局要坚持24小时有领导带队值班调度，严格执行科学用电有序用电应急预案，确保迎峰度夏安全生产和安全用电。

六、研究落实省效能监督检查组对岳阳市效能监督检查情况反馈意见。会议明确，由市监察局牵头，对照省检查组反馈意见，逐项逐条抓好整改，并拿出具体整改时间表。

【市政府第五十九次常务会议】 2011年8月24日由市长黄兰香主持召开。

一、听取申报岳阳城陵矶保税港区情况汇报。会议同意成立市申报保税港区领导小组，由市财政安排80万元，作为申报启动工作经费，正式启动申报工作。会议要求，尽快拿出一个“十二五”末争取申报成功的具体工作方案，全力以赴加大招商引资力度，扩大经济外向度。

二、听取市中心城区积水整治方案情况汇报。会议认为，中心城区积水是一个十分重大的民生问题，必须下决心，有计划、分年度、分步骤，认真加以解决。会议明确，市财政局负责筹措1000万元资金，尽快启动一部分积水整治工程项目。

三、听取关于对低收入群体实施价格联动的情况汇报。会议要求各相关部门单位要密切配合，积极作为，突出价格调控，控制价格上涨，要依法依规及时做好低收入群体的价格临时补贴工作。

四、审议通过表彰服务长炼炼化一体化大项目建设先进单位和先进个人方案。

五、传达全省防震减灾工作会议精神。会议要求依法加大建设项目抗震设防要求的审批管理力度，加强地震安全监管力度，加大地震监测速报硬件设施建设和运行保障经费投入。

六、听取关于成立湖南大湖传媒集团有关情况汇报。会议同意按市国资委提出的方案组建湖南大湖传媒集团公司，不加挂“湖南大湖传媒集团”的牌子。

七、听取关于对岳阳肉类联合加工厂资产进行第二次挂牌情况汇报。会议原则同意岳阳肉类联合加工厂资产按原评估值整体降价10%进行第二次挂牌处置。其中涉及土地降价问题，按国务院国资委的有关规定执行，如无政策限制，则一并降价10%。

八、听取筹建国家磁力设备质量监督检验中心的情况汇报。会议明确，成立市国家磁力设备质量监督检验中心筹建工作领导小组，市财政先安排300万元用于项目建设的启动资金，加快推进项目建设。

【市政府第六十次常务会议】 2011年8月26日由市长黄兰香主持召开，会议听取关于岳阳市政府与开元发展（湖南）基金管理有限责任公司合作的情况汇报。会议同意市城建投与开元发展（湖南）基金管理有限责任公司合作，设立岳阳开元发展投资有限责任公司。会议要求，双方合作必须依法依规推进，原则同意市城建投提出的合作条件。

【市政府第六十一次常务会议】 2011年9月18日由市长黄兰香主持召开。会议审议并原则通过市水务局起草的《岳阳市加快水利改革发展方案》。会议要求，进一步深化政策研究，抓好《方案》的修改完善；修改稿要求在国庆节前完成，报市长审签后，提交市委常委会讨论研究。

【市政府第六十二次常务会议】2011年9月23日由市长黄兰香主持召开。

一、传达学习市第六次党代会议精神。会议要求，各级各部门要迅速研究落实党代会部署的各项工作任务，掀起全市上下实实在在抓项目、抓建设、抓发展的热潮。

二、审议并原则同意市发改委牵头编制的《岳阳市保障和改善民生实施纲要（2011-2015年）》。会议提出，“十二五”保障和改善民生的六大工作重点是：拓宽就业增收渠道、完善社会保障体系、提高居民健康水平、提高全民文化素质、改善安居宜居条件和加强公共安全建设。

三、听取2010年度市级财政预算执行和其他财政收支情况审计结果汇报。会议认为，从审计结果看，2010年度市级财政预算执行和其他财政收支情况总体是好的。但也仍然存在不少问题，尤其是六项公用经费使用不合规的问题比较突出。要求各级各部门切实加强财经管理，特别是“三公”经费应该逐步公开，努力打造阳光政府。

四、审议并原则同意市国土资源局提出的市中心城区第三批次拟出让土地出让方案。

五、传达全省禁毒工作会议精神。会议指出，禁毒工作必须坚持政府主导、部门主管、分级负责、社会协调、各方参与形成全方位多层次的社会禁毒网络。会议原则同意市公安局提出的贯彻落实全省禁毒工作会议的具体措施。

六、听取关于利用原求真学校资产搬迁市体育学校和市交通学校有关情况汇报。会议同意市体育学校和市交通学校搬迁到原求真学校校址，将原求真学校分南、北两片，北片建市交通学校，南片建市体育学校，并征用沿奇家岭路、现校园东南部约1公顷土地作为市体育学校建设预留地。

【市政府第六十三次常务会议】2011年10月17日由市长黄兰香主持召开。

一、听取关于整合组建巴陵戏传承研究院情况汇报。会议同意将市巴陵戏剧团、市花鼓戏剧团整合，组建岳阳市巴陵戏传承研究院，为准公益类事业单位，加挂岳阳市艺术剧院的牌子。会议明确，研究院进入市文化艺术会展中心办公和排练，经费由市财政安排，编制由市编办报批。

二、听取南湖风景区工作情况汇报。会议肯定南湖风景区过来的工作成效，要求加快发展步伐，加快项目建设，强化工程建设管理，重视人才的培养、引进和使用，推动经济社会更好更快发展。会议就项目建设土地配置等4个具体问题进行明确。

三、听取关于理顺全市城市建设投资管理体制情况汇报。会议明确，成立市理顺城市建设投资管理体制工作领导小组，力争11月10日前完成市城市建设投资管理中心与市城市建设投资有限公司的分离工作。

四、听取原铁路办教育卫生机构退休人员移交地方管理情况汇报。会议原则同意退休人员移交岳阳市管理实施方案，要求各相关部门单位必须在规定的时间内，严格按政策妥善做好相关工作。

【市政府第六十四次常务会议】2011年11月3日由市长黄兰香主持召开。

一、听取岳阳经济技术开发区工作情况汇报。会议肯定经开区工作成绩，要求经开区晋升国家级开发区后开发建设要有新目标，要进行第二次创业。会议强调，各级各部门单位要解放思想，支持岳阳经济技术开发区的发展。

二、审议并原则同意出台《关于进一步扩大开放加快发展开放型经济的实施意见》。

三、听取全市安全生产工作情况汇报，审议并原则同意《全市水上安全综合整治方案》。同意市安监局提出的《岳阳市安全生产隐患排查治理专项行动方案》。会议明确，成立全市水上安全综合整治指挥部，市长黄兰香任指挥长，指挥部下设水上交通安全专项整治小组，由市委常委、常务副市长陈奇达任组长，办公室设市交通运输局。设立河道采砂专项整治小组，由市委常委、副市长陈四海任组长，办公室设市水务局。设立水上餐饮专项整治小组，由陈四海任组长，办公室设市环保局。

四、听取关于落实省两项督导评估考核意见的情况汇报，审议《关于加快学前教育改革与发展的意见》和《岳阳市学前教育三年行动计划》。会议原则同意市教育局起草的市委、市政府《关于进一步加强和改进教育工作的情况汇报》、《关于加快学前教育改革和发展的意见》和《岳阳市学前教育三年行动计划》。

五、审议通过《关于表彰岳阳市地方性债务审计工作先进集体、先进公务员及岳阳市人大工作先进个人方案》。

六、审议同意市财政局提出的《市国土资源信息化科技大楼使用方案》。

七、会议组织市政府党组廉政建设学习教育，《法制湖南实施纲要》学习辅导，听取贯彻落实《湖南省国有资源有偿使用收入管理办法》的情况汇报。

【市政府第六十五次常务会议】2011年12月13日由市长黄兰香主持召开。

一、审议《王家河流域综合治理工程实施方案》。会议决定，成立王家河流域综合治理工程指挥部，由市委书记任政委，市长为指挥长，市委常委、副市长陈四海为常务副指挥长，指挥部下设办公室。会议同意组建岳阳市水利建设投资有限公司，在项目周边配置一定的土地资源，以土地融资用于项目建设。会议强调，王家河流域综合治理，是实现城区“四湖两河”连通的核心工程，对提升城市品位，造福市民具有重大意义。工程建设要遵循“政府主导、市场运作、部门努力、造福于民”的治理思路，以“水清、水活、水阔、水利”为治理目标，建设以水系为纽带、人水相依、岸绿景美、生态宜居的城中新区。

二、听取关于建设岳阳市综合交通运输主枢纽服务中心情况汇报。会议同意建设该服务中心。

三、审议同意市国土资源局提出的《市中心城区第四批次拟出让宗地出让方案》。

四、听取关于市城区道路油化提质工程的情况汇报。会议同意工程建设按照“政府主导、市场运作”的方式进行，采用BT模式组织工程建设。

【市政府第六十六次常务会议】 2011年12月16日由市长黄兰香主持召开。会议审议并原则同意市规划局提出的《环南湖城市设计方案》。会议要求，要组织专家对现有设计方案加快论证，广泛征求和吸收社会各界意见，并确定一家高水平的设计单位对现有方案进行归并汇总，完善提升方案。会议明确，成立专门班子，赖社光任组长，加快推进各项工作。会议强调，要全力控违拆违，形成全市控违拆违的高压态势。

【市政府第六十七次常务会议】 2011年12月25日由代市长盛荣华主持召开。

一、讨论《政府工作报告》。会议认为，与会人员从不同角度、不同层面对《政府工作报告》的内容和2012年政府工作提出宝贵的意见和建议，体现加快岳阳发展强烈的事业心和责任感、认真负责的工作精神、较高的工作和政策水平。会后，要认真梳理、充分吸纳，进一步修改完善后提交市委常委会讨论。

二、明确市政府领导成员工作分工。

三、审议并原则同意市财政局提出的2011年年终决算和2012年预算草案。会议要求，市财政局要对该草案进一步修改和完善，尽快按程序提交市财经领导小组和市人大会议审议。

（本栏撰稿　卢明哲）

法制工作

【概况】 2011年，岳阳市政府法制机构围绕全市经济和社会发展大局，认真履行自身职责，较好地完成了全年各项工作任务，依法行政的基础进一步夯实，规范性文件的质量进一步提高，行政执法监督指导进一步加强，行政复议应诉进一步规范，法律服务的水平进一步提升，参谋助手和法律顾问的职责得到充分发挥。2011年，在省政府绩效评估考核中，岳阳市依法行政工作为满分，被评为全省依法行政工作优秀单位。

【推进行政程序建设】 2011年3月15日，市政府出台《关于进一步加强监察审计法制工作的若干规定》，对全市的重大行政决策程序制度作进一步完善，充分发挥监察、审计、法制的监督职能作用，推进依法行政，推进建设法治政府、公信政府、廉洁政府、高效政府。按照省政府要求，开展决策听证。召开行政决策专家咨询论证会10次、听证会7次，发布听证会案例5个。推行政府法律顾问制度。市政府法律顾问累计列席政府重要会议21人次，参加政府重大决策讨论会43人次，参与纠纷调解和处理29起，出具法律意见书17份，代理诉讼案件2件，有18条法律建议以不同形式转化为政府决定。在9月16日召开的全省基层依法治理暨第七次法制宣传教育工作会议上，市长黄兰香作题为《发挥法律顾问制度优势，提高法治政府建设水平》的典型经验介绍，获得省领导高度肯定。

【贯彻实施《湖南省政府服务规定》】 2011年7月3日，市政府印发《岳阳市人民政府关于贯彻实施〈湖南省政府服务规定〉的通知》，明确工作措施和责任，市财政下拨专项工作经费。7月12日，市政府56次常务会议进行专题研究，成立领导小组，出台工作方案。7月13日，市政府召开贯彻实施《湖南省政府服务规定》动员大会，对全市贯彻实施工作进行安排部署。市政府法制办印发《关于认真做好〈湖南省政府服务规定〉培训工作的通知》，确定“教材人手一册、培训不漏一人”的目标，明确学习培训的形式和方法。全市分三个层次开展学习培训：一是领导干部带头学。在7月20日市政府全体（扩大）会议上，市长黄兰香组织专题学习《湖南省政府服务规定》，全体与会人员，包括市政府领导、市直正处级行政事业单位、中央和省属驻岳相关单位、各县市区政府等主要负责人150人参加了学习，市政府法制办主任何季如在会上作辅导报告。二是法制骨干积极学。在全市贯彻实施《湖南省政府服务规定》动员大会上，市政府法制办（以下简称市法制办）组织对200多名县市区政府法制办、市直部门法制科室的工作人员进行集中培训。三是组织工作人员认真学。市政府法制办派出6名精干力量，组成3个辅导小组，分赴75个市直部门授课。各县市区政府法制办也抓紧督促各部门开展集中学习培训。全市学习培训工作进展顺利，培训任务完成过半。培训各级领导干部、行政机关企事业单位工作人员8600多人。市政府“12345”公共服务平台正式开通。该平台整合现有的12315、12319、12358、12333等政务服务热线，实现与110、119等报警平台衔接，服务范围覆盖全市9个县市区，统一受理群众投诉、举报、建议、咨询，实现公众和政府对公共政务服务的双重监管。省政府对岳阳市的做法给予高度肯定，省政府法制办《简报》2次予以推介。

【规范性文件监督管理】 2011年，市政府法制办审查市政府规范性文件30件，非规范性文件76件，以及会议纪要、行政合同、协议等其他公文、文书213件，做到“零失误”、“零差错”。审查县市区政府报备的规范性文件147件，对75件市直部门规范性文件进行统一登记、统一编号、统一公布。收到规范性文件审查申请7件，经审查发现问题文件3件，全部予以纠正或废止。按照省政府的统一部署，相继开展2次规范性文件专项清理。一是开展涉及征地拆迁的规范性文件专项清理。市政府法制办、市房地产管理局、市国土资源局联合下发《关于抓紧做好有关征地拆迁的规范性文件专项清理工作的通知》，对照《国有土地上房屋征收与补偿条例》，对现行规范性文件涉及征地拆迁有关规定进行集中清理，市本级共确认继续有效文件8件、县市区5件。二是开展涉及行政强制的规范性文件清理。市政府法制办下发《关于做好贯彻实施行政强制法有关工作的通知》，督促各级各部门认真开展行政强制有关规范性文件清理，及时上报清理结果。

【依法行政监督指导】 2011年，市政府法制办积极实施依法行政监督指导工作。一是开展规范权力运行制度建设。市直部门对权力目录进行进一步清理，梳理行政执法权4960项、经济社会事务管理权2170项。各单位还按要求绘制流程图、制定相关制度，并通过门户网站向社会进行公布，达到了加强制约、规范行为的目的。二是深化行政审批制度改革。根据省政府第249号、253号令，市政府下发《关于扩大县（市）部分经济社会管理权限的决定》，扩大县（市）经济社会管理权限71项，其中直接下放51项，委托下放12项，取消8项。三是加强行政执法监督检查。开展行政执法专项检查7次，对18个市直执法部门的执法案卷进行了抽查评审，受理群众关于行政执法方面的投诉35起，办理行政执法协调案件59件。

【行政复议工作】 2011年，市政府法制办进一步畅通复议渠道，对符合法定条件的行政复议申请，做到依法受理、绝不推脱。对受理的行政复议案件，能提前办结的都做到提前办结。进一步创新办案方式，注重运用调解、和解等手段解决行政争议，办案质量不断提高，实现"案结事了人和"。全年共办理行政复议案件56件，一批行政争议在行政机关内部得到直接化解，促进社会和谐稳定。

【开展法律服务】 2011年，市政府法制办发挥职能作用，认真履行参谋助手和法律顾问的职责，参与市委、市政府大量行政事务和法律事务。全年代理市政府行政诉讼案件2件、行政复议答复案件2件；参加市委、市政府有关协调会议167次；办理领导批示件36件，对涉及项目建设、旧城拆迁、企业改制、债务遗留、职工安置等多个问题进行调查处理，出具法律意见书23份，提出法律意见建议60余条。

（本栏撰稿 罗 奇）

经济研究工作

【文稿综合精益求精】 2011年，市政府经济研究室（简称市政府经研室）结合实际，把国家政策、群众意愿和领导意图有机结合，提高文稿质量，起草综合材料432个，综合各类文字材料15个，累计80余万字。一是综合材料认可度高。起草会议报告161个，基本被市政府领导采纳，市长黄兰香在市委经济工作会议上的讲话、市委副书记盛荣华在市六届人大五次会议上的《政府工作报告》等得到高度肯定。起草向国家部委、省委、省政府和省直部门汇报材料152个，争取各级领导对岳阳工作的支持。参与关于加强监察审计法制工作、加强灾后生产自救重建家园工作的意见等重要文件的起草工作。二是推介材料反响良好。起草各类访谈材料、典型发言等107个，其中全国人大会中央电视台采访材料、"湖南两型梦海外华文媒体大型采访"材料等一批反映岳阳经济社会发展的材料，反响良好，获得肯定，有力提升岳阳的知名度和美誉度。三是分析材料针对性强。撰写经济运行分析材料12篇，做到每月一分析，重点分析国家宏观调控政策出台情况、全市经济运行的特点、存在的深层次问题和应采取的政策措施，为主要领导决策提供基本情况。

【调查研究客观实在】 2011年，市政府经研室调整工作思路，深入基层一线调查研究，形成15篇有高度、有深度、有分量的调研成果。一是注重前瞻性研究。围绕把握未来发展方向、洞察事物发展规律、促进经济社会发展的重大课题深入开展调查研究，撰写发展战略性新兴产业、加快城市"南延"等一批有分量的调查报告，基本得到领导的采纳。其中发展战略性新兴产业调研被定为岳阳市社科工作重点课题。二是加强战略性研究。把握政府中心工作、领导关注热点开展调查研究，为领导科学决策出谋划策。围绕撰写2012年的政府工作报告，先后组织县（市、区）研究室主任、市直部门负责人进行座谈，提出较有分量的建议供领导决策。三是突出对策性研究。针对经济社会发展中具体问题深入基层、解剖麻雀，提出操作性的意见建议。起草《关于构建环洞庭湖经济圈的议案》、《岳阳航运物流发展和岳阳综合枢纽建设》、《攸县和长沙县农村垃圾处理模式对我市的借鉴意义》等调研报告，拿出有价值的、建议性的参考意见，得到有关部门重视。

【信息报送及时准确】 2011年，市政府经研室平均每天向国务院、省政府报送信息4条以上，全年报送信息1200多条有89条被国办、省办采用。创办并编印《信息参阅》16期，编撰《经济动态》21期。把握经济社会发展的新动向，加大信息资源的开发利用力度，及时准确、全面地向省政府和国务院反映经济社会发展中的新情况、新问题、新成就，为上级政府更好地了解情况，科学决策和指导工作服务。报送的农村公路养护、血防工作防治等方面材料得到省政府重视，《岳阳市创新农村公路养护模式》信息被副省长韩永文批示传阅。对基层和群众反映的住房、就医、就学、环保等热点、难点问题，通过《岳阳快讯》报送市政府领导，争取批复解决群众最关心、最现实、最直接的问题，得到基层和群众的充分肯定。针对食盐抢购风波、汽车车主投诉93号汽油等突发事件，快速反应，将有关情况真实反映，得到领导批示，引起相关部门高度重视，力推动矛盾在萌芽状态化解。注重各级各部门收集提炼典型性的经料，挖掘特色亮点信息，利用内物《经济动态》、《政府通报》台推介，为市政府领导了解实把握全局、科学决策提供第料。 （本栏撰稿 陆

政务服务工

【概况】 2011年，市政心围绕提高行政效能、社会发展的工作主题人民满意的政务服务

各类审批（办证）服务事项11.8万件，期内办结率100%，提前办结率57.1%。收税费3.34亿元，比2010年增收1.08亿元。公共资源交易大厅完成各类交易541场次，交易额65.02亿元。

一、推进阳光政务。突出“规范化服务型窗口”建设，强化服务理念，践行服务承诺，完善服务监督，多措并举抓窗口管理，进一步推进阳光政务建设。重点完善管理机制，完善领导机制，完善督查机制，完善教育机制。全年未发生一起群众效能投诉，未出现一起超期办件，在市纪委和新闻媒体联合组织的作风建设暗访中无一例违规行为，在全国文明城市提名城市实地考察迎检中未扣一分一厘，在全市公共文明指数测评和“五创”提质考核中始终保持领先地位，3次排名第一。

二、打造高效政务。抓住重点，完善机制，进一步打造高效服务品牌。全面推行联合审批(验收)制度，推进重大投资项目行政审批委托代办服务。确保一票制收费运行规范，进一步巩固“两集中、两到位”改革成果。为52个建设工程项目实施了联审联办，项目审批提速 %以上。为工业企业、中央投资 生实事项目等17个重点项目实 全程“保姆式”代办。办理一 费业务170笔，征收各项规费 ，与2010年相比增收9456万 达153.9%。

造为民政务。推进窗口 务创先争优活动，树立 象。一是以学习增强 动促进发展。三是 形象。2011年，市 委授予全省先进 成功申报创先 创建单位，被 基层党建示 被推荐到人 参加五好 排名全

华）

门承办省市人大代表建议、政协委员提案644件。其中省人大代表建议3件，市人大代表建议167件，市政协委员提案474件。各承办单位按照市政府年初建议提案交办会议提出的“建议提案办结率100%、答复率100%、满意率超过90%”要求，进一步加大建议提案办理力度，所有建议提案办结回复。其中办复完毕人大代表建议170件，收回征求意见表170件，其中很满意的59件，满意的80件，基本满意的31件。办复完毕政协委员提案474件，收回征求意见表474件，其中很满意的193件，满意的245件，基本满意的36件。

一、深化思想认识，加强组织领导。年初，市政府作出郑重承诺，将“自觉接受人大法律监督和政协民主监督，认真办理人大议案、代表建议和政协建议案、委员提案”写入《市政府工作报告》。市政府和政府办党组，把建议提案办理作为改进政府工作、转变机关作风的重要内容，切实增强提案办理工作的自觉性。把建议提案办理纳入政府重要议事日程，融入平时工作部署。市政府督查室坚持对建议提案办理每月召集联络人碰头会议一次，每季度由分管副秘书长召开专题会议研究一次。市政府主要领导专题听取建议提案办理工作汇报6次，都作出明确指示，提出具体工作要求。坚持亲自阅批建议提案，对涉及面广、办理难度大的重点建议提案办理工作，进行督促和协调。各承办单位的主要领导和分管副职亲自办理建议提案，审核签发办理答复意见。通过各级领导批办建议提案、召开建议提案现场办理会等方式，较好解决一批人民群众关心的热点问题，妥善处理久拖不决的难点问题。

二、强化工作职责，落实工作措施。一是健全承办网络。年初，市政府成立建议提案办理工作领导小组，由常务副市长负总责，市政府各分管副市长分线负责，市政府分管副秘书长负责全面协调。落实承办力量。全市承办建议提案的47家单位都明确承办科室和承办人员，并加强与市政府督查室经常性的沟通联络。加大督办力度。市政府把建议提案办理纳入政务督查的重要内容，加强与市直承办单位和县市区政府建议提案办理机构的上下对接和督促落实。二是层层落实责任。继续对承办单位实行“行政首长负总责、分管副职抓落实、承办人员负专责”的责任制，层层签订责任状，一级抓一级，逐级抓落实。三是明确具体要求。严格时限要求，对于644件建议提案制定时间表，采取台账化管理，明确要求各承办单位在8月底完成承办工作。严格工作要求，明确建议提案办理在力度上只增不减，在标准上只高不低，在工作上只进不退，对建议提案办理不符合要求的，一律责令重新办理。规定各承办单位将建议提案办理结果在政务网上公开。四是形成联办合力。年内，对需联合办理建议提案，各主办单位和协办单位主动邀请人大、政协机关的有关人员和人大代表、政协委员共同研究，以热点难点问题和多年多人提而未果的问题为重点，形成合力联办。对37件内容涉及多个方面，需多家联合办理的建议提案，市政府召开专题会议，以文件形式明确相关单位联合办理。

三、严格工作要求，提高办理质量。严格工作程序。市政府连续出台《关于办理人大代表建议、政协委员提案规定》、《关于做好全市建议提案办理工作有关事项的通知》，进一步健全归口办理、分段办理、调查研究、答复审查、目标考核、办理规则等制度，规范办理工作流程。各承办部门严格按照要求，提高办理质量，逐一拿出方案，逐一狠抓落实。严格工作标准。对办理标准要求做到“三个满意”（人大政协满意、代表委员满意、人民群众满意）。对反馈意见为“不满意”的，及时与建议人、提案人和相关承办单位联系，共同研究解决的方案，及时重新办理。同时加大考核工作力度。市政府对建议提案办理采取专项奖励、综合考评、有错无为问责“三结合”，纳入年度绩效评估工作内容。（本栏撰稿 钟炎秋）

信访工作

【概况】 2011年，岳阳市信访局

（简称市信访局）贯彻落实全国、全省会议精神，用群众工作统揽信访工作全局，围绕“为党分忧、为民解难”、“工作一流、群众满意”的目标，推进领导干部接访、信访积案化解、工作体制机制创新三项重点工作，深化“创先争优·能力建设”活动，力争将矛盾纠纷化解在萌芽状态，将信访问题解决在基层，将上访群众劝导在当地，确保全市社会大局和谐稳定。市县两级信访部门接待处理群众来信来访38516人（件）次，其中市本级16278人（件）次，办结中央、省交办信访事项53起，到期办结率达到100%。中央和省交办的12件信访积案全部办结。进京赴省非正常上访总量在全省最少，综合治理考评全省第一。全年未发生影响大的群体性事件、涉农恶性案件、重大安全责任事故。元旦、春节、“五一”、国庆、国共两岸论坛特护期以及全国、省、市三级“两会”等重要政治敏感期、重要节假日时段、重大活动期间，全市保持和谐稳定。市领导干部接访“四个清楚”（听清楚、问清楚、讲清楚、办清楚）、“三种精神”（忧乐精神、骆驼精神、求索精神）推动信访积案化解、流动接访化解矛盾的做法受到中联办、省联办的充分肯定，并在《人民日报》、《人民信访》等中央级媒体及全省重要会议上推介。12月12～13日，省信访局党组书记李忠建率省信访工作督导组到岳阳检查指导工作，对岳阳市信访工作给予高度评价。岳阳市被评为全省信访工作先进集体，市信访局被市委、市政府评为建设民本岳阳先进单位、市政府绩效评估先进集体，全市社会治安综合治理工作先进集体、全市信访工作先进集体、联手帮扶工作先进集体。

【化解信访积案】 2011年，市信访局把工作重点放在“事要解决”上，推动信访积案化解。中央和省交办的12件信访积案全部息诉息访；市本级排查的283件信访积案，化解230件，化解率达80%，完成信访积案化解阶段性工作任务。一是实行领导包案。对所有积案，按照“属地管理，分级负责”和“谁主管，谁负责”的原则实行领导包案，对一般问题由责任单位分管领导包案处理；较大问题由所在地党政主要领导亲自包案；重大疑难复杂问题，由市级领导包案。市级领导包案化解信访积案90多个。二是实行重点督办。有16名市级领导带案到联系点督查21次，153名县级领导带案到联系点督查236次，市委督查室、市政府督查室联合市联席办组织专项督查3次。三是实行定期讲评。实行“一月一通报，半年一讲评”制度。全国、全省“两会”等特殊时期，市委、市政府召开专题会议，通报重复进京赴省非正常上访和信访积案办理情况。四是实行建档销号。对信访积案进行建档销号，产生一起，建档一起；化解一起，销号一起。全年建立信访积案档案295起，注销242起。2011年6月1日，在娄底召开的全省信访积案化解工作现场推进会上，岳阳市作经验介绍。

【开展领导干部大接访活动】 2011年，市信访局贯彻落实中共中央办公厅《转发中央处理信访突出问题及群众性事件联席会议〈关于领导干部定期接待群众来访的意见〉等三个文件的通知》和省委、省政府《关于建立健全信访工作长效机制的意见》的精神，建立健全四项制度，推动领导干部大接访。一是坚持领导坐班接访制度。14名市级领导到市信访局坐班接访61次，共接待群众158批723人次；12个县市区有143名党政领导到县市区信访局坐班接访1625次，接待群众5398批15000多人次。二是坚持领导带头接访制度。凡是进京5人次以上的集访，由单位主要领导接访劝返；凡是到省10人次以上的集访，由单位分管副职接访劝返；到市较大规模集访，市委、市政府分管领导直至主要领导出面接谈。三是坚持领导批阅信件制度。市委书记、市长批阅群众来信685件；县市区委书记、县市区长批阅群众来信2637件。四是坚持领导带案下访制度。变“群众上访”为“领导下访”，做到“五个必访”，即遭遇不幸必访、婚丧喜庆必访、家庭纠纷必访、生病住院必访、生活困难必访，有效减少矛盾上交，努力做到将信访问题化解在初始，解决在当地。

【创新信访工作体制机制】 2011年，市委、市政府出台《关于加强新时期群众工作的若干意见（试行）》，要求不断创新信访工作体制机制，营造信访工作大家做、合力做、齐心做的局面。一是创新群众工作机制，用群众工作统揽信访工作。在市、县两级成立群众工作部，在乡镇成立群众工作站，在村组成立群众工作室。二是健全联合接访机制。12个县市区全部建立人民来访接待中心，在“三进中心，三个确保”上下工夫，即职能部门进中心，确保“一站式”服务；信访业务进中心，确保“一条龙”办理；领导干部进中心，确保合理诉求“一揽子”解决，形成各部门齐心合力抓信访工作的良好局面。三是推广使用信访信息系统。市本级和12个县市区信访局全部开通全国信访信息系统。所有上级交办的信访件实现网上办理，信访件查询、公文拟办回复、报表制作查看等功能得到全面的推广应用，信访工作效率明显提高。四是完善联席会议机制。健全联席会议协调、交办和情况通报制度，重要信访事项通过联席会议进行交办、督办，充分发挥信访联席会议在处理信访突出问题中的作用。

【加强信访宣传和综合调研】 2011年，市信访局加大信访宣传和综合调研工作力度，在加强组织领导、强化目标管理上下工夫，在宣传典型、体现特色上下工夫，在主动服务中心、增强遇见上下工夫。紧扣领导干部接访、信访积案化解、工作体制机制创新“三个重点工作”，紧扣群众反映强烈、领导关注的热点问题，积极调研，大力宣传。市县两级在《人民日报》、《光明日报》、《人民信访》、《湖南日报》、《湖南信访》、《岳阳日报》等中央、省、市级媒体发表宣传报道和调研文章300多篇，为全市信访工作科学发展提供有力的舆论支持，营造良好的社会舆论氛围。12月1日，在全省信访综合调研暨宣传统计工作会议上，市信访局作经验介绍。

（本栏撰稿 徐远归）

人力资源和社会保障工作

【概况】 2011年，岳阳市人力资源和社会保障部门以服务“四化两型”、“五市一极”战略为中心，以“民生为本、人才优先”为主线，围绕中心，服务大局，突出重点，知难而进，主要年度考核指标在10月就超额完成，多项工作走在全市乃至全省前列。市人力资源和社会保障局（简称市人社局）被中宣部、司法部授予2006～2010年全国法制宣传教育先进集体，被人社部、公安部、国家工商行政总局授予2011年全国清理整顿人力资源市场秩序专项行动取得突出成绩单位。市医疗生育保险处服务大厅被全国妇女“巾帼建功”活动领导小组授予 全国巾帼文明岗称号。市就业局被中国就业促进会授予2011年度全国就业宣传工作先进单位。市劳动保障监察支队被省依法治省领导小组评为2011-2012年全省依法办事示范窗口单位。民本岳阳建设、政府绩效评估、为民办实事、计划生育、社会治安综合治理、党风廉政建设、宣传信息工作、建议提案办理等工作被市委、市政府、省人社厅评先评优，全局系统获得市级以上荣誉93项，其中单位荣誉56项、个人荣誉37项。

【推进就业服务】 2011年，全市人社部门扎实推进就业服务工作。完成各类职业技能培训12.4万人，占任务的126%，培训后平均就业率达92%以上；其中完成农民工和农村劳动力预备制培训4.6万人，占任务的228.9%。组织职业技能鉴定3.1万人次，获证人数2.6万人。在高校开办创业培训班60期，创业培训目前在各大高校实现全覆盖。发放小额担保贷款4799万元，比2010年增加近一倍，直接带动就业2400余人。举办各类人才交流会35次，进场求职人数达16.5万人。举办“就业援助月”、“春风行动”、“民营企业招聘周”、“步步高”专场招聘会、岳化社区专场招聘会等大型劳务交流会10场，常规劳务交流会40余场，提供空岗位7.4万个、帮助达成就业意向1.9万人、当场应聘成功5100余人举办大型劳务交流会6场，提供空岗位5.2万个。联合岳阳楼区人社局在中心城区114个社区滚动开展“送岗位、送技能、送政策、送服务”进社区活动，开展“四送”活动70多场，帮助11000余人达成就业意向，推荐录用2100余人。全市新增城镇就业5.5万人，失业人员再就业3.3万人，就业困难人员再就业1.25万人，新增农村劳动力转移就业8.6万人，分别占任务的119.6%、122.3%、125%和123%。累计援助城镇零就业家庭就业8825户，100%实现动态清零。岳阳市被省定为首批5个创建省级创业型城市之一。屈原管理区被省人社厅定为创建湖南省统筹城乡就业示范区。

【社会保障扩面提质】 2011年，全市企业养老保险、失业保险、工伤保险分别新增参保3.5万人、2.6万人和10.4万人，失业保险、工伤保险、生育保险、城镇职工医保、城镇居民医保参保总人数分别达29万、54.2万、41.6万、62.4万和106.4万。基金征缴总额达到31亿元，创历史新高。企业离退休人员月人均增加养老金148元，达到1174.2元。继平江、岳阳县之后，临湘、华容、湘阴、云溪、君山区、屈原管理区被纳入新农保试点，参保登记人数达174.7万，为41.9万人发放基础养老金2.79亿元。养老保险待遇按时足额和社会化发放率均为100%。市本级对6万多名职工与原单位脱离关系、成为个缴对象的现状，与银行协商代扣代缴、银行直缴模式，为1.7万人办理缴费1.2亿元。医疗保险开展“网络建设年”活动，率先在全省推出居民医保费手机代缴模式，上线运行网上办事系统，完成异地安置个人账户提现模块。生育保险顺产、剖宫报销额度均增加400元，增设产前检查费300元，职工生育分娩住院已基本不花钱，生育津贴人均达7369元。城镇居民医保住院报销比例普遍上调10%，年累计报销额度提升2万元。失业保险完成信息系统数据移植，实现全市联网，发放失业保险金7491.5万元。工伤保险出台《举报骗取工伤保险基金行为奖励办法》，审核工伤待遇9624人次，支付工伤待遇7352万元，安排工伤康复400多人次，将3.9万名老工伤人员纳入统筹。

【加强人事人才工作】 2011年，市人社局举办各类人才培训班41期、3113人次，新增人才管理档案1640份，继续教育验印6000多人次。申报获批引进国外智力项目33项，争取国家、省引智专项经费145万元。引进外国专家130余人次。组织全市副高以上职称的专业技术人员进行体检，为100余名正高以上职称专家办理“专家优待证”。人才强市战略进一步得以推进。办理正常工资晋升2.18万人次、警衔津贴审批544人、处分工资矫级44人。联合市财政局、卫生局制定《市直公共卫生事业单位绩效工资实施办法》，对市直5家单位444名在职人员、133名离退休人员的绩效工资和生活补贴全部兑现到人，另有7个县市区的“两卫”绩效工资基本兑现到人。完成公务员初任培训302人。坚持公平公开公正原则，提高人事招录考试公信力。全年组织40种类型的人事考试报名，面向社会招录公务员272名，报考人数2.2万人，较2010年增加20%，实现零差错、零事故、零问责的“三零”目标，打造人事招录考试的“金字招牌”。出台《岳阳市事业单位岗位设置管理暂行办法》，与市委组织部联合下发《岳阳市事业单位岗位设置管理实施方案》。重新调整市事业单位人事制度改革领导小组组成成员。6月24日召开全市事业单位岗位设置动员大会。举办培训班65期，培训业务骨干1.2万人次。市直和县市区分别完成1.52万和4.91万个岗位的设置管理工作，各占应设置岗位的72%和65%。完成第二批参照《公务员法》管理单位人员审批登记工作，经省批准的参照事业单位332家。组织公务员遴选工作4批次。实施《公务员法》情况得到人社部副部长、国家公务员局党组书记杨士秋肯定。与市委组织部联合下达市直单位2011年度增人计划738个。组织市直单位公开招聘15场，

3500多人报名，选拔录聘262人。事业单位新进人员公开招聘方式进入占总新进人员的85.5%。核准县区公开招聘方案12场次，有效规范全市范围内的公开招聘工作。依据呈报审批结果办理813人的进人计划和调配手续。年度职称评审评审特殊人才职称正高级1人、中级218人次。组织36种类型专业技术资格考试、执业资格考试的资格审查，参考人员1.62万人，有3220多人获得中级职称或者执业资格，下发中高级职称证书2000多个。会计系列组考工作得到人社部、财政部领导的充分肯定。

【加强人力资源和社会保障维权维稳】　2011年，市人社局切实维护劳动者用人单位的合法权益，加强人力资源和社会保障维权维稳。一是扩大政策宣传。将5月定为宣传月，将6月29日定为宣传日，大力宣传《社会保险法》。二是开展监察执法。受理立案913起，结案898起。对辖区内规模以上用人单位的监察覆盖面达到96%。开展农民工工资支付等专项执法检查54批次。圆满完成人社部推行的“两网化”建设试点，全省劳动保障监察“两网化管理”和文化建设工作会议全体与会代表专程到岳阳观摩学习。三是狠抓争议仲裁。各级劳动人事争议调解组织和仲裁机构共处理劳动人事争议案件1993件，其中调解组织受案（含仲裁机构案外调解）428件，结案率100%，仲裁机构立案受理案件1565件，当期审结1487件，结案率95.5%，涉及劳动者2937人，涉案金额3115万元，其中集体劳动争议案件55件，涉及劳动者662人。四是热情接待信访。接待来访群众7900余人次，办理市政府门户网市长信箱信件128件。五是服务国企改制。指导企业召开职代会，做到破产改制一家、社保费清算一家、职工分流安置一家。六是狠抓和谐劳动关系构建。全市实际签订工资集体协商协议1803份，覆盖企业2601家，覆盖职工13.6万人，占任务的158.3%，相关企业职工年平均工资增长10%～20%。七是妥善做好军转干部工作，做好部分企业军转干部解困维稳工作。（本栏撰稿　贺伟奇）

民政工作

【概况】　2011年，岳阳市民政局（简称市民政局）忠实践行“以民为本、为民解困、为民服务”的民政宗旨，解放思想、开拓创新、忠诚履职，有力推动民政事业健康快速发展，民政工作科学化、规范化、社会化水平不断提高。社会救助、社会福利、优抚安置、基层政权建设、社会组织管理、社会事务管理等工作取得明显成效。全年筹集民政资金10亿元，比2010年增加2亿元，增长20%，民政服务对象普遍受惠。全市民政系统有44个民政项目纳入国家发改委项目库，其中岳阳市儿童福利院于6月1日正式投入使用。特困家庭大病医疗慈善救助基金规模突破5000万元，进一步增强全市慈善救助能力。福利彩票发行过两亿，市本级过亿，7个县（市）区过千万，受到省民政厅高度肯定。顺利完成全市第八次村民委员会换届选举，参选率、成功率、满意率均创历史新高。不断加强干部队伍建设，增强风险意识、转变工作作风、提高理论水平，民政干部职工业务能力得到提升。狠抓廉政建设，加大民政资金监管力度，对民政资金管理使用情况进行跟踪检查，组织开展自查和整改工作，确保民政资金的安全运行。办理人大代表建议、政协委员提案31件，做到事事有回复、件件有落实，代表委员满意率为100%。

【社会救助】　2011年，岳阳市社会救助工作成效显著。各级民政部门加大低保资金争取力度，抓好城乡低保扩面提标，筹集各项救助资金6.3亿元，城乡低保累积救助人数分别达到126.5万和174万人次。市辖区城市低保标准提高至每人每月300元，月人均补差达到181元；农村低保标准提高至每人每月135元，月人均补差达到81元。各县、市城市低保标准提高至每人每月260元，月人均补差达到168元；农村低保标准已提高至每人每月110元，月人均补差达到65元。发放医疗救助资金5400万元，资助参加城镇医保5.6万人次，资助参加新农合14.6万人次，住院救助1.5万人次，门诊救助35.4万人次，临时医疗救助1.2万人次。发放临时救助资金3200万元，救助9万人次。开展社会救助“阳光”行动，强化动态管理，全市低保动态率达20%以上。岳阳市推行的农村低保“系数测算分档救助”审批机制收到国务院检查组的高度评价。加大乡镇敬老院改扩建力度，完成临湘市横铺乡敬老院、平江县伍市镇敬老院、汨罗市白水镇敬老院等15所敬老院的改扩建工程。农村五保集中供养标准和分散供养标准达到3600元和1600元，较

全市基层民政干部、敬老院院长培训班　　（李　琳　摄）

2010年分别提高15%和21%。科学应对年初特大旱灾和“6·10”特大泥石流地质灾害，争取救灾资金1.2亿元，完成农村危房改造10305户，妥善安置特大泥石流地质灾害中受灾的群众，确保灾民有饭吃、有洁净水喝、有衣穿、有临时住所、有病能及时医治，维护灾区灾民稳定。指导各地创建20个综合减灾示范社区，其中有8个被省民政厅向民政部推荐参评国家级减灾示范社区。

【优抚、安置、军休工作】 2011年，岳阳市优抚、安置、军休工作稳步推进。争取各类抚恤金和生活补贴18400万元，比2010年增加2000多万元。完善国家、社会、群众“三结合”的优抚制度，按时足额发放优抚资金，评残、带病回乡、参战审批工作依规进行。完善新型优抚医疗保障制度，将各类重点优抚对象分别纳入城镇职工基本医疗保险、城镇居民基本医疗保险和新型农村合作医疗保险。开展扶持优抚对象奔小康、救助解困、维修改造重点优抚对象住房、走访慰问、送医送药等帮扶活动，1万多人次在活动中受益。加快市烈士陵园建设进度，争取市政府常务会议审议通过市烈士陵园重建方案，办理林业用地手续和国土征用手续，前期建设准备工作基本完成。认真落实退役士兵安置任务，为2010年底退出现役的2903名退役士兵办理报到手续，为1158名城镇退役士兵办理户口迁移手续，为136名专业士官办理档案审核移交手续。及时发放退役士兵待安置生活费，为市本级待安置对象申报发放待安置期间生活补助费48.2万元。鼓励退役士兵自谋职业，加强退役士兵职业教育和技能培训工作，100多名退役士兵通过参加职业技能培训，取得国家认可的职业技能等级证书。妥善解决安置历史遗留问题，维稳工作成效显著。军休工作得到充分肯定。各地军干所服务管理水平进一步提升，军休干部“两个待遇”得到有效落实，市军干所被评为全国和谐军休家园。军供工作深受好评。优质、规范地接待过往部队26批19240人次，没有出现漏供、拒供和错供现象，岳阳军供站被广州战区国防动员委员会评为军供工作先进单位。

【基层民主建设】 2011年，岳阳市基层民主政治建设得到加强。根据省委、省政府，市委、市政府的统一部署，按照市委办、市政府办下发的《岳阳市第八次村民委员会换届选举工作实施方案》文件要求，精心准备、科学谋划、组织全市第八次村民委员会换届选举。全市3080个行政村圆满完成村委会换届选举，参加投票选民达302万人；选出村委会成员10794人，平均年龄43.6岁，比上一届年轻1岁；大学生村主任25人，女村主任49人，选民参选率、选举成功率、群众满意率均创历史新高。农村社区建设逐步铺开。截至年底，全市农村社区建设试点村达104个，设立志愿者协会和社区公益事业服务站、清洁家园监督站、维护稳定工作站、文体活动联络站、互助救助工作站、医疗卫生服务站、计划生育宣传站、科技兴业推广站等“一会八站”。试点村农村社区生产、生活环境改善，社区文化生活丰富多彩，社区综合治理成效显著，农村社区建设呈现良好发展势头。认真贯彻落实市委办、市政府办《关于进一步加强城市社区建设的若干意见》，争取市财政增加200万元社区建设经费；争取省、市福彩公益金81万元，用于城乡社区建设；争取民政部“长征路图书援建项目”，在全市范围内援建185个社区图书室；争取中央财政投入500万元，用于资助社区服务中心建设。切实执行市领导联点帮扶社区制度，制定切实可行的帮扶方案，从资金、物资、班子建设等方面加强对社区的帮助和指导，为社区建设排忧解难，协助社区加强党组织、自治组织、基础设施等建设，使所帮扶的社区各项工作跃上一个新台阶。

【社会组织管理】 2011年，岳阳市社会组织管理工作有序开展。市民政局严格执行各项法律、法规，依法进行社会组织的登记、管理和监督工作，促进社会组织的规范化、社会化、合理化发展。全市社会组织达到1331个，其中社会团体782个，民办非企业单位549个。扎实开展2010年度社会组织年检工作。全市应检社会组织995家，参检915家，参检率92%；年检合格892家，不合格23家。开展社会组织执法行动，依法取缔非法组织“湖南省岳阳地区越战老兵协会”；根据市监察局关于对市地方铁路运输协会和市酒类行业协会秘书长进行处罚的建议函，依据《社会团体管理管理条例》和《行政处罚法》的有关规定，下发“行政处罚告知书”和“行政处罚通知书”，对两个协会进行处罚。推进全市社会组织党组织和党员开展创先争优活动和党务公开等党建工作，成立岳阳市社会组织党工委，确保社会组织健康发展。根据《湖南省关于在全省社会组织党组织和党员中深入开展创先争优活动的指导意见》和市委办《关于在党的基层组织和党员中深入开展创先争优活动的实施意见》，科学指导社会组织党组织和党员开展创先争优活动，推荐“中国民间环保第一人”朱再保等社会组织先进党员参加全省优秀共产党员评选。深入开展社会团体“小金库”专项治理工作，建立和完善防治“小金库”的长效机制。

（本栏撰稿 吴 伟）

外事侨务工作

【市外侨办引资1.98亿元】 2011年，市外事侨务公室按照“强外事、兴侨务、拓港澳”的工作目标，致力提升对外交往水平，增强服务经济社会发展实效，全年引资1.98亿元，争取捐赠资金115万元，新建和修缮乡村学校5所、乡级医院3所。被评为2010年全省市州外事侨务港澳工作先进单位。

【服务对外交往交流】 2011年，市外事侨务办为16个单位邀请外国专家学者商务人士47批80人次到岳阳，涉及美、英、德等15个国家。审批派遣76批213人次因公出国（境）访问考察，审批参加双跨团组28批33人次，赴美、加、英、新、南非等20余国执行公务。做好12家出国“直通车”企业的服务工作，推动企业扩大对外交往与合作。

先后接待来访客人83批，370余人次，国外友人、海外侨胞、港澳同胞联系和民间外交不断加强。接待的国内外重宾有新加坡益海里集团董事长郭孔丰、新加坡国际企业发展局副处长陈泉成、日本TBS摄制组、国侨办国内司副司长熊万鹏等。

【开展友城工作】 2011年，岳阳市国际友城友好关系在巩固中发展，与5个已结好友城的联系交往不断加深。澳大利亚友城科克本举办“中国年”活动，提升岳阳的知名度和美誉度；与美国圣丽娜斯市的新结好工作取得实质性进展，与匈牙利结友城达成初步意向。9月，美国休斯顿南方新闻集团董事长李慰华到岳阳考察，就美国德克萨斯州休斯顿国际经济区与城陵矶临港新区建立经贸友好交流合作区，建立美国休斯顿高新产业园达成初步意向。

【市级领导成功出访】 2011年，岳阳市市级领导率团出访16批、17人次，均取得圆满成功。4月中旬，市委书记易炼红率岳阳市城建商贸代表团赴阿联酋、南非进行友好访问。出访期间，重点考察迪拜城市管理部门，岳阳籍企业家在阿联酋的子公司——江河公司中东集团总部，会见全非洲中国和平统一促进会会长李新涛，进一步增进岳阳市与阿联酋、南非等国的交往，促进岳阳市对外开放和外向型经济的发展。4月底，市长黄兰香率团赴澳大利亚、新西兰，就城市规划与建设、城市管理、小城镇建设、水系建设以及农牧业发展进行考察学习，并就友城建设、干部培训等与当地议员和教授进行交流，还拜访中国驻悉尼领事馆和新西兰侨领。5月，市政协主席白尊贤率团赴巴西、阿根廷、智利就城市建设和管理、社会保障等内容进行考察，与阿根廷布宜诺斯艾利斯市政府规划部进行座谈，拜访智利智中经济贸易促进会。

【推进港澳工作】 2011年，市外事侨务办呈报审批11家港澳“直通车”企业，对7家省重点侨（港澳）资企业进行优质服务，解决企业税费、生产环境等各类问题20多个。审批办理港澳通行证18批33人次，报批赴港澳18批33人次，经贸人士、工程技术人员、学者教授等非党政干部的出国（境）人数增长较快。

【热忱为侨服务】 2011年，市外事侨务办开展维侨护侨活动，进一步凝聚侨心、维护侨益、发挥侨力。每逢重大节庆，对岳阳籍海外华侨华人寄出新年贺卡和电子邮件，宣传岳阳的经济社会发展成绩，表达家乡亲人的祝福与问候。接待办理各类侨务来信来访70余件。对全市40户重点归侨侨眷，困难侨眷户进行上门走访慰问，发放归侨生活补助4.62万元，发放困难归侨侨眷慰问费3万元。

（本栏撰稿　葛勤略）

招商引资工作

【概况】 2011年，岳阳市各级各部门围绕“四化两型”，加快建设“五市一极”，强化招商引资项目建设第一支撑，取得较好成效。实施内联引资项目582个，到位资金226.48亿元，居全省第二，其中工业内联引资到位资金165.81亿元，继续稳居全省第一。引进8家500强企业，远大科技产业园、福坤汽车产业园等新兴园区快速推进。工作手段创新创优，做实产业分析、做强节会推介、做优媒体宣传，扩大岳阳市在境内外的影响。贸促工作蓬勃发展，系统建设、服务企业、市场开拓等方面富有实效。岳阳市招商引资工作连续4年获得全省内联引资工作先进单位、全省经协工作先进单位。在全市第二、三季度行政绩效民意测评中，招商工作满意度均居第一，岳阳市招商局（简称市招商局）被评为全市2011年度廉政建设先进单位

【引进500强企业投资岳阳】 2011年，岳阳市以引进大型中央企业、知名品牌企业为主攻目标，突出优势，全力对接。引进中粮集团、中种集团、中纸装备、中国华电、中纺集团、中航集团、中国水电八局、中国铁建重工集团等8家央企和远大集团、中联重科、恒大集团等知名品牌企业纷纷落户岳阳，强有力地支撑园区的发展和产业的扩张。中粮集团建设粮油食品产业园，一期投资5亿元新上30万吨稻谷深加工项目，构建岳阳市现代农业产业化加工体系。中种集团投资岳阳种业基地项目，致力优质水稻的繁育与推广，将成为立足湖南、辐射长江中下游的区域性核心种业企业。中国铁建重工集团在岳投资办厂，将采用世界最先进的装备制造技术，生产隧道施工、特种装备及高端工程机械产品。

【推进产业提质升级】 2011年，岳阳市招商引资工作注重推进产业提质升级。产业引进由引单个零散项目向注重产业配套、链条延伸转变，加快企业向园区集中，产业向园区集聚。一是延伸产业链条。精耕细作石化产业，中石化催化剂新基地一期建成投产，标志着精细化工产业的链条化和大型央企的地方化，两期全部投产后，中石化催化剂新基地将成为亚洲规模最大的炼油和化工催化剂生产地。做优做强循环经济，引进鑫祥碳素高科技石墨项目，成功打破国际垄断，成为世界上第三个拥有连续生产石墨化增碳剂技术的企业，采用的新技术可实现废气、废水、废渣基本零排放。二是挖掘产业潜力。依托农业资源招商，新上的福禄通油脂，由粗加工向精深加工转变，提升产品附加值，填补国内利用油茶籽加工生产饲用蛋白、医用氨基酸的空白。改造提升传统建材陶瓷产业，启动天欣科技陶瓷等一批技改项目，产品技术含量不断提升，成功打入国际市场。三是打造产业支柱。城陵矶临港产业新区打造现代产业发展高地，引进凯达科旺重卡车桥、硅峰特种电动车整车装备等一批项目，带动汽车零部件产业集聚集群发展。岳阳经开区培育生物医药产业，正在建设的中南科伦生物医药项目，规划建设七大药物制剂车间，新上多条欧盟GMP标准生产线，将建成中南地区最大的药品生产基地。

【推进“两型”园区建设】 2011年，岳阳市各级各部门坚持“两

型”引领，产业引进上更加注重创新节能、生态环保和产业特色培育。一是建设基础平台吸引入园。为吸引项目入园，提高项目入园率，陆续建成一批标准化厂房投入使用，为中小企业入园搭建低成本入驻的绿色通道。二是依托资源优势集聚兴园。福坤汽车产业园吸引中航起落架、天德机械等6家企业入园，并与特莱精益科技等3家企业签订入园协议，呈集聚集群发展之势。三是注重产业培育特色立园。注重产业特色培育，实行错位发展，在原有的循环经济产业园、精细化工园、纺织工业园等特色园区基础上，加快推进远大科技产业园、福坤汽车产业园等特色园区。其中，总投资20亿元的远大科技园项目一期，3月开工建设，11月正式投产，2栋8万平方米厂房拔地而起，成为全市重大项目当年签约、当年建设、当年投产的典范。

【开展宣传推介】　2011年，《湖南日报》新闻要闻专版5次报道、《岳阳日报》头版专版20多次报道岳阳市招商引资项目建设情况，岳阳电视台推出“一企一专解”系列报道，叠加人气，提振信心。历经多层次打磨，新编印一本中英对照、图文并茂的《长江经济带上的璀璨明珠——岳阳》投资指南，为推介岳阳、吸引投资提供新的视角和样本。抓住各种节会推介，岳阳市组织参加湘苏、湘浙经贸活动，专题推介城陵矶临港产业新区，并与江苏省湖南商会签订战略合作框架协议。北京第十四届“科博会”期间，湖南省推出6张园区名片，岳阳市城陵矶临港产业新区、汨罗循环经济工业园精彩亮相。9月，在衡阳市举行的第五届“湘商大会”期间，推出“局会合作”模式，岳阳市招商局与广西桂林湖南商会就岳阳市农产品拓展桂林市场达成合作框架协议。三大节会活动全市签约项目74个，合同引资180.44亿元。

【开展小分队招商】　2011年，市招商局开展小分队招商活动，有针对性地赴长三角、珠三角、京津唐等地区开展上门招商，务实有效地对接一批重点项目。3月，市委副书记、市长黄兰香率市招商局等部门拜访北京谊安医疗系统股份有限公司，加强交流合作，有效对接医疗器械项目，助推岳阳市医药健康产业发展。市招商局局长王德华组织招商小分队前往江苏南京，重点拜访南京宇业集团、红太阳集团等企业。市招商局会同岳阳经开区有关部门奔赴广东清远，就阿迪达斯制鞋项目投资方万邦鞋业公司进行实地考察，并签订投资意向协议。4月，市招商局组织小分队赴福建招商，重点对接福建凤竹纺织企业及其生产基地整体搬迁项目，并拜访泉州市贸促会。湖南党政代表团苏浙行经贸活动期间，市委书记易炼红率市招商局等部门负责人，拜访苏宁电器集团、江苏泛资公司等企业负责人，就商贸物流项目进行对接。5月，市招商局组织小分队赴江苏苏州、上海等地拜访苏州湖南商会、星海国际投资有限公司，对接洽谈港口物流项目。6月，市招商局组织小分队赴广东，重点对接“美吉特”集团，考察香港工业总会顺德“德胜创意园”。11月，市委副书记盛荣华、副市长宋爱华率市招商局等部门单位负责人赴广东深圳，走访考察广东高科技产业商会和深圳市投资商会，深入部分高科技企业洽谈合作，并就高科技成果转化示范基地项目达成了初步合作意向。

【贸促服务助力企业】　2011年，市招商局发挥招商局、贸促会两块牌子一套人马的协作优势，做到招商与贸促工作同步推进。已成立县级贸促支会7家，年内有望实现全覆盖，推进力度、覆盖广度居全省前列。主动服务上门办，为湖南建长石化、岳阳金联星等企业代办购销合同领事认证、申请法律援助。省心省时代理办，发挥湖南省在岳阳市设点办理原产地证的优势，主动为有货物出口办证需求的企业服务，帮助企业节省时间，降低成本。新增原产地证注册企业6家，签发原产地证近200份，帮助企业直接出口1000多万美元。帮助岳阳市本土企业拓展国际市场，先后组织际华3517公司、岳阳正泰集团、汨罗中天科技公司等10余家企业参加瑞士日用品展、越南国际贸易展览会、香港中小企业推广日活动、美国拉斯维斯中国商品展览会等境外展览活动，汨罗中天科技公司“龙舟”牌收割机成功打入越南市场。岳阳市贸促工作荣获2011年度全省贸促系统先进单位、第十四届北京“科博会”组织先进单位，全省“参博”工作先进单位。

【市招商局引资3.16亿元】　2011年，市招商局加强自我引进，做到人人有任务，个个有压力。成功签约紫阳软件园、黄盖湖风电、普丰冷链物流、5万吨氯化石蜡项目，正式落户斯达富士康配套、万丰阿迪达斯品牌代工、依鲁LED光电新兴产业项目，自我引进项目到位资金3.16亿元，超额完成全年目标任务。　（本栏撰稿　贯　伟）

档案工作

【概况】　2011年，岳阳市档案局（简称市档案局）认真践行科学发展观和民本岳阳执政和发展理念，围绕“四化两型”、“五市一极”奋斗目标，以创建国家一级档案馆、市档案新馆建设和创建基层党建示范单位为重点，解放思想，开拓奋进，全年收集档案资料4227卷（册、件），接待利用档案者1410人次，利用档案2800卷次，帮助解决实际问题900多个。各项工作取得了显著成绩，岳阳市档案馆成功晋升为国家一级档案馆。市档案局获得岳阳市先进基层党组织、创建基层党建示范单位、市直机关“创先争优”示范单位、岳阳市书香机关等荣誉。继续保持省级文明标兵单位这一殊荣。

【岳阳市档案馆晋升为国家一级综合档案馆】　2011年初，岳阳市档案局确定晋升国家一级档案馆的工作目标。局（馆）干部职工共同努力，不断提升档案馆整体工作水平。7月9日，国家档案局巡视员华丹率专家测评组一行5人到岳，就岳阳市档案馆晋升国家一级档案馆进行考察测评，市领导黄兰香、隋国庆等出席测评会。经综合评议，岳阳市档案馆工作测评得分为94.8

市档案馆晋升国家一级档案馆测评会　　（市档案馆　供稿）

分，达到国家一级档案馆等级标准。华丹为岳阳市档案局颁发“国家一级档案馆”牌匾和证书。

【推进市县档案馆建设】　2011年，国家和省档案局高度重视岳阳市档案馆建设工作，先后2次到岳调研。市委、市政府把市县新馆建设列入“十二五”规划，市政府第五十四次常务会再次确定市档案馆建设并立项。年内完成规划用地许可、确定红线、环境评估、土地勘测定界、征地拆迁、土地平整等工作。县级档案馆建设进展顺利，华容县档案馆主体建设已经完工；湘阴县、平江县、临湘市档案馆也在加快前期建设。

【档案综合业务工作在全省继续保持领先】　2011年底，省档案局组织对市州业务考核中，岳阳市档案局以排名第一的成绩继续保持全省档案工作先进单位称号。其中民生档案建设工作在全国产生影响。举办民生档案建设网上展览，5月26日《岳阳日报》第一次以头版头条刊发《600万卷民生档案造福百姓》的报道，《中国档案报》、《湖南日报》等媒体也相继推介。

【围绕经济建设开展高新技术企业档案挂牌服务】　2011年，岳阳市档案局与岳阳市科技局联合下发《关于加强全市高新技术企业档案工作的通知》，成立岳阳市高新技术企业档案工作领导小组，举办2次高新技术企业档案管理知识专题培训。11月4日，隆重举行“岳阳市首批高新技术企业档案工作重点服务单位”授牌仪式，副市长隋国庆，市科技局局长谢春生、岳阳市档案局局长戴文慧及20家高新技术企业的相关负责人出席仪式。

【举办档案法律法规知识竞赛活动】　2011年7月20日，为进一步普及档案法律知识，增强社会档案意识，促进岳阳市档案事业发展，市档案局在《岳阳日报》开辟专版刊登开展《档案法律法规知识有奖竞赛题》，全市各地、各单位、社会各界近13800人参加竞赛活动，市长黄兰香等领导亲自参与答题，来自浙江、长沙等外省市读者参与，28名获奖者分别获得一、二、三等奖。

【征集周令钊珍贵档案资料】　2011年11月，市档案局党组书记任欣欣率员专程赴北京征集开国大典北京天安门城楼毛主席画像作者、中华人民共和国国徽设计者之一、中央美术学院教授、著名画家周令钊的珍贵档案史料。周老将倾注他毕生心血的《周令钊画集》、《周令钊艺术展捐赠作品》以及部分珍贵照片和资料等47件捐赠给岳阳市档案馆。周令钊档案的进馆，丰富了岳阳市名人档案的内容。

【档案开发利用及信息化建设全面推进】　2011年，市档案馆围绕纪念建党90周年、纪念辛亥革命100周年和企业改制等提供档案服务，接待档案资料及现行文件查阅者1410人次，帮助解决实际问题900多个。深度开发利用档案资源，完成《岳阳市洞庭湖渔民资料选编》工作。《洞庭风韵碑廊解读》成书50多万字，计划正式公开出版。全面推进市档案馆“五库两网”建设，全文数据库录入劳动局招工、劳动人事调配等专题人名8万多个，实现馆藏档案文件级目录的微机检索及部分档案全文微机查阅利用，提高工作利用效率。　（本栏撰稿　田丽群）

移民工作

【移民安置区基础设施建设】　2011年，《岳阳市“十二五”库区和移民安置区经济发展规划》和《岳阳市“十二五”移民后扶规划》编制完成，并纳入岳阳市国民经济发展“十二五”总体规划。全市移民部门在后期扶持基金、扶助资金、应急资金、基础设施与社会发展规划资金安排项目计划1274个，资金1.08亿元，其中投入库区和移民安置区基础设施建设资金9170.1万元。新修机耕路45条65.5千米，硬化通村公路285条448千米，解决53个移民村交通不便的问题。新建桥涵32座，硬化（维护）灌溉渠道121.5千米，新建排灌站38座1665千瓦，维修水库19座，改善灌溉面积1109公顷；打水井95口，建蓄水池21个220立方米、管网141.5千米等，解决2.83万人和1.1万头牲畜饮水安全问题。更换变压器15台420千瓦，架设与维护输电线25条65千米，新建沼气池1129口，使库区和移民安置区基础设施建设得到有效地改善。争取31个移民村进入市直建设扶贫范围，其中移民贫困村18个，移民人数6200人。黄兰香等6位市级领导分别到移民贫困村联点扶贫，45个单位参与建设扶贫攻坚。

【加快移民产业开发】　2011年，岳阳市移民部门把移民产业开发放到全市经济社会发展和“三农”工作的大局来谋划，加快移民产业开发步伐，注重立足资源，把基地逐步做大做强；立足品牌，把产业逐步做特做优；立足创新，把机制逐步做紧做活，推动产业化经营。全市投入资金1321.6万元，改造、新建油茶基地333.33公顷，优质茶叶基地133.33公顷，金银花基地106.67公顷，楠竹基地133.33公顷，巩固特种水产养殖网箱11.3万口，蔬菜基地333.33公顷，杨梅基地133.33公顷，食用菌大棚200个。扶持移民种养专业大户、农产品加工专业大户自主开发，重点发展肉牛2900头，生猪1.1万头，家禽40万羽，充分发挥专业化产业的拉动作用。构建企业（公司）＋基地＋移民的产业经营格局，重点扶持湖南渔米之湘食品有限公司、湖南国泰食品有限公司、湖南省山润油茶科技发展有限公司、湖南省金顶实业有限公司等移民龙头企业，联结移民1.5万人，把企业品牌进一步做优、做响、做强。组织移民发展从事种养业为主的各类专业合作经济组织95个，社（会）员3万余人。全市移民产业化经营水平不断提高，效益日益明显。据统计，全市移民年人均纯收入比2010年增长13%以上。

【推进智力移民工程】 2011年，各级政府把推进“智力移民”工程，加强移民培训纳入重点督办的民生实事，坚持统一部署、明确任务、落实责任、分级实施。岳阳市移民部门致力提高移民综合素质，坚持“实际、实用、实惠”的工作原则，投入302万元用于移民培训。继续加大培训力度，落实培训任务，创新培训形式，整合培训资源，强化保障措施。移民培训工作实现“三个转变”：即培训方向由服务农村向服务城乡一体化转变，培训方式由单一型向多样型转变，培训目标由实用型向素质型转变。组织移民实用技术培训4210人，就业技能培训922人，分别完成任务的147%和130%，转移劳动力就业883人。市移民局委托中南工业学校举办的移民职业培训班，70多名移民毕业，实现就业。通过多形式、多层次的培训，培养一批有文化、懂技术、会经营的移民，达到“培训一人，致富一户，带动一片”的引领示范作用。

【实施避险搬迁安置】 2011年，岳阳市移民部门根据居住在滑坡体上特困移民的所需所盼，稳妥实施移民避险搬迁安置工程。坚持以政府为主导，注重“四个结合，三个集中”：把移民搬迁安置与新农村建设相结合，与扶贫开发相结合，与城镇建设相结合，与生态保护相结合。搬迁安置移民向城镇集中，向聚居点集中，向产业核心区集中。平江县整合部门资金300万元，移民自筹部分资金，对虹桥镇大山村33户、125人整体搬迁安置。岳阳县投入移民资金89万元，并整合部门资金对毛田镇八斗三新村铁山水库移民89户240人进行避险解困搬迁安置。湘阴县已搬迁安置4户17人，改善部分特困移民的生存发展环境。

【移民资金项目监管】 2011年，市、县移民部门严格执行项目计划管理原则，做到项目前期工作、审查审批、组织实施和后续管理逐步规范，确保后扶项目质量和效益。移民直补资金及时足额打卡发放到位。移民资金实行县级报账制，建立项目资金台账。组织开展“移民资金规范管理年”活动，进一步完善移民资金财务资金管理制度，加大资金监管力度。华容县、临湘市、岳阳楼区先后接受水利部移民局组织的后扶资金专项审计。岳阳县接受省审计厅等部门的后扶资金审计和后扶政策实施情况监测评估。市移民局、市监察局对湘阴县、汨罗市、屈原行政管理区的移民后扶资金管理使用情况进行内审，确保移民后扶资金运行安全。

【维护移民安置区稳定】 2011年，岳阳市移民部门以群众工作理念化解信访难题，着力打造“三个平台”。一是打造利民忧民的预警防范平台。坚持矛盾纠纷排查月报制，实行“台账”管理，全面掌握重点库区和移民安置区、重点问题、重点人员的信访苗头和隐患，着力解决好影响社会和谐的源头性、根本性、基础性的问题。二是打造知民所需的诉求表达平台。运用法制、政策、宣传教育等多种形式，引导移民群众以理性、合法、有序的方式表达利益诉求，主动参与民主管理、民主监督的实践。接待政策咨询205批，840人次，信访回复15件。三是打造安民顺气的多元调解平台。注重构建社会多方整体联动的矛盾纠纷调解机制，融信访调解、人民调解、行政调解、司法调解于一体，形成化解矛盾的合力。排查矛盾32起，调处解决问题30个。全市移民没有发生重大群体事件，无越级集体上访，无恶性治安事件，库区和移民安置区社会大局稳定。

（本栏撰稿　余美忠　陈义军）

民族宗教工作

【概况】 2011年，岳阳市民族宗教工作围绕落实党的民族宗教政策，紧扣“共同团结奋斗、共同繁荣发展”的主题，搞好协调服务工作，努力加强自身建设，各项工作扎实推进，取得较好成绩。市政府民族宗教事务局（简称市民宗局）接待中央统战部、国家民委、国家税务总局、省委统战部、省民委、省宗教局领导5批次到岳阳调研民族宗教工作，推荐临湘市永巨茶业有限公司等4家边销茶厂顺利入围国家“十二五”规划边销茶定点生产厂家。陪同市领导深入湖南民族职业学院、市直宗教活动场所调研考察。争取市委、市政府对民族宗教工作的重视，市委常委会议专题研究民族宗教工作。市政府办加挂市民宗局牌子，增设三个科室。各县市区政府办加挂民宗局牌子，由政府办领导兼任局长，并加强干部力量。利用市委党校平台举办民族宗教工作专题培训班，邀请省宗教局局长汤新华、省民委副主任田代武做专题报告，收到较好的效果。安排2名干部到省、市社会主义学院参加培训，提升民族宗教干部的业务能力，采取以会代训的形式组织全市民宗干部培训。开展创建和谐寺观教堂活动，全面推进宗教活动场所财务监督管理办法。9月，召开岳阳市首届和谐寺观教堂创建活动表彰大会，对先进单位和个人进行表彰。开展民族团结进步行动，在新闻媒体开辟专栏宣传党和国家的民族政策和法律法规，组织新闻媒体开展民族团结系列专题采访报道，收到较好效果。指导帮助市伊斯兰教协会继续抓好清真“三食”的供应工作，市财政为城区回维民过年过节给予4万元牛羊肉补贴。坚持公开、公正原则，办理57名报考普通高校少数民族考生的民族成分审核手续，办理少数民族成分更改41人，均没有出现差错。市民宗局被评为全省民族工作先进单位、全省宗教工作先进单位、全省民委系统信息工作先进单位和全市统战工作红旗单位，华容县民宗局被评为全省民族工作县级先进单位。

【加强流动少数民族服务管理】2011年5月11日，全市流动少数民族服务管理工作领导小组联席会议在市政务中心召开。会议传达学习全省民族关系分析会议精神，明确市流动少数民族服务管理工作领导小组成员单位工作职责，通报当前岳阳市流动少数民族服务管理工作现状，对下一步如何做好服务管理工作提出明确要求。市领导陈奇达、隋国庆等出席并作重要讲话。4月，市民宗局妥善处理四川黑水县30余名藏民在岳阳泰和市场占道经营贩卖管制刀具的问题，化解藏民与警方的矛盾，帮助联系适当摊位，要求依法经营，自觉遵守城市管理规定。6月，在湖南民族职业学院经营回民餐厅的甘肃临夏回民，由于受市场经济影响，经营状况不好，突然停止餐厅的供应。组织人员先后到学院、市委、市政府和信访部门上访，要求湖南民族职业学院对其进行赔偿。市民宗局、学院与物业和该回民多次进行交涉，主持召开协调会议，听取意见。通过做大量工作，最终达成协议，对回民餐厅给予一定补贴。夏季，38名新疆维族人员在岳阳城区主干道和企业、街道、社区两侧人行道上摆摊销售哈密瓜达2个多月，拒不服从城管部门的管理，市民对此意见很大，严重影响城市管理工作和“五创”活动的开展。7月16日，一名维族人员在岳阳城区贩卖哈密瓜横过马路时被车辆撞伤，肇事车辆逃离现场，伤者被及时送到医院治疗。伤者亲属多次组织人员到市政府和市交警支队上访，要求尽快查处交通肇事案件，并给予赔偿。市委、市政府对此高度重视，市委政法委多次召集公安、民宗部门召开会议听取情况汇报，成立专案组侦破案件。市民宗局、交警122大队与伤者方多次进行沟通协商，按照交通事故有关赔偿办法给予相应赔偿，伤者及家属的情绪得到抚慰。市民宗局高度重视新疆维族人员占道经营问题，多次召开会议进行安排部署，全力协助有关部门做好劝导工作。每天深入城区主干道、四化建、岳纺、岳纸等企业、社区，以及华容县、临湘市等县市区，顶着烈日酷暑、不分白天晚上和双休日做工作，帮他们选择合适销售摊点，转移摊位，免费提供遮阳工具，送上可口的饭菜，通过做大量细致的思想工作，占道经营行为得到劝阻。

【湖南民院民族团结示范点挂牌】2011年11月14日，湖南民族职业学院隆重举行湖南省民族团结进步示范点授牌仪式，省民委副主任田代武为该院授牌。市领导白尊贤、严华、易丽珍、隋国庆，市直有关部门负责人及湖南民族职业学院领导和师生代表300余人参加。

【宗教界参与公益慈善事业】2011年，市民宗局引导宗教界广泛参与公益慈善事业。澳门宣道堂牧师蓝钦文捐资28.2万元用于公益事业，其中20万元支援汨罗市范家园镇徽山小学建设，5万元援助月田镇青隐村乡村公路建设，3.2万元帮助启动岳阳市三中40名贫困学生的爱心助学工程。在临湘市泥石流灾害发生后，除组织市宗教界人士支援灾区建设外，还积极联络，从外地引进善款50多万元支援灾区人民重建家园。　（本栏撰稿　何灿红）

市政府重要文件目录

▲岳政发〔2011〕1号　关于进一步推进农村信用社改革发展的通知（2011年1月12日）

▲岳政发〔2011〕2号　关于进一步稳定发展粮食生产的实施意见（2011年4月1日）

▲岳政发〔2011〕3号　关于大力支持屈原管理区国家现代农业示范区建设的意见（2011年1月26日）

▲岳政发〔2011〕5号　关于下达2011年重大项目建设计划的通知（2011年2月22日）

▲岳政发〔2011〕6号　关于认真做好2011年为民办实事工作的通知（2011年2月23日）

▲岳政发〔2011〕7号　关于进一步加强监察审计法制工作若干规定的通知（2011年3月15日）

▲岳政发〔2011〕8号　关于认真做好房地产市场调控工作的通知（2011年3月15日）

▲岳政发〔2011〕9号　关于贯彻落实国有土地上房屋征收与补偿条例若干规定（暂行）的通知（2011年4月19日）

▲岳政发〔2011〕10号　关于印发岳阳市投融资公司薪酬管理暂行办法的通知（2011年5月8日）

▲岳政发〔2011〕11号　关于改革完善乡镇农技推广服务机构的通知（2011年5月17日）

▲岳政发〔2011〕12号　关于印发2011年岳阳市政府绩效评估实施方案的通知（2011年6月22日）

▲岳政发〔2011〕13号　关于贯彻实施湖南省政府服务规定的通知（2011年7月3日）

▲岳政发〔2011〕14号　关于加强“菜篮子”工程建设确保市场供应的通知（2011年7月4日）

▲岳政发〔2011〕15号　关于贯彻落实省政府建立保障市场供应稳定价格总水平分工责任制的实施意见（2011年8月23日）

▲岳政发〔2011〕16号　关于进一步加强工商行政管理工作的意见（2011年9月15日）

▲岳政发〔2011〕17号　关于印发岳阳市全民义务植树管理办法的通知（2011年10月26日）

▲岳政发〔2011〕18号　关于扩大县（市）部分经济社会管理权限的决定（2011年10月31日）

▲岳政发〔2011〕19号　关于加快我市农业产业化发展的实施意见（2011年11月15日）

▲岳政发〔2011〕20号　关于授予岳阳经济技术开发区市级审批权限的决定（2011年11月24日）

▲岳政发〔2011〕21号　关于进一步扩大开放加快发展开放型经济的实施意见（2011年12月9日）

▲岳政发〔2011〕22号　关于加强土地利用总体规划和计划管理的实施意见（2011年12月14日）

▲岳政发〔2011〕23号　关于加快学前教育改革与发展的意见（2011年12月14日）

▲岳政告〔2011〕1号　关于加强森林防火工作的通告（2011年4月2日）

▲岳政告〔2011〕2号　关于市中心城区锅炉大灶限期改用清洁能源的通告（2011年6月13日）

▲岳政告〔2011〕3号　关于停止使用护罩用螺丝连接的液化石油气钢瓶的通告（2011年9月15日）

▲岳政告〔2011〕4号　关于严厉打击非法从事旅客运输经营的通告（2011年11月24日）

▲岳政告〔2011〕5号　关于开展河道采砂专项整治行动的通告（2011年11月24日）

▲岳政办发〔2011〕1号　关于印发岳阳市创建全国绿化模范城市工作方案的通知（2011年1月12日）

▲岳政办发〔2011〕3号　关于认真开展农村土地承包经营纠纷调解仲裁工作的通知（2011年1月16日）

▲岳政办发〔2011〕4号　关于规范征地补偿费分配管理的指导意见（2011年1月26日）

▲岳政办发〔2011〕5号　关于印发岳阳市中心城区道路挖掘管理办法的通知（2011年1月27日）

▲岳政办发〔2011〕6号　关于深入推进商标战略工作的实施意见（2011年2月24日）

▲岳政办发〔2011〕8号　关于印发岳阳市中心城区建筑垃圾管理办法的通知（2011年3月15日）

▲岳政办发〔2011〕9号　关于提高市辖各区城乡居民最低生活标准的通知（2011年3月29日）

▲岳政办发〔2011〕10号　关于印发岳阳市房地产开发项目资本金管理办法的通知（2011年4月25日）

▲岳政办发〔2011〕11号　关于印发岳阳市城区市政消火栓改造方案的通知（2011年5月5日）

▲岳政办发〔2011〕12号　关于印发岳阳市事业单位岗位设置管理暂行办法的通知（2011年5月10日）

▲岳政办发〔2011〕13号　关于印发岳阳市城区集体土地征地拆迁补偿费用概算审查办法的通知（2011年5月24日）

▲岳政办发〔2011〕14号　关于公布我市第一批历史建筑名单的通知（2011年5月30日）

▲岳政办发〔2011〕15号　关于印发岳阳市廉租住房产权出售和公共租赁住房产权共有管理办法的通知（2011年6月7日）

▲岳政办发〔2011〕16号　关于优化重大项目建设环境的实施意见（2011年6月29日）

▲岳政办发〔2011〕17号　关于印发岳阳市城区农贸市场管理考评办法的通知（2011年7月4日）

▲岳政办发〔2011〕18号　关于进一步推进公共企事业单位办事公开工作的意见（2011年7月7日）

▲岳政办发〔2011〕19号　关于印发岳阳市深入整顿和规范矿产资源开发秩序工作方案的通知（2011年7月5日）

▲岳政办发〔2011〕20号　关于印发中央省属驻岳企业安全生产目标管理考核办法的通知（2011年7月12日）

▲岳政办发〔2011〕21号　关于做好特种设备事故调查处理工作的通知（2011年7月18日）

▲岳政办发〔2011〕22号　关于转发市卫生局岳阳市血吸虫病传播控制达标五年行动计划（2011-2015年）的通知（2011年7月19日）

▲岳政办发〔2011〕23号　关于印发岳阳市“十二五”农村环境综合整治工作方案的通知（2011年7月19日）

▲岳政办发〔2011〕24号　关于印发岳阳市“十二五”主要污染物计划的通知（2011年7月19日）

▲岳政办发〔2011〕25号　关于印发岳阳市城区市容和环境卫生考核评比办法的通知（2011年8月6日）

▲岳政办发〔2011〕26号　关于进一步加强和改进公共资源交易管理的试行意见（2011年8月12日）

▲岳政办发〔2011〕27号　关于做好城镇污水处理厂污泥处理处置工作的通知（2011年8月12日）

▲岳政办发〔2011〕28号　关于市中心城区路街巷统一规范命名的通知（2011年8月15日）

▲岳政办发〔2011〕29号　关于印发岳阳市银行业金融机构支持地方经济发展工作目标考核奖励暂行办法的通知（2011年8月22日）

▲岳政办发〔2011〕30号　关于印发岳阳市中心城区夜景亮化管理办法的通知（2011年8月24日）

▲岳政办发〔2011〕31号　关于加强城乡综合减灾示范社区建设工作的通知（2011年9月15日）

▲岳政办发〔2011〕32号　关于印发岳阳市医药卫生体制改革2011年度重点工作安排的通知（2011年9月23日）

▲岳政办发〔2011〕33号　关于印发岳阳市未纳入预算的政府性基金及专项资金管理使用情况抄报监察审计机关备案暂行办法的通知（2011年9月23日）

▲岳政办发〔2011〕34号　关于印发岳阳市企业上市扶持资金管理办法的通知（2011年9月28日）

▲岳政办发〔2011〕35号　关于印发岳阳市房屋安全管理办法的通知（2011年10月7日）

▲岳政办发〔2011〕36号　关于加强和规范社区（村）便民服务中心（点）建设的意见（2011年10月19日）

▲岳政办发〔2011〕37号　关于建立岳阳市查处取缔无证无照经营工作联席会议制度的通知（2011年11月15日）

▲岳政办发〔2011〕38号　关于印发市中心城区限制燃放烟花爆竹管理考评办法的通知（2011年11月15日）

▲岳政办发〔2011〕39号　关于印发岳阳市关爱女孩集中整治“两非”专项行动实施方案的通知（2011年11月16日）

▲岳政办发〔2011〕40号　关于印发岳阳市城市工业灾害防治工作方案的通知（2011年11月24日）

▲岳政办发〔2011〕41号　关于印发岳阳市学前教育三年行动计划（2011-2013）的通知（2011年12月24日）

（卢明哲）

责任编校　曹春友

政协岳阳市委员会

.C.YUEYANG MUNICIPAL PARTY COMMITTEE

政协岳阳市第六届委员会第四

岳阳机场建设

非物质文化遗产保护

编辑出版《湘北有

岳阳市人民政协理论研究会

综 述

【概况】 2011年，政协岳阳市第六届委员会围绕全市工作中心切实履行职能，为推进岳阳经济社会更好更快发展积极发挥作用。

一、以促进发展为第一要务，突出工作重点，围绕全市经济社会发展议政建言。一是组织加快物流业发展调研。将“加快我市物流业发展”列为重点课题，在深入调研的基础上，形成《加快我市现代物流业发展的调查报告》，得到市委、市政府的高度重视。二是继续关注洞庭湖综合治理。驻岳省政协委员向省政协十届四次会议提交关于湖南“十二五”规划应当突……强洞庭湖综合治理的提案》。6……省政协副主席魏文彬率领省水……旅游局等单位负责人到岳阳……协。省委、省政府将洞庭湖……纳入省“十二五”规划，省……部门计划投入1100多亿元……综合治理。三是开展迎……献策活动。在2011年市……织进行的“迎接党代……阳和谐崛起最强音”……120多名政协委员……7件被市委通报表……被评为“献计献……集体”。

……为基本理念，……做好群众工……调研。市政……社区调研……外地改革……成《创……》的调……建议……做好……开……服

市政协主席赖社光在政协岳阳市第六届委员会第五次会议上（李 伟 摄）

三、以提高实效为出发点，创新工作方式，加大民主监督工作力度。一是创新监督方法，提高监督实效。通过支持市政协委员担任市直职能部门特约监督员和调研、评议等形式，重点围绕“控违拆违”、“优化建设环境”2项专题开展民主监督。就城区渣土运输、城市建筑垃圾管理等问题开展调研、专项评议、个案评议等民主监督活动17次，反馈督办相关问题30多个。二是扩大信息来源，提高提案撰写和办理质量。利用新闻媒体、座谈、走访等形式向各民主党派、人民团体及社会各界广泛征集提案和提案线索。对征集到的497件提案，确定12件为重点督办提案，采取主席领衔督办、联合督办等方式督办。三是关注群众诉求，拓宽民意表达渠道。运用会议座谈、调研视察、走访接待等形式，加强社情民意收集和反映工作，使城区地下通道管理、旅游安全措施建设等一批民生问题得到较好解决，接待来信来访120多人次。

四、以团结和谐为目标，围绕团结和民主两大主题，发挥政协工作的整体优势。搭建议政平台，创造条件。充分发挥各民主党派、工商联、人民团体和无党派人士的作用。增强与社会各界人士的联络。参与纪念辛亥革命100周年系列活动。视察、走访特聘委员企业。到……底，有28位特聘委员在岳阳投资……业，累计投资70多亿元。促进与各级政协组织的沟通。协助省政协完成加快县域经济发展、洞庭湖湿地保护、临湘灾后重建、提案工作等课题的调研视察活动。加强对各县市区政协的指导和联系。

重要会议

【政协岳阳市第六届委员会第四次会议】 2011年1月9～12日召开政协岳阳市第六届委员会第四次会议。379名市政协委员与会，其中特聘委员49名。市党政军、在岳高等院校主要负责人、中央、省属驻岳单位主要负责人及部分离退休老领导应邀出席会议；市直各部办委局和省、市属有关单位主要负责人，市各民主党派部分成员及各县市区政协秘书长列席会议。市政协主席白尊贤受政协岳阳市第六届委员会常务委员会委托作工作报告。市政协副主席戴新果代表政协岳阳市第六届委员会常务委员会向大会作关于六届三次会议以来提案工作情况的报告。25位委员围绕经济社会又好又快发展，促进民本岳阳和谐崛起作口头或书面发言。市委书记易炼红在开幕式上作重要讲话。会议审议通过政协岳阳市第六届委员会第四次会议关于常委会工作报告的决议、关于市政协六届三次会议以来提案工作情况报告的决议和政协岳阳市第六届委员会第四次会议政治决议；审议通过关于政协岳阳市

第六届委员会第四次会议提案……情况的报告；会议还表彰……案和提案办理先进单位……会议决……动等原因，……李峰（女）、……冀、林……常务委员职务……为政协……政协岳阳……员。

……职务……十六次至……月21日召开……六次会议。……市政协常委……工作情况的报……报告、法院和……报告及计划、财……选人名单、选举……、协商讨论“表……办法”（草案）、“三个……（草案）”情况的综合汇报。

7月8日召开市政协六届常委会第十七次会议。会议协商讨论《关于加快我市物流业的调查报告》。

9月9日召开市政协六届常委会第十八次会议。会议协商讨论《关于加强和创新城市社区管理工作的调研报告》，分别听取市委办、市政府办关于2011年度提案办理情况的通报。

12月19日召开市政协六届常委会十九次会议。会议审议通过《关于召开市政协六届五次会议的决定》，审议通过市政协六届五次会议议程、日程（草案），协商通过市政协六届五次会议各次大会执行主席、大会秘书处正副秘书长及各组负责人名单，协商通过市政协六届五次会议分组办法及安排，审议通过市政协常委会工作报告（草案）和提案工作报告（草案），审议通过市政协各专委会2011年工作情况及2012年工作设想的报告。因工作变动等原因，会议同意刘自远、陈慧君辞去政协岳阳市第六届委员会常务委员职务。增补李建群、杨勤、廖祯祥、杜宇、李爱玲、李向阳、郭凌云、毛乐娟、孙岳才、黄建文为政协岳阳市第六届委员会委员。增补李建群、杨勤为政协岳阳市第六届委员会常务委员。增补陈国泰、曾开华、陈金城、唐合林为政协岳阳市第六届委员会特聘委员。

调研视察

【现代物流业调研视察】 2011年3～5月，市政协主席白尊贤、副主席肖建华率调研组，就如何加快全市现代物流业发展，深入岳阳楼区、云溪区、君山区、岳阳经济技术开发区、南湖风景区、临港产业新区等地调研，并赴外地学习考察，形成《关于加快我市现代物流业发展的调查报告》，经市政协六届十七次常委会议协商讨论后，向市委、市政府提交建议案。10月，组织部分政协委员针对物流园区、货运站场规划建设相对滞后，布局不尽合理的现状，视察市内10多家重点物流企业，在市政府组织召开的物流园选址座谈会上向市委、市政府提出建议。

【岳阳机场建设情况视察】 2011年3月，组织部分政协委员视察岳阳机场选址建设情况，就岳阳机场建设的定位、规划设计及因建设工期长、要求高、任务重所带来的不利因素和困难，提出意见、建议。

【珍珠山公园建设情况视察】 2011年4月，组织部分市政协委员及市规划局、市城管局、市园林局、岳阳经济技术开发区及其相关部门负责人视察珍珠山公园，并就如何保护好、建设好珍珠山公园向市政府提交建议案。

【非物质文化遗产保护情况视察】 2011年5月，组织部分政协委员视察全市非物质文化遗产保护情况视察，从健全机构、加强宣传、合理开发、整合资源、加大投入等方面向有关部门提出意见、建议。

【创新社区管理工作调研】 2011年第二季度，市政协主席白尊贤，副主席柴小平、张振斌和副厅级干部吴钢良分别率调研组，深入岳阳楼区、云溪区、君山区、岳阳县等地，就加强和创新城市社区管理工作展开调研，在听取有关部门负责人情况介绍、与居民代表座谈的基础上，形成《创新社区管理，服务城市居民》的调查报告，在市政协六届十八次常委会议上协商后，向市委、市政府提交建议案。

【委员企业视察】 2011年第二、三季度，市政协领导组织对特聘委员企业进行专题视察，了解和掌握特聘委员企业发展中存在的问题和困难，优化经济社会发展环境。

【环洞庭湖基本农田保护工作视察】 2011年12月，组织部分省、市政协委员视察环洞庭湖基本农田建设重大工程，就环洞庭湖基本农田保护工作向市委、市政府提出意见、建议。

提案工作

【概况】 2011年1月市政协六届四次会议召开以来，政协委员、政协各参加单位和专门委员会提出提案497件，经审查立案440件。其中党派团体提案113件、委员提案327件。提案送交市委、市政府55个单位办理，截至10月，所有提案均已办复。提案所提问题已解决或基本解决的203件，占提案总数的46%；正在解决或计划准备解决的172件，占39%；因条件限制暂不能解决的49件，占11%；留作参考的16件，占4%。市委组织部、市委督查……市政府办、市监察局等17个单……评为2011年度提案办理先进单……

提案主要内容：有关经……方面的提案206件。主要……“十二五”规划的制定……“五市一极”的建设、……展方式、调整优化产……重点区域带动战略……议；有关政治、……方面的提案65件……廉、民主法制建……政策、提升政……会治安等问题……科技、教育……的提案69……育的均衡……设、文……社会建……绕就……食……关……

表4

2011年岳阳市政协重点提案

提案号	案　由	
2号	关于进一步支持临港新区发展，打造湖南长江经济带的建议	
6号	关于加快打造我市统一的公共资源交易平台的建议	农
18、19号	关于筹建我市“一馆两中心”的建议	团市委
20、21号	关于打造岳阳千亿食品产业的建议	市工商联
61号	关于加强洞庭湖区域中小型水利设施建设的建议	冈飞等
154号	关于禁止洞庭湖湿地水域承包，保护和谐生态的建议	黄晓波等
227、228号	关于打造“渔家乐”洞庭游品牌，建设现代旅游热市的建议	潘刚强等
312、313号	关于进一步加强食品安全保障体系建设的建议	致公党市委、周山
409号	关于加强我市社区建设工作的建议	致公党市委等
95、396号	关于切实解决现行低保制度存在问题的建议	民盟市委等

护生态环境、促进文明城市创建设低碳城市和促进可持续发言献策。

提案】　市政协六届二十九议确定10件提案为2011年，由市委、市政府、市导牵头督办。具体情况

被评为2011年度优民革市委《促进我个健康”发展的建建市委、许杰等连通城区内湖的陈勇金、刘志应禁放烟花爆市委《关于打交易平台的李信华、周食品安全致公市区建市委我市

生、李尧瑶、杨克辉等《关于加快我市绿化“创模”，实施森林进城、环城工程的建议》，王志龙等《关于中心城区教育均衡发展的建议》，谢作文等《关于充分运用经济责任审计、考核领导干部的建议》等16件提案，在市政协六届五次会议上予以表彰。

文史工作

【编辑出版《湘北有条新墙河》】　2011年，市政协文史学习委员会通过实地考察和收集资料，编辑出版《湘北有条新墙河》一书，向读者介绍新墙河的历史，特别是在抗日战争时期的历史地位和作用以及新墙河流域的灿烂文化，填补了新墙河史料成书的空白。

【编辑完成《芙蓉国里》（岳阳篇）】　2011年8月，《芙蓉国里——湖南历史文化巡礼》（岳阳篇）编辑工作全面完成，该书内容包括概况、名胜、名人、老字号、非物质文化遗特产等6大部分，共6万多字，照幅，全面展示岳阳悠久的历的地域文化。得到省政协、习委员会的肯定。

立】　2011年9月28成立以政协委员中的书和爱好者为主体的岳州书召开成立大会，开展庆祝中产党90华诞书画展。

【岳阳市人民政协理论研究会第二次年会】　2011年10月，岳阳市人民政协理论研究会第二次年会召开。会议表彰在2011年人民政协理论研究工作及理论征文活动中表现突出的单位和个人，并请省政协副秘书长、研究室主任吴志宪作专题辅导。

【召开“纪念抗战英烈暨岳阳沦陷73周年座谈会”】　2011年11月11日，市政协组织召开“纪念抗战英烈暨岳阳沦陷73周年座谈会”，参加座谈会的有湘北会战国民党爱国将领黄保德的儿子、美籍华人侨领黄开基，黄保德的外甥、台湾亚太通路总经理王文健，抗日英雄史恩华、史恩荣、苏善禧、肖全荣的亲属代表史新生、肖迎春、苏小鹰等，台湾老兵杨定涛和社会各界人士、史学专家等80多人。会后，与会者前往抗战纪念地岳阳县筻口镇笔架山、草鞋岭实地凭吊抗战英烈。

【赴台湾进行文史交流活动】　2011年11月23～30日，市政协副主席柴小平、张振彬率领部分政协委员赴台湾进行文史交流活动。将《刘傲评传》和《湘北有条新墙河》两本书赠送给台北大学等知名学府；与台湾湖南商会会长熊子杰交流；联络文化人士唐一宁，收集到珍贵史料《长沙会战纪实》。

（本栏撰稿　李　伟）

责任编校　肖　卫

民主党派·工商联

RTY ASSOCIATION OF INDUSTRY AND COMMERCE

承办纪念辛亥革命100周年系列活动

岳阳民盟被评为"建小康全国先进集体"

民建中央常务副主席马培华到岳阳检查指导工作

致公党市委在湖南理工学院设立"岳阳致公助学金"

社员李海平成功培育棉花雄性不育系6001A

中国国民党革命委员会岳阳市委

【概况】 2011年，中国国民党革命委员会岳阳市委员会（简称民革市委）积极履行参政党职能，不断加强自身建设，服务科学发展与和谐社会建设，各项工作取得新的进展。

一、开展调查研究、积极建言献策，助推“五市一极”建设。一是开展政治协商。民革市委主要领导列席中共岳阳市委常委扩大会议，出席市委、市政府、市政协召开的协商会、情况通报会、座谈会等10余次，就加快推进“四化两型”、建设“五市一极”、中共岳阳市第六次代表大会与市政府工作报告征求意见稿的修改等，提出建设性的意见和建议。其中，“推进3+1（岳阳楼区、云溪区、君山区、岳阳县）城区经济一体化”、“把岳阳建设成‘湖城’”、“推进田园型新型城镇化建设”、“实施沿湖、联湖、环湖、跨湖发展战略”、“实施主体功能区发展战略”等建议得到市委、市政府主要领导的重视，向市委政研室提供书面资料，以供参考。二是参政议政。市“两会”期间，民革党员中的市级人大代表、政协委员提交提案、议案48件，其中民革市委集体提案22件，市人大代表、市政协委员个人议案、提案26件。大多数建议得到重视和采纳实施。民革市委集体提案《建立新型投融资平台，助推临港新区跨越发展》引起市委、市政府高度重视，市委副书记荣华要求临港新区认真研究。集体提案《关于改革我市城市建设投资体制的建议》得到市建设投资公司认可，许多建议被采纳。提案《关于尽快更改和完善琵琶桥交通标志的建议》被市交警支队采纳，并制订《琵琶桥整体交通标志的整改和方案》，实施整体整改。建设岳阳汽贸城实行汽建议》、《关于促进“两个健康”发展的加大岳阳图书馆建等有关民生问题的集体提案，提出的利民措施均被有关部门采纳。三是开展专题调研。民革市委在3月、7月和9月3次召开会议，确定2个调研课题。调研小组走访市直、县区有关部门，并赴外地学习考察。完成《建设生态宜居岳阳的建议》和《关于发展岳阳文化创意产业的建议》的调研报告。其中调研报告《建设生态田园岳阳的建议》得到市委、市政府主要领导的高度评价，并要求规划、环保、建设、城管等部门参考执行。四是开展民主监督。正、副主委参加市人大常委会组织的对全市国土、城建、房产、城管、劳动和社会保障情况的专题视察和市政协组织的“民主监督工作月”活动。特约监督员裴军华、许小波分别参加由市纪委、市公安局组织的民主监督活动。在中共岳阳市第六次代表大会期间，民革党员寓监督于建议中，提出建设性的意见和建议。职院支部提出的《让农村娃的上学路不再成为家长的“担心之旅”》被《岳阳日报》头版刊登，龙小祖关于设立地质灾害监测预警预报系统的建议，得到有关部门高度重视。

二、加强理论学习、健全组织机构，提高科学谋事干事能力。一是开展系列学习活动。探索建立长效学习机制，努力建设高素质的参政党，提高参政议政水平。开展“推荐一本书、导读一本书、领悟一本书”的“三个一”读书活动。鼓励专干参加各类学习培训。换届完后，组织新旧两届委员开展为期5天的“观故居、走多党合作之路”传统教育活动。6月初，民革市委会班子成员参加在上海复旦大学为期一周的“同心同行”学习活动。9月，专职副主委陈立新赴中央社会主义学院参加为期10天的专题学习班。组织机关干部及部分党员参加中共十七届六中全会精神讲座和经济形势报告会等。邀请全国政协委员、省政协副主席、民革省委主委刘晓传达全国“两会”精神。结合省、市的读书月活动，参与民革省委、市直有关部门组织的征文、书画及其他文体活动，建设“书香民革”。陈海源出著《陈海源金石书法艺术》一书。陈立新撰写的《世纪辛亥》在全国政协辛亥革命网发表……形……的（……尖聚……辛亥革……二是加……日，民革……开，选举产……班子。在全……和全市民主党……作，同时指导1……届任务。发展新……中级职称7人，公……上干部5人。换届后……委会进行调整。增加……作委员会，突出民革……制工作者的特色。参政……员会承担民革市委的调研……次组织部分委员外出考察……织专题课题研讨会。祖统工……会接待海外侨胞、台湾同胞1……次。民革市委被民革中央评为……践行社会主义核心价值体系先进……织，被民革省委评为机关建设先进集体。陈立新被民革中央评为全国参政议政先进个人和全国先进机关工作者。邵立平被民革省委评为机关工作先进个人。6月，李红霞参加市委统战部举办的先进个人事迹报告会，并代表民革党员参加省委统战部主办的“身边的感动”先进个人事迹报告会。

三、抓好祖统联谊、服务社会工作，构建和谐社会。一是开展好对台工作。9月7日，与市委统战部、市招商局、市台办在阿波罗大酒店举办岳台经贸洽谈会，台湾前新党主席谢启大、中华妇女党主席涂明慧、台湾湖南商会会长熊子杰等100多位台湾地区政商界知名人士出席。岳阳楼区支部党员欧阳拥军赴台考察，与当地律协组织友好沟通、交流。二是主动做好社会服务工作。在太子庙与万家坡社区开展法律进社区活动，律师定期进社区接待群众来访。开展送岗位进社区活动和和现场法律咨询活动。5月，中共中央统战部研究室副巡视员艾多率调研组到岳阳时，专程到民革市委联系的万家坡社区调研。4月13日和7月6日，省委统战部副部长谭平和省委常委、省委统战部部长李薇薇分别赴万家坡社区视察党派联

调研社会管理创新，认
市委开展的“送法律进
动为“法治湖南”的建设
了有益的尝试。7月，《湖
线》对此作专题报道。岳
党员立足岗位，争作贡献。
授予2010～2011年度湖南省
科技特派员称号，并记二等
直属支部党员郑玲创作的《大
疆》获得2011年岳阳市春晚原
品一等奖、岳阳市道德模范颁
活动一等奖。李大任被聘为市律
协会名誉会长，欧阳拥军当选为该
会副会长。岳阳楼区支部党员、湖
南奇峰医药公司总经理刘辉向红十字会捐赠近30万元的药品。君山区支部党员李红多年坚持捐资助学，岳阳楼区支部党员尹岳新爱心助学赞助平江县冬塔乡2位学生等。

【承办纪念辛亥革命100周年系列活动】 2011年，市委、市政府决定在全市开展纪念辛亥革命100周年“五个一”系列活动。活动由市委统战部、民革市委负责承办。一是开展征文活动。征文活动以缅怀革命先驱丰功伟绩、弘扬辛亥革命伟大精神为主题，从7月开始，向全市相关单位及人士征文，收到征文200多篇，通过组织专家评审，评出不同奖别文章60篇，并编辑成文集《岳阳与辛亥革命》，由团结出版社出版发行，是第一本全面收集岳阳与辛亥革命的史料书籍。二是推出图片展览。自9月7日始，纪念辛亥革命100周年图片展在阿波罗大酒店、市文化艺术会展中心、岳阳楼新景区、南湖广场、市委、市人大常委会、市政府、市政协机关大院先后展出。展出图片、书画和史料300多幅，接纳上万名台湾同胞、社会各界人士参观，受到广泛好评。三是协办经贸洽谈会。9月7日，协助市招商局、市台办在阿波罗御庭大酒店举办岳台经贸洽谈会，邀请100余位台商参会，引进由台湾地区企业和客商投资的阿迪达斯鞋业、联昌盛电子等项目17个，涉及电子光伏、鞋帽服饰、汽车零配件、农业产业化、商业地产等行业，总投资29.8亿元。四是召开纪念大会。9月29日，召开全市纪念辛亥革命100周年大会。省政协副主席、民革省委主委刘晓出席大会并讲话。市四大家领导、市直各单位负责人、社会各界代表人士约1000人参加大会。市委副书记盛荣华代表市委讲话，辛亥革命先辈后裔代表李六如的嫡孙李和杰发言。五是举办文艺演出。9月29日，举行纪念辛亥革命100周年专题文艺演出，文艺演出的所有节目都由岳阳本土艺术家原创，既具历史价值又富有地方特色，实现了历史性、地域性、思想性、艺术性、观赏性的有机统一。

（本栏撰稿 李元平）

中国民主同盟岳阳市委

【概况】 2011年，中国民主同盟岳阳市委员会（简称民盟市委）参政议政、社会服务、自身建设等各项工作强力推进，取得新的成绩，被中央统战部、人力资源和社会保障部等11个部门联合评定为“十一五期间为全面建设小康社会作贡献先进集体”。

一、同心同行，爱党爱盟，政治学习教育有新内容。一是以庆祝中国共产党成立90周年为契机，加强同心同行教育。在全市“颂歌献给党”合唱大赛中，选派14位盟员参加市委统战部的合唱队。选派2名盟员参加全省统一战线“同心颂党旗”歌咏比赛。组织盟员参加全市纪念中国共产党成立90周年征文和市政协多党合作和政协理论征文，民盟市委专职副主委傅小松、盟员袁小文的文章获奖。11月，先后召开学习中共十七届六中全会精神座谈会和学习中共湖南省第十次党代会精神座谈会，邀请市委党校专家辅导。二是以纪念民盟成立70周年为契机，加强盟史、盟章教育。7月8日，召开纪念中国民主同盟成立70周年座谈会，民盟省委专职副主委汤浊，市委常委、统战部长李劲夫等领导出席。盟员积极发言，深入探讨盟史、盟章，宣扬民盟精神，受到好评。周森龙的《试论民盟传统》一文在《湖南民盟》上刊发。组织部分盟员赴民盟发源地重庆参观学习。设立民盟文化宣传墙，在岳阳民盟网站上推出“盟史大观”专栏，开展盟史、盟章教育。为老主委张佑琦举办90寿庆活动，以老盟员的先进事迹加强对青年盟员的教育。三是以纪念辛亥革命100周年为契机，加强爱国主义教育。民盟市委主要负责人出席全市纪念辛亥革命100周年大会。傅小松担任《岳阳与辛亥革命》一书副主编，收集编辑纪念辛亥革命文章100多篇。10多名盟员在“辛亥百年”文艺汇演中发挥骨干作用。组织盟员参加全市纪念辛亥革命征文活动，3名盟员的文章获奖。

二、突出重点，整合资源，参政议政工作有新成绩。一是议政协商。民盟市委主要负责人多次参加市委常委扩大会议以及市委、市政府和有关部门举行的协商会、座谈会，参与重大问题协商。在全市迎接党代会献计献策活动中，盟员提建议、意见20多条。其中《关于打造现代航运物流旺市的思考与建议》、《呼吁整合石化气体资源，实现央地企业双赢》、《要进一步办好社区图书室》、《加快建设龙山，打造休闲胜地》等建议被市委、市政府评为优秀建议。二是调查研究。组织开展“发展岳阳黄茶产业”、“加强社区教育”和“做好乡村建设规划”3项专题调研。11月，召开参政议政工作会议，对调研报告进行协商讨论。其中关于黄茶产业的调研报告被采用为市政协六届五次大会发言材料。参与盟中央组织的“社会保障制度建设和完善”、“民主党派开展社会服务工作”调研和盟省委开展的“盟员参政议政情况”调研。初步完成盟省委下达的课题《湖南临港产业新区发展研究》调研。三是建言献策。运用大会发言、提案建议、社情民意、理论探讨等形式建言献策。在政协岳阳市六届四次会议上，民盟市委作《引导低碳生活，推进文明城市创建》的大会发言。全年提交集体提案22份，个人提案39份。内容涉及广泛，得到市委、市政府的高度重视和有关部门的认真办理。被省、市有关部门采用社情民意信息100多条，信息工作在全省各市州民盟排名第二位。其中《应高度重视现行低保制度存在的问题》、《搞好新农村建设首先应科学合理做好村庄规划》2条信息被盟中央采用。

民盟岳阳市委召开荣获全国先进集体庆祝会暨2011年年会（黎雄兵 摄）

三、强调奉献，创新思路，社会服务工作有新贡献。一是帮扶农村。9月15日，民盟市委主要负责人到华容县蔡田村、松树岭村看望基层老盟员，了解老盟员生活状况。继续重点帮扶省级民主党派社会服务基地平江县瓮江镇盘石洲村，再次解决土地整理项目资金30多万元。盟员龙一明继续在瓮江镇挂职。协助引进教育援建等项目资金上100万元。二是赈济灾区。“6·10”特大山洪泥石流灾害发生后，民盟市委主要负责人迅速到平江县大坪乡、岳阳县云山乡等重灾区了解灾情。民盟市委发动盟员捐款救灾，现场捐款4万元，将捐款送至灾民手中。民盟市委组织部部长余曙初赴重灾区平江县虹桥镇组织灾后重建，兴建安置点，安置住房全倒户82户。三是服务社区。开展“党派联社区，共建促和谐”活动。下属各支部和10多个社区定点联系，进行挂牌服务，实行“三送一收”的服务模式（送政策、送服务、送温暖和收集社情民意）。得到省委统战部、民盟省委的肯定。7月6日，组织岳阳经济技术开发区支部、医疗卫生支部、湖南理工学院支部、岳阳楼区支部在枫树新村社区联合开展“送医、送药、送健康”、“法律进社区”、“教育咨询”等活动，受到社区居民欢迎，得到前来视察的省、市领导肯定。君山区支部与钱粮湖镇司法所签订《民盟法律服务进社区协议书》，先后为该镇提供法律宣传资料400多份，法律咨询160人次，法律援助15人次。11月初，民盟中央副主席李重庵到湖南调研社会服务工作，对岳阳民盟予以较高评价。

四、凝聚人心，激发活力，自身建设有新气象。一是开展学习活动。建立班子成员学习常态机制，每次市委会都举行专题学习讲座。5月下旬至6月初，民盟市委主要负责人率领6名盟员赴上海复旦大学，参加岳阳市统一战线“同心同行”教育暨服务“五市一极”专题研究班培训学习。还推荐4名盟员到市委党校学习。开办岳阳民盟网站，刊登盟员各类文章200多篇。二是创建“示范支部”。在开展“活力支部”创建活动的基础上，倡导创建“示范支部”。各支部互比互学，争先创先。有2 个支部被评为“示范支部”。三是推进“人才战略”。发展新盟员21人，新盟员呈现出年轻化、知识化和精英化等特点，平均年龄35.8岁。民盟市委主委万岳斌努力推进垃圾场建设，被市委、市政府记三等功。陈启文的作品获得“中国出版政府奖”、“第四届毛泽东文学奖”。刘佳琪的市裕达置业有限公司被评为2011年度为岳阳经济发展作贡献先进单位。委员于向真被市委、市政府授予“岳阳市第五批优秀专家”称号。傅小松、蒋卫和被定为第三批学术和技术带头人培养对象。欧阳建平的教育论文被民盟中央“2011年民盟高等教育研讨会”评为优秀论文。罗国利为岳阳经济技术开发区企业申请国开行打包贷款1.45亿元。刘宏发挥商会优势，引进君岛酒业等2个项目，到位资金4600万元。傅小松、李望生、郑冷横、何其坚、王炳炎、吴三元、宫平等获得“岳阳市第二届文学艺术奖”。阳芳被评为君山区“十大杰出青年”。湖南理工学院支部盟员公开发表学术论文40篇，出版专著2部，获得省部级奖11项，承担1项国家级课题、10项省级课题、5项横向课题，获得科研经费近200万元。王炳炎获得湖南理工学院第六届“师德十佳”称号。一批优秀盟员走上各级领导岗位。

【岳阳民盟被评为“建小康全国先进集体”】 2011年11月30日，全国各民主党派、工商联和无党派人士为全面建设小康社会作贡献表彰大会在首都北京召开。在会上，民盟岳阳市委被统战部、人力资源和社会保障部、各民主党派中央、全国工商联联合授予“十一五期间为全面建设小康社会作贡献全国先进集体”称号，全国仅有50个单位获此殊荣。市政协副主席、民盟市委主委万岳斌出席大会领奖，受到贾庆林、蒋树声等党和国家领导人的亲切接见。

【民盟岳阳市第七次代表大会召开】 2011年4月15日，召开民盟岳阳市第七次代表大会，全市教育、文化艺术、经济、科技等界别的近130名盟员出席大会。大会听取和审议民盟岳阳市第六届委员会工作报告，选举产生民盟市委第七届委员会，通过大会决议。省政协副主席、民盟省委主委杨维刚，专职副主委汤浊，市领导盛荣华、白尊贤、严华、李劲夫、包忠清、柴小平、万岳斌、李为，老领导张佑琦、丁松等出席。大会选举万岳斌为民盟市委主委，傅小松、李石夫为副主委，任命何晓斌为秘书长。

【民盟中央常务副主席张宝文一行视察岳阳民盟机关】 2011年5月4日，全国政协常委、副秘书长、民盟中央常务副主席张宝文，全国人大常委、民盟中央副主席李重庵，全国人大代表、民盟中央副主席陈晓光、省委统战部副部长彭军良、浙江大学公共管理学院教授何文炯、民盟四川省委副主委张力、清华大学就业与社会保障研究中心主任杨燕绥、西北大学公共管理学院院长席恒、民盟湖南省委经济委员会主任戴晓凤、民盟中央参政议政部巡视员张冠生、民盟省委参政议政处副处长邓彬彬等一行在市委常委、统战部长李劲夫、市政协副主席、民盟市委主委万岳斌的陪同下，到岳阳市民盟机关视察。看望民盟市委机关工作人员和全体民盟市委委员，并进行座谈。

（本栏撰稿　李　湘）

中国民主建国会岳阳市委

【概况】　2011年，中国民主建国会岳阳市委员会（简称民建市委）加强自身建设，紧扣改革发展大局，履行参政党职能，开展好社会服务，为全市经济和社会发展作出贡献。

一、以换届为契机，加强思想和组织建设。4月11日，召开民建岳阳市第四次代表大会，选举产生新一届领导班子。新一届民建市委大力推进思想建设和组织建设。一是抓好教育培训，树立和践行社会主义核心价值体系，打造统一战线“同心品牌”。5月，民建市委正、副主委和机关干部在复旦大学参加岳阳市统一战线“同心同行”教育暨服务“五市一极”专题研究班的学习。8月上旬，举办学习贯彻胡锦涛总书记“七一”讲话精神暨岳阳民建青年骨干会员培训班，邀请民建省委原副主委、省政府参事室原副主任程不吾，市委常委、统战部部长李劲夫等为会员授课，青年骨干会员和新会员60人参加培训学习。组织10多名会员到中央、省、市社会主义学院学习培训。二是加强组织建设，不断壮大会员队伍，优化组织结构。在组织发展工作中，确立“德才兼备，以德为先，为会添彩”的发展标准，吸收19人入会。至年底，全市有会员185人，平均年龄45岁。整合原有内设专门委员会，新成立参政议政委员会、基层组织建设委员会、经济与法律委员会、理论研究委员会、妇女与老龄工作委员会、青年工作委员会、民营企业家委员会。设置基层支部13个、专门委员会7个。三是探索自身建设的制度化、程序化，修改完善入会仪式和会员培训制度。

二、以岳阳民建成立20周年庆祝活动为载体，开展一系列有影响、有特色的会务活动。4月下旬，召开庆祝岳阳民建20周年动员大会。活动内容包括编印一本纪念文册，开展一次“忆过去、看发展，搭台阶、助成长”组织活动，举办一场专题报告会，召开一场庆祝大会等。10月，在岳阳楼区郭镇敬老院主办“情满重阳节，爱在夕阳红”爱心捐助活动，为民建老年会员和敬老院的老人义务体检，送去生活用品、药品和文艺节目。11月，民建市委与市委统战部联合召开“搭台阶、助成长”座谈会，助推青年会员成长。12月中旬，举办经济形势专题报告会，邀请民建省委副主委、湘潭大学副校长、教授刘长庚作“欧债危机、加快经济发展方式转变与地区经济发展”的主题报告，全体会员及各界人士200余人到会。

三、以忠诚履职为要求，做好参政议政和社会服务工作。一是创新工作思路，反映社情民意。召开2次主委会研究社情民意信息工作，与13个支部签订“反映社情民意工作”责任书，修改完善量化考核措施，并召开专题会议进行部署、检查和总结。近40条社情民意信息被民建中央、民建省委和省政协采用。在民建省委年度工作评比中，被评为社情民意信息工作先进集体，3名会员被评为优秀个人。民建中央常务副主席马培华年初在岳阳检查指导工作时，对岳阳市的社情民意信息工作给予充分肯定。在全市统战工作会议上，民建市委获得统战工作先进单位、统战信息工作先进单位称号。二是在调查研究的基础上建言献策。围绕日益严重的城市养老问题，组成专题调研课题组开展5个月时间的调研，10月提交调研报告《关心老人身心健康，促进家庭社会和谐》，被确定为政协岳阳市六届五次全会大会发言材料。在政协岳阳市六届四次全会上，提交《关于加强图书馆工作的建议》等37件提案，其中团体提案16件，《关于推进基层派出所干警向辖区居民述职述廉试点工作的建议》获得市政协优秀提案奖。在政协湖南省十届三次会议上提交《关于加强校车安全管理的建议》等5件提案。组织会员为9月召开的中共岳阳市第六次代表大会建言献策，一批建议得到采纳和回复，并在岳阳电视台、《岳阳日报》等媒体宣传。三是在组织活动中做好会内外服务工作。参加统战系统庆祝中国共产党建党90周年活动，组织会员参加统战系统合唱队。参与新农村建设，全年在平江县瓮江镇盘石洲村开展现场活动6次。注重对会

民建岳阳市委举办青年骨干会员培训班　（严　柯　供稿）

员企业的帮扶工作，提供义务法律咨询、人才对接等服务。6月，会员企业湖南天欣集团承办中部地区两型陶瓷文化节暨中国陶瓷协会颁奖典礼，民建市委对承办工作进行指导，安排机关干部和相关会员上门作筹备工作，民建省委领导龙国键、朱皖等出席活动。6月，专职副主委梁志军被民建中央评为民建全国社会服务工作先进个人。

【民建中央常务副主席马培华到岳阳检查指导工作】　2011年1月12日，民建中央常务副主席、中华全国总工会副主席马培华带领中华全国总工会慰问团到岳阳检查指导工作，进行慰问。马培华与民建市委班子、基层组织负责人和骨干会员代表座谈，听取民建市委主委周传博的工作汇报，听取4名会员分别就参政议政、社会服务、基层组织工作和专委会工作所作的汇报。通报民建全国整体工作情况，征求大家对民建中央的意见和建议。并充分肯定民建岳阳市委的工作，对岳阳民建工作提出具体要求。

【民建岳阳市第四次代表大会】　2011年4月11日，中国民主建国会岳阳市第四次代表大会在市民主党派大会堂召开，选举产生民建岳阳市委新一届领导班子。民建省委主委赖明勇、专职副主委黄周秀、副主委兼秘书长朱皖，市领导黄兰香、李湘岳、严华、李劲夫、戴新果、周传博、秦吉兵、袁建华等出席。周传博代表民建岳阳市第三届委员会作题为《忠诚履行职能，给力科学发展，为建设新时期高素质参政党而努力奋斗》的工作报告。赖明勇、黄兰香、李劲夫在会上作重要讲话。会议选举方争奇为民建市委主委，梁志军、王五星、李永波为副主委，任命许冰为秘书长。

【召开庆祝民建岳阳地方组织成立20周年大会】　2011年12月12日，庆祝中国民主建国会在岳阳成立地方组织20周年大会在市民主党派大会堂召开。省政协原副主席、民建省委原主委阳忠恕，省政协原副主席、民建省委原主委龙国键，民建省委主委赖明勇，市领导黄兰香、盛荣华、白尊贤、严华、余炳锐、周传博和老领导余世华等出席。市委副书记、市长黄兰香代表市委、市政府对大会的召开表示祝贺，向全体民建会员致以亲切的问候。民建省委主委赖明勇充分肯定岳阳民建组织成立以来所取得的成绩，要求民建岳阳市委再接再励，履行参政党职能，为促进岳阳经济社会又好又快发展作出新业绩。市人大常委会副主任、致公党市委主委余炳锐代表各民主党派市委和市工商联致贺词，民建市委主委方争奇作工作报告。　（本栏撰稿　郝　纯）

中国民主促进会岳阳市委

【概况】　2011年，中国民主促进会岳阳市委员会（简称民进市委）不断加强自身建设，履行参政议政、民主监督、社会服务等职能，在服务科学发展、构建和谐社会等方面作出贡献。

一、自身建设不断加强。一是组织建设方面。4月26日召开民进岳阳市第六次代表大会，选举产生民进岳阳市第七届委员会。重点部署信息采集工作，完成全市会员的信息整理和录入。批准成立民进岳阳楼区小学支部和民进岳阳经济技术开发区小组，并召开成立大会。二是思想建设方面。建设学习型参政党，营造乐学好学氛围。新一届市委班子成员参加全市统一战线“同心同行”教育暨服务“五市一级”专题研究班学习。围绕树立和践行社会主义核心价值体系主题，组织骨干会员参加“身边的感动”先进事迹报告会、民进省委组织的“同心同德创未来”征文活动和全市庆祝中国共产党建党90周年、纪念辛亥革命100周年系列活动。11月，组织中共中央十七届六中全会精神专题学习活动。三是制度建设方面。根据《民进湖南省委2011年工作要点》安排，开展会市委制度和议事规则建立健全及执行情况自查。全市会员立足本职，力争双岗建功，有10人次获得国家级奖励、30人次获得省级奖励、200人次获得市级、区级奖励。隋国庆编著的《从本草到生物导弹——人类医药的创新》和《从步行到飞天——人类交通的创新》被评为2011年全省科普优秀作品。李国武被评为全国“十一五”期间各民主党派、工商联、无党派人士为全面建设小康社会作贡献先进个人。

二、提案建议受到重视。在市政协六届四次全会上，民进市委关于“加强城市管理，打造宜居城市”的建议得到市委书记易炼红的肯定和采纳。11月成立全市中心城区禁炮领导小组，组织开展专项整治行动，取得显著成效。关于《加快小城镇建设，推进城乡统筹发展》的书面发言得到规划、建设等

民进岳阳市第六次代表大会会场　（严　柯　供稿）

部门的重视。“关于在朝阳小学门口建地下通道的建议”被采纳。全会52件提案回复率达到100%。张世愚、谢桃桂、王秀云、王慧等会员被评为优秀政协委员。李国武、汤雪军、朱彩虹等5位代表、委员被岳阳媒体专版宣传报道。为迎接中共岳阳市第六次代表大会和中共湖南省第十次代表大会的召开，民进市委组织会员参加向党代会建言献策活动，撰写建议20多条。在市委听取各民主党派对党代会报告意见座谈会上，专职副主委李尧瑶提出的“加强城市综合管理和培养市民文明素养”建议得到肯定。会员唐华元、李宣钊、朱甸甸撰写的《打造“三湘抗战”文化品牌，凝聚构建“四个湖南”的精神力量》建议，得到省委的重视，被收入建议言录。

三、专题调研紧扣热点。围绕市中心城区水资源保护与开发利用课题，民进市委完成《关于我市主城区水资源保护与开发利用的调研报告》和《关于推进我市中心城区四湖连通的建议》2份调研成果，市委书记易炼红批示“调研问题重要，所提观点值得重视”。配合统战部、民进湖南省委和市委统战部开展“创新社会管理”、“资源环境承载力”和“基层计生工作暗访”等调研。紧扣群众关心的热点、难点，反映社情民意。全年向民进中央网、楚帆、三湘统战网上报宣传信息96条。社情民意反映被省委统战部采用48条，市委统战部采用127条。民进市委被评为2011年度全市统战信息工作先进单位。

四、社会服务贴近民生。一是解贫救困。“6·10”特大山洪泥石流灾害发生后，组织民进会员和会内企业向灾区捐赠款物达20余万元。二是送教下乡。组织基层支部到平江县安定学区白茅小学和岳阳楼区郭镇小学开展送教下乡活动。三是参加“三湘读书月”活动。主委隋国庆将其编著的科普书籍150多册捐赠给新农村建设点。民进市委机关二支部拿出2000元购买书籍，供支部成员阅读交流。民进市委机关三支部积极联系市图书馆，帮助平江县瓮江镇建成爱心图书屋。向学校、监狱、社区捐赠图书1000余册。四是党派联社区，共建促和谐。结合“五创”提质工作，组织岳阳楼区教育局机关支部和医卫支部联合在岳阳楼区五里牌街道办事处开展宣讲活动，邀请讲师为100多名社区居民送上“修身与修心”讲座。五是发挥优势招商引资。会员企业岳阳新胜纸业公司与香港安心纸业集团合作，引进资金300万元。会员李国武所办企业湖南十三村食品有限公司与百胜餐饮集团湖南市场开发部签约，引进“肯德基”餐厅落户临湘，引进资金400万元。

【民进岳阳市第六次代表大会】 2011年4月26日，中国民主促进会岳阳市第六次代表大会召开，全市90多位民进会员代表参加会议。省人大常委会副主任、民进省委主委谢勇，省政协常委、民进省委专职副主委汤泽培，民进省委组织处处长许毓光等出席。全省各地市州的负责人到会祝贺或发来贺信。大会听取并审议通过隋国庆代表第六届市委会所作的工作报告，选举产生民进岳阳市第七届委员会，选举隋国庆为新一届民进市委主委，李尧瑶、张世愚、袁公平、丁卫平为副主委。

【民进岳阳楼小学支部正式成立】 2011年11月18日，召开民进岳阳楼小学支部成立会议。市委统战部、民进市委、岳阳楼区委、岳阳楼区教育局、岳阳楼街道办事处主要领导及民进岳阳楼区小学支部代表参加会议。会上宣读《民进岳阳市委关于成立民进岳阳楼区小学支部委员会的批复》，任命阳育新为支部主任，赵梅为副主任，王勇为支部委员。市委统战部副部长李建群，岳阳楼区区委常委、统战部部长钟辉和民进市委主委隋国庆到会并讲话。（本栏撰稿 李 情）

中国农工民主党岳阳市委

【概况】 2011年，中国农工民主党岳阳市委员会（简称农工党市委）率领全市农工党员，围绕发展主线，紧扣和谐主题，努力提高自身素质，认真履行参政党职能，为民本岳阳的和谐崛起和全面建设小康社会作出积极贡献。

一、加强政治学习，提高政治理论素养。围绕学习重要会议精神、重大方针政策，开展各种形式的宣传教育活动，加强对党员思想政治教育，进一步提高党员的政治素质和思想水平。一是加大教育培训力度。以创建学习型组织为载体，通过报告会、研讨会、座谈会等形式，组织党员学习贯彻中共十七届六中全会精神、胡锦涛总书记在中国共产党建党90周年的讲话精神以及省、市党代会精神。10月，举办支部主任培训班。11月举办新党员培训班，开展“与党同心，与‘十二五’同行”系列活动，加强同心同行教育。二是参与市委主办的庆祝建党90周年及纪念辛亥革命100周年系列活动。发动各基层支部和骨干党员参与征文和歌咏比赛。周波和赵军撰写的理论文章《弘扬辛亥精神，践行“同心”思想》在纪念辛亥革命100周年征文中获二等奖。

二、围绕全市转型升级、“五市一极”建设，提升参政议政水平。农工党市委以与党同心为指针，以与‘十二五’同行为主题，以民主政治建设为方向，以服务社会、服务群众为主旨，开展参政议政工作，突出特色、讲求实效，参政议政工作迈上新台阶。一是以“两会”、党代会为平台参政议政。“两会”期间，农工党市委发挥人大代表、政协委员的骨干作用，向市人大、市政协提交提案、建议82件，其中向农工党省委报送建议案3件，《关于解决农村校车安全问题的建议》被采用为全国“两会”建议。向市人大提交建议25件，向市政协提交提案39件，其中集体提案15件，个人提案24件。《关于加快打造我市统一的公共资源交易平台，维护公共资源交易秩序的建议》和《关于提高“低保”政策社会公信度的建议》被定为重点提案。在中共岳阳市第六次代表大会召开期间，组织农工党员参与“迎接党代会·奏响民本岳阳和谐崛起最强音”献计献策活动，提建议45条，其中3条被评为优秀建议，李穆被评为献计献策优秀个人。二是专题调研出成果。完成“倡导健康生活方式，提高全民身体素质”

和“根治城区违法建设重在标本兼治”的调研任务，撰写出高质量的调研报告，报送市委、市政府主要领导参阅。调研报告《根治城区违法建设重在标本兼治》被定为市政协的大会发言材料，为市委、市政府科学决策提供重要参考。三是社情民意信息工作再上新台阶。上报社情民意信息210条，内容涉及到旅游、文物保护、医卫教育、交通安全、权益保护、行政执法等多个领域，被省委统战部、省政协、农工党省委采用102条。在农工党省委社情民意信息工作年度积分考核中排名第二。在全市各民主党派统战信息工作年度考核中排名第二，被评为市统战信息工作先进单位。四是加强社会宣传工作。全年《岳阳农工》办刊2期。加强与省、市各媒体的联系，提高组稿、投稿的质量和数量，宣传农工党市委和各基层组织开展的重大活动，宣传优秀骨干党员的先进事迹，加大参政议政、社会服务、思想建设、组织建设等工作成果的宣传报道。在《岳阳日报》、岳阳电视台、农工网站等各类媒体登载稿件、信息80篇次。

三、紧扣换届工作，加大组织建设力度，提高科学谋事、干事能力。农工党市委围绕换届工作，加大组织建设力度。一是换届工作平稳顺利。4月18日，召开农工党岳阳市第六次代表大会，选举产生新一届领导班子。换届后，领导班子建设得到加强，在年龄结构、知识结构、代表性等方面都有较大的改善。新进副主委1人、委员7人，占总数的50%，均为大专以上文化程度。委员中45岁以下的7人，占总数的50%，女性委员4人，占总数的28.6%。二是基层支部换届，激发活力。10月，完成基层组织换届工作。新一届基层组织支委53人，比上届增加8人，新进支委28人，占52.8%。有高级职称的22人，占41.5%。支委中担任中层干部的31人，占58.4%。平均年龄不到35岁。一批政治素质高，专业技术职称高，有较大代表性和影响力的党员成为支部领导核心。三是组织发展健康有序。全年发展党员15人，其中大专以上学历的占100%，中高级职称的占73%，平均年龄34.7岁。主要分布在卫生、学校、党派机关、事业单位。11月，君山支部成立。至年底，有支部15个、党员293人。四是基层组织工作创新务实。细化基层组织目标管理考核制度，调动各基层支部开展党务工作和党员参与组织活动的积极性。进一步完善工作制度，规范工作程序。继续拓展各支部学习、联谊活动模式，扩大党员间的沟通与联系，增强组织凝聚力。农工党市委在“三八”节组织全体女党员开展联谊活动。在重阳节组织60岁以上的58位老党员到长沙橘子洲开展集参观、调研、联谊一体的活动。市一医院、二医院支委分别在华容县、岳阳楼区枫树新村社区开展2次义诊活动。岳阳楼区支部组织党员开展学党章、党史教育系列活动等。各个支部的活动均各具特色，丰富多彩。五是领导班子和后备干部队伍建设进一步加强。新领导班子按照“宽松、和谐、团结、务实”的八字要求，坚持民主集中制和领导分工负责制，团结协调，乐于奉献。努力提高市委委员及支部骨干的政治把握能力、组织领导能力和参政议政能力。5月，农工党市委4名班子成员参加市委统战部在复旦大学主办的党外干部培训班。9月，司马、林辉参加省社会主义学院培训班学习。10月，农工党市委举办基层组织负责人培训班。11月，组织4名骨干党员参加市委党校主办的培训班。新增市政协常委2名。

四、加大社会服务力度，构建社会主义和谐社会。一是开展“党派联社区，共建促和谐”活动。10月18日，市二医院支部组织10多位专家医生党员在岳阳楼区枫树社区开展义诊活动，接诊病人100多位，发放宣传资料300多份。12月，法律工作委员会在岳阳楼区佘家垅等社区成立法律服务站，常年为社区群众开展法律咨询服务。二是心系困难群众，开展扶贫帮困活动。11月，云溪支部、机关支部及二医院支部联合在云溪区开展义诊扶贫帮困活动，为该区的光荣院小学带去价值3000余元的粮、油等生活用品，并进行义诊。三是参与新农村建设工作。第二十三届“国际科学与和平周”期间，农工党市委在平江县瓮江镇盘石洲村开展宣传、义诊、法律咨询系列活动。为村民体检、看病695人次，及时发现20多名村民的健康隐患。开出处方200多张，派发医疗保健资料800多份，捐助价值近万元的药品。提供法律咨询服务10多次。与农工党省委联系，争取清洁新能源工程，为盘石洲部分农户免费安装太阳能热水器。主委李为被农工党中央评为“中国环境与健康宣传周先进个人”。

【农工党岳阳市第六次代表大会】 2011年4月18日，中国农工民主党岳阳市第六次代表大会召开。省人大常委、农工党省委专职副主委陈松岭，市委副书记盛荣华，市政协主席白尊贤，市委常委、市委统战部部长李劲夫，湖南理工学院正院级督导员、原市委常委、常务副市长郭振斌，市人大常委会副主任、致公党市委主委余炳锐，市政协副主席、农工党市委主委李为，老领导左家铮、刘应凯等出席大会。陈松岭、盛荣华、李劲夫在会上作重要讲话。大会选举产生农工党岳阳市委新一届领导班子。选举李为为本届农工党市委主委，周波、司马雄翼、林辉为副主委，左家铮为名誉主委。

【农工党省委监督工作会议在岳阳举行】 2011年9月25～26日，农工党湖南省委监督工作委员会会议在岳阳市举行。省政协副主席、农工党省委主委龚建明，农工党省委专职副主委陈松岭，市委常委、组织部部长、统战部部长严华，市政协副主席、农工党市委主委李为，农工党长沙市委主委龚振湘，农工党益阳市委主委夏宏宇，省委组织处处长李湘祁及各地州市委专职副主委、秘书长等出席。龚振湘主持会议。会议期间，市领导易炼红、白尊贤、严华、康代四与龚建明、陈松岭等就岳阳市民主党派的监督工作进行交流和探讨。

【农工党市委成立法律工作委员会】 2011年9月16日，农工党市委召开法律工作委员会成立大会。

大会选举市委委员李向阳为法律工作委员会主任，练伟、卢四海、谭泽华为副主任。通过委员会工作方案，明确其工作任务及职责职能。

（本栏撰稿 赵 军）

中国致公党岳阳市委

【概况】 2011年，中国致公党岳阳市委员会（简称致公党市委）在自身建设、参政议政、民主监督、社会服务等方面努力作为，取得新的工作成绩。

一、自身建设得到加强。致公党市委以领导班子建设为龙头，夯实组织发展和后备干部建设工作。一是顺利实现致公党市委换届。致公党岳阳市第三届委员会班子成员9人。在4月27日召开的致公党岳阳市第四次代表大会上，选举产生致公党岳阳市第四届委员会，班子成员扩大至14人。将各支部主委纳入市委班子。上届市委班子成员中有5名委员因年龄关系不再连任。新一届领导班子在人员规模、年龄结构、学历能力和界别构成上均较上届班子有所改善。二是加强领导班子建设。明确领导班子成员的职责分工，严格内部管理，制定完善管理规则。加强与各级各部门的沟通交流，树立新班子的良好形象。6月初，组织班子成员赴上海复旦大学参加市委统战部主办的“同心同行”教育暨服务“五市一极”专题研究班学习。三是增强基层组织活力。岳阳经济技术开发区支部在“六一”儿童节赴西潭镇小学，给孩子们送去书籍和慰问金等。岳阳楼区支部联合多家单位在岳磁社区开展普法宣传、法律服务活动。直属支部在中国共产党建党90周年前夕组织致公党党员赴毛泽东、刘少奇故居参观。云溪区支部、省血防所支部、综合支部等开展各具特色的活动。四是夯实组织发展和后备干部建设。进一步规范组织发展程序，下发《关于规范组织发展工作的规定》。强化组织发展过程中的审批和考察程序。发展党员12名，平均年龄37岁，党员界别主要分布在教育、医疗卫生、机关事业单位，研究生以上学历3人。在高校、书画艺术团体发展书画艺术专业党员5名，为致公书画院输送人才。至年底，全市有支部10个，小组1个，党员195人。通过在组织发展中注重质量、打好基础，为市委的后备干部人才库增添新鲜活力，实现组织发展与后备干部建设、参政议政骨干队伍建设的有机结合。选送有潜质的后备干部到省社会主义学院和市社会主义学院学习，为后备干部的成长搭好台阶，铺好道路。至年底，致公党党员中有各级人大代表、政协委员38人，占党员总数的19%。其中，省政协委员1人，市人大副主任1人，市人大常委1人，楼区人大常委1人，君山区人大常委1人，市政协常委5人，市政协委员15人，楼区政协副主席1人，楼区政协委员8人，君山区政协常委1人、云溪区政协委员3人。五是加强学习交流和机关建设。换届工作结束后，组织由新旧两届委员及机关工作人员20多人组成的考察团赴海南学习考察，开展换届工作总结、新旧委员交心座谈、与致公党三亚市委交流经验等活动。致公党市委按照机关定职能、定内设机构、定人员编制的“三定”工作要求，设置办公室、宣传联络科和参政议政部3个科室。加强制度建设和作风建设，创建学习型、服务型、和谐型机关，完成好目标管理考核要求的各项工作任务。

二、宣传思想工作取得新突破。贯彻落实中共十七届六中全会精神及中共中央统战部关于深入开展“同心同行”学习活动的精神，在宣传思想工作方面取得新的突破。一是贯彻落实中共十七届六中全会精神。致公党市委召开市委扩大会，重点学习《中共中央关于深化文化体制改革推动社会主义文化大发展大繁荣若干问题的决定》，并号召全市党员建言献策，加强海外宣传，投身文化项目，为文化建设贡献力量。二是参加省、市歌咏比赛活动。为庆祝中国共产党建党90周年，组织5名和11名党员分别参加省、市歌咏比赛活动。机关干部除特殊情况外全部参加，70岁高龄的郑英楷、许青兰等老领导亲自参与。三是统战信息和社情民意工作取得突破。全年被省委统战部采纳的信息达100多条，实现报送数量、采纳率和工作报名情况3个方面的大幅度提高，从排名落后到跃居市直单位第一的大幅转变，在全市统战信息工作会议上受到表彰并作经验交流发言。社情民意反映被省政协、致公党中央、统战部采纳20多条，《关于海南岛离岛退税政策的几条建议》等被中央统战部采纳，《外资企业加快渗透我国种子市场亟待引起关注》、《加强海峡两岸打击犯罪及司法互助的建议》等被致公党中央采纳。

三、参政议政工作取得新成绩。加强专题调研工作和两会提议案工作，围绕全市大事、要事积极建言献策。一是利用“两会”舞台，精心组织提案和大会发言。省、市“两会”期间，调动广大致公党党员的积极性，发挥人大代表、政协委员的骨干作用，履行参政议政职能。主委余炳锐向省政协十届四次会议提交《关于引导低碳生活推进文明城市建设的建议》和《关于整合涉农项目资金集中力量办事的建议》2件提案。致公党市委和党员中的政协委员向市政协六届四次会议提交提案47件，其中团体提案13件，个人提案34件。致公党市委两件集体提案及李信华个人提案《关于进一步加强食品安全的建议》、副主委黄玉祥个人提案《关于完善我市数字电视服务的建议》被评为优秀提案。《关于缓解中心城区拥堵状况的建议》和《关于食品安全的建议》被评为重点督办提案，黄玉祥代表致公党市委作《关于保护我市水资源和建设节水型社会的建议》的政协大会发言，赢得一致好评。二是开展专题调研。通过深入华容等县市区的5个村，察看农业生产现场，走访农户，召开座谈会，同当地党委、政府、农业部门以及部分群众进行交流。收集大量资料和数据，撰写了《关于两型社会和现代农业的调研报告》，得到市委、市政府的高度评价。三是围绕全市大事要事建言献策。致公党市委主要负责人出席和参加市委、市政府、市政协等组织的座谈会、协商会以及视察活动等12次，就全市大政方针、重要人事安排、经济工作等坦诚发表意见、提出建议。刘海波、李信华、孙玉珍等10多名致公党党员兼任纪委、税务、工商、国土等单位特约监督员、行风评议员，参加各级部门组织的各种调查、视察、检查等活动，发挥民主监督作用，得到有关方面肯定。

四、社会服务工作扎实推进。一是开展“致助金”捐款活动。根据致公党省委关于开展“致助金”捐款活动的通知，发动致公党党员捐款6000多元。分别为王和声、赵红英申请2000元和3000元的困难资助。二是开展党派联社区活动。岳阳楼区支部联奇家岭岳磁社区，在该社区建立统战工作室，设立就业援助、扶贫帮困、法律服务、矛盾协调、“五创”提质等5个工作组，明确各组的职责任务、具体负责人并公布联系电话。分工开展各项工作，努力构建和谐社区。社区享受最低生活保障的居民从2010年的50户84人增加到59户100人，最低生活保障金从8548元增加到9968元。三是开展建设扶贫工作。抽派一名专职机关干部赴平江县瓮江镇盘石洲村扶贫点开展建设扶贫工作。为该村争取落实扶贫资金20多万元，并与省委统战部、省民主党派机关、岳阳市相关单位联络，落实捐献100台电脑、网箱养鱼、“三下乡”等扶贫项目。四是做好民主党派值班工作。2011年是致公党市委“民主党派轮流值班年”，在做好日常管理工作的同时，为各民主党派解决经费80多万元，其中，帮助每个民主党派市委机关增加经费预算5万元，机关行政科增加3万元，为每个民主党派增加换届工作经费4万元，增加车辆编制1台、购车经费15万元。为民主党派机关住房问题多次协调，增加拆迁安置资金240多万元，帮助解决拆迁安置中的各种矛盾和问题。

【致公党市委换届】 2011年4月27日，致公党岳阳市第四次代表大会召开，选举产生致公党岳阳市第四届委员会，余炳锐当选为主委，黄玉祥、丁湘平、李文为副主委，陈跃平为秘书长。市委会成员均高票当选，班子成员均满票当选，换届风气风清气正，团结和睦，得到致公党省委和中共市委统战部的高度评价。

【岳阳致公书画院成立】 2011年8月，致公党市委成立“岳阳致公书画院”。书画院聘请市委统战部副部长雷桂云、画家戴剑为顾问，院长为岳阳电大终身教育办主任姚启科，副院长为岳阳中国书画函授大学校长王伟。书画院凝聚和集合一批热爱书画艺术的党员，为致公党市委对外文化交流和开展社会服务发挥更好的作用。

【致公党市委在湖南理工学院设立“岳阳致公助学金”】 为资助湖南理工学院一批家庭经济困难的学生尤其是该校学生中的孤儿完成学业，致公党市委与湖南理工学院联合设立“岳阳致公助学金”，通过发动党员，每年向湖南理工学院捐款2万元，2011年11月底，举行“岳阳致公助学金”暨致公党市委社会服务委员会成立启动仪式，取得较好的社会效应。

【开展关爱残疾人活动】 2011年5月15日“全国助残日”，致公党市委联合市残联、长江信息报社在市巴陵广场举办“岳阳市爱心助残志愿者协会成立暨扶残助学长江行动2011年发布会”，动员社会力量和爱心人士，现场开展“扶残助学长江行动”爱心助学款交接活动，资助郭连等10名残疾学生和残疾人家庭子女。致公党市委主委余炳锐在会上宣布成立市爱心助残志愿者协会，为协会授牌，为志愿者授旗。致公党市委社会服务委员会为此次活动捐款1万元。

（本栏撰稿 严 宏）

九三学社岳阳市委

【概况】 2011年，九三学社岳阳市委员会（简称九三学社市委）围绕中心工作，加强自身建设，参政议政，反映社情民意，创新社会服务，较好地完成年初预定的各项工作任务。九三学社市委主委李平获得省特别优秀人才奖，社员李华荣获得“湖南省石油化工催化工程技术研究中心首席专家”和“湖南省第二批科技领军人才”称号。

一、开展主题教育，致力思想建设。一是思想教育活动与时俱进。九三学社市委坚持开展理论学习活动，认真学习中共十七届六中全会、中共湖南省第十次代表大会、中共岳阳市第六次代表大会精神，组织社员听取有关经济形势、应对金融危机的时事报告。利用多种形式通报传递市情，让社员真正做到知情参政议政。5月，组织5人参加市委统战部在上海复旦大学举行的“同心同行”教育暨服务“五市一级”专题研究班学习。开展九三学社的优良传统教育。组织社员学习社史、社章和社员杨佳的先进事迹。邀请资深老社员作专题报告。选派九三学社班子成员、骨干社员、新社员分别参加中央社会主义学院进修班、九三学社省委学习班、市委统战部培训班等学习。二是重大社务活动有声有色。以中国共产党建党90周年和辛亥革命100周年为契机，组织社员参加各项纪念活动。参加九三学社中央“富得宝杯”社章、社史知识竞赛活动，上交答卷45份。完成九三学社省委征文任务，提交征文6篇。参加市委统战部组织的歌咏比赛。参加全市纪念辛亥革命100周年活动，提交征文8篇，4篇获奖。三是宣传工作水平不断提升。争取媒体的支持，加大对九三学社参政议政和助推发展等工作的宣传力度，展示九三学社形象。37篇稿件分别被《人民政协报》、九三学社中央网站、三湘统战网站、《湘声报》等采用，编印《岳阳九三》2期。

二、夯实组织基础，加强组织建设。一是九三学社市委换届工作圆满完成。4月，九三学社岳阳市第七次代表大会完成各项议程，选举产生新一届委员会。新一届社市委班子在年龄、界别、知识结构等方面更具优势。二是加强干部队伍建设。加强与九三学社省委和市委统战部、组织部的汇报沟通，推荐优秀社员。社员周泉被提拔为市农业局副局长，郭跃佳晋升市地税局副处实职，戴群被提拔为云溪区工商联主席。一批优秀社员后备干部成为政府部门、科研院所、企业学校等的骨干力量。三是组织发展质量明显提升。落实九三学社中央精神，严格遵循程序，确保质量。发展新社员22名，平均年龄36岁，至年底有社员337人。四是基层组织凝聚力增强。调整基层支社，撤并中教支社。11月，成立君山支社。开展政治学习、座谈讨论、调研考察等社务活动。五是机关建设稳步推进。加强科学管理，实现机关管理规范化、制度化和程序化。换届后，修订完善7项规章制度。

三、创新工作机制，积极参政议政。一是参政议政工作取得新实效。建立重点课题主委负责制。制定《宣传信息及参政议政奖励办法》。调整参政议政委员会。围绕市委工作重点选题调研，形成建议和报告。2项调研成果在市委制定"十二五"规划建议征求意见座谈会发言中得到应用。《关于铁山水库水资源保护情况的调研报告》得到市委副书记盛荣华的重视和批示。《农村高中留守学生情况及对策的调研报告》、《君山旅游业发展的几点思考》得到相关部门采纳。向九三学社省委申报并完成课题1个，调研报告《建设绿色湖南的建议》成为九三学社省委参政议政素材。加强与九三学社省委参政议政部门的联系合作，开展专题调研，完成《关于在洞庭湖区修建平原水库的研究》调研报告，提出建议；调整和完善5个专门委员会，增补专委会成员40名。二是政治协商质量进一步提高。九三学社市委负责人多次出席市委、市政府召开的情况通报、协商、征求意见、经济工作等会议，针对全市"十二五"规划、《政府工作报告》、中心工作和重点工作，提出很多建议，受到市领导高度关注，为市委、市政府决策提供参考。三是"两会"提议案反响良好。在市"两会"上，提交集体提案20件。政协委员、人大代表提交提案、议案30多件，其中《重视固碳增汇，发展碳汇经济》被选为市政协全会大会发言材料。联名提交的《关于打造千亿元食品基地》入选市政协十大重点督办提案。《关于杜绝城市道路重复开挖和建设的建议》、《关于加强监督规范出租车营运的建议》列为市人大常委会十大重点督办建议。督促市公交管理局在新近提质改造的冷水铺路，调整规划设置出租车候客点，并修订《岳阳市城市客运出租汽车企业服务质量信誉考核办法》，使全市出租车营运环境得到改善。在湖南省"两会"上，省政协常委、九三学社市委主委李平提交的《加强农村水资源保护的建议》等4件提案，《潇湘晨报》、红网等媒体都作了报道。在全国"两会"上，全国人大代表、社员李华提交议案3件。其中"用社会主义核心价值观滋养青少年成长"受到《湖南日报》、《人民政协报》等媒体关注。四是社情民意信息工作成绩突出。向上级报送宣传信息稿件近130条，被九三学社中央、省委统战部录用60条次。在九三学社省委全年各个季度评比中，连续排名第一。参加全市开展的"献策党代会"活动，报送建议15条。

四、发挥智力优势，持续关注社会民生。制订《2011～2015年社会服务工作发展规划》，开展科技下乡、扶贫帮困、医疗义诊等社会服务活动。5月，组织法律、农业界社员中部分专家，在市区五里牌举办一场"创建平安岳阳"法律、农技义务咨询活动，发放法律、农技资料500余册。8年连续资助筻口镇三胞胎，并派人带他们赴韶山、花明楼红色一日游。资助华容县新建乡西来中学一名辍学学生，使其重返校园。11月，组织医卫界社员10余人，前往汨罗市桃林寺镇开展义诊活动，并向敬老院捐献常用药品。

【九三学社岳阳市第七次代表大会】 2011年4月20日，九三学社岳阳市第七次代表大会召开，九三学社省委主委张大方、专职副主委王仁祥，市领导盛荣华、白尊贤、郭振斌、严华、李劲夫、余炳锐、李晓英，老领导蒋治材等出席。大会选举产生九三学社岳阳市第七届委员会。选举李平为主委，郭跃平、黄二良、付萍为副主委。

【九三学社君山区支社成立】 2011年10月10日，九三学社君山区支社召开成立大会。市委统战部副部长李建群、九三学社市委主委李平、君山区区委领导等出席会议。九三学社市委各支社和君山区各民主党派支部主任应邀参加会议；君山支社现有社员7人。

【社员李海平成功培育棉花雄性不育系6001A】 九三学社社员、市农科所经作室主任李海平于2002年领衔开始研究，2011年终于成功培育出棉花雄性不育系6001A，解决以往人工去雄授粉制种费工费时、成本过高、种子质量难以保证、无法大面积应用等技术难题。此前，李海平曾成功培育湘油12号、16号和海杂棉1号等湘字号油菜和棉花品种，先后获得省、市级奖励10多项。（本栏撰稿 杨 波）

岳阳市工商业联合会（总商会）

【概况】 2011年，岳阳市工商业联合会（简称市工商联）以贯彻落实中央16号、省委23号文件为契机，坚持科学发展、富民强市为主题，搭建服务平台，服务民营企业，推动全市非公有制经济健康发展。新农村建设、社会管理综合治理、联手帮扶工作等单项工作被评为全市先进单位。被评为全省服务非公有制经济先进单位和全市建设民本岳阳先进单位。

一、提升服务水平。开展联手帮扶、助推产业升级大行动，多方位搭建服务平台，为民营企业排忧解难。与交通银行岳阳分行、邮政银行岳阳分行等金融机构对接，为小微型企业授信贷款13亿元，缓解中小企业融资难题。与市人力资源和社会保障局联合举办2011年"民营企业招聘周"活动，260家民营企业提供8000多个就业岗位，现场签约3600多人。帮助市食品加工行业商会建设食品工业园科学选址。帮助湖南胜景山河生物科技有限公司赴苏州、南京、张家港等地开展黄酒市场调研活动，使"湘派"黄酒顺利进入江浙市场。

二、加强非公党建工作。以深化创先争优活动为契机，成立市非公有制经济组织党工委，加强全市非公有制经济组织党建工作的领导和指导。结合庆祝建党90周年，开展“非公党旗红”典型报告会等活动。开展非公有制经济党组织集中组建活动，全市新建党组织485个，工商联常（执）委企业、直属会员单位、行业商（协）会、乡镇（街道）分会实现全覆盖。

三、深化宣传教育。组织民营企业家赴上海复旦大学，参加全市统一战线“同心同行”教育暨服务“五市一极”专题研究班学习。会同市委组织部、市经济和信息化工作委员会、市人力资源和社会保障局联合举办为期一年的“清华大学岳阳市中小企业家卓越领导力高级研修班”，70名民营企业家参加培训学习。加强新闻宣传，在《人民政协报》、《湘声报》、《工商大观》和中央统一战线网、省工商联网等发表新闻80多篇，上报信息300多条，被评为全市统战系统宣传信息工作先进单位。

四、夯实组织建设。成立市营销策划协会。指导市食品加工行业商会和市中南大市场商会换届，选举出新的商会领导班子。市食品加工行业商会举办首届“年货交易会”。市太阳桥大市场商会举办第三届家装建材文化艺术节。湖南天欣科技股份有限公司举办“首届中部两型陶瓷文化节”。指导全市6县3区工商联完成换届工作，做到风清气正、圆满顺利。

五、扩大招商引资。组织民营企业家赴江苏、贵州等省考察学习，与黔西南州工商联缔结友好商会。组织民营企业参加第八届中国城市友好商会会长会议和“2011年中国(湖南)民营经济投资洽谈会暨海内外华商湖南行”活动。成功申办第九届中国城市友好商会会长会议的主办权。举办岳阳市民营企业家新春酒会。加大招商引资力度，成功引进项目3个，合同引资12亿元。

六、推进光彩事业。引导民营企业家致富思源、富而思进，自觉履行社会责任。“6·10”特大山洪泥石流灾害发生后，市工商联及时组织赈灾捐赠活动，9家行业商会和民营企业捐款捐物213.8万元，救灾物资第一时间送往灾区。全市民营企业捐款捐物达1500万元。市太阳桥大市场商会举行“爱心一元拍卖”活动，拍卖所得款项捐赠给灾区岳阳县云山乡陈洞村陈洞组修复自来水。开展“万企联村”活动，有687家企业在663个村对接项目636个，转移剩余劳动力3.95万人，为扶贫帮困、助学助残等公益事业捐助资金2744万元。

七、积极参政议政。经过深入调研，撰写出调研报告《充分发挥行业商会在社会管理创新中的作用》，先后在市委《民本岳阳》和《湖南社会主义学院院报》上发表。调研报告《关于加快推进中小企业上市步伐的建议》得到省委、省政府的高度关注。《把民营经济发展作为岳阳“十二五”规划的重大策略》在迎接党代会献计献策活动中评为优秀奖。《加快构筑人才高地，促进民本岳阳和谐崛起》得到市委、市政府的高度重视，及时出台《岳阳市“十百千万”人才引进培养工程实施办法》等文件。《打造岳阳千亿食品行业》被列为市政协2011年十大重点提案之一，为全市千亿食品产业大发展打下坚实基础。

【“五下乡”助推新农村建设】 2011年4月29日，在新农村建设联系点岳阳县麻塘镇开展“送科技、送医疗、送书籍、送温暖、送绿化”等“五下乡”活动。组织专家举办科技讲座2期，发放种植资料800多份。组织6名医生为农民免费义诊。赠送价值3万元的药物和2万余元的科技文化书籍。栽种2万余元的樟树、桂花树。出资10万元帮助新农村建设联系点麻塘镇畔湖村修建水利设施等。并慰问10名老支书、老党员、特困户。

【成功举办创先争优三大活动】 为庆祝建党90周年，市工商联在全市非公有制经济组织中开展创先争优三大活动。一是举办“爱党爱国、同心同行”非公有制经济职工歌咏赛，16支民营企业队伍，1400余人参加比赛。二是举行“非公党旗红”典型报告会，600多名民营企业员工聆听报告，深受教育。期间在君山区、岳阳楼区、临湘市举行“非公党旗红”巡回演讲。表彰非公企业生产一线的64名优秀共产党员和基层党务工作者。三是举办全市非公有制经济党组织创先争优活动成果展。

【举办岳阳市民营企业家新春酒会】 2011年1月17日，岳阳市民营企业家新春酒会成功举办。市领导黄兰香、盛荣华、李劲夫、陈国荣、蒋锋、苏耀辉、刘晓英等，老领导陈志刚、张治雄、罗典苏、赵协成、胡罗涛、程兼逊、余世华，市政府秘书长王小中，以及市委统战部、工商联等部门和金融单位负责人出席。会上，交通银行岳阳分行与市直商会举行授信签约仪式。泰和大市场、太阳桥大市场、福建和陶瓷行业等4家商会分别得到交通银行岳阳分行贷款授信2亿元。

（本栏撰稿　葛取兵）

责任编校　肖　卫

社会团体

SOCIAL ORGANIZATIONS

开展活动服务经济建设

青少年思想教育工作

服务妇女创业就业工作

举行大型踏青采风活动

实施“科普惠农兴村计划”

岳阳市总工会

【概况】　2011年，岳阳市总工会（简称市总工会）与各级工会组织带领广大职工投身推进“四化两型”、建设“五市一极”主战场，在民本岳阳和谐崛起中彰显新的作为。市总工会获得民本岳阳建设先进单位和全省工会工作目标管理考评一等奖；劳动竞赛、送温暖工作、“五五”普法、工会维权服务等评为全国先进单位；工资集体协商、“党建带工建”、“双联”帮扶、审计、财务等项工作荣获省级先进单位；党风廉政建设、机关作风建设、社会治安综合治理、安全生产、信访、灾后重建、联手帮扶等项工作获得市级先进单位。市总工会机关工会委员会被评为全国模范职工之家。党组书记、副主席谭志兰当选中共湖南省第十届代表大会代表并被评为全省优秀共产党员。

【开展活动服务经济建设】　2011年，市总工会开展“当好主力军，建功‘十二五’”劳动竞赛活动，举办争当建设“四化两型”和“五市一极”先锋誓师大会，号召广大职工向党代会献礼，为推进富民强市跨越发展献计献策。组织6000多个企事业机关单位和88万职工参加劳动竞赛活动，征集职工合理化建议8000余条；职工技术创新成果60余项，有2项分别获湖南省首届职工科技创新成果二、三等奖；开展技术革新1800项，发明创造和推广先进操作法获得专利累计达1200项。开展“芙蓉杯”女职工岗位技能竞赛，举办“2011新辉华府杯”和谐之家风采电视大奖赛，评选186个芙蓉标兵岗和1109名芙蓉百岗明星。开展“工人先锋号”创建活动，命名表彰33个市级“工人先锋号”班组；建立劳模标兵岗和创新工作室。依托社会资源，建立职工技能培训基地22个，培训下岗职工、农民工3.75万名；实施千对“名师带高徒”签约活动，培育提升3000多名青工的操作技能；开展岗位练兵、技能比武，3万多名职工晋升技术等级，评选首席技师、金牌工人等2000余人。参与企业改制、“五创”提质、灾区重建和新农村建设对口帮扶等全市中心工作，展现工会组织忠诚履职、主动作为、服务大局的良好风貌。

【党工共建强基固本】　2011年，市总工会以“党建带工建”为抓手，深入开展“广普查、深组建、全覆盖”集中建会行动，基层工会组织净增1156家，会员净增47832人。女职工组织同步组建率达到90%以上，非公企业工会组建率达到70%以上，外商投资企业工会组建实现全覆盖，超额完成全年工会组建和会员发展任务。坚持建会、建制、建家并举，培育选树63家全国和省市级“六好”乡镇（街道）工会、模范职工之家和模范职工小家，深化基层工会组织规范化建设。充分发挥职业化工会工作者的作用，有效拓展劳务派遣领域、服务行业工会组建和工资集体协商工作，进一步促进“两个普遍”工作落实。工会干部教育进一步加强，运用党校干部培训平台，举办培训班23期、培训工会干部2400多名，分级调训干部300多人。采取“走出去”、“请进来”的方式，选送干部参加中华全国总工会和省总工会组织的培训，组织工会干部外出学习考察，有效提升工会干部素质和开展群众工作的能力。

市领导与全国劳模获奖人员合影　　（严　柯　供稿）

【维权帮困服务民生】　2011年，市总工会以国有企业为龙头、外资企业为突破口、非公企业为重点，整体推进工资集体协商工作，签订工资集体协商协议1698份，覆盖企业2596家、职工15.39万人。推进厂务公开民主管理工作，在国有企事业单位推行“三重一大”事项集体决策制度，促进党务公开；普遍开展工资集体协商。发挥厂务公开在党风廉政建设、维护职工合法权益、推动企业发展、促进社会和谐稳定的作用。工会劳动保护工作得到加强，联合市安监局举办“安康杯”安全知识竞赛和“平安岳阳”安全生产知识演讲比赛，组织评选全市“十佳安监员”。在全市建立工会劳动保护监督检查委员会1652个，参加工伤事故调查329件。信访维权和劳动纠纷调处力度进一步加大，全市工会系统接待上访职工5700多人次，受理“12351”维权电话3650件，新建企业劳动争议调解委员会260个，提供法律援助28起。设立劳动仲裁二庭开展职工劳动争议仲裁，审理案件137宗。通过调解、协商、仲裁等方式，妥善解决许三其工伤赔偿案、韶峰建材公司职工群访案等一批劳动纠纷典型案件，切实维护职工合法权益。困难职工帮扶中心规范化建设取得阶段性成果，构建起以市总工会帮扶中心为骨干、县市区帮扶中心为支撑、乡镇（街道）和企业帮扶站（点）为基础的四级帮扶体系，开展生活救助、就业帮助、助学救助、医疗救助、金秋助学、法律援助、“两节”送温暖、信访接待等一站式服务活动，发放帮扶资金5160多万元、粮油等各类物资445余吨，为困难女职工送“双癌”保险1200份，慰问困难职工、困难农民工25650多人次，发挥为党政分忧、为职工解难的重要作用，促进职工队伍和社会的和谐稳定。市困难职工帮扶中心被评为全省市级示范点，岳阳县、华容县、平江县、临湘市、君山区等5个县市区帮扶中心被评为全省县级示范点，其他县市区帮扶中心规范化建设全部达标。

【创先争优加强自身建设】 2011年，市总工会把开展创先争优活动与工会重点工作相结合、与大走访大调研大排难活动相结合，建立健全考核体系和工作责任制，组织工会干部开展“走访万名职工，深入千家企业，解职工群众百难”活动，深入2360余家企业走访劳模和职工1895人次，收集职工意见建议1700多条，撰写调研报告70多篇，解决群众实际困难1350多件。工会宣传工作进一步加强，在《湖南工人报》、《岳阳日报》等各级媒体发稿280多篇。争取市人大重视，开展《工会法》执法检查，有效促进《工会法》的实施。工会财务规范化建设进一步加强，经费收缴依法、合理、稳步增长。纪检监察、经审、统计、档案保密、信息调研、老干、资产管理、工人文化宫等工作都取得新的成效。

【召开全省“党建带工建，和谐促发展”经验交流现场会】 2011年6月23日，全省“党建带工建，和谐促发展”经验交流现场会在岳阳市召开。中华全国总工会副主席、书记处第一书记、党组书记王玉普，省委副书记梅克保，省委常委、省委组织部部长黄建国出席会议并发表重要讲话。省人大常委会副主任、省总工会主席刘莲玉主持会议。中华全国总工会办公厅主任谷常生，基层组织建设部副部长杨洪林，集体合同部副部长张天文，省总工会党组书记、副主席肖刚强，市委书记易炼红，副书记、市长黄兰香，副书记盛荣华等出席会议。会议总结交流全省开展“党建带工建”工作的经验，表彰先进，推进党建带工建创先争优活动，全面部署工作任务。与会代表实地参观考察岳阳经济技术开发区民营企业中科电气股份有限公司、外资企业艾欧史密斯、中石化巴陵分公司己内酰胺事业部的“党工共建”情况。岳阳市委等5家单位作典型发言，15家单位作书面交流。50家“党建带工建，和谐促发展”先进单位、100名优秀个人受到表彰。各市州委组织部、总工会，省直机关工委有关负责人、发言单位和受表彰单位的代表近200人参加会议。

（本栏撰稿　蔡光伟）

共青团岳阳市委员会

【概况】 2011年，共青团岳阳市委员会（简称团市委）以开展创先争优为统揽，以履行四项基本职能、提升青年群众工作的能力水平为主线，注重抓基层、增活力、固根本，开展青少年思想道德建设、希望工程、“五创”提质志愿服务、大学生“村官”创业成才、保护母亲河等一系列特色鲜明、内涵丰富的品牌工作和活动.获得全省共青团工作先进单位、项目创新奖和全省第二届少儿才艺大赛优秀组织奖，全市社会治安综合治理和灾后生产自救重建家园工作先进单位。

【青少年思想教育工作】 2011年，团市委坚持以先进理念引领青少年。坚守思想引导主阵地，将科学发展观、创先争优等党的理论成果以及省市委“四化两型”、“五市一极”的决策部署作为广大团员青年学习的重点。建党90周年大会和省市党代会召开后，举行以“学习讲话精神、履行神圣使命”为主题的工作座谈会和报告会。坚持以红色文化鼓舞青少年。以建党90周年为主题，联合宣传部门启动“学党史、知党情、跟党走”主题教育系列活动，邀请朱再保等老党员为30多万青少年进行革命传统教育。各级团组织采取参观红色景点、传唱红色歌曲、分享红色故事、编发红色短信，帮助青少年深化对党的深厚感情。以“红领巾心向党”为主题，在全市中小学校开展“学唱一首爱党歌曲、了解一个党史故事、观看一部红色影视剧、参观一个革命纪念地、了解党的一个新成就、寻访一位优秀党员”的队日活动。以“清明祭英烈”为主题，组织3000余名少先队员到长沙雷锋纪念馆、平江烈士陵园、君山周逸群烈士墓等爱国主义教育基地接受革命教育。坚持以先进典型激励青少年。结合创建全国文明城市，表彰刘望等50名“美德少年”。推介刘雄辉、邓红梅等志愿者的事迹，吸引百万青少年参与“五创”提质、低碳环保、节能减排等公益事业，弘扬社会文明新风。注重典型引路，推荐赵婷获得“湖南省五四青年奖章”，推荐余新评为“全省优秀青年企业家”。

【服务党政中心工作】 2011年，团市委号召全面推进保护母亲河行动。举行保护母亲河青少年“十百千万”绿色主题行动启动仪式，采取公开绿色承诺等方式，宣传人与自然和谐相处的理念。以“小渊基金”项目为平台，搭建生态环保对外交流与合作的新桥梁，在湘阴县启动援资3000万日元的“中日青年湘阴生态绿化示范林项目”第四期工程，绿化造林面积523.3公顷，栽植苗木53.5万株。在君山区举行保护母亲河环保棒万人长跑接力活动，开展“长江流域湖南青少年植树行动”，上万名志愿者参与造林200公顷。志愿服务事业持续发展。采取完善规章制度、加强队伍建设、推行项目化运作等举措，完成10万名志愿者注册登记管理工作，组建文明礼仪劝导队、环境卫生整治队等120多支队伍，开展“文明岳阳，你我共参与”、“弘扬志愿精神，助推‘五创’提质”文明劝导等活动80多次，打造“五创”提质、社区建设、赛会服务等一系列志愿服务品牌，清除死角垃圾300处、清理“牛皮癣”垃圾100公斤、劝导不文明行为4000次，提升市民综合素质和城市人文形象。10月，中共中央政治局委员、全国人大常委会副委员长、中华全国总工会主席王兆国到岳阳视察期间，亲切看望君山区志愿者。青年就业创业工作稳步推进。以大学生、农村青年和初次创业青年为重点，举办高校毕业生GYB、SYB创业培训

岳阳市庆祝中国共产主义青年团成立九十周年青春歌会现场（严　柯　供稿）

班和专场招聘会；创建29家“青年就业创业见习基地”，其中省级17家；有835名青年上岗见习，566人通过见习签约成为正式员工。投入防汛救灾、灾后重建工作。6月10日临湘市和岳阳县发生特大山洪泥石流灾害后，团市委迅速成立共青团系统防汛抗灾领导小组，立即筹措10万元现金采购救灾物资，连夜送往岳阳县相思乡。随后举办“爱心暖灾区，我们在一起”大型赈灾募捐活动，动员“多背一公斤”等团队2000名志愿者参与防汛救灾、灾后重建工作，驻岳阳县工作队走访慰问受灾群众153户，筹集善款和专项资金76.78万元，得到市委、市政府的高度评价。

【助推青少年成长成才】　2011年，团市委注重抓好大学生“村官”管理服务工作。一是通过办创业培训班、设创业导师团、配创业项目资金等方式，推进大学生“村官”创业成才计划，自主创业项目15个，总投资1200多万元，项目创收200多万元，带动近500名农村青年实现就业创业。岳阳市服务大学生“村官”创业经验多次在全省推广。召开纪念五四运动92周年暨优秀大学生“村官”表彰大会，推介赵婷等扎根基层、服务群众的“村官”典范，表彰陈敏等30名优秀大学生“村官”，丁小红等10余人被推选为村支部书记、村主任，一批大学生“村官”在实践中得到磨砺成长。4月，中共中央政治局委员、中央书记处书记、中组部部长李源潮到岳阳考察期间，亲切接见岳阳楼区大学生“村官”代表。二是希望工程牵手行动成绩斐然。举行“爱心改变命运，情暖寒门学子”、“圆梦2011·希望工程牵手行动”等系列活动，在媒体开辟希望工程爱心助学专栏，动员社会各界力量参与爱心接力。市、县两级希望办全年自筹和接收社会捐款799.2万元，其中签订爱心助学诚信协议523份，“一对一”资助贫寒学子600多人；为极端弱势贫困青少年家庭援建“希望爱心屋”9栋；动员爱心网友资助16名身患疾病儿童；争取150万元“卡夫希望厨房”设备和4477箱奥利奥饼干等物资；争取6所快乐音乐教室项目，促成8所学校纳入省青基会援建项目。坚持阳光透明操作，做好“圣安慈善”等助学金发放工作，把好信息发布、基层审核、实地走访、媒体公示等关键环节，为165名大学生发放42.5万元的助学金。三是青少年阵地建设及维权工作有序推进。为尽早启动青少年活动中心建设，年初，团市委先后去广东、深圳等地，就其功能设计、建筑规模、建设方式、管理使用等方面进行专题调研，主动向市领导汇报，项目已列入市“十二五”规划及政府工作报告，前期选址、规划论证、立项审批等工作正在稳步推进。君山区团委以“共青团与人大代表、政协委员面对面”为抓手，提出新生代农民工社会融入等建议，引起强烈反响。加大对重点青少年群体尤其是闲散青少年和刑释解教青少年的帮教力度，招募200名志愿者组建专业化社区帮教队伍，岳阳楼区社区安置帮教工作经验在全市得到推广。联合执法部门开展集中整治行动2次，下发整改通知书9份，查处违规经营网吧8家。

【推动基层团组织建设】　2011年，团市委抓创先争优工作。在109个先进集体和窗口单位开展“五赛五优五在前”主题活动，健全承诺机制、点评机制、激励机制等一套行之有效的工作机制。团省委、市委创先争优办在《创先争优简报》先后10次推介临湘市、中石油岳阳销售分公司等团组织经验，团市委在全市创先争优活动工作推进会议上2次作典型发言。依托党建带团建。抓住乡镇党委换届契机，争取各级党委支持，有18名乡镇团委书记进乡镇党委班子。依托党建工作成果，将团干部轮训纳入各级党校主体班培训范畴，建立党团教育共抓、资源共享、阵地共建的工作格局。在组织部门支持下，大学生“村官”服务管理工作成为全市党建带团建工作典范。创新组织格局，全面完成156个乡镇（街道）编外团干的选配工作，基层工作力量得到充实。首批高校团干到县市区团委挂职圆满完成。扩大组织覆盖，在263家“两新”组织中建团，完成率为105.2%。加强与青年的联络交流，经常性地开展户外郊游、徒步探险、拓展训练等运动，寓活动于团建之中，提升团组织聚集社会青年的水平。成立市青年美术家协会，强化市青年摄影家协会的管理，青联、青企协得到蓬勃发展。持续强化以团带队，开展争当“四好少年”活动、“探寻红色三湘、做党的好孩子”书信征文大赛和读书励志活动；进一步深化“优秀少先队先进集体”创建，大力开展“小手拉大手”、“雏鹰争章”等行动。锤炼队伍健自身。开展“三进三同”活动，锤炼团干部坚强党性。抽调机关干部开展联手帮扶企业和建设扶贫，解决实际困难18个。基层组织通过举办团干培训班、图书漂流、基层驻点、挂职锻炼等形式，切实提高团干部自身素质，引导广大团干部忠诚党的事业，热爱团的岗位，竭诚服务青配合市人大常委会开展“两纲”督查。先后在临湘市、平江县召开2次座谈会，深入社区、乡村进行实地走访。10月，配合市人大常委会接待全国人大《妇女权益保障法》执法调研组到岳阳市的执法调研。

【关爱城乡妇女身体健康】 2011年，市妇联把城乡妇女健康作为服务妇女的重要职责来抓。与卫生部门密切合作，开展农村妇女“两癌”免费检查试点项目。为40多万名城乡妇女进行妇科病普查。其中平江县、岳阳楼区两个项目县的农村妇女宫颈癌检查项目和乳腺癌检查项目工作进展有序，超额完成检查目标任务。湘阴县还将妇科病检查纳入新农合，由财政给予补贴。组织发动有关部门开展免费义诊活动，免费义诊12万多人次。先后组织专家在临湘市、岳阳县等地开展两次义诊，免费为3000多名受灾妇女群众进行诊疗和心理免费咨询。市卫生局妇委会组织市一人民医院、市二人民医院、市妇幼保健院等6家医院专家开展送健康入村，分别到临湘市詹桥镇、岳阳县云山乡、临港产业新区等地开展爱心义诊，接诊6000余人，发放价值5万余元药品和1.9万份健康宣传资料。组织巾帼志愿者开展为特困家庭送温暖及深入灾区开展灾后心理咨询等活动，救助1000多名特困母亲，帮助2000多名贫困妇女发展致富项目。8月，市妇联主席喻岳兰得知岳阳经济技术开发区康王乡荣和村陈晓娇家庭（丈夫刘期纲尿毒症、陈晓娇胃癌晚期、大儿子溺水死亡）的特殊困难情况后，联系“爱心妈妈”向这个家庭送去3000多元爱心款，争取有关部门的支持将她们家纳入低保和新农合，以及给予大病医疗救助，使这个家庭重新燃起生活的希望。

【帮扶特困妇女儿童】 2011年，市妇联在全市开展以关爱贫困妇女儿童为主题的帮扶活动。一是启动特困母亲救助行动。全市各级妇联组织发动社会各界热心人士，通过“岗村共建”、“结对帮扶”等援助活动，援助单亲特困母亲家庭1340户，市妇联联合市民政局启动贫困母亲救助行动，救助贫困母亲50人，组织爱心妈妈结队帮扶1000多人次。各县市区筹措援助款近100万元，帮助500多位特困母亲解决生产、生活实际困难。二是关爱留守妇女儿童。开展“春蕾计划”，帮助贫困家庭子女就学。“六一”期间，全市各级妇联共组织结对春蕾女童208名，捐助金额15万余元，为贫困女童解决燃眉之急。君山区妇联开展关爱农村留守儿童结对帮扶活动，组织50名干部与50名留守儿童结对帮扶。三是资助特困儿童。全市各级妇联组织争取全国妇联和社会各界的支持，资助1000多名贫困女童重返校园，给2000多名特困学生赠送文具、图书等，让困难儿童感受到党和政府的关怀及社会的关爱。平江县妇联从上级妇联和中国石化集团公司等部门争取“春蕾”高中生援助资金10.8万元，资助贫困生120名。湘阴县妇联从香港烛光基金会、玫琳凯公司等单位争取资金近10万元，资助特困高中生、特困小学生50多人继续学业。

【岳阳市妇女第六次代表大会召开】 2011年7月27～29日，市妇女第六次代表大会在市政协会堂召开，来自全市各条战线的300余名妇女代表汇聚一堂，共谋岳阳妇女事业发展的美好蓝图。市委书记易炼红，省妇联党组书记、主席肖百灵等18名省、市级领导出席会议。会上，市委书记易炼红、市长黄兰香作重要讲话，省妇联主席肖百灵对大会的召开表示祝贺，常德市妇联主席龚美爱代表兄弟市州妇联致贺词，共青团岳阳市委书记汪灿代表市群团组织致贺词，市妇联主席喻岳兰代表市妇联第五届执委会作工作报告。会议表彰一批先进集体和个人，选举产生新一届市妇联领导班子。 （本烂撰稿 黎 伟）

岳阳市文学艺术界联合会

【第二届岳阳文学艺术奖颁奖大会召开】 2011年3月9日，第二届岳阳文学艺术奖颁奖大会在岳阳市政协大会堂隆重举行。参会人员有岳阳市文联委员、本届获奖作者、各县市区文联和市文艺家协会主席、湖南理工学院新闻、艺术系学生代表共300余人。出席会议的有市委、市政府、市人大、市政协和岳阳军分区领导。会议由市委常委、宣传部部长徐新启主持。岳阳文学艺术奖是市委、市政府为鼓励文艺创作、繁荣文艺事业而设立的一项文艺创作大奖。该奖每三年举办一次。2007年举办第一届。第二届是评选岳阳文艺工作者从2007年至2009年公开出版、发表、展览、演出和在全国各地获奖的文艺作品。甘征文、陈亚先两位老剧作家获文艺创作终身成就奖，根雕《伊甸园》和民间故事表演《大战陆文龙》2件作品获文学艺术奖特别奖，其他98件各类优秀文艺作品获文学艺术奖。副市长隋国庆在颁奖会上宣读市委、市政府《关于表彰第二届岳阳文学艺术奖获奖作品和作者的通报》，市委书记易炼红代表市委、市政府向获奖者颁发证书和奖金。《伊甸园》作者漆林生和《大战陆文龙》表演者汨罗市长乐镇“长乐故事会”均获得2万元和1万元奖励，其他获奖者分别获得各种奖励。

【举行大型踏青采风活动】 2011年4月26日，由岳阳市文联主办、岳阳市企事业文联与君山区文联承办的纪念建党90周年，2011·岳阳文艺界踏青采风活动在风景秀丽的君山区举行。有120余人参加活动，除岳阳市作家艺术家外，还邀请北京燕京书画院副院长、著名书画家贺伟国、湖南省直机关书画协会副主席石书红《经济文化报》副主编、摄影家龚华以及岳阳市文化宣传主管部门和长岭炼化、巴陵石化、四化建岳阳公司党委宣传部门领导参加。活动内容丰富多彩，开展文学笔会、表演文艺节目、组织参观全国新农村建设示范村——柳林洲村、游览华容县桃花山等名胜景点。

【市作家协会成立30周年庆典】 2011年10月12日上午，岳阳市作家协会在南湖宾馆召开成立30周年庆典大会。省政协副主席、省文联主席谭仲池题词“巴陵胜景映洞庭，锦绣文章状名楼”以示祝贺。市委

表5

2011年岳阳市主要文艺作品

作品名称	类别	出版、发表、展览、演出、获奖	作者
《心门》	长篇小说	湖南人民出版社出版（2011.6）	刘子华
《拿什么来爱你，我的孩子》	长篇报告文学	湖南文艺出版社出版（2011.4）	阮　梅
《青铜闪电》	中篇小说	载《中篇小说选刊》2011年第4期	张阳球
《痛彻肺腑的鱼》	中篇小说	载《芙蓉》2011年第3期	孟大鸣
《人体艺术》	中篇小说	载《文学界》2011年第7期	刘祖保
《两个人的剪彩》	中篇小说	载《青春》2011年第11期	李桂龙
《父亲的贺年片》	短篇小说	载《儿童文学》2011年第6期	葛取兵
《鱼乐少年远足记》	短篇小说	载《青年文学》2011年第10期	沈　念
《鲁院四题》	散　文	载《青海湖》2011年第4期	周　迅
《江岸五读》	散　文	获全国散文年赛二等奖（2011.6）	周　迅
《篱锁斜阳，或鱼鹰》	散　文	载《山花》2011年第9期	潘刚强
《藕池河的渡口》	散　文	载《散文选刊》2011年第2期	李燕子
《二泉映月》	诗　歌	载《诗刊》2011年第1期	杨孟芳
《生活如此简单》	组　诗	载《诗刊》2011年第3期	曹利华
《农事》	组　诗	载《星星》2011年第12期	戴长明
《韶山有个石山伢》	歌　词	入选人民音乐出版社“庆祝建党90周年精典儿歌”（2011.6）	段　华
《中国当代剧作家·曹宪成选集》	戏剧文集	中华金孔雀出版集团出版（2011.2）	曹宪成
《背后的销声》	话剧剧本	获全国戏剧文学学会首届文化奖金奖（2011.11）	郑　玲
《硝烟未尽》	油　画	获湖南省美术作品展银奖（2011.6）	许晗瑶
《打拼》	水彩画	获湖南省美术作品展银奖（2011.6）	秦　宏
《红土系列·门球赛》	油　画	获湖南省美术作品展优秀奖（2011.6）	李占卿
《生命的接力》	油　画	获湖南省美术作品展优秀奖（2011.6）	毛亦农
《石涛诗》	书　法	入选第十届全国书法篆刻展览	徐　驰
《迎春谣》	歌　曲	获湖南省第二届金旋律征歌大赛金奖	郑冷横
《雷锋，大地的丰碑》	词　曲	载《大三峡歌坛》2011年第3期	聂尚武
《那一片湖》	舞　蹈	获全国第三届大学生艺术展演金奖	田青(编)
《当地球流下最后一滴眼泪》	摄　影	入选第14届中国国际摄影艺术展	张　奎
《奔马图》	摄　影	入选第14届中国国际摄影艺术展	庄　敬
《柳叶湖之恋》	摄　影	获第二届中国·常德桃花源风光摄影展银奖	赵　敏
《春语》	摄　影	获第二届中国·常德桃花源风光摄影展铜奖	许　蓉
《电影下乡》	摄　影	获“聚集两型建设，镜采锦绣潇湘”全国摄影展银奖	徐照明
《蓝色构成》	摄　影	获“聚集两型建设，镜采锦绣潇湘”全国摄影展铜奖	杨汉斌
《洞庭湿地印象》	摄　影	获“聚集两型建设，镜采锦绣潇湘”全国摄影展铜奖	章正国

表6

第二届岳阳文学艺术奖获奖作品和作者

一、文艺创作终身成就奖

姓名	代表作
甘征文	代表作：《八品官》（编剧）
陈亚先	代表作：《曹操与杨修》（编剧）

二、文学艺术奖特别奖作品

作品名称	作者
《伊甸园》（根雕）	漆林生
《大战陆文龙》（民间故事表演）	汨罗长乐故事会

三、文学艺术奖作品

作品类别	作品名称	作者
小说	《城市木马》（长篇）	翁新华
	《一任乡官》（长篇）	刘子华
	《蟹黄》（长篇）	徐喜德
	《钉螺》（中篇）	张阳球
	《秋凉了》（中篇）	陈瑶
	《安克雷的冬天》（中篇）	沈念
	《鸟儿为什么歌唱》（短篇）	刘祖保
	《差一分钱》（短篇）	葛取兵
散文	《芦花瑟瑟水之间》	潘刚强
	《从前的树》	蔡勋建
	《我远去的竹垅》	熊卫民
	《岳阳读滕子京》	何林福
	《一个人是一棵树》	徐辉
	《不能转换的空间》	丘脊梁
	《带着孙子登名楼》	谢作文
报告文学	《世纪之痛》（长篇）	阮梅
	《孝行天下》（长篇）	彭东明
	《送邵华大姐》	艾湘涛
	《袁隆平传奇》（长篇）	贾建湘 隋国庆
诗歌	《唐装》	杨孟芳
	《冷或微暖》	鲁橹
	《温暖的事物》	刘创
	《大棉田》	曹利华
	《另一种注视》	拾柴
	《别样的心情》	叶菊如
儿童文学	《艰难的归程》（长篇）	吴牧铃
	《狼来了》	方先义
	《猎人的故事》（长篇）	余存先
文学评论	《民俗小说的美学特点》	余三定
	《谭谈评传》（长篇）	朱平珍
文学评论	《从渴望中国到智慧中国》	杨厚均
	《土生万物由来远，地载群伦自古尊》	刘荣林
戏剧	《今天有客来》（花鼓戏）	岳阳市花鼓戏剧团
	《今上岳阳楼》（剧本）	曹宪成 曹雨
	《春雨》（剧本）	王密根
	《特别洞房》（剧本）	郑玲
	《大局》（剧本）	李茂春
	《今上岳阳楼》（表演、舞美） 表演：何其坚、李源、邹青、宋卫东 吴三元、胡学军、陈新、官平 舞美：付演、周咏萍	
影视	《一言为定》（电视连续剧·编剧）	曹雨
	《警中警》（电视连续剧·编剧）	黄兰兰
美术	《破晓》（油画）	陈晓声
	《小蓉》（油画）	许晗瑶
	《2008·戊子》（油画）	戴平均
	《历史的回声》（水彩画）	邹时丰
	《鱼——水资源联想》（平面艺术设计）	万长林
	《在路上》（油画）	余含兮
	《山里人家》（油画）	戴剑
	《藏》（版画）	李军
	《山雨》（国画）	王炳炎
	《憩》（国画）	曹静
	《乡村随笔》（水彩画）	刘文良
音乐	《我家的小燕子》（词曲）	郑冷横
	《妈妈睡好觉》（词曲）	聂尚武
	《音乐文化与素质教育》（音乐著作）	向阳光
	《乡情乡音》（歌曲集）	陈赐明

续表6

作品类别	作品名称	作者
舞蹈	《花花洗》（群舞）	岳阳楼区文体局/湖南理工学院
	《哦哩外喔》（群舞）	岳阳市小荷艺校
	《石头·剪子·布》（群舞）	岳阳市小荷艺校/临湘市群艺馆
	《泥腿娃》（群舞）	岳阳市天逸艺校
	《学童》（群舞）	华容县姗姗舞校
书法	《怀仁集王字圣教序》（书法集）	崔向君
	《佚名张猛龙碑》（书法集）	王　翔
	入选全国第六届篆刻艺术展篆刻作品	文雨浪
	入选全国第九届书法篆刻作品展览书法作品	徐　驰
	入选全国首届册页书法作品展览册页书法作品	竺岳武
摄影	《融冬》	刘卫平
	《文胸广告》	鲁　力
	《欲与天公试比高》	陈建勇
摄影	《驱魔汉子与小孩》	赵　敏
	《闹元宵》	杨一九
	《猛虎降龙》（组照）	侯卫平
	《藏区小学》	李　羿
	《雪霁》	杨汉斌
	《秋赋芦荡》	章正国
	《奥运在农村》	李国武
	《水墨石城》	岳胜斌
民间艺术	《平江山歌》（民歌演唱）	李团生
	《冲浪》（根雕）	漆　青
	《喜迎门》（竹雕）	王韬略
	《岳州扇》（制扇）	李中友
诗词	《贺新郎·说剑》	蔡世平
	《西江月》（四首）	熊楚剑
	《七律·夜登荆州古城墙》	郑耀邦
	《七律·鹍鹏颂》	朱培高
	《一剪梅·访湖乡》	黎凤兮
楹联	《中国传世名联三百副》（评论著作）	傅小松
	《国际茶文化节》	陈惠群
	《全聚德联》	何长生

（本栏撰稿　冷述冬）

书记易炼红、市长黄兰香分别发来贺信。湖南省作家协会党组书记龚爱林、副主席王跃文，市级领导白尊贤、徐新启、隋国庆、柴小平、段华、艾湘涛以及全市近200名作家代表出席，共同庆祝市作家协会成立30周年。岳阳市作家协会成立于1981年，经30年来的不懈努力，有中国作家协会会员28名（其中国家一级作家16名）、省作家协会会员234名、市作家协会会员434名，成为“文艺岳家军”主力军，在全省乃至全国有一定影响。会上，市作家协会主席彭东明作题为“高扬主旋律、继往开来、繁荣发展文学事业”的工作报告。市委常委、宣传部部长徐新启在会上作重要讲话，希望市作协带领广大文学工作者顺应人民群众对精神文化生活的新期待，推动和促进社会主义文化的大繁荣、大发展，多创作贴近生活、贴近群众和反映重大历史题材的文学精品之作，将作家协会办成文学之家。

【市文联评为年度全省文艺创作先进单位】 2011年，全市文艺创作成绩显著，创作出版长篇小说、长篇报告文学、长篇纪实文学和小说、散文、诗歌以及文艺丛书24部，在省以上文学刊物发表小说、散文、诗歌诗词170余篇（首），在省以上文艺主办单位展览、演出、参赛和获奖的各类文艺创作200余件。岳阳市文联被评为省文联系统文艺创作先进单位。

岳阳市科学技术协会

【概况】 2011年，岳阳市科学技术协会（简称市科协）围绕全市经济社会发展总目标，紧扣科协“三服务一加强”(为经济社会发展服务、为提高全民科学素质服务、为科技工作者服务和加强自身建设)的工作方针，明确工作方向，理清发展思路，真抓实干，创先争优，团结带领全市广大科技工作者为建设“五市一极”，实现岳阳经济转型升级更大更强作出积极贡献。在湖南省科协第九次代表大会上，市科协荣获“全省科协系统先进集体”，受到省人力资源和社会保障厅、省科学技术协会的表彰。

【实施“科普惠农兴村计划”】 2011年，市科协组织科技人员继续深入实施“科普惠农兴村计划”，在全市农村大力培育发展科普示范基地和科普带头人。湖南省九狮寨高山茶示范基地（平江县）等4个基地和华容县福星家鸭养殖协会等4个协会分别被中国科协、财政部和湖南省科协、省财政厅表彰为2011年科普惠农兴村先进单位，获得奖补资金130万元。有力推动本地区农科事业发展。

【举办2011年岳阳科技论坛】 2011年，市科协组织动员全市广大科技工作者围绕“内河港口产业发展”主题撰写论文，征集论文81篇，其中一等奖3篇，二等奖18篇。岳阳市公路学会等5个学会获得2011年岳阳科技论坛组织奖。

【开展“讲、比”竞赛活动】 2011年，市科协在全市17家国有大中型企业中将“讲、比”竞赛纳入企业创新活动内容。全市企业科协“讲、比”竞赛立项776项，实施559项，创直接经济效益3.66亿元。中石化长炼科协获得中国科协八大表彰的全国科协系统先进集体，岳阳纸业股份有限公司等3家企业荣获全省“讲创新、比贡献”活动先进集体。

【建设岳阳市科学决策思想库】 2011年，市科协为有效地把科技工作者的个体智慧凝聚上升为有组织的集体智慧，促进科学决策，与市委组织部等相关部门衔接，着力建设岳阳市科学决策思想库。12月15日，组织中国科协会员日活动，举办“农村生态环保与发展”科技沙龙，组织科技工作者围绕农村生态环保与发展问题开展座谈，并将专家的建议意见以“四化两型，农村环保要同行”为题进行整理，提交市委、市政府及相关部门参考决策。

【开展2011年全国科普日活动】 2011年9月18日，市科协联合市工商局、市食品安全委员会办公室、岳阳楼区政府在岳书山社区金湖小区举办“岳阳市2011年全国科普日食品安全进社区”活动，展出食品安全知识展板120块，现场发放食品安全知识小册子1500余份，300多名社区居民观看科普展览、听取科普讲座。50名食品安全进社区志愿者还为居民讲解如何鉴别真伪食品，受到群众的欢迎。市级学会和各县市区以“节约能源资源，保护生态环境，保障安全健康，促进创新创造”和“防灾减灾从我做起”为主题，结合实际开展全国科普日活动、社区科普大讲堂、健康大讲堂等公众喜闻乐见的社区科普活动。5月20日，联合市血吸虫病研究会在湖滨学校举办主题为“血吸虫病防治知识讲座”的健康大讲堂，市大众健康协会在三眼桥社区卫生服务中心开展的心理辅导活动。以创建全国文明城市为契机，推动科普宣传工作，与《岳阳日报》、《长江信息报》、《洞庭之声报》等媒体联合开辟低碳科普专栏。岳阳楼区科协、临湘市科协、平江县林学会，岳阳楼区科协付萍等4人分别获得湖南省2011年全国科普日、“防灾减灾日”活动先进集体和先进个人。

“岳阳市2011年全国科普日食品安全进社区”活动现场　（兰　岚　摄）

【科技馆常设展览免费开放】 2011年，市科技馆继续免费向社会开放。面向全市青少年免费设立的“周六课堂”是岳阳市青少年科学教育活动的又一大特色，全年授课29堂，参加的学生和家长2200多人次。获得财政部立项推广“周六课堂”项目经费80万元，在汨罗市、湘阴县、岳阳县等县市区的7所学校推广开课，社会反响良好。

【举办青少年科技创新大赛和模型竞赛】 2011年，市科协举办第32届岳阳市青少年科技创新大赛，76件青少年科技创新优秀作品参加评选。组队参加省、国家青少年科技创新大赛，岳阳县张谷英中心学校的《家乡河流水质及污染情况调查报告》获得第26届全国青少年科技创新大赛一等奖。举办第5届“尚德电力杯”全国青少年创意大赛岳阳赛区比赛，并组队参加全国总决赛，取得优异成绩。岳阳县一中代表队获得一等奖，获得50千瓦太阳能发电设备一套。湘阴县城北学校等4所学校分别获得二、三等奖，获得2千瓦太阳能发电设备一套。举办岳阳市第12届青少年模型竞赛，全市80多所学校的1000多名运动员进行27个项目的竞赛。

【表彰优秀科技工作者】 2011年，市科协在全市组织编制工作会议上，对刘郁东等10名第三届岳阳市青年科技获奖者进行表彰奖励，并组织电视、报纸等媒体对他们的事迹进行宣传报导，编印《岳阳市第三届青年科技奖获得者风范录》。在全市科协系统开展向全国优秀科技工作者李华学习的活动，激励广大科技工作者投身“四化两型”、“五市一极”建设。

【开展优秀学术论文评选交流活动】 2011年，市科协联合市人社局、市科技局举办第九届自然科学优秀学术论文评选活动，征集自然科学学术论文220篇，评出特等优秀论文1篇，一等优秀论文19篇，二等

岳阳市第十二届青少年模型竞赛在花板桥学校举行 （周惠凤 摄）

优秀论文91篇。组织学会、协会、企业科协开展形式多样的学术交流活动，如第四届长炼科技论坛，邀请中国工程院院士李大东、汪燮卿等，与广大企业科技人员围绕“科技推动发展，创新引领未来”等主题进行交流探讨。年内全市各级科协及所属团体召开学术会议500余场次，与会人数近10万人次。

（本栏撰稿 兰 岚）

岳阳市社会科学界联合会

【概况】 2011年，岳阳市社会科学界联合会（简称市社科联）围绕科普工作中心、服务大局、突出特色，深入机关、社区、企业、农村，把社科普及推广转化到学会工作、建整扶贫、企业帮扶中，使社科思想融入到部门领导工作决策中，提升决策科学水平；使社科知识融入到推动地方实践发展中，提高社科服务质量；使社科理念融入到民本岳阳发展“五市一极”建设中，提速岳阳科学发展。在课题研究注重成果应用转化中开展市情对策应用研究。在全市各级党委（党组）中心组征集2011年市情对策调研成果。市社科联主席胡中习、副主席刘光明、市金融学会会长谢汉阳在广泛深入调研的基础上，分别向市委提出《关于加速推进岳阳“五市一极”建设的战略思想及对策》、《关于建设岳阳历史文化主题公园的建议》、《关于进一步改善岳阳金融生态环境的建议》，均获市委“迎接党代会.奏响民本岳阳和谐崛起最强音”献计献策活动优秀建议奖。胡中习被评为献计献策优秀个人。组织学会会员开展专题调研和重点课题调研140多次，撰写调研报告300多篇，一些调研成果已转化为领导决策。其中市金融学会完成的《借鉴国际经验、加快金融支持湖南“两型社会”建设步伐》课题在省金融学会“金融支持经济转型与两型湖南”征文中获得第一名，得到武汉分行领导肯定。重点资助年度课题研究项目。资助立项《实施“3+2”区域经济一体化发展战略研究》等10个市级重点课题，围绕市委、市政府中心工作和岳阳社会经济发展中的难点、热点问题开展课题研究。

【普及社科示范基地】 2011年6月，市社科联以未成年人心理健康研究会为依托创建“岳阳市社科普及宣传基地”，以岳阳楼区岳阳楼街道办事处和谐宣讲团为基础创建“岳阳市城市社区社科普及宣传基地”。向基地捐赠电脑等办公设施，为基地建设提供必要的工作条件。与岳阳楼区宣传部、岳阳楼区北门渡口社区和谐宣讲团联合开展社科普及宣传活动，面向社区居民宣传科学思想、科学精神、科学方法，讲和谐知识道理，理顺关系，解决具体问题，探索使社科知识融入到更多民众中的路径。

【岳阳市第九届社科优秀成果评审活动】 2011年6月22日，市社科联组织召开岳阳市第九届社科优秀成果评审会。经岳阳市第九届社科优秀成果评审委员会评定，从受理申报的114项中评出奖项72项，其中特别奖10项、一等奖3项、二等奖12项、三等奖20项、优秀奖27项。在评选过程中，实施全程纪律监督，制订“公平、公正、公开”的原则和评委守则，72项获奖成果在岳阳社科网(www.yyskw.com）上公示7天，并公布投诉电话，接受群众监督。参评成果站在理论和实践的前沿，围绕重大理论问题和现实问题选题，理论水准高、有创见。余三定等专家、教授、学者参与评审，评审会上，市委常委、宣传部部长徐新启在审阅获奖成果后指出，本次评审推介的选题紧扣市委、市政府的重大选题，具有很强针对性和新意。在评奖后，社科部门要注重优秀作品的成果转化，集中各方面的力量，使成果很快与实际结合，使其推动全市经济又好又快发展。副市长隋国庆指出，全市社科成果不断涌现，呈现出选题好、质量高、影响大的特点。选题对社会进步具有促进意义。评委一致认为：本届成果质量比往届更高，在理论上有创新性，实践指导应用性、学术性更强，充分反映社科工作者在经济、政治、文化、社会中的重要性，公示期满后，于8月11日下发岳阳市第九届社会科学优秀成果颁奖通报。对评出的72项优秀成果，予以通报表彰。

【编撰《转型智道——湖南岳阳市2011年市情对策调研成果选编》】 2011年10月10日，市委建设学习型党组织工作领导小组办公室、市社会科学成果评审委员会办公室联合向全市各级党委（党组）中心组发出《关于在全市各级党委（党组）中心组征集2011年市情对策调研成果的通知》，征集2011年市情对策调研成果。同时，市社科成果评审委员会办公室组织专家在申报的50多项市情对策研究成果中评取10项列为市情对策研究重点资助项目，

省社科联副主席黄建华、禹兰一行到岳阳调研　　（张　萍　摄）

在12月26日召开市情对策重点课题结题会。为促进市情对策研究成果的宣传普及转化，发挥市情对策研究的决策参考、咨政智囊作用，从各地各部门申报的50多项市情对策研究中选取30多项研究成果编辑成书。由武汉出版社出版。市委、市政府对市情对策研究高度重视，12月，市委书记黄兰香在看望市社科联工作人员时充分肯定社科联在服务全市工作大局中的作用，要求市社科联继续做好“三个服务”工作。市委常委、市委宣传部部长徐新启在12月26日市情对策调研重点结题会上强调要发挥市情对策调研成果的作用，做好成果推广应用工作，精心编辑出版好此书。市政府领导批准专项资金给予资助。市直有关部门，县市区给予大力支持。该书由岳阳市社科联承担具体的组稿、编辑工作。市委宣传部、市委建设学习型党组织工作领导小组办公室给予了具体指导。

（本栏撰稿　张　萍）

岳阳市归国华侨联合会

【概况】 2011年，岳阳市归国华侨联合会（简称市侨联）致力于以侨引资、以侨传情、以法护侨，发挥参政议政建言献策作用，为岳阳市经济社会发展服务，侨联工作取得新的成绩。在热情做好接待服务工作的同时，多方面介绍中国和岳阳市发展情况，引导广大海外侨胞、侨眷参与经济建设。接待海外华侨华人、港澳同胞11批87人次。其中美籍华人、洛杉矶华人统一促进会会长黄开基几次率团到岳阳，陪同台湾中信造船集团负责人到岳阳市重点考察临港新区国际集装箱码头；意大利华人钟铭考察汨罗工业园区，有意投资兴建医药生态工业园；美国斯坦福大学教授，美籍华人喻小平一行到岳阳重点考察经济技术开发区，并表示有机会愿意到岳阳投资兴建科技工业园区。利用“走出去”的机会加强与海外华侨华人联系，开展招商引资、慰问、宣传中国和岳阳的活动。分别出访美国、加拿大、新西兰、澳大利亚、南非、阿联酋等国，与外国政府、友好、金融、商会、华侨商会等组织开展座谈会、投资说明会，与当地侨领会谈、发放宣传品等形式大力宣传中国和岳阳，激发华侨华人的乡情，引导他们参与祖国建设，起到良好效果。

【市领导走访慰问归侨侨眷】 2011年1月28日，市委常委、统战部部长李劲夫在市外事侨务办侨联党组书记、主任邱虹等负责人的陪同下，深入中心城区，走访慰问归侨侨眷代表，送上新年新春的祝福，传达党和政府的温暖与关心。在小港粮库社区，李劲夫走进俄罗斯归侨宋玲的家，握住她的手亲切地向她问好。当了解到她的一家是四世同堂的大家庭，日子过得其乐融融时，李劲夫说，感谢您在对外友好工作中所作出的贡献，愿你们代代幸福美满。在3517社区，李劲夫探望日籍友好人士付地爱子。付地已是87岁高龄，她精神矍铄，经常参加各种文艺表演。交谈时，李劲夫对老人多年来积极为中日友好，为岳阳市与昭津市友好工作所付出的努力表示诚挚感谢，并征求她对外事侨务工作的意见和建议。在际华3517工厂退休职工新加坡归侨汪亚芳家，李劲夫紧握着汪老的手，希望他多坚持锻炼，战胜疾病，应对困难。并仔细询问他的生活和身体健康状况，嘱咐汪老的子女悉心照顾老人，让他快乐生活。他还要求随行人员多关注汪老的生活情况，切实帮助他解决实际困难。

【易炼红出访阿联酋、南非国家】 2011年4月8～15日，应中国江河幕墙中东集团总部和南非布莱德市政厅的邀请，市委书记易炼红率岳阳市城建商贸代表团一行6人，赴阿联酋、南非进行友好访问。在阿联酋访问期间，代表团考察迪拜的城市建设和商业情况，与阿联酋商会和企业界人士进行座谈，加深对阿联酋经济社会发展情况的了解。代表团所到之处，城市规划布局合理，城市干净整洁，城市建筑各具风格，成为一道亮丽的风景线。通过所见所闻，易炼红书记深有感触。他提出，岳阳市城市建设和管理部门要进一步开阔视野，解放思想，提升理念，要围绕“五市一极”建设，着力营造更加秀美、更具特色的城市风景，真正使岳阳成为让游客进得来、留得住的旅游热市。代表团还赴阿联酋首都阿布扎比考察岳阳籍企业家在阿联酋的子公司–江河公司中东集团总部和3个项目部。江河公司是目前全球前十、中国前三甲的幕墙玻璃生产安装的专业公司，在全球各地都有项目，2010年产值突破100亿元。公司还承揽阿联酋首都阿布扎比的标志性建筑金融中心的幕墙玻璃安装，单个项目产值超过2亿元。看到企业产销两旺，易炼红高兴地表示，江河公司是岳阳市企业走出国门的典范。岳阳市企业走出国门还有很大的潜力。代表市委、市政府对江河公司表示亲切慰问，希望江河公司企业高管进一步发扬开拓进取、严格管理的优良作风，创造更高更好的业绩，为岳阳市企业走出去起模范带头作用。在南非期间，代表团一行受到全非洲中国和平统一促进会会长李新铸的热情接待。李新铸会长与易炼红就中国与南非经济发展上的互动，中国企业在南非的发展进行深入交谈，就岳阳企业在南非投资兴业的可能性进行探讨。

【举行2011年侨胞捐资助学仪式】 2011年8月10日，岳阳市2011年度华侨华人捐资助学仪式在市政府举行。全市又有8名在校贫困家庭大学生获得侨胞资助。副市长宋爱华等出席捐赠仪式。此次捐资助学的侨胞有香港居民雷小云、西班牙华侨孙思鹏、意大利华侨胡小秋，他们通过多年同岳阳市外事侨务部门联系与沟通，出于对祖国、对家乡、对岳阳的爱，自愿捐资助学，年内按计划对汤红、唐乐、唐莎、钟雨、方小燕、李保伟、彭锦秀、陈昆8名在校大学生各给予本学年5000元学费资助。其中，雷小云的母亲钟期明祖籍平江，对家乡怀有深厚的情感和留恋，一直关心着家乡的建设。雷小云传递母亲的爱心，除捐出2万元的助学金外，还特意为平江县向家中学另捐一笔善款作为该校教学奖励（教师、学生）基金。雷小云一家多年来关心平江故乡建设，累计献爱心捐资约30万元。仪式上，副市长宋爱华，市外事侨务办侨联党组书记、主任邱虹受侨胞委托给8名学生发放助学金。学生代表钟雨作学习情况汇报，学生家长代表作感谢发言。

【“东方莱茵河，湖南两型梦——2011海外华文媒体高层聚焦湖南”采访团到访】 2011年10月29日“东方莱茵河，湖南两型梦——2011海外华文媒体高层聚焦湖南”采访团一行到岳阳。30日上午，采访团一行饶有兴趣地参观AAAAA景区岳阳楼。市委书记易炼红在岳阳楼巴陵广场会见采访团海外华文传媒合作组织秘书长、香港《文汇报》海外版总编辑曾书万一行。易炼红代表市委、市政府对采访团的到来表示欢迎，并现场接受日本《半月文摘》社长梁钟文、《加拿大商报》社长助理郭灵、《香港文汇报》记者李程的专访。市委常委、市委宣传部部长徐新启主持采访活动，市委常委、市委秘书长樊进军及市外事侨务办等相关部门负责人出席。30日11时，市长黄兰香在南湖宾馆4号楼三楼多功能厅会见采访团一行并作市情介绍。海外华文传媒合作组织秘书长、香港《文汇报》海外版总编辑曾书万在致辞时对岳阳经济社会发展取得的可喜成绩和崭新变化给予高度评价。他表示，通过此次采访相识后，愿意多加强联系，多交流合作。将以各自不同的视角在媒体上重点报道，诠释岳阳的变化和发展带给人们的震撼，并向海外客商牵线搭桥，推介岳阳。衷心祝愿岳阳在“十二五”期间加快建设“五市一极”，合力推进“四化两型”，造福岳阳人民。下午采访团一行前往君山岛参观湘妃祠、柳毅井、二妃墓，品尝君山银针茶。随后参观岳阳城陵矶临港产业新区。日本《中日新报》社长刘成感慨地说：“岳阳有山有水、有江有湖，湖光山色、美不胜收，不愧是生态宜居城市。希望岳阳进一步扩大宣传，将这座山水相融、山清水秀的城市推向全世界。”此次“东方莱茵河，湖南两型梦——2011海外华文媒体高层聚焦湖南”采访团由香港《文汇报》、英国《英中时报》、欧洲《欧洲商报》、美国《美洲商报》、加拿大《加拿大商报》、日本《半月文摘》与《中日新报》、韩国《亚洲经济》、新西兰《信报》、台湾中时集团《旺报》、马来西亚《南洋商报》及《自由日报》与《亚州时报》、泰国《京华中原联合日报》、菲律宾《商报》、印度尼西亚《讯报》与《国际日报》等17家海外华文媒体高层与记者组成。此活动以湖南打造“东方莱茵河”、建设“两型社会”为主题，10月23日在长沙启动，8天时间里，采访团深入湖南湘江流域长沙、株洲、湘潭、衡阳、岳阳、郴州、永州、娄底等8个城市实地考察，感受湖南省打造“东方莱茵河”的美好愿景，推进“两型社会”建设的成就。通过采访报道，宣传湖南打造湘江“东方莱茵河”的决心、力度和成效。岳阳是采访团考察的最后一站。

【举行侨界迎新年座谈会】 2011年12月30日，“2012年岳阳市侨界迎新年座谈会”在南湖宾馆四号楼举行。来自海内外的归侨侨眷、侨商和各县市区外事侨务办主任、侨联主席等侨界代表等欢聚一堂，喜迎新春，畅谈成就，共享发展。市领导严华、易丽珍、蒋锋、肖建华等出席会议。会议听取全市侨务侨联工作情况汇报：一是搞好联络联谊，发挥桥梁纽带作用，全年接待海外华侨华人、港澳同胞11批，87人次。二是以侨引资，助力经济社会发展，2011年度争取华人华侨捐赠项目5个，捐赠资金达115.3万元，新建和修缮乡村学校5所、乡级医院3所，捐资助学学生50多名。三是做好侨务信访，依法维护侨益。接待上访信访电访70余件次，办结率和满意率达95%以上。会上侨界代表踊跃发言，对侨务部门所作出的努力和成绩表示祝贺与感谢。市水泥厂归侨张玉超非常感谢市侨办侨联为落实归侨每月200元政策补助所做出努力。侨属杨东对保护与开发岳阳的文化名胜提出良好的建议。侨商企业尤特尔公司代表和华容旧城改造项目侨商吴文雷感谢市侨办侨联为其企业经营发展所作出的服务与支持。市侨联主席刘力群在讲话中感谢各级领导和归侨侨眷对市侨联工作的支持。要求全市侨联各级组织和侨联干部要加强同广大归侨侨眷的联系，倾听侨声，更进一步做好为侨服务为经济建设服务的工作。副市长蒋锋在讲话中表达“感谢、希望、祝福”三层意思。市委常委、市委组织部部长、市委统战部部长严华代表市委、市政府对全市侨界朋友和海外侨胞给予新年的祝福。他要求全市各级党委政府和统战、侨务部门以及广大侨界朋友要畅通渠道，凝聚侨心；要创新载体，汇集侨智；要拓展平台，发挥侨力；要创新方法，维护侨益。（本栏撰稿　杨　颖）

岳阳市残疾人联合会

【概况】 2011年，岳阳市残疾人联合会（简称市残联）忠实履行“代表、服务、管理”职能，围绕“强基础、抓重点、创亮点”的工作思路，攻坚克难、科学发展，全面完成年度工作任务，全市残疾人事业呈现发展基础更加扎实、发展氛围更趋浓厚、发展成果更多共享的特点。市残联争取党委政府和相关部门重视支持，残疾人工作地位逐步提升。市委、市政府出台《岳阳市保障和改善民生实施纲要（2011-2015）》，将加大残疾人救助单列为一项内容，在康复、住房、生活困难补贴、托养服务等方面提出具体要求。市政府残工委制定《岳阳市人民政府残疾人工作委员会职责、成员分工及工作制度》，组织召开实施《残疾人保障法》20周年座谈暨市政府残工委全体成员会，4位市级领导和27个成员单位负责人出席会议，共商残疾人事业发展大计。市残联与市人社局、市财政局联合出台《关于做好乡镇(街道)残疾人专职委员选聘和管理工作的实施意见》，明确要求在全市乡镇（街道）配备残疾人专职委员。协调相关部门在出台社会保障政策时对残疾人实行优惠待遇，农村残疾人参加新型农村合作医疗和城镇1～2级重度残疾人参加城镇居民基本医疗保险，县市区政府对其参保金个人缴纳部分给予补助。已启动新农保和城镇居民医保工作的县市区，还为重度残疾人每人每年代缴100元养老保险费。争取卫生和人社部门将运动疗法、偏瘫肢体综合训练等9项医疗康复项目纳入城乡基本医疗保障范围，将重性精神残疾人居家服药项目纳入特殊门诊报销范围，提高残疾人医疗保障水平。市残联被评为全省残疾人康复工作先进单位、全省残疾人信息统计和状况监测工作先进单位、全市信访工作先进单位、全市联手帮扶工作先进集体、全市建设扶贫工作先进单位。湘阴县被国务院残工委授予全国残疾人工作先进单位；岳阳县被中国残联授予全国残联专门协会创先争优活动优秀单位。市残联领导班子在市委组织的民主考核测评中满意率和基本满意率达100%。

【残疾人康复服务工作】 2011年，市残联在实施“0～6岁贫困残疾儿童抢救性康复”项目中，救助贫困残疾儿童166名，其中国家项目85名，省项目61名，市项目20名，涌现出李赞、周镇源、邵乐莎等一批康复明星。组队参加全省第二届听力语言康复明星大赛，获得二等奖2个、三等奖3个、优秀奖1个、优秀组织奖1个。综合成绩和奖牌总数排全省第三。注重加强康复服务机构和辅助器具服务机构建设。在岳阳爱尔眼科医院设立市残疾人低视力康复技术指导中心，在岳阳残疾人服务中心新增了聋儿语训、脑瘫儿童训练、低视力配镜项目。残疾人辅助器具服务车深入基层开展流动服务。对市妇幼保健院、汨罗市特校等6个脑瘫儿童康复训练机构和聋儿语训机构进行年度综合考核，有效提升这些机构的服务水平。依托市级康复服务机构和社区康复站开展残疾人康复服务。全年为各类残疾人适配辅助器具6250件。汨罗市承担全省聋儿听力筛查试点工作，得到国家和湖南省残联领导充分肯定。

【残疾人就业服务工作】 2011年，市残联将扶助残疾人实现就业作为工作的重中之重，通过集中安置、按比例安排就业、自谋职业等形式，多渠道、多层次地推荐残疾人就业。联合市财政局出台《岳阳市超比例安排残疾人就业奖励实施办法》。全年征收残疾人就业保障金1900万元，其中市本级510万元。2011年全省“就业援助月”活动启动，市残联组织58家爱心企业、500多名残疾人参加现场招聘会，7月又组织60多名残疾人参加华文食品厂专场招聘会，有64名残疾人通过招聘会方式找到理想的就业岗位。市本级举办盲人按摩定点授徒培训、盲人电脑培训、盲人盲文培训、“创办你的企业”（SYB）培训和职业指导员培训班8期，培训320人。县市区举办残疾人职业技能实用技术培训班27期。通过实施这些“量身定做”的培训，圆满完成1050名残疾人培训任务。针对部分残疾人强烈要求学驾照的实际情况，市残联会同市道路运输管理局、市交警支队，在冷水铺驾校举办首期残疾人汽车驾驶员培训班，参训学员达32人。全市通过现场招聘会和就业培训等方式新增就业800人。市残联和临湘市残联残疾人劳动就业服务中心规范化建设通过全省达标验收。

【残疾人文化宣传工作】 2011年，市残联抓住残疾人节会活动等有利时机宣传残疾人事业。5月15日是第21次“全国助残日”，市残联联合致公党岳阳市委和长江信息报社在巴陵广场举行“岳阳市爱心助残志愿者协会成立暨扶残助学长江行动2011年发布会”，动员爱心人士现场资助贫困残疾学生和残疾人家庭子女，200名爱心助残志愿者代表庄严宣誓。6月20～24日，举办岳阳市第一届残疾人文化周活动，组织400多名残疾人开展全市特教学校文艺汇演、书画摄影作品及手工艺品展览、“文化进社区”座谈、“党的阳光照我心”主题征文、“我与祖国共成长”演讲等12项比赛活动。选送作品参加全省残疾人文化周活动评选，获得一等奖3个、二等奖2个、三等奖3个。汨罗市特校选送的剧目《半夜鸡叫》参加全省特教学校文艺汇演获得金奖，并代表湖南省参加全国比赛。12月5日，市残联与市委宣传部、市文明办、团市委共同举办“首届岳阳公益嘉年华·真情温暖残疾人”活动，46个志愿者协会与46名在训儿童“一对一”签订帮扶协议。全市残联系统在《湖南日报》、《岳阳日报》、中国残联网站、省残联网站以及省、市电视台等各类报刊、网站、电视刊播残疾人事业新闻稿件383篇（条），进一步提升残联的社会形象，扩大残疾人事业影响，促进残疾人工作。市残联网站和市残疾人就业信息网运转正常。市残联网站以“更新快，点击率高”得到省残联宣文基部领导的充分肯定。残疾人作家范子盛创作出版《道德经的光亮》，其作品在社会

在岳阳市召开的第三届全国输血系统HLA实验室工作研讨会（严　柯　供稿）

上很有影响，作品研讨会在汨罗市召开，省政府民族宗教事务局、市政府、市政协领导及省内外有关专家、学者和作家等100余人参加研讨会。“全国助残日”、“聋人节”等残疾人节日，开展扶残助残和相关庆祝活动。第28届“国际盲人节”，市盲协开展“学法、守法、用法”倡议活动和文娱活动；第二次全国“肢残人活动日”，市肢协召开座谈会，并免费为肢残人代表体检；第54届“国际聋人节”，市聋协组织聋人朋友赴临湘市五尖山国家森林公园举行庆祝活动。各专门协会还利用“全国助残日”、“国际残疾人日”组织开展各类竞赛、“现身说法”、“回报社会”等活动10多次，社会反响良好。

【残疾人信访维权工作】　2011年，市残联建立领导班子成员轮流接访制度，设立信访维权窗口，安排3名工作人员专门负责残疾人接访、处访和维权。全年残联班子成员轮流接访320人次，对所有来信来访，能解决的及时解决，一时解决不了的，耐心做好解释工作。对上级交办的信访件、涉及全局的重点信访案例、久拖不决的疑难信访问题，落实领导包案负责制。市残联成功化解兴亚水厂残疾人上访、要求天然气入户优惠和93号汽油投诉事件引发残疾人上访等群访集访47起。全国政协委员、中国残联维权部主任薄绍晔专程考察市残联残疾人信访维权工作，高度评价市残联“工作扎实，措施得力”。全市创建省级残疾人法律救助明星工作站2个，成功申报省级残疾人法律救助工作站1个，指导岳阳县等3个县级残疾人维权服务机构规范化达标。全年没有出现大的侵害残疾人权益案件。　　（本栏撰稿　戴述广）

岳阳市红十字会

【募资救灾工作】　2011年，岳阳市遭遇到百年一遇的短时集中强降雨，造成临湘市、平江县、岳阳县等地区发生特大山洪、泥石流地质灾害。灾情发生后，市红十字会积极开展救灾工作。为灾区募集救灾款物近300万元。争取项目资金47万元，分别援建临湘市改水、岳阳县杨林乡卫生院、湘阴县和平学校改建项目。组织开展“博爱送万家”活动，向受灾群众和特困家庭发放慰问物资和慰问金33万元，为全市12位白血病患者争取中国红十字基金会救助金36万元。资助贫困学生54名，共计1.08万元；救助弱势群体和大病患者近100人，发放救助款16.3万元。

【无偿献血工作】　2011年，全市各级红十字会动员组织近7000人无偿献血，完成造血干细胞志愿者2000人份入库，成功捐献造血干细胞5例。实现80例成功捐献，造血干细胞捐献工作仍位居全国同等城市第一。同时，全面推开人体器官捐献工作，相继开展一系列的宣传活动，成功捐献3例人体器官，使4名尿毒症重患者生命得到延续。

【加强红十字会机构管理】　2011年，市红十字会在全市范围内进一步加强红十字（会）医疗机构的规范化管理，对全市29家冠名医疗机构进行检查，取缔4家不达标的冠名医疗机构。7月，联合市总工会、市卫生局举办岳阳市第二届急救技能大赛。在学校、企业、消防等行业普及救护知识，普及人数达8000人。全市有20所红十字学校，其中职业技术学院成功申报为全国红十字模范学校。青少年入会率达到90%，近5000名学生会员进行“红十字运动、救护基础知识讲座”，开展“安全知识进校园”捐书活动，为红十字学校捐赠“学生安全救护读本”1.63万册，价值近28万元。　　（本栏撰稿　隋秉华）

责任编校　龚英明

行案件2074件，纠正不当31件。针对监管场所发现的安全隐患和监管违法提出书面检察建议32件。建立完善监外执行罪犯电子台账，有效防止脱管漏管和重新犯罪，对办理的3件罪犯又犯罪案件，结合庭审情况及时进行跟踪预防教育，效果良好。

【加强检察队伍建设】 2011年，全市检察机关落实中央政法委、最高人民检察院部署的“发扬传统，坚定信念，执法为民”、“恪守检察职业道德，促进公正廉洁执法”等主题教育活动，培育干警忠诚履职意识；开展“维护人民群众合法权益，解决反映强烈突出问题”、“与群众交朋友，树检察新形象”、“圆梦希望工程爱心助学”活动，培育干警为民服务意识。深入学习贯彻《廉政准则》，推行警示谈话制度，对新任领导干部进行任前廉政谈话，为新进人员开设“从检第一课”，定期组织观看警示教育片，培育干警廉洁从检意识。制定《岳阳市人民检察院机关科学管理与考核办法》，细化考核项目，鼓励创先争优。加大教育培训力度，举办、参加新进人员、领导素能、岗位专业等各级各类培训92期，培训检察人员1933人次。与湖南理工学院建立干部教育培训、实习基地，培养专业型、研究型检察业务人才。加强业务练兵，推行全员岗位考试考核制度，开展形式多样的技能竞赛活动，有12人分别获得全省“十佳公诉人”、“优秀公诉人”、“反贪业务标兵”、“优秀办案能手”等称号。承办的湖南省第四届十佳公诉人竞赛暨公诉人团体论辩赛取得圆满成功，岳阳市代表队获得团体二等奖。

【承办湖南省第四届公诉论辩赛】 2011年8月22～27日，第四届全省“十佳公诉人”业务竞赛暨公诉团体论辩赛在岳阳举行。竞赛产生10名“全省十佳公诉人”和10名“全省优秀公诉人”，有7支代表队获得公诉团体论辩比赛奖。省人民检察院检察长龚佳禾，岳阳市政协主席白尊贤，市委常委、市委秘书长赖社光，市人民检察院检察长朱必达等领导出席颁奖仪式。此次全省十佳公诉人业务竞赛暨公诉团体论辩赛包括资格审查、公诉实务电脑笔试、综合知识笔试、十佳赛业务答辩、十佳论辩赛、团体论辩赛预赛、团体论辩赛决赛等7项内容，有2场笔试、10场个人论辩赛、18场团体论辩赛，是对参赛选手的专业知识、逻辑思维、语言表达、应变能力等各方面素养的全面检验。全省十佳公诉人候选人从进入十佳论辩赛的20位参赛选手中角逐产生。

【成立检察干部教育培训基地】 2011年10月18日，市人民检察院干部教育培训基地、湖南理工学院学生实习基地揭牌仪式在湖南理工学院隆重举行。根据检校双方签订的长期合作协议，市检察院将依托基地有计划地重点加强对全市两级检察院检察人员专业化、正规化培训。通过重大课题攻关、参加高层次专业对口培训和学术交流等方式，培养专业型、研究型检察业务人才。选择富有实践指导意义的课题申报国家级、省部级和省检察院的重点课题，申报成功后检校联合攻关，成果共享。组织双方人员开展专题调研，对检察实务中的重点、热点、难点问题开展实证研究，形成调研报告。组织专家学者参加有关法律适用问题和疑难案件的研讨、论证，提供专家咨询意见。双方互聘专家教授挂职交流。在挂牌仪式上，市检察院聘任湖南理工学院副校长钟华等3名教授为专家咨询委员，湖南理工学院聘任副检察长黄志强、沈月光为兼职教授。 （本栏撰稿　万佳妮）

审判工作

【概况】 2011年，岳阳市中级人民法院（以下简称市中级法院）围绕全市经济社会发展大局，不断加强法院建设，切实推进“两个维护”，各项工作取得新进展。被评为全国优秀法院，并作为全国优秀法院代表在北京作大会发言。全市法院受理各类案件28498件，审结、执结26798件，其中，市中级法院受理4355件，审结、执结4198件。全市法院获得国家级奖励5个，省部级奖励18个，市级奖励89个，君山法院和云溪法院被评为省级文明单位，平江法院被评为全省法院党建工作先进集体，李完武被评为全国政法系统优秀共产党员。

【刑事审判】 2011年，全市法院审结各类刑事案件1994件，其中市中级法院审结247件。依法严惩严重暴力犯罪，审结杀人、绑架、抢劫、爆炸等案件568件，从重从快审结方四华致5死3伤杀人案，曹艳、王魁绑架杀人案，付小兵杀妻煮尸案，彭新科致2死4伤放火案等一批严重刑事犯罪案件。依法严惩涉黑涉恶团伙犯罪，从重从快审结岳阳

岳阳市委副书记、市长盛荣华在岳阳市中级法院调研党建工作 （市中院　供稿）

楼区钟卫星、陈云章团伙，张金良、张同祥团伙，汨罗市廖申权、廖朝晖团伙，君山区潘世红团伙等7个涉黑涉恶犯罪团伙案件，判处罪犯79人。依法严惩毒品犯罪218案294人，危害人身安全的食品药品犯罪7案18人，醉酒驾车犯罪2案2人。依法严惩贪污、贿赂、渎职犯罪94案106人，其中县处级以上干部5人，有3人被处以重刑，岳阳经济技术开发区原工委副书记、管委会副主任陈砚发被判处有期徒刑12年。在刑事审判中，坚持宽严相济的刑事政策，对罪行严重的339人判处5年以上有期徒刑、无期徒刑和死刑，对罪行较轻、确有悔罪表现的初犯、偶犯、未成年犯、老年犯等574人依法判处非监禁刑；坚持“量刑公开”，在庭审中增设量刑辩论程序，依据罪刑法定原则公开量刑；坚持“审赔结合、先赔后判”原则，加大对被告人赔偿的执行力度，仅市中级法院就为22案被害人兑现赔偿金210.4万元，较2010年增长178.3%；坚持参与社会管理综合治理，协同社区做好服刑罪犯的法制教育、监管矫治，对2250件减刑、假释案件公开听证，推动监所管理和罪犯改造。

【民商审判】 2011年，全市法院审结各类民商事案件15494件，诉讼标的25.24亿元；其中市中级法院审结1099件，诉讼标的8.11亿元。重视涉及民生案件的审理，依法审理劳动就业、社会保障、交通运输、教育、医疗、住房、消费等领域的案件7927件，依法审理农产品买卖、农民工工资、农村土地承包等案件518件。及时调解兑现湖滨园艺场80名职工劳动争议案，及时调判泰格林纸集团、市三医院等建设工程案。重视环境保护案件的审理，审结环境污染损害赔偿案件290件。重视企业发展及改制案件的审理，依法审理金融、购销、物流等方面的案件3877件，有力维护企业生产经营秩序；依法审理企业破产和公司清算案件38件，在市政府的支持下，妥善解决三九集团、汇泽房地产公司、市华侨住宅开发公司等企业破产案件中的资产处置、债权债务、职工安置、劳动争议等一系列遗留问题。重视知识产权案件和涉外案件的审理，依法审结各类知识产权案件17件，促进企业提高自主创新能力；依法审结涉外、涉港澳台民商事案件15件，平等保护中外当事人的合法权益。

【行政审判】 2011年，全市法院审结行政诉讼案件296件，其中市中级法院审结77件。为维护行政相对人的合法权益，审慎处理在推进城镇化建设过程中发生的土地征收、房屋拆迁、项目开发等行政争议。湖北泰维市政燃气管网工程开发有限公司分别诉岳阳市政府行政决定案、岳阳县政府管道天然气特许经营权行政许可案，通过市中级法院努力，均协调结案。为促进司法与行政良性互动，共同防范和化解行政争议，向各级行政机关发出司法建议书156份、举办法制讲座36场次。为保护赔偿请求人的合法权益，全年依法审结国家赔偿案件8件，决定赔偿3件，赔偿金额5.36万元。

岳阳市人大常委会主任李湘岳率市县两级人大常委会主任在市中院调研自觉接受人大监督工作
（市中院 供稿）

【执行工作】 2011年，全市法院执结各类案件6678件，执结标的13.81亿元，其中市中级法院执结440件，执结标的6.24亿元，执行工作连续5年居全省前两位。着力开展创建“无执行积案法院”活动，湘阴县法院、君山区法院被省高院评为全省无执行积案先进法院，临湘市法院被评为全省清理执行积案工作先进单位。着力规范执行行为，强化和完善异议审查及重大执行听证，市中级法院实现连续3年在省高院无执行异议案件发改，2011年执行案件质量居全省第一。持续开展清理金融债权案件专项行动，全年对7家银信部门的未结案件逐行、逐案研究，制定执行方案，限期执行，收回金融债权2.6亿元。着力打击“老赖”，全市开展四个重点攻势：一是曝光一批。选择79起典型案件，将被执行人名称、欠款数额、欠款时间等信息，集中在《岳阳日报》、岳阳电视台进行公开曝光；二是限制一批，对54名不履行义务的被执行人，发出“限制其高消费、限制其出境”的禁令；三是兑现一批，8月召开执行兑现大会，兑现2.69亿元；四是制裁一批，对32名拒不履行义务的被执行人实行联动制裁，限制其融资、贷款、投资置业、产权登记等经济活动，还对105案的被执行人进行司法拘留，移送公安立案侦查10人，已判刑3人，切实做到惩失信、护守信、促诚信。

【涉诉信访】 2011年，全市法院落实把倾听群众诉说上升到办案艺术和境界的要求，提出让当事人把话说完才是修养合格法官的标准。

明确规定：法官与来访人员发生争吵，首先追究法官责任。开展“文明窗口”创建活动，市中级法院和汨罗市法院被最高院评为先进单位，君山区、平江县和岳阳楼区法院被省高院评为先进单位。全面核查信访积案底数，积极疏导信访人员。对重点信访案件，深入到案发地和上访人所在地公开听证，邀请当地组织负责人、人大代表、政协委员及案件当事人的亲友参加，实现“岳阳事岳阳了”。化解进京重复访案件72件，全市涉诉信访总量明显下降，到省进京涉诉信访率连续7年保持全省最低。

【便民机制】 2011年，市中级法院落实四项便民利民机制。一是构建“诉调对接”的大调解机制。在基层法院、法庭，普遍设立人民调解工作室，实现诉讼与非诉讼的有效衔接。积极引导当事人就近、就地选择人民调解、行政调解、行业调解、司法调解等方式，从细节寻找调解机会，从细处发现不稳定因素，用细致化解尖锐矛盾，尽力把纠纷解决在诉前。全市法院司法确认人民调解协议247份，民事案件调解撤诉率达71%，在全省领先。在刘岳武诉市电业局侵权纠纷案中，市中级法院办案人员鉴于刘妻患乳腺癌、长子病亡、次子患尿毒症等原因，在做好调解结案的同时，组织募捐27万多元，帮助刘家解决实际困难，《湖南日报》对此进行报道。二是完善“案结事了”的立审执联动机制，要求立案要考虑兑现，审判要促进兑现，执行要保障兑现，最大限度地实现人民群众的司法需求，最大限度地化解当事人之间的矛盾和积怨，逐步实现“案结、事了、人和”的办案目标。三是坚持“千名法官下基层”的便民利民机制。落实《岳阳法院司法便民27条》，推进法官进乡村、进社区，巡回就地办案。完善简易审判方式，扩大速裁案件范围，加大司法救助力度，为当事人减、免、缓交诉讼费57.3万元，提供司法救助金55万元，让更多的群众感受到司法的温暖。四是建立涉诉矛盾纠纷社会稳定风险评估机制。对群体诉讼、在本地有重大影响以及矛盾激化的案件，及时进行风险评估，针对可能发生的问题制定审判、执行预案，慎重办理，全年通过评估排查，化解重大矛盾纠纷43起，提高社会管理能力。

【司法公开】 2011年，为让人民群众了解司法，全市法院认真办好“岳阳法院网”，及时报道法院工作动态，公示生效裁判文书和案件信息。对群众关心的案件，市中级法院把庭审开到乡村、社区，让群众了解案情，借助社会力量化解纠纷，全市法院到基层开庭、听证1294场次。群众反映强烈的食品安全犯罪，组织全市法院开展法律宣传，并专门下文统一法律适用，规定此类犯罪一律就地开庭、不得适用缓刑。为让人民群众参与司法，市中级法院推进人民陪审员参审，新增人民陪审员96名，全市355名人民陪审员全年参审3673案。疑难复杂、矛盾尖锐的案件，邀请人大代表、政协委员、特邀监督员以及基层群众代表参加，听取意见和建议，全年邀请2135人次参与听庭听证和调解。为让人民群众监督司法，市中级法院在《岳阳日报》发放个案监督卡5万余份，回访案件当事人310案546人，向律师、当事人、相关部门发送征求意见函1500余份，并设立网上民意信箱，对收集的意见和建议进行认真整改、答复，为法院工作提供支持。

（本栏撰稿 黎 昕）

司法行政

【概况】 2011年，岳阳市司法行政工作以构建和谐岳阳为目标，以服务经济社会发展为己任，充分发挥司法行政职能作用，为实现全市“四化两型”战略目标和加快“五市一极”建设步伐发挥职能作用。市司法局被司法部评为人民调解宣传工作先进单位；被省委、省政府评为“五五”普法先进单位；被省司法厅评为司法考试工作先进单位；被市委、市政府授予“平安单位”荣誉称号；在湖南省执法状况考评中被评为优秀等次。君山区西城街道人民调解委员会被评为全省十佳人民调解委员会，湘阴县文星镇基层法律服务所被评为全省规范化基层法律服务所。市劳教所探索社会化帮教渠道，场所秩序持续稳定，实现连续10年“四无”（即无非正常死亡、无逃跑、无所内发案、无生产安全事故）目标和连续17年安全生产无事故。

【法制宣传工作】 2011年是“六五”普法的启动年，按照全省提出的“建设法治湖南”的统一目标，全市司法行政系统加大对普法依法治理工作的领导力度。以“法律六进”为载体，精心组织形式多样的主题教育活动，先后组织开展“3·8”妇女维权周、“3·15”消

全市普法工作会议 （市司法局 供稿）

费者权益保护日和以“加强基层民主法治建设，促进农村经济社会发展”为主题的农村法制宣传月等主题教育活动。按照省绩效考核确定的干部学法工作项目，在全市大规模组织干部学法培训考试，2100余名副处以上领导干部和8万余名国家公职人员参加学法培训，发放普法读本6万多册。举行市直处级干部的学法考试，1285名市直处级干部参加考试，在全市掀起学法用法热潮。以依法办事示范窗口单位的申报、考核、管理以及法治县市区、法治社区、法治学校和民主法治示范村的创建为重点，对全市26个部门、32个示范窗口单位进行全面考察，有效提升岳阳市依法行政、依法管理水平。在全省第七次法制宣传教育工作会议上，岳阳市有2名个人、2个单位被评为全国普法先进个人和先进集体，有3个县区、8个单位、18名个人被评为全省普法先进县区、先进单位和先进个人，市委书记易炼红作为全国法制宣传教育工作模范领导干部受到大会表彰。

中共中央政治局委员、中组部部长李源潮在岳阳楼区律师会调研工作
（市司法局　供稿）

【法律服务工作】　2011年，岳阳市律师协会成立青年律师工作委员会、申请实习人员品行审核委员会和实习人员实习考核委员会，着手开展工作，青年律师工作委员会举办全市第一期青年律师培训班，对实习律师进行面试考核。岳阳市律师协会与检察部门召开以“疏通申诉渠道，发挥检察职能”为主题的座谈会，举办岳阳市首届公诉人与律师论辩赛，有效搭建律师与检察官之间相互交流的平台。加强律师公证工作年度考核，严把准入关，各律师机构注重自律管理，健全内部管理机制，全市未发生一起因律师受案不慎、办案不当而引发的群体性上访事件。组织律师、公证员参与市委政法委组织的“五长”涉法涉诉接访活动24次，参与市政府重大项目法律问题的协调处理9次，中央政法委在全国推介这一做法和经验。岳阳市律师协会挑选36名优秀律师担任法院信访接待员，参与市中级法院“律师接访日”活动，接访33次69人。岳阳楼区创新性设立“律师会客厅”参与人民调解，成为人民调解的得力助手，先后接待处理各类纠纷200多起，大量社会矛盾被化解在萌芽状态，中共中央政治局委员、中组部部长李源潮在实地调研后高度评价：“有律师参与的调解，人民群众放心”。市政府法律顾问团组建以来，围绕政府决策重点、民生工作热点和维稳工作难点，参加政府讨论会30次，出具法律意见书15份，全部转化为政府决定。参与纠纷调解和处理23起，列席政府会议17人次，代理诉讼案件2起。在全省第七次法制宣传教育工作会议上，市长黄兰香代表岳阳市就法律顾问工作作经验介绍。年内，全市律师办理诉讼法律事务4540件、非诉讼法律事务180件，担任常年法律顾问488家，参与信访接待204人次，参加公益事业和社会活动5139次。全市公证员办理各类公证事项12100件，接待来访2973人次。法律援助机构充分利用法律援助为民办实事的契机，加强组织领导，加大保障力度，全市两级法律援助中心指派办理刑事、民事、行政及非诉讼等各类法律援助案件1733件，其中非诉讼民事代理案件421件，占全部案件数量的24%，结案821件，结案率达47%，为受援人避免或挽回经济损失2090万元。提前2个月完成市为民办实事项目规定的1600件办案指标任务。

【法律保障工作】　2011年，市司法局落实监管、帮教、安置措施，在全市健全完善安帮工作站177个，建立完善交接、协议、谈心、汇报、例会、家访和档案等7项制度。建立安置帮教工作信息管理平台，进行电脑信息化管理，建立刑释解教人员数据库、高危人员信息库，将经费列入年度财政预算。全市11个刑释解教人员过渡性安置基地均按“六个标准”进一步得到加强和改善，接茬刑释解教人员992人，安置帮教刑释解教人员972人，签订帮教协议992份，帮教率达到100%，安置率达到98%。重新犯罪人数39人，重新犯罪率仅为0.69%。为拓宽安置渠道，市司法局与市人力资源和社会保障局协调，计划每年安排50个公益性岗位，解决刑释解教人员就业问题。全市司法行政系统在社区矫正工作常设机构、衔接协作长效机制等方面进行建立完善。岳阳楼区、君山区、华容县、湘阴县、汨罗市、屈原管理区、临湘市由编委发文，成立社区矫正机构。岳阳楼区增加编制3人，君山区增加编制2人，湘阴县、临湘市各增加编制4人。由团市委、市司法局牵头，在岳阳楼区举行全市青少年社区矫正和安置帮教志愿服务行动启动仪式，发动志愿者230名，全年全市接收社区矫正人员1002人，解除矫正119人，没有出现一列脱管漏管现象。在省综治考评中，岳阳市社区矫正工作排名全省前三。

【人民调解工作】 2011年，全市司法行政系统加强人民调解工作，加强调解员队伍建设，健全人民调解机制，拓展人民调解领域，全市基层人民调委会基本上都达到“六有”标准，4000多个调委会绝大部分工作运行正常有效，人民调解员的选任、聘用制度得到逐步完善。岳阳市全部设立县乡两级矛盾调处中心，人民调解组织网络从纵向到底格局转向专业性、行业性发展。各县市成立医疗纠纷人民调解委员会，城区和沿交通干道的乡（镇）街都成立专门的道路交通事故民事赔偿人民调解委员会，城区各级人民调解委员会在大的市场和经济繁华区域逐步设立专门的消费者权益保护人民调解机构。调处各类矛盾纠纷21367件，调处成功率达到97.39%，其中专业性、行业性纠纷调处占31%。市医患纠纷调处中心接待调解咨询1050人次，接案127起，调处127起，达成协议支付赔偿、补偿金近300万元。

（本栏撰稿 胡 波）

岳阳监狱

【概况】 2011年，湖南省岳阳监狱在基础设施条件落后、监管改造压力骤增、经济发展难度加大等情势下，贯彻中央、司法部和省厅局有关精神，围绕“坚持科学发展，强化基础工作，推进规范化建设”这一主题，坚持管理从严、激励多元、服务超前，推进监狱工作持续健康发展，开启创建现代化文明监狱新征程，实现“十二五”良好开局。监狱连续11年7个月实现“四无”（无罪犯脱逃、无重特大狱内案件、无重特大生产安全事故、无重大疫情），执法水平和改造质量稳步提高。监狱经济平稳较快发展，实现销售收入2.58亿元，比2010年增长24%，创利润2520万元，增长140%。各级班子建设不断加强，警察职工队伍和谐稳定，素质能力得到新的提升。被评为全国监狱劳教人民警察执法大培训、岗位大练兵活动先进集体，全省司法行政系统执法状况考评优秀单位、全省监狱工作红旗单位、岳阳市安全生产工作先进单位、人口和计划生育工作先进单位等。

【开展规范化管理年活动】 2011年，根据司法部统一部署，岳阳监狱立足精细化管理，开展“规范化管理年”活动，提升监狱规范运行水平。一是立规矩。制定出台《岳阳监狱规范化管理实施方案》、《岳阳监狱精细化管理个人考核细则》等40余项制度，涉及监狱工作的方方面面，进一步健全监狱工作规范运行的制度体系。由监狱法制科牵头，监狱、公司机关各部门密切协作，收集整理历年来制定下发的各类规章制度，将现行有效的制度汇编成《监狱管理工作手册》，作为指导监狱工作规范运行的范本。二是明职责。将全狱警察职工划分为402个岗位，分别制定每个岗位的工作职责，形成165项具体工作的流程图，明确具体的操作程序和标准要求，使每名警察职工职责细化、量化，每项工作标准化、流程化。三是严考核。以精细化考核为抓手，绩效考核为平台，按照层级考核、量化考核、注重平时、突出实绩的原则，对所属各单位及每名警察职工实施扎实有效的考核，将考核结果与警察职工的“面子”、“票子”、“位子”紧密挂钩，提升考核的严肃性、公正性和促进作用。四是抓兑现。根据精细化考核和工作绩效考核，全年兑现警察职工精细化管理考核奖金453万元、加班津贴820万元，评选表彰33个先进集体、347名先进个人，将考核排名第一的分监区长和指导员提拔到副监区长岗位，在考核排名前三的监区选拔3名副科级领导，调整2名分管工作相对滞后的中层干部。因活动开展得力，效果明显，岳阳监狱被省监狱管理局推荐参评“全国监狱劳教系统规范化管理年活动先进单位”。

【建立四级责任体系】 2011年，岳阳监狱面对日益严峻的监管改造形势，牢固树立安全稳定首位意识，推行监管安全和生产安全风险抵押制度，实行领导干部基层单位联系点制度和“一线工作法”，监狱、公司领导带头包教顽危犯，建立起监狱（科室）领导包监区、监区（股室）领导包分监区、分监区警察包罪犯、罪犯互监组成员之间承担连带责任的四级安全防控责任体系。为确保监管制度全面落实，制作《罪犯改造责任体系图》、《分监区警察执法工作流程图》和《罪犯改造一日流程图》等看板，悬挂于在各监区、分监区醒目位置，明晰责任，细化程序，对罪犯实施全天候、全覆盖、无缝隙管理。开展监管安全竞赛、防罪犯脱逃和非正常死亡、监内违禁物品、危险分子及重点罪犯排查整治等专项活动，制定出台《岳阳监狱狱内耳目奖惩办法》，加大狱内侦查和耳目管理力度，全年成功破获预谋案件37起，有效防范罪犯自杀死亡事故17起，兑现有功人员奖励6万余元。建立健全监狱（公司）领导带队巡查、狱政部门安全检查、警务督察部门专项督察及监区24小时自查的四级安全检查督导机制，加大安全检查巡查工作，及时发现问题，消除安全隐患。四级安全责任防控体系的建立，为监狱安全稳定构筑一道坚实的屏障。

【开展罪犯特色教育】 2011年，岳阳监狱根据罪犯多元需求，充分整合和利用现有资源优势，因地制宜地对罪犯开展形式多样、生动有效的特色教育活动。在全体罪犯中开展中华优秀传统文化教育，为罪犯发放《弟子规》等经典书籍，开设传统文化大讲堂，抽调专门师资力量进行授课辅导，设立传统文化学习园地、文化墙、文化走廊等。10月下旬，六监区罪犯刘某通过学习《弟子规》，罪恶灵魂受到催化，主动向警察交待自己18年前曾在长沙参与过一起杀人案件，配合监狱协助当地公安部门迅速破获这起社会影响极其恶劣的公安部督办命案。充分利用社会资源，完善罪犯社会帮教体系，对罪犯实施生动有效的社会帮教和亲情帮教，举办各类帮教活动20余场次，参与罪犯达5000余人次。12月26日，岳阳市政协副主席李为率岳阳市农工民主党的领导、专家、学者到监狱进行帮教，广受罪犯欢迎。为贯彻落实中央领导的指示精神，加强社会管理创新，投资300余万元建成出监监区，举办出监教育暨职业技术培训班3期541人次，99%的学员顺利获得国家劳动部门颁发的职业技术等级证。4月26日和7月7日，联手岳阳市人力资源和社会保障局，组织54家社会企业举办服刑回归人员就业援助专场招聘会，196名刑释人员顺利实现体面就业。充分发挥本土心理咨询专家资源优势，在罪犯中深入开展心理咨询、心理矫治和法律咨询，邀请北京大学法律援助协会志愿者一行16人到狱开展为期3天的法律援助和大讲堂活动。监狱心理咨询室主任邓协平被中国监狱工作协会评为全国监狱理论研究带头人，是全省唯一获此殊荣的人员。还独创《服刑人员与监狱警察联系手册》，架起一道警察与罪犯有效沟通的桥梁。岳阳监狱教育改造工作经验和事迹先后多次被《湖南日报》、湖南都市频道、《岳阳日报》等媒体宣传推介，引起良好的社会反响。

【打造忠实可靠队伍】 2011年，岳阳监狱围绕开展“发扬传统、坚定信念、执法为民”主题教育实践活动这一主线，不断深化创先争优和“执法大培训、岗位大练兵、技能大比武”活动成果，努力打造政治坚定、作风优良、业务精通、执法严明的监狱警察队伍。坚持素质强警和“走出去、请进来”战略，举办培训班21期培训1200余人次；组织16批220余人赴北京、江西等省市监狱跟班学习和参观考察；邀请省、市有关专家和领导到狱现场授课13次。举办庆“3·8”广场舞比赛、建党90周年演讲比赛、文艺汇演等系列活动，在省厅局比赛中获得优异的成绩。加强宣传报道工作，编辑《建新》4期、《建新信息》30期，在《湖南日报》、《监所法苑》等媒体刊稿80余篇，切实发挥摄影协会等群团组织作用，营造积极向上的工作氛围。岳阳监狱被评为全国监狱警察执法大培训、岗位大练兵先进集体，八监区监区长黄辉被评为全国司法行政系统先进工作者。加强工人队伍管理，开展工人班组规范化建设活动，2个班组被省集团公司评为红旗班组。实行工人劳务派遣制，清理外聘员工。根据《建新实业公司招工方案》，择优招录工人53名。鼓励优秀工人报考公务员，有3名工人被顺利录取。落实党风廉政建设责任制，推进惩防体系建设，在监狱机关开展“深化精细化管理，转变机关作风”活动。

【转变经济发展方式】 2011年，岳阳监狱按照省万安达集团公司“转机制、拓市场、调结构、强管理、抓创新”十五字方针，加快转变监狱企业经济发展方式，推进监狱经济平稳较快发展。加速劳务加工发展，全年调整劳务项目26批次，涉及劳力3000余人，将项目准入门坎提高到月人均增加值1000元。深化生产现场“6S”管理，开展“管理效益年”活动和“启航号”等四个季度劳动竞赛。加强罪犯劳动保护，深入开展劳动现场环境专项治理，发放15万元劳保用品。提高罪犯劳动低报酬比例，发放低薪420万元，月人均80元。全年完成劳务加工增加值5008万元，比2010年增长39.43%。夯实农业基础，以强化激励机制为重点，充分调动管理人员工作积极性，提高土地租赁收益。全年对外出租土地、渔池2467公顷，完成出租收入2005万元，同比增长14.5%。实施畜牧业改制，成立畜牧公司，实行人财物、产供销一体化运作，生猪生产实现扭亏为盈。壮大建朗药业，加大新药研发和科技创新力度，拓展销售市场，实施冻二车间技改项目，实现销售收入和利润再创新高，健朗药业公司被评为岳阳市促进经济发展名牌产品。

（本栏撰稿 刘青山 杨振兴 赵 辉）

责任编辑 王 艳

国防建设

NATIONAL DEFENSE

思想政治建设

参加广字-38号演习

湘江抗洪抢险演练

武警岳阳市支队荣立集体三等功

稳步推进人防疏散基地建设

岳阳军分区

【思想政治建设】　2011年，岳阳军分区学习贯彻总书记胡锦涛“七一”重要讲话和十七届六中全会精神，完成6个专题理论学习，师团干部参加两级军区理论培训，带动官兵学理论、用理论的自觉性。扎实抓好以“坚定理想信念、有效履行使命”为主题的革命军人核心价值观教育，开展“学党史军史，感党恩跟党走”和思想作风教育整顿，收到良好效果。组织35名新任职科长以上干部和政工干部进行信息化技能培训，突出《两个规定》的学习贯彻，增强按纲抓建的能力素质。贯彻《党委工作条例》和《军队党组织实施党内监督的规定》，提高贯彻民主集中制质量。结合纪念建党90周年，学习贯彻军区“炎陵”会议精神，开展“学党史、讲党性、做合格党员”为主题的党支部学习整顿活动，并将活动延伸至常驻民兵应急分队党支部，使基层党组织进一步健全巩固。军分区抓“党支部学习整顿”和开展“学党史军史教育活动”做法被省军区转发，并在省军区师团职培训班上作交流发言。岳阳楼区人武部被省军区评为全面建设先进团级单位，汨罗市人武部刘要明、华容县人武部左强被省军区评为优秀团级单位主官。学习贯彻中央《关于推动社会主义文化大发展大繁荣的决定》，加强先进军事文化建设，军分区《围绕主题主线探索军民融合式发展新路》经验文章被《解放军报》头版头条加按语刊用。军分区被省军区评为新闻报道工作标兵单位，政治部干事吴杰被广州军区评为新闻报道和对台宣传工作先进个人。岳阳楼区人武部被授予湖南省“书香军营”称号。干休所被省军区评为先进干休所。

【战备训练】　2011年，岳阳军分区落实战备制度，结合任务和实际修订完善8类138种战备方案和应急预案。《大规模作战人民防空问题研讨》和《大规模作战人民防空方案拟制》在省军区进行交流发言。加强战备设施建设，投入260多万元，完成军分区、人武部各种信息对接，建成“一网四系统”和“两网三系统”指挥信息系统和综合保障平台。投入100多万元对军分区作战室、值班室进行升级改造，人武部也订购相应的指挥器材。坚持按纲施训，完成首长机关在职训练。在年底省军区组织的军事训练考核中取得总分第一名的优异成绩。抓好民兵骨干和专武干部集训与考核，培养一批抓民兵军事训练“明白人”。5月，在参加省军区组织的专武干部比武竞赛中获得总分第三名和多个单项名次，临湘市、岳阳楼区和平江县进入全省团级单位前25名。预备役部队和民兵超额完成训练任务。军分区被评为省军区军事训练先进单位，汨罗市人武部被评为省军区军事训练先进团级单位，袁建华参谋长被广州军区评为优秀参谋长，司令部参谋李航、曹炼被省军区评为优秀参谋。

省军区领导检查岳阳军分区信息化建设情况　　（军分区　供稿）

【国防动员建设】　2011年，岳阳军分区组织市县两级参加全省国防动员指挥所演习和“广字38号—长沙”演习，有效提高市县两级国动委组织指挥能力。在岳阳楼区组织开展国防动员机构规范化建设观摩部署会，理清建设思路，规范建设标准，为全面铺开国防动员规范化建设奠定基础。开展全民国防教育，贯彻落实中共中央《关于加强新形势下国防教育工作的意见》，政治动员能力有新提高。按照新一轮抓建基层要求，采取在汨罗市试点观摩、统一抓建、交叉检查的办法，基层建设质量得到全面提升。加强武器装备正规化管理，投入200多万元进行民兵武器装备中心仓库和县市区部库合一、独立库的规范化建设，圆满完成全省民兵武器装备仓库正规化建设达标试点和信息化建设成果现场观摩会任务，得到省军区首长和与会代表的充分肯定。军分区被广州军区评为民兵报废危险品销毁处理先进单位，司令部参谋陈铁军被广州军区评为销毁处理民兵报废危险品先进个人。加强征兵工作宣传发动，适时搞好形势分析和兵员调控，圆满完成院校直招士官和兵员征集任务。

【安全稳定工作】　2011年，岳阳军分区开展学用条令、“学法规、用法规、守法规”和“安全无事故”活动，官兵法规意识、守纪观念得到增强。开展“学条令、严军纪、正秩序、树形象”活动，“四个秩序”进一步正规。突出重点部位安全隐患排查整治和节假日安全防范工作，加强营区警卫力量，规范营门哨执勤，对营院施工人员、车辆进行统一办证管理；加强对车辆、涉密载体和对外有偿服务场所的正规化管理，严格管束外出军人军车，严禁酒后驾车，规范军车运

军分区组织国防动员机构规范化现场会（军分区 供稿）

行秩序和军用号牌管理，配套改善武器仓库避雷、消防等安全设施，进一步夯实安全发展基础。全年，军分区部队行车127万公里，做到安全无事故。军分区被省军区评为安全工作先进单位。抓好意识形态领域工作，密切与地方有关部门协调，加强涉密岗位人员政治审查和网上涉军舆情监控，没有发生政治性问题。认真做好重大节假日和敏感时期的涉军维稳、维权工作，妥善处理来信来访35批86人次，为维护社会稳定发挥重要作用。

【部队综合保障】 2011年，岳阳军分区严格落实党委集体理财和零基预算制度，开展开源节流工作，集中财力搞建设、办实事，确保经费开支正常运行。加大对预算经费的管控，组织对6名离任正团职干部进行离任审计。落实全军房地产租赁管理改革军地联席会议及军区房地产租赁管理改革会议精神，规范对外有偿服务管理，其经验做法被制作专题片在全省现场会上播放。依法依规对出租门面实施清理，有效解决一些遗留问题。完成常委楼建设和装修工程。启动军分区老大门和东茅岭路临街门面的改造提质工作。岳阳县人武部新营院主体工程顺利竣工，云溪区人武部园林式营院建设主体工程完工，临湘市人武部新营院配套工程进一步完善，湘阴县人武部新增靶场用地，平江县人武部启动新营院建设规划。

【党管武装工作】 2011年，岳阳军分区坚持推动党管武装各项制度落实，市、县先后召开党委议军会议，研究解决武装工作一些重点问题。组织县市区国动委主任进行述职和任职前谈话。加强乡（镇、街道）换届选举中武装工作落实，基层武装部长基本进入同级党委班子。实施新一轮“2211”工程，建立11个帮扶联系点，解决新农村建设和扶贫帮困经费80多万元，师团干部捐资4万余元扶贫助学，开展“天天慈善一元捐”活动，军分区机关捐献慈善基金4.1万元，分区机关和各人武部积极为泥石流灾区募捐5万余元。组织部队和民兵预备役人员参加地方抢险救灾，全力支援抗旱防汛和其他应急行动。6月10日，岳阳市局部地区遭遇百年一遇特大暴雨袭击，发生特大山洪泥石流，军分区机关和临湘市、岳阳县、平江县、岳阳楼区等人武部迅速启动应急机制，组织部队和民兵预备役人员5000余人抢险救灾，行动快、作风实、力度大，得到各级领导和人民群众的一致好评。其他各人武部积极做好本辖区抗旱救灾和防汛抢险工作，随时担负支援任务，发挥重要作用。6月11日2时，岳阳普降暴雨，市区五里牌、九华山、王家河、庙前街等地出现险情，军分区出动人员150人、11艘冲锋舟、23台车辆紧急救援，安全转移群众400多人、物资6吨多。

（本栏撰稿 钟普查）

预备役部队

【思想政治建设】 2011年，湖南陆军预备役步兵师第三团（简称预备役三团）加强学习型党组织建设，开展“干部上讲台”和心得体会交流活动，完成6个专题理论学习。抓好十七届六中全会精神传达学习，有力推动部队建设科学发展。围绕“学党史、讲党性、正党风、严党纪”，开展核心价值观主题教育、思想作风教育整顿和反腐倡廉专题教育活动，强化党员干部的党性观念和遵规守纪的自觉性。区分现役党支部和预建连队党支部，开展党支部学习整顿，基层党组织的战斗堡垒作用和党员的先锋模范意识得到明显强化。紧贴团队实际，按照“五好”、“五个带头”的要求，广泛开展创先争优活动，取得明显成效，团党委被省军区评为先进团级党委、炮兵营被省

2011年全市征兵领导小组工作会议（军分区 供稿）

军区评为“三学”先进单位。支持岳阳市经济社会发展，全年出动官兵420人次，参加义务植树、献血等公益活动，开展“献爱心、送温暖”活动，向临湘市灾区和残疾人捐款5万余元。预备役三团被师评为政治工作先进单位。

【战备训练】　2011年，预备役三团参加师“三实”训练教练员集训，取得总评优秀，团被师评为军事训练优胜单位。参加师预任军官比武竞赛，7人被评为军事训练标兵；参加师政工干部信息化技能比武竞赛，取得3个单项第一、总分第三名。组织团首长机关带步兵一营参加“广字38号”演习，出色完成演训任务，这是建团以来参加规模最大、人员最多、层次最高的一次演训活动，得到广州军区总导部、省军区分导部和师首长的充分肯定，团被省军区评为军事训练先进单位。6月上中旬，出动807人次，动用运输车34台次，冲锋舟32艘次，赴临湘市参加抗洪抢险，第一时间赶到灾区，转移群众380人，清理、疏通河道11公里，找到遇难者遗体6具，出色完成任务。中央新闻频道、湖南卫视、湖南经视等多家新闻媒体报道预备役三团抢险救灾情况，省军区转发团组织部队参加抢险救灾的经验。

【全面建设整体推进】　2011年，预备役三团全面抓好组织调整。按照“三个转移”（向交通沿线、向退伍军人集中企业、向高新技术和科研院所单位转移）的目标要求，进一步优化基层营连编组布局和兵员结构。抓好营连部正规化建设。按照广州军区《预备役部队全面建设标准》和师基层建设“五化”（工作制度化、活动经常化、管理教育信息化、基本设施规范化、保障融合化）要求，进一步规范基层工作，投入经费80余万元对营连部的信息化建设进行完善。突出抓好基层预建党组织和预任军官队伍建设，组织102名预任军官和预建党支部书记进行集中培训，分2批组织25个预建连队党支部进行学习整顿，进一步强化预建党委（支部）书记抓建基层的责任意识和预备役军官的“主人翁”意识。

【安全稳定工作】　2011年，预备役三团坚持把安全管理作为全局性、基础性和长期性的工作来抓，结合“条令月”活动，组织全团官兵集中学习《安全工作条例》，参观《预防军人职务犯罪》专题图片展览，开展网络防范“十条禁令”专题学习教育，官兵的法规条令意识明显增强。及时调整健全安全委员会和保密委员会组织，修订完善安全工作目标责任制，对10多项安全管理内容进行统一规范，明确具体措施，确保安全稳定工作时时有人抓、处处有人管、人人有责任。突出人员、车辆、武器弹药、营院、保密等重点，每月组织一次安全形势分析，进行安全隐患排查，及时消除安全隐患。抓好“广字—38号”演习等重大演训活动安全风险评估，确保部队大项活动的安全顺利。

【后装保障增强】　2011年，预备役三团深入开展群众性资源节约活动，围绕“八节一压”推广节能科技应用成果，拓宽“两型”军营建设路子。着眼提高军事经济效益，加强后勤精细化科学化管理，确保经费重点用于基层建设和重大演训活动。加强营院基础设施建设，进一步完善训练基地配套设施，投入110余万元对团招待所、值班室、营院老化水电线路进行维修改造。严格落实武器装备管理制度，投入10万元对武器仓库进行改造，装备管理“三化”水平进一步提高，较好地保障年度军事训练任务的圆满完成。

【参加广字-38号演习】　2011年10月8～13日，预备役三团首长带领步兵第一营参加军区组织的多场联动实兵演习，主要演练快速动员及战备等级转换、机动与集结、城市防卫作战的组织战斗和战斗实施，动用轻武器226支、警棍盾牌140套、轮式车辆23台、冲锋舟3艘、其他装备器材2300余件（套），消耗空包弹9000余发。演习接收上级文书67份，计划导调18次，随机导调整5次，准备工作充分，演练认真，保障到位，野外管理措施得力，任务安全顺利完成，得到军区总导部、省军区分导部的充分肯定。通过演习，锻炼团首长机关的决策指挥能力，检验部队综合作战能力，加深对未来可能担负作战任务的理解和对未来战场情况及作战对象的研究，部队得到一次近似实战的检验。

【湘江抗洪抢险演练】　2011年4月21～29日，预备役三团组织抗洪抢险骨干参加师在长沙湘江组织的防汛抢险演练活动，全团参训65人（现役官兵45人、预任预编官兵20人）、动用冲锋舟20艘，车辆14台，主要进行冲锋舟驾驶与维护、孤岛救援、编队行进、分列式以及抗洪抢险快速出动等内容的训练和演练。通过集训和演练，培养一大批懂操作、会指挥的抢险骨干，检验团抗洪应急分队快速出动和遂行任务的能力。

预备役三团在湘江参加抗洪抢险演练　　（预备役三团　供稿）

【基层营连组织整顿工作】 2011年3～6月的组织整顿工作中，预备役三团认真贯彻落实“广州军区基层建设纲要”精神，按照“十有八规范、四室一窗”要求，加大投入，严格标准，提升基层营连部建设质量。继续深化跨乡镇抽编、跨县市区联编模式，按应急应战要求，优化编组布局，抓编组落实。对3个建制排、9个建制班进行调整。调整后预任预编官兵复退军人比例达到75.2%，专业对口率达到91.8%，兵员在位率达到100%。

（本栏撰稿 马克宏）

市武警支队组织机关干部带新训官兵徒步野营拉练（市武警支队 供稿）

武装警察

【概况】 2011年，中国人民武装警察部队岳阳市支队（简称武警岳阳市支队）按照“用心打基础、从严强素质、务实抓建设、全面保安全、持续上台阶”的工作思路，沉心静气打基础，团结一致抓落实，各项任务完成圆满，部队保持安全稳定，全面建设呈现健康发展、稳步上升的良好态势。支队被总部评为预防事故案件工作先进单位、基层建设先进支队和“三无”单位。

思想政治建设有突破。开展“理论学习之星”评比和学习背诵法规活动，深入开展主题教育和主题活动，用岳阳的“四种精神”培养教育官兵，其经验做法被省武警总队转发。探索基层“新八大员”队伍建设，注重做好心理疏导和法律服务工作，为2名战士解决家庭涉法问题。出台驻监狱部队干部同等条件下优先提拔使用的规定，激发基层干部爱岗敬业的内在动力。开展优秀影视展评展播，举办庆“八一”文艺汇演，组建小型乐队，在岳阳市“颂歌献给党”歌咏比赛中获得银奖。抓好基层网络学习室和荣誉室建设，鼓励官兵参加各类学习，2名战士考上军校，3名优秀大学生士兵提干，8名官兵获得自考和函授本科文凭。新闻报道成绩优异，全年在武警总部、总队网上稿376篇，在中央媒体上稿76篇，全总队排名第二。

部队遂行任务能力有提升。坚持按纲施训，从严治训，严密组织“卫士-11”、“快速-11”演习，建立军事训练奖惩机制，支队取得总队新训和半年军事考核第二名、年度军事总评和首长机关网上队列会操第三名、军事训练竞赛特战分队第四名的成绩，司令部被总队评为先进司令部。加强现代化和“四防一体化”建设，投入35万元为直属大队建成电视电话会议系统和网络学习室，投入25万元用于信息化升级改造，推动汨罗、临湘看守所完成“四防一体化”建设任务。全年成功处置执勤事件3起，2名战士分别被总队评为优秀网络查勤员和优秀哨兵，圆满完成各类临时勤务129起，成功处置洞庭湖货船失火事件2起。6月中旬，先后出动兵力2600余人次、车船30余台（艘）次，出色完成抗击特大洪涝和山洪泥石流灾害任务，解救、转移、疏散群众1330余人，受到驻地领导和人民群众的高度赞誉。

基层建设质量有提高。加强基层组织建设，严密组织参加总队《纲要》网上培训，举办基层党委（支部）书记培训班，利用检查考核、蹲点帮建等时机搞好经常性帮带，持续开展创先争优活动，有效强化基层组织功能。修订完善《基层经常性主要工作制度规范》，成立抓基层领导小组，建立“常委包片、股室挂钩、季度轮换”制度和党委机关“3个1”检查督导机制，坚持季度检查考核和双向讲评，形成较为完整的抓基层工作体系，引领和推动基层建设不断发展进步，直属大队、华容县中队等7个单位被总队评为基层建设先进大（中）队。

安全发展有巩固。坚持依法从严治警，围绕深化治理“十五个”重点问题，开展“深知兵、真爱兵”活动和“转变工作作风、密切内部关系”教育整顿，制定三级以上士官每周网上抽查和士官量化管理制度，加强核心要害部位和枪弹、车船管理，4次对基层展开“拉网式”安全隐患排查，清理、收缴战士违规使用手机46部，排除、整治各类隐患13处，投资3万余元完善机要房安防设施，部队安全稳定。

后勤综合保障有增强。以任务为牵引，修订完善后勤各类保障方案，按照要求组建后勤应急保障队，与20多家单位签订代征、代运、代储、代供协议，完善警地一体化保障机制。借助双重领导优势，支队本级争取财政预算430万元，基层中队增加预算70余万元，投入1000余万元用于基层“四配套”和信息化建设，部队条件明显改善。加强后勤队伍建设，支队在总队后勤专业兵技术考核评比中取得第五名，被装仓库被总部评为先进队属仓库，军械仓库被总队评为红旗军械仓库，支队被总队评为运输油料业务工作先进单位。

党委班子建设有加强。严格落实党委中心组带机关学习制度，开设“巴陵卫士大讲坛”，请市委讲师团和湖南理工学院的专家学者来队授课，组织观看名家讲座录像，有效提高思维层次和领导水平。成功召开支队第二次党代表大会，为部队新一轮发展奠定坚实的组织基础。组织“加强党性修养，锤炼思想作风”教育整顿活动，推进7

个方面问题治理，部队风气更加纯正。调整使用干部32名，选送16名干部参加各类培训，推荐28名技术标兵、3名优秀大学生士兵提干和2名优秀士兵保送入学对象，选改士官，官兵信服，基层满意。

【武装抓捕】　2011年3月4日16时30分，临湘市北正街发生一起恶性杀人案件。犯罪嫌疑人陈明辉将其女友苏红霞父母杀害，并将苏及其姐姐、姐夫刺成重伤后潜逃。5日13时，武警临湘市中队接到临湘市公安局派兵要求后，正在中队蹲点的支队副参谋长马立华率中队6名官兵赶赴现场，协助公安机关采取“外围封控、隐蔽接敌、突袭抓捕”的战术手段实施处置，将陈犯当场制服。

【制止犯人脱逃】　2011年3月13日16时40分，湘阴县看守所13号监舍犯罪嫌疑人任敏、陈志欣、成淮文、丰卫林4人在监舍放风区谈论问题，行迹十分可疑。武警湘阴县中队1号哨哨兵陈瑞贵发现情况后，判断该4名犯罪嫌疑人正策划脱逃，随即进行口头警告，并向中队勤务值班室报告。中队长马奎迅速命令各哨位加强警戒控制，指派3人应急小组携带警棍前往协助哨兵处置，协助看守所民警将任某等4名犯罪嫌疑人控制，成功制止一起在押犯罪嫌疑人策划脱逃图谋。

【武警岳阳市支队荣立集体三等功】　2011年，武警总部发出给5个单位和37名个人记功的通令，武警岳阳市支队荣记集体三等功，这是支队继1998年以来又一次获此殊荣。2010年6～8月，驻地发生严重洪涝灾害，支队官兵不畏艰险，不怕牺牲，连续作战，有效保护人民群众的生命和财产安全，为夺取抗洪抢险的重大胜利作出突出贡献。支队被国家防汛抗旱总指挥部、人力资源和社会保障部、解放军总政治部评为全国防汛抗旱先进集体，受到党中央、国务院的表彰，政委彭勇辉还出席12月7日在甘肃兰州召开的全国防汛抗旱暨舟曲抢险救灾总结表彰大会。

【警卫勤务】　2011年5月8～9日，中共中央政治局常委、中央纪委书记贺国强到岳阳考察，武警岳阳市支队出动兵力，圆满完成首长在岳期间住地警卫和机动备勤任务。

6月10日，武警岳阳市支队出动兵力，动用车辆6台次，圆满完成中共中央政治局委员、国务院副总理张德江在岳阳视察期间的首长住地警卫任务及机动备勤任务。

7月8日，2011中国（岳阳）野生荷花旅游节开幕式在岳阳市君山区团湖公园举行。武警岳阳市支队出动160名兵力，橡皮艇2艘，圆满完成活动现场安全保卫及水上应急救援任务。

【处置洞庭湖货船失火】　2011年6月13日19时15分，洞庭湖上一艘满载3000吨河砂的湘岳1307号货船突发火灾，武警岳阳市支队船艇大队大队长王业虎率领船艇大队官兵驾驶高速巡逻艇抵达事发水域，成功处置失火事件。6月21日14时30分，岳阳楼景区水域上一艘满载5000吨河砂的湘机0583号货船因发动机温度过高导致燃油管道突然失火。14时45分，船艇大队大队长王业虎迅速带领官兵驾驶高速巡逻艇和2台挂机艇紧急赶赴事发水域，经过3个多小时的紧张救援，大火被官兵成功扑灭，为失火船主挽回经济损失1000余万元。

（本栏撰稿　邓东海）

武警消防

【概况】　2011年，武警岳阳市消防支队（简称市消防支队）瞄准难点求突破，用足力量迈大步，履职尽责、攻坚克难，实现全市火灾形势和部队内部管理“两个稳定”。市消防支队在全省综治考评中名列第三，被市政府评为全市依法行政工作先进单位、安全生产工作先进单位、政务中心先进窗口。1人被公安部评为消防产品监督管理工作先进个人，1人被市政府评为全市安全生产工作先进个人，支队战士王永林和王月松先后获得全国无偿献血金奖和银奖，王永林被市文明办举荐为第三届全国道德模范评选活动“万名公众代表”，并被评为省直机关全省优秀共产党员。临湘市消防大队被省公安厅荣记集体三等功，2人立二等功，15人立三等功，43人受嘉奖。

【清剿火患】　2011年，市消防支队部署开展消防安全“大排查、大整治、大宣传、大培训、大练兵”活动和构筑社会消防安全“防火墙”工程、“清剿火患”战役、限制烟花爆竹燃放等11项专项整治活动。实施消防监督“联带包创”和协管制度，开展“四个能力”建设达标。将派出所消防工作纳入公安机关综合考评内容，推行多警联勤机制。建立以乡镇、办事处为基本单位的网格化火灾隐患排查管理新模式。加大政府挂牌督办重大火灾隐患力度，消除大批火灾隐患。全市检查单位13834家，发现火灾隐患26184处，整改火灾隐患25423处，查封360家，三停228家，拘留78人，完成消防产品检查2000余件次，查处消防产品违法案件45起，火灾形势持续平稳。

【打造铁军】　2011年，市消防支队坚持科学化练兵。部署开展全员岗位练兵、铁军中队创建、石油化工专项行动，承办全省消防部队石油化工专项测试演练现场会暨战术研讨会，举办全市部队全员岗位练兵比武竞赛，获得全省部队冬季练兵比武团体第二名。坚持信息化强警。引进城市治安电子防控系统，自主研发119触控一体化调度系统，建成市区无线对讲常规基站，为消防部队灭火救援作战提供科技保障。坚持应急力量建设。组建地震应急救援队，定期开展演练。坚持实战中锤炼。全市消防部队参加灭火救援行动1969次，出动车辆3561台次、警力24927人次，疏散人员1924人，抢救财产价值6000多万元。成功处置“5·5”粮贸大厦火灾、“6·10”特大山洪泥石流、“6·23”长城市场火灾等急难险重任务，圆满完成全国两会、国际龙舟赛等重要节日、活动安保任务。

【后勤保障】　2011年，岳阳市城市消防基础设施建设蓬勃发展。云溪消防站正式驻兵执勤；金鹗消防

消防官兵为建筑工地返乡工人送去“消防知识大礼包”（市消防支队　供稿）

站、支队公寓房建成并投入使用；投入200余万元对汨罗市、湘阴县、岳阳县、平江县、华容县等5个消防站进行提质改造；完成君山消防站、战勤保障大队主体工程建设；临港新区消防站动工建设。争取消防栓改造建设经费400万元，完成市中心城区市政消火栓维修改造任务。累计投资4262.7万元购置消防车辆21台，装备器材1707件（套）。岳阳市融资租赁装备、高危职业补贴、合同制消防员入编等“岳阳模式”在全省消防部队得到推广。

【扑灭长城市场火灾】　2011年6月23日上午10时15分，位于岳阳市火车站附近的长城建材市场，因屋顶补漏时火枪操作不慎引发火灾。市消防支队119指挥中心接到报警后，迅速调集市区4个中队13台消防车82名消防官兵赶赴现场。综合现场情况，火灾现场指挥部迅速调动、科学分工，组建警戒组、灭火攻坚组、供水支援组、后勤保障组。在全体参战官兵的努力下，经过一个多小时的奋力扑救，大火终于被成功扑灭。支队官兵营救被困人员2人，挽回财产损失上亿元。

（本栏撰稿　陈英卓）

人民防空

【人防工程建设按计划推进】　2011年初，岳阳市商业步行街广场与东茅岭路地下人防工程转入地下负一层施工阶段，6月全部进入地下负二层施工。各土建施工单位、装修施工单位及消防施工单位进入现场，实行交叉作业。全年完成面积60500平米，完成投资近4亿元，主体工程建设接近尾声。

【稳步推进人防疏散基地建设】　2011年，岳阳市人防疏散基地项目选址在岳阳经济技术开发区康王乡乌江村，疏散基地征地10公顷，总投入概算1.5亿元，总建筑面积4.07万平方米。项目累计投入1500多万元，基本完成征地工作，年内完成开工前准备工作。人防疏散基地建设将有效提升岳阳市综合防护和应急准备能力。

【工程建设与维护管理】　2011年，岳阳市办理90个人防报建项目，完成“结建”防空地下室面积5.57万平米，综合结建率达到94.6%，工程建设率达到50%，均超额完成全年任务。完成人防工程维护和管理工作计划，定期对早期人防工程进行严格排查。尤其是在春节期间和汛期，对各早期单位工程所在单位都邮寄挂号信，各单位派专人定期巡查人防工程，对有安全隐患的部分进行加固改造。加强主干道工程维护管理，重点加固维护教科所至酱厂段、市审计局段、京广铁路段主干道部分，确保主干道内灯明、水畅、路洁。

【人防指挥通信建设有成效】　2011年，岳阳市人防办完成机动指挥信息采集车的接收、设备调试、人员业务培训等工作。对机动指挥系统大车在使用过程中存在的问题及时与装车单位进行联系协商，解决存在的问题。完成对平江县《防空袭预案》的审查工作，县市区防空袭预案除岳阳县、君山区外，均修订完毕。完成人防应急指挥通信专网网络传输线路租用工作，配置网络设备和视频设备、会议系统终端设备。完成辖区内4个县级人防机动指挥通信系统建设任务。完成城区道路交通、重要经济目标、大型公共场所信息引入应急指挥中心工作。8月，参加省国动委会组织的三级指挥所演习取得圆满成功。在全省警报试鸣日活动中，市长黄兰香亲自到人防指挥中心指挥试鸣活动。市人防办与市教育局联合组织全市中小学进行紧急疏散演练，机动指挥中心现场传输市东升小学紧急疏散演练实况。

【人防宣传教育成绩显著】　2011年，市人防办加强宣传教育平台建设，少年军校人防训练场馆建设接近尾声。人防教育常抓不懈，培训中小学生6500余人，培训各级干部420余人。将人防知识纳入中小学教育课时计划和素质教育考核，开展全市中小学生紧急疏散演练活动。人防宣传保持强势状态。《湖南省实施〈中华人民共和国人民防空法〉办法》颁布后，开展声势较的专项宣传活动。6月29日，根据人防办统一部署，在火车站、公园东门设立宣传展台、展板在主要新闻媒体发表市领导的文章。5月3日起，市人防办在南日报》建立专栏，宣传报道人防创立60年来全市取得的就，并充分利用其他各种新开展人防社会宣传。市人防家、省、市新闻媒体发表各100多篇，取得很好的宣传

【县级人防工作开展不
2011年，岳阳县正式开作。君山区人防机构挂开展工作。全市6县市3防机构顺利开展工作。

岳 阳 军 分 区

组织机关干部进行队列训练

组织全体干部战士职工参加升国旗仪式

组织岳阳市基层专职武装干部集训

召开2011年全市征兵工作会议

召开岳阳市国防动员机构规范化建设现场会

岳阳楼区梅溪乡胥家桥新农村建设现场办公会

岳阳市总工会

岳阳市总工会各级工会组织带领广大职工积极投身推进“四化两型”、建设“五市一极”主战场，在民本岳阳和谐崛起中彰显新的作为。2011年，市总工会先后获得民本岳阳建设先进单位和全省工会工作目标管理考评一等奖，劳动竞赛、送温暖工作、“五五”普法、工会维权服务等评为全国先进单位；工资集体协商、“党建带工建”、“双联”帮扶、审计、财务工作等获得省级先进单位；党风廉政建设、机关作风建设、社会治安综合治理、安全生产、信访、灾后重建、联手帮扶等工作获得市级先进单位。市总工会机关工会委员会被评为全国模范职工之家。

中华全国总工会党组书记、副主席王玉普，省委副书记梅克保，省委常委、省委秘书长易炼红在市委书记黄兰香陪同下到岳阳市困难职工帮扶中心指导工作

全省“党建带工建，和谐促发展”现场经验交流会在岳阳召开

举行百万职工向党代会献礼暨争当建设“四化两型”、“五市一极”先锋誓师大会

整合社会资源，资助贫困大学生上大学。图为2011年，市总工会资助的100名贫困学子

举办关爱农民工志愿者行动暨当好主力军、建功“十二五”劳动竞赛启动仪式

中共岳阳市委党校

中央党校副校长孙庆聚在岳阳调研县级党校建设

市委党校春季主体班开学典礼，市委常委、组织部部长、统战部部长、市委党校第一校长严华作主题报告

市委党校校长朱葆芝率领全体专、兼职教师到汨罗市调研

主体班开展竞聘模拟式教学

主体班开展演讲与口语表达体验式教学

主体班学员研讨交流

岳阳市公安局

1.市领导参观市公安局警务督察信息中心

2.岳阳市公安局云溪分局由原云溪、长岭、金盆三个分局合并。市委常委、常务副市长陈奇达，市政府副厅级干部、市公安局局长丁阳云等领导参加挂牌庆典仪式

3.全省公安警务督察工作岳阳现场会在市公安局召开

4.邵阳市公安局局长李晓葵率团到岳阳参观考察学习

5.全市公安机关庆祝建党90周年《颂歌献给党》歌咏比赛在湖南理工学院音乐大厅举行。

6.全市公安机关举行第一次警营开放日活动，有5万余人次参观。图为学生们参观戒毒所情景

摄影：吴明治

全省公安机关首届警务实践技能比武射击比赛在长沙举行。岳阳市公安局获团体总分第一名，男、女组团体分别获得第一名。省公安厅副厅长杜亚玲，副巡视员施洋，市公安局党委委员、政治部主任、警令部主任欧阳德儒与代表队员在一起

岳阳市人民检察院

市人大常委会主任李湘岳在市检察院调研

检察长朱必达在岳阳监狱调研

1.庆祝中国共产党成立90周年，检察长朱必达为16名50年以上党龄的机关党员颁发纪念章

2.岳阳市人民检察院干部教育培训基地揭牌仪式在湖南理工学院举行

3.湖南理工学院聘任市检察院副检察长黄志强、沈月光为兼职教授

4.庆祝中国共产党成立90周年，举办红色经典吟颂会

5.省检察院检察长龚佳禾与湖南省第四届十佳公诉人合影

岳阳市中级人民法院

市人大常委会主任李湘岳在市中级人民法院检查指导工作

市委常委、市政法委书记韩建国接见全市优秀法官

院长杨太平在扶贫点华容县幸福乡调研

举办全市法院刑事法官新刑诉法培训

李完武是平江县人民法院安定法庭一名审判员。24年来，他扎根边远山区法庭，办案2905件，无一件上诉或申诉，受到当地党政和老百姓的一致肯定。2010年被评为全省优秀法官，2011年被评为全国法院办案标兵，获全国政法系统优秀党员干警称号，各级媒体多次报道过他的先进事迹。图为市中级人民法院召开李完武事迹报告会

市中级人民法院充分发挥审判职能作用，创新便民机制，健全民意沟通渠道，加大司法救助力度，让群众享受优质高效的司法服务。图为冷水铺村民给民二庭送“办利民之事，怀爱民之心”锦旗

中国人民武装警察部队岳阳市支队

武警湖南省总队总队长赵永平在岳阳支队调研

武警湖南省总队政委赵富栋少将到岳阳市支队检查经常性基础性政治工作落实情况

武警湖南省总队副参谋长赵东方在岳阳支队检查考评部队正规化管理及装备“三化”管理情况

组织机关干部和基层优秀共产党员赴任弼时、杨开慧纪念馆参观学习，瞻仰伟人丰功伟绩，深情缅怀革命先烈

1

2

3

4

1.组织机关干部带新训官兵徒步野营拉练

2.2011年中国（岳阳）野生荷花旅游节开幕式，武警岳阳支队圆满完成安全保卫及水上应急救援任务

3.武警官兵援救被暴雨浸没的观音阁石油小区居民

4.岳阳楼景区水域一艘货船失火，支队出动40名官兵救援，为失火船主挽回经济损失1000余万元

岳阳市公安消防支队

市委书记黄兰香在消防支队调研

跨区域地震救援演练

消防官兵为群众演示消防器材使用方法

打造现代化公安消防铁军

大规模灭火救援演练

消防官兵在交通事故现场紧急救援

消防官兵扑救火灾

新年除夕夜官兵们坚守岗位

和社会保障局

全市公务员面试工作在湘北人才市场举行

工伤保险处青年志愿者宣传工伤保险法律法规

公务员招录考试通过身份验证进入考场

湘北人才市场举办人才招聘会

中国医疗保险研究会2011年年会暨第五届和谐社会与医疗保险论坛会议在岳阳召开

召开工作讲评暨政风行风评议会

摄影：刘立　罗明

岳阳市物价局

市长盛荣华到市物价局调研

市委常委、常务副市长陈奇达到市物价局调研

岳阳市物价局以控制价格总水平过快上涨和解决群众最关心的价格热点问题为目标，综合运用多种调控手段，突出民生价格监管，大推进“四化两型”、建设“五市一极”营造良好价费环境。加强价格调控。2011年全市居民消费价格累计上涨4.9%，涨幅从高到低在全省居最后一位，岳阳市被评为湖南省价格调控工作一等奖。开展以整顿规范医药价格、教育收费等“五大行动”为主要内容的民生价格监管年活动，受理价格举报和政策咨询6146起，查处价格违法案件109件，违规金额4300万元。市价格监督检查局被省依法治省领导小组授予依法办事示范窗口单位称号。优化经济发展环境，取消行政性事业收费项目共14项，暂停16项，降低12项收费标准。积极推进社会救助和保障标准与物价上涨挂钩联动机制，为全市35.7万低收入群众发放价格临时补贴4095万元。开展政风行风民主评议。在市纪委、市监察局组织对23个执法执收单位的政风行风公开测评中，获得综合民调第五名、民主测评第二名、办事效率第一名的好成绩。

市人大副主任陈国荣在局长殷清华的陪同下到蔬菜基地调研

市委常委、市政法委书记韩建国在局长殷清华陪同下到市场调研食品价格

到新农村建设点开展接地气、察民情主题实践活动

房地产行业多收价款清退现场

省物价局党组成员、总经济师罗懿一行在局长殷清华的陪同下到蔬菜基地调研

举行民生价格监管年活动启动仪式

开展赈灾募捐活动

庆祝中国共产党成立90周年，开展党史知识竞赛活动

全市125家价格诚信创建单位承诺签名

中共岳阳市委市政府接待处

省长徐守盛到岳阳调研

省委常委、长株潭“两型社会”建设综合配套改革实验区工委书记张文雄到岳阳考察

怀化市市委书记李亿龙率怀化市党政代表团到岳阳考察

郴州市市委书记向力力率郴州市党政代表团到岳阳考察

台湾海基会董事长江丙坤率海基会媒体采访团到岳阳考察

安庆市市长肖超英率安庆市党政代表团到岳阳考察

市接待处系统反腐倡廉专题学习

岳阳市发展和改革委员会

市领导黄兰香、李湘岳、赖社光、樊进军等出席洞庭湖生态经济区发展战略研究座谈会

铁道部领导到岳阳调研蒙西至华中地区铁路煤运通道

党组书记、主任刘铁健深入项目现场调研

岳阳市与中国水电建设集团签署风电开发合作协议

召开政风行风公开评议大会

重大项目建设常抓不懈

岳阳市民政局

局长刘树平检查基层民政工作台账

社区居民办理民政业务

2011年，全市民政系统干部职工坚持忠实践行“以民为本、为民解困、为民服务”的民政宗旨，不断推进民政工作科学化、规范化、社会化，有力推动了民政事业健康快速发展。一是资金争取有新突破。全年争取上级下拨民政资金10亿元（不含2012年预拨资金），比2010年增加2.2亿元。自然灾害发生后，全市争取救灾资金1.2亿元。上级下拨的孤儿养育资金2157万元。发放医疗救助资金5400万元，临时救助资金3200万元。城乡低保平均补差分别提高18%和58%，优待抚恤标准提高10%。同时，市本级募集资金2743万元，大病医疗慈善救助基金突破5000万元。福彩发行突破2.2亿元，增幅居全省第一。二是项目建设有新进展。切实加强项目申报，有44个项目纳入国家发改委项目库。市本级投资3200万元的市儿童福利院竣工投入使用。市烈士陵园、市流浪未成年人保护中心、市康复医院精神病房改造都即将动工，投资规模都在2000万元以上。纳入省、市政府实事任务的敬老院建设和农村危房改造，分别完成了15所和10305栋。三是为民服务有新成绩。开展“与群众交朋友、为基层搞服务”主题活动。民政窗口单位以“真情暖人心，满意在民政”为主题，创先争优；基层民政部门开展以干部职工亮牌上岗、阳光服务、“三走访、三帮扶”为主题，为困难群众排忧解难，在优抚安置对象接访处访过程中做了大量细致的工作，有效促进了社会大局和谐稳定。

摄影：李　琳

华容县新河乡敬老院老年人安享晚年

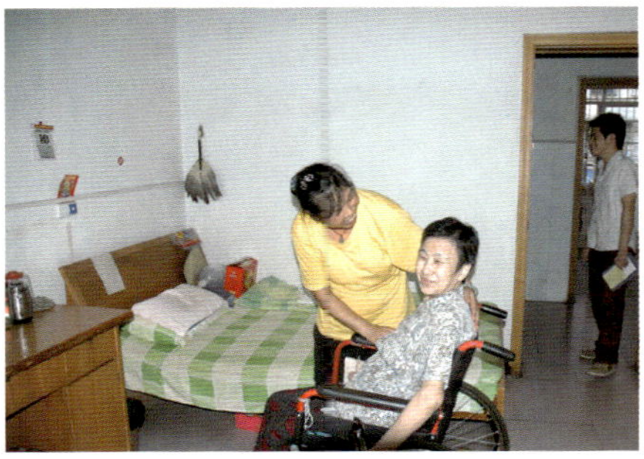

社会福利院工作人员精心照顾老年人

居民领取爱心超市救助物资

国土资源部部长徐绍史、常务副省长于来山在市委书记黄兰香陪同下考察环洞庭基本农田建设重大工程

省国土资源厅厅长方先知考察环洞庭湖基本农田建设重大工程

岳阳市国土资源局

党组书记、局长胡辉冒雨赴临湘市地质灾害现场考察

2011年，全市国土资源系统以“保增长保红线”为首要任务，以“两整治一改革”为第一抓手，以“兴矿业强测绘”为重要工作，以“优服务严执法”为基本要求，以“强基础建队伍”为根本保障，国土资源管理事业进一步发展。全年争取省政府批准建设用地1025.34公顷。依法处置收回22.6公顷闲置土地，市本级新增储备土地263.47公顷，融资到位5.7亿元。全市土地出让成交价款35亿元。岳阳市连续11年被评为全省土地管理和耕地保护责任目标先进单位。高标准、高效率推进环洞庭湖基本农田重大工程建设，2010年度项目完成投资4.6亿元，平整土地3200公顷，新增耕地1666.67公顷。临湘市虎形山铁钨多金属矿估算钨金属量20万吨，潜在价值1500亿元；平江县瑶湾里铀矿预计可提交铀金属量2000吨，潜在价值20亿元。以市政府与省国土资源厅签订合作协议为契机，加快推进“数字岳阳”地理空间框架建设。

“数字岳阳”地理空间框架建设工程签约仪式

省国土资源系统羽毛球团体（岳阳）邀请赛在市体育馆举行

岳阳市环境保护局

市委书记黄兰香等考察农村环境整治工作

岳阳市通过国家环保模范城市技术评估

召开全市环境保护工作会议

环保执法人员到企业检查重金属污染情况

环保执法人员在企业检查重污染治理设施

岳阳市城市管理局

市委常委、副市长陈四海考察花果畈垃圾处理厂渗滤液处理设备

城管执法队员向市民宣传城市管理知识

城管执法支队2011年度军事训练汇报表演

新添置的城管执法巡逻车

巴陵广场前营造春节气氛

岳阳市规划局

市委书记黄兰香到市规划局调研宜居城市建设

局领导慰问帮扶企业困难职工

市规划局关心下一代领导小组成员慰问扶贫点贫困儿童

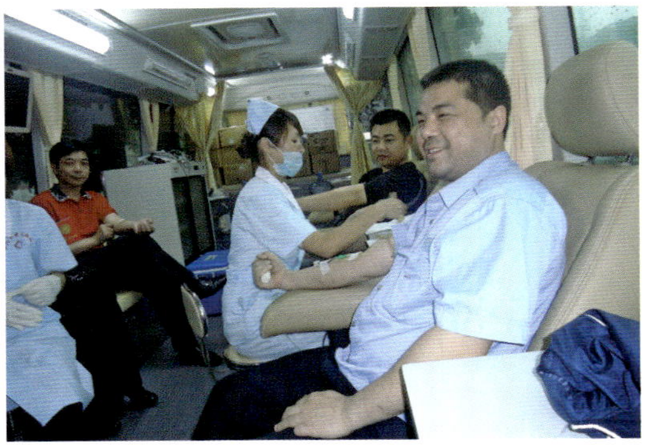

组织干部职工义务献血

召开市城乡规划委员会2011年第一次会议

召开市规划系统2011年度工作动员大会

庆祝中国共产党成立90周年，举办“党在我心中”红歌会

岳阳市安全生产监督管理局

副省长徐明华考察岳阳市安全生产工作

副市长向伟雄在局长黄柏良的陪同下检查消防安全工作

2011年，岳阳市各级各部门围绕科学发展、安全发展主题和加快转变经济发展方式主线，采取系列措施抓《国务院关于进一步加强企业安全生产工作的通知》和市委、市政府有关文件精神的贯彻落实，全市安全生产形势稳定。发生各类生产安全事故1216起（道路交通事故按涉及人员伤亡事故统计，下同），比2010年增加354起，上升41.1%。其中工矿商贸下降25%、水上交通上升66.7%、道路交通上升18.7%、消防火灾事故上升146.8%。各类事故死亡150人，比2010年少死亡6人，下降3.8%，比省下达岳阳市的控制指标少死亡4人。发生较大事故4起、死亡14人（其中计入岳阳市目标管理考核范围的较大事故1起，死亡3人）。亿元GDP事故死亡率为0.0789，下降26.8%；10万工矿商贸职工死亡率为0.488，下降14%；道路交通万车死亡率3.38，下降15.7%。全市没有发生重大、特别重大生产安全事故，各项事故考核指标均在省政府控制范围内。

全市危险化学品事故应急救援演练活动

岳阳市安全生产宣传月启动仪式

岳阳市旅游局

市委书记黄兰香在市旅游局调研

岳阳楼——君山岛国家AAAAA级景区授牌仪式

华瑞丹枫酒店与首旅集团合作签约仪式

举办“千秋大爱，万古传奇”2011君山爱情文化节

2011年，岳阳市旅游行业按照市委、市政府打造“五市一极”战略部署，围绕旅游产业“提质升级”这条主线，突出项目建设、注重市场营销、狠抓服务质量，全市旅游产业发展态势良好。品牌创建实现大突破。岳阳楼君山岛景区成功晋级国家AAAAA级旅游景区，创建资料被国家旅游局作为样板向全国推广。君山区获评全国农业与乡村旅游示范区、君山区虹宇生态园获评全国休闲农业与乡村旅游示范单位。项目建设取得新进展。有38个旅游项目在建，其中35个是招商引资项目，景区开发项目20个，酒店开发项目7个，乡村旅游区（点）项目11个，项目计划总投资118.4亿元。旅游节会精彩纷呈。成功举办“千秋大爱，万古传奇”大型爱情文化节、2011年中国（岳阳）野生荷花旅游节、2011年全国旅游供应商合作交流会、2011年中国岳阳国际龙舟节等系列活动，进一步扩大了岳阳旅游的知名度与美誉度。

摄影：汤志坚

创建国家AAAAA级旅游景区动员大会

开展首个中国旅游日宣传活动

春节期间在旅游景点上演巴陵戏

养护工班职工丰富的业务生活

岳阳市公路局

局长罗黑皮在公路建设工地指导工作

党委书记冯嘉皇查看水毁公路现场

组织干部职工捐款救灾

青年路王家河大桥通车典礼

整洁美丽的通乡公路

通海路热火朝天的施工现场

荣誉证书

市公路局：

被评为2011年度建设民本岳阳先进单位

荣誉证书

市公路局：

被评为2011年度市政府绩效评估先进集体

摄影：袁力克　贺小良

团结奋进的领导班子

岳阳市国家税务局

党组书记、局长　文延风

2011年，岳阳市国税局牢记“为国聚财、为民收税”的神圣使命，秉承服务科学发展、共建和谐税收的工作宗旨，坚持依法治税，优化纳税服务，推进税源专业化管理，加强领导班子和干部队伍建设，实现国税事业的又好又快发展。国税入库112.67亿元，税收收入迈上百亿元台阶，为岳阳经济社会发展提供了可靠财力保障。该局先后获得全国文明单位、建设民本岳阳先进单位、全市推进新型工业化发展一等奖等荣誉。

开展“帮扶企业解难题、优化服务促和谐”活动

国税干部廖建新（左五）、吴炜（左八）被评第三届全市道德模范

市长盛荣华在市地税局调研

省纪委领导在市地税局考察廉政建设工作

岳阳市地方税务局

2011年，岳阳市地方税务局围绕服务“四化两型”和“五市一极”建设大局，贯彻落实“二三四五”工作思路，始终突出“信息管税、制度管人”的工作主线，抓住组织收入、征管品牌、服务经济、队伍建设四个方面的重点，圆满完成各项工作任务。累计入库各项收入46.84亿元，比2010年增收9.04亿元，增长23.9%；入库教育费附加、文化事业建设费、社会保险费、工会经费、防洪保安资金、残废人就业保障金收入5.57亿元，比2010年增收1.31亿元，增长30.7%。收入结构和质量明显优化，12个地方税种和4个级次收入全部增收，纳入政府绩效考核的5项指标，全部位居全省前列，其中其他营利性服务业营业税排名全省第一。市地税局第三次成功卫冕全国文明单位，荣获市委、市政府民本岳阳建设先进单位、政府绩效考核先进单位、反腐倡廉建设先进单位，省地税局市州局领导班子年度工作综合考核先进单位、反腐倡廉建设先进单位等荣誉。市地税局面对岳阳经济加速发展的有利形势，主动自加压力，全面强化征管，确保地税收入与岳阳经济的同步协调发展。

摄影：杨汉斌

党组书记、局长　方志平

党组书记、局长方志平到石化企业调研

团结奋进的领导班子

召开个体工商户座谈会，听取对地税工作的意见和建议

岳阳市审计局

省审计厅副厅长张正在岳阳调研

2011年，岳阳市审计局以政府性债务审计为要务，以审计转型升级为抓手，以文明创建活动为载体，忠诚履职，攻坚克难，彰显审计机关“免疫系统”功能。该局被省人力资源和社会保障厅、省审计厅授予全省审计工作先进集体称号。在中共岳阳市纪委第五届第十一次全会暨全市反腐败工作会议上，作为市直单位唯一代表，作题为“打造廉洁审计，提升免疫功能 ”的典型发言。政府性债务审计、审计信息、内审工作被省审计厅评为先进单位。政府绩效考核、党风廉政建设、机关作风建设、依法行政、计划生育、综合治理、扶贫建设、五创提质等工作被市委、市政府评为先进单位。

召开全市审计工作会议

召开岳阳市绩效审计现场经验交流会议

举办岳阳市审计系统首届篮球赛

在南京审计学院参加审计培训的学员合影

岳阳市商务局

市委书记黄兰香在局长熊道生陪同下考察节日市场蔬菜价格

市长盛荣华率团参加第七届中部投资贸易博览会

长江流域商务协作会第九届年会在岳阳召开

2011年，市商务局围绕“五市一极”战略部署，牢牢盯住“四三六工程”重点任务，秉承“恒敬执事、趋德四方”的商务理念，着眼国内外两个市场、两种资源，依托“万村千乡”、“家电下乡”、“双百市场”、“商务信息服务体系建设”等工程，促进大开放，构筑大市场，搞活大流通，发展大商务，续写着岳阳商务经济稳中求进、进中求强的崭新篇章，全市商务事业呈现蓬勃向上的新局面。

全市扩大开放工作会议

商务执法支队集中销毁假酒

第五届中国湘菜美食文化节暨“力力杯”第三届岳阳湖鲜美食旅游文化节在美食街举行

岳阳市粮食局

中粮集团岳阳粮油产业园项目签约仪式

省粮食局局长夏文星在市委书记黄兰香陪同下检查粮食工作

局长邹国良在粮食项目建设现场检查指导工作

局长邹国良率粮政执法人员在岳阳为天米业公司检查粮油质量

全市粮食工作会议在岳阳召开

粮食物流交易中心一角

岳阳市水务局

全市共完成190座病险水库的除险加固

市长盛荣华检查东洞庭湖防汛工作

党组书记、局长 骆岳梨

全省山洪灾害防御暨水库防守工作座谈会在岳阳召开

全国水利系统“为民服务、创先争优”窗口服务单位工作现场会在岳阳召开

湖区大中型电排更新改造全面完成

实施农村安全饮水工程，解决100万人饮水问题

岳阳市烟草专卖局

国家烟草专卖局副局长赵洪顺在省烟草专卖局局长杨先杰的陪同下考察岳阳卷烟市场

市委常委、宣传部部长徐新启为市烟草专卖局获得全国文明单位称号授牌

召开全市卷烟打假工作总结表彰会

岳阳市烟草系统专卖队伍军训动员会

队列训练

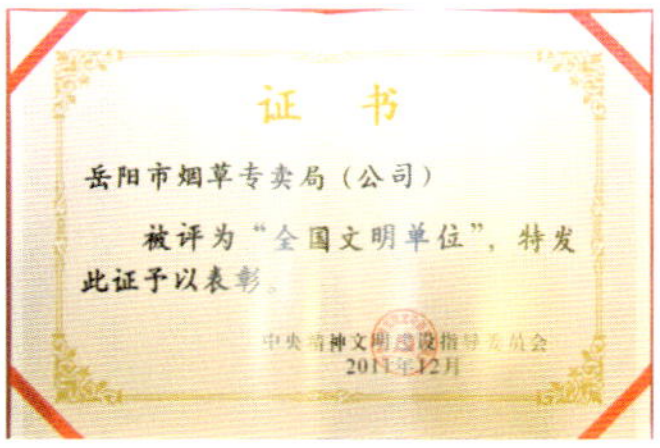

中华人民共和国岳阳海事局

岳阳海事局是交通部设在湖南岳阳负责长江干线水上交通安全监督管理工作的行政管理机关，于2002年12月24日成立，机关内设9个机构，下设5个派出机构和通信信息中心。2011年，岳阳海事局在长江海事局和岳阳市委、市政府的正确领导和关心、支持下，围绕建“中游强局，文化大局”的总体目标，以安全监管为中心，以“五化”建设为主线，全面履职，协调发展，保障了辖区安全形势持续稳定，实现辖区水上交通事故连续近54个月零死亡、无一般以上运输船舶等级事故，零经济损失、零渡船险情的优异成绩。建局10年来，先后获得全国海事系统文明执法示范窗口、全国海事系统文明达标单位、交通部海事局先进集体、岳阳市安全管理集体三等功、直属海事系统先进基层党组织、湖南省口岸系统先进单位、岳阳市文明单位、长江海事局先进集体、长江海事局五好领导班子、长江海事局红旗党组织等荣誉。

交通运输部海事局副局长李世新到岳阳海事局考察

局长　龙营华

岳阳海事局获得全国海事系统文明达标单位、岳阳市文明单位荣誉称号

开展洞庭湖口水域通航安全管理秩序专项治理活动

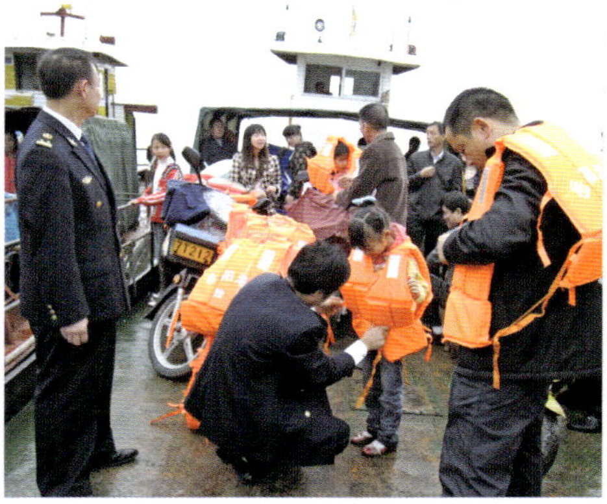

执法人员在渡口指导乘客穿戴救生衣

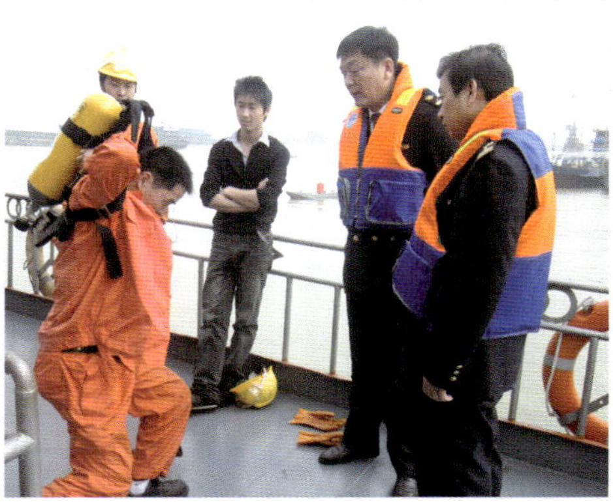

强化港区危险品船舶安全监管

岳阳市地方海事局

岳阳市政务服务中心地方海事局分中心于2011年1月6日成立，分中心地处岳阳市洞庭北路洞庭湖水上救援指挥中心，设6个服务窗口，负责岳阳市地方海事局22项水路行政许可项目的审批。分中心以“便民高效、公正透明”为工作宗旨，严格落实审批许可原则，实行“一站式”管理，水运（码头）企业、船舶单位、船员申办的行政许可事项从受理到办结都在政务中心完成，确保权力规范运行。2011年，分中心受理行政许可事项901件，全部按期办结，整体实现“零错漏、零延误、零投诉”。分中心成立1年多来，先后获得全国交通系统“十一五”政务公开工作先进单位、全省交通运输行业文明示范窗口、岳阳市政务服务中心先进窗口等荣誉称号；先后收到服务对象赠送锦旗、感谢匾20多面（块），书面表扬20多条，水上业主视之为政策百事通、政务特快车、信息平台、温馨家园。

市委书记黄兰香在局长刘岳华的陪同下考察地方海事局政务分中心

岳阳市政务服务中心地方海事局分中心

船户咨询、办理审批业务

水上消防演习

岳阳市邮政局

党委书记、局长李少锋为岳阳邮政职工大学学员上《服务制胜战略》第一课

岳阳邮政春节晚会，局领导班子成员与演员合影

2011年，岳阳市邮政局贯彻落实第十三次省、市邮政工作会议精神，继续深入实施省公司九大发展战略，围绕岳阳邮政“四化两型”和“四局一极”战略目标，在转变方式中谋求发展，在快速发展中调整结构，全力推进管理工作向一体化、精细化转型，业务发展迅猛。全市邮政累计净增邮储余额14.08亿，余额达78.1亿元，邮政代理保险完成保费3.67亿元，函件业务完成1852万元，发行专业2011报刊大收订实现流转额4220万元，全市邮政系统完成业务收入3.18亿元，增幅22.21%，创历史新高。获得湖南邮政先进企业、岳阳市社会治安综合治理先进单位、党风廉政建设先进单位、岳阳市保密工作先进单位等荣誉。

开展世界邮政日宣传活动

开展岳阳市集邮进校园活动

市邮政局与市政府扶贫办联手开展“爱心包裹”捐赠活动

全省空白乡镇邮政局所补建工作会议在岳阳召开

举办集邮鉴赏会暨客户答谢会

岳阳市招商局

市委书记黄兰香、市长盛荣华、市委副书记李志坚等领导到巴陵石化公司考察特种环氧树脂项目

第七届“中博会”岳阳市投资推介会暨项目签约仪式

岳阳市重大招商项目签约仪式在南湖宾馆举行，市委书记黄兰香、市长盛荣华等市领导出席

湖南城陵矶临港产业新区电子科技产业园斯达电子项目奠基典礼

总投资4.5亿元的湖南中科电气股份有限公司

岳阳市科学技术局

中国工程院院士、湖南农业大学教授官春云考察巴陵油脂油菜基地

党组书记、局长谢春生到市农科所调研农业科技项目建设

市科技局系统庆祝建党90周年党员大会

全市科技工作暨高新技术产业化工作会议

2011年岳阳市科技活动周启动仪式暨大型科普讲座现场

湖南省地震局局长胡奉湘、副市长隋国庆参加岳阳市地震局挂牌仪式

岳阳市洞庭湖大桥管理局

中央政治局常委、国务院总理温家宝，副总理回良玉视察洞庭湖大桥

洞庭湖大桥是湖南“九五”交通建设重点项目，由省发改委批准立项，岳阳市政府负责建设，湖南省交通规划勘察设计院设计，湖南省路桥总公司、交通部公路二局等十家单位承建，湖南大学监理中心、长沙交通学院育才——布朗监理咨询有限公司负责监理。大桥于1996年12月19日开工建设，2000年11月竣工，12月26日投入运行。洞庭湖大桥是国内目前最长的内河公路桥。路桥全长18868.82米，其中桥长5747.82米，接线长4426米，桥宽20米，双向四车道。主桥桥面高52米（黄海）。设计通航等级Ⅲ级。大桥总投资8.669亿元。主桥桥型为不等高三塔、双索面空间索、全飘浮体系的预应力钢筋混凝土肋板梁式结构的斜拉桥，跨径为130+310+310+130米。索塔为双室宝石型断面，中塔高为125.684米，两边塔高为99.311米。三塔基础为3米和3.2米大直径钻孔灌注桩。引桥为连续桥，跨径20至50米，基础直径为1.8和2.5米钻孔灌注桩。该桥设计先进、新颖、造型美观，为首次在国内大型桥梁中采用三塔斜拉桥结构体系，位居亚洲之首，是湖南省桥梁界的一大科研项目。工程质量经湖南交通建设质量监督试验检测中心检验评定：单位工程优良率为92.3%，建设项目最终得分92.90分，质量等级为优良。先后获得国家科学技术进步二等奖和交通部设计金奖，2004年被全国土木工程学会评为首届中国十佳桥梁，2005年荣获国家土木工程领域最高奖项詹天佑奖。

市长盛荣华、市委副秘书长任小娟、市交通运输局局长龚柏松检查洞庭湖大桥抗冰救灾工作

交通运输部及省交通厅专家检测洞庭湖大桥安全设施

湖南交通规划勘察设计院工作人员对洞庭湖大桥进行静、动载试验

局领导在监控信息中心指导工作

执法队伍纪律严明

岳阳市铁山供水工程管理局

水利系统为民办实事窗口单位调研组到井塘协会调研

举办第十届职工篮球赛

庆祝中国共产党成立90周年大会

水利部为民办实事窗口单位创先争优调研组在井塘协会座谈

铁山水库迎来近10年首次泄洪

岳阳市自来水公司二水厂

铁山风光

巴陵石化公司

中共中央政治局常委、中央纪律检查委员会书记贺国强在巴陵石化公司视察

中共中央政治局委员、国务院副总理张德江在巴陵石化公司视察

中央政治局委员、中央书记处书记，中央组织部部长李源潮在巴陵石化鹰山社区视察

巴陵石化公司隶属于中国石油化工集团公司，由原岳阳石油化工总厂、洞庭氮肥厂、鹰山石化厂组成，现包括中国石化股份公司巴陵分公司（上市部分）和中国石化资产公司巴陵石化分公司（非上市部分）两个部分，是集油、化、纤、肥于一体的大型石化联合企业和国内最大的锂系聚合物、环氧树脂、己内酰胺和商品环己酮生产企业。下辖烯烃事业部、环己酮事业部、合成橡胶事业部、环氧树脂事业部、己内酰胺事业部、化肥事业部等17个直属单位。截至2011年底，有固定资产原值128.4亿元，在岗职工10567人；主要生产装置包括年产200万吨炼油、6万吨MTBE、10万吨环己酮、20万吨SBS、2万吨SEBS、4万吨顺丁橡胶、6万吨聚丙烯、10万吨烧碱、3.2万吨环氧氯丙烷、5万吨氯丙烯、5.5万吨环氧树脂、20万吨己内酰胺、60万吨尿素、15万吨硫酸、12万吨双氧水、日耗煤2000吨煤气化装置等。主要产品有汽柴油、MTBE、溶剂油/稀释剂、环己酮、SBS、SIS、SEBS、聚丙烯、顺丁橡胶、环氧树脂、氯丙烯、环氧氯丙烷、己内酰胺、尿素、双氧水等50多种170多个牌号。产品远销20多个国家和地区，企业通过了ISO9000质量体系、HSE体系认证。2011年，累计生产主要炼化产品399万吨；实现营业收入235.3亿元，比2010年增加17.8亿元，增长8.2%；整体盈利1.14亿元；上缴税费31.1亿元。上缴税费连续4年居湖南省第三位。公司党委被评为全国先进基层党组织。

办公大楼

中国石化董事长傅成玉在巴陵石化公司考察

浙江巴陵恒逸己内酰胺有限责任公司成立

巴陵石化党委获得全国先进基层党组织称号

开展为民服务创先争优活动

年产6万吨特种锂系聚合物装置设备吊装现场

湖南省技能大师邹浪在技改现场精心作业

全国劳模童建湘在生产车间仔细巡检

生产装置检修现场

车水马龙的己内酰胺装车站台

巴陵石化安居园社区

中国石油化工股份有限公司长岭分公司

中共中央政治局常委、中央纪委书记贺国强在长岭炼化公司视察

中国石油化工集团公司董事长、党组书记傅成玉在长岭炼化公司考察

省政府与中国石油化工集团公司战略合作框架协议签字仪式在长沙举行

荣获全国法制宣传教育先进单位

庆祝中国共产党成立90周年暨表彰大会

长岭炼油改扩建项目全面建成投产暨厂庆40周年庆典

长岭炼油改扩建项目装置一角

团结奋进的领导班子。左起：总会计师付洪、副主任刘勇、主任刘跃红、副主任夏卫军、冯俨、刘彬

岳阳市住房公积金管理中心

住房公积金联名卡发行仪式

召开住房公积金管理委员会2011年第一次会议

组织观看警示教育宣传片

市中心管运分离及岗位设置公开竞职大会现场

岳阳职业技术学院

岳阳职业技术学院是岳阳市人民政府主办的一所综合性高职院校。学院占地98.1公顷，建筑面积29.35万平方米，固定资产5.27亿元。拥有教职员工1115人，其中教授、主任医师32人，副教授、高级工程师221人，双师型教师350人。学院开设机电一体化、应用电子技术、物流管理、临床医学、护理、药学、城市园林和影视动画等高职专业30个，面向全国28个省市招收三年制高职专科学生。现有在校学生13000余人，继续教育学生4600余人，同时每年对外开展各类培训约8000余人。按照“服务地方，校企合作办学；对接产业，工学结合育人”的办学思路和“依托行业、对接产业、锁定职业、服务就业”的专业建设思路，全面推进以专业建设、课程建设、双师结构队伍建设和创业园区建设为主要内涵的教学改革，着力打造“依托创业园区、突出创业教育、培养创业人才”的办学特色，为社会培养各类高技能人才近6万人，学生就业率达95%以上。为岳阳的经济社会发展起到了十分重要的人才支撑作用。

该学院是国家技能型紧缺人才培养培训基地、中央财政支持的数控技术实训基地、国家职业核心能力示范培训试点学校、湖南省应用电子技术专业教师培训认证基地、岳阳职业教育集团牵头单位。该院先后获得湖南省职业教育与成人教育工作先进单位、湖南省文明高校、湖南省园林式单位、湖南省职业技能鉴定工作先进单位、湖南省科学规划课题管理先进单位、湖南省毕业生就业工作先进单位、全国五四红旗团委等荣誉，2006年被评为“全国高职高专人才培养工作水平评估”优秀职院。2009年确定为湖南省示范性高职院校。

摄影：严武森

市委书记黄兰香亲切慰问一线教师

市长盛荣华考察学院老年护理实训中心（国泰阳光）建设工地

学院与武汉美斯坦福信息技术有限公司合作办学签约仪式

中南大学湘雅医院与学院共建护理人才定点培养学院签字仪式

副市长隋国庆做客马鞍山大讲堂

岳阳职业技术学院全景

岳阳广播电视大学

求真务实，昂扬进取的工作团队

市委书记黄兰香到学校调研

副市长隋国庆到学校调研

岳阳广播电视大学创建于1979年，是一所市委市政府直接领导、中央电大、湖南省电大业务指导的运用现代多媒体技术进行远程教育的开放大学。2011年有各类在籍学生22379人，校园面积10.2公顷，建筑面积6.1万平方米。

学校设备完善，设施先进，投资700余万元建成的校园网实现全国、全省电大计算机网络的宽带互联。有在编教职工89人，其中研究生以上学历20人，正、副教授28人，讲师50人。同时，在全省高等院校和科研单位中聘请80余名以讲师为主体，以教授、副教授为骨干的兼职教师队伍。有网络工程职业技术学院、中小学教师培训中心、继续教育学院、北师大教学中心、社区教育办公室等6个办学实体，下辖6个县市级电大分校和11个电大工作站。2009年，挂牌成立岳阳社区大学、岳阳市中小学教师远程教育培训 中心。

该校办学成绩斐然。2006年在开放教育试点总结性评估中被省教育厅评为优秀学校。连续3年被湖南电大评为目标管理先进分校。2010年10月被省教育厅评为首批湖南省示范性市州级电大。2011年底被中央电大评为全国示范性基层电大。

市教育局局长王德华到学校调研

召开道德模范高校巡讲活动报告会

举办“五四”红色经典诗歌朗诵比赛

岳阳市社会科学界联合会

省社科联党组成员、副主席黄建华一行在岳阳考察

社科联主席胡中习与岳阳楼区和谐宣讲团胡建雄等共商社科普及宣传工作

党组成员、副主席李平辉在岳阳楼区困难企业调研

举办全市社科工作座谈会

经济监督与管理

ECONOMIC SUPERVISION AND ADMINISTRATION

发布实施“十二五”规划纲要

推进“两型社会”建设

领导干部经济责任审计

开展“统计基础建设年”活动

食品生产加工质量安全整治

宏观经济管理

【概况】 2011年，岳阳市发展和改革委员会（简称市发改委）围绕“四化两型”和“五市一极”建设，按照当好参谋、综合平衡、谋划长远、管理投资、调节运行、推进改革的总体思路，加强规划思路谋划、项目资金争取、形势分析研究和综合协调服务，促进了全市经济社会持续快速健康发展。岳阳实现地区生产总值1899.5亿元，比2010年增长14.2%；完成固定资产投资861.8亿元，增长35.6%；完成社会消费品零售总额598.5亿元，增长18%；完成财政总收入185.8亿元，增长33.1%；规模工业增加值增长20.7%，对经济增长贡献率达到62.3%。

【发布实施“十二五”规划纲要】 2011年是“十二五”规划实施的第一年，市发改委把加强规划编制作为谋大、谋深的重要手段，修改完善《岳阳市国民经济和社会发展第十二个五年规划纲要》，在岳阳市第六届人民代表大会第四次会议上审议通过，被湖南省“十二五”规划编制协调领导小组办公室评为规划编制工作优秀奖。牵头编制《岳阳市保障和改善民生实施纲要》、《岳阳市文化产业发展规划》等43个重点专项规划，并加强与国家和湖南省主体功能区规划对接，争取湘阴县、汨罗市、平江县、华容县、临湘市、君山区进入国家级农产品主产区。

【加强经济形势监测分析】 2011年，市发改委面对物价高企、要素制约、春夏连旱等影响经济社会发展的因素，密切跟踪监测经济形势，建立月交流、季碰头制度，定期组织市直有关单位、中央省属企业和工业园区交流情况，及时掌握岳阳经济运行动态，做到每月出1份月度经济形势分析材料，每季度出1份经济形势分析报告，并先后就统筹城乡、“两型社会”建设、城陵矶新港二期工程建设、中小企业融资、老工业基地调整改造、城区水系整治、电煤储备基地建设等事关岳阳市发展大局的重点问题开展调查研究，形成一批有价值的调研成果和对策建议。

【加强项目建设】 2011年，市发改委协调各方抓好重点项目建设，着力扩大投资规模。全市完成固定资产投资861.8亿元，比2010年增长35.6%，投资总量居湖南省第二，增速与株洲市并列居湖南省第三，综合排名居湖南省第四，进入湖南省固定资产投资工作先进行列。一是加强项目开发储备。调整、充实“十二五”规划重大项目库，收集、整理投资5亿元以上的项目184个，争取76个投资10亿元以上项目（不含打捆项目）纳入湖南省“十二五”规划重大项目库，53个项目列入湖南省“三个一”(十二五期间重点实施100大工程、1000个重大项目、完成投资10万亿元)行动计划。牵头开展亿元以上项目投资项目统计申报工作，收集项目166个。策划包装招商引资项目550个，在湖南省和岳阳市招商网站发布项目350个。二是争取项目资金。把握国家加大民生、水利、节能环保、自主创新等方面投入的政策机遇，做好项目策划、申报、衔接等工作，包装上报项目300多个，总投资180多亿元，申请中央、省预算内投资近30亿元，到位资金19.9亿元，比2010年增长36.7%。三是推进重点项目建设。对纳入湖南省“三个一”行动计划项目、市政府确定的205个重大项目和亿元以上投资项目实行动态管理，跟踪督查，定期协调解决问题。全市实施5000万元以上重大项目727个，增加191个。其中亿元以上投资项目146个，完成投资229.5亿元，占固定资产投资的比重为26.6%。岳阳机场、荆（州）岳（阳）铁路、岳（阳）吉（安）铁路、小墨山核电、城陵矶新港二期工程、城陵矶保税港区申报等重大项目前期工作顺利推进。

【推进产业转型升级】 2011年，市发改委进行规划引导、项目建设和政策扶持，开展联手帮扶企业和产业发展升级行动，加快推进产业转型升级，促进产业集聚发展。组织编制产业发展专项规划5个，争取国家和湖南省产业发展项目60多个、资金2.97亿元；争取纳入国家和湖南省产业发展规划和相关专项项目46个，申请资金近5亿元。为城陵矶临港产业新区办实事，争取污水管网配套、永济大道建设、公共租赁住房、北横渍堤加固等项目资金5560万元；争取和诚石化、港龙国际物流园项目获省发改委核准并开工建设，松杨湖治理项目纳入湘江流域重金属污染治理规划，城陵矶物流园列为湖南省10个重点物流园区；协助做好8亿元企业债券的发行方案，报国家发改委审批。大力支持屈原国家现代农业示范区建设，启动6666.67公顷优质稻基地育插秧机械化项目建设，完成6家年出栏500头以上的规模猪场信息化项目建设。支持汨罗工业园“城市矿产”示范基地做大做强，策划开发项目27个，总投资38.7亿元，通过可研评审和节能评估，并上报国家发改委。争取省发改委批准成立2个企业技术创新平台，即中国化学工程第四建筑有限公司省级企业技术中心和湖南博达隆公司西瓜种苗繁育省级重点实验室。

【推进“两型社会”建设】 2011年，市发改委组织编制完成滨湖示范区的湘阴界头铺、汨罗新市、屈原营田和城陵矶4个片区“两型社会”建设规划文本和改革建设实施方案，协调促进4个片区“两型”产业发展和生态环境建设。密切跟踪湖南省“两型”产业投资基金，策划包装上报湖南城陵矶临港产业新区、岳阳市洞庭新城、岳阳市赶山南生态新城区3个打捆项目；争取汨罗“城市矿产”示范基地建设、远大可持续建筑等25个项目纳入省重点推进的“两型社会”建设第一批重点项目。加强以“两型”产业发展、城乡建设、生态文明建设、民生发展等为重点的“两型”示范工程建设，向湖南省长株潭“两型”工委申报9个“两型”示范项目和7家“两型”示范单位，被湖南省长株潭“两型”工委评为先进组织单位一等奖。

【推进节能减排】 从2011年起，

岳阳市能源行业管理、资源综合利用和节能减排监督管理工作划归市发改委管理。市发改委牵头组织开展全市固定资产投资节能评估和审查，年耗能万吨标准煤以上企业节能工作、高效照明产品推广和限塑专项整治等行动，完成锅炉清洁能源改造82台、水污染物减排项目58个、大气污染物减排项目33个、农业面源畜禽养殖治理项目16个，全市万元GDP能耗下降3%。加大湘江流域重金属污染治理力度，争取43个项目纳入国家发改委批复下达的《湘江流域重金属污染治理实施方案》，总投资近40亿元。开工建设桃林铅锌矿重金属废渣治理等重点项目4个，完成前期工作项目6个。

（本栏撰稿 吴有祥）

市物价局局长殷清华到农村开展价格公共服务 （市物价局 供稿）

物价管理

【概况】 2011年，岳阳市物价局围绕稳定消费价格总水平、保障群众基本生活的总要求，始终把稳定物价总水平作为首要任务，开展“民生价格监管年”活动，处理好保持经济平稳较快发展、调整经济结构和管理通胀预期关系，采取扶持生产、搞活流通、加强监管等措施，构建稳价安民长效机制，有效遏制物价过快上涨势头，居民消费价格涨幅4.9%，分别低于全国、全省平均水平0.5、0.6个百分点，涨幅在全省14个市州中居最后一位。市政府获得2011年度湖南省价格调控工作一等奖，岳阳价格调控的经验做法在全省价格工作会上推介，市物价局获得湖南省物价系统价格调控先进集体称号，市价格监督检查局被省依法治省领导小组评为依法办事示范窗口单位。

【价格调控】 2011年，市物价局面对严峻的价格形势，抓住稳定消费价格总水平这一首要任务不动摇，采取多种调控手段，较好地控制物价涨幅水平。一是支持发展生产保障供应。出台系列支持发展生产价费政策，连续6年提高粮食最低收购价格，制定种子最高零售价格，落实“绿色通道”和化肥生产、运输优惠价格政策，降低猪羊等牲畜检验检疫费用，投放价格调节基金扶持蔬菜基地、生猪养殖基地建设和中心城区蔬菜直供点建设。粮食播种面积55万公顷，总产量325万吨；蔬菜播种面积10.7万公顷，66.7公顷以上蔬菜基地稳定在85个；保证日生猪交易量1000头、禽类89万羽、蔬菜400吨的需求。二是加大价格监测力度。进一步优化77个价格监测网点，完成价格监测统计调查点扩面工作，市区由115个价格统计调查点扩大至306个。加大对粮食、猪肉、食用油、蔬菜等居民生活必需品价格监测力度，全面、及时、准确上报480多种商品价格日报、周报、月报560多份，分析价格数据6.3万条，确保CPI反映真实、准确、科学，成为全省价格监测工作先进单位。三是从严控制政府定价政策出台。暂停地质灾害评估费等16项收费，取消住房抵押手续费等14项收费，否决天然气安装二次进场费等17项新增收费项目申请，规范企业纳税环节收费行为。加大价格成本监审力度，核减不合理成本4500万元。四是加强价格调节基金征管。调节基金入库1640万元，比2010年增长23.7%。投入300万元扶持君山区西城办事处蔬菜基地建设，补贴20万元在城区建立10个直销点；投放310万元补贴城市公交车辆和出租车，保持城市公交车、出租车运输价格稳定。

【价格监管】 2011年，市物价局确定为“民生价格监管年”，开展整顿规范超市商场农贸市场价格、住房价格、医药价格、公用事业价格和教育收费五大行动。成立69个检查组，参检800多人次，检查各类经营单位2000多家，立案查处价格违法案件109起，查出价格违法金额4300万元，清退多收价款2000多万元，经济制裁1500多万元。“3·17”抢盐事件发生后，立即启动价格应急预案，组织人员到355家大小超市、1000多家小食杂店和批发市场检查，查处3家超市违价行为，处罚3.1万元，并公开曝光，当天平息食盐涨价抢购风波。对沃尔玛超市低价招徕顾客高价结算的价格欺诈行为处罚14万元，开出市场价格违法案件单笔最高罚单。整顿房地产价格，检查房地产企业9家，查出价格违法金额400多万元。整顿教育收费，开展全市教育收费专项检查，历时3个月，查处自立项目收取补课费、跨期收取择校费、扩大范围收取资料费等违法行为。整顿医药价格，开展全市医药卫生服务价格大检查，组成34个检查组，120余人参检，检查医疗单位150家，查处价格违法金额2000多万元。整顿公用事业价格，检查春运车辆487台次，查处违价车辆20台次，清退多收价款1.4万元。

【价格服务】 2011年，市物价局加强以收费检查为重点的价格管理。组织开展行政事业性、服务性收费清理工作，取消15项收费，降低12项收费。组织对72家行政事业性收费单位、138家服务性收费单位进行年检年审，取消12项行政事业性收费项目，注销4个服务性收费登记证，变更服务性收费项目24项。8月，调整中心城区城市基础设施配套费征收标准，每年可为城市基础设施建设筹集资金1亿元以上，支持城市提质发展。通过广泛征求民意，召开价格听证会，报请市政府同意，改革垃圾处理费征收方式，实行伴用水户征收，垃圾处理费征收难到位的问题得以解决。改进涉企收费网络监审系统，利用系统加强全市规模以上企业和优化经济环境测评单位行政事业性、服务性收费网上监审，发现问题及时“报警”，通过该系统纠正和查处涉企违价行为36起。

【价格惠民】 2011年，市物价局以价格惠民为根本，维护社会和谐稳定。一是降低群众用药负担。落实公立医院药品网上集中采购管理办法，督促各医疗卫生机构按照国家政策，降低左氧氟沙星等162种1300个剂型规格药品价格，让利患者3500多万元。全市168个乡镇卫生院、27个社区卫生服务中心全部实行基本药物零差率销售，基本药物制度实施地区门诊费用、住院费用降幅达40.3%、48.3%。二是及时发放价格临时补贴。建立社会救助和保障标准与物价上涨挂钩的联动机制。从3月起，提高城市居民最低生活保障标准每人每月40元，农村每人每月25元。根据物价涨幅情况，先后3次向全市35.7万低收入群众发放价格临时补贴4095万元。三是加强保障性住房价格监管。审批新颜小区等3个小区的经济适用住房价格，确定为每平方米1250元，远低于商品房价格。廉租房租金维持在每平方米1.2元。四是开展价格惠民。推行岳阳楼——君山景区门票联票优惠政策，降低门票价格10元；降低51路公交车票价1.5元；推出中学生高考体检收费优惠政策，优惠31元；取消机动车新车上户、转籍、变更人工检验费。五是关注弱势群体。落实低收入家庭每月免收8度电、4立方米天然气、5吨水的费用，每月优惠有线电视收视费7.5元，门诊挂号、诊查费减半和免收特困学生校服费等价格优惠政策。

（本栏撰稿　傅　峰）

工商行政管理

【概况】 2011年，岳阳市工商行政管理局（简称市工商局）围绕“四化两型”和“五市一极”建设，发挥职能作用。全市新增市场主体3.28万户、农民专业合作社193户，新增从业人员5万人。个体工商户达到16.4万户、私营企业达到1.4万户，农民专业合作社577户，居湖南省前列。新注册商标1124件，新申报认定中国驰名商标6件、省著名商标20件、地理标志证明商标1件。有效注册商标6676件、驰名商标19件、著名商标115件，分别在湖南省排名第四位、第二位、第三位。受理消费者申诉举报13352个，为消费者挽回直接经济损失680万元。查处各类涉及民生案件1359件，收缴销毁假冒伪劣食品、商品、农资122吨，价值1300多万元。市工商局获得市委、市政府建设民本岳阳先进单位等8项荣誉。在省工商局绩效考核中获得第一名，并被评为党风廉政建设先进单位、人口和计划生育工作先进单位。

【强化市场监管】 2011年，市工商局抓好基础工作，强化市场的监督管理。一是保障食品安全。工商所的干部每周2天时间抓食品安全。工商所每周组织1次集中整治行动，县工商局每月组织1次，市工商局每季组织1次。全市工商系统查办食品案件262件、商标侵权案件135件，捣毁制假售假窝点58个，集中销毁122吨、价值上千万元的假冒伪劣商品。二是打击传销活动。捣毁传销窝点512个，教育遣散传销人员5722人次，解救人质237人次，移送公安机关182人，判刑14人。三是开展专项行动。查处无照经营7800户，查办商业贿赂案件45起，查处其他不正当竞争案件112起　收缴货值1300万元的假烟、假酒。抽调工作人员调查处理成品油事件，查处涉油违规企业4家，受理、调处消费者投诉、咨询1.6万人次。

【服务经济发展】 2011年，市工商局充分履行职能，服务经济建设。深入推进“五创”提质。城区500多名工商干部全力以赴，并从县工商局抽调近百名干部参与，牵头78个农贸市场的迎检工作。助推商标战略。全市新增注册商标1124件，新增省著名商标20件、中国驰名商标6件、地理标志证明商标1件。切实帮扶企业发展。部署开展“访万户企业、解万道难题”大走访活动，走访各类企业3912户，为企业解决实际困难和问题486个，助推企业融资10.5亿元。组织开展湖南省私营企业100强评选推荐工作，岳阳市有13家企业进入100强，参评企业数和入围企业数均在全省排名

2011年市工商局按季度组织开展集中销假行动　（市工商局　供稿）

第二。服务全民创业。落实创业政策，将注册资本500万元以下的企业登记权限下放城区四个分局，实行网上年检、上门年检，全市新增市场主体32805户。努力化解消费纠纷。受理消费者申（投）诉和举报13352件，为消费者挽回直接经济损失680万元。

【创新社会管理】 2011年，市工商局保障民生权益，开展食品安全和打击传销进校园进社区（简称“两进”）工作。规定工商所每月至少安排5个工作日开展“两进”活动，全市工商系统各级机关开展较大规模的“两进”宣传活动216次，5.2万余名师生、居民受益。基层工商所对接社区。调整城区工商所布局，原则上一个工商所对应一个办事处，并要求工商所所长定期到街道办事处汇报工商工作，接受领导，将工商监管中的许多矛盾和问题在办事处的支持下化解在基层和社区。开展工商志愿者活动。成立一支百余人的志愿者队伍，利用节假日和下班时间，将食品安全、消费维权、打击传销等项工作的宣传送到社区。岳阳市工商局的“两进”工作被省工商局评定为创新工作第一名，并在全省工商系统推广。

【推进自身建设】 2011年，市工商局加强自身建设，树立工商队伍形象。在干部任用上把好素质优良、业绩突出、群众公认三关，对20名县工商局班子成员实行异地交流任职，通过公开竞职、群众评议、现场评分在市工商局机关公开选拔10名科级干部。落实政风行风民主评议工作，组织副科级以上中层骨干到岳阳监狱参加警示教育，创建廉政建设示范工商所19个，组织开展述职述廉活动99次。规范公务用车行为，取消局领导和科室相对固定车辆，对全市工商系统所有公务车辆实行GPS定位管理，严格控制公车私用和领导干部违规驾驶公车行为，凤凰网、《中国工商报》、《三湘都市报》等媒体对此专题报道。健全完善绩效考核方案，出台4个考核文件，实行机关与基层互评互动，实行县级局班子成员与包点工作捆绑考核，改进对单位工作的考核方法，抽调专人成立暗访组，将揭露的问题制成光碟《镜鉴》，让干部深刻反思，及时整改。　（本栏撰稿　姜　滔）

审计管理

【概况】 2011年，岳阳市审计局坚持依法审计、求真务实，发挥出审计工作保障岳阳经济社会健康运行的“免疫系统”功能作用。完成审计项目75个，查出违规金额5.6亿元、管理不规范金额3.7亿元，审计处理应上交财政1271万元；审计各类建设工程竣工（结算）项目198个，审减不合理工程造价5849.5万元；提交的审计综合报告和审计信息被批示、采用256篇，向市检察院和其他部门移交案件线索2件。被省人力资源和社会保障厅、省审计厅评为湖南省审计工作先进集体，政府性债务审计、审计信息、内审工作先进单位。政府绩效考核、党风廉政建设、机关作风建设、依法行政、计划生育、综合治理、扶贫建设、“五创”提质等工作被市委、市政府评为先进单位。

【开展政府性债务审计】 2011年2月28日起，岳阳市审计机关投入审计人员200多人，组成9个审计组，历时3个多月，对县市区政府性债务情况进行审计。在时间紧、任务重的情况下，各审计组不畏艰难、连续作战，完成623个单位债务的审核和表格的填列，澄清全市政府性债务底数，为加强政府债务管理、防范债务风险提供了参考依据。由于工作出色，岳阳市审计局被省审计厅评为先进集体，汨罗市、岳阳县、平江县、云溪区审计局被市政府评为先进集体，周荣、李雍、谌七云等37人被省审计厅和市政府记三等功或嘉奖。

【大财政审计取得成果】 2011年，市审计局着力构建大财政审计新格局，取得实效。4月19日，在省人大常委会召开的全省审计监督座谈会上，作题为“发挥审计监督职能作用，增强预算审查监督实效”的典型发言。7～9月，市人大常委会对近3年财政同级审工作进行专项评议，财政同级审工作得到市六届人大常委会第24次会议高度评价。行政成本审计调查报告引起市长黄兰香的高度关注。9月23日，市政府第62次常务会议专门听取财政同级审特别是六项公用经费审计调查情况汇报，会后市审计局迅速落实会议要求，向市直10个部门29个单位下发《审计整改通知书》，责成限期整改。一次审计调查结果上政府常务会议，几十家单位进行整改，在岳阳审计史上是第一次。

【领导干部经济责任审计】 2011年初，市委、市政府采纳审计建议，联合下发《岳阳市规范领导干部任期经济责任审计工作“五项制度”》的通知，全面实行审计工作联席会议制度、审计对象分类管理制度、审计公开制度、审计回访监督检查制度和审计责任追究制度，推动经济责任审计的深入开展。对18名领导干部进行任期经济责任审计，查出违规金额2.8亿元，敦促追回土地出让金1276.6万元，收回违规出借资金1399万元。首次开展岳阳县、临湘市、岳阳楼区、云溪区党政一把手任期经济责任同步审计。在某地党政一把手经济责任同步审计时，发现某工业园未经审批，擅自以40万元出让土地1.33公顷给某实业公司的问题。根据审计意见，责成收回非法转让土地，避免国有资产流失500余万元。

【政府投资项目审计】 2011年，市审计局与市财政局联合制定《岳阳市政府投资建设项目结算工作管理办法》，投资审计进一步规范。对市三医院住院大楼等12个行政事业单位投资项目的80个单项工程和55个城建项目的118个单项工程竣工决算（结算）进行审计，在建设单位初审、市财政评审办复审的基础上，审计核减“高估冒算”等不合理工程造价5849.5万元。在开展工程建设领域突出问题专项治理的同时，重点对市体育中心、岳阳连接线提质改造工程跟踪审计，取得成效。

【抓好民生资金审计】 2011年，市审计局开展公立医院、廉租房、土地出让金、排污费、中小学校舍安全工程专项资金、科技开发经费、扶贫资金、生产自救重建家园救灾资金、普通高中化解债务、外资运用等项目（资金）的审计。在某医院审计中，查出违规资金3662.3万元，管理不规范资金530.4万元，责令退还违规收费资金879.78万元，提出6条整改建议。在市科技开发经费审计时，围绕市人大代表提案所反映的情况，重点审计市科技局近2年安排的有影响项目45个，延伸审计36个科技项目承担单位，发现科技经费管理和使用中存在的问题，提出审计建议，市人大代表表示满意。

【实施审计转型升级】 2011年，市审计局根据审计转型的需要，集中3个月时间，对公安、教育、土地出让、廉租房、环保等5个部门和项目实施市县同步审计，审计执法的广度、深度、力度大于往年。加大对绩效审计、计算机辅助审计的目标考核和工作推进力度。8月29日，在平江县召开全市绩效审计工作现场经验交流会。出台计算机审计3项制度，组织OA与AO业务培训，审计的质量和效率稳中有升。编发《岳阳审计信息》、《审计专报》22期，在《中国审计报》等报刊发稿165篇，岳阳审计网站点击数达7.2万人次。11月6日，国家审计署党组成员、总审计师孙宝厚到岳阳调研，对岳阳审计工作给予充分肯定。

【服务社会管理与创新】 2011年3月，市审计局代市政府起草《关于进一步加强监察审计法制工作的若干规定》，市政府颁布执行。全年完成市委、市政府临时交办的审计事项13件。岳阳“范仲淹城”项目拆除补偿成本审计，在原补偿意见的基础上再次审减补偿支出211万元。城陵矶工矿贸易公司部分职工上访事项审计调查，情况复杂，群众关注，审计组逐一查证落实10多项上访事项，为市政府妥善处理问题提供了决策依据。2月22日，在市五届纪委第十一次全会上，市审计局作题为“打造廉洁审计，提升免疫功能”典型发言。

（本栏撰稿　毛朝晖）

统计管理

【开展“统计基础建设年”活动】 2011年，岳阳市统计系统开展“统计基础建设年”活动，推动各项工作圆满完成，在湖南省推进新型工业化考核中连续3年获一等奖、省政府绩效评估中获第一名，被评为“联手帮扶产业发展升级活动”先进单位、服务非公经济发展先进单位、省统计局综合评比先进单位，获得全省全国第六次人口普查工作第二名、省统计局各类专业奖项36个。统计系统的基础建设，一是提升机关规范化建设。围管理制度化、业务程序化、台账电子化、资料档案化的目标，编印《2011岳阳市统计局岗位责任制》，完善规章制度，明确岗位责任，规范数据流程，加强档案管理，确保数据质量。通过以制度促管理，机关工作效能明显提高。二是增强县乡统计基础。加强督促检查，开展先进县级统计机构和优秀乡镇（街道）统计示范站评选活动，全面规范县乡两级统计机构统计基础工作，推动全市乡镇（街道）统计工作规范化建设进程。华容县统计局单设，湘阴县统计局被评为全省县级统计工作规范化建设先进单位，君山区采桑湖镇统计站等7个乡镇统计站评为全省基层基础建设示范统计站。三是规范统计起报单位的统计行为。基层基础建设、统计机构规范化建设提速，人员编制充实，业务经费增加，县级和乡镇统计工作条件改善，基层统计业务水平不断提高。

【推进统计工作“四大工程”】 2011年，市统计局加强统计工作的“四大工程”建设有序推进。“企业一套表”以及联网直报工作取得阶段性成果。成立以市委常委、副市长为组长的岳阳市深化“企业一套表”改革领导小组，印发《岳阳市人民政府办公室关于深化“企业一套表”改革实施联网直报工作的通知》，形成部门为行业统计责任主体、政府统计为业务指导的“企业一套表”联网直报工作机制。县市区以相同模式推进企业一套表和联网直报工作，建立起专业之间、市县之间、部门之间的协作联动机制，为2012年岳阳市“企业一套表”和联网直报二作的实施奠定基础。基本单位名录库建设取得成效。建立健全名录库运行管理、维护更新、质量检查、数据应用等工作机制，组织全市统计系统开展规模工业、建筑业、批发零售业、服务业的清查清理工作，进行年报单位清查和名录库建设的专项检查，建立一个高质量的名录库，较好地反映全市经济活动单位发展动态和趋势。统计信息化建设稳步推进。以“企业一套表”改革实施和联网直报为契机，加大基层信息化建设投入力度。出台《岳阳市统计局一套表信息化建设平台方案》，规划全市统计信息化建设。完成全市统计系统统计数字线路专网建设，架通市、县网络通讯桥梁，为“企业一套表”改革和联网直报提供强技术支持。

【部门统计工作加强】 2011年，岳阳市首次将部门统计工作纳入政府绩效评估内容。市统计局以此为契机，加大对部门统计工作的检查指导，积极为各部门提供统计业务咨询服务，完善部门统计工作联席会议制度和统计资料交换制度，初步形成统一管理体系下分工明确、资源互补、信息共享的运行机制。湘阴县将部门统计工作纳入县政府“三个文明”建设进行考核。岳阳县政府下发规范部门统计工作的文件，统计局地位提高，各项工作推进顺利，工作量大大减少。

【发挥统计职能作用】 2011年，市统计局服务经济社会建设，统计工作的职能作用得到充分发挥。一是统计考核更具权威。承担政府绩效考核、新型工业化考核、为民办实事考核、节能减排考核等省级考核任务和民本岳阳考核、为民办实事考核、非公经济考核等三大地方党政领导业绩考核工作。在各项考核中，做好沟通协调、部门衔接、企业走访、项目梳理、进度跟踪工作。每个季度召开部门考核统计工作例会，督促相关部门加强与其上级主管部门的沟通衔接，及时收集、整理和汇总全市考核统计数据，对存在的问题及时分析、预警，树立统计工作的权威。在市委、市政府主导开展的政府绩效考核、新型工业化考核中发挥参谋作用。二是统计分析水平不断提升。围绕市委、市政府重点工作部署，对调整结构、转型升级、民生工程等重点、难点和热点问题开展调查分析研究，形成一批有价值有深度的统计分析报告。起草市长给相关部门一把手关于绩效评估部门指标运行情况的一封信；每季度的市政府全体（扩大）会议上，就全市经济运行走势作中心发言，统计监测、咨询、服务的职能彰显。撰写统计分析、报告及信息690多篇（条），多篇得到市委、市政府主要领导批示，被媒体采用。县市区统计局加强统计监测预警，统计分析被省统计网采纳8篇、国家统计网采纳1篇。三是统计产品不断丰富。编辑出版《岳阳经济动态》、《重要经济监测指标》、《2005～2010数据岳阳》、《统计公报》、《岳阳节能降耗统计月度监测报告》、《2010年全省14个市州及长江沿岸13个城市中心城区经济社会发展数据集》等统计产品，发挥展示发展成果、服务社会公众、引导社会舆论的作用。四是民意调查领域不断拓展。开展市直行政事业单位、驻岳行政事业单位行政绩效工作民意调查，23家单位政风行风民意调查，县市区党委班子换届民意调查等专项民意调查38次。每季度的《行政绩效考核民意测评通报》以市政府办公室函件印发到县市区和部门，市政府全程督查整改落实。民意调查渗透到绩效考核、综治工作、廉政建设、社会服务等各个领域，打响了品牌，树立了权威，架起了各级党委政府同人民群众之间的"连心桥"。

【人口普查取得成果】 2011年，全市各级人口普查机构科学部署、认真实施，有关部门和社会各界积极参与、密切配合，3万多普查员和普查指导员勤奋工作，全市人口普查取得高质量的普查数据，实现省、市、县三级人口普查主要数据指标的完全衔接。完成第六次人口普查数据的审定上报、2010年末人口数据推算、普查资料的整理上交等工作，发布全市人口普查主要数据公报，并进行解读。完成全市城镇地区7500多个普查小区建筑物地图绘制工作。普查资料开发工作进入实质性阶段。人口普查工作得到省人口普查办公室、省统计局和市政府认可，岳阳县人口普查办公室获得国家级先进单位。

【依法统计能力增强】 2011年，市统计局增强依法统计能力。加强普法宣传。完成"五五"普法总结表彰，印发《岳阳市统计法制宣传教育第六个五年规划的通知》，规划"六五"普法宣传工作。加大对基层统计执法人员的培训力度，强化依法行政理念，规范统计执法行为。编印《统计违法行为剖析及规避措施》资料，举办统计法律法规知识培训班。12月4日，在南湖广场举行以宣传《统计法》，推动"四大工程"建设，深化"企业一套表"改革为主题的法制宣传日活动。在岳阳电视台、《岳阳日报》等媒体大力宣传，增强各级领导、统计对象和社会公众的统计法律意识，营造良好的统计工作氛围。配合"企业一套表"改革试点开展针对性执法，为统计改革保驾护航。加大对典型统计违法案件的曝光力度，印发《关于对幸福人寿有限公司岳阳中心支公司等7家单位统计违法行为的通报》，维护统计工作秩序。（本栏撰稿　谢　元）

国土资源管理

【概况】 2011年，岳阳市国土资源系统以"保增长保红线"为首要任务，整治土地市场，落实耕地保护和节约集约用地，规范土地管理秩序；整治矿业权市场，深入整顿规范矿产资源开发秩序、提高矿产资源保障能力；整治干部队伍廉洁从政存在的突出问题，大力改进作风，提高行政效能；深化国土资源管理制度改革，完善体制机制，从源头上防范腐败现象滋生，部门效能及作风明显改进。《中国国土资源报》头条推介岳阳市国土资源管理局（简称市国土局）"'三优'解民忧"作风建设的经验。严肃查处慢作为、不作为、乱作为行为，出台《岳阳市国土资源行政问责办法》。加大对基层国土资源所支持力度，85%以上的乡镇所实现"五个一"标准化建设。

【国土资源保障能力增强】 2011年，市国土局全力保障各类重点工程项目和保障性安居工程、灾后重建住房等民生项目的用地需求，争取省政府批准建设用地1025.34公顷。依法处置收回22.6公顷闲置土地，市本级新增储备土地263.47公顷，融资到位5.7亿元。推行阳光地产制度，网上交易模式向县市区延伸，成功举办"岳阳2011城市土地推介会"等活动，全市土地成交价款35亿元，比2010年增长22.38%，其中市本级19亿元，实现纯收益7.2亿元。开展国土资源节约集约模范县市活动，汨罗市获得首批全国节约集约模范县称号。市政府连续第11年被评为湖南省土地管理和耕地保护责任目标先进单位。

【国土资源保护水平提高】 2011年，市国土局高标准、高效率推进环洞庭湖基本农田重大工程建设，完成项目投资4.6亿元，平整土地3200公顷，新增耕地1666.67公顷。加强对整装勘查项目的技术指导和质量监督，临湘市虎形山铁钨多金属矿估算钨金属量20万吨，潜在价值1500亿元。平江县瑶湾里铀矿预计可提交铀金属量2000吨，潜在价值20亿元。立案查处土地违法案件98宗、收缴罚款1170余万元，拆除违法建筑1400平方米、没收违法建筑1.2万平方米，查处无证开采、超深越界、以采代探等矿山企业82家、关闭取缔非法矿企28家、没收矿产品10余万吨。顺利通过第十一次土地矿产卫片执法检查，县市区实现"零约谈"、"零问责"。

【国土资源服务社会建设】 2011年，市国土局坚持依法依规征地拆迁，完善规范征地补偿费概算审查、分配管理等制度，和谐拆迁工作经验被国土资源部推介。深入排查化解矛盾纠纷，妥处群众来信来访215件936人次，解决夏万路居委会集体信访等一批积案。加强地质灾害群测群防和应急处置体系建设，应对地质灾害273起，避免人员伤亡近万人。“6·10”特大暴雨山洪发生后，查险处险，支持灾后重建，争取灾毁耕地复垦补助资金2000余万元，修复耕地3800公顷。

【推进国土资源基础工作】 2011年，市国土局稳步推进基础测绘，配合省国土资源厅完成6个CORS基站建设。市政府与省国土资源厅签订合作协议，加快推进“数字岳阳”地理空间框架建设。有序推进农村集体土地确权和登记发证工作，岳阳县黄沙街试点为全市提供了经验。增强财务保障能力，争取中央、省专项资金8.7亿元。

（本栏撰稿　李双双）

质量技术监督

【概况】 2011年，岳阳市质量技术监督系统以发展质监事业、服务经济社会为主线，立足抓质量、保安全、促发展、强质监、惠民生，各项工作顺利完成。岳阳市质量技术监督局（简称市质监局）被国家质监总局评为“五五”普法先进单位，被省质监局评为先进集体，被市委、市政府评为建设民本岳阳、政府绩效考核、党风廉政建设、社会治安综合治理、计划生育、法制、安全生产、建整扶贫先进单位。全市质监系统有45项工作受各级的表彰奖励。“染色馒头”、“瘦肉精”、“塑化剂”等外地食品危机事件发生后，全市质监系统迅速行动，主动应对，加强排查，防止类似事件在岳阳市发生，完成318张食品生产许可证的取换证，完成食品监督抽查1060批次，合格率92.8%。部署开展专项整治15次，端掉食品生产加工黑窝点12个。加强日常监督抽查和证后监管，加大电煤质量的监督抽查，派出专人实行驻厂监督，确保电煤质量。对高速公路、气瓶充装站等单位使用的特种设备开展安全隐患大排查，出台《岳阳市开展气瓶整治的公告》。特种设备考核发证2895人，注册登记2170台件，检验特种设备2万多台件，实现特种设备职能划转后连续12年零事故。生产许可证和名牌产品企业建档率100%，社会公用计量标准、一机两器三表等计量器具的建档率和受检率100%，其他强检计量器具的建档率和受检率达95%以上。获证实验室和3C认证目录内获证企业建档率都达到100%。市县检测机构严格自律，狠抓内部监督管理，保证检测数据的准确可靠，没有发生违规事件。对稽查支队进行专项效能监察，对食品安全监督等重要岗位进行效能监督，清理159项行政和经济社会事务管理权力、完善对外行政权力运行制度49个、制定内部管理制度108项。

【发挥职能作用联手帮扶】 2011年，全市质量技术监督系统发挥部门职能作用，服务长炼炼化等国家、省、市重点项目，做到专门机构、专门人员对口服务。帮扶重点产业，座谈2次解决困难4起。组织申报的33个产品全部获得“湖南名牌产品”称号，名牌产品数量在全省居第二位。5月24日，国家标准化管理委员会正式批准在岳阳市筹建国家磁力材料及设备标准化工作组，这是继2010年国家质检总局批准在岳阳市筹建国家磁力设备质量监督检验中心后又一“国字号”项目。华容质监局申报的湖南省酱腌菜质量监督检测中心和平江局申报的湖南省面粉熟食及豆制品质量监督检测中心也获得省质监局批准筹建。继续加大对技术机构的投入力度，直接用于技术机构的投入466万元。

【积极开展质量技术监督服务】 2011年，市质监局投资6万多元，改版质监网站，质监政务通过网站对外公开。市政府政务中心质监窗口管理加强，行政审批项目均进入市政务中心办证大厅，质监窗口多次被政务中心评为先进窗口。网络舆情监控进一步加强，建成新闻发言人制度，组织新闻评论员队伍，积极应对突发事件。服务方式进一步转变，信息所变坐等服务为上门服务。3月中旬在云溪区工业园组织开展代码办证服务进园区活动。对1200余家企业的执行标准实施审查，帮助企业制修订标准150项。指导平江山润茶油申报国家级农业标准化示范区。帮助乌江机筛厂制订重筛片的国家标准，弥补此项标准在行业中的空白。屈原质监分局以屈原管理区惠众粮油专业合作社为主体，开展水稻机械育插高产栽培技术标准化服务，申报的《水稻机械育插高产栽培技术规程》通过湖南省标准化战略项目立项。

【依法进行质量技术监督】 2011年，市质监局开展“六五”普法学习和考试，下发《行政许可工作指南》和《湖南省行政程序规定释义》，按照《湖南省规范行政裁量权办法》制定全市质监系统行政处罚裁量权基准，通过组织开展案卷评查、开门审案、公开听证、建立执法监管制度、对行政执法人员进行集中培训、邀请打假专家现场指导打假等措施，促进办案质量和水平的提高。行政处罚执行率100%，归档率100%，行政复议案件2起，维持率100%，无一起行政诉讼案件。清查立案案卷308个，清理涉及移送涉嫌犯罪案件13个，全部向公安司法机关进行移送。组织开展“百姓安康、春雷护农、食品飓风行动”等专项行动22次，查处违法案件1620件，立案257件，其中大要案件42件，端掉制假窝点62个，向公安部门移送违法案件6起，刑事行政拘留4人。加强学校、幼儿园等涉棉场所的执法检查，严防“黑心棉”进校园。配合全国文明卫生城市创建，开展“百城万店无假货”示范街专项行动。

【食品生产加工质量安全整治】 2011年9～12月，市政府组织部署、市质监局牵头展开全市食品生产加工质量安全专项整治“飓风行动”，重点整治食品生产加工环节存在的食品非法添加和滥用食品添加剂的行为，食品生产加工小作坊“脏、乱、差”的问题，重点区域质量问题，高风险食品、无证照生产加工和经营行为。经过专项整治，28类食品生产加工企业100%取得食品生产许可证，符合生产加工、经营条件的食品小作坊100%签订食品质量安全承诺书，食品生产加工企业和食品小作坊100%建立质量安全档案、100%实施日常监管，食品生产加工、经营单位100%建立进货台账和销售台账，食品添加剂100%建立生产、经营、使用台账，从业人员100%取得健康证。

【查处计量欺诈违法】 2011年，市质监局对大中型超市和农资生产企业定量包装产商品进行集中专项执法检查，检查生产销售企业345家，查处计量欺诈违法案件67起。针对市民反映较多的液化气短斤少两问题，成立专门检查组，对城区液化气充装站、加油站点进行突击监督抽查，检查气站6家，加油站48家，加油机120台，查出不合格加油机8台。为5640个单位（含个人）提供计量检定技术服务和计量咨询，检定维修计量器具3.6万台件。

【质量技术监督机构改革】 2011年，市质监局按照机构改革部署，成立食品稽查大队、特种设备一般事故调查处理办公室、市食品质量安全监督检验中心，机关调整和设置13个科室。7月6日，湖南省特种设备检验检测研究院岳阳分院挂牌，实行省直管。机构改革根据公平、公正、民主、择优原则，在干部选拔任用上实现三个首次：首次采取差额票决选人用人，首次采取竞争上岗选拔领导干部，首次进行大规模的交流轮岗。这轮机构改革，全市质监系统调整干部58人，轮岗交流干部16人。

（本栏撰稿 周志勇）

食品药品监督管理

【概况】 2011年，岳阳市食品药品监督管理局（简称市食品药品监管局）以绩效考核为抓手，转变监管方式，服务产业发展，创新食品药品监管机制，确保公众饮食用药安全，促进医药食品经济健康跨越发展。绩效考核、药品医疗器械监管、市场整治、诚信建设、专项资金与项目管理、不良反应监测、新闻七项工作获得省食品药品监管厅先进，依法行政、联手帮扶、治安综治、党建、禁毒等七项工作被市委、市政府有关部门评为先进。牵头承办的同联药业"退二进三"项目，经过一年的努力，克服多种困难，争取同联集团首批投资4000余万元，一期制剂生产线厂房开工建设。

【保障公众用药用械安全】 2011年，市食品药品监管局开展基本药物、非药品冒充药品、中药材中药饮片、医疗器械等专项检查，完成药品快检筛查3000批次，完成药品检验409批次，立案查处假劣药品医疗器械案件85起，制售假劣药品、医疗器械案件查处率达100%，全市未发生药品医疗器械质量安全事件。药品生产监管方面，抓基本药物和高风险药品、医疗器械的生产安全，当地企业生产的基本药物和高风险药品、医疗器械出厂合格率达100%。药品市场监管方面，着力规范医药流通企业的购销行为，打击无证经营，零售药店持证率100%。加强对虚假违法药品广告的监测和移送，对市县两级媒体监测达70余次，向工商部门移送违法药品广告50起。注重特殊药品经营、使用单位的网上监管，严格执行麻醉和精神药品专人负责、专柜加锁、专用处方、专用账册、专册登记的管理，未出现特殊药品流弊或盗失情况。开展计划生育"两非"药品专项整治，查处"两非"药品案件4起。组织药品不良反应监测，监测上报药品不良反应和医疗器械不良事件4164件，继续健全药品中毒应急处置预案，应急处理率100%。

【提升餐饮安全保障水平】 2011年，市食品药品监管局发动社会监督，专项打假治劣，维护了餐饮安全。开展打击违法添加非食用物质和滥用食品添加剂、地沟油、潲水油、化学火锅底料，学校、工地食堂等专项整治。监督检查餐饮服务单位4565余户次，抽验餐饮食品、餐具、保健食品1246批次，查处使用劣质调味料等食品添加剂餐饮企业26家，责令整改206家，取缔无证餐饮企业6家，对发现的违法添加非食用物质（地沟油、潲水油）及滥用食品添加剂的行为查处率100%。开展爱卫创建，所辖范围内中型以上餐饮店持证率100%。协调配合有关部门开展市食品安全公共检测中心的筹建工作。组织开展重要节日、重点考试和重大活动期间的餐饮食品安全监督检查，确保多位党和国家领导人在岳视察期间和省妇代会、市党代会等多个大型会议的餐饮食品安全。建立健全餐饮食品中毒应急处理预案，应急处理率100%。同时，实施动态监管，发动社会监督。将行政评价审查、投诉举报及违法行为查处与监管量化分级、诚信体系建设结合起来，建立完善餐饮服务单位监管诚信档案，形成统一、有序、长效的监管机制。建立健全餐饮诚信考评

省质监局在平江县举办严厉打击"一非两超"专项整治活动现场

（市食品药品监督局 供稿）

机制，对长期守法的企业给予宣传、支持和表彰，减少日常监管的频次，将违法严重的餐饮企业列入“黑名单”，通过新闻媒体向社会公布，形成联合打假，使失信者寸步难行。通过广宣传、精培育、建机制、严标准等措施，在洞庭湖鲜美食街开展了餐饮食品安全示范街创建活动。

【文明药店文明餐馆创建活动】 2011年，市食品药品监管局在中心城区药店中继续开展以讲文明、抓规范、树形象、促发展为主题的文明药店创建活动，全市400多家药店参与。通过对药店进行3轮公共文明指数测评，评选出老百姓大药房、九芝堂岳阳店等10家质量放心、诚信经营、优质服务的药店，联合市文明办授予文明药店牌匾。开展文明餐馆创建活动，制定文明餐馆10条标准，与参会企业签订《自律公约》，以美食街餐饮示范街创建活动为龙头，在中达大酒店等近百家大中型餐馆率先铺开文明餐馆创建提质工作。集中开展餐饮知识讲座24期，上门宣讲并发放《餐饮食品安全管理制度》、《餐饮量化分级标准》、《饮食安全问答》手册等宣传资料万余份。岳阳市餐饮安全保障水平提升，餐饮安全制度正在健全，餐饮安全工作机制逐步完善。

【食品药品监管城乡一体化】 2011年，市食品药品监管局在全市开展食品药品监管城乡一体化建设。市政府下发《岳阳市落实省政府办〈关于加强乡镇食品药品安全监管工作的意见〉的实施意见》，县市区政府不断强化自身监管责任，健全食品药品监管体系，强化乡镇食品药品监管责任。在乡镇及下辖行政村开展“七个一”食品药品安全监管城乡一体化活动，即在每个乡镇设立一个协管站、聘请一批协管员和信息员、印制一套食品药品安全宣传资料、设立一个食品药品安全大讲堂，组织一台食品安全知识宣传车、创办一期食品药品安全监管刊物，刻录一盘食品药品公益宣传光盘。通过“七个一”活动，全市食品药品监管体系不断完善，建立乡镇药品协管站135个，聘请协管员174名、信息员1350人。

【帮扶医药产业升级发展】 2011年，市食品药品监管局成立产业发展帮扶办，牵头协调帮扶全市生物医药产业的发展，为企业解决困难11件，重点对中南科伦药业、同联药业“退二进三”工作进度进行全程指导、协调。中南科伦新厂两个生产车间建设基本完成，同联药业完成产权过户、新厂环保测评、厂房设计等工作，年底开工建设。全市药品生产企业获得国家新药批文3张，获得药用辅料批文11张，获得国家、省GMP认证证书8张。指导市药检所与岳阳职院联合筹建岳阳市生物医药研究所。围绕临港产业新区工作开展服务，引进湖南康普图医疗电子设备有限公司（医用X光机制造厂商）落户临港新区，一期招商资金5000万元，并同步开启帮扶绿色通道，筹建工作顺利开展，进入设备安装。通过帮扶，岳阳市生物医药产业发展迅速，增幅25%，总产值突破80亿元。在帮扶企业发展中，提升办事效率和服务质量，办理行政许可882件，办结率、满意率100%。

【食品药品监管信息公开】 2011年，市食品药品监管局按照《全市政府网站绩效考核实施方案》的要求，改版设立市食品药品监管局网站，设置政务公开、工作动态、食品药品安全、在线办事等8个一级栏目，全面反映食品药品监管工作。该局在公众信息网上设立政务公开专栏，制定《政务信息公开指南》、《政务信息公开目录》，《政务信息年度工作报告》，信息实现与市政府公开网同步更新。该局在办公大厅设置政务公开电子屏、政务公开宣传窗，实现多载体公开政府信息。全年发布政务公开信息429条，其中信息公开平台223条，部门工作平台206条。

（本栏撰稿　陈志宇）

安全生产监督管理

【概况】 2011年，岳阳市各级各部门围绕科学发展、安全发展主题和加快转变经济发展方式主线，采取系列措施抓《国务院关于进一步加强企业安全生产工作的通知》和市委、市政府有关文件精神的贯彻落实，全市安全生产形势稳定。发生各类生产安全事故1216起（道路交通事故按涉及人员伤亡事故统计，下同），比2010年增加354起，上升41.1%。其中工矿商贸下降25%、水上交通上升66.7%、道路交通上升18.7%、消防火灾事故上升146.8%。各类事故死亡150人，比2010年少死亡6人，下降3.8%，比省下达岳阳市的控制指标少死亡4人。发生较大事故4起、死亡14人（其中计入岳阳市目标管理考核范围的较大事故1起，死亡3人）。亿元GDP事故死亡率为0.0789，下降26.8%；10万工矿商贸职工死亡率为0.488，下降14%；道路交通万车死亡率3.38，下降15.7%。各类生产安全事故死亡人数比2010年少死亡6人，下降3.8%。全市没有发生重大、特别重大生产安全事故，各项事故考核指标均在省政府控制范围内。但岳阳市高危行业、涉危企业多，资源赋存条件差，各项建设加速推进，安全隐患突出，正处于安全事故多发易发高峰期，是湖南省安全监管任务繁重的市州之一。

【形成安全生产齐抓共管格局】 2011年，岳阳市切实加强安全生产的组织领导，抓好责任落实。调整充实市安全生产管理委员会，市长任主任，3位副市长任副主任，43个职能部门负责人为成员。建立市级领导联县区、联系统战线的分工负责制，强化对联系单位安全生产工作的指导和督促。3次召开市委常委会，3次召开政府常务会议研究安全生产工作。市长黄兰香部署“打非治违”工作，确定14项重大安全隐患由市政府挂牌督办。成立市安全生产应急救援指挥中心等机构，增加编制、增加经费，为安全监管创造良好环境。分管副市长每月调度一次安全生产情况，对重大安全隐患坚持现场协调、解决问题，多次对渡口渡船、烟花爆竹等行业进行暗访。8月12日，市人大常委会专题视察安全生产工作，市政协领导多次带队暗访督查。加强工作调度，对工作滞后单位下发18份督办函，市安委会第1号公告对县市区2011年发生的5起一般事故进行挂牌督办，向社会公示。在市委、市政府的推动下，县乡党委、政府抓安全生产的工作力度加大。党政主要负责人带头调查研究、检查督查，各级政府普遍建立由一把手任安委会主任、其他班子成员"一岗双责"的安全生产领导体制。各级安委会平台作用得到更好发挥，有关部门按照职责分工，加大本行业领域安全监管力度，形成齐抓共管的安全生产工作格局。

【整顿安全生产秩序】 2011年，岳阳市开展"打非治违"专项行动和大排查大整治大督查"三大行动"，安全生产秩序有效改善。非煤矿山方面，关闭15家矿山，炸毁非法井洞238个，抓捕涉嫌犯罪人员4人。对67座尾矿库逐一排查和鉴定，持证运营13座，关闭30座，在治理12座、在建2座，停用10座。对平江金福金矿、南尧、大洞工区等矿区进行资源整合。道路交通方面，开展涉牌涉证违法行为集中整治和"雷霆、蓝箭、猎鹰、飓风"等专项行动，检查纠正各类交通违法行为为26万起（酒后驾驶1381起），查扣违法车辆1.9万台，行政拘留155人，刑事拘留11人。启动"百千万生命防护工程"，新装公路防护栏19.87公里、防撞墙91处，改造交叉路口17处，增加减速带910处。排查696处临水临崖路段并登记造册，明确整治责任单位。组成女警护学中队，风雨无阻护送学生。危险物品方面。开展危险化学品专项整治，依法关闭非法生产企业42家、非法加油站点21家。完成8座加油站HAN阻隔防爆技术改造和普拉玛化工等7家企业自动化改造，完成80家企业非药品类易制毒化学品的许可备案。制订《岳阳市城市工业灾害防治工作方案》，启动城区内危险化学品等8大行业领域工业灾害情况普查摸底。建立屈原管理区、湘阴县、汨罗市烟花爆竹打非联席会议制度，取缔568个烟花爆竹非法生产作坊，抓捕涉嫌犯罪人员38人。消防火灾方面。推进"清剿火患"战役，消防执法检查组对184家单位进行监督检查，责令"三停"（停止施工、停止使用、停产营业）17家，处罚34家，查封6家，完成省级挂牌火灾隐患治理。湘江东洞庭湖水域安全整治方面，制订《岳阳市湘江及东洞庭湖水域水上交通专项整治方案》，在湘阴县虞公庙和湖州头、汨罗市高台、岳阳县鹿角、市区七里山等水域设立检查点，强制卸载283艘次，查处无证船舶185艘，移送公安机关治安拘留25人、刑拘3人，挖砂运输船只严重超载的情况得到初步遏制。加强渡口渡船安全管理，责令3艘渡船停航，94艘渡船限期整改。同时进一步加大校车安全、建筑安全、旅游安全、特种设备隐患排查治理。

【增强安全监管效力】 2011年，岳阳市加强安全生产基层基础建设，安全监管效力明显增强。一是抓安全标准化建设，提高企业本质安全。在全市高危企业全面推进以岗位达标、专业达标和企业达标为内容的安全生产标准化建设，举办5期标准化研讨班，完成180家企业标准化验收。初步构建职业卫生健康监管体系，完成全市890家企业职业卫生状况调查摸底工作，组织重点企业2316人次进行职业病检查。二是抓行政许可，提高企业准入标准。严格按照立项审批、安全生产审查、评估评价、专家评审、现场检查等程序进行许可，建立审批（查）人签字备查和责任追究制度，完成1348家高危企业的安全生产行政许可工作。三是抓示范创建，提高乡镇监管能力。按照政府引导、乡镇为主、对口帮扶的思路，加大创建力度，32个乡镇（省级10个，市级22个）通过省市安全生产示范乡镇检查验收，至此省、市安全生产示范乡镇分别达到26个和50个。四是抓计划执法，提高日常监管水平。按照有计划、全覆盖、规范化的要求，制订安全监管年度《执法计划方案》，对企业分类分级监管，细化落实到市县、具体到月，确保不漏不重。对符合条件的152个乡镇政府（安监站）实行安全生产委托执法。根据执法情况，更新涉危企业安全生产信息1.8万条。完成全市党政领导干部和企业法人安全生产履职电子档案建设。

【严格生产安全事故问责】 2011年，岳阳市安监、监察、公安、工会、检察以及相关部门和单位密切配合，加大生产安全事故查处力度。立案查处生产安全事故34起（不包括道路交通事故），结案31起，追究责任人139人，给予党纪政纪处分。其中，查处瞒报生产安全事故案件2起，对2名责任人撤销安全资格证，对5名责任人分别记严重不良行为记录一次，对1家责任单位禁止其在岳阳市从事建筑施工生产，对1家责任单位暂扣"安全生产许可证"60天。另有15人因道路交通事故被追究刑事责任。2起较大事故的处理为：通平高速第三合同段中铁二十局集团有限公司"3·16"较大坍塌事故，党纪政纪处分9人；湘江汨岳界"11·9"船舶自沉较大事故在依法调查处理中。

【建立长效安全生产监管机制】 2011年，岳阳市坚持监管创新，初步建立起安全生产长效监管机制。制定《岳阳市一般生产安全事故挂牌督办办法》和《中央省属驻岳企业安全生产目标管理考核办法》等文件。落实隐患排查治理台账管理制度，排查隐患9392处，整改9066处，剩余的326项隐患进行台账管理、跟踪督办，12项市政府挂牌督办的重大安全隐患通过整治验收。为整治长炼北干道输油管线和巴陵石化"厂中村"隐患，争取中石化总部下拨隐患治理专项资金1.99亿元，2项隐患整治工作全面展开。争取湖南省尾矿库治理专项资金530万元，完成平江8座无主尾矿库治理。完成1520台车辆GPS安装。督促企业加大安全投入，更新安全设备设施，落实安全费用提取、风险抵押金、工伤保险等政策，做到应提尽提，专款专用。

【安全生产工作重大事项】 2011年，岳阳市对安全生产工作产生重大影响的事项主要有：3月10日，召开全市安全生产工作会议，部署开展"打非治违"专项行动，突出抓好省政府部署的非煤矿山整顿关闭、道路交通安全整治和市政府确定的危险化学品、烟花爆竹、湘江东洞庭湖水上整治。5月16日，全市第一个安全宣传电视专栏节目《直击安全防线》开播。6月9～10日，中央政治局委员、国务院副总理张德江到岳阳市专题调研考察安全生产工作，现场考察临湘市渔潭铅锌矿尾矿库和巴陵石化烯烃事业部，对岳阳市安全生产工作给予充分肯定；6月10日，岳阳市局部地区发生特大山洪暴雨，67座尾矿库安全度汛。6月18日，举办第二届“平安岳阳”安全生产知识演讲比赛。7月12日，市政府出台《中央省属驻岳企业安全生产目标管理考核办法》。7月28日，部署7～10月开展安全生产大排查、大整治、大督查专项行动。11月3日，市政府第64次政府常务会议部署开展为期半年，以河道采砂、水上交通安全和水上餐饮为重点的综合整治。11月24日，市政府下发《岳阳市城市工业灾害防治工作方案》，城市工业灾害防治工作正式启动。11月25日，岳阳县杨林乡等10个乡镇被省政府授予省级安全生产示范乡镇称号，至此岳阳市有26个乡镇获得省级安全生产示范乡镇称号，在全省市州中排名第一。2011年度，岳阳市连续第五年被省委、省政府评为湖南省安全生产工作先进单位，连续第三年被国务院安委会评为“全国安全生产月”活动先进单位。

（本栏撰稿　吴伟标）

国有资产监督管理

【国企改制有序推进】 2011年，岳阳市国有资产监督管理委员会（简称市国资委）围绕三个重点，有序推进国企改制。一是改制进度加快。计划内改制企业按程序稳步推进。对启动改制尚未完成的28家企业加大改制力度，市水运总公司等19家企业完成。7家企业完成债权债务清理，召开通过债权人会议，2家企业完成资产清查并进行资产处置。计划外改制企业启动改制程序。湖南韶峰岳阳建材有限公司是省属企业，经省政府同意，整体下划移交岳阳市进行破产改制。湖南天润化工发展股份有限公司（简称天润发展）由于上市前未解除原企业职工国有身份，问题累积至今，矛盾突出。市国资委成立专门的班子深入企业化解历史遗留问题，理顺了职工劳动关系。二是遗留问题处理加快。解决24家原改制企业遗留问题，全年拨付资金9500万元，处理原改制企业市包装总厂和岳阳肉联厂等24家企业的房屋公共部分维修、下水道改造等遗留问题。安置19家企业职工，拨付职工安置资金2.8亿元、医保资金3000多万元、失业保险金1500万元，完成市水运公司等19家改制企业职工安置，安置职工11485人。完成8家企业移交，对已完成改制但未移交社区的市医药总公司、市联运总公司、市神驰集团等8家企业移交给岳阳楼区政府，移交人员7300多人。三是改制维稳力度加大。2011年是市属国有企业改制攻坚扫尾年，改制企业职工信访量上升。面对上访群体，市国资委不推诿，主动与有关部门协调处理了天润发展、市工程公司、市机床厂、原市印刷厂等企业职工和租赁户上访1600多人次，及时化解矛盾。至年底，全市150家市属国有企业，除市自来水公司、市公交公司因涉及民生暂缓进入改制程序外，其余148家企业已启动改制，占任务的98.6%，其中119家（2006年后完成70家）完成改制，29家召开了职代会。

【国资监管进一步规范】 2011年，市国资委按照国有资产实行全覆盖、无空隙监管的要求，创新监管体制机制，完善监管体系，在资产处置、企业监管、行政事业单位经济实体等关键领域监管上收效明显。规范资产处置。公开处置恒辉电器、九方商厦、九龙商厦、市机床厂等资产5.08亿元，入库4.1亿元，超额完成财政下达的5000万元国有资产收入任务。规范企业监管。出台《岳阳市投融资公司薪酬管理暂行办法》，严格业绩考核制度，加强对市属国有企业的监管。组织对各投融资公司和直属企业进行目标考核和检查，各企业任务完成情况较好，金叶肥料公司实现利润4500万元。规范经济实体监管。根据《岳阳市市直行政事业单位经营性资产脱钩移交实施办法》文件精神，协调解决九华宾馆部分遗留问题，着手市委办实维公司资产接收工作。

【借力平台推进资本营运】 2011年，市国资委发挥政府成立的投融资平台在资本营运中的作用，服务全市城市基础建设和公益性事业建设。一是融资力度加大。市国资公司从银行融资1.91亿元。洞庭新城公司与市交通银行举行银企合作协议签约仪式，协议授信额度15亿元，批准8亿元。市教建投融资1亿元用于15中学建设。市旅游发展公司以BT模式启动君山岛洞庭山庄建设。市交建投就投资36亿元建设临湖路项目与湖南发展集团达成意向。二是项目建设加速。洞庭新城快速推进，4月成功引入战略投资者湖南路桥集团参股洞庭新城公司，10月邀请英国奥雅纳公司完成概念性规划设计。与小港粮库、泰格林纸和新泰化肥达成土地收储协议，收储土地66公顷。国泰阳光颐养苑项目基本完工，项目总投资1.13亿元，可容纳800～1000名老人入住。三是央企对接加力。国务院国资委处理国企改革问题座谈会4月在岳阳召开，岳阳市争取到国家和湖南省的改制政策支持，一批项目在洽谈中，中联重科投资6亿元的重卡底盘项目落户城陵矶临港产业新区达成意向。四是债权清理加快。经过艰苦谈判，清收同联药业债权现金2000万元，以物抵债4000万元。清收岳峰公司债权1000万元。全年清收债权1.34亿元。加快债券发行步伐，计划以市国资公司为发债主体，发行10亿元债券专项用于洞庭新城项目。（本栏撰稿　戴立群）

责任编校　黄玉祥

财政·税务

FINANCE AND TAXATION

财政支出向民生倾斜

农业综合开发各项工作圆满完成

税收征管质效稳步提升

税收依法行政步伐加快

地税税收

财 政

【概况】 2011年，岳阳市财政局（简称市财政局）以立足“突破百亿，稳居全省第二”为新起点，围绕“财政转型升级年”主题，实施做有品位的人、干有品质的事、打造品牌财政的“三品”工程，落实收入强势、保障强力、财源强实、争资强劲、队伍强壮、机关强盛的“六强”目标，建设现代财政强市。全市完成财政总收入185.8亿元，比2010年增长33.1%，总量居全省第二；完成一般预算支出205.8亿元，增长24.5%。40多项工作获得全省财政系统和全市先进。6月，财政部部长谢旭人到岳阳调研，充分肯定了岳阳市财政局开展财政科学化精细化管理和财政文化建设所取得的成绩。

组织财政收入。面对2011年错综复杂的财政经济形势，市财政局把做大做强财政收入作为促进经济发展的第一要务，抓好财源税源建设和征管增收，财政收入规模和质量提升。全市财政总收入创十年来最高，比2010年增长33.1%，高于全省平均水平2.1个百分点。市本级完成109.9亿元，增长33.7%；县区级完成75.9亿元，增长32.2%。国税完成106.7亿元，增长28%；地税完成45.5亿元，增长25.1%；财政完成33.6亿元，增长69.1%。一般预算收入完成73.6亿元，增长41.9%，高于全省7.3个百分点。一般预算收入占总收入比重比2010年提高2.4个百分点，财政“蛋糕”不但在做大，而且在逐步做强。财源建设进一步加强。财源基础更加夯实，涌现一批税源新亮点。长炼千万吨炼油项目全面投产，入库税收增长60%。岳纸40万吨投产后，税收翻4倍。临湘海螺水泥等一批企业快速成长，税收实现翻番。

服务经济社会发展。围绕“五市一极”战略，努力争取项目，多方筹措资金，发挥职能作用。一是争取上级支持。面对上级转移支付紧控、银根紧缩的不利局面，潜心研究政策，精心包装项目，争取资金工作逆势而上。全市争取中央、省转移支付资金118亿元。二是推进项目建设。促成国家开发银行湖南省分行与岳阳市签订金融投资合作协议，计划五年投入100亿元，进行城市片区开发建设。争取省财政专项调度资金5.5亿元，重点用于临港新区、中心城区四湖连通环城水系等项目建设。三是支持企业发展。筹集专项资金1.2亿元，同口径增长72.8%，支持中小企业科技创新、扩大生产规模和上市融资等，促成湖南凯美特气体股份有限公司在深交所中小板上市。筹集资金3.2亿元，保障市属29家国有企业改制，妥善处理一批历史遗留问题。为企业退税7.82亿元，减轻企业负担，增强企业造血功能。积极组织申报国家和省级对中小企业信用担保体系建设扶持资金，争取扶持资金近1000万元。全市融资性担保公司为企业融资担保余额达到12.9亿元，缓解了中小企业融资困难。

推进财政管理。认真落实财政科学化精细化管理，强化预算编制、执行和监督“三位一体”机制，将除教育收费外的非税收入全部纳入预算管理，稳妥推进财政预算公开，部门预算走向成熟。深化国库集中支付改革，启动第六批13家预算单位国库集中支付改革，国库管理水平进一步提高。严格政府采购和财政投资评审，节约财政资金7.1亿元。强化资产管理，在湖南省率先启动新增资产购置预算编制工作。加强预算单位账户和财政专户管理，减少财政资金安全隐患。对廉租房建设补助资金、社保基金和就业资金使用和管理进行绩效评价，提高资金使用效益。厉行节约，各项指标在2010年基础上有所减少。加强行业管理，促进注册会计师、资产评估机构做大做强，全市7家会计事务所和5家评估事务所收入上5000万元台阶，连续三年名列湖南省市州第一。

加强队伍建设。表彰五年来财政系统“三品”标兵、先进个人，激发财政干部干事创业活力。制作发行《岳阳市财政收入跨百亿纪念画册》，展示五年来岳阳财政工作者想事、干事、成事、不出事的良好形象。加强党风廉政建设，完善责任报告、廉政档案、廉政谈话、述职述廉等制度。完善用人制度，通过考试测岗、演讲竞岗、民主荐岗、双向择岗模式，选拔干部14人，优秀人才脱颖而出。抓好局机关和注册会计师、资产评估行业创先争优活动，局机关党委获得全市先进基层党组织称号，26名干部被评为全省、全市先进个人。

（高 飞）

【财政支出向民生倾斜】 2011年，全市财政一般预算支出205.8亿元，其中民生财政支出的比重达

市财政局党组成员在基层财政所调研“三品”文化和标准化财政所建设情况

（市财政局 供稿）

72%；农林水事务支出20.3亿元，重点支持水利建设、农业产业化、农业重大灾害防控、扶贫开发等。以“一卡通”方式发放各类涉农惠农补贴资金6.8亿元。社会保障和就业支出36.8亿元，用于提高城乡低保人员和五保户最低生活保障、加大就业培训力度；教育支出33亿元，用于提高教职人员的津补贴标准、改善中小学校办学条件、推进“校安工程”建设等；医疗卫生支出19亿元，加大城乡医疗救助和临时救助力度，提高城乡居民医保的报销比例，扩大报销范围，改善群众医疗环境；加大文化事业领域支出，全年支出2.47亿元，主要用于推进文化体制改革，加快文化基础设施建设和公共文化设施免费开放。把支持“6·10”特大山洪灾后重建作为公共财政的工作重点，先后拨付筹集救灾资金1.3亿元。此外，市本级财政年终决算安排3亿多元，用于提高干部职工待遇、市直单位经费保障、县市区决算补助以及城建偿债等。（高　飞）

【“小金库”专项治理完成】2011年，市财政局继续开展“小金库”专项治理，圆满完成三年集中整治任务。全市党政机关事业单位、社会团体和国有企业中，查出违规违纪资金2.71亿元，其中“小金库”121个，涉及资金3464.7万元。针对治理发现的问题毫不手软，收缴违纪违规资金2339.6万元，行政处罚9人，党纪政纪处分13人，移交司法机关处理11人，通报案件32起。3年专项治理中，各级各部门制订、修改、完善财务管理的规章制度120多份，建立健全防治“小金库”长效机制。通过治理工作，遏制了“小金库”滋生势头，增强了各级各部门和领导干部厉行节约、廉洁自律的自觉性，保障了国有资产和资金规范、安全、高效运行，岳阳市被评为湖南省“小金库”专项治理工作先进集体。

（高　飞）

【强化行政事业单位资产管理】2011年，市财政局构建四大体系，筑起市直行政事业单位资产管理“防火墙”。一是资产信息管理体系，建起一套明白账。小到一台电脑，大到一幢楼，市直单位所有资产在资产管理系统信息平台上都实行“一物一卡”管理。二是资产配置管理体系，定制一把标准尺。出台市直行政事业单位国有资产配置管理暂行办法和通用资产配置标准，对桌椅、沙发、打印机、碎纸机等办公家具和办公设备的配置数量、控制价格和使用年限制定详细标准，单位通用资产配置实现有据可查、有章可循。三是资产使用管理体系，打通一道隔离墙。打破单位之间的资源控制和封锁，强化调剂，促进存量资产合理流动。推行资产调剂再分配，能够调剂解决的不进行增量配置、不列入部门预算。四是资产处置管理体系，开启一扇通风窗。推行市场化交易，将土地、房产、车辆等资产集中统一，面向社会公开处置。办理土地、房产、设备等资产协议转让、划拨、拍卖、报废、核销20余宗，凡拍卖的全部交由产权交易机构面向社会公开处置。

（高　飞）

市财政局政风行风公开民主评议大会现场　（高　飞　摄）

【农业综合开发各项工作圆满完成】2011年，全市农业综合开发系统围绕夯实农业发展基础、推进农业现代化这一中心，加快中低产田改造，大力建设高标准农田，改善提高粮食综合生产能力，推进产业化经营。一是争取财政投资。争取财政资金1.43亿元，增加1660万元，增幅13%；其中土地治理项目财政投资1.14亿元，产业化经营项目财政投资1038万元，部门项目1799万元。项目财政投资总规模位于湖南省前列。二是加强项目管理。探索农业综合开发项目管理的方式方法，逐步形成“六个规范”。规范项目规划编制。各项目县按照灌区和流域统一进行规划，优先安排集中连片、开发潜力大、水土资源条件好、增产增收效益高的乡村作项目区，逐村逐乡推进。各项目县按照综合、整合、结合的要求，将农业综合开发资金和其他部门支农资金统筹安排、捆绑使用、集中投入、规模开发。规范工程质量标准。全面推行清水钢模现浇和U型槽卡式压顶工艺，提高工程质量标准，部分项目县农业综合开发工程被列为当地样板工程。规范工程招投标机制。各项目县认真贯彻落实市监察局和市财政局联合下发的《岳阳市农业综合开发土建工程招投标暂行办法》和政府采购相关要求，所有水利措施和机耕路都纳入公开招投标范围，公开招投标率达到100%。每个标段招标价均通过财政投资评审中心评审，工程结算价通过财政投资评审中心或中介公司核准。规范工程监理模式。市农业综合开发办公室（简称市农开办）按照规定，对土地治理项目工程监理服务，探索出一条由农业综合开发部门、监理公司、项目区乡村干部和农民群众参与监督的“四位一体”的农业综合开发项目工程监理模式。规范申报项目评审制。市农开办建立项目库和评委库。项目库储备项目115个，评委库录入专家18名。凡向上申报项目，都按照国家、省农业综合开发项目计划申报指南的要求，从项目库中筛选抽取项目，从评委库中抽取专家，对项目建设进行综合评估、论证。只有专家认可并签具意见，项目才能纳入年度项目计划向上申报。规范资金和项目公示制度。各项目区采用固定公示牌的形式，对整个项目建设情况进行公示，让老百姓心中有“一把尺”、有“一盘棋”、有“一本账”，增加项目实施的透明度。三是严格资金管理。农业综合开发以项目跟着计划走、资金跟着项目走为原则，严格实行县级财政报账制度，严格实行专款专用、专账核算、专人管理的“三专”管理方法，严格实行竣工结（决）算审计制，收到了较好效果。在进行的省级验收、省市专项审计和财政局内部检查中，未发生违规问题。四是注重开发效益。全年新增和改善灌溉面积4680公顷，新增和改善除涝面积1040公顷，新增节水灌溉面积1380公顷、年节约水量183万立方米，增加林网防护面积413公顷，扩大良种种植面积666.7公顷，控制水土流失面积8平方公里，扶持农技服务站20个，完善农产品质量检测体系3个，优质农产品种植面积3680公顷，新增粮食生产能力1037.6万公斤、棉花12.2万公斤、油料69.87万公斤，项目区农民年纯收入增加总额1048.25万元，人均纯收入新增332元。（吴小虎）

市国税局举办“道德讲堂”，推进国税文化建设　（市国税局　供稿）

国家税务

【**概况**】　2011年，岳阳市国家税务局（简称市国税局）围绕“凝聚岳阳国税精气神，弘扬创先争优主旋律”的工作主题，转变作风，提振精神，规范税收执法，创新征管举措，优化纳税服务，国税工作亮点纷呈。市国税局机关被中央文明委授予全国文明单位，市国税局和11个县市区国税局均进入地方政风行风民主评议前三名。国税系统累计入库各种税收112.67亿元，迈上百亿元台阶，总量居全省第二，比2010年增收22.30亿元，增长24.67%（不含车购税累计入库109.45亿元，增收21.68亿元，增长24.70%）。其中，市级税收入库80.58亿元（国税部分，不含财政退库数），增收17.53亿元，增长27.8%；国内增值税入库48.65亿元，增收6.74亿元，增长16.07%，为计划的109.56%；国内消费税入库55.77亿元，增收13.50亿元，增长31.93%；企业所得税入库5.01亿元，增收1.47亿元，增长41.66%；车辆购置税入库3.21亿元，增收0.61亿元，增长23.62%。另外发生出口退税1.22亿元，其中免抵调增值税0.67亿元。

【**税收征管质效稳步提升**】　2011年，市国税系统加强组织领导，完善组织收入工作机制，严守组织收入原则，加强收入分析与预测，强化各税种管理，税收质量不断提高。特别是坚持科学化、精细化管理，探索税源专业化管理模式的做法，被国家税务总局简报推介。大企业管理坚持风险管理与个性化服务并重，改革试点工作取得新进展。加强个体税收征管，个体税收入库增长32.43%，征税面由2009年的36%上升到66%。规范窗口代开发票管理，加强对税控收款机发票使用情况的巡查。成立税收分析预警和纳税评估两个专业团队，深化互动协作，完成纳税评估1889户次，入库税款7328万元。强化各税种管理，加强成品油消费税日常监控，开展货劳税优惠政策专项检查，防范出口骗税；规范总分支机构、高新技术企业的企业所得税管理，开展企业所得税年度汇算清缴，入库企业所得税5.01亿元，比2010年增长41.66%；规范车购税业务流程，加强已牌未税车辆核查；强化非居民税收管理，推进反避税调查。实施信息管税，8个县市区由政府发文明确了共享部门涉税信息事宜，推广电子申报14097户，按照“零差错”要求加强综合征管软件、金税工程的数据质量管理与运维管理，税收数据分析利用平台和税务综合办公系统顺利上线，信息技术支持和日常维护不断加强，完成省国税局下达的企业所得税年度申报系统开发任务。

【**税收服务促地方经济发展**】　2011年，市国税系统以服务民生、促进发展、共建和谐为己任，继续深化联手帮扶企业行动，开展经济税收调研，促进地方经济发展。落实税收优惠政策办理减免退税4.4亿元，消化固定资产抵扣6.2亿元，办理出口退（免）税1.22亿元，开展全员纳税服务礼仪培训，抓好8项服务承诺的履行。通过随机抽取1930户纳税人开展满意度调查、领导干部联系走访、税企恳谈等途径，全面掌握纳税人需求。深化星级办税服务厅创建，推行“一站式”服务、POS机刷卡缴税、网上办税、重点企业“一对一”个性化服务等举措，提升了办税效能。打造“纳税人之家”品牌，工作经验被湖南省国税局推介。

【税收依法行政步伐加快】 2011年，市国税系统不断规范干部执法行为，依法行政步伐加快。落实税收执法责任制，强化对税收执法信息系统运行质量的督导讲评。以企业注销清算、增值税一般纳税人资格认定管理等为重点，开展税收执法检查。运用报纸、电视、网络加强税法宣传，推进政府信息公开，增强公民依法诚信纳税意识。坚持刚柔并济、阳光执法，在湖南省国税系统首创重大税务案件公开审理，主动邀请纳税人代表、行风监督员和新闻媒体参与案件审理。实施个体税收“规范定税、阳光征收”，较好地解决了定税无依据、缺乏公信力的问题。变涉税风险的事后查处为事前提醒，通过大企业风险防控交流会等形式，向企业提出风险防控建议106条，引导企业健全内控机制。加大税务稽查力度，突出大要案件查办和发票打假两个重点，严厉打击各类涉税违法行为，检查纳税人338户，查处大要案件17个，查补入库各项收入7671万元，缴获假发票162.5万份。4个单位获得湖南省依法办事示范窗口单位称号。

【加强干部队伍建设】 2011年，市国税系统加强领导班子建设，以正确的导向选人用人，交流、调整、转任一批领导干部。加强人才队伍建设。举行税法知识竞赛，表彰奖励学习尖子20名、团体3个；帮助新招录公务员制定职业生涯规划；市国税局举办各类培训28期，培训1224人次，涌现出省国税局“十佳学习标兵”曾虹等一批岗位能手。加强精神文明建设。全系统广泛开展创建文明单位、青年文明号、工人先锋号、模范职工之家、党员示范岗、“三十佳”岗位能手等创先争优活动，市国税局机关授予为全国文明单位，1个单位评为国家级青年文明号，3名干部评为省级劳模，推出廖建新、吴炜等道德模范。 （本栏撰稿 许 正）

地方税务

【概况】 2011年，岳阳市地方税务局（简称市地税局）突出“信息管税、制度管人”的工作主线，抓组织收入、征管品牌、服务经济、队伍建设四个重点，各项工作圆满完成。市地税局第三次成功卫冕“全国文明单位”，被市委、市政府评为“民本岳阳建设”先进单位、政府绩效考核先进单位，被省地税局评为市州局领导班子年度工作综合考核先进单位、反腐倡廉建设先进单位。地税收入与岳阳经济同步协调发展，入库各项收入46.84亿元，比2010年增收9亿元，增长23.9%；入库教育费附加、文化事业建设费、社会保险费、工会经费、防洪保安资金、残废人就业保障金等“四费两金”收入5.57亿元，增收1.31亿元，增长30.7%。收入结构和质量明显优化，12个地方税种和四个级次收入全部增收，纳入政府绩效考核的5项指标居全省前列，其中其他营利性服务业营业税排名全省第一。

【地税税收征管】 2011年，市地税系统坚持依法征收扩规模、规范征管提质量的原则，突出信息管税，推进组织收入工作，树立起征管品牌。面向个体工商户开展“阳光征收行动”，组织典型调查6007户，举行民主评税会70场次，对74364户纳税人全面实行阳光定税，月定税额达到2709万元，入库3.25亿元，比2010年增长21.4%。推行“三自两免”稽查制度，对自查、自纠、自缴到位的纳税人给予免罚、免查优惠待遇，减轻纳税人负担，规避行政处罚风险，辅导130户纳税人自行查补税款1824万元，免予处罚近800万元。打造以房地产税收一体化、交通运输税收一条龙、综合治税一张网为主体的行业税收征管“三个一”工程。入库房地产相关税收14.27亿元，增收4.08亿元，增长40%；入库交通运输税收1.77亿元，增收2844万元，增长19.1%；通过综合治税一张网管理入库税收1.67亿元，增收5089万元，增长44%。“三个一”工程累计入库各项收入17.71亿元，占当期税收规模收入的38.8%。成功开发二手房交易评税系统，于11月1日运行，规范了存量房交易行为和交易价格。研究制定《信息管税实施意见》、《数据管理办法》，有5497户纳税人开通网上申报，安装POS机108台，发生电子缴税36.2万笔，通过电子缴税系统申报缴纳税款33.4亿元，缴税金额比重超过80%。推广应用税款收款装置3102台，安装使用个税扣缴软件687户。通过减免税系统办理税收优惠742户次，优惠1.5亿元，减免税审批时限缩短近一半。

市地税局邀请个体工商户开展座谈会，听取对地税工作的意见建议（杨汉斌 摄）

市地税局党组书记、局长方志平调研石化行业税收工作 （杨汉斌 摄）

【地税文明创建】 2011年，市地税系统同步推进文明创建、地税行风、科技保廉、党务公开，地税形象和社会满意度明显提升。市地税局继2005年、2008年连续两届被中央文明委授予全国文明单位称号后，2011年第三次获得该荣誉；被省委组织部、宣传部确定为创建学习型党组织示范点，打造“网络学院”的做法被省委宣传部推介。全市政风行风民主评议、优化经济发展环境测评排名第一，12个县市区地税局进入先进行列，机关作风建设考评名列前茅。“科技保廉”树立品牌，涉及人财物税审批权的重点环节、主要岗位纳入计算机管理，整合形成了以网上申报、审批、公开、办公、监督、考核六大模块为主体的“科技保廉系统”。党务公开工作被市委、市纪委确立为样板，成为唯一的市直机关党务公开示范单位。

【地税纳税服务】 2011年，市地税系统服务机制更加健全。设立纳税服务科，负责全市系统纳税服务工作，14个办税服务中心和政务中心的地税窗口，实行统一归口管理。以“为民服务，创先争优”活动为载体，组织为党旗增辉、为发展服务、为纳税人着想、为基层解难的大讨论，推进优质服务党支部、优质服务示范岗、优质服务红旗窗口、优质服务工作品牌的大创建，实行机关联基层联窗口、党员干部联纳税人联群众的结对帮扶，纳税服务工作更具针对性和实效性。在简化办税程序、精简报表资料、取消税外收费项目的基础上，创新推出税企网络沟通平台、纳税服务专家团、大企业客户主任制度、税企QQ群等服务举措，为纳税人提供了方便快捷的纳税服务。

（本栏撰稿 袁光辉 黎 牧）

责任编校 黄玉祥

金　融

FINANCE

引进私募创投基金有新突破

岳阳市被列为省创建“金融生态良好城市试点市”

人行武汉分行行长座谈会召开

持续推动融资平台贷款风险有效化解

小企业贷款正式启动

综 述

【概况】 2011年，岳阳市金融业在复杂多变的宏观经济环境中实现稳健发展，金融总量稳步提升，资本市场加快发展，保险市场平稳运行，金融生态逐步优化。截至12月底，全市金融机构各项存款余额949.3亿元，比2010年增加163.5亿元，增长20.9%，增速排全省第三；各项贷款余额508.3亿元，比2010年增加80.3亿元，增长18.8%，增速排全省第六；全市金融机构年末不良贷款率8.6%，比2010年下降5.4个百分点，实现盈利9.7亿元，增长67.9%；全市5家小贷公司累计放贷6亿元，7家融资性担保公司在保责任余额11.5亿元；全年实现保费收入32.7亿元，增长3.3%，赔付支出7.5亿元；完成证券交易额1036.38亿元，排全省第二。金融业在取得长足发展的同时，也面临不少困难和问题。主要表现在：金融市场体系不够健全，股份制商业银行、地方金融机构的引进都有待加强；地方金融协调发展能力不强，信用联社、村镇银行、小贷公司等地方金融机构实力较弱；金融业整体服务水平有待提升，金融总量和信贷规模还不能满足经济社会快速发展的需要；诚信体系亟待健全，企业和个人信用评级数量少、等级不高，政银企之间还没有完全形成良性互动的工作机制。

【举办第十届银企信贷洽谈会】 2011年，市金融办在南湖宾馆举办第十届银企信贷洽谈会暨金融支持临港产业新区项目对接会，签约项目414个，签约金额92.7亿元，比上届增加14.9亿元。截至12月底，资金到位率达92%。

【实施招商引行工程】 2011年，汨罗市国开村镇银行、平江县博创兴业小额贷款公司正式挂牌开业。兴业银行到岳阳市设立机构，完成选址和人员培训工作。华容县农村信用联社组建农村商业银行进入实质性阶段。

【企业上市稳步推进】 2011年，市政府出台《岳阳市企业上市扶持资金管理办法》，加大对上市企业和有功人员的奖励力度。“凯美特气”成功上市，募集资金5亿多元。全市上市公司总数达10家，排全省第二位。全市上市后备资源库企业达到37家，其中20家企业进入省重点上市后备企业资源库，排全省第二位。

【股权挂牌再创佳绩】 2011年，汨特石墨、湘菌科技、福星林业3家企业在天交所挂牌。全省在天交所挂牌企业8家，岳阳市占到6家，股权挂牌工作走在全省前列。

【引进私募创投基金有新突破】 2011年，市金融办广泛开展私募创投基金引进工作。全市有科美达、吉祥石化、金联星等企业引进私募创投基金，利用股权融资4.23亿元，股权融资额创历史新高。岳阳纸业发行短期融资券6.5亿元，设立碧城创业投资、临港产业新区创业投资2家创投基金，实现岳阳创业投资基金零的突破。

【农业政策性保险全面推进】 2011年，市金融办根据市政府的统筹安排，全市承保种植业面积39.45万公顷，承保牲畜30.5万头，赔付率达100%，全面完成省政府下达的目标任务。6月，岳阳市遭受特大洪涝和泥石流灾害，全市保险业共为受灾农户支付理赔金4300多万元，有力支持灾后重建工作。

【开展融资性担保机构规范整顿工作】 2011年，市金融办按省政府要求，对全市56家担保机构开展全面规范整顿。在此基础上，挑选优秀融资担保机构向省金融办申报，首批有7家获得融资性担保机构经营许可证。

【信用评选工作全面铺开】 2011年，平江县龙门镇等8个乡（镇），岳阳县明淑村等110个村，湖南天欣科技等86家企业被授予“信用乡（镇）、村、企业”称号，树立了信用典型，社会反响良好。

【开展清收公职人员拖欠贷款活动】 2011年，市金融办组织召开全市动员大会，摸清欠款底子，部署清欠措施，截至12月底收回欠款1839.5万元。开展金融债权集中执行兑现活动，兑现金融案件32起、金融债权2.7亿元，有力维护债权人的经济利益。

【开展打击非法集资宣传月活动】 2011年5月，市金融办组织开展全市打击非法集资宣传月活动，指导各县市区开展风险排查，在《岳阳日报》上刊登答记者问，在岳阳电视台播放打击非法集资公益广告，公布举报电话，发送短信10多万条，收到良好效果，年内全市未发生一起非法集资案件。

【开展金融生态环境综合考评】 2011年，市金融办组织对各县市区2010年的金融生态环境进行综合考评，其中华容县各项指标逐年优化，被授予市级“金融创安达标单位”。平江县基础工作较为扎实，正式申报省级金融安全区达标验收。全市有平江县、汨罗市、华容县3家市级金融安全区，汨罗市1家省级金融安全区。

【岳阳市被列为省创建“金融生态良好城市试点市”】 2011年，湖南省金融办在全省金融系统开展“中国金融生态城市”评比活动。岳阳市继2008年被评为“中国金融生态城市”后，又被列为全省首批创建“金融生态良好城市试点市”。良好的金融状况有力地支持全市经济建社发展。

（本栏撰稿 袁彦文）

银行业

中国人民银行岳阳市中心支行

【概况】 2011年，岳阳市银行业金融机构继续落实稳健的货币政策，改善金融环境，优化金融服务，创新金融产品，支持经济平稳较快发展。至12月末，全市银行业金融机构存款余额949.3亿元，年内新增163.5亿元。贷款余额508.3亿元，新增80.3亿元，超额完成市政府确定的全年贷款新增50亿元、存款新增100亿元目标。域外金融机构贷款新增12.25亿元、新设小额贷款公司新增0.71亿元，全辖贷款实际净增93.29亿元，盈利10.54亿元，不良贷款率下降5.36个百分点。

2011年，中国人民银行岳阳市中心支行（简称人行市支行）积极传导稳健的货币政策，积极发挥金融的核心作用，全力促增长、调结构、利民生、优服务、保稳定，做好支持、服务、协调和引导工作。获得中国人民银行国库系统先进集体总行级荣誉和湖南省人民银行系统征信工作先进集体等18项省级荣誉。有2个部门分别获得总行和分行级先进集体称号，有3个部门的多项工作在全省人民银行系统评比中获得4项荣誉称号，有6项工作获上级行领导批示，有40项创新亮点被上级行推介。成功承办分行全辖中心支行行长座谈会、湖南省人民银行系统业务工作座谈会等重要会议。

【信贷支持】 2011年，人行市支行配合市委、市政府先后召开全市金融工作会、信贷洽谈会、金融机构负责人季度联席会。在第十届银企信贷洽谈会上，共有414个项目签约，促成签约92.7亿元，再创历史新高。年内全市中长期贷款余额288亿元，比2010年增长64.7亿元，增幅28.9%。中小企业贷款余额为136.77亿元，比2010年增加15.77亿元，增量占全部贷款新增的20%，涉农贷款余额为183.97亿元，比2010年增加31.95亿元，增量占全部贷款新增的40%。涵盖285家企业的“绿色信贷”项目库，为金融单位信贷决策提供重要参考。争取人行长沙中心支行先后3次新增信用社4亿元贷款，缓解信贷调控压力。奖励华容县、岳阳县2家信用联社因新增存贷比例较高而追加1.17亿元支农贷款。争取平江县信用联社降低存款准备金率1个百分点，腾出可用资金2400万元。提请市政府出台《金融支持经济发展信贷指导意见》。协调推动临港新区发行企业债券工作，组织临港新区投资公司负责人参加省人行举办的“湖南省非金融企业债务融资工具政策辅导与业务培训班”。协调临港新区争取拟发行企业债券8亿元额度（期限5年），完成申报材料的上报。

【夯实决策支持平台】 2011年，人行市支行以调研服务决策为指导方针，充分发挥“大调研”专班作用，开展70多项专题调研，被中办、国办、总行和省委、省政府采用20多篇，政务信息连续第12年在省级行保持先进位置。组织专班4个多月深入调研，形成《关于进一步做好岳阳金融工作的调查与思考》，为地方经济金融协调发展提供战略性参考。从中提炼的《关于进一步改善岳阳金融生态环境的建议》获得市委“迎接党代会”献计献策活动优秀建议奖。《借鉴国际经验 加快金融支持湖南“两型社会”建设步伐》课题获得湖南省金融学会课题评比第一名，《城乡统筹视角下农村城镇化指标体系设计研究》获得人行长沙中心支行年度重点研究课题一等奖，《央行分支机构与社会公众交流问题研究》获得人行长沙中心支行办公室重点课题一等奖。

【提升金融服务水平】 2011年，人行市支行本着服务民生、服务经济、服务社会的要求，实施19个创新重大项目，提升金融服务水平。加强与财税等部门的协调沟通，提高TIPS覆盖率。开通“绿色通道”，拨付抗旱等救灾资金385笔共2.8亿元。协调推动华容县将反假工作纳入社会治安综合治理目标考核。以发行库达标升级考核为契机，开展“规范化管理提质提效月”活动。通过残损币兑换首办责任制、人民币质量考核等措施，解决残损人民币兑换难问题，净化人民币流通环境。推动信用代码在反洗钱、汨罗市国开村镇银行综合业务系统和汨罗市工业园中小企业信用平台的应用，并向到湘调研的人总行副行长杜金富作书面汇报。选择华容县开展“农村青年信用示范户”试点，为15名信用典型发放439万元低息信用创业贷款，产生示范效应。选择平江县开展农村信用体系建设试点，在当地启动财政贴息的返乡、失地妇女创业贷款。完成市直3个工业园区中小企业信用数据采集与更新，推动20家企业参加外部评级。岳阳县支行提请县委将征信纪录作为县人大、县政协、县工商联提拔领导干部的硬性指标。创新建立外汇业务个案处理机制，运用该机制成功为华昌纺织公司结汇669万美元，为科美达电器避免经济损失283万美元，受到企业好评。深化涉外重点企业挂牌服务，解决10多个疑难问题，受到省分局肯定和企业好评。规范银行业机构金融管理， 被人行长沙中心支行纳入2012年全省人民银行系统试点项目。

【加强金融监管力度】 2011年，人行市支行以“两管理两综合”为切入点，实施全程式、多方位、综合性的金融管理，努力维护市场公平。强化行政执法检查，出台《行政执法管理实施细则》，重点开展支付结算、反洗钱、外汇、征信、统计等行政执法检查。查出华容县万庾镇财政所干部谢某挪用财政性资金2200余万元炒股案。建立以分类监管为核心的“反洗钱履责情况集中报告制度”，得到长沙中支推介。规范银行机构开业管理，初步建立一套规范、持续、实用的设立银行机构管理和操作体系。探索资格认证管理，对代理支库、国库集中支付代理银行国库一线人员实施“会计证”、“国库业务合格证”管理，其做法先后被《金融时报》、武汉分行和长沙中支推介。实行专业目标考核，制订《银行外汇业务日常量化考核办法》等5个专项考核办法，对管理对象实行按月考核，按季通报，年度评价。维护金融消费者权益，作为湖南省3个试点之一，探索建立岳阳金融消费者权益保护4项制度，提请市政府发文成立相应组织机构，初步搭建金融消费者权益保护的组织和制度架构。重点开展地方法人金融机构风险、票据业务、外贸企业汇改承受力、房地产市场、工业企业景气和价格等18项监测工作，密切关注全国性问题在岳阳的表现形式和潜在风险。组织开展货币信贷政策执行效果、反洗钱制度执行情况、中小法人金融机构稳健性、县市金融生态环境等评估。维护金融债权，发挥银行法院联动机制，配合市县两级法院执结金融案件1430起，收回金融债权2.65亿元。

【优化金融生态环境】 2011年，人行市支行全面推广湘阴县助农取款服务试点成果，率先在湖南省实现“零金融机构乡镇”银行卡助农取款服务全覆盖。华容县结合“新农保”试点推动银行卡助农取款服务在村一级全面铺开，推动32所中学全部实现POS机刷卡缴费。农村支付环境“三个一”示范工程推进顺利，平江县的省级示范县、华容县的市级示范县、临湘市黄盖湖镇等6个示范乡镇、汨罗市建设中路等6条刷卡无障碍示范街基本建成。推进汨罗市工业园中小企业信用体系示范园区创建。加强金融业信息安全管理，通过搭建金融信息交换平台、协调解决矛盾纠纷、组织全市银行卡联网通用检查等措施，奠定管理金融业信息的基础。推动全市发行金融IC卡8729张。委托市统计局民调中心开展金融服务民意调查，向银行机构提出注重形象建设、提振行业精神等要求，促进银行服务水平和社会美誉度的改善。

【人行武汉分行行长座谈会召开】 2011年8月16～17日，中国人民银行武汉分行中心支行行长座谈会在岳阳召开。有分行领导，南昌市、长沙市中心支行行长、副行长，分行营业管理部副主任，各市州中心支行、各直管支行主要负责人，各单位办公室主任；分行机关各处室、党委各部门、直附属单位主要负责人参加会议。岳阳市人民政府市长黄兰香和副市长宋爱华到会，黄兰香致欢迎词。会上，武汉分行行长殷兴山作工作报告，副行长罗玉冰作会议总结。

（本栏撰稿　叶　聪）

中国银行业监督管理委员会岳阳监管分局

【概况】 2011年，中国银行业监督管理委员会岳阳监管分局（简称岳阳银监分局）以科学发展观为指导，围绕“五促五推”总体工作思路及目标，准确把握经济金融形势，认真履行监管职责，着力提升监管效能，维护和促进辖内银行业的稳定和经济平稳较快发展，各项工作取得积极进展。一是促进政策落实，推动银行业和地方经济协调优化发展。通过及时传达宏观调控及监管政策，明确监管要求和措施，督促各银行业机构审慎研判形势，加大对重大在建续建工程、就业、小企业、“三农”、战略性新兴产业的信贷支持，严格限制对“两高一剩”行业的贷款投放，坚决停止未按规定期限淘汰落后产能企业的新增授信，在促进经济结构调整中优化自身信贷结构，较好地支持地方经济建设，推进银行业同步发展。截至12月末，全市银行业机构资产总额1031.16亿元，增长18.93%，各项存款余额949.29亿元，比2010年增加163.52亿元，增长14.96%，各项贷款余额508.31亿元，比2010年净增80.33亿元。二是促进风险管控，推动银行业稳健运行。坚持持续推进政府融资平台贷款监管，在注重房地产贷款风险防控的同时，做好贷款分类处置工作，配合市政府清收行动，强化不良贷款风险监管。至年末，全市银行业机构不良贷款余额43.56亿元，比2010年减少17.34亿元，不良贷款率8.57%，比2010年下降5.36个百分点，实现“双降”目标。采取高压整治的态势，持续开展案件防控与治理评价工作，强化案件风险排查和督查督办力度，督促整改，落实案防工作责任，健全内控缺陷纠正机制。配合市政府组织对存在非法集资嫌疑的民间融资机构进行调查和检查，牵头制订整治非法集资问题专项行动方案，召开领导小组成员单位专题会议，维护全市经济金融安全。全年辖内未发现重大非法集资案件。三是促进改革创新，推动银行业机构实现科学发展。配合地方政府加强与光大、兴业和招商等股份制商业银行沟通协调，为股份制商业银行落户岳阳做好先期准备工作。至年底，兴业银行准备在岳阳设立机构，已经选定机构地址和安排人员。持续推动岳阳市邮政局和邮储银行岳阳市分行就邮储银行改革工作，督促其成立改革领导班子、制订详细方案，并按方案逐步推开。推进空白网点乡镇金融服务，在深入各乡镇实地调查后，制订服务方案和设立网点规划，落实由农村信用社设立机构6个，批复开业。督促银行业机构进一步加大低功能网点升级改造力度，合理调整机构布局，更好地服务地方经济，先后开业、升格、迁址机构38个，工行和华融湘江银行分别在君山区和华容县设立支行，加强县域经济支持力度。四是促进能力提升，推动监管效能增强。坚持依法行政、依法监管，把好机构和高管人员准入审查关，依法加强现场检查和非现场监管。年内审批同意机构变更事项69个；加强拟任高管的任职资格审查，审查核准了76名高管人员任职资格；先后完成对贷款新规执行情况检查、农村信用社风险管控检查等现场检查项目40个，查出违规机构63个，违规金融19.86亿元，针对检查问题，提出整改意见212条，处理机构3个（其中罚款15万元），处理人员6人。发挥非现场监管的风险预测预警作用，注重现场检查和非现场监管的有机结合，先后审核“1104”系统工程报告2580多张，撰写监管分析报告36份，根据辖内银行业机构运行中存在的问题，下发书面风险提示15份、监管意见书30份、监管座谈会36次、约见谈话6次、提出监管意见343条。在履行现实监管职责的同时，密切关注宏观经济和微观经济金融形势发展，加强形势的跟踪研判，先后就支持循环经济转型升级、农村地区理财业务发展等课题开展调研，形成专报信息82篇，上报省局和银监会，为上级决策参考，其中有67篇材料被上级采用。五是促进队伍建设，推动内部管理创新。开展创先争优活动，推进作风建设，培养和践行“严、实、细、廉”的工作作风，促使思想与工作同争先，作风与业绩共创优，在全市组织的民调测评中，分局的行业作风在全市中央驻岳系统中排名第二。

【持续推动融资平台贷款风险有效化解】 2011年，岳阳银监分局以平台贷款户为单位，逐户建立月度基础台账和整改台账，加强跟踪监测和现场检查，督促做好“银政企”三方合同条款修改、平台贷款逐户清收、平台名单动态管理、督促追加土地抵押、规范还款方式等风险防控工作。清理规范工作得到地方党政的支持与理解，各项风险管控措施均得到有效落实，辖内平台公司保持良好运行态势，没有违约情况发生。收回平台贷款3.9亿元，其中有6户平台贷款全额收回；对9户平台贷款追加土地抵押28.08亿元，抵押率达到97.55%；有6户平台贷款整改为分期付款，有16户平台公司贷款71.5亿元退出平台名单管理，占原全部平台贷款余额的87%。

【有效遏制案件风险】 2011年，岳阳银监分局为确保银行业内外平安，强化以安全评估促标准落实、以监管谈话促理念转变、以专题会议促经验交流、以督办考核促内控健全、以责任追究促风险整改等五项监管措施。加强案防延伸督查和巡查，对9家联社执行基本内控制度和检查违规问题整改落实，责任追究情况进行专题督查督办。对邮储银行21个代理网点开展案件巡查，巡查面达到17.4%，发现四大类16个问题。责成农村信用社处理违规责任人170人，责成对违规责任人经济处罚46人次，处罚金额22.89万元。较好地杜绝风险隐患，实现“零发案”。

【助推农村信用社改革】 2011年，岳阳银监分局就农村信用社改革和达标升级工作向市政府汇报，督请市政府召开动员大会，以市政府1号文件下发《关于支持农村信用社改革和发展的通知》，就全面深化农村信用社改革和达标升级工作进行安排部署：一是将支持农信社改革发展纳入政府目标考核，加强考核督办；二是以点带面，将华容县联社率先改革农村商业银行列入市长政府报告，重点督办，主管副市长两次到华容县召开现场办公会研究解决改革中的困难与问题；三是对市区三个联社进行为期一个月的调研和指标测算后，提出整合组建岳阳市商业银行方案，向市政府进行专题汇报，得到市政府高度重视，列入2012年政府工作目标任务。至12月底，农信社资本充足率比2010年上升3.99个百分点，不良贷款率下降8.86个百分点，贷款损失准备充足率提高8.1个百分点，拨备覆盖率提高4.9个百分点，各联社风险评级均实现提档升级。华容县组建农村商业银行稳步推进，已清收50%的不良贷款，县政府拟置换50%的不良资产，已开展三方会谈，进入清产核资阶段。

【设立乡镇空白网点机构】 2011年，岳阳银监分局为解决金融空白乡镇金融服务工作，加大监管推动力度，成立工作领导小组，将机构设置工作纳入分局党委“争先创优”的目标管理，落实具体承办部门和责任人；制订《岳阳市金融机构空白乡镇服务工作实施方案》，与省联社岳阳办事处联合下发《关于在金融机构空白乡镇设立机构网点的紧急通知》文件，召开专题会议，对网点设立任务分解落实，组织4个责任联社作出设立机构承诺，并签订责任状。对责任联社进行双线检查核查、双线督查督办、双线考核抓落实，将空白乡镇机构设置任务与高管评价、监管评级、市场准入以及行业内部管理考核评先、绩效分配等有效结合起来，实行分局和行管部门的班子成员分片包干，带队督导检查，相关科室具体负责跟踪检查落实，按月统计通报工作进展情况。辖内空白网点乡镇机构设立工作进展顺利，6个空白网点乡镇落实设立机构，批复开业，保持空白网点乡镇金融服务全覆盖。岳阳银监分局推动空白网点乡镇设立机构和金融服务全覆盖工作得到银监会巡视组和督查组领导的充分肯定。

【有效制止存款恶性竞争】 2011年，岳阳银监分局针对市财政局和市社保局对社保资金实行竞标有可能引发不正当竞争和存款大战的情况，立即进行应对处理，专题向市政府汇报，与有关部门进行沟通协调，紧急下发风险提示文件，组织进行约见警示谈话，并采取加强财政、社保账户资金跟踪监测等监管措施，有效遏制存款恶性竞争行为的发生，各银行业机构对岳阳银监分局及时采取的监管措施均表示满意。

【提升现场检查质效】 2011年，岳阳银监分局狠抓以突出风险为本加强现场检查质量管理。发挥信息资源效能，通过非现场监管数据深入、针对性的风险分析，准确判断各类风险点，加以重点关注，提高现场检查工作质效。加强现场检查质量控制，制订主查人制度和现场检查工作问责制，成立现场检查质量评议小组，对所有现场检查项目定期进行质量后评价。促进规范经营，树立紧盯风险、查深查透、严格处罚等理念，及时发现、纠正各类问题和风险点208个，对3家机构和6名高管人员实施行政处罚。探索使用突击检查督促整改的新方式和“边检查、边督导、边整改”的督促整改新思路，对现场检查问题组织开展突击检查、暗访和现场督查督办等形式督促整改，先后联合市邮政局对现场检查问题的整改落实情况开展3次突击检查和暗访，对信用联社开展检查问题督促整改的专项督查，收到较好的监管效果，有效发挥现场检查实时督导效应，使各银行业机构不断规范经营。

【加大国家公职人员拖欠银行贷款清收力度】 2011年，岳阳银监分局针对国家公职人员拖欠银行贷款和信用卡不良透支较多的情况，专题向市政府汇报，督请市政府成立清收办公室，强化措施开展清收工作。通过一系列清收措施，取得阶段性成效，清收不良贷款1839万元。

【支持地方经济优化发展】 2011年，在从紧的货币政策形势下，岳阳银监分局督促优化信贷投放节奏和支持结构，加强小企业和“三农”等重点领域金融服务，组织召开中小企业信贷洽谈会，签约项目414个，融资金额92.7亿元，较好地支持了地方经济建设。全市银行业机构贷款增长最快的前三大行业分别为水利、环境与公共设施管理业、个人贷款和农、林、牧、渔业，分别比2010年增长10.36%、12.36%和14%，基本顺应宏观政策导向。全市生产总值1328亿元，比2010年增长13.9%，财政总收入136亿元，比2010年增长32.9%。岳阳银行业创新服务模式助推中小企业发展和汨罗市循环经济转型升级的工作成效被中国银监会推介。

（本栏撰稿　廖微微）

中国农业发展银行岳阳分行

【概况】　2011年，中国农业发展银行岳阳市分行（简称农发行岳阳市分行）贯彻落实“两轮驱动”和“两个主导品牌”的经营战略，紧紧围绕“外树形象、内保平安”和“五个一工程”的总体要求，结合实际，充分运用“五挂钩”措施，突出加快转变业务发展方式，调整优化资产负债结构，强力推进不良贷款清收，深化基础管理和员工队伍建设，政策性支农职能进一步强化。全年累放各项贷款47.94亿元，累收39.49亿元，年末贷款余额达78.26亿元，剔除消化挂账因素，比2010年增加16.06亿元，增长22.5%；各项存款余额19.68亿元，比2010年净增8.37亿元，存款日均余额19.77亿元，比2010年净增10.31亿元，增幅109.05%，中间业务收入863万元，比2010年增加402万元，增长87%；实现利润1.74亿元，比2010年增加1.10亿元，增长1.73倍；不良贷款余额2304万元，占贷款总额的0.29%，不良贷款总额比2010年减少2.32亿元，下降3.29个百分点。

【信贷支农成效显著】　2011年，农发行岳阳市分行实施“两轮驱动”业务发展战略，加大支农力度。一是执行国家政策，坚持在不“打白条”的前提下防控风险，准确把握市场形势，措施有力，确保支持粮棉油收储没有出现大的问题，强化粮棉油政策性收储信贷的主体业务地位。累放各类粮棉油收储贷款18.48亿元，比2010年增加6.4亿元，支持收储粮食7.07亿公斤，油菜子1.02亿公斤，棉花45.67万担。按照全力打造粮棉油全产业链主导银行品牌的要求，支持以粮棉油为主的农业产业化经营，累放产业化龙头企业和加工企业贷款10.5亿元。二是落实中央1号文件精神，争取地方党政支持，集中信贷规模，支持岳阳市水利和新农村建设，农业农村基础设施建设贷款业务发展势头强劲，支柱和骨干作用明显增强。累放中长期贷款18.12亿元，比2010年多放17.12亿元，增幅171%，其中水利建设贷款累放7.1亿元。

【调整经营结构】　2011年，农发行岳阳市分行继续狠抓业务经营结构的调整。一是信贷结构性矛盾明显缓解。年末政策性贷款余额61.69亿元，占贷款总额的78.8%，比2010年增加4.98亿元，增幅为8.79%。中长期贷款28.09亿元，占贷款总额的35.9%，比2010年提高24.9个百分点。二是资产负债结构明显改善。年末各类存款余额19.68亿元，比2010年增加8.37亿元，增长74.04%，各类存款日均余额19.77亿元，比2010年增加10.31亿元，增长109.05%，净增排名居全省农发行系统第三；资金自给率29.64%，比2010年提高14.89个百分点。三是信贷客户结构进一步优化。坚持实施“优质客户”战略，加大客户资源整合力度，确立一批具有产业化龙头优势的战略性客户，重点扶持一批信誉好、风险低、规模较大、效益可靠的优质客户。

【风险管控手段加强】　2011年，农发行岳阳市分行坚持清收不良与防控风险并重，风险管控工作成效显著。一是保持工作强度不动摇，把不良贷款清收作为全行工作重中之重，做到清收任务、清收人员、清收责任、清收时限“四落实”。二是严格兑现奖罚不动摇，拿出专项奖金和管理费用与清收成果挂钩，根据清收进度按季兑现。三是突出工作重点不动摇，将岳阳市南田纺织有限公司的不良贷款确定为清收工作的重中之重。对内开展责任追究，对外依法起诉企业，通过开展内引外联重组盘活，成功将贷款本息全额收回，没有任何损失和遗留问题。四是坚持清防并举不动摇。及时暴露3家企业的风险隐患，支持企业转让股权，收回3300万元问题贷款，避免形成新的贷款风险。五是抓住机遇做好呆账核销工作不动摇。全年清收盘活不良贷款23281万元，不良贷款率首次低于全省系统平均水平，全市农发行系统7个支行实现不良贷款“零余额”。

【经营绩效再创新高】　2011年，农发行岳阳市分行实现各项收入4.38亿元，比2010年增加1.31亿元，增幅43%。实现账面利润1.74亿元，比2010年增加1.1亿元，增幅170%，位居全省农发行系统第四。人均账面利润87万元，首次超过全省系统平均水平，比2010年增加56万元，增幅181%。粮食风险基金收息缺口问题得以圆满解决，贷款利息收回率96.7%，比2010年提高20.37个百分点，盈利与收息均创历史最好水平。资产利润率2.54%，比2010年上升1.59个百分点，成本收入比16.59%，比2010年下降13.44个百分点。万元资产收益254元，比2010年增加159元。中间业务收入总量居全省农发行系统第三。

（本栏撰稿　庄曙光）

中国工商银行有限公司岳阳分行

【概况】　2011年，中国工商银行岳阳分行（简称工行岳阳分行）围绕提升质量和效益，创新与改进服务，较好地完成各项工作任务。至12月末，实现利息收入5.8亿元，比2010年增加1.02亿元，增幅达21%。完成中间业务收入1.46亿元，比2010年增加4409万元，增幅达43%，完成省行任务的100.4%。实现拨备前利润2.52亿元，比2010年增加3124万元，增幅达14%，完成年度计划的93.8%。实现拨备后利润2.45亿元，比2010年增加1.46亿元，增幅达148%，完成年度计划的116%。本外币各项存款余额140.16亿元，比2010年增加21.78亿元。新增额在全省工行系统排名第三。对公存款余额47.42亿元，比2010年增加7.13亿元，新增额在全省工行系统排名第三。储蓄存款余额92.74亿元，比2010年增加14.65亿元，新增额在全省工行系统排名第五。各项贷款余额116.60亿元，比2010年增加10.24亿元，全年清收处置不良贷款1.52亿元，完成省分行年度计划的108.14%。不良贷款余额2.41亿元，比2010年减少1.10亿元，完成全年任务的154.9%。不良贷款率2.07%，比2010年下降1.23个百分点。通过不断强化管理决策风险、市场风险和操作风险，加大对"6+1"重要风险点的防控治理，加强案防专项治理工作，防范操作性风险，确保全行安全稳定运行，实现第九个安全年。

【抢抓市场机遇提升同业份额】2011年，工行岳阳分行敏锐捕捉市场机遇，加大营销力度，促进业务规模再上新台阶。实施各级行长营销优质客户第一责任人和各级营销人员分片包干制度，挖掘重点领域潜力，提高大户的市场占有份额，确保国土、城建、基础建设和旧城改造拆迁项目的份额比重继续增加。至12月末，全行本外币各项存款余额140.16亿元，比2010年增加21.78亿元。新增额在全省工行系统排名第三，存款发展势头达到岳阳分行历史最好水平。稳妥发展公司信贷业务。参加岳阳市第十届银企信贷洽谈会，签约贷款协议总额15.4亿元，达成合作意向项目35个，通过积极跟进，加紧落实，履约率达99%。着力信贷结构调整，重点加大对县域园区、专业市场的贷款投放力度。2010年取得汨罗市、湘阴县等县域工业园的重点突破后，2011年将服务触角延伸到云溪区、华容县、岳阳县等地，先后派出多个工作组协同相关支行对当地工业园区内400余户公司客户和工商户逐一上门进行宣传发动和贷前调查，对其上下游企业开展贷款营销，捆绑带动其他业务发展。发展个人信贷业务。以个人房屋贷款为主体，加大住房抵押贷款的营销力度，培植按揭、房屋抵押、综合消费和汽车贷款等客户源，加强与土地、房管、规划等部门沟通和联系，对新开工项目、新建楼盘、有影响力的专业市场商户和社会商界精英，划片分区域细分到各支行的每位客户经理，由分管行长亲自带队逐一上门营销，推进个贷业务的快速发展。至12月末，个人贷款余额14.91亿，比2010年净增4.64亿，余额同业占比第一，新增同业占比第二。

【抓质量效益促进协调发展】2011年，工行岳阳分行始终把提升质量和效益作为重点工作，在推进全行经营转型的同时，不断挖掘产品潜力，拓展增收渠道。一是加快中间业务发展。重点抓好投资银行、个人贷款、理财和电子银行等优势业务品种，挖掘对公结算、个人结算、信用卡分期付款等业务品种潜力，加大代理保险、国际结算及资金交易等业务发展。通过拓展增收渠道，强化议价能力，中间业务收入得以大幅增长，全年完成中间业务收入1.46亿元，比2010年增加4409万元，增幅达43%，完成省工行任务的100.4%。二是拓展电子银行业务。坚持电子银行阵地营销和捆绑营销不放松，实施量质并举，继续加大个人网银U盾、企业网银证书、WAP手机银行等核心客户的营销力度，加大涉及公益事业如水、电、有线收视、出租行业缴费等单位的合作，推进缴费平台推广。加快贵金属交易、循环贷款、B2C分期付款等产品的营销推广，有效提高中高端电子银行客户规模和业务量占比。三是切实做好有效信用卡业务。着力把个贷客户、在工行融资的中小企业负责人和优秀的民营企业家发展成白金卡客户，继续加大与汽车品牌店、大型通讯行业、大型商场的分期付款业务合作，扩大信用卡收入空间。做好客户的资信调查和审查，保证信用卡业务依法合规经营。

【强化风险控制提高资产质量】2011年，工行岳阳分行针对分行资产现状，坚持严把新增贷款投向关，严格加强信贷管理，加大不良贷款清收处置力度，信贷资产质量得到进一步改善。切实加强信贷管理。牢固树立"质量第一"的思想，在推进"三个办法一个指引"贷款新规顺利实行的同时，抓信贷作业监督环节管理，实现良性发展互动促进的格局。建立分层次的风险防范机制。从市分行领导、部室负责人、基层行长层层明确风险监控责任，加大对重点法人客户贷款风险防范。落实法人客户月度分析例会制度和贷款风险应急处置预案等措施，扩展贷款风险防范面，有效防范大额贷款的集中风险。加大信贷检查。增加非现场监测检查的频率，实施定期、专人、全方位、不同层次的信贷非现场监控，有效防范化解贷款管理中的潜在风险。加强对社会中介机构的甄别，保证企业资信的真实、全面和准确，从源头强化风险控制。多措并举加快不良资产处置。对千万元以上的大要清收项目，继续实行行级领导挂点负责制。积极探索和推行新的资产质量管理考核体系，对不良贷款清收实施精准奖励。以现金清收作为首要目标，组合运用各种清收手段，注重方法创新，加快重点大户清收进度。年初，泰和集团不良贷款余额达9064万元，通过高层沟通、现场办公等工作方法，主动介入、协助该公司加快非抵押资产的变卖处置速度，加快偿还不良贷款进度，清收转化该公司不良贷款5128万元。另外通过现金清收方式收回新长江公司贷款本金3360万元。推进全面风险管理。实施全面全过程的风险量化管理，重点加强对不良贷款变化情况的监测分析，提高基层行的责任意识，促进各行处按时间进度完成计划任务，有力地推动清收处置进程。特别是坚持召开信贷责任和不良贷款责任认定委员会会议，从严追究贷款风险损失及潜在风险贷款形成的责任，年内先后对10人次进行通报批评、行政处罚和经济处罚。通过拓展全面风险管理职能，延伸风险管理内涵，实现由单一的不良贷款清收处置向全面风险管理的转变。

【实现第九个安全年】 2011年，工行岳阳分行面对复杂多变的经营形势，在加快各项业务发展的同时，坚持"案件可防、风险可控"的理念，做好案件防范基础工作。一是强化案防责任落实。逐级签订两个责任制责任状，实施案防挂点承包制度。二是完善案防激励机制。制订和下发《案件防范工作奖惩办法》，强化对支行和机关部室案防工作组织推动力度。三是加大对“6+1”重要风险点的防控治理。将“6+1”重要风险点防控治理具体工作落实岗位人员，确保每个风险点得到有效整治。四是推进案防基础工作的精细化管理。每季召开案防分析会，并着力提高案防分析会会议质量，市分行管理部门与支行负责人会上直接沟通，加强互动，用解剖麻雀的方法把存在的问题、风险点分析透彻，确保整改及时到位。连续实现第九个安全年。

（本栏撰稿　文雨浪）

中国农业银行股份有限公司岳阳分行

【概况】　2011年，是中国农业银行股份有限公司岳阳分行（以下简称农行岳阳分行）三年规划的起步之年，全行坚持以提升价值创造能力和市场竞争实力为导向，牢固树立资本约束、精细管理和风险收益平衡三大理念，着力推动发展方式、组织架构、制度流程、绩效考核、信息管理、风险管控、队伍建设的“七个转变”，各项工作取得了长足进步。年末，各项存款余额146.5亿元，比2010年净增17.4亿元；各项贷款余额50.6亿元，比2010年净增5.2亿元；中间业务实现可持续发展；文明创建成绩显著，市分行及多家分支机构获总行、省分行“文明单位”和“精神文明建设工作先进单位”称号。

【服务经济持续有力】　2011年，农行岳阳分行围绕市委、市政府加快建设“四化两型”、“五市一极”要求，主动调整，准确对接，强力助推地方经济转型升级更大更强。一是不断巩固对重点领域、重点项目的跟踪营销，分别向华能、茂源、华泰、岳阳林纸、城陵矶新港等客户发放贷款17.58亿元。二是持续加大对中小企业的扶持，建立小企业信贷营销项目库，参加全市第十届中小企业信贷洽谈会，洽谈信贷客户53家，发放信用资金10.2亿元，小企业贷款比年初净增2.9亿元。三是突出服务“三农”的战略定位。加强与市县政府的对接，优化服务“三农”效果。以“新农保”、“新农合”等代理项目为契机，全年新增惠农卡18.3万张，设置助农取款服务点517个，有效填补农村金融服务空白。

【业务经营稳步发展】　2011年，面对纷繁复杂的金融形势，农行岳阳分行突出重点，主动作为，在扩规模的同时，注重提质增效。一是负债业务总量不断刷新。至12月末，全行人民币各项存款余额146.5亿元，其中储蓄存款余额108.4亿元，两项居同业第一。二是资产业务结构调整加快。人民币各项贷款余额较年初净增5.2亿元，其中个人贷款净增5.19亿元，占全行贷款增长额的99.85%。三是中间业务营销有新发展。在保持代理保险、银行卡业务等传统优势项目的同时，全行不断拓展国际贸易融资、国际结算、福费廷等业务，发展空间和创效渠道更广。

【风险管控扎实有效】　2011年，农行岳阳分行以“基础管理提升年”活动开展为契机，按照“关口前移、重心下垂、三道防线、层层过滤”的总体思路，以培育合规文化、夯实管理基础为主线，创新监管方式，充分发挥“三大中心”的作用，采用合规文化巡回宣讲、签订承诺书、行领导授课、组织学习《员工违反规章制度处理办法》和撰写学习心得等方式，强化关键环节风险管理，严密管控运营、信贷、财会、资产处置等重点领域操作风险，抓问题整改、案件专项治理和潜在风险客户退出，内控案防工作效果显著，实现安全运行。农行岳阳分行内控合规部被人民银行长沙中心支行评为年度湖南省金融机构反洗钱先进单位；在年度内控评价中，全行11个支行有湘阴县等9家银行评为一类行，东茅岭等2家银行为二类行。

【推进网点转型】　2011年，农行岳阳分行严格落实网点建设暨布局规划工作，19个网点按总行VI标准装修完毕并投入使用，在建及申报网点建设项目12个，98%以上的网点实现自助设备的覆盖，电子渠道分流率达55.87%，网点阶段性达标率居全省第一；所有网点完成“网点文明标准服务”和“营销技能提升”导入工作，网点整体营销效果提升明显。

（本栏撰稿　韩爱民）

中国银行股份有限公司岳阳分行

【概况】　2011年，中国银行股份有限公司岳阳分行（简称中国银行岳阳分行）贯彻落实中国银行省分行“转型发展，创新发展”经营战略及“服务年”建设工作要求，全力做大资产负债业务规模，坚持依法合规经营，加强企业文化建设，努力提升经营管理水平，实现经营效益和社会效益的同步发展。截至12月31日，本外币各项存款余额107.19亿元，较2010年新增14.67亿元，增长15.85%。本外币贷款余额48.96亿元，较2010年新增5.95亿元，其中，公司贷款余额36.14亿元，较2010年新增4.61亿元；零售贷款余额11.57亿元，较2010年新增1.92亿元。实现中间业务净收入5245万元，实现净收入2.89亿元，比2010年增加4201万元，实现拨备前利润1.4亿元。

【支持重点项目建设】　2010年，中国银行岳阳分行坚持以服务地方经济建设为己任，以重点项目为着力点，提高信贷审批效率，加大信贷投放力度，取得较好成效。公司贷款投放主要集中在石化、电力、造纸等国家及地方政府重点支持领域，分别向华能、岳纸和通平高速新增中长期贷款3亿元、8400万元和2亿元。在银根紧缩的形势下，创新融资渠道，为岳纸叙做融资性理财投放资金1亿元。加强与政府相关部门沟通，定期联系，从200多个项目中，筛选66个市重大项目分配到各单位进行营销，如平江县黄金洞、恒大地产岳阳公司等，为企业提供全方位金融服务，服务地方经济建设成效显著。

【支持中小企业发展】　2011年1

月获批复制省分行中小企业新模式后，中国银行岳阳分行从加强业务专业培训、充实营销队伍、简化业务流程、加强内部绩效考核力度等方面对中小企业新模式进行强力推动，组织开展中小企业新模式“破冰”营销竞赛活动，指导各单位深入工业园区、开发区、产业新区对中小企业进行营销，提高叙做材料的质量，加快上报材料速度，全面完成全年任务。截至12月底，上报中小企业贷款24笔，金额1.8亿元，批复22笔，批复贷款额度1.6亿元，放款16户，金额8080万元，支持一大批优质企业，如云溪区工业园长科化工，汨罗市工业园天立橡胶、冠宇家具，开发区强力电磁、宝鑫医药，华容县华宾纺织等。

【做大国际结算业务】 2011年，中国银行岳阳分行围绕融货达、国内信用证、保理等融资产品，依托核心客户的上下游企业，大力发展供应链融资业务。年内新增花板桥支行三首贸易、云溪区支行新华联、临湘市支行上报的国发精细化工、国结部的华诚纺织等6家客户，实现融资收入584万元，中间业务收入230万元，比2010年增加192万元。紧跟国家在全国推行跨境人民币贸易结算业务的新形势，做大跨境人民币结算业务，业务量领跑岳阳同业，金额达 亿元，市场份额占56%。 （本栏撰稿 曹海平）

中国建设银行股份有限公司岳阳市分行

【概况】 2011年，中国建设银行股份有限公司岳阳市分行（简称建行岳阳市分行）贯彻总行、省行工作会议精神和省市经济工作会议精神，围绕“发展提速、份额提升、位次前移、内控升级、员工增收、全行稳定”的工作目标，扩大客户群体，改善客户结构，加强风险内控管理，加强员工队伍建设，提升工作执行力与员工凝聚力，主要业务指标实现达标。截至年末，全行存款余额145.15亿元，较2010年新增23.81亿元，增长率19.62%，同业新增占比达31.07%，排名同业第一。各项贷款余额达到56.10亿元，比2010年新增14.02亿元，增幅达33.31%，增幅全省排名第一，新增份额同业排名第一。全年实现中间业务收入1.02亿元，首次突破亿元大关，较2010年同期多增2687万元，比2010年增幅35%，增幅全省排名第四位。全年实现账面利润2.18亿元，比2010年新增6110万元，增幅高达38.84 %。不良贷款为5904.81万元，比2010年下降3046.72万元，不良率1.05%，比年初下降1.08%。实现无案件、无重大责任事故和无群体性赴省进京上访事件，做到安全营运，促进业务健康快速发展。

【个金业务健康发展】 2011年，建行岳阳市分行做好客户、产品、服务三大文章，个金业务取得较好成绩。至年末，网上银行新增63164户，计划完成率143%；短信客户新增5.95万户，计划完成率130%；手机银行新增4.92万户，计划完成率137%；电话银行新增5.8万户，计划完成率125%；发放信用卡2.59万张，全省排名第三，完成省行计划的101%。电子银行渠道交易占比大幅提升，至年末，账务交易占比达到49.58%，比2010年提升18.13%，完成省行计划的104.55%，全省排名第二，被省行评为“业务标杆二级行”，炮台山支行被省行评为“电子银行综合业务标杆网点”。特色理财产品销售火爆，理财产品余额达8.22亿元，比2010年净增6亿元，完成省行计划的265%。客户基础稳步增强，高中端客户数达到14073人，较2010年新增1990人，年增长率为16%。

【资产业务快速推进】 2011年，建行岳阳市分行通过细分客户和市场，强化现代营销理念，建立健全市场营销机制，优化业务流程，加强上下联动营销和公私业务交叉营销，取得较好效果。在信贷资源非常有限的情况下，坚定不移抓项目营销与储备，多次向省建行申请规模指标，着重满足重点项目的信贷需求，其中湖南高速、华能三期、河南高速等项目，分别投放3.65亿元、3亿元、1.07亿元，全年贷款增速达到33.31%，高居全省同业第一，保障岳阳经济的健康快速发展。3月下旬，成功参与和协办岳阳市第十届中小企业银企洽谈会，落实银企洽谈会项目47个，实际到位资金12.04亿元，资金到位率达到98%。加强民生领域信贷支持。新增医疗卫生行业贷款5850万元，有力地支持了华容县第一人民医院、岳阳市第一人民医院东院和市妇幼保健院的基本建设。化解高校债务，将原湖南亚美置业有限公司学生公寓贷款置换为岳阳职业技术学院，为职院多争取化债资金1700万元。向临港产业新区发放贷款9000万元，用于安置移民保障房建设。由于支持保障有力，被市委、市政府授予促进经济发展先进集体、支持地方经济发展突出贡献奖等荣誉称号。

【内控防案保障有力】 2011年，建行岳阳市分行通过开展“双基”管理年活动，不断强化内控防案能力，全年实现无案件、无责任事故、无重大核算差错和无外部监管处罚。通过对集中采购管理专项、营业外收支及待处理款项等7次审计发现问题进行责任追究，处分处理17人，其中警告处分8人，通报批评1人，减发绩效工资8人，充分发挥违规惩戒的警示教育作用。在维稳工作上，坚持“属地管理”原则的依靠当地党政，不断提高信访沟通、就地化解、接访劝返及群体性事件的处置能力。5月，全国银行系统协解人员北京集访时，该行无一人赴省进京上访，维护全行大局稳定，并被市委、市政府评为社会治安综合治理工作先进集体称号。

（本栏撰稿 李 钊）

交通银行股份有限公司岳阳分行

【概况】 2011年，交通银行股份有限公司岳阳分行（简称交行岳阳分行）贯彻执行“两化一行”发展战略和“第三次创业”的总体要求，理清发展思路，转变发展理念，创新发展机制，克服发展困难，强化内部管理，自力更生，发奋图强，呈现出改革和发展双丰收的良好局面，实现“十二五”的良

交通银行岳阳分行2011年工作会议　　（市交通银行　供稿）

好开局，为深入开展“第三次创业”，为实现“翻番翻身”打开局面。年内人民币存款余额55.46亿元，比2010年新增14.6亿元。对公存款余额33.2亿元，较2010年新增10亿元，对私存款余额22.3亿元，较2010年新增4.4亿元；各项存款增速达到35.63%，比岳阳市五大银行平均增速18.63%高出17个百分点，增长速度首次跃居全市同业第一。其中对公存款新增增幅达到43.93%，比全市平均增速20.92%高出了23个百分点，对公存款在五大银行新增总额中占比33.11%，新增绝对额和增长率双双位居同业第一，对公存款市场占比由年初的13.67大幅提升至17.04%；储蓄存款增速为24.88%，居同业第二，增量绝对额和完成率均居全省辖内第一。各项贷款余额27.19亿元，比2010年增加4.1亿元，增长17.77%。清收处置不良资产1520万元，收回监察名单贷款1165万元，提高了交行岳阳分行的资产质量。实现经营利润8097万元，拨备后利润8147万元，分别完成省分行任务的105%和110%。

【内控水平显著提升】 2011年，交行岳阳分行多次接受内外审计。在华中审计检查中，交行岳阳分行整体评级实现历史性的突破，由B-等上升到B等，会计条线连续四年被评为B等，得到检查组的充分肯定。交行岳阳分行被市人民银行评为人民币银行结算账户管理先进集体、人民币钱捆质量优胜单位。在市外汇管理局年度工作会议上，交行岳阳分行获得国际业务综合管理先进单位称号。全行保持连续6年无违规违纪案件和经济治安案件发生，是全市保持该荣誉的两家商业银行之一。

【清收工作成效明显】 2011年，交行岳阳分行通过有效手段完成不良贷款清收处置2384万元，完成考核任务的152%，收回存量监察名单贷款1165万元，完成考核目标任务的583%，不良贷款余额3605万元，绝对额比年初下降1220万元，不良率占比也由年初的2.09%下降至1.35%，全行贷款质量总体形态呈持续向好的趋势。通过催收、协商、诉讼等有效工作，为下一步不良贷款清收工作打好基础。

【网点建设提速较快】 2011年，交行岳阳分行搬迁1家支行至太阳桥大市场，八字门支行迁址开业，撤并桥头支行；全年新增设12个离行式自助网点，全行离行式自助网点数量达到21个。自助网点建设进程居于同业之首，很大程度上弥补物理网点数量少的劣势，全面扩大网点的金融辐射能力。

（本栏撰稿　刘文娟）

华融湘江银行岳阳分行

【概况】 2011年，华融湘江银行岳阳分行秉承“以风险论成败、以业绩论英雄”的理念，转变观念，奋力拼搏，完成年度经营目标，实现全年安全运营无事故。至年底，资产总额53.58亿元；各项存款余额52.09亿元，比2010年增长23.82%，高出全市金融机构平均增幅3.04个百分点。各项贷款余额25.71亿元，比2010年增长32.25%，高出全市金融机构平均增幅13.42个百分点。贷款不良率为零；实现利润7634万元，较2010年增长146%。被市委、市政府授予年度支持地方经济发展突出贡献奖和全市社会治安综合治理工作先进单位，五里牌支行荣获“全国工人先锋号”，财源支行荣获省级“巾帼文明岗”称号，有3家支行获得市级文明规范服务示范单位称号。

【业务创新彰显新银行品牌】 2011年，华融湘江银行岳阳分行为更好地满足市场需要，推出六大举措支持小微企业发展，市场反映良好，中国银监会还对其进行重点经验推介。调整授信模式。将贷款、贴现、保函、承兑汇票等不同形式的授信进行集中统一管理，为中小企业提供综合金融服务和综合解决方案。转变经营方式。大胆推行中小企业模式化经营．对片区企业和规模行业进行批量授信，为中小企业集群产业升级提供资金保障，化解企业短期流动资金周转难题。优化金融产品。重点推动“给力贷”、中小企业联保业务，推广华融卡、企业网上银行“零”资费的新业务，为企业提供结算方便，节约财务成本。创新担保方式。对那些经营较稳定、诚信度较高的企业，采用应收账款、收费权、仓单等质押方式和动产抵押方式，最大限度地将企业的存量资源转换为流动资金。简化业务流程。推广直接审批和评级授信的业务流程，减少审批环节，方便企业快捷地使用信贷资金。强化服务手段。组建中小企业服务团队，充实一批素质较高的员工，实行“综合信贷服务”、“首问制服务”、“限时服务”和“理财型服务”，提供融资、理财、结算、现金流转的一揽子解决方案，缩短工作链条，提高工作效率，更好地满足企业的金融需求。

【结构调整转型见成效】 2011

年，华融湘江银行岳阳分行通过清理整改平台公司贷款，面向中小企业拓展市场，信贷结构逐步得到优化。支持9个市级重点项目，发放信贷资金5.5亿元，向临港产业新区发放贷款3.61亿元。在市政府举办的第十届银企洽谈会上签约金额3.21亿元，实际到位金额3.56亿元，履约率109%。认真执行国家重点扶持小微企业金融政策，挤出更多的信贷资金，推出更多适合小微企业的信贷产品，采取综合金融服务、模式化经营和产业链经营举措，调整网点布局，贴近企业服务。年末中小企业贷款余额8.01亿元，比2010年增加2.2亿元，增幅37.87%。

【科学调整网点布局】 2011年，华融湘江银行岳阳分行完成3个网点的改造，岳阳楼区和开发区支行改造后，整体形象上台阶。县域支行建设步伐加快，与多个县区政府签订长期战略合作协议，华容县支行开业来，业务发展来势良好，平江县支行已开始装修。对ATM机合并提质改造，在保证符合安防的前提下满足客户需求。

（本栏撰稿 艾传刚）

中国邮政储蓄银行岳阳市分行

【概况】 中国邮政储蓄银行岳阳市分行（简称邮政储蓄岳阳市分行）于2008年3月26日正式成立。下辖6个一级支行、2个城区支行，144个二级支行（其中邮政代理网点78个），市分行下设办公室、计划财务部，人力资源部、会计结算部、审计部、渠道科技部、风险合规部、监察部、安全保卫部、工会、综合业务部、信贷业务部、公司业务部、小企业金融服务中心等十四个部门。为城乡居民提供便捷服务，为地方经济发展作贡献。截至2011年末，全行存款余额达到近100亿元，客户近400万户，发放绿卡100多万张，异地交易和汇兑业务量达到22亿元和25亿元，成为全市城乡居民提供金融服务和个人结算的主渠道之一。先后推出个人储蓄、公司业务、小额贷款、小企业贷款、商务贷款、二手房贷款、农民工卡、助农取款等多项便民惠民服务。率先在全省推出促进就业小额担保贷款、林权抵押和船泊抵押贷款等产品，邮政储蓄银行岳阳市分行成立3年多时间，累计向全市投放贷款近30亿元，为2万名商户、农户、种养殖户和中小企业者解决资金短缺问题。服务范围覆盖岳阳城乡的每个角落，满足社会各界多元化、个性化的金融服务需求，支持地方经济建设。该行形成了以本外币储蓄存款为主体的负债业务，以国内国际汇兑、转账业务、银行卡、代收代付等多种形式的中间业务，以小额质押贷款、小额信贷、个人商务贷款、二手房贷款和小企业贷款为主的资产业务。经中国银监会批准，即将开办公司贷款、票据承兑、信用证及担保等业务，为全市工商企业提供更为全面的金融服务。

【加大信贷投放力度】 2011年，邮政储蓄岳阳市分行在信贷资源极为紧张的宏观环境下，向上级行争取信贷额度，发挥点多面广优势，扩大信贷受理和发放力度，为“三农”和全市中小企业提供融资支持，累计为城乡居民提供贷款支持近20亿元，其中有60%以上为支农、扶农贷款，有力地支持岳阳新农村建设。发放额度高达100万元个人商务贷款5亿元，解决近2万个小微企业与实体“贷款难”的问题，支持县域集贸市场、个体经济发展。发放二手房贷款2亿元以上，从10月底起，推出额度达1000万元的小企业贷款，已向全市小微企业授信超过3亿元以上，放款近5000万元，全面助力中小企业发展。调整信贷结构，把信贷资金更多投向经济实体。利用现有的小额贷款、个人商务贷款等信贷产品，重点将贷款向有市场、有需求的特定行业特别是微小企业客户和农村种养户，进行批量投放，累计向近30个农村特色行业（如：华容县的特色养殖行业、种植行业、岳阳县的葡萄种植行业）放贷超过8亿元，向泰和小商品市场、太阳桥建材市场、中南钢材市场、城市商贸市场等放贷超过10亿元以上，支持地方经济发展和助力新农村建设。加大服务与产品创新，满足客户多元化需求。在全行140多个网点开办信贷业务，开展送金融服务下乡活动，建立农村信贷咨询点30个、信用乡镇20个，方便中小企业主、个体工商户和农户申请小额贷款资金。推出林权、船泊抵押贷款、促进就业担保贷款等，服务有融资需求的农户、城区再就业人员、微小企业及个体工商户。参与银企洽谈会，了解小微企业融资需求。全年提供小额贷款超过3亿元。

【搭建服务平台】 2011年，邮政储蓄岳阳市分行抓优化网点建设，提供优质的金融服务环境。对全市30个网点进行高标准改造，按统一

邮政储蓄银行岳阳市分行办理小企业贷款签约现场 （邮政银行 供稿）

的服务标准、统一的产品销售模式，重点推广示范网点建设，创建“合规经营、规范管理、服务优秀、环境优美”的优质服务窗口，打造邮储银行一流的服务形象。叠加结算业务，提供多元化服务。在城市社区金融服务上，做好养老金代发、困难补贴发放量大、效益低的资金发放工作。全年为近60万名城镇居民代收发各类资金16亿元以上。在农村金融服务方面，加大助农取款机的布放力度，做好代理新农保服务，延伸金融服务范围，为农民提供优质金融服务，让农村居民和城市居民同等享受快捷便利的金融服务，该行45%的储蓄网点和75%的汇兑网点分布在农村，通过邮储银行汇兑与异地交易的资金达20亿元以上，打造农民资金结算的绿色通道。

【拓宽服务渠道】 2011年，邮政储蓄岳阳市分行推广网上银行业务，发展银行卡助农取款，在金融空白乡镇提供基础金融服务。开办为中小企事业单位服务的资金归集和为个体经营户、商贸市场服务的商易通POS机业务，结合电话银行、网上银行实现自助式账户及交易查询、安全转账便捷服务，全年公司和个人网银客户新增6万户、电话银行客户新增5万户、商易通新增2000台。

【服务“三农”显成效】 2011年，邮政储蓄岳阳市分行，切实服务“三农”，立足送贷款服务上门的服务宗旨，推进空白乡镇服务建设工程，开展农村信贷咨询服务点建设，截至2011年底，该行建立农村信贷咨询服务中心28个，累计为4000多农户提供小额贷款近1亿元，受到社会各界的认同，7月12日，《湖南日报》、《潇湘晨报》、湖南红网岳阳分站等记者，到邮政储蓄银行华容县注滋口镇农村信贷服务咨询点针对“三农”典型事迹进行采访报道。

【签订促进就业小额担保贷款协议】 2011年9月7日，邮政储蓄岳阳市分行与岳阳市人社局促进就业小额担保贷款合作签约仪式成功举行。就业小额担保贷款是该行新开发的一项小贷新产品，由政府担保机构提供资金担保的风险可控，既有效拓展小额贷款业务市场，又为再就业人员提供一定的创业资金，实现经济效益和社会效益双丰收。此项合作协议的签订丰富了该行小额贷款产品，为地方经济建设服务提供新渠道。

【小企业贷款正式启动】 2011年，邮政储蓄银行岳阳市分行为缓解全市中小企业融资困难、大力支持中小企业发展、加大金融产品创新，11月22日正式开办小企业贷款业务启动暨签约仪式。该行向市工商联授信5亿元，向全市20家中小企业单位授信1亿元、放款超过2000万元，成为服务中小企业、支持岳阳经济发展新增的一支生力军。该行此举对岳阳地方经济和中小企业发展具有重要意义。

（本栏撰稿　周红日）

湖南省农村信用联合社岳阳办事处

【概况】 2011年，省农村信用联合社岳阳办事处（简称省联社岳阳办事处）辖9家县级联社、134个信用社和92个分社、30个储蓄所，有正式员工2455人（含内退员工178人），有业务岗位留用工210人、工勤岗位临时工66人、劳务派遣用工19人。在岗的2277名正式员工中，本科及以上学历441人、占比19.37%，大专学历1127人、占比49.49%；35岁以下611人、占比26.83%，36岁至45岁1070人、占比46.99%，46岁以上596人、占比26.18%。办事处内设综合科、业务指导科、内控保卫科，有在编员工15人。设县级联社会员制管理的网络中心、风险资产管理中心、监控预警中心和稽核大队。全市农村信用社以深入开展创先争优活动为契机，以持续推进风险等级达标升级为目标，围绕“转方式、调结构、控风险、促发展、增效益”工作主线，稳步推进股份制改造，增强信贷支农服务，切实加强行业内部管理，推动不良贷款压降，提升班子队伍素质，各项工作呈向好发展趋势。截至12月末，各项存款余额153.8亿元，较2010年增加27.1亿元，增幅达21.4%；各项贷款余额96.31亿元，较2010年增加13.89亿元，增幅16.85%；不良贷款比年初减少4.46亿元，不良贷款率比2010年下降8.86个百分点；实现账面盈余4098万元，经营利润12931万元。

【存款规模持续扩张】 2011年，省联社岳阳办事处以庆祝全省农信社存款突破3000亿元、庆祝农村信用社成立60周年为契机，组织开展大规模的宣传活动；组织“时间过半、任务超半”竞赛活动，启动“争份额、上规模、促发展”存款优质服务活动，存款上规模的网点增加34个。至年末，各项存款余额153.8亿元，较2010年增加27.1亿元，比2010年多增9.5亿元，完成省联社任务的184%；增幅达21.4%，比2010年提高5.2个百分点；占全市银行业金融机构存款市场份额16.82%，存款总量和增量均跃居全市银行业金融机构首位。

【加大支农力度】 2011年，省联社岳阳办事处各项贷款余额96.31亿元，较2010年增加13.89亿元，增幅16.85%；占全市银行业金融机构贷款市场份额19.14%，贷款总量和增量均居全市银行业金融机构第二位。其中，涉农贷款余额83.31亿元，占各项贷款余额的86.51%，较2010年增加8.5亿元。全年各项贷款累放71.08亿元，较2010年增加23.25亿元，增长48.6%。一是推动信贷服务创新。出台《开展“万人进村入户上企业”优质信贷服务活动实施方案》，组织调查走访400个农户、360个商户、140个企业及部分党政部门。办事处与市供销联社合作推出“田园牧歌”农资生产、销售、流转贷款产品，平江县联社推出“千村万乡农家店”流转贷款，岳阳楼区联社推出社区商户联保贷款。各贷款网点公开贷款操作流程，提高小额贷款额度，推行阳光信贷和限时服务承诺。二是发挥支农主体作用。全年累放涉农贷款55.68亿元，较2010年增加11.7亿元，占累放贷款额的78.3%。累放农户贷款49.4亿元，基本满足符合贷售误导诱发群体性退保纠纷隐患进行彻底排查。加强对销售人员重大突发事件的管控力度，有效提高防范销售风险的主动性。妥善做好信访投诉和案件查处工作，畅通客户及销售人员信访投诉渠道，最大限度地减少风险诱因。做好财务业务数据真实性检查和税务自查工作，进行“小金库”专项治理，坚持不懈地做好反洗钱工作。开展“诚信我为先”教育活动，加强从业人员的诚信建设和职业道德建设。年内无管理失控事故发生。

（本栏撰稿 张子一）

中国人民财产保险股份有限公司岳阳市分公司

【概况】 2011年，中国人民财产保险股份有限公司岳阳市分公司（简称人保财险岳阳市分公司）是岳阳市最大的财产险公司。面对市场多重挑战，构建“五驾齐驱”的销售体系，加快电网销等新兴业务渠道发展；坚持以货运险发展为突破口，推进非车险业务发展；立足农险基层服务体系建设，促进农险业务快速发展。实施分类指导，强化督导和过程管理，推动全市系统业务平衡发展。全市系统全险种实现保费收入2.65亿元，比2010年增长13.08%；实现实收保费2.65亿元，比2010年增长13.11%。其中常规业务实现保费收入1.97亿元，比2010年增长12.54%；实现实收保费1.97亿元，比2010年增长12.24%。在切实抓好经营活动的同时，坚持发展抓党建。抓好党建促发展，注重加强和深化党建和纪检监察工作，开展“五创”提质、“诚信服务促和谐”等活动，着力抓好社会治安综合治理工作，参与新农村示范点建设，其他各项工作同步整体推进，被市政府评为2011年度金融支持地方经济发展先进单位。

【发展电网销业务】 2011年，人保财险岳阳市分公司调整、充实电子商务业务部人员，加大宣传力度，提升服务质量，实现全市系统电网销业务有效落地，电网销业务呈现快速发展势头。全年电网销业务实现实收保费2348万元，是2010年的8.26倍，占年计划的117.4%。

【开展服务质量年活动】 2011年，人保财险岳阳市分公司深入开展“服务质量年”活动，全方位加强客户服务工作，提升客户服务水平，公司品牌形象和美誉度显著提升。一是推行标准化服务。致力规范服务行为、服务用语、服务设施，统一着装，挂牌上岗，确保客户服务基本标准有效落实。按照总公司VI手册要求，投入40余万元资金，改造市分公司出单大厅职场，为客户提供方便、舒适的服务环境。二是推行增值化服务。针对黄金客户和重要客户的个性需求，充分利用公司资源，为客户提供增值服务，为客户创造价值。开展车险查勘定损服务，提升理赔服务满意度。三是推行便捷化服务。切实完善出单模式，实现全市范围内就近出单。

【提升理赔服务质量】 2011年，人保财险岳阳市分公司全面推行以查勘人员首接责任制为主要内容的“一站式”服务，规范理赔各节点时效，加快结案速度；推行“万元以下赔案1小时通知赔款”制度，缩短结案和赔款支付时间，开通黄金客户、重要客户和农险理赔服务绿色通道。5000元以下小额赔案，做到“一张纸赔付、一小时通知赔款”。全市系统赔案处理率达到107.83%，高于全省系统平均水平4.06个百分点。车险理赔周期比2010年提速8.38天，位居人保财险全国系统市州分公司第50位。

【推进三大改革】 2011年，人保财险岳阳市分公司密集推进重大改革措施，进一步增强公司经营和发展的内生动力。一是推进理赔队伍人力资源改革。按照“明晰职责、强化管控、效率优先、注重服务”原则，重构理赔管理架构，实行垂直管理，双重考核。建立健全理赔员工绩效考核制度，规范理赔工作流程，加大对理赔重点工作、关键环节、服务效率的考核力度，巩固和完善理赔大集中管理模式，顺利实现理赔向“省集中”过渡。二是推进销售队伍人力资源改革。按照省分公司统一部署，精心组织，周密安排，做好思想动员、政策宣导、团队组建和人员调配等工作。市分公司新组建5个直属业务部。三是推进出单中心改革。完善出单网点布局，完善出单员管理，全面推行柜员制，改革出单员绩效考核办法，提高出单效率，强化出单环节的风险管控和承保出单服务工作。

（本栏撰稿 张国强）

中国太平洋财产保险股份有限公司岳阳中心支公司

【概况】 2011年，太平洋产险岳阳中心支公司（简称太平洋产险岳阳支公司）将推动和实现可持续价值增长的理念贯彻于经营工作全过程，践行“以客户需求为导向”的战略转型，探索大客户管理模式，加强信息技术创新运用，加大渠道建设力度，着力转变发展方式，健全内控制度，防范风险，抓效益提升，各项工作实现跨越式的发展。年内保费收入达到8445万元，增长率为16.70%，赔款支出4061.05万元，综合赔付率59.32%，下属支公司业务发展能力增强。汨罗市、平江县支公司保费收入过千万元，重大客户业务基础稳固，特别是中石化、长岭炼油厂、移动公司、公汽总公司、泰格林纸等单位业务发展持续增长，市场份额排名地方行业第四位，在太平洋产险系统市州级中保费收入排名第一。

【开发保险新产品业务】 2011年，太平洋产险岳阳支公司根据市场需要，开发地方新产品，9月份首推岳阳机动车驾驶员考试责任保险新产品，年底保费收入达到91.6万元，给业务发展注入新的活力。

【增强服务能力建设】 2011年，太平洋产险岳阳支公司加强服务对业务发展的牵引作用，加强诚信服务，品牌服务的教育培训，增强员工服务意识，开发和运用信息技术，创新服务手段，取得行业领先优势，移动视频查勘系统全面上线，给理赔服务带来革命性变化，技术含量提高，查勘理赔公开，阳光运行，理赔时效加快，3000元以下车损理赔查勘定损时间15分钟左右。客户管理卓有成效，明确各机构的管理专员，建立岗位职责，提高客户留存率和续保率，车险续保率达到目标值，重大客户的基础管理和法人客户回访工作得到加强。窗口服务建设加强，服务环境，服务设施及服务功能普遍得到改善。

【提高综合管控水平】 2011年，太平洋产险岳阳支公司经营管理实现高度集中，各级机构权责分明，条线清晰，向集约化管理又迈进一大步，继定损核损实行省内集中后，又成立理算核损实行省内集中，所有赔案都纳入分公司直接管理，理赔全面管理得到深入推进，更有效的保障理赔时效和质量。以综合成本管控为主攻方向，建立价值创造性财务管理平台，财务集中管理对综合成本率管控作用得到充分发挥，特别是强化预算控制力度，坚持费用全面预算管理，使综合费用控制在规定的范围。认真执行财务数据的真实性和列支规定，防治乱挤乱列成本现象，确保经营数据的真实性。加强资产管理，重点改善长账龄和过责任期应收保费风险状况，应收保费控制在目标值范围内。加强业务管理，有效保障业务品质，承保前风险管理，共保管理，续保管理逐步标准化和规范化，销售费用差异化管理进入系统运行，自动核算控制销售成本扩张，支持行业自律，合规管理力度加大，各分支机构，各部门广泛开展内控自评，梳理完善各项规章制度。坚持合规经营，互惠互赢的原则，扩大辐射，挖掘深度，与7家车商签订代理协议，与4家经纪公司建立代理合作关系。产寿险交叉渠道业务保费收入达608万元，银保渠道保费收入225万元，电销业务保费收入突破1191万元。

（本栏撰稿 湛应根）

中国太平洋人寿保险股份有限公司岳阳中心支公司

【概况】 2011年，中国太平洋人寿保险有限公司岳阳中心支公司（简称太平洋寿险岳阳支公司）按照分公司“以两个聚焦为突破、以客户需求为导向，推动和实现公司可持续价值增长”的指导思想，集中精力，强化基础，聚焦营销，聚焦发展效率，紧扣核心业务，切实防范和化解经营风险，特别是在险种结构、业务品质、服务质量、机构管理、预算执行等方面取得较好效果，实现业务规模和标保保费双双突破2亿元大关的好成绩，提前完成分公司下达的全年目标任务。市场地位进一步提高，在全市17家寿险主体中排名第四，市场份额为7.87%。实现保费收入2.42亿元，比2010年同期增长17.48%。实现标准保费3.08亿元，比2010年增长58.76%。其中个险实现标保2.64亿元，较2010年增长83.33%，标保在全省排名第三位。个险实现新保规模保费3981万元，比2010年增长46.75%，在全省排名第四。个险新单期缴保费在全市排第三，较2010年同期上升1位。银邮渠道因为受政策调整的影响，业务相对2010年有所下降。直销渠道实现保费352万元，相对2010年增长64.36%。续期完成1.18亿元，年度计划完成率为101.56%。岳阳支公司在全省考评中获得分公司颁发的2011年度综合考核达标先进中支荣誉称号，平江县、汨罗市和区拓分别获得分公司颁发的优秀四级机构和先进部门、创新项目等荣誉称号。

【营销服务部升格为支公司】 2011年8月，汨罗市营销服务部和华容县营销服务部获得湖南保监局的批准，顺利升格为支公司。

【区拓部的训练式早会项目在全国推广】 2011年，太平洋寿险岳阳支公司发展新型的区域拓展模式，瞄准高标准、高要求，打破传统营销观念，大胆开拓创新，推动行政区建设和团队发展，将团队经营过程管理动作与核心技术动作相结合，形成岳阳区拓训练式早会运作模式。开展训练式早会，团队无论是举绩率、人均产能和健康人力一直处于区拓条线的前列。4月，太平洋寿险总公司特派摄制组进行现场拍摄并针对岳阳区拓训练式早会的运作制成光碟。5月，岳阳区拓训练式早会在全国区拓条线全面推广。岳阳区拓训练式早会获得分公司颁发的项目创新奖，岳阳区拓部获得分公司授予的2011年度先进部门荣誉称号。

【成立太平洋寿险岳阳支公司工会】 2011年5月，通过民主选举产生岳阳中支公司第一届工会，召开第一届工会代表大会第一次会议。开展系列有意义的文化活动，组织开展合规文化、品牌形象工程等创建活动，全公司员工的合规意识、主人翁意识不断增强。

（本栏撰稿 聂 吉）

平安财产保险岳阳中心支公司

【概况】 2011年，中国平安财产保险股份有限公司岳阳中心支公司（简称平安产险岳阳支公司）围绕总公司“聪明经营，健康超越”经营主线，在分公司“1357”发展策略指引和当地政府的支持下，全体员工同舟共济，艰苦奋斗，迎难而上，强化成本管控，狠抓合规经营，转变工作观念，实现跨越发展。截至12月底，累计实现保费收入15443.9万元，比2010年增长48.31%。其中车险保费13711.9万元，占比88.78%，完成年度计划的123.87%，比2010年增长57.42%，财产险保费1443.5万元，占比9.34%，完成年度计划的76.38%，意健险保费288.5万元，占比1.88%，完成年度计划的120.2%，比2010年增长98.87%。整体增速为47.11%，车险增速57.49%，意健险增速98.87%。岳阳市场整体增速为21.80%，在整体方面远远超过市场。市场占比位居第二。截至12月，岳阳市场保费达成68555.44万元（剔除农险），人保占市场28.77%，平安产险占市场22.35%，太平洋产险占12%，中华联合占10%，国寿产险占8%，其他同业占19%。平安占人保比逐年递增，平安占人保比为77.71%，比2010年占比上升1825%。

（本栏撰稿 罗玲燕）

平安人寿保险岳阳中心支公司

【概况】 2011年，中国平安保险（集团）股份有限公司岳阳中心支公司（简称平安寿险岳阳支公司）个人客户超过9万名，年保费收入超过1亿元，代理人队伍接近900人。中心支公司下设5个管理部门，市区有11个营业部，汨罗市、临湘市、云溪区各有一个营业部。管理人员50人，包括总经理1人，部门负责人8人，内勤员工41人。公司主要的目标在城区市场。代理人数由300人发展到700人，营业部数由4个发展到11个。公司每月首期保费规模一般在260万元左右，城区业务占比达到85%，契约品质在业内处于领先水平，第二期保险费回收率在90%以上，第三期保险费回收率在95%以上。参与政府组织的扶贫帮困活动，为下岗失业人员和“4050”人员、“零就业”家庭提供就业机会。年内受理理赔案件3000余起，赔付各类保险金约500万元。主要产品有人寿保险、健康保险、意外保险、年金保险、分红保险、万能保险等100多个险种。其中起源于美国风靡全球的万能保险是该公司率先在岳阳市场推出的，该产品一上市就获得广大消费者的追捧，该公司40%的业务来自该产品。根据重大自然灾害、流行疾病，推出地震保险，甲型H1N1保险，海外急难救助卡等新险种，弥补市场空白。

截至2011年底，完成个险首期标准保费2800万元，计划完成率为112%，超额完成全年的首期业务量，各项业务指标达成情况良好。

（本栏撰稿　黎艳平）

新华人寿保险股份有限公司岳阳中心支公司

【概况】 2011年，新华人寿保险股份有限公司岳阳中心支公司（简称新华人寿岳阳支公司），以满足客户全方位寿险需求为出发点，从产品开发、营销、承保、理赔、保险知识普及等各方面围绕客户需求不断扩展和深化服务内涵；以提升客户满意度、忠诚度和服务民本岳阳建设为公司经营的落脚点，落实保增长、保民生、保稳定和深入开展“诚信服务促和谐”活动，取得一定的成效，累计实现保费收入1.47亿元，比2010年增长7.6%。全公司1007名内、外勤队伍为全市140504名客户的人身、工程项目建设提供累计为39.2亿元的保险保障，赔付支付出788.1万元，为维护社会稳定，促进民本岳阳建设做出积极的努力。获得年度岳阳市保险行业诚信服务促谐竞赛活动先进单位称号，被评为2011年度新华人寿湖南系统优秀培训机构，保费部被评为2011年度新华人寿系统总公司级先进团队，在2010年钻石团队的基础上升为蓝钻团队，办公室和客户服务中心获得2011年度新华人寿湖南系统优秀服务团队称号，保费部获得2011年度新华人寿湖南系统优秀业务团队称号。

【创新产品服务“三农”】 2011年，新华人寿岳阳支公司主动承担社会责任和履行企业公民责任，服务“三农”，推出“借贷安心保险”和“在建农房保险”。“借贷安心保险”是专为银行、信用社和农发行申请贷款的农户、企业以及消费、助学、创业贷款等借款人量身开发的保险产品。“在建农房保险”是专门为农村农民建筑私房过程中导致的意外工伤提供保障的一款产品，深受农户的好评。全年为4418位借款人提供风险保障2.84亿元，累计为在建农户私房提供2100万元保障。为稳定社会和支持“三农”建设发挥作用。

【保险宣传普及农村】 2011年，新华人寿岳阳支公司各级机构重视农村市场的业务开拓，开展保险知识下乡活动。各县级机构以电影下乡、保险知识专题讲座、墙体广告、现场理赔活动和产品说明会等形式向农民朋友宣传保险知识，完善农民朋友的保险需求。全年召开农村产说会1000余场次，发布墙体广告168幅、悬挂宣传横幅和宣传标语1200条，覆盖华容县、汨罗市、平江县、湘阴县、临湘市、君山区各乡镇，累计投入资金10万余元。通过广泛宣传，使农民群众认识的保险的意义和功能，激发投保的积极性，明确理赔流程和维护自身合法权益的途径。

【自查自纠规范经营行为】 2011年，新华人寿岳阳支公司严格对照各项法律法规和湖南保监局下发的风险排查的文件精神，对公司的各项经营活动和管理全面进行一次回头看，对照法律法规要求和有关标准认真查找存在的问题和不足，查找保险宣传是否准确、及时、全面，有无误导、诱导等欺诈行为。按照省分公司《关于认真落实保监会1号文件精神，开展中介业务违规行为自查自纠的通知》文件要求，明确14项自查重点。确保所有宣传资料由总公司统一印制，杜绝自我印制和私自修改宣传资料的情形达到杜绝销售误导的情形发生。开展是否讲诚信、守合约，保险理赔是否存在无理拒赔、惜赔、拖赔，保险给付是否及时。服务态度是否热情、服务方式是否便捷等自查自纠工作。打造诚信服务，和谐消费的经营环境，用户满意度和忠诚度得到大幅度的提高。公司客服柜面客户满意度全年保持领前水平，在全省系统评比中，一季度排名第二，二季度第一，三季度第四。

【倡仪捐款支持灾后重建】 2011年6月，平江县洪桥镇、临湘市詹桥镇、岳阳县毛田乡、云山镇发生山洪泥石流，新华人寿岳阳支公司在总经理室召集专门会议，成立抗洪救灾理赔应急小组，派出专车、专人奔赴灾区寻找新华客户，成为第一家到达灾情现场的保险公司。该公司发扬“一方有难、八方支援”的精神，第一时间向灾区捐款1万元支持灾后重建。响应湘阴县政府金融办的号召，捐款2000元支援当地的抗洪抢险工作。（本栏撰稿　杨　辉）

生命人寿保险股份有限公司岳阳中心支公司

【概况】 生命人寿保险股份有限公司岳阳中心支公司（简称生命人

寿岳阳中支）成立于2008年10月。2011年已为约7000名个人寿险客户和约7300名机构客户提供了各类人寿保险、银行保险、人身意外伤害保险服务。年内，该公司实现总规模保费8260万元，其中新单保费7029万元，比2010年增长61.23%；银行险期缴保费1068万元，增长165.22%；在岳阳地区市场占有率居寿险市场第八位，市场份额为3.48%。（本栏撰稿 任姿瑜）

证券·期货

【证券期货市场交投活跃】 2011年，岳阳市有3家期货营业部，分别是德盛期货、方正期货、大有期货。其中大有期货于11月成立。期货交易品种有大豆、棉花、油菜等27个品种。年内总交易量为1707万元（其中德盛为1007万元，方正为700万元），总开户数为280户。

（袁彦文）

【合规经营业务创新】 2011年，湘财证券岳阳五里牌证券营业部市场行情不尽理想，通过合规工作常抓不懈、投资顾问团队业务创新、营销部门提质转型来保障团队发展、业绩稳定。4月荣获省优秀证券营业部称号，7月在第四届《证券时报》“大智慧杯”中国明星证券营业部评选中，获得中国最佳投资顾问团队营业部大奖。总经理邱玉强在3月和11月分别获得中共岳阳楼区区委、岳阳楼区政府颁发的十佳企业家、岳阳楼区第三届优秀中国特色社会主义事业建设者称号，并于11月当选岳阳市岳阳楼区工商业联合会副主席。连续3年被协会评选为湖南省优秀证券营业部，各项内控制度健全、从业人员合规执业。充分重视合规管理工作，在专职合规专员的引导下，加大相关合规管理政策执行力度，积极筹备、完成多项自查自纠工作。遵照监管部门和公司总部要求及自身管理实务进一步梳理营业部各项管理规定，总结工作经验、力保营业部各项工作合规、有序开展。年内完成公司内部稽核检查、外部审计及中登公司检查工作。在营业部内部加强合规管理培训，通过合规监督机制、佣金审批环节层层把关，坚决杜绝恶性竞争行为。筹备IB业务制度梳理工作，5月顺利通过监管局资质审查，获批IB业务资格。IB业务开户工作严格遵循客户适当性管理原则有序开展，尽责进行风险提示。营业部从业人员68名，100%具备证券从业资格，严格按照从业人员行为准则合规执业。合规专员、IB专员、投资顾问、基金销售人员等专业人员均具备相应的执业资格，组织员工参加省协会及中国证券业协会后续培训、提高员工执业技能。年度营业部经营业绩稳定，财务状况良好，A股基金市场份额名列全省第四，主营业务收入、利润等指标位居全省前列。（黄慧玉）

【首创证券业务经营上台阶】 2011年，首创证券岳阳营业部被湖南证监局分类监管评为A类营业部、合规管理优秀营业部。完成交易总量52.88亿元，托管资产5.59亿元。营业部于12月顺利完成新址搬迁，新址位于岳阳市南湖大道292号的中房大厦，营业面积1600多平方米。周边有中国银行、建设银行、工商银行、交通银行、大有期货、国贸大厦等，是岳阳市的金融中心，交通十分便利。（黄健民）

【方正证券业务拓展】 2011年，方正证券岳阳东茅岭证券营业部拥有客户数近8万，是岳阳市内客户人数最多、交易量最大的证券营业部。方正证券为上海证券交易所上市公司，全国A类券商，注册在湖南长沙，总股本为61亿股，在全国18个省（市）拥有99家营业网点（含筹建4家），控股拥有瑞信方正（中外合资）、方正期货、方正和生投资、方正富邦基金、浙江分公司等专业子（分）公司。市值规模、财务指标及业务指标位居上市券商前列。托管客户总资产17.4822亿元，实际存交量233.2268亿元，占市场份额0.27%。融资融券和投资顾问业务全面开通，开创证券投资领域的新格局，给广大投资者提供更多的投资渠道。（姜 英）

【华泰证券合规经营】 2011年，华泰证券岳阳五里牌营业部常抓投资者教育工作，将投资者教育融入到各项业务流程中，使其制度化，流程化。新客户开户时，有专人为客户介绍股市基础知识并揭示相关入市风险，让客户在入市之初就对市场有初步的了解。每隔一周通知新客户来营业部紫金大讲堂参加新股民班，培训内容包括：证券基础知识、法律法规知识、风险提示控制措施等，全年举行20多场次新股民培训。前来办理二次业务的存量客户，柜台会发放相关的教育宣传手册、风险提示折页等资料。通过CRM公司利器“CRM系统”找出各种偏好和需求的客户，有针对性的通知客户参与营业部举办的创业板、股指期货、融资融券等专项培训20多次。11月，经过湖南证监局综合评定和现场考查，营业部投资者教育与服务各项指标均在领先地位，获得湖南证监局举办投资者教育与服务先进单位称号。营业部经营业绩优良，财务状况良好，全年新增客户3460位，实现股基交易量314.5亿元，实现利润1718.18万元，市场份额较2010年提升21.5%。营业部合规工作得到市监管机构的认同，6月，被湖南证监局评为合规管理先进单位、被岳阳市政府评为无偿献血先进单位。（付 强）

责任编校 龚英明

工　业

INDUSTRY

项目建设硕果累累

311大队产值跃上亿元台阶

长岭炼化公司喜迎厂庆40周年

巴陵石化明确“十二五”发展思路

省第一届饲料企业圆桌会议在岳召开

综 述

【概况】 2011年，岳阳市工业系统认真贯彻落实“四化两型”和“五市一极”战略，努力克服转型调整、银根紧缩、电力短缺、物价上涨等困难，加速推进新型工业化，取得显著成效。全年工业经济实现“三个千亿”、“一个百亿”历史性突破，即新增规模工业产值过千亿、规模工业增加值过千亿、石化产业产值过千亿，工业实缴税金过百亿，岳阳市再次获得2011年度全省加速推进新型工业化一等奖，这是岳阳市连续3年获此殊荣。

一、主导地位得到巩固。经济总量规模快速壮大。全市规模工业总产值达到3821亿元，比2010年增长39.5%；规模工业增加值达到1077亿元，比2010年增长20.7%，增加值总量居全省第二位，占全省规模工业增加值的12.9%，比2010年上升0.5个百分点。企业规模提档升级。规模工业企业达到1345家，比2010年新增85家；销售收入过亿元的企业达到859家，比2010年增加150家；过10亿元的企业达到15家，全年完成工业总产值超过1000亿元。其中长岭炼化完成产值349.9亿元，巴陵石化完成产值228.3亿元，两大厂产值占全市规模工业总产值的15.2%。工业贡献显著提升。全部工业增加值占GDP的比重达51.7%，比2010年提高2.8个百分点，对全市经济增长的贡献率达67.8%，比2010年提高2.1个百分点。工业企业实缴税收104.7亿元，比2010年增长32.8%，占全市税收的54%。

二、发展方式加快转变。集群发展明显提升。全市石化、食品、造纸、机械等十大优势产业完成工业总产值3492.4亿元，占全部规模工业的91.4%；完成增加值946.2亿元，占全部规模工业的87.9%。其中石化产业实现产值1038亿元，成为全市第一个千亿元产业集群、湖南省第二个千亿元产业集群；食品产业实现产值808.6亿元，比2010年增长36.8%。园区发展持续升温。全市园区完成技工贸产值1606亿元，比2010年增长36.4%；产值过百亿元园区达7个，实现增加值447亿元，占规模工业增加值比重41.6%；云溪工业园、湘阴工业园、平江工业园等7个园区增加值增速超过全市规模工业平均增速。节能降耗成效明显。全市万元规模工业增加值能耗降低率达11%，超额完成省下达的目标任务5.8个百分点。中心城区首批6家排污企业“退二进三”工作取得实质性进展，关闭14家小制革、小印染等“十五小”企业，有效遏制高耗能、高污染行业的扩张，全市六大高耗能产业产值增速低于规模工业2.2个百分点。

三、发展质量不断提高。新兴产业加快发展。全市电子信息与光伏、生物医药、先进装备制造等战略性新兴产业完成工业增加值205亿元，占地区生产总值的比重10.8%，比2010年增长25.1%，高于全市规模工业平均增幅4.3个百分点。创新能力快速提升。全市研发经费支出达15亿元，占地区生产总值的比重0.79%；全市获得专利授权881项，比2010年增长57.3%，增幅高出全省平均水平41.5个百分点。高新技术产品增加值288.77亿元，占全部规模工业增加值的比重26.8%，比2010年提高2.7个百分点，产业规模跃居全省第三。品牌战略深入实施，新增中国驰名商标6件，中国驰名商标总数达17件，省名牌产品总量居全省第二。工业内部结构进一步优化。高加工度工业增加值增长33.6%，比规模工业增速高12.9个百分点，增加值总额占规模工业的比重达25.7%；高技术产业增加值增长29.1%，比规模工业增速高8.4个百分点，增加值总额占全部规模工业的比重达4.7%。

四、发展后劲继续增强。工业投资快速增长。全市工业招商引资到位资金177亿元，比2010年增长20.7%，其中工业内联引资到位资金连续3年位居全省第一；完成工业固定资产投资540亿元，其中工业技改投资417亿元。中联重科、远大可建、福坤汽车、凯达科旺等一批新兴产业项目相继落户开工和投产，1000万吨炼化一体化、华能三期等一批重大技改项目相继竣工投产。非公经济快速发展。全市非公经济完成增加值750亿元，占全市GDP的16.4%。实缴税收过千万元的民营工业企业达到45家，先后有10家企业上市，13家私企荣获2010年湖南省私营企业100强单位称号，非公经济已成为岳阳市经济发展的重要推动力。县域工业活力迸发。有6个县市工业总产值超过200亿元，其中汨罗市、湘阴县、华容县产值达400亿元；9个县市区规模工业增加值增速超过全市规模工业平均水平，各县市区工业经济呈现出产业特色鲜明、发展态势强劲、竞相赶超的良好局面。

存在的主要问题：发展速度相对不快。全市工业经济总量虽然排名全省第二，但与排名第一的长沙差距在扩大，规模工业增加值2006年比长沙少147.74亿元，2011年少1000亿元，只有长沙的一半。创新能力不强。只有不到4%的规模以上企业拥有真正意义上的研发中心，2011年，全市研发经费支出占生产总值比重仅为1%，低于全省平均水平0.25个百分点，高新技术企业仅99家，只占全市规模工业企业的7.4%。工业结构不优。全市石化、食品、造纸、电力、机械、纺织等优势产业，大部分是传统高耗能产业，战略性新兴产业占比低，战略性新兴产业产值占规模工业比重不到15%，其中电子信息产业增加值只占全市GDP比重2.69%，低于全省平均水平。地方骨干企业不多。登记注册的中小企业有近2万家，规模以上企业只有1345家，仅占全市中小企业的6.7%，除中央省属企业外，地方企业户仅有9家过10亿元的龙头骨干企业，而长沙市有31家，与浙江、江苏、广东等发达省份城市相比差距更大。地方工业企业盈利能力不强。虽然工业企业的税收大幅度增长，但税收大部分是靠巴陵公司、长炼、华能电厂和岳阳林纸4家央企提供，占全市工业税收的80%以上，地方工业相对薄弱。

【项目建设硕果累累】 2011年，岳阳市坚持把项目建设作为推动新型工业化的第一要务来抓手，召开“推进新型工业化和项目建设流动现场讲评会”，连续5年开展“招商引资项目建设年”活动；围绕重点产业，突出重点领域，着力招强选优，全力推进项目建设。实施内联引资项目487个，到位资金177.61亿元，比2010年增长23.9%，工业内联引资到位资金位居全省第一，成功引进中粮集团、中种集团、中纺集团、中纸集团、中国铁建重工集团、中国水电八局、中国华电集团、中航集团等8家央企落户岳阳。大力开展“联手帮扶企业和产业发展升级”行动，加大项目帮扶力度，坚持企业困难问题“挂号销号”制度，全年帮助解决企业项目问题679个，对口帮扶的117个重点项目有104个开工或进入实质性操作阶段，其中有25个项目竣工投产，累计完成投资52.2亿元，1000万吨炼化一体化、华能岳阳电厂三期、远大可建一期等重大产业项目竣工投产。

【推进产业升级优化】　2011年，岳阳市坚持以产业提质升级促进经济结构转型升级。大力推进新型工业化“千百十”工程，着力培育石化、食品两大“千亿产业集群”和电子信息与光伏、生物医药、电力能源、机械制造、再生资源、建筑材料、纺织服饰、造纸印刷等八大“百亿产业集群”。全市十大重点工业产业完成总产值3492亿元，占全市规模工业总产值91.4%，其中石化产业产值达1038亿元，成为全市首个千亿产业集群、湖南省第二个千亿产业集群。大力发展高新技术产业，推进产业高新高端化发展，重点培育发展先进装备制造、生物医药、电子信息、新材料、节能环保等战略性新兴产业，战略性新兴产业完成工业增加值205亿元，比2010年增长25.1%，高于全市规模工业平均增幅4.3个百分点；新组建产学研结合创新平台14家，实施产学研结合重点项目45个，获得国家、省级科技进步奖16项，高新技术企业达到112家，实现高新技术产业增加值294亿元，比2010年增长39.2%，占规模工业增加值比重为27.3%，比2010年提高1.5个百分点，产业规模跃居全省第三。优化产业布局，加快实施中心城区排污企业“退二进三”，首批纳入的6家重点排污企业“退二进三”工作取得实质性进展，拟新上项目总投资达35亿元，实现企业技术和产能转型升级、更大更强。

【全民创业促发展】　2011年，岳阳市加强创业引导，加大政策扶持，最大限度地激发全社会创业、创造，形成全民创业、全民联动发展格局。新增中小企业1100多家、个体工商户7000多户。制定出台《岳阳市关于开展“企业提档升级”行动的若干意见》，打造一批龙头企业，培育中科电气、湖南科伦、金联星等14家全省100强民营企业，凯美特气在深交所中小板上市，汨特石墨、湘君科技在天交所挂牌交易，全市上市企业达到10家，位居全省第二。促进中小企业服务体系建设，组织开展“岳阳市中小企业核心服务机构”申报认定工作，在全市范围内评选出25家服务意识强、运作规范、服务专业、务实高效、声誉良好的核心服务机构。加强企业人才培训，举办各类培训班20多场次，培训近5000余企业人才，为期一年的“清华大学-岳阳市企业家高级研修班”正式开班，在全省市（州）范围内培训人数居第一位。全市非公经济完成增加值750亿元，占全市GDP的16.4%，实缴税收过1000万元的民营工业企业达到45家，工业主营业务收入过10亿元企业达28家，岳阳市连续4年获得全省发展非公有制经济一等奖。

【园区发展提质升级】　2011年，岳阳市经济和信息化委员会（简称市经信委）系统以岳阳经济技术开发区和各县市区工业园区为平台，开展“工业园区项目建设升级行动”，推动园区产业高端化、特色化发展。全市园区完成技工贸产值1606亿元，比2010年增长36.4%，产值过百亿元园区达7个。云溪区工业园、湘阴县工业园、平江县工业园等7个园区增加值增速超过全市规模工业平均增速。岳阳经开区进一步发挥国家级园区示范带动作用，着力打造新兴产业集聚区，获批省级“两化”融合试验区和全省首批知识产权工作试点园区。汨罗工业园加快推进再生资源集散市场二期工程，完成“城市矿产”第一批工程建设。湘阴轻工产业园正式开园，漕溪港码头开发及物流园建设挂牌运作，湖南远大集团低碳科技园项目正式落地。平江福坤企业产业园加快建设，汽车机械制造及零部件产业体系初见雏形。

【节能减排现成效】　2011年，市经信委系统加大淘汰落后产能力度，关闭14家小制革、小印染等7小企业，重点抓好化工、陶瓷、水泥、冶炼和造纸领域的节能工作，加强对“千百家企业”、41家网上直报企业和年综合耗能1万吨以上标准煤的重点企业的节能监管，有效遏制高耗能、高污染行业的扩张，全市6大高耗能产业产值增速低于规模工业2.2个百分点。加快推进燃煤锅炉改造、余热余压利用、电机系统改造等十项重点节能工程，全市投入节能技改资金5亿元，完成企业技改项目23个，41家整治改造后的造纸企业年节约燃煤35万吨标煤。大力发展循环经济，推进国家级汨罗“城市矿产”示范基地，循环经济产业完成工业总产值301亿元，比2010年增长29.8%。强化目标管理，建立健全节能指标考核体系，制订下发各县市区和重点企业2011年度节能目标任务，严格督查考核。全市万元规模工业增加值能耗降低率达11%，超额完成省下达的目标任务5.8个百分点。　（梁　伟）

【311大队产值跃上亿元台阶】　2011年，湖南省核工业地质局311大队（以下简称311大队）以科学发展观统揽全局，实施“突出主业，开好窗口，稳定工程，保持文明，富民强队”，经济总量首次跃上亿元平台，初步具备快速发展的基本条件。完成产值10497万元，实现销售收入10354万元，增加值2075万元，实现考核利润662.36万元，可支配利润635.52万元。地勘主业增加值占全部增加值的64%，利润贡献率74%，主业支撑强劲。新增有效矿权2个。找矿项目申报成功率高，申报4个省两权价款项目全部通过，申报找矿资金1500万元全部批复实施。找矿成果好，瑶湾里铀矿普查项目控制一定资源储量，金塘坳金

矿普查地表揭露6条含金矿化带。申报的2个海外找矿项目均获得国土资源部项目专家评审组的通过。经营矿权，效果明显。国家找矿和服务地方经济建设两支主力军雏形显现。12月7日，311大队地质勘查院正式挂牌成立，标志着大队地矿主业进入一个崭新的发展阶段。工程业扩总量效果显著。大力发展地质延伸业，完成四川地灾防治5000多万元；依托中建公司与上海天安基投资公司共同管理岳阳临港新区、云欣路及连城路BT工程项目，合同金额4亿元，累计完成收入4800万元。工程业增加值占全队增加值的24%，利润贡献率为18.5%，成为大队地勘经济的支柱之一。湘核科研档案中心项目（长沙窗口）已破土动工，岳阳基地职工用上清洁、环保、经济的管道天然气，政策性预算外职工收入大幅增长，民生保障持续改善。（李奇志）

【311大队地矿主业走势强劲】2011年，311大队经济总量首次跃上亿元平台。地勘主业增加值占全队增加值的64%，利润贡献率74%，主业支撑强劲；新增有效矿权2个；找矿项目申报成功率高，找矿成果好；澳大利亚西澳洲LEES TEERE（里斯蒂尔）地区铁矿靶区优选与评价和印度尼西亚东加里曼丹省马利瑙县南卡岩地区金矿靶区优选与评价两个海外找矿项目获得国土资源部项目专家评审组的通过；承担岳阳165个矿业权核查和220个病危水库工勘评估业务，服务地方经济，技术支撑明显，成为岳阳市区域经济发展不可或缺的一支生力军，国家找矿和服务地方经济建设两支主力军雏形显现。（李奇志）

石化工业

【概况】 岳阳是中国中部地区最大的石化产业基地，石化产业已纳入湖南省重点培育的千亿产业集群，在岳阳经济社会发展中举足轻重。2011年，全市石化产业完成工业总产值1038亿元，完成增加值299亿元，分别占全市规模工业总产值和增加值的27.2%和27.8%，总量在全省市州中排名第一。形成包括从石油炼制到基本有机化工原料生产、三大合成材料、化肥、农药、精细化工、化工机械、化工工程安装及检维修服务等25个行业，涵盖化工研发、设计、生产、贸易及物流和职业教育的比较完整的产业体系。生产各类石化产品50多种、170多个品牌，行销20多个国家和地区。锂系聚合物、己内酰胺、环氧树脂、环已酮、双氧水、氯丙烯、催化剂等一批具有岳阳特色的拳头产品的产能、产量和市场竞争力都处于全国前列，占据国内主导地位。名优产品国内市场占有率为：锂系聚合物约35%、环已酮约16%、环氧树脂约10%、己内酰胺约20%、炼油催化剂27%；SEBS、邻甲酚醛特种环氧树脂和功能性粉末涂料用环氧树脂填补国内空白。岳阳石化工业拥有长岭炼化和巴陵石化2个产值超百亿元特大型企业。2011年，两大龙头企业加工原油756万吨，实现销售收入578亿元，长岭炼化上缴税金75亿元。（梁 伟）

【长岭炼化公司喜迎厂庆40周年】2011年，是长岭炼化公司（以下简称长岭炼化）40华诞之年，更是长岭炼油改扩建项目建设的决战之年，工程建设任务重，生产优化调整多，提升效益压力大。长岭炼化围绕“强素质、抓管理、创效益”这一工作主题，加快推进项目建设，精心组织生产经营，统筹做好管理和培训工作，全面建成投产炼油改扩建项目，隆重举办厂庆40周年庆典，获得全国文明单位荣誉称号，实现安全生产“八连冠”，较好地完成全年各项工作任务。股份长岭分公司加工原料油609.6万吨，实现销售收入353亿元，账面利润亏损21.5亿元，上缴各类税收57亿元，连续第12年实现炼油专业达标。长岭资产分公司接卸原料油68.79万吨，卸转零号柴油86.12万吨，生产、中转、仓储沥青8.33万吨，液化气充装接卸31.11万吨；实现销售收入4.23亿元，亏损15103万元，比总部限亏指标减亏537万元。长岭炼化公司前身为长岭炼油厂，始建于1965年，1971年5月建成投产。目前，两大公司有正式员工3793人，其中股份长岭分公司有正式员工2393人，长岭资产分公司有正式员工1400人。历经40年的改革发展，长岭炼化由一个最初只有年原油加工能力250万吨、4套生产装置的炼油厂，发展为拥有30套炼油化工装置，年原油加工能力800万吨，聚丙烯、改性和乳化沥青生产能力分别达到年产13万吨、20万吨和10万吨的大型炼油化工企业，成为中南地区重要的石油化工产业基地。40年来，长岭炼化始终秉承“求实、严细、开放、创新”的厂风和“艰苦奋斗、争创一流”的企业精神，努力开拓，务实创新，企业物质文明建设和精神文明建设取得丰硕成果。获得省部级以上荣誉称号347个，首批获得国家一级企业。连续11年被评为全国思想政治工作先进企业，3次被评为全国先进基层党组织，1999年获得全国精神文明建设先进单位称号，2006年荣获湖南省先进基层党组织称号，2011年被评为全国文明单位。2004—2011年连续8年被评为中国石化集团公司安全生产先进单位。40年来，长岭炼化始终坚持依靠科技进步求发展，走内涵发展道路，自主创新能力不断增强。实现技术革新和科研项目5100多项，获得省部级以上科技成果297项，其中有63项获得国家级成果奖，拥有专利技术70多项，形成具有自己特点的技术优势，为企业的发展提供强大的技术支撑。（王毅平 易启明）

【贺国强视察长岭炼化公司】2011年5月9日，中共中央政治局常委、中央纪委书记贺国强到长岭炼化视察。贺国强先后视察长岭炼化800万吨/年炼油改扩建项目装置全貌以及中心控制室，充分肯定长炼建设发展取得的成绩，并寄语员工不断开拓创新，把长岭炼化建设成为一个高水平的、现代化的企业。湖南省委副书记梅克保，中国石化集团公司董事长、党组书记傅成玉，岳阳市委书记易炼红等陪同。（易启明）

【长岭炼油改扩建项目全面建成投产】 2011年，长岭炼油改扩建项目全体参建人员以强化收尾、优质

巴陵石化己内酰胺生产装置　　（巴陵石化　供稿）

中交为重点，管好项目建设的各个环节，同步抓好资产交付、竣工验收、效能监察等多项工作，完成投资计划。渣油加氢、制氢装置于8月下旬实现开工一次正常，再次刷新同类装置建设及开车用时最短的纪录。10月18日，隆重举行长岭炼油改扩建项目全面建成投产暨厂庆40周年庆典仪式，宣告800万吨/年炼油改扩建项目正式投产，国家发改委党组成员、副主任徐宪平，省人大原副主任俞海潮，省委常委、副省长郭开朗，中国石化集团公司总经理、中国石油化工股份有限公司副董事长、总裁王天普，岳阳市委书记易炼红，市委副书记、市长黄兰香，长炼负责人侯勇、李华等参加庆典仪式。全体长炼人用智慧和汗水、责任和使命兑现"三年建成大项目、四十厂庆献厚礼"的庄严承诺。　（肖　军）

【长岭炼化公司炼油加工总量首次突破600万吨】　2011年，长岭炼化加工原料油609.6万吨，创年度加工量历史新高，在成品油紧张之时，有力保障市场稳定供应，赢得集团公司总部和新闻媒体的赞誉。主要技术经济指标进一步提升，综合商品率、交库轻油收率、综合能耗等关键指标均达到或超过总部考核指标。营业收入取得明显增长，销售石油产品559.7万吨，实现销售收入353亿元，比2010年增长156亿元。　（肖　军）

【中国石化与湖南省签订"十二五"战略合作框架协议】　2011年 9月6日，中国石化集团公司与湖南省在长沙签署"十二五"战略合作框架协议。省委书记、省人大常委会主任周强，省委副书记、省长徐守盛，中国石化集团公司董事长、党组书记傅成玉，中国石化集团公司党组成员、高级副总裁章建华，以及中国石化、湖南省委省政府的有关领导，长岭炼化、巴陵石化、湖南石油的主要领导出席签字仪式。双方将在石化产业发展、能源供应安全保障、"两型社会"建设等领域进一步深化合作。　（肖　军）

【长岭炼化公司获得全国文明单位荣誉称号】　2011年12月20日，长岭炼化公司被中央文明委评为第三届全国文明单位。长岭炼化始终坚持文化引领，抓好载体建设，增强创建实效，开展精神文明示范点、十佳文明道德员工评选、公民道德社会责任教育和"负责任受尊敬"员工大讨论等活动，企业文化建设稳步推进，企业活力与竞争力不断增强。　（易启明）

【长岭炼化公司实现安全生产】　2011年，长岭炼化公司按照中国石化集团公司党组的安排部署，继续深化"我要安全"主题活动，开展"查找十大薄弱环节"、"两个识别"、"七想七不干"活动，识别不安全行为和HSE管理薄弱环节3492项，识别重大风险37项，避免各类事故143起。强化直接作业环节安全监管，开展整治安全生产环境、整治厂区交通安全等专项行动，查处各类问题32项，处罚违章作业承包商16家，安全生产环境进一步改善。注重安全和环保隐患治理，实施总部及公司级隐患治理36项。该公司连续10年无上报集团公司事故，连续第8年被评为集团公司安全生产先进单位。　（易启明）

【社区环境综合改造完成】　2012年，长岭炼化公司以厂庆40周年和创建国家安全文明社区为契机，在集团公司总部及改制企业的大力支持下，继续抓好社区环境的综合改造，先后完成长岭社区主干道路、CEA广场、体育馆、影剧院、文化宫、四化村集贸市场、得趣园、厂史馆等综合改造，长岭社区环境得到进一步改善。　（易启明）

【巴陵石化上缴税费突破31亿元】　2011年，中国石化集团巴陵石化公司（简称巴陵石化）坚持以科学发展观为指导，开展创先争优活动，巴陵石化党委被评为全国先进基层党组织；持续优化经营，强化管理，加快发展，实现"十二五"的良好开局。生产主要炼化产品399万吨，实现不含税销售收入235.3亿元，比2010年增加17.8亿元；上缴税费31.1亿元，整体盈利1.14亿元。巴陵石化上市部分盈利6.6亿元，实现自2000年重组以来的首次盈利；巴陵石化生产己内酰胺20.03万吨，创效10.8亿元，比2010年增利6.7亿元，创历史新高。至年底，公司下辖烯烃事业部、环己酮事业部、合成橡胶事业部、环氧树脂事业部、己内酰胺事业部、化肥事业部等17个直属单位，有固定资产原值113.4亿元，在岗职工10567人。　（黄　洋）

【安全环保实现"五个为零"】　2011年，巴陵石化落实中国石化总部"七想七不干"要求，深化"我要安全"主题活动，查找身边"十大薄弱环节"，组织应急管理、预防火灾暨清洁生产、长输管线管理等6项专题活动，落实安全生产责任

省长徐守盛在市委书记黄兰香、市长盛荣华等陪同下考察巴陵石化（巴陵石化 供稿）

制和领导带班制度，细化生产建设现场安全监管，强化外来承包商管理，加大隐患治理力度，巴陵石化实现安全环保“五个为零”，连续2年被评为中国石化集团公司安全生产先进单位。以创建清洁生产企业为目标，制定考核细则，构建长效机制，顺利通过总部清洁生产预评估；以管治并重为手段，外排废水达标率98.7%，比2010年提高4.89个百分点，减排化学需氧量610吨、二氧化硫3013吨。（黄 洋）

【生产装置高效运行】 2011年，巴陵石化装置非计划停工比2010年减少55%，炼油、己内酰胺、合成橡胶等17套装置检修高效完成，己内酰胺产量突破20万吨，SIS创日产110吨新纪录，炼油、煤气化装置分别连运717天、113天，累计生产主要炼化产品399万吨。主要的42项能耗指标和52项物耗指标中，分别有25项、39项创历史最好水平，产品质量稳定提高率96.08%，累计节能降耗、提质创效1.98亿元。同时，上市部分自产氢气用于化工产品的比例比2010年增加11.73%，化纤级环己酮增产3.57万吨，汽油收率达40.9%。（黄 洋）

【供销效益明显提升】 2011年，巴陵石化采购海洋原油比例达92.3%，实现原油运输直航进江41船次，原油途耗比2010年下降0.081%。采购大宗化工原料82万吨，采取串换、借货、代储等办法，度过库存低谷，争取中国石化总部政策干预，实现丁二烯、异戊二烯采购创效9700万元。动力煤平均热值比2010年提高148大卡，原料煤单一煤种切换周期创42天新纪录。强化市场分析和统销管理，自销化工产品直销率达77%，比2010年提高2个百分点，液化气销售2次获得中国石化集团公司月度金牌。拓展境外市场，出口产品13万吨；构建3个层次产销衔接机制，强化沟通协调，统销产品销售顺畅。加大上市、非上市资源优化力度，强化环己烷、环己酮等物料互供，保障盈利产品满产满销。（黄 洋）

【项目建设取得成效】 2011年，巴陵石化年产12万吨苯乙烯装置建设、20万吨己内酰胺装置改造、10万吨双氧水装置建设、1万吨邻甲酚醛环氧树脂装置建设、厂际外管线建设5个项目顺利中交。年产6万吨特种锂系聚合物、热电一炉一机等4个项目进入设备安装阶段。同时，编制上报重点项目可研报告14个，其中炼油常压蒸馏与催化裂化装置隐患治理、年产30万吨己内酰胺挖潜改造、氢气提纯及输送管线建设等12个项目获批。（黄 洋）

【科技创新成果丰硕】 2011年，巴陵石化坚持走科技创新之路，取得较好成效。2月22日，巴陵石化获得省委、省政府授予的湖南省加速推进新型工业化一等奖称号，中国石化驻湘企业仅巴陵石化一家获此殊荣。5月3日，巴陵石化生产的巴陵牌丁苯热塑性弹性体SBS、液体烧碱、丁二烯橡胶BR9000等3个产品被评定为湖南名牌产品。9月6日，巴陵石化环氧树脂事业部风力发电用环氧树脂体系正式通过德国劳氏船级社（GL）认证，成为国内第二家通过GL认证的同类企业。巴陵石化SIS加氢技术、己内酯中试技术、TVA发泡材料专用料开发等8个研发项目通过中石化总部鉴定，完成环己酮肟气相重排、特种环氧树脂系列技术开发等5个工艺包，风力发电用环氧树脂通过GL认证，开发新产品新牌号10个，获得授权专利8件。“高档粉末涂料用固体环氧树脂开发”、“80立方米加氢聚合釜技术开发”2个项目获得湖南省2010年度科技进步二等奖。（黄 洋）

【中央领导到巴陵石化视察】 2011年4月8日，中共中央政治局委员、中央书记处书记、中组部部长李源潮到巴陵石化鹰山社区视察创先争优活动开展情况，湖南省委书记周强等领导陪同。5月9日，中共中央政治局常委、中央纪委书记贺国强，在湖南省委书记、省人大常委会主任周强，中国石化集团公司董事长、党组书记傅成玉等陪同下，到巴陵石化视察。6月10日，中共中央政治局委员、国务院副总理张德江，在国家安监总局局长骆琳，国务院国资委主任王勇，湖南省委书记、省人大常委会主任周强，湖南省委副书记、省长徐守盛等陪同下，到巴陵石化就安全生产工作进行视察调研。视察期间，张德江作重要指示，并题词：科学发展，安全生产。（黄 洋）

【巴陵石化明确“十二五”发展思路】 2011年8月16日、17日，巴陵石化在既定《“十二五”发展规划》基础上，按照中国石化集团公司有关精神，召开专达贯彻中国石化集团公司领导干部座谈会精神暨“十二五”发展规划务虚会，对巴陵石化“十二五”及中长期发展规划进行重新审视与完善，提出“建设世界一流非乙烯精细化工企业”

的发展目标，明确“五大业务、六大战略”，即：改造炼油业务、发展优势业务、提升特色业务、退出劣势业务、拓展新兴业务，大力实施人才战略、技术创新战略、一体化战略、差异化战略、异地发展战略、绿色低碳战略。 （黄 洋）

【巴陵恒逸公司成立】 2011年12月6日，巴陵恒逸己内酰胺有限公司在浙江杭州成立。该公司由巴陵石化代表中国石化与浙江恒逸石化有限公司合资组建，双方按50∶50对等持股。该公司主要从事己内酰胺生产，装置设计产能20万吨/年，注册资本金12亿元，巴陵石化以现金6亿元出资。这是中国石化与国内民营企业在己内酰胺领域合作的首个合资公司，也是中国石化与杭州市“2+4”战略合作重点工程之一。

（黄 洋）

【巴陵石化稳步推进民生工程】 2011年，巴陵石化全面实施企业年金。发放在职职工住房补贴，提高夜班津贴和工作餐补贴标准，调整退休人员养老金，启动职工保障性住房建设相关工作。完成“和”文化广场、鹰山运动广场、岳化大道、社区便民服务中心、部分单身公寓等一系列社区改造建设项目。深化社区“九防”和安全社区创建活动，优化通勤运行。改建投用4个职工食堂，改善职工群众工作、生活条件。落实独生子女父母奖励政策，加大就业帮扶力度，坚持“真困难、真帮助，特别困难、特别帮助”原则，发放救助、慰问金244万元。 （黄 洋）

【合成橡胶产品产销两旺】 2011年，巴陵石化合成橡胶事业部累计完成产销总量25.12万吨，其中SBS 12.53万吨，SIS 2万吨，顺丁橡胶3.13万吨，SEBS1.89万吨，聚丙烯5.57万吨，实现不含税销售收入45.4亿元，利润2.72亿元。其中，SBS占国内产量的31.7%，市场占有率为30%；SEBS占国内产量的50%，市场占有率为50%，并出口760吨；SIS市场占有率达80%以上，并出口5375吨；顺丁橡胶占国内总产量的5.5%，市场占有率为5%。各产品的质量、消耗等主要经济技术指标均处于国内行业先进水平。经过多年的发展，SBS、SIS等产品已经成为国际知名品牌。合成橡胶事业部是岳阳唯一一家生产合成橡胶的国有生产企业，是中国石化四大合成橡胶生产基地之一，锂系聚合物年产量占国内总产量的32%，是目前世界第二、亚洲第一、国内最大的具有自主知识产权的锂系阴离子聚合物生产研发基地。年底，有职工1437人，固定资产9亿元，拥有年产20万吨SBS装置、年产2万吨SEBS装置、年产6万吨聚丙烯装置、年产6万吨顺丁橡胶装置、年产400吨正丁基锂装置以及年产300吨SEBS中试装置和年产500吨本体聚合反应中试装置等14套生产装置。主要产品有SBS、SEBS、SIS、顺丁橡胶、聚丙烯等60多个品种牌号，主导产品连续多年获得湖南省名牌产品称号，1万吨/年SBS成套技术获得国家“八五”科技进步一等奖，顺丁橡胶曾2次获得国家金质奖，SIS为国内独有，并获得国家重点新产品奖，年产2万吨热塑性弹体SEBS成套技术开发纳入国家“863”计划，填补国内空白，年产500吨本体聚合反应装置技术为世界首创。 （黄 洋）

巴陵恒逸己内酰胺装置 （巴陵石化 供稿）

【3517公司呈现良好发展态势】 2011年，际华3517橡胶制品有限公司（简称3517公司）坚持“换思想、调结构、促增长、惠职工”的工作思路，努力推进结构调整，不断增强企业发展内生动力，积极应对市场低迷的态势，有效遏制工业产品下滑的势头，有效的实现企业在困境中的持续发展。实现营业额176693万元，比2010年增长40458万元，增幅30%；实现利税总额8300万元，比2010年增长10.6%，切实履行央企的政治责任、经济责任和社会责任，维护一方的稳定。该公司被市委、市政府授予2010年度推进新型工业化先进企业称号。

（李性刚）

【3517公司4项发明专利获授权】 2011年，3517公司加大科技研发投入，强化研发创新，不断加快成果转换，推进知识产权保护。全年申请专利40项，已获得授权36项，其中发明专利4项，新研发耐250度高温的特种防护鞋填补国内空白，公司技术软硬实力明显提升。3月，该公司橡胶制品工程技术中心，顺利通过岳阳市评审。 （李性刚）

【四化建公司发展走势强劲】 2011年，中国化学工程第四建设有限公司（简称四化建公司）深入推进“精细化管理年”活动，开拓创新，奋力进取，全面实现公司经营目标。主要经济指标持续稳定增长，新签合同额35.97亿元，完成年计划的109%，比2010年增长13.5%；实现主营业务收入19.18亿元，完成年计划的106.6%，比2010年增长26%；实现利润5028万元，完成年计划的152%，比2010年增长66%。实现安全生产2007万工时，职工人均年收入25100元，比2010年增长17%，实现与公司经济发展同步增长。该公司的大西部经营战略和板块打造工作全面推进，已形成以内蒙古、新疆为重点的新兴经营格局，西部板块签订合同额近10亿元，西部市场已成为公司重要的经济增长点。海外经营稳步推进，该公司承建的中国有色赞比亚公司硫酸厂搬迁项目运行较好，加强与设计院的合作，做好蒙古国、古巴炼油项目等国外工程投标，不断扩大海外市场份额。成功申报省级企业技术中心，同时申报的高新技术企业，已通过湖南省科技厅组织的专家评审，进入湖南省2011年第二批拟认定高新技术企业公示期。在技术创新、信息化管理步伐加快，获得各项创优成果21项。通过多方努力，从岳阳市争取旧城改造优惠政策，将使公司岳阳基地旧貌换新颜，给广大员工和社区居民带来实实在在的利益。公司成功实现整体改制上市，荣获全国优秀施工企业、中国施工企业科学技术创新先进企业、湖南省守合同重信用企业，岳阳市先进基层党组织、2010年度综治工作先进单位、工会工作先进单位、纳税先进单位等荣誉称号。

（胥正旺　蔡亚玲）

【四化建公司开通爱心基金会网站】 2011年1月12日，四化建公司正式开通运行“扶贫帮困”爱心基金会网站。该网站设四化建机构、管理机制、爱心活动、爱心捐赠等7个栏目。该公司爱心基金会成立于2007年4月，在广大职工和社会热心人士的捐助下，先后救助公司70户（次）特困家庭，开展救助贫困学子、贫困母亲和慰问困难退伍军人等活动。（胥正旺　蔡亚玲）

【四化建公司获两项发明专利】 2010年5月，四化建公司申报的“天然气管道带气接管施工方法”和“覆土罐施工方法”2项专利被国家专利局授权为国家发明专利，专利号分别为〔221010223967.8和221010223969.7〕。这是该公司在2011年年初获得3项实用新型专利以来，再次荣获国家专利。

（胥正旺　蔡亚玲）

【四化建公司在非洲承接工程项目】 2011年，四化建公司实施“走出去”的经营战略，开发海外建设市场。6月，与赞比亚谦比希湿法冶炼有限公司签署工程施工合同，为该公司在非洲大陆承接的首个工程项目。赞比亚谦比希湿法冶炼有限公司是中国有色矿业集团控股的海外企业，此次四化建公司承接的年产4万吨硫酸装置搬迁工程，是把位于赞比亚铜带省谦比希地区的硫酸装置搬迁到刚果（金）卢本巴希市的利卡希地区，项目施工需跨越2个国家，合同额94.17万美元。（胥正旺　蔡亚玲）

【四化建公司通过锅炉安装改造维修换证评审】 2011年11月11日至12日，湖南省特种设备管理协会评审组对四化建公司锅炉安装、改造维修的许可资质进行为期2天的现场评审。这是自2007年公司内部3家锅炉安装改造维修单位实现三证合一以来进行的第一次换证审查。根据专家组评审结果：公司锅炉安装改造维修条件符合《特种设备制造、安装、维修许可鉴定评审细则》和相关法律法规的要求，现场评审一次性通过。（胥正旺　蔡亚玲）

造纸工业

【概况】 2011年，岳阳市造纸产业实现工业总产值167.2亿元，比2010年增长21.3%，实现工业增加值45.2亿元，比2010年增长12.4%，总量在全省市州中排名第一。全市有造纸工业规模企业55家，主要集中在岳阳县、汨罗市、湘阴县和君山区等地，年产能129.9万吨。主要产品有：以岳阳林纸股份有限公司（简称岳阳林纸）为代表的精品文化用纸，如精制轻量涂布纸（LWC）、颜料整饰胶版纸、彩印超级压光纸、轻型印刷纸等多个系列30多个品种；以岳阳丰利纸业、丰隆纸业为代表的“南方花”文化用纸系列，如高白双胶纸、彩色双胶纸、中性静电复印纸等；以汨罗再生资源集群（废纸）为依托的宏达、环宇、天宝等为代表的包装和生活用纸，如瓦楞纸、箱板纸、牛皮纸、卫生纸等。大型企业有岳阳林纸，主产文化用纸，2011年产量86.36万吨、主营业务收入42.84亿元。中型企业有丰利纸业，主产文化用纸，年产能6万吨，2011年产量3.6万吨、产值2.7亿元。小型企业有宏达、环宇、天宝、湘宏造纸等50余家，主产包装和生活用纸，年产能60万吨，2011年产量55.6万吨、产值52.5亿元。（梁　伟）

【岳阳林纸实现营业收入69.65亿元】 2011年，岳阳林纸面对宏观经济低迷、货币政策紧缩、市场疲软的严峻考验，推出新一轮改革改制，以“转型、创效”为中心任务，全力做好外部市场开拓，内部挖潜降耗，重点推进企业运营方式调整和运行机制的转变，取得较好成效。生产纸及商品浆145.43万吨，比2010年增长4.8%；销售140.40万吨，增长0.5%，产销率97%，货款回笼率95%。实现营业收

岳阳纸业股份公司年产40万吨含机械浆印刷纸技改项目（岳阳纸业　供稿）

入69.65亿元，增长13.47%；上交税金4.67亿元，实现净利润1.54亿元，同比减少42.42%，实现每股收益0.18元。（倪 浪）

【岳阳林纸获得2项专利授权】2011年，岳阳林纸坚持自主创新，加快科技向生产力转化。先后研发微涂轻型纸、高松厚度的黄色笔记本纸、白色牛皮纸、数码喷墨印刷纸等。3号机实现无菌化改造，生产出合格的食品级系列包装纸。FSC标签正式投入使用，出口呈现出较好的增长势头，纸产品出口总量较2010年增长42.55%。9月14日，由岳纸完成的2010年度省重大技术创新项目“微量涂布轻型纸”研发，通过省经信委组织的来自长沙理工大学、中国轻工业长沙设计院、湖南省造纸学会、轻工学会、新技术推广站等单位的专家鉴定；11月，岳纸研发的“白泥精制填料碳酸钙新工艺”发明专利获得湖南省首届专利奖。申报发明专利9项，获得授权专利2项，技术成果获奖7项。（倪 浪）

【岳阳林纸推进资本运作】2010年，岳阳林纸合理筹划运作，融资及政策争取成果显著。在资本运作上，推进集团内部资产整合和优化，2011年1月公司以配股募集资金收购骏泰浆纸100%的股权。6月20日，公司董事会通过公司2011年非公开发行股票相关事项的议案，启动2011年度非公开股票发行工作；成功组织实施6.5亿元短期融资券发行，与同期银行利率比较，一年节约财务费用700万元。争取政策资金，全年到账各类政策资金6100万元。（倪 浪）

电力工业

【概况】岳阳是中部地区电力能源大市，全市有电力工业规模企业8家，以火电和小水电为主，其中专业电力工业企业有华能湖南岳阳发电有限责任公司（简称岳阳华能）和凯迪绿色能源开发有限公司。华能装机252.5万千瓦，2011年发电量1097362万千瓦时；凯迪装机2×12万千瓦，2011年发电量17069万千瓦时。有非独立核算的热电联产企业岳阳纸业自备电厂装机16.8万千瓦、巴陵石化自备电厂装机14.2万千瓦、长岭分公司自备电厂装机6.2万千瓦，热电联产装机共计37.2万千瓦。有小水电装机容量18.72万千瓦，年发电量5.92万千瓦时。2011年，中国水电投资50亿元的风电项目正式落户岳阳，该项目将在华容县桃花山、君山区天井山、云溪区坝塘冲投资建设风电项目，总装机容量达500兆瓦。（梁 伟）

华能电厂宽敞明亮的三期汽机平台（华能电厂 供稿）

【岳阳电网建设投资7.43亿元】2011年，岳阳电力系统推进全电网建设。完成电网建设投资7.43亿元，建成投产110千伏主网项目4个，35千伏以上农主网项目9个。严格按生产模式推进农网改造升级工程，快速启动536个行政村、104个批次的农网升级改造工程项目，全面完成投资计划，完成为民办实事276个行政村配网改造及2个电气化乡、46个电气化村的建设。加强电网规划与市重点项目对接，为园区、港区建设高效提供配套电力保障。（岳电办）

【营销服务创佳绩】2011年，岳阳电业局开展营销服务工作质量“千分制”评价，实行月度对标排名考核，加强营销基础管理。推进营销信息系统实用化，用电信息采集系统历经一年多辛苦建设，以较为先进的指标通过湖南省电力公司竣工验收。以开展“为民服务创先争优”活动为契机，落实局厅队岗“四级联创”，推行“四走进”服务举措，完善“大服务”体系。全力投入特大山洪泥石流抗灾保电工作，被市政府评为“灾后重建先进单位”。积极应对春夏2次长达4个月的缺电局面，确保电力有序供应。全年完成售电量65.17亿千瓦时、增长14.26%。（岳电办）

【岳阳电业安全生产3241天】2011年，岳阳电业局牢固树立“三个最大”的核心理念，层层落实安全责任，开展“无违章年”、“两抓一建”等活动。从严务实开展各类安全大检查，深入排查治理安全隐患。严格执行“五类”制度，严密管控生产活动。开展安全技能培训，强化现场督查和稽查，加大考核问责和处罚力度，被湖南省电力公司认定“无违章现场”31个，进一步夯实安全基础。推进生产精益化管理，严格落实各专业“防保”措施，出色完成220千伏峡山变、护城变全停检修和金凤桥片区输电线路迁改等重点生产任务。变电所荣获湖南省电力公司班组建设标杆单位。全局实现连续安全生产3241天，居全省供电单位前列。（岳电办）

【岳阳华能安全生产1368天】2011年，华能岳阳电厂狠抓安全生产，取得佳绩。全年无人身重伤及以上事故，无一般设备损坏事故，无环境事件，无交通、火灾、食品卫生事故，三期工程5号机组移交生产后连续安全运行157天，创造全国同类型机组168小时试运后安全稳定运行新纪录。确保生产基建安全、经营安全、政治安全和形象安全。

全厂累计安全运行天数1368天。至12月4日，电厂年累计发电量首次突破百亿千瓦时大关，创投产20年来最高纪录；年累计完成发电量109.73亿千瓦时（含三期调试电量），比2010年增加87.72%，位居湖南五大发电公司第一名。 （李福如）

【群策群力调煤保电】 2011年，受河南等产煤省为保当地供应限制电煤出省的影响，湖南省火电厂煤炭一直处于低库存状态，一些电厂甚至因缺煤停机。华能岳阳电厂迎难而上，克服煤量缺口较大、煤价居高不下、煤质不稳定、接卸困难等诸多不利因素，在省市政府的大力支持下，群策群力，主动应对电力和煤炭市场变化，坚持“红色公司”理念，履行社会责任，不讲价钱，不谈条件，充分发挥电厂水运优势，全力调煤保电。该厂是湖南省2个未出现缺煤停机的火电厂之一，被评为湖南省调煤保电先进单位。 （李福如）

【节能减排取得新成效】 2011年，华能岳阳电厂加强设备整改，深挖节能潜力。高质量完成1号机组大修任务，完成1号机组通流改造、供热改造、汽机密封改造等重大改造项目。1号机大修后，供电煤耗每千瓦时下降近10克。组织2号、3号、4号机组集中检修，完成3号炉、4号炉空预器密封改造，消除3号、4号汽机阀门内漏。二期降耗效果明显，每千瓦时供电煤耗达到319克，比2010年下降4.07克每千瓦时，能耗指标位列华能同类型机组第二名。启动1号机组脱硝改造项目。在取得节能成效的同时，该厂污染物排放符合国家和地方有关环保标准规定。 （李福如）

饲料工业

【概况】 2011年，岳阳市饲料工业克服春夏连旱及特大暴雨双重灾害、原料价格上涨等不利因素影响，实现饲料工业稳步发展。饲料生产持证企业158家，其中浓配料生产企业89家，添加剂预混料生产企业40家，添加剂生产企业5家，单一饲料生产企业16家，动物源性饲料产品生产企业5家，总产量408万吨，总产值133亿元，与2010年相比产量增加10.87%，产值增长31.6%，产量、产值分别占全省饲料总产量、总产值的41%和43%，居全省第一位。

【抽检饲料产品质量】 2011年，岳阳市完成饲料抽样340个，农业部统检合格率98.4%，比2010年增加4%；省统检合格率99%，增加4%。全市饲料免税检测合格率96.3%，比2010年增长2.5%。岳阳饲料生产企业饲料产品中“瘦肉精”检出率为零，饲料中三聚氰胺的检出含量小于2.5毫克/千克，水产饲料中喹乙醇的检出率为零。检出外来添加剂预混合饲料产品中苯乙醇胺A（“瘦肉精”新品种）2起。饲料产品质量合格率连续多年上升，没有发生重大畜禽水产品质量安全事故。

【猪饲料产销两旺】 2011年，岳阳市饲料行业中全价料和添加剂预混饲料产销快速增长。从品种上来看，销量涨跌互显，其中猪饲料和水产饲料上升，禽饲料下降。猪饲料比2010年增长16.8%，水产饲料增长8.1%，禽饲料下降6.2%。随着生猪价格的上升持续上涨，生猪养殖效益增加，养殖户补栏积极性增加，猪饲料依然是增长的亮点。

【饲料企业年审】 2011年，岳阳市有获证饲料生产企业158家，持证率达到100%，饲料经营企业的监督检查率达100%。对全市158家饲料企业开展年审备案工作，对89家浓配料企业与15家单一饲料企业的“审查合格证”、6家“动物源性饲料安全卫生合格证”、48家添加剂、预混料企业的“生产许可证”进行年审备案。有154家饲料企业通过年审备案，有2家浓配料、2家预混料企业由于停产、厂址搬迁、检化验设备等条件不合格未通过年审备案。新办浓配料企业2家，单一饲料企业1家，饲料添加剂企业1家。

【饲料产销监管执法】 2011年，岳阳市饲料管理部门印发各类饲料安全宣传资料2.6万份，出动执法人员628人次，检查饲料生产、经营企业265家，整顿饲料市场68个。查明外来饲料在岳销售企业达56家，饲料品种153个，年销售饲料21225吨，涉及10个省市饲料企业，产品覆盖4县2市6区。在清查的同时对其进行造册登记备查，查处收缴在预混料销售过程中搭销小包装，冠以“核心料”、“营养素”、“快大素”之名作赠品强化营养提高生长速度的产品235包，查处无生产许可证和批准文号非法生产销售产品2起，对多年实施重点监控的外来安安、吉润、正旺、百拓等4家企业产品启动强制退出市场机制。全年办案36个，市级办案13个，其中查处违规使用兽用原药、超范围使用兽药案件3个，查处假、冒、伪、劣饲料和饲料添加剂案件10个，下发整改通知书24份，停产整顿2家饲料生产企业，取缔无证生产企业1个。违法案件的查处率100%。大案与公安联合办案1次。

【云溪截获过路新型“瘦肉精”】 2011年4月18日，岳阳市云溪区畜牧局执法人员截获一箱含苯乙醇胺A的小包营养素，经查为该营养素为“瘦肉精”新品种。云溪区畜牧局立即向公安部门报案。岳阳市云溪区公安分局旋即立案，经过6个多月的缜密侦查，一举侦破全国首例非法生产经营苯乙醇胺A（新型瘦肉精）案，追缴含“苯乙醇胺A”饲料添加剂（核心料）1380公斤，抓获涉案嫌疑人5人，捣毁非法生产窝点1个，打掉非法销售团伙3个。该系列案件所涉5名被告人和1被告单位送交云溪区人民法院处理。

【两企业投资岳阳】 2011年，唐人神集团落户岳阳县，投资6500万成立岳阳骆驼饲料有限公司，兴建年单班产量18万吨配合饲料生产线，实现当年投产，月销量3000多吨。深圳亚王生化有限公司落户云溪工业园，投产6000多万元生产饲料添加剂肉毒碱，填补全省肉毒碱生产空白。

【省第一届饲料企业圆桌会议在岳召开】 2011年9月19日至9月21日，湖南省第一届饲料企业圆桌会议在岳阳召开。会议以“抓机遇，促转型，推动湖南饲料工业做大做强”为主题，聚集行业大型企业代表，专家学者及相关人员80多人，共同探讨全省饲料行业发展大计。湖南省畜牧水产局副局长金球林、省饲料工业办公室主任黄才高、省养猪协会会长傅胜才、岳阳市及有关市州饲料办负责人等出席会议。会议由湖南省饲料工业协会主办，湖南九鼎科技（集团）有限公司承办。

【正虹科研项目获得省科技进步一等奖】 2011年，湖南正虹科技发展股份有限公司实现营业总收入19.1亿元，利润总额1237万元。由该公司与湖南农业大学等共同研究完成的“生猪安全生产生物调控关键技术研究与应用”和“猪血多肽的制备工艺及其在饲料中的应用”项目在2011年度湖南省科学技术奖励大会上分获得湖南省科学技术进步奖一等奖和二等奖。2项成果在促进生猪安全养殖与优质猪血多肽产品高值化及产业化推广应用中取得重大突破，为湖南省生猪产业化可持续发展提供有力的技术支撑，在多个省份和多家企业直接应用，累计为企业新增利润数十亿元，产生社会效益一百多亿元。正虹公司是一家拥有系列自主知识产权、以研发生产销售饲料产品为主营业务的大型企业集团，主要生产正虹牌猪鸡鸭鱼牛羊6大系列120多个品种的饲料产品，年生产能力达200万吨。拥有总资产18亿元，净资产12亿元，支配资产总额达50亿元，综合实力在“全国30强饲料企业”中居于前列。拥有中国饲料行业第一个驰名商标正虹牌商标，同时正虹牌饲料也是中国名牌产品和国家免检产品。

【湖南九鼎跨入百万吨销量俱乐部】 2011年，九鼎集团由“湖南九鼎”成为‘中国九鼎”，全国分区管理框架成型，华南总部、华北总部、邯郸九鼎相继建成投产；鹿邑九鼎、怀化九鼎、常德九鼎、泰兴九鼎成功签约和开工，九鼎集团新成员不断增加。集团饲料产品已销往全国三十多个省、市，饲料生产、销售能力居江南饲料行业首位，成为湖南省“5255”工程中重点打造的百亿级企业。年内，九鼎集团实现销量60%的巨大增长，成为全国饲料年销量100万吨俱乐部的成员，跨入全国中大型饲料企业的行列，跨入省私营企业100强，实现主营业务收入49亿元，利税总额1.9亿元。拥有中国驰名商标、高新技术企业、全国饲料工业50强企业、湖南省农业产业化龙头企业等多项荣誉称号。湖南九鼎科技（集团）有限公司前身是1994年创立的岳阳鼎立重阳科技有限公司。10余年来，九鼎集团已发展成为一个总资产数亿元，涉及饲料、动保、养殖、屠宰、肉食产业链，拥有30余家分子公司，员工总数超过2600人，已经进入全国饲料企业20强的全国中大型农牧企业集团。

（本栏撰稿 周 裕）

食品工业

【概况】 2011年，岳阳市有食品农产品加工企业2617家，其中规模工业企业270家，从业人员超10万人；完成规模工业总产值约800亿元，占全市规模工业总产值比重达21.3%，居全省食品工业（不含烟草）第一位。着力打造湘阴县洋沙湖食品工业园、平江县食品工业园、岳阳县食品工业园、华容县插旗蔬菜工业园四大食品加工园区。初步形成以油脂、粮食、蔬菜、水产品、茶叶、饮料等加工业为主，以调味品、休闲食品等其他加工业为辅，门类齐全的食品产业格局。其中加工、油脂加工、调味品制造、制茶等行业在全省同行业中处于领先地位。油脂年加工产量达120多万吨，占全省油脂产量的50%；酱油、芝麻油、鸡精等调味品产量居全省第一；拥有黄、绿、黑、红四大茶类，君山银针、临湘黑茶产量、销售产值在全国县级市中排名第六。全市食品工业拥有古越楼台、道道全、君山银针等10个中国驰名商标，全市通过“三品”认证的农产品达到334个。拥有年销售收入过10亿元的企业9家。此外，巴陵油脂、插旗菜业等27家企业被评为省级龙头企业，渔米之湘、国泰食品等196家企业被评为市级龙头企业。

医药工业

【概况】 2011年，岳阳市有医药生产企业52家，其中制药企业24家，药品包装材料（药包材）生产企业13家，医疗器械生产企业11家，保健食品生产企业4家，初步形成生物医药、化学合成原料药及制剂、生物发酵、中成药、中药饮片、药用胶囊、药用辅料、药包材、医疗器械等共同发展的医药工业体系。工业剂型品种多，有注射剂等20多种剂型，生化药品等168个品规。中药材丰富，有中草药品种1365个，其中植物药1244种，动物药111种，矿物药10种，自产中药材有80多种，中药材种植基地有29个。产业基础好，24家药品生产企业中80%以上通过GMP认证，各类药品生产线达68条，药品生产企业数量品种在全省排名第二。2011年，全市生物医药规模企业完成生产总值约80亿元，比2010年增长35.1%，占全市规模工业产值约2.2%，约占全省生物医药总产值份额的18%，总量在全省市州中排名第二。拥有中南地区最大的输液器材生产企业湖南科伦药业有限公司、全省首家高科技生物制药企业湖南康润药业有限公司、湖南乐邦制药有限公司等16家产值过亿元的医药企业。

【同联药业新上项目开工】 2011年，岳阳同联药业有限公司（简称同邦药业）响应市政府关于中心城区排污企业“退二进三”的工作部署，决定搬迁到岳阳经济技术开发区。项目计划总投资5亿元，占地200亩，其中一期项目占地68亩，正在进行土地平整和“三通一平”，项目全部建成投产后，年销售收入可达15亿元，年上缴税收5000万以上。至年底，同联药业产量250吨，主营业务收入1.1亿元，年利税总额900万元。该公司前身是岳阳中湘康神药业集团有限公司，2005年9月，企业进行改制，由全国民营500强企业沈阳同联药业对其进行整体收购，成为江南地区最大的抗生素原料药生产基地。拥有5条原料药、3条合成药、1条无菌喷干生产线和1

个年产20亿片的固体制剂分厂，生产抗生素原料、片剂、胶囊剂、中成颗粒等60多个品种，固体制剂和原料药及合成药中的5个品种通过GMP认证，产品已列入《中国高新技术产品出口录》。

【健朗品牌获评省著名品牌】2011年，湖南健朗药业有限责任公司（简称健朗药业）主营业务收入1.4亿元，利税总额3000万元。12月，健朗品牌顺利通过省工商局审核，被评定为湖南省著名品牌，成为企业发展史上新的里程碑。该公司系原湖南省岳阳市制药三厂于2003年改制而成立的国有独资公司，是省高新技术企业。占地面积4万余平方米，固定资产5000余万元，拥有3条原料药生产线和三条制剂生产线。公司员工205人，其中技术员34人，执业药师8人。产品主要有健朗晨（西药国家二类新药）、健朗星（奥泣西坦胶囊、西药国家二类新药）、羟甲烟胺片、乙水杨胺片等25个固体制剂产品及原料药。2004年6月份至2005年，健朗药业投资1100多万元进行硬件改造和软件完善，一次性顺利通过国家GMP认证检查工作，公司销售业绩每年以不低于28%的增长速度快速发展，实现从单一原料药维生素B1的生产到形成集原料药、固体制剂生产及化妆品和医药零售、服务业等多元化的产业链转型升级。（本栏撰稿　梁　伟）

建材工业

【概况】　2011年，岳阳市有规模建材产业企业74家，年产值383.5亿元，比2010年增长56.8%。加快产品结构调整和产业升级，重点发展水泥、建筑陶瓷、新型墙体材料、木材深加工、人造板材和石材开采加工等六大门类产品生产，重点扩张临湘海螺水泥新型干法窑和华新岳阳公司、南方岳阳公司、大力建材等优势企业生产能力；依托当地丰富的高岭土资源，抓住沿海地区建筑陶瓷产业向内地转移大好时机，引进外资，加快岳阳建筑陶瓷产业发展，重点建设岳阳县、临湘市两大陶瓷产业园，打造岳阳建筑陶瓷产业集群。发展以花岗岩为主体的石材产业，提升石材加工品级，增强品牌效应和产品的市场竞争力。重点扶持六大人造板厂发展，组建湘阴家具工业园。全市建材产业正处于关闭小建材、关闭粘土砖厂，发展新型建材工业，对现有2个建筑陶瓷工业园进行产品升级换代的健康发展阶段。

【岳阳县建材工业园转型升级】2011年，岳阳县建材工业园以科学发展观为统领，始终把陶瓷业作为一个符合国家产业政策的县域支柱产业来发展，有效实现陶瓷产业的转型升级。该园区着力内部挖潜，在不引进新陶瓷企业的基础上，园内6家陶瓷企业加大资金投入，年内，建成6条生产线，使陶瓷生产线达到18条。园区内企业大力推进节能减排改造，天欣陶瓷注重科技研发，提升产品科技含量、文化含量，坚持走低消耗、低排放、科技型、绿色型的路子，受到市委书记易炼红的肯定。其他企业通过企改投入，收获颇丰。华雄陶瓷年节煤1.6万吨，节电400万千瓦时，节水8万吨；百森陶瓷使废气中的二氧化硫排放减少60%以上，金成陶瓷综合节能15%，宏康陶瓷每条窑每年节煤9000吨。（本栏撰稿　梁　伟）

机械工业

【概况】　2011年，岳阳市有规模以上机械制造企业124家，从业人员约1.6万人；实现规模工业总产值326.25亿元，比2010年增长54.9%；实现工业增加值54.3亿元，增长41.9%。机械制造工业资产规模总量达40多亿元，拥有通用机械设备制造、专用机械设备制造、交通运输机械设备制造，电气、电磁设备制造，办公设备制造等7个大类，其中通用机械设备、电气机械设备、专用机械设备等3类成为产业支柱，产值均在30亿以上。拥有机械制造产值过亿元企业39家，其中：天一科技是中国泵业第一股，全省100强企业之一，生产的稠油泵、潜水电泵、气液混输泵、电力控制设备、高低压电力开关等被列为国家免检产品，占国产泵市场份额的40%。中科电气是一家创业板上市公司，其自主研发的板坯联铸电磁搅拌成套装置和高压变频器属国内首创，具有国际领先水平。中天科技自主研发的收割机、旋耕机等产品，具有很强的市场竞争力，龙舟牌收割机获中国驰名商标，联合收割机占省内市场份额的35%，行业排位第一。（梁　伟）

【长动开发新产品】　2011年，国营长江动力机械厂新一届领导班子调整工作思路，加快产品开发和产品结构调整的步伐。在原有军、民产品的基础上，新开发滤清器基座产品、北车支架产品、12方搅拌筒工装及配套使用的滚轮架项目以及旋风滤电机产品等；在军品寻找专业化产品方面也取得重要进展，工厂试制的航空发动机的封严环产品，通过主机厂检测，性能优良，获得该产品的研制任务。（毕丛远）

【金秋红日公司党委抓维稳】2011年，金秋红日工业有限公司党委按照“稳定压倒一切”的工作方针，不断强化工作责任，扎实抓好企业维稳工作。年初，公司党委与市委、市政府签订综治工作责任状。根据公司历史遗留问题多、困难职工多、企业效益一般的实际情况，认真开展矛盾纠纷排查和维稳重点对象的排查工作，扎实做好公司的安全保卫工作和综治工作。4月、7月和10月，针对陈某某等人的上访事件，果断决策，先后三次派人进京接访，防止矛盾转化升级。做好“两节”期间的“送温暖”工作，看望和慰问20余名患病住院职工，调整工资分配办法；用温情帮扶解困，开展困难职工建档工作，促进企业的和谐发展。调研并填报《困难职工生活状况汇总表》、《工会工作综合情况统计报表》，赢得上级部门的理解和支持。争取2个名额的金秋助学助学金，为困难职工争取到一定数量的慰问大米和困难补助金。在继续推进社区下水管网改造的同时，花大力气排除临街土地开发过程中来自外部力量的干扰，确保11月公司经济适用房的开工建设，让困难职工安居乐业。（党　办）

【岳阳筑盛专注阀门管道研发】 2011年，岳阳筑盛阀门管道有限责任公司总产值35139万元，创利润2456万，税收1556万元。该公司成立于2005年8月，注册资金3000万元，是国产高压大口径阀门、管道、管件、紧固件开发研制的重点高新技术企业。近年来，该公司坚持以不少于销售收入10%的费用和43%的员工投入研究开发，成立岳阳市高压阀门管道工程技术研究中心，与国内有关大专院校、设计、科研单位建立广泛联系和良好的合作关系。研发的PN16、22、26、32MPa DN6～375mm大口径高压管、管件、紧固件的企业标准，填补国内空白，取得湖南省质量技术监督局颁发的标准实施证书，并立项成为化工行业标（HG/T2368-2010）。自主研发国内最大的推拉式冷弯弯管机，拥有自主知识产权，获得国家发明专利，属国内首创。

（梁 伟）

【湖南飘峰电器坚持技术创新谋发展】 2011年，湖南飘峰电气有限公司实现主营业务收入70942万元，上缴税金3030万元，新产品贡献年度利润的90%。公司产品曾获省优、部优称号，被评为湖南省名牌产品，“飘峰”商标被评为湖南省著名商标，产品行销国内20多个省市。公司依托技术创新，成功建成省内首套具有自主知识产权的电磁线生产线，开发的无纺布包电磁线、复合矩形绞线均获国家发明专利和使用新型专利，其中两项填补国内空白。该公司创建于1986年，由一家乡镇企业逐步发展壮大，公司不断加强与省内高校和机械设计研究院合作，引进技术人才，开一系列具有市场竞争力的新产品，已成为国内知名的集产品研制、开发、生产于一体，以生产电磁线为主的专业厂家，年电磁线生产能力可达8000吨，其中新产品产量占80%。目前拥有固定资产3500多万元，专业生产设备60台套。

（梁 伟）

【岳阳大陆激光修复声名鹊起】 2011年，岳阳大陆激光技术公司实现产值42273万元，主营业务收入2959万元，税收1825万元。该公司是被列为工信部首批33家再制造企业之一的沈阳大陆企业集团的核心企业。公司位于岳阳高新技术开发区大陆科技园内，是从事重大机组维修、检修、部件制造、改造、零部件激光改性加工再造的省属高新技术企业。自2000年创办以来，为石化、电力、冶金等行业用户修复各类大型机组设备及部件逾千台（套），被众多用户誉为“中国动设备维修专家、激光修复专家”。集团公司已成为国家激光修复标准化专业技术委员会秘书长单位，并有多个企业标准被审定批准为国家标准。近年来，该公司专注于激光再制造工程技术的研发和应用，组建岳阳市激光再制造工程技术研究中心。完成4项发明专利和1项实用新型专利，在技术覆盖上从工件局部修复拓展到能为石化、冶金、电力的广大客户提供技术评估、故障分析、整机拆装、部件改进设计制造等多方位整体解决方案的服务，并形成岳阳本部基地和2个外埠激光加工中心、一个外埠检修项目部的服务网络体系。（梁 伟）

电子信息与光伏工业

【概况】 2011年，岳阳市发展规模以上电子信息制造和软件企业49家，主要集中在岳阳田谷电子信息产业园和汨罗、华容、湘阴等县市的电子信息产业园，形成太阳能光伏产业、软件产业、电子元器件制造业等三大电子信息产业集群。田谷电子信息产业园正在全力打造以国信军创6906为龙头的卫星导航产业集群；华容电子信息产业园形成以润华新能源为龙头的光伏产业集群，成为湖南省太阳能产业链上的重要节点；汨罗电子信息产业园拥有音品电子、铭鸿电子等新型电子元器件生产企业，已形成一定的产业规模优势；湘阴电子信息产业园光电一体化产业加快发展，集聚依鲁光电、英思特晶体电波等一批上下游关联企业。通过技术引进和技术改造，全市电子信息产业产品逐步向高品质、高附加值方向发展。液晶显示器件、太阳能电池组件、LED大功率照明光源、工业软件、北斗卫星导航终端产品以及新型电子材料等正逐步成为全市电子信息产业的主流产品。2011年，全市电子信息产业完成规模工业总产值112.3亿元，比2010年增长62%，居全省第四位，完成工业增加值31.3亿元，增长45%，电子信息产业增加值占全市GDP增加值的比重为2.68%。（梁 伟）

【国信军创开拓北斗卫星导航定位产业】 2011年，国信军创（岳阳）六九零六科技有限公司（简称国信军创）实现主营业务收入15732万元，上缴税金154万元。该公司前身为中国人民解放军第六九零六工厂，始建于1964年，隶属总参通信部，是岳阳市电子信息产业的领军企业。公司拥有资产1.9亿元，占地面积70000平方米，建筑面积56000平方米。2011年年初斥资4000多万元全资收购湖南创越科技有限公司，全盘接收该公司近50名的博士、博士后和硕士科研团队，将其确立为创新和产品研发中心。围绕卫星导航定位系统技术研发、导航定位终端设备制造、卫星导航定位系统集成和运营服务、电子通讯产品整机及零部件制造等领域，聚集技术人才，加大投入，取得一定成果。获得总参测绘局授予的“北斗一号”、“北斗二号”卫星导航产品科研生产资质。截至年底，完成西藏、内蒙和香港等地北斗卫星导航产品订货5000多万元。交通部北斗定位定向系统，样机通过北京的全面测试，列入交通部终端用户优质供货商名录，为承担湖南省交通系统北斗指挥平台并扩展至全国其它省市打下基础。积极发展北斗卫星导航产业，不仅为企业在市场化竞争中赢得先机，也为打破国外垄断，摆脱对美国GPS的依赖，保障国家的政治、经济和国防安全作出重要的贡献。（张 玲）

纺织工业

【概况】 2011年，岳阳市有纺织工业规模企业85家，初步形成以纺纱为主、织造、印染、服装互为补充的纺织工业生产新格局。完成工业总产值194.2亿元，比2010年增长31.7%。形成华容、湘阴、君山、屈原、岳阳县等5个棉纺织产业集群，其中华容县是湖南省纺织基地县。基地企业主要产品包括：棉花生产与初加工、棉及棉混纺纱线、坯布(机织布和针织布)、印染及家纺、服装生产与加工以及棉苎麻混纺产品生产与加工。拥有湖南华升洞庭麻业有限公司、湖南德科纺织印染有限公司、岳阳宝丽纺织有限公司、华容县华青纺织有限公司等38家产值过亿元的纺织企业，其中以洞庭麻业有限公司为龙头，建立国家级企业技术中心和国家苎麻产品开发基地，承担完成的国家“十一五”科技支撑项目“高档超高支苎麻产品加工关键技术”通过国家验收，并获得中国纺织工业科学技术一等奖。（梁　伟）

【洞庭麻业公司技改提效升级】2011年，湖南华升洞庭麻业公司（简称洞庭麻业公司）认真按照国家纺织行业“十二五”规划要求，努力加快产品结构调整步伐，促进产业升级，提高企业核心竞争力，取得较好成效。全年投入技术升级改造资金1356.82万元，新购置一批国际上最先进的纺织设备和试、化验、检测仪器设备，并对部分旧设备进行技术升级改造，形成一套较为完整的且在国内苎麻纺织行业堪称一流的短麻纺精品生产线，产品质量和产能得到大幅提升，年产值同比2010年增加6500多万元。该公司依托这条先进的生产线，提高企业自主创新能力，并进军国内家纺市场，公司研发和生产的多款产品已成功打入国内多家实力雄厚的家纺公司，受到市场追捧，在苎麻产品实现内销、启动国内需求上取得重大突破，仅家纺产品销售额就实现2100多万元，在全国同行业居领先地位。3月16日，中国麻纺织协会年会在长沙召开，洞庭麻业公司被评为2010年度全国纺织行业调整产品结构优秀企业，公司董事长黄云晴被评为2010年度全国麻纺织行业调整产品结构优秀企业家。（袁益民）

【洞庭麻业公司着力科技创新】2011年，洞庭麻业公司科研技术人员不懈努力，研发新产品103个，其中有10个品种已投入批量生产，并创造较好的经济效益，研发的3个面料顺利入围中国流行面料，引领时尚潮流；特别是家纺面料的研发，备受市场青睐，使苎麻产品入主家纺市场，取得历史性的重大突破，为苎麻纺织行业的发展开辟一片新天地。洞庭麻业公司代表苎麻纺织企业，主持国家“九五”重点科技攻关计划、国家“十一五”科技支撑计划、国家重点技术改造国债项目等，解决苎麻行业发展的多项关键技术难题，在苎麻纺织产品开发、产业升级、节能减排等方面有多项技术填补国内空白，获得中国纺织工业协会科学技术进步一等奖，湖南省科技进步二等奖等一系列科研成果，企业研发水平和自主创新成果居苎麻行业领先地位。该公司创新团队获“十一五”国家科技计划执行优秀团队殊荣。（袁益民）

再生资源工业

【概况】 2011年，岳阳市有再生资源规模以上企业105户，从业人员4万余人；完成工业总产值300亿元，比2010年增长29.8%。利用废钢材9万吨，废塑料61万吨，废纸6.2万吨，废旧有色金属1720吨，废橡胶1.3万吨，废旧电器1.7万吨，报废汽车及船舶8700辆/艘，车辆回收及拆解量260辆/820吨。再生资源集散地主要集中在汨罗市、平江县伍市、屈原管理区等地。其中汨罗循环经济工业园是国家首批循环经济试点和全国首批“城市矿产”示范基地，年再生资源交易量100万吨，市场交易额近100亿元，再生资源经营业主发展到4000多家，在市内外建立废旧物资回收站点1900多个，聚集长江铜业、兴发铝业、平桂制塑等50多家再生资源加工企业，形成再生铜、铝、不锈钢、塑料、橡胶、废纸等加工板块，2011年回收废旧物资量150万吨，再生资源加工量68.9万吨，实现再生资源回收加工总产值达130亿元，是中南五省最大的再生资源交易市场。

【金龙铜业产值突破10亿元】2011年，汨罗市金龙铜业有限公司（简称金龙铜业）完成工业总产值107018万元，税收8026万元。该公司成立于2006年，总投资1500万元，位于汨罗市工业园，占地面积2.47公顷，是一家利用废杂铜加工再生铜的资源再生企业。公司采用成熟的工艺加工再生铜，可年生产15000吨再生铜，拥有2条生产线：一条是铜锭和冰铜的生产线，生产设备有熔炼炉、风机和收尘房；一条是阳极板生产线，生产设备有阳极炉、圆盘浇铸机、沉降房和收尘房。产品主要销往云南铜业集团有限公司、江西铜业集团有限公司、铜陵有色金属集团有限公司、富春江冶炼有限公司和北方铜业股份有限公司。金龙铜业曾先后被岳阳市政府评为十强民营企业和纳税50强企业。

【天达有色金属产品突破万吨】2011年，汨罗市天达有色金属有限公司（简称天达有色金属）产量达1.04万吨，主营业务收入62826万元，利税4711万元。该公司创建于1988年，是集科研、生产、经营为一体铸造铝合金的企业，公司位于国家首批循环经济试点的汨罗市再生资源市场，占地面积80亩，建筑面积为2万平方米。公司拥有先进的再生铝熔炼设备及配套设施，并引进国内外先进的检测设备，如元素光谱分析仪、万能拉力试验机、布氏硬度计等专用设备，聘用专业技术人才，以先进的设备，精心的操作，科学的运作，全方位确保产品质量。主要生产铝硅、铝硅铜、铝硅镁及铝铜、铝镁、铝锌等系列产品，为国内外汽、摩行业及家电、灯饰、门锁业提供主材铝合金锭。

（本栏撰稿　梁　伟）

责任编校　曹春友

信息业

INFORMATION INDUSTRY

综　述

【电子信息与光伏产业】 2011年，岳阳市发展规模以上电子信息制造和软件企业49家，主要集中在省级岳阳田谷电子信息产业园和汨罗、华容、湘阴等县（市）的市级电子信息产业园，形成太阳能光伏产业、软件产业、电子元器件制造业等三大电子信息产业集群。田谷电子信息产业园打造以国信军创六九零六为龙头的卫星导航产业集群；华容电子信息产业园形成以润华新能源为龙头的光伏产业集群，成为全省太阳能产业链上的重要节点；汨罗电子信息产业园拥有音品电子、铭鸿电子等新型电子元器件生产企业，形成一定的产业规模优势；湘阴电子信息产业园光电一体化产业加快发展，集聚依鲁光电、英思特晶体电波等一批上下游关联企业。通过技术引进和技术改造，全市电子信息产业产品逐步向高品质、高附加值方向发展。液晶显示器件、太阳能电池组件、LED大功率照明光源、工业软件、北斗卫星导航终端产品以及新型电子材料等逐步成为全市电子信息产业的主流产品。全市电子信息产业完成规模工业总产值112.3亿元，比2010年增长62%，居全省第四位；完成工业增加值31.3亿元，增长45%；电子信息产业增加值占全市GDP增加值的比重为2.68%。

【国信军创抢占北斗卫星导航定位产业发展先机】 国信军创（岳阳）六九零六科技有限公司，原中国人民解放军第六九零六工厂，始建于1964年，隶属总参通信部，是岳阳市电子信息产业的领军企业。该公司拥有资产1.4亿元，占地面积7万平方米，建筑面积5.6万平方米。2010年成功收购以国防科大科研骨干为核心的湖南创越电子科技有限公司，将其确立为创新和产品研发中心。2011年，该公司围绕卫星导航定位系统技术研发、导航定位终端设备制造、卫星导航定位系统集成和运营服务、电子通讯产品整机及零部件制造等领域，聚集技术人才，加大投入，取得成果。该公司实现主营业务收入15732万元，上缴税金154万元。获得总参测绘局授予的“北斗一号”、“北斗二号”卫星导航产品科研生产资质。国信军创发展北斗卫星导航产业，为企业在市场化竞争中赢得先机，也为打破国外垄断，摆脱对美国GPS的依赖，保障国家的政治、经济和国防安全作出了贡献。

（本栏撰稿　梁　伟）

无线电管理

【规范台站管理】 2011年，岳阳市无线电管理处进一步强化无线电台站设置使用的管理，推进无线电台站管理的科学化、规范化、制度化。抽样年审广播电视、船舶电台、铁路列调、人防、电力、石化企业、宾馆、酒店、茶楼、超市、小区物业等51家单位无线电台站执照242份，做到人机见面，抽样年检各类无线电台站177台。召集移动、联通、电信三家运营商，召开全市无线电通信直放站清理核查（暨对年检不合格基站发射设备整改）工作会议，清理不符合要求的直放站，核查人员到湘北女子学校、湖南民族职业学院、君山区良心堡中学、岳阳县甘田中学、云溪区路口铺隧道等处逐一现场核查，将室外各通信直放站纳入通信网络基站进行规范管理。组织申报和初审3家运营商新建基站工程、替换工程、扩容工程1180个基站的技术资料表。6月联合岳阳海事局等部门在城陵矶一号船码头，开展岳阳水上无线电通信秩序整顿执法活动，录得各类船舶电台信息1002条，约500条数据入库，为构建和谐的水上通信秩序打下坚实基础。

【加强频谱监测】 2011年，岳阳市无线电管理处按时完成无线电频谱监测统计月报，累计进行频谱基础监测任务达10959小时。进行24小时制监测值班累计143人次1512小时，重点对广播电视、民用航空、武广高铁、京广线和水上无线电业务进行严密监测和保护。在春节、“两会”等重大节假日和政治活动期间保障各类无线电通信业务安全。及时查找和处理公安350MH频率干扰。岳阳新闻交通频道和电视差转39频道共塔发射产生的互调干扰。对岳阳区域内铁路无线电电磁环境进行调研摸底，提出岳铁无线电联动保护工作机制方案。针对华容县多起群众投诉卫星电视接收受干扰问题，在华容梅田湖镇，架设卫星信号干扰测试设备，现场解答群众的提问，及时消除群众的疑问。先后在高考、研究生入学、公务员录取和英语四六级等8次国家或省级统一考试期间，联合有关部门打击和防范利用无线电设备进行考试舞弊行为，受到招考委、考试部门、广大考生和家长的一致称赞。

【加大无线电管理宣传力度】 2011年，岳阳市无线电管理处贯彻落实《全国无线电管理宣传纲要（2011～2015年）》和省无线电管理委员会办公室有关文件精神，有效开展系列无线电管理宣传活动。9月9日，为庆祝《中华人民共和国无线电管理条例》颁布18周年，以“无线电频谱资源属于国家所有”为主题，在沃尔玛广场主办大型的无线电集中宣传日活动。省经济和信息化委员会党组副书记钟志慧，副市长韩建国亲临活动现场，《岳阳日报》、岳阳电视台等主流媒体及时进行新闻报道。活动现场发放无线电管理宣传手册、无线电管理知识有奖征答试卷（报纸）1000份。答题人员来自机关、学校、工厂、商场、酒店、社区、农村等各行各业，增强社会公众的无线电频谱资源意识和遵守无线电管理法规的自觉性。门户网站紧跟无线电管理工作进度，改进版面形式，扩充网站空间，在《岳阳日报》发表专题文章2篇，及时更新动态信息53条，更新图片13张，向省经信委网站投稿8篇。

【推进依法行政】 2011年，岳阳市无线电管理处加强行政执法力度，完善依法管理工作机制，运用法律手段维护空中电波秩序。针对市场上销售的大部分对讲机的频段明显和国家、省级的频率规划政策相冲突，查处格兰云天大酒店等擅自设台单位，要求其合法设置、使用对讲机。办理岳阳首批20个业余无线电台（站）执照，规范业余无线电台的设置和使用。9月，陪同省市领导到岳阳海事局进行调研，考察水上无线电通信应用和安全形势，了解船舶信息与电台配置情况、水上无线电干扰及水上无线电管理监测设施等情况，提出“十二五”期间，将加大对水上无线电管理及监测基础设施的投入。11月，派人参加交通运输部长江无线电管理委员会主办的第十三次长江无线电管理工作协调会，形成第十三次长江无线电管理工作协调会议纪要。根据相关的法律法规建立《岳阳市无线电管理处职权目录》，申请并通过岳阳市法制办的审核。完成行政职权公开运行制度和程序文本，标识权力运行风险点，建立风险防范措施。通过岳阳市“12345”政府公共服务平台，公布依法行政的公开信息。

（本栏撰稿　刘晓辉）

邮　政

【业务发展】　2011年，岳阳市邮政秉承“邮政要发展，金融是关键；业务要发展，机制是关键；机制要有效，力度是关键”的发展理念，截至12月31日，全市邮政累计净增邮储余额14.08亿元，余额规模达到78.1亿元，比2010年增长21.89%，取得历史性突破。邮政代理保险完成保费3.67亿元，在岳阳银保市场占有率40%，继续保持岳阳代理保险市场第一大渠道地位。函件业务完成收入1852万元，其中非贺业务完成701万元，增长22.22%。DM广告、《生活邮刊》通过与社会广告公司的合作，成功实现优势互补，分别开发DM广告和《生活邮刊》58期和2期。发行专业2011报刊大收订实现流转额4220万元，圆满完成省邮政公司计划。集邮专业主要推行“集邮鉴赏会暨客户答谢会”模式，提前2个月完成全年自定预算收入1000万元，成为市邮政局第5个年收入过1000万元的专业。分销业务结构调整出成效。农资配送、酒水分销和家电下乡分别完成收入的86.1万元、36.1万元和64.5万元，打破原来单打一的现象。其中家电下乡完成配送额488.65万元，继续保持全省第一的好成绩。机要通信继续保持质量全红，服务品质进一步提升。年终被评为全省邮政先进企业。

【发展质量】　2011年，岳阳市邮政坚持转方式、调结构，各项指标取得明显的改良。一是有效调整三大板块业务的结构。代理速递物流类业务和邮政业务分别实现业务收入1428万元和5502万元，在金融类业务规模效益发展的情况下，两块收入占三大板块业务收入的比重进一步上升，实现三大板块业务的平衡协调发展。二是较大程度提升发展的质量。人均劳动生产率由2010年的10.05万元提升到12.12万元，增幅达20.59%，员工年收入人均增加4700元，增幅为16%。各渠道收到有理投诉159件，比2010年减少117件，客户满意度达到95.8%，新闻媒体曝光率为零，违规经营发案为零。

【企业管理】　2011年，岳阳市邮政一是完善人力资源管理。制定《岳阳市邮政企业支局长管理办法》等规范性文件，完善体系建设。实现对全市邮政员工月奖、年终奖统一考核和管理，员工共享企业发展成果。在全省率先成立职工大学，组织各类学习、培训995人次，各层面员工素质得到不同程度提升。二是深化财务管理。修改完善报账管理、欠费管理、业务资金管理、发票管理等办法。加强市邮政局对县市邮政局集中采购、集中支付和集中管控的力度，强化成本管理。三是加强经营管理。实施全市经营管理一体化，建立全市邮政“分级管理、分工负责”的经营管理体系。四是促进安全生产管理。以“安全生产月”、“金融机构安全评估”等活动为载体，全面提高员工的安全意识，推进安全生产各项规章制度的落实。五是加强服务质量管理。各级履职综合管理岗填写检查记录表7700份，报告书2596份，参加检查时间7892天次，检查支局所5746个次，班组2658个次，邮路160条次，走访用户7680人次，推进邮政服务品质升级。六是强化党群管理。纪检监察参与各项招投标工作19次，参与各类经济合同审定93项，把反腐倡廉制度寓于企业各项管理工作之中。制订“四好领导班子”创建活动和机关作风建设十项规定以及党委工作计划，有效地发挥党组织的战斗堡垒和党员的先锋模范作用，促进企业的平稳发展。工会开展员工教育、劳动竞赛、岗位练兵、技术比武和有益于员工身心健康的文体活动，创建达标“星级员工小家”22个。

【便民服务】　2011年，岳阳市邮政一是通过重奖重罚、指导加快选址，确保网点改扩建工作的高效高质推进。投入440万元完成对17个网点的改扩建任务，改扩建面积达2571平方米。分三年完成对全市79个网点改扩建工作，改善老百姓的用邮环境。二是营投平台建设。结合城市建设布局、发展方向、投递业务量、个性化服务等实际情况，将市区原有的25个报刊段和14个信函段重新合并划分，满足客户日益增长的个性化用邮需求。三是空白乡镇邮政局所补建工作推进快速。完成全市47个空白乡镇邮政局所补建任务，为偏远农村地区的老百姓使用邮政业务提供便利。四是抓五创提质创建活动，及时解决服务对象反映强烈的问题。按照市委、市政府的总体部署，全面启动“五创”提质整改活动，通过加强组织领导、加强宣传发动、加大投入力度、加强创建整改，保质保量的完成市“五创”办下达的各项创建任务。突出解决和解答服务对象放映强烈的“网点形象和客户用邮环境较差”、“前台营业人员服务意识不强”、“小区信报箱群建设不配套”等问题。五是新增社区网点 22个，升级专营厅1个，完成票务二级代理点19个；完成代收费7.4亿元，代放号4.2万户，新增邮讯通12万户，机票出票1100张，服务百姓的生活和出行。六是城市新建小区信报箱群同步建设、已建小区的分批补建工作纳入议事日程。七是完成机要通信产品41660件，完成业务量12587件，保证党和国家秘密载体的安全。　（本栏撰稿　李湘红）

通信业

电信通信

【电信生产经营】 2011年，中国电信股份有限公司岳阳分公司（简称岳阳电信分公司）坚持以规模发展促平台收入提升，实现收入市场份额稳中求进，企业价值稳步提升。一是“十大举措”创收，强化以收入为导向的业绩考核与资源激励。单独推出专项发展激励和专项创新性项目激励，特别是FTTH、IDC、电信传媒、行业首查、投票等方面实现重点突破。二是有序盘活资产，加快处置房屋资产、报废电池、车辆拍卖，加快利旧电缆和处置拆旧电缆创收。三是整治应收账款，用户欠费新增得到有效控制。全年经营发展实现有效突破。一是细分市场移动上规模，一季度“岁末年初”促销净增移动出账用户排全省第一，二季度“全民天翼”促销移动净增排名全省第一。二是宽带差异化引领求突破，用好用活融合差异化、FTTH光接入差异化、ITV差异化，促进宽带业务发展。三是拓展行业应用保增长，项目认领、主动出击，完成岳阳市电子政务外网等10多个项目拓展。四是打造渠道精品助发展，新建社会渠道网点23家，淘汰网点4家，全市五大高校建设社会代办网点9个。五是创新农村机制推复苏，市本部16名有志青年赴农村支局任职，以“上柜齐、流转快、受欢迎”重新打造终端运营优化方案，实行增量分成调动农村一线员工积极性，规模有效益拓展农村市场。六是实施精准维系强保有，规定动作做到位，督导管控做到位，激励考核严格挂钩，确保维系工作顺利开展。

【电信通信能力】 2011年，市电信分公司全力打造具有竞争力的全光网络，新建室外基站94个，建共享30个；完成FTTH新建12083个，改造6106个；完成光进铜退点808个。一是加快光进铜退建设，提供端到端的网络能力，落实“三网融合+无线城市”承接。二是打造移动网精品网，升级无线网系统2次，解决网络覆盖54处。三是打造宽带精品网，宽带网络维护精确管理关联率达到99%。四是推进装维精品服务窗口。提升面向光网络装维服务能力。

【电信服务质量】 2011年，市电信分公司坚持服务至上，夯实服务基础，创新服务手段，提升企业服务能力。开展“优质服务工程”活动，客户满意度逐月提高。开展“城区宽带五项服务承诺”行动，客户服务感知明显提升。打造宽带服务、政企服务、VIP服务、营业服务四个精品窗口，增加客户忠诚度，促进市场保有和业务发展。四是开展装维、营业服务月明星评比活动，每月评选装维、营业服务明星28人，提高窗口服务人员工作热情。市电信分公司被评为全省文明单位。

【电信综合管理】 2011年，市电信分公司改进工作作风，树正气、严纪律、强问责，执行力进一步提高。坚持“责任至上”，推行业绩说话，实施问责机制，问责23人次。坚持“员工至上”，继续开展引领企业发展六大文化活动，开展慰问劳模和先进个人及员工生日慰问。坚持转变作风，开展“服务基层承诺”，形成真实、落实、务实、踏实工作清风。四是坚持固本强基，信访维稳预防为主，妥善处理矛盾纠纷32起，企业和谐稳定。实施中层管理人员月度绩效考评严格兑现。始终把安全生产放在首位，全年未出现重大安全事故。创建农村支局“职工小家”示范点10个。

【电信启动千家“数字企业”创建活动】 2011年10月21日，市电信分公司与市经济和信息化委员会联合召开千家“数字企业”创建活动动员会，正式启动“数字企业”创建活动。“数字企业”的创建以“七个一”为主要内容，即一条互联网高速接入通道、一个企业数据通信网络、一个企业门户、一套自动化管理系统、一套电子商务系统、一套网上培训系统、一个企业内容图像监控平台。按照“七个一”的标准，建立企业信息化水平评估体系，并据此制定A（融合）、B（渗透）、C（对接）、D（起步）等级标准，通过“数字企业”创建活动帮助企业逐年逐次提升自己的信息化水平。

“数字企业”建设活动将以省级两化融合示范区为平台，以“两化融合”试点企业为骨干，具体的创建活动将分三步走：第一步，在岳阳市范围内确定首批150家创建“数字企业”试点，开展先期创建活动，年内完成试点的“数字企业”创建工作。第二步，开展“数字企业”巡展推介活动，推广“数字企业”的建设，完成第二批350家“数字企业”的创建工作，制定岳阳“数字企业”创建工作远景规划。第三步，通过“数字企业”创建工作远景规划的实施，力争在2013年培育20家以上信息化A级企业，并将1000家规模以上工业企业建设成合格的“数字企业”。为整合资源，形成有影响、有力度的奖励机制，市电信分公司将对达到创建目标的企业最高予以新增通信使用费50%的通信成本补贴。

（本栏撰稿 刘 文）

移动通信

【岳阳移动业务发展】 2011年，湖南移动通信有限责任公司岳阳分公司（简称岳阳移动分公司）抓好“两节”促销工作，通过“移动贺岁亿万礼，人人拿奖真韵味”礼品促销活动营造节日氛围，实现业务发展开门红。在全区范围内开展“移动好礼第二季，畅游港澳合家欢”主题促销活动，通过预存话费送礼品，办理新业务、集团业务和终端送礼品以及二重抽奖活动，稳定存量客户，确保淡季不淡。推出以校园营销为主题的多个促销活动，做到“早计划、早安排、早落实”，在全区开展“千万好礼大赠送，乐享实惠在夏秋”主题促销活动，通过礼品促销、终端促销、熟卡营销及现场促销，确保校园市场营销和业务发展取得阶段性成果。以“移动好礼第四季，话费终端送不停”主题营销活动为主线，开展大众客户存费送费、终端营销、中高端拓展营销、现场促销、宽带攻坚营销、校园营销及全球通推广和熟卡营销，有效把控市场，确保市场主导地位。全年量收工作硕果累累：一是用户规模平稳增长。净增网上通话用户27.42万户，期末用户数达到241.73万户；净增TD用户12.84万户，TD期末用户达19.96万户。二是运营收入稳步提升。完成运营收入16.14亿元，较2010年增幅达12.01%。灵活应对，中高端、集团客户稳定显成效。高度关注动态预警客户增减情况，分配到包保责任人，有效解除客户预警。加强各类优惠政策的宣传推广，大力发展全球通套餐，落实中高端客户回归工作，确保中高端客户市场份额。坚持做好中高端、集团客户稳定工作的支撑、分析、督导、通报和考核，及时收集竞争信息并灵活应对，在竞争对手大力拼抢中高端和集团客户的形势下，全力保障中高端、集团客户的稳定。月均中高端客户规模为23.32万户，月均中高端客户市场份额为83.31%，战略拍照集团单位保有率100%，全量拍照集团单位成员在网率89.18%。逐级优化，渠道掌控到位。通过多走访、多了解、多比较的方式加强渠道沟通，稳定已有优质渠道；查漏补缺，合理布局，找准移动客户规模少，普及率、市场份额低的区域建设新渠道。新增营销渠道51个，渠道拓展工作到位。加大乡镇营业部建设，优化乡镇营业部的考核方式，确保乡镇营业部考核指标可控，提高业务发展能动性。有乡镇营业部和城关营业部47个，确保营销重心的下沉。加大空中营业厅的推广，铺放空中营业厅1000台，提高二级渠道业务发展积极性。做好二级渠道签约工作，通过提供网点挂牌、门头装修等方式，引导有实力的二级渠道，提高二级渠道忠诚度。求真务实，客户服务出成果。逐步建立以前台服务为形象、后台服务为支撑、网络服务为基础的服务管理体系，将客户满意度考核实行压力传递。实现从"只关注自身短板"到"关注与竞争对手比较"的转变，全年对71个一级指标、204个二级指标进行三方对比检测，提出针对性的29项改进措施。建立客户服务监控体系，完善投诉处理工作流程。狠抓窗口服务，强化硬件服务支撑、落实常态化检查、固化培训考核制度，服务软实力得到提升，客户满意度继续得到改善，各项客户满意度考核指标圆满完成。全年无任何负面报道和被判定有责的升级投诉。客户综合满意度达到80.95%，忠诚度达到89.83%，均超过省移动通信公司目标值，排名全省前列。岳阳移动分公司获得全国通信行业用户满意企业荣誉称号，是全省通信行业中唯一获此殊荣的单位。

【岳阳移动数据及信息化发展】 2011年，岳阳移动分公司通过丰富数据及信息产品并整合营销，不断挖掘新的增长点，进一步深度优化信息产品和服务，提升数据及信息业务的普及率和创收能力。认真分析套餐收入构成，对分摊不合理的套餐进行清理和调整。充分抓住"两节"契机，提升客户年包办理率，为全年收入增长打下坚实基础。持续开展年包常态化营销活动，将"快乐100"新业务年包营销活动贯穿全年。按照业务分类细分市场，重点针对彩铃、来电提醒、手机报、移动数据流量等业务提取目标客户群，进行精准营销，确保数据业务维稳与创收的效果。实现数据及信息业务收入4.05亿元。集团客户的规模持续扩大，集团客户的覆盖率与渗透率持续提升。利用推广集团彩铃年包及粘性数据业务，带动业务发展，也确保稳定。信息化应用来势良好。警务通的营销取得阶段性的胜利，该公司警务通市场份额达77%。MAS代理营销机制进一步完善，通过业务分成的模式来引导SI对增强产品营销与售后支撑能力。本地SA的引入工作顺利推进，引入伊爱车载GPS代理营销车务通，与译振武公司合作打造车福通产品。无线商话、集团专线业务的运营、支撑体系进一步优化，贯穿全年的集团攻坚营销活动效果显著。完成信息化收入3993万元。

【岳阳移动网络优化建设】 2011年，岳阳移动分公司把"为市场服务"作为网络专业工作的出发点和立足点，贯彻"早投资、早建设、早收益"的思路，按照项目建设进度始终适度超前于业务发展的原则，完成GSM17A、村通、TD扩容、数据宽带网及传输网优等各项工程建设任务，新建2G基站237个，达到1760个；新增载频4395个，达到22632个；新建3G TD基站236个，达到441个；新增WLAN热点434个，达到516个，AP总数达到10668个；新增客户专线650条，达到1280条。开展网络维护和网络优化工作，各项网络运行指标均达到中国移动通信集团、省移动通信公司挑战值。小区完好性为99.94%，无线接通率为99.66%，GSM掉话率为0.23%，网络质量投诉率为0.017%，最差小区率为0.06%，彩信端到端成功率为88.36%，集团自动路测指标全部达到挑战值，在全省排名前列。深入开展网络安全隐患整治工作，确保全网安全、高效运行。经过六批次割接，完成GSM17A诺西设备市区8个BSC、477个基站、6679个载频的替换工作，实现替换过程"零故障、零退服、零投诉、零安全事故"的工作目标，圆满完成本期替换工程建设任务。圆满完成暴雨泥石流灾害通信保障任务。灾情发生后，该分公司迅速启动应急通信预案，出动200多人组建33支抢修队伍，克服重重困难，经过奋力抢修，受灾地区移动通信及时得到恢复。

【岳阳移动企业管理】 2011年，岳阳移动分公司深入实施精细管理，提升执行力，夯实企业可持续发展基础。深入开展县市区分公司基础管理提升、制度建设等系列精细化管理工作。废除23条制度流程，完善36条制度流程，重新制定18条制度流程，加强公司各部门、各层级、各专业流程之间的衔接，对存在缺陷的流程进行完善，对公司现有组织架构和职能、职位进行调整和优化，缩短管理链条、减少不合理环节，提高管理效率。强化财务管理，实现低成本高效运营。财务集中管理继续深化，专业化集中核算进一步规范，核算质量与报账处理效率不断提高。成本预算管理进一步强化，实现通过电子平台进行预算控制，成本预算完成率控制在100%以内。全面推广营收资金稽核系统，所有自营厅及代办网点的实收营业资金均录入系统，确保营业资金的安全。以优化人力资源配置为主线，以绩效考核为导向，持续推进人力资源精细管理。以公司运营需求为根本，完善组织架构、优化资源配置。全面梳理关键岗位与核心岗位，对关键岗位员工进行轮换。以有效激励员工成长为手段，不断优化绩效薪酬管理。绩效管理工作继续朝着精细化、常态化、实用化的目标不断深入。推进风险管理落地与创新，企业法律风险防控能力和服务支撑水平继续提高。聚焦管理热点，开展有价卡管理、渠道管理、集团客户业务管理、广告宣传费等专项审计，因地制宜提出合理化的审计建议，堵塞管理漏洞。开展内控管理测试，及时通报问题并限期进行整改，有力促进SOX遵循的常态化执行。

【岳阳移动文明建设】 2011年，岳阳移动分公司通过开展系列主题教育活动助推党员干部队伍思想与行动的有机融合。组织开展“焕发工作激情，强化领先意识”和“强化三个意识，大兴四大作风”主题教育活动。量质并重开展政研工作，加强政研成果的实际应用。廉政建设常抓不懈。抓好反腐倡廉经常性教育，筑牢拒腐防变思想道德防线，开展党风党纪、从业道德和法规法纪教育。以廉洁文化建设为平台，面向员工开展廉洁从业教育。以省移动通信公司巡视工作为契机，推动公司反腐倡廉建设。针对巡视组提出的问题认真组织整改，把巡视成果转化为推动企业持续健康发展的动力，10月，完成市公司对3个县分公司的巡视检查工作。监督工作落实到位。继续加强对采购招投标活动的监督。监督采购项目116个，监督采购金额1954万元，提出监督建议28条。加强对廉洁从业制度执行情况的监督。严格领导人员报告个人有关事项、述职述廉、诫勉谈话、回复组织函询、任职和公务回避、收受礼品登记上交以及经济责任审计等制度的执行。精神文明建设成效显著。岳阳移动分公司获得全国文明单位称号。各县分公司也在积极筹备，争创各级文明单位。工会工作出成果。深入基层，倾听员工的愿望和呼声；坚持和完善走访、慰问制度，及时做好对困难员工及家庭的帮助；为员工办实事、解难事、做好事，使他们感受到工会大家庭的温暖。始终以“职工之家”建设为载体，注重加强基层组织建设。1个县分公司被评为省级工人先锋号，5个县分公司被评为市级工人先锋号。（本栏撰稿　朱艺璇）

联通通信

【岳阳联通经营发展】 2011年，中国联合网络通信有限公司岳阳市分公司（简称岳阳联通公司）以全业务经营为主线，有效发展2G业务，快速发展3G业务，依托宽带业务优势推进全业务融合。实现通信服务收入3.5亿元，比2010年增长20%，年底移动用户数达66.5万户（其中3G用户数10.86万户），固网用户数达5.1万户。

【岳阳联通网络建设】 2011年，岳阳联通公司新建GSM基站93个，WCDMA基站345个，年底基站数量累计达1822个，GSM网络信号弱覆盖区域得到有效的增补，WCDMA网络基本实现市区、县城、高铁等主要交通干线，以及拓展城区的道路无缝覆盖。开通338个小区的EDGE功能，站点流量增幅达15.3%。完成接入网工程投资2303万元，建设236个小区宽带项目。针对3G用户投诉热点与难点，进行重点专项优化工作。对全市现网无线信号、传输组网和交换核心网进行网络评估和优化。对GSM网络资源利用率进行实时监控，及时进行抽闲补忙，减少热点网络区域拥塞率。

【岳阳联通客户服务】 2011年，岳阳联通公司开展“超越100，服务第一”主题活动，兑现各项服务承诺。深化渠道服务规范达标工作，渠道服务水平有所提高。实施客户维系回访班计划，有效开展全网客户日常维系服务。组织“义务植树”、“百盛联通你我”等VIP客户会员活动，提升客户感知度和满意度。解决服务短板和疑难问题，严控投诉升级，实现全年“企业定责零记录”。被评为全省保护消费者合法权益先进单位。

【岳阳联通为高考学子设立“爱心服务站”】 2011年高考期间，岳阳联通组织各分公司设立“爱心服务站”，为广大考生和家长免费提供矿泉水和常用药物，倾情投入到高考爱心接力活动之中。在岳阳县第二中学考点紧临的“爱心服务站”，工作人员准备10桶桶装矿泉水以及若干把小凉扇。在平江县分公司，服务站除免费送水以外，还特意放置《高考指南》以及高考健康知识等知识读物和宣传资料，供家长休息时翻阅和了解。免费提供清凉油、人丹等常用药物，以备考生不时之需。高考期间，岳阳联通公司组织的“爱心服务站”遍布全市四区六县各大高考考点，通过该类公益活动，为广大学子及其家庭鼓劲加油，进一步树立良好的品牌形象，提升企业知名度。

（本栏撰稿　成　梁）

责任编校　王　艳

农　业

AGRICULTURE

深入推进新农村建设

加强农村公共事业建设

扶贫开发和农村低保衔接工作

出台蔬菜产业有关政策

举办长江中下游渔业资源修复主放流活动

综　述

【概况】　2011年，岳阳市认真贯彻落实中央一号文件和省重要决策和部署，积极应对局部地区特大暴雨山洪泥石流灾害，大力发展现代农业，深入推进新农村建设，全市农业农村经济社会保持平稳较好发展态势。

一、主宗农产品增产。全市主要农作物产量均比2010年有较大幅度增长。其中粮食播种面积52.61万公顷，总产307.7万吨，增长3.9%；棉花播种面积3.67万公顷，总产5.6万吨，增长11.06%；油料种植面积12.13万公顷，总产19.7万吨，增长2.88%；蔬菜种植面积8.69万公顷，总产259.2万吨，增长5.57%。全市主要畜禽农产品产量略有下降。全年出栏生猪720万头，减少3.2%；出栏牛13.87万头，减少1.9%；出栏羊39.68万只，减少3%；出笼家禽3061.63万羽，增长1.8%，禽蛋产量8.16万吨，增长3.1%；实现水产品产量38.07万吨，增长0.5%。

二、农业综合效益增加。全市实现农林牧渔业总产值380.5亿元，比2010年增长3.7%，其中农业产值180.8亿元，增长5.3%；林业总产值10.7亿元，增长7.6%；牧业总产值127亿元，增长1.8%；渔业总产值56.8亿元，增长1.3%；农林牧渔服务业4.9亿元，比2010年增长17.5%。实现农业增加值249.8亿元，比2010年增长3.7%。

三、农民收入持续增长。全市农民人均纯收入达到7070.46元，比2010年增加1082元，增长18.1%。

四、农村大局和谐稳定。加大城乡统筹发展力度，加快社会主义新农村建设，创新农村社会管理，认真落实各项强农惠农政策，全市没有出现一起涉农群体越级上访事件，没有出现一起涉农恶性案件，没有发生一起群死群伤安全事故，没有发生重大动物疫病的流行，没有发生农产品质量安全事故，农村社会大局和谐稳定。

农业农村经济在快速发展的同时，也面临着一些困难和挑战。一是农业农村基础设施有所增强，但还没有从根本上改变靠天吃饭的局面，抵御自然灾害的能力还不强。二是受农产品价格市场波动和生产成本上涨等诸多因素影响，务农效益低，农民选择外出务工较多，新生代农民工不愿务农，农村耕地抛荒撂季现象越来越突出，农村"谁来种地"的问题须引起高度重视。三是农业生产经营的组织化、市场化程度还不高，农村社会化服务体系和保障体系还不够健全，统筹城乡发展、创新农村社管理、发展现代农业、提高农民素质的任务还很艰巨。

【深入推进新农村建设】　自2006年以来，岳阳市新农村建设围绕"生产发展、生活宽裕、乡风文明、村容整洁、管理民主"的总体目标，按照党政主导、农民主体、社会帮扶的思路，以点带片，整体推进，全面完成二轮新农村示范村（片）建设。六年来，全市市县乡三级推行"领导联点、部门帮扶、干部蹲点"的工作方法，有900多个领导联点帮扶、1200多个单位定点帮扶、1700多名干部蹲点帮村。市县两级向上争取新农村建设项目198类、2868个，资金68亿多元。组织引导1200多家企业与1200多个村结对帮扶，捐资2.8亿元。联络寓外乡友捐资近5亿元，支援家乡新农村建设。农民群众自筹9亿多元、投劳8000多万个，加强农村基础设施建设和农村环境卫生整治。全市新农村建设取得明显成效。一是基础建设不断加强。全市硬化农村道路3.4万公里，新建和疏浚渠道1.2万公里，新建和改造涵闸150多处，新解决农村人口安全饮水93.1万人。农村生活用电同网同价面达到91%，实现户户通电、村村通电话。二是村容村貌明显改善。全市新建农村户用沼气池17万多口、新建大型沼气工程19处、垃圾园（池）21万多个、生活污水处理系统3100多处，四旁植树25万多株。农村环境卫生整治全面启动，建无害化卫生厕所26.5万个，"三清"（清垃圾、清淤泥、清路障）率达40%以上，"五改"（改水、改厕、改厨、改栏、改浴）率达20%以上，10%以上的村建立了保洁员制度。三是主导产业不断发展。全市粮、棉、油、生猪、蔬菜、竹木林纸、特种水产等主导产业快速发展。至2011年底，全市有规模以上农产品加工企业291家、涉农中国驰名商标14件。农民专业合作社发展到574个，合作社辐射带动农户24万户。四是示范点创建效果明显。第一轮新农村建设全市创建8个新农村建设示范片和100个新农村建设示范村。第二轮新农村建设创建示范片19个，创建示范村292个。至年底，全市已创建省级社会主义新农村建设示范村9个，市级示范村46个。五是乡风文明创建得到加强。全市新建村部和村文化活动中心1050多个，图书室1780

水利部副部长周英、中组部干部四处副局长陈玉明、省水利厅厅长戴军勇到岳阳考察
（铁山管理局　供稿）

多个。各地普遍开展星级文明村、文明组、文明户的创建活动，每年被评上文明农民、文明农户的达40多万人（户），挂牌率30%以上。农村村务公开和民主管理进一步健全。六是基层组织建设健全巩固。结合建设扶贫和新农村建设，全市各地每年都下派干部驻村办点帮助加强农村基层组织建设，每年都组织村干部到党校和有关培训基地学习。特别是市县两级分批次组织5000多名村支书和村主任赴外地培训学习。通过定点帮建和组织培训使农村广大基层干部政治素质和理论水平不断提高，基层组织建设进一步得到巩固加强。

【发展现代农业】 2011年，全市按照国家“十二五”规划纲要提出的“在工业化、城镇化深入发展中同步推进农业现代化”的要求，切实加快现代农业建设步伐，支持屈原国家级现代农业示范区建设，推进规模型、标准型、加工型、品牌型、安全型、生态型农业建设。一是现代化种养快速发展。强化绿色健康、生态环保等种养理念，推进规模化、标准化种养，重点围绕优质稻米、饲料生猪、林纸竹木、水产养殖、油料棉花、草食动物、蔬菜茶叶、农机制造、种子种苗、休闲农业等十大主导产业，优化区域布局，加快产业发展。特别是粮食播种面积、单产、总产创历史新高，实现“八连增”，岳阳市被省政府评为2011年全省粮食生产先进市。湘阴县、华容县获得全国粮食生产先进县称号，岳阳县、汨罗市获得全省粮食生产先进县标兵称号。全市出栏生猪500头以上的规模养殖户（场）发展到2110户，出栏牛50头、羊100只以上的规模养殖大户发展到408个。出笼家禽5000羽以上的规模养殖户发展到279户，省、部级畜禽规模养殖标准化示范场发展到15家，国家级水产健康养殖示范场发展到21家。二是农业产业化快速提升。坚持以工业化理念、产业化思路发展农产品加工，大力推进十大主导产业建设。全市农产品加工企业发展到2600多家，其中规模以上农产品加工龙头企业223家，全年新增湖南巴陵油脂有限公司、湖南九鼎科技（集团）有限公司2家国家农业产业化重点龙头企业，新增省级农业产业化龙头企业14家，带动全市国家级农业产业化龙头企业发展到4家，省级农业产业化龙头企业发展到33家，市级农业产业化龙头企业发展到186家。三是农产品品牌化力度增大。全年新增“插旗”、“长康”、“现代美”、“山润”、“华康”5件中国驰名商标，34件湖南省著名商标，带动全市涉农中国驰名商标发展到14件，省著名商标发展到100件。湖南福星木业股份有限公司、湘菌农业生物科技湖南股份有限公司2家企业在天津股权交易中心正式挂牌。四是农业组织化程度不断提高。推行“公司+基地+农户”、“公司+专业合作社+农户”、“公司+基地+养殖小区+农户”等产业化模式，龙头企业与农户相联结的基地面积不断增多，全市龙头企业联结基地面积2.89万公顷，带动农户75.3万户；龙头企业参与组建农民专业合作组织447个，辐射带动农户35.5万多户；重点龙头企业从基地采购量占加工量比重达到70%以上。

【落实强农惠农政策】 2011年，全市加大惠农减负明查暗访力度，对重点地区、重点领域、重点项目实施重点监控，挂牌整治。严格查处惠农减负违纪违规案件，确保各项强农惠农政策落实到位。强化以“一卡一信一栏”（农民负担监督卡、致农民朋友的一封信、村级惠农减负政策宣传栏）为主的公示公开，补贴项目严格按《财政涉农补贴资金信息化发放管理暂行办法》实施，实行“部门管理、财政发放、纪检（纠风）监察、减负监督”四位一体的方式监管，补贴资金专户管理，专账核算，封闭运行，“一卡通”到户。全市发放涉农补贴8.9亿元，其中下发粮食直补4590万元，农资综合补贴2.74亿元，良种补贴1.15亿元，其他补贴3.8亿元，一事一议省拨财政奖补4470万元。全市组织开展全面检查3次，专项督查7次，暗访抽查11次，下发整改通知31个，先后取消和纠正不合理收费项目7个，清退违规资金123.58万元，所发现的问题都督促限期整改到位。

【加强农村公共事业建设】 2011年，全市加大城乡统筹发展力度，城乡一体化进程加快，农村医疗、卫生、教育、文化、社会保障等公共事业加速发展。新增农村劳动力转移就业8.6万人，农村低保、农村“五保”老人集中和分散供养标准继续提高，8个县市区纳入新型农村养老保险试点，新农合参合率达到99.4%，建成37所义务教育合格学校和19所农村公办幼儿园，建成95个乡镇综合文化站和1585家农家书屋，农村公共服务水平不断提升。

【全面完成省市实事目标任务】 2011年，市委农村工作部、市政府农村工作办公室充分发挥综合协调职能，集中人力、物力、财力，努力办好省、市涉农实事。一是扶贫开发实事。省定实事帮扶贫困农民5万人，实际帮扶贫困农民68982人，完成目标任务的138%；市定实事帮扶培训贫困农民1000人，实际完成4170人，完成市定目标任务的417%。二是农民专业合作社示范社实事。9个省级农民专业示范合作社顺利通过省级验收，成功创建10个市级农民专业合作示范社，带动全市新增农民专业合作社185个，新增入社农户2.9万户，分别比2010年增加47.5%和24.2%。三是能源沼气建设。全市完成投资8560万元，新建户用沼气池14266口，完成全年省定1.2万口任务的118.9%。6个大型沼气工程主体工程基本完工，新建农村沼气后续服务网点118个。

（本栏撰稿 黄万坤）

农村经营管理

【概况】 2011年，全市农村经营管理围绕完善与健全着力做好“三管理一指导”工作：

一、完善承包管理机制，健全土地纠纷调处体系。为进一步做好农村土地承包经营政策法律法规的贯彻落实，6月，市农村经营管理局（简称市农经局）印发《关于农村土地承包经营权流转考核内容和计分暂行办法的通知》，从土地承包、经营权流转和经营纠纷调处等三个环节上，以百分细化定量考核。各地按照要求逐项做好完善健全工作，有效地维护农民的土地承包经营权益，引导促进土地流转，及时调处土地问题纠纷。全市已建立乡（镇）农村土地承包经营权流转服务中心129个，占总乡（镇）的81%；耕地流转面积达5.33万公顷，占总耕地面积的15.9%，其中转包、出租耕地面积分别达2.73万公顷和2.01万公顷，其他形式的0.53万公顷；参与耕地流转的农户14.2万户，占总农户数的15%。按照市政府年初印发《关于认真开展农村土地承包经营纠纷调解仲裁工作的通知》的要求，平江县、湘阴县、君山区、岳阳楼区、华容县设立农村土地承包经营纠纷仲裁委员会。以县级农经部门为依托设立的农村土地承包经营纠纷仲裁机构得到充实加强，有仲裁委员会组成人员84人，其中农民代表12人，仲裁员20人。仲裁员实行凭证上岗，全市有56人参加省以上仲裁业务培训。仲裁工作经费列入同级财政预算。以农经、信访、司法、村负责人为主的县、乡、村土地承包经营纠纷调解队伍进一步健全，相关部门信访联动调处农村土地经营纠纷机制基本建立，乡、村调解责任得到强化。市、县两级农经部门接待农村土地经营纠纷信访165件（次），其中市级接待18件（次），经多方协商后都得到妥善处理。全市没有因农村土地问题发生群体事件和恶性案件。

二、完善集体资产管理，健全村财务规范建设。以加强农村党风廉政建设为契机，重点完善健全村集体民主理财制度和财务公开制度，规范民主理财和财务公开程序，强调民主理财工作职责，强化财务公开措施和有效监督落到实处。全市有村集体经济组织民主理财小组3141个，占总村数96%；实行村财务公开的3130个，占总村数95%；实行村级会计委托代理服务的有130个乡（镇）、2792个村，代管率达到85%，其中实行财务会计电算化管理的1972个村，占60%。岳阳楼区建立乡（街）电算化网路监控系统，将所属组级的财务管理纳入电算化网路监控系统。全市举办村财务人员、农村审计员等业务培训班16期，860多人参训。从事集体经济组织财务人员持有会计资格证的2620人，持证上岗率达到70%。持有农村审计资格证书有340人。重点开展对各项惠农涉农资金、“一事一议”筹资酬劳资金、土地征用补偿资金、转移支付资金、村干部离任等专题审计，对群众反映的突出问题，组织专项审计。全市有3230个村开展对第七届村组织负责人任期审计和财务清查，审计清查总额12.6亿元，其中清查出违纪金额1270万元，追回损失648万元。6月，根据农业部要求，对全市农村产权制度改革工作进行摸底调查，对具备改革条件的村进行分类登记。全市符合集体产权制度改革条件的村121个，列入计划开展试点村10个。

三、完善农民负担监管，健全惠农减负长效机制。市农民负担监督管理办公室（简称市减负办）开展经常性的检查督查。全市开展农民负担检查3次，专项督查7次，暗访抽查11次，下发整改通知31个。突出重点领域治理。重点治理在抵扣拖延村级转移支付资金、超限额订阅报刊、违规向村级收费、违规报销费用、强行摊派农民出钱出物出工等加重负担行为。突出重点问题整改。查矛盾信访热点，查工作薄弱环节，列出涉负重点问题，确定整改方案和目标。着重规范、健全、巩固惠农减负制度措施：一是健全信息公开制度。按照《惠农减负政策信息公开工作的若干规定》，把“一卡、一信、一栏”（农民负担与补贴监督卡、致农民朋友公开信、惠农减负公布栏）作为信息公开的常规方式予以固定。二是健全资金管理制度。按照《财政涉农补贴资金信息化发放管理暂行办法》，补贴项目实行部门管理、财政发放、纪检（纠风）监察、减负监督四位一体的方式进行监管，补贴资金专户管理，专账核算，封闭运行。三是完善监督检查制度。按照《对违反减负和惠农补贴政策实行责任追究的若干规定》，加大力度督查，从严追究，对相关责任人实行诫勉谈话、记大过、撤销职务等处分。市减负办3次在岳阳电视台《巴陵行风聚焦》录播惠农减负节目，4次在岳阳广播电台“行风热线”接受群众政策咨询和反映问题，在“岳阳农网”、“岳阳红网”回复涉农问题150多件，发放农户《农民负担与补贴监督卡》110万份，组织印发《致农民朋友的公开信》，监督各村制作公示栏。接待处理农民来信来访40多件（次），取消和纠正不合理收费项目7个，清退违规资金123.58万元。全市通过“一卡通”直接发放到农户的补贴项目13个，发放粮食直补4590万元，农资综合补贴2.74亿元，良种补贴1.15亿元，其他补贴3.8亿元。“一事一议”省拨财政奖补7745万元，全部落实到项目村。

四、完善指导给力举措，健全合作社示范实事落实。为推动全市农民专业合作社健康发展，3月2日，市人大常委会副主任包忠清带领有关部门到华容县、君山区调研省级示范合作社，提出贯彻落实农民专业合作社法、促进农业产业化的意见和建议。4月25日，市政府召开农民专业合作社建设工作会议，副市长陈四海对发展农民专业合作社提出工作部署，各县市区向市政府递交承办9个省级为民办实事农民专业合作社示范项目的责任状。在市政府第51次常务会议上，市农村工作办公室主任华克敏就农民专业合作社发展做工作汇报，由市财政拨付专项资金80万元扶持建设11个市级示范合作社。为落实省、市为民办实事农民专业合作社示范项目，健全规范运作，市农经局分别在3月15日和6月19日召开农民专业合作社实事示范项目工作调度会，通过岳阳电视台制作4期专题节目《在希望的田野》、《新闻20点》等栏目，宣传中央、省发展农民专业合作社法律政策精神，多次组稿在岳阳日报、岳阳农经网宣传介绍发展农民专业合作社经验，总结推荐华容县铭泰优质稻专业合作社等8个典型入集全省百家合作社汇编，定期到省、市级示范合作社督查指导民主办社、创办产品品牌、提高产品质量和办公场地建设等方面工作。2011年全市农民专业合作社达到574个，辐射带动农户24万户，其中新发展合作社185个，新入社农户2.9万户，分别比2010年增加47.5%和24.2%。争取中央、省、市扶持农民专业合作社申报项目资金360万元。各地在承办省、市实事示范合作社中，组织投入资金684万元，新建和改建省级示范合作社办公场地9个，注册合作社商标7个。经验收，各地承办的9个省级为民办实事项目示范合作社全部合格。

【开展农村集体“三资”清查】 按照《2011年岳阳市农村党风廉政建设工作目标管理考核办法》规定，把农村集体三资（资金、资产、资源）管理列入重点考核内容，要求各地从注重资金管理转变到注重资金、资产、资源的全面管理。市农经局在广泛调研的基础上，开展三资清查工作指导各地做好三资清查，印发工作方案，制订《岳阳市农村集体资金资产资源管理办法（暂行）》，任务细化分解，责任层层落实，要求各地在规范农村集体三资制度建设的基础上，对三资进行清理核实，摸清底数，造册登记，建立健全资产、资金、资源登记簿和完善各类管理台账。全市有2576个村开展清产核资，清查资产总额达15亿元，清查集体资源面积76.4万公顷，设立管理台账的村1800多个，占总村数的55%。

【实施减负惠农重点监控】 2011年，市减负办按照《落实减负惠农政策重点监控工作考核细则》规定，对全市农民负担问题相对突出的13个乡（镇）实行重点监控，由市、县两级减负办和纠风办实行挂牌整治。市减负办对湘阴县岭北镇、城西镇、湘滨镇、平江县南江镇等四个镇落实惠农补贴资金和违规收费情况抽查12个村130多户农户，重点清查湖田甩亩未享受到粮食良种补贴、抵扣补贴作抗旱排渍费、国土资源所违规收取耕地占用税、套取退耕还林和粮食补贴等重点问题8个。湘阴县、平江县召开专题会议，抓整改到位，由县纪委组织调查，对相关责任人实行诫勉谈话、记过、撤销职务等处分。

（本栏撰稿　涂放鸣）

农村能源

【概况】 2011年，岳阳市新建户用沼气池14266口，新建沼气后续服务网点118个，批复的6处大中型沼气工程建设基本竣工。新建联户沼气池和养殖小区沼气池279处，投资805万元，为2299户农户供气，较好地解决部分养殖户的生活用能和环境污染问题。全市完成农村能源建设投资8560万元。

【发展联户沼气】 2011年，随着农村经济结构的深入调整，养殖结构已发生根本变化，畜禽由散养向养殖大户、养殖小区集中。仅生猪一项，全年全市出栏500头以上的有规模养殖户2300户，出栏1万头以上的24户，零星养殖户大量减少。针对这一情况，市能源生态局改变以往只建户用沼气池的传统，向上争取项目，为养殖专业户新建30～100立方米的联户沼气池，实行联户兴建、集中供气。针对联户沼气工程供气难管理、维修费用难分摊的问题，临湘市、汨罗市和湘阴县为用气农户分别建气柜，有效地解决其中一户管道损坏影响另外农户用气的问题，实现管道等设备维修各负其责，确保联户沼气的可持续利用。

【规范大中型沼气工程建设】 2011年，为规范全市大中型沼气工程建设管理，根据省发改委、省能源办有关文件精神，市能源局会同市发改委、市财政局联合下发《关于规范我市大中型沼气工程建设管理的通知》，从申报条件、申报程序、资金管理和质量监管等几个方面对规范全市大中型沼气工程建设管理提出具体要求。从制度上规范大中型沼气工程建设管理，开创了全省的先例，受到省能源局推介。4月24～30日，市能源局会同市发改委对全市2010年竣工投入运行的11处大中型沼气工程进行全面验收，全市建的大中型沼气工程质量较好，能正常产气，绝大部分在进行沼气发电和向农户供气，深受养殖户和农户欢迎。

【岳阳县筻口镇集中供应沼气】 2011年，岳阳县生态能源局筹资110万元在筻口镇进行同发科技公司沼气工程集中供气试点，向200户农户集中供气，按每立方米1.3元的价格向用气户收取沼气使用费，实行刷卡交钱，插卡用气。像城市居民使用天然气一样方便，按每户每天大约使用沼气1立方米计算，每月只需花费40元就能解决做饭、烧水和取暖的问题，每个农户每年可以节约燃料费500元左右。以往周边村民对养殖场所造成的污染有很大意见，养殖场与村民经常闹纠纷。集中供气工程深受村民欢迎，在一定程度上密切了干群关系，收到较好的社会效益。

【加快服务网点建设】 2011年，岳阳市累计兴建户用沼气池25.5万口，数量和入户率均居全省第一，后续服务任务重，建成的456个服务网点很难满足沼气户的需要。为做好农村沼气的后续服务，市能源局按照“政府引导、市场运作”原则，新建118个沼气服务网点，探索出了专业合作型、协会成员型、公司经营型、个人领办型和社会公益型等五种服务模式和包干负责、配件有偿、服务免费等服务手段，技术人员基本做到每年对责任范围内的沼气户进行2次回访，确保农村沼气的可持续发展。汨罗市弼时镇实现沼气服务的信息化管理，岳阳县的县级服务网点管理规范，形成可观经济效益。农村沼气后续服务正在逐步走向规范化、全面化、现代化。（本栏撰稿　李建中）

扶贫开发

【概况】 2011年，岳阳市扶贫开发工作以科学发展观为指导，坚持开发式扶贫方针，以最大限度地减少贫困人口为目标，以解决贫困群众最关心、最直接、最现实的民生问题作为出发点和落脚点，以抓好为民办实事工程和整村推进为重点。取得投入过亿元、脱贫人口4.8万人，年人均增收687元的好成绩。

【争取扶贫项目资金】 2011年，

市扶贫办向省扶贫办申报项目216个，争取中央、省财政扶贫资金3821.5万元，比2010年增加446.5万元，平江县德援项目资金2000万元。

【整村推进扶贫工作】 2011年，市扶贫办抓好全市63个贫困村实施整村推进计划，整村推进工作取得较大成效。一是基础设施建设进一步加强。全市重点村新修和改造乡村公路里程260公里，维修水渠5.7万米，小型水库8座，新建山塘21口，维修水利设施106处，开挖水井7口，修建桥梁6座，新建沼气池400口，维修村部6个，电网改造3000户，在63个贫困村建立了农家书屋。二是产业发展扶贫项目稳步推进。把产业扶贫工作作为加快贫困群众增收脱贫步伐的重要手段。平江县依托“连片开发”项目，投入资金500万元，按照“公司+基地+农户”的模式，扶持基地发展油茶200公顷、有机茶33.33公顷。同时，扶持农业合作组织建设，培植种养大户，通过扶持基地和大户，带动贫困农户发展种养殖业，整体推进规模产业基地建设。冬塔乡白土村，通过农民合作组织发动贫困群众种植油茶1000公顷、杉木2666.67公顷、香草13.33公顷、豆角46.67公顷，培养养鸡户21户，散养土鸡2.2万只，养羊户67户，养殖黑山羊1500头。在重点乡村集中扶持油茶、楠竹、药材、生猪、家禽等产业项目160个，投入扶贫资金3200多万元，通过产业扶贫使群众稳定增收。

【扶贫开发和农村低保衔接工作】 2011年，列入省“两项制度”（即扶贫开发和农村低保）有效衔接试点的平江县、岳阳县，一是全面完成“两项制度”有效衔接人口的识别、登记、录入等工作，做到“户有卡、乡有册、县有档案”，登记识别人口5.03万人。二是因地制宜选定产业帮扶项目20大类，帮扶贫困农户5.1万人。三是帮扶资金打卡到户，岳阳市帮扶贫困户资金分两批，全部打卡到户。

【建设扶贫成效明显】 2011年，全市派出93个中央、省属驻岳企事业单位和市直单位进驻60个市直建设扶贫村，各后盾单位在市直建设扶贫村投入扶贫资金624.78万元，协调资金1420.82万元，物资折款90.11万元。为建设扶贫村硬化村级公路220公里，整修通组公路280公里，新修桥梁6座，整修山塘、堰坝57个，整修、新修水渠5.7万米，电网改造2800户，新建村部6个，农家书屋60个，购置垃圾箱950个，新建沼气池300口，改善了农民生产生活条件，受到当地村民的欢迎。

【“雨露计划”顺利完成】 2011年，岳阳市“雨露计划”培训任务为1600人，市扶贫办采取多种形式，学历教育与短期培训相结合，开设旅游服务、计算机、商务外语、文秘等专业，并举办家政服务、电子装配、电动缝纫、电脑操作技能培训班。按照市政府的统一部署，在实施“雨露计划”过程中，市、县、校三级联动，瞄准劳动力市场需求，推进培训与转移工作，提前完成省下达的培训任务。

【实事工程超额完成】 2011年，岳阳市按照省扶贫办和市政府有关文件的通知精神，围绕“帮扶贫困农民5万人”和“帮扶培训贫困农民1000人”两项实事工作，以省“两项制度”有效衔接试点县平江、岳阳为主战场，以省扶贫开发领导小组认定的145个省定扶贫开发重点村和60个市直建设扶贫村为载体，认真履行职责，稳步推进工作，全市扶贫系统完成帮扶贫困农民6.89万人，超额完成1.89万人，超额率为38%；帮扶培训贫困农民4170人，超额完成3170人，超额率为317%。

（本栏撰稿　杨建平）

种植业

【概况】 2011年，岳阳市农业部门认真贯彻中央、省、市的决策部署，攻坚克难，务实进取，全面完成各项任务。全年实现种植业总产值158.04亿元（可比价），比2010年增长5.3%，农民人均纯收入7070.46元，比2010年增长18.1%。

【粮食生产创新高】 2011年，全市粮食播种面积52.61万公顷，总产307.7万吨，分别比2010年增长1.61%、3.9%，在连续7年丰收的基础上，粮食播种面积、单产、总产均创历史新高，中央电视台《新闻联播》先后三次对岳阳市粮食生产情况进行报道，在全省粮食生产工作考核评比中排名第一，被省政府评为2011年全省粮食生产先进市。湘阴县、华容县荣获全国粮食生产先进县称号，岳阳县、汨罗市荣获全省粮食生产先进县标兵称号，屈原管理区阳岳球作为种粮售粮大户代表在全国粮食生产表彰奖励大会作典型发言。

【龙头企业显活力】 2011年，岳阳市新增湖南巴陵油脂有限公司、湖南九鼎科技（集团）有限公司2家国家农业产业化重点龙头企业，占全省的；新增省级农业产业化龙头企业14家，增幅居全省第一。龙头企业新增中国驰名商标5件，总数达14件，占全省涉农中国驰名商标的，龙头企业拥有的中国驰名商标、中国名牌、省著名商标和省名牌产品个数分别占全市的72%、100%、80%和61%。湖南福星木业股份有限公司、湖南湘菌农业生物科技股份有限公司2家企业在天津股权交易中心正式挂牌，涉农的上市和挂牌企业达8家，占全市上市和挂牌企业总数的61.5%。全市规模以上农产品加工企业发展到291家，占全市规模以上企业的21.6%。全年实现农产品加工业增加值142.7亿元，比2010年增长22%，总量稳居全省第二位。全市农民从产业化经营中人平获得收入2042元，占农民人均纯收入的三分之一左右。

【农业项目建设】 2011年，岳阳市争取中央及省级农业项目137个，项目资金1.45亿元，比2010年分别增长13.2%、156.2%，其中争取农垦危房改造资金8417万元，占全省的32%，争取农业生产救灾资金1010万元，占全省的八分之一。“洞庭高科种业股份有限公司”与世界五百强企业之一的中种集团成功合作，中种集团投资7755万元在岳阳市建设区域性核心种业基地。加快屈原国家级现代农业示范区建设，成功申报华容县国家级现代农业示范区版票证使用的顺利过渡。据统计，全市产地检疫猪371万头、牛15.1万头、羊20.28万只、禽类2300万羽，屠宰检疫猪251万头、牛7.0万头、羊5.411万只，屠宰检疫率基本达到100%，上市肉品100%合格。查处各类案件198起，立案查处45起。三是动物疫情监测工作扎实开展。动物疫情监测与流行病学查工作按照省统一安排及部署，做到年初有方案，年中有工作开展记录，年终有工作总结。全年监测畜禽血样8000多个，先后开展禽流感、口蹄疫、猪蓝耳病、仔猪腹泻等疫病的流行病学调查，为科学指导防控重大动物疫病提供依据。　（皮可军）

【湖南省农业血防工作会议在岳阳市召开】　2011年4月18日，湖南省农业血防工作会议在岳阳市召开。来自湖南省畜牧水产局和疫区7市所辖34个县市区主管农业血防工作的领导和专家80余人参加会议。会议传达全国农业血防工作会议精神，总结交流2010年度湖南省农业血防工作的经验，表彰湖南省2010年度农业血防工作先进单位和先进个人，岳阳市动物防疫监督站和8位农业血防工作者分别受到表彰。会议还研究部署2011年湖南省农业血防工作，签订农业血防工作的任务承包合同。　（廖加生）

【举办动物卫生监督知识竞赛与技能比武】　2011年8月24～26日，岳阳市举办全市动物卫生监督知识竞赛与技能比武活动。省畜牧水产局副局长罗运泉，省动物卫生监督所所长、动物疫病预防控制中心主任欧燎原，市政府副秘书长陈正文等领导参加这次活动。活动有10个县市区的代表队30名选手参加，竞赛分为屠宰操作、笔试和现场竞答三个环节，分别在市畜禽水产品质量检测中心、岳阳市生猪定点屠宰批发市场、云梦宾馆和岳阳电视台演播大厅进行。经过三轮激烈角逐，平江县代表队获得第一名。

（廖加生）

水产业

【概况】　2011年，岳阳市水产工作以渔业增产、渔民增收为己任，以创建水产健康养殖示范场为载体，促进养殖业增长方式转变、渔业产品结构优化，确保水产品质量安全、水产苗种质量安全，推行水产健康养殖，突出发展大宗淡水渔业，打造特色水产板块，确保全市渔业经济在大灾之年取得持续健康的发展。全市放养水面7.4万公顷，名特优放养面积与2010年持平；鱼种投放6.49亿尾，比2010年减少5.85%；人工繁殖鱼苗28.3亿尾，减少35.7%，其中四大家鱼苗种繁育比2010年减少31%，育成夏花由2010年的18.36亿尾减少到10亿尾，减少45.5%。全年水产品产量达到38.07万吨，渔业产值56.78亿元。

【水域滩涂规划编制和信息采集】　从2010年11月19日至2011年4月25日，全市录入水域滩涂信息2.19万条，面积13.90万公顷，其中已养11.11万公顷，未养2.78万公顷，至4月29日，在全省率先全面完成水域滩涂信息采集和录入工作。同时按上级对养殖水域滩涂普查要求，建立户、村、乡（镇）、县台账，县、市两级全部建立养殖水域滩涂信息数据库，完成数据比对和汇总工作，被湖南省畜牧水产局评为先进单位。　（李敏书）

【国家级水产健康养殖小区创建】　2011年，岳阳市根据农业部的要求，推荐9家水产养殖企业参加农业部水产健康养殖示范场创建活动。通过一年的努力工作，汨罗市新塘湖渔场、君山区新洲渔场、岳阳县大毛家湖渔场、临湘市中山湖渔场等7家水产企业通过农业部健康养殖示范场的考核验收。至此，岳阳市健康养殖示范场达21家，覆盖总养殖面积0.91万公顷，每年可提供优质水产品3.68万吨。　（李敏书）

【积极应对自然灾害】　2011年，岳阳市发生百年不遇的春夏连旱和旱涝急转的自然灾害。灾情发生后，市畜牧水产局及时收集信息，向农业部和省主管部门进行专题汇报，并邀请农业部有关领导、专家到君山区、华容县、湘阴县等地实地察看灾情，指导抗灾救灾。岳阳市向农业部申请渔业抗灾救灾资金2520万元，市畜牧水产局成立以局长陈克祥任组长的灾后自救工作领导小组办公室。制订《岳阳市畜牧水产局关于开展养殖业生产自救工作的实施方案》，开展两大主题活动。一是送种苗下乡活动。想方设法从外地组织调运400万尾“四大家鱼”鱼苗，赠送给灾情最严重的君山区、岳阳县和临湘市。二是技术大培训活动。编制《水产养殖洪灾后恢复生产技术措施要点》，分发至各县市区养殖户，指导复产工作。发放资料70余份，培训20余个养殖户。在岳阳县大毛家湖举办1期鱼病防治技术培训班，培训15户专业养殖渔民。此外，还通过“岳阳市畜牧水产局政务网”等媒介、技术讲座等平台，广泛宣传，提高渔民恢复生产、重建家园的能力。具体做法被市灾后生产自救重建家园工作领导小组办公室作为典型在全市进行推介。　（李敏书）

【岳阳县开展打击非法矮围专项整治行动】　2011年3月31日，岳阳县组织对非法矮围的强拆行动，动用挖机依次将每个矮围闸口挖开不少1000米的缺口，并开全省之先河，以非法捕捞罪对涉嫌利用矮围捕鱼的蔡某某等人提起公诉，判处有期徒刑18个月。8月12日，岳阳县渔政局组织40余名渔政执法人员对君山后湖和红旗湖水域2处非法网围进行强制拆除。8月30日，岳阳县再次组织集中行动，将已拆矮围缺口挂插网片全部砍掉。华容县、湘阴县等相关县（区）也组织强制拆除矮围行动。至年底，岳阳县拆除矮围60处，华容县拆除矮围21处，湘阴县拆除矮围16处。

（廖加生　胡　灿）

【举办长江中下游渔业资源修复主放流活动】　2011年7月12日，农业部联合湖南、湖北、江西、安徽、江苏5省政府举办长江中下游渔业资源修复放流活动。此次放流活动是在洞庭湖区和长江中下游地区遭受历史罕见的春夏连旱，渔业资源和水域生态受到严重损害，渔民生产生活受到严重影响之际举办的。农业部党组成员、人事劳动司司长梁田庚宣布放流活动启动，湖南省人大常委会副主任蔡力峰，湖南省农业厅厅长田家贵，岳阳市领导黄兰香、李湘岳、陈四海等出席在岳阳市举办的主放流仪式。此次放流活动以“增殖渔业资源、修复长江生态”为主题，湖南省在岳阳市、益阳市、常德市、长沙市设立12个放流点。其中岳阳主会场放流青、草、鲢、鳙“四大家鱼”和龟、鳖等经济鱼苗鱼种2000万尾。

（廖加生）

【市畜牧水产局获得全国水生生物资源养护先进集体称号】 从2002年起，岳阳市连续10年实施春季禁渔，范围包括岳阳境内的洞庭湖、华容县塔市驿伍马口至临湘市白沙洲183公里的长江水域。在规定范围和时间内禁止所有捕捞作业，禁止在禁渔区、禁渔期内收购和销售违禁捕捞渔获物。自2010年开始，洞庭湖禁渔时期又提前至3月10日，同时，平江等山丘区在汨罗江也启动了禁渔。在实施禁渔的同时，市政府组织多次大型人工增殖放流活动。全市投入洞庭湖及长江的鱼类苗种近1.2万尾，投入资金600万元，有效地增殖了渔业资源。

8月29日，农业部在新疆乌鲁木齐召开全国水生生物资源养护工作会议，岳阳市畜牧水产局等单位被授予“全国水生生物资源养护先进集体”。11月9日，农业部在武汉市召开长江禁渔10周年总结会议，岳阳市畜牧水产局、岳阳县渔政监督管理局获得长江10年禁渔先进集体，还有3人获得禁渔工作先进个人。

（廖加生）

农业机械

【概况】 2011年，岳阳市农机化工作以促进农业增效、农民增收为目标，落实农机购置补贴政策，推广农机新技术新机具，加强农机安全监管，为岳阳市建设现代农业强市提供有力支持。至年底，全市争取农机购置补贴资金8320万元，完成补贴资金8286.35万元，累计补贴机具3.18万台（套）。农机装备总量稳步提升，农机总动力达到63.03万台，498.45万千瓦，比2010年分别增长7.2%和6.4%；其中，拖拉机保有量达到2.78万台，收割机保有量达到1.16万台，新增插秧机300余台，农产品初加工动力机械增加4800余台。农机作业水平进一步发展，全市完成机耕面积53.17万公顷，比2010年增长2.95%；机械植保面积22.95万公顷，比2010年增长13.6%；机收面积36.16万公顷，比2010年增长4.2%；机播面积达到21.11公顷，机电灌溉面积达到29.55万公顷，比2010年分别增加0.25万公顷和0.29万公顷；综合机械化水平达到55.5%，比2010年增长1.1%，在湖南省处于领先水平。各项农机工作顺利开展，引导各农机生产厂家不断推出新型和高质的产品，占据更多的市场，拥有更多的份额，加快农机的更新换代。加大农机技术人员、农机操作人员培训力度，充分调动和发挥农民的主观能动性，加快农业机械的推广、普及和运用。重点建设屈原管理区黄金乡等10个“平安农机”示范乡（镇）、湘阴县樟树村等44个“平安农机”示范村。建设华容县等5个省级水稻机械化育插秧示范基地、25个水稻机械化育插秧县级示范点。

【落实惠农政策】 2011年，岳阳市农机部门为确保农机购置补贴政策不折不扣地落实，将农机购置补贴工作作为全年工作的重中之重。一是严格规范补贴程序。联合市财政局出台《岳阳市2011年农业机械购置补贴实施方案》，研究制定《农机购置补贴工作监督管理办法》，规范操作、审核、结算三个流程的工作标准，明确工作职责，切实强化补贴工作的实施和监管。二是全程监管政策实施。由市农机局领导牵头，安排15名工作人员常年对各县市区的补贴情况，电话抽查和实地检查4000多户，有效预防违反补贴政策情况的发生。三是开展专项清查。在自查自纠的基础上，配合纠风、减负、财政、审计等部门对全市2008～2010年农机购置补贴实施情况进行专项清查。在农机部门的努力下，2011年，岳阳市争取农机购置补贴资金8320万元，完成补贴资金8286.35万元，累计补贴机具3.18万台（套）。其中大中型拖拉机473台，手扶拖拉机969台，多用农田作业机1962台，收割机1931台，水稻插秧机300余台。高能耗、高排放、安全性能差的老旧机械得到淘汰和更新，大马力高效率、先进适用、安全可靠的大中型拖拉机、半喂入收割机和插秧机等机械快速发展，农机装备结构得到优化。

【农机安全监管】 2011年，岳阳市农机部门坚持依法行政，切实加强源头管理。一是确保责任落实。多次召开农机安全生产会议，部署工作，落实责任，健全市、县、乡、村四级安全网络，形成“政府主导，农机主抓，部门配合，社会参与”的农机安全生产格局。二是坚持依法行政。严格执行农机监理收费标准、执法行为的程序标准以及设施建设标准。坚持收费标准公示、办事程序公示、工作职责公示、处罚规定公示。严把机车登记关、驾驶员考试关、机手培训关、车辆检测关、档案管理关。市农机局与市交警支队协调，开展联合执法，查处拖拉机无牌行驶、无证驾驶、非法载人等隐患2000多起，有效预防事故发生。三是推进规范化建设。启用新的拖拉机上户目录系统，对超范围登记的运输型（变型）拖拉机情况进行清查。组织21名农机安全监理人员参加省农机安全培训，学习新的事故处理办法和新的业务规程。组织编写《岳阳市农机安全监理服务指南》，规范拖拉机、联合收割机登记档案及驾驶人档案。四是加强平安农机创建。推广平江县创建全国“平安农机”示范县的经验，强化源头管理，推进农机安全生产工作。在活动创建过程中，坚持务实高效，农机车辆注册登记率、驾驶人持证率、年检率明显上升，农机事故明显下降。至年底，屈原管理区黄金乡等10个“平安农机”示范乡镇、湘阴县樟树村等44个平安农机示范村，均通过省市安监、农机部门验收。全年拖拉机注册登记3404台，新增驾驶员2865人，拖拉机年检7540台，未发生重特大农机安全事故，农机安版票证使用的顺利过渡。据统计，全市产地检疫猪371万头、牛15.1万头、羊20.28万只、禽类2300万羽，屠宰检疫猪251万头、牛7.0万头、羊5.411万只，屠宰检疫率基本达到100%，上市肉品100%合格。查处各类案件198起，立案查处45起。三是动物疫情监测工作扎实开展。动物疫情监测与流行病学查工作按照省统一安排及部署，做到年初有方案，年中有工作开展记录，年终有工作总结。全年监测畜禽血样8000多个，先后开展禽流感、口蹄疫、猪蓝耳病、仔猪腹泻等疫病的流行病学调查，为科学指导防控重大动物疫病提供依据。（皮可军）

【湖南省农业血防工作会议在岳阳市召开】 2011年4月18日，湖南省农业血防工作会议在岳阳市召开。来自湖南省畜牧水产局和疫区7市所辖34个县市区主管农业血防工作的领导和专家80余人参加会议。会议传达全国农业血防工作会议精神，总结交流2010年度湖南省农业血防工作的经验，表彰湖南省2010年度农业血防工作先进单位和先进个人，岳阳市动物防疫监督站和8位农业血防工作者分别受到表彰。会议还研究部署2011年湖南省农业血防工作，签订农业血防工作的任务承包合同。（廖加生）

【举办动物卫生监督知识竞赛与技能比武】 2011年8月24～26日，岳阳市举办全市动物卫生监督知识竞赛与技能比武活动。省畜牧水产局副局长罗运泉，省动物卫生监督所所长、动物疫病预防控制中心主任欧燎原，市政府副秘书长陈正文等领导参加这次活动。活动有10个县市区的代表队30名选手参加，竞赛分为屠宰操作、笔试和现场竞答三个环节，分别在市畜禽水产品质量检测中心、岳阳市生猪定点屠宰批发市场、云梦宾馆和岳阳电视台演播大厅进行。经过三轮激烈角逐，平江县代表队获得第一名。

（廖加生）

水产业

【概况】 2011年，岳阳市水产工作以渔业增产、渔民增收为己任，以创建水产健康养殖示范场为载体，促进养殖业增长方式转变、渔业产品结构优化，确保水产品质量安全、水产苗种质量安全，推行水产健康养殖，突出发展大宗淡水渔业，打造特色水产板块，确保全市渔业经济在大灾之年取得持续健康的发展。全市放养水面7.4万公顷，名特优放养面积与2010年持平；鱼种投放6.49亿尾，比2010年减少5.85%；人工繁殖鱼苗28.3亿尾，减少35.7%，其中四大家鱼苗种繁育比2010年减少31%，育成夏花由2010年的18.36亿尾减少到10亿尾，减少45.5%。全年水产品产量达到38.07万吨，渔业产值56.78亿元。

【水域滩涂规划编制和信息采集】 从2010年11月19日至2011年4月25日，全市录入水域滩涂信息2.19万条，面积13.90万公顷，其中已养11.11万公顷，未养2.78万公顷，至4月29日，在全省率先全面完成水域滩涂信息采集和录入工作。同时按上级对养殖水域滩涂普查要求，建立户、村、乡（镇）、县台账，县、市两级全部建立养殖水域滩涂信息数据库，完成数据比对和汇总工作，被湖南省畜牧水产局评为先进单位。（李敏书）

【国家级水产健康养殖小区创建】 2011年，岳阳市根据农业部的要求，推荐9家水产养殖企业参加农业部水产健康养殖示范场创建活动。通过一年的努力工作，汨罗市新塘湖渔场、君山区新洲渔场、岳阳县大毛家湖渔场、临湘市中山湖渔场等7家水产企业通过农业部健康养殖示范场的考核验收。至此，岳阳市健康养殖示范场达21家，覆盖总养殖面积0.91万公顷，每年可提供优质水产品3.68万吨。（李敏书）

【积极应对自然灾害】 2011年，岳阳市发生百年不遇的春夏连旱和旱涝急转的自然灾害。灾情发生后，市畜牧水产局及时收集信息，向农业部和省主管部门进行专题汇报，并邀请农业部有关领导、专家到君山区、华容县、湘阴县等地实地察看灾情，指导抗灾救灾。岳阳市向农业部申请渔业抗灾救灾资金2520万元，市畜牧水产局成立以局长陈克祥任组长的灾后自救工作领导小组办公室。制订《岳阳市畜牧水产局关于开展养殖业生产自救工作的实施方案》，开展两大主题活动。一是送种苗下乡活动。想方设法从外地组织调运400万尾“四大家鱼”鱼苗，赠送给灾情最严重的君山区、岳阳县和临湘市。二是技术大培训活动。编制《水产养殖洪灾后恢复生产技术措施要点》，分发至各县市区养殖户，指导复产工作。发放资料70余份，培训20余个养殖户。在岳阳县大毛家湖举办1期鱼病防治技术培训班，培训15户专业养殖渔民。此外，还通过“岳阳市畜牧水产局政务网”等媒介、技术讲座等平台，广泛宣传，提高渔民恢复生产、重建家园的能力。具体做法被市灾后生产自救重建家园工作领导小组办公室作为典型在全市进行推介。（李敏书）

【岳阳县开展打击非法矮围专项整治行动】 2011年3月31日，岳阳县组织对非法矮围的强拆行动，动用挖机依次将每个矮围闸口挖开不少1000米的缺口，并开全省之先河，以非法捕捞罪对涉嫌利用矮围捕鱼的蔡某某等人提起公诉，判处有期徒刑18个月。8月12日，岳阳县渔政局组织40余名渔政执法人员对君山后湖和红旗湖水域2处非法网围进行强制拆除。8月30日，岳阳县再次组织集中行动，将已拆矮围缺口挂插网片全部砍掉。华容县、湘阴县等相关县（区）也组织强制拆除矮围行动。至年底，岳阳县拆除矮围60处，华容县拆除矮围21处，湘阴县拆除矮围16处。

（廖加生 胡 灿）

【举办长江中下游渔业资源修复主放流活动】 2011年7月12日，农业部联合湖南、湖北、江西、安徽、江苏5省政府举办长江中下游渔业资源修复放流活动。此次放流活动是在洞庭湖区和长江中下游地区遭受历史罕见的春夏连旱，渔业资源和水域生态受到严重损害，渔民生产生活受到严重影响之际举办的。农业部党组成员、人事劳动司司长梁田庚宣布放流活动启动，湖南省人大常委会副主任蔡力峰，湖南省农业厅厅长田家贵，岳阳市领导黄兰香、李湘岳、陈四海等出席在岳阳市举办的主放流仪式。此次放流活动以“增殖渔业资源、修复长江生态”为主题，湖南省在岳阳市、益阳市、常德市、长沙市设立12个放流点。其中岳阳主会场放流青、草、鲢、鳙“四大家鱼”和龟、鳖等经济鱼苗鱼种2000万尾。

（廖加生）

【市畜牧水产局获得全国水生生物资源养护先进集体称号】　从2002年起，岳阳市连续10年实施春季禁渔，范围包括岳阳境内的洞庭湖、华容县塔市驿伍马口至临湘市白沙洲183公里的长江水域。在规定范围和时间内禁止所有捕捞作业，禁止在禁渔区、禁渔期内收购和销售违禁捕捞渔获物。自2010年开始，洞庭湖禁渔时期又提前至3月10日，同时，平江等山丘区在汨罗江也启动了禁渔。在实施禁渔的同时，市政府组织多次大型人工增殖放流活动。全市投入洞庭湖及长江的鱼类苗种近1.2万尾，投入资金600万元，有效地增殖了渔业资源。

8月29日，农业部在新疆乌鲁木齐召开全国水生生物资源养护工作会议，岳阳市畜牧水产局等单位被授予“全国水生生物资源养护先进集体”。11月9日，农业部在武汉市召开长江禁渔10周年总结会议，岳阳市畜牧水产局、岳阳县渔政监督管理局获得长江10年禁渔先进集体，还有3人获得禁渔工作先进个人。（廖加生）

农业机械

【概况】　2011年，岳阳市农机化工作以促进农业增效、农民增收为目标，落实农机购置补贴政策，推广农机新技术新机具，加强农机安全监管，为岳阳市建设现代农业强市提供有力支持。至年底，全市争取农机购置补贴资金8320万元，完成补贴资金8286.35万元，累计补贴机具3.18万台（套）。农机装备总量稳步提升，农机总动力达到63.03万台，498.45万千瓦，比2010年分别增长7.2%和6.4%；其中，拖拉机保有量达到2.78万台，收割机保有量达到1.16万台，新增插秧机300余台，农产品初加工动力机械增加4800余台。农机作业水平进一步发展，全市完成机耕面积53.17万公顷，比2010年增长2.95%；机械植保面积22.95万公顷，比2010年增长13.6%；机收面积36.16万公顷，比2010年增长4.2%；机播面积达到21.11公顷，机电灌溉面积达到29.55万公顷，比2010年分别增加0.25万公顷和0.29万公顷；综合机械化水平达到55.5%，比2010年增长1.1%，在湖南省处于领先水平。各项农机工作顺利开展，引导各农机生产厂家不断推出新型和高质的产品，占据更多的市场，拥有更多的份额，加快农机的更新换代。加大农机技术人员、农机操作人员培训力度，充分调动和发挥农民的主观能动性，加快农业机械的推广、普及和运用。重点建设屈原管理区黄金乡等10个“平安农机”示范乡（镇）、湘阴县樟树村等44个“平安农机”示范村。建设华容县等5个省级水稻机械化育插秧示范基地、25个水稻机械化育插秧县级示范点。

【落实惠农政策】　2011年，岳阳市农机部门为确保农机购置补贴政策不折不扣地落实，将农机购置补贴工作作为全年工作的重中之重。一是严格规范补贴程序。联合市财政局出台《岳阳市2011年农业机械购置补贴实施方案》，研究制定《农机购置补贴工作监督管理办法》，规范操作、审核、结算三个流程的工作标准，明确工作职责，切实强化补贴工作的实施和监管。二是全程监管政策实施。由市农机局领导牵头，安排15名工作人员常年对各县市区的补贴情况，电话抽查和实地检查4000多户，有效预防违反补贴政策情况的发生。三是开展专项清查。在自查自纠的基础上，配合纠风、减负、财政、审计等部门对全市2008～2010年农机购置补贴实施情况进行专项清查。在农机部门的努力下，2011年，岳阳市争取农机购置补贴资金8320万元，完成补贴资金8286.35万元，累计补贴机具3.18万台（套）。其中大中型拖拉机473台，手扶拖拉机969台，多用农田作业机1962台，收割机1931台，水稻插秧机300余台。高能耗、高排放、安全性能差的老旧机械得到淘汰和更新，大马力高效率、先进适用、安全可靠的大中型拖拉机、半喂入收割机和插秧机等机械快速发展，农机装备结构得到优化。

【农机安全监管】　2011年，岳阳市农机部门坚持依法行政，切实加强源头管理。一是确保责任落实。多次召开农机安全生产会议，部署工作，落实责任，健全市、县、乡、村四级安全网络，形成“政府主导，农机主抓，部门配合，社会参与”的农机安全生产格局。二是坚持依法行政。严格执行农机监理收费标准、执法行为的程序标准以及设施建设标准。坚持收费标准公示、办事程序公示、工作职责公示、处罚规定公示。严把机车登记关、驾驶员考试关、机手培训关、车辆检测关、档案管理关。市农机局与市交警支队协调，开展联合执法，查处拖拉机无牌行驶、无证驾驶、非法载人等隐患2000多起，有效预防事故发生。三是推进规范化建设。启用新的拖拉机上户目录系统，对超范围登记的运输型（变型）拖拉机情况进行清查。组织21名农机安全监理人员参加省农机安全培训，学习新的事故处理办法和新的业务规程。组织编写《岳阳市农机安全监理服务指南》，规范拖拉机、联合收割机登记档案及驾驶人档案。四是加强平安农机创建。推广平江县创建全国“平安农机”示范县的经验，强化源头管理，推进农机安全生产工作。在活动创建过程中，坚持务实高效，农机车辆注册登记率、驾驶人持证率、年检率明显上升，农机事故明显下降。至年底，屈原管理区黄金乡等10个“平安农机”示范乡镇、湘阴县樟树村等44个平安农机示范村，均通过省市安监、农机部门验收。全年拖拉机注册登记3404台，新增驾驶员2865人，拖拉机年检7540台，未发生重特大农机安全事故，农机安全生产形势持续向好。

【加快示范基地建设】 2011年，岳阳市农机部门为推广机插技术，提高岳阳市机插水平，扩大机插面积，加快示范基地建设。一是突出宣传发动。将编印的《水稻育插秧机械化技术》、《机插水稻软盘育秧技术要点》等资料9000余份，下发到乡镇、村组和广大种粮大户。二是突出培训带动。开展插秧机操作培训15次，凡购买插秧机的农户，农机部门请专业技术人员免费上门指导，现场讲解插秧机的操作原理和维护保养知识。三是突出指导促动。组织农机技术人员，在农忙时节深入到田间地头为机插秧用户提供技术指导和维修服务。在农机部门的有力措施下，建成华容县等5个省级水稻机械化育插秧示范基地、25个水稻机械化育插秧县级示范点，推广水稻插秧机300余台。通过示范基地的建设和对比实验，有效地展示水稻机械化育插秧技术的优势，为提高岳阳市机插水平，扩大机插面积，实现水稻全程机械化打下良好的基础。

【增强农机部门服务意识】 2011年，岳阳市农机部门充分发挥工作职能，服务“三农”，培育农机市场。一是服务春耕备耕。开展“万名干部下基层，百万农机促春耕”活动。成立春耕生产农机服务小分队，培训农机手1100余人次。设立农机打假投诉举报热线，查处假冒伪劣农机产品案件12起。检修、调试各类农机具4.2万台，组织农机具12万余台投入春耕，完成机耕面积25.8万公顷。二是支持抗旱抗灾。在“6·10”特大地质灾害后，组织经销商将7000多万元的农机零配件投放农机市场，对抗灾急需的潜水泵等排灌类机械实行优先补贴。组织72个“农机技术服务110农机具维修小分队”，深入田间地头指导农机使用，及时帮助农民排除故障。救灾期间，累计检修各类排灌机械、农用工程机械等4.8万台。三是做强农机合作组织。鼓励、引导农机户通过机具联合、技术联合和资金入股等多种形势建立农机服务组织，有效提高农机作业效率。全市有农机服务组织500余个，涌现出一大批龙头型专业农机合作社，农机经营总收入达到17.36亿元。

（本栏撰稿 刘 林）

农业科技

【农业科技应用研究】 2011年，岳阳市农业科学研究所（简称市农科所）优质晚稻育种依然保持明显优势，早、中稻的育种研究步伐逐步加快。参加各类区试品种有32个（次）。鑫优9113、盛泰优9712通过湖南省审定，盛泰优9712被评为省二等优质米。“优质杂交稻岳优9264的选育与示范”获得中化集团科技发明三等奖，优质不育系盛泰A申请国家植物新品种保护，优质杂交稻组合岳优712的选育与应用获得岳阳市科技进步一等奖。

西瓜诱变育种有新进展，种质资源得到创新。成功诱变出一批性状优良的四倍体新材料，黑童宝、东方美玉等7个小果型新品种定型，“黑迷人”在印度试种表现特别优秀，神玉、东方美佳等4个新品种参加省区试，成功培育出无籽西瓜新组合“9068/D89-4”。

棉花不育系研究取得重大突破，实现三系配套。成功选育出棉花胞质雄性不育系6001A，其性状稳定优良，不育率、恢复率均达到100%，实现三系配套，所配组合优势明显，省去棉花制种必须人工去雄的工序。国家、省权威棉花专家先后到市农科所对该不育系进行现场鉴定，给予高度评价和充分肯定。

【农业科技公益研究】 2011年，市农科所区域试验承担水稻、西瓜、油菜、棉花4大作物的全国与省级区试，进行侧条施肥、配方施肥、全量施肥、减氮控磷、旱地减肥等5大类施肥技术研究，承担中国农科院的南方稻区作物种植制度及秸秆还田研究项目、国家“十一五”、“十二五”科技支撑项目——沿洞庭湖粮食主产区农业面源污染物消纳减排关键技术研究与示范、地下水污染监测研究等公益研究。

【农业科技项目】 2011年，市农科所承担了国家、省、市级科技项目9项，其中省级以上4项：农业部农业综合开发专项——湖南省岳阳市水稻原原种扩繁基地建设项目，财政部财政支持农业科技推广项目——优质水稻新组合“盛泰优9712”示范与推广，省农业厅系统专项——高抗、优质超级稻选育与技术培训示范，财政部农财农业推广专项资金项目——优质水稻新组合“岳优712”繁育与推广示范。

【农业科技平台建设】 2011年，国家水稻产业技术体系岳阳综合试验站正式启动，为全国50个试验站之一。农业部岳阳农业环境科学实验站，为全国23个试验站之一，承担农业环境科学数据长期观测，洞庭湖区水体环境演变及水质改善研究，“两型”农业技术研究与示范推广等。农业部、共青团中央批准市农科所成为全国农业科普示范基地，为全国100个示范基地之一。

【农业科技交流合作】 2011年，市农科所继续与日本JICA农业环境修复组织开展技术合作交流，日方专家团队到市农科所指导服务9次，援助设备仪器价值30多万元。所长李平应邀到日本研修13天。市农科所与中国农科院、省农科院、华中农业大学、湖南农业大学等开展广泛的合作攻关。并与湘潭市、郴州市、常德市等兄弟农科所进行交流。

（本栏撰稿 彭长城）

林 业

【概况】 2011年，岳阳市林业部门以深入开展创先争优活动为载体，以兴林富民为目标，突出生态建设主题，全力以赴发展现代林业，建设生态岳阳，林业事业稳步推进，走势良好。全市森林覆盖率稳定在45.3%以上，森林蓄积量增加84.9万立方米，增长5.82%，达到1543.8万立方米；全年实现林业经济总产值129.43亿元，增长25%。被评为全市社会治安综合治理、建设扶贫、市实事承办、政务公开、联手帮扶企业及市政府绩效评估先进单位。荣获全省营造林、绿化工作、退耕还林工程管理、资源林政管理、林业宣传、省实事承办等先进工作单位。

一、统筹城乡绿化，加快构建绿色屏障。全市投入实事造林资金1.77亿元，完成人工造林1.71万公顷，占任务的128%，其中重点工程造林完成1万公顷，占任务的100%。社会造林全面升温，全市有200余万林农、30家企业（公司）、200多个造林大户及专业合作社参与植树造林，全市社会投入造林资金1.19亿元，占总投入资金的67.2%，造林1.16万公顷。推进“三边”造林，筹集资金4540.7万元，完成武广高铁等主要交通干线两侧宜林地造林任务。全面普及测土配方、良种良法造林，开展“营造林质量管理年”活动，加强科技兴林。森林经营水平不断提高，完成中幼林抚育任务3.34万公顷，超额完成2万公顷计划任务。人工造林顺利通过国家和省级验收，各项质量指标均达98%以上，被评为全省营造林工作优秀单位、全省退耕还林工程管理先进单位。“绿化创模”强力推进，开展绿色进机关、进企业、进校园、进社区的活动。城市五区投入绿化资金5亿元，建立生态村庄26个，建成马鞍山游园、圣安寺绿化广场、千亩湖栈道、环南湖生态走廊二期工程等一批绿化亮点工程。新增绿地110万平方米，城市建成区绿化覆盖率达39.8%。人均公共绿地面积达9.3平方米，比2010年增加1平方米。“绿化创模”带动全市210余万人参加义务植树，植树1100万株，尽责率达85%，被评为全省绿化工作优秀单位。

二、强化资源管护，维护生态安全。落实森林防火行政首长负责制，加强村级护林员和森林消防专业队伍建设。严厉打击森林火灾案件。查处森林火灾案件43起，处罚45人，其中刑事拘留18人。全市发生森林火灾43起，比2010年减少5起，受灾面积99.15公顷，比2010年减少421.15公顷，减少80.9%。森林火灾发生率为5次/10万公顷，森林火灾受害率为0.2‰，远低于省定1‰的控制指标，秋季实现火灾“零记录”。面对灾后松材线虫、松梢螟、松褐天牛疫情接连发生不利局面，全市林业系统沉着应对、科学防治，确保林业有害生物受害率严格控制在省定标准以内，发生率4.5%，比2010年下降39%，受害率1.4‰。临湘市、云溪区强化责任，严密防控，松材线虫疫点拔除工作取得突破性进展。切实加强湿地保护，组织申报湿地项目。岳阳县新墙河申报国家湿地公园通过国家林业局专家评审，黄盖湖晋升为省级湿地自然保护区。东洞庭湖国家级自然保护区向上申报各类湿地保护项目6个，落实项目资金3170万元，开展“打击非法矮围”行动，并与君山区、岳阳县开展“世界湿地纪念日”和第30届“爱鸟周”活动。加强依法治林，开展“公益林管理宣传年”、“执法监督年”、“春季攻势”等专项行动，查处涉林案件1897起、林业行政案件1777起，行政处罚1777人，收缴放生野生动物5500余公斤、野生鸟类2万多羽。严格实行“采伐指标进村入户”阳光工程，完成湘阴县等7个县市区林地面积18.11万公顷的林地规划编制工作，全市资源林政工作被评为全省先进单位。平江县森林公安局被国家森林公安局授予集体二等功。

三、发展林业产业，不断提升综合效益。全市完成林业经济总产值129.43亿元，比2010年增长25%。特色产业加速发展，全市油茶、楠竹新造和低改面积分别达到2386.67公顷、1253.33公顷和86.67公顷、4133.33公顷；杨树、松树新造面积分别达到4373.33公顷、2300公顷。平江县油茶种植被评为全国农业标准化示范区先进单位。林产工业全省排名靠前，获得省级以上林业龙头加工企业达到18家，国内知名品牌达到8个。平江县福星木业成为湖南省第一家在天津股权交易所挂牌上市的林业龙头企业。汨罗市基荣木业的“樟木沙发”和岳阳县芭蕉扇业的“工艺扇”在第二届中国国际林业产业博览会暨第四届中国义乌国际森林产品博览会上，获得全国林产品金奖。生态旅游持续升温，2011年投入配套资金2100余万元，用于基础建设和景点开发，全年森林公园接待游客133万余人次，收入超过1.2亿元。

【集体林权制度配套改革】 2011年，市林业系统配套改革稳步推进，抓好“两站”人员“吃皇粮”的工作，全市林业站、木材检查站1157人事业经费全部纳入地方财政预算。建立平江县、临湘市、湘阴县、汨罗市、华容县和岳阳县等6个县（市）林权交易中心，平江县列入全省5个林权管理试点县之一。全市20.47万公顷公益林参加森林保险并签订管护协议。全市发展林下经济面积1.6万公顷，成立林业专业经济合作社102家，带动就业14.9万余人。平江县被列为全国林下经济发展试点示范县。全市158个乡镇林业站全部开通林业电子政务网，为实现全省林业“一条网、一张图、一套数”的林权数据库建设打下基础。

【国有林场危旧房改造】 2010～2011年，全市14个国有林场危旧房改造任务2319户。2011年，全市各级林业部门把国有林场危旧房改造作为事关林场职工切身利益、事关林区经济社会稳定和发展的大事来抓，完成省实事任务1548户，超任务184户，完成率114%，在全省排名第一；完成市实事任务2269户，超任务269户，完成率114%。

【林业灾后重建】 2011年，岳阳市遭受六十年来一遇的春夏连旱和“6·10”山洪灾害，造成全市林业经济损失达3.39亿元。其中，临湘市、平江县和岳阳县受灾最为严重。灾害发生后，全市林业系统干部职工不等不靠，开展灾后生产自救和重建家园，向上级争取到灾后植被恢复、国有林场危旧房改造、基础设施建设等项目资金近1亿元，其中林业专项救灾资金340万元，占全省林业系统专项救灾资金的50%。3个重灾县林场无一起刑事案件、无一件信访案件、无一例疫病发生，灾区林业经济发展得到全面推进。

【“湘林杯”目标考核】 2011年，在省政府开展的第三届“湘林杯”目标考核中，全市林业系统围绕创先争优的目标，精心制订工作方案，全面落实工作责任，切实强化督促检查，各项工作又好又快发

展，获得省政府“湘林杯”目标考核一等奖。（本栏撰稿　余灿辉）

水 利

【概况】 2011年，岳阳市水务系统抢抓政策机遇，全力应对自然灾害，在机遇和压力中前行。市水务局先后被评为全省河道管理、水利统计报表、水利财务管理、农村饮水安全、水库除险加固、小农水重点县建设等工作先进单位，被市委、市政府评为全市实事承办、基层党建、政务公开、建议提案办理、项目建设服务、综合治理、争取政策性资金、“两个维护”实践活动、部门预算编制等工作先进单位。

一、1号文件贯彻成效显著。成立市水务局贯彻落实中央、省委1号文件工作领导小组，向市委、市政府主要领导汇报，将中央、省委1号文件列入市委常委中心组和市政府中心组学习内容，组织各地利用标语、横幅、宣传栏、宣传车等形式，大张旗鼓进行宣传。争取市委召开水利工作会议，研究制订《岳阳市加快水利改革发展方案》，将全市未来10年的重点水利工程和水利体制机制改革任务进行周密部署，提出全面构建水安、水利、水清、水美、水畅、水活的水环境新格局。着眼长远，谋划全市中长期水利规划“双千工程”，即储备1000个建设项目、1000亿元建设规模。着眼“十二五”，谋划“十个一工程”，即建立一套完善的防洪保安抗灾保障体系、兴建一批重大的民生水利工程、构建一套严格的依法治水、科学管水体系，打造一支高素质水利人才队伍等。

二、防汛抗旱减灾取得胜利。1～6月，岳阳市先是遭遇新中国成立以来最严重的春夏连旱，接着局部地区又遭遇百年一遇的特大暴雨，并引发山洪泥石流地质灾害，造成全市11个县市区107个乡镇不同程度受灾，受灾人口103.9万人，因灾死亡40人，失踪15人，农作物受灾面积6.05万公顷，直接经济损失27.3亿元。大灾发生前后，市委、市政府科学决策，靠前指挥，市、县水务部门提前预警，精心调度，全力应对，夺取防汛抗旱救灾工作的胜利。抗旱期间，全市投劳34.8万人，投入机械设备7.1万台套，启用机电井3万眼，泵站2006处，累计投入抗旱资金1.26亿元，抗救面积11.8万公顷，临时解决饮水困难人数20万人。6月2～3日，国务院总理温家宝视察岳阳市抗旱工作后，对岳阳市抗旱工作给予高度肯定。特大山洪泥石流地质灾害发生后，市、县水务部门在第一时间组织人力、物力和财力，指导各地迅速开展水毁水利工程修复，全市先后投入水毁水利修复资金1.65亿元，修复水毁水利工程5000处。

三、水利建设任务全面完成。全市水务系统争取项目资金，加快推进水利建设，向上争取各类水利项目资金19.02亿元，超额完成水利建设“5510工程”目标任务，即投入资金10.1亿元，完成水利工程5.1万处，移动土石方5100万立方米。防洪工程方面：投资4.1亿元的钱粮湖围堤加固工程年度任务全面完成，占整个钱粮湖垸建设任务的62%。建新、城西、屈原三垸围堤加固工程年度任务全部完成。总投资1.04亿元的大通湖东垸围堤加固工程全面竣工。纳入国家计划的38座病险小Ⅰ型水库除险加固工程全部完工。民生水利方面：投资380万元的许家台灌排泵站更新改造土建主体工程全面完成，中洲大型灌排泵站更新改造工程通过水利部安全鉴定审查，象骨港灌排工程纳入国家中小排涝泵站改造范围。黄金洞灌区、岳坊水库灌区续建配套与节水改造农业综合开发项目全面完成，龙源水库灌区续建配套与节水改造农业综合开发项目正在紧张进行。争取临湘市龙源电站以电代燃料项目1260万元，争取平江县白水电站电气化项目550万元。完成投资1.47亿元，解决农村饮水不安全人数30万人，超省定任务4.83万人。汨罗市、岳阳县、君山区、湘阴县、平江县列入全国小农水重点县区建设。投资4121万元，完成全市山坪塘清淤扩容2652口，岳阳市、汨罗市、平江县、云溪区、君山区圆满完成沟渠疏浚试点县区工作。生态水利方面：纳入国家计划的11条中小河流治理项目累计投入资金1.46亿元，完成总进度的60%，总投资3446万元的烂泥湖、资水和长江东洞庭湖湖汊整治水利血防工程全部完工。

四、依法治水管水亮点纷呈。一是水法宣传氛围浓郁。全市出动宣传车150多台次，分发传单3万多份，悬挂条幅600多条，张贴标语8000多条，为加强水土保持、严格水资源管理营造了浓郁的社会氛围。二是行政审批日益规范。将行政许可项目和非行政许可项目进行全面梳理，实行“一个窗口对外”，严格做到“两集中、两到位”，窗口全年办理审批事项增加20%，规费征收增长40%，当场办结率和按时办结率均达100%。三是水资源管理措施严格。制订《实行最严格水资源管理制度工作方案》，确定用水总量、用水效率、水功能区限制纳污三条红线指标，并纳入“民本岳阳”考评和政府绩效考核范畴。启动全市范围内总体规划、区域规划和重点领域专项规划的水资源论证。加强对农村供水工程、水电站、新（扩）建水厂及从原水工程取水大户的监管。对入河排污口进行全面清理排查，制订新墙河铁山水库源头水保护区等四个省重点监测水功能区的具体工作方案。四是采砂整治成效明显。成立岳阳市河道采砂专项整治工作领导小组，建立河道采砂专项整治联席会议制度，制订《岳阳市河道采砂专项整治工作方案》，严格按照省政府统一部署，开展打击整治行动，取缔非法采砂船只40艘，拆除非法淘金船只22艘，取缔非法砂场45处，清理砂石尾堆54处66.71万立方米。五是水政执法有力有效。投资近10万元，在城区临湖主要地段设置大型固定宣传警示牌16块，单列市水政支队，配备执法专用车，对城区水系进行不间断巡查，制止违法倒渣、填湖行为20余起，立案查处11起，城区水事秩序得到根本性好转。六是供水用水不断规范。对城乡供水用水特别是农村安全饮水进行专项督查，从严打击城乡偷水、破坏供水设施等违法案件，严厉查处拒交水资源费行为，使取水许可、用水收费的意识深入人心。七是水土保持力度加大。平江县、岳阳县农发水保项目计划通过省水利厅初步设计评审，年度水保投资423万元，治理水土流失面积11.71平方公里；华容县六横小流域治理完成初步设计评审，年度投资200万元，治理水土流失面积3.7平方公里。

五、水利改革创新稳步推进。一是水务一体化改革进程加快。岳阳县、岳阳楼区、平江县、湘阴县先后挂牌成立水务局，华容县成立水资源管理局，有效推进水资源的优化配置。二是水利投融资体制日益健全。市财政划拨土地出让收益1100万元，并将水利建设基金的征收年限延长10年。三是水资源管理体制改革成效明显。科学核定全市河湖纳污总量控制目标，用水考核及节水激励机制进一步强化。2011年，岳阳市年用水总量从原来的31.2亿立方米降至29.68亿立方米，万元GDP取用水量从425立方米降至233立方米，万元工业增加值用水量从242立方米降至133立方米，农田亩均灌溉用水量452 立方米。四是基层水管体制改革扎实推进。大部分县市区在机构改革中将乡镇水利管理站单列，并将基层水管单位经费纳入县级财政预算。五是人才队伍建设硕果累累。先后从清华大学、武汉大学、河海大学、华北水院等著名高校招录水利专业大学本科生、研究生8名，引进高层次专业人才和实用型人才4名。联合武汉大学水利水电学院，成立全市水利系统职工继续教育培训中心，开展水利专业专、本科教育，有效提升了在职人员的业务素质能力。

【《岳阳市加快水利改革发展方案》出台】 2011年，全市水利系统贯彻落实中央、省委1号文件，加快岳阳水利改革发展，根据《湖南省加快水利改革试点方案》要求，市委、市政府编发《岳阳市加快水利改革发展方案》。此方案“突出特色、抓住重点、先行先试、务求实效”的原则，结合岳阳市情、水情，对岳阳未来10年水利改革发展任务进行全面规划，重点突出防汛抗旱体系建设、重点水利工程建设、水资源保护和利用、水利投入机制改革、水利工程监管体制改革、基层水管单位改革等，努力破解制约岳阳市水利科学发展的体制机制性障碍，全面构建水安、水利、水清、水美、水畅、水活的水环境新格局，让水利更好地服务经济社会发展。

【水利立项争资】 2011年，全市水利系统抢抓政策机遇，全力以赴跑项目，想方设法争资金，水利立项争资额度超历史。争取到洞庭湖综合治理、农饮安全、中小河流治理、水库除险加固等项目资金19.02亿元；争取到抗旱资金1200多万元、山洪地质灾害防治非工程措施建设资金630万元、应急处险和水毁修复资金2000万元；争取地方财政水利工作前期经费200万元，水利普查经费50万元，水库和尾砂库管护专项补助经费253万元。

【水政执法】 市委、市政府高度重视水政执法工作，将市水政监察支队单列，列编10名，配备执法专用车，全面加强河湖水域的保护力度。2011年，市水务局投资近10万元，在内湖主要地点设置16块大型固定宣传警示牌，发放《岳阳市城区水系保护管理办法》宣传资料8000份，在岳阳电视台《新闻20点》栏目播放城区水系保护专题节目。市水政监察支队对城区水系实行不间断巡查执法，岳阳楼区、岳阳经济技术开发区分别组建城区水系巡查队伍，形成市、区两级巡查网络。一年来，市水政监察支队受理举报电话20多次，发放《责令停止水事违法行为通知书》12份，立案查处水事违法案件11件，城区水事秩序得到根本性好转。

【河道采砂整治】 根据省政府统一部署，岳阳市于2011年11月1日启动全市河道采砂专项整治行动，开展对“三无”、“三乱”、“六超”等河道采砂违法行为的集中整治。取缔非法采砂船只40艘，拆除非法淘金船只22艘，取缔非法砂场45处，清理砂石尾堆54处66.71万立方米，立案77起、强制执行52起、行政拘留16人、刑事拘留2人。特别是对湘江汨罗段等采砂纠纷矛盾较为突出的部位实行砂石资源的全面禁采，确保防洪安全、水质安全及社会和谐稳定。

（本栏撰稿　冯　伟）

防汛抗旱

【特大春夏连旱灾情】 2011年1～5月底，全市平均降雨量只有295毫米，较往年同期均值少55%。全市各地平均降雨：1月35.3毫米，偏少46%；2月18毫米，偏少77%；3月59.1毫米，偏少55%；4月95.1毫米，偏少48%；5月87毫米，偏少54%。

4～5月，全市旱情迅速蔓延，受旱范围、受旱面积、成灾面积、绝收面积迅速扩大，出现新中国成立以来最严重的春夏连旱。至5月底，全市所有县市区全部受旱，41条河道断流，114座水库干涸，全市受旱面积达到13.53万公顷，占全年实际播种面积的20%。其中轻旱面积7.51万公顷，重旱面积4.27万公顷，绝收面积0.59万公顷，水田缺水5.43万公顷，旱地缺墒面积2.84万公顷，20.54万人、1.64万头大牲畜发生饮水困难。全年因旱直接经济总损失12.8亿元，其中因旱粮食损失17.86万吨，损失金额4亿元，经济作物损失1.83亿元。其他行业因旱直接经济损失6.93亿元。

2011年全市旱情呈现出一个明显特点，即湖区旱情明显比山丘区严重，华容县、君山区、湘阴县、云溪区、临湘市、屈原管理区等受灾最为严重。华容县8条河道断流，27座水库干涸，全县受旱面积2.27万公顷，重旱面积0.93万公顷，县城14万居民饮水困难。君山区华洪运河沿线抗旱机埠无法抽水，11座水库干涸，全区受旱面积1.93万公顷，许市镇6000多人饮水困难。湘阴县受旱面积2.6万公顷，重旱面积0.4万公顷。临湘市受旱面积2.4万公顷，重旱面积1万公顷，干枯面积1333.33公顷，聂市镇集镇供水水厂无水可取，4000人饮水困难。汨罗市受旱面积1万公顷，桃林镇、磊石乡集中供水工程水源不足，6000人饮水困难。云溪区路口镇5个村约1000人饮水困难，每天出动两台洒水车送水。岳阳县受旱面积0.67